PEKING UNIVERSITY

北京大学年鉴

《北京大学年鉴》编委会 编

2007

北京大学出版社
PEKING UNIVERSITY PRESS

图书在版编目(CIP)数据

北京大学年鉴.2007/《北京大学年鉴》编委会编.—北京：北京大学出版社，2014.4
 ISBN 978-7-301-21879-2

Ⅰ．北… Ⅱ．北… Ⅲ．北京大学－2007－年鉴 Ⅳ．①G649.281-54

中国版本图书馆CIP数据核字（2013）第002428号

书　　　名：	北京大学年鉴（2007）
著作责任者：	《北京大学年鉴》编委会　编
责任编辑：	陈　洁
标准书号：	ISBN 978-7-301-21879-2/G·3568
出版发行：	北京大学出版社
地　　　址：	北京市海淀区成府路205号　100871
网　　　址：	http://www.pup.cn　新浪官方微博：@北京大学出版社
电子信箱：	zpup@pup.cn
电　　　话：	邮购部 62752015　发行部 62750672　出版部 62754962
	编辑部 62752032
印　刷　者：	北京中科印刷有限公司
经　销　者：	新华书店
	787mm×1092mm　16开本　42.25印张　7彩插　1496千字
	2014年4月第1版　2014年4月第1次印刷
定　　　价：	150.00元

未经许可，不得以任何方式复制或抄袭本书之部分或全部内容。
版权所有，侵权必究
举报电话：010-62752024　电子信箱：fd@pup.pku.edu.cn
举报QQ：1902301301

2006年6月9日，胡锦涛总书记给孟二冬女儿孟菲回信

2006年9月8日，教师节表彰大会

2006年6月29日，北京市教工委书记朱善璐看望孟二冬家人

2006年2月15日，北大师生沉痛悼念王选院士

2006年5月25日，李岚清音乐艺术专题讲座及赠书仪式

2006年9月12日，中央督察组视察思想政治理论课

2006年5月17日，《社会主义荣辱观理论教程》研讨会

2006年6月15日，纪念建党85周年暨表彰大会

2006年12月1日，纪念"团结起来振兴中华"25周年暨年度奖励表彰大会

2006年12月13日，第二届师德建设工作会议暨首届蔡元培奖颁奖大会

2006年5月23日，联合国秘书长科菲·安南访问北京大学

2006年10月26日，法国希拉克总统访问北京大学并发表演讲

2006年6月20日，阿富汗总统卡尔扎伊访问北京大学并发表演讲

2006年10月10日，授予基辛格名誉博士

2006年9月6日，诺贝尔医学和生物学奖获得者伊格纳罗在北大演讲

2006年5月24日，中德校长论坛

2006年4月4日，北京大学–朱拉隆功大学合作建设孔子学院备忘录签约仪式

2006年3月9日，中国高等教育的新视野：全球战略与创新研究学术研讨会

2006年11月10日，北京大学-中国高等科学技术中心-日本理化学研究所联合学术会议

2006年7月4日，研究生毕业典礼暨学位授予仪式

2006年9月3日，迎接新生入校

2006年9月5日，2006年开学典礼

2006年1月8日，学生资助、心理健康教育与咨询、课外活动指导等中心成立仪式

2006年8月31日，学生军训

2006年6月12日，广西文化周在北京大学活动

2006年9月27日，妇女中心基地成立座谈会

2006年9月23日，平民学校开学

2006年5月20日,2006中国俱乐部乒超联赛方正专场

2006年9月3日,欢迎赛艇队获胜归来

2006年12月31日,新年联欢晚会

瑞雪迎春——北京大学办公楼

雪霁——北京大学后湖

《北京大学年鉴》(2007)编辑委员会

顾　问：王学珍　王德炳　陈佳洱　吴树青　郝　斌　王义遒
　　　　迟惠生　林钧敬　王效挺　马树孚　梁　柱　李安模
　　　　赵存生　林久祥
主　任：闵维方　许智宏
副主任：吴志攀　陈文申　林建华　柯　杨　岳素兰　张　彦
　　　　王丽梅　杨　河　鞠传进　张国有　海　闻　敖英芳
委　员：史守旭　张维迎　李晓明　于鸿君　朱　星　李岩松
　　　　马大龙　李　强　刘　伟　肖东发　缪劲翔　李　鹰
　　　　赵为民　肖　渊　雷　虹　李宇宁　秦春华　衣学磊
　　　　姚卫浩　魏国英　夏文斌

《北京大学年鉴》(2007)编辑部

主　　编：张国有
副 主 编：缪劲翔　李　鹰　肖　渊　秦春华　魏国英　夏文斌
执行主编：余　浚　张兴明
学术顾问：肖东发
编　　委：李海峰　黄国珍　尹鹤灵　李　喆　高慧芳　张妙妙
　　　　　鞠　晓　王天天　李　祎　郭丛斌　任羽中　胡新龙
　　　　　田　越　魏　姝　李　航　欧阳晓玲　靳　毅　彭湘兰
　　　　　谢元媛

编 辑 说 明

《北京大学年鉴》(2007)是北京大学建校以来的第九本年鉴,反映了北京大学2006年度在教学改革、学科建设、科学研究、对外交流等各方面的发展进程和最新成就。

《北京大学年鉴》(2007)以文章和条目为基本体裁,以条目为主。全书共分特载,专文,北大概况,机构与干部,院系情况,教育教学与学科建设,科学研究与产业开发,管理与后勤保障,党建与思想政治工作,人物,北京大学党发、校发文件,表彰与奖励,2006年毕业生名单,2006年大事记等基本栏目。

2006年,北京大学紧紧围绕创建世界一流大学的中心任务,锐意创新,深化改革,在学科建设、教学科研、人事改革、对外交流、基础建设等各方面都取得了重大进展。对其中部分内容,本卷设置"特载"一栏加以记述,并在"专文"一栏中收录了2006年重要会议的讲话摘要。

本《年鉴》所收录的各院、系、所、中心等单位的资料,基本按照发展概况、学科建设、科研活动等条目编写。统计数字附在相关内容之后。

本《年鉴》所刊内容由各单位确定专人负责提供,并经本单位领导审定。

本《年鉴》采用双重检索系统。书前有目录,书后有索引。索引采用内容分析主题法,按汉语拼音排序,读者还可以通过书眉查检所需资料。

本《年鉴》主要收录了各单位2006年1月1日至2006年12月31日期间发生的重大事件,部分内容依据实际情况在时限上略有延伸。

《北京大学年鉴》(2007)由北京大学党委办公室校长办公室组织编写,在编写过程中,得到了各有关单位和部门的大力支持,在此谨表衷心感谢。

《北京大学年鉴》编辑部
2006年12月

目 录

- **特 载** ································· 1
  - 胡锦涛总书记给孟二冬教授女儿亲切回信 ········· 1
    - 附录 胡锦涛总书记给孟二冬女儿孟菲
      的回信 ·································· 2
  - 校内外深切缅怀王选院士 深入开展向王选
    学习活动 ································ 3

- **专 文** ································· 5
  - 校长许智宏在春季全校干部大会上的讲话 ······· 5
  - 党委书记闵维方在秋季全校干部大会上的
    讲话 ·································· 13
  - 校长许智宏在秋季全校干部大会上的讲话 ······ 18

- **北大概况** ····························· 24

- **2006年学校基本数据** ················ 28

- **机构与干部** ··························· 35
  - 校领导机构组成名单 ······················· 35
  - 学术委员会名单 ··························· 35
  - 专业技术职务评审委员会 ···················· 36
  - 学位评定委员会 ··························· 36
  - 学部学术委员会 ··························· 36
  - 第五届教职工代表大会执行委员会 ············ 37
  - 医学部负责人 ····························· 37
  - 校机关各部门、工会、团委负责人 ············ 38
  - 各院、系、所、中心负责人 ·················· 39
  - 直属、附属单位负责人 ····················· 42
  - 各民主党派和归国华侨联合会负责人 ·········· 43

- **院系情况** ····························· 45
  - 数学科学学院 ····························· 45
  - 工学院 ·································· 46
  - 物理学院 ································ 47
  - 地球与空间科学学院 ······················· 49
  - 信息科学技术学院 ························· 53
  - 化学与分子工程学院 ······················· 57
  - 生命科学学院 ····························· 59
  - 环境学院 ································ 60
  - 心理学系 ································ 61
  - 中国语言文学系 ··························· 62
  - 历史学系 ································ 63
  - 考古文博学院 ····························· 65
  - 哲学系(宗教系) ··························· 66
  - 国际关系学院 ····························· 71
  - 新闻与传播学院 ··························· 76
  - 政府管理学院 ····························· 78
  - 经济学院 ································ 81
  - 光华管理学院 ····························· 85
  - 法学院 ·································· 87
  - 信息管理系 ······························· 91
  - 社会学系 ································ 93
  - 外国语学院 ······························· 94
  - 马克思主义学院 ·························· 101
  - 教育学院 ······························· 103
  - 艺术学院 ······························· 107
  - 计算机科学技术研究所 ···················· 108
  - 中国经济研究中心 ························ 110
  - 人口研究所 ······························ 111
  - 对外汉语教育学院 ························ 113
  - 软件与微电子学院 ························ 114
  - 基础医学院 ······························ 116
  - 药学院 ································· 117
  - 公共卫生学院 ··························· 119
  - 护理学院 ······························· 121
  - 第一临床医学院(北京大学第一医院) ········ 123
  - 第二临床医学院(北京大学人民医院) ········ 124
  - 第三临床医学院(北京大学第三医院) ········ 128
  - 口腔医学院(北京大学口腔医院) ············ 131
  - 临床肿瘤学院(北京肿瘤医院) ·············· 133
  - 精神卫生研究所(北京大学第六医院) ········ 137
  - 首钢医院 ······························· 140
  - 深圳医院 ······························· 142
  - 临床药理研究所 ·························· 145
  - 中国药物依赖性研究所 ···················· 146

生育健康研究所 …… 147
医学部公共教学部 …… 148
元培计划管理委员会 …… 150
分子医学研究所 …… 152
前沿交叉学科研究院 …… 153
体育教研部 …… 155

·教育教学与学科建设· …… 162

本科生教育教学 …… 162
 教学改革 …… 162
 教务管理 …… 163
 本科教学迎评工作 …… 163
 实践教学 …… 163
 教材建设 …… 163
 课程评估 …… 163
 招生工作 …… 164
 有关数据 …… 164
 医学本科教育 …… 164
 附录　北京大学本科专业目录 …… 168
   北京大学本科课程目录 …… 170
   北京大学2006年录取各省（自治区、
    直辖市、港澳台地区）文科
    第一名（学生名录） …… 199
   北京大学2006年录取各省（自治区、
    直辖市、港澳台地区）理科
    第一名（学生名录） …… 200
   北京大学2006年录取国际奥赛
    金牌获得者名单 …… 200

研究生教育 …… 200
 概况 …… 200
 招生工作 …… 200
 医学部研究生招生工作 …… 202
 培养工作 …… 203
 医学部研究生培养 …… 205
 学位工作 …… 206
 医学部学位工作 …… 206
 研究生培养机制改革 …… 207
 奖助工作 …… 208
 医学部研究生就业工作 …… 208
 中国研究生院院长联席会秘书处 …… 208
 专业学位教育指导委员会秘书处 …… 209
 医药科工作委员会秘书处 …… 209
 北京大学研究生工作研讨会 …… 210
 第四届全国公共卫生研究生暑期学校 …… 210
 医学部研究生教育工作会议 …… 210
 研究生教务工作研讨会 …… 210
 医学部研究生思想政治工作 …… 210
 附录　2006年全国优秀博士学位论文 …… 211
   北京大学有权授予博士、硕士学位的
    学科专业目录（不含医学部） …… 212
   医学部有权授予博士、硕士学位的
    学科专业目录 …… 216
   2006年在校研究生人数统计 …… 218

继续教育 …… 218
 概况 …… 218
 学历教育 …… 219
 进修教师与访问学者工作 …… 221
 自学考试主考和助学工作 …… 221
 高端培训 …… 221
 成人教育学院 …… 222
 网络教育工作 …… 225
 培训中心 …… 226
 医学继续教育 …… 227

海外教育 …… 230
 概况 …… 230
 短期留学项目 …… 230
 预科留学项目 …… 230
 港澳台学生 …… 230
 医学留学生工作 …… 230
 附录　北京大学2006年秋季在校外国留学生
    分国别统计 …… 231
   北京大学2006年秋季在校外国留学生
    分院系统计 …… 233

·科学研究与产业开发· …… 235

理科与医科科研 …… 235
 概况 …… 235
 基地建设 …… 235
 科研项目与经费 …… 236
 科研成果 …… 238
 重要科研活动 …… 238
 附录　表1　国家级重点实验室 …… 239
   表2　国家工程研究中心 …… 239
   表3　教育部重点实验室 …… 240
   表4　教育部工程研究中心 …… 240
   表5　教育部网上合作
    研究中心 …… 240
   表6　卫生部重点实验室 …… 240

表7 卫生部工程技术研究中心 …………… 240
表8 北京市重点实验室 …………… 241
表9 中关村开放式实验室 …………… 241
表10 2006年批准成立的交叉学科研究中心 …………… 241
表11 2006年理科与医科在研科研项目 …………… 241
表12 2006年理工科与医科科研项目到校经费 …………… 242
表13 1998—2006年全校到校科研经费分类统计 …………… 243
表14 2006年理工科获准项目及经费 …………… 244
表15 2006年医科获准项目及经费 …………… 245
表16 2006年校本部获准国家自然科学基金项目情况 …………… 246
表17 2006年医学部获准国家自然科学基金项目情况 …………… 247
表18 2006年各单位获国家自然科学基金面上和重点项目数及经费数 …………… 248
表19 北京大学主持的《国家重点基础研究发展规划》项目 …………… 248
表20 2006年新获批的《国家重点基础研究发展规划》课题 …………… 248
表21 2006年新获批的重大科学研究计划项目 …………… 249
表22 2006年新获批的重大科学研究计划课题 …………… 249
表23 2006年新获批的《国家高技术研究发展计划》课题 …………… 249
表24 2006年理工科与医科获准"创新团队发展计划"清单 …………… 252
表25 2006年理工科与医科获准高等学校博士点专项科研基金 …………… 252
表26 2006年理工科与医科获准"新世纪优秀人才支持计划"名单 …………… 253
表27 2006年理工科与医科获准教育部重大和重点项目 …………… 253
表28 2006年获准北京市教委共建项目 …………… 253
表29 2006年理工科与医科获准北京市自然科学基金 …………… 254
表30 2006年理工科部分与北京市科委新签科技合同 …………… 255
表31 2006年度国家科学技术奖 …………… 255
表32 2006年度高等学校科学技术奖 …………… 255
表33 2006年度中华医学科技奖 …………… 256
表34 2006年中国中西医结合学会科技奖 …………… 257
表35 2006年SCI数据库收录的北京大学为第一作者单位的论文及分布总体情况 …………… 257
表36 2006年医学部SCI论文发表情况 …………… 258
表37 2006年度被SCI数据库收录的影响因子较高的论文清单 …………… 258
表38 2006年专利申请受理、授权情况统计表 …………… 264
表39 2006年通过鉴定的科研成果 …………… 265
表40 2006年理工科与医科通过验收结题的主要科研项目 …………… 266
表41 校本部2006年主办的国际学术会议和研讨班情况统计 …………… 268
表42 医学部2006年主办的国际学术会议和研讨班情况统计 …………… 268
表43 2006年获得基金委国际(地区)合作项目 …………… 269
表44 2006年获得科技部政府间国际合作项目 …………… 269
表45 2006年获得其他国际(地区)合作项目 …………… 269

文科科研 …………… 270
项目管理 …………… 270
成果管理 …………… 270

基地建设与科研机构管理 …………… 270
国际学术会议管理 …………………… 270
队伍建设 ……………………………… 270
机制探索 ……………………………… 271
第三届"北京论坛" …………………… 271
评比表彰 ……………………………… 271
附录 2006年国家社科基金
　　项目立项名单 ………………… 271
　2006年教育部人文社会科学研究
　　一般项目立项名单 …………… 272
　北京市哲学社会科学"十一五"
　　规划项目立项名单 …………… 273
　2006年教育部留学回国人员科研
　　启动基金项目名单 …………… 273
　全国教育科学"十一五"规划
　　2006年度课题立项名单 ……… 274
　北京市教育科学"十一五"规划
　　2006年度课题立项名单 ……… 274
　2006年教育部人文社科重点研究
　　基地结项课题一览表 ………… 274
　2006年度教育部人文社会科学重点
　　研究基地重大项目一览表 …… 275
　第四届中国高校人文社会科学
　　研究优秀成果奖获奖名单 …… 275
　北京市第九届哲学社会科学
　　优秀成果奖获奖名单 ………… 276
　北京大学第十届人文社会科学研究
　　优秀成果奖获奖名单 ………… 277
　第三届全国教育科学研究
　　优秀成果奖获奖名单 ………… 279
　2006年获北京市社科理论
　　著作出版基金资助著作名单 … 279
　2006年文科单位SCI、SSCI、A&HCI
　　论文名单 ……………………… 280
　北京大学2006年度人文社会科学国际
　　（双边）学术会议一览表 ……… 283
　北京大学文科科研机构名单 …… 285
科技开发、产业管理与国内合作 ………… 290
　概况 …………………………………… 290
　校企改制 ……………………………… 290
　规范管理 ……………………………… 290
　科技开发成果 ………………………… 290
　科技成果收集与推广 ………………… 291
　医学部产业管理 ……………………… 291

医学在职教育培训 …………………… 291
附录 2006年北京大学科技合同额
　　统计总表 ……………………… 292
　2006年北京大学科技
　　合同到款统计 ………………… 292
　2006年北京大学技术合同院系
　　分布表 ………………………… 292
　主要企业名录 …………………… 292
　2006年签订的主要技术合同 …… 293
　2006年科技项目推广目录 ……… 295
主要高科技企业 ……………………… 296
　北大方正集团公司 …………………… 296
　北大青鸟集团 ………………………… 298
　北大未名生物工程集团有限公司 …… 300
　北大维信生物科技有限公司 ………… 300
国内合作 ……………………………… 301
　首都发展研究院 ……………………… 301
　深港产学研基地 ……………………… 304
主要教学科研服务机构 ……………… 305
　图书馆 ………………………………… 305
　医学图书馆 …………………………… 318
　北京大学出版社 ……………………… 320
　医学出版社 …………………………… 321
　档案馆 ………………………………… 328
　医学档案馆 …………………………… 329
　校史馆 ………………………………… 330
　北京大学学报（自然科学版） ………… 331
　北京大学学报（哲学社会科学版） …… 332
　北京大学学报（医学版） ……………… 333
　计算中心 ……………………………… 333
　医学部信息通讯中心 ………………… 336
　医药卫生分析中心 …………………… 336
　医学部实验动物科学部 ……………… 339
　现代教育技术中心 …………………… 339

· 管理与后勤保障 · ……………… 341
"985工程"与"211工程"建设 ………… 341
　概况 …………………………………… 341
　"985工程"建设 ……………………… 341
　"十五""211工程"建设 ……………… 341
　共建项目管理 ………………………… 342
发展规划工作 ………………………… 342
　概况 …………………………………… 342

学科规划与事业规划 …………………… 343
校园规划 ………………………………… 344
环保和辐射防护工作 …………………… 345
信息化与规范化建设 …………………… 345
附录　北京大学学科规划委员会
　　　　组成人员名单 …………… 346
　　　北京大学事业规划委员会
　　　　组成人员名单 …………… 346
　　　北京大学校园规划委员会
　　　　组成人员名单 …………… 346
　　　北京大学辐射防护领导小组
　　　　组成人员名单 …………… 346

对外交流 ………………………………… 347
校际交流 ………………………………… 347
外国政要来访 …………………………… 347
学生海外学习项目 ……………………… 348
北京论坛 ………………………………… 348
北京大学第三届国际文化节 …………… 348
外国专家工作 …………………………… 349
国际学术会议 …………………………… 349
派出工作 ………………………………… 349
港澳台工作 ……………………………… 349
医学部国际交流 ………………………… 349

人事管理 ………………………………… 350
概况 ……………………………………… 350
收入分配制度改革 ……………………… 350
教职工队伍状况 ………………………… 351
增员情况 ………………………………… 352
减员情况 ………………………………… 353
政府特贴人员 …………………………… 354
长江学者工作 …………………………… 354
奖教金评审工作 ………………………… 355
人才开发工作 …………………………… 355
新任教职工岗前培训 …………………… 355
青年教师流动公寓 ……………………… 356
年度考核与专项岗位聘任 ……………… 356
科级干部任免 …………………………… 357
流动编制管理 …………………………… 357
富余人员管理 …………………………… 357
临时聘用人员管理 ……………………… 358
工资与福利 ……………………………… 358
保险 ……………………………………… 359
离退休人员工作 ………………………… 360
博士后工作 ……………………………… 361
人事档案管理工作 ……………………… 361
医学部人才服务与培训中心工作 ……… 361

财务与审计 ……………………………… 362
财务工作 ……………………………… 362
财务收支概况 …………………………… 362
财务专题分析 …………………………… 362
财务管理工作 …………………………… 363
审计工作 ……………………………… 364
审计项目数量与审计工作绩效 ………… 364
财政审计 ………………………………… 365
建设工程审计 …………………………… 365
企业审计 ………………………………… 365
经济责任审计 …………………………… 366
内部审计转型与发展 …………………… 366
内部审计建设与管理 …………………… 366
医学部审计工作 ………………………… 367
附录　2006年审计项目情况简表 ……… 368
　　　2006年建设工程全过程审计项目
　　　　情况简表 ……………………… 368

资产管理 ………………………………… 369
房地产管理 …………………………… 369
概况 ……………………………………… 369
房改工作 ………………………………… 369
重点专项工作 …………………………… 370
医学部房地产管理 ……………………… 371
附录　2006年北京大学土地基本情况
　　　　汇总表 ………………………… 372
　　　2006年北京大学房屋基本情况 … 373
　　　2006年北京大学教职工住宅
　　　　现状情况表 …………………… 373
　　　2006年北京大学成套家属房汇
　　　　总统计表 ……………………… 373
实验室与设备管理 …………………… 374
概况 ……………………………………… 374
实验室建设与管理 ……………………… 374
仪器设备管理 …………………………… 374
仪器设备采购 …………………………… 375
世行贷款"高等教育发展"项目 ………… 376
附录　表1　2006年北京大学实验室基本
　　　　　情况一览表（校本部）……… 376
　　　表2　第十五期大型仪器开放测试
　　　　　基金开放仪器 ……………… 377
　　　表3　北京大学大型仪器开放测试
　　　　　基金情况表 ………………… 379

表4　2004—2006年北京大学参加北京地区科学仪器协作共用网情况表 …… 379
表5　1998—2006年北京大学大型仪器测试服务收入统计表 …… 379
表6　北京大学《高等学校仪器设备和优质资源共享系统》入网仪器设备清单 …… 380
表7　2006年北京大学大型贵重仪器购置论证统计表（40万元以上仪器设备） …… 380
表8　2006年40万元以上仪器设备采购一览表 …… 381
表9　2006年北京大学接受境外赠送科教用品一览表 …… 382

基建与后勤 …… 382
基建工作 …… 382
概况 …… 382
基建投资计划与完成情况 …… 382
工程项目管理 …… 383
工程前期报批 …… 384
医学部基建工作 …… 384
总务工作 …… 384
概况 …… 384
后勤人事管理 …… 385
后勤财务管理 …… 386
后勤运行管理 …… 387
节能办公室 …… 388
爱委会办公室 …… 388
后勤党委 …… 388
后勤服务保障机构 …… 390
餐饮中心 …… 390
水电中心 …… 393
供暖中心 …… 393
校园管理服务中心 …… 394
学生宿舍管理服务中心 …… 394
运输中心 …… 396
幼教中心 …… 396
幼儿园工作 …… 398
电话室 …… 398
医学部后勤工作 …… 398
制度化建设 …… 398
校舍维护 …… 399
绿化工作 …… 399
饮食工作 …… 399
社区服务工作 …… 399
运输服务 …… 400
人口与计划生育工作 …… 400
教室管理服务 …… 400
医院管理 …… 400
概况 …… 400
医院医疗工作 …… 400
医院管理工作 …… 401
社会服务 …… 401
培训工作 …… 401
科研工作 …… 402
交流活动 …… 402
教育基金会与校友工作 …… 402
捐赠概况 …… 402
首届筹资与发展工作研讨会 …… 403
交流活动 …… 403
项目管理 …… 403
校友工作 …… 403
附录　2006年度北京大学教育基金会奖学金、助学金、奖教金、研究资助项目一览 …… 404
会议中心 …… 409
概况 …… 409
对外交流中心 …… 410
百周年纪念讲堂 …… 410
勺园 …… 411
中关园留学生公寓建设项目部 …… 411
燕园社区服务中心 …… 413
燕园街道办事处 …… 414
北京大学医院 …… 416
北京大学附属中学 …… 417
北京大学附属小学 …… 420

·党建与思想政治工作· …… 422
组织工作 …… 422
机关建设 …… 422
基层党组织和干部队伍基本状况 …… 423
党建工作 …… 423
干部工作 …… 426
党校工作 …… 428
宣传工作 …… 428
理论工作 …… 428
新闻宣传工作 …… 429
校园文化工作 …… 430

校刊工作 …… 431
校电视台工作 …… 431
校广播台工作 …… 431
新闻网和图片编辑工作 …… 432
英文新闻网工作 …… 432
"远离烟草 引领健康"系列活动 …… 433
统战工作 …… 433
学习贯彻中央精神 …… 433
民主党派组织自身建设 …… 434
党外代表人士选拔、培养、推荐工作 …… 434
统战工作领导机构建设 …… 434
积极筹备学校统战工作会议 …… 434
统战研究、调研和信息工作 …… 435
举办党外代表人士研修班 …… 435
北大民盟高教论坛 …… 435
北京市政协主席阳安江到北大考察调研 …… 435
全校统战工作会议 …… 435
附录 2006年校本部民主党派
组织机构状况 …… 436
2006年医学部民主党派
组织机构状况 …… 436
纪检监察工作 …… 437
党风廉政建设 …… 437
领导干部廉洁自律 …… 437
宣传教育工作 …… 437
廉政文化建设 …… 438
治理商业贿赂 …… 438
信访与案件 …… 439
治理教育收费工作 …… 439
基建工程项目招投标监督 …… 440
招生工作监督检查 …… 440
干部选拔任用监督 …… 440
奥运场馆工程建设监督 …… 440
五校一院联席会议 …… 440
纪检监察干部队伍建设 …… 440
保卫工作 …… 441
结构调整 …… 441
制度化规范化建设 …… 441
维护校园稳定 …… 441
召开全校安全稳定工作会议 …… 441
重大警卫活动 …… 442
消防工作 …… 442
校园环境秩序整治 …… 443
交通安全管理 …… 443

技术防范建设 …… 443
治安防范 …… 443
安全教育 …… 444
流动人口管理 …… 444
获奖情况 …… 444
工会与教代会工作 …… 445
概况 …… 445
组织宣传工作 …… 446
文化工作 …… 447
体育工作 …… 447
青年工作 …… 448
女教职工工作 …… 448
生活福利工作 …… 448
第八届教代会工会工作培训班 …… 449
北京大学平民学校 …… 449
学生工作 …… 450
队伍建设 …… 450
学生思想政治教育 …… 450
学生日常管理 …… 451
国防教育 …… 451
万柳学区工作 …… 452
学生就业工作 …… 452
本科毕业生就业情况 …… 452
毕业研究生就业情况 …… 453
青年研究中心 …… 454
学生心理健康教育 …… 454
学生资助工作 …… 455
德育研究 …… 455
共青团工作 …… 455
概况 …… 455
学生思想政治教育 …… 456
理论研究与宣传引导 …… 457
学术科研与社会实践 …… 457
校园文化建设 …… 458
青年志愿者与青年文明号 …… 458
青年团干部与学生骨干培养 …… 459
学生组织与学生社团 …… 460
团机关建设 …… 461
组织建设 …… 462
万柳学区共青团工作 …… 462

·人物· …… 464
在校院士简介 …… 464
教授名录 …… 485

新世纪百千万人才工程国家级人选名录 ……… 497
长江学者名单 ………………………………… 497
2006年在岗博士生导师名录 ………………… 499
2006年逝世人物名单 ………………………… 505

· 2006年北京大学党发、校发文件 · ………………………… 508

· 表彰与奖励 · …………………… 516

2006年受表彰的优秀共产党员、
　先进党支部名单 ……………………… 516
2006年获国家级精品课程名单 ……………… 521
2006年获北京市级精品课程名单 …………… 522
2006年各类奖教金获奖名单 ………………… 522
2006年北京市优秀教师和优秀
　教育工作者名单 ……………………… 523
北京大学优秀德育奖获得者名单 …………… 524
学生奖励获奖名单 …………………………… 526
校级优秀毕业生 ……………………………… 539
2006届北京地区高等学校优秀
　毕业生名单 …………………………… 543

奖学金获得者名单 …………………………… 544
2006年北京大学共青团主要获奖情况 ……… 561
其他表彰与奖励 ……………………………… 565

· 毕业生名单 · ……………………… 566

本专科毕业生 ………………………………… 566
毕(结)业硕士研究生名单 …………………… 572
毕(结)业博士研究生名单 …………………… 578
毕业留学生名单 ……………………………… 581
双学位毕业生名单 …………………………… 587

· 2006年大事记 · ………………… 605

· 附 录 · ………………………… 626

2006年授予的名誉博士 ……………………… 626
2006年聘请的客座教授 ……………………… 626
2006年授予的名誉教授 ……………………… 627
2006年校外媒体报道北大情况统计 ………… 628

· 索 引 · ………………………… 643

· 特　　载 ·

胡锦涛总书记给孟二冬教授女儿亲切回信

2006年4月22日,"全国模范教师"、北大中文系教授孟二冬因病医治无效,在北京不幸逝世。孟二冬教授生病期间得到胡锦涛总书记等党和国家领导人以及社会各界多方面的关注。他在世时就有意提笔感谢人们对他的关怀,无奈病情急剧恶化,最终没能如愿。

为了表达全家对总书记的感激之情,了却父亲的遗愿,孟二冬教授病逝后一个月,他的女儿孟菲向关心过父亲和她们全家的中央和北京市委的领导写信表达感激之情。5月25日,孟菲专门给胡锦涛总书记写了一封感谢信,总共十页。信中每个字都浸透着对父亲的追思、对胡锦涛总书记以及党和人民的感激之情,并表达了自己继承父亲遗志的决心。她写道:"爸爸走了,他是带着党和人民的厚爱,带着无尚的荣誉和温暖走的,我想他一定非常满足。""爸爸一生的挚爱是中国传统古文化,他认为中国传统文化博大精深,充满智慧,一定能为人类文明和世界的进步发挥作用,所以他才乐此不疲地为之忘我工作。""爸爸一生最惦记的是他的学生。临终前,他唯一的请求是与他的每个学生进行30分钟的谈话。爸爸对教师事业的执着追求,对生命的眷恋和热爱,激励、感染着我和他的学生,我已下定决心做一名教师,完成爸爸未竟的事业。"

6月9日,中共中央总书记、国家主席胡锦涛亲自给孟菲写了回信,并委托中央办公厅转达。胡锦涛总书记在信中动情地说,我是含着热泪读完你这封来信的。你对爸爸无尽的思念,你记述他在最后的日子里仍惦记着他的学生、眷恋着他未竟的事业,所有这些,都使我深受感动。你爸爸是一位平凡的学者,但他以勤勉踏实的治学精神攀登学术高峰,做出了不平凡的业绩。你爸爸是一个普通的教师,但他为人师表的高尚品德却深深打动了每一个人,给人以心灵的震撼。你爸爸不愧是教书育人的杰出楷模,不愧是当代中国知识分子的优秀代表。你爸爸的去世,对你们家人是无可挽回的损失,对北大、对国家教育事业也是一个重大损失。

胡锦涛总书记在信中说,孟二冬教授一生挚爱博大精深的中华文化。他不仅在浩如烟海的典籍中学习和研究中华文化、在三尺讲台上讲授和传承中华文化,而且以自己的模范行为诠释和躬行中华文化的精髓。他把自己有限的生命全部用来报效祖国和人民。在他身上,不仅体现了学识的魅力,而且体现了人格的魅力。他的崇高精神和品德值得各行各业的人们认真学习。

胡锦涛总书记语重心长地对孟菲说,你在来信中表示,决心继承爸爸的遗志,选定教师这个职业,继续完成爸爸未竟的事业。这令我十分欣慰。相信你一定会继承和弘扬你爸爸的崇高精神,刻苦学习知识,加强品德修养,努力成为对祖国、对人民的有用之才,不辜负你爸爸对你的殷切期望和嘱托。

收到胡锦涛总书记的回信,处在失去亲人悲痛之中的孟菲倍感温暖,激动万分的心情久久不能平静。她说:"总书记那么忙,还抽时间给我们回信,回得那么快,写得那么动情,读着读着,我们的眼泪就掉下来了。总书记回信的字里行间处处体现了他对孟二冬这样一位普通教师的尊重和对他以往工作的肯定。自己一定牢记总书记的嘱托,继承父亲的遗志,把他的精神融入到自己的学习、工作和生活中,早日成长为对祖国和人民的有用之才,决不辜负总书记的期望。"

未名湖畔,博雅塔下,胡锦涛总书记给孟二冬教授女儿亲笔回信的消息不胫而走,在北大师生中引起了强烈反响。师生一致表示,胡锦涛总书记的回信让人倍感亲切,倍感温暖,充分体现了总书记对北大教师和知识分子的关心与爱护,体现了他对青年学子弘扬传统、修身养性、刻苦学习的期许与厚望,体现了他尊重教育、尊重知识、尊重人才的一贯作风。胡锦涛总书记的回信必将鼓舞全体北大人进一步深入学习孟二冬教授的先进事迹,继承和发扬孟二冬教授的崇高精神,时刻牢记创建世界一流大学的光荣使命,脚踏实地,奋发进取,为推动我国教育事业发展、夺取全面建设小康社

会新胜利和早日实现中华民族伟大复兴做出更大的贡献。

北大党委书记闵维方教授说:"胡锦涛总书记的回信内涵深刻,寓意深远。总书记号召我们认真学习孟二冬的精神,这是新形势下党中央对广大教师提出的新目标和新要求,为我们全面加强教师队伍建设指明了方向。我们一定要认真做好教育改革和发展的各项工作,不辜负党中央和总书记的殷切期望。"

东语系的傅增有教授说:"这封字字含情、感人肺腑的信不仅是写给孟教授女儿的,也是写给北大教师、写给全国教师的。这是总书记对孟教授和他家人的关心,更是对北大教师、对全国教师的关怀。"

曾和孟二冬共事10多年的北京大学中文系刘勇强教授说:"孟老师在日常工作中表现出非常可贵的品质,令人敬重。在敬业这一点,在做诚恳的人、做操守高尚的人这一点,大家都应该向他学习。在我们心目中,孟老师是一杆标尺、一盏明灯。无论是为学、为人还是为师,他都是我们学习的榜样。"

马克思主义学院的夏文斌教授感慨地说:"一流大学应该有一流教师。中国教育和世界教育先进水平的差距,很重要的一个方面在于教师。我相信,总书记的信必将深化广大教师对自身使命的认识,为教师队伍建设注入新的动力。"

北大党委把学习、宣传和贯彻落实胡锦涛总书记的回信精神作为最重要的一项政治任务,与庆祝建党八十五周年的主题相结合,精心组织,周密部署,迅速在全校党员和广大师生中开展一系列学习宣传活动,把总书记的关怀与嘱托传达给每一个人,并将其转化为激励全校师生为创建世界一流大学和实现中华民族伟大复兴不懈奋斗的强大动力。

6月13日,北大召开党委常委扩大会议,专题传达了胡锦涛总书记给孟菲回信的主要精神,集体学习交流了学习总书记回信的心得体会。

6月15日,北京大学隆重举行纪念中国共产党成立八十五周年暨表彰大会。会上,校党委书记闵维方向全校党员师生传达了胡锦涛总书记和陈至立国务委员给孟二冬女儿回信的精神,号召大家深入学习孟二冬精神,永葆共产党员先进性。

6月至9月,校党委组织部组织召开了以"深入学习孟二冬精神,永葆共产党员先进性"为主题的党员代表座谈会。统战部组织召开了以学习胡锦涛总书记回信精神为主题的党外代表人士座谈会。学生工作部、校团委组织全校学生代表召开了"大力弘扬孟二冬精神,争做振兴中华栋梁材——北大学子深入学习胡锦涛总书记给孟二冬女儿孟菲回信精神座谈会"。各院系、职能部门和直属附属单位纷纷组织本单位师生和教职员工召开座谈会,结合本单位工作实际,认真学习贯彻胡锦涛总书记的回信精神。

9月6日,新华社播发了胡锦涛总书记给孟二冬教授女儿的回信。当天,中共教育部党组发布了《关于认真学习胡锦涛总书记回信精神,做好庆祝2006年教师节有关工作的通知》。通知指出,胡锦涛总书记给北京大学孟二冬同志女儿的回信对教师队伍建设和教育事业改革发展具有十分重要的指导意义。为切实做好回信精神的学习宣传和贯彻落实工作,教育部党组研究决定,教师节要以深入学习宣传和贯彻落实胡锦涛总书记回信精神为主线,以"尊师重教,为人师表"为主题,在全国教育系统迅速掀起学习宣传和贯彻落实回信精神的高潮,进一步弘扬新时期人民教师的高尚师德,进一步增强广大教师的光荣感、责任感和使命感,进一步营造尊师重教的良好社会氛围,进一步加强和改进教师队伍建设工作,促进教育的改革发展。

根据教育部党组的要求,9月8日,北京大学隆重举行学习贯彻胡锦涛总书记回信精神暨教师节表彰大会,掀起了学习孟二冬教授先进事迹和胡锦涛总书记回信精神的新一轮高潮。经过精心筹备,北京大学于12月13日召开全校第二届师德建设工作会议和首届蔡元培奖颁奖大会。其中,"蔡元培奖"是北京大学颁发给教师的最高荣誉,是北京大学全面贯彻胡锦涛总书记给孟二冬教授女儿回信精神,深入开展社会主义荣辱观教育,进一步加强师德师风建设,鼓励广大教师献身教育事业,努力为创建世界一流大学做出一流业绩的重要举措。

北大开展深入学习贯彻胡锦涛总书记回信精神的活动取得了良好效果。北大师生对孟二冬教授的精神有了更加深入的认识,对"为人师表、品德高尚"有了更加深刻的体会,对自身承担的历史使命有了更加准确的把握。全体师生以孟二冬教授的精神为指引,脚踏实地,艰苦奋斗,在创建世界一流大学的征程上更加奋勇前进。

(张兴明)

附 录

胡锦涛总书记给孟二冬女儿孟菲的回信

孟菲:

你好!你的来信及随信捎来孟二冬教授的专著收到了,我是含着热泪读完你这封来信的。你对爸爸无尽的思念,你记述他在最后的日子里仍惦记着他的学生、眷恋着他未竟的事业,所有这些,都使我深受感动。在此,我谨对孟二冬教授的不幸去世,再次表示深切的哀悼!向你妈妈和你表示诚挚的慰问!

正如你所说,你爸爸是一位平凡的学者,但他以勤勉踏实的治学精神攀登学术高峰,做出了不平凡的业绩。你还说,你爸爸是一个普通的教师,但他为人师表的高尚品德却深深打动了每一个人,给人以心灵的震撼。你爸爸不愧是教书育人的杰出楷模,不愧是当代中国知识分子的优秀代表。你爸爸的去世,对你们家人是无可挽回的损失,对北大、对国家教育事业也是一个重大损失。

斯人已逝,伤如之何!我在报纸上看到,你爸爸的老师袁行霈先生为他撰写了这样一幅挽联:"细流春风,此日护君归故土;明窗朗月,何人伴我话唐诗",充分表达了北大师生对你爸爸的深切怀念。所有认识孟教授的人、以及没见过他但了解他先进事迹和崇高风范的人,无不为他的盛年早逝而深感遗憾和痛惜。

孟二冬教授一生挚爱博大精深的中华文化。他不仅在浩如烟海的典籍中学习和研究中华文化、在三尺讲台上讲授和传承中华文化,而且以自己的模范行为诠释和躬行中华文化的精髓。他常书写"尺璧不宝,寸阴十金"这句话,并把这句话作为自己的座右铭。他是这样写的,也是这样做的,他把自己有限的生命全部用来报效祖国和人民。在他身上,不仅体现了学识的魅力,而且体现了人格的魅力。他的崇高精神和品德值得各行各业的人们认真学习。

你在来信中表示,决心继承爸爸的遗志,选定教师这个职业,继续完成爸爸未竟的事业。这令我十分欣慰。相信你一定会继承和弘扬你爸爸的崇高精神,刻苦学习知识,加强品德修养,努力成为对祖国、对人民的有用之才,不辜负你爸爸对你的殷切期望和嘱托。

　　祝
　　健康　进步!

胡锦涛
2006年6月9日于中南海

校内外深切缅怀王选院士　深入开展向王选学习活动

2006年2月13日上午11时许,第十届全国政协副主席、中国科学院院士、中国工程院院士、北京大学王选教授因病抢救无效在北京逝世,享年70岁。

王选教授出生于1937年,江苏无锡人。他是计算机汉字激光照排技术发明人,主持研制了华光和方正电子出版系统,引领了我国出版印刷业废除铅字印刷,实现激光照排的技术革命,并实现了大规模产业化应用,占领了海内外华文报业市场,为我国新闻出版全过程的计算机化奠定了基础。王选教授曾获一项欧洲专利和八项中国专利,两次荣获国家科技进步一等奖,并获联合国教科文组织科学奖等20多项大奖。2001年,王选教授获得国家最高科学技术奖。

王选院士逝世后,北京大学成立了以许智宏校长为主任的治丧办公室,并连夜在百周年纪念讲堂纪念大厅布设灵堂,供师生员工和社会各界人士前来吊唁。2月15日上午9点,王选院士的灵堂正式对外开放。许智宏北大校领导以及前任领导首先来到王选院士巨幅遗像前,鞠躬默哀,深切悼念。身在国外的党委书记闵维方专程发来唁电和悼文,对王选院士的逝世表示沉痛悼念。广大师生和各届校友数千人先后到灵堂祭奠,表达哀思。

2月19日上午,王选院士遗体在北京八宝山革命公墓火化。当天上午9时许,胡锦涛、温家宝、贾庆林、曾庆红、王兆国、吴仪、周永康、贺国强、王刚、李岚清、何勇等在哀乐声中缓步来到王选同志的遗体前肃立默哀,向王选同志的遗体三鞠躬,并与家属一一握手,表示深切慰问。中共中央办公厅、全国人大常委会办公厅、国务院办公厅、全国政协办公厅、中央和国家机关、九三学社等有关方面负责同志,以及王选同志的生前友好和家乡的代表也前往送别。

为了继承和弘扬王选院士的优秀品质和高尚情操,2月21日北京大学召开党政联席会,作出《关于号召全校师生员工向王选院士学习的决定》,在全校开展向王选院士学习的活动。《决定》将王选院士的精神概括为四个方面:第一,王选院士具有高度的社会责任感和知识报国、忘我奉献的爱国主义精神。第二,王选院士具有高远的志向和追求真理、追求卓越的科学精神。第三,王选院士具有高深的战略眼光和开拓进取、自主创新的时代精神。第四,王选院士具有高尚的人格和为人师表、甘为人梯的高尚风范。学校号召全体师生员工将学习和继承王选院士的精神作为对王选院士的最好缅怀和纪念,化悲痛为力量,在创建世界一流大学,创建创新型国家的进程中奋发有为,努力拼搏,为早日实现中华民族伟大复兴而不懈奋斗。

《决定》下发后,各基层单位积极响应号召,迅速开展了一系列学习王选院士的活动。北大学生会、研究

生会也联合发出倡议,号召全体学生向王选院士学习,倡议中说,今天的北大学子纪念先生最好的方式,就是沿着王选先生的路前行,立志成才,奋发有为。全校师生纷纷表示要继承王选先生的遗志,为人民、为社会奉献自己的力量,做出北大人应有的贡献。

王选院士逝世后,中央宣传部、中央统战部、教育部联合下发《关于在广大知识分子和统一战线各界人士中开展向王选同志学习活动的决定》,在广大知识分子和统一战线各界人士中开展向王选同志学习活动。决定指出,要通过深入开展学习王选同志活动,激励和引导广大知识分子和统一战线各界人士,更加紧密地团结在以胡锦涛同志为总书记的中共中央周围,坚持走中国特色的政治发展道路,为全面建设小康社会和创新型国家,开创中国特色社会主义事业新局面而努力奋斗。

5月17日,王选同志先进事迹报告会在北京人民大会堂举行。报告会前,中共中央政治局常委、全国政协主席贾庆林亲切会见了报告团全体成员,转达了胡锦涛总书记对王选同志夫人陈堃銶的诚挚问候。全国人大常委会副委员长、九三学社中央主席韩启德,全国政协副主席、中央统战部部长刘延东参加了会见。

贾庆林指出,王选同志是当代知识分子的楷模,是统一战线成员的骄傲,是广大知识分子和统一战线成员学习的光辉榜样。广大知识分子和统一战线各界人士,要以王选同志为榜样,认真学习他的爱国情操、思想风范、创新精神和崇高品德,坚持中国共产党领导的多党合作和政治协商制度,牢固树立社会主义荣辱观,坚持走中国特色自主创新道路,把自己的人生价值与国家的前途命运紧密结合起来,把个人的奋斗进取与中华民族的伟大复兴紧密结合起来,奋发有为、努力拼搏,开拓创新、勇攀高峰,为国家富强、民族振兴、社会和谐、人民幸福,贡献自己的聪明才智。

报告会由中央宣传部、中央统战部、教育部和九三学社中央联合举办。报告会上,王选同志夫人陈堃銶和报告团的4位成员以自己的亲身经历,讲述了王选同志的先进事迹和崇高精神。报告感人肺腑,催人泪下,赢得了一阵阵热烈的掌声。

(李 喆)

·专 文·

校长许智宏在春季全校干部大会上的讲话

(2006年2月16日)

同志们,老师们:

大家好!

春节刚过,新学期即将开始上课。首先,我代表学校党委和行政给大家拜个晚年!祝愿大家在新的一年里身体健康、工作顺利!

1月23日至25日,校领导班子召开了寒假战略研讨会,围绕全面贯彻落实全国科技大会精神,提高我校自主创新能力,集中研究了学科建设、队伍建设、人才培养和资源配置等问题。下面,我结合寒假战略研讨会讨论的问题,分别就学校行政和党委两方面的工作谈谈我们的认识,并布置本学期的工作。

第一部分 行政工作

一、认真学习和贯彻全国科技大会精神,全面认识和把握我校面临的机遇与挑战

1月9日至11日召开的全国科学技术大会,是党中央、国务院在新世纪召开的一次重要会议。胡锦涛总书记和温家宝总理分别作了重要讲话,明确提出要坚持走中国特色自主创新道路,在2020年把我国建设成为创新型国家的奋斗目标。会议认真讨论了中共中央国务院"关于实施科技规划纲要、增强自主创新能力的决定"和《国家中长期科学和技术发展规划纲要》。寒假期间召开的教育部直属高校工作咨询委员会第十六次全体会议和北京高校领导干部会的主要内容也是传达学习全国科技大会精神。今年还要召开全国教育工作会议,在教育界进一步落实科教兴国和人才强国战略,以及部署落实全国科技大会精神。

为尽快传达学习全国科技大会精神和《规划纲要》的主要内容,全国科技大会一闭幕,学校党政领导班子就首先在党政联席会上进行了专题学习,随即召集部分学科带头人、相关院系和职能部门的领导进行了座谈和研讨。学校领导班子寒假研讨会再次进行了专题学习,并以提高创新能力、参与创新型国家建设为主线,对学校发展规划和各项工作进行了深入研讨。科技大会的相关文件会陆续公开发表,今天的干部大会也是一次传达和学习全国科技大会精神的动员大会,希望各级领导要认真学习,还要组织广大教职工学习。要真正做到吃透精神、指导工作。今天主要结合会议精神谈谈我们面临的机遇和挑战,以及我们的思路。

这次全国科技大会提出的"自主创新、重点跨越、支撑发展、引领未来"的十六字方针,核心是自主创新。把创新作为国家战略提出来,坚持走中国特色自主创新道路,把我国建设成为创新型国家,这标志着我国科教兴国和人才强国战略进入了一个全新的发展阶段,对于整个国家经济社会的发展,对于我国科技工作和高等教育的发展具有重要的指导意义。胡总书记和温总理的讲话中均明确了《规划纲要》的总体目标,就是要在未来15年内,使我国的自主创新能力显著增强,科技促进经济社会发展和保障国家安全的能力显著增强,基础科学和前沿技术研究综合实力显著增强,取得一批在世界具有重大影响的科学技术成果,进入创新型国家行列,为全面建设小康社会提供强有力的支撑。这一目标十分鼓舞人心。创新靠科技、科技靠人才,而人才靠教育。大学,特别是研究型大学在创新型国家的建设过程中肩负着双重使命,一方面研究型大学是国家创新体系的重要组成部分,直接参与科学研究和科技成果转化;另一方面,大学是培养具有创新精神和实践能力的人才的基地,是实施人才强国战略的基础。

令我们感到振奋的是,《国家中长期科技发展规划纲要》提出到2020年把我国建成创新型国家,这与我校创建世界一流大学的战略部署在时间安排上是大体一致的。《规划纲要》明确提出国家将继续支持"211工程"和"985工程"。陈至立同志在直属高校咨询会的讲话中也明确提出要继续深入实施"211工程"和"985工程"。我校"985工程"二期所确定的"以队伍建设为核心、以交叉学科为重点,以体制改革为动力,全面规划、重点突破,实现跨越式发展"的总体思路,和我们采取的搭建科技创新平台的一系列具体步骤,与国

家提出的要求总体上是一致的,我们在学科建设上的布局规划与国家的需求也是基本上吻合的。

根据《规划纲要》和科技发展"十一五"规划,国家将大幅度提高科技投入。在国家创新体系的建设过程中,对人才、科研成果和各种教育产品的需求将不断增加,我们将迎来一个更为有利的政策环境和舆论环境,通过我们的努力,也可能得到更多的科研经费支持。所以,在创新型国家建设中,北大可以而且必须有所作为。我们必须抓住这一历史性机遇,参与到创新型国家的建设中去,在参与的过程中发展自己,尽早跻身世界一流行列。因此,未来一段时间将是我校发展的一个重要的战略机遇期,全校上下必要要有强烈的机遇意识。

与此同时,也应该看到,我们同样面临着严峻的挑战。国家对创新人才和创新科研成果的迫切需求给高校的人才培养、学科建设、科学研究和社会服务提出了更高的要求。国际国内的人才竞争不断加剧,国家和社会虽然将投入大量的科研经费,但都要通过竞争的方式获得。从总体来说,我们的竞争意识和竞争能力还需大大加强。

"自主创新、重点跨越、支撑发展、引领未来"的16字指导方针对北大意味着什么?我们应如何去贯彻呢?学校的思路是:

首先,"自主创新"对学校来说就是要全面增强学校的创新能力。人才培养要围绕提高学生的创新精神和实践能力展开,科研上追求原创性成果,队伍建设上既要努力吸引和培养一批具有国际水平的大师和学科带头人,又要注重培养具有创新能力和发展潜力的中青年学术骨干,要重点支持和培育高水平的创新团队和学术群体。在管理上,要不断谋求体制和机制的创新,组建一支精干高效、责权明确的管理队伍,建立一套流畅完备的运行机制,营造一个积极向上、宽松活跃的学术氛围。

"重点跨越",就是坚持有所为、有所不为,集中资源,重点支持具有良好基础和优势的学科、关系国计民生和国家安全的关键学科领域、具有巨大发展潜力、顺应科学发展趋势的前沿交叉学科领域,谋求重点突破,实现跨越式发展。具体到"985工程"二期建设中,就是要切实建设好理工医的科技创新平台以及人文社会科学的创新基地,争取通过几期"985工程"的支持,在若干领域取得重大的成果。

"支撑发展,引领未来",就是要求我们的学科建设和人才培养既要紧密结合我国经济社会发展的战略需求,又要遵循科学发展的客观规律,把国家需求与学科发展结合起来,处理好基础研究与应用研究的关系,一方面要重视基础研究的作用和长远价值,给予基础研究稳定的支持,使其有良好的条件探索科学前沿,引领未来的发展方向;另一方面,也要围绕经济社会发展和国家安全的主要领域,加强应用研究,为技术创新和应用开发服务,促进基础研究和应用开发协调发展。

学校要求全校师生员工,首先是各院系和职能部门的负责人,要深入学习贯彻全国科技大会精神,把参与创新型国家建设作为我校创建世界一流大学的加速器,把"创新"作为事业发展的灵魂,以"自主创新、重点跨越、支撑发展、引领未来"16字方针,指导我校的"985工程"和"211工程"的建设,根据国家战略和科技中长期发展纲要来规划和推进学科布局、队伍建设、人才培养和科学研究等各项工作。

二、继续加强队伍建设,探索人才管理体制和机制的创新

队伍建设是"985工程"二期建设的核心内容。2005年,我校队伍建设呈现良好的发展态势,有3名教授当选中国科学院院士,2名教授当选第三世界科学院院士,23位学者入选文科"资深教授";在新一轮长江学者评审中我校有21名教授通过了教育部评审,新增13名杰出青年基金获得者,国家创新团队的总数达到10个。我校还在去年启动了百名青年学者计划和海外学者讲学计划。经过这几年的不懈努力,我校已经初步形成了以83位院士和资深教授、近百名长江学者、108名国家杰出青年和一批有潜力的创新学术团队为核心的、合理的可持续的人才梯队,队伍结构进一步优化,教师队伍的整体水平和结构在国内高校应该说处于领先地位。

要提升学校的竞争力,搞好科研和教育的关键在人,在于我校能否建立起一支优秀的教师队伍。虽然近几年我们得到了国家重点支持,教学、科研和生活条件也有了很大的改善,但是我校的空间和财力仍然非常紧张。在资源有限的情况下,在人才的培养和引进上,必须紧密结合学科发展的需求和可能,有所侧重。学校人事部门要与各院系的领导一起,全面分析和梳理我校各学科人才队伍的状况和未来发展的重点,根据学科建设的战略部署有针对性地调整师资规模和结构。对管理、实验技术、教辅、服务等岗位的队伍建设也必须高度重视。对教学、科研和管理服务等不同岗位的人员建立和健全相应的评估机制,确保队伍建设的质量稳步提升。另外,新机制与原有机制的衔接问题要给予高度重视,人事部门要抓紧研究原有体制和机制的改革,结合今年人事部正在拟定的新的人事及工资改革措施,要及时提出方案进行研究。

三、集中力量、重点突破,开拓学科建设的新局面

《国家中长期科学和技术发展规划纲要》把能源和环境保护技术、装备制造业和信息产业核心技术、生物技术、空间和海洋技术、基础科学和前沿技术研究等五个领域作为未来15年我国科技发展的五个战略重点,

在这五个重点领域中都有我校的优势学科,特别是在基础研究、环境科学、信息科学、生命科学、医学和药学、地球与空间科学等领域,我校一直在国内处于领先或优势的地位,部分学科在国际上也有着重大影响。在"985工程"二期建设中,我校更是把前沿交叉学科作为发展的重点,在学科布局上与《规划纲要》的部署也是吻合的。因此,未来的一段时间将是我校学科发展的黄金时期。

2005年,工学院、分子医学研究所、先进技术研究院和国际数学中心等机构已经成立,前沿交叉学科研究院的筹备工作进展顺利,计划今年正式组建。这是我校调整完善学科布局的重大举措。部分院系也会做适当的调整,比如工学院与力学系的整合,目的就在于更好地统筹资源,提高学校在工程科学方面的实力。新组建的工学院的领导十分注重与产业部门和地方的合作,已有一个很好的开端。学校应在人员、经费、空间等方面保证支持力度,使它们能够尽快运转起来,并逐步走上自我发展的良性轨道。

人文社会科学一直是北大的优势。进入21世纪,我们面临前所未有的发展机遇,也遇到了巨大的挑战,需要认真思考北大的人文社科要做什么,能做什么,能做好什么这三个根本性的问题,根据未来的发展方向,查找问题,调整部署。要继续巩固和强化北大人文社科在同行崛起竞争中的领先地位,发挥引领作用。

要在继续推动各学科发展的基础上,创造条件,促进相关学科群的形成。今年的工作,除了启动人文大楼、加强经费筹措、继续保障基本运行条件等工作之外,还要根据人文社科发展的自身规律和特点,加强相关学科院系之间的交流与协作,使相关学科形成学科群的架构。对人文社科各级各类科研机构进行分析整理,确保质量,优胜劣汰。以学科群为基础,建立人文社科领域的调查资料共享平台和跨学科交叉研究平台,促进学科间的交流和跨学科的交叉研究。在社会科学领域,要瞄准国家的重大需求,加强组织、争取经费、多出成果,为国家在经济社会发展的重大问题上提供咨询,在国家的决策层面要有北大的声音。也要促进人文社会科学与理工医的相互渗透,比如《规划纲要》中有关资源环境、城市化与城市发展、人口与健康、公共安全等研究领域均为文科学者的参与留有空间。又如北京市已确定把文化产业作为未来的支柱产业,北大在这方面有巨大的综合优势,要把各相关学科的学者组织起来,争取项目和经费,既为北京文化产业的发展作贡献,又能为人文社会科学的发展创造良好的条件。在人文社科领域要注重培养一批学贯中西的学者,提升我们的学术水平。文科院系要进一步加强国际交流,扩大国际影响。在世界范围推广汉语和中华传统文化是国家战略,学校要求有关院系加强合作,整

合力量,积极参与,发挥北大的作用。

为进一步推动学科建设,学校正在探索院系管理体制的改革,在进一步明确学校与院系之间的责权利关系的基础上,赋予院系更大的自主权。从去年下半年开始,学校启动了全校范围的院系评估。在自评的基础上,本学期学校将进一步总结、分析和完善各院系的评估指标,要通过明确的评估指标导向,促进各院系在教学科研、队伍建设和人才培养上每年都有实质性的进展,为产生重要的成果营造良好的环境和基础。

尽管学校财政非常困难,但学校将努力筹措经费,一方面加大基础设施的建设,另一方面要拿出专款,以院系评估为基础,奖励在教学科研上做出突出成绩的院系,使院系拥有实质性的资源,激励做出重要贡献和付出巨大辛苦的人员。

今年,教育部将对"211工程"二期建设情况进行全面评估,第三期工程的筹备工作也将启动。学校要求211办协调各有关院系,积极配合教育部的评估,通过评估总结经验,查找不足,明确第三期工程的建设思路。

四、继续深化教学改革,进一步加强学生创新能力和综合素质的培养

创新型人才的培养是建设创新型国家的基础。现阶段,人才培养更要强调以培养创新精神和创新能力为重点,用创新的思维和创新的方法,以教学改革为手段,健全各项改革措施,切实提高人才培养质量,服务创新型国家的建设。

多年来,我校本科教学改革一直在稳步推进,坚持"强化基础、淡化专业、因材施教、分类指导"的教育理念,举办"元培计划"实验班;全面修订教学计划,逐步建立由主干基础课、通选课、平台课、研究课程组成的课程体系;从按专业组织教学向按院系或学科大类组织教学转变,实现院系或学科大类内低年级的通识教育和高年级的宽口径专业教育;创办暑期学校;鼓励本科生参与科学研究等一系列改革措施正在按部就班地稳妥实施,也取得了一系列标志性的成果。2005年,我校共有24项教学成果获国家级教学成果奖,其中特等奖项(第二完成单位)、一等奖6项、二等奖18项;10门课程入选国家级精品课。实践证明,我校本科教学改革的理念是正确的,成效也是显著的。

同时我们必须认识到,当前我校本科教学的现状是院系组织教学和元培班双轨并存,"元培计划"经过四年多的尝试,已经积累了许多成功的经验,也发现了不少问题。本科教学改革下一步该怎么走,是我们面临的一项重大课题。为适应国家对创新型人才需求,找出与世界一流大学在人才培养上存在的差距,进一步明确教学改革的方向,学校决定今年上半年组织一次全校范围的本科教育大讨论,从教学组织、学生管理

和教学资源的配置等角度,对本科教育进行全面深入的研讨。学校要求各院系各部门对这次讨论要高度重视,认真准备,教务部门要精心组织,确保研讨效果。

本科教育今年另一项重要工作是继续做好迎接2007年教育部本科教育评估的筹备工作。去年,各院系配合教务部门在完善制度、规范管理方面做了大量基础性的工作。今年,学校将建立迎评工作班子,在上半年对院系的迎评准备工作情况进行全面检查。学校要求各院系和部门务必高度重视,充分动员,以评促建,任何环节都不能出现问题,确保取得好成绩。

研究生教育是高层次人才培养的重要途径,研究生队伍是参与科研活动、进行科技创新的生力军。在研究生招生上,要着重强调创新精神、综合素质和研究潜力的考察,坚持招生改革的大方向,扩大院系招生自主权;在研究生培养上,要特别注重创新能力的培养,把科研创新和人才培养结合起来。在过去几年,由于学科建设和科研工作的需要,我校研究生规模经历了一段快速增长的时期。今后研究生工作的重点要明确放在控制规模、提高质量上。在规模控制的前提下,根据学科发展的需要进行适当的结构性调整。学术道德要常抓不懈。尽管学校在各种场合一再强调各院系要加强研究生学术道德、学术规范的教育和研究方法的训练,但是个别院系没有给予足够的重视,一再出现研究生学术失范的情况。学校正在考虑建立研究生学术失范责任追究制度,建立导师和院系责任制,同时研究生院和各院系均要高度重视这方面的教育,把学术规范作为研究生的必修课,激发同学们的科学精神,规范学术行为。

五、积极参与科技发展"十一五"规划的实施,全面提升我校科研工作的水平

2005年,我校到校科研经费达到6.5亿元,比2004年增加51%,其中文科的科研经费首次突破5000万元。论文质量稳中有升,平均影响因子由2003年的1.68提高到2005年的2.01。全年理科和医科在影响因子大于10的学术刊物上发表论文11篇,其中医学部尚永丰教授和地空学院涂传诒院士的研究成果分别发表在Nature和Science上。我校连续三年科技论文引用率名列全国高校之首。更值得一提的是,去年医学部科研论文的平均影响因子达到2.5。这些数据表明,我校科研论文从追求数量到更追求质量的转变收效明显。

今年,我校全面提升科研工作水平有着良好的外部环境。全国科技大会明确指出国家将进一步加大对科研的投入,加大政策支持的力度。《国家中长期科学和技术发展规划纲要》确定了16个重大专项,涉及信息、生物等战略产业领域,能源资源环境和人民健康等重大紧迫问题,以及军民两用技术和国防技术,其中核心电子器件,高端通用芯片及基础软件,极大规模集成电路制造技术及成套工艺,水体污染的控制与治理,转基因生物新品种培育,重大新药创制,艾滋病和病毒性肝炎等重大传染病防治,高分辨率对地观测系统等领域,以及确定的八项前沿技术中生物技术、信息技术、新材料技术、先进能源技术、激光技术、空间和航天技术等,我校都有相当的实力。在基础研究的科学前沿、面向国家重大战略需求的基础研究以及重大科学研究计划共22项研究中,更是涉及我校理工医各院系。科技部正在制定科技发展"十一五"规划,重点解决经济建设和社会发展中的重大关键问题,突出公益技术研究和产业关键共性技术研发,为经济社会发展提供有效支撑;重点支持能源、资源、环境、农业、医药卫生等领域,并特别突出了国家安全、公共安全、人口与健康以及城市化等方面的问题,许多课题都需要跨文理医组织研究力量。国家科研经费也急剧增长,科技部"十一五"规划的总经费有800亿—1000亿,"十一五"期间国家自然科学基金会的经费总额将增加一倍,科技部"973项目""863计划"以及科技攻关项目的总经费都将大幅度增长。

我校"985工程"二期建设以科技创新平台建设为主要内容,目的就是改善科研条件,加强科研力量的整合,提高整体科研竞争力。学校要求科研管理部门要进一步加强科研组织,及时地把国家有关部委的项目和经费信息与有关的院系和教授沟通,帮助教师到校外争取更多的经费。在项目组织上要注重学科交叉,加强不同学科的研究力量的整合,瞄准国家战略需求凝聚力量,切实提高争取重大项目的竞争力。

全国科技大会把企业作为技术创新的主体,并且在实施《规划纲要》的配套政策中,考虑加大对企业自主创新投入的所得税前抵扣力度,这将促使企业为增强自主创新能力增加投入,推进产学研有机结合,创造更好的外部环境和基础。因此,我校要对产学研结合给予足够的重视,进一步加强横向项目的组织,争取更多的横向经费。

我还要再强调一下保密资格认证工作。按计划,我校申请本学期前半段接受保密审查。目前,准备工作已到最后阶段。学校重申,各有关院系和职能部门对此一定要高度重视,大力配合认证领导小组及其办公室的工作,主动查找漏洞,确保一次通过现场审查。任何一个环节通不过,都将导致整个学校申请失败。此事事关全局,直接影响我校承担军工科研任务的资格,任何部门和个人都不能掉以轻心。

六、加强资源统筹,加快基本建设,完善校园规划

学校统筹资源配置的理念是,围绕教学科研和人才培养这个中心任务,合理配置人财物等各类资源,谋求资源使用效益的最大化,既要用好增量,也要盘活存

量,既要能够解决当前面临的主要矛盾,又要为今后学校的可持续发展留有余地。当务之急是建立资源投入与配置审核制度,推进资源配置的科学化、规范化。人力资源的配置要采用新机制,坚持择优扶重的原则;对特殊人才和重点培养对象要关心扶持,建立绿色通道。财务工作要始终坚持财力集中、统一领导的原则,确保财务安全;坚持以收定支,量入为出的原则,确保收支平衡;坚持开源节流的原则,确保学校的可持续发展。资产管理要加强统筹,完善制度,在去年对全校资产状况进行了彻底清查的基础上,今年学校将建立公房管理系统,启动公房收费制度。为了确保科研教学发展的需求以及重大基建项目的建设,学校和各院系均要加强筹款力度,广开财路。

最近几年是我校基础设施建设任务最为繁重的时期。去年我校完成基建投资3.5亿元,竣工面积近19万平方米。今年学校将继续推进奥运体育馆、中关园外国专家留学生公寓、经济学院综合大楼、光华企业家研修大楼、医学部教学大楼等工程,并计划启动公共教学大楼、人文大楼、微电子大楼、精工实验楼、教育学院大楼、校医院大楼、篓斗桥学生宿舍、医学部学生宿舍等工程的建设。今天上午新化学南楼工程已举行了奠基开工仪式。今年还要全面推进未名湖北岸朗润园和镜春园的综合整治和文物保护工作,启动国际数学中心工程的建设。大家可能注意到了,前几天网上有不少批评意见,主要是不了解实际情况。这项工作的目的在于整治环境,恢复古园风貌。事实上,未名湖北岸综合整治方案和国际数学中心建筑设计方案,是从校园规划的整体出发制订的,包括景观规划和文物保护规划,都严格依法按程序经过了国家文物局、北京市文物局、市规划委员会等有关部门的审批,并得到了专家的高度评价。

未来几年校园基建任务重,难度大,审批周期长,情况复杂,学校主管部门要严格执行招投标程序,加强工程监理和工程审计,把好工程质量关,加强成本控制。特别是在奥运场馆建设的过程中,学校各有关部门要积极配合国家审计署、奥组委、北京市和海淀区等各级监察审计部门的监督和检查,确保实施阳光工程。

为真正做到立足当前、着眼长远,根据具体情况的变化,校园规划需要做进一步调整完善,调整要紧紧围绕学校事业发展的总体规划,充分考虑不同学科的特点,充分考虑到地铁四号线等影响学校发展的外部因素,拿出完整的校园规划、景观规划和水系治理方案。

七、其他工作

1. 行政管理与服务

各行政部门要以教学科研为中心,进一步强化服务意识、改善服务态度、提高服务水平。要进一步规范管理,完善制度。机关部门要进一步完善各种规章制度和工作须知,提高工作的规范性和透明度。学校层面要尽快建立校内督察督办制度,制定全校统一的北京大学形象设计方案;学校计划在职能部门年终述职制度的基础上建立起机关部门考核评估与奖惩机制。为加快我校信息化建设,学校去年成立了信息化建设和管理办公室作为学校的行政职能部门,其职能是组织制定学校信息化建设的长期规划和阶段性规划,组织制定学校信息化建设的政策、法规、规章制度和各种标准,制定预算,审批项目,全面负责学校信息化建设和管理的日常工作。学校要求信息化办公室尽快到位,建章立制,制订不同阶段的工作计划并切实推进我校信息化建设,提高管理效率,更好地为教学科研服务。

2. 国内合作工作

国内合作要围绕学校的中心工作,按照"以服务求支持,以贡献求发展"的工作理念,发挥我校在人才培养和科学研究上的优势,在人员培训、争取横向项目、推动产学研结合上多做工作,服务地方、服务社会,提高北大的社会影响。要继续做好对口支援石河子大学的工作和对新疆大学部分学科的支援工作,积极推进与重点省市特别是与北京市的合作。要做好深港产学研基地和北大深圳医学研究中心的工作,使之在促进我校与深圳和香港科大的合作方面继续发挥积极的作用。

深圳研究生院的学科建设规划要纳入学校的整体规划当中,一方面要依靠北大的学科优势,保证办学质量和学术声誉,另一方面要充分利用当地的资源优势,服务当地经济社会发展,谋求更大的支持。同时要积极开拓与港澳地区和东南亚国家的教学和科研合作。

3. 国际合作与交流工作

要进一步加强与国外名校的合作,推进学生派出,特别是研究生的派出和联合培养。教育部很重视这方面的工作,有很好的项目和经费,我们要积极争取。要下大力气推动科研的国际合作。外国留学生教育直接关系到北大乃至中国的世界影响。为发展中国家培养人才,这是国家任务,北大也责无旁贷。随着留学生公寓的建成,我校留学生的规模也会适当增加。客观上说,各国大学也都把留学生作为增加学校办学收入的一个重要方面。

第二部分 党委工作

一、2005年党委工作回顾

2005年学校党委工作的核心任务是开展新时期保持共产党员先进性教育活动。在上级的正确领导和指导下,从上半年试点到下半年全面推开,历经半年,经过全校各级党组织和广大党员的共同努力,我校的先进性教育活动圆满结束,成效显著,不仅进一步增强

了各级党组织的凝聚力、战斗力和创造力，进一步提高了广大党员的党员意识、责任感和使命感，而且始终坚持把先进性教育活动与创建世界一流大学的中心工作结合在一起，坚持发扬党内民主、走群众路线，真正把先进性教育活动办成了"群众满意工程"，得到了北京市委教育工委先进性教育活动领导小组和督导组的充分肯定。

尽管集中开展先进性教育活动在一定程度上加大了工作强度，但是全校各机关职能部门、各院系以及广大党员师生精心调度，合理安排，克服了时间紧、任务重等困难，坚持理论联系实际，立足本职开展先进性教育活动，努力将保持共产党员先进性的要求转化为创建世界一流大学的实际行动，学校各项日常工作平稳有序，基本上做到了先进性教育活动与日常的学习、工作"两不误、两促进"。

特别要指出的是，在先进性教育活动期间，教育部党组和北京市委着眼于学校的长远发展，对我校党政领导班子进行了进一步调整。经过这次调整，我校党政领导班子的人员结构更趋合理，职责分工明确，有利于理顺关系，提高学校的运转效率和管理水平，也为深化改革、加快发展提供了更加坚实的组织保障。全体领导班子成员对学校发展的远景目标与近期目标有着高度的共识，对现阶段学校面临的形势与任务有着清醒的认识。我们将一如既往地把加强领导班子自身建设作为学校党建工作的重点之一，时刻以"永葆先进性"鞭策自己、激励自己，不断加强思想建设、能力建设、制度建设和作风建设，各尽其职，团结协作，努力开创建设世界一流大学事业的新局面。

二、2006年党委工作要点

2006年学校党委的工作，将在切实巩固先进性教育活动成果的基础上，努力探索和建立保持共产党员先进性的长效机制，认真分析党的十六届五中全会以后的新形势、新任务，牢固树立科学发展观，把握机遇，开拓进取，全面加强党的建设，努力提高党对建设世界一流大学事业的领导能力，为加快创建世界一流大学进程提供有力的政治保障。

（一）组织工作

今年组织工作有两个重点，一是抓紧落实《高校党建和思想政治工作基本标准》，积极做好2007年北京市第五次党建和思想政治工作先进校的迎评工作；二是认真做好到届院系党政领导班子换届工作。

2004年3月，我校已正式启动了贯彻落实《北京普通高校党建和思想政治工作基本标准》的工作，将其确定为近一段时期内学校党建工作的重点之一。由于去年党委的主要精力放在开展先进性教育活动上，所以对落实《党建基本标准》的工作计划进行了必要的调整，将其列为今年党建工作的核心内容之一。随着2007年北京市党建与思想政治工作先进校检查评审工作日益临近，落实《党建基本标准》的工作更加显得迫切和重要。因此，学校党委要求全校各级党组织和全体党员务必在思想上高度重视，努力保持在先进性教育活动中激发出来的良好精神面貌，满怀热情地投入到落实《党建基本标准》的工作中来。

根据近两年来学校领导班子的人员和分工的变动情况，学校党委对落实《党建基本标准》工作领导小组做出了相应的调整。组长仍由闵维方书记担任，副组长为吴志攀常务副书记和陈文申常务副校长，领导小组成员包括张彦副书记、王丽梅副书记、杨河副书记、医学部敖英芳书记。同时，在领导小组下成立工作小组，由党委组织部部长郭海任组长，成员从纪委、党办校办、组织部和医学部党委等单位抽调。

关于落实《党建基本标准》工作，我代表学校党委强调三点意见：

第一，要站在推动学校整体工作的高度，充分认识落实《党建基本标准》工作的重要意义。

《党建基本标准》的体系庞大、指标众多，不仅涵盖了党建和思想政治工作，而且也通过检验党对高校的实际领导能力而涉及到学校工作的各个方面，体现了"抓党建，促发展"的基本思想，具有整体性、全局性和战略性。因此，落实《党建基本标准》不仅是推动我党建和思想政治工作制度化、规范化的良好契机，也是统揽学校各级党政工作的一个重要抓手，对此大家一定要有清醒的认识。因此，从学校到各院各部门，都要形成党委挂帅、党政齐抓共管、各负其责的工作机制，特别是党政一把手，一定要以身作则，率先垂范。

第二，要立足于学校和院系、部门的具体情况，把《党建基本标准》落到实处。《党建基本标准》的主要内容并没有脱离我们的日常工作，只是提出了更加系统、更加规范和细致的要求。因此，大家一定要克服畏难情绪，避免形式主义，明确目标，端正态度。特别要注意总结和借鉴先进性教育活动"两不误、两促进"的经验，从本单位的实际出发，认真执行《北京大学落实〈党建基本标准〉实施细则》，查漏补缺，扎实规范，突出重点，通过落实《党建基本标准》推动本单位工作。

第三，要在落实《党建基本标准》的工作中做到"五个结合"。

要充分发挥《党建基本标准》统领各项工作的作用，结合年度工作计划和总结，结合每年一次的评优表彰活动，结合每两年一次的民主评议党员和党支部工作，结合领导班子届中届满考核，结合建立保持共产党员先进性长效机制，突出党建工作的规范性和创新性，始终把《党建基本标准》作为贯穿党建各项工作的一条主线。学校党委决定在今年年底对落实《党建基本标准》和执行《实施细则》的情况进行一次全校范围的评

估检查,希望各单位增强工作的积极性和主动性,定期进行自查自评,及时发现问题,及时做出调整和改进。

2006年度学校中层领导班子调整和换届工作任务十分繁重,涉及校本部15个基层党委和17个院系行政班子、医学部4个基层党委和6个院级行政班子。院系领导的学术视野和管理能力在很大程度上决定了院系的发展状况,这在我校的办学实践中也已充分体现。因此,在院系领导班子换届工作中,要更加强调"以创建一流为目标,以学科发展为中心"的意识,坚持德才兼备,坚持政治标准与学术标准的统一,以对院系高度负责的态度选好人、选对人。我们要认识到,把创建世界一流大学的目标落到实处,就是要把我们的院系、学科办好,提升我们院系、学科的国际竞争力,争取在2020年前后将现有国家重点学科的四分之一到三分之一推向国际前沿。加强院系和学科建设,要充分发挥两个积极性,即学校要"搭好台",院系要"唱好戏",而怎么让搭好的台发挥作用,怎么去唱这出戏,就要靠我们的院系领导来组织策划,部署实施。因此,建设一支政治可靠、精明强干、锐意进取、勇于创新的中层干部队伍,对创建世界一流大学具有战略性意义,也是我们今年院系领导班子换届工作的指导思想。在此,我代表学校党委和行政,希望领导班子即将换届的各个院系,要用"创建一流大学"的目标进一步统一思想,凝聚共识,牢固树立大局意识和主人翁意识,积极配合学校开展届满考核、换届考察等各项工作,确保今年的院系领导班子换届工作顺利进行。

除上述两项重点工作外,组织工作还要抓好干部制度建设,建立领导干部任期目标责任制、关键岗位干部考核评估制度,建立干部数据库,加大向校外输送干部的力度。

（二）宣传工作

今年的宣传工作主要将围绕三个方面进行：

第一,积极开展对党和国家新的重大理论、政策的研究,特别是要结合学习贯彻党的十六届五中全会精神,进一步掀起学习研究"科学发展观"的高潮。要抓住中央实施"马克思主义研究与建设工程"的机会,进一步整合我校马克思主义学科群的力量,发挥我校学科门类齐全、师资力量雄厚的特点,大力加强马克思主义理论和中国特色社会主义理论的研究。在巩固传统优势的基础上,更要加注重面向实践,对党和国家发展过程中遇到的现实问题在理论上做出解释、分析并提供对策。要进一步总结我校党建工作的历史经验和在先进性教育活动中创造出的鲜活经验,继续加强党的先进性建设的理论研究,力争产出一批创新性理论成果。要进一步完善和落实学校和院系两级理论中心组学习制度,积极筹办五四理论研讨会,结合国际政局和国内时事组织举办各类形势报告会和理论报告会,丰富政治学习的内容和形式,继续保持"讲学习、讲政治"的良好风气。

第二,以深入开展"向孟二冬同志学习"活动为契机,大力加强师德师风、医德医风建设。去年12月以来,我校中文系孟二冬教授的先进事迹得到中央领导的高度评价,迅速在全国教育系统兴起了一股"向孟二冬同志学习"的热潮。全国学习孟二冬,北大必须走在前面。目前,中央已决定于2月24日在人民大会堂举行孟二冬同志先进事迹报告会。在此之前,我校将首先在校内组织孟二冬同志先进事迹报告会,学校有关单位正在上级的直接领导下加紧筹备。孟二冬教授是我校教师队伍中的优秀一员,他"为人师表,品德高尚",在平凡的岗位上作出了不平凡的业绩,更展现出了不平凡的人格魅力。北大教师素有教书育人、潜心治学、追求卓越、无私奉献的优良传统,像孟二冬这样的先进人物在北大出现不是偶然的。在我们身边,还有不少像孟二冬教授一样忠诚于党和人民的教育事业、坚持以学术为重、以育人为本、甘于平凡、躬耕不倦的老师。因此,开展"向孟二冬同志学习"的活动,也就是要弘扬北大的传统师德,弘扬人民教师的职业精神。这不是什么不切实际、高不可攀的要求,榜样就在我们身边,也不仅仅是孟二冬教授一个人。学校将进一步加大对我校教育、医疗等各条战线上模范遵行职业道德的先进人物的表彰和宣传力度,并在今年上半年召开全校师德师风建设工作会议,努力促使"教师讲师德、医生讲医德、学生讲生德"在我校蔚然成风。

第三,把握新形势,研究新问题,有目标、有重点地搞好学校形象和校园文化建设。维护北大的声誉和形象,是一个涉及面广、影响面大的系统工程,也是每一个北大人的共同责任。宣传工作是其中的一个重要方面。当前,宣传工作要在两个方向有所突破：一是要更加积极主动地宣传学校师生员工中的好人好事,自觉打造北大良好的社会形象；二是要形成一套有效的公关与应急机制,能够对各种危害学校形象与声誉的事件作出快速反应并能有效化解。为此,要健全和完善"新闻发言人"制度,掌握校园网络宣传的主动权,畅通校内校外的信息渠道,协调和处理好各种公共关系。在校园文化建设方面,要突出"新北京、新奥运"的时代特色,在全体师生中大力开展丰富多彩的奥运教育；要积极贯彻"以服务求支持,以贡献求发展"的方针,针对首都经济转型的新思路开展对"文化创意产业"的研究,积极探索大学在发展文化创意产业中的地位与作用。

（三）纪检监察工作

去年,学校党委将学习贯彻《建立健全教育、制度、监督并重的惩治和预防腐败体系实施纲要》作为全校先进性教育活动的一项重要内容。前不久,学校党委

常委会正式通过了《北京大学建立健全惩治和预防腐败体系实施办法》,文件将很快下发。教育部党组和纪检组将2006年定为制度建设年。根据这一要求,我校今年的纪检监察工作将以胡锦涛总书记在中央纪委六次全会上的讲话精神和中央纪委六次全会精神为指导,以贯彻落实我校的《实施办法》为重点,健全和完善反腐倡廉工作的领导体制和工作机制,大力推进廉政文化建设。学校党委将于3月召开纪检监察与党风廉政建设会议,对贯彻落实《实施办法》的工作进行专题部署。在此,我代表学校党委提出几点原则要求:首先,要继续加强学校各级领导班子的党风廉政建设,不断提高领导干部廉洁从政的意识,严格遵守"四大纪律八项要求",严格执行教育部党组关于高校领导干部廉洁自律的"六不准"规定,严格落实"三重一大"的议事和决策制度。其次,坚持以党风廉政责任制为抓手,坚持一把手负总责,通过明确各级领导班子成员的责任以及牵头部门、协调部门的责任,真正把反腐倡廉制度建设由谁抓、谁监督、谁落实的问题解决好,加快构建"行得通、做得到"、有特色的惩防体系。第三,要围绕人事、财务、招生、物资设备采购、基建工程、医药购销等腐败易发部位和领域,针对重点对象、重点岗位、重点时段加强监督和监察,大力推进校务公开和"阳光工程",做到关口前移,源头治理,防微杜渐。第四,坚持惩防并举,强化财务审计和执法监察工作,对各种违法违纪和腐败行为严肃处理。近年来,我校党风廉政建设的总体形势是好的,但也有个别党员放松了对自己的要求,触犯了党纪国法。去年,学校纪委依照党章对四名党员给予了党纪处分,其中三名开除党籍,一名严重警告。严于律己、以身作则,是共产党员先进性的重要体现,也是我们党肌体健康、长盛不衰的重要保证,因此,党风廉政这根弦一刻也不能松,必须警钟长鸣、常抓不懈。

(四) 学生工作

去年特别是去年上半年,我校发生多起学生意外事件,在校内外产生了一定的影响。这既表明了做好学生工作的极端重要性,同时也提醒我们必须对社会转型时期的学生和学生工作保持清醒的认识,必须采用新的思路,采取新的举措。经过近两年的逐步调整,我校学生工作"小机关、多中心"的新架构已基本形成,"为学生成长成才服务"的导向更加明确,基层院系的主体作用初步得到发挥,思想教育、教学管理、后勤服务等系统的沟通联动机制有效运转,维护学校政治稳定的长效机制逐步完善。总的说来,为了适应时代发展对人才培养提出的新要求,我们必须改变传统的以"保稳定、求平安"为满足的学生工作观念,牢牢地把"育人"作为学生工作的宗旨和使命,建立起"全员育人、全过程育人、全方位育人"的大格局。为此,一方面,学校将进一步加强学生工作队伍特别是班主任、辅导员队伍的建设,将学生工作的根在基层扎牢;另一方面,要进一步理顺机制,广泛动员,各司其职,努力营造有利于培养人、教育人、造就人的良好氛围,既做到教书育人、管理育人、服务育人,又做到文化育人、思想育人、环境育人。全校上下都要牢固树立"学校教育,育人为本;德智体美,德育为先"的思想,在教学、管理和服务各方面为培养学生创造良好的条件。去年,学校在加强和改进大学生思想政治教育上下了很大力气,在思想、组织和队伍建设等方面加大了改革和投入的力度,基本建立了与当前学校人才培养工作相适应的学生工作体制和与学校实际相适应的工作机制,为我们实现学生工作的转型奠定了很好的基础。今年我们要乘势而上,把新的学生工作思路做深、做实、做好。学校党委将在今年适当时候召开全校学生思想政治工作会议,集中研讨当前北大学生的思想状况,交流工作经验,深入探索新形势下学习贯彻中央16号文件、加强和改进学生思想政治教育的有效途径和方法。要继续加强对学生就业的指导,鼓励大学生响应国家号召,到基层、到西部去,服务国家发展,体现自身价值。

近年来,我校研究生规模增加了,一些问题也暴露出来了。由于学习和就业的双重压力,部分研究生存在一定的心理问题,我们必须高度重视研究生的思想政治工作。2005年,学校专门召开了"北京大学研究生思想政治工作研讨会",分析了研究生面临的各种现实问题,对现阶段的研究生心理健康、思想工作提出了一些可行的建议和办法。在此基础上,学校要求学生工作系统协调研究生管理部门和各院系认真研究,探索新形势下研究生思想政治工作的机制和办法。

(五) 统战工作

明后两年,北京市和全国人大、政协将分别换届,各项准备工作将在今年启动,这是统战工作当前面临的最重要的形势。选拔和输送党外代表人士到各民主党派中央、市委及有关机构任职,推荐和动员他们参选各级人大代表和担任政协委员,鼓励和支持他们在校内外发挥参政议政、民主监督的作用,是我校统战工作长期形成的传统和经验。当前更要抓住机遇,未雨绸缪,积极做好人员的选拔和推荐工作。同时,要在总结经验的基础上,将党外干部的培养、考察和选拔机制、学校党委与党外民主人士的联系机制、党外人士为学校发展建言献策的参与机制等制度化、常规化,进一步提高我校统战工作的水平。为此,学校党委决定恢复"北京大学统战工作理论与实践研究会",作为加强统战工作经验总结和理论研究的重要平台。此外,为了学习贯彻中央2005年5号文件精神,研究和部署新时期的统战工作,学校决定在下半年适当时候召开全校统战工作会议。

（六）工会和教代会工作

工会和教代会要增强"围绕中心、服务大局、服务教职工"的意识，发挥教代会在学校民主决策、民主管理和民主监督中的桥梁纽带作用，加强基层工会的组织和干部建设，提高工作的整体水平。要积极参与协调各方面的利益关系，既要充分表达和维护教职工群众的合法权益，又要积极教育和引导教职工正确处理个人与集体、局部与全局、眼前与长远利益的关系，化解矛盾、增进团结，为建设和谐校园贡献力量。

（七）安全稳定工作

近几年来，我校持续保持了稳定，一方面是因为外部的大气候较好，广大师生对党和国家的发展充满信心；另一方面是因为我们内部的安全稳定工作比较扎实，特别是去年出台的突发事件应急处理预案，将我们多年来维护稳定的工作经验进行了总结、提炼、规范，使我们从容、妥善地处理了多起意外事件。北大的安全稳定事关全局，因此我们要树立"责任重于泰山"的意识不动摇，坚持"保稳定促发展"不松懈，切不可因一时平安而麻痹大意。事实上，随着大学与社会的日益融合，错综复杂的社会问题与矛盾将成为影响校园稳定的重大隐患。同时，校内因利益争端而引发的个体和群体事件呈现上升趋势，校园稳定面临新的压力。另外，国际国内意识形态领域的斗争还将长期存在，思想活跃但阅世不深的青年历来处在正邪两股力量争取的焦点。因此，我们保持高度的政治敏感性，提高警惕，积极应对。各单位、各部门都要从建设和谐校园的高度出发，做好本职工作，避免因工作中的失误造成热点问题或群体事件；要把师生的健康和安全放在首位，加强督促和检查，尽力杜绝一切安全和卫生事故；要处理好学术自由和政治导向的关系，引导广大师生树立科学的世界观、人生观和正确的是非观。各级党组织都要加强对安全稳定工作的领导，责任到人，狠抓落实。特别是在"两会"前后和敏感时期，更要排查隐患，严格把关，避免发生各种意外事故和不稳定事件。

同志们，大家知道，王选院士在本周一上午11：03因病医治无效已经去世。从周日晚到周一上午，王选院士病危期间，志攀同志和我代表学校先后去医院看望他，我在从医院回校的路上即得到他病逝的消息。王选院士的逝世是我校，乃至整个中国科技界和教育界的重大损失。学校已经在大讲堂设置灵堂，供全校师生员工和社会各界人士吊唁。王选院士作为新中国培养的优秀知识分子，他胸怀科技报国的理想，瞄准前沿、勇攀高峰，是我国自主创新发展科技事业的一座丰碑；作为一名有战略眼光的科学家，他倡导基础研究与应用研究结合，推动产学研结合，是我国推动科学技术成果向生产力转化的先驱；作为一名教育家，他为人师表、淡薄名利、虚怀若谷、严谨踏实，始终以提携后学为己任，培养和造就了一大批年轻的学术骨干。王选院士生前留下一份遗嘱，字里行间，表现出他与病魔抗争的坚强意志，对生命的领悟和坦然，充满了他对国家未来和事业发展的坚定信心和对年轻一代的殷切希望，感人至深、催人泪下。这一段时间，我校几位享誉全国的学界泰斗相继辞世，包括张岱年先生、肖蔚云先生、李赋宁先生、吴全德先生、邹衡先生等等，学校号召全校师生学习老一辈学者的治学风范和高风亮节，弘扬在他们身上体现出来的自主创新精神和高尚的师德，创造性地完成各项工作，不辜负老一辈学者的期望。

同志们！随着国家改革开放的不断深入、经济的持续发展和综合国力的日益提升，我们又迎来了大好的发展机遇。希望大家站在创建创新型国家这个新的起点上，全面筹划、重新审视自己所负责的工作，既要充分肯定以往所取得的成绩，又不能故步自封，不思进取；既要看到我们迎来的重要战略机遇期，又要充分认识到我们所面临的激烈竞争和发展压力。让我们以科学发展观为指导，再接再厉、锐意创新，努力开创学校各项工作的新局面！谢谢大家！

党委书记闵维方在秋季全校干部大会上的讲话

（2006年8月31日）

同志们：

从去年年底到今年6月初，根据中共中央组织部和教育部党组的决定，我以高级访问学者的身份出国治疗耳病并进行国外高等教育发展状况的访问考察。在此期间，许校长全面主持学校党政工作，吴志攀常务副书记协助许校长负责日常党务工作。半年来，在许校长和学校党政领导班子全体成员的共同努力下，学校保持了平稳发展。党委各职能部门、各级党组织和广大党员，按照学校党委的统一部署，各尽其责，真抓实干，确保了各项工作有序运转。在此，我向许校长和党政领导班子全体成员、广大党员干部和教职员工的辛勤工作以及对我的关心、爱护、理解和支持表示衷心的感谢！

刚才，许校长已经对今年下半年的行政工作做了全面部署，希望各院系和职能部门按照学校的统一要求，在认真总结上半年工作的基础上，结合本单位实际

抓紧制订好新学期的工作计划。关于下半年学校党委的工作,我代表学校党委谈几点意见。

一、认真贯彻党中央决定,深入开展学习《江泽民文选》的活动

8月13日,中共中央作出了《关于学习〈江泽民文选〉的决定》。《决定》指出,《江泽民文选》的出版发行,是党和国家政治生活中的一件大事。全党同志都要充分认识学习《江泽民文选》的重要性和必要性,潜心研读原著,把握精神实质,真正学通弄懂。8月15日,中共中央举行了学习《江泽民文选》报告会,胡锦涛总书记发表了重要讲话,号召全党全国各族人民学好用好《江泽民文选》。他在讲话中指出,《江泽民文选》生动记录了以江泽民同志为核心的党的第三代中央领导集体带领全党全国各族人民把中国特色社会主义事业推向前进的历史进程,科学总结了我们党领导人民战胜各种艰难险阻、全面开创中国特色社会主义事业新局面的宝贵经验,集中反映了我们党坚持以马克思列宁主义、毛泽东思想、邓小平理论为指导,坚持把马克思主义基本原理同当代中国实践和时代特征相结合创造性地提出的新的重大理论成果,为我们更深入地学习领会"三个代表"重要思想,更好地用"三个代表"重要思想武装头脑、指导实践、推动工作,继续推进中国特色社会主义伟大事业和党的建设新的伟大工程,提供了最好的教材。

按照《决定》的要求和总书记的号召,学校党委将学习《江泽民文选》摆在当前思想政治建设和党员干部理论学习培训的重要地位,正在抓紧制订我校学习贯彻《中共中央关于学习〈江泽民文选〉的决定》和胡锦涛总书记在学习《江泽民文选》报告会上的重要讲话精神的工作计划。学校党委要求,各级党组织都要高度重视、周密部署、精心组织,全体党员都要以高度的政治责任感自觉增强学习贯彻的主动性和坚定性,迅速兴起学习《江泽民文选》的热潮,确保学习活动深入扎实开展起来,确保学习活动收到实实在在的成效。

在学习活动中,学校党政领导班子和各级党员干部要做好表率,不仅要带头做到真学、常学、深学,勤于思考,善于运用;而且要切实加强对学习活动的领导和指导。要重点抓好校院(系)两级党委理论学习中心组学习,充分发挥党校、团校和各类干部培训班、学生骨干培训机构的作用,把学习《江泽民文选》纳入党员干部和学生骨干培训计划。党委宣传部门、组织部门要加强对学习活动的督促检查,组织好宣传报道活动,注意总结和宣传学习的好经验好做法,不断把学习引向深入。

在学习活动中,要充分发扬理论联系实际的马克思主义学风,牢固树立尊重实践、尊重群众的科学态度,发扬求真务实、勇于创新的优良作风,坚持学习理论与指导实践相结合、改造客观世界与改造主观世界相结合、运用理论与发展理论相结合,密切联系自己的工作实际和思想实际,努力做到学以致用、用以促学、学用相长。全校师生要特别注重学习《江泽民文选》中有关教育的篇目,进一步增强落实科教兴国战略和人才强国战略、创建世界一流大学、建设创新型国家的历史使命感和责任感。

在学习活动中,要充分发挥我校学习、研究、传播马克思主义的光荣传统及学科优势,不仅要形成浓厚的"讲学习"的氛围,而且还要不断推出学习研究《江泽民文选》的理论成果,继续发挥北大的思想引领作用,巩固我校在马克思主义研究领域的领先地位。广大理论工作者要认真学习江泽民同志运用马克思主义的立场、观点、方法解决重大理论和实际问题的科学态度和创新精神,积极参与马克思主义研究与建设工程,继续推进理论创新。学校将加大对马克思主义理论一级学科建设的支持力度,并按照中央关于思想政治理论课教学改革的指示精神,争取用2年左右的时间全面落实公共政治理论课的新方案。在此过程中,要抓住《江泽民文选》出版发行的大好时机,积极推动学习研究《江泽民文选》的最新成果"进课堂、进教材、进学生头脑",更好地用"三个代表"重要思想武装头脑、指导实践、推动工作。

二、继续学习宣传胡锦涛总书记回信精神,大力加强师德学风建设

今年6月9日,胡锦涛总书记在给我校已故教授孟二冬女儿孟菲的回信中,再次高度赞扬了孟二冬老师的优秀品质,热情鼓励孟菲"刻苦学习知识,加强品德修养,努力成为对祖国对人民的有用之才"。总书记的回信在我校师生中迅速产生了巨大反响。学校党委立即通过召开党委常委扩大会、师生座谈会和庆祝建党八十五周年大会,调动校内各种宣传力量,组织开展了学习宣传总书记回信精神的活动。北大师生对总书记回信的热切响应,得到了中央的高度关注和充分肯定。最近中央作出决定,将在教师节期间把学习宣传胡锦涛总书记回信精神的活动向全国推广,大兴尊师重教、尊重知识、尊重人才之风。

作为孟二冬长期学习和工作的母校,北大学习宣传总书记回信精神的活动起步早、基础好、感情深,应当继续走在全国前列。在下一阶段的工作中,要着力突出两个重点:

第一,以总书记的回信精神为指导,在上半年工作的基础上,进一步深化向王选、孟二冬学习的活动。

"为人师表,品德高尚",是胡锦涛总书记对孟二冬的高度评价,应当成为每一位人民教师的自觉追求;刻苦学习,努力成才,是胡锦涛总书记对孟菲的深情嘱托,也是对全体北大学子和全国青年学生的殷切期望。

进一步深化向王选、孟二冬学习的活动,除了要让全校师生继续从王选、孟二冬的先进事迹中"受教育",关键还要"见行动"。既要把王选、孟二冬留给我们的宝贵精神财富转化为弘扬北大优良的师德学风传统,争做优秀人民教师和优秀学生的实际行动,又要把总书记对广大教师和青年学生的殷切期望和深情嘱托转化为落实科教兴国战略,创建世界一流大学的实际行动。以此为契机,人事部、党委宣传部、工会、教代会等部门要认真筹备好师德建设大会,教育和引导广大师生以王选、孟二冬为榜样,进一步增强身为"北大人"的荣誉感和责任感,无比珍惜北大百余年形成的良好学术声誉,不断提高自己的思想情操和品德修养。要通过深入细致的调研,找准新时期新形势下我校师德建设的重点和难点,摸清我校的师德学风状况,查找工作中的薄弱环节,集思广益,群策群力,积极探索进一步加强我校师德学风建设的长效机制。

第二,以总书记对一名普通教师的亲切关怀为榜样,进一步树立"以教师为本"的意识,热情关心教师的工作和生活。

百年大计,教育为本;教育大计,教师为本。教师是学校教学科研和学科建设的主力军,是学校最宝贵的资源和财富,既要使用好,又要保护好。一方面,要创造各种有效机制和条件调动广大教师参与学校教学、科研、管理等各项工作的积极性,让他们有"用武之地";另一方面,也要切实关心他们的健康与生活,帮助他们解决"后顾之忧"。要进一步发扬北大"兼容并包"的光荣传统,正确处理好海外留学归国人员和本土培养的人才、外校引进人才和本校培养人才之间的关系,充分保护和调动好两个"积极性"。要努力构建和谐校园,营造宽松的学术环境、良好的工作环境和融洽的人际环境。要特别关心中青年教师面临的工作、生活和精神上的压力,在工作上"压担子"的同时要进一步从职称评审、收入分配、生活福利等有关教师切身利益的重大政策和制度上作出适当调整,努力培育让优秀年轻人才更容易脱颖而出,年轻人的聪明才智更容易充分发挥的丰沃土壤。

三、巩固和发展学生工作转型成果,积极迎接中央督查组检查

今年下半年,中央将对各地各高校贯彻落实中央16号文件、加强和改进大学生思想政治教育工作的情况进行督查。我校在贯彻落实中央16号文件的过程中,提出了新思路,拿出了新举措,取得了新成果,为迎接中央督查打下了很好的基础。

经过几年的努力,我校学生工作正在逐步实现四个重要的转型,即:从"事务经验型"向"科学规范型"转变,从"保稳定"向"保稳定,促发展"转型,思想教育方式从"单一化"向"立体化"转型,学生工作干部从"泛兼职化"向"专兼结合,专职为主"转型。"文明生活,健康成才"主题教育活动开展得有声有色,今年7月份被评为北京市党建和思想政治工作优秀成果一等奖。随着"小机关、多中心"的学生管理和服务模式布局完成,学生工作的重心将从学校层面向职能部门和基层院系转移。因此,学校党委再次强调,学生工作是人才培养系统工程中不可或缺的一环。一定要站在全局的高度来认识学生工作的重要性,始终牢固树立"学校教育,育人为本;德智体美,德育为先"的思想,在教学、管理和服务各方面为培养学生创造良好的条件,努力形成"全员育人,全过程育人,全方位育人"的大格局。全校各级领导干部,特别是院系党政一把手,要把学生工作作为本院系最重要的主体工作之一,多关心,多指导,多支持,切实履行好本院系学生工作"第一责任人"的职责和任务。广大专兼职学生工作干部,都要树立和具备六项意识,即:牢固树立主体意识,把学生始终放在主体位置;明确政治意识,在大是大非面前保持清醒的政治头脑;树立大局意识,学生工作要与创建世界一流大学的目标相对接;具备责任意识,把对学生负责贯穿到爱岗敬业、无私奉献之中;树立忧患意识,学会在新形势下创造性地应对和处理各种复杂局面和复杂的新问题;努力培养职业意识,把学生管理和服务工作当作一项重要的专门事业来做。

下半年,学生工作要抓好以下几个重点:

(1)高度重视理想信念教育和在大学生中发展党员的工作,在学生教育、管理工作中充分发挥学生党员的先锋模范作用和学生党支部的战斗堡垒作用。组织部、学工部要对我校学生党员发展工作进行科学合理的规划,加强宣传和引导,将越来越多的优秀大学生吸引到党的队伍中来。

(2)从加强和改进大学生思想政治教育的角度,结合我校"文明生活,健康成才"主题教育活动的开展,继续把学习实践社会主义荣辱观的活动推向深入,努力取得新突破、新成果。

(3)认真研究加强和改进研究生思想政治教育工作的有效途径,积极探索新形势下研究生思想政治工作的机制和办法。目前,我校研究生数量已经超过了本科生数量,但研究生的思想政治教育工作却相对薄弱,必须引起高度重视。学生工作部门、研究生教育管理部门和各院系一定要齐抓共管,形成合力,力争将研究生思想政治教育工作提升到新的层次和水平。在这项工作中,学生工作部要发挥好统筹协调作用。

(4)认真贯彻全国辅导员工作会议精神,把我校的学生辅导员、班主任队伍建设好,在保证规模和数量的基础上,加大培训,提高科学化工作水平,为加强基层学生工作提供坚实的组织保障。

四、全面落实党建基本标准,努力推动基层党建

创新

为迎接 2007 年北京市第五次党建和思想政治工作先进校的评审,学校党委将于今年年底对《北京大学落实〈党建基本标准〉实施细则》的执行情况进行一次全面的评估检查。根据上半年北京市委教育工委对《北京普通高校党建和思想政治工作基本标准》进行的修订,学校党委也将对落实计划和任务分解作出适当调整,尽快建立健全迎接评审的工作机构和工作机制。各级党组织要按照各自承担的任务,认真开展自查,及时发现问题,及时加以改进。党委组织部要在文理医三个学科领域和医院、直属附属单位、职能部门等三类单位中选择若干党委,通过实地调研,总结落实党建基本标准的基本经验,查找薄弱环节,明确下一步迎评工作的主攻方向。

按照市委、教育工委关于推进高校基层党建工作创新的意见,党委各职能部门要深入基层,认真调研,总结先进性教育活动中基层创造出的好经验好做法和近年来我校中层领导班子建设中的经验教训,以服务学科建设,服务广大师生,服务学校大局为根本出发点,从党建创新的基本思路、主要内容和有效途径等方面提出具体对策。今年下半年,学校党委将以推动基层党建创新和中层领导班子建设为主题,召开全校党建工作研讨会,进一步明确新时期基层党组织的工作职责和功能定位,协调好党委、行政和学术机构之间的关系,努力提高基层领导班子的决策能力和执行能力。学校党委责成组织部牵头做好筹备工作。

除了上述四个方面的专项工作,认真做好党委其他各项日常工作也非常重要。

第一,要继续做好部分基层党委和行政班子换届工作。今年学校中层领导班子调整和换届任务十分繁重。院系领导班子的建设事关学校改革、发展、稳定的全局。换届工作中,要坚持以科学发展观的要求,以群众公认的原则,以正确的政绩观衡量和使用干部,把德才兼备、群众拥护的优秀干部选拔到各级领导岗位上来,组成一个团结的、和谐的、在学术上追求卓越,在管理上敢于负责,善于听取群众意见,善于发挥教师和职工的积极性,能够克服困难作出决策,能够兼顾各方面利益的工作班子。特别要注意选好配强主要领导干部,优化班子结构,增强整体功能,切实提高领导班子贯彻科学发展观的能力、驾驭全局的能力、处理利益关系和复杂局面的能力、务实创新的能力以及加强一流学科建设和一流大学建设的能力。

第二,要认真贯彻落实教育部党组关于建立健全领导干部述职述廉制度等重要文件及关于治理教育乱收费、治理商业贿赂的重要会议的精神,进一步加强党风廉政建设。当前,要突出抓好财务管理的制度化和规范化,严格执行各项财经法规和纪律,严厉查处各种违法乱纪行为。8 月 24 日,国家发改委公布了八起医药价格违法典型案件,我校一家附属医院也名列其中,这给我们敲响了警钟。治理教育、医疗乱收费和商业贿赂,是中央高度关注的关乎政情民心的重要工作,我们务必要抓紧抓好,不能有半点马虎!纪检监察部门要继续深入开展宣传教育活动,并加大对重点岗位、重点环节的监督和检查力度。此外,我们还要继续抓好《惩防体系实施纲要》在北大的贯彻落实,坚持和完善党的民主集中制和"三重一大"制度,不断提高决策的科学化和民主化水平,避免因决策失误给学校造成损失或带来巨大的财政风险。要大力倡导办节约型学校,倡导勤俭节约、艰苦奋斗的风气。各级党员领导干部要进一步增强廉洁从政的意识,提高拒腐防变和抵御风险能力,身体力行"立党为公、执政为民"的根本要求,争做清正廉洁、勤政为民的表率。

第三,安全稳定工作要长抓不懈。稳定是事业发展的前提,没有稳定就没有发展。从近年来我校师生的思想状况来看,总体上持续平稳,但局部仍有动荡。一方面,意识形态领域并不平静。今年以来,有关改革成败的争论以及有关"文革"的话题,增加了当前思想政治工作的敏感性和复杂性。我校个别教师的一些言论也引起了各方面的关注。另一方面,维护或争取自身利益已经成为诱发群体事件的最主要的因素。这就要求我们:在意识形态领域,要坚定不移地坚持马克思主义的指导地位,坚定不移地与中央保持高度一致,坚定不移地奉行"学术研究无禁区,课堂教学有纪律"的原则;在日常工作中,要把师生的健康安全放在首位,不断增强服务意识,建立健全与师生及时沟通与交流的机制,决不要因工作出现失误或疏忽而引发安全隐患和群体事件。要认真贯彻学校《关于进一步加强信息工作的意见》,确保信息畅通,及时准确,为学校应对突发紧急事件争取主动。要进一步加强对校园网的监控和对公网有关信息的关注,对各种不良苗头要早发现、早报告、早处理。学校安全稳定一线工作领导小组要不断加强对安全稳定工作的领导和检查督促,狠抓落实,确保学校的安全和稳定。

第四,认真学习贯彻第二十次全国统战工作会议精神和胡锦涛总书记在会议上发表的重要讲话,结合我校实际,大力加强统战工作。要积极筹备全校统战工作会议,对上一次统战工作会议以来我校取得的新经验、新成果进行系统的总结,对当前统战工作面临的新形势、新任务进行认真的分析。要着眼于民主党派中央和市委换届,协助和支持各民主党派加强自身建设。在严把政治关的基础上,真正把与我们党亲密合作、有较强代表性和影响力、有较为突出的参政议政和领导能力、有较好的群众基础的优秀党外人士选拔和推荐到民主党派各级组织的领导岗位上来。要继续组

织安排好学校党委与人大代表、政协委员以及各民主党派和党外代表人士的情况通报会、座谈会，积极创造有利条件，进一步发挥他们参政议政、民主监督的作用。要从"讲政治"的高度认识对港和对台工作的重要性，服从和服务于国家统一和政治安定的大局，根据中央及有关部门的要求，发挥我校与港台学术交流活跃的优势，扎实有效地开展相关工作。

第五，积极探索和把握新时期工会工作的新特点，紧紧围绕学校中心工作，充分发挥工会、教代会的职能，努力构建和谐校园。各基层党委和行政领导要更加重视"教职工之家"的建设，切实贯彻党政工群共建的原则，加强对"建家"工作的领导和支持，通过"建家"工作进一步凝聚人心，鼓舞士气。校工会要认真开展"建家"验收工作，以评促建，提高质量。要继续推进二级教代会建设和基层工会组织建设，进一步健全二级教代会制度。工会、教代会要发挥好依法维权职能，坚持自觉接受党的领导原则，确保维权工作的正确方向。要从协调各方利益、实现社会和谐的高度，推动形成党政重视、各方支持、工会运作、职工参与的维权格局，建立健全工会、教代会宏观参与机制，通过完善教职工代表大会、校务公开、院（系）务公开、校务咨询等制度，畅通教职工利益诉求渠道，切实保障教职工的知情权、参与权和监督权。当前，要以提高维权能力与水平为重点，进一步加大工会、教代会干部的教育培训力度，大力提高工会、教代会干部的整体素质，努力建设一支政治立场坚定、群众观念牢固、业务能力过硬、工作作风严谨、精神状态振奋的工会和教代会干部队伍。

最后，我要特别强调一下学校的宣传工作。今年暑期，有关我校的一些负面新闻频频见诸平面媒体和网络，影响了学校的声誉和社会形象。在这些报道中，有的是极个别对北大心存异见的人利用自己的学术光环误导舆论，对北大进行的毫无根据的指责和攻击；有的是我们工作中的一些做法或说法引起的正常范围内的争议；也有的是校内个别单位的违规行为被媒体曝光，由此导致的学校名誉受损。大家知道，北大本来就是新闻媒体刻意炒作的敏感之地，假如我们再没有过硬的自我保护能力和抗干扰能力，就只能陷入被动的局面。就目前来看，我校的宣传工作还要大大加强，需要改进和提高的地方还很多。在此，我主要强调三点：

一、宣传工作是一项事关学校形象与声誉、事关每个北大人的全校性、基础性、战略性工作，而不是一项部门工作或者局部工作。宣传工作，特别是对外宣传工作，说到底就是要为学校树立良好的社会形象，打造良好的公共关系。学校形象好，北大教师和北大学生的声誉和发展前景才能更好，北大文凭的含金量才能更高；学校形象不佳，每个北大人都脸上无光。那种把宣传工作当作只是宣传部和新闻中心的部门工作，抱着"事不关己，高高挂起"的态度是绝对错误的！维护母校的形象和声誉，北大人人人有责，责无旁贷。遗憾的是，面对一些人对母校的无端指责和恣意诽谤，有极少数师生却漠不关心，置身事外；更令人痛心的是，这几年来，每次关于北大的重大舆论风波，总有一些校友在不明真相的情况下就摆出一副"爱之深，责之切"的面孔，同其他人一起来批评母校，甚至话还说得更重。这些都说明了什么呢？我们是怎么培养的学生，怎么开展的爱校教育，怎么做的校友工作，难道不值得我们认真反思一下吗！

二、宣传工作不是"为宣传而宣传"，而是为基础工作服务的。基础工作做得好，宣传工作能"锦上添花"；基础工作做不好，宣传工作就成了无本之木。最近，学校接到了对一所学院在办班过程中涉嫌违规的投诉。经过调查，该院存在着申报手续不全、合作方选择不慎、管理不严等问题。希望各职能部门要切实履行学校赋予的管理职权，及时制止各种有损学校声誉的违规行为，态度要坚决，反应要迅速，措施要得力。今后，凡被新闻媒体曝光的负面新闻，由两办会同党委宣传部及有关单位进行查证，对确有其事并负有责任的单位和个人，都要及时做出处理。任何人、任何单位如果为了部门利益而置学校形象声誉于不顾，都要受到严肃追究。

三、党委宣传部门要进一步提高在新时期新形势下开展宣传工作的水平。要认真研究制定学校宣传工作规划和战略，努力掌握宣传工作的主动权，有目的、有计划、有步骤地开展对学校的正面宣传，积极探索建立应急处置的工作机制。要适应网络时代宣传工作的特点，善于引导，化弊为利，努力营造有利于学校的网络舆论环境。要进一步将新闻发言人制度化、规范化，明确新闻发言人的工作职责和工作机制，统一学校对外信息发布的平台，最大限度地维护好学校的声誉和形象。要加强对校外新闻媒体的工作，加强交流，增进互信，争取他们多为学校宣传好人好事，树立北大良好的社会形象；对于负面报道和批评意见要密切关注，冷静应对，慎重处理，不要被人利用大肆炒作。

总而言之，希望全校师生员工都要倍加珍惜和自觉维护北大百余年来形成的崇高声誉团结一心，众志成城，不能让"热爱北大，关爱母校"流于一句口号或空话。事实胜于雄辩，让我们坚持"多做少说，做得好说得好，关键是要做好"的原则，集中精力，排除干扰，加快学校的改革与发展，确保学校的稳定，不断在创建世界一流大学的道路上迈出新步伐，开创新局面，用创建世界一流大学的实际业绩为北大续写新的辉煌！

谢谢大家！

校长许智宏在秋季全校干部大会上的讲话

(2006年8月31日)

各位老师，同志们：

7月初，学校利用两天半的时间召开了校领导班子暑期战略研讨会，从宏观战略的高度分析了学校近期工作的重点和难点。学校认为，未来一段时间仍将是我校发展的关键时期，学科建设、教学科研、队伍建设还有校园规划和基础设施建设等各方面工作都将面临重大的改革举措和发展任务。"不谋全局者，不足以谋一域"，在座的都是学校各院系和职能部门的领导，学校希望通过一年两次的全校中层干部大会，向大家介绍学校的总体情况和工作重点，希望大家在工作中进一步贯彻科学发展观和建设和谐社会的思想，树立全局观念，从学校的整体出发来考虑本单位的具体工作。

上学期末，根据中央和教育部的安排，闵维方书记提前结束在外治疗，回校主持党委工作。本学期，教育部将安排陈文申常务副校长参加中央党校为期半年的地厅级干部培训班，校长助理李岩松也将去教育行政学院培训两个月。陈文申同志作为常务副校长，分管学校除教学科研、外事和产业工作以外的所有行政工作，统筹协调人财物，为了确保文申校长在外学习期间学校工作的正常运转，学校党委常委会和校长办公会对校领导班子的分工做了临时调整：人事方面的工作暂由党委分管干部工作的常务副书记吴志攀同志负责；校园保卫工作由张彦副书记分管；经报教育部批准，我校副总会计师廖陶琴同志作为代理副校长，分管学校财务和基金会的工作；审计工作由我牵头，廖陶琴同志协助；学校的后勤、基建、会议中心由鞠传进副校长负责。本学期，学校的基建任务非常繁重，涉及各方面的协调，包括与北京市和海淀区的沟通，必要时仍希望文申同志能够利用课余时间，出面进行协调；校园信息化建设、事业规划委员会的工作，暂由林建华常务副校长主持；校园规划委员会的工作由我亲自来抓。希望各位分管领导和各有关职能部门能够各负其责，全力以赴，确保学校运行顺畅。考虑到工作的延续性，如遇重大事项，希望几位分管领导能够加强与文申校长的沟通。

下面我从几个方面布置一下学校近期的重点工作：

一、加强管理、完善制度，深入实施我校师资人事制度改革的各项措施

我校自2004年2月颁布实施《北京大学教师职务聘任与职务晋升(暂行)规定》以来，已经进行了三次年度教师职务晋升的工作，总体来看，师资人事制度改革的各项政策执行情况良好，教师职务晋升和公开招聘的程序日趋完备。全校各教学单位应严格遵照暂行规定的指导精神，坚持《北京大学教师职务聘任条件》的要求，制定本单位的"实施细则"，坚持质量第一和程序公正。在内部晋升的过程中，各单位坚决执行"有限次晋升次数"与"隔年申请"政策，同时加大人才引进的力度，坚持公开招聘的制度。这一系列改革措施得到了广大教师、特别的中青年教师的理解和支持，极大地调动了教师投身教学科研的积极性，教师队伍的整体水平有所提高。以校本部为例，今年晋升教授42名，其中获博士学位的比例超过95%，比去年提高了10个百分点。医学部今年新聘教授中具有博士学位的百分比也有明显上升，且人均论文总数和SCI论文数较往年有大幅度增加。

在人才引进工作上，最近社会上出现了一些不和谐的声音，指责高校引进的海外人才是假的，拿高薪却不能完成工作量，并用他们的名义骗取国家科研经费。客观地讲，我校这几年的人才引进工作取得了非常突出的成绩，从1999年以来，校本部共引进了513位博士，其中国外获得博士学位的人员就占41%；共聘任了518位教授，其中直接从校外招聘的教授就占1/4；医学部近六年从校外共聘任了62位教授，其中在国外获得博士学位的占63%。近年，经国家自然科学基金委严格评审，我校获得批准的10个国家创新研究群体中，有8个团队的学术带头人是长江特聘教授和杰出青年基金获得者。

我校人才引进工作是在教育部领导下，严格按照程序进行的，并取得了显著的成果。海外归国人员大多数都在学科建设和教学科研工作中发挥了重要的影响和作用，拓宽了学校的国际视野，加强了北大与世界一流大学的实质性联系与合作，形成了海外学者积极回国效力的局面，营造了海外学者和本土学者相互借鉴、相互交流、相互促进的良好氛围。回顾过去几年的历史，应当看到人才引进工作从确立政策到形成具体的制度、机制，有着一个长期的历史过程。在此过程中，由于每个海外人才在学术发展、科研项目，甚至家庭现状等方面的特殊性，难免会出现个别的问题，尤其是难免会在极个别教授身上适当地体现政策的灵活性，但不能因为这些个别的问题就彻底否定人才引进

的政策和取得的成果。而且，学校和具体用人单位也在积极创造条件保证引进人才的工作条件和生活条件，对于个别确有困难、无法保证工作时间的长江教授，我们在届满评估时就没有再续聘。应该说，我校的人才引进和教师晋升工作，标准是严格的，程序是完备的，工作成绩有目共睹。当然，在人才工作中，我们还有许多要改进的地方，面对社会上误解的声音，我校更应该加强队伍建设的力度，确保质量、完善制度。这里我提六点意见：

第一，学校充分肯定近年来我校人才队伍建设的工作成绩，充分肯定海外引进人才和我校自己培养的中青年学者在教学、科研和管理领域所做出的巨大贡献，也充分肯定各院系和相关职能部门在人才引进和培养工作中所付出的巨大努力。学校高度评价广大海外归国学者报效祖国、建设北大的赤诚之心，也完全相信他们一定会认真履行聘任协议所规定的各项要求，相信他们在各自的教学科研岗位上必将做出更大的成绩！

第二，学校将排除干扰，坚决贯彻既定的人才引进和培养的各项方针政策，继续加大对高水平人才的扶持和引进的力度。一方面，对于现有的人才要尽可能创造更好的教学、科研条件和宽松的学术环境，同时也要加强管理，规范各项制度措施；另一方面，对于特殊人才，根据实际情况，仍要坚持"不求所有，但求所用"的方针，营造一个既灵活开放，又规范有序的人才培养和引进的制度环境。

第三，人事部门要结合正在进行的院系评估工作，与科研部、社科部、教务部一起深入调研，认真了解各教学科研单位的学科特点、队伍现状、未来发展的重点。人财物配置要紧密结合学科建设和队伍建设。

第四，各院系和相关职能部门要进一步提高对队伍建设的重视程度，把它作为学校和院系工作的核心来抓，要本着公正、公开、公平的原则，继续完善教师职务晋升和公开招聘的程序和制度，完善教授会、院系学术委员会、学部学术委员会和校学术委员会等不同层次学术评价机构的工作机制、议事规则和决策程序。

第五，各院系和相关职能部门要认真处理好教师队伍中不同群体之间的关系，包括新老机制相衔接的问题、现有人才的培养与人才引进之间的关系、中青年教师与老教师之间的关系等等，营造一个和谐、进取的校园氛围。

第六，《公务员法》实施之后，国家决定把事业单位的工资体系与公务员脱钩，与公务员工资同步进行改革。这次工资改革的一项重要原则就是实行分级分类管理，以岗定薪，加强宏观调控，规范分配秩序，理顺分配关系。国家人事部已于6月中旬下发了事业单位工资改革的《改革办法》和《实施方案》。教育部也将在近期提出相应的指导意见。工资改革涉及每个教职工的切身利益，事关我校改革、发展和稳定的大局。因此，学校要求：首先，全校各单位要高度重视这次收入分配制度改革，充分认识工作的艰巨性和复杂性，在党委统一领导下采取有力措施，全力配合相关职能部门，做好这项工作，最广泛地调动所有人员的积极性，确保校园的和谐稳定；其次，学校将专门成立收入分配制度改革领导小组，统筹考虑岗位设置、基本工资套改、绩效工资分配和兼职兼薪管理等改革事项，研究和制订具体实施方案，统一领导、协调和组织校本部、医学部、各大医院稳步落实工资改革任务。学校希望通过这次改革，进一步完善岗位聘用制，以岗定薪，加大向优秀人才和关键岗位的倾斜力度，增强对高层次人才的吸引力和凝聚力，同时兼顾中低收入教师和职工的切身利益，努力提高他们的工资待遇。

二、总结提高，积极筹备"211工程"三期启动；狠抓落实，确保完成"985工程"二期建设任务

上学期，教育部对我校"十五""211工程"二期进行了验收，教育部专家组对我校"211工程"建设成果给予了充分的肯定，同时也提出了一些问题和希望。通过"211工程"验收，学校得以全面回顾和总结我校近几年在学科建设和队伍建设上所做的工作。

我校经过一期"985工程"和"十五""211工程"的建设，学科建设和队伍质量都有了长足的进步，这是不可否认的。但是我们进行总结和评估的目的不仅仅是肯定成绩，更重要的是要发现问题、解决问题，从而改进工作。

上学期期末，包括我在内的几位校领导相继也参与了部分兄弟院校的"211工程"验收，我们也看到了兄弟院校在学科建设上的力度很大，发展势头强劲，我校部分学科的比较优势正在丧失，这一点必须引起我们的警惕。在进行总结的时候，既要与我们自身进行纵向比较，更要注重与国内兄弟院校和国外知名学府之间的横向比较。只有多进行横向比较，才不会孤芳自赏，才会明确发展的方向。因此，借着"211工程"验收的机会，学校提出在全校范围开展院系评估。我看了几个院系的自评报告，很受启发，大部分院系对这次院系评估非常重视，自评报告经过了长时间的准备，写的很认真，有理有据，经过了深入调查、研究和比较。当然，也有部分院系的自评报告写的比较简单，主观性较大，与兄弟院校和国外相关学科的比较，写的很宏观，靠估计，没有数据分析作为依据，缺乏说服力。我在这里再次强调，这次院系评估是学校的一项重要工作，学校希望通过这次评估能够全面了解我校各学科的现状、优势和存在的问题。学校正在制定"十一五"和中长期发展规划，其中学科建设的规划很重要的依据就是现在的院系评估，未来学校学科发展的重点，学

校冲击世界一流的突破口的选择,都要在院系评估的基础上入手。另外,国务院学位办也在考虑新一轮的重点学科的评估。因此,希望所有教学科研单位要高度重视这次院系自评,既要做好学科现状的分析评价,对存在的问题进行深入剖析,也要制定出未来几年的发展方向和具体步骤,供学校来讨论,统筹决策。

"985工程"二期在时间上已经过半,但是由于种种原因,资金的到位情况并不理想。至今,我们还不能明确地知道"985工程"二期经费总量会是多少,教育部只是口头表示北大清华不会低于一期的投入。如果"985工程"二期总投入仍以18个亿来计算的话,到目前为止,资金到位了4.6亿,只有25%。学校为了确保"985工程"建设规划的顺利进行,克服困难,多方筹措经费,目前实际已经落实了6个亿。

"985工程"二期的投入,使学校在学科建设方面得以实施多项重要的战略部署,建立起斑马鱼房、实验动物中心、坝上环境监测中心、纳米超净实验室、脑功能成像中心、微流实验室等一批重要的、具有世界水平的公共技术平台;新建或正在组建一批前沿学科和交叉学科的研究机构,包括分子医学所、工学院、Kavli研究所、交叉学科研究院、先进技术研究院、北京国际数学研究中心、北大一密大联办学院、中国社会科学调查中心等等。到目前为止,这些新建的平台和研究机构运转情况基本良好,与国际接轨的新机制在部分新建机构进行试点,表现出巨大的活力。学校认为,这些机构成立后能否很好地发挥作用,关键在人,在组建科研队伍的过程中必须坚持高标准,切实执行聘任制。还有,在对科研力量、空间和经费等资源进行布局的时候,要做好规划和论证,分步实施,而且还要为未来的发展留有余地。

这几年,在"985工程"和"211工程"的支持下,医学部的学科建设取得了巨大成绩,重点学科数量、人才队伍的结构和质量、科技论文的数量和质量、科研经费和科技成果的获奖数量等几个重要的指标不断提升,基础医学与临床的结合更加紧密,一些新的学科生长点开始显现出巨大的活力。各大附属医院在完成繁重的医疗任务的同时,不断加强在科研上的投入,积极探索医院管理体制的改革。

当然,在看到成绩的同时,我们也要清楚地意识到,以信息科学、生命科学和医学为标志的现代科学技术迅猛发展,一方面基础研究不断取得重大突破,另一方面在交叉学科领域出现了多个重要的科学前沿,代表着未来科学技术发展的方向。在这些领域,如果我们不去占领就会落后,就将失去发展的机会。国外知名学府和国内重点高校纷纷把生命科学和医学作为学科发展的重点,在这方面不断加大投入,采取有力措施鼓励学科间的交叉和融合。在激烈的竞争面前,我校必须积极应对,发挥学科的综合优势,谋求体制和机制上的创新。学校计划在本学期,就医学部的发展和与本部的学科交叉和融合组织一次专题研讨,进一步明确发展的思路,分析当前面临的困难,抓住机遇,谋求我校医学教学科研的更好发展。

总之,围绕交叉学科这个重点,"985工程"二期的布局基本完成,几个重要的科技平台建设全面启动,随着资金到位,我们下一步的工作重心应该放在保质量、抓落实上面,要确保资金投入的效果,提高资金的使用效率,确保建设项目按期高质量完成。同时,我们也要在人事政策上研究如何营造一个有利于学科交叉的环境和氛围,比如在不同院系间实行教授双聘制。在积极推进"985工程"和"211工程"的同时,也要结合国家需求和科学技术的发展,不失时机地酝酿一些新的课题。在科学研究上既要鼓励自由探索,又要关注国家需求。科研部和社科部要认真研究如何组织校内力量,统筹校本部和医学部的科研力量,使我们的科研人员能更多地承担国家的重大科研任务。

三、高度重视、稳妥务实,全面推进教育教学改革

根据去年全校教学工作会议和今年初寒假校领导班子战略研讨会的部署,我校在上学期开展了全校范围的本科教学改革的调研工作。这项工作在本科教学改革调研组的主持下,在教务部、学工部、团委、就业指导中心等职能部门共同参与,全校各院系的积极配合下,进展的非常顺利。假期当中,由教务部主持对调研的情况进行了全面而深入的分析和总结,形成了一份资料丰富、有数据有分析的调研报告。在此基础上,学校计划在本学期开展全校范围的本科教学改革的大讨论,结合本科教育的现状,经过深入研究和分析,将在本学期末起草一份继续深化我校本科教学改革的方案草案,并计划在期末召开全校教学工作会议,研讨新的北京大学本科教学改革的方案。为了顺利完成这项工作,学校提出以下七点要求:

第一,要高度重视:本科教育是高等教育的基础,是一所高水平大学办学理念与办学水平、历史传统和校园文化的集中体现,能否为本科生提供最好的教育,提供一个宽松自由的学术氛围,这是我校新时期培养高素质优秀人才、服务国家建设的核心工作之一,是北大安身立命之所在。学校要求全校各院系和部门都要高度重视本科生的教育教学工作,坚持以改革为动力,全力投入到本科教学改革方案的讨论和制定过程中。

第二,以师生为本:积极动员广大师生参与到本科教学改革的讨论中,促使他们关注本科教育,思考本科教育,进而把教师、学生和管理干部的认识统一到学校推进本科教学改革的理念和目标上来,使教学改革尽快成为广大教师和学生的自觉选择。

第三,坚持我校本科教学改革的"十六字方针":

我校自1988年提出"加强基础,淡化专业,因材施教,分流培养"的本科教学改革十六字方针以来,推行了一系列加强通识教育的具体措施,突出了宽基础和个性化相结合的教学理念。当然,通识教育并不意味着不要专业教育,我们实施的是在低年级实行通识教育,在高年级实行宽口径的专业教育。根据教务部的调研报告,不同院系存在的问题也不尽相同,部分院系在"加强基础"方面有所忽视,应引起重视。

第四,加强课程建设:暑假期间,我参加了在厦门大学举办的"中国—耶鲁大学领导暑期研讨班",其间,耶鲁大学莱温校长就通识教育问题做了专题报告,他指出,接触一个以上的学科可以帮助学生拓宽视野,鼓励他们进行创造性的思考;而一个学科的深度知识可以发展严密思考的能力。要把知识的宽度和深度结合起来,课程建设是关键,要有针对性地推进课程的改革,继续完善业已形成的以平台课、主干基础课和通选课为主体的新型课程体系。院系专业课程的设计也要适合通识教育的需要。

第五,改进教学方法和学生管理:在一定程度上,教学方法比课程内容更重要,学生创造性的思维往往来自于启发式的教学和开放式的讨论,因此在课程建设的过程中要把教学方法的改革作为重点内容。学生的管理也要适应教育改革的要求,打破不同院系之间的壁垒,比如有些交叉学科性质的专业可以考虑跨院联合建设,这样也可以有效地利用我校的教师资源。要善待学生,我们的学生管理工作从根本上说应是为同学们服务。

第六,继续加大对教学的投入力度:一直以来,学校在资金比较困难的情况下,多方面筹措资金,努力保证正常教学活动的运转经费,近期又斥资兴建新教学大楼。据了解,国家在"211工程"三期中将进一步增加对教学教育的投入,学校也将继续加大力度,使全校教学总经费占事业费的比例逐年增加。

第七,继续深化医学教学的改革:随着医学的发展,医学知识的传授内容和传授方法都发生了很大的变化,对医学教育提出了新的课题。几年来,医学部在建立长学制,推行以问题为基础的教学法(PBL教学法),加强临床,鼓励学科渗透等方面采取了一系列改革措施,极大地提高了学生对疾病及相关知识的掌握能力、自主学习和独立工作的能力、学习效率和学习兴趣,取得了非常好的效果。教书育人不外乎三个方面,人格的培养、能力的锻炼和知识的传授。仅掌握知识并不能保证我们的学生真正成才。对于医学生来说,尤其要有爱心、人文关怀以及交流的技巧、合作的精神。目前只有八年制的医学学生能够在校本部接受两年的基础教育,感受综合大学的学术氛围。如何总结改进现有的两年教学,如何让更多的医学生受益是我们需要探讨的问题。

改革开放28年了,高等教育,特别是研究生教育的改革最为滞后,成为社会主义市场经济环境中的一个孤岛,到现在我们的研究生还被分为计划内和计划外。研究生培养机制改革势在必行,这是高等教育改革向深层次发展的一个重要方面,是高校自主创新、创新人才培养的重要方面。正如周济部长在研究生培养机制改革试点工作会上指出的,这次改革对提高高等教育质量有很深刻的意义。研究生培养机制改革从去年开始试点工作,第一批试点单位是哈尔滨工业大学、西安交通大学、华中科技大学这三所工科大学。今年5月25日召开的第三次改革试点工作座谈会上确定了北大、清华、复旦等10所大学参加第二批试点工作。也就是说,从明年开始,我校将改革研究生奖助办法,全面实行科学研究主导的导师负责制。培养经费主要用在研究生培养上,科研经费要拿出一部分资助学生。这是一次大的改革,将彻底改变导师和学生的关系。学校已于6月份出台了《北京大学研究生培养机制改革试点办法》、《北京大学学业奖学金管理办法》、《北京大学研究生奖助金的资金来源和管理办法》等三个重要文件。为了保证这项改革的顺利推进,学校希望各院系和相关职能部门做到以下几点:

第一,要统一思想、提高认识,要充分认识到这项改革的重大意义,认识到这是研究生教育走出计划经济框框的关键。有些媒体简单地理解这次改革是"研究生收费",应该认识到这次改革要打破的是业已存在多年的旧秩序,建立一种激励机制和约束机制相结合的新的培养模式,不仅会涉及学生的切身利益,也会触动部分导师的利益。全校各院系和职能部门都要高度重视、统一认识、积极应对做好工作。

第二,低调务实、逐步推进,2007年全校研究生的资助比例基本按照目前计划内和计划外研究生的比例来安排,以后逐步合理化。这次改革很有可能成为媒体关注的热点话题,要正面、客观地宣传研究生培养机制改革的意义和内容,避免炒作。

第三,要尊重学科特点,实事求是,学科不同,整体研究环境差异很大,奖助资金来源不可能统一。政策设计上切忌"一刀切"。对于交叉学科的研究生培养要有特殊政策,鼓励不同背景的导师联合起来指导学生。同时,应扩大院系自主权,而且在研究生奖学金、助学金的管理中也应充分发挥导师的作用。

四、尽快调整和完善校园规划、加快推进基础设施建设

2003年3月,在北京市政府的大力支持下,我校争取到了畅春新园、成府园、肖家河、挂甲屯等四处近千亩土地,为燕园校区未来发展提供了宝贵的空间支持,从那时起,学校就开始考虑重新制定燕园校区空间

发展的总体规划。校园规划的制定是一个长期而艰巨的系统工程,受到各种条件的制约,需要进行不断的调整和完善。特别是《燕园主校区文物保护规划》编制完成之后,在国家重点文物保护区域内的规划设计内容必须与《文保规划》相协调。在暑假的战略研讨会上,校领导班子对燕园校区几个重点区域的规划调整方案进行了认真讨论,这几个区域包括未名湖北岸、成府园和燕东园、南校门和西校门周边、燕南园和勺园、蔚秀园和承泽园平房区,还包括燕园水系恢复的方案设计等。我在这里就不详细介绍规划方案的具体内容了,只是要强调一点,校园规划方案的调整和制订是一项非常重要的基础性工作,我们这所百年校园未来几十年甚至上百年将以什么样的面貌展现在我们的子孙后代面前,我们这一代人会给这个校园留下什么样的痕迹?在这个问题上,我们必须怀有一种强烈的历史责任感和使命感。如何更好地完成这项工作,不留遗憾,我想必须遵循以下几点原则:

第一,服务教学科研和学科建设的原则:校园规划要服从学科规划、适应教学科研的需要,服务于学科建设的重点,兼顾传统学科和新兴学科,根据不同学科的特点进行区域的划分。

第二,可持续发展的原则:新增教学科研用地在一定程度上缓解了燕园校区用地紧张的状况,但是总体上来看,我们的校园空间还是非常有限的,在制定校园规划的时候要留有余地,为学校未来的发展保留一定的空间。我校新调整的校园规划在总建筑面积显著增加的情况下,占地面积减少了,公用绿地的面积却增加了。燕园水系的恢复和植被保护,以及地下空间的开发等方面都很好地体现了可持续发展的要求。

第三,以人为本的原则:北大的校园集中了教学科研、生活娱乐等多种功能,在对这些不同功能进行规划设计的时候要坚持以师生为本的原则,既要方便广大师生的学习、工作和生活,也要兼顾人文环境与自然环境的和谐。在这方面,要通过不同的渠道更多地听取广大师生的意见。发展规划部启动了北新商店原址利用方案征集活动,并在未名BBS开设校园景观规划讨论版,这些都是非常好的办法,集思广益,让广大的师生员工都来参与校园规划的制定工作。建议发展规划部能够及时地把这方面的信息与团委和工会沟通,听取各方面的意见。

第四,保护和利用兼顾的原则:我校未名湖周边是国家级文物保护单位,在制定校园规划的时候,必须遵循保护和利用兼顾的原则,一方面要严格遵守有关文物保护和修缮的各项规定,另一方面也要很好地把这些文保建筑利用起来,为教学科研服务。大学理应有能力兼顾两者,国外不少大学的经验也验证了这一点。

第五,有限资源统筹使用的原则:上学期,资产部对学校的总体资源状况进行了一次清查,并酝酿出台资源有偿使用的管理办法,探索从管理上谋求有限资源统筹使用的机制,这学期要继续推进。暑假期间,基建、总务、后勤部门的职工抓紧时间,完成部分学生公寓浴室的改建,学生餐厅的扩建维修和校园环境的整治,重点基建工程进展情况良好。在此,我代表学校对上述各部门的职工表示衷心感谢。正是他们的辛勤劳动,才能确保我们新学期顺利开学。近期,有一批新的教学科研楼已经或即将投入使用,有关院系要加快周转,腾出来的房子要及早做安排。要注意个别特别困难的院系,给予优先考虑,让他们的教学科研条件得到改善。

这学期的基础设施建设的任务仍然繁重,包括奥运场馆、公共教室大楼、箿斗桥学生公寓、中关园专家留学生公寓、光华企业家研修楼、新化学南楼和医学部逸夫教学楼等在建工程共21万多平方米。加之未名湖北岸的综合整治和燕南园、蔚秀园、承泽园的环境整治和文物保护等工作也在加快推进。根据规划,新的人文科学大楼将坐落在东操场北侧,现在的木工厂和北材料厂所在地,受校园文保规划的制约,人文大楼在审批过程中遇到了一些困难,有关部门要加快推进审批和设计工作。基建任务重、工期紧,资金缺口大,在这种困难的情况下,学校再次强调,基建部门要从学校发展建设的大局出发,克服困难,确保工程质量,确保重点工程,特别是奥运场馆和教学大楼的工期;学校和各有关院系也要加强筹措资金;同时还要加强管理,厉行节约,严格控制成本,切实提高资金的使用效率。

五、认清形势、理清思路,切实抓好校园安全保卫工作

改革开放以后,特别是90年代中后期以来,我国的高等教育快速发展,办学规模迅速扩大,后勤社会化改革不断深入,高等学校多层次、多渠道的开门办学模式初步形成,高校的开放程度和国际化程度日益提高。在这个大的背景下,大学不再是相对孤立的"象牙塔",而是通过人才培养和科技成果转化等不同方式直接与社会交流的开放的社会服务机构。新的形势对校园的安全稳定工作提出了新的要求。当前,北大的在校学生群体规模更大,层次更加多样化,学校与外界的人财物流通量激增,加之燕园校区和医学部的校园面积都很紧张,校园周边环境复杂,周边和校内的交通压力很大等等,这些问题都是校园安全保卫工作所面临的新问题。学校相关职能部门要高度重视当前出现的这些新情况,认真研究新时期校园安全保卫工作的发展战略,切实落实国家和北京市一系列关于高校安全稳定工作的会议和文件精神,在队伍建设、制度建设和基础设施建设等几个主要方面加大投入力度,切实以广大

师生为本,提高工作水平。

校园安全保卫工作不仅要靠职能部门的努力,更要依靠各级各单位的共同努力,依靠全体教职工和广大学生的共同参与。希望在座的各院系部门的领导都要高度重视校园安全保卫工作,树立安全意识和责任意识,齐心协力,共同维护校园正常的工作和生活秩序。

六、几项专项工作

1. 制定北京大学中长期发展规划：结合国家中长期科技发展规划和我校建设世界一流大学的总体规划,在我校"985工程"二期建设规划和"211工程"三期学科建设方案的基础上制定我校中长期发展规划,这是一项非常重要的基础性工作,在今年暑假的战略研讨会上,校领导就这个问题进行了专题讨论,希望发展规划部根据暑假战略研讨会上的讨论,在深入调研和广泛论证的基础上尽快拿出初步意见。

2. 北京论坛：今年十月底,第三期北京论坛将如期举行。北京论坛已经成为国际品牌,这次北京论坛层次更高、影响更大,得到北京市的高度重视,我们要把它越办越好。何校长虽然已经离开我们了,但是他所致力开创的这项事业将在我们手中发扬光大。学校要求各有关院系和职能部门要全力支持北京论坛,确保论坛的圆满成功。

北京论坛期间,第三届北京大学国际文化节也将拉开序幕,包括开幕式、以自然文化遗产与旅游为主题的展示会、美食广场、文艺演出和留学生十佳歌手大赛等一系列活动。希望有关部门积极配合这次活动,把它办成一个在北京论坛期间充分展示大学生风采,促进各国青年之间的交流和友谊,展现校园国际化氛围的盛会。

3. 召开师德工作会议：按照中央的指示,在教师节前后,全国教育界将再次掀起学习孟二冬同志先进事迹的新高潮,借此东风,学校计划在下学期开展一次全校性的崇尚科学精神维护师道尊严的宣传教育活动,并计划召开一次全校师德工作会议,出台文件,进一步规范学术行为。

4. 学校形象建设工程：创建世界一流大学是一项系统工程,除了要大力提高学校的学科实力与教学科研水平,还要按照世界一流的要求不断改进和加强学校管理,学校形象建设是其中一项重要的基础性工作。为了迎接110周年校庆和2008年北京奥运会乒乓球比赛在我校举行,学校已于今年全面启动了形象建设工程,并成立了学校形象建设委员会。目前,"北大标志"的三套候选方案已经确定,从明天开始将通过展板、网络、专家论证会和师生座谈会等形式广泛征求意见,希望大家密切关注并踊跃发表意见。信息化建设和管理办公室将于下半年开展校园网主页的改版工作,并计划于2007年元旦启用学校新主页。此外,学校委托景观设计研究院对燕园主校区进行整体景观设计,争取在110周年校庆前使校园面貌得到全面改善。加强学校形象建设意义重大,非常必要。希望全校师生高度重视,积极参与,努力把我们的母校建设得更美好。

5. 认真做好海淀区人大换届选举工作。海淀区第十四届人大换届选举将在11月初举行,前期的筹备工作已经全面展开。基层人大的换届选举是一项涉及面广、政策性强的重要工作。区人大换届选举委员会燕园街道分会已经成立,由鞠传进副校长担任分会主席,而且我校专门成立了选举分会办公室,由两办牵头具体落实这项工作,希望各单位能够积极配合,确保换届选举工作顺利进行。

6. 召开全校产业工作会议。教育部在2005年10月25日下发了《教育部关于积极发展、规范管理高校科技产业的指导意见》,提出了"积极发展、规范管理、改革创新"十二字指导方针。根据教育部文件精神和我校产业发展的实际情况,学校计划在年底召开北大产业工作会议,研讨我校产业的发展战略,进一步理顺学校与企业之间的产权关系,深化企业管理体制改革,明确资产经营公司的管理职责和权限,全面推进现代企业制度的建设。

7. 启动110周年校庆的筹备工作。2008年是我校建校110周年,从本学期开始,学校决定组建校庆筹备工作组,启动校庆筹备工作。学校希望利用110周年校庆之际,全面弘扬北大"爱国、进步、民主、科学"的光荣传统,广泛宣传北大"追求真理、追求卓越、培养人才、繁荣学术、服务人民、造福社会"的办学理念,展现北大实施"211"和"985"工程以来在教学科研、队伍建设等各方面的成果,最大限度地调动全校师生员工和广大校友的力量,鼓舞士气,凝聚人心,开创我校改革发展的崭新局面。

老师们、同志们,学校的工作千头万绪,前面我提到的这几项工作都是学校的工作重点,事关我校改革、发展和稳定的全局,事关我校建设世界一流大学的进程,任何一个环节都容不得半点懈怠。我校正处在一个稳步前进的过程之中,各院系部门的工作量不断增加,要求更高、压力更大,而且舆论环境有时也不是很有利。在座的各位都是学校各院系和职能部门的领导,是学校赖以生存和发展的中坚力量,我相信只要全校师生同心同德,沉着应对,就一定能够克服各种困难,全面贯彻学校制定的各项大政方针,推进各项工作,把我们建设世界一流大学的事业推向前进。

谢谢大家！

北大概况

北京大学创建于1898年,初名京师大学堂,是我国第一所国立综合性大学,也是当时中国的最高教育行政机关。1912年,北京大学改为现名。1917年,著名教育家、思想家蔡元培先生出任北大校长,"循思想自由原则、取兼容并包主义",对北大进行了卓有成效的改革,促进了思想解放和学术繁荣,北大从此日新月异。陈独秀、李大钊、毛泽东以及鲁迅、胡适等一批杰出人才都曾在北大任教或任职。卢沟桥事变后,北大与清华大学、南开大学南迁长沙,共同组成长沙临时大学。1938年年初,临时大学迁往昆明,改称国立西南联合大学。抗战胜利后,北大返回故园,于1946年10月正式复学。当时设有文、理、法、医、农、工6个学院和一个文科研究所,学生总数为3400多人。新中国成立后的1952年,全国高校进行院系调整,北大成为一所以文、理基础教学和研究为主的综合性大学。同年,北大校址从北京市内的沙滩原址迁移到位于西北郊的原燕京大学校址,即今日"燕园"。

一个多世纪以来,作为新文化运动的中心和"五四"运动的策源地,作为中国最早传播马克思主义和民主科学思想的阵地,作为中国共产党最早的活动基地,北大为民族的振兴和解放、国家的建设和发展、社会的文明和进步做出了不可替代的贡献,在中国走向现代化的进程中起到了重要的先锋作用。爱国、进步、民主、科学的传统精神和勤奋、严谨、求实、创新的学风在这里生生不息、代代相传。

改革开放以来,北大进入了一个前所未有的大发展、大建设的新时期,并成为国家"211工程"重点建设的大学之一。1998年5月4日,北大百年校庆之际,国家主席江泽民题词:"发扬北京大学爱国进步民主科学的优良传统为振兴中华做出更大贡献",并在庆祝北大建校一百周年大会上发表讲话,发出了"为了实现现代化,我国要有若干所具有世界先进水平的一流大学"的号召。北大适时启动"创建世界一流大学计划"(也称"985计划"),北大的历史从此翻开了新的一页。

2000年4月3日,原北京大学与原北京医科大学合并为新的北京大学。北京医科大学的前身是国立北京医学专门学校,并于1946年7月并入北大。1952年全国高校院系调整,北大医学院脱离北大,独立为北京医学院,1985年更名为北京医科大学,1996年成为国家首批"211工程"重点支持的医科大学。两校合并进一步拓宽了北大的学科结构,为促进文、理、医相结合及改革医学教育奠定了基础。

自创建以来,北大为国家和民族培养了大批人才。据不完全统计,北大校友和教师有400多位两院院士,中科院数理学部三分之二的院士来自北大。1955年,北大成立了中国第一个核科学专业,并于50年代后期相继成立了技术物理系和无线电电子学系,为国防科技战线培养了一批骨干力量,在"两弹一星"的研制中发挥了重要的作用。1956年,在黄昆、谢希德教授的主持下,北大创办了我国第一个半导体专业,培养了我国新兴半导体事业的第一批带头人,为我国信息科学技术的发展奠定了人才基础。在人文社科领域,北大更是培养和造就了一大批蜚声海内外的著名学者,许多大师级的学者在中国乃至世界学术和教育史上都产生了深远影响。

北大充分发挥多学科优势和人才优势,高举科教兴国大旗,勇当科学攻坚的排头兵。北大学者在中国科学史和科技史上创造了众多第一。1965年,北大与中国科学院合作,在世界上第一次人工合成了牛胰岛素;1973年,北大在国内首次研制成功百万次电子计算机;1981年,北大教授研制成功中国第一台计算机汉字激光照排系统原理性样机,实现了汉字印刷的第二次革命;1991年,北大在国内首先研制出碳60、碳70,进入国际先进行列;同年,北大测定的铟原子量被接受为原子量国际标准,这是我国科技史上的第一次;2001年,被誉为第一颗"中国芯"的我国首个16位和32位嵌入式微处理器在北大诞生,结束了中国信息产业无"芯"的历史。

2006年,北京大学设41个直属院系。开设本科专业104个,覆盖文、理、医等10个学科门类。全校有38个博士学位一级学科授权点、228个博士学位授权点、258个硕士学位授权点、104个本科专业、81个国家重点学科,以及35个博士后流动站。全年博士后研究人员出站149人,进站251人,在站532人。有12个国家重点实验室、2个国家工程研究中心、46个省部级研究院(所、中心、重点实验室)、8所附属医院、12所教学医院。在职教职工15946人,其中专任教师5513人。有教授1487人、副教授1889人,博士生导师1286人,中国科学院、中国工程院院士59人,"长江学者奖励计划"特聘教授和讲座教授95人,"973"项目首席科

学家15人，国家杰出青年科学基金获得者118人。毕业生19271人，学历教育学生中全日制研究生4050人（博士生1002人、硕士生3048人）、普通本专科生3415人（本科生3116人、专科生299人），成人教育本专科生2574人（本科生1364人、专科生1210人），网络教育本专科生9232人（本科生7135人、专科生2097人）。招生25644人，学历教育学生中全日制研究生6109人（博士生1419人、硕士生4690人）、普通教育本专科生3070人（本科生2880人、专科生190人），成人教育本专科生4131人（本科生3097人、专科生1034人），网络教育本专科生12334人（本科生9695人、专科生2639人）。在校生69378人，学历教育学生中全日制研究生16666人（博士生5442人、硕士生11224人），普通教育本专科生14662人（本科生14125人、专科生537人），成人教育本专科生12387人（本科生8404人、专科生3983人），网络教育本专科生25663人（本科生23024人、专科生2639人）。2006年录取各省（自治区、直辖市、港澳台地区）高考第一名48人（文科第一名33人、理科第一名15人），在26个省市的文科录取分数线居全国高校首位，在7个省市的理科录取分数线居全国高校首位。本科毕业生就业率96.18%。留学生毕业1016人，招生1196人，在校2408人。图书馆建筑面积51494平方米，图书馆藏书627.44万册。校园占地面积为2721682平方米，校舍建筑面积为1841001平方米，固定资产总额379552.48万元，其中教学科研仪器设备资产为165299.31万元。

2006年是国家"十一五"规划的开局之年，是我校实施建设世界一流大学规划第一阶段的最后一年，我校顺利通过"十五""211工程"验收，"985工程"二期建设进展顺利。一年来，我校深入学习贯彻全国科技大会精神，紧紧围绕国家战略和科技中长期发展纲要的要求，把"创新"作为事业发展的灵魂，把参与创新型国家建设作为我校创建世界一流大学的加速器，在学科布局、队伍建设、人才培养、科学研究、社会服务和国际交流与合作等方面，扎实推进，开拓创新，各项工作健康快速发展，取得了令人满意的成绩。

一、教育教学改革稳步推进，课程建设成绩斐然

2006年，我校在全校范围内对本科教育状况进行了调研，展开了教学改革大讨论，制订了本科教育教学改革初步方案，为进一步深化教学改革指明了方向。

10月13日，北大召开元培计划五周年回顾与展望研讨会。作为近年来北大本科教育改革的实验田，元培计划贯彻"加强基础、淡化专业、因材施教、分流培养"的通识教育理念，实行教学资源和学生自身条件许可下的自由选择专业制、在教学计划和导师指导下的自由选课学分制、3—6年弹性学制、导师制和不同专业学生混住制，5年实践取得突出成绩，元培学生无论在科研还是在综合能力上都显示出很强优势。

课程建设成绩突出，13门课程被评为国家级精品课，居全国高校首位。截止到2006年年底，北大国家级精品课总数达46门，居全国高校首位。同时，北京市精品课总数达52门。

加强资助高年级本科生开展科研的力度。2006年共资助268个本科生科研项目，参与学生410人。其中43个研究项目的指导教师是两院院士和长江特聘教授。截至2006年9月底，北大"本科生科研基金"共资助1149个本科生研究项目，参与学生1590余人。7月，"北京大学毛玉刚大学生科学研究基金"建立，用于资助物理学、化学、生命科学和环境保护方向的12个本科生研究项目。11月，北大获教育部"国家大学生创新训练计划"试点工作的资助经费，用于资助60个本科生科研项目。

研究生招生、培养、评估体制改革成绩突出。改革研究生招生计划制订工作，尤其在博士生招生计划中打破"大锅饭"，优先满足经费充足的导师提出的招生名额；改革招收外国留学生攻读硕士、博士学位研究生的选拔办法，由以笔试成绩为基础的考试机制改为以综合素质能力为基础的申请考核机制；扩大接收推荐免试研究生的比例，2006年受理2847份申请，接收1495人。

加强学位授予的审查管理，提高学位授予质量。博士学位论文评阅继续坚持"匿名评审"制，同时充分发挥北大多层次管理优势，从学位办答辩审批、答辩委员会全面审查、院系分会再次审查、校学位评定委员会最终审查等环节层层把关。

加强对研究生学术行为的监管，培养研究生学术道德。启动研究生学术规范与科研能力提升课程，首次开设19门课，并出台《北京大学研究生课程评估办法》、《研究生学术规范管理办法》、《北京大学研究生指导教师工作规范》和《北京大学关于研究生教育学术规范的暂行规定》。

进一步推动博导遴选机制改革，允许多种遴选机制并存。将不固定博导资格制由4个院系推广到7个院系。各院系根据各自学科特点自愿进行博导遴选机制改革，允许多种遴选机制并存。逐步打破只有教授才能当博导的限定，聘请优秀副教授担任博导，并取消博导固定资格制，实行教师申请＋学生选报制。

二、学科建设进一步优化，整体实力稳步提高

2006年，我校顺利通过了教育部"十五""211工程"项目验收，并在"985工程"二期的支持下，抓住科学技术发展前沿，结合自身综合学科优势，落实了多项学科建设的重要战略部署，新建和组建了一批前沿、交叉学科的研究机构和一批具有先进水平的公共技术平

台,已建立起斑马鱼房、实验动物中心、坝上环境监测中心、纳米超净实验室、脑功能成像中心、微流实验室等一批重要的、具有先进水平的公共技术平台;新建和组建Kavli理论天体物理研究所、交叉学科研究院、先进技术研究院、中国社会科学调查中心、高能物理研究中心等一批前沿和交叉学科的研究机构。

2006年国家重点学科考核考评工作中,我校新增六个国家重点学科,国家重点学科总数达87个,继续高居全国高校之首。这87个重点学科中有62个二级学科分布在18个一级学科中,这18个一级学科被认定为一级学科国家重点学科。

三、扎实推进科研工作,创新成果不断涌现

2006年,北大科研经费稳定增长,全年到校科研经费7.2亿元,比2005年增加10.7%,其中医学部及其所属单位共获准各类科研经费资助超过1.1亿元,文科的科研经费再创新高,达到6670多万元,国际合作科研项目到校经费1400万元。

理科、医科在我国政府主导的重大基础研究和应用基础研究领域继续保持强大的竞争优势。新增"973"项目2个、"973"子项目17个;新增重大科学研究计划项目3个、重大科学研究计划子项目16个;新增"863"计划重大重点项目课题16个、"863"计划专题课题61个;新增国家科技支撑计划项目课题23个。在国家自然科学基金领域,获批面上项目292个、重点项目18个,获批总经费为10897万元。获10项国家杰出青年科学基金。获教育部高校博士学科点专项科研基金资助项目48个,教育部重大项目3个、重点项目5个,教育部创新工程重大培育资金项目2个。获北京市自然科学基金资助项目29个。7人入选北京市科技新星计划。来自境外的理科国际合作项目9个(仅指通过校科研部签署的合同),来自国家部委、省/市和企事业单位的研究项目100余个。

2006年,以北大为第一完成单位获国家科学技术奖5项,其中国家自然科学奖二等奖1项、国家技术发明奖二等奖2项、国家科学技术进步奖二等奖2项。获国家自然科学奖数量居全国高校第一,并在国家技术发明奖方面实现零的突破。以北大为第一完成单位获高等学校科学技术奖一等奖9项、二等奖9项,一等奖总数居全国高校第一。何新贵院士获2006年度何梁何利科学技术进步奖,截至2006年年底,北大是获该奖人数最多的高校。两项科研成果被评为教育部"中国高等学校十大科技进展",北大历年入选成果总数居全国高校第一。

2006年共申请专利303项,比2005年增长37.6%。获授权专利83项,其中发明专利79项,比2005年增长14.3%。

2006年被SCI收录的北大为第一作者单位或北大教师为责任作者的论文近2000篇。理科和医科在影响因子大于8的刊物上共发表论文19篇。

人文社会科学方面,北大获中国高校第四届人文社会科学研究优秀成果奖33项,获奖总数在全国高校中遥遥领先;获第三届全国教育科学研究优秀成果奖5项;获北京市第九届哲学社会科学优秀成果奖25项。文科各单位共出版专著165部,发表论文2291篇。从2006年起对论文收入SCI、SSCI、A&HCI引文索引的文科教师进行奖励,该年度对43篇论文的作者进行奖励,奖励经费总计199700元。由袁行霈、严文明、张传玺、楼宇烈四位教授主编的"985工程重大项目"、"十五"国家重点图书《中华文明史》出版发行。由我校考古文博学院师生参与的"早期秦文化联合考古队"在甘肃礼县发掘出一批"国宝级文物",对早期秦文化研究有重大价值。

四、进一步推进队伍建设,完善师资人事制度

2006年,我校继续加大人才培养和引进的力度,新聘长江学者21人;新申报的长江学者中14人已通过教育部评审,新增10位国家杰出青年基金获得者,至此,我校杰出青年已达118人,创新团队总数达到11个。我校还继续加大对优秀青年学者的引进力度,全面实施《北京大学优秀青年人才引进计划》,并引进了6名"北京大学青年学者"人才。目前,我校长江学者、杰出青年和创新团队等几个重要的人才指标均居全国高校首位,初步形成了以院士、资深教授、长江学者和国家杰出青年为核心的,总数超过300人的老中青相结合的拔尖人才梯队,学校教学科研水平和综合竞争力进一步得到提升。

加强哲学社会科学队伍建设,增设"哲学社会科学资深教授"岗位,"资深教授"在校内享受与院士相同待遇。24位教授被评为"资深教授"。两院院士和资深教授构成北大高层次人才队伍的核心。

进一步加强师德师风建设。为了弘扬良好的学术风气,优化育人环境,加强师德建设和学术道德建设,我校深入开展学习王选、孟二冬老师先进事迹和胡锦涛总书记给孟二冬女儿回信精神的系列活动。12月13日,隆重召开北大第二届师德建设工作会议暨首届"蔡元培奖"颁奖大会。著名学者季羡林教授、侯仁之院士、徐光宪院士、曲绵域教授、王夔院士、韩济生院士、厉以宁教授、王阳元院士、袁行霈教授、林毅夫教授等10人获奖。为使师德师风建设形成制度保障,在此次会议上推出《北京大学关于进一步加强师德建设的意见》、《北京大学教师学术道德规范》、《北京大学学术道德规范建设方案》、《北京大学研究生学术道德规范》、《北京大学教师教学工作管理办法》等文件。

名师奖评选再创佳绩。8月公布的第二届国家级"高等学校教学名师奖"结果中,我校获国家级教学名

师奖的人数居北京市高校第一。

积极贯彻落实师资人事制度改革精神,按照《北京大学教师职务聘任与职务晋升(暂行)规定》,积极努力做好教师队伍建设工作,新聘教师整体水平稳步提高。

五、国内合作对象与领域不断拓宽,社会服务成效显著

2006年,我校不断拓宽合作对象与合作领域,与江苏、浙江、山东、重庆、海南等地区互访频繁,积极寻求新的合作点。组织北大专家、教授团赴浙江等地考察,达成一批合作项目。加强与国内外大型企业合作,其中与石油石化企业或科研院所签署的技术合同额达3300万元,与核电企业签署的技术合同额约600万元,与跨国企业签订的技术合同额约620万元。在2006年中国高校—大型企业合作论坛上,北大与贵航集团共同研制的"无人机航空遥感系统"入选"2006中国高校—大型企业合作"科技创新十大案例。

北大与江苏省无锡市的合作取得多项成果:北大6名毕业生在无锡市挂职期满后有5人留在该市担任领导职务;北大软件与微电子学院与无锡市签订建设无锡基地的协议;稀土国家重点实验室、方正稀土研究所与无锡新威集团共建稀土工程中心。

继续做好对口支援工作。北大承担北京市教委共建项目——通州区文化产业发展规划研究后,环境学院、政府管理学院、文化产业研究所等单位的专家为通州区进行总体规划设计;医学部为通州区培训医疗卫生骨干,组织医疗专家在通州区召开大规模的医学论坛,并在当地进行义诊;附中确定通州区永乐店镇中学为对口支援点。把对口支援新疆石河子大学的工作推向深入。6月22日,北大与石河子大学一起召开了对口支援经验交流会并续签对口支援协议,安排石河子大学10名学生到北大就读,协调10余名校内外学者赴石河子大学短期讲学,并重新修订了北大对口支援石河子大学的系列文件。

六、国际交流规模日益扩大,国际影响力持续提高

2006年,我校国际交流与合作工作坚持为教学科研服务,为国家总体外交战略服务的方针。全年共接待四位国家元首和政府首脑,参与了中俄国家年、中国—印度友好年、中国—意大利年等多个重大外交活动;成功举办第三届国际文化节、模拟联合国大会和以"文明的和谐与共同繁荣:对人类文明方式的思考"为主题的第三届北京论坛等活动,产生了良好的社会反响,扩大了北大的国际影响力。

2006年,我校来访外宾近22000人次,各类代表团共计307团次,其中包括国家元首代表团4个、各国政要代表团55个、大学校长代表团92个,其中规模较高的来访代表团包括联合国前秘书长安南、法国总统希拉克等。耶鲁大学、北卡罗兰纳大学、澳大利亚国立大学等知名高校校长代表团的来访,有效地推动了校际层面的合作与交流。医学部全年接待来自美国、澳大利亚、加拿大、中国香港和台湾等20多个国家和地区的人员共计521人次。全年共举办国际会议82次,与会人数规模均超过100人。与世界一流大学的交流合作走向深化,开展实质性合作,积极加入具有影响力的大学国际组织。2006年,我校作为唯一一所高校加入研究型大学国际联盟(IARU)。3月,我校成立感染病研究中心,与美国哥伦比亚大学密切合作,展开相关研究。5月,我校和奥地利因斯布鲁克大学联合生物标志物研究中心——中奥生物标志物研究中心成立。

七、基础设施建设全面推进,教学科研和生活条件大幅改善

2006年,我校的基础设施建设继续保持快速发展的势头,启动了未名湖北岸朗润园、镜春园地区环境整治和文物保护工作,为"北京国际数学中心"工程的建设,该区域的环境整治以及文物建筑的修缮和保护提供了保证;医学部新的教学大楼已经完工,即将投入使用;校本部综合体育馆和公共教室楼结构已经封顶,将于2006年8月竣工,将使学校教学和体育设施的紧张状况将得到极大改善;新的人文大楼设计方案经过几轮的征求意见,已获得学校的批准;中关园留学生公寓工程、篓斗桥学生宿舍及食堂工程、光华企业家研修院工程、新化学南楼工程等一批新建和在建工程进展顺利。

这一年,我校为基础设施建设积极筹集资金支持,先后获得多项捐赠。其中新加坡邱德拔遗产基金向北大捐赠1.733亿元人民币,用于支持奥运体育馆建设和政府管理学院发展。这是北大建校以来收到的最大一笔捐赠。美籍华裔企业家廖凯原先生捐赠1.235亿元人民币,用于支持法学院大楼建设和跨学科研究等。

· 2006 年学校基本数据 ·

（统计截止日期：2006 年 9 月 30 日）

一、基本数据

校园面积	2721682 平方米（4082.5 亩）
校舍建筑面积	1841001 平方米
图书馆藏书[①]	
一般图书	594.98 万册
电子图书	32.46 万册
固定资产总额	379552.48 万元
其中：教学科研仪器设备资产值	165299.31 万元

二、教职工人数（单位：人）

（一）在职教职工：	15946
其中：	
两院院士[②]	
中国科学院院士	52
中国工程院院士	7
"长江学者奖励计划"特聘教授、讲座教授	95
博士生导师[③]	1286
职称分布：	
正高级	1659
副高级	2733
中　级	4802
初　级	4114
无职称	2638
专任教师[④]	5513
其中：	
正高级	1487
副高级	1889
中　级	1587
初　级	432
博士学历	2754
硕士学历	1305
本科学历	1380

---

① 不含各院系资料室图书。
② 人事关系在北大的两院院士人数为 41 人。
③ 指在岗人数。
④ 其中校本部 2248 人，医学部本部 680 人，附属医院 2585 人。

专科及以下	74
教辅人员①	6248
行政人员②	1783
工勤人员③	1732
校办企业职工	360
其他附设机构人员④	310

(二) 其他人员：

离退休人员⑤	8185
聘请校外教师	194
附属中小学幼儿园教职工	375

三、在校学生人数（单位：人）

(一) 全日制学生　　　　　　　　　　　　　31328

　　本专科学生　　　　　　　　　　　　14662(本科14125,专科537)

　　组成如下：

一年级	3666
二年级	3645
三年级	3427
四年级	3348
五年级及以上	576

　　其中：

女生	7037
共产党员	2461
华侨港澳台	217

　　研究生　　　　　　　　　　　　　　16666(博士5442,硕士11224)

　　组成如下：

一年级	6109(博士1419,硕士4690)
二年级	5523(博士1368,硕士4155)
三年级及以上	5034(博士2655,硕士2379)

　　其中：

女生	7086
共产党员	5792
华侨港澳台	273

(二) 成人教育学生　　　　　　　　　　　　12387

　　组成如下：

函授	2395(专本1592,专科803)
业余	5918(专本3719,专科2199)
脱产班	4074(本科3093,专科981)

(三) 网络本专科生　　　　　　　　　　　　25663(本科23024,专科2639)

(四) 外国留学生⑥　　　　　　　　　　　　2408

　　其中：

---

① 其中校本部884人，医学部本部485人，附属医院4879人。
② 其中校本部950人，医学部本部321人，附属医院512人。
③ 其中校本部829人，医学部本部207人，附属医院696人。
④ 指我校附属的印刷厂、出版社、校医院等机构中，由高等教育经费支付工资的人员。
⑤ 其中校本部4496人，医学部本部1207人，附属医院2482人。
⑥ 统计口径是在我校连续学习半年以上的外国留学生。

博士生	136
硕士生	180
本科生	1441
培训生	41

四、博士后人数（单位：人）

在站人数	613
累计进站人数	2398

五、专业情况

本科专业	104 个
专科专业	3 个
第二学士学位专业[①]	4 个
硕士学位授权点[②]	258 个
博士学位授权点	228 个
全国重点学科	81 个
博士后科研流动站	35 个

六、教学科研机构

直属院系	41 个[③]
国家重点实验室	12 个
省部级重点实验室（院、所、中心）	46 个
国家工程研究中心	2 个
附属医院（所）	8 个

附件一：校本部基本数据

一、基本情况

校园面积	2332552 平方米
校舍建筑面积	1514935 平方米
图书馆藏书	
一般图书	554.82 万册
电子图书	25.62 万册
固定资产总额	294329.38 万元
其中：教学科研仪器设备资产值	124469.31 万元

二、教职工情况（单位：人）

（一）在职教职工：

	5519
其中：两院院士	47
"长江学者奖励计划"特聘教授、讲座教授	80
博士生导师	1023
职称分布：	
正高级	961

[①] 第二学士学位专业有：法学、国际政治、思想政治教育、计算机科学与技术。
[②] 硕士学位授权点和博士学位授权点分别包含自设的。
[③] 数学科学学院、工学院、物理学院、地球与空间科学学院、信息科学技术学院、化学与分子工程学院、生命科学学院、环境学院、心理学系、中国语言文学系、历史学系、考古文博学院、哲学系（宗教学系）、国际关系学院、新闻与传播学院、政府管理学院、经济学院、光华管理学院、法学院、信息管理系、社会学系、外国语学院、马克思主义学院、教育学院、艺术学院、计算机科学技术研究所、中国经济研究中心、人口研究所、对外汉语教育学院、软件学院、成人教育学院、基础医学院、药学院、公共卫生学院、护理学院、第一临床医学院、第二临床医学院、第三临床医学院、口腔医学院、临床肿瘤学院、精神卫生研究所。

副高级	1528
中　级	1463
初　级	377
无职称	1190
专任教师	2248
其中：	
正高级	850
副高级	949
中　级	429
初　级	20
博　士	1545
硕　士	459
本　科	242
专科及以下	2
教辅人员	884
行政人员	950
工勤人员	829
校办企业员工	298
其他附设机构人员	310
（二）离退休人员	4496
聘请校外教师	190
附属中小学幼儿园教职工	375
三、在校学生数（单位：人）	
（一）全日制学生数	24632
本专科学生	11010（本科11010，专科0）
组成如下：	
一年级	2854
二年级	2779
三年级	2663
四年级	2677
五年级及以上	37
其中：	
女生	4824
共产党员	2026
华侨港澳台	123
研究生	13622（博士4360，硕士9262）
组成如下：	
一年级	4844（博士1069，硕士3775）
二年级	4424（博士1039，硕士3385）
三年级	4354（博士2252，硕士2102）
其中：	
女生	5363
共产党员	4869
华侨港澳台	251
（二）成人教育学生	8887
组成如下：	

	函授	2395（专本 1592，专科 803）
	业余	2418（专本 1873，专科 545）
	脱产班	4074（本科 3093 专科 981）
（三）网络本科生		21973（本科 21973，专科 0）
（四）外国留学生		1859
其中：		
	博士生	135
	硕士生	164
	本科生	950
四、博士后情况（单位：人）		
	在站人数	538
	累计进站人数	1997
五、专业情况		
	本科专业	96 个
	第二学士学位专业	4 个
	博士后科研流动站	29 个
六、教学科研机构		
	直属院系	31 个
	国家重点实验室	11 个
	省部级重点实验室（院、所、中心）	35 个
	国家工程研究中心	2 个

附件二：医学部基本数据

一、基本情况		
	校园面积	389130 平方米
	校舍建筑面积	326066 平方米
	图书馆藏书	
	一般图书	41.16 万册
	电子图书	6.84 万册
	固定资产总额	85223.00 万元
	其中：教学、科研仪器设备资产	40830.00 万元
二、教职工总数（单位：人）		10427
（一）在职教职工：		10365
其中：		
	两院院士	12
	"长江学者奖励计划"特聘教授、讲座教授	15
	博士生导师	263
	职称分布：	
	正高级	698
	副高级	1203
	中　级	3321
	初　级	3728
	无职称	1415
	专任教师	3265
	其中：	
	正高级	637

	副高级	940
	中　级	1158
	初　级	412
	博士学历	1208
	硕士学历	846
	本科学历	1138
	专科及以下	72
教辅人员		5364
行政人员		833
工勤人员		903
校办企业员工		62

(二) 离退休人员　　　　　　　　　　3689
　　　聘请校外教师　　　　　　　　　　4
三、在校学生数(单位：人)
(一) 全日制学生数　　　　　　　　　　6696
　　　本专科学生　　　　　　　　　　　3652(本科 3115, 专科 537)
　　　组成如下：
　　　　一年级　　　　　　　　　　　　812
　　　　二年级　　　　　　　　　　　　866
　　　　三年级　　　　　　　　　　　　764
　　　　四年级　　　　　　　　　　　　671
　　　　五年级及以上　　　　　　　　　539
　　　其中：
　　　　女生　　　　　　　　　　　　　2213
　　　　共产党员　　　　　　　　　　　432
　　　　华侨港澳台　　　　　　　　　　94
　　　研究生　　　　　　　　　　　　　3044(博士 1082, 硕士 1962)
　　　组成如下：
　　　　一年级　　　　　　　　　　　　1265(博士 350, 硕士 915)
　　　　二年级　　　　　　　　　　　　1099(博士 329, 硕士 770)
　　　　三年级　　　　　　　　　　　　680(博士 403, 硕士 277)
　　　其中：
　　　　女生　　　　　　　　　　　　　1723
　　　　共产党员　　　　　　　　　　　923
　　　　华侨港澳台　　　　　　　　　　22
(二) 成人教育学生数　　　　　　　　　3500
　　　组成如下：
　　　　函授　　　　　　　　　　　　　0(专本 0, 专科 0)
　　　　业余　　　　　　　　　　　　　3500(专本 1846, 专科 1654)
　　　　脱产班　　　　　　　　　　　　0(本科 0, 专科 0)
(三) 网络本专科生　　　　　　　　　　12330(本科 5530, 专科 6800)
(四) 外国留学生　　　　　　　　　　　549
　　　其中：
　　　　博士生　　　　　　　　　　　　1
　　　　硕士生　　　　　　　　　　　　16
　　　　本科生　　　　　　　　　　　　491

进修生（培训）　　　　　　　　　　　　　41
四、博士后情况（单位：人）
　　　在站人数　　　　　　　　　　　　　　　75
　　　累计进站人数　　　　　　　　　　　　　401
五、专业情况
　　　本科专业　　　　　　　　　　　　　　　8个
　　　专科专业　　　　　　　　　　　　　　　3个
　　　博士后科研流动站　　　　　　　　　　　6个
六、教学科研机构
　　　直属院系　　　　　　　　　　　　　　　10个
　　　国家重点实验室　　　　　　　　　　　　1个
　　　省部级重点实验室（院、所、中心）　　　11个
　　　附属医院（所）　　　　　　　　　　　　8个

·机构与干部·

校领导机构组成名单

党委书记	闵维方
党委常务副书记	吴志攀
党委副书记	张 彦　王丽梅　杨 河
党委常委	闵维方　许智宏　吴志攀　陈文申　林建华　柯 杨　岳素兰　张 彦 王丽梅　杨 河　鞠传进　张国有　敖英芳
校　　　长	许智宏
常务副校长	陈文申　林建华　柯 杨
副 校 长	岳素兰　鞠传进　张国有　海 闻
纪委书记	王丽梅（兼）
校长助理	史守旭　张维迎　李晓明　于鸿君　朱 星　李岩松
纪委副书记	叶静漪　孔凡红　周有光
秘 书 长	陈文申（兼）
副秘书长	杨开忠　赵为民　李 鹰
教 务 长	林建华（兼）
副教务长	李克安　吴宝科　李晓明（兼）　刘玉村（2006年9月19日免） 王 宪（2006年9月19日任）　王仰麟
总 务 长	鞠传进（兼）
副总务长	张宝岭　赵桂莲（2006年7月7日任） 杨仲昭（2006年7月7日任）　崔芳菊（2006年7月7日任）

学术委员会名单

主　　任	许智宏
副 主 任	闵维方　林建华　韩启德
委　　员	丁伟岳　马 戎　方 竞　王缉思　王德炳　王 夔　厉以宁　叶 朗　宁 骚　甘子钊 申 丹　朱作言　朱苏力　何芳川　佘振苏　吴志攀　吴树青　张恭庆　李晓明　杨芙清 肖瑞平　陈佳洱　陈建生　陈晓非　陈懋峰　周力平　林久祥　林毅夫　欧阳颀　柯 杨 赵进东　赵新生　袁行霈　郭应禄　黎乐民　陈文申　张国有

专业技术职务评审委员会

主　　　任　许智宏
副　主　任　闵维方　林建华　柯　杨
委　　　员　吴志攀　陈文申　岳素兰　林久祥　林钧敬　鞠传进　迟惠生　李晓明　陆正飞　温儒敏
　　　　　　戴龙基　吴慰慈　张新祥　许崇任　闫　敏　张宏印　刘克新　李月东　周岳明

学位评定委员会

主　　　席　许智宏
副　主　席　林建华　吴志攀　柯　杨
委　　　员　袁行霈　甘子钊　厉以宁　杨芙清　张国有　魏丽惠　王　夔　章友康
　　　　　　俞光岩　韩济生　文　兰　涂传贻　赵进东　彭练矛　陶　澍　胡　军
　　　　　　王邦维　何芳川　赵存生　王浦劬　陈学飞

学部学术委员会

人文学部学术委员会

主　　　　　任　袁行霈
副　主　　　任　赵敦华　申　丹
委员（以姓氏笔画为序）　王邦维　叶　朗　仲呈祥　刘金才　严文明　何芳川　李克安　吴国盛　张玉安
　　　　　　　　　　　陈平原　陈　来　林久祥　罗　芃　罗志田　阎步克　蒋绍愚

社会科学部学术委员会

主　　　　　任　厉以宁
副　主　　　任　雎国余　陈兴良
委员（以姓氏笔画为序）　丁小浩　牛　军　王　余　叶自成　宁　骚　刘世定　吴树青　陈庆云　易杰雄
　　　　　　　　　　　姚　洋　姜明安　秦铁辉　徐信忠　黄桂田　程郁缀　程曼丽

理学部学术委员会

主　　　　　任　甘子钊
副　主　　　任　姜伯驹　赵新生　赵进东
委员（以姓氏笔画为序）　方精云　王　垒　朱玉贤　严纯华　吴志攀　张传茂　张恭庆　李晓明　来鲁华
　　　　　　　　　　　陈建生　陈晓非　孟　杰　欧阳颀　赵光达　郝守刚　耿　直　陶　澍　童庆禧

黎乐民

信息与工程学部学术委员会

主　　　　　任	杨芙清
副　　主　　任	佘振苏　王子宇
委员（以姓氏笔画为序）	王阳元　王建祥　朱星　肖建国　林建华　查红彬　倪晋仁　唐孝炎　何新贵　黄琳　彭练矛　程旭

医学部学术委员会

主　　　　　席	韩启德
常 务 副 主 席	柯杨
副　　主　　席	王夔　刘玉村
委　　　　　员	林久祥　魏丽惠　段丽萍　韩济生　陈慰峰　庄辉　胡永华　王燕　张礼和　王海燕　郭应禄　章友康　冷希圣　吕厚山　刘忠军　王薇　傅民魁　俞光岩　王玉凤　游伟程　胡佩诚

第五届教职工代表大会执行委员会

主　　　　　任	岳素兰
副　　主　　任	鞠传进　张国有　孙丽　敖英芳
委员（以姓氏笔画为序）	王春虎　王蓉　王磊　王燕　孔庆东　史录文　关海庭　孙丽　张大成　张宝岭　张国有　陈淑敏　胡坚　岳素兰　敖英芳　梁燕　鲁安怀　廖秦平　鞠传进

医学部负责人

党 委 书 记	敖英芳
党 委 副 书 记	马焕章（2006年7月19日免）　李文胜　顾芸（2006年7月19日任）
纪 委 书 记	马焕章（兼）（2006年7月19日免）
纪 委 副 书 记	孔凡红（兼）
主　　　　　任	韩启德（兼）
常 务 副 主 任	柯杨（兼）
副　　主　　任	李鹰　闫敏　刘玉村（2006年7月19日免）　方伟岗　姜保国　王宪（2006年7月19日任）

校机关各部门、工会、团委负责人

校 本 部

部门	职务	姓名
党委办公室校长办公室	主任	刘海明
	常务副主任	缪劲翔（2006年6月27日任）
发展规划部	部长	李 强
纪委监察室	主任	叶静漪（兼）
党委组织部	部长	郭 海
党委宣传部	部长	赵为民（兼）
	常务副部长	夏文斌
党委统战部	部长	卢咸池
保卫部	部长	张 虹（2006年3月7日免）
		安国江（2006年3月7日任）
保密委员会办公室	主任	刘旭东（2006年4月11日任）
学生工作部、人民武装部	部长	沈千帆（2006年11月22日免）
	副部长（主持工作）	马化祥（2006年11月22日任）
教务部	部长	关海庭
科学研究部	部长	李晓明（兼）
"211工程"办公室	主任	李晓明（兼）
社会科学部	部长	程郁缀
	常务副部长	萧群（2006年11月14日任）
研究生院	院长	许智宏（兼）
	常务副院长	王仰麟（兼）
继续教育部	部长	郑学益
人事部	部长	周岳明
财务部	部长	闫 敏
国际合作部	部长	李岩松（兼）
	常务副部长	夏红卫（2006年6月13日任）
总务部	部长	杨仲昭（兼）
资产管理部	部长	李国忠
实验室与设备管理部	部长	张新祥
基建工程部	部长	支 琦（2006年7月19日免）
		莫元彬（2006年7月19日任）
审计室	主任	王 雷（2006年6月27日任）
科技开发与产业管理办公室	主任	姜玉祥
信息化建设与管理办公室	主任	黄达武（兼）
工会	主席	岳素兰（兼）
	常务副主席	孙 丽　王春虎
团委	书记	沈千帆（兼）（2006年11月22日免）
		韩 流（2006年11月22日任）
机关党委	书记	李国斌

后勤党委	书记	张宝岭（兼）
校办产业党工委	书记	陈文申（兼）（2006年10月17日免）
		李月东（2006年10月17日任）

医　学　部

党委办公室、主任办公室	主任	戴谷音
纪检监察办公室	主任	孔凡红
党委组织部	部长	顾　芸
党委宣传部	部长	姜　辉
党委统战部	部长	乔　力
研究生思想工作部	部长	段丽萍
学生思想工作部	部长	辛　兵
党校	副校长（副处）	王军为
机关党委	书记	刘淑英
后勤党委	书记	张　奇（2005年9月免）
	副书记	王运生（主持工作）（2005年9月任）
产业总支	书记	侯利平
工会	主席	王春虎
团委	书记	丁　磊
保卫处	处长	易本兴
人事处	处长	林　丛
人才培训与服务中心	主任（副处）	朱树梅
教育处	处长	辛　兵
科学研究处	处长	方伟岗
研究生院	常务副院长	段丽萍
继续教育处	处长	高子芬
医院管理处	处长	英立平
计划财务处	处长	郑　庄
国际合作处	处长	董　哲
审计办公室	主任	张　明
设备与实验室管理处	处长	周文平
产业管理办公室	主任	章　京
后勤与基建管理处	处长	宝海荣

各院、系、所、中心负责人

校　本　部

数学科学学院	党委书记	刘化荣
	院长	张继平

工学院	党委书记	谭文长（2006年3月17日任）
	院长	陈十一
物理学院	党委书记	陈晓林
	院长	叶沿林
信息科学技术学院	党委书记	郭 瑛
	院长	何新贵（2006年7月7日免）
		梅 宏（2006年7月7日任）
	常务副院长	张 兴（2006年7月7日免）
化学与分子工程学院	党委书记	刘 锋
	院长	席振峰（2006年5月16日免）
		高 松（2006年5月16日任）
生命科学学院	党委书记	许崇任
	院长	丁明孝
	常务副院长	许崇任（兼）
地球与空间科学学院	党委书记	宋振清
	院长	陈运泰
	常务副院长	潘 懋
环境科学学院	党委书记	莫多闻
	院长	江家驷
	常务副院长	张远航
心理学系	党委书记	吴艳红
	主任	韩世辉
计算机科学技术研究所	所长	肖建国（2006年7月7日任）
分子医学研究所	所长	肖瑞平
软件与微电子学院	党委书记	白志强
	院长	杨芙清
	常务副院长	陈 钟
先进技术研究院	院长	林建华
	常务副院长	白树林（兼）
前沿交叉学科研究院	院长	韩启德
	常务副院长	方 竞
中文系	党委书记	蒋朗朗
	主任	温儒敏
历史学系	党委书记	王春梅
	主任	牛大勇
考古文博学院	党委书记	刘 绪
	院长	高崇文（2006年3月7日免）
		赵 辉（2006年3月7日任）
哲学系/宗教学系	党委书记	丰子义
	主任	赵敦华
经济学院	党委书记	刘文忻
	院长	刘 伟
人口研究所	所长	郑晓瑛
光华管理学院	党委书记	王其文
	院长	吴志攀（兼）（2006年9月5日免）
		张维迎（兼）（2006年9月5日任）

国际关系学院	党委书记	邱恩田
	院长	王缉思
政府管理学院	党委书记	李成言
	院长	罗豪才
	常务副院长	王浦劬(2006年6月13日免)
		傅 军(2006年6月13日任)
法学院	党委书记	张守文
	院长	朱苏力
信息管理系	党委书记	祁延莉
	主任	王余光
社会学系	党委书记	吴宝科(兼)
	主任	马 戎
新闻与传播学院	党委书记	赵为民(兼)
	院长	邵华泽
	常务副院长	龚文庠(2006年2月28日免)
		徐 泓(2006年2月28日任)
马克思主义学院	党委书记	黄南平
	院长	陈占安
艺术学院	直属党支部书记	彭吉象
	院长	叶 朗
外国语学院	党委书记	吴新英
	院长	程朝翔
教育学院	党委书记	陈晓宇(2006年5月9日任)
	院长	闵维方(兼)
	常务副院长	陈学飞(2006年7月7日任)
对外汉语教育学院	党总支书记	张秀环
	院长	何芳川(2006年7月7日免)
		李晓琪(2006年7月7日任)
	常务副院长	李晓琪(2006年7月7日免)
中国经济研究中心	主任	林毅夫
成人教育学院	党工委书记	朱 非(2006年5月24日免)
	党总支书记	迟行刚(兼)(2006年5月24日任)
	院长	李国斌(兼)
网络教育学院	院长	侯建军(兼)
元培计划管理委员会	党总支书记	查 晶(兼)

医 学 部

基础医学院	党委书记	朱卫国
	院长	顾 江
药学院	党委书记	洪和根(2005年2月免)
		解冬雪(2005年2月任)
	院长	刘俊义
公共卫生学院	党委书记	王 燕
	院长	胡永华
护理学院	党总支书记	尚少梅

	院长	郑修霞
公共教学部	党总支书记	王　倩（2005年5月免）
		李文胜（兼）（2005年5月兼）
	主任	王　倩（2005年5月免）
	副主任	张大庆（主持工作2005年5月任）
网络学院	院长	刘玉村
第一医院	党委书记	蒋学祥
	院长	章友康
人民医院	党委书记	李月东
	院长	吕厚山
第三医院	党委书记	贺　蓓
	院长	陈仲强
口腔医院	党委书记	俞光岩（2005年9月免）
		李铁军（2005年9月任）
	院长	俞光岩
肿瘤医院	党委书记	李萍萍
	院长	游伟程
精神卫生研究所	党委书记	黄悦勤
	所长	于　欣

直属、附属单位负责人

校　本　部

直属单位党总支	书记	马建钧（兼）
体育教研部	直属支部书记	李朝斌
	主任	郝光安
计算中心	主任	黄达武
图书馆	党委书记	高倬贤
	馆长	戴龙基
档案馆	馆长	赵存生（兼）
	常务副馆长	赵兰明
校史馆	馆长	赵存生（兼）
	常务副馆长	马建钧
出版社	党委书记	金娟萍
	社长	王明舟
	总编辑	张黎明
校医院	党委书记	叶树青
	院长	张宏印
街道党工委	书记	何敬仁
街道办事处	主任	张书仁
附属中学	党委书记	康　健

	校长	康　健
附属小学	直属支部书记	尹　超
	校长	尹　超
首都发展研究院	院长	迟惠生
	常务副院长	杨开忠（兼）
深圳研究生院	党总支书记	栾胜基
	院长	林钧敬
	常务副院长	海　闻（兼）
		史守旭（兼）
教育基金会	秘书长	邓　娅
会议中心	主任	范　强
燕园社区服务中心	主任	赵桂莲（兼）
餐饮中心	主任	崔芳菊（兼）

医 学 部

图书馆	馆长	吴立玲
	馆长	李刚（2006年4月任命）
档案馆	副馆长	侯建新
实验动物科学部	主任	杨果杰（2006年1月退休）
信息通讯中心	主任	张翎
医药卫生分析中心	主任	崔育新
出版社	社长	陆银道
学报（医学版）编辑部	主任	周传敬
生育健康研究所	所长	李竹
医学教育研究所	副所长	郭立
中国药物依赖性研究所	所长	陆林
心血管研究所	所长	韩启德
	共同所长	张幼怡

各民主党派和归国华侨联合会负责人

中国国民党革命委员会北京大学支部委员会	主任委员	吴泰然
	副主任委员	关　平
中国民主同盟北京大学委员会	主任委员	鲁安怀
	副主任委员	沈正华　刘　力　陈晓明
中国民主建国会北京大学支部委员会	主任委员	陈效逑（2006年9月任）
	副主任委员	邱建国
中国民主促进会北京大学委员会	主任委员	张颐武
	副主任委员	胡军　佟新　刘凯欣
农工民主党北京大学支部委员会	主任委员	刘富坤
	副主任委员	孙东东
中国致公党北京大学支部委员会	主任委员	唐晓峰

	副主任委员	马 军
九三学社北京大学委员会	主任委员	陆杰华
	副主任委员	种连荣（常务） 沈兴海
		姚孟臣 杨其湘
北京大学归国华侨联合会	主席	李安山
	副主席	王佩瑛（常务） 周力平 曲振卿

医 学 部

中国民主同盟北京大学医学部委员会	主任委员	季加孚
	副主任委员	卫 燕 李载权 吴 东
中国农工民主党北京大学委员会	主任委员	顾 晋
	副主任委员	刘富坤 李 东 金燕志 黄 迅
中国致公党北京大学医学部支部委员会	主任委员	陈仲强
九三学社北京大学第二委员会	主任委员	马大龙
	副主任委员	李安良（常务） 陈 新
		屈汉庭 王荫华 吴 明
北京大学医学部归国华侨联合会	主席	于长隆
	副主席	陈淑华（常务） 刘国魂 黄河清

· 院 系 情 况 ·

数学科学学院

【发展概况】 北京大学1913年设立数学门,成为中国现代第一个数学系科。1995年在数学系和概率统计系的基础上成立北京大学数学科学学院。

数学科学学院现有两个一级学科:数学、统计学。三个本科专业:数学与应用数学、统计学、信息与计算科学。四个博士专业:基础数学、应用数学、计算数学、概率统计。四个博士专业都设有博士后流动站并全部被评为重点学科。

2006年年底,数学科学学院在编教职员工144人,其中教师101人,党政管理人员、实验技术人员、教学辅助人员共23人,博士后20人。教师中有教授55人,副教授27人,讲师39人,高工1人,教授中有6人为中国科学院院士,其中3人为第三世界科学院院士。

【教学工作】2006年数学科学学院招收本科生179人、硕士研究生79人、博士研究生48人。毕业本科生220人、硕士生67人、博士生28人。2006年春季在校学生1183人,秋季在校生1164人。

2006年春季开设研究生课程24门、讨论班54个、本科生课程40门、外院系高等数学课21门,秋季开设研究生课程26门、讨论班54个、本科生课程32门、外院系高等数学课28门。

成功举办了第8期北京大学特别数学讲座。聘请了4位国际知名的数学家担任讲座教授,即:Han Qing教授(Notre Dame University, USA), Xu Feng教授(University of California at Riverside, USA), Qing Jie教授(UCSC, USA), Y.-V. Welschinger教授(ENS Lyon, France)。田刚教授等组织了一些专题讨论班。另有一些教授短期来访作学术报告。特别数学讲座从国内各高校挑选了108名优秀博士生和硕士生参加,其中北大学生23名、其他高校学生85名。

【科研工作】获准的项目16项。其中:面上项目7项、重点项目1项、国家杰出青年基金1项、海外学者合作基金1项、博士点基金6项。

在研项目104项。其中:国家973项目7项,国家杰出青年基金、海外学者合作基金、创新群体8项,科学基金重大、重点项目8项,科学基金国际合作项目及其他专项3项,科学基金面上项目31项,科学基金协作项目13项,教育部博士点基金13项,教育部人才相关基金及专项基金12项,教育部重大重点项目2项,部委省市级其他部门专项1项,国防项目1项,国际合作项目3项,企事业单位委托项目2项。

共计发表SCI论文220篇,其中第一作者或责任作者151篇,其余69篇。

数学科学学院2006年科研教学获奖表

序号	获奖人	获得奖项
1	姜伯驹	第二届全国高等学校教学名师奖
2	宗传明	新世纪百千万人才工程国家级人选
3	史宇光	第十届霍英东高校青年教师基金奖励与资助(青年教师基金)
4	何书元	主持的主干基础课程《数理统计》被评为国家精品课程
5	姚孟臣	北京大学教学优秀奖
6	夏壁灿	北京大学教学优秀奖
7	丘维声	杨芙清—王阳元院士奖教金特等奖
8	刘力平 周铁	正大奖教金
9	范后宏	保洁奖教金
10	王正栋	中国工商银行教师奖
11	韩青	教育部长江讲座教授

【学术交流】 2006年数学科学学院接待计划内专家来访共36周，主请国外短期讲学专家11人，顺请外籍学者139人。教师出国出境81人次，其中：长期访问、讲学、合作研究、进修11人次，短期访问、讲学、合作研究、研讨会等27人次，参加国际学术会议43人次。

【党建工作】 开展形式多样、扎实有效的党员组织生活：教工党支部开展向孟二冬同志学习的主题组织生活；在学生中举行向王选院士学习的主题报告会；组织各党支部学习、领会胡锦涛总书记给孟二冬教授女儿孟菲回信的精神；组织教工党员参观燕京啤酒集团，了解现代化企业的组织、管理、生产和发展；组织党员参观"伟大壮举 光辉历程——纪念中国工农红军长征胜利70周年"展览；2005级博士生党支部开展"让长征路在我们脚下延续"主题生活会。

2006年度获得表彰的党员：
北京市优秀共产党员：张继平；北京大学优秀共产党员标兵：张平文；北京大学优秀共产党员：殷巾英、张璐、宋鹏；北京大学数学科学学院优秀共产党员：杨静平、汤华中、田陆等29人。

2006年度获得表彰的党支部：
北京大学先进党支部：计算、信息与实验室教工党支部、2005级本科生党支部；北京大学数学科学学院先进党支部：2002级本科生党支部、2003级硕士生党支部、2004级硕士生党支部。

2006年有49人参加"党的知识培训班"，有48人参加"党性读书班"；发展预备党员24人；预备党员转为正式党员27人。

【学生工作】 学生获北京市奖励：2005级硕士2班获得北京市优秀班集体表彰，林霖（2003本）、石亚龙（2005博）获得北京市三好学生称号，王国强（2005硕）获得北京市优秀学生干部称号。

获学校奖励：三好学生标兵9人，三好学生63人，优秀学生干部3人，学习优秀奖46人，社会工作奖25人，2005级硕士2班获得优秀班集体表彰，2003级本科1班、3班、4班、2005级本科3班、5班、6班等6个班集体获得先进学风班表彰。

学生获学校奖学金情况统计表

	本科生	硕士生	博士生	合计
获奖人数	98	23	22	143
奖学金总额（元）	274700	56200	60900	391800

本科生毕业去向 2006届本科毕业生共220人，其中出国留学80人，免试推荐读研84人，考取研究生3人，工作18人，其他情况35人。

工 学 院

【发展概况】 2006年3月，北京大学工学院与力学与工程科学系整合，力学与工程科学系整体进入工学院。陈十一任院长。学院设五个系：能源与资源工程系、力学与空天技术系、生物医学工程系、工业工程与管理系、先进材料与纳米技术系，及湍流与复杂系统国家重点实验室。新成立北京大学药物与信息工程研究中心、北京大学工学院水资源研究中心、非线性科学中心、系统与控制研究中心、资源高效与循环利用研究中心、节能与动力工程研究所、石油与地热技术研究所。有流体力学、固体力学、一般力学与力学基础、工程力学、力学系统与控制、生物力学与医学工程6个博士点。其中，流体力学、固体力学、一般力学与力学基础是教育部重点学科。

有教师职工89名，中科院院士1名，教授28人、特聘研究员15人、副教授22人、高工、高实9人、博士生导师36人，离退休职工278人。本年度自国外新聘任6名特聘研究员。学院本年度聘任教师岗位71人，其中A岗位21人，BC岗位42人，职员制岗位7人。

【教学工作】 2006年上半年，确定了今后五年的本科专业设置的设想：在保持原有力学与工程科学系两个本科专业的基础之上，新开设"能源与资源工程"等本科专业；将逐年增加本科生招生规模，最终稳定在每年招生150名左右。5月份，撰写北京大学工学院的招生宣传册，保证了2007年招生工作的顺利完成。

2006年共有本科生311人，新入学硕士生（硕博连读）76人，博士生（包括直博生）24人。2006年毕业研究生47人，包括硕士38人，博士9人。

【科研工作】 2006年，工学院获得多项科研项目经费共计2744万。其中包括国家自然科学基金14项；国家自然科学基金重点项目1项；国家杰出青年基金1项；海外青年学者合作研究基金1项；国家973课题和专题4项；航天与国防项目6项；横向课题39项。

全年发表论文195篇，其中SCI检索145篇，以工学院教员为第一作者和通讯作者的SCI检索97篇，EI检索86篇，国内核心期刊发表54篇。

2006年9月，工学院特聘研究员席建忠博士荣获"李氏基金会杰出成就奖"。

2006年，湍流与复杂系统国家重点实验室发表SCI检索论文77篇。获得国家自然科学基金面上项目7项；自然科学基金重点项目1项；国防973项目1项；省部级项目5项；横向课题13项。12月，由于重点实验室佘振苏教授课题组的出色工作，国家体育总局授予北京大学"中国奥委会备战2008年奥运会科技合作伙伴"的称号，北京大学是中国内地高校中唯一获得这一荣誉的高校。讲师陈凯被国家体育总局水上运动管理中心授予"备战2008奥运科技攻关先进个人"的光荣称号，佘振苏教授被国家体育总局授予"中国奥委会特聘科技专家"。

2006年6月，成立药物与信息工程研究中心，郑强教授担任中心主任，现有9名工作人员，2名博士生和3名学生。该中心举办了"2006年美国FDA cGMP中国论坛"和"欧盟—瑞士GMP中国讲习会"，并开办了北京大学"国际药物工程管理"硕士研究生项目。

2006年7月28日，成立"北京大学工学院水资源研究中心"。充分利用北大雄厚的基础研究和综合学科优势，组织多学科、多技能的研究团队从多角度探讨水资源研究的前沿问题，着重研究解决对国家发展有重大影响的水资源问题。

【交流合作】 全年接待来自11个国家和地区的代表团16个，其中学校代表团13个，企业代表团3个。来访人员及代表团包括台湾逢甲大学高承恕副董事长一行三人；马里兰大学（巴尔的摩）机械工程系系主任Charalambides教授一行；瑞典皇家工程院院长莱娜·特雷尔女士；美国南加州大学前副校长Michael Diamond博士率领的访问团；法国斯伦贝谢公司访问团；瑞士联邦理工大学（洛桑）副校长一行；美国约翰霍普金斯大学Zanvyl Krieger文理学院副院长Sarah B. Steinberg博士率领的代表团；美国明尼苏达大学技术学院院长Steven L. Crouch博士一行等。

2006年举办"北京大学—佐治亚理工学院材料科学与工程战略研讨会"和北京大学工学院与美国佐治亚理工学院生物医学工程战略研讨会，为两校间签署正式协议提供具体支持工作，并进一步开展两校间的学术交流活动。还举办了两讲北大现代工学讲坛，邀请埃克森美孚石油公司副总裁和斯坦福大学Franklin M. Orr, Jr博士进行北大演讲会。举办各类讲座72余次，包括海外学者讲座、各专业讲座。

全年共有56人次教师出访德国、法国、美国、英国等20多个国家和地区。

【发展工作】 2006年10月31日，召开北京大学工学院理事会成立大会暨首届工作会议。

工学院在合作办学方面也取得了一系列成果。学院设立了斯伦贝谢奖助金，该奖助金为四年制全程资助奖助金，金额为1万元/年，斯伦贝谢公司为每位获得资助的学生提供每年为期1—2个月的实习机会。美国埃克森中国公司北京代表处捐资在工学院设立"北京大学工学院埃克森美孚奖学金"、"北京大学工学院埃克森美孚奖教金"。北大泰普制药有限公司于北京大学设立讲座教授。该基金设立在北京大学工学院，命名为"泰普工学讲座教授基金"，荣获该基金资助的教授称为"泰普工学讲座教授"。

【党建与学生工作】 2006年3月17日，中国共产党北京大学工学院委员会正式成立，党委委员9名：王龙、王建祥、方竞、白树林、刘才山、邹惠、荣起国、傅缤、谭文长，谭文长任党委书记，邹惠、荣起国任党委副书记。现有在职教工党员34人，离退休教工党员43人，本科生党员26人，硕士生党员51人，博士生党员49人，全院党员总数为203人。设有15个党支部，其中5个教工党支部，10个学生党支部。在院党委的领导和支持下，工学院工会正式成立。

2004级博士生班被评为北京市优秀班集体。58位同学获北京大学三好学生、学习优秀等奖励。45位同学获得各类奖学金。8位同学获得北京大学创新奖。4位同学被评为北京市优秀毕业生，12位同学被评为北京大学优秀毕业生。组织参加全国大学生数学建模竞赛，获北京赛区一、二等奖。2004级博士生杨玉林被评为北京市三好学生。2003级硕士生付超奇获得北京大学五四奖章。

物理学院

【发展概况】 物理学院成立于2001年5月18日。现有10个教学科研实体单位：普通物理教学中心、基础物理实验教学中心、大气科学系、天文学系、技术物理系、理论物理研究所、凝聚态物理与材料研究所、现代光学研究所、重离子物理研究所及电子显微镜专业实验室。学院有人工微结构与介观物理国家重点实验室、暴雨监测与预测教育部重点实验室、重离子物理教育部重点实验室等科研机构；有一级学科博士点1个，二级学科博士点8个，博士后流动站4个；有国家重点学科8个，国家理科基础研究和教学人才培养基地2.5个。全院现有在职教职工约252人，其中教师系列170人（含教授78名、副教授71名、中科院院士12名、长江特聘教授10名，教学辅助人员（工程、实验、图书资

料)80人。2006年共招收15位博士后,其中外籍博士后2人,留学回国人员1人。截止到2006年11月有在站博士后35人,先后有5人出站。

【科研工作】 龚旗煌教授担任首席科学家的"973"项目获国家科技部正式批准;李焱教授任首席科学家的2006年国家重大科学研究计划项目已通过评审。

1996—2005十年间,我国学者共有22篇论文的他人引用次数超过了200次,其中物理学院俞大鹏教授等和刘式适教授等的两篇论文榜上有名。这两篇论文还同时被"SCIENCE FOCUS 1(5),2006"列为2001—2005年期间"中国物理研究十篇热点论文"中的第三和第六名。

"十一五"国家高技术研究发展计划(863计划)新材料领域"半导体照明工程"重大项目课题评审初步结果显示,物理学院获五项课题资助,负责人分别是:秦志新、陈志忠、康香宁、杨志坚、何仲恺。

发表SCI论文近300篇,影响因子超过7的有四篇,其中Nano Letters一篇(俞大鹏等)、PRL两篇(赵光达等、马中水等)、Journal of the American Chemical Society一篇(吕劲等);PR系列30篇,APL 13篇。

2006年到校科研经费近3000万元(2006年批准的973项目、863项目以及部分军口项目经费尚未下拨)。正在进行的项目包括:主持973项目1项,主持973课题12项,主持863项目4项,主持国家杰出和海外青年科学基金9项,科学基金重大重点项目8项,科学基金国际合作项目及其他专项7项,科学基金面上项目68项,科学基金协作项目12项,教育部博士点基金17项,教育部人才相关基金及专项18项,教育部重大重点项目4项,国防项目6项,北京市科技项目5项,其他项目16项,共计173项。

2006年,物理学院教师共计申请获准各类主要基金116项,其中自然科学基金91项,教育部博士点基金11项,教育部新世纪优秀人才支持计划5项,长江学者和创新团队发展计划1项,北京市基金及北京市科技新星计划14项。获得国家自然科学基金资助38项。其中面上项目33项。欧阳颀、蒋红兵、俞大鹏教授获基金重点项目资助;朱世琳获国家杰出青年基金资助;与沈波教授合作的王涛教授获海外杰出青年基金资助。另外获博士点基金资助6项,北京市自然科学基金1项。

在2006年新增国家重点实验室评审中,以重离子物理教育部重点实验室为基础申报"核物理与核技术国家重点实验室"已进入终审阶段。

2006年获省部级以上科研奖励

奖励类别	获奖等级	单位排序	项目名称	获奖人	完成单位
自然科学奖	1	1	非稳定核的结构性质和反应机制研究	叶沿林,许甫荣,华辉,郑涛,李智焕,江栋兴	物理学院
科技进步奖	1	1	淮河流域能量与水分循环和气象水文预报	赵柏林,丁一汇,张文建,李万彪,徐慧,翟武全,朱元竞,林朝晖,葛文忠,张雁,郝振纯	物理学院

【师资队伍建设】 2006年师资队伍新增12人,其中引进4人(教授1人,副教授2人,工程师1人);博士后出站留校3人;选留应届毕业生5人。2006年退休和调离6人。2006年晋升教授任职资格2人,副教授3人,高级工程师2人,工程师1人。

2006年聘请长期外国专家1人,短期专家共101人次;获得教育部批准聘请外专重点项目18人,利用教育部重点项目共聘请外宾28人次。从2006年6月到12月20日,共支持聘请短期来校的专家约73人次。聘请的专家中,在北大访问时间超过一个月的有8人次,讲课专家1人。

正式推出了《北京大学物理学院关于实施学术团队制度(PI制)的规定》和第一批团队方案。

赵光达院士被聘为2006—2010年教育部高等学校物理学与天文学教学指导委员会主任委员。

朱世琳教授入选国家杰出青年,张家森教授入选教育部新世纪优秀人才。

世界著名物理学家、我国固体物理学和半导体物理学的奠基人之一——黄昆先生铜像落成仪式于2006年12月15日在北京大学物理大楼举行。北京大学党委书记闵维方出席仪式,并与黄昆先生的夫人李爱扶女士、长子黄志勤先生等一起为铜像揭幕。

【重大学术活动】 物理系1952级毕业50周年聚会暨"21世纪物理学论坛—2006北京大学讨论会";"国际热核试验堆(ITER)模拟研讨会";第四届北京亚原子物理国际暑期学校"基于新一代放射性核束装置的物理";我国第一批核科学毕业生毕业50年聚会;北京大学物理理科基地与兰州大学物理理科基地联合举办了全国高校《现代光学》课程研讨会。

【招生与培养工作】 1. 本科生 2006年统一招收本科生192位,其中九院定向生10名,国防定向生8名;国际物理奥赛金牌获得者2人,全国物理竞赛决赛选手30多名。2006年度本科毕业198人,其

中授予理学学士学位的153人,结业6人,毕业没有学位的2人,毕业一年后换证书的10人。

2006年开始参加本科生科研项目的2004级本科生共56人,35个项目。2005年开始的本科生科研项目于2006年10月结题,参加26个科研项目的44名学生获得了研究型学习的学分。学院和理科基地组织了结题答辩,评出一等奖2人;二等奖8人;三等奖6人。

段家忯教授主持的普通物理实验课被评为国家精品课。

陈志坚、冯庆荣获2005—2006年度北京大学教学优秀奖。

2006年出版的教材有吕斯骅、段家忯主编的《新编物理实验》。

2. 研究生 2006年物理学院总计招收研究生191人,其中博士研究生83人(含3名外国留学生),硕士研究生108人。在接收推荐免试研究生工作中,共收到申请材料129份,经过初审和差额复试,共接收推荐免试研究生92人,其中直博生49人,硕士生43人。毕业全日制硕士研究生60人,博士研究生50人。授予博士学位46人,授予硕士学位68人。

理论物理专业毕业博士研究生生刘魁勇(导师赵光达教授)的博士论文被评为2006年全国优秀博士论文。理论物理专业毕业博士研究生肖志广(导师郑汉青教授)的博士论文通过学校评选,推荐申报2007年全国优秀博士论文。

2006年7月31日至8月18日举办了现代光学全国研究生暑期学校,共有150多位来自全国30多个重点院校和中科院相关院所的硕士博士研究生、博士后及青年教师参加。

2006年是"钟盛标教育基金"研究生学术论坛的第4个年头,共收到来自学院各专业各年级的研究生摘要72份,是历届论坛参与人数最多的一次。2006年6月9日下午,第四届北大物理"钟盛标教育基金"颁奖典礼在英杰交流中心第八会议室举行,共有34名同学获奖。

物理学院研究生会举办的"萃英"研究生学术沙龙邀请北京大学物理学院的优秀研究生代表作为每一期的主讲人。2006年共举办了11次,主讲话题包含物理学院的所有学科。

【党建工作】 2006年,物理学院共发展党员44人,其中,教工1人,本科生30人,研究生13人。全年有45人转为正式党员;共有10个支部进行了换届改选。2006年物理学院被评为校级优秀党员9人;光学教工党支部和大气天文研究生党支部等2个支部被评为校级先进党支部。

物理学院党委为迎接北京市委教育工委党建和思想政治工作基本标准达标检查,对学院党的建设方面的工作做了全面总结和改进。

12月,物理学院党委负责组建了新一届监察小组。

物理学院工会向学校申请,将物理学院的"合格教职工之家"晋升为"先进教职工之家",已经通过学校工会的验收。

【学生工作】 2006年度举办了"物理学院学生成长成才系列指导讲座",内容涵盖院内新老生交流、选课指导与学业规划、大学学习与生活适应、物理专业同学就业与职业发展等多个方面。

2006年物理学院共有助学金名额158个,其中有16名为研究生的名额。2006级新生47人得到助学金资助。

学工办、团委共组织了赴西安、四川、大庆的3个社会实践团队,其中西安实践团被校团委评为优秀社会实践团队。

6名学生当选校级优秀团干,7名学生当选校级优秀团员,王赫当选北京大学十佳优秀团支书,2003级2班等三个团支部被评为学校优秀团支部。45名同学被评为校级优秀毕业生,10名同学被评为市级优秀毕业生。陈同、负克荣获"北京市三好学生"荣誉称号,院研究生会主席池月萌荣获"北京市优秀学生干部"荣誉称号。

物理学院被评为北京大学国家助学贷款工作先进单位,董晓华老师荣获北京大学国家助学贷款工作敬业奉献奖,侯芳被评为北京大学国家助学贷款工作先进工作者。

【行政工作】 学院财务办公室对长期存在的坏账进行了彻底清理。根据北京大学校发〔2006〕253号《关于开展全面清查往来资金情况工作的通知》的精神,对学院及所属系所中心的资金情况进行了认真清查。

调整了公章的审批、登记程序和办法;修订了门卫安全管理制度、实验室安全管理制度、辐射防护制度、物理学院办公楼安全管理规定等;成立了"辐射防护安全领导小组"。

在圆满解决了各种遗留问题后,物理学院不再直接使用农民工,保安、保洁工作请物业公司承担,管理走向正轨。

物理楼门禁系统安装结束,安全监控系统基本完成。经协商,将严重影响门卫安全的物理楼大院东小门关闭。所有放射源实验室安装了红外报警装置、摄像头、安全门等,完善了相关管理制度。

完成了"金工实验楼"建设方面的一系列基建程序工作,几十项审查、报批手续已基本完成。完成物理楼卫生间门改造和物理楼一层南门和北门的改造。

地球与空间科学学院

【发展概况】 地球与空间科学学

院成立于2001年10月26日。现设三个系(虚体)和七个研究所(实体)及一个重点实验室。现有5个本科生专业：地质学、地球化学、地球物理学、地理信息系统和空间科学与技术；9个硕士研究生专业和9个博士研究生专业；设有地质学、固体地球物理学和地图学与地理信息系统三个博士后流动站，有国家理科基础科学人才培养基地一个(地质学)。学院"造山带与地壳演化实验室"为教育部重点实验室，"空间信息集成与3S工程应用"为北京市重点实验室；"构造地质学"和"固体地球物理学"两个学科为国家重点学科，"空间物理学"为北京市重点学科。

现有教职工151人(包括外聘院士5人)，教师97人(教授45人、副教授39人、讲师13人)，教辅及行政管理人员53人；2006年新进教师3人(杜世宏、李文博、张显锋)，调离2人；离退休人员142人，其中2006年退休4人；2006年在站博士后37人(本年度进站15人)。经校长办公会审议批准，郭召杰、陈衍景、黄清华晋升为教授，黄宝琦、孙敏、赵红颖晋升为副教授，高洪林晋升为高级工程师。

现有在校学生766人，其中在校本科生352人，硕士研究生232人，博士研究生182人。2006年招收本科生86人，硕士研究生87人(免试推荐48人)，博士研究生46人；本科毕业95人，硕士毕业57人(含同等学力申请学位3人)，博士毕业28人。

【教学工作】 2006年度共开设本科生课程103门；研究生课程112门。

为迎接2007年本科教学评估，学院在3月成立了陈运泰院长任组长的本科生教育教学工作领导小组，在全院范围内围绕本科生教学改革进行讨论，总结教改经验，针对本科教育现状和存在的问题展开深入细致的分析，完成了本科生教学评估报告，在12月份全校教学工作会议上，张立飞副院长做大会发言，对学院成立后的教学工作的开展进行了交流。

学院重新编印《地球与空间科学学院本科生教学手册》(2005年修订版)，为落实新的教学计划和培养方案，严把教学质量，学院成立了以刘瑞珣、王仁民、马蔼乃、肖佐组成"老教师教学督导小组"，对全院近百门本科生课程进行了为期一学年的听课检查，并撰写了听课调研报告；成立了本科生教学研讨小组，及时反映学生意见。理论与应用地球物理研究所为保证教学的连续性和教学梯队建设，在教学中开始实行A、B角制度，让两个教员轮流教同一门课程。2006年学院暑期课程班开设4门课：《定量遥感》《普通地质实习》《区域地质实习》《综合地质实习》。

综合地质实习改革已基本完成，2003级地质学和地球化学专业的本科生首次完成五台山和三峡两地区野外地质专业实习。学院还分别与塔里木油田分公司、北京市东城区信息管理中心和"北京一号"卫星接收中心(21世纪股份有限公司)签订了协议，建立教学实践基地，为研究生实习提供了有利条件。

《地理信息系统概论》(邬伦、刘宇、田原、张毅、高勇)被评为国家和北京市精品课。

焦健副教授获北京大学2005—2006年度教学优秀奖，张立飞教授获第三届黄汲清青年科技奖，秦善教授获正大奖教金优秀奖，刘岳峰副教授获北京大学优秀班主任二等奖，田伟博士获北京大学优秀班主任三等奖。

宁杰远、焦维新、吴泰然、傅绥燕、陈斌、黄宝琦、张立飞、涂传诒、高勇、陈永顺老师被评为2006年度地球与空间科学学院第五届"最受学生爱戴的老师"称号；焦维新教授还获得北京市师德先进个人和北京大学十一届"十佳教师"称号。

【学科建设】 由遥感与地理信息系统研究所牵头、理论与应用地球物理研究所支持申请的"测绘科学与技术"一级(工学)学科博士学位授权点申请、评审工作经过近1年的认真工作，于2005年9月21日在北京大学经过审议、答辩，通过评审并上报国务院学位办；2006年9月"测绘科学与技术"一级工科学科博士授予权正式获得批准。

【科研工作】 2006年度全院在研和新增科研项目169项，其中新增国家自然科学基金12项，国家杰出青年基金1项(地质系陈斌教)。以"长江特聘教授"陈晓非为学术带头人，理论与应用地球物理研究所获得的创新研究群体开始实施。学院2006年度获得科研经费约4300多万元。

2006年学院在国内外学术刊物和会议上共发表论文420多篇，其中被SCI收录111篇，EI收录146篇。

出版学术专著6部：

《矿物学基础》，秦善、王长秋编著，北京大学出版社；《城市信息化方法与实践》，潘懋、金江军、承继成编著，电子工业出版社；《珠宝玉石学GAC教程》，崔文元、吴国忠主编，地质出版社；《地理系统工程——可持续发展战略的基础》，马蔼乃著，高等教育出版社；《地理信息科学：天地人机信息一体化网络系统》马蔼乃著，高等教育出版社；《中国西部中亚型造山带中新生代陆内造山过程与砂岩型铀矿成矿作用》，郭召杰等著，地质出版社。

863—708重大专项SIMUS课题获得教育部科技进步一等奖(负责人：程承旗、郭仕德)；北京大学SIMUS课题组被评为863工作先进集体，郭仕德、濮国梁获先进个人。

国家科技攻关"北京市奥运交

通平台"子项目获得国家测绘科技进步二等奖（负责人：晏磊，刘岳峰）。

遥感与地理信息系统研究所与贵航集团共同研制的"无人机航空遥感系统"项目荣获中国高校—大型企业合作科技创新十大案例奖。

涂传诒院士荣获"第三世界科学学院院士"并荣获"陈嘉庚科学奖"，全国获奖者仅4人；傅绥燕教授获第三届"中国青年女科学家奖"提名奖；邬伦教授被评为"中国高校十大GIS创新人物"。

【实验室工作】 1月13日，造山带与地壳演化教育部重点实验室召开了第二届学术委员会第一次会议。来自国内固体地球科学领域主要的大学和科研院所共13名学术委员会委员出席了会议。学校科研部刘波副部长宣读了造山带与地壳演化教育部重点实验室新一届学委员会主任、副主任和委员名单，并颁发了聘书。针对实验室目前存在的问题及优势，如何凝练研究方向、加强实验室团队研究力量，确定实验室中长期目标，完善实验室运行机制等问题，学术委员会委员展开了热烈的讨论。学术委员会一致认为实验室在过去的建设和发展中取得了较好的成绩；作为北京大学地质学各个学科的科研平台，实验室在科研成果方面的国内外影响力正在稳步增强，论文发表的数量和质量逐年大幅度上升，特别是多个国家自然科学基金杰出青年基金的获得显示实验室在人才培育中取得的突破性进展；并就在仪器设备的建设、运行和开放中不懈努力、学术平台的搭建等方面所取得的成绩表示满意和赞赏。调整后造山带与地壳演化教育部重点实验室主任：张立飞，副主任：刘树文、季建清。

2006年4月，理论与应用地球物理研究所和Veritas公司合作共建的地球物理数据分析与处理实验室开始施工建设。

【学术交流与合作】 由地质系主办，造山带与地壳演化教育部重点实验室承办的北京大学地质学精品学术论坛——地质学论坛举办20期。理论与应用地球物理研究所举办的《北京大学星期五地球物理学术报告会》已经成为地球物理学领域比较知名的学术活动。

2006年有100多名教师、学生到国外、境外参加国际会议或交流、访问；邀请外国专家、学者30人，其中讲课教授3人，讲授3学分课，讲座教授27人，讲座46讲。引进长江讲座教授张有学得到教育部批准，矿物、岩石、矿床研究所张立飞被聘为长江特聘教授。

1月14日至15日，全国构造地质学年会暨构造地质学新理论与新方法学术研讨会在北京大学召开，会议由中国地质学会构造地质学与地球动力学专业委员会、国家自然科学基金委员会地球科学部、造山带与地壳演化教育部重点实验室和中国地质科学院地质研究所联合发起，由地空学院主办，造山带与地壳演化教育部重点实验室协办。来自国内外近200位构造地质学及相关领域的专家、学者参加了会议。

3月27日至4月2日，遥感与地理信息系统研究所李琦教授、张雪虎副教授等人赴马来西亚国家遥感中心讨论近期及中长期中—马科技合作的项目细节，并草签了会议纪要备忘录。马来西亚国家遥感中心（MACRES）主任Dato Nik带队于4月15日访问北京大学，并签署以"数字马来西亚"项目为起点展开中马双边合作的意向协议。目前"数字马来西亚"项目已经正式列入马来西亚第九个五年计划。

6月17日至6月21日，第二届国际古生物学大会（IPC2006）在北京大学举行。大会由中国古生物学会主办，中科院南京地质古生物研究所、北京古脊椎动物与古人类研究所和北京大学地球与空间科学学院联合承办。许智宏校长被推举为大会主席。来自中国、美国、英国、德国、俄罗斯、日本、法国等50多个国家和地区的800余位代表出席（国外代表近500人）。大会于6月17日在学校百周年纪念讲堂开幕。全国人大副委员长、前中国科协主席周光召，中国科协党组第一书记邓楠，国家基金委主任陈宜瑜，中国科学院副院长李家洋，国际地球科学联合会主席张宏仁以及北京大学常务副校长林建华出席了开幕式。本次大会主题为"古老的生命、新的探索"（Ancient life and Modern Approaches）。瑞典乌普萨拉大学 Per Ahlberg 教授、美国耶鲁大学 EG Briggs 教授、英国皇家学会会员 Dianna Edwards 教授、美国 Smithsonian 研究院 Douglas H. Erwin 教授、瑞典皇家科学院院士 Else Friis 教授、中科院沈树忠研究员、麻省理工学院 Roger Summons 教授及中科院周忠和研究员分别做了四足动物起源、分子埋藏学、陆地植物起源、寒武纪大爆发、早期被子植物的花结构、二叠纪末绝灭事件、二叠纪三叠纪之交海洋化学变化的分子证据、热河生物群的最新进展等八个大会报告。围绕古生物学及相关学科的前沿领域，大会组织了26个主题分会场，对不同时代不同生境的生命现象从不同的角度进行了深入讨论，主题包括地球上最古老的生命、新元古代古生物学和地生物学、寒武纪辐射及绝灭、奥陶纪生物圈及环境的时空变化、古生代脊椎动物生物地理、早期陆生维管植物的多样性及与环境的相互作用、泥盆纪海陆系统、二叠纪生物绝灭、中生代生物演化及环境、哺乳动物演化和生命的古分子及同位素信号等。生物与环境的协同演化依然是本次大会讨论的重点。会议共接收包括古生物学各

个分支学科的论文摘要 620 多篇、大会报告 8 篇、口头报告约 480 篇、展板 202 篇。大会组织野外考察及参观路线 13 条,考察路线选择了当前引起国内外高度重视的若干条地质剖面,如辽宁西部热河生物群、长江三峡地区、桂林—象州泥盆系剖面、华南二叠—三叠系剖面等,为宣传我国古生物学起到了积极作用。

7 月 18 日在北京大学英杰会议中心召开了"夸父"空间探测项目的科学工作队第四次会议,参加者为"夸父"论证组的部分成员、中国国家航天局、欧洲航天局、中国科学院、中国气象局、北京大学代表及特邀科学家。会上通报了关于"夸父"预研(包括综合论证和背景研究)进展情况和工作计划。12 月 19 日,在北京大学召开了有关"夸父"计划中中国核心有效载荷的工作会议。

12 月 7 日至 8 日,"创新与发展 2006 高校 GIS 论坛"在北京隆重召开,会议由中国地理信息系统协会、北京大学、武汉大学、中国地质大学、教育部地理信息系统软件及其应用工程研究中心主办,来自北京大学、武汉大学、中国地质大学等近百所高校的领导、专家、学者和研究生共计 300 多人参加了论坛。

【党建与学生工作】 学院现有党员 331 人,其中在岗职工党员 71 人,离退休党员 57 人,学生党员 203 人。共有 22 个党支部,其中 9 个教工支部,13 个学生支部,院党委由 11 名委员组成。2006 年学院有 28 人转为中国共产党正式党员,有 33 人被吸收入党。

为巩固和扩大保持共产党员先进性教育活动的成果,2006 年上半年开展了"回头看"。认真落实《北京普通高校党建和思想政治工作基本标准》,按学校要求进行学院和支部层面的检查自评工作。

在全体教职工和党员中开展向"王选"、"孟二冬"学习活动,各党支部开展做"具有孟二冬精神的北大党员"主题党日活动,组织教工党员参观革命根据地西柏坡,组织全院党员、入党积极分子参加纪念长征胜利 70 周年展等教育活动。学院党委积极组织党员参与公益活动,献爱心。在迎"七一"优秀党员评选和先进党支部表彰工作中,学院评选出校级优秀党员 5 人,先进党支部 1 个,院级优秀党员 14 人,特殊表扬的党员 3 人,先进支部 2 个。院党委根据工作需要及实际情况,调整和加强支部建设,由原来的 18 个支部增加到 22 个党支部。院党委及六个支部获七项党建研究课题。

关心贫困生的生活、学习,22 人得到国家助学贷款,金额 432000 元;13 人获得减免学费,金额 56850 元;获得 2005—2006 年度助学金 31 项,资助同学 160 人次,金额 435331 元;共计 924181 元。配合学校为 559 名同学购买了保险(其中本科 292 人、研究生 267 人)。

2006 年共有 103 名同学获得北京大学三好生标兵等个人奖,其中 2 名同学获"北京市三好生"称号。2004 级地质本科班荣获"北京市优秀班集体"、"北京大学优秀班集体",6 个班级荣获"北京大学先进学风班",共获得奖学金 18 项,69 位同学获各种奖学金,奖学金总金额 189568 元。院团委获得北京大学"先进团委"称号,学院获北京大学 2005—2006 年度"学生工作先进单位"。2006 年有 3 名同学去新疆塔里木油田,积极支援国家西部经济建设;近 5 年来地空学院共有 18 名同学赴西部工作。

纪念"一二·九"运动的歌咏比赛活动中,学院组织了 130 人参加大合唱,取得全校比赛一等奖和最佳创意奖。学院理论与应用地球物理研究所工会小组获得 2006 年度北京大学工会工作先进集体。

【北京大学石油与天然气研究中心工作】 北京大学石油与天然气研究中心在原石油工业部支持下于 1989 年 5 月 4 日成立,该中心挂靠在地质系。北京大学于 2006 年调整中心管理体制,成立了中心理事会、中心学术委员会和新一届行政班子,实行理事会领导下的主任负责制。理事会由北京大学领导和各大石油公司领导及其油田分公司领导组成。学术委员会由石油界的知名学者、油田杰出专家和中心首席科学家组成。潘懋教授为北京大学石油与天然气研究中心主任,刘波、吴朝东、李江海、郭召杰为中心副主任,胡天跃、关平、张东晓为首席科学家;成立了综合事务部、教育培训部、学术研究部。调整中心管理体制、建立健全组织机构,制定了《北京大学石油与天然气研究中心章程》、《北京大学石油与天然气研究中心人事管理办法》和《北京大学石油与天然气研究中心项目管理办法》等一系列的管理规章制度,建立了中心网页。

中心行政班子换届以来,成功组织了重大研究项目的申请立项工作。与中石化股份公司《中国北方晚古生代"过渡层"盆地油气勘探新领域》项目经立项审查后于 2006 年 11 月 21 日在中石化公司总部举行了项目合同的签字仪式,项目总经费为 2000 万元人民币;中心研究骨干依托中心平台,积极承接相关石油企业的研究项目,累计项目经费为 1047.60 万元。2006 年中心合计签署约 3047.60 万元的科技开发合同。

10 月 25 日,中心主任潘懋教授等应邀前往中石化勘探开发研究院拜会中国石油化工股份有限公司牟书令总地质师等领导,并与研究院领导和专家进行了学术交流活动。

11 月 16 日,中国石油天然气集团公司科技发展部组织专家组到北京大学检查"石油科技中青年

创新基金"项目执行情况。专家组对北大的整体执行和进展情况表示满意,并表示在工作上与北大等科研院校加强联系,形成科研院校与石油系统的联络网,推动中国石油工业的持续、稳定、协调、快速发展。

11月19日,中心在北大百周年纪念讲堂多功能厅成功举办了"中国石油发展战略高层论坛06"。中石油副总裁贾承造院士,中石化股份有限公司前高级副总裁、现高级顾问牟书令教授,国家能源领导小组办公室方君实司长,中海油前总地质师龚再升教授,中石化股份有限公司副总地质师、勘探开发研究院院长金之均教授及各油田公司的领导等出席了会议。方君实司长以《中国能源发展战略与对策》为题发表了演讲,探讨了中国在世界能源中的地位、中国能源问题和应对策略。来自我国三大石油公司的高层领导就中国石油发展战略和各自的发展规划发表了自己的看法。

信息科学技术学院

【发展概况】 信息科学技术学院于2002年9月9日正式成立,由原电子学系、计算机科学技术系、信息科学中心组建而成。2006年7月,学院行政班子进行换届,新任院长:梅宏,副院长:陈徐宗、查红彬、李林、吴文刚。2006年9月,学院党委班子进行了换届,新任党委书记:郭瑛,副书记:陈向群、魏中鹏。

2006年在职教职工366人。其中,教授(含研究员和正高级工程师)73人,副教授(含副研究员和高级工程师)115人,讲师(含工程师)76人,助教(含助理工程师)3人,在站博士后39人。有中国科学院院士3人(含双聘1人):杨芙清、王阳元、解思深,中国工程院院士1人:何新贵,长江学者4人:彭练矛、查红彬、梅宏、张志刚,杰出青年科学基金获得者1人:黄如,"973"首席科学家3人:张兴、梅宏、彭练矛,国家"863"计划专家组成员3人:梅宏、程旭、李红滨,国家"新世纪百千万人才工程"2人:郭弘、梅宏,教育部新世纪人才7人(包括2006年新增2人):陈清、吴玺宏、黄如、封举富、谢冰、刘晓彦、王腾蛟,博士生导师44人。教师学位分布情况为:博士147人,硕士58人,本科60人。

2006年有本科生1317人、硕士研究生887人、博士研究生372人。

【师资队伍建设】 聘岗总数316人,其中:A岗79人、B岗183人、C岗31人、职员23人。岗位级别变动13人,其中9人岗位级别上升,1人岗位级别降低,解聘3人。新聘客座教授8人,续聘客座教授1人,聘请兼职教授2人,正式受聘长江学者1人,正式受聘百人计划2人。引进教授4人、副教授4人,晋升或确认各类资格30人。

何新贵院士荣获2006年度何梁何利科学技术进步奖;黄如教授获得霍英东教育基金青年教师研究类二等奖;刘晓彦教授、王腾蛟副教授入选教育部"新世纪优秀人才支持计划";梅宏成为新世纪百千万人才工程国家级人选。

【研究基地建设】 以国家重点实验室与国家工程研究中心的建设作为重点,通过重组、融合、交叉,加强实力,提高知名度。现有国家重点实验室3个:区域光纤通信网与新型光通信系统国家重点实验室、视觉与听觉信息处理国家重点实验室、微米/纳米加工技术国家重点实验室。同时申请筹建教育部重点实验室和工程研究中心,搭建支持信息科学技术创新研究的环境与人才平台,推动学院整体研究与技术开发水平的提高。

2006年已有教育部重点实验室和工程研究中心3个:纳米器件物理与化学教育部重点实验室、教育部软件科学网上合作研究中心(与多个学校合建,北京大学为主节点单位)、微处理器与系统教育部工程中心;正在申请的国家级工程研究中心3个:教育部高可信软件技术重点实验室、数字多媒体技术国家工程研究中心、语言知识工程国家工程研究中心。

【教学工作】 本科生教学工作:上半年开设课程81门次,其中给外院系开课29门次。小学期开设课程5门。下半年开设课程91门,其中给外院系开课25门次。

2006届本科生毕业情况:电子学系毕业140人,其中136人获得学位;计算机系毕业110人,获得学位107人;微电子学系毕业60人,获得学位55人。2006年电子商务双学位、计算机软件双学位、计算机软件辅修和电子信息科学与技术双学位共毕业48人,其中6人获得辅修毕业证,42人获得双学位证书。

认真进行课程的研究与讨论。2006年下半年基础教育部一方面走出去学习其他学校的经验,另一方面也分别组织了学院计算机类课程和电子类课程的教学研讨。学院部分教员围绕"信息科学技术学院基础课程教学与课程设置的完善与改革"这一主题,于12月9日至13日访问了香港中文大学、香港科技大学、香港大学的电子工程(EE)和计算机科学(CS)学院。

2006年上半年学院基础教育部继续进行本科生课程的教学交流活动。要求青年教师从推荐的10门课中任选2门课,每门至少听一节课,填写听课评议表,并返回到教学督导组谢柏青老师处;7月3日微电子学系组织了全系教师的教学研讨会,请著名半导体专家韩汝琦教授给大家介绍教学经验,激发了青年教师对教学的热爱;学

院于12月26日组织举办了"信息科学技术学院首届青年教师教学PPT交流兼比赛"活动。

屈婉玲教授的《离散数学》获国家和北京市精品课程。

获得2006年度北京大学教材建设立项的有：严伟的《移动无线网络——体系结构与协议》、马修军的《多媒体数据库与内容检索》、刘晓彦的《微电子学专业实验》；获得国家高等教育"十一五"规划教材立项有：郭弘的《量子力学与量子信息基础》、栾桂冬的《压电换能器和换能器阵（第2版）》、王克义的《微型计算机基本原理与应用（第2版）》和《电子技术与数字电路（第2版）》、甘学温的《数字集成电路原理与设计》、张兴的《微电子学概论（第2版）》、孙家骕的《编译原理教程》、陈向群的《操作系统教程（第2版）》、王立福的《软件工程（第3版）》；申报2006年北京高等教育精品教材的有：王克义的《微机原理与接口技术教程》、周乐柱的《理论力学简明教程》、栾桂冬的《压电换能器和换能器阵》。

ACM竞赛情况：学生在韩国分赛区取得第2名，在北京赛区取得第3名和第9名，在西安赛区北京大学代表队夺得冠军，成功晋级2007年将在日本举行的全球总决赛。以上比赛的教练为郭炜老师。

教学所基础电路实验中心顺利通过评审，成为北京市电子类实验示范中心。

研究生教学工作 对硕士11个专业和博士9个专业的招生目录和参考书目重新进行修订。

录取硕士生322人，博士生96人。接收2003级推荐免试硕士生238人，直博生55人。毕业硕士生282人，博士生32人，在职申请7人。

2004级硕士研究生徐扬的学术论文"A maximum entropy model application on recognition of metaphor phenomena"（基于最大熵模型的隐喻现象识别）获2006年11月21日至24日在墨西哥召开的第15届国际计算技术学术会议（15th International Conference on Computing）"最佳论文奖"。

【科研工作】 共承担各类在研科技项目193项，其中，国家"973"项目12项、国家"863"项目19项、国家科技部项目3项、其他国家项目71项、教育部各类项目10项、国家自然科学基金59项、北京市项目7项、协作项目12项，到款额3637.09万元。

2006年在科技开发部执行的技术服务、技术咨询、技术转让合同90项，到款额为2623.87万元。科研部纵向经费和科技开发部科技服务等两项到款经费共6260.95万元。

2006年获准的基金项目30项，其中面上28项、重大研究计划2项。共申请面上项目83项，获准率为34％，总经费675万元。

张兴教授作为首席科学家申请的国家重点基础研究计划（973）项目——"纳米尺度硅集成电路器件与工艺基础研究"顺利通过科技部的评审，于8月成功立项，这是信息科学技术学院教授作为首席科学家单位承担的第四个973项目，也是张兴教授作为首席科学家承担的第二个973项目。微电子学系的黄如教授、刘晓彦教授、康晋锋教授等作为课题负责人参加了该项目。

2006年彭练矛教授获2006年国家重大科学研究计划（纳米研究计划）项目；高文教授、梅宏教授获国家科技支撑计划重大项目。

2006年获得863计划项目24项。

梅宏教授作为首席科学家承担的973课题"Internet环境下基于Agent的软件中间件理论和方法研究"应科技部要求进行年度总结。2006年度该项目圆满完成任务，研究进展良好。共形成技术报告20多篇；在国外刊物与会议发表论文170篇，国内发表68篇，其中SCI收录93篇，EI收录80篇；博士论文16篇；申请专利3项；出版专著1部；编辑论文集2部。

2006年通过鉴定和验收科研成果有："软件开发公共技术支撑体系的若干关键技术研究和系统集成"、"高性能宽带信息示范网40Gb/s传输平台"、"SDH系统10Gb/s光电收发单元"、"动态灵活的光网络及其支撑关键技术"等。

2006年软件构件标准工作组全体成员会议及标准审定会于4月20日至21日召开。软件构件标准工作组由信息产业部直接领导，北京大学是该工作组挂靠单位。梅宏教授作为工作组的组长主持了该工作组年会及标准审定会。工作组全体成员及外聘专家共同审定了由北京大学制定的《软件构件管理规范——信息模型》和北京航天航空大学制定的《软件构件质量度量》两个标准，评审结果一致通过这两个标准，并形成报批稿报送信息产业部电子行业标准。

2006年12月黄如教授被选为IEEE EDS（Electron Device Society）Administrative Committee（ADCOM）member，任期三年（2007—2009年）。EDS ADCOM是EDS的重要行政机构，通过选举由国际著名的半导体公司、大学、研究机构的知名研究人员担任，黄如教授是第一个被选上的中国大陆的研究人员。

2006年递交到科研部的专利申请33项，获得专利权25项，均为发明专利。2006年共计发表文章540篇，被SCI收录的论文（第一作者）201篇。出版专著、专业教材8部。

截至2006年12月，共有仪器设备8863台，总价值约2.36亿元人民币，其中大型仪器设备156台，价值约为1.28亿元人民币，一般仪器设备价值约为1.08亿元人

民币。2006年新购置仪器设备1032台,总价值约为0.17亿元人民币,其中,大型仪器设备8台,价值约为：0.13亿元人民币。

【学术交流】 2006年先后接待国外大学、公司交流访问16次,派出132人次参加各种国际学术会议。

3月1日至10日,量子电子学研究所陈徐宗教授赴英国伦敦物理学会参加《Measurement Science and Technology》杂志的编委会。

3月2日,由中国计算机学会软件工程专业委员会主办、北京大学信息科学技术学院软件研究所承办的"服务计算研讨会"在北京大学召开。研讨会邀请了美国IBM公司、维斯康星大学、Kintera公司、Creative Entrepreneurship公司的四位国际顶级专家与大家共同研讨当前的热点技术。

5月17至21日,AVAYA实验室软件技术部门主任访问信息科学技术学院软件研究所,就Industrial Strength Software Measurement为主题做讲座,在软件测试、过程管理、应用服务器等方面达成了合作意向。

5月18日,李晓明教授访问位于美国旧金山的Internet Archive,Internet Archive是全球最著名的Web历史内容收藏中心。网络系统研究所从2001年以来建立了"中国互联网信息博物馆",与Internet Archive有过多次交流。

5月21日至25日,计算语言学研究所俞士汶教授等一行7人访问了台湾新竹交通大学,出席了第七届汉语词汇语义学研讨会。

10月26日,信息科学技术学院接待了随同法国总统希拉克来华的青年科技学者一行的访问。

10月6日,国际著名机器人和微米纳米技术研究专家、前IEEE NTC纳米技术专业委员会主席、日本名古屋大学的TOSHI FUKUDA教授来微电子所参观。

10月9日至12日,由中国微米纳米技术学会、传感技术国家重点实验室和北京大学微米纳米加工技术国家级重点实验室共同主办、国家自然科学基金和日本科学技术振兴会联合资助的"第一届中国—日本微电子机械系统双边学术交流会"在北京香山金源饭店召开。本次会议是中日双方在微电子机械系统领域的首次正式交流合作。

11月1日,法国科技部前副部长、法国巴黎高师教授Elisabeth Giacobino携同法国物理学会主席、巴黎高师教授Michele Leduc、法国光学所Gaetan Messin教授访问学院量子物理研究所,并分别做了学术报告。双方就科研合作事宜达成了定期互访学习交流的意向性协议。

11月6日,加州大学工学院院长来访,参观了量子电子学研究所和视觉与听觉信息处理国家重点实验室。

2006年科研项目数及经费数

项目类别	项　数	到款额(万元)
973	12	357.33
863	19	705.75
科技部有关项目	3	205
其他国家项目	71	1226
教育部项目	10	38
自然科学基金项目	59	950.60
北京市项目	7	26.40
协作项目	12	240.78
科技开发到款合同	90	2623.87
总计	283	6260.95

2006年授权专利

专利号	专利名称	专利类型
200410009765.8	闪存存储单元及其制备方法	发明专利
200410009106.4	操作系统构件库查询方法	发明专利
200410009104.5	模拟器构造方法	发明专利
200410009379.9	氢氧化钾溶液腐蚀(100)硅上〈110〉晶向凸角的补偿方法	发明专利
3149882.5	波分复用毫米波光源列及相应的光纤传输无线信号通信系统	发明专利
3105084.0	一种场效应晶体管	发明专利
02100469.2	微机电系统器件的真空封装方法	发明专利
200310117388.5	一种焦平面阵列读出电路及其读出方法	发明专利

续表

专利号	专利名称	专利类型
200410000573.0	大动态信号大频偏条件下载波捕获装置及捕获方法	发明专利
200410062416.2	构件化软件系统的运行状态结构化显示方法	发明专利
200410048128.1	构件化软件中非功能特征组装方法	发明专利
200410009425.5	继电器及其制备方法	发明专利
200410009107.9	二进制软件构件及其制作方法	发明专利
200410009180.6	操作系统中构件的连接方法	发明专利
200410049912.4	一种准SOI场效应晶体管器件的制备方法	发明专利
03130642.x	半导体微器件的一种键合方法	发明专利
3100303.6	一种CMOS电路与体硅微机械系统集成的方法	发明专利
200410004379.x	面向可扩展标记语言模式的键约束自动生成方法	发明专利
31046622.0	一种厚膜SOI场效应晶体管	发明专利
3104666.5	一种非对称栅场效应晶体管	发明专利
31050859.0	一种组合栅场效应晶体管	发明专利
200410009061.0	光码分多址波长—时间域二维光正交码编码器及解码器	发明专利
3137743.2	一种互补金属氧化物半导体集成电路及其制备方法	发明专利
200410009317.8	一种位于SOI衬底上的CMOS电路结构及其制作方法	发明专利
21539677.0	双环谐振型光纤陀螺	发明专利

2006年度出版著作、教材、编著

名　称	作　者	作者排序	著作类别
高等学校计算机科学与技术专业发展战略研究报告暨专业规范(试行)	李晓明	1	专著
纳米光电功能薄膜	吴锦雷	1	编著
微系统封装技术概论	金玉丰	1	教科书
微机电系统技术基础	郝一龙	2	教科书
集成电路原理与设计	甘学温 赵宝瑛 陈中建 金海岩	3	教科书
离散数学习题指导	屈婉玲	1	教科书
离散数学习题指导	耿素云	2	教科书
离散数学习题指导	张立昂	3	教科书

2006年教材建设情况

项目名称	作者	教材名称
北京大学教材建设立项	严伟	《移动无线网络—体系结构与协议》
北京大学教材建设立项	马修军	《多媒体数据库与内容检索》
北京大学教材建设立项	刘晓彦	《微电子学专业实验》
国家高等教育"十一五"规划教材立项	郭弘	《量子力学与量子信息基础》
国家高等教育"十一五"规划教材立项	曾树荣	《半导体器件物理(第2版)》
国家高等教育"十一五"规划教材立项	栾桂冬	《压电换能器和换能器阵(第2版)》
国家高等教育"十一五"规划教材立项	程乾生	《数字信号处理》
国家高等教育"十一五"规划教材立项	王克义	《微型计算机基本原理与应用(第2版)》
国家高等教育"十一五"规划教材立项	王克义	《电子技术与数字电路(第2版)》
国家高等教育"十一五"规划教材立项	甘学温	《数字集成电路原理与设计》
国家高等教育"十一五"规划教材立项	张兴	《微电子学概论(第2版)》
国家高等教育"十一五"规划教材立项	孙家骕	《编译原理教程》
国家高等教育"十一五"规划教材立项	陈向群	《操作系统教程(第2版)》

续表

项目名称	作者	教材名称
申报2006年北京高等教育精品教材	王克义	《微机原理与接口技术教程》
	周乐柱	《理论力学简明教程》
	栾桂冬	《压电换能器和换能器阵》

化学与分子工程学院

【发展概况】 北京大学化学系始建于1910年,是我国高等院校中建立最早的化学系之一,1994年发展成为化学与分子工程学院(简称化学与分子工程学院),2001年原北京大学技术物理系应用化学专业并入化学与分子工程学院。北京核磁共振中心2001年1月成立并挂靠在化学与分子工程学院。

6月2日,化学与分子工程学院行政换届大会隆重召开。新任院长:高松;副院长:王剑波、李子臣、吴凯、焦书明。

【学科建设】 有7个二级学科,其中5个二级学科(无机化学、有机化学、分析化学、物理化学、高分子化学与物理)在2001年再次被评为国家教育部重点学科。北京大学化学学科在2006年第二次全国一级学科整体水平评估中再次在高校排名第一。

4月,教育部公布了首批国家级实验教学示范中心名单,化学与分子工程学院化学基础实验教学中心榜上有名。12月,"高分子化学与物理教育部重点实验室"通过验收正式成立。现有无机、有机、分析、物化、综合五大基础课实验室,总面积为3500多平方米。全院拥有总价值2亿元的各种仪器设备。

【师资队伍建设】 现有教职工196人,其中中科院院士7人,教授54人、副教授52人、高工15人、博士生导师76人。有12人被教育部聘为"长江教授",1人被聘为"长江讲座教授"。

1994—2006年,有26人获得国家自然科学杰出青年基金资助,获得国家自然科学基金委创新群体资助3个(稀土功能材料化学、有机合成化学与方法学、表面纳米工程学);11人与国外学者合作获得国家自然科学基金海外杰出青年基金资助,1人获得教育部首届教学与科研奖励基金,5人获得教育部跨世纪人才基金,7人获得教育部新世纪人才基金,10人获得教育部优秀青年教师基金,8人进入国家级百千万人工程,有7篇论文被评为全国优秀博士论文,1人获得教育部优秀博士论文专项基金,2人获得中国优秀博士后奖。

继续贯彻执行学院目标责任书,进行了2006岗位考核及2007岗位续聘,共聘A类岗位52人,B类岗位79人,C类岗位13人

【教学工作】 各学科对2003年制定的"五年制博士研究生培养方案"做了相应修改,完善了四年制博士生的培养方案。

李克安教授荣获"北京市优秀教师"称号,朱涛、裴坚荣获"北京大学优秀教学奖",5名教师获北京大学"奖教金"。2门课程(分析化学、无机化学)被评为国家级精品课,1门课程(有机化学)被评为北京市精品课。

出版教材7部,发表教学研究论文12篇。

在北京大学第六届青年教师教学基本功和现代教育技术应用演示竞赛中,获得一等奖1项,三等奖1项。

共招收本科生175人,其中保送生78名。招收五年制硕博连读研究生85人(含深圳研究生院12人),招收博士生94人(含4年制博士生10人,直博生12人)。接受访问学者3人,进修教师1人。

【科研工作】 2006年共承担纵向科研项目184项,其中国家科委重大基础研究973项目14项、国家863项目1项、科技部攻关项目3项、国家自然科学基金委重大、重点项目19项、国家自然科学基金委杰出青年基金项目11项、海外青年学者合作基金1项、基金委创新群体3项、国家自然科学基金委面上基金(含青年基金)77项、教育部博士点基金16项。

出版专著3部,在国内外学术刊物发表论文约500篇,其中被SCI收录363篇(以SCI扩展版统计)。

科研获奖情况:高松、严纯华等"磁性金属配合物的设计、结构与性质"项目获国家自然科学二等奖;谢有畅等"使用单层分散型CuCl/分子筛吸附剂分离一氧化碳技术"项目获国家科技发明二等奖;曹维孝等"基于重氮基高分子自组装功能膜、微图像和胶体晶体为模板的孔材料"获"高等学校科学技术奖"二等奖(自然科学奖);谢有畅等"空分制氧高效吸附剂和大型真空变压吸附空分制氧装置的研制与开发"获"高等学校科学技术奖"一等奖(科技进步奖);刘文剑获2006年度"国际量子分子科学院奖";刘文剑被亚太理论与计算化学家协会(Asian Pacific Association of Theoretical and Computational Chemists)授予2006年度"Pople Medal";高松入选2006年"新世纪百千万人才工程"国家级人选;邵元华获中国化学会"梁树权分析化学奖";段连运被授予北京市优秀教师;施章杰获2006中国化学会

青年化学奖;孙聆东获霍英东基金会优秀青年教师科研一等奖;王剑波获得第二届"中国礼来科学贡献奖";王剑波被教育部被聘为长江学者特聘教授;宛新华领衔的"表界面纳米工程学"研究团体入选教育部"创新团队发展计划"名单;沈兴海、刘海超、张锦、孙聆东入选教育部"新世纪优秀人才支持计划"。

2006年承担主要科研项目列表

项目名称	起止时间	负责人	总经费(万元)	任务来源
1. SARS病毒非结构蛋白的结构与功能研究	2003—2008	夏 斌	80.0	973项目
2. 人类肝脏结构蛋白质组和蛋白质组新技术新方法研究	2004—2008	夏 斌	130.0	973项目
3. 纳电子运算器材料的表征与性能基础研究	2002—2006	刘忠范	1325.0	973项目
4. 纳米结构的化学合成及应用研究	2002—2006	张 锦	120.0	973项目
5. 纳米结构单元的可控组装及其量子输运性质	2002—2006	刘忠范	240	973项目
6. 基因功能预测的生物信息学理论与应用	2003—2008	来鲁华	1000	973项目
7. 蛋白质—蛋白质相互作用研究	2003—2008	来鲁华	187	973项目
8. 新型金属有机配合物非线性光学材料的研究	2004—2006	高 松	16	973项目
9. 稀土分子固体材料的磁性研究	2006—2008	高 松	200	973项目
10. 介观尺度稀土功能化合物材料的基础研究	2006—2008	严纯华	320	973项目
11. 新型稀土磁、光功能材料的基础科学问题	2006—2008	严纯华	1270	973项目
11. 有机高分子材料器件物理综合性能发光稳定性的基础研究	2003—2008	邹德春		973项目
12. 肿瘤临床诊断新方法研究	2003—2008	徐怡庄		973项目
13. 高分子电致发光材料及显示用相关材料的设计与合成	2003—2008	裴 坚		973项目
14. 高分子多相多组分体系的结构设计与化学合成	2003—2008	周其凤		973项目
15. 若干重要蛋白质的功能嫁接研究	2005—2007	曹傲能	27.0	863项目
16. 抗癌及镇痛小分子药物筛选	2005—2006	张 宁	85.00	攻关项目
17. 磁性纳米催化剂制备及在磁稳定床工艺中的工业化应用开发	2005—2006	寇 元	15.00	攻关项目
18. 药物靶标预测及其作用网络分析的生物信息和计算生物学技术	2005—2006	来鲁华	120.00	攻关项目
19. 杰出青年科学基金	2003—2006	王剑波	100.00	基金委杰出青年
20. 杰出青年科学基金	2003—2006	吴云东	100.00	基金委杰出青年
21. 杰出青年科学基金	2004—2007	宛新华	120.00	基金委杰出青年
22. 杰出青年科学基金	2004—2007	杨 震	120.00	基金委杰出青年
23. 杰出青年科学基金	2004—2007	齐利民	140.00	基金委杰出青年
24. 杰出青年科学基金	2004—2007	金长文	140.00	基金委杰出青年
25. 杰出青年科学基金	2005—2007	黄建滨	160.00	基金委杰出青年
26. 杰出青年科学基金	2005—2007	裴 坚	160.00	基金委杰出青年
27. 杰出青年科学基金	2006—2008	徐东升	180.00	基金委杰出青年
28. 杰出青年科学基金	2006—2008	杨荣华	180.00	基金委杰出青年
29. 海外青年合作基金	2004—2007	侯召民	40.00	基金委杰出青年
30. 稀土功能材料化学	2003—2008	严纯华	720.00	创新群体研究基金
31. 有机合成化学与方法学	2006—2008	席振锋	360.00	创新群体研究基金
32. 表界面纳米工程学	2006—2008	刘忠范	360.00	创新群体研究基金
33. 分子固体材料的控制合成与功能性质研究	2004—2008	高 松	800.00	基金委重大项目
34. 分子固体材料及其磁相关性质	2004—2008	高 松	70.00	基金委重大项目
35. 光—磁功能分子固体材料的合成和性质研究	2004—2006	严纯华	70.00	基金委重大项目
36. 手性碳的不对称合成反应研究—不对称叶立德重排反应	2004—2007	王剑波	50.00	基金委重大项目
37. 核技术在分子水平上研究典型环境污染物的毒理	2003—2007	刘元方	140.00	基金委重大项目
38. 免疫大分子间相互作用的物理及化学研究	2004—2009	来鲁华	104.00	基金委重大项目

续表

项目名称	起止时间	负责人	总经费(万元)	任务来源
39. 新型两亲分子有序组合体的构筑、结构和功能的研究	2003—2006	黄建滨	220.00	基金委重点项目
40. 单细胞分析化学方法研究	2003—2006	邵元华	200.00	基金委重点项目
41. 金属促进的非活性化学键的选择性切断与应用	2003—2006	席振峰	190.00	基金委重点项目
42. 含重元素复杂大分子体系的理论与计算化学研究	2004—2007	刘文剑	140.00	基金委重点项目
43. 低温等离子体辅助制备纳电子器件单元机理的研究(清华大学负责)	2004—2007	李星国	75.00	基金委重点项目
44. 内源性激素类兴奋剂分析检测新方法的研究	2004—2007	李元宗	180.00	基金委重点项目
45. 生物大分子特征识别技术的基础研究	2004—2007	赵新生	200.00	基金委重点项目
46. 光诱导电荷分离过程的化学调控及应用	2005—2008	王 远	200.00	基金委重点项目
47. 超分子结构先进功能材料插层组装的基础研究	2006—2009	林建华	190.00	基金委重点项目
48. 功能化离子液体的基础研究	2006—2009	寇 元	190.00	基金委重点项目
49. STM热化学烧孔存储技术及材料研究	2004—2007	刘忠范	100.00	基金委重大研究计划重点项目
50. 光电器件中的能量及载流子调控基本问题研究	2004—2007	邹德春	80.00	基金委重大研究计划重点项目
51. 基于AFM沾笔刻蚀的纳米结构和纳米器件的制备、修饰及特性研究	2004—2007	李 彦	100.00	基金委重大研究计划重点项目
其余133项(略)				

【学术交流】 2006年共接待国外及港澳台来宾100余人,作学术报告近百场。

继续举办了面向研究生的"兴大科学系列报告"和面向本科生的"今日化学"讲座。2006年共举办兴大科学系列报告21讲和今日化学讲座7讲。

1月10日,北京分子科学国家实验室第二届学术年会在化学与分子工程学院和中科院化学所同时举行,会议共有两个主题:化学合成与化学生物学、功能材料与纳米科技。

4月22日,首届高分子科学前沿论坛在北京大学举行。本次活动是为了配合国家科技兴国战略的实施,更好更主动地发挥北京大学在建设创新型国家过程中的作用,增进与工业界的交流与合作,并给在校生一个接触和了解工业界的机会。

8月31—9月1日,北京分子科学国家实验室(筹)在北京龙泉宾馆召开了2006年夏季学术交流会。

在国家自然科学基金委和北京分子科学国家实验室(筹)的支持下,化学与分子工程学院组织的首届核素迁移国际研讨会于10月7—9日在英杰交流中心举行。

在国家自然科学基金委员会和北京分子科学国家实验室(筹)的支持下,由化学与分子工程学院主办的第四届中一澳双边有机化学研讨会于9月26—28日在化学与分子工程学院举行。

在北京分子科学国家实验室的支持下,由北京大学、中科院化学所、扬州大学承办的第十二届国际胶体与界面化学大会于10月15—20日在北京国际会议中心举行。

【学生工作】 齐剑和陈静被评为北京市三好学生,贾春江、刘志博等9人获北京大学三好学生标兵称号,60人被评为北京大学三好学生,刘中仕等3人获北京大学优秀干部奖,另有37人获学习单项奖,33人获工作单项奖,杨四海等13人获创新奖。

生命科学学院

【人才工作】 2006年经教育部批准,生命科学学院新增3名长江特聘教授:王世强(生理与神经生物学)、郭红卫(细胞信号转导)、龙漫远(生物信息与进化生物学,讲座教授)。至此,生命科学学院共有长江学者10人(其中讲座教授3人)。

蒋争凡获学校百人计划项目资助;吕植获2006年首都劳动奖章;蔡宏、白书农、顾红雅、王戎疆、郑晓峰获北京大学东宝奖教金。

【教学工作】 2006年,生命科学学院共招收128名本科生,其中包括2名国际生物奥林匹克竞赛金牌获得者;另有8名转系生,1名留学生,2006级本科生共计137人。

2006届本科毕业班共112人,其中生物科学专业89人,取得毕业证书和学位证书的84人,获毕业证书1人,结业3人,暂结业1人;生物技术专业23人,取得毕业证书和学位证书的21人,获毕业

证书 1 人，暂结业 1 人。另有双学位 11 人，7 人取得生物化学与分子生物学学士学位，4 人暂结业。辅修 1 人，取得生物科学毕业证书。

2006 年，生命科学学院招收硕士生 76 人，博士生 66 人；毕业硕士生 6 人，博士生 50 人。截至 2006 年年底，在校硕士研究生 145 人，博士生 276 人。

1 人获得 2006 年北京大学优秀博士学位论文二等奖。

经教育部评审通过，生命科学学院生物基础教学实验中心被批准为 2006 年国家级实验教学示范中心；理科生物学研究与教学人才培养"基地"获得教育部"人才培养条件建设项目"、"能力提高项目"、"教材编写"等共计 310 万的经费支持。

许崇任获第二届"国家教学名师奖"、第二届"北京市教学名师奖"；昌增益主持的"生物化学"课程荣获 2005 年国家级精品课程。

【科研工作】 赵进东主持的"蓝藻异型胞分化和环式光合电子传递系统研究"项目、邓宏魁和丁明孝与医学部合作的"SARS 发病机理研究"项目获得 2006 年度高等学校自然科学奖一等奖。

2006 年，生命科学学院在研科研项目共计 117 项；其中获准的国家自然科学基金项目 17 项，国家 863 重点项目 2 项、专题 4 项。科研经费到账 2915 万。

2005 年 12 月底，北京大学生命科学创新引智基地作为国家教育部"111 计划"首批建设项目予以立项，启动建设经费于 2006 年度下达。极大地促进了学院的学术交流，超过 200 位国外专家来访并建立了实质性的合作研究关系。

实验室建设方面，"细胞增殖与调控机理研究"实验室被批准为教育部重点实验室，张传茂任主任；邓宏魁负责的"细胞分化与细胞工程实验室"作为北京市首批批准建立的"中关村开放式实验室"于 2006 年 6 月 6 日挂牌运行；北京大学蛋白质科学中心正式成立并挂靠在生命科学学院，昌增益为主任；完成了"植物基因工程和蛋白质工程"、"生物膜和膜生物工程"两个国家重点实验室的评估工作。

截至 2006 年 12 月底，以生命科学学院为第一作者单位发表的论文被 SCI 收录 100 篇，平均影响因子 3.38，其中影响因子大于 5 的有 19 篇，大于 10 的 6 篇。

【学生工作】 以《关于进一步加强和改进大学生思想政治教育的意见》为指导，坚持党建带团建；开展学生成才指导讲座，成功举办 7 场，学生反映良好；鼓励学生勇于创新、投身学术，通过学院教授与学生的交流，对学生进行热爱专业教育。通过"希望之星"、"学术十杰"、"挑战杯"、"创新奖"等奖项，促进学术氛围的形成。2004 级博士施永辉入选 2006 中国大学生十大年度人物。

环境学院

【学科建设】 由张远航教授组织的珠三角大气环境国际综合观测实验于 7 月底完成，德国、日本、韩国、中国台湾、香港和国内 17 个研究单位及 100 多名科研人员参加了实验，该实验针对臭氧和颗粒物细粒子的测量技术水平极具特色且技术水平高，将是国际上一个独特的国际综合观测实验。

国家科技部 863 重大项目"重点城市群大气复合污染综合防治技术与集成示范"，共 11 个课题已启动 9 个，环境学院将承担 2 个课题研究，作为主要参加单位参加 4 个课题研究。其中张远航教授承担课题"区域大气复合污染的模拟、预测技术及应用"，经费 1200 万元，邵敏教授承担课题"珠江三角洲大气复合污染防治技术集成和综合示范"，经费 2500 万元。

为研究和提出 2008 年北京奥运期间空气质量保证方案和北京空气质量达标政策建议，经北京市科学技术委员会资助、北京市环境保护局承担了《北京与周边地区大气污染物输送、转化及北京市空气质量目标研究》项目，北京大学团队在长江学者朱彤教授带领下，通过竞标成为该项目的技术牵头单位，负责项目的方案设计、组织和实施。该项目 2005 年年底启动，2007 年年底完成。北京大学团队还具体负责三个课题。唐孝炎院士担任该项目专家组组长。

【教学工作】 本科生教学方面，系统收集和整理学院各专业教学计划和执行过程中存在的问题，并与各专业负责人讨论和确定完善和修改方案，筹备修订新版的教学计划。完成环境工程专业建设方案在信息工程学部的论证和审查。在学校"985"和"211"工程大力支持下，进一步加强学院本科教学实验和实习体系的建设，特别是生态学系河北坝上观测站工程建设取得了重大突破，即将全面完工，投入使用。

研究生教学方面，首次编辑完成《北京大学环境学院硕士研究生培养方案》、《北京大学环境学院博士研究生培养方案》。经过几年停招后，为满足社会需求，举办房地产城市与区域规划专业单考班，招收学生 11 人。新增城市区域规划和景观设计学两个硕士学位点。2006 年招收硕士研究生 201 人，博士研究生 63 人。

学院培训部正式成立北京大学房地产校友会，并设立北京大学房地产校友基金。

与社会学系联合成立北京大学人居环境中心。

【科研工作】 2006 年在本学科最重要刊物（Environmental Science & Technology）上发表的论文从

2005年的5篇增至8篇。

2006年,学院科研经费总额达3000多万元,其中包括自然科学基金1000多万元。

林坚主持的《北京市土地利用总体规划(2005—2020年)》修编工作成果通过了北京市国土资源局评审。

国土资源部发布《关于印发全国土地利用总体规划纲要修编工作专家顾问组组成人员名单的通知》(国土资发[2006]117号),聘请周一星教授、俞孔坚教授、冯长春教授、林坚副教授为专家顾问组专家。

侯仁之院士获北京大学教师最高奖——蔡元培奖。方精云院士获2006年长江学者成就奖二等奖。俞孔坚主持的"飘浮的花园——浙江黄岩永宁江生态防洪工程"(永宁公园)获美国景观设计师协会(ASLA)颁发的专业设计荣誉奖(ASLA Design Honor Award)。叶文虎获得国家教学成果二等奖。刘耕年、张世秋获北京大学2006年度教学优秀奖。邵敏荣获北京大学2006年度"杨芙清—王阳元院士"奖教金优秀奖。徐福留获北京大学2006年度"正大"奖教金优秀奖。贺金生获北京大学2006年度"宝洁"奖教金。汪芳获北京大学2006年度"宝钢"奖教金优秀奖。邓辉获北京大学2006年度"树仁"奖教金。

【师资队伍建设】 2006年引进4名教师,包括2名教授;正式引进2名百人计划人才。2006年的岗位聘任中,11名教师予以晋升(其中A类岗4人),对考评不及格的2名教师从B3岗降到C1岗。

【对外合作】 北京大学地理科学研究中心主办"第五届产业集群与区域发展国际学术会议"。

SETAC学会亚太分会(SETAC A/P)在我校召开。陶澍任大会主席教授。

"北京大学东北亚可持续发展与地区安全研究中心"宣布成立。

与国家旅游局联合主办"新亚洲改变世界旅游"国际学术研讨会,并宣告成立以中国为基地的国际旅游学会(ITSA)。

北京大学地理科学研究中心举办第五届产业集群与区域发展国际学术会议。

北京大学教育基金会聘请Maurice Strong先生担任北京大学环境基金的荣誉理事长。Maurice Strong一生奉献环保,享有世界盛誉。

环境学院主办2006年首届国际大学生环境论坛。前联合国副秘书长、联合国秘书长特别环境顾问Maurice Strong先生致辞。

【党建工作】 三个学生党支部成功申请北京市"红色1+1"项目,2004级博士生党支部书记姚磊在北京大学"红色1+1"活动启动仪式上代表立项支部发言。

2006年学院共有51名优秀青年被发展成为中共预备党员,63名预备党员按期转为中共正式党员。

院党委被评为05年度党内统计统计工作优秀单位。03级博士生党支部卫欣同学获得北京大学优秀共产党员标兵称号,于永兰、钟敏、许学工、汪涌、刘瑞楠、徐志新、刘元元、闫永涛获北京大学优秀共产党员称号,教工行政党支部、04级博士生党支部获北京大学先进党支部称号。白郁华等12名党员、03级本科生党支部等7个党支部受到学院表彰。

【学生工作】 学院获得"北京大学2006年学生工作先进单位"称号。坚持"突出学科特点,紧扣时代热点,打造主院品牌"的方针,推出了一系列有影响的学术活动,包括"学术—人生"系列讲座5场、研究生学术沙龙3场、"绿色奥运"系列活动暨第四届研究生学术论坛、博客文化节,以"防治荒漠化,我们从何做起"为主题的国际大学生论坛等。与光华管理学院研究生会合作,在香港智行基金会支持下的"救助艾滋孤儿爱心周活动"得到了全校师生的大力支持。借助"大连实德足球队"的赞助,在五四体育场组织了"巅峰对决"足球赛。"英特尔校园大使"、"携手未名 绿色奥运"系列活动等取得了良好效应。

2006年毕业研究生143人,其中委培、定向5人,实际参加就业138人,实际就业137人(包括隐性就业20人),就业率99.3%;本科毕业生111人,就业率达96.4%。

心 理 学 系

【教学工作】 2006年在校本部录取硕士研究生36名,博士研究生11名,本科生39名。与北京大学深圳研究生院联合招收35名硕士研究生。钱铭怡教授主持的本科生主干基础课《变态心理学》荣获国家级精品课程。这是心理学系第二门国家级精品课程。心理学系积极开拓办学形式,与深圳研究生院合作举办人力资源研究生课程进修班(深圳、广州两地),并在北京招收了人力资源研究生课程进修班,共招收学员225名。此外,心理学系第一次招收心理学夜大学的学生,共计158人。

【科研工作】 2006年心理学系发表科研论文110篇(含学术会议论文),其中以心理学系为第一单位(或通讯单位)发表的SCI收录期刊论文16篇,SSCI收录期刊论文8篇,其中影响因子最高的论文是心理学系李量教授为通讯作者,在Drug Discovery Today:Disease Mechanisms (SCI, IF=7.755)发表的论文Mechanisms of bacterial meningitis—related deafness。2006年在SCI收录期刊发表论文最多的是周晓林教授,共8篇。2006年在

SSCI 收录期刊发表论文最多的是王垒教授,共 3 篇。心理学系 2006 年在 SCI 和 SSCI 收录期刊发表论文的总数较 2005 年的 16 篇有了显著提高。国内核心期刊发表的论文数量与 2005 年相当。

2006 年心理学系获得 6 项国家自然科学基金项目,其中韩世辉教授获得国家自然科学基金重点项目 150 万的科研经费。2006 年心理学系新获得的科研项目经费为 370 万元,比 2005 年有很大的增长。

钱铭怡教授主编了《变态心理学》(北京大学出版社),肖健教授主编《现代生理心理学实验教程》(北京大学出版社)以及朱滢教授主编《心理实验研究基础》(北京大学出版社),均在国内学术界产生较大影响。

【对外交流与合作】 由北京大学、奥地利欧亚—太平洋学术网络、奥地利驻华大使馆联合主办,北京大学心理学系承办的"中国—奥地利弗洛伊德诞辰 150 周年学术研讨会"在北京大学隆重召开。中外心理治疗专家学者围绕心理分析治疗的百年历史发展,以及弗洛伊德理论在中国临床心理中的应用进行了为期 2 天的学术探讨。奥地利同行还向心理学系捐赠了一批临床心理学方面的图书。

由北京大学心理学系主办的"第五届中德认知神经科学研讨会"在北大举行。来自中国、德国、美国、荷兰、波兰和日本等国家的认知神经科学家和心理学家,就知觉、注意、记忆、语言和社会认知等领域的重要问题做了精彩的学术报告。此次研讨会获得了国家自然科学基金委和德国研究基金会的支持。

全年学术交流与互访达 18 人次,涉及 10 个国家,接待各种来访座谈多次。

【师资队伍建设】 顺利完成了 2006 年度岗位聘任及续聘工作。全系应聘教职员工共计 38 人,业绩突出的 4 位同志得到晋级,对年度考核没有达到要求的一位同志给予降级。2006 年海外归来的张立青博士受聘心理学系教师。

招收了 4 名博士后进站,在站博士后达 7 人。

韩世辉、王垒教授分别荣获"北京大学优秀共产党员"荣誉称号。

【学生工作】 为学生努力提供互访交流机会。12 名同学到香港参加了两岸三地心理学系学生交流活动。

鼓励学生积极参加科研,共有 4 支团队角逐"挑战杯"科技竞赛,本科生李楠欣还凭借在国际权威学术期刊上的多篇优秀论文赢得了学校"创新奖"。

共有 39 名同学获得各项奖励,27 名同学获得奖学金。1 名本科生申请国家助学贷款,有 13 名同学获得助学金(含长期奖学金)。

在校团委、学生心理健康教育与咨询中心的大力支持下,出版发行《北大青年》的增刊《心声》。该报纸凝聚了三家单位的集体智慧,开辟了介绍心理学知识、展示心理系风采的窗口,为全校同学提供了排解心理困惑、培养健康心态的渠道。《心声》主创人员全部来自心理学系。

挂靠心理学系的学生社团一共有三家:心理学社、流浪动物关爱协会、心理学系青年志愿者协会。系学工办整合学生社团资源,强调树立品牌意识,一年来举办了"第三届心理文化节"、"中国青少年注意力关注计划"(与中国关心下一代工作委员会联办)、"小动物文化节"、"迎奥运志愿服务计划"等系列大型活动。

中国语言文学系

【发展概况】 北京大学中文系是国家文科基础学科人才培养和科学研究基地,现设有 4 个本科专业:中国文学、汉语言、古典文献、应用语言学,2 个教育部人文社会科学重点研究基地:汉语言学研究基地和中国古典文献研究基地,6 个全国重点学科:古代文学、现当代文学、汉语言文字学、语言学与应用语言学、比较文学与世界文学、古典文献学,7 个博士点、11 个硕士点、1 个博士后流动站。

在编教职工 102 人,其中教授 45 人、副教授 40 人;在读硕士 257 人、博士 288 人(均含留学生和延长学籍者);2006 年新招硕士 85 人、博士 73 人;在读本科生 364 人,2006 年新招本科生 96 人;有博士后 6 人。

【教学工作】 中文系文科人才培养基地被教育部评为优秀基地。2006 年共开设本科生课程 120 门次,开设研究生课程 107 门次;为外系开设课程 15 门次。

2006 年中文系已有的六个重点学科以领先的得分优势全部通过教育部的重点学科重评。按照学校部署,已制定出各重点学科的五年发展规划。

温儒敏获北京市高等学校教学名师奖。

细化《中文系保送研究生办法》,针对研究生数量增加,但生源质量没有得到提升的状况,在研究生招生中主动出击,与重点高校相关专业合作,吸引外校优秀生源。

注重对研究生学术规范的要求和培养,先后举办 5 期由中文系各学科带头人举办的关于学科领域研究现状和发展前景的学术报告,强化学术研究的意识和氛围,提升对学术研究的敬畏和责任。

加强了研究生的国际学术交流,成功举办了北大与香港中文大学的首届研究生学术论坛。8 位博士生获选公派赴国外一流大学留学。此外,中文系作为博士生培养成绩突出的单位参与全国博士

培养质量调查。

【科研工作】 据不完全统计,2006年中文系教学科研人员共出版各类学术著作、教材、工具书、参考书、古籍整理著作、译著、编著42种;发表论文310篇(不包括在各类书刊和学术会议上发表的论文)。

2006年中文系教学科研人员承担各类科研项目109项,本年度完成5项,正在进行中的项目104项,本年度新立项项目6项,合作研究项目12项。

荣获国家社科研究成果奖项3项,教育部成果奖项2项,教育部文科基地重大项目3项。北京大学第十届人文社会科学研究优秀成果奖一等奖4项、二等奖1项。

【学生工作】 加强学生工作队伍建设,培养锻炼学生骨干,做好经济困难和个别重点学生的思想工作。通过组织中文系原创大赛、王默人小说奖评奖、系内体育比赛、文化节、学术讲座、创办学生刊物等一系列活动,营造和谐健康向上的文化氛围。

本科生保研成功率超过68%,本科生就业率99%,研究生就业率96%,都高于学校平均数。

在提高学生素质能力方面,注重加强引导学生参与国内外学界的学术交流活动,成功举办"北京大学—韩国外大首届中文论坛"、"北京大学—香港中文大学首届研究生学术论坛"等国际学术活动,还先后邀请巴黎东方文化学院、巴黎第七大学、东京大学、香港中文大学、香港城市大学等大学共计40多位著名学者来系举办学术讲座和短期课程。

历史学系

【教学工作】 2006年历史学系共开课156门次,其中本科生课程82门次,研究生课程74门次。本科生教育方面,工作重点是拓宽基础教学,深化课程体系改革。暑假期间,世界史专业对长期以来一直实施世界上古史、世界中古史、欧美近代史、亚非拉近代史、世界现代史、世界当代史等六门基础课构成的世界通史课体系进行了认真研讨,出台了新的改革方案,即从2006—2007学年第一学期开始,世界史基础课由世界史通论、外文原版教材阅读指导两门必修课和古代东方文明、古希腊罗马史、中世纪欧洲史、欧洲史、美洲史、亚洲史、非洲史等七门选择性必修课组成。通过改革,世界史主干基础课的设置更加科学和灵活,不仅可满足不同兴趣学生的学习愿望和要求,也有利于激发学生的想象力和创造力。

其次,进一步加强课程建设。历史学系本科生课程中有学校确定的主干基础课13门、暑期学校课程4门。朱孝远的"西方文明史导论"被评为2006年度国家级精品课,邓小南、张帆"中国古代史(下)"、阎步克"中国古代的政治与文化"、何晋"中国历史文选"、李孝聪"中国区域历史地理"入选校级精品课。何芳川被评为北京市优秀教师,李志生获2005—2006年度北京大学教学优秀奖,阎步克获"杨芙清·王阳元"院士奖教金,房德邻获正大特等奖,宋成有获正大优秀奖。历史学系聘用的日本籍副教授桥本秀美获中国工商银行教师奖。郭润涛入选教育部2006年度"新世纪优秀人才支持计划",彭小瑜入选教育部2006年度长江学者特聘教授,王晴佳入选教育部2006年度长江学者讲座教授。为进一步提高美国史研究水平,在"北京大学优秀青年人才引进计划"支持下,引进了南开大学美国研究所所长李剑鸣教授。在教材建设方面,历史学系取得了新的成绩,王新生《日本简史》、林承节《独立后的印度史》被评为2006年北京高等教育精品教材,黄春高《中世纪西欧社会史》、何顺果《美国史通论》列入2006年度北京大学教材建设立项。

第三,加强外语教学,提高学生外语水平。从2006—2007学年开始,历史学系利用国外来的博士候选人和博士后,为一、二年级分别开设"外文原版教材阅读指导"和"外文历史文选阅读指导"两门必修课程,学生反映很好。同时还采取措施鼓励和引导学生辅修或读外国语学院开设的法、德、日、西班牙双学位,还有历史学系开设的希腊语、意大利语和拉丁语。从2004级开始,世界史专业学生的毕业论文必须使用研究对象国语言文字文献。从2006级开始,世界史专业的推荐免试研究生,必须要有辅修外语或外语双学位经历及成绩。

在学生培养方面,历史学系加大了学生社会实践力度。多年以来学生的暑期教学实习都是由老师带队,到西安、青海和敦煌参观考察。2006年,有学校批准的"田野史学实验室、资料库和电子课件建设计划"的支持,历史学系改变了过去的做法,组织本科学生利用暑期进行社会调查。经过社会历史调查课的教学和专门培训,学生自己选择对史学研究、社会发展和国家建设有意义的课题,自己提出调研计划和调研提纲。经过老师指导和充分准备,学生分小组到全国各地进行调研和原始档案资料的搜集,每个同学回来都将整理的调查报告上交,编辑成册。经过这样的实践活动,学生不仅了解了社会,也锻炼了实际工作的能力,对学生成长和未来发展很有意义。

历史学系鼓励学生走多样化的成才道路,2003级本科生刘默涵因其在社会工作方面的突出成绩,获得北京大学学生最高奖励——五四青年奖章。有7名本

科生进行了校级学生科研三个项目、六个课题的研究,两篇论文入选北京大学"校长基金"、"泰兆基金"优秀论文。

在研究生培养方面,历史学系在下半年重新制定了中国古代史、中国近现代史、世界史、历史地理学、专门史五个二级学科的15个培养方案,包括硕士、博士和硕、博连读及直接攻读博士学位方案。同时对推荐免试研究生材料的审查和面试,各专家复试小组人数的确定,直博生的遴选办法等都作了重新规定。从培养方案入手,进一步规范研究生的免试推荐和培养工作,这对保证研究生招生和培养质量将发挥重要作用。

【科研与学术活动】 承担各类科研项目58项,李孝聪"中国古地图的调查、整理与研究"、邓小南"中国中古时期的文书传递与信息沟通"入选教育部人文社会科学重点研究基地重大项目。出版各类著作34部,发表论文193篇,获科研成果奖14项。彭小瑜《教会法研究:历史与理论》、阎步克《品位与职位——秦汉魏晋南北朝官阶制度研究》均获得第四届中国高等学校人文社会科学研究优秀成果奖二等奖。邓小南编辑的《邓广铭全集》获北京市第九届哲学社会科学优秀成果奖特等奖,梁志明等《东亚的历史巨变与重新崛起:东亚现代化进程研究》获二等奖,后者还获北京大学第十届人文社会科学研究优秀成果奖一等奖。朱凤瀚《商周家族形态研究》获第八届天津市优秀图书奖一等奖。王小甫《契丹建国与回鹘文化》获国家民委首届(2000—2005年)社会科学研究成果奖二等奖。徐凯教授等主编的《清代外务部中奥关系档案精选》获中国档案学会2006年一等奖,《京师大学堂档案选编》获中国档案学会2006年二等奖。刘浦江《契丹名、字初释——文化人类学视野下的父子连名制》、辛德勇《阴山高阙与阳山高阙辨析》、王立新《意识形态与美国对华政策——以艾奇逊和"承认问题"为中心的再研究》、徐健《近代普鲁士官僚制度研究》等论著获北京大学第十届人文社会科学优秀研究成果奖二等奖。

共主办学术会议4次,合办4次,其中国际会议4次。尤其是在11月,历史学系成功举办了北京论坛"文明的演进:近现代东方与西方的历史经验"史学分论坛。参加这次分论坛的国际学者地位都很高,有美国耶鲁大学荣誉讲座教授、全美史学会前会长、美国人文与科学院院士史景迁,英国皇家历史学会副主席、英国历史协会前主席、爱丁堡大学历史学教授狄金森,哈佛大学讲座教授、美国人文与科学院院士、全美史学会前会长、当代最杰出的国际史学家入江昭,哈佛大学讲座教授暨文理学院院长、美国人文与科学院院士、费正清研究中心主任柯伟林等。发展中国家参会的学者也有很高地位和声望,如墨西哥参会学者曾是驻中国大使,埃及来的学者全部由驻中国使馆推荐。港、台与内地及历史学系参会学者也都是世界史和中外关系史领域的佼佼者。许多知名学者还为北大学生举行了"美国外交史研究的新动向"、"国际史的跨太平洋体系"、"人文视野下的史学"等7次讲座,使学生获益颇多。本次论坛不仅受到广泛赞誉,还收到高水平论文56篇,编辑成四册。

教师参加各类学术会议101人次,长短期出国出境访问讲学69人次。此外,还为近40名学生创造机会出境和出国学习考察,开阔了他们的眼界,增长了他们的知识。另外,历史学系邀请国内外学者来系讲学讲座67人次,其中长期访问的海外学者8人,短期访问的海外学者38人,接待欧盟前大使1名、美国历史学会前会长2名、世界一流大学教授23人,其中含有院士7人。

为促进学生之间的学术交流,激发学生对历史学研究的热情,提高学生的研究能力,营造良好的学术氛围,历史学系在12月举办了主题为"薪火相传,史学常新"的第三届北京大学历史学系学生史学论坛,系学术委员会主任阎步克教授作了"中国古代官阶"的主题报告,会场分组进行了研讨和交流。校内有关学科和北京师范大学、日本东京大学100多名学生参加,收到论文30余篇。本次学术节由研究生会、学生会自己筹备组织,系主管领导指导,10位中青年教师参加给予点评,收到了预期效果。

【党建工作】 本年度历史学系共有17个党支部,其中教工党支部7个,学生党支部10个。发展党员15人,其中研究生9人,本科生6人。预备党员转正17人,其中研究生4人,本科生13人。共有入党申请人71人,其中积极分子47人。为进一步规范入党申请人的培养工作,党委在4月份组织学生支部委员以上干部就发展工作进行专题研讨,并请三个这方面工作做得好的毕业班支部介绍了经验,通过了《关于发展对象联系人意见书写内容的规范要求》和《联系人工作的具体要求》,使各支部严格把握入党标准,为支部做好发展工作、保证发展质量进一步奠定了基础。

继续加强历史学系党委委员的学习和支部书记的培训工作。上半年,系党委组织教工和学生支部书记听全国政协委员王晓秋教授介绍两会情况和总理报告精神,并请系党委宣委、校史馆副馆长郭卫东教授介绍他对中央提出科学发展观的认识和体会。下半年,请学校党委宣传部部长、北京大学新闻发言人赵为民同志来给党委委员、支部书记和学生支部宣委作"十六届六中全会精神学习要点和

当前热点问题"的报告。带领学生支部书记到房山窦店乡和水头村进行参观、考察与培训。同时，积极组织支部和党委活动的立项工作，由于论证充分，党委和支部的八个活动项目都被学校批准。

此外，历史学系还努力开展对党员的教育。上半年，为了对学生党员进行"八荣八耻"教育，组织学生党员参观门头沟马栏村冀热察挺进军司令部旧址陈列馆和古迹山庄。下半年，组织学生党员参观长征胜利七十周年展览。各支部在组织党员参加活动、发挥党员作用方面做了大量工作。4—5月，党委倡议为患病的2005级本科生马亮亮献爱心，组织全系师生员工捐款，给予马亮亮各类校系助学金、困难补助以及募集捐款共计15万余元。广大师生还多次前往医院看望马亮亮，让马亮亮及家人充分体会到了来自历史学系大家庭和北京大学以及社会的关爱，北京大学校刊为此专门以"爱的温暖与力量"为题作了长篇报道。本年度，阎步克等四名同志被评为校级优秀共产党员。

考古文博学院

【学科建设】 2006年，在北京大学"211"、"985"的经费大力支持下，考古文博学院的教学、科研设施得到了较大的改善。教师队伍也进一步趋于年轻化。学院现在职教职员工共58人，教师37人（其中教授18人、副教授14人、讲师5人），教辅21人。2006年，学院聘岗48个，另有5个职员岗。

2006年，完成学院领导班子的交替。赵辉教授任院长，刘绪教授任学院党委书记，孙华、赵化成、吴小红教授任副院长，雷兴山副教授、金英任学院党委副书记。新成立的学院学术委员会注意相关单位、学科人员的参与，具体组成：主任孙华教授，副主任赵化成教授，委员赵辉、刘绪、王幼平、林梅村、牛大勇（北京大学历史系）、刘庆柱（中国社会科学院考古研究所）、吴小红等7位教授。

随着学科的发展及单位人事的变更，学院内部结构需要相应调整。上半年始，学院领导通过召开各种形式的座谈会和分别谈话，就考古文博学院的发展和结构调整广泛征求意见。目前，已正式实施。

【教学与培训工作】 2006年毕业本科人数共29人，考古、博物馆专业16人，文物建筑专业13人。2006年毕业的硕士研究生21人；毕业的博士生2人。

2006年下半年，汉唐教研室恢复了田野考古发掘实习，带2004级本科生及部分硕士研究生到甘肃礼县大堡子山遗址实习。此次实习发掘成果入选2006年全国十大考古新发现。

考古文博学院先后举办了2个培训班。5月21日—6月30日，受捐助方香港新鸿基地产郭氏基金委托，举办"新世纪文化遗产管理与保护培训班"（全脱产）。学员32人，主要来自内蒙古、四川、安徽、河北、宁夏、甘肃、青海、云南等地。这是我校为申请联合国教科文组织"世界遗产保护研究与培训中心"的一个举措。8月26日—9月30日，又举办"全国省级文物局局（处）长岗位培训班"（全脱产）。学员22人，主要来自北京、天津、东北三省、四川、武汉、长沙、西宁、苏州、香港等地。培训班效果良好，也加强了我院与各省考古机构的联系。

此外，学院还尝试开展公众考古教育活动，举办了一期培训班，进行文物考古普及教育。现场参观、考察考古工地和博物馆，实现近距离接触考古现场与实物。

【科研工作】 科研机构：考古文博学院现有5个科研机构——陶瓷考古研究所（所长权奎山教授）、震旦古代文明研究中心（所长李伯谦教授）、宗教考古研究所（所长宿白教授）、中国古代玉器暨玉文化研究中心（主任赵朝洪教授）、中国考古学研究中心（主任徐天进教授）。

科研课题：

课题立项：2006年，学院承担了科技部"十一五"重大科研项目"中华文明探源"的部分课题。其内容涉及黄河流域多区域的考古调查及测年，三年完成。科研经费约400万元。

赵朝洪教授主持的"东胡林人及其文化研究"获北京市哲学社会科学"十一五"规划重点项目立项。

国家社科基金项目立项2项：李崇峰教授负责的一般项目"龙门石窟擂鼓台区考古报告"及韦正讲师负责的青年项目"六朝墓葬的考古学研究"。

学院与日本金泽大学合作，在浙江开展良渚文化木器研究。又与中国台湾中央研究院历史语言研究所合作，在江西进行考古调查与发掘工作。

通过结项验收的课题6个，其中：

国家文物局课题4个。周双林副教授主持的"非水分散乳液研究及在潮湿土遗址保护中"（合同号200233）应用课题；王幼平教授主持的"织机洞遗址古人类活动及年代学与环境背景的研究"（合同号2001003）；宋向光副教授主持的"中国私立博物馆管理与发展"（合同号2001004）；吴小红教授主持的"良渚文化与大汶口文化关系——利用多学科对江苏北部史前文化遗存的新探索"（合同号 2001028）等4项课题已通过结项验收。

"中国考古学研究中心"教育部人文社科重点课题研究结项2个。严文明、赵辉教授主持的"聚落演变与早期文明"（项目批准号

2000ZDXM780001 结项号 05JJD0035);马世长、李崇峰教授负责的"响堂山石窟(上)——六世纪中原中心石窟群研究"(项目批准号 2000DXM780002 结项号 05JJD0014)。

学院部分教师承担的"中华文明探源工程"预研究课题通过验收。

分别就北京东胡林、河南登封王城岗、河南邓州八里岗、山东淄博田旺、陕西周原和周公庙、山西晋侯墓地、北京琉璃河、江西景德镇明代御窑、甘肃礼县大堡子山等遗址进行调查与发掘;同时,还对安徽寿春城、江西景德镇窑、贵州赫章县可乐等遗址进行保护规划的设计工作。

李水城教授与美国加州大学洛杉矶分校及四川、重庆文物单位合作,开展盐业考古调查,并出版了中国第一本《盐业考古》专门报告,开展了新的研究领域。

王幼平教授专著《中国远古人类文化的源流》分别获得北京大学第十届人文社会科学研究优秀成果奖一等奖、北京市第九届哲学社会科学优秀成果奖二等奖;

秦大树教授论文《宋代丧葬习俗的变革及其体现的社会意义》获北京大学第十届人文社会科学研究优秀奖二等奖;

李崇峰教授专著《中印佛教石窟寺比较研究——以塔庙窟为中心》获中华人民共和国教育部三等奖;

"甘肃礼县大堡子山遗址"入选国家文物局 2006 年全国十大考古新发现。该课题是由北京大学考古文博学院、甘肃省文物考古研究所、甘肃省文物局、陕西省文物考古研究所、中国国家博物馆、西北大学考古文博学院共同参与的。

【对外交流】 2006年,考古文博学院教师出访 7 人,国外考察 1 人,分别赴美国、德国、日本、巴基斯坦、法国、蒙古、肯尼亚等国。李水城教授先后赴英国剑桥大学、德国图宾根大学参加国际会议,分别提交论文"中国战车和马的研究历史和现状:考古学的证据"、"四川盆地盐业考古的比较观察"。此外,有 4 人先后赴香港、澳门访问考察。

4月17—20日,由中国文化遗产保护与考古学研究国际中心(1CCHA)、北京大学考古文博学院以及中国考古学研究中心联合主办的"从考古学理念到实践——田野考古的教学、培训与实践"国际学术讨论会在北京大学召开。这是国内首次就田野考古教学和培训召开的国际学术讨论会。参加人数共 60 人(中国 39 人,国外 21 人),提交论文 40 篇。伦敦大学学院考古学院院长申南(Stephen Shennan)教授和我院院长赵辉教授分别做了以"从理念到实践"和"北京大学的田野考古教学实习——历史与现状"为题的主题讲演。与会代表来自国内的 10 所大学(包括香港中文大学)和 3 个科研机构,以及 15 个国家。会议代表就"科学技术在田野考古学教学中的位置与应用"、"田野考古教学培训的评价"、"田野考古培训中的重要综合问题"、"影响田野考古教学培训的其他因素"、"田野考古中的国家传统"和"公众与考古学"等议题进行深入研讨;会议还专场讨论了中国及国外各高校和科研机构的田野教学计划及课程设置问题。

依照国际合作部下发的"2006年考古文博学院聘请外籍教师普通项目计划",考古文博学院、中国考古学研究中心聘请了短期外籍教师 1 人(原计划邀请 3—4 人,其他国外专家因为机票费用等问题未落实,未能如期来校讲学及学术交流活动),于 2006 年 9 月 10—14 日来访。所聘 Tamara Mitina 教授是俄罗斯圣彼得堡 MUXINA 美术学院古画修复系著名学者和专业油画修复师,俄罗斯莫斯科 Grabar'美术学院古画修复中心客座教授。TamaraMitina 教授长期从事油画的保护和修复工作。其讲学内容为:"从木板圣像画的保护谈油画保护中的几个问题"。古代书画的文物保护工作是考古文博学院文物保护专业较新开展的一个研究领域。近 80 人参加了讲座。

哲学系(宗教系)

【发展概况】 哲学系现有教职工 75 人。其中,教师 64 人:教授 32 人,副教授 30 人,讲师 4 人,其中博士 47 人,硕士 12 人,本科 6 人。行政 7 人:副研究员 2 人,助理研究员 1 人,讲师 1 人,其中硕士 3 人,本科 2 人。资料 2 人:副研究馆员,均为本科。离退休人员 61 人。在站博士后 11 人。挂靠单位儒藏编纂中心 5 人。

【师资队伍建设】 本年,新补充两名教师,分别是外国哲学博士后先刚、宗教学博士后吴飞,这两名博士后分别毕业于德国图宾根大学和美国哈佛大学,他们专业基础扎实,受过良好的学术训练,知识面宽,同时热心学术,团结同志,为人谦虚,有望成长为哲学系的学术骨干。挂靠单位儒藏编纂中心新录用 1 名行政人员杨韶蓉、1 名博士李峻岫。杨武栓、童翠兰于 7 月退休。

哲学系新招收 4 名博士后,分别是外国哲学刘素民(1月进站)、中国哲学张卫红(7月进站)、外国哲学刘哲(10月进站)、伦理学温海明(10月进站)。4 名博士后出站,分别是中国哲学孙熙国(6月出站,任北京大学马克思主义学院教授)、中国哲学徐清祥(6月出站,任江西师范大学副教授)、外国哲学先刚(12月出站,留哲学系任

教)、宗教学吴飞(12月出站,留哲学系任教)。博士后吴飞、刘素民分别获得第三十九批中国博士后科学基金一等和二等资助金。

章启群、刘华杰晋升为教授,徐龙飞晋升为副教授。

张祥龙于9月被授予北京市优秀教师称号。

2位教授被授予名誉博士学位。汤一介于7月28日被日本关西大学授予"科学与文化荣誉博士"博士学位,以表彰他对中国传统文化研究的突出贡献;楼宇烈于11月23日被韩国圆光大学授予名誉哲学博士学位,以表彰他对佛教学术研究所作的重要贡献。这体现了北京大学哲学系教师在学术界的地位。

赵常林因病于5月3日14时在北京海淀医院逝世,享年69岁。

【教学工作】 哲学系录取本科新生47人(含2名香港生、6名留学生),共有39人毕业并被授予哲学学士学位,外系修读哲学双学位并取得哲学学士学位的有11人。录取硕士生56人(含2名留学生),博士生49人(含7名留学生)。通过硕士学位论文的共有56人,通过博士学位论文的共有39人,有2人获得校级优秀博士论文。

本年是北京大学本科教学改革大讨论之年,哲学系对此予以高度重视。3月成立了以系主任赵敦华为组长的"哲学系教学改革讨论领导小组",4月14日召开了全系规模的本科教学工作研讨会。在完成四十年系友调查的基础上,结合系党政班子小规模的讨论,6月向学校提交了初步调研报告。下半年,哲学系教师、本科生响应学校的号召,11月九个教研室、四个年级本科生分别讨论,最终形成了哲学系本科教学改革的总体报告。这份报告明确提出:哲学系本科教学的改革与发展,既要继承自身的学术传统,又要吸纳新时代的思想资源,坚定不移地以创新人才培养为目标,继续引领中国哲学教育的变革与发展。为此,哲学系的本科教学,一要坚持哲学专业教育和哲学素质教育相结合的办学思路;二要明确双轨并重的人才培养目标,同时培养引领时代的哲学家与高素质的复合型人才;三要以课程建设为中心,构建创新型人才培养的软环境。

结合本科教学改革讨论,哲学系对2003版本科教学计划略做调整,秋季开始对2006级新生实行新版教学计划,进一步完善了课程结构与培养方案。为了培养哲学系本科生的国际化视野,提高他们的英语交流能力,秋季开设了两门听说读写、考试全部采用英语的专业课程,虽然选课同学不多,但在本科生中间引起震动,为今后的双语教学积累了宝贵的经验。

哲学系的教材建设取得可喜的成绩,有11部教材被列入国家"十一五规划项目",有2部教材被评为"北京市精品教材",还有1部教材得到学校的立项。

【科研工作】 2006年,哲学系教师(含博士后)共发表学术专著24部、译著5部、主编10部(含系列丛书),发表学术论文200余篇。目前在研各种项目46项。另外哲学系编辑的《哲学门》、《外国哲学》两本学术刊物正常出版,得到国内外学术界的充分肯定。

哲学系2006年出版的著作有:

王东的《马克思学新奠基——马克思哲学新解读的方法论导言》;仰海峰的《形而上学批判——马克思哲学的理论前提及当代效应》;陈来的《传统与现代》、《古代思想文化的世界——春秋时代的宗教、伦理与社会思想》(繁体字本);胡军的《知识论》;张学智的《心学论集》;孙熙国的《先秦哲学的意蕴:中国哲学早期重要概念研究》;赵敦华的《赵敦华讲波普尔》、《回到思想的本源:中西哲学与马克思哲学的对话》;叶闯的《理解的条件》;韩林合的《虚己以游世》;刘壮虎的《批判性思维教程》(第二作者);陈少峰的《伦理学研究》(第二作者)、《文化产业战略与商业模式》;程炼的《思想与论证》;徐向东的《道德哲学与实践理性》、《怀疑论、知识与辩护》;朱良志的《妙语的审美考察》、《中国美学十五讲》;章启群的《今天是什么么?——用哲学的语言说》;彭锋的《引进与变异——西方美学在中国》;姚卫群的《印度宗教哲学概论》;徐凤林的《俄罗斯宗教哲学》;吴国盛的《时间的观念》;等等。

胡军主编的《探索真善美》;杜小真主编的《法兰西院士丛书》、《当代法国思想文化译丛》;陈波主编的《国外经典哲学教材系列》;邢滔滔主编的《宗教哲学经典选读》;戴兆国主编的《社会科学基础》;张志刚主编的《跨文化思想者文库》;冀建中主编的《汉宋易学解读》、《现代周易解读》、《信仰的危机》;任定成主编的《科学元典丛书》、《科学名著赏析(丛书)》、《科学人文读本(第三版)》;等等。

尚新建等译的《设计论证——卢梭的〈社会契约论〉》;陈波译的教学辅导书《逻辑学导论(第二版)》;彭锋等译的《社会、经济和哲学——波兰尼文选》;吴国盛译的《自然的观念》;苏贤贵译的《历史上的书籍与科学》;等等。

哲学系本年在科研方面获得了以下奖项:第四届中国高校人文社会科学研究优秀成果奖二等奖2项,叶朗主编的《中国历代美学文库》、张志刚的《宗教哲学研究——当代观念、关键环节及其方法论批判》,三等奖2项,陈来的《诠释与重建——王船山的哲学精神》、黄楠森主编的《人学理论与历史(三卷本)》;北京市第九届哲学社会科学优秀成果奖一等奖1项,靳希平的《19世纪德国非主流哲学:现象学的史前史札记》,二等

奖2项,仰海峰的《走向后马克思:从生产之镜到符号之镜——早期鲍德里亚思想的文本学解读》、陈波的《逻辑哲学研究》;以及北京大学第十届人文社会科学研究优秀成果奖一等奖3项、二等奖4项。

在科研项目方面,哲学系教师申请到了四项省部级项目,分别是:吴国盛申请的教育部基地重大项目"西方自然哲学研究"、靳希平申请的教育部基地重大项目"西方形而上学史:现当代部分"、聂锦芳申请的北京市十一五规划项目"马克思的'新哲学':原型与流变"、仰海峰申请的北京市十一五规划项目"后马克思主义研究"。

【学科建设】 1月11—12日,哲学系召开了学科建设讨论会,全体教职员工参加,主管副校长张国有教授也出席。会议分析了哲学系的学科建设和人才队伍现状,与国内重点大学哲学系和国际知名哲学系进行了对比分析,通过分析,知道了北大哲学系的优势和劣势。会议气氛热烈,通过坦诚的交流,大家凝聚了共识,明确了北京大学哲学系今后学科建设和师资队伍发展的目标。

为了便于师生利于网络资源,哲学系还建立了北京大学图书馆哲学分馆的网站,收集了许多电子资源以供大家利用。

2006年是哲学系科学与社会研究中心成立20周年,庆祝活动于12月23日在北京大学举行。中心成立20周年来,在学科建设、人才培养方面取得了很大成绩。

为了促进学科建设,哲学系鼓励各个二级学科展开学术交流,目前已经开设了三个哲学论坛:21世纪哲学创新论坛(以马克思主义哲学专业为主体,已举办20次),主题有马克思学、马克思主义经典作家研究、党和国家政策如构建和谐社会研究,等等。西方哲学论坛(以外国哲学专业为主体,已举办5次),以广大师生关注的热点思潮为主题,同时引领广大师生关注哲学史上的经典;北大科技史与科技哲学论坛(以科学技术史及科学技术哲学专业为主体,已举办25次),研讨国家的科技和产业政策,跟踪学科前沿。这些活动,极大地促进了学科发展,也加强了学科间的横向交流,比如科技史与科技哲学论坛就邀请中国哲学、西方哲学、美学等方面的专家进行主讲,对师生开阔视野具有积极意义。

【学术交流】 本年哲学系教师有50人次出国出境开会、讲学和访问,学生有21人次出国出境开会、学习和访问,有10名学生出国出境长期进修、学习。来哲学系开设讲座、交流的国内外专家有34人,这些讲座大多涉及学科前沿,开阔了师生的学术视野。著名的有:美国哈佛大学教授、哈佛燕京学社社长杜维明先后于11月1日和12月28日来北京大学演讲"从新轴心时代看对话文明与求同存异"和"儒家价值与大学理念",美国杜威中心主任Larry Hickman演讲"Pragmatism, Technology, and Truth in the Work of John Dewey",香港法住学会会长霍韬晦讲演"'平等'观念与中西哲学",现任国际美学协会主席Heinz Paetzold讲演"Topicality and Obsolescence of the Neomarxist Aesthetics",等等。夏威夷大学教授、著名比较哲学专家安乐哲还开设了英文比较哲学课程,选课学生既受到了英语训练,又受到了专业训练,效果非常好。

为了活跃学术气氛,哲学系还积极主办各种学术会议,先后召开了"第二届分析哲学讨论会"、"语言哲学国际研讨会"、"中世纪哲学国际研讨会"、"科学与宗教学术讨论会"、"2006回佛对谈:宗教生死观"、"孙中山思想与海峡两岸民生问题学术研讨会"、"中央实施马克思主义理论研究和建设工程哲学组学术研讨会"、"佛教与和谐世界国际学术研讨会"、"心与中韩佛教国际学术研讨会"、"马克思主义哲学体系创新与马克思主义哲学史研究——庆贺黄楠森先生八五华诞"学术研讨会,等等。

积极开展对外办学。北大—欧洲中国研究合作中心(ECCS)的图宾根大学、哥本哈根大学、法兰克福大学、维尔斯堡大学等校先后派三百多名学生来哲学系学习中国哲学、历史、文化等课程,今年继续派出了一百余名学生来哲学系学习。

【党建工作】 1.基本情况。哲学系现有党员262人,党支部16个,其中教工支部7个,学生支部9个,离退休同志与在职人员混合组建党支部。

本年,哲学系党委顺利进行了换届工作,丰子义任书记,束鸿俊任副书记,于晓凤、王骏、叶闾、邢滔滔、杨立华、张秀成、尚新建任党委委员。

本年哲学系党委共发展党员26人,党员转正17名。

下半年进行了支部换届工作。

2.哲学系党委以邓小平理论和"三个代表"重要思想为指导,认真贯彻落实党的十六届五中全会和六中全会精神、上级党委有关工作的要求,以落实《北京普通高等学校党建和思想政治工作基本标准》为抓手,积极对照《检查手册》,认真落实相关工作;充分调动广大党员的积极性,通过自查和检查,认真查找、分析工作中的薄弱环节,改进工作,加强建设,以评促建,以评促改,评建结合。认真组织党员学习《江泽民文选》,以王选和孟二冬为榜样,认真做好教书育人工作。

3.党课培训:积极组织入党积极分子参加党课培训和学习,参加党性教育读书班有34人,参加积极分子培训班有44人。

【学生工作】 1.认真做好组织建设工作,积极探索理论学习新形

式。在日常组织建设工作中，哲学系学生工作办公室积极抓好党团支部建设，通过强调组织纪律、创新活动形式来保障党团组织生活和有关活动的顺利开展。首先，严格要求团组织生活的纪律性，除系团委定期会议外，每个团支部都要定期组织支部及团员大会，积极听取同学意见，规划支部活动，让所有团员从思想意识上和行为习惯上体现组织纪律性，进行自我严格要求。其次，哲学系还把抓好党日和团日活动作为思想政治工作的一个重要环节，力求活动形式的创新，将理论学习贯穿于现实生活当中，用生动的事例代替一般的说教形式，采取参观首都博物馆、革命旧址、重走革命路、观看影片、参观"纪念长征胜利70周年展览"等丰富多样的形式，还组织党员和积极分子参加"构建社会主义和谐社会若干经济问题"形势报告会、"哲学与人生"指导讲座，让组织生活变得丰富多彩，让同学们充分感受到了理论学习课堂之外的另一个天地。

一年来，哲学系各个支部先后参加了六次团日活动，在每次团日活动的总结评比中都获得名次和奖励，在上学期的基层团支部的风采展演活动中，2005本科团支部还获得了团体二等奖的好成绩。在上半年的表彰中有两个支部荣获"优秀团支部"奖，2004本科支部还荣获"北京市先锋杯团支部"的称号。

2. 做好理论宣传教育阵地建设，创建学生思想交流平台和信息交流渠道

《共青苑》和《学园》是哲学系两大学生刊物，前者以本科生为主，侧重抒发感想、交流思想，同时也是学生们了解学生工作的窗口；后者主要是研究生的学术园地。新的学年两个刊物都刊出新的一期。通过多年来的积累，两个学生刊物不仅保持了质量上的上乘，而且在本系学生中培养了一批"写手"，成为同学们学习与生活的代言人，起到了很好的交流作用，并带动文科学生课余积极进行写作的良好风气。

由于网络交流的迅速发展，哲学系学工办充分利用网络上的交流手段，将各类活动放到了BBS上，让同学们进行充分讨论和关注，从而提高了各项工作的参与度和工作效率。本学期，系团委再次组织人力对本系网站中开辟的学生园地重新进行了内容和形式上的革新，进一步扩大了其内容领域和提高更新速度，使其真正成为同学们的网上家园。

3. 倡导并组织学生参加各类活动，以促使他们增强集体观念和集体荣誉感

在培养学生方面，哲学系从德智体美四个方面对学生全面要求，鼓励学生在认真学好书本知识的同时，积极参与社会实践，为自己全面成才创造条件。除认真组织学生参加学工部举行的各种活动外，还组织学生积极参加其他各种竞赛活动，以使他们增强集体观念和集体荣誉感。如本年度组织学生参加了校志愿者团队评比、北大先锋杯辩论赛、新生文艺汇演、运动会、秋游以及各类文体类赛事，体现出哲学系学生团结向上的精神风貌。

为使哲学系学生更快地进入到专业学习中并提高全面的素质，鼓励学生独立思考，把学生的成长成才与专业学习相结合，本年度哲学系继续组织"爱智杯"征文活动，并举办了系列学术沙龙活动、"志愿奥运"系列活动，分别在课外学术活动和服务社会的实践活动中引导学生的健康成长。作为将学生们课内学习与课外实践活动有机结合的尝试，取得了很大成功。

4. 开展主题活动，进行教育与自我教育

本年度哲学系分别在4—5月份和11月份推出"社会·文化·心灵"，这也是哲学系成长成才活动的重要内容。

5. 积极组织各类文体活动，丰富学生课余文化生活

扫盲舞会、各类球类比赛以及新年联欢会是哲学系坚持每年举办的文体类活动，并在新的学年里增加新的活动内容和形式，使之有效地发挥了团结同学、增进集体凝聚力的重要作用。

2005级硕士生唐亚刚当选为北京大学研究生会主席，2003级本科生李婷婷当选为北京大学学生会第一副主席。

【中央实施马克思主义理论研究和建设工程哲学组学术研讨会】 11月18日上午，"中央实施马克思主义理论研究和建设工程哲学组学术研讨会"在北京大学举行。教育部副部长袁贵仁、北京大学党委书记闵维方，哲学组首席专家、中央党校原副校长杨春贵，首席专家、中国社科院哲学所所长李景源，武汉大学原校长陶德麟，北京大学哲学系主任赵敦华以及来自国内重点高校的专家等出席会议。北京大学党委副书记杨河主持了开幕式。教育部副部长袁贵仁介绍了"工程"的进展情况。两年多来，专家们从编写提纲、形成写作要点到具体内容的写作，经过了许多次的研讨和修改。这次会议标志着"工程"的工作进入到第四阶段，即修改阶段。专家们对教材的内容与修改要求，进行了更为具体而详细的讨论。

【庆贺黄楠森先生八五华诞学术研讨会】 12月9日，"马克思主义哲学体系创新与马克思主义哲学史研究——庆贺黄楠森先生八五华诞"学术研讨会在北京大学哲学系召开。来自中央党校、中央编译局、中国社会科学院、北京大学、中国人民大学、北京师范大学、中国政法大学等高等院校和科研单位的领导、专家和学者以及《光明日

报》《哲学研究》《北京大学学报》等学术媒体共50余人参加了会议。黄楠森先生是当代中国著名的马克思主义哲学家,他的主要研究领域是马克思主义哲学史、马克思主义哲学原理、人学、文化学等几个方面。与会领导、专家和学者对于黄楠森先生的85华诞和此次学术研讨会的召开表示衷心祝贺,并且高度赞扬了黄楠森先生在学术研究领域所做出的贡献以及黄先生的为人之道和高尚师德。在会上,黄楠森先生就马克思主义哲学体系创新的必要性、关键问题以及创新原则等方面内容作了报告。与会专家和学者围绕马克思主义哲学体系创新中的中、西、马哲学融合问题、马克思主义哲学体系创新的突破口和生长点问题、马克思主义哲学史研究中的文本研究问题、马克思主义哲学史教材的写作问题等等方面展开了生动而深入的讨论。

【科学与社会研究中心成立二十周年纪念】 北京大学科学与社会研究中心成立20周年庆祝活动于12月23日在北京大学图书馆北配楼举行。上午举行了隆重的庆典,来自科技史与科技哲学学科同行、中心校友、中心在校学生共150多人参加了庆典。大家回顾了过去创业之艰难、成果之丰硕,对中心的未来发展提出了希望和要求。庆典由中心副主任吴国盛主持。下午在承泽园科学与社会研究中心两个报告厅举行了两场学术研讨会。中心校友与来宾以"科学—人文—社会"为主题畅所欲言,洋溢着浓郁的师生亲情。而来自全国各地的科技哲学博士点负责人以"新世纪的中国科技哲学"为主题,介绍了各自博士点的建设经验和存在的问题,就学科建设问题进行了研讨,许多人表达了成立一个科技哲学博士点论坛,从而能够定期的研讨学科建设问题的愿望。中心20周年庆祝活动取得圆满成功。

【孙中山思想与海峡两岸民生问题学术研讨会】 在孙中山诞生140年前夕,由北京大学哲学系主办,台湾极忠文教基金会、孙文学术思想研究交流基金会协办的"孙中山思想与海峡两岸民生问题学术研讨会"于11月8日至11日在香山饭店举行。来自海峡两岸的60名代表参加会议。会议于9日上午举行开幕式。著名经济学家林毅夫作了主题发言。在两天半的时间里,与会代表围绕孙中山思想的意义和经济、社会发展、环境保护、农村建设、教育、医保社保等等问题展开分研讨。11日下午,代表们到香山碧云寺拜谒孙中山衣冠冢。

【世界新宗教国际学术研讨会】 为增进中日韩宗教学界的相互交流,深入探讨东亚文化背景下的各种现代新宗教的基本特征,北京大学东亚学研究中心、韩国新宗教学会、北京大学宗教研究所共同主持下,于8月12日在北京大学百周年纪念大讲堂202会议室召开了"东亚社会变革与新宗教"为主题的学术研讨会。本次会议共有中日韩学者及包括国务院宗教事务局等相关部门的官员和研究人员60余人。本届研讨会特别邀请了中日韩宗教学界知名学者发表了相关研究论文,达到了深入探讨新宗教相关的学术问题,增进学者之间相互了解和交流的预期目标,也产生了良好的社会影响。本次研讨会上所发表的北京大学楼宇烈教授的"世界新宗教研究的理论价值与现实意义"、韩国黄善明教授的"东亚新宗教运动的历史性格与变容"、日本学者佐佐允昭教授的"对战前大本教与道院·世界万字教的联合运动的研究"等论文得到了与会学者们的高度评价,社会科学院《世界宗教研究》杂志(2006年第四期)和《中国民族报/宗教周刊》(2006年9月7日),都发表了有关本次会议的综述和相关报道,给予了很高的评价,本次学会得到了学界和社会的良好反响。

【《圆佛教教典》(中文版)出版纪念学术研讨会】 圆佛教是现代韩国社会中影响广泛的新宗教团体。为深入了解韩国社会的宗教状况及其未来走向,北京大学哲学系翻译并出版(宗教文化出版社)了《圆佛教教典》。为增进中韩两国学术界的相互了解,深入探讨东亚文化背景下的各种新宗教的基本特点,北京大学宗教文化研究所和韩国圆佛教学会共同主持下,于8月24—25日在北京大学百周年纪念大讲堂202会议室召开了本届学术研讨会,会议参加代表共60余人。本届研讨会特别邀请了中韩两国的知名学者发表了相关研究论文,达到了深入探讨新宗教相关的学术问题,增进相互了解和的预期目标。本次研讨会上所发表的北京大学楼宇烈教授的"韩国圆佛教的现代意义"、中国人民大学的方立天教授的"四恩思想与世界和谐"等论文得到了学者们的高度评价,方立天教授的论文还全文转载于《中国民族报/宗教周刊》(2006年9月7日),得到了学界和社会的良好反响。

【"佛教与和谐世界"国际学术研讨会】 北京大学宗教学系与加拿大英属哥伦比亚大学亚洲研究系,11月24—25日联合主办了"佛教与和谐世界"国际学术研讨会,约有80位代表出席会议。会议从历史的、理论的和实践的视野,分别讨论佛教从印度到中国、东亚,乃至世界的传播脉络及其现实意义。著名学者黄心川、方立天、杨曾文等到会致辞,中国佛教协会副会长学诚法师,国家宗教局副司长裴勇等也分别致辞。本次会议正式代表中方代表团14人,外方代表团14人。中方代表团由北京大学、中国社会科学院宗教所、哲学所、清华大学、北京师范大学等校学者

组成;外方代表团由加拿大英属哥伦比亚大学、美国耶鲁大学、加州柏克利大学、密歇根大学、弗吉尼亚大学、英国布里斯托大学等校学者组成。北京地区还有40多位佛教学者应邀参加会议。北京大学、中国人民大学等校的专业研究生也列席本次会议。

【"社会·文化·心灵"哲学文化节】 哲学系团委和学生会举办了系列论坛和系列精品讲座活动。系列论坛共举办四场,分别以"对'现代性'的反思和超越"、"叔本华与尼采"、"思辨与生命"和"博物学的当代意义"为题,论及现代与后现代哲学、西方哲学、中国哲学和科学哲学等不同学科的思想,集中反映了当下哲学界的最新思想精神,以此普及哲学对大学生的教育作用,给广大同学带来无尽的精神享受和情操陶冶。系列论坛共邀请了张祥龙、韩水法、吴国盛、王博等十四位中青年学者,吸引了近两千名同学前来参加,营造了浓厚的校园学术氛围,成为校园文化最具人气的景观之一。讲座则邀请了几位深受学生欢迎的中青年学者,讲述他们的人生,引导学生们如何度过大学和青年的美好时代。两个系列活动均吸引了大批学生前来,同学反响强烈。同时,11月份哲学系研究生会还组织了"名家系列讲座",邀请外单位的著名学者就学术中的热点问题进行演讲,受到了同学们的广泛好评。

【首届首都高校哲学专业研究生学术论坛】 5月20日,哲学系组织了以"多元语境中的哲学教育与思想创新"为主题的论坛,本次论坛邀请了首都9所高校哲学专业研究生参加,该论坛旨在为首都高校及研究院(所)的哲学专业研究生们提供一个深入、集中的交流平台,增进了各校哲学专业研究生之间的学术对话与交流,促进了各校哲学学科的学术交流,对哲学专业研究生同学的培养可以起到良好的借鉴作用,也扩大了北大哲学系在各高校的影响。

【两岸高校研究生交流】 为了加强两岸研究生学术交流,11月20日至28日,台湾中国文化大学和高雄师范大学近20名师生来哲学系交流,除了举办了研究生论坛外,台湾朋友还参访了北京许多地方。此次访问加强了海峡两岸的文化了解与交流,使台湾学生对祖国大陆有了进一步的了解和认识,两岸的师生结下了深厚的友谊,标志着两岸学术交流的日益深化。该活动也受到了中华全国台湾同胞联谊会的高度关注。

国际关系学院

【发展概况】 国际关系学院发展的历史,见证了中国国际问题的教学和研究队伍不断壮大的进程。1960年北京大学重建政治学系。1964年,根据中共中央关于加强外国问题研究的批示,北大将政治学系更名为国际政治系,同时成立了亚非研究所,主要任务是培养国际政治问题的研究和应用人才。改革开放之后,国际政治学科得以蓬勃发展。1996年7月,在原国际政治系和国际关系研究所的基础上,正式成立了北京大学国际关系学院,由梁守德教授担任首任院长。这是国内综合性大学中建立最早的国际关系学院。1999年1月,国际关系学院与亚非研究所合二为一,确立了三系三所(即国际政治系、外交学与外事管理系、国际政治经济学系,国际关系研究所、亚非研究所、世界社会主义研究所)的新体制。1999年11月,中共中央政治局委员、国务院副总理钱其琛同志就任国际关系学院院长,给学院各项工作以极大的促进。2005年3月,学院行政班子换届,钱其琛同志担任名誉院长,继续关心和指导学院的工作。光阴荏苒,转瞬十载。学院成立以来,秉承原来各个系所的优良传统,在北大校领导的支持和全院师生的共同努力下,各方面的工作都迎来了一个快速发展的时期。

国际关系学院分支学科齐全,培养目标明确,目前拥有国内国际政治学科最齐全的本科专业、硕士点及博士点。现已开设本科生和研究生课程100多门,涉及国际政治、政治学理论、比较政治、国际政治经济学、地区和国别研究等众多领域,建立了培养多层次中外学生的综合课程体系。学院现有3个本科专业,即国际政治、外交学、国际政治经济学;7个硕士专业,即国际政治、国际关系、外交学、国际政治经济学、中外政治制度、中共党史、科学社会主义与国际共产主义运动;5个博士专业,即国际关系、国际政治、外交学、科学社会主义与国际共产主义运动、中外政治制度。其中国际政治、科社与国际共运是全国重点学科。此外,学院还与北大政府管理学院、马克思主义学院共同设立了政治学博士后科研流动站;开办了国际关系与对外事务的双学位。2006年秋季学期,学院有本科生584人,研究生342人,双学位生242人,共计1168人,其中外国留学生209人,占18%。

学院教师队伍的年龄结构和知识结构都比较理想,充满朝气。在现职52名教师中,有教授22人,副教授25人,讲师5人。其中获得博士学位的达到36人,占69%,有8位更分别取得了美国、加拿大、德国、法国、俄罗斯和日本名牌大学的博士学位。学院积极从海内外引进优秀人才,补充了新鲜血液,加快了知识创新和知识更新。

【教学工作】 在国际政治领域为中国和世界培养高质量、多层次的

人才,是国关学院一切工作的核心。现在,学院已经发展成为我国培养国际问题、外交以及涉外工作的专门人才的重要基地。据不完全统计,截至 2006 年,学院(及其前身)各个层次的毕业生迄今已达 5000 余人,他们活跃在国家的政治、经济、军事、外交、文化、教育等各条战线上,为国家的发展贡献着自己的聪明才智,成为各个单位的骨干力量。

2006 年以来,学院全面改革了研究生的招生、培养模式。首先,推进了研究生的奖助制度,学院设立了专向资金,向硕士、博士生按月提供学校规定数额的奖学金。其次,扩大了博士生指导教师的队伍,所有具有副教授以上职称的我院教师均可申请指导博士论文。最后,博士招生改为了按专业招生,各专业统一考试、统一录取,学生在入学一年、修满学分后,自主选择导师。

2006 年,学院结合学校统一部署及自己的实际情况,组织落实了博士生重点学科第二次评审及迎接本科生教学评估的工作。在重点学科评审中,我们原有的国际政治及科社与共运专业均以高分顺利通过,同时我们又重新整合力量,申请了外交学专业作为新的重点学科。

学院依据不同来源、层次学生的特点,坚持"全面育人"的方针,使全院学生的综合素质和能力不断得到提高。近年来,国关学院学生在校内外各种学术和社会文化活动中,都彰显了团队精神和凝聚力,体现出良好的素质和精神风貌,不断取得各种荣誉和奖励,其中包括全国优秀班集体、北京市优秀班集体、北京大学优秀社团等荣誉称号。由于学院的毕业生素质良好,知识面宽,就业形势一直很好。例如,在 2006 年外交部从北大招收的 24 名毕业生中,本院就占了 10 名,其中研究生 7 名,本科生 3 名。

根据学校的统一部署及我院的具体情况,学院将在 2007 年春全面修订从本科到博士层次的培养方案,将夯实基础、拓宽知识面、开阔学生视野的设想落到了实处。

【科研活动】 国际关系学院自成立以来,发挥学科门类齐全、人才资源丰厚的优势,取得了许多重大科研成果。仅最近五年,据不完全统计,学院就获得来自国家社科基金、教育部及其他部委、北京大学以及国际合作等各级各类项目共 67 项,含国家社科基金 12 项,省部级 31 项,国外基金项目 15 项。2006 年,学院获批 10 多项各类科研项目,其中由王缉思教授、牛军教授主持的"冷战时期美国重大外交政策研究"获批教育部重大项目,"争论中的人权与主权关系——对西方和非西方世界相关理论的比较研究"、"政治伊斯兰环境对新疆地区穆斯林族群意识和国家意识的影响"等课题获批国家社会科学基金项目,此外还有许多国家部委、基金会等委托的横向研究项目。

以科研为依托,学院的学者专家为党和国家的战略构想和决策贡献了才智。有的教师为中共中央政治局集体学习做过讲解,有的教师在全国政协和民主党派的活动中献计献策,有的教师参加过中央主要领导召集的咨询会议。学院很多学者接受国家决策部门和职能部门的委托,承担研究课题,为外交部、财政部、商务部、国务院新闻办、台办、侨办等部门提供政策咨询和智力支持。还有很多教师经常在国内外媒体和刊物上发表观点,从积极的方面影响舆论。

2001—2005 年,学院教师公开出版的学术论著和教材共达 124 种,其中获奖近 20 种,包括北京市哲学社会科学优秀成果特等奖。2006 年,据不完全统计,学院共出版各类论著 25 种(见表1),发表论文等各类文章近百篇。本年度,李义虎专著《国际格局论》获第四届中国高校人文社会科学研究优秀成果奖三等奖,罗艳华专著《国际关系中的主权与人权——对二者关系的多维透视》获北京大学第十届人文社会科学优秀成果二等奖,李安山主持的"中国少数民族华侨华人研究"课题获 2006 年国务院侨办课题研究优秀成果二等奖。

8月,学院院长王缉思教授领衔总主编的《中国学者看世界》(丛书)由香港和平图书有限公司出版。其内地版也由北京新世界出版社于年内推出。该丛书分《国际秩序卷》、《国家利益卷》、《大国战略卷》、《中国外交卷》、《国际安全卷》、《非传统安全卷》、《世界经济卷》、《全球治理卷》八卷,分别由秦亚青等八位著名学者担任主编。丛书荟萃了 180 多篇由大陆百余名学者近年来撰写的论文,全面展示了中国学者对当今世界政治经济大势以及中国与世界关系的研究成果与学术观点。该丛书的出版既为中国国际问题的研究和教学提供了一部权威性的学术资料,又为关心中国和平发展、学术进步以及外交政策的海内外广大读者贡献了一份思想的盛宴。

学院主办的《国际政治研究》季刊自 1980 年创刊(内部发行)以来,刊发了学院内外大量高质量的研究成果。2002 年起,该刊在国内外正式公开发行,学术影响日渐扩大。从 2006 年起,《国际政治研究》改版,加大约稿力度,组织专题讨论,从内容到形式都有了明显提高。

2006年国际关系学院出版著作统计

主要著作者	类别	著作名称	出版机构
安维华、钱雪梅	专著	《美国与"大中东"》	世界知识出版社
曹长盛	专著	《世界社会主义纵论》	当代世界出版社
陈志瑞等	译著	《埃德蒙·伯克读本》	中央编译出版社
陈志瑞等	主编	《开放的国际社会——国际关系研究中的英国学派》	北京大学出版社
方连庆、王炳元、刘金质	主编	《国际关系史(近代卷)》上下册	北京大学出版社
方连庆、王炳元、刘金质	主编	《国际关系史(战后卷)》上下册	北京大学出版社
耿引曾	合著	《印度与中国——两大文明的交往和激荡》	商务印书馆
李安山	主编	《非洲华侨华人社会史资料选辑》	香港社会科学出版社
李安山	主编	《中国华侨华人学——学科定位与研究展望》	北京大学出版社
李保平等	译著	《国家间政治——权力斗争与和平》第7版	北京大学出版社
李保平	主编	《亚非葡语国家发展研究》	世界知识出版社
李玉、梁云祥	主编	《文明视角下的中日关系》	香港社会科学出版社有限公司
梁云祥	译著	《全球社会和平学》	北京师范大学出版社
牛军	主编	《中国学者看世界·中国外交卷》	新世界出版社
潘维等	主编	《社会主义新农村建设的理论与实践》	中国经济出版社
王缉思	专著	《国际政治的理性思考》	北京大学出版社
王缉思等	主编	《北大国际论丛2006》	上海人民出版社
王缉思	总主编	《中国学者看世界》(丛书,繁体字版)	香港和平图书出版有限公司
王缉思	总主编	《中国学者看世界》(丛书,简体字版)	新世界出版社
王正毅	专著	《世界体系与国家兴衰》	北京大学出版社
杨保筠	主编	《北大亚太研究》	香港社会科学出版社有限公司
张光明	撰稿	《马克思画传》	华东师范大学出版社
张敏秋	主编	《跨越喜马拉雅障碍——中国寻求了解印度》	重庆出版社
周南京	主编	《印度尼西亚华侨华人研究》	香港社会科学出版社有限公司
周南京	著述	《周南京有话说:华侨华人研究辑录》	香港社会科学出版社有限公司

【对外交流与合作】 国际关系学院与世界上许多知名国际关系研究机构和专业院校建立了交流合作关系。我院频繁召开各种高水平的国际、国内学术研讨会,每年接待上百名海外政要、学者前来访问讲学,同时也派遣相当数量的教师、研究生和本科生赴海外讲学、进修或学习。近年来,我院吸收的外国留学生、台港澳学生和派出的教员、学生人数增加较快,生源和派出地区日益多元化。仅日本一个国家,同我们建立长期合作关系的就有早稻田大学、新潟大学、岛根大学、日本大学、成蹊大学、山梨学院大学等高等学府的有关学部。

学院积极拓展与海外著名高校在联合办学、培养学生方面的合作。在北大领导的大力支持下,由日本财团资助,本院与日本早稻田大学联合执行的中日联合培养项目,经过多年的发展和扩充,日臻成熟,运作良好。该项目包括本科生双学位计划、中日合作培养硕士生计划和双博士学位计划。同英国伦敦政治经济学院合作的国际关系"双硕士学位"的项目已经启动,并招收了第一批学生。学院与法国巴黎政治学院的本硕连读项目也自今年起开始招生。与美国康奈尔大学合作培养的"中国与亚太研究"项目的学生明年初即将到我院学习。这些项目为我院各级同学更深入地了解各国情况,提高外语能力,得到国外名校的学位,提供了可贵的机会。又由于这些项目均向校内其他院系开放,使得我院的学术影响得到了可观的提高。从2007年秋季学期开始,我们又将推行与日本东京大学的双硕士计划。

自2007年起,国家留学基金委资助重点高校、重点学科的博士生赴国外留学项目正式启动,我院每年可得到10个以上的名额。这样,连同我院的上述自主项目,我们的绝大多数博士生都可以在学习期间获得至少一年的留学机会。

2006年,在学院从事教学和科研工作的长期专家共计13名。这些外国专家的教学和科研工作,不仅提高了广大学生的外语水平,更增强了同学们在学习和研究方面的国际化水平,开阔了他们的视野,使他们观察和分析国际问题的角度更加丰富。2006年,先后有来自日本、韩国、中国台湾、新加坡、马来西亚、印度、瑞典、美国、英国、俄罗斯、法国、新西兰等国家和地区的约150位外国学者来学院座

谈、讲座或参加国际会议。除学院邀请并负责接待的学者外,另有顺访我院的外国学者和客人近百位。其中不乏政界名流和学术大家,如亨利·基辛格、彼得·卡赞斯坦等。

2006年度,据不完全统计,学院主办、与国内外其他学术机构共同举办或协办的各类主题学术研讨会10次。

6月28日,北京大学东北亚可持续发展与地区安全研究中心成立,国关学院院长王缉思和环境学院院长江家驷出任中心联合主任。

9月1日,俄中友好协会主席、俄罗斯科学院远东研究所所长季塔连科院士等一行三人访问学院,并与学院师生代表进行了学术讨论和交流。

9月18日,国际关系学院与意大利拉齐奥(Lazio)大区举行合作签字仪式,双方协议规定,意大利拉齐奥大区向国关学院提供4万欧元资助,国关学院为拉齐奥大区中小企业进入中国市场提供咨询。学院向兼职教授、意大利著名社会活动家、拉齐奥大区发展局主席、罗马大学教授瓦洛里颁发了"杰出贡献"证书。瓦洛里先生长期支持学院的教学科研事业,累计捐资超过1000万元人民币。

9月26日,北京大学国际关系学院"东北亚区域一体化研究中心"成立,日本著名金融家、Asset Managers株式会社董事局主席古川令治(Ryoji Furukawa)先生获聘学院兼职教授。国关学院"东北亚区域一体化研究中心"(Centre Northeast Asian Integration)是在地区内贸易、投资关系日益活跃、经济一体化加速和各国在功能性问题上合作扩大的背景下成立的,目标是成为国内相关学术研究和政策咨询的重要机构。日本Asset Managers株式会社及其在华合作伙伴中国海诚集团有限公司为中心提供经济资助。中心实行理事会领导下的主任负责制,首任理事长由王缉思教授兼任,古川令治教授任副理事长,中心首任主任为王正毅教授。

10月10日,美国前国务卿基辛格教授在学院秋林报告厅被授予北京大学名誉博士学位,并发表讲演。

11月3日,袁明教授在哈佛大学肯尼迪学院贝尔弗科学与国际关系研究中心(Belfer Center for Science and International Affairs)的"名人午餐讲坛"发表了题为"中国:一个负责任的国际利益攸关者"的演讲。

【十周年院庆】 2006年,国际关系学院迎来了建院十周年。经过紧张有序的筹备,9月17日,国际关系学院成立十周年庆典在学院新鸿基楼秋林报告厅隆重举行。来自社会各界的一百多位领导、嘉宾、校友与在校师生们欢聚一堂,共同庆祝学院十周岁的生日。

国际关系学院名誉院长、原中共中央政治局委员、国务院副总理钱其琛到会并致词。他认为今天的天下大事比人类历史上的任何时期都要纷繁复杂,中国的国内建设从未如此与国际环境密切相关。他勉励学院的师生们在学习书本知识之外能够贴近现实、重视实践,在研究外部世界的同时更加深刻地了解中国,成为中国与世界交流的思想桥梁。

蔡武同志以学院院友和国务院新闻办公室主任的双重身份表达了自己的感慨和喜悦之情。他认为,国际关系学院的师生们肩负着重要的历史使命,只有准确、完整地向世界介绍中国,我们才能够赢得世界人民的深切理解和牢固友谊,从而才能与世界人民一道共同致力于建设持久繁荣的和谐世界。

校党委书记闵维方同志在讲话中表达了他对国关学院的深切希望。他希望国关学院的师生以建院十周年为契机,继承和发扬北大的优良学风,培养符合当代对外交往和外交需要的优秀人才,早日建成世界一流的国际关系学院。

外交部部长李肇星同志发来了贺信。他在信中提到,中国的外交事业需要强有力的智力支持、一流的学术机构和优秀的外交人才,他希望北京大学国际关系学院能够不断发展壮大,更好地服务于中国乃至世界的和平与发展。

学院院长王缉思教授在讲话中回顾过去展望未来。他追述了学院及其前身北大国际政治系的发展历史。他还介绍了国际关系学院的学科体系、学院特色以及科研和办学成果。

到会致词的还有意大利著名社会活动家、北京大学国际关系学院客座教授姜·埃·瓦洛里先生,兄弟院系的代表、中国人民大学国际关系学院院长李景致教授。美国斯坦福大学教授、前美国国防部长威廉·佩里先生也出席了典礼。院庆活动取得了圆满成功。

作为学院院庆的重要组成部分,学院还组织了多场专题报告和系列学术讲座。

【党建工作】 (一)以"三个代表"重要思想为指导,以学习贯彻十六届五中、六中全会精神和保持党员先进性教育活动为契机,深入开展理论学习。

在理论学习方面,学院党委在完成上级党委的工作部署过程中,结合自身实际情况,开展形式丰富的学习教育活动,取得了良好的效果。学院党政领导班子能够坚持理论中心组的学习制度,结合理论与时事热点和重大问题进行主题发言或讨论。同时,学院领导班子按期召开民主生活会,班子成员主动进行批评与自我批评。

在保持党员先进性学习活动中,学院党委以"三个代表"重要思想为指导,紧密围绕创建世界一流大学的中心任务,认真开展学习动

员、分析评议和整改提高三个阶段的各项工作,切实把每个阶段各个环节的要求落到实处。2006年年初,在学习动员和分析评议的基础上,学院党委在全院师生党员中开展了整改提高阶段的工作。在整改提高阶段,院党政领导班子、各支部及党员个人本着"边学边改、边议边改、边整边改"的原则,合理制定整改方案和措施,切实确保先进性教育活动产生实效。与此同时,学院党委与各部门密切配合,在整个教育活动过程中,努力做到"两不误、两促进",保证其他工作有条不紊地进行。在先进性教育活动期间,我院发展学生党员24名,很多支部的积极分子全程参加了教育活动。

学院党委十分重视党员的理论学习工作。在入党积极分子的考察过程中,学院党委和各支部严格按照组织程序遴选积极分子参加初级、高级党校的学习,认真组织党校的各项学习讨论和读书交流,并吸纳入党积极分子参加保持党员先进性活动。同时,学院组织各种活动对各党支部支书进行党的理论培训,2006年秋,我院党委召开了年度支部书记培训会。

(二)坚持为人民服务的宗旨,将自身工作融入学院创建一流国际关系学院的事业中,结合学院特点,努力为全院师生服务。

学院党委领导班子充分发扬民主集中制的原则,通过每周一次的党政办公会认真落实"三重一大"制度和加强党风廉政建设。目前院党政领导班子人员整齐,年龄和知识结构较为合理,分工明确,配合默契。

在学院建设和发展目标方面,院党委与院行政一道,多次召开讨论会,制定学院发展的中长期规划。在党委中,有一名党委副书记兼任院综合办公室主任,与行政副院长一道主抓院行政工作。通过每周一次的党政联席办公会,共同讨论、决定有关学院学科发展、队伍建设方面的重要事项。

在政治思想教育和精神文明建设方面,院党委一方面在教工、学生党员中宣传先进,另一方面在全院师生中挖掘先进,以先进典型感染人。2006年年初,院党委在党员和入党积极分子中深入开展了学习王选、孟二冬老师的主题教育活动;2006年5月,院党委在全院教师中推荐了德高望重的黄宗良教授和淡泊名利、一心教学的杨朝晖老师为全校的师德先进个人。2006年,学院党委召开了两次专门会议研究学生的政治思想状况,并针对学生的思想和综合情况进行调研。在学院党委的指导下,学院学生工作系统健全,人员配备充足,并取得了一定成绩。院团委在2006年又一次获得北京大学"红旗团委"称号,院学工办在2006年也被评为北京大学学生工作先进单位。

(三)重视党支部职能,充分发挥党支部联系基层的重要作用。

学院党委大力支持支部发挥主动性,结合自身实际创造性地开展工作,并提供充足的资金保障。教工党支部努力将支部活动与老师的学术科研相结合,党史支部等相关领域党支部积极发挥自身优势,通过学术探讨来深化有关政治思想教育活动,并派出老师参加、指导学生党支部活动。博士生四个年级共建的联合党支部针对博士生特点,通过活动促进年级间的交流沟通和学术研讨,在2005—2006年度,该支部被评为北京大学先进党支部,支部书记也被评为北京大学优秀共产党员。研究生支部充分考虑到学生中党员比例较高的特点,在行政事务横向(以年级为单位)管理和学术方面纵向(以教研室为单位)管理的模式中找到了平衡点,党支部除开展政治学习之外,还经常开展学术文化活动,对学生的学习、生活都有较大影响。本科生四个党支部与团支部和班级的活动相结合,有效地整合了各种资源,加强了活动的吸引力。在学生党支部活动形式方面不拘一格,开展如集体学习、主题讨论、观看影片、外出实践、跨校交流等形式,增强了党支部的活力。

针对学院党员师生在海外数量较多的实际情况,在保持党员先进性教育活动期间,国关党委指导有关支部开展了网络学习、讨论活动,并因地制宜成立了临时党支部,按照上级要求认真开展先进性教育活动。这一做法得到了校党委的肯定。

学院党委坚持党员发展"成熟一个发展一个"的原则,发展转正工作要求严格、程序严谨。我院在本科生中严格执行"推优入党"制度,所有本科期间在我院发展的党员均为推优入党人员。教师、学生中的党员比例较高,其中教师的党员比例达到88%,研究生班级中党员比例接近50%,高年级本科中党员比例在40%左右。在党员管理方面,国关党委已经做到了规范、高效。

【学生工作】(一)进一步明确工作思路,为工作的深入开展奠定坚实基础。

国关团委认为,在今后一段时间,院团委将继续以"一二三四(一个中心,两条道路,三个平台,四项目标)"的基本工作思路为依据,继续以一个精干的团委为中心,以实干的学生会、研究生会为两翼,以能干的学生社团为支撑的全方位覆盖网络;继续沿着建设"精品国关"的思路,走社会化、国际化道路;积极为学生打造社会实践、社会实习和暑期学习平台;继续推进团委内部的机构调整,保证团委新闻中心、学生职业发展与促进中心、研究生部、理论研究室和团委学生会一起完成国关团委的相关工作。

(二)积极探索符合国关实际、

体现北大特点、具有时代特色的学生工作思路，举办具有国关特色的学生活动。

2006年，在明确工作思路、进行结构调整和转型的过程中，国关团委不断开拓创新，努力提高活动层次和工作水平，举办了一系列学生活动。

3月18、19日，首届全国大学生东亚安全论坛在我院秋林报告厅召开。人民大学、复旦大学等十多所兄弟院校以代表或讨论团方式应邀参加论坛，百余名高校学子齐聚北大，共话东亚局势。难能可贵的是，此次论坛从立意策划、联系赞助、高校联络到组织实施都完全由本科生完成，院团委只是给予必要的方向上的指导。而论坛本身不仅锻炼了学生的组织领导能力，更将对东亚事务的关注在全院本科生范围内推广开来，营造了一个浓厚的本科生科研和参与学术活动的氛围。

3月27日，由国关学院学生社团——北京大学模拟联合国协会和哈佛世界模拟联合国协会共同举办的世界大学生模拟联合国大会在北大百周年大讲堂拉开帷幕。来自世界37个国家和地区，160余所著名高校的近1500名大学生齐聚北大，参加了本次大会。此次大会的成功举办，开拓了学院学生工作和团委工作的思路，使我们加强了对开拓团委工作国际化道路的认识。

整合资源，团委牵头搞好团日活动。本学年，国关团委的一大变化体现在团日活动上。对重要的团日活动，院团委采取团委牵头、支部配合的模式，在资金、人员上给予足够保证，从而使团日活动做出成效、做出规模。为将"八荣八耻"教育落到实处，5月，院团委对校团委布置的"知荣辱、树新风"主题团日进行了周密策划和认真安排，由院团委组织部和研究生部牵头，举办了"我心目中的国关人"主题团日活动。为配合增强共青团员意识主题教育活动第三阶段，总结提高阶段的活动，同时纪念"一二·九运动"70周年，12月10日，国际关系学院团委举办了"我为团旗添光彩"暨"新北京、新奥运"主题团日活动，来自院团委和各支部的30余名同学参加了此次团日活动。

突出特色，应对挑战，使学生活动直接助推学生的专业学习。在这方面，我们的做法主要有：① 鼓励学生参加学术研究。我们与《环球时报》合作，在该报上推出了"北大学子看世界"专栏，并设立了《环球时报》奖学金。该项奖学金以奖励学术研究和探索为目的，向全校学生开放。"北大学子看世界"专栏也在社会上产生了良好反响。② 除了继续共同推出高水平的系列学术讲座以外，我们还通过读书会、研究会，鼓励师生共同开展学术研究活动。对本科生，我们主要采取读书会的形式；对研究生，我们要求导师带学生参与教师的学术沙龙。这些活动不仅激发了学生读书和专业学习、研究的热情，使学生得到学习方法上的指点和启迪，也加深了师生交流，深受同学欢迎。③ 尽可能让教师广泛参与学生工作，变"学工办、团委的学生工作"为"全院老师的学生工作"。我们设立了"学生学术活动专家指导委员会"，成员由全院教师轮流担任，学院根据活动情况，对承担学生指导的教师给予相应报酬。④ 注意培养学生们的独立创新意识以及组织协调能力。鉴于学校"挑战杯"参与学生有限的情况，学院拿出资金，设立了本院的"挑战杯"学术资助项目。

4—5月，主题为"国关·天下"的第五届国关文化节如期举行。此次文化节历时一个多月，由学术、实践、文体、志愿四个篇章组成，包括了20余场系列讲座，两次京郊调研和众多的文体活动等。值得一提的是相关活动，如首届国际关系英语知识竞赛，直接促进了学生的专业学习。

（三）高水平、严要求完成日常工作和常规活动

在不断开拓创新的同时，国关团委认真完成校团委和院党政交办的每一件工作，深受好评。

9月中旬，根据校团委的工作安排，由国关团委负责本年度海峡两岸知识大赛北大代表队的组织、训练和参赛工作。为此国关团委组成了以团委书记虎翼雄为领队，以国关学院研究生会主席卢成军为指导，由国关、中文、艺术、历史四院系同学参加的北京大学代表队，制定了周密细致的训练方案，在校领导、国际合作部、校团委的关心和支持下首次进入大赛的总决赛，并在11月27日的决赛中取得了三等奖的历史最好成绩。

在本年度的"一二·九"师生合唱比赛中，国关学院代表队荣获二等奖；在"北大之锋"辩论赛中，学院辩论队取得了亚军的好成绩。

2006年，国际关系学院在学生工作中，继续围绕"文明生活、健康成才"主题教育活动，除完成学生工作常规内容外，仍然将工作重点放在努力营造学术研究和国关大家庭两个氛围上，着力打造全员育人环境，摸索适合目前学生特点的、具有国关学院特色的学生工作方式。

新闻与传播学院

【发展概况】 2006年，共有教师31人，其中教授10人，副教授13人；全日制学生达到678人，其中博士研究生55人，硕士研究生216人，本科生407人。2006年，在学校领导和各有关部门的大力支持下，学院全体师生共同努力，在党政、教学和科研等各方面工作都取

得了突出的成效,学院面貌焕然一新。

【教学工作】 教学科研工作一直是学院工作的薄弱环节。2006年,教学方面的变化,首先是领导高度重视,新班子上任以来,开得最多的会就是关于教学的会议。其次,进行深入的调查研究,根据所存在的问题,采取对策。负责教学的程曼丽老师召开了各个层面的教学讨论会,广泛征求师生和学校有关部门的意见,找出了目前教学中所存在的问题,在此基础上,对学院的教学工作进行全面改进。针对比较突出的问题,学院迅速进行调整。在本科教学方面,开始进行模块式课程的整合与组织;上半年以硕士研究生论文答辩为突破口,强调学术规范,严把质量关;下半年以博士研究生综合考试与开题为突破口,加强对博士生的教育培养,对外聘教师,也加强了沟通,使他们更好地融入学院正规的教学体系中,保证教学时间和效果。

学院培养的是新闻传播的专业人才,在未来的工作中毕业生担负着舆论宣传的重任。所以,新班子上任后,特别坚持在教学中努力把专业教育和政治思想教育结合起来。在学院的必修课《新闻传播论坛》中,配合中宣部新闻战线深化"三项学习教育活动"赴高校活动,邀请《人民日报》副总编梁衡、《经济日报》副总编辑(现《人民日报》副总编)詹国枢、新华社国内部副主任、高级记者刘思扬等同志举办专题演讲,这一活动通过视频向全国其他院校新闻传播专业的同学直播。使学院的教师和同学受到了一次很好的关于党的宣传政策的教育,同时,也扩大了学院的影响。

【科研工作】 科研是立院的根本。学院的主要领导对科研工作非常重视。第一,确定科研发展战略。2006年9月开学初,学院专门召开了一次有全体教师参加的科研讨论会,围绕科研战略以及科研工作的一些具体问题,征求各位老师的意见。在这次会上,大家对学院科研发展的战略以及推进科研工作的方案形成了共识。第二,制定科研管理的具体措施。学院拨出专款,设立教师学术交流专项经费,鼓励老师们积极参加学术交流。许多年轻教师过去由于经费缺乏,很难有机会外出开会。这一措施执行后,陆续已经有多位教师利用这笔经费参加学术会议,纷纷反映收获很大。第三,进行基础建设。根据学院的教学科研需求,学院对现有的仪器设备实验室的情况进行了全面盘点。学院制定了科研设施建设方案,这一方案得到了社科部、教务部的大力支持,部分经费已经落实。学院的非线性编辑实验室进行了初步改造,待经费到位后,将陆续改造和完善苹果电脑实验室、非线性编辑实验室,并同艺术学院共同建设数字媒体实验室。第四,开展学术活动,创造学术氛围,扩大学术影响。2006年学院单独举办了首届媒体技术与营销传播论坛(2006年1月6日)、亚洲广告业的创新暨全球华人广告教育论坛(2006年5月20、21日)以及海峡两岸图书出版研讨会三次大型学术研讨会,并积极参加北京论坛,独立举办全球传播、媒介与创意产业分论坛。在这个分论坛上,学院邀请了一批海外著名学者,在分论坛的策划、执行以及学术质量、传播方面,都得到了校内外的普遍好评。同时,学院在院内教师中还开展了学术午餐活动。定期举办学术午餐,加强院内教师的学术交流。2006年,学院教师在各类刊物上发表学术论文91篇,专著13部,并承担多项政府和各类机构的研究课题。

学院现有7个科研机构,2006年开展了大量学术活动。学院2006年继续出版年度《北大新闻与传播评论》,其学术品质受到学术界的高度关注。同时,由学院广告系与《广告大观》杂志社共同主办出版的国内第一本广告学术研究杂志《广告研究》双月刊,在2006底已经出满一年,产生了广泛影响。

【国际交流】 学院教师赴境外参加学术会议、合作研究、采访、进修或访问约30多人次,涉及国家有:美国、瑞典、丹麦、俄罗斯、新加坡、印度、日本、韩国等,以及我国的香港、台湾。

2006年继续与境外的大学和媒介合作培养学生,形式有课程学习、实习和参加国际会议。出访学生逾50人次,涉及国家和地区有美国、新加坡、丹麦、荷兰和我国的香港、台湾等。另外,有5名同学参加国际学术会议并发表论文。

2006年,学院最大的国际交流活动是独立主办北京论坛全球传播、媒介与创意产业分论坛,约有近30名著名海外学者参加了这次论坛,并与学院进行学术交流。

【行政工作】 3月,学院新的一届行政班子上任。学院院长为中华新闻工作者协会名誉主席邵华泽教授,常务副院长为徐泓教授,程曼丽教授和陈刚教授担任副院长。徐泓教授主抓学院的全面工作,程曼丽教授主要负责学院的教学管理,陈刚教授主要负责学院的科研管理。新的行政班子确定了平稳过渡、公开公平、打好基础、逐步推进的方针。在短期内,就顺利完成了各项工作的交接工作,很快打开了工作局面。

北大新闻与传播学院发展历史较短,而且由于各种原因,一直没有解决发展战略的问题。所以在发展中存在着盲目性,影响了发展速度和发展的质量。2006年,新的学院班子把发展战略问题作为学院发展的头等大事来抓。首先,进行充分的调查研究。学院各位行政领导到中国人民大学、复旦大学、清华大学、中国传媒大学、武汉

大学、上海大学等高校都进行了针对性的考察和研究,征求各方面专家的意见;同时,在学院内专门举办了围绕这一话题的讨论会,请各位老师发表自己的看法。学院班子成员也围绕发展战略问题多次开会专门讨论。目前已经初步确立了发展战略,即围绕新媒体新闻传播等学科增长点,以点带面,全面突破,带动整个学科,实现跳跃式的成长。根据这一战略,学院的各项工作正在逐步推进。

学院新形象的塑造一方面是一个不断积累的过程,另一方面还要用各种方式进行推广和传播。2006年5月份,配合院庆五周年的活动,学院组织了2006年传媒文化节。在1个月的时间内,组织了包括文化体制改革系列专题讲座、央视《社会调查》栏目组研讨会、金犊奖颁奖典礼暨全球华人广告论坛、第二届首都高校媒体论坛暨摄影展览、邵华泽书法展、新媒体论坛、学院发展指导委员会聘任仪式、院庆庆典暨晚会等八项大型活动。活动取得圆满成功,获得普遍好评。在学校、学术界和新闻传播行业产生了广泛的影响,充分展现了新闻与传播学院新的形象,在学院内部凝聚了人气,增强了信心。

3月16日,学院的办公地址由原老化学楼西一层迁往遥感东楼。搬迁后学院的办公环境有了极大的改善,学院的面貌焕然一新。在改善硬件的同时,学院还加强了行政管理方面的规章制度建设,强化服务意识,提高管理效率和质量。

3月,周忆军副教授正式调入学院任教。

【学生工作】 2006年,学院学生工作的特色是把握学生特点,深化服务育人;打造活动平台,营造学院文化;加强制度建设,提高业务水平。2006年,学院组织了一系列社会实践活动,鼓励同学们走出校园,了解国情、学习锻炼、服务社会,包括2005级硕士研究生赴河北邢台、宁晋等地进行社会考察,学生会、新传社赴湖南湘西自治州进行社会调查及纪录片摄制,广告协会赴桂林进行企业文化调研等,2006年,学院2003级本科生党支部获得了北京大学优秀党支部的称号。

政府管理学院

【发展概况】 政治学与公共管理学是培养中高级政治人才、政府管理人才和学术研究人才的学科。1898年北京大学的前身——京师大学堂创办之初,即设立仕学馆,学术根脉延续至今,先后培养出了大批著名学者、知名政治和管理人才。1919年,北京大学废科改门为系后,才正式定名为政治学系。此后,政治学系几经变革,1988年始获重建,定名为政治学与行政管理系。2001年12月,由政治学与行政管理系和城市与环境学系的区域经济专业联合组建成全国高等院校中首家政府管理学院。

2006年,学院下设6个系:政治学系、行政管理系、公共政策系、公共经济系、城市与区域管理系、政治经济系。设政治学与行政学、行政管理、公共政策学、城市管理等4个本科专业,并设有电子政务本科二学位和行政管理本科辅修专业;拥有政治学理论、行政管理学、中共党史、中外政治制度、区域经济学、公共管理(发展管理)、公共管理(公共政策)、公共管理硕士专业学位(MPA)等八个硕士点;政治学理论、行政管理学、区域经济学和中外政治制度专业等四个博士点;政治学理论、行政管理学、区域经济学设有博士后流动站。其中政治学理论为国家重点学科,政治学理论、行政管理学具有国家一级学科博士授予权。学院还设有两个教研中心,即政府管理与公共政策实证研究中心、MPA教育中心;并同国家人文社科重点研究基地——北京大学政治发展与政府管理研究所有密切的学术协作关系。

2006年学院共有教职工62人,其中教师人数共52人,教授20人,副教授28人,讲师4人,行政人员10人。共有本科生318人,硕士研究生194人,博士研究生190人。此外,学院共有MPA学生898人,以及在各地招收的硕士研修班学员、函授学生千余人。2006年5月,学院行政领导班子换届,院长为全国政协副主席、著名行政法学家罗豪才教授,常务副院长为傅军,副院长为徐湘林、李国平、白智立、朱天飚、李靖,党委书记为李成言,副书记为李海燕,工会主席为郁俊莉。

【教学工作】 2006年,政府管理学院共招收82名本科生,其中留学生18名;招收硕士生103名,其中留学生3名;招收博士生38名,其中留学生1名;硕士研修班854人,函授夜大264人。

2006年,学院共有63名本科生、93名硕士生和30名博士生毕业,同时,还有132名专升本学员、20名硕士研修班学员分别获得学士、硕士学位。

目前已确立了9门本科主干基础课:政治学原理——王浦劬;公共管理学原理——赵成根;公共政策分析——陈庆云;当代中国政府与政治——杨凤春;中国近现代政治发展史——关海庭;人力资源开发与管理——肖鸣政;比较政治学概论——沈明明;中国政治思想——江荣海;城市与区域经济学——杨开忠。

2006年,面向全校学生开出5门通选课,包括姚礼明副教授的《台湾问题与中华民族的复兴》,徐湘林教授的《中国政治与政府过程》,燕继荣副教授的《政治学原理》,杨明副教授的《西方资本主义

国家政治制度》。

2006 年,政府管理学院组织各系就本科教学工作展开讨论并确定本科生培养与本科教育教学的目标:以加强通识教育、扩宽学生基础为方针,通过优化课程配置,以本科生为本,努力满足学生的课程选择,培养具有政治学、经济学、法学思维视角的高素质公共管理人才和研究型人才。为创建世界一流政府管理学院、建设研究型政府管理学院,在课程设置方面,发展我院特色课,减少必修课,增加选修课,以本科生为本,为本科生提供更多选择。同时,院必修课和专业必修课,配置 A、B 角,以学年为单位轮换授课,鼓励教授、博导为本科生讲授必修课或选修课。

2006 年,王浦劬、赵成根、胡华、陈庆云、杨明等人完成的"本科生课程体系和教学模式改革"获得北京大学教学成果奖和国家二等教学成果奖。张国庆教授主编的教材《行政管理学概论》获北京大学第三届科研成果著作二等奖、全国普通高等学校优秀教材奖、教育部主干课程推荐教材等奖励。

2006 年,包万超获北京大学十佳教师称号,朱天飚获正大奖教金、郁俊莉获桐杉奖教金。

2006 年 11 月 8 日,中国高校公共管理硕士(MPA)教学合格评估专家组抵达北京大学,对 MPA 教育实施五年来的成果进行为期一天的考察评估。评估专家组听取了学院 MPA 工作的总结汇报,考察了 MPA 教学环境,抽查了 MPA 教务与教学文件以及近年的毕业生论文,与 MPA 任教老师及学员分别进行了座谈,并对北大 MPA 教育五年来的工作和成绩表示充分肯定。

【科研工作】 2006 年,学院科研成果共 115 项,其中专著 10 部:梁鸿飞著《湖南攸县的外出务工与地区经济发展》,经济科学出版社 2006 年 7 月版;薛领著《城市与区域的空间复杂性研究——基于多智能体的城市空间演化模拟》,商务印书馆 2007 年 1 月版;王丽萍著《寻求繁荣与秩序》,北京大学出版社 2006 年 10 月版;关海庭著《渐进式的超越——中俄两国转型模式的调整与深化》,北京大学出版社 2006 年 6 月版;李成言著《廉政工程:制度、政策与技术》,北京大学出版社 2006 年 5 月版;燕继荣著《投资社会资本:政治发展的维度》,北京大学出版社 2006 年 5 月版;陈庆云著《公共政策分析》,北京大学出版社 2006 年 4 月版;句华著《公共服务中的市场机制:理论、方式与技术》,北京大学出版社 2006 年 2 月版;朱天飚著《比较政治经济学》,北京大学出版社 2006 年 1 月第一版、10 月第二版;梁鸿飞著《企业融资与信用能力》,清华大学出版社 2007 年 1 月第一版。译著 3 部、编著或教材 7 部;工具书 1 部;研究或咨询报告 8 部;学术论文 86 篇。

2006 年,由黄恒学教授承担的教育部人文社会科学重点研究基地重大项目的最终研究成果《加入 WTO 对中国政府管理体制的影响研究》一书,获北京市第九届哲学社会科学优秀成果奖。

2006 年,组织编辑出版了《中国政治学年鉴(2003—2005)》第二卷,并由中国文联出版社于 2006 年 12 月出版。《中国政治学年鉴》第二卷,在基本保持第一卷编辑风格和体例的基础上,突出了 2003—2005 年中国政治学讨论的热点问题和前沿问题,更详细地描述了中国政治学研究的重要学术活动以及这几年政治学博士研究生培养的情况,全书约 100 万字。

2006 年,政府管理学院纵向项目的立项数 12 项,是历史以来最多的一年。

2006 年科研项目一览表

姓名	项目名称	项目类别	项目经费(万元)	启动经费
徐湘林	转型期国家战略管理的理论与实践	国家社科基金 重点项目 06AZZ013	13	
田凯	我国非政府组织管理中的理事会制度研究	国家社科基金 重点项目 06CZZ013	7	
陈庆云	中国地区文化差异与地方行政管理体制改革研究	教育部重点研究基地项目重大项目		
徐湘林	转型期中国国家发展战略的理论与实践研究	教育部重点研究基地项目重大项目		
刘明兴	农村基础设施建设的长效机制	教育部社科基金项目规划项目	5	2.5
王丽萍	当代中国公民政治参与的社会心理分析	教育部社科基金项目规划项目	5	2.5
余斌	马克思主义公平与效率的研究	教育部社科基金项目规划项目	5	2.5
李国平	京津冀城市发展与调控研究	北京市社科"十一五"规划项目 自选项目		0.8

姓名	项目名称	项目类别		项目经费(万元)	启动经费
张国庆	"十一五"期间北京城市管理的观念、体制、机制研究	北京市社科"十一五"规划项目	规划项目		0.8
陆军	北京市国际化大都市发展进程及趋势研究	北京市社科"十一五"规划项目	规划项目		0.8
赵成根	北京城市交通管理模式创新研究	北京市社科"十一五"规划项目	"百人工程"项目		0.8
肖鸣政	北京市"十五"规划与首都人才开发战略研究	北京市社科"十一五"规划项目	规划项目		0.8

2006年纵向项目按时完成研究计划并结项的有2项：沈明明教授承担的教育部人文社会科学重点研究重点基地重大项目：《转型时期农民法律意识和维权行为变化的实证分析》，最终研究成果是研究报告，批准号02JAZJD810001，批准经费20万；谢庆奎教授为首席专家承担的国家教育部重大攻关项目：《社会主义政治文明与宪政建设》，最终研究成果是专著，批准号03JZD004，项目合同号03JZDH04，批准经费90万。

2006年学院教师承担的横向项目、国际合作项目研究经费总数1500万元以上。

【对外交流】 2006年，政府管理学院进一步加强了对外学术交流活动，并取得了丰硕成果，2006年6月3日—8月4日，政府管理学院与美国哥伦比亚大学、英国伦敦经济学院、法国巴黎政治学院全球公共政策高级培训项目在北京启动，来自全国各地50余名政府官员参加了这一项目。

2006年，政府管理学院继续组织北京大学公共政策论坛。3月21日下午，美国前贸易部长米基·肯特（Mickey Kantor）作了主题为《美中关系：寻求共同立场》(US—China Relations, Seeking Common Ground)的报告。4月4日下午，美国康奈尔大学政府系教授彼得·卡赞斯坦（Peter Katzenstein）作了主题为《世界政治中的反美主义》(Anti—Americanisms in World Politics)的报告。4月12日下午，德勤美国董事会主席莎伦·艾伦（Sharon L. Allen）作了主题为《全球经济中的治理——机遇与挑战》(Governance in the Global Economy—Challenges and Opportunities)的报告。4月27日下午，"透明国际"美国分部部长南茜·博斯威尔女士（Nancy Boswell）作了主题为《透明度和诚信度在管理机制中的重要作用》(The Importance of Transparency and Accountability in the Management Mechanism)的报告。5月26日下午，美国亚利桑那州立大学公共管理学院黛布拉·弗里德曼教授（Debra Friedman）、迈克尔·海科特教授（Michael Hechter）作了主题为《理性选择理论及其在宏观社会事务中的运用》(Rational choice theory and its application to macrosociological issues)的报告。7月19日下午，哈佛大学亚洲中心主任托尼·塞奇（Tony Saich）讲席教授作了主题为《新型公共管理》的报告。9月21日上午，必和必拓首席执行官顾之博（Chip Goodyear）作了主题为《中国的可持续发展和必和必拓》的报告。10月24日下午，联合国开发计划署（UNDP）助理署长兼欧洲和独立国家联合体区域局主任、联合国助理秘书长卡尔曼·米日依（Kalman Mizsei）作了主题为《中欧转型经济的经验》的报告。11月1日上午，美国华盛顿大学政治与公共政策研究中心主任布莱恩·琼斯（Bryan D. Jones）作了主题为《议程设置、注意力分配与公共政策的制定》(Agenda Setting and Attention Allocation in Public Policy)的报告。12月6日晚，约翰·拉特里奇（John Rutledge）作了主题为《媒体和公共关系在未来中美经济关系中的作用》的报告。

【政治学研究基地建设】 2006年，政治学研究基地在科研、学术交流等工作方面得到了长足的发展。根据商务部（商合促[2005]86号）文件，在商务部援外司、国际合作事务局和学校的大力支持和协调帮助下，北京大学政治发展与政府管理研究所继续举办国外政府官员研修班，2006年共举办八个班，共164人参加了学习。2006年5月25日—6月8日，举办非洲国家政府管理研修班；2006年6月21日—7月12日，举办孟加拉纺织行业人员研修班；2006年6月29日—7月13日，举办阿拉伯国家政府管理研修班；2006年7月27日—8月10日，举办亚洲国家政府管理研修班；2006年8月24日—9月7日，举办拉美及加勒比、南太国家政府管理研修班；2006年9月14日—9月28日，举办上海合作组织公共管理与服务研修班；2006年11月2日—11月21日，举办第一期叙利亚经济管理官员研修班；2006年11月22日—12月16日，举办第二期叙利亚经济管理员研修班。

8月10—12日，由北京大学政

府管理学院、北京大学政治发展与政府管理研究所、黑龙江省社会科学院政治学研究所联合举办了"中国政府创新的理论与实践"学术研讨会。本次研讨会的主题受到国内20多所著名高校和研究机构的关注,来自全国各地的专家、学者共60余人出席了会议。会议期间,与会学者围绕中国政府创新的理论与实践问题,从多个分析视角进行了广泛而深入的讨论,并且提出了许多建设性意见,进一步深化政府创新的理论研究,不断推进中国政府创新实践的顺利发展起到了推动作用。

10月26—29日,在北京大学"北京论坛"组委会领导下,政府管理学院举办了分论坛。分论坛主题为"和谐社会与治理机制",来自世界各国的50余名专家学者围绕和谐社会的治理机制、和谐社会与政府职能、和谐社会与区域发展、经济发展与社会和谐等问题展开了学术讨论。

【党建工作】 2006年,政府管理学院共有11个基层党支部,其中教职工支部4个,学生支部7个。学院党委大力加强党建工作,切实做好党员发展、理论学习、规范民主生活会议制度等各项工作。2006年共发展新党员48名,其中研究生26名,本科生22名。55名本科生、19名研究生参加了党的知识培训班,并全部取得了结业证书。2006年7月,金民、梁江、林伟鹏、黄国珍等4位同志被评为"北京大学优秀共产党员",2004—2005级本科生联合党支部被评为先进党支部。

2006年,政府管理学院党委按照"提高党员素质、加强基层组织、服务学院师生、促进各项工作"的原则,进一步深化先进性教育活动,针对先进性教育过程中师生提出的意见和建议,认真落实整改方案,切实建立先进性教育的长效机制,有效地推动了学院教学、科研、管理、党建和思想政治工作等方面的工作。

【学生工作】 在学院党委的领导下,学院团委本着对学生负责的原则,紧密围绕"点面共抓,新旧并举,内外兼修"的思路,不断更新工作理念,拓展工作空间,提高服务品质,不断探索新时期学生工作的有效开展与不断发展的新途径。2006年,学院团委进一步提升基层工作规范化,健全组织,完善制度,建立学生骨干选拔考核机制,切实落实团员推优入党制度、党员教育制度,规范特殊群体学生工作程序,有力地推动了各项工作的开展。

2006年,学院积极响应校党委的号召,积极开展党、团员教育,开展了以"学习《江选》,充实人生,勇当先锋"主题活动、践行社会主义荣辱,学习"八荣八耻"主题活动、"学总书记回信精神,做新时代青年楷模"主题团日活动,收到良好的效果。同时学院积极组织成才系列讲座、"青春奥运—节水行动"主题活动、北京奥运会志愿者招募工作、志愿支教活动等,在活动中使学生受到教育,增长知识。由于学院团委和各基层团支部的出色表现,2006年8月,2003级本科生团支部被评为"2005—2006年独首都高校先锋杯优秀团支部",2006年9月,2005级本科团支部获"2005—2006年度北京大学优秀团支部组织建设奖",2003级硕士团支部获"2005—2006年度北京大学优秀团支部工作创新奖",2006年10月,院团委获"学总书记回信精神 做新时代青年楷模"主题团日优秀组织奖,2006年10月,2006级本科团支部被评为"学总书记回信精神 做新时代青年楷模"主题团日优秀团支部,2006年11月,院团委获"学习《江泽民文选》,争做青年先锋"主题团日特色活动奖,2005级本科团支部获"学习《江泽民文选》,争做青年先锋"主题团日优秀团支部奖,2006年12月,院团委"弘扬长征精神,与祖国共奋进"主题团日优秀组织奖,2006年12月,2005级本科团支部获"弘扬长征精神,与祖国共奋进"主题团日优秀团支部。

学院团委始终坚持鼓励学生积极参加学术实践活动,近年来,学院充分依托系列学术活动,积极动员,周密组织,构建了一套为学术科研活动服务的机制通过提供学术指导、经费支持等各种途径调动同学的积极性,从而提高本院学生的学术科研水平。在北京大学第十四届"挑战杯"学术竞赛中,我院获得团体二等奖,院团委获得优秀组织奖,获得一等奖作品1个,二等奖作品1个,3等奖作品2个,鼓励奖作品1个,特殊贡献一等奖1个。在继续办好"政府管理论坛"系列讲座的同时,开办北京大学"市长论坛"、"地方发展讲坛",通过系列讲座、座谈会等形式帮助学生了解政府管理实务,促进理论与实践的交流。学院利用小学期和暑假期间,组织了5个团队、百余名学生赴海南、河南、等地进行社会实践,帮助学生将学习延伸到课堂之外,在实践中学知识、长见识,其中我院"赴河南南阳暑期社会实践团"获"北京大学2006年学生暑期社会实践优秀团队奖","赴广西暑期社会实践团"获"北京大学2006年学生暑期社会实践先进团队奖",院团委获得优秀组织奖。

学院团委被授予2006年度"北京大学红旗团委"荣誉称号。

经济学院

【发展概况】 经济学院的前身是北京大学经济学系。经济学系始建于1912年,是中国高等学校中建立最

早的经济学科,源于1898年戊戌维新运动中创办的京师大学堂商学科,至今已有百余年历史。

著名学者、中国共产党的创始人之一李大钊同志曾在经济学系任教。我国经济学界老前辈马寅初先生(新中国成立后曾任北京大学校长)是经济学系的早期负责人和教授。1952年全国院系调整后,著名经济学家陈岱孙教授长期担任北大经济学系主任。1985年5月北京大学经济学院正式成立,下设经济学系、国际经济系和经济管理系。

学院现有经济学系、国际经济与贸易系、金融学系、风险管理与保险学系、财政学系、环境资源与发展经济学系等6个本科系,有政治经济学、西方经济学、经济思想史、经济史、世界经济、财政学、金融学(含保险)、人口、资源与环境经济学8个硕士专业和政治经济学、西方经济学、经济思想史、经济史、世界经济、财政学、金融学(含保险)7个博士点,13个科研机构和理论经济学博士后流动站。经济学院师资力量雄厚,不仅拥有一批造诣精湛,享誉国内外的教授和学术带头人,还有众多近年来在学术上崭露头角的中青年学者。学院现有教师67人,其中教授22人,副教授30人,讲师15人;在站博士后研究人员46人。

经济学院拥有完整的学士—硕士—博士人才培养体系,是面向全国培养高级经济人才的重要基地之一。在本科生培养方面,实行四年学制,坚持"注重基础,拓宽专业,加强实践,因材施教"的原则,自20世纪80年代中期开始实行学分制。在研究生培养方面,形成了鼓励优秀人才脱颖而出的制度和方法。"勤奋、严谨、求实、创新"是学院一贯倡导的学风。2006年,经济学院共有学生7000多人,博士生92人,硕士生222人,访问学者、进修教师近90人,本科生758人,留学生118人,研究生课程进修生600人,成人教育部学生与学员约6000人。

【学科建设】 经济学院的根本任务是为我国经济理论界、经济决策部门和企业界培养适应社会主义经济改革和建设及对外开放需要,德智体全面发展,既有扎实的经济理论基础,又有较强的实际工作能力的专门人才。同时,经济学院还承担着相关学科的大量学术研究任务。学院的教学、学术研究等各项工作坚持以建设有中国特色的社会主义理论为指导,坚持面向实际、面向世界、面向未来的办学方向,积极探索和实施与建设社会主义市场经济体制相适应的各项教学制度、方法和课程,并加强与国家职能部门及企业界的密切合作。在充分发挥原有的以史论见长的传统优势的同时,大力拓展对现实经济问题的教学与研究。

在学生培养方面,学院既重视提高学生的理论素质,又强调应用性学科和实际操作能力的训练。面对世界经济发展的新格局和中国转向社会主义市场经济的现实挑战,学院正在为造就跨世纪的经济型人才而努力奋斗。

经济学院是我国最早设立博士点的经济学院之一,现有经济思想史、西方经济学、经济史、政治经济学、世界经济、金融学、财政学等7个博士点,其中外国经济思想史和西方经济学是国家重点学科,此外还设有理论经济学博士后流动站。学院有政治经济学、西方经济学、经济思想史、经济史、世界经济、金融学、财政学、人口、资源与环境经济学等8个硕士点和经济学、国际经济与贸易、金融学、风险管理与保险学、财政学、环境资源与发展经济学等6个本科专业。此外,学院继续教育部有5个兼读制本科专业和1个兼读制专科专业。兼读制学生分布在北京大学设在全国各地的函授站和网络教学中心。

本科生各专业必修课程主要有:政治经济学、经济学原理、高等数学(B)、会计学、微观经济学、宏观经济学、财政学、货币银行学、统计学、国际经济学、国际贸易、国际金融、保险学原理、计量经济学、经济学说史、环境资源经济学、英语、计算机、体育、文化艺术和自然科学课程等。

【科研工作】 2006年,我院各类成果共有188项,其中专著11部,编著、教材和主编30部,译著4部,论文124篇,其他成果19项。科研项目获得29项,批准经费439.7万元。获奖成果有吴树青、张博获第四届中国高校人文社会科学优秀成果奖三等奖,刘伟、孙祁祥获北京市第九届哲学社会科学优秀成果奖二等奖,刘怡获北京大学第十届人文社会科学优秀成果奖一等奖,睢国余、刘新立获北京大学第十届人文社会科学优秀成果奖二等奖,李绍荣入选教育部"新世纪优秀人才支持计划"。

为进一步推动我院科学研究活动,展开更深入的学科学术研讨和学术交流,经院长办公会讨论通过,决定于2005年3月4日设立常规性的"经济学院学术论坛"。"经济学院学术论坛"下设7个分论坛:经济学论坛、国际经济论坛、金融论坛、保险论坛、经济增长与发展论坛、信用论坛和环境资源与发展论坛。2006年,各论坛开展了灵活多样的学术活动,累计总次数90次。

经济学院非常重视科研工作,召开了2006年度科研工作研讨会,院长刘伟教授、副院长黄桂田教授以及学术委员会委员、各研究中心、研究所负责人、各教研室主任、教授、2006年获奖人员和课题立项负责人等近40名老师参加了研讨会,北京大学社会科学部部长程郁缀、副部长萧群、耿琴代表学校出席了本次研讨会。本次研讨会进一步确定了科研应朝着"加强标志性重大成果的研究力度"、"提

升成果的国际化水平"、"形成'立体型团队型'研究队伍"这三方面发展,并作为今后一段时期内科研工作的重点。

经济学院科研基地于2003年12月成立。科研基地包括13个科研机构:外国经济学说研究中心、市场经济研究中心、经济研究所、国际经济研究所、中国金融研究中心、中国国民经济核算与增长研究中心、中国信用研究中心、中国保险与社会保障研究中心、中国都市经济研究中心、产业与文化研究所、金融与产业发展研究中心、经济与人类发展研究中心、中国公共财政研究中心等。

《经济科学》杂志是经济学院与光华管理学院共同主办的国家级经济理论刊物,全国经济类核心期刊。1979年创刊,面向国内外公开发行。其办刊宗旨是坚持四项基本原则,贯彻双百方针,繁荣经济理论,促进学术交流,为教学和科研服务,为改革开放与社会主义现代化服务。主要内容包括经济学、经济管理、国际经济、经济史、经济思想史等。长期以来,《经济科学》杂志站在经济理论的前沿,紧密结合我国经济体制改革和对外开放的实践,研究和探索经济理论的热点问题;尤其是在经济学基础理论、经济思想史、经济史研究等方面,坚持持之以恒,深入探索,及时反映国内外经济学术方面研究的最新成果,刊出了一批具有社会影响的文章,体现了我国经济理论研究的最高水平,已成为宣传我国改革开放的一个重要经济理论窗口。

1978年以来,经济学院一直努力贯彻对外开放的方针,广泛开展国内合作与国际交流并取得了丰硕成果。1994年初,北京大学经济学院与原国家经济体制改革委员会正式建立了合作办学关系。双方商定在教学、科研、信息开发等多项领域切实合作,实现优势互补,积极研究建立社会主义市场经济体制的各项重大理论和实践课题,并探索新形势下开展经济科学教学与研究的新思路。

经济学院注重探索与企业界协力办学的合作方式。1994年以来先后有海内外的若干企业家资助学院。为加强同社会各界联系及充实教学力量,经济学院先后聘请了于光远、薛暮桥、孙尚清、乌杰、戎文佐、高尚全、蒋震、吴敬琏、董辅礽、伊安·罗兰等数十名海内外专家、学者及政府、企业界人士担任兼职教授或顾问教授。

【对外交流】 2006年,北京大学经济学院的对外交流工作取得了长足的进展。学院开展了一系列对外交流活动,主要的工作包括系列讲座、对外交流与合作、教师外派和学生出访、制作对外宣传册和英文网站等,这一系列活动对开阔学生的视角,培养学生用经济学的观点和方法分析问题、解决问题的能力起了很好的作用,同时也进一步提升了经济学院的对外形象和影响力。

经济学院的系列讲座包括三个主题系列,分别是"外国驻华大使眼中的中国经济"系列讲座、"财经高管论坛"系列讲座和"经济学讲坛",这三个系列分别从外国政府高级官员、国际企业财经高管和外国经济学家的角度谈论经济问题,这些讲座不仅以国际化的视野丰富了师生的学识,也促进了经济学院的教学和研究尽可能保持与国际前沿理论同步。从这个意义上说,这些系列讲座已经成为经济学院正常教学的一个有益的、必要的补充。目前"外国驻华大使眼中的中国经济"系列讲座已圆满结束,中英文讲稿结集出版,成为影响广泛、反应良好的外事宣传资料,"财经高管论坛"和"经济学讲坛"也成功的不断举行。

经济学院一直积极开展对外交流与合作。2006年度,经济学院有5个国际合作交流项目在初步洽谈中,有20余人次的教师出访,出访的主要任务是参加国际会议、或短期的学术交流。另有学生30余人次出境,出境事由主要是交换生项目、暑期学校、国际会议和考察访问。

经济学院还不断完善英文网站的编辑、翻译和更新工作,并制作了"高端系列讲座精选"的中英文宣传单,目前经院中英文对照宣传册第二版的修改更新工作正在进行中。

【继续教育】 经济学院的继续教育历经多年的发展,逐渐形成了一个完整的体系。层次多样、形式灵活,能够满足社会各界人士对教育的需求。经济学院的继续教育主要由六部分组成:高级培训教育、在职研究生教育、远程网络教育、函授教育、高等教育自学考试、脱产本科教育。根据国家的政策以及发展的需要,经济学院的继续教育将进行重大的结构性调整,主要发展高级培训教育、在职研究生教育和远程网络教育。

经济学院在发展继续教育事业的过程中,严格遵守国家与学校有关管理规定,注重品牌与教育质量,严格遵从办学规范,为学生学员提供热情周到的服务,具有良好的社会声誉,获得学校主管部门和广大学生学员的好评

经济学院领导非常重视继续教育工作,2006年多次召开专题会议研讨继续教育工作,努力开拓继续教育工作的新局面。本着"迎接知识经济与全球化的挑战,发挥北京大学综合优势,培养我国经济与管理精英"的宗旨,学院继续教育事业发展的目标是:大力发展前沿性、高层次的教育研修项目,为政府机构、事业单位、公司企业、金融机构等单位的决策者和管理人员提供高质量的培训与研修服务;运用先进的教学内容和教学方法,利用现代远程通讯技术、卫星网络技术,面向全社会开展教育服务。

企业家特训、经理人、人力资

源、财务、旅游与酒店管理、房地产、金融期货、金融投资家、项目投资家、市场营销、经济管理等高级研修班都是经济学院的特色与品牌项目。

2006年经济学院有各类继续教育学生学员6000余人。

【学生工作】 进一步加强和改进青年思想道德建设。经院学生工作办公室、团委深入贯彻中央16号文件精神,大力弘扬社会主义荣辱观和培育以爱国主义为核心的伟大民族精神和以改革创新为核心的时代精神,大力引导团员青年继承"爱国、进步、民主、科学"的北大精神,帮助青年文明生活、健康成才。2006年召开的经济学院学生工作研讨会提出了当前加强学生思想政治工作的主要任务,加强和改进青年学生思想道德建设的主要工作思路。为在全校范围内掀起关注"三农"问题的高潮,团委指导研究生会承办了10月22日在英杰交流中心阳光大厅举行的2006年度的诺贝尔和平奖获得者、孟加拉乡村银行创始人穆罕默德·尤纳斯教授北京大学演讲会;为帮助同学们更好地理解十六届六中全会精神和建设社会主义和谐社会,经济学院研究生会发挥学科优势,邀请到全国政协常委、全国政协社会与法制委员会副主任、经济学院萧灼基教授,于11月10日下午在北大办公楼礼堂,为北大学子作题为"解读构建和谐社会的若干经济问题"的报告。

继续开展团员素质培养活动。我们在团员青年中选拔积极分子参加学生党支部的组织生活,旨在通过学生党员、积极分子引导广大团员青年学习马列主义、毛泽东思想、邓小平理论和"三个代表"重要思想,切实推进大学生思想政治教育工作,积极引导广大团员青年全面贯彻落实科学发展观,牢固树立社会主义荣辱观,文明生活、健康成才,积极探索新的活动形式,注重学

习实效,切实提高广大团员的学习热情和知识素养,从巩固党的执政基础、培养一大批坚定的青年马克思主义者的高度凝聚青年,做好思想政治工作。院团委超前准备,在更高起点上开展增强团员意识活动,在工作上做到三个重要准备:一是思想组织上超前准备;二是团员队伍思想状况超前调查;三是切实体现我院特点,切实开展活动,突出可操作性和抓紧抓细抓实。2006年9月17日,经济学院2006届团学联主席团换届大会举行。院党委书记刘文忻老师,党委副书记卢自海老师出席了大会。会议审议了2005届团学联工作报告,并选举产生了新一届团学联主席团成员,从完善《团学联章程》入手,陆续出台团学联工作、财务和例会制度。

打造一批高品位、有影响的精品活动,丰富同学课余生活,提高同学们的综合素质。2006年秋季学期,团学联在团委的指导下负责组织经济学院的2006届同学参加了2006年度北京大学新生杯的有关赛事,同学们以良好的精神风貌在男子排球赛事中取得了冠军,在男子乒乓球个人赛中取得了单打冠军;经济学院团委指导研究生会、学生会协办了2006年12月11日在英杰阳光大厅举行的中国工商银行杨凯生行长题为"中国工商银行股改上市之路"演讲。研究生会于12月3日和12月10日,先后邀请到了北京大学经济学院李绍荣教授,经济学院金融学系讲师赵留彦博士,中国银监会政策法规部法律审查处副处长、经院校友杨东宁博士,在读经济学院优秀博士代表杨长湧同学,现供职于招商银行的夏曦等数位就业出色的毕业生,与广大同学进行了交流座谈等活动。2006年经济学院团委在校团委的指导下组织了11支社会实践团队奔赴各地进行实践活动并取得了令人瞩目的成绩。同学们突出专业特点,发挥学科优势,精

心选择实践内容,深入工矿企业、农村学校,写出了大量的以城镇建设、国企改革、金融投资、民营企业发展、都市农业、乡村教育等为主题的调查报告。

【服务设施】 北京大学图书馆经济分馆 国内经济学科成立最早、校内经济类专业资料最齐全、历史最长的文献收藏单位。经济分馆向全校读者开放,为经济专业教师和研究生提供专业资料,有利于开展深层次的咨询。目前文献资料全部上校园网,具有网上检索、借还、预约、续借等功能。

英文期刊多为欧美一流的经济学理论及动态性杂志,包括经济类世界著名大学及国际权威研究机构出版的《美国经济评论》、《政治经济学杂志》、《计量经济学杂志》、《公共经济学杂志》、《国际经济学杂志》、《货币经济学杂志》、《金融学杂志》、《风险与保险杂志》。中文学术刊物有:《经济研究》、《经济学动态》、《世界经济》、《财政研究》、《金融研究》、《国际贸易》、《保险研究》等。

作为教学科研的助手,经济分馆除了在经济理论方面紧跟国际和国内的经济学前沿动态,对国内经济类各种统计年鉴都有完整的收藏,而且对世界银行、国际货币基金组织等国际统计资料也给予特别的重视,收集了1980—2006年的三部分统计资料。另外,自建三个数据库:1. 英文论文主题数据库(1.4万条),便于研究生毕业论文查阅资料。2. 英文新书数据库,由本院教师推荐的英文新书,每年度向全体教师公布,便于各专业老师了解本专业新书以及其他相关专业的情况。3. 教学参考书数据库,收集经济学院本科、研究生课程的参考书,并链接到经济学院网页,每学期更新一次,按照教师、课程排列。

目前的经济分馆已经在经济学院的网站上建有自己的网页,并

实行计算机化管理，网上编目、网上借阅。从2005年起组成教师选书小组，根据教师所选书目采购图书，从2005年7月起在网上公布每月新书，并按期发到教师的电子邮箱，使教师能及时了解经济分馆的动态信息。

信息中心 经济学院信息中心包括经院网站、机房及计算机群。机房和计算机群便利同学和老师们充分利用网络资源，为多媒体化教学提供硬件资源。经济学院网站不但是一个对外宣传的窗口，师生互动的平台，它还具有信息发布、电子资源下载等多方面的功能。

（肖冶合）

光华管理学院

【发展概况】 光华管理学院的前身是1985年北京大学成立的经济管理系和管理科学中心，1993年在原北京大学经济学院经济管理系和北京大学管理科学中心的基础上成立北京大学工商管理学院。1994年北京大学与光华教育基金会签定合作办学协议，工商管理学院改名为光华管理学院。管理学院成立后，由著名经济学家厉以宁教授担任首任院长。张维迎教授为现任院长，武常岐、徐信忠、陆正飞教授为副院长。

截至2006年12月，学院有全职教师107人，其中教授40人，副教授37人，讲师30人。全职教师中有85人获得博士学位，其中65人在海外或香港获得博士学位。此外，学院还聘任了多名访问教授与兼职教授。

截至2006年年底，学院共有学生3225人。其中全日制大学本科生666人，普通硕士研究生316人，MBA学生1269人，EMBA学生720人，MPAcc学生99人，博士研究生155人，各项目留学生90人。在本科招生中学院多年坚持文理兼收的原则，2006年有15名各省市高考第一名进入光华管理学院学习。学院在搞好学位教育的同时，还开办了多种形式的高级管理人才培训班，承担了国家、省、市、部委以及企业、单位的科研任务。

学院11000多平方米的教学科研楼于1997年秋投入使用。在建中的光华新楼，建筑总面积近30000平方米，是一座集教学、科研和办公为一体的综合性设施。

【学科建设】 学院设有10个系，分别是：应用经济学系、金融系、组织管理系、市场营销系、战略管理系、会计系、管理科学与工程系、信息系统与物流管理系、商务统计与经济计量系、卫生经济与管理系。

学院设有大学本科、硕士和博士研究生三个层次的学位教育。本科现有金融学、会计学、市场营销三个专业；硕士研究生设有国民经济学、金融学、产业经济学、企业管理、会计学、统计学、管理科学与工程、工商管理硕士（MBA）、高级工商管理硕士（EMBA）、会计硕士专业学位（MPAcc）10个专业；学院设有国民经济学、金融学、产业经济学、企业管理四个博士生专业，其中国民经济学是国家重点学科。

学院积极开展相关领域的研究，挂靠学院的研究机构有：北京大学管理科学中心、北京大学金融与证券研究中心、北京大学国际会计与财务研究中心、北京大学金融数学与金融工程研究中心、北京大学网络经济研究中心、北京大学工商管理研究所、北京大学国际经营管理研究所、北京大学中国中小企业促进中心、北京大学二十一世纪创业投资研究中心、北京大学企业管理案例研究中心、北京大学经济分析与预测研究中心、北京大学复杂性科学虚拟研究中心、北京大学中国经济与WTO研究所、北京大学光华管理学院华人企业管理研究中心、北京大学光华管理学院国际金融研究所、北京大学光华管理学院经济社会系统分析与模拟实验室、北京大学国家高新技术产业开发区发展战略研究院等。

【科研工作】 2006年，光华管理学院总计取得267项科研成果，其中包括：编著7部；调研报告7篇；教材5部；论文220篇；译著7部；著作14部；著作章节7篇。

科研项目如下：国家级项目（纵向项目）共计：14项，其中国家自然科学基金项目7项，国家社科基金项目2项，教育部2006年度"新世纪优秀人才支持计划"1项；横向课题共计42项。

获奖共计7项，其中获得教育部第四届中国高校人文社会科学研究优秀成果奖2项，获得北京市第九届哲学社会科学优秀成果一等奖1项，获得北京大学第十届人文社会科学研究优秀成果4项。

【对外交流】 1月7日北京大学光华管理学院新年论坛开幕，论坛主题为"自主创新与可持续发展"。工商银行行长杨凯生、建设银行董事长郭树清、中央财经领导小组办公室刘鹤、全国人大常委会副委员长韩启德、三星副董事长Yoon-Woo Lee等出席了论坛。

3月7日，北大案例中心、《北大商业评论》组织思科系统公司战略副总裁Ron Ricci在光华管理学院以"Executives as Brand Builders"为题发表演讲，北京大学光华管理学院教授江明华主持演讲。

4月21日，世界宗教博物馆暨纽约非政府组织GFLP执行长释了意（Maria Reis Habito）在光华管理学院以"一花一世界：建构'灵性管理'思维"为题发表演讲，北京大学光华管理学院教授王建国主持会议。

5月19—23日，北大光华管理

学院副院长、EMBA中心主任武常岐教授率EMBA学员一行10人参加了中央电视台《玄奘之路》活动。

6月1日,北大光华戴姆勒-克莱斯勒论坛在光华管理学院举办。北京市副市长陆昊以"北京若干产业发展的思考"为题目发表演讲。北京大学光华管理学院副院长朱善利教授主持了论坛。

6月6—8日,由北京大学光华管理学院和Journal of Banking and Finance联合举办的Journal of Banking and Finance三十周年庆研讨会在北京大学光华管理学院召开。研讨会的主题为"过去30年间世界金融市场的变化及未来"。Journal of Banking and Finance主编Giorgio Szego先生、哈佛大学法学院Lucian Bebchuk教授、范德堡大学Ronald Masulis教授、佛罗里达大学Jay Ritter教授和纽约大学Anthony Saunders教授、Barry Scholnick教授等专家学者在会议上发表了主题演讲。

7月24—30日,北京大学党委常务副书记、光华管理学院院长吴志攀教授率领光华管理学院师生一行共37人对台湾进行了为期7天的学术交流访问。

9月21日,文化部部长孙家正在光华管理学院以"文化即人"为题目发表演讲,北京大学光华管理学院院长张维迎教授主持会议。

10月17日,北京大学三井创新论坛第四讲于北京大学光华管理学院举行。三井住友保险株式会社井口武雄会长以"为企业可持续发展保驾护航的创新理念"为题发表演讲。北京大学国家高新区战略研究院常务副院长王其文教授主持论坛。

10月22日,庆祝北京大学金融与证券研究中心成立十周年暨中国商业银行改革与创新高级论坛在北大隆重举行。论坛开幕式由北京大学经济学院副院长、北京大学金融与证券研究中心副主任孙祁祥教授主持。北京大学副校长张国有教授、教育部社科司副司长袁振国、北京大学社科部部长程郁缀教授、北京大学光华管理学院院长张维迎教授、北京大学光华管理学院党委书记王其文教授、北京大学金融与证券研究中心主任曹凤岐教授先后致词。出席论坛的还有北京大学校长助理于鸿君教授。在随后的主论坛上,中国人民银行副行长吴晓灵、中国银监会副主席唐双宁、中国银行行长李礼辉、中国建设银行副行长罗哲夫、北京大学金融与证券研究中心主任曹凤岐先后发言。

12月2日,迪斯尼公司董事局主席、宝洁公司前董事长、CEO约翰·白波(John Pepper)先生以"至关重要——宝洁基业长青之道"为题在光华管理学院发表演讲。光华管理学院院长张维迎教授主持演讲。

12月8日,北京大学三井创新论坛第五讲于北京大学光华管理学院举行。北京市政府陆昊副市长以"文化与时尚在经济发展中的作用"为题发表演讲。三井物产(中国)贸易有限公司中国副总代表魏杰主持论坛。

12月8—10日,由中国管理现代化研究会倡导发起,北京大学光华管理学院承办的"首届(2006)中国管理学年会"在北京九华山庄成功举办。

12月20日,北京大学三井创新论坛第六讲在光华管理学院举办,北京大学三井创新论坛理事长、北京大学光华管理学院名誉院长、北京大学国家高新区发展战略研究院院长厉以宁教授以"民营企业与自主创新"为题目发表演讲,北京大学国家高新区战略研究院常务副院长王其文教授主持论坛。

12月24日,2007光华(上海)新年论坛晚会在上海浦东圣莎大酒店举办。

【国际合作】 光华管理学院始终注重国际合作与交流,2006年度光华管理学院教员参加各类国际学术会议与交流100余人次。其中,接待来访院校代表55人次,或礼仪性接待,或探讨合作可能性,或互通信息;接待来访学生团体10余次,为学生交流创造条件。2006年,学院共派出8位教员参加哈佛PCMPCL项目的培训并继续开展博士生国际交流。

为了给学院学生提供国际化的商学教育,学院加强与国外商学院的合作。2006年新增与光华签订学生交流协议的学校有:

美国普渡大学克莱恩特商学院、美国迈阿密大学法莫商学院、美国印第安那大学、美国德克萨斯A&M大学、加拿大女皇大学商学院、德国WHU商学院、德国欧洲管理学院、意大利博考尼大学、荷兰Nimbus商学院、俄罗斯莫斯科国立大学、香港中文大学、新加坡南洋理工大学商学院、澳大利亚墨尔本大学商学院、澳大利亚悉尼大学。

另外,2006年度光华管理学院还与部分合作院校拓展了合作项目或巩固合作关系:北京大学与新加坡国立大学续签双学位合作协议;光华—沃顿GCP项目签约;商议并决定开展光华—蒂尔堡大学双学位研究生项目。

截至2006年12月31日,与光华管理学院有交流合作的国外院校达到34所,涵盖了亚洲、欧洲和美洲三大洲的国家和地区。学院共选派65名同学参加2006—2007年度交换。为了使来自世界各地的学生在短期内适应中国的环境,国际合作与公共关系部还特别设立了"GISA(Guanghua International Students Association,)",为外国同学与学院学生搭建了良好的沟通平台。

2006年光华管理学院开展了以下国际交流合作相关活动:

1月18日,韩国KAIST(Korean Advanced Institute of Science and Technology)大学商学院一行22人来访光华。

3月7日,首届光华国际日及交流报告会举办。

3月23日下午,光华国际合作与公关部与光华国际学生交流协会共同开展了Buddy System之"企业行"活动。

5月23日,美国宾夕法尼亚大学沃顿商学院代表团一行18人访问了光华管理学院,光华管理学院副院长武常岐教授为代表团做了中国经济专场讲座。

5月由国际合作部牵头,MBA、EMBA、职业发展中心等部门配合,成功举办了第一届国际暑期项目,吸引了5所国外商学院的30余位学生参与,他们来自美国、俄罗斯、加拿大、德国、希腊、韩国、新加坡、巴西等地。

6月19日上午,加拿大女皇大学商学院院长David Saunders、Nailin Bu教授及国际管理中心主任Angela James女士来访光华。涂平副院长主持了会见。

9月底,光华MBA项目组成员在加拿大和美国参加MBA国际巡展,拜会位于多伦多、芝加哥的合作院校。

10月16日,在John Chen先生的陪同下,哈佛商学院副院长Paul Marshall教授访问光华管理学院,与包括副院长涂平在内的光华管理学院等教员就PCMPCL等议题讨论。

10月30日上午,北京大学光华管理学院与新加坡国立大学管理学院将举行北大—新国大国际MBA双学位项目(PKU-NUS IMBA)的续签仪式。签约当天,两所院校的院长及项目主管出席仪式。

12月27日,第二届光华国际日召开。

【校友工作】 2005年12月20日—2006年1月8日,协助光华校友房地产协会举办"2006光华校友房地产论坛"。

3—5月,编辑印刷《光华校友通讯》一期。

8—9月,协助光华校友网球俱乐部组织校友参"2006EMBA网球邀请赛"。

9月,为2006本科、MBA新生挑选EMBA校友担任辅导员。

11月,协调校友房地产协会举办"化人力为财力——房地产精英成长之路"的光华房地产论坛第一讲。

12月,出版《光华校友通讯录》和《光华校友通讯》。

12月24日,举办2007北大光华新年论坛(上海),活动得到了上海校友中心、深圳校友中心的支持。

【毕业生就业】 2006年光华管理学院共有本科毕业生125人,其中金融专业50人,会计专业24人,市场营销专业25人,人力资源专业26人。2006届光华本科毕业生分布最广的两个行业是金融行业和会计师事务所,其比例为28.2%和22.5%;其次为咨询行业、IT电子通信行业和服务业,其比例分别为11.2%、7.0%和7.0%。

2006届共有普通硕士毕业生150人,其中直接就业119人,继续深造23人,保留户档和其他情况8人。从专业上分,金融专业60人,非金融专业90人。毕业生多集中在金融行业(26.1%),其次为咨询(12.7%)和IT电子通信(10.6%)。

2006年共有全日制工商管理硕士(MBA)毕业生122人,毕业后3个月就业率达到99%。其中在外资企业就业比例占43%,民营企业占28%,国有企业占22%,创业占4%以及政府机关占3%。

法 学 院

【发展概况】 北京大学法学院在中国国立大学法学教育中历史最为悠久。1904年,京师大学堂在其下设的政法科大学堂,设立"法律学门",这是中国首个在近现代大学之内专事法律教育的部门,亦即现今北京大学法学院的前身。1912年,京师大学堂更名为国立北京大学。1919年,北京大学法律学门正式改为北京大学法律学系。此后,经历多次更迭和易名,直至1954年重建北京大学法律学系。随着办学规模的扩大和学科互动的增进,加之对法律教育未来发展的瞻望,北京大学法律学系在撤销各教研室、重新整合各专业学科的基础上,于1999年6月26日改建为北京大学法学院。北京大学法学院的学科建制历经百年的积累与变迁,学科分类与课程设置在1949年以前即已领先国内。1949年以后,尤其在1977年恢复正常的高校招生制度之后,各法学专业皆为国内最早或较早培养硕士研究生或博士研究生的学科。

北京大学法学院主要以研究中心(所)为平台开展学术研究、对话与交流,努力促进法学的多学科和交叉学科的研究。现有研究中心(所)29个:国际法研究所、比较法和法律社会学研究所、刑事法理论研究所、实证法务研究所、近代法研究所、劳动法与社会保障法研究所、环境与资源法研究所、国际经济法研究所、宪法与行政法研究中心、金融法研究中心、人权研究中心、人民代表大会与议会研究中心、港澳台法律研究中心、犯罪问题研究中心、房地产法研究中心、非营利组织法研究中心、税法研究中心、世界贸易组织法律研究中心、海商法研究中心、财经法研究中心、宪政研究中心、公众参与研

究与支持中心、法律经济学研究中心、民法研究中心、公司财务与公司法研究中心、北京大学法学院软法研究中心、北京大学中美法律与政策研究中心、北京大学廉洁社会研究中心、北大—耶鲁法律与政策改革联合研究中心。其中,北京大学宪法与行政法研究中心于2004年11月26日被评为教育部人文社会科学重点研究基地。

(赵 焕)

法学院图书馆作为法学教育的第二课堂,在学校教育中发挥着重要的情报职能,是北京大学的法律文献信息中心。全馆使用面积1100平方米,馆内设有期刊、图书、电子阅览室、中文和外文书库,藏书10万余册,近年又陆续收藏光盘、录像带,建立各种数据库。馆内电子阅览室有41台电脑与国际联网,并已开展国际远程教育。2000年被联合国确定为"联合国资料保存馆"。迄今为止,馆内已全部实现自动化管理。2006年,法学院图书馆共购买新书5600多册,1800多种;订购中文期刊352种(包括内部期刊、台港澳期刊);外文现刊104种;自购外文图书300册;收到香港中文大学赠书400册。除中外文书刊外,还收到联合国出版物300多种,中国反对拐卖人口资料100册。2006年法学院图书馆共收集整理了由法学院主办的各种名家讲座119个,均已刻成光盘保存,并可以在馆内局域网上收听。

法学院拥有的法学学术性双月刊——《中外法学》(Peking University Law Journal),每期20万字,面向国内外公开发行,是享有盛誉的中国法学类核心期刊之一。

2006年法学院在职教职人员117人,其中教授39人、副教授35人,讲师10人,教辅、党政管理人员23人。在站博士后10人。

2006年招生情况:本科生183人,留学生27人;法学硕士109人,法律硕士348人,政法系统在职攻读法律硕士专业学位107人,博士60人。

2006年毕业生情况:本科生140人,130人获得学士学位,留学生24人,15人获得学士学位,知识产权二学位29人,全部获得学士学位;法学硕士230人,全部获得硕士学位;法律硕士183人,政法系统在职攻读法律硕士145人,全部获得硕士学位,博士61人,全部获得博士学位。

(叶元生、臧文素、党淑平、乔玉君)

【学科建设】 法学专业教学主体结构分为法学专业本科生、硕士研究生、博士研究生三个层次。法学理论、法律史、宪法学与行政法学、刑法学、民法学、商法学、诉讼法学、经济法学、环境与资源保护法学、国际法学、国际经济法学、知识产权法学、法律硕士等13个专业,设有硕士点。2004年,法学院被评为法学一级学科,法学各专业皆可招收博士研究生。法学院现有四个国家重点学科,分别为法学理论、宪法学与行政法学、刑法学、经济法学,重点学科数量居全国法律院校之首。

(龚文东)

【交流与合作】 2006年,北京大学法学院接待了来自国外法学院、研究机构、法院、司法机关等机构的学者、学生、法官、官员等约30多人,以及来自港台地区的学者、学生等约20多人的访问。许多来宾在访问期间还发表了精彩的演讲,共计15场。北京大学法学院与来访学者还举行了多次学术交流,举办了4次大中型国际学术研讨会。共有2位国外访问教授讲学。

2006年主要国际交流活动:

3月25日下午,在法学院科研楼举行"北大法学院—关西大学法学院学术研讨会"。北大法学院李鸣副院长和关西大学法学院山中敬一院长共同主持了研讨会。

4月4—13日,新加坡国立大学法学院副教授Ong Siew Ling, Debbie女士为法学院学生开办了"普通法视角下的家庭法"系列讲座。讲座由马忆南教授主持。

4月29日—5月6日,法学院2005级学生15人应台湾韩忠谟教授法学基金会邀请,赴台参加"2006两岸大学新生交流座谈会"。在台湾,学生们分别与台湾大学、东吴大学、中正大学等校法律系学生进行交流和座谈。

5月17日晚7点,美国著名法学教授哈罗德·伯尔曼在北京大学英杰交流中心第二会议室为北大师生进行了一场关于世界法的专题讲座。讲座由张骐教授主持。

哈罗德·伯尔曼,美国Emory大学法学教授,哈佛大学法学院名誉教授,他的获奖著作《法律与革命——西方法律传统的形成》,中文译本由贺卫方教授等人翻译。本次讲座伯尔曼教授选取世界法作为专题,深入探讨了世界法这个概念的产生与发展,并论述西方法律传统及其他法律传统对世界法的贡献。讲座气氛热烈。

5月24日密苏里大学堪萨斯校区法学院Mark Berger教授在法学院学生活动中心做题为"模范刑法典视野下的沉默权问题"的学术讲座。王世洲教授主持讲座。Mark Berger教授是美国刑法学权威人物,在美国刑法学界有较高的知名度,对美国《模范刑法典》有相当的研究。

5月26日,由北京高校情报资料演讲会法律分会组织,北京大学法学院图书馆主办的北京地区法律图书馆学术会议在法学院模拟法庭举行。来自美国密苏里大学堪萨斯校区法学院图书馆馆长Paul D. Callister教授作了主题为"21世纪的法律图书馆"的学术报告,讲授了网络环境下法律图书馆的作用与法律信息业的发展趋向,

介绍了美国法律图书馆界的食物工作，并对部分国外免费法律专题数据库作了详细介绍。来自北京地区15所高校法律图书馆、资料室和法学科研机构、法院等法律信息工作者共30人参加了会议。会议得到了台湾元照法律出版公司、北大英华公司的大力支持。

5月31日下午，"中美法学院学生交流会"在法学院模拟法庭举行。双方各有25名同学出席了交流会。中、美大学生就大学教育和校园生活等话题展开了热烈的讨论，其间的小游戏更是让现场气氛达到了高潮。本次法学院学生会主办的"中美法学院学生交流会"扩大了同学们的视野，增强了同学们的交流能力，有不少同学更与外国友人结下了深厚的友谊。许多同学都表示受益匪浅。

6月22日下午，在法学楼模拟法庭耶鲁大学法学院、环境学院教授Daniel Esty做"信息时代的环境保护"讲座。北大-耶鲁法律与政策改革联合研究中心中方主任王锡锌主持，北京大学法学院环境法教授汪劲为讲座评论。

7月7日，韩国卫生法学代表团一行10人访问北大法学院。李鸣副院长、孙东东副教授以及部分学生接待代表团的来访。代表团着重了解了法学院有关卫生法学的学科建设情况。

9月2日，北京大学法学院中国法硕士项目正式开始。这是法学院第一次开设全英文课程，系统讲授中国法律的法学硕士项目，共有6名来自美国、加拿大、澳大利亚、日本的学员参加。

9月5日，意大利Conte & Giacomini律师事务所高级合伙人Giuseppe Giacomini先生和Alberto Rossi先生，受热内亚大学法学院委托，访问法学院，希望建立两院的合作交流关系。朱苏力院长、薛军博士接见来访客人。

9月，东京大学法学院能见善久教授应邀访问法学院，以"信托法——在日本的理论和实践"为题，为法学院的法学硕士、法律硕士举办了系列讲座。

该系列讲座分四次，主要内容包括：信托法的基本原则；资产证券化和信托的其他商业运用；信托与大陆法系（混合法律体系的问题）以及日本最高法院信托判例分析。能见善久教授的讲座对日本最新信托立法对原有信托制度的发展、对英美法的吸收、商业信托的完善等诸多理论研究与实践应用作了详细的介绍，使得参加讲座的师生对日本信托制度的新近发展有了最新的认识，得到了北京大学法学院师生的一致好评。

9月25—27日德国慕尼黑大学法学院刑法学教授Roxin先生夫妇访问法学院，并做题为"德国刑事诉讼法对被告人的保护"的学术讲座。Roxin教授还赴北京大学深圳研究生院，为学生做了"德国现代犯罪理论的现状与发展趋势"的讲座。

10月26日上午，韩国大法院院长李容勋先生率团访问北京大学法学院。法学院部分教授和研究员以"韩国的法治与教育"为主题与大法院院长一行在北京大学英杰交流中心举行座谈。座谈会由法学院副院长李鸣主持。参加座谈的教授及研究员有：贺卫方、王世洲、汪建诚、张平、徐爱国、王成、太贤淑。

10月26日下午，法学院主办的"麦克唐纳先生纪念会"在北京大学英杰交流中心举行。加拿大国际法学专家麦克唐纳先生是北京大学法学院的老朋友，曾于1986年至1998年担任法学院（法律系）名誉教授，为北京大学法学院国际法学的研究作出了卓越的贡献，同时也为中、加两国的法学交流搭建了良性互动的平台。遗憾的是麦克唐纳先生不幸于2006年9月在加拿大去世，为了感谢麦克唐纳先生对北京大学法学院的帮助并纪念先生与北京大学法学院间的深厚友谊，举办该"纪念会"，以示对先生的悼念。出席会议并发言的领导和嘉宾有：全国政协副主席罗豪才、北京大学党委常务副书记吴志攀、加拿大驻华使馆临时代办人员、加拿大国际开发署代表史凯先生、北京大学法学院教授白桂梅、中国社科院法学所教授刘楠来、中国政法大学国际法学院院长莫世健。同时，由会议代表发言的友人有北京大学国家法研究所所长饶戈平、中国驻联合国副代表刘振民、清华大学教授李兆杰。

11月1日、2日，在法学院学生活动中心，举办"比较法与法社会学系列讲座"之二十六、二十七期。邀请比利时天主教卢汶大学法学院副院长Wouter Devroe教授主讲。演讲题目为：欧洲法院在欧洲普通法形成中的作用；欧洲内部市场的几个法律问题—竞争与征税。讲座分别由张骐、张智勇主持。

11月3—9日，意大利特伦托（Trento）大学法学院院长Roberto Toniatti教授，率Luisa Antoniolli、Nicola Lugaresi、Massimo Miglietta等教授访问北京大学法学院。朱苏力院长与Toniatti院长一行就派遣北京大学法学院学生赴意大利学习的计划进行详细商谈。访问期间意大利教授还举办了欧盟法系列讲座。讲座由法学院薛军老师主持。

（殷铭）

【科研工作】2006年法学院科研成果统计：出版专著23部、教材11部、工具书4部、译著6部，发表论文221篇、研究报告4篇。汪建成获"新世纪优秀人才计划"。

获北京大学第十届人文社会科学研究优秀成果奖名单

申报人姓名	成果名称	成果形式	出处(发表期刊、出版单位)与时间	奖项级别
刘燕	会计师民事责任研究：公众利益与职业利益的平衡	著作类	北京大学出版社 2004年4月	一等奖
李贵连	沈家本评传	著作类	南京大学出版社 2005年3月	一等奖
白建军	关系犯罪学	著作	中国人民大学出版社 2005年1月	二等奖
沈岿	因开放、反思而合法——探索中国公法变迁的规范性基础	论文	《中国社会科学》 2004年第4期	二等奖
陈端洪	行政许可与个人自由	论文	《法学研究》 2004年第5期	二等奖
刘凯湘	物权法原则的重新审视	论文	《中外法学》 2005年第4期	二等奖

获中国高校第四届人文社会科学研究优秀成果奖名单

申报人姓名	成果名称	成果形式	出处(发表期刊、出版单位)与时间	奖项级别
陈兴良	《本体刑法学》	著作	商务印书馆 2001年8月	三等奖
朱苏力	《道路通向城市——转型中国的法治》	著作	法律出版社 2004年5月	三等奖
楼建波	《China's Troubled Bank Loans: Workout and Prevention（中国银行坏账的解决和预防）》	著作	Kluwer Law International（London-The Hague-Boston）2001年	三等奖

获北京市第九届哲学社会科学优秀成果奖名单

申报人姓名	成果名称	成果形式	奖项级别
朱苏力	《也许正在发生：转型中国的法学》	专著	二等奖
张守文	《财税法疏议》	专著	二等奖

北京市社科"十一五"规划立项名单

项目负责人	项目名称	项目类别
张守文	地方财政分权与首都财税法制的完善	"百人工程"项目
甘培忠	北京市实施新公司法中新类型案件疑难问题研究	自选项目
傅郁林	司法裁判权的监督机制研究	规划项目

2006年国家社科基金项目立项名单

项目负责人	项目名称	项目类别
汪劲	环保执法问题研究	重点项目
洪艳蓉	金融监管独立性研究——以证券市场为中心	青年项目
陈兴良	判例刑法研究	一般自选项目

2006年教育部项目立项名单

项目批准号	申请人	课题名称	项目类别
06JA820001	刘燕	上市公司财务运作的法律规制	规划项目
06JA820002	朱苏力	纠纷解决的社会机制及其原理	规划项目

2006年司法部项目申报名单

姓名	项目名称	项目类别
刘剑文	中央与地方财政分权法律问题研究	重点课题
张守文	促进国民经济与社会稳定发展法律问题研究	重点课题
张平	美欧针对中国知识产权执法启动WTO争端解决机制的法律对策研究	重点项目
郭自力	生物医学法律关系的刑法调整	一般项目
潘剑锋	国家司法考试与法学教育研究	一般课题
张双根	占有制度的基本理论研究	中青年课题

(赵焕)

【学生工作】 1. 着眼长效,立足制度建设,形成规范化、科学化的工作机制。

制度建设是实现学生工作职能、提高工作效率的前提。本年度,经过广泛调研、制度起草、征求师生意见、广纳建议、完善修改等一系列严格认真的准备工作后,法学院先后出台了《北京大学法学院奖学金评审条例》、《北京大学法学院学生奖励评审条例》、《北京大学法学院助学金评审规则》、《北京大学法学院就业指导工作细则》、《北京大学法学院在校学生实习管理办法》、《北京大学法学院毕业生就业推荐管理办法》、《北京大学法学院用人单位信息发布管理办法》以及包括23项具体规范的《共青团北京大学法学院委员会制度汇编》。

2. 教育为先,完善课程内容,全面落实课程体系。

2006年,法学院全面设立并实施了包括"成长成才"、"职业生涯规划"、"青年法律人第二课堂成才计划"在内的三大课程体系。

成长成才课程体系综合以往与学生综合素质培养及全面成长成才有关的教育内容,根据不同年级学生的特点和需求设计教学计划,具体内容包括"新生角色转换"、"心理健康教育"、"论文指导与学术规范"、"两会热点问题"报告会等课程,均受到了学生们的好评。

职业生涯规划课程体系是根据学生有限的实践能力无法应对日益突显的就业问题这一现实情况而设计的,旨在指导学生进行职业生涯的科学规划并系统地培养学生的就业能力和意识。目前该课程已成功举办了19场讲座,讲座场场精彩,受到了众多同学的好评。包括"备战2007年国家公务员考试"、"律所从业要求"、"中国法律就业市场"、"法律英语讲座"、"面试技巧培训"、"个性化职业咨询"在内的一系列讲座覆盖了关于职业规划方方面面的问题。

"青年法律人第二课堂成才计划"旨在将思想政治教育融入到大学生专业学习的各个环节,积极探索和建立社会实践与专业学习相结合、与社会服务相结合、与择业就业相结合的管理体制。本学度,同学们陆续自主设计、发起、运作了"法律文化节"、"首都高校法学院模拟法庭比赛"、"对话基层政府——与苏州、三明政府的对话"等多项体现法律人精神、锻炼法律学生素质的大型项目。此外,根据同学兴趣和爱好开展的文体、交流项目更是不计其数,质量颇高。

3. 高效管理,完善学生工作管理体系。

法学院于11月召开了法学院学生工作研讨大会。与会师生的充分沟通和交流为今后学生工作的高效开展提供了宝贵的经验和思路,成为法学院学生工作阶段性总结和展望的重要环节。

在奖励、奖学金、助学金工作方面,法学院根据校学生工作部相关要求认真、充分落实工作。同时,法学院对《法学院奖学金评审条例》、《法学院学生奖励评审条例》、《法学院助学金评审规则》等制度进行了修改,进一步明确了标准,规范了程序,使奖学金、奖励、助学金的评审工作更加公开、透明。此外,法学院进一步挖掘资源,争取到校友和社会各界人士在法学院设立奖学金,本年度,法学院又增加了2项奖学金——"中伦文德奖学金"和"英华奖学金",至此,法学院共设立了10项申请制奖学金,先后由54名学生获得。

随着学生心理问题日益突出,法学院对学生心理问题高度重视。一年来,通过坚持不懈的工作和缜密的工作机制,法学院对于同学存在的心理问题可以做到及时发现、及时处理,对于心理问题较严重的学生,学院积极与学生家长联系,聘请专家诊断和治疗,避免了问题的恶化,也为解决学生心理问题积累了经验。

信息管理系

【发展概况】 信息管理系是我国自己创办的最早的图书馆学情报学教育基地之一,其前身是图书馆学系,始建于1947年,1987年5月改名为图书馆学情报学系,1992年为适应国民经济信息化和社会信息化的需求,改为信息管理系。经过半个多世纪的建设和发展,在几代人的不懈努力下,逐步壮大为一个多学科、多层次、全日制与继续教育相结合的新型专业教育中心,培养高层次信息管理人才的摇篮。拥有图书馆学、情报学和编辑出版学硕、博士点以及一级学科授予权,其中图书馆学为国家重点学科。2006年全系有教职员36人,其中教授11人,副教授14人,讲师3人。系内设有2个教研室(图书馆学教研室、信息管理与信息系统教研室),1个研究所(信息传播研究所),3个实验室(数字图书馆开放实验室、计算机信息管理应用实验室和中国人搜索行为研究实验室),还设有实习室、资料室、党委办公室、行政办公室、函授办公室、教务办公室等机构。

信息管理系还建有国家信息资源管理北京研究基地,承担国家信息化推进工作办公室委托的课题研究任务和相关的社会服务工作。

【学科建设】 在专业设置方面,经过多年的调整和发展,已形成一个以信息管理为核心的、专业门类较齐全的专业体系。本科层次设有信息管理与信息系统专业和图书馆学专业,2006年招收信息管理与信息系统专业学生38人。博士和硕士研究生层次设有图书馆学、情报学和编辑出版学三个专业,

2006年硕士生招收36人,其中图书馆学专业10人,情报学专业22人,编辑出版专业4人。博士生招收14人,其中图书馆学专业2人,编辑出版专业2人,情报学专业10人。2006年在校全日制本科生人数达164人,硕士生76人,博士生56人,做博士后研究有4人,此外还招收进修教师与访问学者6人。

教学改革是一个系健康发展和永葆青春的重要机制。为贯彻北京大学"加强基础、淡化专业、因材施教、分流培养"的精神,2006年本科生继续实行按系招生,文理兼收,打通专业基础课程。经过全系师生广泛深入的调查研究和讨论、论证,确定了今后的学科发展方向:以信息资源管理和信息技术应用为核心的发展重点,为国家信息化培养合格人才。学科定位在信息资源建设和信息传播与服务的教学与研究方面。拓宽专业口径,逐步转向信息资源管理,从技术、经济、政策与法律、人文等不同角度来切入此领域。图书馆学专业也要突破传统的学科范围,重点转向文献信息管理。关键要转变观念,把信息管理、图书馆学视为一个密切相关的学科组合体,特别要关注网络信息管理学科建设与管理问题。

根据信息管理专业的需要和发展方向,近年新开设部分专业课程包括:信息管理概论、信息资源建设、信息组织、信息存贮与检索、信息服务、信息经济学、信息分析与决策、办公自动化、信息政策与法规、管理信息系统、广告学概论、广告实务、调查与统计方法、数字图书馆、信息系统分析与设计、企业与政府信息化、网络信息传播、网络信息资源组织、统计与数据分析等。

【科研工作】 信息管理系教师在教书育人的同时,在图书馆学、情报学、信息管理与信息系统等领域进行了广泛而深入的研究。截止到2006年年底,在研科研项目近20项。出版各类教材、专著和其他著作数十种,发表论文数百篇,获得各种学术奖励和荣誉10余项,得到了学术界的好评,有多篇论文被SCI、SSCI(社会科学引文索引)等收录。

在学术交流方面,信息管理系是中国图书馆学会、中国科技情报学会、中国社科情报学会、中国信息协会、中国信息经济学会、全国科技传播研究会等重要学术团体的机构会员,并在其中担任了常务理事或副理事长等重要职务。与国内外一些著名大学的信息管理系或其他相关院系有密切的交往,每年都接待一定数量的国内外专家学者访问或讲学,选派若干名教师出国进修、访问或参加学术会议。

7月16日,由系主办的"中国信息化高峰论坛暨首届北大CIO班结业典礼"在北大百周年纪念讲堂多功能厅隆重举行。结业典礼由系党委副书记李国新主持,北大副校长海闻和系主任王余光分别代表北京大学和北京大学信息管理系致欢迎辞。国务院信息化工作办公室副主任杨学山就中国信息化现状和CIO人才培养的重要性发表了演讲。中国科学院院士倪光南也在典礼上作了《增强自主创新能力、促进中国特色的信息化》的演讲。典礼结束后,分别由《计算机世界》副总编孙定和《中国计算机报》高级副总编郭旭主持了题为"CIO机制与CIO领导力"和"管理软件的未来之路"两个分论坛。《信息周刊》中文版主编贺寅宇与北大CIO班学员作为嘉宾参加了上午的分论坛对话。下午,中国信息协会副会长胡小明、北大光华管理学院副教授董小英和中国计算机用户总编段永朝先后作了《CIO与创新》、《CIO领导力》和《信息化的困境与出路》的演讲。演讲之后分别是"IT与管理和业务的融合"、"IT项目的规划、评估和监理"以及"保证安全、稳定和有效的IT服务"三个分论坛,分别由《中国计算机用户》总编段永朝、AMT运营总裁王玉荣和《每周电脑报》副总编郑玮主持。来自全国各地的CIO、媒体记者等200多人参加了本次盛大的结业典礼和信息化高峰论坛。

9月16日,信息管理系与广东东莞图书馆合作主办的首期"北京大学图书馆学高层开放论坛"开坛仪式在北大三院举行,系主任王余光教授主持仪式。来自于北京大学、武汉大学、中国台湾大学、新加坡南洋理工大学、韩国延世大学等高校和大陆图书馆工作一线的管理者,就各自的研究领域与论坛的参加者展开深入的交流。该系教授吴慰慈就图书馆学"边缘化"的观点提出了自己的看法,他认为图书馆学只有走内涵发展的道路才能实现传统与现代的接轨。武汉大学信息管理学院教授陈传夫在发言中强调,在信息技术不断发展的今天,图书馆事业需要新视角的学科思考,只有从经验总结出发,以学术探讨为契机,才能实现理论与实践相结合的目标。参加仪式的学者还有东莞图书馆馆长李东来,韩国延世大学荣誉教授李炳穆,新加坡南洋理工大学传播与信息学院信息科学系知识管理专业主任Abdus Chaudhry、信息科学专业主任Khoo Soo Guan Christopher,台湾大学图书资讯学系副教授陈书梅等。

9月10日,信息管理系在北大英杰交流中心召开了"周文骏教授《文献交流引论》出版20周年"研讨会。国务院信息化工作办公室、中宣部出版局、中国图书馆学会、中科院文献情报中心、北京大学、清华大学等高校以及相关学术单位的代表参加了会议。周文骏教授是原北京大学图书馆学情报学

系(信息管理系的前身)系主任,是我国著名图书馆学家,长期从事图书馆学、情报学基础理论的教学与研究工作。这部著作以一种开放性的新思维重新解读图书馆学,在图书馆和情报界产生了广泛的影响,国内外学者给予了很高的评价。

与中国图书馆学会合作,信息管理系承担了《中国图书馆年鉴》的组织编纂工作,李国新教授任主编,马张华教授、张广钦副教授、张久珍副教授任副主编。

7月22日,信息管理系2005级研究生税敏(队长)、程煜华、侯建彬、王丹和祁德君等五位同学在王继民副教授的指导和系领导的支持下,以北京大学信息管理系的名义组队参加了全国搜索引擎和网上信息挖掘学术研讨会(简称SEWM)2006中文网页分类比赛,取得了第三名的好成绩。

2006年在研项目

项目来源	项目类别	课题名称	负责人	批准经费
国家自然科学基金项目	面上项目	数字图书馆学习知识管理系统的研究与实现	余锦凤	14万
国家社会科学基金项目	一般项目	网络信息生态评价体系与保护策略研究	周庆山	7万
国家自然科学基金项目	面上项目	竞争情报活动中的人际网络研究	秦铁辉	18万
国家社会科学基金项目	青年项目	基于知识管理的企业核心竞争力研究	盛小平	8万
国家社会科学基金项目	一般项目	中国民营图书馆发展与管理的实证研究	张广钦	8万
国家社会科学基金项目	一般项目	以计算机为媒介的知识交流评价方法研究	余锦凤	8万

【对外交流与合作】 4月3日至7日,系主任王余光教授前往新加坡南洋理工大学参加"亚太图书馆情报教育与实践研讨会",并作了题为《中国图书情报学教育发展趋势》的演讲。

12月14日至19日,系主任王余光教授前往台湾大学图书资讯系,给学生作了题为《出版业对图书馆事业的推动》、《中国传统经典的选择与阅读》的演讲。

9月11日,日本爱知淑德大学图书馆情报学师生55人来系参观学习,老师与同学们与来自日本的友人进行了友好而热情的交流。讲座由系主任王余光教授主持,李国新教授作了关于中国图书馆发展的精彩报告。随后,带领日本的老师和同学们参观了国家图书馆和北京大学图书馆。

9—10月聘请Rutgers大学张向民教授为研究生讲授为期2个月的人机交互课程。

【继续教育工作】 自1956年开办函授班以来,至今已有50多年的历史,为国家培养了近万名函授毕业生,为图书馆界输送了大批实用人才,并为函授教育摸索和积累了许多有益的经验。根据学校的安排,从2006年起信息管理系不再招收成人教育的专科学生,只招收专升本的学生。目前正在开办的成人教育专业有2个:图书馆学和信息管理与信息系统。2006年共招收专升本学生191人。目前正在学习的学生有1000余人,除北京外,在天津、石家庄、太原、兰州、西安、济南、合肥、广州等地都设有函授辅导站。

10月26日,信息管理系在英杰交流中心举办了北京大学图书情报继续教育50周年庆典。参加这次庆典的有来自国务院信息工作办公室副主任杨学山、文化部图书馆司副司长刘小琴女士、北京大学副校长张国有教授、北京大学继续教育部部长郑学益教授、信息管理系的领导与老师,以及来自全国各地从事图书情报继续教育的老师们。会议回顾了北京大学图书情报继续教育工作50年来的历史,对北京大学图书情报继续教育工作的现状进行了详细的介绍,最后,系主任王余光教授表示,信息管理系有决心、有能力在今后的图书情报继续教育工作中,做出更多的贡献。

2005年信息管理系正式启动专升本远程教育,2006年已有在校生527人(其中北京地区231人,外地296人)。

鉴于成人教育的高层次化趋势,信息管理系从1994年起每年都开办研究生课程进修班,为社会上具有同等学力要申请硕士学位的人员提供进修学习的机会。2006年图书馆学和情报学2个专业在北京、苏州招生,共招收73人。

(石晓华)

社会学系

【发展概况】 2006年年底,社会学系在职的教学、科研、教辅和行政人员总数为43人,其中从事教学和科研的教师34名。2名教师调入,1名教师退休,1名管理人员调出,1名管理人员调入。34名教师中,有教授16人(其中本年晋升1人),副教授17人(本年晋升1人),讲师1人。30人有博士学位。

社会学系设有社会学、人口学和人类学3个博士点,社会学、人

类学、人口学和社会保障4个硕士点,有社会学和社会工作两个本科专业。

社会学系设有专业图书分馆2个。"社会学人类学中国网"在数据库建设、资料集成、为教学和科研服务方面发挥着重要作用。作为北京大学"十五""211工程"建设项目的子项目,"社会学人类学中国网"于本年通过了验收。

【教学工作】 1. 本科生教学

2006年本科生招生总数为66人,其中国内学生50人,留学生16人。在校本科生共238人,其中国内学生共188人,留学生50人。

社会学系开设了双学位课程,2006年双学位在读人数为62人。到2006年7月有19位学生拿到社会学双学位,2人拿到社会工作双学位。

2006年,社会学系本科生参加"挑战杯"论文竞赛获北京大学挑战杯一等奖论文2篇,二等奖1篇,鼓励奖1篇。

马戎教授的《民族社会学导论》、佟新教授的《社会性别研究导论》被评为2006年北京市高等教育精品教材。

社会学系从2006年起开始将社会实践课程纳入到教学活动中,正在建立相关的实习基地,已经基本建成的实习基地有:北京"打工妹之家"、北京市东城区和平里街道和社区、北京市西城区金融街等等。

2. 研究生教学

2006年社会学系招收硕士研究生41人(包括在校本部和北大深圳研究生院两地),博士研究生24人;有6名博士研究生毕业并获得博士学位,43名硕士研究生毕业并获得硕士学位。2006年年底在校硕士研究生共223名,博士研究生88名。

社会学系设立了研究生的助教岗位。2005—2006学年第二学期研究生助教岗位14个,2006—2007年第一学期研究生助教岗位14个。

暑期,本系聘请了美国斯坦福大学的周雪光教授、北卡大学的国光教授为研究生开设定量研究课程,研究生踊跃参与。

【科研工作】 2006年在研课题30余项,拨入经费约300万元,新增项目22项。其中,国家社科基金项目2项,北京市"十一五"规划项目3项,教育部基地重大项目2项,教育部哲学社会科学重大项目1项,其余为国家各部委和企事业委托以及海外合作项目。

2006年社会学系教师出版专著、编著、译著17部,发表论文120余篇。

郭志刚教授的"农村计划生育家庭奖励扶助计划目标人群测算研究报告"获第四届中国高校人文社会科学研究优秀成果二等奖;刘爱玉副教授的《选择:国企变革与工人生存行动》获北京市第九届哲学社会科学优秀成果奖一等奖和北京大学第十届人文社会科学研究优秀成果奖一等奖;卢辉临副教授的"革命前后中国乡村社会分化模式及其变革"获北京大学第十届人文社会科学研究优秀成果奖二等奖。于惠芳老师获北京大学科研管理二等奖。

举办的学术会议包括:"北京大学首届教育社会学国际研讨会"、第三届"金融、技术与社会研讨会"、"法学与人类学的对话"、中韩"面对东亚社会变迁的当代社会理论"学术研讨会、"中日社会变迁与社会政策国际研讨会"、第二届"社会学和人口学研究方法研讨会"等。

依托本系的"北京大学中国社会与发展研究中心"(教育部人文社会科学重点研究基地)、"中国社会工作研究与发展中心"、"社会理论研究中心"、"北京大学社会调查研究中心"、"人类学与民俗研究中心"均积极开展了各种学术活动。

2006年,社会学博士后流动站有3名博士后研究人员进站,5人出站。2006年年底,在站博士后研究人员8人。12月,举办了第二届社会学博士后回站学术研讨会。

【党建工作】 1. "共产党员先进性教育"回头看的工作。3月6日,学校党委召开扩大会议,布置了"共产党员先进性教育"回头看的工作后,及时召开了系党委扩大会,并落实了两项工作:一是检查系党委领导班子和各支部在党员先进性教育中制订整改方案的落实情况;二是各支部和系党委制订"保持共产党员先进性"长效机制的方案,把"先进性教育"落实在日常生活和学习中去。

2. 领导班子民主生活会。系党委分别召开了教职工和学生的座谈会,征求对领导班子的意见和建议。党委书记将整理好的群众意见和建议及时和每位班子成员进行了沟通反馈,开展了谈心活动,进行了认真的批评和自我批评。校纪委书记参加了我系领导班子民主生活会,并进行了总结发言。

3. 学习党的十六届六中全会精神。10月12日,学校召开党委扩大会议,由闵书记传达党的十六届六中全会精神及大会通过的《中共中央关于构建社会主义和谐社会若干重大问题的决定》。会后及时在全系教职工大会上进行了传达,同时召开党委扩大会议,认真学习了中共十六届六中全会的文件。与会者认为,在构建和谐社会方面,社会学系可以充分发挥专业特长。本系积极和民政部联系,共同培养社会工作方面的人才。2006年12月,本系和民政部举办的第一个社会工作研修班正式开班。

外国语学院

【发展概况】 北京大学外国语学

院成立于1999年6月22日,是由原北京大学东方学系、西语系、俄语系、英语系合并而成的北京大学第一个多系、多学科的学院。现任院长程朝翔,副院长刘曙雄、刘树森、王建、李政,党委书记吴新英(兼副院长),副书记李桂霞、宁琦。

外国语学院下设英语系、俄语系、德语系、法语系、西班牙语系、阿拉伯语系、日语系、东语系、世界文学研究所等9个系所,包括英语、俄语、法语、德语、西班牙语、日语、阿拉伯语、蒙古语、朝鲜语、越南语、泰国语、缅甸语、印尼语、菲律宾语、印地语、梵巴语、乌尔都语、波斯语、希伯来语等19个招生的语种,共有9个博士点,1个博士后流动站。在所属的9个系所中,除世界文学研究所只招收硕士研究生外,其他各系所均招收本科、硕士、博士等各个层次的学生。2006年12月外国语学院共有教职工275人,其中教授52人,副教授100人。现有在校学生1210人,其中本科生785人,硕士研究生272人,博士研究生153人。外国语学院主办的学术刊物《国外文学》与《南亚研究》(合办)为全国中文核心期刊。另外,外国语学院还有22个虚体研究机构和学术团体,即澳大利亚研究中心、西班牙语研究中心、巴西研究中心、伊朗文化研究所、印度研究中心、泰国研究所、阿拉伯伊斯兰文化研究所、蒙古学研究中心、南亚文化研究所、英语语言文学研究所、日本文化研究所、朝鲜(韩国)文化研究所、东南亚研究所、印尼—马来文化研究所、俄罗斯文化研究所、世界传记研究中心、中世纪研究中心、法语语言文化研究中心、古代东方文明研究所、外国语言学和应用语言学研究所、外国戏剧和电影研究所、英语教育研究所。外国语学院境外卫星电视节目接收系统向全院学生开放,可接收26个频道的外语节目。

另外,教育部的两个文科基地"东方文学研究中心"和"外语非通用语种本科人才培养基地"设立在外国语学院。

【师资队伍建设】 2006年,外国语学院从国内外招聘引进5名博士、9名硕士到外院任教。完成了教师职务聘任、岗位考核和聘任及薪级工资套改工作。派出到国外学习、进修、交流、工作16人。

【学科建设】 2006年外国语学院新聘博士生指导教师3人:陈岗龙(亚非语言文学)、董强(法语语言文学)、黄燎宇(德语语言文学)。2006年东语系吴杰伟获北京大学优秀博士论文三等奖(论文题目:《马尼拉大帆船贸易及其文化交流研究》)。

【教学工作】 1. 本科教育教学讨论。2006年上半年主要进行本科教育教学讨论的调研,并向学校提交了调研报告。外国语学院成立了本科教育教学讨论领导小组。讨论分为三个阶段:第一阶段为分系讨论,全体教师参加讨论(10—11月)。第二阶段为全院教师大会,各系代表发言(11月中)。第三阶段为院、系领导集中研讨(11月底)。就重点问题,如北京大学外语学科的历史和传统、外国语学院本科教学工作的现状等分别召开教师和学生座谈会。还结合正在进行的北京大学外国语言文学学科史科研课题,以及为纪念北京大学东方学学科建立60周年而举办的10余次学术研讨会等活动,梳理外国语学院学科建设和发展的脉络。另外,联系教学实际和讨论中形成的共识,对修订学院本科培养方案(2003年版)统一认识,形成了修订培养方案的原则性意见。

2. 迎接本科教学水平评估的准备。主要做好学院教学资料库的建设,包括纸质的和电子的两种资料,内容为学科建设和教学管理文件,课堂教学档案和教学实习资料,招生和就业的文档和资料等。确定了自评报告的主要内容:学院的基本情况、办学指导思想、队伍建设、专业建设、教学改革、人才培养的特色。

3. 教材建设。外国语学院国家普通高等教育"十一五"国家规划教材批准立项28项。这是前所未有的收获,对学院学术声誉、学科建设、人才培养、教学质量等方面具有积极的影响。外国语学院自2001年以来高度重视教材建设,于2001—2003年和2003—2005年分两批立项建设教材共42项,近三年在学校一级教材建设立项共33项。学院鼓励低级别的立项申请高级别的立项,以争取更多的经费投入,编写和出版数量更多、质量更好、影响更大的教材。2006年度外国语学院获北京大学教材建设立项10项。

2006年外国语学院获北京大学教材建设立项名单

序号	教材名称	主编及职称	新编修订	字数(万)	教材所属系列
1	《圣经》文学阐释教程	刘意青　教授	新编	35	主要专业课
2	专业硕士学位研究生英语读写教程(教师用书或自学手册)	李淑静　副教授	新编	12	一般教材
3	德国历史十五讲	罗　炜　副教授	新编	20	主要专业课
4	俄罗斯概况	郏惠康　副研究员	修订	36—40	主要专业课

续表

序号	教材名称	主编及职称	新编修订	字数(万)	教材所属系列
5	初级日本语(1—2册)教与学(1册)	赵华敏　教授	新编	100	通选课
6	日语文言语法	郭胜华　副教授	新编		主要专业课
7	波斯语实用口语(波汉对照)	滕慧珠　副教授	修订	20	主要专业课
8	希伯来语圣经导论	陈贻绎　副教授	新编	25	通选课
9	中国阿拉伯关系史	郭应德　教授	修订	20	主要专业课
10	阿拉伯语初级视听教程	梁雅卿　副教授	新编	20	主要专业课

4. 提高本科教育的国际化程度，鼓励学生在学期间通过多种方式获得在国外的学习体验。国家公派方式仍然是主体方式，同时也重视其他方式如校际交流、学院或各系交流中争取的机会和个人联系的机会。2005 年以来，我院从国家留学基金委获得资助派出学生数增长，2006 年派出 50 余人。

5. 筹备葡萄牙语的教学和本科专业人才培养。按照学科建设总体规划和学校领导的具体指示，学院于 2005 年将西班牙语系改名为西班牙语葡萄牙语系，开始建设和组织葡萄牙语教学资源。2006 年 12 月，许智宏校长与李向玉院长签署北京大学与澳门理工学院合作培养葡萄牙语学生备忘录，2007 年，我院将在西班牙语专业招收的学生中另安排 10 人学习葡萄牙语，预计于 2007 年底全面达到建设葡萄牙语专业的各项要求，该 10 名学生即转入葡萄牙语专业培养。此项工作得到北京大学教务部招生、学籍管理等方面负责人的大力支持，进展顺利。

6. 加强研究生课程建设。

2006 年外国语学院获北京大学批准立项建设研究生课程表

序号	申请单位	课程名称	负责人
1	外国语学院	版本目录学	王继辉
2	外国语学院	英语教学法	张薇
3	外国语学院	学术研究方法与东方学学术学位论著导读	薄文泽

7. 日常教学和管理

(1) 招生工作：按照教育部高校学生司的要求，外国语学院完成了《北京大学外国语学院外语非通用语种专业单独招生工作总结报告》，这个报告总结了 2004 年至 2006 年我院所有专业招收保送生的工作。招收保送生是一项按照国家的政策和学校的有关规定，由外国语学院主导实际操作的工作。我们操作这项工作的 16 字基本原则是：严格程序、公正公平、分级负责、择优录取。

外国语学院在实际操作过程中逐步形成了三个指导性文件：《北京大学外语类专业招收保送生工作规则》、《北京大学外国语学院招生工作进程和操作原则》、《北京大学外国语学院招收保送生工作实施办法》，这三个文件每年都根据前一年的工作情况修订和补充。

2006 年招收新生 325 人，其中本科生 203 人，硕士研究生 90 人，博士研究生 32 人。高校教师攻读硕士学位班 10 人。

(2) 教学督导和领导听课制度：外国语学院专业最多的东语系建立了教学督导组并制定了规则，系领导班子和督导组对这项工作认真负责。外国语学院办公会决定，学院领导每学期至少听一次非本专业的课。2006—2007 学年第一学期，学院领导听课 10 余门次。

(3) 本科生科研训练：为鼓励学生积极申请本科生科研基金和选修研究课程，外国语学院制定了《关于"校长基金"项目结题评审费用的通知》。2006 年外国语学院学生获"校长基金"5 项。积极地引导、鼓励和支持更多的学生进入我院以及其他院、系和其他高校、科研院所攻读硕士学位。2006 年推荐保送攻读硕士学位研究生 48 名，占 2007 届毕业生的 25%。

(4) 强化外语专业课程的教学：针对 2006 届本科毕业生座谈会反馈意见，外国语学院把增强提高学生外语实际运用能力作为 2006 年提高教学质量的一项重要工作。2006 年 6 月，北京高校日语专业一年级演讲比赛在我校举行，日语系不仅成功地组织了此项活动，而且从学生主持人、译员和参加比赛选手的良好表现等方面，都体现了我院学生的高素质和较高的外语水平。德语系两名学生 12 月在北京高校德语系"海涅诗歌朗诵大赛"中赢得第一名和第二名的好成绩。国家留学基金委派人去国外考察和调研，对我院在古巴留学的 10 名学生(本科生 9 人，研究生 1 人)的表现及他们的西班牙语水平给予充分的肯定和赞扬。

(5) 青年教师的多媒体课件制作：外国语学院党政联席会议决定，自 2004 年开始任教的教师，在三年内应制作自己开设的至少一门课程的多媒体课件，并参加学院工会组织的青年教师多媒体课

件演示。2006年12月，学院工会组织我院第四届"青年教师教学基本功和多媒体课件制作比赛"。

(6) 2006年共毕业学生319人，其中本科生210人，授学位208人；硕士生89人，博士生20人。同等学力4人授予硕士学位。辅修毕业117人；其中德语39人，法语49人，西班牙语1人，日语28人。

【科研工作】 1. 科研项目的立项和申报

(1) 2006年度国家社科基金项目申报和立项工作：外国语学院共组织了14项申请，占北京大学文科申请总数的10.1%；获得立项2项，其中重点项目1项，一般项目1项，2个项目共获得经费总计23万元；其中重点项目经费为16万元，为全校文科之最，比文科的另两项重点项目经费均高出3万元，创下了人文项目经费首次超过社会科学项目经费的记录，同时也创下了历年来国家社科基金外国文学学科重点项目资助金额的历史新高，比今年同期立项的相同标题其它学校获批的重点项目经费超出1万元。外院重视课题论证和申报工作，绩效显著。

(2) 2006年8月教育部留学回国人员科研启动基金项目立项工作：共组织申报并获立项1项，获项目经费2万元。

(3) 2006年度教育部人文社会科学研究一般项目申报和立项工作：共组织申请12项，获得立项6项，立项总数占北京大学文科的三分之一，为全校文科立项最多的单位。其中规划项目5项，青年项目1项，获得经费总计28万元。

(4) 2006年度教育部"新世纪人才支持计划"申报和立项工作：共组织申请3项，获得立项1项。

(5) 北京市"十一五"规划项目立项和申报工作：共组织申请2项，获得立项1项。

(6) 各级各类横向课题立项：共获得4项，获得经费总计2.4万元。

2. 科研奖励及荣誉称号

(1) 国际荣誉奖共计8项：获得俄罗斯首届马克西姆·高尔基奖章1枚；获得俄罗斯首届马克西姆·高尔基奖状2个；印度尼西亚贡献奖奖状2个。

(2) 2006年北京市第九届哲学社会科学优秀成果奖申请5项，获奖3项，其中一等奖1项，二等奖2项，获奖总数位居北京大学文科第二，申报获奖率60%。

(3) 2006年教育部第四届高校人文社会科学研究优秀成果奖：外院上报7项，获奖5项，其中一等奖2项，二等奖2项，三等奖1项，此次教育部奖的外国文学学科一共只有2项一等奖，均为外院获得。外院是北京大学唯一获2项一等奖单位，获奖总数位居北京大学文科第二，申报获奖率70.1%。

(4) 2006年北京大学第十届人文社会科学研究优秀成果奖：外院上报9项，获奖9项，其中一等奖3项，二等奖6项，申报获奖率100%。

(5) 2006年5月外国语学院被评为北京大学人文社会科学科研管理优秀单位。

3. 科研出版

(1) 北京市社科理论著作出版基金：外院申报5项，获4项资助，申报获资助率为80%（平均为57.9%），外院占全校的36.4%（北京大学共获11项），共获得出版基金7.7万元。

(2) 华夏英才基金出版资助：外院申报1项，获1项资助，是北京大学唯一申报此项资助的申请，申报获资助率为100%。

4. 科研成果：2006年外国语学院教师出科研成果404项。

5. 科研会议：2006年外国语学院共主（合）办国际学术研讨会13次和国内会议10次。

2006年外国语学院获国家社科基金项目统计表

批准号	工作单位	负责人	课题名称	批准经费
06AWW002	英语系	刘意青	当代外国文学纪事数据库（在线版/光盘版）	16万元
06BWW018	英语系	申丹	叙事、文体与潜文本——重读英美经典短篇小说	7万元

2006年外国语学院获教育部留学回国人员科研启动基金项目统计表

序号	项目负责人单位	项目负责人姓名	项目名称	批准经费
1	世界文学研究所	罗湉	法国戏剧中的中国形象	2万元

2006年外国语学院获教育部人文社会科学研究一般项目统计表

序号	项目批准号	单位	申请人	课题名称	批准经费
1	06JA740002	东语系	陈明	《基于梵汉对勘的唐代义净译经词汇与语法研究》	5万元
2	06JA75047-99001	英语系	林庆新	美国新历史小说研究	5万元
3	06JA740003	世界文学研究所	凌建侯	词汇与言语——俄语词汇学与文艺学的联姻	5万元
4	06JA75047-99002	法语系	孙伟红	卢梭与中国	5万元
5	06JA75011-44002	东语系	王浩	蒙古国文学翻译本土化课题理论阐释——Ts.达木丁苏伦比较文学思想研究	5万元
6	06JC75047-99001	世界文学研究所	罗湉	18世纪法国戏剧中的中国形象研究	3万元

2006 年外国语学院获教育部"新世纪人才支持计划"入选项目统计表

序号	项目负责人单位	项目负责人姓名	项目名称	批准经费
1	东语系	陈岗龙	《蒙古英雄史诗的文化地图》	20 万元

2006 年外国语学院获北京市十一五规划项目统计表

序号	项目负责人单位	项目负责人姓名	项目名称	批准经费
1	日语系	滕 军	关于日本遣明使在北京的足迹之调查研究	5 万元

2006 年外国语学院获各级各类横向课题统计表

序号	项目负责人单位	项目负责人姓名	项目名称	批准经费
1	日语系	赵华敏	普通高中课程标准实验教科书模块 1—7	0.9 万元
2	东语系	刘曙雄	非通用语研究	1.5 万元
3	英语系	李淑静	师生 Email 交流在大学英语教学中的应用与成效	1.13 万元
4	英语系	李淑静	大学英语四级后课程建设研究	2.26 万元

2006 年外国语学院在国际上获荣誉情况统计表

序号	姓 名	专 业	奖项名称	授奖单位	授奖时间
1	任光宣	俄语语言文学	俄罗斯首届马克西姆·高尔基奖章	俄罗斯作家协会	2006 年 5 月 23 日
2	顾蕴璞	俄语语言文学	俄罗斯首届马克西姆·高尔基奖状	俄罗斯作家协会	2006 年 5 月 23 日
3	李明滨	俄语语言文学	俄罗斯首届马克西姆·高尔基奖状	俄罗斯作家协会	2006 年 5 月 23 日
4	孔远志	印尼语言文化	印度尼西亚贡献奖奖状	印尼驻华大使苏德拉查(SUDRAJAT)	2006 年 8 月 17 日
5	梁立基	印尼语言文化	印度尼西亚贡献奖奖状	印尼驻华大使苏德拉查(SUDRAJAT)	2006 年 8 月 17 日

2006 年外国语学院获北京市第九届哲学社会科学优秀成果奖统计表

序号	获奖者	获奖者单位	获奖等级	成果名称	成果形式
1	申 丹	英语系	一等奖	英美小说叙事理论研究	专著
2	陈 明	东语系	二等奖	殊方异药：出土文书与西域医学	专著
3	滕 军	日语系	二等奖	中日茶文化交流史	专著

2006 年外国语学院获教育部第四届高校人文社会科学研究优秀成果奖统计表

序号	申报获奖者	单 位	获奖等级	成果名称	成果形式
1	李赋宁等	英语系等	一等奖	欧洲文学史(三卷4册)	著作
2	仲跻昆	阿语系	一等奖	阿拉伯现代文学史	著作
3	申 丹	英语系	二等奖	Defense and Challenge: Reflections on the Relation Between Story and Discourse(捍卫与挑战：对故事与话语之关系的思考)	论文
4	田德望	德语系	二等奖	神曲·地狱篇神曲·炼狱篇神曲·天国篇	著作
5	陈 明	东语系	三等奖	印度梵文医典医理精华研究	著作

2006 年外国语学院获北京大学第十届人文社会科学研究优秀成果奖统计表

序号	成果名称	成果形式	姓 名	工作单位	获奖等级
1	《圣经》的文学阐释——理论与实践	专著	刘意青	英语系	一等奖
2	缅译汉《琉璃宫史》(三卷本)	译著	李 谋	东语系	一等奖
3	《殊方异药：出土文献与西域医学》	专著	陈 明	东语系	一等奖
4	汉译英《古文观止》精选	译著	罗经国	英语系	二等奖
5	《功能词的多元语义功能研究》	专著	高彦梅	英语系	二等奖
6	文字与文明——以楔形文字为例	论文	拱玉书	东语系	二等奖
7	《诗国寻美——俄罗斯诗歌艺术研究》	专著	顾蕴璞	俄语系	二等奖
8*	汉语—印度尼西亚语对照《唐诗一百首》	译著	梁立基	东语系	二等奖
9	《诗与思的激情对话》	专著	王 军	西班牙语系	二等奖

2006年外国语学院获北京市社科理论著作出版基金统计表

序号	申报著作	申请人	所在单位	出版单位
1	从形式回到历史：20世纪西方文论与学科体制探讨	周小仪	英语系	北京大学出版社
2	文艺复兴时期英国诗歌与园林传统	胡家峦	英语系	北京大学出版社
3	王国维、郭沫若与儒教	喻天舒	世界文学研究所	北京大学出版社
4	语用、认知与日语学习	徐昌华	日语系	北京大学出版社

2006年外国语学院获中央统战部华夏英才基金出版资助统计表

序号	申报著作	申请人	所在单位	出版单位
1	朝鲜现代文学史	何镇华	东语系	中央编译局

2006年外国语学院科研成果分类统计表

成果总计	专著	编著或教材	论文	译著	译文	其他成果
404	21	73	240	33	29	8

2006年外国语学院办会统计一览表

序号	会议名称	主办单位	会议类型	召开时间
1	第二届国际朝鲜（韩国）语教学研讨会	东语系	国际	2006年2月25—26日
2	"比较神话学"国际学术会议	外国语学院	国际	2006年5月11—13日
3	首届文体学国际研讨会暨第五届全国文体学研讨会	英语系	国际	2006年6月16—18日
4	"建设可持续发展的和谐社会：来自古代近东的启示"国际学术研讨会	古代东方文明研究所	国际	2006年6月20—21日
5	中美比较文化研究会第五届年会暨学术研讨会	外国语学院	全国	2006年7月28—30日
6	中国俄罗斯学学术研讨会	俄语系	国际	2006年8月27—28日
7	纪念波斯诗人莫拉维（鲁米）诞辰800周年文学研讨会	伊朗文化研究所	全国	2006年9月22日
8	2006北京大学日本学研究国际研讨会	日语系、日本文化研究所	国际	2006年10月20—23日
9	泰语教学与研究国际学术研讨会	泰国研究所、诗琳通科技文化交流中心	国际	2006年11月2—3日
10	"基督教在中国：比较研究的视角与方法"国际学术研讨会	英语系	国际	2006年11月25—26日
11	第五届中国社会语言学国际学术研讨会暨第五届全国社会语言学学术研讨会	外国语言学及应用语言学研究所	国际	2006年12月8—10日
12	纪念蒙古国现代文学奠基人达·纳楚克道尔基诞辰100周年"经典解读达·纳楚克道尔基"国际学术研讨会	外国语学院、蒙古学研究中心	国际	2006年12月10日
13	第三届国际韩国语教学研讨会	东语系	国际	2006年12月23日
14	侗台语研究学术讨论会	东语系	全国	2006年4月24日
15	"北京大学与蒙古学"主题论坛	东语系、蒙古学研究中心	全国	2006年6月3日
16	北京大学—淡江大学外国语言文学研讨会	外国语学院	全国	2006年9月4—6日
17	中国印度文学研究会第十一次学术研讨会	印度研究中心	全国	2006年10月19日
18	2006年"东方文学学科发展史"主题论坛全国性学术会议	外国语学院	全国	2006年10月20—22日
19	"东南亚文化传统在当代社会的继承与创新"全国学术研讨会	东南亚研究所	全国	2006年10月27日
20	阿拉伯文学——时间·空间研讨会	阿语系	全国	2006年11月17—19日

续表

序号	会议名称	主办单位	会议类型	召开时间
21	2006年教育部外语教学指导委员会阿拉伯语指导组、中国阿拉伯语教学研究会联席会议	阿语系	全国	2006年11月17—19日
22	北京大学阿拉伯语专业建立60周年暨纪念马坚先生诞辰100周年大会	阿语系、阿拉伯伊斯兰文化研究所	全国	2006年11月18日
23	"希伯来语圣经创世记"学术研讨会	古代东方文明研究所	全国	2006年12月12—14日

(制表人:丁昱)

【对外交流】 2006年,外国语学院直接和间接地参与了学校接待外国国家元首重大外事活动5次,参与和承担了"俄罗斯年"、"中印友好年"等国家级活动在北京大学举办的系列活动,邀请并接待近30个国家政要、驻华大使、资深学者等来访;并以上述活动为平台为师生举办了"大使讲座"、"学者讲座"等涉及学术、文化、艺术、政治、经济等诸多方面的系列学术讲座。

外国语学院与美国Bayloy大学、日本樱美林大学、澳门理工学院等大学签订了合作交流协议。2006年,外国语学院先后聘请外籍专家、外籍教师共57人,参与学院的语言教学工作及科研工作。涉及14个语种,其中12人任教为期一年、31人任教为期半年;接待短期讲学、讲座专家来访18人。2006年度,学院荣获全国"十五"期间引智工作先进单位,全国被表彰的仅有50个校级单位。

【继续教育工作】 在继续教育工作方面,一如既往地充分利用外国语学院雄厚的师资资源和优越的教学条件为政府部门、企业和社会提供多语种的教学培训服务。2006年度举办的培训项目包括2008年奥运会政府公务员阿拉伯语和乌尔都语培训班、英语自考助学班(专科阶段和专升本阶段)、日语自考助学(专科阶段和专升本阶段)班、剑桥商务英语(BEC)培训班、英语强化班、暑期外教英语口语班、印尼语培训班、剑桥少儿英语培训班、留学英语培训班、留学韩语培训班等项目,还承担北京大学成人教育学院600多名英语专业学生的教学任务,累计培训学生2500多人。此外,还完成了首次举办的成教英语夜大专升本项目的立项、审批、考试与录取工作,共招收拟于2007年春季入学的新生159人。

【党建工作】 2006年,外国语学院党委认真组织全院20个党支部、全体共产党员开展保持共产党员先进性教育"回头看"工作。进一步把支部、党员个人整改方案及保持共产党员先进性的长效机制落在实处。外国语学院党委申报并完成了五项基层单位党建创新立项。具体是:外国语学院党委组织的弘扬井冈山精神主题党日活动;学生党支部立项的:高校基层党支部工作创新模式探讨——外国语学院积极探索"党建带团建,团建助党建"工作模式;外国语学院博士生党支部《博士生文集》;外国语学院2004级研究生党支部"综合提高研究生心理素质"课题;外国语学院2003级本科党支部基层党建创新工作系列。

外国语学院党委为纪念中国共产党建党85周年及红军长征胜利70周年,召开了有中青年党员参加的、具有50年以上党龄的老党员座谈会。党委领导亲自登门慰问年老体弱不能与会的老党员。组织党员赴井冈山革命圣地,亲身感受和学习井冈山精神;组织党员及全体教职员工学习"八荣八耻",进行社会主义荣辱观教育;组织全院党员参观以《伟大壮举 光辉历程》为主题的大型展览,学习胡锦涛总书记《在纪念红军长征胜利70周年大会上的讲话》;组织党员参加孟二冬同志先进事迹报告会,开展以"学习胡锦涛总书记回信精神,做具有孟二冬精神的党员"的主题党日活动等。落实《北京大学党建和思想政治工作检查评估实施方案》,在自查、自评、自建的基础上,党委对20个党支部的评估工作进行了验收和交流。院党委重视统战工作,召开三次党外人士座谈会,报告学院的建设与发展工作,听取他们的意见和建议。

"七一"前夕,外国语学院党委开展"评优""学优"活动,评出校级优秀共产党员标兵1人、优秀共产党员8人、先进党支部3个。评出院级优秀共产党员14人、先进支部4个。2006年共发展党员35人,其中教工党员1人,学生党员34人。

【学生工作】 外国语学院再次被评为北京大学学生工作先进单位,外院团委再次被评为北京大学红旗团委,院党委委员、团委书记、学生辅导员陈永利被评为北京市高校首届"十佳辅导员"。

继续开展"党建带团建,团建助党建"工作,2006年向北京大学党委组织部成功申报并完成四项基层党建创新立项,积极发挥学生党支部战斗堡垒作用。班级建设也取得长足进步,2004级德语系本科班荣获北京大学班级"五四奖杯"。年初,外国语学院组织召开了全院班主任工作交流会,9月份开始,外院精心推出"新生访谈坊"活动,由外国语学院学工教师对

2006级200余名新生利用周末进行约谈，了解学生实际情况，解决学生疑难问题。

文化体育活动方面，成功举办第三届新生演讲比赛和第四届外语文化节暨"奥运外语大家说·经典十句跟我学"活动，外国语学院学生会推出"对话欧吧"欧洲文化巡礼活动，外院团委和学生会联合推出学院院衫。北京大学百余家学生社团有十余家挂靠在外国语学院，接受外院团委指导。学院全力支持并指导学生参加校内外各项文体实践活动，2004级韩语专业龚翌旸（莎木乐队）、2003级西班牙语系惠郁荣获北大十佳歌手称号，2005级阿语系吴非代表北大参加首届全国CUBA大学生篮球联赛解说员大赛并取得第三名。为配合2008年奥运会志愿者报名工作，在北京大学的直接授权下，外国语学院团委正式启动奥运会（残奥会）赛时专业志愿者报名工作。

外国语学院开办"外国语学院外交官系列讲座"，邀请外交部退休老干部，介绍他们的学习感受、工作经验和外事体会，前驻伊拉克大使张维秋和前驻伊朗、荷兰大使华黎明已应邀讲座。此外，外国语学院专门设立"刘世沐奖学金"，奖励品学兼优的学生干部，到目前为止已经评选出10名学生。学院还邀请刘世沐奖学金设立者英语系博士生导师刘意青教授做专场报告，主讲"做人与做学问"，得到学院师生高度评价。2006年外院还积极稳妥地组织全院学生参加海淀区人大代表选举，圆满完成学生就业、军训、评奖评优等常规工作。

共撰写《高校辅导员的职责定位与发展趋向》、《主动占领网络新阵地，开创大学生思想政治教育新时代》、《坚守平凡·放飞梦想——学习王选、孟二冬两位老师事迹体会》三篇论文；完成两项学工系统课题立项，《大学生职业生涯规划》和《从专业到职业——外国语学院学生的成才之路》；作为我校四家试点院系之一，外国语学院"大学生职业生涯规划"课程在学校就业中心指导下正式启动。

马克思主义学院

【发展概况】 马克思主义学院成立于1992年。学院现在的教学科研机构有：马克思主义基本原理研究所、马克思主义中国化研究所、思想政治教育研究所、科学社会主义研究所政治经济学教研室；还有社会发展研究所、公民教育研究所、民营企业研究所等研究机构；有邓小平理论研究中心（教育部文科重点基地）、社会经济与文化研究中心2个研究中心。学院有马克思主义理论一级学科、科学社会主义与国际共产主义运动二级学科2个博士点（其中后者与国际关系学院共建，是国家重点学科）还招收马克思主义哲学和政治经济学的博士研究生；有马克思主义基本原理、马克思主义中国化研究、思想政治教育、马克思主义哲学、政治经济学、科学社会主义6个硕士点。学院现有教职工56人，其中教授16人，副教授21人，讲师11人，管理人员8人（研究员1人，副研究员1人，馆员3人）；现有学生330人，其中在校本科生（专升本）近200人，硕士生90人，博士生近40人；有多位访问学者或进修教师来院进修。2006年，学院有150名本科生毕业并获得学士学位，45名硕士研究生毕业并获得硕士学位，14名博士研究生毕业并获得博士学位。

【教学工作】 学院承担了全校从本科生到博士生除《自然辩证法概论》和《现代科学技术革命与马克思主义》的公共政治理论课程；承担了国家教育部委托的"两课教师在职攻读硕士学位班"的教学、培养工作；承担了思想政治教育专业本科生的教学、培养工作；承担了学校多层次、长短期的各类继续教育、培训方面工作。2006年3月，学院召开"学科建设与研究生培养工作会议"。2006年9月，学院贯彻落实高校思想政治理论课新方案，在一年级新生中开设了"思想道德修养与法律基础"、"中国近现代史纲要"两门新课程，并积极准备开设"马克思主义基本原理"、"毛泽东思想、邓小平理论和'三个代表'重要思想概论"两门新课程。2006年，学院开设的"思想道德修养"课（祖嘉合教授主持）被教育部认定为国家级精品课程。

【科研工作】 2006年，学院承担的"十五211"项目"马克思主义与中国特色社会主义研究"中的20多个子课题的研究在进行中。学院教师发表论文和出版著作154篇(部)。康沛竹教授的著作《中国共产党执政以来防灾救灾的思想与实践》，荣获北京大学第十届人文社会科学优秀成果一等奖；孙代尧副教授的著作《与时俱进的科学社会主义》，荣获北京大学第十届人文社会科学优秀成果二等奖和北京市第九届哲学社会科学优秀成果二等奖；刘志光副教授的著作《小康社会：中国特色社会主义理论与实践的解读》，荣获北京大学第十届人文社会科学优秀成果二等奖。2006年，白雪秋副教授的著作《中国城乡统筹发展研究》、邱尊社副教授的著作《股权问题研究》、黄小寒教授的著作《世界视野中的系统哲学》先后出版。

【对外交流】 2006年，学院开展的国内学术和交流活动更为活跃。1月，学院与中国人民大学联合举行教育部重大课题"'三个代表重要思想研究'研讨会"；5月25日，由北京大学主办，校党委宣传部、社会科学部、邓小平理论研究中心和学院联合承办的"科学发展观北

京大学纪念邓小平同志诞辰100周年国际学术研讨会"在北京大学举行,来自校内外的专家学者和学院师生100多人参加研讨会;6月3日,由北京大学、中国人民大学、清华大学联合主办,由学院承办的第七届"三校博士生论坛"在北京大学举行,论坛的主题为"树立和落实科学发展观"。2006年,学院教师受邀讲学、参加国内各种学术研讨会超过50人次。

2006年,学院的对外国际学术交流活动进一步扩大和发展。6月22日,学院与韩国瑞江大学地域发展研究所、北京联合大学应用文理学院在北京大学合作举办了主题为"国家经济社会与地域平衡发展"的"第十一次中韩国际学术研讨会",学院宋国兴、陈德民副教授在研讨会上宣读论文,宋国兴、陈德民、邱尊社、杨柳新副教授撰写的论文入选研讨会论文集。8月,黄俊立副教授结束在澳门理工学院为期一年的研究工作,研究成果《博彩的消费行为分析》由澳门理工学院出版。9月4日,由副院长孙蚌珠率队,史春风、聂志红、宇文利、魏波等一行五人,赴波兰参加由波兰罗兹大学举办的"中波中小企业发展的经济社会问题"国际学术研讨会。10月,台湾元智大学人文社会学院院长刘阿荣教授来学院进行讲学。11月,孙代尧副教授作为北京市"百人工程"学者代表团成员,赴匈牙利、捷克和俄罗斯三国进行考察访问。2006年,学院先后接待了来自美国、韩国、俄罗斯,以及台湾的多名学者来访或讲学。

【思想政治理论课教学】 根据中央的统一部署,北京大学本科生的思想政治理论课教学从2006年秋季开始实施"05方案",对课程设置进行重大调整,即将按照"98方案"开设的7门课整合为4门课,包括"马克思主义基本原理概论"、"毛泽东思想、邓小平理论和'三个代表'重要思想概论"、"中国近现代史纲要"、"思想道德修养与法律基础"。

2006年秋季,北京大学为2006级新生同时开设了"思想道德修养与法律基础"、"中国近现代史纲要"两门新课,学生可以在这两门课中自由选择上课的学期、任课的教师和开课的课堂。坚持北京大学从1997年秋季开设邓小平理论课创造的,并经过后来近十年实践积累的经验,这两门课继续实行教学组式的教师组合方式、专题讲座式的授课办法、多种教学环节的有机结合、现代教育技术手段、灵活宽松的考核办法、全年滚动排课、学生自由选课和课程主持人、课堂主管教师、专题主讲教师、助教"四位一体"教学管理模式等行之有效的做法,并结合着新的课程实际,大胆进行着新的教学改革尝试。

"思想道德修养与法律基础"课贯彻落实中央马克思主义理论研究和建设工程重点教材《思想道德修养与法律基础》(高等教育出版社2006年8月版)的精神,结合北京大学学生特点,对课堂讲授的专题设计进行了精心设计。这门课共为学生讲授13个讲座,其中包括:(1)新阶段新环境,调整适应发展;(2)增强荣辱观念,引领社会风范;(3)树立远大理想,坚定人生信念;(4)继承爱国传统,弘扬民族精神;(5)探求人生意义,创造人生价值;(6)保持健康心理,提高耐挫能力;(7)培养交往能力,增强公德意识;(8)把握爱情真谛,树立家庭美德;(9)学习职业规范,培养守则意识;(10)加强道德修养,提高道德素质;(11)培养法治理念,建设法制国家;(12)了解法律知识,遵守法律规范;(13)学习法律原理,掌握法律常识。为了讲好这些专题,组成了以祖嘉合教授为主持人、包括8名专职教师(其中7名为思想政治教育研究所教师,1名为科学社会主义研究所教师)和4名兼职教师(其中包括学校两位领导干部、中国人民大学和清华大学各1名教授)的教学组。这门课在实施讨论参与式教学和建设教学网络平台等方面又有一些新的举措。北京大学的"思想道德修养"课在2006年被教育部认定为国家精品课程。根据中宣部、教育部的要求,"思想道德修养与法律基础"课的教师曾全员参加了教育部和北京市在2006年7月先后举办的新教材教师培训班。

北京大学的"中国近现代史纲要"课2006年秋季在2006级本科生中开始试点。这门课共为学生讲授11个专题,其中包括(1)西方资本主义入侵与近代中国的基本矛盾;(2)对国家出路的早期探索;(3)资产阶级共和国的试验及失败;(4)近代中国的社会经济与阶级关系;(5)马克思主义的早期传播与中国共产党的成立;(6)中国特色革命道路的探索;(7)全民族抗战的胜利;(8)两个中国之命运的决战;(9)社会主义基本制度的确立;(10)社会主义建设在探索中曲折发展;(11)改革开放与现代化建设新局面。同时,根据这些专题的需要,结合着教师科学研究的专长,组成了以康沛竹教授为主持人,由8名专职教师和10名兼职教师(其中包括两名院内离退教师、校内历史系和中央文献研究室、中国人民大学、清华大学、首都师范大学等单位的教师)组成的教学组。在这门课程的教学组织中,除了课堂讲授外,还为学生播放了《孙中山》、《抗战》、《国庆记事》等文献专题片。沙健孙教授是中央马克思主义理论研究和建设工程重点教材《中国近现代史纲要》课题组的首席专家召集人,仝华教授是课题组主要成员。这本教材在2006年年底通过了中央审定,将于2007年2月由高等教育出版社

出版发行。

2006 年，北京大学的思想政治理论课处于新老课程转换的时期。在全校 2004 级和 2005 级的本科生中，继续按照"98 方案"开设"马克思主义哲学原理"、"马克思主义政治经济学原理"、"邓小平理论和'三个代表'重要思想概论"、"当代世界经济与政治"等课程。

【学生工作】 2006 年，学院积极支持学院团委和学生组织开展了丰富多样的活动，学生工作取得新的成绩。学院的学生组织了"学习王选和孟二冬老师"主题班会、"树立社会主义荣辱观"主题团日、"社会主义新农村建设"调研等活动；组织了"铭记历史、唱响青春'一二·九'歌咏比赛"；组织了"宿舍文化节大赛"卫生评比活动。学院团委还与河南安阳市团委签订了合作协议，开展一系列共建活动。在暑期中，学院本科生、硕士生、博士生分赴广西、内蒙古、河北、上海、河南等地开展实践活动，其成果在学校和北京市的评比中获得了"北京大学优秀组织奖"、"北京市优秀实践团队"、"北京大学先进实践团队"、"北京大学优秀实践团队"、"北京大学优秀调研项目奖"、"北京市优秀实践指导老师"、"北京大学优秀实践个人"等多项奖励。学院 2004 级博士生班、2005 级本科生班、2005 级硕士生班获得了"北京大学 2005—2006 年度先进学风班"荣誉称号。学院还有 80 多名同学获各种奖项和奖学金。2006 年，学院由教师和党员学生捐款建立了"马克思主义学院帮助特困学生基金"，用于帮助解决学院中一些同学因特殊原因在学习和生活上发生的实际困难，不让一名学生因特殊困难而影响学业的完成。

【其他工作】 2006 年，北京大学作出《关于表彰国家助学贷款工作先进单位和个人的决定》，学院受到表彰，学院学生工作组组长侯玉杰获得先进工作者、敬业奉献双奖。学院编印《北京大学马克思主义学院 2002 年—2005 年纪念册》，记载了学院四年的各方面情况和大事。

教 育 学 院

【发展概况】 北京大学教育学院成立于 2000 年 10 月，是在原北京大学高等教育科学研究所、教育经济研究所和电化教学中心的基础上合并组建而成的。教育学院下设三个系、两个研究所和两个中心，即教育与人类发展系、教育经济与管理系和教育技术系，高等教育研究所和教育经济研究所、基础教育与教师教育中心以及中国教育与人力资源研究中心。其中教育经济研究所为教育部人文社会科学重点研究基地，教育经济与管理专业为国家重点学科。教学科研辅助机构包括图书及信息资料中心、网络管理与计算机室、全国高等教育情报网总站（挂靠单位）和全国高等教育教育技术信息中心（挂靠单位）。

教育学院在研究方面从事教育学领域的基础性和应用性研究，特别关注对我国教育实践中的重大问题的研究，注重与国际同行的交流与合作。在人才培养方面以研究生的培养为主，专业涉及教育学、教育经济学、国际与比较教育、教育管理与教育政策分析、教育技术、人力资源开发、课程设计与现代教学理论等。另外还为中央、北京市等教育决策部门提供有关决策支持研究和政策咨询，为教育管理人员及教师提供在职培训。

2006 年度在读硕士研究生 84 人、博士生 147 人（其中高级教育行政管理博士研究生 92 人）、访问学者和进修教师以及在职申请学位者近 8 人，其中新招硕士研究生 28 人、博士研究生 40 人（其中高级教育行政管理博士研究生 30 人）。2006 年获博士学位 10 人，获硕士学位 24 人。教育学院开设有硕士生、博士生课程以及学校通选课近 133 门。

【师资队伍】 在编人员 40 人，其中教授 8 人，副教授 16 人，讲师 6 人，党政、教辅等人员 10 人，其中高级职称 3 人、中级职称 6 人、初级职称 1 人。

4 月 25 日，北京大学教育学院召开全体党员大会，进行学院党委换届选举工作。经过无记名投票，选举产生了以陈晓宇（书记）、胡荣娣（副书记）、方洪勉（组织兼保卫委员）、阎凤桥（纪委）、李文利（宣委）、文东茅（统战委员）、侯华伟（青年委员）七位同志组成的院新一届党委领导班子。

9 月 12 日，学校任命闵维方为教育学院院长（兼），陈学飞为常务副院长，陈晓宇（兼）、文东茅为副院长。

阎凤桥被聘为教授，贾积有被聘为副教授。

7 月间，李春萍博士后出站，到《北京大学教育评论》编辑部任编辑。

10 月 10 日，乔学军博士（美国宾夕法尼亚州立大学毕业）开始进行为期两年的公共管理学博士后研究。

8 月 4 日，李文利副教授公派赴美国斯坦福大学做访问学者。9 月 25 日，刘云杉副教授公派赴英国伦敦大学教育学院做访问学者。11 月 8 日，缪蓉副教授公派赴德国柏林自由大学做访问学者。

12 月 18 日，接组织部公示函，经民主推荐和组织考察，拟任命教育学院教育技术系汪琼博士为北京大学现代教育技术中心主任。

【学科建设】 设有高等教育学专业博士点（设于 1990 年）、硕士点（设于 1983 年）；教育经济与管理学专业博士点及公共管理博士学

位一级学科授予权(分别设于1997和2003年)、硕士点(设于1995年);教育学原理博士点及教育学博士学位一级学科授予权(分别设于2003年和2006年);教育技术学硕士点(设于2000年)。研究生培养方向包括:(1)高等教育基本理论、(2)教育经济学和教育财政学、(3)中国高等教育及国际与比较高等教育、(4)教育研究方法、(5)教育管理、(6)教育技术学。

7月31日,学院接到校办转发的国务院学位委员会文件(学位[2006]35号)关于批准北京大学、清华大学博士学位授权一级学科名单的通知,北京大学增列为教育学一级学科博士学位授权单位。

【科研工作】 2006年进行中的大型科研项目计62项,重要项目有37个,其中包括纵向课题、横向课题、中标课题、委托课题、国内国外合作课题等。2006年中标的课题和新增项目计19项(括号中为项目负责人):教育部人文社会科学重点研究基地重大项目"进城务工人员培训与继续教育的供给模式研究"(丁小浩)、"'十一五'期间高校毕业生就业状况及对策研究"(阎凤桥);北京市哲学社会科学"十一五"重点规划项目"和谐社会中的首都高等教育公平研究"(刘云杉);教育部人文社会学科"十一五"规划项目"我国万人普通民办高校的发展模式、运行机制与组织演变研究"(郭建如)、"社会转型时期大学生的道德经验研究"(李茵);北京教育科学研究院委托课题"北京教育的国内与国际地位研究"(施晓光)、"北京市中学生网络文化现状调查"(赵国栋)、"北京市中小学教师信息素养调查"(汪琼);北京市教育科学规划领导小组项目"教师实践性知识研究"(陈向明)、"北京市民办高等教育政策工具研究"(林小英)、"英语模拟对话语境教学整合与绩效评估"(贾积有)、"区县教育管理绩效与行政管理创新研究"(李轶)等。

【对外交流与合作】 接待各地学校访问团和学院来访共57次,教师(含研究生)出国访问、考察以及参加国际学术会议的计27人45次;举办"北大教育论坛"计27期。

对外合作项目:

8月30日,北京大学与美国哥伦比亚大学联合培养教育硕士项目签字仪式举行。北京大学党委书记、教育学院院长闵维方教授与哥伦比亚大学亨利·莱文教授分别致辞并代表双方签字。

10月16日,教育学院与日本广岛大学高等教育研究中心合作签约仪式举行。常务副院长陈学飞教授与有本章教授分别代表双方签字。

接待国外及港台地区来访:

1月13—17日,香港科技大学前建校副校长、美国约翰·霍普金斯大学钱致榕教授应邀来访,并做"香港科技大学的发展历史回顾与战略规划"的主题报告。

3月19日,台湾屏东教育大学李锦旭副教授、王慧兰副教授,高雄师范大学庄胜义副教授、张宏辉副教授来访,并做"教育社会学的历史与展望——来自海峡对岸的探索"专题报告。

3月21日,俄罗斯教育财政代表团一行9人来华出席"2006:中俄'教育与经济'圆桌会议"并顺访教育学院。俄罗斯教科院副院长鲍利辛柯夫教授应邀发表了主题演讲。

4月11日,台湾国立中央大学黄藿教授来访并做题为"价值哲学与价值教育的基本课题研究"的报告。

4月13日,由德国绿党主席布提可夫(Reinhard Buetikofer)率领的绿党代表团访问北大,德国研究中心主任陈洪捷教授等与几位绿党高层领导就该党的国内国际政策以及与中国的关系进行了讨论。

5月11日,英国爱丁堡大学"非洲研究中心"肯尼斯·金(Kenneth King)教授来做题为"比较经验的论题"讲座。

5月31日,美国密歇根大学教育学院劳伦斯(Jan Lawarance)教授一行来访,双方就高校改革等议题交换了意见。

6月1日—9月30日,被教育部聘为"北京大学长江学者讲座教授"的美国哥伦比亚大学曾满超教授来讲学,并做题为"大学科研成果转化"的讲座。

7月20日,应邀来华访问的日本教育学会会长佐藤学教授和日本东京亚洲教育研究所副所长王锡宏教授一行来演讲,题目是"构建学习共同体的学习教育改革"。

8月3—10日,德国康斯坦茨大学副校长、奥克斯堡大学克劳斯·迈因策尔(Klaus Mainzer)教授来讲座,题目是"新的人工智能研究趋势:自组织和个性化的信息系统"。

8月26日—9月23日,国际著名经济学家、荷兰皇家科学会会员、荷兰皇家科学院院士、荷兰阿姆斯特丹大学乔斯特·哈通(Joop Hartog)教授访问北大。

9月18日,乔斯特·哈通教授做题为"欧洲国家的移民教育和培训益:计量方法和分析结果"讲座。

8月29日—9月4日,美国哥伦比亚大学亨利·莱文(Henry Levin)教授来华讲学访问。8月31日,亨利·莱文教授发表演讲,题目是"世界一流大学问题"。

9月19日,美国加州大学萨克拉门托分校学习技术中心主任罗斯迈瑞·帕博(Rosemary Papa)教授发表演讲,题目是"教学、学习与电子化学习"。

9月26—28日,日本著名高等教育学学者、教育社会学学者、原东京大学教育学院院长天野郁夫教授顺访北大,并于9月27日做题为"高等教育大众化——日本的

经验与教训"主题演讲。

10月20日—12月17日,香港大学教育学院黄锦樟教授来讲学(课程题目是:地区文化与教育领导理论)并开展学术研究。11月28日,黄锦樟教授做题为"西方教育领导理论的发展——文化角度的反思"讲座。

10月30日,亚太教育研究学会会长、香港教育学院研究及国际合作中心总监郑燕祥教授做题为"教改三浪潮——范式转变"讲座。

12月1日,日本国立多媒体研究所的山田教授来教育学院教育技术系开展学术交流,题目是"国际开放资源的研究现状"。

12月18日,韩国高丽大学申镛爽教授、鱼道善教授等一行10人来教育学院交流并就合作意向交换意见。

邀请国内学者举行的学术报告:

4月4日,邀请清华大学教育技术系韩锡斌教授来教育学院讲座,题目是"高校数字化学习环境的研究与实践"。

11月23日,中央教科所研究员、全国教育科学规划办常务副主任曾天山博士讲座,题目是"教育科学研究课题的申报与评审"。

11月27日,江西师范大学常务副校长眭依凡教授做题为"大学的理性"讲座。

12月12日,华中科技大学教育科学研究院副院长别敦荣教授做题为"大学发展战略规划:我们的经验"讲座。

12月14日,原教育部副部长韦钰院士应邀在教育学院讲座,题目是"心智、脑和教育"。

12月26日,邀请社会知名学者、中国教育学会会长顾明远教授作报告,题目是"构建学习型社会的理论与实践"。

学院师生参加的学术会议:

1月8—22日,高利明教授受教育部国际司委派前往美国纽约、华盛顿、芝加哥、波特兰、旧金山等地,考察"中美网络语言项目评估"活动,完成评估报告。

1月17日—2月6日,丁小浩教授应邀赴香港中文大学访问。

2月20—25日,陈洪捷教授陪同张国有副校长赴柏林自由大学参加"德国研究中心"协调小组会议。双方就北京大学与柏林自由大学合作建立孔子学院的计划等事宜进行了专题讨论。

3月13—22日,马万华教授去埃及开罗参加美国富布赖特基金会与美国·开罗大学联合举办的"21世纪的高等教育:全球化与国家应对"国际研讨会并发言。

3月14—18日,李文利副教授赴泰国曼谷参加了联合国教科文组织与泰国财政部学生贷款办公室合办的"学生贷款政策:一项促进人力资本积累的高等教育财政政策"国际研讨会,并做主题发言。

3月21—30日,丁小浩教授、阎凤桥副教授应台湾政治大学邀请,参加了"海峡两岸高等教育法制与高等教育改革"学术会议和交流。

3月23—28日,陆小玉副院长、鲍威博士应日本东京大学金子元久教授邀请前往日本东京大学大学经营政策研究中心出席"日中高等教育研究"国际研讨会并顺访该校。

3月28—31日,施晓光副教授代表北京大学参加由亚太国际教育联合会在韩国首尔召开的第一届年会,主题是"亚太地区高等教育的趋势和挑战"。

4月11—16日,汪琼副教授应邀访问美国普度大学,参加了庆祝中美科学教育合作中心成立活动并洽谈了合作意向。

4月26日—5月7日,德国研究中心主任陈洪捷教授陪同许智宏校长、张国有副校长访问德国自由柏林大学并就加强双方的交流合作交换了意见。

4月30日—5月7日,汪琼副教授以项目首席专家身份参加了美国"英特尔公司求知计划圆桌会议"并做主题发言。

5月2—7日,陈向明教授应英国伦敦教育学院邀请,在"在不断变化的环境中迎接教师教育的新挑战"国际研讨会上做主题发言。

6月20—26日,岳昌君、李文利副教授赴法国第戎参加国际教育经济学学术研讨会。

9月28—30日,马万华教授应韩国政治学会邀请赴首尔参加"韩、中两国在重建东亚协作体系中的作用"国际会议。

10月1—9日,由鲍威博士为领队的高等教育经济管理学习研修访日代表团赴日本广岛、京都和东京三地学习考察。

10月18—25日,马万华教授应法美教育交流委员会邀请,赴巴黎参加了"21世纪的高等教育:全球挑战与国家应对"国际学术研讨会。

10—12月间,2004级硕士研究生高瑜珊、侯锦芳,2005级硕士研究生李陆鸣、刘玲应韩国"APEC"合作学习研究院邀请,先后赴韩国参加"APEC"的合作项目。

11月4—11日,陈学飞教授应台湾成功大学社会科学院教育研究所邀请,参加"高等教育国际研讨会"并发表"中国大陆研究生教育的改革与发展"专题演讲,考察了台湾地区高等教育与社会文化发展概况。

11月15—24日,贾积有副教授在韩国釜山国立大学参加亚太经合组织电子化学习培训项目(2nd APEC E-learning Training Program)。

12月5—10日,丁小浩教授应日本东京大学邀请赴日本参加国际学术会议。12月8—19日,陈向明教授等组成的"北京大学教育学院台湾生命教育考察团"一行

6人,应台湾财团法人佛光山文教基金会邀请,前往台湾考察大学、中学、幼儿园等并开展学术交流活动。

12月14—15日,阎凤桥教授等赴日本东京参加由RIIHE(私立高等教育研究中心)主办的"东亚私立高等教育研究前沿(Frontier of Private Higher Education Research in East Asia)"国际研讨会并发表演讲。

【获奖情况】 2006年陈学飞教授荣获北京市优秀教师称号;文东茅副教授荣获北京大学本年度优秀教学奖;郭建如副教授荣获本年度北京大学树仁学院奖奖教金;林小英博士获本年度北京大学正大优秀奖奖教金。田玲副教授在北京大学第十一届"我爱我师—最受学生爱戴的老师"暨"十佳教师"评选中被评为"最受学生爱戴的老师"。2006年出版了由陈至立作序,由陈学飞、陈洪捷、郭建如主持完成的《中国学位与研究生教育发展报告1978—2003》(高等教育出版社);还出版了以闵维方主编、王蓉副主编的《2005—2006中国教育与人力资源发展报告》(教育科学出版社)以及阎凤桥的专著《大学组织与治理》(同心出版社)。

1月2日,由国家教育部人文社会科学重点研究基地——北京大学教育经济研究所发起举办的"北大杯"全国大学生教育经济管理论文大赛优秀论文评选活动圆满落幕。学院学生刘彦伟(《教育借贷能否促进学业表现》)、李湘萍(《中国劳动力市场户籍分割与企业在职培训的作用》)荣获二等奖;郭丛斌(《家庭经济和文化资本对子女受教育机会的影响》)、薛海平(《我国城镇居民家庭义务教育支出之公平性研究》)、涂端午(《我国高等教育管理体制变迁中的权力结构演化》)荣获三等奖。

4月27日,学院共青团委员会在校团委举办的"支部风采展演大赛"上夺得三项大奖,院团委最佳组织奖、2005硕团支部展演大赛二等奖、2004硕团支部展演大赛鼓励奖。

5月21日,院长闵维方教授作为"首届中国教育管理科学卓越成就奖"获奖者应邀出席"第三届中国教育管理科学论坛暨颁奖典礼"。

5月23日,在2006年度北京大学"挑战杯"论文大赛中,学院2005级硕士研究生倪俊荣获一等奖。2004级硕士生魏巍荣获三等奖。

9月8日,在北京大学庆祝教师节暨优秀教师表彰大会上,教务员徐未欣被评为2005—2006年度优秀班主任二等奖。

9月15日,陈洪捷教授著《德国古典大学观及其对中国大学的影响》、丁小浩教授著《中国高等院校规模效益的实证研究》、陈向明教授著《在参与中学习与行动:参与式方法培训指南》同获"第三届全国教育科学研究优秀成果二等奖"。马万华教授著《从伯克利到北大清华:中美公立研究型大学建设与运行》荣获北京大学第十届人文社会科学研究优秀成果二等奖。

9月20日,校团委关于2005—2006学年优秀团组织和优秀团员的表彰决定公布。学院2005级硕士班团支部获"优秀团支部组织建设奖",2005级高教硕士张欢获"优秀团干部"称号,2005级教育经济与管理硕士陈苑,2005级高教硕士徐丽华获"优秀团员"称号。

10月23日,接学校社科部通知:学院丁延庆博士获2005年度文科SSCI论文奖励。

10月23—30日,2004级硕士研究生毛帽在美国举办的"英特尔—伯克利国际大学生科技创业挑战赛"上荣获三等奖。

10月24日,接教育部"第四届中国高校人文社会科学研究优秀成果奖"公示通知:闵维方教授著《高等教育运行机制研究》荣获教育学一等奖(第4项);陈学飞教授著《留学教育的成本与收益:我国改革开放以来公派留学效益研究》荣获教育学二等奖(第12项)。

11月1日,接学校关于北京市第九届哲学社会科学优秀成果奖获奖名单的通知,闵维方教授著《探索教育变革:经济学和管理政策的视角》获一等奖。

【学术会议】 1月6—7日,首届"教育学院科研学术交流大会"召开。本次学术研讨会引起各方面的广泛关注,校领导林建华以及程郁缀、关海庭、卢晓东等有关职能部门领导到会。汪永铨、林建祥、喻岳青等教育界前辈也出席了会议。

1月22—24日,中国教育财政科学研究所举办"中国农村义务教育经费保障机制改革"省级干部培训。教育部田祖荫、孙霄兵、杨进副司长,财政部赵路副司长等有关部门领导到会并作专题报告。

2月28日,中国教育财政科学研究所召开"公共财政与农村义务教育"研讨会。财政部丁学东、赵路、杨少林等领导到会。世界银行东亚及太平洋地区教育局托马斯(Christopher Thomas)局长出席并发表演讲。陈文申常务副校长到会祝贺并致辞。

3月29日,由闵维方院长主持的"首都教育学科群"课题开题会在教育学院举行。来自市教委以及学校人事、财务、教务等各部门的领导,就课题的可行性以及研究分工、合作协调等交换了意见。

4月9—15日,北大中国教育财政科学研究所与世界银行学院、美国RTI研究所合作举办了"亚洲教育财政与地方化管理"培训班。参与培训的有来自中国、柬埔寨、印度尼西亚、老挝、巴基斯坦、泰国、越南和美国近70位财政、教育部门的中高级官员和专家学者。

4月10日，汪琼副教授主持"雅虎助手全国高校有奖调研专家评审会"。有关方面负责人戴国忠、董士海、王衡等到会。

5月8—10日，北京大学"高等学校财务管理"研讨会举行。来自教育部、财政部及全国13所高校的财务部领导出席了此次研讨会。教育部田祖荫、校领导陈文申、校财务部长阎敏等到会祝贺并致辞。

5月19日，由教育学院协办的"ICT在基础教育中应用的有效模式开题会"举行。有关方面领导陶西平，联合国教科文组织负责人青岛泰之，副校长张国有等100余人与会。

6月2—4日，由福特基金会委托北京大学教育学院主办的"改善民办教育政策环境，提高民办高校办学绩效"学术研讨会暨福特民办高等教育项目结题会在西安市举行。国家教育部有关领导孙霄兵、韩民，陕西省教育厅李维民和来自福特基金会、美国马里兰大学、美国印第安那大学、英国布鲁内尔大学、日本国家学位研究所的学者以及西安外事学院、西安欧亚学院的部分领导、老师出席了研讨会。

6月6日，教育学院"两岸三地教育资讯学术交流活动"举行。来自台湾、香港等地区的教育界同人近90人参与了此次活动。我校张国有副校长、陈晓宇副院长、台湾唐德智团长、刘源俊副团长等先后发言。

7月2日，丁小浩教授等代表教育学院"进城务工人员继续教育与培训"课题组出席与校工会联合举办的"北京大学'平民学校'启动仪式暨志愿者活动"大会并做主题发言。

7月28日，教育学院及教经所在考古文博院召开"教育与构建和谐社会"学术研讨会暨《中国教育与人力资源发展报告》出版发布会。教育部有关领导袁振国、郝克明、韩民、谈松华，兄弟院校有关负责人王孙禺、王善迈、魏向赤、郑晓齐，北大兼职教授、特聘"长江讲座"教授——美国哥大曾满超博士、中国教育电视台康宁台长等近100人与会。

9月17—18日，北大教育学院与日本东京大学联合举办的"中日高等教育财政研讨会——高等教育规模扩大过程中的财政体系"学术会议在北京大学举行。

9月23日，由教育学院以及教育经济研究所会同校工会联合创办的"北京大学'平民学校'"正式挂牌运作。教育经济研究所副所长丁小浩教授出任教务长。市委教育工会主席张青山、教育部职业技术教育中心副主任王文槿等到会祝贺并致辞。

11月27—29日，北京论坛（2006）教育分论坛在北京大学举行，会议主题是"国际化背景下的大学战略规划与战略管理"。

艺术学院

【发展概况】 2006年1月11日，北京大学决定在原来艺术学系的基础上成立艺术学院。4月15日举行北京大学艺术学院成立大会暨艺术学科创新与发展论坛。前国务院副总理李岚清、全国人大副委员长韩启德、学术大师季羡林与李政道、北京大学党委书记闵维方等为庆祝艺术学院成立题词或发来贺信。全国政协副主席罗豪才、北京市常委、市教工委书记朱善璐和北京大学校长许智宏出席了成立大会。学院成立仪式上，还聘请了于润洋等11位兼职教授及周韶华等8位校聘艺术家。

艺术学院下设四个系：艺术学系（艺术学专业）、音乐学系（音乐学专业、声乐专业、舞蹈史论专业）、美术学系（美术史论专业、国画专业）、影视艺术系（影视理论专业、影视编导专业、节目主持人专业）；同时设六个研究所：文化产业研究所、电视研究中心、书法艺术研究所、京昆艺术研究所、戏剧研究所、汉画研究所。

艺术学院现有教职员工23人，其中教授7人，副教授9人，讲师3人，助教1人，行政教辅人员3人。艺术学院现有学生人数：影视编导专业在校本科生136人（其中留学生32人），艺术学双学位本科在校学生77人；硕士研究生在读53人，博士研究生在读11人。

艺术学院依托北大得天独厚的丰富资源，现有图书资料室、数字影像实验室等多种大规模教学资源。其中，资料室现藏有图书、音像资料（包括录像带、磁带、VCD、DVD）7500余册，期刊90余种（2800余册），外刊20种（300余册），幻灯片16000张；数字影像实验室现有摄像机30余台，多套非线编辑及其相关设备，基本具备演、拍、剪辑、合成、三维场景、虚拟等影像制作功能，主要供影视编导专业本科学生实践课所用。教学仪器设备（包括影视设备、乐器、计算机等）380台，价值400万元。

【教学科研】 艺术学院2006年共开设通选课23门，占全校通选课的9.2%；公选课46门，占全校开课的39%，选课学生计6000多人。另开设本科专业必修课13门，双学位专业课8门，研究生课程9门。2006届影视编导本科生毕业31人。艺术双学位目前共有77名学生在读，今年02级有21名同学毕业。北京大学首届艺术硕士（MFA）招收了广播电视和表演艺术两个方向共36名学员。

2006年，艺术学院新申请到4项国家级科研课题项目；出版学术专著5本，主编学术专著3本，译著1本；全院教师在国内外各类专业学术刊物上发表学术论文30余篇；30余人次参加国内外各种学术交流研讨会并发表演讲。

【学术交流】 11月29日,艺术学院召开了"兼职教授、校聘艺术家座谈会",共商艺术学院发展大计。共有8位专家学者和艺术家应邀到会,因出访和公务未能与会的专家,有的还专门致函表达他们对北大艺术学院发展的关心与建议。

12月12日,在"北大—北卡全球健康论坛"闭幕式上,北卡罗兰纳大学校长James Moeser博士受聘于北大艺术学院名誉教授。许智宏校长在致辞中对James Moeser博士在研究、教学和管理等方面的建树给予高度评价,并期待两校之间的交流与合作能取得更大的成果。2006年4月,由希腊奥纳西斯基金会捐赠北大的首批图书共计114本运抵我院,内容以古典希腊艺术为主,包括希腊人文、考古、思想文化、地理学、建筑学、美学等多种学科,皆为目前西方对希腊研究的经典英文图书,为我们了解希腊研究前沿动态提供了第一手珍贵资料。

2006年艺术学院下设各所、中心也举办了一系列重要活动。11月8日记者节当天,电视研究中心举办"第二届未名大讲堂——与名记者、名主持、名专家面对面"公益活动。活动邀请到白岩松、敬一丹、杨澜等知名记者、著名主持人和前沿学者,就当今媒体的热点问题,面向大众媒体的从业人员和高校师生等进行免费讲座。北大文化产业研究院举办的"美学散步文化沙龙"系列活动丰富了北大师生的高雅艺术生活,营造了北大校园浓厚的文化氛围。该研究院也凭借其在学术研究、人才培养、教育培训、推动地方文化产业发展以及营造北大校园文化氛围等方面取得了一系列成果。11月15日,北京大学书法艺术研究所举行该所成立三周年学术研讨会。会议认为:北大书法研究所成立三年以来,继承了北大的艺术教育传统,具有鲜明的人文色彩,强调书法艺术的学术性、文化性,尤其是在当今文化背景下提出了"书法与文化"的理念,更是意义重大。

【特殊事项】 5月25日下午,原中共中央政治局常委、国务院副总理李岚清同志在百周年纪念讲堂主讲了一场题为"音乐·艺术·人生"的精彩讲座。李岚清在讲座中特别提到,蔡元培校长倡导的"德育、体育、知(智)育、美育"全面发展的光荣传统,在北大音乐教育中有很好的体现。在讲座中,李岚清同志提及的诸多歌曲、音乐名段,北大合唱团、交响乐团、民乐团在现场进行演出。李岚清同志的新作《音乐·艺术·人生》首发式继演讲后举行。李岚清同志出席首发式并给我院5位教师代表签名赠书。艺术学院院长叶朗教授作为教师代表讲话。出席讲座和首发式的还有中央有关部委和部分省、市教育行政部门负责人,艺术教育界专家以及在京部分高校校长和学生代表等。

【学生艺术团】 北京大学学生艺术团(下设合唱团、舞蹈团、民乐团、交响乐团)对于营造校园文化氛围、展现北京大学形象、提高大学生人文素质、推动校园美育与艺术教育的发展都起着重要的作用。2006年学生艺术团承担了大量的校内外演出任务,如艺术学院建院音乐晚会、李岚清"音乐·艺术·人生"讲座、"211工程"汇报演出、北京大学2006届毕业生毕业典礼、2006级新生开学典礼、第三届海淀文化节"青春·海淀"北大专场文艺演出、首届北京文化创意产业博览会演出专场、中俄大学生艺术节开幕式晚会等。同时,各分团还积极参加各种交流活动,成为学校对外交流的窗口之一,如合唱团赴越南河内参加第三届BESETOHA东亚著名大学合唱节,交响乐团随学校基金会赴香港交流等。

计算机科学技术研究所

【发展概况】 计算机所2006年的研究方向凝炼为电子出版新技术与信息安全两大方向,两个方向的研究内容分别为:

电子出版新技术:栅格图像处理技术、文字与图形信息处理技术、网络与数据库应用技术、数字媒体技术、数字版权保护技术、内容管理技术、图形图像处理技术。

信息安全:蜜网技术及应用、高性能安全计算平台、微观安全脆弱性分析、网络边界安全。

2006年事业编制在职人员为47人,其中正高职称人员6名、副高职称人员23人。研究生导师21人。

4名博士研究生、19名硕士研究生毕业并获得学位;招收了博士研究生3名、硕士研究生26名;在读研究生96人(博士研究生21名、硕士研究生75名)。

【科研教学】

"报业数字资产管理系统"成果获国家科技进步二等奖。报业数字资产管理系统(简称DAM系统)是管理新闻媒体的各种数字资产(包括报纸版面、文/图稿件、多媒体信息、广告与发行信息等)的软件平台,包含了采集、加工、存储、发布与再利用四个核心内容,以及数字资产的经营管理。DAM系统主要应用于报社、通讯社、杂志社以及网络媒体,是利用计算机信息处理和网络技术对报社等新闻媒体的采编生产及经营管理进行数字化、网络化、全流程一体化的开创性工作,继"告别铅与火"之后,实现了报业"甩掉纸与笔"的跨越式技术进步。

"电视节目数字化播出控制技术研究与应用"成果,通过了教育部组织的成果鉴定,鉴定委员会一

致认为该成果多项技术有创新,整体水平达到国际先进水平,部分技术达到国际领先水平。该成果获教育部科技进步奖一等奖(推广类)。电视节目数字化播出控制系统实现了面向电视台播出工作流程的网络化、数字化的多频道大型播出控制和总控监控系统,主要应用于各类视频播出机构,推动了视频播出由模拟播出向数字播出转化的技术变革。

周秉锋研究员再获 2006 年"中国发明协会发明创业奖"。

发明专利"一种手持设备文字排版对齐的方法"获国家知识产权局第九届中国专利优秀奖。

发表学术论文 61 篇,被 SCI 收录的论文 20 篇。其中彭宇新副教授分别在 CSVT、SIGMM 两个国际多媒体顶级学术刊物和会议上各发表论文 1 篇,万小军博士在互联网领域顶级国际会议 WWW2006 发表论文 1 篇。

获得发明专利授权 7 项,申请并被受理的发明专利有 117 项(其中 1 项为国际发明专利)。

2006 年申请并获得批准的国家项目有 21 项,经费总金额约 1283 万元。

【产业化成果】 计算机所继续发挥产学研方面的优势,与相关企业密切合作,在具有重大市场前景方向组织力量开展研究、开发工作,取得了一批具有重大社会与经济效益的成果。

报业数字资产管理系统在新闻出版系统获得大量应用,使报纸的新闻时效性和报社生产效率与经营业务大幅提升:新闻截稿时间由 4 小时缩短为开印前 20 分钟,报纸日均达到 70 个版,报社整体生产效率提高 20—30 倍;报社年广告额突破 20 亿元,自办发行从无到有,达到每天百万份,中国报纸总发行量跃居世界第一。报业信息化水平一举达到发达国家的最高水平。目前,该系统已应用于人民日报、新华社、解放军报、新加坡联合报系、香港明报等全球数百家中文报社,直接经济效益 12.6 亿元,创汇 1000 多万美元,并且每年为报业带来的综合经济效益达十几亿元。随着项目在报业得到广泛应用,报业发展方式由规模推动转变为技术推动,行业实力和国际竞争力显著提高,产生了重大的社会与经济效益。

电视节目数字化播出控制系统在国内 82 家电视台的 262 个频道上线运行,在省级及以上电视台播总控领域的市场占有率超过 70%。该系统使播出工作效率提高了 5—10 倍,播出故障率降低了 90% 以上,加速了我国电视播出数字化进程。直接经济效益累计达到 1.2 亿元,为国家贡献税利 2 千多万元,每年为用户带来的经济效益大约 1 亿元,并且依靠自主创新的核心技术、有效的服务保障等综合优势把国外的同类系统完全挡在了国门以外,为国家节省经费 2 亿多元,创造了重大的社会效益和经济效益。

随着网络出版成为出版印刷行业的发展趋势,喷墨成像技术成为数码印刷技术发展的难点与热点,计算机所从 2005 年开始组织力量研发,投入一百多万元建设了喷墨成像技术实验室,在 2006 年 11 月,完成了高速喷墨印刷机的原理性样机,设计、实现了前端软件试验系统、高速数据传输系统、喷头控制系统等,并在卷筒纸机械平台上,成功完整安装和联机调试,系统达到预定目标,技术水平超过目前由国外厂商研制并已经面世的大多数机型。

计算机所经过两年多的研究、开发,在 2006 年研制成功了新一代专业中文排版系统,并再次被香港明报(最先进的专业中文排版应用代表)实际应用,以优异的技术性能战胜了强劲的竞争对手 Adobe 公司,继续保持着计算机所在专业中文排版技术方面的领先水平,而且还有望在国内新闻出版行业再次掀起一次技术升级换代的浪潮。同时还开展了国内民族文专业排版技术的研究,基本完成了蒙、藏、维、朝等文字的排版技术与系统的研发。

计算机所在日文出版技术方面经过近十年的技术积累,在 2006 年获得突破性进展,与日本著名报社朝日集团日刊新闻社联合研发新一代日文新闻出版系统,该系统将在日刊新闻社首先投入使用,并在日本报业领域推广,投入的研发费用达 8000 万元人民币,这一成果标志着计算机所的日文出版技术已经获得苛刻的日本新闻出版业的认可。

网络出版技术继续保持在国内的领先地位,研制成功了多项网络出版关键技术,并获国家科技支撑计划的支持,建立网络出版示范工程,进一步推广网络出版的应用。

舆情预警及网络监管技术成功地在中央部委、地方省市重要部门获得应用,在某重要部门的应用中,取代了英国某著名网络信息分析技术公司的产品,该技术还获得国家科技支撑计划的支持。

研制成功基于 Intel IXP IA 架构的网络处理平台,该平台是实现 UTM(统一威胁管理)的技术基础,计算机所因此成为 Intel 在 UTM 方向的重要合作伙伴,Intel 已将该平台作为 UTM 的首选技术方案进行推广。

【王选教授逝世】 2006 年 2 月 13 日 11 时 3 分,北京大学计算机科学技术研究所所长王选教授,因病在北京逝世,享年 69 岁。

王选教授是享誉海内外的著名科学家、中国计算机汉字激光照排技术创始人,中国人民政治协商会议第十届全国委员会副主席,九三学社中央副主席,中国科学院院士、中国工程院院士、第三世界科

学院院士,方正集团创始人之一。他一生献身科学,勇于创新,他发明的汉字激光照排技术,实现了中国出版印刷业"告别铅与火、迎来光与电"的技术革命,成为我国自主创新和用高新技术改造传统行业的典范。他提携后学,甘为人梯,培养造就出一批年轻的学术骨干。他淡泊名利,一生俭朴,为广大知识分子树立了光辉榜样,荣获国家最高科学技术奖等二十多项荣誉,赢得了祖国和人民的高度评价与广泛赞誉。

王选教授逝世的消息在全国各界引起强烈反响,各大媒体和网站纷纷发表悼念文章。北京大学做出"关于号召全校师生员工向王选院士学习的决定",并在百年纪念讲堂设立纪念灵堂,前来悼念的人群络绎不绝。

2006年2月19日,王选教授遗体在北京八宝山革命公墓火化。胡锦涛、温家宝、贾庆林、曾庆红等党和国家领导同志前往送别。来送别的还有中共中央办公厅、全国人大常委会办公厅、国务院办公厅、全国政协办公厅、中央和国家机关、九三学社等有关方面负责同志,以及王选教授的生前友好和家乡的代表。

2006年5月12日,中宣部、统战部、教育部联合发出"在广大知识分子和统一战线各界人士中开展向王选同志学习活动"的通知,5月17日在人民大会堂举行了"王选同志先进事迹报告会"首场报告,又先后赴广州、武汉、西安、成都、重庆、南京、福州、无锡、上海等地,进行了为期一个月的巡回报告,在全国掀起了一个学习王选精神的热潮。

中国经济研究中心

【师资队伍建设】 中国经济研究中心秉承北大优良学术传统,以推动中国经济改革和发展为己任,以建立一所世界一流的经济学和管理学研究与教学机构为目标,不懈致力于科研发展、人才培养、教学革新、国际间学术交流与合作。在引进教师的工作中,依据双向选择原则,采用国际上人才招聘的通行办法,在国内外有关经济学杂志以及互联网上发布招聘广告。2006年,中心又聘请明尼苏达大学爱德华·格林教授担任北京大学长江讲座教授。

林毅夫教授荣获北京大学首届"蔡元培奖";青年教师姚洋当选北京大学十佳教师。

【科研工作】 中心对中国经济各个领域改革和发展的重大问题进行大量调查研究,写出了一系列报告;同时在当代经济学理论上也卓有建树,在国际一流经济学刊物等国内外学术期刊发表论文和出版专著。为了侧重围绕中国宏观经济、国内外市场大宗商品供求和价格、与投资环境相关的制度和政策等方面问题进行持续观察、分析和评论,中心举办了"CCER中国经济观察",并在每个季度举办报告会上介绍研究成果。中心不定期举办的经济理论与政策研讨系列讲座共31次、出版的《简报》74期和中文讨论稿21期、英文讨论稿17期等,在学术界、舆论界和决策层受到好评。《经济学季刊》作为一本经济类专业刊物,创刊四年来已经得到经济学界的普遍认同。

【教学工作】 中心按国际一流大学的标准开设博士、硕士、本科生双学位、金融硕士、MBA及EMBA课程,每年招收各类学生近千名,并与伦敦经济学院合作,在北大中国经济研究中心开办LSE-PKU暑期学校;邀请国内外著名教授担纲,开设从传统的经济学、金融学核心课程,到当代国际关系、企业管理实践的前沿问题等一系列课程,对学生的学位教育与职业发展都做出了很好的贡献。在2006年里,中心在教学方面取得了丰硕成果,北大国际MBA蝉联《财富》杂志2006"中国最具市场价值的商学院"排名榜首和《福布斯》杂志第一名。

【学术交流】 除参加各种国际学术会议外,中心还通过北大国际MBA系列讲座、金融论坛、北大汇丰论坛、严复经济学纪念讲座等不同形式,邀请到世界著名学者、专家、政治领袖、企业精英等人物来北大讲学或演讲。3月份诺贝尔经济奖得主斯蒂格利茨教授参加了中心举办的"两会"解读讨论会,并就中国汇率问题与美国贸易、新农村和自主创新等问题发表见解;11月份"北大-汇丰经济论坛"特邀2004年诺贝尔经济学奖得主普雷斯科特教授作演讲。第四届"中国经济展望"论坛,已于12月13日开幕。中国经济展望论坛创始于2003年末,至今已经成功举办了三届。每届论坛都有数十名专家学者、企业家和政府部门领导对十个经济学领域的问题进行对话式评论,通过网络进行文字和视频直播,并由多家媒体进行深度报道,论坛文字由中信出版社结集出版,已有《展望中国2004》、《展望中国2005》、《展望中国2006》三本文集问世,得到了学界和社会各界的一致肯定。

【培训项目】 在做好日常各项教学工作的同时,还进行了一系列的服务于社会的培训工作,有我们坚持每年举办的品牌项目:全国优秀大学生经济学夏令营、西部MBA师资培训、女经济学者培训、财经记者奖学金班等;2006年暑期我们举办了高校教师"高级国际贸易理论"培训课程;为了培养"新闻+经济+专业"的复合型财经新闻人才,也为了拓宽双学位学生的就业市场,中心与《21世纪经济报道》联合举办了北京大学21世纪财经新闻班,以上这些服务于社会

的教学工作,在社会上收到很好的效果,也得到很高的评价,为北京大学创造世界一流大学起到积极的推动作用。

【党建工作】 积极开展各项工作,在保障中心党员各项权利的落实及保证义务的履行、及时地了解和反映党员的思想及要求、落实发展新党员、策划组织党员活动等方面做了大量工作,取得良好的效果。为了促进北大中国经济研究中心师生之间的交流,让老师除了在学术方面对学生进行指导,在人生、理想等生活方面也进行全面的辅导,中心举办了"人生理想"系列讲座,截止到2006年12月份已经成功地举办了8次讲座。为了缅怀王选院士,响应学校关于向王选院士学习的号召,中心于2月份举办了学习王选座谈会,之后又组织研究生学习讨论,并将学生的学习心得汇编成册印发给学生,使每个人都有很大学习收获。今年是中国工农红军长征胜利七十周年,7月份中心组织教师重走长征路,中心教师沿着四渡赤水的足迹,参观访问了土城战役、遵义会议、娄山关战役旧址等地,中心全体教师实地感受了红军不怕远征难,万水千山只等闲的豪迈气魄和革命的乐观主义精神。为了缅怀革命先烈,在学生中间继承和弘扬革命传统,勉励他们在各自的实际学习和生活中践行"长征精神",中心还举行"成长成才"系列指导讲座暨"纪念长征胜利七十周年"主题学习、组织集体观看纪录片《纪念长征胜利七十周年》等活动。

人口研究所

【发展概况】 北京大学人口研究所是国内最先开展人口学研究与教学的高校机构之一,也是首批获得联合国人口基金资助的重点人口机构之一,其前身是成立于1979年的北京大学经济学系人口研究室,1984年经教育部批准扩建为北京大学人口研究所,同年招收人口学硕士研究生,1991年起开始招收人口学专业的博士研究生。1992年在联合国人口基金(UNFPA)和世界卫生组织(WHO)资助下,人口所建立了向外国留学生授予人口学硕士学位的培训中心,也是亚洲仅有的三个此类国际中心之一,2005年被国家主管部门批准向外国留学生予博士学位。人口所具有多学科交叉、结构合理的学科梯队。目前,教学科研队伍80%以上具有高级职称,中青年教师全部获有博士学位。2006年,全所在编教职工19人,其中专职科研与教学人员13人,有博士生导师5人,教授5人,副教授6人,讲师2人。此外,人口研究所聘有国内外客座教授20余名。到2006年人口所共招收硕士研究生176名,博士生68名,留学生近30名,博士后15名。拥有人口学国家核心期刊《市场与人口分析》杂志(双月刊)。人口研究所是一个以研究工作为主,同时承担培养硕士生和博士生教学任务的科研与教学机构。

北京大学人口研究所具有多学科研究人口健康的特色。1991年北京大学人口研究所被命名为"世界卫生组织生育健康与人口科学合作研究中心",是国内高校最早设有人口健康方向的研究机构。2001年成为国家出生缺陷干预工程首席科学家依托单位。2002年成立北京大学中国人口健康与发展研究中心,同年成为国家重点基础研究发展规划项目("973")"中国人口出生缺陷的遗传与环境可控性研究"首席科学家依托单位。2003年成立了北京大学老年学研究所,并在2005年开始招收老年学方向研究生,这标志着北京大学老年学的教学科研进入系统发展的阶段。

人口研究所建立了多个高水平的国际合作研究平台。2005年7月,澳大利亚国立大学、新加坡国立大学、北京大学、耶鲁大学、哥本哈根大学、东京大学、瑞士联邦工学院、牛津大学、剑桥大学、伯克利大学共同成立"研究型大学国际联盟(International Alliance of Research Universities, IARU)",北京大学人口研究所成为IARU老龄健康研究牵头单位。

十多年来,北京大学人口研究所取得了显著的发展,在国内外的地位不断提升,特别是在国际上的声誉越来越高。2005年,在全球拥有700多个成员机构的人口研究国际合作委员会(CICRED)在全球范围内进行2006—2009年理事会的推荐和选举,北京大学人口研究所被推荐参选并以第三的高票当选,与美国北卡罗莱纳大学人口研究中心等著名人口研究机构一起成为2006—2009年CICRED理事会的7个委员单位之一,也是1972年CICRED成立以来唯一入选理事会的中国研究机构。2006年北京大学人口研究所获得20年来全国人口和计划生育委员会科技大会高校人口研究单位唯一的先进集体奖。

现任所长郑晓瑛教授兼世界卫生组织生殖健康与人口科学合作中心主任,同时,兼任联合国发展署/联合国人口基金/世界银行/世界卫生组织人类生殖特别规划署生殖健康亚太地区区域咨询团区域委员(RAP/WHO)、联合国人口基金第六周期中国人口与生殖健康项目副组长、中国人口学会副会长、中国优生科学协会副会长、国家人口与计划生育委员会科技专家委员会委员及国内多所大学的兼职教授,国家杰出青年基金获得者,2004年社会科学首批长江学者。

经过一段时间的实施,根据学

校的要求和结合人口所发展工作的需要，人口所对《人口所规章制度》和《人口所聘岗方案》等管理文件进行了必要的修改和调整，尤其是进一步明确了工作目标和工作职责。所务会决定为更好地抓住"十一五"学科发展大好时机，组织专门力量重新研究修改并制定《人口所十一五发展规划》。

【科研工作】 人口所2006年出版专著2部，主编2部；发表文章76篇，其中，国内72篇，国际4篇；另外撰写咨询报告6篇；会议论文36篇。

2006年人口所各种在研项目48个，其中在2006年新立项的项目20个。同时密切配合学校开展985二期建设项目，推动人口所整体发展。其中国家重大项目有：第二次全国残疾人抽样调查调查数据研究，完成国家数据公报和31个省数据公报的起草和修改工作，其中国家数据公报得到回良玉副总理和国务院常务会议温家宝总理等的高度重视和肯定，31个省公报顺利通过各省政府常务工作会议后发布，引起国内外重要反响；国家发改委特别委托进行中国11个大城市规划和人口迁移研究；应用国际领先的人口预测技术，启动IIASA与中国合作第一个启动的项目"中国人力资本预测"。另外，宋新明博士获得国家"十一五"科技支撑计划重大项目支持，这是继人口所获得国家973项目后又一个由文科多学科特点的单位组织的唯一的国家重大课题。同时，人口所成为国家人口和计划生育委员会等多部委协调的"新农村新家庭建设项目"全国人口学科的牵头组织单位。

2006年人口所获得重大学术奖励13项。尤其郑晓瑛教授等参与了国家人口发展战略总报告起草和修改工作，获得国家人口和计划生育科学技术奖励的特别贡献奖。"中国人口出生缺陷干预工程总体计划"获国家人口计生委科学技术奖励（软科学类）二等奖，"中国人口出生缺陷干预的国家战略框架和实施方案"获教育部"科学技术进步奖"二等奖，"提高出生人口素质的战略转变：从产前—围产保健到孕前—围孕保健"获北京市第九届哲学社会科学优秀成果奖二等奖等。

积极参加社会服务，参加了党中央国务院关于国家人口和计划生育工作新决定的起草、修改工作，参与了国家相关部门的政策制定和"十一五"规划的起草和修改工作，提交了政府咨询报告，参加了国家人口发展战略总报告的撰写。

《市场与人口分析》杂志栏目改革取得非常好的学术反应，成为人口学科发展中具有重要影响的核心期刊。

【国际合作】 2006年人口所国际合作势头更加强劲。其中特别重要的有：人口所被确定为"IARU国际研究型大学联盟""老龄与健康"合作研究的牵头单位。2006年10月，北京大学人口研究所、北京大学老年学研究所等8位学者代表北京大学参加"IARU国际研究型大学联盟"哥本哈根大学和北京大学联合举办的"老龄化、长寿与健康"研讨会，北京大学人口所的郑晓瑛教授代表北大出席并担任会议的主席，显示了北大多学科研究老龄健康的实力。

2006年北京大学人口研究所和格里菲斯大学环境与人口健康中心合作促成北京大学与格里菲斯大学签署成立"人口健康、环境与发展国际合作中心"。

北京大学人口研究所/北京大学老年学研究所与南加州大学社工学院、戴维斯老年学学院和健康促进和疾病预防中心签署中美老龄与健康国际合作协议，北京大学和南加州大学启动全面合作。

【学术交流】 2006年举办马寅初人口科学双周学术报告会26次。接待外宾来访32次，邀请海外讲座专家短期讲学和合作4人，教师出访英国、美国、瑞典、德国、丹麦、法国、奥地利、澳大利亚、印度等国。

先后组织和召开了具有国内外影响的学术会议6次，打造了具有重要影响的两个学术交流平台。

国家人口和计划生育委员会办公厅、中国人口学会、北京大学人口研究所联合举办第四次人口问题高级资讯会，为两会和两会期间的中央人口座谈会提供信息和资料；中国人口学会、联合国人口基金和北京大学人口研究所联合举办第二届中国人口学家前沿论坛，实现了多种学术交流方式，得到联合国人口基金的称赞。在北京论坛和健康与发展国际论坛上分别承担重要的论坛组织工作，国内外学术反响热烈。

4月22—23日，在科技部、中国科学院、中国工程院、国家自然科学基金委员会、教育部、解放军总装备部和国防科工委等部门的支持与资助下召开香山科学特别会议，会议主题是"队列研究——宏观医学与微观医学的整合"，由陈竺院士担任会议主席，郑晓瑛教授应邀出席并就国际队列研究发展趋势、我国队列研究现状和存在的主要问题，建立大规模前瞻性队列研究以推动我国健康科学基础研究的发展和公共卫生决策体系的进一步完善等内容发言。

人口所开展了广泛的国内外学术联系和合作。尤其是北京大学与第二次全国残疾人抽样调查领导小组、中国残联签订了合作协议，具体执行机构为第二次全国残疾人抽样调查办公室和北京大学人口研究所。北京大学人口研究所成为国家残疾政策和数据分析智力支持单位，为国家数据公报发布和起草残疾人国家发展报告提供咨询。

【教学工作】 2006年有硕士研究生41人、博士研究生17人、外国留学生4人、博士后工作人员3人。北京大学人口研究所现设置的博士专业有人口学，硕士专业有人口学、政治经济学、人口、资源与环境经济学、老年学专业。

在学校领导的大力支持下，北京大学老年学研究所成立，挂靠在北京大学人口所，这标志着北京大学老年学的教学和科研进入系统发展的阶段，2006年，北京大学第一批老年学专业研究生开课，以老年学研究和专门人才培养为主要目的并积极推动老年学新兴学科的建立和发展。

人口所大力提倡学生参与项目申请和项目工作，提高学生的独立思考和动手能力。北京大学第十四届"挑战杯"——五四青年科学奖竞赛中，荣获博士研究生组二等奖和硕士研究生组二等奖以及团体二等奖和优秀组织奖。人口健康方向同学普遍获得机会参与国际合作和学术交流。

根据研究生院工作要求，人口所进一步组织老师和同学对教学方案和课程大纲等内容进行讨论和修改，以新的培养方案推动教学水平不断提高。

【师资队伍建设】 引进穆光宗、乔晓春两位教授和胡玉坤副教授3名中青年学科带头人，进一步加强了人口所的队伍建设。

人口所党支部进一步健全组织，选举陈功为党支部书记，新成立了以陈功为负责人的学工组，推动学生健康成才活动建设。

对外汉语教育学院

【发展概况】 北京大学是我国开展对外汉语教学历史最长的学校之一，半个世纪以来，伴随着国家前进的步伐，北大的对外汉语教学经历了曲折与坎坷、发展与壮大的历程。2002年6月29日，北京大学对外汉语教育学院在原对外汉语教学中心的基础上成立，北京大学的对外汉语教学事业翻开了新的一页。乘着汉语国际推广的大好形势，在学校领导的大力支持下，经过四年的艰苦努力，学院工作蒸蒸日上，面貌日新月异，实现了新的跨越，展现出了振奋人心的前景。2006年完成了新一届行政领导班子的换届工作，在新的起点上，全院教职工将团结一致，为追求新的目标、描绘新的蓝图努力奋斗。

对外汉语教育学院现有在职教职工58人，其中教员51人，行政及教辅人员7人，另有离退休人员21人。教员中教授5人，副教授25人、讲师21人以及兼职教师47人。学院下设精读课教研室、视听说课教研室、预科教研室、选修课教研室、信息资料中心和学院综合办公室。

【教学工作】 2006年留学生人数总计1900人次，规模大体与2005年相当，但学生的类别发生了一定的变化。首先，学院与欧美等国一流大学合作的特殊项目班逐年增加，目前有美国斯坦福班、英国外交官班、美国SKIDMORE班、英国剑桥本科生班和硕士生班、英国牛津本科生班和硕士生班、加拿大麦吉尔班和挪威奥斯陆班等；其次，短期班和长期班留学生来源由过去的以亚洲学生为主转变为以欧美学生为主；第三，留学生的学习目标和学习态度发生了一定变化，与以往相比，其学习汉语的目标更明确，学习态度更积极；第四，由于欧美名牌大学学生来华留学的人数不断增加，学生的整体素质较以往有所提高。

在对留学生的教学管理上，针对留学生的特点，学院采取汉语、口语分别测试、分别编班的模式。开设了必修课、听力课、选修课、文化讲座课等，不断调整和完善课程设置。4月27日，700名师生赴京郊大兴、平谷、密云、昌平进行教学实习。学生们参观了工厂、敬老院、幼儿园，与中学生一起交流，还到农民家做客、交谈，观看农民的秧歌表演。留学生们切身感受了中国农村的现状，客观、深入地了解了中国国情，对学习汉语和了解中国文化有很大的帮助。一年一度的留学生汉语演讲比赛，于12月初在正大国际会议中心举行，为期三天，经过44个班各自组织的演讲，从每班推选出两名选手参加角逐，人数为历年之最。根据选手的综合表现，共评选出一等奖6名、二等奖9名、三等奖18名。通过比赛，展示了各国学生中文学习的长足进步，同时折射出国外对中国政策、文化的认识和理解。演讲比赛对于留学生了解中国，提高汉语水平起到了积极的推动作用。校党委宣传部、社乐部、留学生办公室、美国国际教育交流协会（CIEE）、加州大学和勺园会议中心有关人员观看了部分比赛。2006年学院还承办了国家汉办组织的海外中文教师培训任务，共有来自6个国家的15名中文教师参加，这是我院首次承办海外中文教师研修班，此后将陆续为海外中文教师提供师资培训。

作为全国首批招收对外汉语教学方向研究生的单位之一，从1986年开始至2006年对外汉语教育学院共计培养了中外硕士研究生一百多人，他们活跃在国内外的汉语教学领域。2006年在籍研究生38人，研究生课程班36人。2006年，经学校批准，由对外汉语教育学院和中文系联合培养的对外汉语教学硕士研究生师资班招收首届学生，录取23人。随着研究生数量的不断增加，为使学院研究生工作更加规范，学院成立了研究生学生工作组，全面负责研究生的学业指导、思想教育等工作。

【汉语国际推广工作】 2006年北京大学成立了以闵维方书记、许智宏校长为组长的汉语国际推广领导小组，杨河副书记、张国有副校长任常务副组长，国际合作部李岩松部长、对外汉语教育学院李晓琪院长任副组长，张秀环书记任办公室主任。汉语国际推广领导小组根据国家汉语国际推广的工作布置，结合北京大学的工作实际，创造性地开展工作。

2006年在我驻外使领馆、国家汉办和学校国际合作部的大力支持和指导下，在2005年与英国伦敦大学、印度尼赫鲁大学、南非斯坦陵布什大学、德国柏林自由大学和日本立命馆大学合作承办孔子学院的基础上，4月14日又与泰国朱拉隆功大学签署合作协议，合作建立孔子学院。2006年学院分别派教师和管理人员前往英国、德国、日本、南非的孔子学院开展工作。

【科研工作】 教育部批准并拨款支持开发的国家级专项商务汉语考试（BCT）研取得阶段性成果，2006年出版了考试大纲，在北京、上海、新加坡和韩国等地组织了预测考试。

由对外汉语教育学院发起并主办的"首届中青年学者汉语教学国际学术研讨会"于12月23日至24日在北京大学英杰交流中心成功举办。来自国内22所大学和美、英、日、韩、泰、新加坡等八个国家和港台等地的15所大学以及6家出版机构、专业杂志的百名中青年专家、学者，在北京大学英杰交流中心，就"汉语国际推广"、"汉语教材编写"、"汉语教学语言要素研究"等多个议题展开了深入讨论。北京大学副校长张国有、国家汉办副主任赵国成出席了开幕式并讲话。

2006年学院先后承担国家社科基金和国家汉办的科研项目十余项，编写教材逾百部，出版专著、译著、词典、论文集逾百部，发表论文400余篇，科研成果获省部级奖励数十项。教师参加国内外国际学术会议45人次，出版、发表专著、论文、教材共66项，教学、科研获奖共9项。

【对外交流】 2006年学院先后有13位老师被派往美国、英国、德国、荷兰、韩国、日本等国进行汉语教学，有17人次出访美国、英国、瑞士、泰国、日本等国。接待来自美国、英国、泰国等国的教师和教育代表团等，就汉语教学工作进行了交流。

软件与微电子学院

【发展概况】 软件与微电子学院以"人才培养与产业建设互动"为指导思想，在"坚持创新创业、坚持面向需求、坚持质量第一"的建院宗旨指导下，为实现"面向产业、面向领域、培养高层次、实用型、复合型、国际化人才"的培养目标，建立了软件技术、网络与通信技术、嵌入式系统、服务科学与工程、管理与技术、数字艺术、集成电路设计与工程、金融信息工程、语言信息工程、信息安全等10个系，共涉及27个专业方向。初步形成了包括课程体系、技能训练、工程实践、素质教育、教学管理服务平台、教学质量保证体系在内的完整的工程硕士培养体系，形成了以培养学生自我发展能力（反思实践的能力）、学习专业知识的能力、理解特定职业领域专业方法的能力（Knowledge、Technology、Skill）为目标的专业硕士培养特色。

软件与微电子学院按照"多层次、多方向、多领域、模块化"开放式的课程体系设计出142门课，其中50%为软件与微电子学院结合产业需求提出的新课程，实际开课率已经达到95%。

软件与微电子学院提出了"专业教育学分制，素质教育学苑式，产、学、研、用一体化"的办学模式。素质教育以学苑为基础，提倡培养学生的自我管理能力、组织策划能力、社会实践能力和责任意识、服务意识、创新意识、团队意识、竞争意识。

软件与微电子学院以全方位深入开展国际合作为发展战略。与100多家国内外知名企业签署了人才培养合作协议，与15家国内外著名企业合作成立了联合实验室，和30多个企业建立实习基地。每年到合资企业和著名企业实习的学生占45%，到北京大学和相关研究单位实习的占25%，参加新创业单位实习的占10%。

软件与微电子学院实行理事会领导下的院长负责制，软件与微电子学院理事会在学校领导下行使对软件与微电子学院的领导和监督权利。凡是涉及软件与微电子学院发展方向、学科建设、基地建设、国际合作等重要战略规划和决策，都要由学院理事会审核批准。

软件与微电子学院坚持教育理念创新、课程体系创新、办学模式创新、管理体制创新，和运行机制创新，在教育部组织的中期评估和验收评估中，综合指标名列第一。2004年11月，"北京大学软件与微电子学院—示范性软件学院建设"成果荣获北京大学教学成果一等奖，2004年12月9日获北京市教学成果一等奖，2005年9月，荣获高等教育"国家级教学成果一等奖"。2006年，北京大学软件与微电子学院顺利通过了教育部组织的示范性软件学院的验收评估，评估结果为"综合排名第一"。初步形成了一个学院（北京大学软件与微电子学院）、两个学科（软件工程学科、集成电路设计学科）、三个基地（国家软件人才国际（北京）培训基地、国家集成电路设计人才培养基地、软件工程国家工程研究中

心北京工程化基地)的综合性软件与微电子人才培养实体。

软件与微电子学院图书馆现有藏书10000余册,包括中文图书8000余册、英文图书1700余册、工具书40余册、期刊2000余册。学院图书馆在全校19个分馆中,全年借阅量排名第三,是开馆时间最长的分馆。

2006年,学院共招收1257名新生,其中软件工程硕士1218人,第二学位39人。本年度,学院共有481名学生毕业,其中春季硕士毕业生188人、夏季硕士毕业生243人、二学位毕业生50人。

【学科建设】 学院根据社会对软件和微电子人才的需求设立系和专业方向,2006年,学院在原有8个系(软件技术系、网络与通信技术系、嵌入式系统系、管理与技术系、服务科学与工程系、数字艺术系、集成电路设计与工程系和金融信息工程系)的基础上,根据市场和产业发展需要,新建了语言信息工程系和信息安全系,共涉及27个专业方向。

2006年,学院开设了215门工程硕士课程,采用了104种教材(包含英文教材40种)、136种参考书目;开设了19门二学位学士课程,采用了17种教材、10种参考书目(包含英文教材2种)。

在教学环境改善方面,2006年学院对网络使用环境进行了系统有效的规划调整,保持对CERNET和公众网的双路连接,CERNET国内流量免费,升级100M连接至CERNET网络,10M连接至公众网,128个IP地址。采取了网络计算机病毒监测、过滤电子邮件病毒、及时报警、排除等具体措施,使学院的教学科研计算机网络环境得到了保障。

【师资队伍建设】 按照北京大学建设世界一流大学的总体规划,学院继续面向全球招聘专、兼职教师。除了续聘的四名外籍系主任(柳翔博士、凌小宁博士、童缙博士、Robin King教授)之外,新聘了高培椿博士担任网络与通信技术系主任、程玉华博士担任集成电路设计与工程系主任、Charles Lee博士担任管理与技术系主任、俞士汶教授担任语言信息工程系主任、卿斯汉教授担任信息安全系主任。

2006年,学院专职教师队伍发展到56人,他们都具有教学、工程实践经验,双语教学能力,其中14名为外籍、1名来自台湾。兼职教师队伍(北大、院所、企业)发展到174人。从而实现了初期设想的师资队伍构成模式:国内外知名学者、国内外IT企业资深专家和北京大学校内教师比例为4∶4∶2,即国内外专职教师占40%,国内外客座教师占40%,北京大学校内教师占20%;具有双语教学能力的教师占70%以上。

【对外合作】 2006年,学院继续深入开展国际国内合作,积极开拓新的合作关系,新签署合作协议38份,如与日本三菱东京日联银行签署合作备忘录,联合开设系列讲座;与RSA、EMC公司建立合作关系,聘请其首席科学家Burt Kaliski博士担任学院客座教授,邀请Burt博士来院做主题报告并与国内信息安全领域的专家、学者就密码学研究与应用新方向等课题进行学术研讨并召开学术会议。

学院承办了"2006年第二届中国开源软件竞赛启动仪式暨OSDL社区领袖Andrew Morton来华演讲会",并承担了中国开源软件竞赛华北分赛区的竞赛组织、宣传与作品评审工作。

本年度,在已有合作关系单位的基础上,学院选择重点企业,拓宽合作渠道,通过具体项目的实施,巩固与合作企业在教学、科研、人才培养等方面建立起的长期友好关系,进而带动合作的持续、深入开展。例如,本年度新获Intel捐赠建立了PKU-Intel多核技术实验室。Intel还积极支持学院国家Linux技术培训与推广中心的建设与课程体系建设,在学院成功举办了"Linux Kernel"师资培训班,共有来自17所高校的40多名教师参与了此次培训活动,取得了很好的效果。

在以往长期友好合作的基础上,经多次研讨,学院与Intel就合作建立产学研结合的数字内容联合创新中心一事已达成合作意向并形成合作框架协议,双方将在该中心合作设立创新项目,形成知识产权,并选择具有商业前景的知识产权进行孵化,这将有利于学院数字艺术等交叉学科的建设和教学科研成果的孵化。

2006年,对外合作办公室申报并执行完成了"国家软件人才国际培训基地建设项目",通过引智项目的实施,2006年学院根据教学科研发展的实际需要,共聘请了21位外国专家,其中12位长期外国专家和9位英语外教、短期讲学或合作研究类短期外国专家。

【科研工作】 2006年,学院各科研单位承担了中国科学院委托咨询项目、国家科技攻关计划重大项目、863计划和973计划子课题以及北京市科委重点项目,与ACOM、IBM、Intel、Microsoft等公司开展了十多项科研合作项目。

2006年学院在软件与微电子发展战略、信息安全、开源软件、嵌入式系统、SoC、服务工程、数字艺术等研究方向取得了重要成绩,为2007年全面推进科研工作,实施教学科研相结合培养高层次人才创造了有利条件。

【学生工作】 在学院领导及学校相关部门的领导下,以"日常工作规范化,事件处理法制化,交流服务人性化"为工作标准,以"素质教育学苑式"为工作思路开展学生活动。

学院目前共有研究生会、文化

苑、艺术苑、科技苑、IT协会、影视协会等16个学生社团和协会。本年度举办了春季运动会、院研究生会换届选举、学苑杯篮球联赛、学苑杯足球联赛、学苑杯乒乓球联赛、英语短剧大赛、IBM校园创新大赛、"IT创意设计"大赛、大学生职业发展论坛、摄影大赛、IT市场营销论坛、假面舞会、万圣节舞会、采集造血干细胞样本、学生社团发起人宣讲会和奖励奖学金颁奖暨迎新联欢会等16项大型学生活动,不仅丰富了校园生活,还有效地锻炼和培养了学生三种能力和五种意识,提高了学生的综合素质。

为营造"文明修身,健康成才"的校园氛围、丰富校园文化,学生工作办公室还组织编写两期《学生天地》和一期《学苑期刊》并在校本部其他院系发放。组织修改《学生手册》,编辑《素质教育报告文集》三册。在学院主页和学生天地子页发布新闻稿件33篇。

本年度,学院聘请校内外专家、学者、知名人士,共举办25次人文社科类、新技术类讲座。组织三次素质教育考核,参加考核的人数有1621人,参加考核演讲的学生有1076人。评阅素质教育报告2331份。

本年度,学生获市级奖励3项,校级奖励93项,院级奖励38项,共计129人获奖,校级奖学金20人,校级集体奖励3项,院级集体奖励13项。

2006年,200多家企业为学院学生提供了1372个实习岗位,441名学生通过双向选择顺利进入实习阶段工作,完成答辩的学生已有228名。2006年,除了巩固IBM、微软、Motorola、Intel、青鸟、方正、联想、神州数码、花旗、南洋理工等一批已有的实习基地外,学院将相对稳定的实习合作企业发展到36家。

基础医学院

【发展概况】 北京大学基础医学院创建于1954年9月。现设12个学系、1个教研室、1个研究所和1个实验教学中心。现有教师226人,其中教授62人,副教授60人,讲师101人,助教3人;具有博士学位者124人,具有硕士学位者78人;现有教学辅助人员、科学实验技术人员161人,其中副主任技师20人,主管技师83人,技师22人,技士8人,技工3人。现有管理职员25人(包括负责学生工作人员5人)。基础医学院师资力量雄厚,以治学严谨著称,现拥有一批国内外著名的专家、学者。其中中国科学院院士3人、中国工程院院士1人、长江计划特聘教授5人、国家杰出青年科学基金获得者5人、获国家人事部和卫生部授予有突出贡献中青年科技专家称号的8人、教育部跨世纪优秀人才6人、享受国务院颁发政府特殊津贴34人、博士生导师52人。基础医学院现已发展成为国内最著名的、以发展多层次基础医学教育,研究人类生命科学和防治疾病的基础理论为主要任务的教学科研中心之一,成为国家基础医学领域高级专门人才的培训基地之一。

2006年顾江教授负责的"SARS发病机制研究"和童坦君院士负责的"细胞衰老相关基因与P16基因调控研究"双双获得高等学校科学技术奖自然科学奖一等奖。于常海教授负责的"脑缺血性疾病中星形胶质细胞保护机制的研究"获得中华医学科技奖二等奖。尚永丰教授领导的课题组关于"三苯氧胺诱发子宫内膜癌的分子机理"的研究成果,入选教育部"2006年度中国高等学校十大科技进展",该成果还入选科技部基础研究管理中心和中国科学技术协会学术部组织评选的"中国基础研究十大新闻"。此外,2006年我院生物医学实验教学中心被评为"北京市高等学校实验教学示范中心";韩济生院士荣获北京大学首届蔡元培奖;贾弘禔教授荣获第二届"北京市高等学校教学名师奖"。

【教学工作】 2006年基础医学院招收基础医学专业新生39名,毕业15名;招收医学实验专业新生22名。毕业76名研究生,其中博士39名;硕士37名;招收研究生154名,其中硕士生84名;博士生70名(包括20名硕博连读转博研究生);现有研究生472名,其中博士295名;硕士177名。在站博士后工作人员13名。

在2005—2006年度教学优秀奖评选工作中,李彤、迟晓春2名教师被评为北京大学医学部优秀教师。另外,病理学系获医学部教学优秀集体奖。

举办了第六届青年教师讲课竞赛,解剖学系的陈白羽老师获一等奖,细胞生物学系的白云老师和生理与病生理学系的王瑾瑜老师获二等奖,组织胚胎学系的祁丽花老师、细胞生物学系的杜晓娟老师和病理学系的郭丽梅老师获三等奖。

组织申报中国高等教育学会"十一五"教育科学研究课题,共有5个课题通过评审,正式立项。其中教学项目4个:

基础医学课程考核体系改革的实践与研究(顾江);

深入开展PBL教学研究、深化基础医学课程体系改革(李学军);

创新型医学人才培养的探索

与实践（万有）；

八年制基础课程英语教学项目（宫恩聪）。近期内将组织开题。

组织各学系积极申报精品课程，人体解剖学、神经生物学申报了北京大学精品课程，免疫学、药理学申报了国家级精品课程，神经生物学被评为北京市级精品课程。

【科研工作】 基础医学院2006年共获准各类科研项目90项，批准经费5280万元。全院承担各类科研项目220项，2006年到位科研经费约3900余万元。2006年全院发表SCI论文175篇，期刊影响因子合计为611.122。其中以第一作者或通信作者单位发表的SCI研究论文107篇，期刊影响因子合计为402.756，期刊影响因子平均为3.76；非第一作者或通信作者单位发表的SCI研究论文68篇，期刊影响因子合计为208.366；在SCI收录刊物发表国际会议摘要11篇，期刊影响因子合计为33.435；在国外刊物或全国刊物发表非SCI论文103篇，发表综述、摘要及会议论文84篇。基础医学院专利工作连年进步，2006年获得批准授权国家发明专利4项，申报受理国家发明专利12项。

【学科建设】 北京大学再生医学教育部工程研究中心获得教育部批准立项，中心负责人为李凌松教授。管又飞教授负责的糖尿病中心、钟南教授负责的医学遗传学中心建设项目获得"985计划"二期经费重点支持。分子心血管学教育部重点实验室和神经科学教育部重点实验室通过教育部组织的重点实验室年度评估。分子心血管学教育部重点实验室评估结果为"优秀"；神经科学教育部重点实验室评估结果为"良好"。高晓明教授获得美国Jeffrey Modell Foundation 7.5万美元和香港陆氏实业有限公司5万美元资助，成立了北京大学医学部原发性免疫缺陷病研究中心。该中心是国际免疫缺陷病网络实验室的成员之一，为北京地区乃至全国的患者提供免疫功能评价和免疫缺陷病的实验室诊断服务，开展原发性免疫缺陷病的遗传学研究。负责建设的医学部生物安全三级实验室通过校内专家验收，为下一步申报国家认证奠定了良好基础。

药 学 院

【发展概况】 2006年药学院教职工总数194人，其中中国科学院院士2人，长江学者1人，杰出青年5人，新世纪（跨世纪）人才3人；具有博士学位的65人，具有硕士学位的42人；正高职称34人，副高职称42人，中级职称85人，初级职称18人。

2006年招收六年制学生120名、四年制本科学生35名，夜大学本科生219人、专科生176人；研究生60名（博士生42名、硕士生18名）、进站博士后5名；现有在校生2014名，其中研究生225名（博士生151名、硕士生74名），六年制学生636名，四年制本科生120名。

【学科建设】 2006年学院完成了"十五""211工程"的结题验收工作；"985工程"二期"创新药物及药学技术平台"建设进入了实质性实施阶段，学院本着"突出重点，发挥优势，体现特色"的精神，认真落实各个平台建设方案，结合学院的发展规划，促进学科之间的交叉与融合，各项工作进展顺利。

结合国家教学评估的准备情况，对学科现状及发展进行了分析研究，在国家"十一五"科技发展规划及建设目标的指导下，反复思考，完成了院系评估工作。

天然药物及仿生药物国家重点实验室是药学院基础研究的中坚力量，为学科的发展起到了重要的推动和引领作用。2006年5月重点实验室又通过了国家5年一次的检查评估，为重点实验室的发展奠定了坚实的基础。

在"211和985工程"的支持下，学院已初步形成了优秀的科研群体和团队，承担国家重大科研项目的竞争能力进一步增强，重点基金和杰出青年基金稳步增长，基础研究水平和获奖数目继续保持国内领先地位。

【科研工作】 2006年药学院获得国家自然科学基金15项，博士点基金1项，863课题5项，共获得经费1146万元。在研课题88项。

发表科研论文231篇（SCI收录114篇），其中国内论文121篇，核心期刊106篇，SCI收录7篇；国外论文110篇，全部为SCI收录（均为北京大学药学院第一完成单位），其中研究性文章107篇，综述3篇。会议发表论文127篇。

出版教材及著作等8部，其中主编1部，参编1部，教材5部，译著1部。

申请专利20项，已获批准7项。

"基于病毒基因转录调控机制探索抗HIV新靶标及其新型抑制剂的研究"项目获得2006年度高等学校科学技术奖自然科学类二等奖。

2006年国家自然科学基金资助项目简表

序号	学部	课题名称	负责人	经费（万元）
1	化学	稀土元素的生物化学反应和有关细胞化学过程的干预	王 夔	200
2	生命	HIV-1衣壳机构蛋白在病毒组装和区组装中的分子机制及其功能阻遏中的分子识别	杨 铭	28
3	生命	天葵子素A衍生物的合成及其购销关系的研究	姜 勇	21
4	生命	以RNA为靶的氨基糖苷类抗生素的化学改造	叶新山	25
5	生命	生物技术获取肠二醇和肠内酯及其抗更年期抑郁研究	杨东辉	28
6	生命	羌活和独活香豆素类成分的ADMET研究	杨秀伟	28
7	生命	冬青属三萜皂苷的降血脂活性及其作用机理研究	屠鹏飞	30
8	生命	海洋异臭椿烷类化合物的结构多样性及调控肿瘤靶心报和靶蛋白机理研究	林文翰	30
9	生命	基于NF-kB抑制活性的抗炎、抗肿瘤糖类先导物的发现与优化	李中军	26
10	化学	新型糖氨基酸的设计、合成及抗癫痫活性研究	孟祥豹	28
11	化学	金属离子通过离子通道途径对线粒体状态的调节	杨晓达	28
12	化学	以蛋白酶体为靶点的抗肿瘤药物的设计与合成	张亮仁	30
13	化学	哌嗪基二硫代甲酸酯类抗肿瘤新药的构效关系及作用机制的深入研究	葛泽梅	28
14	化学	环庚骈嘧啶类新型非核苷康艾滋病药物的设计合成及活性研究	刘俊义	27
15	化学	华北岩黄芪和吉尔吉斯岩黄芪抗糖尿病活性成分研究	梁 鸿	30

教育部博士点基金资助项目简表

序号	课题名称	负责人	经费（万元）
1	涵养臭椿烷类化合物调控肿瘤靶细胞和蛋白的作用机理	林文翰	7

"十一五"863项目牵头课题简表

序号	课题名称	负责人	经费（万元）
1	糖链的化学高效合成技术研究	叶新山	80
2	多肽缀合异核苷掺入小RNA合成技术研究	杨振军	80
3	基于快速分离、鉴定和高效合成技术海洋红树植物代谢产物结构多样性及其抗老年痴呆先导化合物的发现	翟宏斌	92
4	无依赖性戒毒创新药物TTX的临床前研究	李 敏	100
5	海洋动植物来源创新候选药物的研究	林文翰	200

【国际交流与合作】 2006年学院成立了"对外合作交流委员会"，统一规划、管理对外合作交流工作，对外合作交流工作在范围、数量、质量、形式上都有所创新，取得了较大进展。成功举办了2006年北京国际药学学术研讨会。

全年共接待来院交流访问的各国学术团体专家24人次，药学院出国参加学术交流、学术会议的教师41人。

【教学工作】 在药学专业教学委员会指导下对2005级本科教学计划进行了部分调整，从2006年开始，夜大学专科生学制由四年制改为三年制，教学计划也做了相应的调整。六年制药学长学制学生实行四加二管理，前四年教学管理由教学办公室负责，后两年由研究生办公室负责。

药学院主编的《物理化学》（第6版）、《生药学》（第5版）、《无机化学》（第5版）、《临床药理学》、《物理学》（第5版）五部教材为被遴选为全国高等学校药学专业第六轮规划教材。

完成了教学质量实时监控系统的建设。

《医用基础化学》、《药剂学》（长学制）、《药用植物学》（长学制）、《生药学》（长学制）、《生物药剂学与药物动力学》（长学制）、《仪器分析》、《化学原理和无机化学》（长学制）、《药物化学原理》（长学制）、《大学基础化学》（生物医学类）、《生药学》（第5版）、《物理化学》（第6版）、《无机化学》（第5版）等12部教材被遴选为普通高等教育"十一五"国家级规划教材。

《药物化学》被评为北京大学医学部精品课程、国家级精品课程。

王夔院士荣获北京市高等学校教学名师奖和北京大学首届蔡元培奖。

发表教学教改论文10篇。

【党建工作】 共有党员333人,其中教工党员83人,离退休党员54人,本科生党员113人,研究生党员83人。全年发展新党员26人。

2006年学院党委提出为学院的改革、发展与稳定,营造和谐氛围,提供有力政治保障的工作目标。加强党建和思想政治工作的制度化和规范化管理,加强教代会建设,积极稳妥地推进院务公开,促进了学院的整体建设与发展,荣获北京大学医学部教代会制度建设先进单位和校务公开先进单位。

(杜永香)

2006年获准立项的"中国高等教育学会'十一五'教育科学研究规划课题"

课题名称	课题主持人
创新型药学人才培养模式与途径研究	刘俊义
高校保持共产党员先进性长效机制问题研究	解冬雪
新时期大学生理想信仰教育内容及途径探索	李玉莲
创建药学专业长学制药物化学课程体系	徐 萍
药学成人本科教育培养方案及课程体系设置的研究与实践	郭敏杰

2006年获准立项的医学部级教改项目

课题主持人	课题名称
闫爱春	药学院学分制教学管理体系的探索与实践
王 夔	无机化学教学模式与开卷"定时跑"考试形式的互动
史录文	面向21世纪临床药学人才培养模式探讨
郭敏杰	药学成人教育培养方案及课程体系设置研究与实践
史录文	新形势下药事管理学教学模式的改革
王 欣	PBL在基础医学有机化学教学中的应用

公共卫生学院

【发展概况】 北京大学公共卫生学院现设有流行病学与卫生统计学、劳动卫生与环境卫生学、营养与食品卫生学、妇女与儿童青少年卫生学、毒理学、卫生政策与管理学、社会医学与健康教育等七个系及院中心仪器室。全院教职员工151人,其中教授和副教授76人,博士研究生导师14人,硕士研究生导师53人。院长胡永华,副院长郝卫东、吴明、徐善东。党委书记王燕,副书记徐善东、陈娟。院长助理王培玉。

【教学工作】 2006年公共卫生学院招收学生66人,其中七年制35人,五年制31人。首批长学制五年制毕业生16人。目前,预防医学专业(七学制和五年制)共有6个年级,12个班,学生总数342人,其中预防2001级43人已进入二级学科培养。2006年度,学院开设专业必修课18门,修课人数986人。为校内外学生开选修课门20门次,修课人数近2000人次。

为了培养学生分析问题、解决问题和实践能力,学院继续推进以问题为中心(PBL)教学。一是在某些课程教学中设计PBL教学,采用学生提出问题、设计问卷、进行调查、提出健康教育计划和汇报的考核方式,根据学生的表现和贡献评分。二是以某一专题为主,设计多学科知识和能力的PBL综合教学。老师普遍反映,学生思想活跃、学习主动,合作精神和组织协调能力得到提高。

2006年5—7月,首届预防医学七年制学生到疾病控制和卫生监督机构实习8周。学生们全面了解疾病预防和卫生监督机构的工作内容和方法;在实际工作中培养了解决问题思路和能力;对公共卫生工作的重要性、艰巨性有了更深的理解,增强了责任感和使命感。

《循证医学》和《社会医学》被评为医学部精品课程资助项目。预防医学七年制教材已出版9本。2006年,吴明教授评为北京市优秀教授;钮文异教授被评为北京大学优秀教师;张拓红教授、王军波老师被评为北京大学医学部优秀教师。王洪源、吴涛老师获得朱章赓青年教师奖。学院教育办公室与工会共同组织本年度青年教师讲课基本功比赛,各系推荐6名教师参加比赛。通过评比,学院推荐2名教师参加医学部的讲课比赛。

2006年公共卫生学院共毕业博士研究生18人,硕士研究生20人;博士后出站2人;在职硕士10人,MPH有23人完成学位论文答辩,获得学位。2006年招收博士研究生28人,硕士研究生36人,博士后2人,公共卫生专业硕士34人。截至2006年9月,在读博士生93人,硕士生91人,博士后4人,在职申请博士学位7人,在职申请硕士学位32人,公共卫生专业硕士(MPH)89人。目前在读研究生已经达到316人,较5年前有了大

幅增长。

在研究生建班、建党、团支部的基础上,将长学制学生纳入研究生的学术班级。建立健全奖学金评选制度,做好2005—2006年度研究生奖学金评选工作。组织各类活动,包括学生联欢,研究生体育比赛等。并利用暑假组织学生赴贵州进行暑期社会实践活动,加强研究生之间、研究生与老师之间的联系与了解,丰富学生生活。

"2006北大公共卫生学术(文化节"融合了本科生"北大公共卫生学院文化节"与研究生"北大公共卫生论坛"的精髓,是首次将本科生活动与研究生活动相结合、集文化与学术为一体的创新活动。

【继续教育工作】 2006年公共卫生学院承担的国家级继续教育项目4项;有循证医学中心的"循证医学和临床研究方法"、妇幼教研室的"中国卫生信息学会健康专业委员会学术研讨会"等,学员计122人。

2006年度学院接收进修生5人其中3人为教学进修,2人为工作进修。

2006年度,学院举办校级继续教育项目讲座8次,主讲人有美国、日本的专家,陈君石院士等专家。内容为学科前沿、新技术新方法或大家比较关注的课题,如中国的食品安全,脑卒中的预防等问题。

2006年,预防医学函授部卫生事业管理专业本科电大招收新生60人。11月份完成2007级预防医学专业专升本的招生工作,招收了专升本生60人。7月份完成了169名专科和本科毕业生登记注册和毕业证书发放工作。举办优秀毕业生表彰会,组织参观北大校园等活动。

2006年秋季组织电大入学水平测试,招收60名新生。完善专用成教导学网站,使学习辅导工作达到新水平。网页界面生动实用,功能全面,符合本部的教学特点。扩大电大导学网站的功能,使预防医学专业获得网上教学支持服务。函授部组织电大卫生事业管理专业2003级学生的毕业实践工作,保证毕业实践环节的教学质量,7月份已全部通过毕业论文答辩。

【科研工作】 2006年,学院985二期学科建设规划步入正式实施阶段。教育部流行病学重点实验室设备、经费、人员到位、场地建设工作全面开展,目前已初具规模。

2006年,公共卫生学院科研工作成绩显著。全院共获国家自然科学基金项目7项。获教育部博士点基金项目1项。获科技部"十一五"支撑计划项目2项。获卫生部科研项目20项。获国务院防艾办项目7项,金额为57万。获国际合作项目18项。获教育部、民政部、中国疾病控制中心等部委专项基金15项。获北京市项目4项。与公司合作项目16项。与北京大学合作3项。项目总数为107项,总金额约1923万元。

2006年学院在国外刊物共发表论文30篇,在全国性刊物发表论文233篇,地方杂志发表论文1篇,总计264篇。出版专著18本,译著2本,教材16本。出国参加学术会议34人次,论文交流23篇。各系邀请国内外知名专家来访并作学术报告,教职工踊跃参加。据统计全年共举办各类学术讲座80多次,约3400多人参加,增进了学术交流。6月学院召开科研表彰大会,对2005年度在科研项目、学术交流、科研成果等方面成绩突出的单位、个人给予奖励。

【学术交流】 1月,美国科学院克克·斯密斯院士来访并作"亚洲室内外燃烧颗粒物的疾病负担"学术报告。4月英国国家医学图书馆馆长、循证医学创始人缪·格瑞教授来院参观访问并介绍了英国国家医疗卫生服务信息工程。6月美国弗吉尼亚公共卫生中心高级研究员宋凤祥教授来访并作学术报告"美国医疗卫生体系运转和财政供给"。10月"北京论坛(2006)"召开,公共卫生学院分论坛主题是"健康安全与保障——面对人类关注的健康问题"。邀请国内外相关领域知名专家41位参加研讨。就"中国应急体系人才培养"、"全球HIV/AIDS流行:公共卫生应急与健康保障个案研究"等公共卫生领域的热门话题展开讨论与交流。11月由北京大学医学部主办,加拿大外交与国际贸易部资助、加拿大使馆资助的"中国—加拿大卫生改革圆桌论坛"召开。主题是全民医疗保险制度框架设计与卫生改革政策模式选择。

【党建工作】 深入做好保持共产党员先进性教育活动回头看工作,进一步加强领导班子自身建设。召开多次会议,及时向教职员工通报相关情况,征求大家的意见和建议,促进学院班子建设,凝聚人心、汇聚力量,与广大教师一起,推动学院整体发展。

2006年度发展党员21名,党员转正29名,外单位调入党员37名。组织党员参观李大钊纪念馆和唐山地震遗址和市区新貌。组织教职员工体检,所需经费全部由学院支付。六一儿童节工会为家有幼儿的教师送上一份礼物。工会组织乒乓球、羽毛球、冬季长跑、游泳比赛、登山比赛、保龄球比赛、健身舞学习班、新春联欢会等等活动,丰富广大教职工的业余生活。学院高度重视教代会的作用,积极推动民主管理,4月学院召开一次全院教师员工会议,院长向大家通报学院规划情况。9月召开教代会,讨论落实《教师绩效评价办法》。

学院2002级学生党支部、行政党支部获北京大学先进党支部称号;妇女与儿少卫生学系党支部、卫生毒理学系党支部获医学部

先进党支部称号。共有 10 名党员分别获得北京大学和北京大学医学部优秀共产党员称号。

护理学院

【发展概况】 护理学院现设 4 个教研室（内外科护理学教研室、妇儿科护理学教研室、护理学基础教研室、护理学人文教研室）、3 个办公室（院办公室、教学办公室、学生办公室），全院在职教职工 46 人，教师 34 人；教授 2 人、副教授 6 人、讲师 20 人、助教 6 人；博士 3 人、硕士 20 人、学士 11 人；硕士研究生导师 8 人；学院承担 3 个层次、10 个轨道的教学任务，学生 1158 名，其中在校生 743 人；研究生 16 人，本科生 198 人，高专生 529 人。

2006 年 5 月 12 日启动护理学院行政领导班子换届，11 月 30 日新一届领导班子组成：院长段丽萍（兼），副院长孙宏玉、张彦虎；6 月 13 日护理学院参加医学部"建党 85 周年——永远跟党走歌咏比赛"获第三名；7 月 16 日成立护理学院合唱团；11 月 8 日海淀区人大代表换届选举投票日，护理学院投票站 811 人参加投票，投票率 100％。12 月 23 日、24 日学院老师参加北京市社区护士操作考试的主考工作。

【教学工作】 学院继续坚持教书育人和管理育人的思想，以培养创新精神和实践能力为重点，加强课程建设与教学改革，以教学改革来促进教学管理、提高教学质量，切实做好人才培养工作。抓住"本科生教学水平评估"这一契机，在总结教学经验的基础上，着重对教学管理进行规范和建设。学院继续坚持青年教师规范化培训制度和"双师制"师资队伍建设的指导方针，继续理顺学院教师临床实践的机制和渠道，加强教学与临床的密切结合。为迎接 2007 年教育部本科教学工作水平评估，护理学院根据医学部的整体要求，组建了护理学院评估领导小组。组长段丽萍，副组长孙宏玉、张彦虎。12 月 21 日医学部教育评估组对护理学院进行了预评估。

各教研室定期开展集体备课、试讲、专题汇报等活动，促进教师之间的沟通和相互学习，帮助青年教师成长。内外科护理学教研室组织教研室本专科教学计划讨论，多次组织专题读书报告会，鼓励和安排教师以不同形式参加临床实践和社会服务，为老师创造学习和进修的机会；妇儿科护理学教研室在妇产科护理学教学中尝试让学生先见习后授课的教学方法，使同学先有了感性认识，在课堂教学中就更容易理解和学习，取得了良好的效果。儿科护理学将每周 3 组学生实习同一内容的做法，改为 3 组学生实习 3 个不同内容，然后轮换的做法。既减轻了病房每周承担的教学压力，3 组同学之间也可以相互交流。护理学基础教研室重新修订各种技术操作流程和评分标准，统一带教标准、统一写实验报告、统一评分标准和完善考试提问题目；护理学人文教研室开展以问题为中心教学法（PBL），在护理伦理学的课程中，通过 PBL 的教学形式，使学生能够通过问题解决的方式进行学习，有效地培养学生的评判性思维。同时，还通过课堂辩论、小组互助学习、观赏教学片、讨论和案例分析等多种教学形式，提高学生的人文素质和运用知识的能力。在教学过程中，还多次组织学生座谈会，征求学生意见，使人文课程的内容与培养护理学生的法律、伦理、美学、沟通等人文素质的教学目标相契合。

【科研工作】 2006 年申报国家自然科学基金项目 3 项（前列腺干细胞抗原和部分癌基因在前列腺内的分布特征与前列腺癌的发生及早期诊断的研究，关于提高卵巢癌患者生活质量的干预性研究，婴儿气质及其影响机制的研究）；国际合作项目 2 项、境外合作项目 1 项、国内横向合作项目 2 项、教育部项目 1 项、校级项目 2 项。护理学院教师在医学类核心期刊上发表论文 48 篇。主编和参编各种教材和参考书 22 本。

2006 年主要科研项目

项目类别	项目名称	合作单位	项目起止时间
国际合作项目	1. 国际艾滋病培训和科研项目	美国伊利诺依大学芝加哥分校	2004.2—2006.12
	2. 中日两国癌症生存者的长期适应性及其相关因素的比较研究	日本高知女子大学看护部	2004.9—2006.3
境外合作项目	癌症患者身心评估与健康维护	香港大学	2004.3—2006
国内横向合作项目	1. 涉外多元文化护理服务模式的临床研究	北京大学第三医院护理部	2005.1—2008.1
	2. 从自我发展的观点护理脑卒中患者之效果	北京大学第二及第三附属医院神经科	2005.10—2008.10

续表

项目类别	项目名称	合作单位	项目起止时间
教育部项目	护理干预提高痴呆患者及其照顾者生活质量的研究		2006.6—2008.6
校级项目	1. 护理专业学生专业态度及其相关因素研究 2. 护理专业本专科生评判性思维评估指标的研究		2005.9—2007.1
学院级项目	1. 内外科护理 2. 妇儿科护理 3. 护理教育 4. 社区护理 5. 感染控制 6. 老年痴呆患者的护理		

2006 年主编教材

论著名称	出版社	参与情况
儿科护理学	北京大学医学出版社	主编
社区护理学	北京大学医学出版社	主编
外科护理学	北京大学医学出版社	主编
外科护理学	人民卫生出版社	副主编
基础护理学(第四版)	人民卫生出版社	主编
护理研究(第三版)	人民卫生出版社	主编
基础护理学(第四版)学习辅导	人民卫生出版社	主编
妇产科护理学(第四版)	人民卫生出版社	主编
妇产科护理学学习指导及习题集	人民卫生出版社	主编
妇产科护理学(第四版)	人民卫生出版社	主编
妇产科护理学学习指导及习题集	人民卫生出版社	主编
主管护师职称考试习题集	北京大学医学出版社	主编
主管护师职称考试题解	北京大学医学出版社	主编

【学生工作】 1. 主题教育活动：以纪念"建党 85 周年""红军长征胜利 70 周年"为契机，开展"重温长征精神——观看红色影片"主题教育系列活动；开展"学习八荣八耻，加强社会主义荣辱观"主题团日活动。各团支部结合自身的特点，分别以讨论会、革命电影赏析以及公园"寻宝"等方式进行了荣辱观教育；利用 11 月 8 日海淀区人大换届选举日，在学生中宣传选举工作的重要性，力求提升公民"权力、义务"的责任感；开展"诚实守信"主题教育活动；组织 104 名同学参加"国际形势报告会"，并以此为主题，开展"国家利益至上"班级大讨论；响应北京市团市委和北京大学医学部团委"微笑北京"、"微笑天使"系列主题活动的号召，护理学院团委于 10 月开展"微笑荡漾 天使飞翔"系列主题活动；开展"传递微笑文明，迎接人文奥运"护理学院奥运知识竞赛、微笑团支部图片征集展、社区健康宣传教育、协助社区整理图书、社区小学支教等系列活动；在中共中央《关于构建社会主义和谐社会若干重大问题决定》的大背景和胡锦涛总书记给孟二冬女儿回信精神的引导下，开展"在集体中求发展"、"诚心受益"、"在创业中实现人生理想"的教育活动。

2. 社会实践活动：院团委联合学生党支部共同组织学生暑期社会实践活动。组织社会实践队赴山西大寨和河北白洋淀进行实地考察，并进行义务测量血压和健康宣传教育等活动；鼓励和支持学生参与参加北京市团市委组织的调研和卫生部组织的医院评比调研活动；本科 2003 级部分学生自发组织前往河北对当地农民进行"健康咨询、健康情况调查"社会实践；本科 2004 级部分同学前往内蒙古海拉尔农村宣传预防高血压病健康知识；3 月护理学院团委成立北京大学护理学院青年志愿服务团，定期为社区居民免费测血压、量体重、健康宣教和咨询；护理学院社会实践团获得"北京大学医学部优秀社会实践团"称号，2 名学生获优秀个人称号。

3. "5.12"系列活动：护理学院 156 名学生参加"授帽仪式"；举办《天使之歌》庆典晚会和小型运动会；组织学生参加《北医人》护士节专刊的投稿，收集稿件 46 篇；组织部分团员进行社区义诊、护士节宣传海报展、师生趣味运动会等主题团日活动。

4. 成立护理学院团学联：9月北京大学护理学院团委成立护理学院团学联。护理学院团学联是在学院党总支的领导及院团委的直接指导下的学生群众组织，是联系学校、学院与广大同学的桥梁和纽带。旨在通过发挥共青团员"自我教育、自我管理、自我服务"的"三自"作用，努力开创共青团员活动的新局面。护理学院团学联成立后，组织学生开展了跳绳比赛、元旦联欢会等活动。

第一临床医学院（北京大学第一医院）

【发展概况】 职工3031人（其中医护技人员2476人），高级职称469人，中级职称911人，初级职称1343人，其他308人，工程院院士1人（郭应禄）。临床科室36个，床位数1368张，医技科室17个；研究机构：设有6个研究所、18个中心。

2006年6月19日，医院行政领导班子换届，由刘玉村同志担任北京大学第一医院院长，金杰、杨尹默、丁洁、张庆林、李敬伟同志任副院长。院长助理金克荣、潘义生。10月18日，新一届党委班子任命，刘新民同志任书记，杨柳同志任副书记，马兰艳同志任纪委书记。

【医疗工作】 门诊1344754人次，日平均5379.02人次；急诊125697人次，日平均375.2人次；手术15035人次；急诊抢救3601人次，急诊抢救成功率92.66%；病床使用率103.13%，入院37980人次，出院37972人次；床位周转次数27.76；平均住院日13.32天；7日确诊率97.67%。特需门诊27813人次；发热门诊8238人次。

组织会诊1000余次；组织24支院外医疗队，共计93人；组织继续教育讲课19次，参加人员达7000人次；组织70次医疗周会；接受进修医师2700人，举办61期学习班，共计2462人。

为深化卫生部"医院管理年"和北京市"创建人民满意医院"活动，定期召开医疗质量管理委员会会议，发布医疗工作简报，对医疗信息进行汇总分析，针对医疗工作中出现的问题及时调研，并通过及时反馈、督促以及要求整改等方式，促进科室加强医疗质量和管理工作。加入卫生部"全国抗菌药物临床应用监测网"，成立抗生素合理使用工作组，规范医疗行为，同时完善计算机系统，基本实现药品实库存管理，建立药品用量动态监测系统，明显遏制了不合理用药的现象。为加强医疗器械的规范化管理，确保医疗器械安全有效地应用于病人，还举办了"医疗器械警戒管理即不良事件监测和再评价"培训班等。

改善就医环境和服务流程，方便病人就医。通过增加预约挂号、特需门诊、实行重点专家实名挂号等措施，切实缓解群众"看专家难"问题。优化服务流程，完成了门诊检验项目集中采血、集中发送报告工作，解决了多年来门诊病人分散采血的问题。2006年年初，完成了儿科门诊"划收一体"和医生工作站的建设，既加强了门诊药品、处方的管理，又缩短了病人的等候时间。从2006年3月起，本院大门诊在三楼、四楼实行"划收一体"。9月在门诊大厅全面建立就医卡制度，为实施门诊医生工作站打下了基础；11月已经在干部门诊实施医生工作站，目前工作进展顺利。

2006年度完成山东济宁、内蒙古呼伦贝尔、贵州铜仁"健康快车"任务，完成卫生部"海南五指山"医疗队等外派医疗队24次；被民政部确定为"明天计划"定点医院。2006年9月，组建了赴山西省武乡县专家医疗队，CCTV-1《新闻联播》连续两次进行了跟踪报道，韩启德副委员长批示"这样的活动体现了北大医院的社会责任"；卫生部高强部长专程听取汇报，并勉励该院"今后能继承好传统，为促进社区、促进农村卫生发展，提高农民特别是低收入人群的健康水平做出更大贡献"。

【护理工作】 2006年8月，为响应向"人民的好医生"华益慰同志学习的号召，护理部在全院范围内开展了发掘我们身边典型、弘扬普通医务工作者爱岗敬业、无私奉献精神的活动。共推荐出优秀护士典型18人，其中在感染疾病科默默奉献31年的韩祥云护士长作为优秀护士的代表，以实际行动诠释了对护理事业、对患者绝对的忠诚和奉献。11月14日，中央电视台在《新闻联播》的劳动者之歌中播出了韩祥云护士长的先进事迹。护理部于11月16日组织全院100名护士长进行韩祥云护士长事迹交流会，使大家在交流中接受了一次有关"忠诚"和"奉献"的教育。

护理部作为承办单位于11月5日在北京国际会议中心举办了"第17届长城国际心脏病学心血管护理论坛"，本院的15名护理专家及来自北京市的300余名代表参加了大会。

护理科研工作：发表论文36篇；国内外学术交流31人。

【教学工作】 2006年医院获医学部教改立项7项，其中"实施以器官系统为主线教学模式"目前在医学部附属教学医院是首创。经过一年多的探索，目前已基本建立起北大医院特色的教学模式——"OSBL＋PBL"：将桥梁课和系统课设为以器官系统为整体框架，大课以学科授课为基础，具体见习带教采用以问题为中心的方法（PBL），并穿插多科室参与以学生发言为主的联合病例讨论。这一模式体现了前沿教学理念和学科

间渗透关联与合作，不仅适应现代临床医学发展需要，符合医学部培养长学制学生综合临床思维和发散性思维的要求，也达到了缩减课时教学相长的目的，目前正准备申报教育教学改革成果。

招收研究生125人，博士64人，硕士61人；博士后进站5人；在职人员申请学位42人。目前在校生339人，博士后15人，在职人员196人。全年授予学位人数共计167人。

眼科李骏副主任医师获得北京大学第五届青年教师讲课比赛一等奖；大内科李海潮主任获北京市师德标兵光荣称号；大内科被授予医学部师德先进集体。感染疾病科、核医学科、肾脏内科、小儿科等正在申请医学部或北京大学精品课程。组织申报的17个科室（含亚专科）全部通过卫生部或北京市专科医师培训基地评审。

【科研工作】 2006年获得"十一五"国家科技支撑计划项目、国家、部委、市级及横向科研基金总数139项，获科研总经费4230.215万元。其中申报国家、部委、市级课题199项，中标68项，获经费3374.23万元。

在研课题165项，其中国家、部委、市级课题114项，校级课题15项、院级36项。进展执行项目112项，其中国家、部委、市级课题70项，校级6项，院级36项。结题项目53项，其中国家、部委市级课题44项，校级课题9项。

申报各类奖项13项（其中5项明年评审），获批准2项，已公示3项。其中：教育部高等学校科学技术奖自然科学奖二等2项（已公示）。中华医学科技奖二等1项，三等1项（已获批）。中国中西医结合学会科技奖三等奖1项（已公示）。

参加中华医学会及教育部组织的申报国家奖预答辩2次，院内组织成果鉴定答辩1次，通信评议2项次，成果登记3项。

2006年度发表论文1206篇，其中国际杂志104篇，中华系列杂志291篇，北京大学学报（医学版）53篇，其他国家级杂志758篇。SCI收录论文111篇。国内论文被引用次数排名第3位，被引用2987次。出版书籍36部。

【学术交流】 主办学术会议11次。其中主持国际学术会议4次，主持国内学术会议7次。参加国内外学术会议442人次。其中国际会议187人次；国内会议255人次。国际大会发言53人次，国内大会发言85人次。

【医德医风建设】 2006年度积极开展治理医药购销领域商业贿赂工作。成立了以院长、书记挂帅的专项工作领导小组，层层抓落实，责任到人。通过开展治理医药购销领域商业贿赂学习的多种形式进行宣传，使每个人都受到教育，同时对重点部门、重点岗位和重点人员进行重点帮助，对举报案件进行认真查处。实行厂商进医院宣传新药登记制度，与多家厂商签订了廉政协议书。

共受理、接待来信、来访、来电和投诉35件，其中举报10件，反映医疗服务行风建设的25件。对于每一件投诉，都进行了认真的核实、处理，件件有答复、有结果。

【后勤工作】 内科新病房楼工程：9月25日全面开工。建筑面积31064米²（含人防工程3905米²），建筑高度18.6米，地上五层，地下三层，设置9个护理单元、380张病床，24张监护床、10张百级血液层流病房和12张过渡病房以及血管介入治疗中心、呼吸治疗中心和内科综合诊查中心等，地下停车位99辆。预计2008年6月竣工并交付使用。

新门诊楼工程：设计建筑面积40266米²（地上五层，建筑面积21095米²，地下四层，建筑面积19171米²），建筑高度22.2米，停车位177个。预计投资2.6亿元。2006年11月取得卫生部卫规财发[2006]440号文批复的新建门诊楼初步设计及投资概算，并已取得北京市建设委员会关于建设项目施工计划通知书。

地下通道工程：国家已批准投资3439万元，设计长度545米，断面净空4.0×3.8米²，水平投影面积2780米²，位于西什库大街地下7至10米，正在进行地质勘探和深化设计工作。

【主要获奖情况】 4月中旬，医院顺利通过了北京市卫生局"创建人民满意医院"检查，5月25日荣获"首都文明单位"称号。还获得了中国医院协会颁发的"全国医院感染管理20周年先进集体"，北京市红十字会、北京市教育委员会和北京市卫生局颁发的"北京市少儿住院医疗互助金工作先进单位"，卫生部人防办公室颁发的"人防先进单位"、北京市爱国卫生运动委员会颁发的"2006年爱国卫生先进单位"等12个全国、北京市的先进及荣誉称号。

第二临床医学院（北京大学人民医院）

【发展概况】 北京大学人民医院是一所大型的三级甲等综合医院，第一住院部位于北京市西城区西直门南大街11号（西直门立交桥西南角），第二住院部位于北京市西城区阜成门内大街133号（白塔寺）。到2006年12月1日为止，医院全年共开放床位1220张，在职职工2399人。医院共有临床科室38个，医技科室12个。

自1918年建院，北京大学人民医院曾几易其名，先后为北京中央医院、中和医院、中央人民医院、北京人民医院、北京医学院附属人民医院、北京医科大学人民医

（北京医科大学第二临床医学院）、北京大学人民医院（北京大学第二临床医学院）。作为中国人自己创建的第一所综合医院，北京大学人民医院历史悠久、风物日新、深含底蕴、人才辈出。建院88年来，在一代代勤恳敬业、精益求精、热忱负责、诲人不倦的人民医院人的共同努力下，医院已发展成为建筑面积达14.4878万平方米，学科齐全、设备先进、技术现代化，拥有3个北京大学校级研究所、8个重点学科和百余位医术精湛的知名专家的一所医教研相结合的三级甲等大型综合医院。

"爱心、奉献、求精、创新"一直是北京大学人民医院秉承的优良传统和努力方向。今天的北京大学人民医院、励精图治、锐意开拓、不断进取、与时俱进。2006年，随着新一届行政班子、党委和纪委的成功换届，新一届领导班子本着科学、民主、程序、透明的管理原则，全面推行依法行政、公开行政、规范行政和民主行政，他们带领广大干部从医院管理工作的细节抓起，从细化管理流程、强化管理制度、完善管理队伍等方面全面规范医院的管理。医院在加大医院管理力度，完善医疗监督机制的同时，为给病人提供更加贴心的服务，推出一系列"以病人为中心"的服务举措，真正做到让病人看病放心、花费安心。

学科的建设和发展在医院的发展中占有至关重要的地位。2006年，医院首次创新性地提出"以方便患者就医为目的，以器官疾病组合学科，建立新的门诊就医模式"的构想，通过多个相同、相近学科的整合、联系，加强学科组合，实现专业医疗的互补促进，在大力发展重点学科之时，也大大方便了患者就医，将医疗、教学、科研工作全面推向新的里程碑。

【医疗工作】 全年门诊病人1282768人，急诊病人137933人，出院病人33577人，手术17190例，再创历史新高。床位总数1220张，全年入院病人33596人，床位周转27.5次/年，病床使用率95.6%，平均住院日12.6天。

2006年，建立完善北京大学人民医院医疗质量委员会体系，成立人民医院医疗质量管理委员会，依靠专家管理医疗质控，加强医院医疗质量管理。并大力实行院务公开，不断加大医疗管理力度；严格依法执业，强化核心制度；改进药事管理，提高会诊质量；广泛调研，完善各项工作；加强应急体系的建设、病案质控管理和手术医生的管理；健全传染病管理体系；编写信息系统字典，规范诊疗工作；通过整章建制，规范流程，加强医疗质量安全改进措施。

2006年医院不断推出新举措，全心全意为病人服务。推出了节假日开放门诊和就诊无障碍的举措，为病人提供专业的诊疗和优质的服务，大大缓解了群众看病难的状况，使医院真正成为无假日医院。

医院还改善门诊环境，建立新的门诊就诊模式，使相关联的中心间紧密连接，大大方便患者就医，优化了流程，部分改善了门诊环境。医院严格按照北京市统一医疗服务收费标准制作了全新的字典，规范医疗收费字典和医嘱字典，全面清理无收费标准项目。并实现了门诊就诊卡一站式服务，大大推进信息化建设，持续改进、优化就医流程，方便了患者。2006年，医院共收到表扬信、锦旗、铜匾等550件。

医院还采取了一系列的措施方便患者就医。将收费与划价合一，减少排队；中午门诊不休息；增设电话预约挂号、门诊导医服务；缩短影像预约等候和检查结果报告的时间；增设门诊大厅一站式服务；增加收费、取药、取血窗口，提前和延长抽血时间等等。优化门诊挂号收费流程，努力改善收费排队长的现象。

2006年，医院共举办各种咨询讲座活动29次，参加服务的医务人员125人，听众达3609人；发放北京市健康教育所、西城区健康教育所、中国健康教育杂志社下发及我院自制的健康教育处方47种，23080份。制作、悬挂宣传横幅10条，制作宣传画板37块。咨询台销售科普丛书55种，共计6000本。

【教学工作】 2006年，医院在教学方面本着开拓、进取、求真、创新的管理理念，实施全方位、多角度的管理与改革。

全年共承担15个类别的教学任务，学生总数达1633名。完成常规临床医学教学工作，使教学管理工作稳步发展。

圆满完成包括招生、课程安排和管理，以及毕业离校等各项任务。

为发现临床医学教育中的问题，2006年进行了包括老、中、青教师在内的多个层面教师的访谈和座谈，以及问卷调查，因地制宜寻找解决办法，提高了管理效率，进一步推进了循证管理在临床医学教育中的应用。

2006年医院申报了外科学和妇产科学2门精品课程。在全院教师的共同努力下，外科学获得国家级精品课程，妇产科学获得北京大学精品课程，特别是外科学的申报成功，实现了北京大学在临床课程国家级精品课程上零的突破。目前拥有由人民医院的教师担当负责人的各级精品课程8个，是北京大学中拥有精品课程最多的临床医学院。

2006年完成了北京大学人民医院临床医学教育"四轨合一"工作，明确分工和授权，各司其职，提高了临床教学管理效率和质量。

积极探索人才培养新模式，进一步在课程体系和课程结构上做

了改革,加大以问题为中心和以器官定位教学手段的运用力度。同时鼓励教师对教学方法和手段进行创新,为他们创造条件,提供便利,让教学方法和手段的改革成为教师易做、乐做的工作。2006年度医院共申请和实施教改课题13项,目前是教改课题最多的临床学院之一。

积极主动,推进各层次的教材建设。2006年获北医出版社出版基金4项,占北医出版社总资助字数的44.1%。有4个教研室申请了卫生部规划教材,并参与国家级继续教育教材《基层卫生人员急救技术培训教程》的编写。出版了由魏丽惠、杨拔贤、安友仲、黄晓波、朱继红等教授主编的《牛津临床系列手册》。

医院在2005年成功申请了11个专科医师和6个亚专科医师培训基地的基础上,2006年又组织了3个专科和6个亚专科进行申报,通过率89%。目前医院共有专科和亚专科医师培训基地24个,接受外来培训人员38名。在加强专科培训基地的建设的同时规范毕业后教育。

在进一步推广应用医院自行开发的教学质量实时评估系统的同时,2006年又重组了督教组,不但有老专家,而且也吸收了相当比例工作在教学一线的年轻老师,改变了以往督教检查的方式,扩大了督教范围。

2006年医院共获奖项:北京市1项、北京大学4项、北京大学医学部6项、北京大学人民医院2项。共有60位个人、2个教研室和2个课程获奖。

【科研工作】 2006年医院科研工作取得了新的进展,实现了"十一五"良好的开端。

2006年医院获得科研成果奖4项。全年医院获准的科研基金稳步增长,获国家973子课题1项、863课题4项、国家杰出青年基金1项、国家自然科学基金15项、教育部新世纪优秀人才支持计划2项,共获国家、省部级以上科研课题42项,横向合作课题30项,共有77项课题负责人获准科研基金,其中有43项的课题负责人在45岁以下。2006年已确定获批准的科研基金2990万元(尚有一些横向课题经费未确定),比2005年增加700余万元。

2006年医院科研论文质量提高,数量继续攀升。2005年12月至2006年12月在SCI收录期刊上发表论文54篇;在国家统计源期刊发表论文614篇;连同在国内其他期刊发表的文章共计约780篇。出版学术专著8本。在《2005年度中国科技论文统计结果》报告中,医院在科学引文索引SCIE2005检索到文献居全国同类医疗机构中排名第15位。

规范完善制度,加强科研管理。为使医院开展的药物临床试验研究、科学研究及实验动物研究与国际接轨,保护患者、受试者权益,善待实验动物,成立了北京大学人民医院医学伦理委员会,下设药物临床试验、临床医学及实验研究与动物福利三个专业组。

医院生殖中心通过了卫生部对医院开展辅助生殖技术的评审,并正式运行批准内容内的辅助生殖技术。

举办各种活动,为不同学科、不同专业的青年科研人员提供学习、交流的园地,促进多学科研究者之间交流学术经验、进行科研协作,促进医院科研工作的发展。2006年10月成立北京大学人民医院青年学术沙龙,经选举产生第一届理事会。召开医院青年科研大会,制订中青年科研骨干培养计划。

为了推动医院医、教、研及管理水平的提高,医院引进企业资金2000万元人民币,设立了"北京大学人民医院研究与发展基金",采取滚动资助的方式;同时制定了《北京大学人民医院研究与发展基金管理章程》(草案)、《北京大学人民医院研究与发展基金经费管理暂行办法》。为保证经费的合理使用,成立北京大学人民医院研究与发展基金管理委员会。委员会的职责主要是宏观掌握研究与发展基金的资助方向。医、教、研及各职能管理部门面向全院征集课题,根据各科室(处)申报课题的情况,向管理委员会提交分管部门预计申请的基金额度,由管理委员会讨论审批。科研处全面负责研究与发展基金资助的各类项目的经费管理及督导各职能部门定期检查项目的执行情况和完成情况。科研处设专人负责医院研究与发展基金的管理;教学及管理等部门指定专人协助科研处进行本部门项目实施过程的检查。科研处每年度末向基金管理委员会汇报基金的使用情况。财务处按院研究与发展基金经费管理办法负责课题的经费管理、报销等事宜;课题负责人全面负责课题的实施、经费使用、结题总结等。每次开题前各部门要向全院公布招标指南,申请课题的内容必须符合指南的要求。基金采取公正、公开、透明的评审方式。医、教、研及管理各部门可自行制定评审方式并由院外专家及院内专家共同组建评审专家库。每次根据申报课题情况由院学术委员会及相关专家组成评审委员会,经评审委员会评议后择优资助。基金向全院的医、教、研及管理人员开放,通过院内外专家严格的评审,使基金最大限度地支持具有潜力的各类课题。目前已资助基础研究22项。

【后勤工作】 2006年,后勤工作以转变观念、开源节流、改善服务为指导思想进行了一系列改进。

调整组织架构,重新整合人力资源。对总务处原功能重叠的科室统一合并到动力科,将原动力科

五金材料的采购、保管工作划归到供应科。原房管科负责的改造装修任务划归到基建处。通过这些调整精简了机构，提高了工作效率，使现有的人力资源使用更趋合理化。

对工程、服务项目进行公开招标，为医院节省开支。自6月份以来本着公开、公平、公正的原则，根据工作需求共组织了43个项目的对外公开招标，为医院节省了大量资金。

改革医院零星工程外包的管理模式，成立总务处零星工程维修组。2006年4月，选调工作责任心强的科室干部负责，由社会招聘了5名有技术专长的临时工组成维修小组，完全替代过去的工程队，半年来共计维修了300多项零修任务，为医院节约资金近240万元。

加强物资供应工作的管理，努力降低支出费用。2006年9月完成了采购人员轮岗。对所有采购物品有条件的进行招标采购。同时加强内部管理，严格控制库存量，提高配送能力，减少库存资金的占用等方面取得了良好的效果。

认真调查研究、加强管理，为医院减少支出、增加效益。通过规范学生住宿的管理、清理整顿新老医院不合理的后勤用房、统一管理医院车辆、改造热力站和门诊楼装修期间组织维修班组拆旧利废等措施为医院增加收入，2006年总务处支出总额比2005年减少支出26,200,664元，为医院扭亏为盈发挥重要作用。

加强制度建设，努力创新服务模式。在全院范围内征求各层面员工的意见，在广泛听取大家意见的基础上修订了供暖费发放办法、煤火费支付办法等制度。还向全院首次公布了一站式服务电话号码，此举创新方式为临床科室的报修需求提供了极大的方便。

2006年，基建处完成了新病房楼样板间的装修。经过6个月的努力，于年底完成了施工难度大、技术含量高的热力站改造工程。9月15日开始了门诊楼新一轮的装修。

为创建医院发展的良好安全环境，保卫处做了大量的工作，2006年保卫处先后获得北京市公安集体嘉奖；北京市防火先进单位和展览路地区社会治安综合治理暨"创安"标兵单位。

【信息化建设】 医院的信息系统是否顺畅，关系到医院、职工和患者的利益。2006年，医院加大了对医院信息系统的建设，成立了医院信息化建设委员会。通过调研（召开42个调研会），完成需求分析报告34份，对医院HIS系统升级、住院和门诊信息系统、药品物流、财务核算四大方面共38个项目进行整理、论证、规划。在近四个月的前期准备工作后，12月31日，医院信息系统顺利完成升级。

成立北京大学人民医院网页改造领导小组和工作小组，并初步完成了网页改版工作。同时，调整网页程序解决网页访问链接困难的问题，做好网页的内容管理和维护工作。建立了以pkuph.edu.cn为域名的医院电子信箱，使医院的新闻、文件、通知等信息及时上网，便于职工浏览。还完成全院各科室编码和目录；赋予门诊卡持卡挂号、持卡收费、持卡取药、持卡检验功能等工作。

【国际交流与合作】 2006年，医院广泛开展对外交流活动，争取更大的合作空间。全年共组织外国专家来院交流31次，聘请来院进行学术交流的专家共42人。其中组织了四川大学华西医院的医院管理论坛，建立姐妹医院；完成了与德国图宾根大学交流的调研工作。初步形成了医院主导的国际交流的基本架构。

【医院管理】 从2006年4月新一届领导班子上任以来，医院根据实际情况，以"公开是原则，不公开是例外"作为院务公开的指导思想，遵循坚持集体领导、促进医院改革和发展、坚持民主集中制、依法公开、实事求是的基本原则，通过双代会与工会、院周会、院长集体办公会、各类座谈会、网络、问卷调查、电子触摸屏、院刊、投诉电话、院长接待日、社会监督员等多种院务公开形式，对医院重大决策、职工关心的切身利益重大基建项目、医疗设备与药品的招标采购、图书与期刊的招标采购、财务与基金的使用、医疗服务等内容向院内外公开，建立健全了一系列院务公开规章制度，取得了扎实的成效。周一在院周会之后召开院长集体办公会，由院长主持，各部门负责人对本部门或医院工作存在意见或建议的可以当场提出。院长按照问题的管辖范围不同分派给各分管副院长，各分管副院长在会后进行调研，相关责任部门予以解决。在下一周的院长集体办公会上首先对上次提出的问题进行反馈、答复，仍未解决的按照责任归属说明原因并限期解决，之后再进行反馈和答复。

从2006年4月17日起，医院重新修订和建设了包括院周会制度、院长集体办公会、院务办公会议事规则、医院经济合同会签、大额资金使用审批、经费预算内部控制审批规定等一系列规章制度，完善了行政公文转签、科室申请审批等一系列办公流程，加强对管理干部的制约和管理，为医院进一步加强医疗管理、提高医疗质量奠定了坚实的基础。

【党建工作】 2006年是医院建设和发展的关键一年。院党委紧紧围绕医院中心工作开展多种活动，为实现医院的奋斗目标提供坚强有力的组织保证和思想支持。

大力加强思想建设，抓好党员、干部的思想教育工作。2006年3月，医院党委按照北京大学的

精神，认真开展了"回头看"的工作，继续把保持先进性教育活动工作推进下去有力地推进了各项工作的开展。还先后开展向孟二冬、王选、华益慰等优秀党员学习和认真学习党的十六届六中全会精神的活动。2006年，医院被评为"首都公共卫生文明单位"；3月，在北京大学党委组织部组织的"开展基层单位党建创新立项工作"活动中，我院七个党支部获得立项资助；并积极准备迎接党建和思想政治工作的检查和评估。

加强党的组织建设。2006年10月11日，医院顺利完成党委和纪委的换届工作。制定了《中共北京大学人民医院支部书记工作职责》、《北京大学人民医院支部书记考评细则》，进一步明确党支部书记的工作职责，规范对党支部书记岗位的管理。

推出一系列特色活动。隆重召开"北京大学人民医院庆祝中国共产党成立八十五周年暨七一表彰大会"，表彰了我院今年涌现出的优秀党员和党务工作者。为纪念中国工农红军长征胜利70周年，医院邀请曾参加长征的老红军、原人民医院院长——谢世良老人为医院党政领导和团委青年做了一场生动的报告。

重视宣传工作，加大宣传力度。加强对内对外的宣传，更加注重医院整体形象，突出以病人为中心的服务宗旨，抓住学科建设宣传不放松，并加强与各科室之间的信息沟通，完善宣传队伍，准确、及时、全面地报道学科建设成果与科室新闻。

加强医院干部的管理。2006年5月开始，医院严格落实中央关于"三重一大"制度，结合医院实情制定了实施细则。同月，医院深入开展了治理商业贿赂专项工作，将治理商业贿赂专项工作与行业纠风工作紧密结合，与规范医院管理紧密结合，与建立健全教育、制度、监督并重的惩治和预防腐败体系紧密结合，注重制度建设。经过这些有力措施的实施，医院治理商业贿赂专项行动取得了阶段性成效。

做好文明服务工作。2006年医院再次获得"首都公共卫生文明单位"。医院全年共收到表扬信、锦旗等520余件，电话接待来人来访1000余次，群众来信100余件。

大力发挥共青团的作用，通过争创"青年文明号"和开展"微笑天使"主题活动等一系列丰富多彩的活动，使广大青年团员深受教育，增强了对本职工作的热情。

（北京大学人民医院）

第三临床医学院（北京大学第三医院）

【发展概况】 北京大学第三医院现有在职职工2209人，正高级职称132人，副高级职称245人，中级职称714人，初级职称996人，其他人员122人，2006年接收毕业生132人，开放床位1183张。

组建了风湿免疫科和感染疾病科，新成立了临床干细胞研究中心，新成立了中央党校院区。

【医疗工作】 2006年门诊量达1,761,738人次，日均7019人次；急诊量176,267人次，日均483人次；出院病人37,691人次，手术例数23,397；平均住院日10.4天；药品收入占医药收入比例为41.9%，低于北京市卫生行业制定的标准；出院病人次均费用16,036元，比北京市三级综合医院平均费用16,147元低111元；门诊次均费用286.5元，比北京市三级综合医院平均费用321.6元低35.1元。

1.加强医疗质量和医疗安全核心制度的建设和落实。修订和完善了8项医疗规章制度，如《医师执业管理制度》、《医师值班制度》、《院内会诊制度》等。同时加大对各项规章制度落实的监管力度。2006年重点加强了对病历质量的管理，出台了《关于病历质量奖惩的规定》、《关于病历质量管理各环节职责的规定》、《住院运行病历质量考核细则》、《住院运行病历检查方案》等规定外，对全院病历进行了抽查，并按有关规定进行了奖惩；为加强对医师资格的管理，对新注册的164人的执业注册资格进行严格审查，为后续医疗工作的管理奠定了法律保障；为加强麻醉药品的管理，对即将取得麻醉药品处方权的473名医师进行了培训、考核；为加强处方管理，抽查了78,000多张处方；规范新技术申报流程，不定期对医师值班情况、会诊情况进行检查等等，保障了医院的医疗质量和医疗安全。

2.加强影响医疗质量和医疗安全的重要平台建设。对放射科、检验科、超声诊断科、急诊科、麻醉科、手术室、重症监护室（ICU）等影响医疗质量和医疗安全的重点平台继续加大投入和管理，加强内部质量控制。定期对这些部门进行检查和调研，对发现的问题及时解决。如为加强急诊科和ICU的力量，医院分别为两个科室聘请了3名经验丰富的老专家，帮助其提高对疑难重症的诊治水平；增加急诊科、ICU护士长设置，明确急危重症单元护士长带班制度，确保高危环节的管理和医疗安全；全年投入5,989.5万元（占全年设备总投入的48.2%）为平台科室增添或更新设备，以提高其工作质量和工作效率。通过一系列强有力的措施加强平台科室建设，不但确保了其医疗质量与安全，还有效地缓解了影响医院发展的瓶颈问题。

3.加强对影响医疗质量和医疗安全重点环节的管理。加强重点环节的管理是保障医疗质量和安全最有效的手段。如强化医护

人员的基础培训、提高医护人员的综合素质,对新上岗的医护人员定期进行诊疗常规、技术操作、法律法规、医德医风等方面的强制性培训;对重大感染性疾病进行全员培训、考核,防范传染性疾病的爆发流行;对全院消毒物品实施供应室集中化管理;加强对大处方的监管,避免药物的滥用;建立药物不良反应监测体系;对临床出现的小问题、小差错及时进行规范,避免医疗事故的发生;重视医疗纠纷,对典型案例进行分析;加强对危重病人访视和护理的管理,制定相关规定,避免意外的发生;及时调整应急医疗队,制定和完善应急预案,提高应对突发事件的能力;加强护理质量与安全的管理,在护理管理委员会的基础上,新设立了重症护理专业组、护士长管理研究组、静脉输液专业组和造口压疮专业组。重视护士专科教学基地建设,呼吸ICU被新批准为北京市护士专科教学基地,CCU、ICU通过了北京市护士专科教学基地的复审等等。

【教学工作】 1."四轨合一"教学管理模式优势明显,教学规模不断扩大。2006年,圆满完成本科生教学任务,涉及5个专业的1033名学生;招收研究生83人,其中博士生29人、硕士生44人,在职申请学位42人,博士后进站1人;完成住院医师第一年转正考试41人,住院医师规范化培训第一阶段、第二阶段考试分别为41人和54人,且通过率在北京大学三所综合医院中为最高;组织执业医师和助理执业医师考试106人;举办国家级继续教育学习班19个,来自全国各地的988名学员参加了培训;接收进修学员494名,短期参观学习324名,为外院培养学科骨干18名,城市支援农村学员33名;医院职工继续教育完成率达100%。

2. 深化教学改革,不断探索新的教学方式。针对长学制医学生的教学工作,在临床理论授课中进行了以器官系统为中心的教学方式的尝试;建立和完善标准化病人的组织工作,保证医学生内科问诊教学全程标准化病人的使用;完成2002级学生桥梁课和器官系统教学课件的录制工作,并将171个课件录像放在院内网站上,方便全院师生使用;对2006年300余名毕业生首次启用了多站式和无纸化考试,使教学网络平台更加完善。

3. 加强专科和亚专科医师培训基地建设。自2005年卫生部启动《住院/专科医师规范化培训》工作,医院积极准备,经北京市卫生局组织专家评估,内科、外科、妇产科、眼科、耳鼻喉科、口腔科、急诊科、神经内科、麻醉科、检验科、影像科及全科医师共12个科室被认定为北京市普通专科医师培训基地。心内科、呼吸科、消化科、内分泌科、血液科、肾内科、普外科、骨科、泌尿外科、胸外科共10个科室被确认为亚专科医师培训基地,承担北京市专科医师的培训任务。

4. 加强国际间交流与合作,为培养人才搭建舞台。2006年,医院与多个国家建立了国际交流平台。与丹麦哥本哈根大学合作,建立了本科生互访平台,双方每年选派优秀本科生到对方进行短期参观交流;与新西兰怀卡托理工学院合作,建立了国内首个助产士培训项目,并成功举办了首届国际助产学教育与实践论坛;与美国密西根大学合作,双方互派护士进行短期交流;定期邀请美国肯塔基大学教授为住院医师进行培训指导等。

5. 筹建临床技能培训中心,进一步加强教学公共平台建设。教学科研楼落成后,教学条件明显改善,其人性化设计、一流的硬件设施和现代化的教学设备为教学工作奠定了坚实的物质基础。多功能教室和先进的影像转录系统为临床教学工作提供了有力保障;齐全、多功能的教学模具为临床技能培训提供了平台,普通技能培训中心、亚专科技能培训中心、内镜培训中心等正在逐步筹建中;2006年,动物室通过了北京市的评估验收,为临床教学工作提供了有利条件。

【科研工作】 2006年,医院新申请获得国家和省部级科研项目30个,科研经费1367万元。申报成果13项,申请专利2项;获得省部级一等奖1项,二等奖3项,三等奖1项,还有2个奖项正在公示中;投送论文近千篇,发表在统计源期刊的584篇,其中国外期刊发表48篇。截止到目前统计,SCI收录国际会议摘要24篇。

1. 加大对重点项目的支持力度。除了鼓励支持医务人员向院外申请基金外,医院作出重大决定,每年拿出1000万元用于支持科室重大科研项目。2006年眼科、心内科、耳鼻喉科、肾内科分别获得医院临床重点项目资助,共计745万元。另外,对中青年骨干资助科研启动资金34项,共计34万元。除了资金外,还对重点科室给予其他方面的支持,如对肾内科医疗用房进行改造;为消化科成立消化内镜培训中心提供方便;为心内科提供840万元的大型医疗设备等等。

2. 搭建科研公共平台,为科研工作创造有利条件。2006年教学科研楼启用后,中心实验室的面积扩大到2700多平方米,并配备了先进的实验设备,供各科使用;国家药品临床研究基地、新成立的临床干细胞研究中心等将为各科室的科研工作提供公共服务平台。

【信息化建设】 2006年,医院院内网上办公系统进行了试运行,使办公自动化跃上了一个新台阶,提高了各部门的工作效率;完成了Ⅰ期医学影像存储与传输系统(PACS)的实施,为临床医师调阅

医学影像资料提供了便利；完成了住院系统包括住院结算系统、住院医嘱系统、药库管理系统、住院药房系统、医技录入系统和检验信息系统的升级，为信息化向临床延伸创造了条件；完成了眼科特殊检查信息系统的开发与部署，提高了眼科影像的管理水平；完成了中央党校院区南、北两区光缆连接工程，为两地信息化系统的归并创造了条件；大幅度增加了各科室互联网的用户数量，并对网络安全防护系统进行了更新，为信息系统的安全运行提供了保障。

【基建工程】 2006年医院改扩建项目初步设计方案和投资概算获得国家发展与改革委员会的正式批复，核定项目总建筑面积93,448平方米，总投资60,184万元。2006年，教学科研楼顺利竣工并交付使用；门急诊医技楼和运动医学楼举行了开工典礼。

【医院管理】 医院采取多种途径加强对管理人员管理技能的培训，如资助国内外交流、课程培训、攻读MBA或EMBA等21人次；年初，医院出台了《管理岗位人员培训规划》《管理岗位青年骨干实行轮转培训的暂行规定》和《中层干部考核暂行规定》等文件，对从事管理的人员进行培训、培养和考核；2006年共发表管理研究论文42篇。目前有20余人次在各级管理学会中任职；2006年，院级行政领导班子和职能处室、临床医技科室、研究机构、大科护士长等中层干部都进行了换届工作，对部分干部进行了调整。

【医院管理年和创建人民满意医院活动】 把医院管理年和创建人民满意医院活动结合起来，采取多种措施最大限度地为老百姓提供优质服务，让老百姓满意，让患者得到实惠。根据上级要求成立了中央党校院区，缓解了中央党校及周边地区老百姓看病难、看好专家难的问题；第二门诊部开展了集预防、保健、基本医疗、健康教育、康复、计划生育技术指导"六位一体"的综合社区医疗服务，为当地社区老百姓就医提供方便；为解决改扩建工程导致的停车场不足的问题，采取外租停车场用于本院职工、院内停车位全部让给患者的办法，缓解了患者停车难的问题；考虑到改扩建工程为患者就医带来的不便，医院投入资金对院内道路和医用通道重新进行了改造，新增加了急诊室旁通道，并对院内楼外所有标识标牌及时进行了更新，以方便患者通行；为减少患者挂号排队等候时间，实现了挂号、收费通柜服务；为提高为患者服务质量，增加了专家出诊量，2006年较2005年上升14.6%；高度重视患者投诉，对不良事件进行网上公示；通过采取多种措施，有效地控制了患者医疗费用上涨。如进一步缩短平均住院日，以减少患者总体费用。对大处方进行监督检查，以减少患者单次人均费用。对大型医疗设备检查项目进行监管，提高检查的阳性率，避免过度检查。北京市抽查CT和MRI检查的阳性率，医院保持在较高水平（84%以上），明显高于北京市规定的不低于70%的要求。

【精神文明建设】 积极深化精神文明创建工作，以创新的思路和方式切实加强精神文明的管理工作，促进了医德医风建设，构建了和谐的医患关系。一改过去投诉即被处罚的管理模式，建立了被投诉人的告知、公示、申诉、监测制度，既保障了职工的权益，又体现了"事前预防、事后监督"的管理原则，有效地保护了职工工作的积极性。同时加强投诉接待工作人员的力量，把懂临床业务且具有较强协调能力的人员安排到接待岗位上，并对他们进行规范培训，提高了整体接待水平。2006年投诉率较2005年下降了16%，患者满意度较2005年上升了10.5%。

【治理商业贿赂工作】 认真贯彻落实卫生部、北京市卫生局关于治理医药购销领域商业贿赂专项工作的有关文件精神，成立了治理商业贿赂专项工作领导小组和工作小组，制订详细工作实施方案，及时召开各阶段动员会，并多次召开专题会议学习、传达、讨论、部署治贿工作。组织全院所有部门认真开展自查自纠和清理"小金库"等工作，结合发现的问题，医院领导及时召开会议进行研究，查找原因，制定整改措施，完善制度，建立长效机制。如新制定了《北京大学第三医院临床实验室试剂招标采购管理办法》。卫生部、北京市卫生局、北京市教工委等领导5次到医院进行检查、督导，对治贿工作给予充分肯定。

【支援基层医疗卫生工作】 医院采取多种形式坚持送医送药到基层，使当地老百姓不出家门就能享受到高水平的医疗服务。2006年，医院中央党校院区正式成立并开始运转，仅半年时间就完成专家门诊1768人次，急诊968人次，方便了中央党校及周边地区普通老百姓就医；2006年与延庆县医院和延庆县妇幼保健院分别正式签署了对口支援农村援助协议书，并向两家医院捐赠了价值69万元的医疗设备；组织3批专家讲师团到基层医院进行授课、讲学和手术示范；响应上级号召，派出8人医疗队赴边远地区扶贫1个月；全年派出6批共27人到基层医院工作3个月；组织社区义诊30余次；为新疆培养特培生7名，"西部之光学员"2名，城市支援农村学员33名。由于成绩突出，被北京市委宣传部、北京市文化科技卫生"三下乡"活动领导小组办公室联合授予2006年度北京市文化科技卫生"三下乡"活动先进集体。

口腔医学院
（北京大学口腔医院）

【发展概况】 北京大学口腔医学院是国家重点口腔医学院校。实行口腔医学院、口腔医院、口腔医学研究所三位一体的管理体制。其宗旨是培养高等口腔医学人才，普及和提高口腔疾病的预防和治疗水平，承担国家及教育部、卫生部有关科研项目。

学院位于北京中关村，占地面积20,540平方米，全院职工总人数为712人，其中正、副高级职称为168人。师资力量雄厚，在岗博士生导师27人，硕士生导师46人；设有7个基础教研室（组），6个临床教研室，担负全院的教学工作。学院每年招收八年制学硕博连读生50人，硕士研究生、博士研究生共55人，博士后5～6人，同时举办大专班，培训国内外进修生、留学生等。

口腔医院是卫生部三级甲等医院，设有16个临床科室、10个医技科室、3个门诊部、115张病床、335台牙科综合治疗台。年完成门诊量近80万人次，日均门诊量达2500余人次，年收治住院病人2600人次。医院承担来自北京及全国各地口腔及颌面部疾患患者的诊治工作，还承担着党和国家领导人、离退休老干部、各国驻华使节、外国专家及海内外侨胞的口腔保健与服务工作。

口腔医学研究所拥有6个研究室、7个实验室、6个研究中心、1个医用实验动物室及图书馆。还设有卫生部口腔医学计算机应用工程技术研究中心。中华口腔医学会、中国牙病防治基金会等全国性口腔医学学术机构挂靠在口腔医院。

【医疗工作】 2006年全年门、急诊总人次为743103人次，比2005年增加0.3%，其中门诊693287人次，同比增长1.1%。急诊49816人次，同比减少10%。全年工作日308天，日均门、急诊人次2387，同比增长0.3%。现有椅位354台，椅位使用率61.8%，同比增长0.3%。入院总人次2978，同比增长4.3%。出院总人次2969，同比增长4.5%。平均住院日11.3天，同比减少0.2天。手术例数2858例，同比增长7.6%；病床使用率92.5%，同比增加3.2%，床位周转次数29.7次，同比增长1.3次。

门诊特色诊疗项目继续保持同行业先进水平。牙种植10年留存率、复杂根管治疗技术、错合畸形矫正技术、多牙缺失疑难固定及活动义齿修复技术、全口牙缺失疑难活动义齿修复技术、牙周病手术治疗、儿童牙外伤治疗技术、儿童牙病全身麻醉及镇静治疗技术、三叉神经痛温控射频热凝术、心电监护拔牙术等继续在国内领先，部分项目得到国际同行业认可。

2006年，医院被中央保健委员会确定为保健基地，首长保健工作量进一步上升，共完成451人次，平均每周8.7人次。参加诊治专家1100余人次，投入管理和后勤人员1000余人次。

继续加强医保病人的收费管理，坚持自查通报制度。医保办公室加大了病历检查力度和检查范围，其中住院病历检查覆盖率100%，对发现的问题及时处置和整改。物价办公室制定和修订了价格管理制度和工作职责13项，调整了院科两级医疗价格管理机构，制定了工作表单，理顺了价格管理体系。

强化医院感染管理的力度，继续开展医院环境卫生学的检测。年内监测标本6025件，合格率99.6%。继续开展不同形式的医院感染管理知识培训，重点为规范执行卫生部《医疗机构口腔诊疗器械消毒技术操作规范》；继续加强职业暴露伤监测，受伤人员均采取了积极的补救措施。医务处组织全院医务人员进行传染病知识培训，重点为鼠疫及艾滋病。

药剂科制定和修订了药事管理制度，开展抗生素应用监测与分析，药品使用质量监控，较好地规范临床用药行为。医院加强了对麻醉药品及第一类精神药品的管理，以及分支医疗机构的药品管理。

坚持每年开展40余项新技术新疗法项目。完成2004年度临床新技术新疗法项目终审、2005年度项目阶段检查，以及2006年项目立项工作。

医院加强对下属分支医疗机构的管理，定期对各门诊部进行医疗质量检查。

【护理工作】 多次组织护士参加各类技术培训，拓宽护士的知识面，提高护士的整体素质。积极开展护理学术活动，提高护士的学术水平。召开多层次护理人员座谈会，广泛听取护士对护理工作的意见和建议，加强了对护理工作的管理。修订了护理的规章制度，规范了部分护理技术操作，加强护理质量的监控，保证护理安全，稳步提高护理质量。

全年共发表护理学术论文12篇，其中核心期刊9篇。参加全国护理论文交流11篇，参加医院学术年会6篇，10篇入选北京大学医学部论文汇编。完成北京护理学会主编的"口腔护士必读"初稿撰写工作。

全年共接收护理人员参观学习90人次，护理进修生6人，护理实习生24人，本科生转科学习5人次，其他人员转科学习16人次。完成新上岗护士口腔专业知识培训120学时，听课1600人次。

1人获市级优秀护士，2人获海淀区优秀护士，2人获医学部优秀护士长，3人获医学部优秀护士，11人获院级优秀护士称号。

获医学部优秀护理论文一篇,获北京护理学会优秀论文一篇。英语情景剧"平凡的一天"分别参加北京市和医学部组织的"双语服务"比赛,并分别荣获比赛三等奖和二等奖。

【教学工作】 2006年完成8年制学博连读生、7年制学硕连读生、5年制海外班及三年制大专生共159名,进修生114名,规范化培训住院医师22名的教学任务,其中为西部及边远贫困地区培养进修生26名。新招8年制学生38名,研究生52名,其中博士生29名,硕士生23名,博士后研究人员2名。目前在校研究生143名,其中博士生68名,硕士生75名,博士后研究人员5名。2006年授予学位61名,其中博士23名,硕士38名,博士后出站4名。

举办国家级继续教育学习班22个,779名医生参加了学习,涵盖全国20多个省市自治区。各科踊跃主办校级和院级继续教育项目,2006年校级项目30项,院级项目50多项,3781人次参加了校级项目学习。

教材建设不断加强,完成15部口腔医学长学制教材的编写工作。口腔医学院教授担任主编卫生部16部规划教材中的6部。组织教学专业委员会审议了口腔医学专业长学制17门课程,5年制口腔医学专业(海外班)18门课程的教学大纲。

《口腔正畸学》被评为国家级精品课程。

【科研工作】 2006年获国家、部委、市科研资助35项,总经费922万元。其中国家自然科学基金13项,是历史上获得国家自然科学基金项目最多的一年。由北京大学口腔医学院相关学科牵头申请的国家"十一五"科技支撑重点项目4—5项,将于近期批准实施。2006年,医院设立的基础科研基金结题14项,立项16项,其中1项作为多学科联合开展的专项基金。

2006年发表论文311篇,其中SCI收录论文40篇,数量达历史最高水平,其中影响因子大于3.0的论文10篇,出版专著及教材11部。申请专利1项。

以口腔材料研究室为基础组建的"北京大学医疗器械质量监督检验中心"通过了国家食品药品监督管理局的资格认可,获得了资格认可证书。

2006年主办2次国际学术会议,4次国内学术会议。参加9个国内学术会议,交流论文106篇。58人次参加国外举办的学术会议11个,交流论文18篇。

【学术会议】 2006年9月22—25日在深圳市,与中华口腔医学会和卫生部国际交流与合作中心共同承办世界牙科联盟2006年年会(简称FDI)。成立于1900年的FDI,是在国际口腔界有重要影响的非政府组织,它的宗旨是使全世界享有口腔健康。目前,该组织有140个国家和地区为其团体会员,这次年会是在其百年历史中首次在中国举办年会。国务院副总理吴仪出席了开幕式并致辞,来自90多个国家的近6万人次参加了此次年会。

2006年9月25—26日在深圳市,由中华口腔医学会主办,北京大学口腔医学院承办了中华口腔医学会第三次全国会员代表大会暨成立10周年庆典。卫生部陈啸宏副部长、中国医师协会杨镜常务副会长、深圳市委黄国强副秘书长、口腔医学界著名专家以及中华口腔医学会会员代表、特邀代表,国外和台港澳地区有关学会同仁近700人出席了会议。

2006年6月7—10日,在第十一届中国国际口腔设备材料展览会暨技术交流会期间,组织第十一届口腔医学新进展报告会、现代根管治疗、预防保健专题、第一届中日牙科论坛等系列讲座。

2006年7月7—9日,医院与中华口腔医学会在香山共同承办"Chinese Journal of Dental Research"杂志主编、副主编会议。

2006年3月组织召开全国口腔专科医院评审——护理标准修订研讨会,共有来自全国7所口腔医疗机构的11名护理部主任参加会议,会上讨论了全国口腔医院评审标准中的护理考核与评价标准,重点修订了护理专业质量管理与持续改进标准。确定了口腔专科医院门诊护理三基训练内容。

2006年5月举办第三届国家级继续医学教育项目——国口腔医疗纠纷管理高级研修班。该项目由中华口腔医学会医院管理专业委员会、中国医院协会口腔医院分会和中国医师协会口腔医师分会主办,到会代表120余人,互动交流讨论时达180人。会议邀请了北京大学法学院、中国医师协会口腔医师分会、北京大学口腔医学院等有关专家讲课并组织案例讨论。

组织召开中国医师协会第一届口腔医师分会第四次常务委员会议;组织中国医院协会口腔医院分会医疗管理学组完成医疗质量控制工作经验交流;承接全国口腔医学和临床医学医疗纠纷咨询、协调工作50余起,为各类培训班授课30课时,听课人数2400余人次。

【国际交流】 2006年医院接待外宾来访86批,422人次,其中中外宾讲学91人次,占来访外宾的21.6%。本院职工出访201人次,其中参加国际学术会议58人次,27人次在国际会议上作报告或特邀发言。

签署学术合作协议:2006年与日本东京医科齿科大学生体材料学研究所签订学术合作协议,与Nobel Biocare公司签署合作协议,开展本科生教育、教师培训以及临

床科研等方面的合作。通过互访，与美国纽约大学、新加坡国立大学、韩国首尔国立大学等牙医学院初步形成合作意向。聘请国际著名口腔放射学专家 A G Farman 教授为本院客座教授。

校际交流：与日本姐妹学校朝日大学和明海大学之间的师生互访继续进行，新加坡国立大学、韩国城南大学、中国台湾中山医学大学分别组织学生研修团来学院参观访问。与德国斯图加特市马莉医院之间的口腔颌面外科医师互相交换进修的项目正在进行。

国际学术会议：2006 年 9 月 10—16 日，口腔医学院口腔材料研究室在北京举办了国际标准化组织（ISO）牙科学技术委员会第 42 届年会，共计 18 个国家 294 人参加了会议，其中外国参会者 252 人。

2006 年 10 月 18—19 日，口腔医学院种植科在北京成功举办了第 22 届亚洲口腔种植学术会议，这是此学术年会第一次在中国召开。

2006 年 10 月 20—21 日，口腔医学院在北京举办了第四届北京国际种植学术会议。会议邀请了 9 位当代国际一流的口腔种植学专家进行了演讲。与会代表共 265 人，其中包括来自德国、美国、日本、韩国、新加坡、马来西亚、印度等国家的专家代表。

【基建与后勤保障】 门诊病房大楼工程基本完成了外幕墙装饰、电梯安装、室内二次结构以及污水处理站建造等工程。在工程实施过程中，相关人员较严格地执行基建工程财务管理制度，认真执行分包工程及相关设备的招投标，实施阳光工程，保证工程实施的规范化。

完成 CT 等口腔专业设备的招投标工作。在 2005 年的基础上，进一步加大了高质消耗性口腔材料的招投标范围及管理力度。

【党建工作】 2006 年 3 月底以来，全国卫生系统开展医药购销领域商业贿赂的专项治理，成立相应的领导小组和工作小组，制订专项工作的实施方案。通过多种方式，进行相关政策的宣传教育，进一步建立和完善了相关的规章制度，建立起防范商业贿赂的长效机制。

2005 年和 2006 年是北京大学口腔医学院的"医院文化年"，在广泛调研、统计汇总的基础上，医院文化建设项目组和工作组提炼出紧密结合学院实际的，包括院训、愿景、使命、服务理念、道德、管理理念、办院方针、人才理念、质量理念和作风在内的理念体系，经过充分研讨，最终完成了涵盖发展简史、理念识别系统、行为识别系统的《口腔医学院文化概览》，同时出版的还有《口腔医学院服务规范》一书。

（胡文杰 于鸿钏）

临床肿瘤学院（北京肿瘤医院）

【医疗工作】 2006 年全院平均开放床位 685 张。年门诊患者 155242 人次，同 2005 年相比增长 20.3%；住院患者 12326 人次，同比增长 13.7%，其中新病人 5055 人，增长 7.7%。完成大手术 3325 台次，同比增长 11.3%；病床使用率为 108.3%；平均住院日 20.3 天，同比下降 0.6%。

1. 全面整章建制，推进规范管理。2006 年医院以迎接医院管理年、创建人民满意医院检查为契机，以求真务实、狠抓内涵建设为指导思想，坚持科学发展观，以质量、安全为核心，在全院边对照标准自查、边整章建制、边整改，进一步推进和完善了制度化、规范化、法制化建设。制定、修订各项规章制度、操作流程等，内容涉及医疗、护理、医保、物价、新技术准入、"三重一大"、治理商业贿赂等方方面面，为强化依法行医、质量管理提供了制度保证。

2. 狠抓制度落实，建立长效机制。

（1）高效率的医疗协调会：政令畅通，及时解决。每周的医疗工作协调会，由医疗副院长召集，医务处、护理部、门诊部、医保处、运营办、物价办、住出院处、信息部等职能处室负责人参加。会上集中讨论解决医疗工作中出现的各种问题，这一举措使医疗工作相关问题得到及时有效地协调解决，成效非常显著。

（2）高质量的医疗例会：公示运行指标，全方位分析比较。每月召开一次科主任、护士长、技术员组长参加的医疗工作例会，参加人员扩大至高级职称医师和临床医技科室党、团支部书记以及职能处室负责人。会上进行运行指标的通报和分析。通报项目从原来单纯的医疗质量控制过渡到对医疗工作效率、服务质量、医德医风、病人满意度评价、医疗费用控制指标等全方位的质量管理。以各种数据指标量化各项临床工作，包括单病种费用、门诊总人次、平均住院日、手术例数等，各科室的关注和反响强烈。从月报中科主任清楚地看到本科室的位置以及和先进科室之间的差距，激发科室奋发向上的动力和热情。

（3）强化病历质控医师作用：形式与内涵两手抓，病历质量明显提高。每个临床科室 1 名质控医师，医院指定 3 名院级质控医师。明确质控医师职权，将病历质量考核结果作为科室绩效考核的重要指标。

对运行病历，23 名质控医师每月进行互查，注重病历内涵质量，及时反馈发现问题，及时纠正，作为日常工作常抓不懈。对终末病历，科室 100% 自查，院级质控医师严格按照标准抽查，月抽查率保

持在20%以上,同时每份问题病历附存在问题清单反馈科室主任,并要求科室主任填写改进措施后报医务处。从规范模板制作入手,大力推进电子病历使用。已制作手术、非手术病种模板52个。

病历质量监控做到按月检查、通报、兑现奖惩。经过上述努力,各临床科室质量安全意识逐渐增强,提高病历质量、保证医疗安全、防范医患纠纷的主动性和积极性得到提高。2006年6月以来甲级病案率已达97.53%。

(4) 构建和谐医患关系。在强化医务人员医疗风险防范意识的同时,为患者编写了《医疗纠纷解决途径》,收入相关法律知识,受到患者的欢迎,为医患双方建立公正、和谐的医疗环境起到了积极作用。

(5) 严格护理督导、考核。护理部建立严格、详细的考核体系,定期对各科室的护理工作量、质量、文书以及护士长管理等做出评分、排序,在护士长例会上公布,共同分析原因,提出整改措施,下次考核时检查效果,保证护理质量持续性改进。

(6) 建立以创建人民满意医院考核内容为基础,结合医院实际的临床医技科室绩效考核体系。将各科指标细化分解为1000分,合理分配权重,各职能部门按月、季、年负责考核,将创建人民满意医院考核内容作为医院管理的日常工作来抓,与科室绩效分配挂钩。这套体系正在模拟运行,2007年将调整完善,正式实施。

(7) 科主任、护士长管理系列课程培训。组织科主任、护士长、职能处长进行系列管理课程培训,内容包括医院科室管理、媒体沟通与危机管理、医患沟通技巧实战、医生职业压力管理与职业生涯规划、人际沟通与情绪调控、医院文化、科研设计思路、医院人力资源管理、护理工作中的绩效管理、辩证思维在临床护理中的作用等。通过学习加深了科主任、护士长对管理的理解,使管理部门与临床有了更多的共同语言,降低了沟通成本,促进了管理措施的落实。

(8) 主治医师部门轮转医政管理部门。要求主治医师在晋升副主任医师前到医政管理部门轮转三个月,作为晋升职称的必备条件之一。高年资主治医师是临床一线工作的主要力量,他们对医疗规章制度、规范流程的理解和执行情况,直接关系到医疗质量和安全。特别是在他们即将晋升高级职称,将要承担更重要的医疗工作和责任之前,强化医疗管理的培训,了解医政、医质、医患、医保等相关管理工作,对培养一支质量安全意识强、有一定管理工作经验的临床医师骨干队伍十分必要。这是医院引入贴近临床一线的医疗质量管理理念,构建临床医师与管理部门相互理解和沟通的桥梁,共同提高医疗管理水平的一项创举。

3. 医保——环节管理取得成绩。重点加强对医保病人门诊处方的管理,建立门诊大病历、规范病历书写、化验检查单归档、记账复核、"特种病"审批等流程。继续加强医保住院病历环节质量的管理和终末病历的检查,取得明显成效。医保病历的返修率从上半年的70%,下降到第四季度的27%;医保次均费用完成市医保中心控制标准。加强医保专管员的管理力度,将各病区对医保出院病历的自查作为常规制度贯彻。医保处坚持下发次均费用预警通知书,建立医保检查月报发布制度,并将考核结果纳入绩效考核体系,兑现奖惩。每月发布《基本医疗保险情况简报》,将医保动态、政策以及运行、管理情况及时通报科室,保证了医保信息畅通。

4. 医疗费用"总量控制、结构调整"成效显著。医院重新调整了医疗费用"总量控制、结构调整"工作委员会,第三、四季度狠抓了门诊处方金额、医药比例、平均住院日,单病种次均费用等重要环节,将总控指标纳入科室绩效考核。通过加强管理,住院费用医药比例明显改善,第四季度药费比例已低于60%;绝大多数病种的平均住院日均有缩短,次均费用有所降低。

2006年医院医药费用控制指标为46139万元,实际执行43908万元。总体完成在控制水平之内,总控工作取得成效。

【教学工作】 2006年,医院招收研究生56名,其中博士23名(含八年制),硕士29名。毕业研究生29名(博士18,硕士11)。54人获得学位(博士40,硕士14)。现医院研究生(包括在职申请学位)共计192人(其中研究生152人,在职申请学位40人)。

16名新入院的住院医师进入规范化培训,33人参加住院医师规范化培训。7名住院医师第一阶段培训合格,合格率71.2%;11名住院医师第二阶段培训合格,合格率84.6%,其中10名获得主治医师资格。3名博士后进站,3名出站。目前在站博士后7人。129名进修医师入院学习;接受国内访问学者10名。4位教师获得博士生导师资格。目前全院博士生导师共19人。

2006年,医院已经初步建立起具有肿瘤专科特色的教学体系。

1. 继续加强教学工作制度建设。

(1) 制定了课程建设规定。2006年,医院迎来了第一批进入医院二级学科培训的八年制长学制学生。根据医学部长学制的办学精神,针对医院教学工作的薄弱环节,制定了《北京大学临床肿瘤学院课程建设暂行规定》,以规范医院的课程建设工作,并丰富包括长学制本硕博连读生在内的教学对象的学习资源。

(2)修订了进修医师管理制度。修订了《北京大学肿瘤学院进修医师管理制度》。对来院进修人员的基本条件、执业管理、请销假、奖惩等做出明确规定。另外,在普通进修的继续教育方式的基础上,增加了参观学习的教育方式,并制定了相应的管理办法,为兄弟单位来院学习和交流、加强医院宣传开辟了新的渠道。

2. 以医、教、研"共赢"为工作指导原则,继续深化教学改革。

(1)修订了肿瘤学专业研究生培养方案。肿瘤内科、肿瘤外科、医学影像、肿瘤病理等教研室在大量调研的基础上,经过认真讨论,对原方案提出了修改意见。对病历书写、诊治病例、基本操作、经管病种等都做出可量化的考核标准,完善了出科考核工作程序,增强了可操作性。

针对医院各学科专业迅速发展的特点,新方案在整合现有教学资源的基础上,制定了新专业进入研究生教学系统的资质标准,为今后研究生进入新专业方向学习、工作,以及医院发挥新的专业方向在研究生培养方面的作用创造了条件。

(2)提高住院医师的培训质量。2006年,在住院医师晋升主治医师资格考试的内容中,增加了病历质量考核的分值比例。肿瘤内科、肿瘤外科、放射治疗教研室根据本专业特点,分别制定了住院医师病例诊治内涵质量考核评分标准,以住院医师在诊治过程中的诊断、鉴别诊断、对病情的分析和判断等为重点考核内容。在医院医疗系统加强病历质量管理的同时,从教学工作角度,督促住院医师在临床诊治过程中充分发挥主观能动性,以使医院的病历质量能长期保持在较理想的水平。

(3)青年教师培训。2006年,把对青年教师的培训作为教学工作的重点之一,并列入今后教学的常规工作。

2006年启动了主治医师教学查房评估工作,邀请知名专家为主治医师做教学查房的示范观摩及点评。开办每周一次的"青年学术沙龙",主治医师积极参加并主持沙龙活动。鼓励青年教师积极参与课程建设工作以及北京大学青年教师基本功比赛等活动。通过为主治医师创造开展教学工作的环境,督促青年教师通过努力,提高自己的素质和教学能力。

3. 学生工作。将加强学生素质教育、提高组织和沟通能力、培养团队协作精神作为学生工作的重点。

(1)借建院三十周年庆祝活动之机,组织学生积极参与,了解医院创业、发展的奋斗历程,增强了同学们在肿瘤医院学习、工作的自豪感和身负的历史责任感。

(2)以研究生会为主体策划、组织了2006年医学文化论坛,作为医院院庆工作的重要活动之一。论坛邀请了韩启德副委员长、郭应禄院士、祝学光教授等知名学者与同学们一起围绕医学研究生文化修养这一主题开展了专题讲座、讨论等形式多样的交流活动,在首都各大医学院校引起了强烈反响。医学部本部及附属医院、协和医科大学、首都医科大学、中医药大学及军院等380多名研究生参加此次活动。

(3)研究生会与党委、团委、工会协作,成功举办青年英文演讲比赛及新年联欢会,医院多名研究生、青年医师、行政职员参加了比赛,展示了医院青年一代的风采。

(4)组织研究生赴山东临朐胃癌高发现场社会实践,完成了800余人次的科研数据采集工作;实地参观了沂蒙革命老区及威海刘公岛"甲午战争"纪念馆。此次社会实践获得北京大学2006年学生暑期社会实践先进团队奖、北京大学医学部2006年暑期社会实践优秀团队一等奖。

【科研工作】 全年共组织申报院外各类课题79项,获资助29项,获得科研经费超过2000万元,是获得科研经费最多的一年。共组织完成结题20项;管理在研院外课题69项。发表论文224篇,其中以第一作者或责任作者单位发表的SCI收录期刊论文34篇,总影响因子(IF)为123.5。组织申报发明专利3项,获授权发明专利1项。组织全院性学术讲座22次。

1. 课题申请与项目执行的管理。

(1)基金、课题申报工作。2006年组织申报各类国家级课题44项,对于"十一五"科技支撑计划和高科技863重大项目的申报给予高度重视,第一时间组织相关专家根据各自优势准备申报资料,并多次召集协调会,制定申报的策略。获国家"十一五"科技支撑计划项目牵头1项,参加5项;获国家高科技863重大项目1项经费为1076万元;参加3项。

全年共获国家级课题资助项目10项,课题总经费1454万元。国家自然科学基金课题7项,国家高科技863计划专题课题1项。组织申报各类部市级课题26项,新中标课题16项,获资助资金近300万元。其中北京市自然科学基金项目3项、市科委课题1项、北京市教委项目1项,北京市科技新星计划课题2项,教育部优秀人才支持计划1项,教育部留学回国人员科研启动基金2项,首都医学发展科研基金5项、北京市中医局科技项目1项。

根据市科委要求申报"促进公益院所改革与发展工作方案",经专家评审,北京市肿瘤防治研究所被列为北京市公益院所改革与发展的第一梯队,获得200万元的经费资助,其中2006年公益院所改革与发展专项资金50万元(用于标本库的建设),2007年基础设施

改造经费150万元(用于中心实验室和临床实验室建设)。

(2) 结题验收工作。按照有关项目的管理规定,2006年组织完成结题共20项,其中国家级课题4项(其中国家自然科学基金3项,973课题1项),市级课题结题7项(其中北京市自然科学基金1项,市科委项目1项,北京市高技术实验室结题验收1项,科技新星计划项目4项),首发基金课题3项,北京市卫生局项目2项,北京市人事局留学回国人员项目1项以及横向课题3项。

(3) 课题年度进展汇报工作。督促课题负责人及时上报课题年度进展报告,及时协调解决工作的问题。如按上级要求要及时提交研究内容变更申请及/或经费调整申请;协助上级部门完成课题经费使用的自查与审计工作;对于医院存在的经费使用问题,及时召集相关人员开会讨论、商议解决办法等。

2. 成果、论文与专利。组织申报北京市科学技术成果奖1项,并顺利通过专家鉴定。2006年共发表研究论文224篇,其中,医院(所)为第一作者或责任作者单位的SCI论文34篇,总影响因子数为123.5(2005年为75.9),影响因子大于3的论文15篇,影响因子大于5的论文6篇,有2篇影响因子大于10。在北京大学医学部2006年度科研总结暨表彰大会上,医院有三篇文章分获SCI优秀论文一、二、三等奖。2006年组织申报发明专利3项,获授权发明专利1项。

3. 学术交流。医院学术氛围浓厚,学术交流活跃,促进了各学科间、科研人员和临床医生之间的彼此了解,为沟通和协作奠定了坚实的基础。2006年组织全院性学术讲座22次,其中有13次邀请了国外肿瘤研究机构的学者报告。

成功举办了北京肿瘤医院建院30周年系列学术活动,吸引了北京市二十余家医院700多人参加。成功举办了"如何从肿瘤基础研究走向临床"的研讨会,邀请到美国4位著名教授,他们的报告代表了相关领域的国际最前沿水平,在促进肿瘤基础研究与临床应用的结合,加速实验室研究结果向临床应用的转化。研讨会吸引了来自北京地区各大医院、高等院校及科研院所近500人参加,对国内肿瘤研究同行有很好的启迪作用。

4. 重点学科建设。顺利完成"北京大学临床肿瘤学院综合评估自评报告"。在12月20日北京大学召开的国家重点学科建设考核评估工作会议后,立即组织准备国家重点学科建设期间的目标完成情况、相关数据资料及总结报告,几经修改,已将"国家肿瘤重点学科建设报告"上报北京大学。

5. 实验室管理。新科研楼启用后,科研处组织制定一系列管理规范、流程,理顺各实验室及公共实验技术服务平台的关系。组织临床科主任参观科研楼实验室,鼓励科室利用中心实验室、临床实验室以及各功能组等公共实验技术服务平台,进行临床与基础相结合的课题研究。

建立了基础研究室主任月例会制度,加强了实验室之间的沟通。大家共同关注的公共实验技术服务平台和各功能组的定位、功能、职责、考核、分配等相关问题、科研相关的规章制度、实验室量化考核体系等,均通过例会得到及时协调解决。

【医院管理】2006年上半年,在北京大学医学部领导下,医院完成了院级领导换届。增设了教学副院长,调整了院领导分工。新一届院领导组成。院长:游伟程;副院长:张晓鹏(医疗)、顾晋(教学)、寿成超(科研)、朱军(行政后勤)。

将医教处下属的门诊部、教学办公室分别由亚科建制升格为独立的处级机构,原医教处更名为医务处;将总务处与后勤服务部整合为统一的后勤处,下设4个科级单位。根据工作需要和党的干部使用原则,一些处室增设了中层干部职数,一些重要岗位的干部进行了轮换。为与院领导任期相配合,中层干部任期由2年调整为4年。调整后,医院职能处室由13个变为14个,中层干部职数由25人增加至27人。2006年年底进行了职能处室中层干部换届。经过竞聘,24位同志走上正副处长及亚科主任岗位,其中11位同志变换了处室或岗位,3位非领导干部担任了领导职务。此次换届后,干部队伍年轻化、知识化程度得到提高,工作积极性得到激发。

2006年7月,顺利通过了北京市卫生局"医院管理年、创建人民满意医院"的检查。检查结果表明,医院对开展医院管理年、创建人民满意医院活动做到了领导重视、机构落实、任务明确、责任到位,检查组对医院在开展医院管理年、创建人民满意医院活动期间始终坚持边查、边改、边建,从质量、安全、服务多个环节及细微之处体现以病人为中心,构建和谐医院的举措和取得的实效给予充分肯定,同时指出了有待改进的问题。检查后的半年来,医院以积极务实的态度,认真研究检查组提出的及自身发现的问题,进一步加大医院管理力度,有针对性地推出多项管理新举措,扎扎实实狠抓内涵建设,收到明显成效。

2006年是医院建院三十周年。9月,举办了一系列庆典活动。为期一周的学术论坛,内容涉及临床、基础研究、护理、人文等各领域,包括韩启德副委员长及多位院士在内的海内外知名专家、学者做了精彩演讲。在院庆活动期间,全院职工通过回顾三十年的成长历程,展望医院的美好未来,极大地激发了爱院之情,对未来充满了

自信和希望。

加强医院文化建设。工会作为职代会的日常办事机构,非常关注职工关心的问题。2006年部分职工对食堂、班车等提出改进要求,工会认真收集职工意见,召开专题座谈会,适时、适度地反映群众呼声,为医院与职工之间搭建理解、沟通的平台。围绕医院工作主题和重要活动,工会、共青团等部门组织"创建人民满意医院"职工辩论赛、"微笑天使"系列活动、"争做健康人"团体操比赛、三十年院庆大型文艺演出等多种形式文体活动,活跃了职工文化生活,营造积极向上、和谐快乐的医院氛围,促进了医院文化建设。

加强宣传工作。宣传工作紧密围绕中心任务,及时报道医院重大活动及工作动态。在政务公开、医院品牌建设、文化建设等方面日益发挥重要作用。2006年出版院讯71期;出版院报13期;各类报刊反映医院信息共314篇次;电视播出医院相关节目33次;医学部网站刊登信息154条。

2006年,医院成立了审计工作委员会,决定扬长避短,加大外审力度,以规避风险。将基建工程送外审的金额底线由50万元调整为10万元,这一决策已经产生效益。全年审减金额共941万元。其中基建工程审减926万元,仅科研楼的审减金额就达到595万元。经济合同审减15万元。配合治理商业贿赂工作,开展清查"小金库"专项审计。通过清查确实严肃了财经纪律,完善了内控制度,强化了法制观念,遏制了"小金库"现象。

【治理商业贿赂工作】 治理商业贿赂工作与完善制度、职工普法教育相结合。

院长办公会、党委、纪委多次召开专题会议,制订工作方案,研究治理商业贿赂的长效机制。院领导分工与重点部门、重点人员谈话,督促自查自纠,重点防范。既要深入开展治理商业贿赂专项工作,又要注意保护医务人员积极性,保障正常的医疗工作秩序。

进一步完善了设备、大宗物资、医用耗材、工程建设项目以及网上集中招标采购等5项招标采购制度以及"三重一大"制度。

定期对用量前10位的药品、用药前10名的医生及用量公示,并进行用药合理性评价。对存在问题分别采取批评教育、经济处罚、暂停处方权等措施,问题严重的要依法依纪处理。

组织全院职工观看治理商业贿赂警示片,邀请中国政法大学刘革新教授进行"反商业贿赂法律法规知识"专题讲座,教育大家增强法律意识,自觉规范行为。同时通过学习孟二冬、华益慰同志的先进事迹,大力弘扬教育、卫生工作者的高尚情操和奉献精神。

建立《重点领域、部门和重要岗位人员轮岗制度》,并在年底职能处室中层干部换届工作中贯彻落实。

【后勤保障工作】 2006年医院基本建设项目开工14项,其中9项已交付使用。包括病房楼一段装修、内窥镜室和动物室改造、电梯更新、锅炉房冷水机组安装等等。病房楼二段装修、输血科、药剂科、电话机房改造等项目仍在进行。

全面完成医院后勤保障工作。强化安全生产管理,多次组织召开全院及后勤部门安全会议,认真落实消防、供电、供暖、供热、供氧设备等安全生产工作,对发现的隐患进行整改。采取知识竞赛、防火演习、重点检查、完善应急预案等措施,加强安全生产宣传、管理工作。配合有关部门顺利完成国家领导人来院探望孟二冬教授的安全保卫工作。

(北京大学临床肿瘤学院)

精神卫生研究所(北京大学第六医院)

【发展概况】 北京大学第六医院现有职工245人,其中卫生技术人员182人,包括主任医师11人,副主任医师18人,主治医师22人,医师6人,护士(含相应职称)75人,技辅人员28人;科研人员22人;行政及其他人员37人,工勤人员26人。

【医德医风建设】 1. 认真贯彻落实医药购销领域商业贿赂专项治理工作的各项要求。

举办治理商业贿赂专项教育、财经纪律、反商业贿赂法律知识讲座,使员工从宏观上认识此次专项工作,自觉参与和配合,提高对预防职务犯罪的认识,增强拒腐防变的能力,自觉抵制商业贿赂行为。通过治理商业贿赂自查自纠工作,进一步完善了重点部门的规章制度,把专项治理与行业纠风工作密切结合,与规范管理紧密结合,与医德医风教育相结合,与日常医疗活动相结合。如开展"加强医德医风建设,诚信行医,为患者服务"公开承诺活动,拒绝接受"红包"、拒绝接受回扣和开单提成等不正当利益;健全财务管理制度,在全院范围自查"小金库",杜绝了"小金库"现象,做到计财处统一管理医院财务;严格检查门诊处方,对开超剂量、超范围用药的不合格处方的医生予以经济罚款;对违规操作的医药公司进行"药品下架"的处理。

2. 以"创建人民满意医院"为医院各项工作的重点,不断完善和健全规章制度,提高医疗服务质量。

2006年6月29日,北京市卫生局"创建人民满意医院"考评工作组从医院管理、医疗、医技、护理、院感、病案、信息、财务、物价、卫生监督十个方面对医院的工作

进行了全面而细致的考核评估,考评组专家们对医院的工作给予了充分肯定和好评,提出了医院工作中各方面的亮点,特别是在医疗服务中充分体现了落实"以科学精神体现人文关怀"的理念。医院宽敞、明亮、私密性良好的诊疗环境,井然有序的就诊流程,健全、规范、有可操作性的规章制度,有内涵及一定学术水平的疑难病例讨论记录,规范的技术操作,护理质量的细节管理等,给考评专家们留下了深刻的印象。院领导班子非常重视考评组专家们的反馈意见,对反馈情况表中的建议和提出的问题逐一进行讨论,制定整改措施,落实到主管院长负责,职能处室限期完成整改。

3. 加强法律法规知识培训,提高医护人员法律意识和解决医患纠纷的能力,为病人提供更好的医疗服务。

医务处在要求各临床科室自行定期学习《中华人民共和国执业医师法》、《医疗事故处理条例》、《传染病防治法》等法律法规的基础上,邀请法律顾问王凯戎律师对医院全体医护人员进行"医疗纠纷的防范和合法执业"的学习,参加培训人员78人。2006年满意度调查结果:门诊病人平均满意度88%,比2005年提高0.7个百分点。住院病人平均满意度94.4%,比2005年提高1.5个百分点。全年发放问卷1800份。北京市卫生局"创建人民满意医院"考评工作组对医院患者做满意度调查,20名被访者对医生护士的服务及医院环境百分百满意。据不完全统计,2006年收到表扬信67封、锦旗15面;拒收红包60人次,约41600元;拒收礼品38人次(有购物卡、香烟、食品、羊毛衫、首饰、化妆品、土特产等),折价约8900元。2006年获"首都公共卫生文明单位"称号,并被北京市卫生局推荐为首都文明单位。

【医疗护理工作】 1. 狠抓医疗质量。在临床医师不足的情况下,设高级职称医师专人定期检查运行病历和终末病历,严格执行"病历分级奖罚细则",不留情面,病历质量逐月提高,在"创建人民满意医院"考评中受到好评。门诊部全年抽查门诊病历260余份,检查申请单170余份,处方6700余张,对发现的问题及时通知到本人,限时改正,并作相应的处理。

医务处定期检查病房的医疗工作,对日常工作中发现的问题在每月一次的主任例会上及时通报,提出整改措施并监督落实,强化科室管理意识。严格落实检查三级查房制度和各级医师岗位职责,保证三级查房的落实,确保医疗安全。结合检查中出现的问题,医务处新制定制度13项,以规范临床医疗服务。全年无医疗事故发生。

2. 提高临床技能。坚持"三基"训练,苦练临床基本功。医务处组织抢救小组对住院医生、护士定期培训9次,累计271人次参加。通过抢救技能的培训,使年轻医护人员的抢救技能得到很大的提高和巩固,为保证医疗质量奠定了坚实的基础。

执行疑难/教学病历讨论的制度。医务处组织全院疑难/教学病例讨论10次,累计397人次参加。通过热烈的讨论和专家精彩的讲评,提高了临床医生、进修医生和研究生的专业水平,提供了训练临床思维能力和提高英语水平能力的机会,对疾病诊断技能的提高有很大的促进作用,充分展现了日益浓厚的学术讨论气氛。

学习传染病相关知识,提高医护技人员识别与防护能力。对医务人员进行"呼吸道传染病及自我防护"的培训,77人参加;对医护技人员进行"鼠疫防治知识"的闭卷考试,186人参加,合格率100%;各科室组织"艾滋病防治"和"法定传染病识别与处理"的业务知识及相关法律法规的学习,医务处对全院医、技人员进行了考试,试卷回收率100%,百分率99%。

3. 优化医疗流程。开展"爱康"网网上门诊预约挂号,方便了部分病人就诊。完成门诊计算机挂号收费系统的升级工作,8点之前开放所有挂号窗口,明显缩短了挂号时间。

电子显示屏适时通报门诊各种诊疗信息,通报医生出诊、停诊时间。普通、专家、特许门诊均开通了城市电视网,为患者提供更多的信息服务。

新门诊楼建成后,病人候诊空间扩大,各种标识清晰,一目了然。门诊部合理安排调整诊室,普通门诊诊室的使用率达100%,专家及特需门诊诊室的使用率达90%以上。

4. 医疗护理工作统计。

门(急)诊医疗工作统计

年 度	门诊总人数(人次)	普通门诊(人次)	专家门诊(人次)	特需门诊(人次)	急诊(人次)	日平均(人次)
2006年	125809	67101	39939	18769	205	510.23
2005年	115099	62503	36316	16280	253	462.76
增减幅度	+9.3%	+7.4%	+10%	+15.3%	-19%	+10.3%

住院医疗工作统计

年度	入院总人数(人次)	出院总人数(人次)	平均住院日(天)	床位使用率(%)	床周转数(次/年)	均床工作日数(天)
2006年	1480	1456	56.51	105.73	6.16	385.93
2005年	1355	1346	58.52	97.78	6.23	356.89
增减幅度	+9.2%	+8.2%	-3.4%	+8.1%	-1.1%	+8.1%

护理工作如期按医教研要求完成任务，全年未出现重大差错事故。修改护理记录表格7次，在各病房开展整体护理。护理部不定期考评查房质量及效果，组织全院护士长、责任护士观摩学习考评结果优秀的病房。组织主持本院整体护理业务查房8次。

【教学工作】 1. 医学部常规教学任务完成方面：本科生大课183学时，见习99学时。教学改革PBL教学课时：北大一院5轮350学时，三院1轮70学时，共420学时。

2. 本科生、研究生教学主要工作成果：《精神病学教学改革的设计与实施》项目顺利结题；成果是首次统一了医学部长学制精神病学教学时数、内容、方式；编写了《精神病学实习指导》和《精神病学带教操作规范指导手册》；完成医学部关于《精神病学研究生/住院医师培训大纲》的修订，基本统一了临床研究生和住院医师(专科医师)临床培训轮转指标要求；完成《临床沟通技巧》课程论证和教师培训的准备工作；全面改革临床研究生临床技能考试方式和考试评分体系；促成北京回龙观医院被批准为北大医学部教学医院；完成研究生招生复试、面试、推荐免试工作，录取33人。开设《心理危机》研究生新课程。

3. 继续教育工作成绩：与医务处联合实施了专家门诊资格考试制度；完成国家级继续医学教育基地的全年项目任务13项，实施了继续医学教育经费统一管理制度；通过了北京市专科医师培训基地评审；实施了研究生/住院医师培训的系统化和制度化管理体系，全面改革临床技能考试方式和考试评分体系；深化进修医师培训的管理和考试方式的改革。

4. 青年教师培养：进行了两轮PBL教学培训，使得能够带教PBL课程的教师比2005年增加1倍，达到15人；组织并资助6名青年教师参加《中国医师协会人文医学执业技能培训》。

5. 其他工作。举办国家级继续护理学教育项目(护理管理、心理护理班)，约100人参加。组织全体护士继续教育大考试2次。组织护理科研培训5次。34人次参加护理学术会议，5人会上交流。发表护理文章4篇。

完成精神疾病护理学授课90学时，接收医学部护理大专生120人生产实习；培训进修护士18人，社会实践者4人。

【科研工作】 以承担单位累计申报各类项目33项，批准26项，待批准3项，批准经费1877万元，较2005年度批准经费(947万)增长近一倍。

努力争取国家重大项目：在国家科技支撑计划中，承担了"神经症早期识别与治疗方案优化方案的研究"和"精神分裂症早期诊断技术与规范化治疗研究"2个课题，批准科研经费共计1250万。同时，作为项目合作单位参加了"精神创伤后应激障碍的识别技术与干预模式研究"、"青少年行为相关障碍特征与干预模式研究"和"抑郁症早期诊断方法和标准化综合治疗模式研究"3个课题。获得"863"计划生物和医药技术领域专题课题"精神分裂症和孤独症易感基因的研究"立项，批准经费250万元。

争取省部级项目：作为项目承担单位，争取到卫生部和科技部项目共2项，经费18万元；获得北京市科委重大项目1个，经费80万元；获得首都医学发展科研基金项目3项，经费15万元，共计113万元。作为合作单位，获得北京市自然科学基金项目1项。

985工程二期建设项目"精神病与精神卫生学研究平台"建设：2006年是实施985工程二期建设项目的第二年，按照学科建设计划，全面调整科研发展战略，努力促进精神病与精神卫生学整体学科的发展。2006年到位经费100万元。

科技成果：SCI收录期刊中，以第一作者或通讯作者单位发表的论文15篇、通讯1篇，有7篇的影响因子在3以上。在中文期刊上共发表文章70篇，其中，在国内核心期刊上为第一作者或通讯作者共发表论文50篇(比2005年增长78.6%)，综述2篇。以非第一作者在核心期刊上发表4篇论文，1篇综述。在非核心期刊上发表文章13篇。

【国际交流与合作】 与香港大学精神医学系签署合作协议，继续举办精神康复护理基本课程及深造课程；互派专家进行访问和学术交流；联合培养精神康复人才。举办了3次国际讲习班，7次学术报告会。接待32批257名外宾参观访问。办理因公手续派出访问、进修、进行学术交流、参加学术会议人员共29人次。培养外国进修生1名。

【精神卫生工作】 担任中央补助地方卫生经费重性精神疾病监管治疗项目的执行单位，负责项目经

费预算、技术指导、评估、督导和日常管理工作。协助卫生部申请2006年度中央补助地方精神卫生项目，已经获批经费1500万元。

承办"世界精神卫生日"宣传活动，"飘扬的绿丝带"成为中国精神卫生标志；联合举办两期国际"精神卫生立法与伦理研讨班"，对来自全国的50名精神卫生法国家级宣传贯彻讲员进行了培训；参加卫生部国际合作司的援外医疗队队长培训项目，共培训人员120名。

协助卫生部完成"精神卫生法（草案）"的修订（第18稿）；协助发展改革改委员会和卫生部进行中国精神卫生服务机构建设规划、精神卫生防治体系建设发展规划和财政保障机制的研究与制定工作；协助卫生部国际交流中心继续组织政府官员和精神专科医院院长代表团，考察澳大利亚维多利亚州精神卫生服务体系。

初步建立全国联网的患者档案与疾病报告系统——《全国精神疾病信息系统》，完成系统服务器独立、宽带接入及专人维护。

组织申报国家软科学研究计划项目——社区精神卫生/新时期精神卫生不间断服务与管理体系研究。

（王素荣）

首钢医院

【发展概况】 北京大学首钢医院位于北京市石景山区西黄村晋元庄路，始建于1949年10月。2002年首钢总公司和北京大学合作办院后更名为北京大学首钢医院，是一所非营利性三级综合医院。

2006年1月18日，北京大学首钢医院东芝医学影像中心落成并投入使用；2006年8月16日，北京大学首钢医院成为北京市医疗保险A类定点医疗机构；2006年10月11日，北京大学首钢医院与日本冈山大学合作成立了中国第一家前列腺癌中心及前列腺癌患者服务中心。

截至2006年12月31日，医院在岗职工1243人。在岗人员中，卫生技术人员968人，具有正高级职称的13人，副高级职称的105人，初级职称的482人。在岗护理人员405人。行政管理人员110人，工勤人员165人（注：职称与管理人员有交叉）。医院占地面积75260平方米，业务用房建筑面积94393平方米。编制床位1006张，实开床位695张。

医院配有先进的诊疗设备，设备总价值13061万元。其中50万元以上的设备33台（套），10万以上的设备180台（套）。2006年购入血透机、输尿管镜等医疗设备36台（套），设备总价值944548元。

医院设有34个临床科室，7个医技科室，25个职能科室，4个社区卫生服务中心，1个实体（益生商贸公司），其他机构设置同2005年。

【改制工作】 2006年11月21日，北京大学首钢医院召开了第一届理事会第五次会议，全国人大常委会副委员长、北京大学医学部主任、北京大学首钢医院理事长韩启德院士主持会议，理事会就医院在改革发展中面临的问题以及今后发展规划进行了讨论。

2006年12月18日，医院召开了第十五届职工代表大会第三次会议。会议审议并通过了《北京大学首钢医院2005年度经营活动分析及2006年度预算安排》、《北京大学首钢医院2006年度经营活动分析及2007年度预算安排》、《北京大学首钢医院领导班子廉洁自律情况的报告》、《北京大学首钢医院2005、2006年业务招待费使用情况的报告》，审议通过并签署了2007—2009年度《北京大学首钢医院集体合同》，明确了医院2007年工作目标：加快重点学科建设；加大科研教学投入；巩固北京市医疗保险A类定点医疗机构的地位；探索社区卫生服务新模式；加强党建工作，构建和谐医患关系。

【医疗工作】 2006年，医院门、急诊量297525人次（急诊46884人次），日均门、急诊量1127人次，门诊手术1555人次，急诊内科收住院2617人次，急诊抢救563人次，成功532人次，抢救成功率94.49%。住院患者抢救成功率40.43%，孕产妇死亡率0%，新生儿死亡率0%，围产儿死亡率5.51‰。

医院住院患者13211人次，出院13140人次，住院手术3699例，病床使用率75.58%，病床周转次数18.9次/床，平均住院日14.57天，治愈率43.32%，好转率51.19%，死亡率4.95%，出入院诊断符合率99.88%，七日确诊率99.29%。

医院严格按照《北京大学首钢医院开展新业务准入办法》，开展了多项治疗技术，骨科使用"气压下肢血循环驱动器"预防深静脉血栓；耳鼻喉科开展鼻内筛窦开放术、上颌窦鼻内开窗术、中鼻甲部分切除术；社区中心妇女保健科开展BV（细菌性阴道病）检测；影像中心开展核磁功能成像弥散灌注；检验科开展乙型肝炎病毒核糖核酸定量（HBV-DNA）PCR法、丙型肝炎病毒遗传核糖核酸定量（HCV-RNA）PCR法、丙型肝炎病毒遗传核糖核酸分型（HCV-RNA）PCR法；神经内科开展肌电图检查。2006年共申报新技术新业务10项，正式实施9项，其余1项正在筹备中。

医院在成为北京市医疗保险A类定点医疗机构后，继续围绕解决群众看病贵的问题，坚持合理检查、合理治疗、合理用药，严格控制医保病人次均费用及自费比例，努

力缩短平均住院日,最大限度减轻医保病人的负担。2006年共出院医保病人7621人次,人均费用12443元,药费比例41.46%,平均住院日16天。医保拒付金额总计3039元,较2005年同期减少587元。

【医院管理】 重新修订各种规章制度,完善各类应急预案,并发放《艾滋病防治条例》、《抗菌药物临床使用指导原则》、《人感染高致病性禽流感应急预案》、《北京市基本医疗保险和工伤保险药品目录》及北京大学医学部制定的《医院医疗工作制度》深入贯彻依法行医。按照"医院管理年及人民满意医院"的要求,进一步完善医疗质量管理体系。2006年共组织业务院长查房20次,检查临床科室27个,通过对医疗文书的督查,使甲级病案率达95.98%。

医院成为奥运定点医院后,严格按照奥运定点医院标准进行自查整改,同时筹备创伤急救中心工作,进一步加强与北京市120急救中心的合作,并对院内的中英文标牌进行核对。

体检中心通过北京市卫生局、北京市CDC、中国CDC检查验收,获得无机粉尘职业健康体检资质。

为解决群众看病难问题,努力构建和谐医院。医院先后开通老山地区以及首钢模式口家属区的门诊班车,方便患者前来就医。班车自开通以来,共接送患者15760人次,行驶里程达7888公里。

2006年4月18日至2006年4月19日,北京市卫生局"医院管理年和创建人民满意医院活动"专家检查团对医院进行了为期两天的全面检查,分别对医院的规章制度、医疗及护理质量、医疗安全、财务管理、物价收费、医德医风进行了量化考核。检查团对医院开展医院管理年和创建人民满意医院活动中所取得的成绩给予了肯定。

【社会服务】 2006年,医院继续加强对口支援单位—内蒙古丰镇市医院、房山佛子庄乡卫生院、长沟乡中心卫生院、河北省阳原县人民医院的卫生支援。与房山佛子庄乡卫生院及长沟乡中心卫生院签署了支农协议,对其进行人员及设备的支援;安排对口支援医院医师3人来院进修,派出专家2人下乡讲课;安排北京市残联白内障手术4例。

医院组织首钢总公司女工防癌普查5434人次,厂区保健站管理慢性病617例。社区卫生服务共管理人口191791人,共计57102户。提供家庭病床服务床日1810个,上门医疗健康服务991次。管理高血压病患者30108人;糖尿病5304人、冠心病3564人;脑血管病2484人;精神病9168人;恶性肿瘤312人,建立健康档案110991份。预防接种79609人次,接种率100%,新生儿管理覆盖率100%。组织医务人员义诊宣传9次,共81名医务人员参加,累计受教育群众2880人次,发放宣传材料4625份;摆放宣传板73块。组织管理健康教育工作,各科对患者进行健康教育7284次,发放健康教育处方4358张,接受教育17971人次;自制宣传材料3225份;开展健康教育讲座96次,惠及976人次。

【学科建设】 组织召开了"2006北京西部医学论坛暨64排螺旋CT研讨会"和"现代临床医学检验管理研讨会"。

积极申报科研项目,组织申报"国家自然科学基金"1项;"北京市自然科学基金"2项;"北京市中医药科技发展基金"1项;新添与外院协作课题4项;获得首发基金资助3项:《磁铁压迫吻合术在中国的研发、推广、应用》、《炎性腰背痛及脊柱关节病流行病学调查(2万成年人)》、《国产替罗非班在急诊PCI中临床应用的研究》。

2006年,医院卫生技术人员在各类刊物上发表学术论文51篇,其中,发表在核心期刊的论文18篇。

2006年,北京大学首钢医院那彦群院长和刘京山副院长分获第三届国际内镜奖"恩德思奖"(Endoscopics Award)、"杰出成就奖"和"普通外科奖"。

【教学工作】 重视教学管理工作,设立内、外、妇、儿等16个教研室(组),共有兼职教师近200名,制定了北京大学首钢医院教学管理制度,圆满完成了北京大学2002级生物医学英语专业临床教学任务。

医院各类卫生技术人员参加继续教育学习率100%,学分达标率为:高级职称90%、中级职称90%、初级职称95%。

2006年举办市级继续教育项目4项。其中,医院与北京市高血压防治学会、北京市社区协会联合举办《高血压防治指南》专题学术报告会2场,同时举办北京市脑血管病中心京西分中心学术沙龙活动15次,受到医护人员的欢迎。举办院级学术讲座32次,参加学术活动2200余人次。派出卫生技术人员外出参加研讨会、研修班、学习班等各种学术活动189人次。有5名学科带头人分赴日本、澳大利亚、西班牙、新加坡进行学术交流。

2006年完成大专以上学历教育28人。其中,在职博士2人、在职硕士3人、研究生班2人;续本科学历并取得证书8人、续大专学历并取得证书13人。

落实北京市卫生局传染病防治知识培训的文件精神,及时制订并下发了艾滋病防治知识学习计划、乙型脑炎防治学习计划、广州管圆线虫病防治知识培训计划、鼠疫防治知识培训计划等,并采取局域网、医院报刊以及学术讲座等多种方法及时组织培训,使广大医务人员及时了解掌握传染病疫情及防治知识,组织并完成了医院1200

多人的传染病培训情况统计上报及证书发放工作。

抓住奥运契机，出台"迎奥运、练技能、学英语、讲礼仪全员培训"计划，要求各专业科（处）室利用交班、晨会等时间，采取集体学习与个人自学相结合的方式，学习《奥运英语1000句》首发读本及配套光盘，学习公共医学英语及专业医学英语知识。

【护理工作】 2006年，在各类杂志、期刊上发表论文8篇。其中，发表在核心期刊的论文3篇。432名护理人员中有8人取得大学本科学历，8人取得大专学历。在北京市总工会、北京市卫生局组织开展的"双语服务年"活动中，本院获护理英语情景剧比赛三等奖。新制定《手术室护理工作病人满意度测评表》、《ICU护理工作病人满意度测评表》、《急诊护理工作病人满意度测评表》等以更全面地测评病人对各科护理工作的满意情况。2006年发放调查问卷1175份，病人总体满意度为96.72%。

【国际交流与合作】 9月29日，医院邀请澳大利亚的护理教育专家Micheal Shea与本院护理骨干就护理服务、护理管理和护理文化等方面的问题进行了学术交流。

10月11日，医院与日本冈山大学附属医院合作成立了中国第一家前列腺癌中心及前列腺癌患者服务中心，聘请国内外前列腺癌知名专家，利用先进的诊疗技术手段，为前列腺癌患者提供优质的诊疗服务。

11月6日，美国波士顿心血管研究中心前主席、美国波士顿大学医学中心美国大学学院心内科主任、美国心脏学会高级资深顾问、"中美人群队列随访"研究发起人之一Thomaoh教授来医院社区卫生服务中心考察。

【获奖情况】 2月18日，中国医院协会成立，那彦群院长当选为中国医院协会第一届理事会理事，北京大学首钢医院成为理事单位。

2月，北京大学首钢医院获得"2006年度北京市人口和计划生育工作先进集体"称号。

3月，北京大学首钢医院获得"2006年度北京市卫生系统先进集体"称号。

3月，北京大学首钢医院获得"2006年度首钢老干部工作先进单位"称号。

4月，北京大学首钢医院获得"2006年度首钢先进单位"称号。

5月10日，北京大学首钢医院荣获"首都护士'发扬成绩、奥运建功，新北京、新奥运''双千日'文明优质服务系列活动'双语服务'情景剧比赛"三等奖。

6月28日，北京大学首钢医院荣获首钢总公司"六好班子"称号。

10月26日，第三届国际内镜奖"恩德思奖"（Endoscopics Award）颁奖仪式在长沙举行，北京大学首钢医院那彦群院长和刘京山副院长分获"恩德思"国际内镜奖杰出成就奖和普通外科奖。

11月9日，北京大学首钢医院那彦群院长在中国医院协会、健康报社共同主办的2006年"医患携手 共赢健康"大型公益活动中，被评为"大医精诚"先进个人。

12月21日，北京大学首钢医院荣获首钢总公司优秀管理成果三等奖。

【党建工作】 为贯彻落实中央、卫生部、北京市委、市政府和北京市、石景山区卫生局对治理医药购销领域商业贿赂专项工作的安排，2006年5月15日，医院对开展治理医药购销领域商业贿赂专项工作进行了全面动员。全院干部职工认真、及时地学习领会贯彻文件精神，运用多种形式，深入开展思想动员工作。共召开治理商业贿赂领导小组会议7次，党支部书记会4次，中层干部会5次，研究制定治理医药购销领域商业贿赂专项工作的方案并进行总体部署。

先后组织1173名职工观看《火红的旗帜》和《卫生系统警示教育》光盘，占职工总数的96.31%。

加强对外宣传工作，展现医院新气象，通过多种媒体进行形象宣传。其中，北京大学医学部网站刊登本院稿件154篇；《首钢日报》刊登文章32篇；电视台报道消息40条；《石景山周刊》刊登文章20篇；其他各类媒体登载文章10篇，2006年外界媒体刊登报道医院信息近200余篇。2006年，医院荣获了"首都文明单位"、"首都公共卫生文明单位"、"北京市卫生系统先进集体"、"北京市人口和计划生育工作先进集体"、"首钢先进单位"、"首钢'六好班子'"、"首钢老干部工作先进单位"等荣誉称号。

深圳医院

【发展概况】 2006年，北京大学深圳医院在北京大学医学部、深圳市卫生局、北京大学香港科技大学医学中心等上级有关部门的正确领导下，医、教、研及其他各项工作发展势头平稳良好，社会效益和经济效益得到了进一步提升。在2006年深圳市医疗质量整体评估检查中，医院再次荣获总分排名第一，社会满意度调查三级医院排名第一的好成绩。

截至2006年12月底，医院全年业务收入6.2亿元，同比增长2%。总资产9.86亿元，净资产8.41亿元，同比分别增长4.22%和6.32%。有正式员工1155人，其中，正高职称142人，副高职称260人，硕士以上学位人员312人。此外，聘用员工582人。

【医疗情况】 2006年，医院共完成门、急诊171.8万人次，同比增长6.3%。全年出院病人28,101人次，同比增长4.5%。平均开放病床805张，病床使用率为

100.9%,同比下降4.3个百分点。

全年共完成手术40,642台，同比增长13.1%。其中住院手术16,415台，同比增长3.5%。每门诊人次费用降至174.9元，同比下降15.18%。每出院人次费用降至8790.2元，同比下降10.9%。医院工作量上升幅度较大而业务收入仅有微升，"两费"明显下降，显示医院服务能力继续提升，而费用又得到有效控制。

在广东省护理工作会议上，北京大学深圳医院急诊科荣获广东省医疗卫生系统"广东省优秀护理集体"称号，孙咏梅护士长荣获"广东省优秀护士"荣誉称号。

【学科建设】 经过高起点规划和7年的建设，学科建设水平全面提升，一批领先全市的学科或技术相继涌现。通过抓学科规划和整合、学科带头人、业务骨干的引进和培养、业务查房和"归口"管理、危重病人抢救、疑难病例(理)讨论，学科建设出现良好势头。

学科整体水平在全市处于先进或领先的地位有：泌尿外科、检验科、妇产科、重症监护(ICU)。泌尿外科和检验科带头人均有医学博士学位，均有较长时间在国外学习的经历，均为首批北京大学博士点，及首获市科技进步一等奖科室。泌尿外科男性生殖实验室近期已通过专家评审，成为迄今为止深圳市卫生系统首间政府冠名和授牌的重点实验室，获政府首期资助300万元。检验科在科室管理、确保质量、拓展高新技术项目及控制检验成本方面已被同行广泛认可。妇产科作为卫生部和中国抗癌基金会定点开展宫颈癌早诊早治工作的基地，3年来已筛查5万多例，检出阳性9742多例，发现早期浸润癌270例。这一工作已纳入WHO和国家"十一五"项目。

技术水平或医疗质量在全市处于先进或领先地位的有：心脏介入、造血干细胞移植、胃肠肿瘤外科、辅助生殖、口腔种植牙、人工耳蜗植入。心内科全年完成冠脉介入和造影手术920多例，其中实施冠脉支架手术336例，CD型病例占95.4%，成功率99.3%，达国内先进水平，数量居全市之首，广东省第二。血液科完成造血干细胞移植术41例，植活出仓率100%。

学科规模或工作量在全市处于领先地位的有：肾内科、消化内科、呼吸内科、内分泌科、神经内外科、手外科、甲状腺乳腺外科、皮肤科、体检科、特诊科、放射科、超声科和核医学科。肾内科血液净化中心规划透析机40台，已启用25台，透析病人142名，是全市规模最大的透析中心。消化内科与内窥镜室整合后，成为全市病床最多，内镜室规模最大，住院与门诊"一条龙"管理的学科。

学科或综合实力较强、或工作较有特色、进步较快、或发展后劲较强的有：骨科、腔镜外科、胸外科、心外科、整形外科和风湿免疫科等。

顺利完成北京大学八年制博士生和五年制本科生的教学工作，标志医院已由地方普通医院逐步向国家重点大学教学医院目标迈进。

【教学工作】 医院致力于打造名副其实的"北京大学深圳临床医学院"，使医院成为医教研全面发展的重点大学教学医院。全面推进医师成为既能解决重大疑难问题的医学专家，又是教书育人的老师。

1. 圆满完成首批北京大学32名八年制学生桥梁课、临床课教学和见习工作。完成北京大学11名五年制本科生的临床生产实习工作。高层次的教学工作锻炼了医院师资队伍，提升了教学水平。

2. 医院现有博士后科研工作站1个，在站博士后13名；博士点3个，导师4名，博士生5名；硕士点22个，导师65名，硕士生45名。

3. 参加北医第二阶段住院医师考核29人，通过24人，通过率达82%。

4. 申报深圳市继教项目10项，获批9项；广东省继教项目4项，获批1项；国家级继教项目3项；国家级备案项目1项。

5. 与美国Methodist医院、日本东京癌研病院等2家结成"姐妹医院"，部分人员已学成归来。

【科研工作】 充分挖掘北京大学丰富的人才和科研资源，利用医院人才层次高、梯队齐的优势，结合临床需要，高起点开展科研工作，已取得突出的成绩。

1. 2006年获各级科研立项63项，其中国家985子课题1项，WHO合作项目1项，国家自然科学基金2项，省、部级科研项目10项。2006年完成课题结题共70项。

2. 申报2006年深圳市科研成果，获得科研成果登记6项。获省科技进步二等奖2项。深圳市科技进步一等奖2项、三等奖2项。申请发明专利4项。

3. 发表论文348篇，其中SCI收录3篇、中华系列20篇、CSCD收录49篇、统计源核心期刊123篇、其他国家级50篇，主编参编著作2部。

【健康产业】 健康产业稳步发展，在服务市民取得良好社会效益的同时，对医院经济贡献继续加大。完成各类体检18.0万人次，同比增加13.7%。特诊科门诊量48441人次,同比增长14.5%。接待外宾2045人次，同比增长56.11%。完成高级体检3100人次，同比增长10.4%。接待一、二级保健对象4490人次，派出驻地保健20人次，待命13人次。高质量完成各级保健任务，受到上级保健部门的充分肯定。华为和大学城社康中心工作量和工作质量再

创新高。华为社康门诊量、体检量分别上升5.8%和48.9%；大学城社康分别上升25.0%和90.7%。健康产业全年完成业务收入8137万元，同比增长8.6%，在对外宾、外商和市民提供优质、高效服务的同时，也获得可观的社会效益，经济贡献率居全院各科室之首。

【医院管理】 1.争取市政府支持，医院整体规划取得重大进展，医院整体规划基本确定。未来医院规模确定为1200床。二期工程拟由市政府投入近7.0亿元，建设外科住院楼，教学科研基地，地下停车场及门急诊扩建等四大工程。增加建设面积11.9万平方米，等于再造1个半北大医院。全部工程计划5年内完成。

2.积极开展整治商业贿赂专项工作，行风建设得到加强。一是通过抓教育、防范和自查自纠，使班子和队伍受到深刻教育和警示。近几年来，全院未发现商业贿赂的重大案件，也无人受到党纪、政纪处分。二是把根治不合理收费工作作为今年两项重点工作之一。通过建立医疗收费"三级管理网络"，全面推行"阳光收费"，坚决落实违规收费"买单制"等措施，使不合理收费得到有效遏制，特别是应用HIS系统监控"大处方"，使"大处方"数由5.07%降至0.38%，"大处方"金额由26.43%降至1.96%。这一经验在全国、卫生部和省市交流并得到广泛认可。三是通过落实"15项制度"，建立长效机制，使医院行风建设实现长治久安。四是坚决贯彻落实卫生部"医院管理年"关于医疗收费不与个人收入直接挂钩的精神，重新设计的分配方案运行半年多，起到了良好的引导和激励作用，员工个人收入差距合理缩小。这些措施得到广大员工的充分理解和衷心拥护，体现医院良好的院风和员工较高的素质，促进了医院、科室及个人的和谐。

3.顺利完成领导班子和科主任调整，完成工会换届等工作，医院实现平稳过渡。2006年10月18日，深圳市卫生局正式下文，任命原深圳市中医院党委书记陈芸为北京大学深圳医院党委书记；原北京大学深圳医院党委书记杨建国退休，不再担任该院党委书记一职。2006年12月28日，深圳市卫生局正式下文，任命冯子毅为北京大学深圳医院副院长；任命叶烔贤为深圳市滨海医院筹办公室主任，同时不再担任北京大学深圳医院副院长一职。严格按照党政干部选拔任用有关规定，完成临床科主任的考核、任免工作。以直选方式，完成院工会的换届选举。院工会在维护员工权益、对口帮扶，妇委会在关心女员工及抓好计划生育，团委在创建了省、市二级"青年文明号"等都做了大量工作。

4.信息化建设日趋完善，在医院的现代化建设中发挥重要作用。医院耗资3000多万元，历时3年的"数字化医院"建设已接近尾声。接受卫生部全国医院信息化建设示范单位评审。HIS系统在"大处方"监控中发挥了重要作用。住院电子病历、电子处方、排队叫号系统等投入使用。LIS系统实现了优化和升级。建立了与北京大学医学图书馆信息共享平台。建立了与贵州省黔南州人民医院、西藏昌都地区人民医院远程会诊系统，与美国休斯敦医学中心远程会诊系统正在调试之中。2006年1月11日，宋庆龄基金会副主席张文康在深圳市卫生局副局长张丹的陪同下莅临北京大学深圳医院视察工作。张文康一行参观了信息中心，并详细询问了该院信息化建设的情况。2006年7月24日，全国数字化医院试点示范基地评审组一行在卫生部信息化办公室高燕婕副主任的带领下，对医院信息化建设进行了全面检查，经过专家组的评审，北大深圳医院最终通过了"全国数字化医院试点基地"评审。

【对外交流与合作】 3月24日，医院派出6位职工赴日本癌研究会友明病院进修。这是医院与日本癌研究会友明病院正式缔结姐妹医院关系后，派出的首批进修人员。他们将在日本癌研病院进行为期3个月的学习。

6月15日，深圳市女医师协会第二次会员代表大会在医院隆重召开。深圳市女医师协会目前会员单位已经包括来自全市70多家医疗机构，除了市级、区级国有医疗机构外，还包括部分民营医疗机构。经过选举，（时任深圳市中医院党委书记，现任北大深圳医院党委书记）的陈芸当选为新一届女医师协会会长。

6月28日，深圳市卫生局在医院隆重举行了全市卫生系统"综合治理'大处方'经验交流会"。来自全市各直属医疗单位的党政领导班子成员、院办、党办及相关科室负责人以及部分医护人员代表共400多人参加了本次大会。大会重点推荐了北大深圳医院利用信息系统综合治理大处方的经验。

8月29日，受卫生部邀请，中国工程院院士巴德年、李兰娟莅临深圳，在北大深圳医院会堂内，举行专场讲学。

8月24日，澳大利亚新南威尔士大学与北京大学深圳医院子宫颈癌早诊早治中心合作开展"子宫颈癌筛查新技术—TruScreen在人群子宫颈癌筛查中的评价"项目，该项目已被列为深圳市重点科研课题。

9月27日，第五届口腔修复年会在深圳举行。本次会议由北大深圳医院口腔科承办。

10月23日，受卫生局邀请，经深圳中国工程院院士活动基地的推荐，钟南山、郑树森教授两位中国工程院院士莅临深圳做专场学术报告。来自我市卫生系统500

多位医务人员听取了学术报告。

11月3日,卫生部组织的全国健康卫士楷模先进事迹报告团中南分团来到深圳为全市卫生系统医护人员做专场报告。卫生部直属机关党委副书记、纪委书记、卫生部文明办副主任窦熙照、广东省卫生厅副厅长张寿生、深圳市卫生局党委书记、局长江捍平等领导以及市内各医疗单位医务人员共800多人参加了报告会。

11月17日,深港产学研基地理事会在北京大学深圳医院举行了北京大学香港科技大学医学中心新老领导交接仪式。深圳市常务副市长、深港产学研基地理事长刘应力宣布了新领导的任命。北京大学党委常委、常务副校长、医学部常务副主任柯杨被任命为深圳北京大学香港科技大学医学中心主任。北京大学医学部副主任姜保国任医学中心副主任。原医学中心主任王德炳教授、魏丽惠教授分别不再担任医学中心主任、常务副主任。

12月16日,生殖医学科承办的全国性的"深圳生殖医学研讨会"在医院举行。会议邀请了来自全国以及港澳地区和海外的20多位知名的生殖医学专家和著名学者现场讲学。

【行风建设】 2006年5月24日医院召开全院干部职工大会,对治理医药购销领域商业贿赂活动进行了动员和部署。全体医院领导班子成员均参加了本次会议。约500多名医院干部职工参加了本次动员大会。

【后勤工作】 后勤服务监管工作扎实有序,后勤服务质量较高,完成对后勤服务公司的整体评估,后勤服务综合满意度96.69%,未发生安全生产事故和重大暴力事件。警院联合加大打击"医托"的力度,清理"医托"10800人。基建工作取得重大突破。教学科研基地项目已正式移交市建筑工务署,并已

奠基。门急诊加层的建设即将启动。外科大楼建设方案已通过发改局评审中心评审。新增加用地2400多平方米。基建和物资采购供应工作进一步规范化。全年完成药品招标17000万元,设备招标3500万元,耗材招标5000万元,基建招标1000万元。5大类(办公用品、纺织用品、五金用品、印刷用品及日用杂货)物资招标1000万元。2006年3月1日住院北楼病房搬迁工作正式启动。首批搬迁的科室包括消化内科、神经内科、内分泌科。6月6日,医院完成全部搬迁工作,共有14个科室和病区涉及此次病房的搬迁和调整。该项工作完成后。医院期末床位增加到883张。

(赵羚谷 王光明)

临床药理研究所

【医疗工作】 抗感染病房与国内多家知名医院联合,圆满地完成了4个新药临床试验:《甲磺酸帕珠沙星注射液与左氧沙星注射液对照治疗急性细菌性感染临床观察》、《注射用氟氯西林钠/阿莫西林钠与阿莫西林钠/克拉维酸钾对照治疗急性泌尿系统细菌性感染Ⅱ期临床试验》、《盐酸安妥沙星片与左氧沙星对照治疗急性细菌性感染Ⅱ期临床试验》、《盐酸安妥沙星片与左氧沙星对照治疗急性细菌性感染Ⅲ期临床试验》。抗感染病房病床使用率较上一年提高4.83%,病床周转率较上年提高3.39%,创出了抗感染病房最高水平。病房医生承担抗感染院内外会诊工作,其中院内会诊92次,院外会诊18次。

【科研工作】 1.国家食品药品监督管理局(SFDA)下达的任务、横向联系的研究课题。(1)完成中国自己研制的Ⅰ类新药临床试验2项:注射用西夫韦肽健康人体单剂、多剂药代试验和威替米星单次给药的药代动力学研究。(2)完成进口药、仿制药人体药代动力学和生物等效性研究9项:托特罗定缓释胶囊单剂药代动力学试验;托特罗定缓释胶囊多剂药代动力学试验;双环醇控释片健康人体单剂、多剂药代试验;注射用氟氯西林钠健康人体单剂、多剂药代试验;甲磺酸帕珠沙星氯化钠健康人体单剂、多剂药代试验(山东新华制药);格列吡嗪控释片健康人体生等效性研究;地红霉素肠溶颗粒健康人体生物等效研究(海南碧凯药业);舒普深成年人与老年人连续给药至稳态药代动力学性研究;持续不卧床腹膜透析患者替考拉宁药代动力学性研究;(3)完成Ⅱ期临床试验4项(其中中国自己研制的Ⅰ类新药2项):甲磺酸帕珠沙星注射液与左氧沙星注射液对照治疗急性细菌性感染临床观察;注射用氟氯西林钠/阿莫西林钠与阿莫西林钠/克拉维酸钾对照治疗急性泌尿系统细菌性感染Ⅱ期临床试验;盐酸安妥沙星片与左氧沙星对照治疗急性细菌性感染Ⅱ期临床试验;盐酸安妥沙星片与左氧沙星对照治疗急性细菌性感染Ⅲ期临床试验。(4)完成临床前研究9项:夫西地酸体外抗菌活性实验;大环内酯类衍生物体外抗菌活性筛选预试验;夫西地酸体外抗菌活性实验;利奈唑胺类新化合物体外抗菌活性实验;中药提取物体外抗菌活性筛选预试验;液体中药提取物体外抗菌活性筛选预试验;盐酸安妥沙星在小鼠金黄色葡萄球菌感染中的药代动力学/药效学研究;碳青霉烯类药物对铜绿假单胞菌的体外抗菌研究;注射用头孢曲松钠/舒巴坦钠(4∶1)在体外PK/PD模型中的药效学研究。

2.其他试验研究4项:第一届卫生部全国细菌耐药监测项目、粪肠球菌生物膜形成与esp,gelE

基因的相关性分析、万古霉素耐药肠球菌基因型及水平传递研究、临床分离耐甲氧西林金黄色葡萄球菌 SCCmec 基因分型研究。其中，第一届卫生部全国细菌耐药监测项目的完成为进一步完善中国合理使用抗生素指导原则提供了较科学的数据。

3. 在一级期刊杂志上发表论文 14 篇。

4. 药理所肖永红教授申报成功中国科学技术协会重大政策性研究课题"抗生素类药物滥用的公共安全问题研究"，获得课题经费 100 万元。

【国际交流】 2006 年郑波在日本群马大学微生物系工作三个月，完成了万古霉素耐药肠球菌基因型及水平传递研究。肖永红教授参加了欧洲抗感染化疗会议、WHO 临床治疗委员会教育与培训会议、亚太地区感染性疾病与细菌耐药会议，并作在部分会议作大会报告。齐慧敏在台湾举行的第二届两岸三地微生物及感染症学术论坛上作了大会发言。

美国惠氏公司总部、荷兰欧加农公司总部、荷兰莱顿大学药理所、法国 CHU Leclercq 教授、日本群马大学 fujimoto 教授分别来药理所参观访问，并举办中荷早期临床研究研讨会。

10 月 20—23 日，北京大学临床药理研究所主办的"第六届全国抗菌药物临床药理学术会议"在北京隆重召开。来自美国、法国和日本的 4 位外国专家和国内 22 位专家、200 余名代表参加了此次大会。会议共收到来自国内、外论文 112 篇。大会特邀专题报告 25 篇。发言的嘉宾代表了当今国内抗感染领域最高水平。美国 Keith A. Rodvold 教授作了有关《PK/PD 与呼吸道喹诺酮类临床应用》的报告，法国的 Roland Leclercq 教授作了有关《抗菌药物耐药性的发生和传播》的报告，来自日本群马大学

的 Shuhei Fujimoto 教授报告了《院内感染的网络监控》。此外，药理所的李家泰教授、中国医学科学研究院北京协和医科大学北京协和医院的王爱霞教授、复旦大学上海华山医院抗生素研究所的汪复教授、北京大学临床药理研究所肖永红教授等著名专家为大会作了细菌耐药和合理使用抗生素等方面的报告。无论从学术水平上还是从大会形象上本届会议都达到国内一流水平，受到与会者的高度评价。

中国药物依赖性研究所

【发展概况】 北京大学中国药物依赖性研究所在卫生部、国家食品药品监督管理局、公安部禁毒局以及北京大学各级领导的支持和关怀下，2006 年研究所事业有了进一步的发展。在科研方面，获得科技部和国家自然科学基金委的多项资助，其中包括 863 项目 1 项、"十一五"科技支撑计划 2 项、国家自然科学基金面上项目 1 项、中加国际合作项目 1 项。在社会服务方面，针对药物滥用防治和禁毒工作中的一些问题，受卫生部、国家食品药品监督管理局和公安部禁毒局的委托，研究所开展了大量的流行病学研究。设立在研究所的国家药物滥用监测中心，建立了覆盖全国的药物依赖性监测网络。作为国家镇痛药物和戒毒药物的临床研究基地，承担着国家食品药品监督管理局和卫生部下达的任务及世界卫生组织合作项目。作为国家药物依赖性研究中心，开展了新药的临床前药理毒理学评价研究，并从整体、细胞和分子水平开展了与药物依赖性有关的基础研究。

【学科建设】 研究所的主要特色和学术思路是：建立一套完整的国家级综合性药物依赖研究的科研体系，成为我国各种依赖性药物的临床前和临床药理评价中心，为国家的禁毒和药物滥用防治工作服务。研究所各研究室建设上既有分工又有联系：神经药理研究室主要为戒毒药和镇痛药进行临床前的药理研究；临床药理研究室在神经药理研究室工作的基础上，进行临床评价；药物流行病学研究室在全国范围内，对毒品种类、吸毒人群状况等进行调查、监测和分析，从而为我国政府部门制定禁毒、戒毒政策提供科学依据；药物信息研究室负责提供国内外药物滥用的状况和动态，同时出版《中国药物依赖性杂志》和《降低危害资讯》，编辑、出版各种科普读物，开展预防教育等宣传工作。目前研究所正在积极筹备教育部重点实验室及 GLP 实验室的建设，并筹建药物依赖新药开发研究室。

【科研工作】 2006 年研究所申请获批国家自然科学基金面上项目 1 项、国际合作项目 1 项，国家 863 计划项目 1 项，国家"十一五"科技支撑计划 2 项。正在实施中的课题有：国家自然科学基金项目 2 项，973 课题的 4 项分课题，985 子课题 2 项、教育部新世纪人才基金项目 1 项。完成世界卫生组织国际多中心合作研究项目及中英性病艾滋病防治合作项目。

开展了阿片类物质成瘾戒断后稽延性戒断症状评定量表的编制及应用研究和盐酸丁丙诺啡/纳洛酮舌下片用于戒毒防复吸的研究。此外还完成了 6 项临床前研究课题，5 项镇痛药临床研究课题，6 项戒毒药临床研究课题，1 项戒烟药研究及 3 项药代动力学研究课题。

2006 年，研究所高质量研究论文发表数量增加，全所发表（或提交）各类研究论文、报道、综述、调查报告共 55 篇，其中在国外杂志发表论文 9 篇，在国内期刊发表

论文23篇。参加编写的专业书籍2部。编辑出版6期《中国药物依赖性杂志》和3期《降低危害资讯》。

【对外交流】 2006年研究所接待了外宾来访10次,其中有联合国麻醉品管制局主席A. Hamid Ghodse教授等一行、参加世界卫生组织阿片依赖治疗研讨会的部分代表以及美国国立卫生研究院、美国药物滥用研究院、美国耶鲁大学、美国弗吉尼亚大学、加拿大麦吉尔大学等专家来访。

2006年研究所与世界卫生组织合作,在北京举办了"阿片依赖替代治疗和HIV/AIDS预防项目总结会及阿片依赖治疗研讨会"。在海南三亚举办了"第九届全国药物依赖性学术会议"。

派代表参加国际学术会议9次,参加国内会议7次。此外,研究所还邀请国外专家作报告8次,国内专家作报告4次,所内研究人员作报告10次,各室组织学术活动20次。

【教学工作】 继续为医疗系本科生和全国临床药理进修班讲授"药物滥用与药物依赖性"、"药物流行病学"和"临床药理"课程;为研究生讲授"药理学研究方法导论"和"神经精神药理学"课程。同时为中国协和医科大学的本科生和研究生讲授"实验药理学"和"药物依赖与药物滥用"。2006年培养博士后2名,博士研究生3名,硕士生7名,参加在职研究生课程学习2名。

【社会服务】 协助山东省公安厅拍摄禁毒教育片;接受人民公报关于美沙酮维持治疗专访;参加国家食品药品监督管理局组织的专家会,审议丁丙诺啡、曲马多的管制问题;受卫生部邀请,参加在海口举办的卫生系统参加禁毒人民战争专家座谈会;受卫生部医政司委托,参加编写《药物依赖诊疗指南》工作;参加美沙酮维持治疗国家工作组会议;受卫生部医政司委托,答复全国人大禁毒立法相关问题,并整理相关资料。配合新出台麻醉药品精神药品管理法,受北京市药学会和医学部卫生法培训班邀请,在北京、海口、乌鲁木齐授课。受卫生部邀请,为云南卫生厅培训班授课。受北京市禁毒办和市团委邀请,参加北京市青少年国际禁毒日活动,为中学生做预防新型毒品滥用报告。

生育健康研究所

【发展概况】 生育健康研究所由办公室、流行病学研究部、保健技术研究部、信息技术应用研究部、实验研究部组成。编辑出版《中国生育健康杂志》,建立了中国生育健康网(www.healthychildren.org.cn)站。生育健康研究所还承担国家卫生部和中国残疾人联合会制定的《中国提高人口素质、减少出生缺陷和残疾行动计划(2002—2010年)》的事务性工作。

生育健康研究所所长为流行病学家、博士研究生导师李竹教授。现有流行病学、卫生统计学、妇幼保健、实验研究、健康教育、计算机、信息学等专业的研究及辅助人员70人,其中拥有10名博士、13名硕士,副教授以上高级职称人员16人;在读博士研究生7人,硕士研究生6人。

1991—2006年共发表研究论文300篇,论译著10部。其中在"新英格兰医学杂志"、"柳叶刀"等主要杂志发表论文10多篇。

【中美预防出生缺陷和残疾合作项目】 经国家卫生部和美国疾病控制中心(USCDC)批准,"中美预防出生缺陷和残疾合作项目2006年度工作会议"于9月24日至27日,在北方合作单位之一的河北省香河县召开。

美国疾病控制中心主任朱利·格伯丁(Julie L. Gerberding)博士专门为大会的召开制作了录相讲话,他高度评价两国政府在公共卫生领域里的长期友好合作,称赞项目对改善妇女儿童健康和人类福祉做出的杰出努力。

美国疾病控制中心国家出生缺陷和发育残疾中心主任阿利森·约翰逊(Alison Johnson)、卫生部妇幼保健与社区卫生司杨青司长以及"中美项目"协调指导小组其他成员、专家组成员、办公室成员和"中美项目"河北、山西、江苏和浙江4省37个县(市)的主管县(市)长、卫生局长、卫生保健机构负责人等近200人出席了大会。

会议启动"中国妇女和儿童平台建设研究"项目,这是覆盖2000多万人口、对新婚夫妇及其他们的父母和生育后代进行的长达20年的追踪观察研究,通过建立个人、家庭、社区电子健康监测系统等,提供从孕前保健、围生(产)保健到儿童保健、学生保健以及社区保健的全程服务,促进出生人口素质的提高,促进妇女儿童健康,促进慢性病防治工作,为全民族健康服务。杨青司长要求北京大学医学部和各省县(市),建立健全组织领导和管理机制、加强基本建设、搞好孕前保健、提高基层卫生保健服务能力,为全国妇幼保健和社区卫生服务单位树立样板。

会上,来自美国和澳大利亚等国家和地区的卫生管理部门和医学院的官员和学者20余人,同"中美项目"中方的专家分别就中美卫生合作的领域的扩展、儿童肿瘤、先天性心脏病、遗传学技术、结核病、哮喘、流感等呼吸系统疾病的防治、营养流行病研究、人群随访研究、围生(产)保健、肥胖、糖尿病和生育结局等全球公共卫生问题进行了广泛的学术交流,探讨进一步加深和扩大国际科研合作的可能性。外国专家在会议期间还考

察了"中美项目"合作单位河北香河县、江苏无锡市和浙江嘉兴市等现场。

通过"中美预防出生缺陷和残疾合作项目"的实施,参加项目的河北、山西、江苏和浙江4省30多个市县合作单位的专业技术水平得到了很大提高;围产保健、儿童保健、健康教育等综合妇幼保健服务能力和管理水平得到了提高;生育健康研究所建立和完善了这个覆盖2100万人口全新完整的医学和公共卫生现场研究基地。

【其他国际合作项目】 中国出生缺陷高发地区的病因研究(与美国德州农工大学合作)、所罗门群岛生育健康监测系统的建立与应用开发(与WHO/WPRO合作)、中国育龄妇女营养状况及其影响因素的研究(与WHO/WPRO合作),等等。

【宣传及项目推广】 1月,在北京友谊宾馆召开"中国人口健康研究工程专家研讨会",阜外医院、协和医大、北京大学第一医院、北京大学第三医院、国家疾病预防控制中心等部门的有关专家出席会议并提出建议。

3月,《中国生育健康杂志》重新改版,在杂志上展开了"展妇幼风采,塑保健精英"系列宣传活动,并引进企业广告,增加订刊量。

4月,完成"妇女妊娠前后增补叶酸预防神经管畸形初发效果的研究"课题申报国家级科技成果奖材料准备工作。

5月,孕期营养项目现场工作动员会议召开,河北五县县长、卫生局主管局长、妇幼保健院(所)长参加了会议。

中央电视台第二频道《健康之路》现场直播以《先天不足的孩子们》为专题的专家咨询,李竹教授作为嘉宾参加现场直播并答疑。

6月,《提高出生人口素质,预防出生缺陷行动计划》督查活动在广西、湖南、山西、陕西、河北、辽宁、福建、广东8省展开。

9月,为宣传第二个"出生缺陷日",在中央电视台第二频道《健康之路》现场直播以《健康宝宝,幸福家庭》为专题的对话节目,李竹教授和行动计划爱心大使王姬女士作为嘉宾出席。

《健康宝宝、幸福家庭》预防出生缺陷系列宣传活动启动仪式暨新闻发布会在河北香河第一城召开,卫生部、国务院妇儿工委、中国残联的有关领导出席大会。

在成功运转了10余年围产保健监测、出生缺陷监测和儿童保健监测的基础上,生育健康研究所开发研制了"生育健康电子监测系统"(Electronic Reproductive Health Survelliance System, ERHSS 2004)。这个经验已被WHO介绍到西太平洋区国家,并由生育健康研究所对这些地区进行培训、指导以及完成电子监测的程序编制等项工作。目前,已出版《中美预防神经管畸形合作项目·围产保健与出生缺陷监测年度报告》(1993—2000年)共八册。

(生育健康研究所)

医学部公共教学部

【发展概况】 医学部公共教学部现有在职职工141人,其中正高14人,副高39人;中级67人;博士生导师2人,硕士生导师9人;具有博士学位的13人,占教职工总数9.2%,具有硕士学位的44人,占教职工总数31.2%。学部拥有一支学识渊博、治学严谨、教书育人的专家学者队伍,多位专家出任国内本学科专业学会的负责人。在北京大学医学部首届"我最喜爱的教师"十佳评选中,公共教学部有三位教师获此殊荣。

公共教学部下设五个学系:哲学与社会科学系、医学人文学系、医用理学系、应用语言学系和体育学系。学部拥有生物医学英语本科;科学技术史、应用心理学、马克思主义理论和思想政治教育三个硕士点;科学技术史、应用心理学两个博士点。

【教学工作】 公共教学部所属16个教研室承担着医学部在校本专科生及研究生的公共基础课及医学人文课程,包括医学部和临床医院的教学任务,应用语言学系还同时担任生物医学英语专业课的授课任务。2006年度开设的本、专科生必修课总数92门次,共计15716学时,选修课62门次,共计2278学时;研究生课程24门次,共计2280学时;留学生教学73门次,共计4134学时。

公共教学部重视课程改革与建设,2006年11月,组织有关专家对医学部教学改革后的公共教学核心课程设置进行了研讨,提出了新的方案,同时各系、室积极为课程改革做准备。2006年,申请到医学部教改课题11项。2006年4月公共教学部进行了2005年教改课题、青年基金中期汇报及2004年教改课题、青年基金结题工作。

为进一步加强教学管理工作,不断提高教学质量,更好地实现人才培养目标。2006年公共教学部对学生网上教学评估指标体系做了修订,增加了对教师师德、教材选用等评价指标。出台了《公共教学部期中教学检查制度》《公共教学部试卷评阅要求》等。在教育科研办公室的组织协调下,成立了教学评估工作小组、第二届本科教学督导组,继续开展对学院教育教学活动的监督、检查、指导、评价。

完善教学管理制度,注重过程管理,制定评价标准。加强考务管理工作,不断完善考试制度,使试题、试卷规范化,试卷管理统一化。学院不断加强院、教研室两级教学档案管理,不定期组织召开由各系主任及教学秘书参加的教学工作

会议对教学管理工作进行部署，责任到人。对毕业实习学生进行严格管理，对于毕业实习的过程制定了明确的考核标准，克服教学管理的随意性，提高教学管理科学化的程度。

坚持文理渗透，专业交叉原则，在生物医学英语专业本科生的培养上，始终按照复合型人才培养模式进行教学安排。同时注重培养学生的自主学习能力，使之能主动把课堂学习的有限性延伸到课外学习的无限性中。2006年，2002级38名学生中已有13人完成了辅修或二学位的学习。在全国英语专业八级考试中，通过率在86%以上。14位同学已被保送免试研究生。

【学科建设】 公共教学部注重学科建设和发展，在完善公共教学通识教育的基础上，重点发展医学人文学科的教育与研究，使我校的医学人文学科成为国内领先并具有国际影响的学科。在医学部985二期项目的支持下，设立了"医学人文学科创新平台建设"项目，召开了"全国医学人文学科发展研讨会"，建设了"中国医学人文论坛"网，出版了《中国医学人文评论》。使医学部的医学人文学科建设得到了迅速发展。有力地促进了学生素质的全面提高，使之能够更好地适应社会需求。2006年5月20日，组织召开的首届全国高等学校医学人文素质教育研讨会，使医学人文学科的教育与研究继续保持在国内的领先水平。

【科研工作】 2006年新立科研项目20项，其中国家级项目4项，省部级项目2项，校级项目11项。项目资金人民币68.7万元，欧元75万元。发表论文54篇，其中核心期刊41篇，SCI收录2篇。主编出版专著10部，其中教材2部，译著2部，专著6部。参加各种学术会议58人次，其中国际会议14人次。

举办了一系列学术会议和学术活动：

2月20—21日，医学伦理学教研室代表北京大学医学部、中华医学会医学伦理学分会，在上海举办了"受试者保护"研讨会。

3月22日下午，美国波士顿大学师生一行30余人，来公共教学部进行访问。

4月27日，公共教学部与哲学社会科学系共同举办了社会主义荣辱观讲座暨理论研讨会。

5月20日，医学人文学系组织召开首届全国高等学校医学人文素质教育研讨会。

8月9日—13日召开了医学心理学教学研讨会。

9月1日，公共教学部成立了北大医学部性学研究中心，中心将多方征集课题，开展性学研究工作。

10月，伦理学教研室李本富教授与公共卫生学院郭岩教授共同申请的NIH公共卫生科研伦理课程设置课题，成功获得资助。

【党政工作】 11月，顺利完成了新一届党政领导班子换届工作。新的党政领导班子进行了明确分工：张大庆主任负责学部全面工作，孙秋丹副主任负责教学工作，洪炜副主任负责科研工作，袁小平副主任负责行政工作。吴玉杰书记主持党委全面工作，并分管教职工党建和思想政治工作、组织、宣传、政保工作等，王玥副书记负责学生党建和思想政治工作、统战工作，刘大川副书记负责工会、纪检监察、老干部（离退休）工作。

公共教学部新的党政班子上任后，连续召开了几次工作会议，研究决定建立党政联系会的例会制度，建立主任信箱和每月领导公开办公日。

新班子上任后，按照张大庆主任的要求，班子全体成员深入各系召开座谈会，了解情况，广泛联系群众，倾听教职工呼声，进行调查研究。

新班子从公共教学部的工作实际出发，围绕和服务教学、科研中心任务，以人为本开展工作，力求把领导班子和干部队伍建设好，把党组织和党员作用发挥好，把全体师生员工的积极性调动好，把广大学生教育引导好，为公共教学部各部门之间加深融合、促进发展、维护稳定提供有力的组织保证。

【学生工作】 主题教育独具特色，组织学生开展"关爱他人，奉献社会"为主题的学雷锋志愿活动；为纪念长征胜利70周年，开展"重温长征精神，青春奉献祖国"的学习参观活动。先后两次组织学生赴中国军事博物馆参观纪念红军长征胜利70周年大型展览。

在读研究生22人，其中博士7人。2006年招收研究生7人，其中博士3人。毕业研究生5人。王红同学荣获光华奖学金，韩鹏同学荣获北京大学优秀奖学金，北京大学三好学生，史如松同学荣获医学部学习优秀奖。

【获奖情况】 2月，公共教学部3名教师被聘为教育部高等学校教学指导委员会成员，其中董哲老师被聘为大学外语教学指导委员会副主任委员，郭永青老师被聘为医药类计算机基础课程教学指导分委员会秘书长，喀蔚波老师被聘为物理基础课程教学指导分委员会委员。

2月3—7日，由美国数学及其应用协会（COMAP）主办的国际数学建模竞赛（MCM2006）中，由数学教研室教师指导的医学生喜获佳绩。北大医学部代表队参赛获得了一等奖。

3月，公共教学部教师主编的《医学心理学》等13部教材入选普通高等教育"十一五"国家级教材规划选题。

12月10日，第二十三届全国部分地区大学生物理竞赛中，公共教学部医学物理教研室组织医学

部40名学生参加了物理少学时组（物理课低于80学时）的竞赛，3人获一等奖，2人获二等奖，12人获三等奖。

（袁小平　甄娜　谢虹）

元培计划管理委员会

【发展概况】 2006年是元培计划实施的第五年。元培计划实验班第二届学生顺利毕业，同时迎来了第6届学生，在校生总数达到651人。在学生规模不断扩大的情况下，实验班运行总体顺利，教学管理和学生辅导工作不断改进，新开展的国际交流项目有声有色。围绕元培计划实施五周年和学校本科教育教学改革大讨论，元培计划管理委员会对五年来元培计划的实施情况进行了全面总结。2006年10月13日常务副校长、元培计划管理委员会主任林建华主持召开了元培计划五周年回顾与展望会议，许智宏校长到会并做重要讲话。

许智宏校长在发言中指出，元培计划实施五年来，我校本科教育的面貌发生了很大变化，学生课程涉及的学科领域有大幅度拓宽，反映了学校加强通识教育的成果。元培计划实验班实践了全新的本科人才培养模式，实验班学生强化了通识教育，拓宽了视野，他们通过自由选课和导师指导，明确了自己的专业兴趣，专业信念和专业适应性比其他学生有很大提高，这是在元培计划理念指导下本科教育取得的新突破。元培计划取得的成绩超出了学校的预期。许校长要求把元培实验班与现有各个院系的本科教育改革很好地结合起来，以利于推动全校的本科教育改革进一步深入。联系中国当代教育，许校长指出：由于很多本来应该在中学阶段就应该完成的工作，现在全部转移到大学来，我们在基础教育阶段的应试教育导向并没有根本的改变。在这种基础教育的情况下，要使同学们在大学四年成为创新型的人才，能够对社会有很强责任心的人才，任务非常艰巨。许校长强调，教育改革需要我们进一步转变观念和改变现有管理体制。对于任何一位北大教师来说，北大的所有学生都是自己的学生，选课的学生越多，就表示对这门课的需求越大，同学们有这方面的兴趣，学校应该尽可能地满足这种需求。许校长最后提出：全校的各个职能部门，包括各个院系的同学和老师都要深刻的思考，我们北大的未来和本科教育应该如何改革。我们必须要在这方面很好的考虑以推进本科教育更好的发展，使北大能够更好地适应社会发展的需求，适应科学技术发展的需求，为人类的进步、社会的发展做出我们应有的贡献。

会上，执行主任朱庆之教授代表元培计划管理委员会对元培计划五年来运行作了详细汇报。此外元培计划实验班管理机构也对实验班的招生、自由选课、选专业、导师和辅导员工作、班级特点和管理、住宿制度、毕业生情况等进行了专题总结，编印了《北京大学元培计划五周年回顾与总结》文集。

【教学工作】 1. 招生：元培计划实验班2006级计划招生160人，实际招生179人，其中男100人，女79人。2006级新生录取分数较高，其中有各省市状元12人，奥林匹克竞赛物理金牌获得者1人。北大今年招收各省市理科状元15人，其中8人到了元培计划实验班。

2. 2005级专业分流情况：2005级153名学生中，有145人确定院系，6人待定，除个别院系外，所有院系均有学生选择，学生第一志愿基本都得到满足。

元培计划实验班2001—2005级专业选择情况统计表

专业	2001级	2002级	2003级	2004级	2005级	小计
地空	1	0	0	2	0	3
法学	5	9	11	14	15	54
工学	0	0	1	0	0	1
光华	1	5	5	4	6	21
国关	1	9	10	11	10	41
化学	5	10	11	12	9	47
环境	3	5	7	5	4	24
经济	13	16	15	19	18	81
历史	2	0	1	1	2	6
社会	3	2	4	7	5	21
生科	11	11	15	17	16	70
数学	7	9	11	18	21	66
外院	0	2	0	0	0	2

续表

专业	2001级	2002级	2003级	2004级	2005级	小计
物理	11	18	19	22	15	85
心理	1	4	4	7	5	21
新闻传播	3	4	2	3	1	13
信息科学	5	5	7	4	7	28
艺术	0	0	1	0	0	1
哲学	2	0	3	0	2	7
政府管理	3	1	3	6	6	19
中文	5	4	1	6	4	20
人数小计	82	113	133	158	145	631

3. 2004级学生申请科研基金情况：学校批准元培计划2004级君政基金6项（1项与外系学生合作），校长基金34项（12项与外系学生合作）。

4. 2003级保送研究生情况：2003级保送研究生工作从9月初开始到11月初结束。59名学生申请并获得保研资格，其中49名学生被接收，保研成功的人数占申请保研人数的83%，占毕业生人数的34.8%。

5. 元培2002级102名学生在全国范围内求职相对紧张的背景下，再次取得了令人满意的成绩。102名毕业生中，37名成功保研，38名学生被包括哈佛、耶鲁、哥伦比亚、康奈尔等名校在内的海外高校录取，23名被花旗银行、博时基金、中国银行等单位录用，另有4名学生继续复习考研。

6. 教学管理制度建设：为了进一步做好教务管理工作，根据元培计划人才培养模式的特点，元培计划制定了《元培计划实验班学籍管理补充细则》，为实验班学生的教学管理提供了制度保证。

【国际交流】 5月，耶鲁项目启动：耶鲁大学本科生学院院长助理巴巴拉访问元培计划，并与元培计划、国际合作部老师一起面试了申请参加项目的学生。

9月21日，北大-耶鲁联合本科生项目开幕式在英杰交流中心新闻发布厅举行，北京大学党委书记闵维方教授、耶鲁大学本科生学院院长Peter Salover教授共同出席了开幕式。耶鲁大学选派了21名学生到北大，与元培班2005级21名同学一对一一起住宿。耶鲁选派3名教师开设了5门课程，北大开设了相应的课程，供两校学生选修。12月15日晚，联合项目结业仪式在资源宾馆多功能厅举行，林建华常务副校长和联合项目主任、耶鲁大学罗福林教授共同为参加项目的同学颁发了结业证书。

正式启动元培计划与新加坡国立大学USP计划交换学生项目。12月份有5名同学赴新加坡国立大学交流学习，为期一个学期。朱庆之主任到新大访问，特地看望了参加交换项目的元培同学，学生对该项目反映良好。元培还有3名同学参加了香港明日领袖计划，为期一年。

【导师工作】 根据前几年导师工作经验，对元培导师的指导方式进行了调整，从以前组织导师给新生做讲座为主改变为按学科类组织导师和学生的座谈为主。2006年上半年，共组织了9场导师与2005级同学的座谈会，下半年组织了9场导师与2006级同学的座谈会。导师座谈不仅增加了学生对各院系和专业情况的了解，而且也在学习方法上对学生给予了指导。同学们提出如何读原著、如何较好地利用时间读书、如何对专业进行选择等问题，导师们都给予了耐心解答。生命科学学院和信息科学技术学院的导师带领新生参观了实验室。

经过多次讨论，从秋季学期开始，把元培学生的平台课《学术规范与论文写作》改为讲座课，由原来的一个导师开课改成来自不同院系和专业的导师共同开设，该课为朱庆之教授主持。目的是通过对不同专业个案研究的讲解，使学生了解基本的学术规范以及科学研究和论文写作的基本方法。该课程分为八—九个单元，每个单元四小时，讲授两小时，自学两小时。为了方便学生弹性选择，该课程分为两组，两个学期滚动开课，有70多名同学选了该课。

为了更好地对一年级的学生加以引导，从秋季学期开始为新生增加了专职导师。聘请了两名退休教授王德民（化学）、杨武栓（哲学），在学校后勤部门的支持下，在学生宿舍安排了一间导师咨询室，近距离地为学生提供指导。两位导师工作认真、负责，接待了很多学生和家长的咨询。

【党建工作】 由于工作需要，原党总支副书记李胜同志调离，丁夕友接替该项工作。查晶任党委书记。

针对先进性教育中反映出的问题和不足，我们重点在新生党支部建设及党员再教育、学生支部党建创新方面进行了探索。元培651名在校生中，党员140名，其中正式党员40名，预备党员100名。

教工党支部现有正式党员5名（其中2人为2+2教师），1名预备党员（10月份发展）。为了配合保持共产党员先进性的继续教育，教工支部还组织教工参观双清别墅，进行革命传统教育，以及对"八荣八耻"的讨论，取得了较好的效果。

5月份，元培计划党总支在学校党委组织部的部署下，申请了《多专业背景下的复合型学生党支部建设》这一党建创新课题，在尝试和推行"应需而变"的党小组建设、新生党支部建设、建设学习型、服务型的学生党支部等方面进行了有益探索。特别是灵活形式的党小组建设，如在团委与学生会骨干中设立党小组，在参与"北大——耶鲁联合本科生项目"的学生中成立了临时党小组，这些灵活的党小组的建立，使党建工作有效地深入到同学们生活和学习的各个环节，大大增强了广大党员的组织纪律性，增进了党组织的凝聚力和战斗力。

【学生工作】 在学生管理和辅导方面，针对元培学生的特点，开展了一系列针对性的工作，并积极探讨元培计划模式下学生工作的思路和对策。

1. 高度重视新生入校教育，引导新生迅速适应大学的学习和生活。今年继续实行新生辅导员制度，聘请了19名高年级学生为辅导员，帮助新生熟悉北大环境，了解相关制度和资源，帮助他们适应大学的学习和生活。此外，还形成了领导走访新生宿舍、新生家长会、开学典礼、选课辅导与导师见面会、新生党员与新生代表约谈、聘任专职导师、新生辩论赛、新生杯比赛等环节组成的多途径多角度的教育和培养体系，为广大新生提供指导，得到了广大学生和家长的广泛认可。

2. 以元培计划五周年为契机，推出了一系列活动，增强学生的责任感和凝聚力。以5月9日元培计划五周年文化节开幕为起点，组织了校长座谈会、元培首届"新生杯"辩论赛、元培五周年人物访谈、元培bbs论坛、元培计划实施五周年暨2007年新年晚会等庆祝和纪念活动，激发了广大学生对元培计划发展的信心和责任感，增强元培同学的凝聚力。

3. 高度重视军训工作。2006年8月元培2005级同学参加了军训，在各项军训团组织的活动中表现突出，并与兄弟院系紧密合作，男、女生所在的两个连队均被评为先进连队。

4. 构建全方位全过程的成长成才指导体系，加强就业指导。在按学校布置开办"成长成才指导讲座"的基础上，结合元培自身特点，通过"出国·就业"座谈会等方式，教育和引导学生选择最适合自己发展的道路；组织"专业·职业·人生"指导讲座，邀请社会成功人士为大家传授人生发展的经验。在就业指导方面的工作主要是服务学生，及时为学生办理各种需要的手续，提供他们需要的各种政策信息。2006年实验班第二届学生就业情况良好。

5. 积极完善心理预警体系，做好心理疏导工作。自2005年10月学校建立心理专项学生助理以来，结合自身特点，建立了一套以年级主任牵头，各班班长主抓，班委连动，专项学生助理全面开展工作的工作体系。同时，尝试建立了全体在校学生心理档案。2006年9月份以来，又启动了"网络游戏沉迷干预机制"，对迷恋网络游戏而荒废学业的学生进行了疏导和重点干预。校学工部为了支持元培的工作，为元培学生工作组安排了3位2+2的老师分别承担了2005级、2006级、2003级的班主任工作。

（刘亚平）

分子医学研究所

【交流与合作】 1月，北京大学分子医学研究所正式启动与Rohce（罗氏制药公司）、MGH（美国麻省总医院）代谢综合征国际合作研究项目。截至2006年12月该项目已完成在北京、广西开展的408只、879猴次的筛选任务，并已购进24只符合代谢综合症指标的恒河猴，制定了代谢综合征恒河猴的跟踪实验方案，得到Roche和MGH相关专家的认可。

5月22日，由中国生物物理学会、北京大学分子医学研究所共同主办，北京大学分子医学研究所承办的第六届全国钙信号和细胞功能研讨会"Chinese Symposium on Ca^{2+} Signaling"（简称CSCS）作为第十次中国生物物理学术大会的"卫星会议"在青岛召开。本次研讨会由北京大学周专教授任组委会主任，北京师范大学崔宗杰教授任副主任。此次会议一共收到来自全国23个高校、研究所的69篇论文摘要，其中29篇在会上报告，30篇作为会议墙报展示，本次研讨会为期两天。

7月1日，北京大学分子医学研究所与阿斯利康制药公司（Astra Zeneca）联合举办了"心血管疾病转化医学专题研讨会"。16位国际国内知名专家学者、生物医药产业界人士参加了此次研讨会报告，与会代表165人，围绕心血管疾病转化医学专题，涉及心血管疾病、糖尿病、遗传流行病学以及影像学、筛药系统等新技术领域进行了研讨。北京大学林建华常务副校长代表北京大学表达了与产业界加强合作，加快心血管疾病转化医学的进程的愿望。阿斯利康制药公司副总裁David Tuffin博士与北京大学分子医学研究所所长肖瑞平博士分别介绍了相关心

血管疾病及药物研发项目。

10月8日，北京大学分子医学研究所组织国内心脏心血管研究领域的专家共45人召开了Minisymposium on Cardiovascular Molecular Medicine（心血管分子医学会议），交流国内外心脏和心血管研究的发展状况，并商讨国内开展相关研究的方向等问题，为973项目《心脏重大疾病发病机制的基础及早期干预的研究》的申请工作做了必要的准备。

10月18日，美国冷泉港实验室荣誉主任、1962年诺贝尔奖获得者、生命遗传机制DNA双螺旋结构的发现者James D. Watson教授访问北京大学。James D. Watson教授先后参观了分子医学研究所周专、程和平实验室和生命科学学院魏丽萍实验室，并与两院所教授和学生进行了交流。

【科研工作】 5月8日，学校批准成立北京大学分子医学研究所学术委员会，学术委员会主任为周专教授；副主任为梁子才教授；委员有肖瑞平教授、程和平教授、李建教授、张传茂教授、魏丽萍教授、王宪教授和惠汝太教授。

7月，田小利教授回国，人类群体遗传学研究室开始投入建设。该研究室以步入国际主流为目标，通过建立以遗传分析及基因功能鉴定为核心的多功能研究平台，从事遗传结构和疾病发生的群体遗传学关系以及遗传结构改变的致病机制等研究工作，并为北京大学提供分子遗传学研究平台。

2006年共申请到国家自然科学基金面上项目3项，重点项目1项；海外青年学者合作项目1项；973子课题1项；863专题1项；国家自然科学基金重点项目子课题1项；横向合作2项。总合同经费为725万元。

2006年累计发表或被接受论文21篇，影响因子总数为108.9。

【学生工作】 自2006年9月始，原由北京大学生命科学学院代为招生和管理的16名研究生学籍转到北京大学分子医学研究所。2006年分子医学研究所独立招收2006级新生18人，其中硕士13人、博士5人，另有医学部学籍学生4人和部分中国科学院上海神经所学籍学生。

11月3日，北京大学分子医学研究所全体学生和老师共40人在英杰交流中心306室召开"学习长征精神，争做祖国栋梁"主题班会。

12月29日，为了迎接新年，庆祝分子医学研究所建所2周年，加强分子医学研究所全体师生间沟通交流，增强内部凝聚力，分子医学研究所举办新年联欢茶话会。

前沿交叉学科研究院

【发展概况】 前沿交叉学科研究院是北京大学直属的院级研究机构，是北京大学"985工程"二期前沿交叉学科科技创新平台的组织保障。2005年12月28日学校研究决定，成立前沿交叉学科研究院，任命韩启德为院长（兼），方竟为常务副院长（校发[2005]288号）。

研究院设立学术委员会，林建华担任主任，欧阳颀、方伟岗和方竟担任副主任，委员包括（以姓氏笔画为序）：王霄英、方竟、方伟岗、李晓明、朱彤、汤超、来鲁华、张幼怡、陈建国、林建华、查红彬、欧阳颀、耿直、韩世辉、韩启德、蒋学祥。

研究院的基本任务是组织跨学科的学术交流、开展跨学科的科学研究和培养交叉学科的优秀人才。研究院致力于以北京大学雄厚的基础学科和先进的技术学科为基础，组织联合相关的研究力量，建设具有良好学术交流环境、学科前沿性与学科交叉性相结合、实体与虚体相结合的交叉学科研究平台，为北京大学的交叉学科研究创造良好的学术氛围和研究条件；开展前沿性的问题研究和科学技术攻关，使北京大学在一些重要领域进入国际前列；研究院的管理体制以有利于促进学科交叉和创造良好学术氛围为基本准则，采用虚实结合、研究人员专聘与兼聘相结合等多种灵活方式，资源在校内外共享。

研究院内设机构由若干跨学科研究中心/研究所组成，包括：生物医学跨学科研究中心、理论生物学中心、功能成像研究中心、纳米科学与技术研究中心等。

2006年4月4日，前沿交叉学科研究院成立大会在北大英杰交流中心举行。许智宏校长在讲话中指出："前沿交叉学科研究院的成立将是北京大学历史上十分重要的一笔，对北京大学的学科建设、科学研究发展和综合素质人才的培养等都具有十分重要的意义。"全国人大常委会副委员长、中国科协主席、北京大学医学部主任韩启德院士担任前沿交叉学科研究院院长，他对研究院的发展提出了24个字的方针：虚实结合、摒弃浮躁、完善制度、项目带动、兼容并包、外向开放。

【体制建设】 召开了2次学术委员会会议，4次研究中心主任工作例会，针对与交叉学科建设相关的三个方面的议题进行了重点讨论，包括研究院的人员聘任机制、学术交流活动的组织和促进学科交叉研究的措施、前沿交叉学科平台建设在研究院的落实等。针对这些问题，林建华常务副校长指示：研究院可以在"985"计划的框架里，制订一个较长期的总体计划，经研究院学术委员会讨论通过后，提交学校审批。

10月14日，研究院召开了关于交叉学科发展问题的研讨会。会议讨论认为，交叉学科应该建立

在多学科共同发展的基础之上,学科交叉不仅体现在合作研究上,还应在学科相互融合、新科学问题研究的深入结合等更深层次上得到加强。学科交叉研究应该具有前瞻性和创新性。在北大,发展交叉学科的关键在于跨学科研究团队的建立,一定要吸引最优秀的人才,抓住当前的发展机遇,鼓励真正的学科交叉,培育潜在的可能有重大研究意义的交叉学科。

为了进一步推动前沿交叉学科科技创新平台的建设,促进各交叉学科研究中心的发展,增进不同学科研究人员之间的相互了解,加强研究院与各部门之间的沟通交流,12月9—10日,前沿交叉学科研究院召开了"学术交流与体制建设研讨会",各研究中心的30多名科研人员及有关校领导,研究生院、科研部领导参加了会议。韩启德院长参加了分组讨论并听取了大家的意见,在之后的总结大会上针对有关问题提出了八点建议,包括:交叉学科的定位、跨学科研究生的培养、学科交叉的人才政策、交叉学科的发展、交叉学科成果的认定、交叉学科研究的启动经费、交叉学科的宣传和信息沟通、加强交叉学科的自我造血功能等。

【科学研究】 2006年,前沿交叉学科研究院的科研人员申请了国家自然科学基金重点项目、"863"重点项目、国家重大科学研究计划等一批国家级科研项目,具体包括:方竞教授负责的国家自然科学基金重点项目"基于细胞自组装的集成化芯片系统研究"、来鲁华教授负责的"863"计划重点项目"药物分子设计核心技术与软件产品的研究开发"、裴剑锋博士负责的"863"计划目标导向课题"药物设计与药物信息若干关键技术研究与软件开发"、李方廷博士负责的"蛋白质重大科学研究计划"子项目"酵母转录调控的网络动力学性质研究"、彭练矛教授负责的"纳米重大科学研究计划"委托项目"基于一维纳米材料的新原理器件:纳米碳管为基的纳米器件"、张锦教授负责的"纳米重大科学研究计划"子项目"碳纳米管的生长机制与结构调控"等。

由纳米科学与技术研究中心刘忠范教授和彭练矛教授主持的973项目"纳电子运算器材料的表征与性能基础研究"于2006年顺利通过结题验收,得到验收专家们的高度评价,在材料口排名第一。专家们一致认为,该项目在碳纳米管逻辑器件、分子电子学器件等研究方面取得了突破性进展,"出色地完成了项目任务",并认为国家应该继续给予支持。

【学术交流】 前沿交叉学科研究院成立后开始接手组织生物医学跨学科学术交流讲座。该讲座从2001年开始已连续举办了140多讲,内容涉及物理学、化学、数学、工程学、信息学、材料科学、生命科学、地质学、医学、哲学、管理学等众多学科。它采取固定时间、固定地点、校本部与医学部的教授到对方交替作报告的方式进行,不仅增进了不同学科之间的了解,开拓了教师和学生的学术视野,激发了多角度的思维方式,而且促成了不同学科专家之间科学思维的碰撞,形成一批跨学科研究项目。2006年,研究院分别邀请了10位校本部的科研人员在医学部作报告,10位医学部(含临床医院)的科研人员在校本部作报告。

6月30日,前沿交叉学科研究院和工学院联合主办北京大学生物医学工程学科发展研讨会。国际著名学者、享誉中外的"六院"院士钱煦博士作了题为《美国生物医学工程发展现况及展望》的演讲,介绍了美国目前在生物医学工程领域的发展现状、发展方向及前景展望,同时还介绍了美国生物医学工程方面的主要研究机构,校内外100余人参加了研讨会。会后,钱煦博士和生物医学工程跨学科研究中心的部分科研人员进行了座谈,对生物医学工程专业的学科建设和发展方向进行了深入的讨论和研究。

【人才培养】 前沿交叉学科研究院的主要任务之一是培养具有交叉学科背景的综合型人才。2006年,前沿交叉学科研究院经过与研究生院的多次协商,确定将在研究院进行一系列试点:制订面向多学科的招生方法和名额保障的招生计划,允许从事交叉学科研究的导师跨学科招收研究生;将完善跨学科修课的学分机制和创造良好的教学条件,制定有关交叉学科研究生培养质量的评价标准,在研究生培养阶段严格把关和指导;将成立专门的交叉学科学位评定分委员会,审核交叉学科的研究生学位授予工作。从2007—2008学年开始,跨学科研究生的管理将逐步从以前的挂靠在不同院系向前沿交叉学科研究院统一管理转换。

11月1日,召开生物医学工程专业指导教师会议,生物医学跨学科研究中心来自不同学科的指导教师参加了会议,就学校研究生培养机制的改革积极商讨对策。另外,会议还讨论了指导教师跨专业招收研究生、跨学研究生培养质量的评价标准等一系列问题。

在12月召开的研究院"学术交流与体制建设研讨会",讨论了有关交叉学科研究生培养的问题,达成了不少共识。

【教学科研设施建设】 2006年8月份开始对用于功能成像处理研究的燕东园36号小楼进行了装修改造。功能成像研究中心购置了"fMRI视觉、听觉刺激系统"等实验设备,正在添置动物线圈等磁共振配套研究设备,进行图像存储阵列和图像处理分析等软硬件条件建设。该实验室将成为在校本部的功能成像主要研究基地。另外,北京大学第一医院还为功能成像

研究中心提供了一间办公用房，3T—MRI设备运行正常，可用于功能成像研究工作。

根据学校整体建设规划，交叉学科与工学大楼将成为前沿交叉学科研究院未来主要的科研实验室和学术办公用房，其中交叉研究院的使用面积可达1.7万 m^2。在研究院与基建工程部的密切配合下，确定了大楼的基本功能需求，目前该大楼已经完成了初步的设计招标。该大楼的设计将尽可能地促进学术交流和跨学科研究，尽量创造不同学科背景的人员能够经常见面交流的机会和环境，同时为了适应随时发展的学科建设需要，实验室的设计将具有一定的普适性和多功能性等特点。"交叉学科与工学大楼"的建设，将为前沿交叉学科科技创新平台提供必要的基础条件保障。

(刘小鹏)

2006年举办的生物医学跨学科研究中心学术交流讲座

时间	题目	报告人	所在单位
4月4日	生命科学中的非线性物理	欧阳颀	北京大学物理学院
4月5日	生物"不黏"性表面的制备及其在生物医学中的应用	马宏伟	北京大学工学院
4月12日	钾离子通道的神经生物学功能	王克威	北京大学神经科学所
4月20日	谈谈国学	楼宇烈	北京大学国学研究院
5月10日	感觉神经元G蛋白受体内吞信号的时间过程研究	周专	北京大学分子医学研究所
5月17日	化学生物学与创新药物	韩梅	北京师范大学化学学院
5月24日	微/纳米生物技术	席建忠	北京大学工学院生物医学工程系
5月31日	表观遗传学与肿瘤	朱卫国	北京大学基础医学院
6月7日	蛋白质研究热点	昌增益	北京大学生命科学学院
9月20日	中医的整体观念与肿瘤的辨证施治	李萍萍	北京大学临床肿瘤医院
9月27日	蛋白质芯片生物传感器及其生物医学应用	靳刚	中国科学院力学研究所
10月18日	心律失常的遗传及功能研究	田小利	北京大学分子医学研究所
10月25日	蛋白尿与足细胞分子	丁洁	北京大学第一医院儿科
11月1日	细胞骨架的结构与功能	陈建国	北京大学生命科学学院
11月8日	Trap the Light: Microcavity Devices for Photonics Applications	黄岩谊	北京大学工学院
11月15日	植物衰老的分子机制	郭红卫	北京大学生命科学学院
11月29日	从源头到下游——化学生物学中的有机化学	施章杰	北京大学化学与分子工程学院
12月6日	纳米技术在牙科研究中的若干应用	陈海峰	北京大学工学院生物医学工程系
12月13日	肿瘤功能影像诊断进展	王荣福	北京大学第一医院

体育教研部

【发展概况】 北京大学体育教研部现有教职员工56人，其中教授6人、副教授26人、讲师11人、助教6人、教辅人员7人。外聘教师及教练员7人。具有博士研究生学历3人、硕士研究生学历13人、双学士9人。新增加教师毛智和、亓昕、王东敏、钱俊伟。

体育教研部主任：郝光安，副主任：李杰、刘铮。直属党支部书记：李朝斌，副书记：钱永健，支部委员：李德昌、郝光安、萧文革。

【体育教学】 体育教研部主管教学的副主任是李杰，担任教学教研室的主任是萧文革、秘书是万平，何仲恺老师是研究生教研室主任兼教学研究室副主任。

普通学生所开课程分为四类：一是必选课，二是选项必修课，三是任选课，四是通选课。体育代表队学生由教练根据学生参加比赛的情况给学生成绩。

本年度是近年开课最多的一年，共计开课247个班，其中必修课227个班，研究生选修课17个班，本科生选修课3个班。所涉及30余个项目，近40门课程。上课学生达6000多人。

武文珠获北京大学2005—2006学年度教学优秀奖，吴尚辉和赫忠慧获奖教金。吴昊、闵东旭、吴定峰在北京大学教学基本功大赛中获奖。

2006年学校公布2005年教学评估情况，体育教研部全校评估成绩是4.66，从事健美操教学的袁睿超老师全校评估第一。

2006年出版了由彭芳等老师编写的网络教材—《太极拳》，和由钱永健老师编写的《拓展训练》。

2006年有50名在职教师和7名外聘教师从事体育教学工作。

北京大学体育教研部被北京体育大学授予教育实习基地，2006年有10人来实习。

【体育代表队】 2006年，北京大学有赛艇、男篮、女篮、女排、男足、

游泳、武术、乒乓球、健美操、田径 10 支体育代表队。其中女篮、乒乓球、健美操将代表北京市组队，参加 2007 年全国大学生运动会。

1. 田径。（见下表）

2006 年全国田径大奖系列赛各站比赛成绩

姓 名	项 目	成 绩	比赛名称	比赛地点	比赛时间
邢衍安	60 米栏	7.90 (4)	全国田径室内锦标赛	北京	2月24—25日
	60 米	6.78 (3)	全国田径大奖系列赛	广东	2月24—25日
	110 米栏	13.73(1)	全国田径大奖系列赛	广东肇庆	5月13—14日
	110 米栏	13.76(1)	全国田径大奖系列赛	河南郑州	5月20—21日
	100 米	10.72	世界青年锦标赛测验赛	北京朝阳	7月1—2日
	110 米栏	13.64(2)	全国田径大奖系列赛	广西桂林	9月9—10日
	100 米	10.45(1)	全国田径大奖系列赛	广西桂林	9月9—10日
焦 越	60 米栏	8.41	全国田径室内锦标赛	北京	2月24—25日
	110 米栏	14.74	全国田径大奖系列赛	四川重庆	4月21—23日
	110 米栏	14.67	全国田径大奖系列赛	河南郑州	5月20—21日
	110 米栏	14.73	世界青年锦标赛测验赛	北京朝阳	7月1—2日
张竹元	60 米栏	8.98	全国田径室内锦标赛	北京	2月24—25日
	100 米栏	14.45	全国田径大奖系列赛	河南郑州	5月20—21日
何 鑫	60 米栏	9.24	全国田径室内锦标赛	北京	2月24—25日
	100 米栏	14.53	全国田径大奖系列赛	河南郑州	5月20—21日
金 珂	60 米	6.97 (8)	全国田径室内锦标赛	北京	2月24—25日
	200 米	22.49	全国田径室内锦标赛	北京	2月24—25日
	100 米	10.51	全国田径大奖系列赛	四川重庆	4月21—23日
	100 米	10.72	世界青年锦标赛测验赛	北京朝阳	7月1—2日
	200 米	21.72	世界青年锦标赛测验赛	北京朝阳	7月1—2日
	200 米	21.77 (5)	全国田径大奖系列赛	广西桂林	9月9—10日
叶柱轩	60 米	6.85	全国田径室内锦标赛	北京	2月24—25日
	100 米	10.73	全国田径大奖系列赛	四川重庆	4月21—23日
贾子楠	200 米	22.47	全国田径室内锦标赛	北京	2月24—25日
	400 米	48.98 (2)	全国田径室内锦标赛	北京	2月24—25日
	200 米	22.20	全国田径大奖系列赛	广西桂林	9月9—10日
王 笑	60 米	7.26	全国田径室内锦标赛	北京	2月24—25日
赵 宁	跳高	1.81 米(3)	全国田径室内锦标赛	北京	2月24—25日
	跳高	1.70 米	全国田径大奖系列赛	四川重庆	4月21—23日
马 蓓	跳高	1.78 米(4)	全国田径室内锦标赛	北京	2月24—25日
	跳高	1.75 米	全国田径大奖系列赛	四川重庆	4月21—23日
	跳高	1.75 米	全国田径大奖系列赛	河南郑州	5月26—28日
	跳高	1.80 米(1)	全国田径大奖系列赛	广西桂林	9月9—10日
刘 晓	三级跳远	12.81 米(8)	全国田径室内锦标赛	北京	2月24—25日
	跳远	5.84 米	全国田径室内锦标赛	北京	2月24—25日
	三级跳远	13.29 米(7)	全国田径大奖系列赛	四川重庆	4月21—23日
	跳远	6.20 米(1)	世界青年锦标赛测验赛	北京朝阳	7月1—2日
李洪鹏	三级跳远	16.04 米(3)	全国田径室内锦标赛	北京	2月24—25日
	三级跳远	16.19 米(4)	全国田径大奖系列赛	四川重庆	4月21—23日
	三级跳远	16.02 米	世界青年锦标赛测验赛	北京朝阳	7月1—2日
王 晨	三级跳远	14.84 米	全国田径室内锦标赛	北京	2月24—25日
	跳远	7.15 米	全国田径室内锦标赛	北京	2月24—25日
	跳远	7.32 米	全国田径大奖系列赛	四川重庆	4月21—23日
李 明	跳远	6.99 米	全国田径室内锦标赛	北京	2月24—25日

续表

姓名	项目	成绩	比赛名称	比赛地点	比赛时间
	跳远	7.27米	全国田径大奖系列赛	四川重庆	4月21—23日
刘 双	三级跳远	11.83米	全国田径室内锦标赛	北京	2月24—25日
	三级跳远	12.94米	全国田径大奖系列赛	四川重庆	4月21—23日
吴孝庆	60米	7.15	全国田径室内锦标赛	北京	2月24—25日
	400米	52.90	全国田径室内锦标赛	北京	2月24—25日
	400米栏	52.52(8)	全国田径大奖系列赛	四川重庆	4月21—23日
	400米栏	52.37(7)	全国田径大奖系列赛	河南郑州	5月26—28日
刘晓蒙	400米	58.50	全国田径室内锦标赛	北京	2月24—25日
	200米	26.50	全国田径室内锦标赛	北京	2月24—25日
	400米栏	59.87	全国田径大奖系列赛	四川重庆	4月21—23日
	400米栏	1:00.80	全国田径大奖系列赛	河南郑州	5月26—28日
张 莉	400米	1:02.60	全国田径室内锦标赛	北京	2月24—25日
	200米	27.32	全国田径室内锦标赛	北京	2月24—25日
王 皓	800米	2:03.20	全国田径室内锦标赛	北京	2月24—25日

2. 武术。2006年北京市高校武术比赛于4月23日在北京体育大学举行。来自北京的20所高校的代表队参加了比赛。教练为彭芳老师。

参加2006年北京市高校武术比赛成绩

姓　名	院　系	年级	项　目	名　次
刘晓晨	政府管理学院	2003	自选枪术 传统一类拳 自选剑术	第二 第三 第四
夏 娟	法学院	2002	传统一类拳 42式太极拳 传统单器械	第二 第三 第四
尚 晶	政府管理学院	2002	自选拳	第四
蔡竟龙	政府管理学院	2004	传统四类拳 自选棍	第六 第八

3. 男女篮。2006年"安踏"北京市大学生篮球甲级联赛于4月23日—6月1日分主客场制进行，来自北京高校的6支女队参加了比赛，北京大学获得第一名，担任教练任务的是张戈老师和特聘的马宗青教练。

来自北京高校的8支男队参加了比赛，北京大学获得第四名，担任教练任务的是张剑老师。

4. 足球。2006年"奥土搏"北京市大学生男子足球甲级联赛于5月23—27日在北京交通大学举行。来自北京的8支代表队参加了比赛。北京大学获得第3名。教练员师俭。

5. 健美操。2006年北京市高校第27届健美操、艺术体操比赛于5月27日在首都师范大学举行。北京高校有10所院校参加了比赛。北京大学派7名同学参加，并获得多项第一，带队教练位黄育老师。

6. 游泳。2006年北京市高校大学生游泳冠军赛于6月10日在北京工业大学举行。来自北京高校的35支代表队参加了比赛，北京大学获得甲组男女团体总分第3名，并获得体育道德奖。担任教练任务的是余潜老师。

参加2006年北京市高校大学生游泳冠军赛成绩

姓名	院　系	年级	项目	成绩	名次
冯 涛	政府管理学院	2005	50自 200自	26.50 2:07.30	2 3
李东骏	外国语学院	2004	400混 200仰	5:12.00 2:27.40	1 1

续表

姓名	院系	年级	项目	成绩	名次
张飚	国际关系学院	2004	100蛙 200蛙	1:14.00 2:43.00	3 4
白帆	国际关系学院	2002	50自	31.50	4
张宴儒	国际关系学院	2002	100蛙	1:15.50	3
马继亮	法学院	2002	50自	27.60	4
刘岳	信息管理学院	2005	200蝶 200蛙	2:41.00 2:41.00	4 2

7. 羽毛球。2006年首都大学生"川崎杯"羽毛球锦标赛于6月24—25日在北京大学举行。来自北京的17所高校代表队参加了比赛。北京大学获得男子甲组冠军,新闻系的望开力同学获得男子单打冠军。教练员为李志贵老师。

2006年"交通银行杯"第十届全国大学生羽毛球锦标赛于8月12—18日在安徽合肥市中国科学技术大学举行。来自全国的39个学校代表队参加了比赛,北京大学在甲组比赛中获得男子团体第八名。北京大学派望开力、秦超、徐学昊三位同学参加了比赛。

8. 棒球。2006年第三届中国大学生棒球联赛(甲组)7月23日—30日在山东外贸职业学院(青岛)举行。来自全国高校的13支代表队参加了比赛。北京大学在男子组比赛中获得第二名。教练为张戈老师。

9. 滑水。2006年"富邦杯"全国滑水锦标赛于9月13日在北京昌平"富邦鄂敏俱乐部"举行。北京大学派徐蕊(新闻)和张一文(法学院)参加了比赛。在8个队的争夺中获得女子团体第六名。

10. 男女排球。2006年北京市大学生"中体联合"杯女子甲组排球联赛于11月25日—12月10日分别在北航、人大、交大等校进行,来自北京的8支代表队参加了比赛,北京大学获得第四名。冉文生老师担任教练工作。

男子乙组的排球联赛于11月4日—19日在北京大学、清华大学等10所院校进行。来自北京高校的19所院校参加了比赛,北京大学获得第一名。

11. 赛艇。2006年北大—清华赛艇选拔赛于2006年7月2日在北京昆云河举行。在约2000米的比赛中清华大学以6分21秒获得第一名,北京大学以6分25秒获得第二名。2006年北大—清华赛艇对抗赛于9月2日在福建厦门举行。在2000米的比赛中北京大学以8分14秒43的成绩超过了清华大学队而获得第一名。北京大学的教练是吴为平、孙伟、石运佳。

12. 乒乓球。2006年"佐田杯"第十三届全国大学生乒乓球锦标赛于8月16日—23日在山东鲁能乒乓球学校(潍坊)举行。来自全国的36支代表队参加了普通组的比赛,比赛结果:北京大学男队获得第三名,女队获得第五名。刘伟担任乒乓球队的教练工作。获得体育道德风尚奖的运动员是:时盛男、周正卿、丁颖。

2006年北美乒乓球公开赛(baltimore站)于11月24—27日在美国举行,北京大学派四名选手参加。

参加2006年北美乒乓球公开赛(baltimore站)成绩

姓名	院系	年级	项目	名次	备注
吕家辉	国际关系学院	2003	团体	第一	B
周正卿	经济学院	2004	团体	第二	A
时盛男	新闻学院	2004	团体	第一	B
王烨	经济学院	2005	团体	第一	B

2006年北京市高校乒乓球锦标赛于12月16日在北京工业大学举行。来自北京的12支代表队参加了比赛,北京大学获得男、女团体第一名。刘伟担任教练工作。

参加2006年北京市高校乒乓球锦标赛成绩

姓名	院系	年级	项目			名次		
吕家辉	国际关系学院	2003	男单	男团	男双	第三	第一	第一
周正卿	经济学院	2004	男团	男双	男单	第一	第一	第五
时盛男	新闻与传播学院	2004	女团	女双		第一	第二	
谭赛	经济学院	2004	女团	女双		第一	第一	

续表

姓 名	院 系	年 级	项 目	名 次
王 烨	经济学院	2005	女团 女双 女单	第一 第一 第三
刘金玲	新闻与传播学院	2005	女团 女双	第一 第二
张 寅	经济学院	2005	男团 男双 男单	第一 第二 第五
陈一沫	新闻与传播学院	2005	男团 男双	第一 第二
黄阳阳	经济学院	2006	男团	第一
林 爽	经济学院	2006	女团	第一

【群众体育运动】 1.早操。为了认真贯彻执行国家教育部《关于进一步加强高等院校体育工作的意见》[2005〔4〕]文件精神,响应"每天锻炼一小时,健康工作50年,幸福生活一辈子。"的倡议,大力营造良好的校园文化氛围,不断增强大学生体育意识,保证学生每天有一定的课外体育锻炼,经北京大学教务部、学工部、体育教研部协商决定,从3月27日开始北京大学开始早操活动,每天早上6:30至7:30,活动时间在15分钟以上,课外锻炼时间是16:00—22:00,每次活动在30分钟以上。节假日8:00—22:00,要求学生每周早操一次,课外锻炼两次,要求学生每学期早操累计15次以上,课外锻炼每学期30次以上。为了加强管理,北京大学新添了一套刷卡仪,为考勤使用,使考勤工作便利快捷。

2.FIFA世界杯环球之旅在北京大学举行。3月15日上午,世界杯足球赛环球之旅活动在北京大学举行,北京大学副校长岳素兰为活动剪彩。国际足联新闻委员会副主席马拉达斯在新闻发布会上向媒体确认,这次来华展览的大力神杯才是真正的奖杯,此前在中国展览的奖杯都是复制品。北大学生与中国球迷首次与真正的大力神杯见面。

3.第20届京华杯棋牌赛。4月1日第20届京华杯棋牌赛在北京大学勺园多功能厅举行。清华大学获胜。在已经进行的20届比赛里,北京大学仍然以11:9领先。北京大学副校长岳素兰参加了开幕式。

历届"京华杯"棋牌赛一览

届次	举办年	获胜方	比赛地	届次	举办年	获胜方	比赛地
第一届	1987	清华大学	北京大学	第十一届	1997	北京大学	北京大学
第二届	1988	北京大学	清华大学	第十二届	1998	北京大学	北京大学
第三届	1989	北京大学	北京大学	第十三届	1999	清华大学	清华大学
第四届	1990	北京大学	清华大学	第十四届	2000	清华大学	北京大学
第五届	1991	清华大学	北京大学	第十五届	2001	清华大学	清华大学
第六届	1992	北京大学	清华大学	第十六届	2002	北京大学	北京大学
第七届	1993	北京大学	北京大学	第十七届	2003	清华大学	清华大学
第八届	1994	清华大学	清华大学	第十八届	2004	清华大学	北京大学
第九届	1995	北京大学	北京大学	第十九届	2005	北京大学	清华大学
第十届	1996	北京大学	清华大学	第二十届	2006	清华大学	北京大学

4.2006年北京大学十四届体育文化节暨田径运动会。北京大学第十四届体育文化节暨教职工田径运动会开幕式于4月22日在北大五四运动场举行。北京大学副校长岳素兰主持开幕式,许智宏校长为运动会致辞,常务副校长陈文申宣布运动会开幕。来自全校的69个院系研究中心和23个体育协会的3000多名师生参加了运动会开幕式,国家教育部的领导、学校领导观看了开幕式大型团体操表演。2000多名师生参加了大型团体操表演。本次运动会从21日开始到23日结束。本次运动会学生设36个正规项目、4个趣味项目。

体育文化节从4月21日开始到5月中旬结束,持续约一个月的时间。北京大学第十四届体育文化节充分利用北京大学校内文化资源与体育活动的结合,以体育竞赛和多种形式的与体育相关文化活动平行推进,全面提升教工、学生的体育参与意识。

5.台湾大学、北京大学两岸名校高尔夫球交流活动。5月5日台湾大学和北京大学两岸名校高尔夫球交流活动开幕式在体育中心举行。体教部副主任刘铮参加了开幕式。两岸名校高尔夫球交流活动是由刚刚成立不久的北京大学高尔夫球协会发起邀请台湾

大学到北京进行交流活动的。5月6日比赛在廊坊举行,台湾大学获胜。

6. 北京大学首届中华武术韩国跆拳道国际交流大会。北京大学首届"川正杯"中华武术韩国跆拳道国际交流大会于8月12—15日在北京大学举行。来自全国的65个跆拳道俱乐部和韩国多个俱乐部的600多名青少年跆拳道选手参加了比赛。北京大学体育部领导郝光安、李杰、李朝斌,北京大学武术中心主任李士信及武术中心的成员与韩国跆拳道教育开发院的金炫泰、姜元植等参加了开幕式。本次活动的主办单位是北京大学武术研究中心和韩国跆拳道教育开发院,承办单位天津川正跆拳道俱乐部和北京熙林体育管理有限公司。中央电视台全程跟踪记录了比赛活动。

7. 北京赛区"奥运舵手"选拔启动仪式在北大未名湖举行。9月23日上午9点,北京赛区"奥运舵手"选拔启动仪式在北大未名湖畔举行。北京大学副校长岳素兰参加启动仪式。北京地区奥运舵手启动仪式由《京华时报》主办。全国有一男一女普通民众入选参加2008年北京奥运会。

8. 北京大学700名学生参加2006年北京国际马拉松比赛。10月15日上午,北京大学组织800名学生参加2006年北京国际马拉松长跑比赛活动。北京大学学生参加的是业余组的半程马拉松比赛。比赛由体育教研部和团委学生会组织。

9. 2006年北京大学冬季长跑比赛。"2006年北京大学冬季长跑比赛"12月15日中午在五四田径场举行,来自全校的2000名同学参加了比赛。北京大学副校长岳素兰为比赛鸣枪。来自长跑协会的杨锐同学和生命科学院的古今同学分别获得男生组和女生组第一名。

【科学研究】

(一)课题

顺利完成4项国家体育总局社会科学和软科学课题的结题工作。

获得2项国家体育总局社会科学和软科学课题立项。

体教部联合物理学院、医学部共同攻关国家863项目——《影响人体生物节律的LED光源研究》。本课题主持人是北京大学物理学院博士后、体育教研部体育博士何仲恺。何仲恺是全国体育界第一个获得国家"863计划"的主持人。项目总经费75万元人民币。

(二)对外学术交流

4月,董进霞教授应加拿大不列颠哥伦比亚大学邀请,给研究生讲课。

5月,董进霞教授应日本熊本世界妇女体育大会邀请,做专家报告。

6月,董进霞教授被北京市人事局聘为北京市继续教育公共课"奥林匹克精神与人的全面发展"的主讲教师。

4月,体教部教师参加北京市高校体育科学论文报告会,获得一等奖1项、二等奖4项、三等奖7项。

7月,在全国高校第十六届田径体育论文报告会上,赫忠慧、郝光安的有关健康方面的文章获得一等奖。李德昌、王丽文、吴昊的文章获得二等奖。

(三)举办和筹办国际学术会议

1. 举办中国首届女性与体育文化国际论坛。

10月24—26日,"中国第二届女性与体育文化国际论坛"举行。国家体育总局政策法规司司长张剑、北京大学社科部部长程郁缀和北京大学副校长岳素兰先后在开幕式上发表了讲话,中国社科院新闻研究所研究员卜卫、北京奥组委志愿服务部的孙葆丽教授、北京大学中外妇女问题研究中心副主任魏国英教授、北京体育大学出版社副社长苏丽敏女士、《女性心理》杂志主编范承玲女士以及来自10个国家和地区的50位学者参加了开幕式和论坛活动。

2. 承办北京论坛奥林匹克分论坛。

北京论坛奥林匹克分论坛于10月27—29日举行。来自美国、英国、加拿大、澳大利亚、德国、希腊、法国、日本、新加坡、印度、卡塔尔、坦桑尼亚、中国、中国台湾、中国香港等15个国家和地区的36名专家,围绕"奥林匹克运动与人类文明的和谐发展—多元文化的碰撞和融合"这一主题进行了深入和广泛的交流和探讨。体教部郝光安、赫忠慧担任会议主持工作,张锐、董进霞在会上作学术报告。

3. 举办体育部科研论文报告会。

会上邀请了北京师范大学运动学院院长毛振明教授作专家报告,董进霞作科研工作总结汇报,10多名老师报告了论文。论文的质量比往年有明显提高。

4. 组织召开《北京大学第二届中华武术文化国际论坛》。

9月23日上午,北京大学第二届中华武术文化国际论坛在英杰交流中心正式开幕。来自体育界、武术界、文化界及社会各领域的领导及知名人士共聚一堂,热烈庆祝这一武林盛事的隆重举行。北京大学康寿武术研究中心主任、本届论坛组委会秘书长李士信教授宣布论坛开幕。北京大学前副校长李安模,前国家体委副主任、武术院院长徐才等致辞。

5. 组织召开《中国第二届女性与体育文化国际论坛》。

"中国第二届女性与体育文化国际论坛"于10月25—26日在北京大学体育中心多功能厅举行。该论坛由北京大学人文体育研究基地、北京大学妇女体育研究中心

共同主办。论坛的目的是为了激发人们对女性、健康和体育的关注和热情,全面提升女性的体育参与和健康意识,打造具有时代内涵的健康新女性;推动女性体育学科在我国的发展,展示我国女性体育研究的成果和发展状况,提供一个就"博雅体育、健康女性"进行交流和探讨的平台;增进国内外体育文化交流,加快与国际女性体育和健身研究及实践接轨的步伐。本届论坛为期三天,包括专家报告、大会报告、圆桌讨论、墙报等活动。在论坛上作专家报告的著名学者有:国际体育教育理事会主席的 Gudrun-Doll Tepper 教授(德国)、国际体育史和社会学著名学者 J. A. Mangan 教授(英国)、国际体育史协会副主席 Patricia Vertinsky 教授(加拿大)、国际残奥委员会委员 Lisa Olenik 教授(美国)、坦桑尼亚田径协会副主席 Hamad S. Ndee 博士以及北京大学妇女体育研究中心主任董进霞教授、副主任张锐教授等。

(四)著作

由郝光安任系列主编、刘铮、卢福泉、张锐、董进霞、吴昊、赫忠慧等参与编写的《大学体育》系列教材出版。

(五)健康测试

2006 年全国《学生体质健康标准》数据管理中心会议暨数据上报工作培训班于 4 月 11 日—12 日在北京大学举行。会议由教育部体育卫生与艺术教育司、《学生体质健康标准》数据管理中心主办,北京大学和中国学生体质健康网承办。来自全国 30 个省、自治区、直辖市的代表 160 余人参加了本次会议。会议对 2005 年的工作进行了总结。与会代表参观了北京大学体育健康中心,对北京大学对体育健康工作的重视以及中心的管理工作给予了高度的评价。近年来,按照国家教育部的要求,体育教研部健康中心采取计算机预约的现代化手段,对 7000 名学生进行了六个项目的体质测验活动,并在隶属北京大学社区中开展健康测试活动。

(六)体育人文社会学硕士点获得批准

2006 年,经北京大学有关部门批准,北京大学体育教研部获得可招收体育人文社会学硕士的资格,由体教部的郝光安、董进霞、何仲恺三位教授担任导师,从 2006 年 7 月 9 日开始进行招生咨询活动。专门成立了体教部研究生办公室,主任由何仲恺教授担任。

【体育场馆建设】11 月 20 日,新加坡邱德拔基金捐赠北京大学 1.733 亿元人民币,主要用于支持正在兴建中的北京大学体育馆。

东操场改建工程招标成功。经有关部门协商和招标程序,重庆中体公司中标。定于 2006 年 12 月 25 日开工,2007 年 6 月完工。

二体室外篮球场获得赞助。由炎黄赞助的 8 幅成套高级篮球架于 2006 年 10 月安装在第二体育馆东侧的篮球场。

利用 2006 年暑期对体育中心夹层卫生间和游泳馆更衣室进行改造。体育中心的更衣室改为研究生办公室。

【其他】庆祝林启武先生百岁寿辰。9 月 9 日,北京大学体教部教授、中国羽毛球运动元勋林启武先生迎来了他的百岁寿辰。庆典由体教部主任郝光安主持,北京大学党委书记闵维方,北京大学副校长岳素兰,国家体育总局办公厅主任刘元福,民进中央副主席王佐书、虞音,国家体育总局重竞技中心主任、竞体司长郭仲恭,前国际羽毛球联合会主席吕圣荣,原中国体操协会副主席冯冀柏,国家体育总局乒羽中心副主任许惠玲,北京市归国华侨联合会副主席邱国武以及民进北京市委的领导出席了庆典,祝贺林启武先生百岁生日,对他为体育事业做出的卓越贡献给予高度评价。林启武是我国羽毛球元老、资深体育教育家,曾获国家体委授予的"体育运动一级奖章"、国际羽联授予的"发展羽毛球运动杰出贡献奖"等。

教育教学与学科建设

本科生教育教学

【教学改革】 **开展本科教育教学改革大讨论** 在2006年上半年各教学单位和有关职能部门对本科教育与教学改革历史与现状认真调研和全面总结的基础上,学校在2006年秋季学期开展了全校范围的本科教学改革的讨论,这次讨论对于北京大学本科教育的建设与发展具有重要意义。各院、系通过教研室讨论、学生座谈会、教师座谈会等多种形式组织教师、学生参与了讨论,并向学校递交了综合报告,对本院系培养目标、历史和现状的总结、工作中的问题和差距及改进的建议与措施、今后五年的发展规划等情况进行了全面的总结和部署。教务部形成了本次本科教育与教学改革讨论的汇总材料,搜集汇总了学校本科教学各单位在人才培养目标、加强基础、通识教育与专业教育、创新能力培养、以学生为本和制度保障和管理等一系列重要问题上的认识与看法、存在的主要矛盾和问题、解决问题的建议与办法和下一步工作的设想与方案等,并在北京大学2006年教学工作会议上达成全校的共识。

召开综合性大学本科教学改革研讨会和"中国高等教育学会理科教育专业委员会"2006年常务理事会 2006年10月,借元培计划实施五周年之机,教务部组织召开了为期两天的部分综合性大学本科教学研讨会。北京大学、复旦大学、南京大学等15所综合性大学的教务处长参加了此次会议,教育部高教司理工处李茂国处长到会并发表了讲话。会议就本科教育的发展趋向、学校的发展方向和目标、培养模式、教学改革取得的经验以及存在的困难等各校普遍关心的问题进行了充分的交流和研讨。2006年12月,我校筹备并召开了"中国高等教育学会理科教育专业委员会"2006年常务理事会,会议深入研讨了高等理科教育的发展与教学改革的问题,为我们推进教学改革提供了许多有益的启示。

以通选课建设为重点大力推进通识教育 经过五年的建设,通选课正步入发展过程中的关键时期。一方面,在学校的政策支持和院系的积极配合下,我校的通选课建设取得了显著的成绩,另一方面,课程的质量参差不齐,质量水平较高的自然科学类通选课数量不足。因此,有计划、有组织、成系列地建设一批核心通选课成为2006年通选课建设的重点。一方面,学校要求各院系申报一门课程作为本院系的重点通选课程进行建设,有17个院系申报了25门重点通选课,在2006年的通选课委员会会议上正式定名为"常设通选课"。同时,对已开设的通选课程进行了筛选,调整了12门与通选课建设目标不相符的课程。教务部还组织人员对通选课存在的问题进行了调研和分析,据此制定了《北京大学素质教育通选课管理办法(讨论稿)》。

全力抓好主干基础课和平台课的建设 学校重点建设了一批理科平台课程,数学学院、物理学院、化学学院、信息学院等根据各院系的特点设计了不同类别的平台课,各院系根据情况自主选择,学生也可根据自己的能力和兴趣在各平台课程中选择不同类型的课程。

深入推进精品课建设 我校已形成校级、市级、国家级三级精品课体系,这批课程大部分是主干基础课,建设好这批课程对确保人才培养质量具有重大意义。教务部与现代教育技术中心合作,建立了北京大学精品课网站,帮助教师建立课程网站,减轻教师在申报和建设过程中技术上的负担,使教师更集中精力在课程本身质量的建设上。

暑期学校质量不断提升 2006年暑期学校,教务部以"北大特色的高水平"为目标,组织了一批优秀课程,课程内容兼顾人文学精神和教育与应用知识技能传授,涉及自然科学基础理论、应用科学实验、文史哲基础、社会科学、国际政治关系、艺术原理与欣赏实践、经典解读、外语强化训练、体育、生理及医学基础等多个学科和领域,体现了北京大学多学科研究型大学的学术水平和教学水平。

2006年共开出73门课，82个教学班，58门课程由校内外学生共同选修，选课人数共有3227人，其中校内学生2816人，共选4627人门次；校外学生411人，共选课674人门次，开课门数、班级以及选课人数都达新高。除继续组织学生参加耶鲁大学暑期学校学习，历史学系的《东北亚史》以校内课堂讲授和国外实地考察相结合的方式，到日本、韩国实地考察授课。

【教务管理】 为了提升本科生对母校的归属感、认同感，完善本科培养过程的最后一个环节，使本科生的毕业典礼更加隆重喜庆、规范整齐，经校领导指示，教务部为各院系配备学士学位服3500套。

根据学校信息化建设的需要，教务部作为学校人员管理的职能部门，积极参与学校编码工作，认真投入方案的制订和落实工作。

为进一步规范外校学生在北大委托培养期间的管理，制定了《北京大学委培生管理规定》，做到有章可循。

针对新老教务人员交替的实际情况，结合当前工作任务，我们对所有本科教务员进行了培训，培训内容有基础理论和学生心理方面的理论知识，也有实际工作的具体操作办法。培训对提高教务管理人员的整体素质、改善服务质量有非常大的意义。

利用暑假对文史楼进行了改造。现在文史楼的多数教室已改换成活动桌椅，方便教师采取更加灵活的教学方式，开展讨论式教学。此次改造得到了很多老师的肯定。

为解决暑期学校学生住宿问题，教务部与学生住宿管理中心磋商，利用毕业学生离校和新生入学的空当，拿出了部分空房，解决了外地学生参加暑期学校学习期间的住宿问题，方便了学生，扩大了影响。

【本科教学迎评工作】 3月28日，林建华常务副校长接待教育部高等教育教学评估中心刘凤泰主任一行来我校开展调研。

4月6日，林建华常务副校长主持召开评建工作办公室成立暨第一次工作会议。

4月18日，林建华常务副校长受邀在教育部评估工作会上，作主题发言，介绍北京大学评建工作经验。

6月，评建办公室对院系评建工作作了重点安排，并组织了相关人员培训。

9月，评建办发布本学期迎评工作安排，布置本学期评建工作重点，同时制定评建工作倒计时安排。

10月25日，林建华常务副校长主持召开了评建工作动员会。对职能部门评建工作作了重点安排，通过讨论进一步明确职能部门职责。

11月，学校对各职能部门的评建工作开展检查。

11月，学校对各院系评建工作开展检查。

【实践教学】 2006年共计资助268个本科生研究项目，参与学生410人。研究项目的指导教师主要是由承担国家科学研究项目和教学任务的教授担任，其中43个研究项目的导师是院士和"长江特聘教授"。2006年10月，各院系按照学校的要求，或组成统一的专家组，或按照选修"研究课程"学生的研究方向分别组成专家组，完成了2003级本科生"研究课程"的学分及成绩的认定工作，共382名本科生获得"研究课程"的学分，其中9名未受"本科生科研基金"资助本科生，经专家组认定申请并获得"研究课程"的学分。2006年，我校还获得了教育部"国家大学生创新训练计划"试点工作的资助经费，该经费用于资助我校元培计划实验班（理）、数学科学学院、物理学院、信息科学与技术学院、化学与分子工程学院和生命科学学院学有余力并对科学研究工作有兴趣的本科生146名，研究项目71个。

教务部与国际合作部一起，组织学生参加了耶鲁大学、约克大学和奥地利的暑期学校。

2006年，北京大学生物、电子、经管、基础医学四个中心被评为北京市级实验教学示范中心，生物被评为国家级实验教学示范中心。

【教材建设】 2006年，我校教材建设工作取得了较为突出的成绩："十一五"国家级规划教材，我校共入选392种，其中校本部274种，医学部118种，高居全国高校榜首；2006年北京市教委开展北京高等教育精品教材评审工作，我校认真组织申报工作，推荐了一批高水平教材参加评审，我校56种教材获奖。

按照我校教材建设规划，2006年我校进行了每年一次的校级教材立项工作，教务部组织各学科专家进行了严格评审，确定68种教材为2006年北京大学教材建设立项项目。

2006年教材中心销售码洋为3136923.88元。

【课程评估】 2006年，全年评估本科生课程共2320门。学生课程评估采用网络问卷方式，针对课程特点，设计理论课、实验课、体育课三类评估指标。学生评教结果编印成《2005—2006年春季学期学生课程评估手册》、《2006—2007年秋季学期学生课程评估手册》，下发到院系各教学单位。学生可以通过网络问卷进行评估，教师通过网络系统察看结果，有效地进行评估反馈。继续完善和健全教学质量监控体系，除了学生课程评估之外，也通过老教授教学调研、同行教师听课、行政教学检查对教学质量进行多角度、全方位的监控和评价。

经教务部初审,教务长办公会讨论审议,通过公示,最后评选出2005—2006学年度北京大学教学优秀奖获奖者42人,其中校本部37人,医学部5人,于教师节期间公布表彰。

2006年,组织申报教育部、北京市精品课程评选,共13门课程获国家级精品课程;8门课程获北京市级精品课程。

【招生工作】 2006年各省第一名录取人数继续保持领先的绝对优势,我校共录取各省(直辖市、自治区、港澳台地区)第一名48人,其中文科第一名33人,理科第一名15人。各省市文理科前十名中,我校录取比例超过60％,而文科录取比例依然接近90％。26个省市的文科录取分数线居全国高校首位,录取平均分数比重点线高出108分;7个省市的理科录取线居全国高校首位,理科录取平均分数比重点线高出135分。

2006年,19名获国际数学、物理、化学、生物奥林匹克竞赛金牌的选手中,15名进入我校,其中数学金牌6枚,物理金牌3枚,化学4枚,生物学2枚,显示出竞赛选手对北京大学理科学科的认可。此外,我校今年首次录取了一名高二年级的信息学国际奥林匹克竞赛金牌获得者。

(关海庭 方新贵 金顶兵 刘丽敏)

【有关数据】 2006年入学的普通本科生2893人,有2822人取得学籍,其中,重新入学1人,保留入学资格1人,取消入学资格(未报到)70人。留学生应入学285人,实际报到265人,有20人未报到取消入学资格。

全年为普通本科生办理各类异动843人次,其中:休学70人,停学181人,复学199人,转系转专业109人,离校124人,提前毕业4人,转学5人,保留学籍22人,延期44人。

留学生875人,全年异动180人次,其中:休(停)复学66人次,退学55人,延期毕业21人,保留学籍16人。

为在校生补办学生证、办理在学证明、公证证明等2000多人次。

为在校本科生发放"乘车优惠卡"2500多张。

考试违纪作弊处理18人,其中记过取消学位13人,严重警告5人。

发放学士学位证书2993本,其中境外办学67本;发放本科毕业证书3051本,其中境外办学88本;发放结业证书116本;发放大专毕业证30本;发放双学位证书870本;辅修毕业证书157本。

毕业生保研初审具备免试资格人数1424人,成功推荐1063,其中推荐到校内818,推荐到校外245。办理各类出国手续396人次;其中校际交流58人,派出地有:东京大学1人,香港大学10+10人,香港科技大学10+10人,香港中文大学14人,新加坡国立大学12人,台湾新竹清华大学5人,日本早稻天大学15人,其他国家如美国、丹麦、瑞典、澳大利亚等每年人数不等。接受香港科技大学9人,香港中文大学18人次,香港大学13人。境外办学点1个,学生约200人。

6月和12月,分别为2006届本专科毕业生和2006级新生电子注册。

4月15日,为2005届澳门学生举办了毕业典礼。

为石河子大学插班培养10名本科生。

(王 卫)

医学本科教育

【教学改革】 1. 结合教育观念的转变,探讨医学教育学制和学位问题。

2006年11月医学部先后组织校内外专家教授,共同研讨临床医生培养过程中学校教育、毕业后教育以及继续教育的培养定位问题,探讨解决学位授予与医师的执业资格标准交叉问题的解决办法。北京大学常务副校长、医学部常务副主任柯杨教授、医学部副主任王宪教授组织召开了医学教育改革座谈会,与各学院(部)、临床医学院院长、教学副院长、部分专家教授以及教学管理人员,就北京大学医学教育改革的整体构想、框架设计、具体方案等进行广泛的研讨,广泛听取大家的意见和建议。医学部主任韩启德院士、柯杨常务副主任邀请部分来京参加中国高等教育学会医学教育专业委员会第四次代表大会的举办了长学制医学教育的院校长就医学教育学制问题举行了座谈,就北京大学对于临床医学教育学制改革的建议,与兄弟院校的领导与专家进行了沟通和交流,寻求解决医学教育多学制轨道的基本思路和初步方案。

2. 继续加强教学研究及课程体系改革,推进新一轮教学计划修订工作。

2006年4月教育处组织各学院参加中国高教学会"十一五"教育科学研究规划课题申报工作,医学部共有20项教育教学改革课题通过评审成为"中国高等教育学会'十一五'教育科学研究规划课题",居医学院校之首。

启动新一轮教学计划修订工作。经学校研究决定,自2007级开始基础医学、临床医学、口腔医学、预防医学、药学、护理学、生物医学英语专业学生将在北大接受一年的医预教育,同时,为了进一步与国际医学教育接轨,本次教学计划将根据《中国本科医学教育标准》调整课程设置,按照模块构架课程体系,如临床医学专业一阶段的课程设置由一个平台(10％)和六个模块(90％)组成,一个平台包括政治理论课、英语、体育、计算

机,六个模块包括医学职业与人文素养(20%)、科研与思维训练(5%)、自然科学(10%)、生态环境与群体保健(5%)、基础医学和临床医学(50%)等。增加人文课程,减少必修课学时,增加学生自主学习的时间。

3. 继续推进以问题为中心的教学方法改革

医学部于2004年启动了以问题为中心的教学方法改革,各学院相继开展PBL教学学生通过查阅网上资源、相关病例、教师授课、实验等方法,进行学习,解决问题和思维能力得到提高。学生们对PBL这一教育模式给予了充分的肯定,获得了积极的反馈和热烈的回应。PBL教学法培养了学生的伦理思辨能力,从而促进学生的批判性思维的发展。

4. 积极进行长学制临床教学模式改革

经专家组多次论证,在长学制临床教学中,2006年首先在北大医院探索以器官系统为中心的教学模式代替以往临床医学桥梁课、系统课以学科为中心的授课方式,解决医学知识被人为割裂、授课重复、有限资源得不到充分利用等问题。第六临床学院经过一年多的探索,初步建立了以PBL教学模式为主要方式的长学制精神病学教学模式。

5. 加强MD/PHD双学位人才培养

2006年12月制定《北京大学医学部与国外大学联合培养学生学籍管理办法》规范医学部与国外大学联合培养学生的管理,北京大学医学部与美国德州大学休斯敦医学中心合作培养具有MD/PHD双学位的人才。

6. 构建新的教学评价体系

与国际发展同步,医学部对临床医学生的评价不再局限于理论考核,更加注重临床技能、临床思维、职业精神等综合素养的评定,

多选题(MCQ)、客观结构化临床考核(OSCE)、标准化病人(SP)、职业素养评估等,均已在临床教学中应用。自2003年,在临床医学专业七年制成功试点的基础上,至2006年临床专业五年制的毕业考试及长学制学生进入二级学科的资格考试均增设OSCE,使用模拟病人、计算机考核等先进考核方法。医学部大力支持临床学院进行标准化病人库的建设,倡导在教学过程评估中使用OSCE。

7. 临床学系的成立

学系的成立,是医学部教育教学改革迈出的实质一步,有利于进一步规范教学,统一授课和考核、整合教师资源,实现优势教学资源共享。2006年肾脏内科、麻醉与重症医学系成立。截至目前,已有妇产科、儿科、传染病、眼科、皮肤与性病科、核医学、医学检验科等9个临床学系成立。许多学系根据自身学科的特点,开展了多种形式的教学活动,如集体备课、青年教师讲课比赛、国内、国际学术交流等。

8. 鼓励学生参加境外知名大学交流

2006年9月为鼓励学生参加境外知名大学的交流,提高学生的学业水平,规范管理,根据北京大学本部相关规定和医学部的具体情况制定了《北京大学医学部本科生赴境外大学学习课程认定及学分转换相关管理办法》,规定了学生赴境外大学学习课程、成绩认定及学分转换的办法。

【本科教学迎评】11月医学部组织召开了启动迎接2007年教育部本科教学工作水平评估工作会暨近期本科教学重点工作通气会。正式启动医学部迎接2007年教育部本科教学水平评估准备工作。

2006年12月18日—2007年1月9日,迎接教育部本科教学水平评估小组组织专家组成员对医学部所属的学院、部进行了第一次

自评,专家们认真查阅了各单位的文件材料,重点查看了试卷和论文,帮助学院充分总结近年来教学改革的亮点找出薄弱环节,指出存在的问题,以便各单位明确以后整改的目标。教育处也根据检查中发现的问题,及时拟发相关文件,提出统一要求,以规范教学和学生管理工作。

【师资培训】4月举办第二届《网页制作》培训班,来自各学院的30余名教师参加了培训。医学部教育处与国际合作处共同组织各临床医院教师一行10人于2006年4月1日—5月7日赴美国新墨西哥大学与康奈尔大学进行了为期近四十天的教学培训,较全面详细地了解了该学校的医学课程设置,教学目标,教学方式,教学评估,学生考核方式,医院实习,社区实习等方面的情况;并直接参与了他们的PBL课的病例编写,课前集体备课,上课实践以及课后评估等过程。部分接受培训的学员已经开始在自己的教学实践中进行了初步的尝试。

【课程建设】5月12日,医学部教育处召开了2006年度北京大学医学部精品课程答辩评审会。共12门课程参加了答辩,其中新申报课程10门。经过评审,有6门课程评为2006年北京大学医学部级精品课程;并从两年的医学部级精品课程中推荐十余门课程参加北京市级和国家级精品课程评选,最终外科学和神经生物学荣获2006年度北京市级精品课程,药物化学、外科学和口腔正畸学荣获2006年度国家级精品课程。

为进一步加强精品课程建设,医学部教育处起草了《关于印发北京大学医学部精品课程体系建设管理规定的通知》(北医2006部教字228号),以提高医学课程建设的水平,并对获得医学部级的精品课程给予建设经费,由于基础医学院和第二临床医学院在医学部精

品课程建设中成绩突出,分别给予了奖励。

【教材建设】 医学部118种教材入选"十一五"国家级教材规划,99本入选教材的出版单位为北京大学医学出版社。2006年12月18日,根据北京大学《关于对侵犯复制、销售、使用外国教材进行检查的紧急通知》,医学部各学院进行了认真自查,没有发现"侵犯复制、销售、使用外国教材"的现象。

着眼当今医学发展的现状和未来,2006年新版的北京大学临床医学专业临床阶段教学大纲已投入使用,新版实习指导在修订、补充、编纂中。

2006年获评北京高等教育精品教材名录

序号	教材名称	主编姓名	主编单位	出版单位
1	化学原理和无机化学	王夔	北京大学	北京大学医学出版社
2	病理生理学(第二版)	吴立玲	北京大学	北京大学医学出版社
3	生物化学(第三版)	贾弘禔	北京大学	北京大学医学出版社
4	组织学与胚胎学	刘斌	北京大学	北京大学医学出版社
5	医用基础化学(第二版)	吕以仙 李荣昌	北京大学	北京大学医学出版社
6	组织学与胚胎学(第二版)	唐军民 高俊玲 苏安英	北京大学	北京大学医学出版社
7	耳鼻咽喉科学	李学佩	北京大学	北京大学医学出版社
8	核医学	林景辉 王荣福	北京大学	北京大学医学出版社
9	皮肤病学与性病学	朱学骏	北京大学	北京大学医学出版社
10	口腔颌面部解剖学	赵士杰 皮昕	北京大学	北京大学医学出版社
11	现代护理新概念与相关理论	邹恂	北京大学	北京大学医学出版社

【基地建设】 2006年基础医学院的生物医学教学实验中心通过评审成为北京高等学校实验教学示范中心。基础医学在国家基础科学人才培养基金申请中,获得人才培养能力提高项目经费180万元。2006年第四临床学院首次承接临床医学八年制的临床教学任务,北大深圳临床学院首次承接基础医学专业八年制临床教学任务,首钢临床学院首次承接生物医学英语专业的临床教学任务。经过专家评估,北京市回龙观医院成为北京大学回龙观教学医院,北京大学北京民航总医院教学医院正式更名为北京大学北京民航临床医学院。

【教务管理】 1. 修订本专科生学籍管理规定。2006年7月根据教育部精神和教育教学改革的需要修订《北京大学医学部本专科学生学籍管理细则》,在百分制评定课程成绩的基础上采取国际惯例的平均学分绩点(GPA)划分等级标准评价学业质量,淡化学生对学习成绩的过分追求。制定相应的留级、退学、毕业和获得学位的标准。采用平均学分绩点评价学生的学习成绩更为准确。用学分反映学习的数量,用绩点反映学习的质量,考虑了学生的学习数量和质量,从而比较客观地反映学生学习的质量,有利于调动学生学习积极性,对于一些因不适应大学生活造成低年级不及格补考较多或因家庭或其他特殊原因造成不及格而补考的学生较有利,给予改正的机会,遵从以发展的观点看学生进步的原则。

2. 修订本科生辅修/双学位管理办法。2006年7月根据新的《北京大学医学部本专科学生学籍管理细则》,对本科生辅修双学位的管理办法进行了修订,选修双学位的要求由百分制改为绩点制,要求平均学分绩点在2.9及以上,单科成绩绩点在1.8及以上,同时考虑到生物医学专业的特殊性,降低入选修标准即平均学分绩点在2.0以上,没有不及格课程即可。

3. 新生注册。2006年11月根据北京市教育委员会要求为2006级本专科791名新生电子注册。

4. 毕业生注册。2006年6月根据北京市教育委员会要求分别为2006届本专科毕业生、长学制毕业生电子注册。医学部2006年共有全日制本科毕业生206人,其中包括留学生26人、台港澳学生25人。2001级基础医学、临床医学、口腔医学八年制,预防医学七年制已完成第一阶段培养358人,2002级药学六年制学生已完成第一阶段培养114人。完成本科学业的678名全日制学生中符合授予学士学位标准的有652人,不符合授予学士学位标准的有26人,其中5人结业。长学制毕业生临床医学60人,口腔医学19人获医学硕士学位。

5. 专科生升入本科。2006年7月经北京市教育委员会同意,高菲等7名护理学专业大专生转为本科生。

【招生工作】 2006年医学部招生总数为834人,其中一批本科录取564人,二批本科录取68人,专科录取202人。具体分布情况:本博连读八年制287人,本硕连读长学制共录取129人,五年制本科148人,四年制本科共录取67人。

在一批本科录取的564名考生中(含保送生、国防生、民族预科生),男生263人,占47%,女生301人,占53%;中共党员58人,共青团员496人,党团员占98.2%;应届生526人,占93.3%,往届生38人,占6.7%。

我们一共在24个省招生,实行标准分的广东省的平均分811分;其余满分为750分的23个省区平均分都在630以上,其中15个省的平均分超过650分;云南、吉林的平均分超过了680分。

2006年在北京地区,医学部第一批本科的提档线为645分,比重点线高117分,保持了以往的水平;二批本科提档线623分,高于二本线147分,再次名列各高校之首;专科录取最高分为506分,最低446分,高于今年本科三批分数线。招生从分数上看是有史以来医学部最高的。

2006年医学部本科各专业实际录取考生人数

本科专业	临床医学八年	基础医学	口腔医学	预防医学七年	药学六年	临床医学五年	预防医学五年	护理学	医学英语	应用药学	医学实验	合计
录取数	207	40	40	32	97	36	34	39	39	38	30	632

2006年医学部本科生招生录取分数一览表

地区	最高分	最低分
北京	699	645
河北	662	590
河南	688	641
山西	651	627
山东	683	672
内蒙古	681	657
辽宁	676	633
吉林	715	665
黑龙江	691	670
浙江	694	581
湖北	661	647
湖南	662	651
广东	888	779
广西	658	554
福建	658	651
江西	660	628
四川	671	660
云南	698	669
重庆	680	670
甘肃	682	632
陕西	686	646
新疆	692	634
天津	664	632
江苏	672	667

附 录

北京大学本科专业目录

编 号	院系编码	院系名称	专业代码	专业名称
1	001	数学科学学院	070101	数学与应用数学
2	001	数学科学学院	070102	信息与计算科学
3	001	数学科学学院	071601	统计学
4	004	物理学院	070201	物理学
5	004	物理学院	070202	应用物理学
6	004	物理学院	070204S	核物理
7	004	物理学院	070501	天文学
8	004	物理学院	070901	大气科学
9	004	物理学院	080508S	核技术
10	010	化学与分子工程学院	070301	化学
11	010	化学与分子工程学院	071302	材料化学
12	010	化学与分子工程学院	080510S	核化工与核燃料工程
13	011	生命科学学院	070401	生物科学
14	011	生命科学学院	070402	生物技术
15	012	地球与空间学院	070601	地质学
16	012	地球与空间学院	070602	地球化学
17	012	地球与空间学院	070801	地球物理学
18	012	地球与空间学院	070802s	地球与空间科学
19	012	地球与空间学院	070803s	空间科学与技术
20	013	环境学院	070701	地理科学
21	013	环境学院	070702	资源环境与城乡规划管理
22	013	环境学院	070703	地理信息系统
23	013	环境学院	071401	环境科学
24	013	环境学院	071402	生态学
25	013	环境学院	080702	城市规划
26	016	心理学系	071501	心理学
27	016	心理学系	071502	应用心理学
28	018	新闻学院	050301	新闻学
29	018	新闻学院	050302	广播电视新闻学
30	018	新闻学院	050303	广告学
31	018	新闻学院	050304	编辑出版学
32	020	中国语言文学系	050101	汉语言文学
33	020	中国语言文学系	050102	汉语言
34	020	中国语言文学系	050105	古典文献
35	020	中国语言文学系	050107	应用语言学
36	021	历史学系	060101	历史学
37	021	历史学系	060102	世界历史
38	022	考古文博院	060103	考古学
39	022	考古文博院	060104	博物馆学
40	023	哲学系	010101	哲学
41	023	哲学系	010102	逻辑学

续表

编号	院系编码	院系名称	专业代码	专业名称
42	023	哲学系	010103	宗教学
43	024	国际关系学院	030201	科学社会主义与国际共产主义运动
44	024	国际关系学院	030402	国际政治
45	024	国际关系学院	030403	外交学
46	024	国际关系学院	030406w	国际政治经济学
47	025	经济学院	020101	经济学
48	025	经济学院	020102	国际经济与贸易
49	025	经济学院	020103	财政学
50	025	经济学院	020104	金融学
51	025	经济学院	020107	保险
52	025	经济学院	020115w	环境资源与发展经济学
53	028	光华管理学院	020104	金融学
54	028	光华管理学院	110201	工商管理
55	028	光华管理学院	110202	市场营销
56	028	光华管理学院	110203	会计学
57	028	光华管理学院	110204	财务管理
58	028	光华管理学院	110205	人力资源管理
59	029	法学院	030101	法学
60	030	信息管理系	110102	信息管理与信息系统
61	030	信息管理系	110501	图书馆学
62	031	社会学系	030301	社会学
63	031	社会学系	030302	社会工作
64	032	政府管理学院	030401	政治学与行政学
65	032	政府管理学院	110301	行政管理
66	032	政府管理学院	110307w	公共政策学
67	032	政府管理学院	110308w	城市管理
68	039	外国语学院	050201	英语
69	039	外国语学院	050202	俄语
70	039	外国语学院	050203	德语
71	039	外国语学院	050204	法语
72	039	外国语学院	050205	西班牙语
73	039	外国语学院	050206	阿拉伯语
74	039	外国语学院	050207	日语
75	039	外国语学院	050208	波斯语
76	039	外国语学院	050209	朝鲜语
77	039	外国语学院	050210	菲律宾语
78	039	外国语学院	050211	梵语巴利语
79	039	外国语学院	050212	印度尼西亚语
80	039	外国语学院	050213	印地语
81	039	外国语学院	050216	缅甸语
82	039	外国语学院	050218	蒙古语
83	039	外国语学院	050220	泰语
84	039	外国语学院	050221	乌尔都语
85	039	外国语学院	050222	希伯来语

续表

编号	院系编码	院系名称	专业代码	专业名称
86	039	外国语学院	050223	越南语
87	040	马克思主义学院	030404	思想政治教育
88	043	艺术学院	050420	广播电视编导
89	043	艺术学院	050422	艺术学
90	043	艺术学院	110302	公共事业管理
91	048	信息科学技术学院	071201	电子信息科学与技术
92	048	信息科学技术学院	071202	微电子学
93	048	信息科学技术学院	080605	计算机科学与技术
94	048	信息科学技术学院	080627s	智能科学与技术
95	086	工学院	071101	理论与应用力学
96	086	工学院	081702	工程结构分析
97	180	医学部	100101	基础医学(五年)
98	180	医学部	100101	基础医学(八年)
99	180	医学部	100201	预防医学(五年)
100	180	医学部	100201	预防医学(七年)
101	180	医学部	100301	临床医学(八年)
102	180	医学部	100301	临床医学(五年)
103	180	医学部	100304	医学检验(五年)
104	180	医学部	100311w	医学实验学
105	180	医学部	100401	口腔医学(八年)
106	180	医学部	100401	口腔医学(五年)
107	180	医学部	100402w	口腔修复工艺学
108	180	医学部	100701	护理学(五年)
109	180	医学部	100801	药学
110	180	医学部	100801	药学(六年)
111	180	医学部	100807w	应用药学

北京大学本科课程目录

课程名称	院系	课程名称	院系
网站设计与开发	电化教学中心	自然科学中的混沌和分形	物理学院
大学教育与个人及社会的发展	教育学院	原子物理	物理学院
生活教育—成功人生的基础	教育学院	原子物理习题	物理学院
生活教育—成功人生的基础	教育学院	综合物理实验(一)	物理学院
人口学概论	人口研究所	应用磁学基础	物理学院
中美关系及国际政治	教务处	低温物理	物理学院
全球化的文化回应：中国与西方	教务处	医学物理导论	物理学院
全球化之辩	教务处	平衡态统计物理	物理学院
发展经济学：全球化时代的发展，贫穷和制度变化	教务处	电动力学（A）	物理学院
亚太国际关系	教务处	固体物理导论	物理学院
清朝开国史	教务处	电动力学	物理学院
军事理论	武装部	数学物理方法Ⅱ	物理学院
环境生态学	物理学院	热力学与统计物理(B)	物理学院
工程图学及其应用	物理学院	粒子物理	物理学院

续表

课程名称	院系	课程名称	院系
现代光学及光电子学	物理学院	演示物理学	物理学院
激光物理学	物理学院	人类生存发展与核科学	物理学院
近代物理实验(A)Ⅱ	物理学院	理论天体物理	物理学院
半导体物理学	物理学院	现代天文学	物理学院
超导物理学	物理学院	环境生态学	物理学院
量子场论	物理学院	工程图学及其应用	物理学院
群论	物理学院	大气概论	物理学院
高等量子力学	物理学院	海洋、气候变化和我们的星球	物理学院
量子统计物理	物理学院	理论物理导论	物理学院
纳米科技进展	物理学院	中国西部环境演变与发展	物理学院
高等数学(B)(一)	物理学院	物理宇宙学基础	物理学院
高等数学(B)(一)习题课	物理学院	今日物理	物理学院
线性代数(B)	物理学院	固体理论	物理学院
线性代数(B)习题	物理学院	光学理论	物理学院
现代电子电路基础及实验(一)	物理学院	粒子理论专题	物理学院
现代物理前沿讲座Ⅰ	物理学院	指导研究	物理学院
大气科学导论	物理学院	核物理与粒子物理导论	物理学院
力学	物理学院	加速器物理基础	物理学院
光学	物理学院	微机原理及上机	物理学院
近代物理	物理学院	固体物理学	物理学院
光学	物理学院	固体物理习题	物理学院
光学习题	物理学院	近代物理实验(A)Ⅰ	物理学院
普通物理实验(A)(一)	物理学院	量子规范场论	物理学院
基础物理概论(英文)	物理学院	文献阅读	物理学院
计算概论	物理学院	广义相对论	物理学院
计算概论上机	物理学院	高等数学(B)(二)	物理学院
平衡态统计物理	物理学院	高等数学(B)(二)习题课	物理学院
宇宙概论	物理学院	现代电子电路基础及实验(二)	物理学院
数学物理方法	物理学院	大气科学导论	物理学院
数学物理方法习题	物理学院	热学	物理学院
理论力学	物理学院	电磁学	物理学院
毛泽东思想概论	物理学院	光学	物理学院
思想道德修养	物理学院	原子物理学	物理学院
军事理论	物理学院	热学	物理学院
实测天体物理(二)	物理学院	电磁学	物理学院
宇宙探测新技术引论	物理学院	原子物理习题	物理学院
天文文献阅读	物理学院	光学习题	物理学院
卫星气象学	物理学院	普通物理实验(A)(二)	物理学院
大气探测原理	物理学院	热学习题课	物理学院
流体力学	物理学院	电磁学习题课	物理学院
大气物理实验	物理学院	原子和当代物理(英文)	物理学院
天气分析与预报	物理学院	算法与数据结构	物理学院
Java编程	物理学院	算法与数据结构上机	物理学院
非线性物理专题	物理学院	数学物理方法	物理学院

续表

课程名称	院系	课程名称	院系
热力学与统计物理(B)	物理学院	当代社会思潮评析	马克思主义学院
平衡态统计物理	物理学院	法学原理	马克思主义学院
电动力学（A）	物理学院	人力资源管理	马克思主义学院
量子力学（B）	物理学院	当代经济学专题	马克思主义学院
量子力学（A）	物理学院	经济法	马克思主义学院
量子力学习题	物理学院	游泳	体育教研部
电动力学习题	物理学院	游泳提高班	体育教研部
数学物理方法习题	物理学院	太极拳	体育教研部
理论力学习题课	物理学院	健美操	体育教研部
理论力学	物理学院	乒乓球	体育教研部
计算方法(B)	物理学院	乒乓球提高班	体育教研部
天体物理前沿	物理学院	羽毛球	体育教研部
天体物理导论	物理学院	羽毛球提高班	体育教研部
天体物理观测技术与方法	物理学院	网球	体育教研部
天体光谱学	物理学院	网球提高班	体育教研部
雷达气象学	物理学院	足球	体育教研部
描述性物理海洋学	物理学院	足球提高班	体育教研部
大气物理学基础	物理学院	篮球	体育教研部
天气学	物理学院	篮球提高班	体育教研部
大气动力学基础	物理学院	排球	体育教研部
大气物理实验	物理学院	形体（女生）	体育教研部
灵活物理学	物理学院	健美	体育教研部
量子力学Ⅱ	物理学院	保健4	体育教研部
环境生态学	物理学院	棒、垒球	体育教研部
个人理财	马克思主义学院	防身术	体育教研部
伦理学	马克思主义学院	攀岩	体育教研部
社会学	马克思主义学院	少林棍术	体育教研部
组织行为学	马克思主义学院	跆拳道	体育教研部
计算机应用（一）	马克思主义学院	击剑	体育教研部
思想政治教育心理学	马克思主义学院	体育舞蹈	体育教研部
领导学	马克思主义学院	象棋文化与技战术（初级班）	体育教研部
中国政治思想史	马克思主义学院	体育综合素质训练	体育教研部
政治学概论	马克思主义学院	现代健身方法	体育教研部
马克思主义政治经济学原理	马克思主义学院	台球	体育教研部
当代世界经济与政治	马克思主义学院	国际象棋（初级班）	体育教研部
公共关系学	马克思主义学院	武术	体育教研部
英语（三）3	马克思主义学院	保健课	体育教研部
马克思主义经典著作选读	马克思主义学院	手球	体育教研部
现代化理论与中国现代化	马克思主义学院	奥林匹克文化	体育教研部
文化产业导论	马克思主义学院	运动、营养与减肥	体育教研部
计算机应用（二）	马克思主义学院	同调论	数学科学学院
思想政治教育心理学	马克思主义学院	微分拓扑	数学科学学院
英语（四）3	马克思主义学院	泛函分析（二）	数学科学学院
中国共产党思想政治教育史	马克思主义学院	微分流形	数学科学学院

续表

课 程 名 称	院　　系	课 程 名 称	院　　系
数学模型	数学科学学院	概率论	数学科学学院
计算机图形学	数学科学学院	数值方法：原理，算法及应用	数学科学学院
常微分方程定性理论	数学科学学院	符号计算	数学科学学院
数值代数	数学科学学院	数学概论系列讲座	数学科学学院
数值分析	数学科学学院	普通统计学	数学科学学院
基础物理(下)	数学科学学院	高等概率论	数学科学学院
利息理论与应用	数学科学学院	微观经济学	数学科学学院
期权期货与其它衍生证券	数学科学学院	随机过程	数学科学学院
时间序列分析	数学科学学院	初等数论	数学科学学院
数据结构	数学科学学院	拓扑学	数学科学学院
抽象代数 (II)	数学科学学院	数学模型	数学科学学院
数学分析	数学科学学院	动力系统	数学科学学院
高等代数	数学科学学院	最优化方法	数学科学学院
分布式计算与网络	数学科学学院	流体力学引论	数学科学学院
数学分析(I)	数学科学学院	基础物理(上)	数学科学学院
数学分析(III)	数学科学学院	小波分析	数学科学学院
微分几何	数学科学学院	期权期货与其它衍生证券	数学科学学院
数学分析(I)习题	数学科学学院	证券投资学	数学科学学院
数学分析(III)习题	数学科学学院	概率论	数学科学学院
高等代数(I)	数学科学学院	计算概论	数学科学学院
偏微分方程	数学科学学院	信息安全	数学科学学院
高等代数(I)习题	数学科学学院	古今数学思想	数学科学学院
几何学	数学科学学院	数学分析(II)	数学科学学院
几何学习题	数学科学学院	数学分析(II)习题	数学科学学院
实变函数	数学科学学院	复变函数	数学科学学院
李群及其表示	数学科学学院	高等代数 (II)	数学科学学院
数理逻辑	数学科学学院	高等代数(II)习题	数学科学学院
密码学	数学科学学院	常微分方程	数学科学学院
统计软件	数学科学学院	泛函分析	数学科学学院
应用随机过程	数学科学学院	模形式	数学科学学院
应用回归分析	数学科学学院	组合数学	数学科学学院
理论力学	数学科学学院	黎曼几何	数学科学学院
并行计算	数学科学学院	测度论	数学科学学院
毕业讨论班	数学科学学院	应用多元统计分析	数学科学学院
高等统计学	数学科学学院	毕业论文(1)	数学科学学院
程序设计技术与方法	数学科学学院	毕业论文(2)	数学科学学院
抽象代数	数学科学学院	控制系统CAD	数学科学学院
数理统计	数学科学学院	理论计算机科学基础	数学科学学院
风险理论	数学科学学院	人工智能 *	数学科学学院
经济动力学基础	数学科学学院	集合论与图论	数学科学学院
微分几何	数学科学学院	偏微分方程数值解	数学科学学院
近世代数	数学科学学院	微机原理	数学科学学院
抽样调查	数学科学学院	寿险精算	数学科学学院
应用多元统计分析	数学科学学院	实分析	数学科学学院

续表

课程名称	院系	课程名称	院系
毕业论文(证券)讨论班	数学科学学院	化工基础	化学与分子工程学院
毕业论文(汇率)讨论班	数学科学学院	色谱分析	化学与分子工程学院
毕业论文(资产定价)讨论班	数学科学学院	电分析化学研究方法	化学与分子工程学院
毕业论文(精算)讨论班	数学科学学院	立体化学	化学与分子工程学院
运筹学	数学科学学院	中级分析化学	化学与分子工程学院
常微分方程	数学科学学院	化学专业英语	化学与分子工程学院
统计软件	数学科学学院	波谱分析	化学与分子工程学院
数理统计	数学科学学院	化学信息学	化学与分子工程学院
变分学	数学科学学院	大学语文	化学与分子工程学院
普通统计学	数学科学学院	材料物理	化学与分子工程学院
宏观经济学	数学科学学院	功能化学	化学与分子工程学院
公司财务	数学科学学院	高分子化学	化学与分子工程学院
数学的精神、方法和应用	数学科学学院	化工实验	化学与分子工程学院
大学化学	化学与分子工程学院	生命化学基础	化学与分子工程学院
今日新材料	化学与分子工程学院	中级物理化学	化学与分子工程学院
魅力化学	化学与分子工程学院	中级物理化学实验	化学与分子工程学院
化学与社会	化学与分子工程学院	界面化学	化学与分子工程学院
化学动力学选读	化学与分子工程学院	综合化学实验(一)	化学与分子工程学院
多晶X射线衍射	化学与分子工程学院	化工制图	化学与分子工程学院
高分子物理	化学与分子工程学院	化工基础(二)	化学与分子工程学院
催化化学	化学与分子工程学院	高等数学C(二)	化学与分子工程学院
结构化学选读	化学与分子工程学院	力学	化学与分子工程学院
化工基础实验	化学与分子工程学院	今日化学	化学与分子工程学院
综合化学实验	化学与分子工程学院	算法与数据结构及上机	化学与分子工程学院
胶体化学	化学与分子工程学院	定量分析	化学与分子工程学院
生物化学实验	化学与分子工程学院	定量分析实验	化学与分子工程学院
化工实验	化学与分子工程学院	有机化学（二）	化学与分子工程学院
放射化学	化学与分子工程学院	有机化学实验（二）	化学与分子工程学院
辐射化学与工艺	化学与分子工程学院	仪器分析	化学与分子工程学院
线性代数(C)	化学与分子工程学院	仪器分析实验	化学与分子工程学院
高等数学C(一)	化学与分子工程学院	结构化学	化学与分子工程学院
电磁学	化学与分子工程学院	中级分析化学实验	化学与分子工程学院
光学	化学与分子工程学院	中级有机化学	化学与分子工程学院
普通物理实验	化学与分子工程学院	中级有机化学实验	化学与分子工程学院
化学实验室安全技术	化学与分子工程学院	环境化学	化学与分子工程学院
计算概论及上机	化学与分子工程学院	应用化学基础	化学与分子工程学院
计算机上机	化学与分子工程学院	材料化学	化学与分子工程学院
普通化学	化学与分子工程学院	计算机技术在化学化工中的应用	化学与分子工程学院
普通化学实验	化学与分子工程学院	高分子科学与工业	化学与分子工程学院
有机化学(一)	化学与分子工程学院	生产实习	化学与分子工程学院
有机化学实验（一）	化学与分子工程学院	生物化学(下)(新陈代谢)	生命科学学院
物理化学	化学与分子工程学院	微生物学实验	生命科学学院
物理化学实验	化学与分子工程学院	普通生物学实验(B)	生命科学学院
无机化学	化学与分子工程学院	生物伦理学	生命科学学院

续表

课程名称	院系	课程名称	院系
生物进化论	生命科学学院	普通物理实验(B)(一)	生命科学学院
生态学概论	生命科学学院	分析化学(B)	生命科学学院
保护生物学	生命科学学院	分析化学实验(B)	生命科学学院
植物生物学	生命科学学院	生物化学(上)(生物分子的化学)	生命科学学院
植物生物学实验	生命科学学院	生物化学实验	生命科学学院
脑科学导论	生命科学学院	遗传工程学	生命科学学院
普通生物学(B)	生命科学学院	蛋白质化学	生命科学学院
高等数学 C(一)	生命科学学院	免疫学	生命科学学院
物理学(C)(二)	生命科学学院	细胞生物学	生命科学学院
物理化学(B)	生命科学学院	细胞生物学实验	生命科学学院
物理化学实验(B)	生命科学学院	遗传学	生命科学学院
普通化学(B)	生命科学学院	遗传学实验	生命科学学院
普通化学实验(B)	生命科学学院	生理学	生命科学学院
生物化学(下)(新陈代谢)	生命科学学院	生理学实验	生命科学学院
基础分子生物学	生命科学学院	生物统计学	生命科学学院
生物化学实验	生命科学学院	算法与数据结构及上机	生命科学学院
微生物学	生命科学学院	植物分子生物学	生命科学学院
微生物学实验	生命科学学院	动物生物学实验	生命科学学院
微生物遗传学	生命科学学院	动物生物学	生命科学学院
脊椎动物比较解剖学	生命科学学院	神经生物学	生命科学学院
脊椎动物比较解剖学实验	生命科学学院	基础分子生物学实验	生命科学学院
生化及分子生物学仪器分析	生命科学学院	动物组织与胚胎学及实验	生命科学学院
计算概论及上机	生命科学学院	生物伦理学	生命科学学院
普通生态学	生命科学学院	人类的性、生育与健康	生命科学学院
植物生物学	生命科学学院	脑科学导论	生命科学学院
植物生物学实验	生命科学学院	生物学野外实习	生命科学学院
发育生物学	生命科学学院	高等数学 C(一)	中国语言文学系
植物生理学(1)	生命科学学院	文科高等数学Ⅰ	中国语言文学系
植物生理学实验	生命科学学院	现代汉语(上)	中国语言文学系
生物学综合实验	生命科学学院	古代汉语(上)	中国语言文学系
基础分子生物学实验	生命科学学院	中国古代文学史(一)	中国语言文学系
结构生物学	生命科学学院	中国古代文学史(三)	中国语言文学系
神经解剖生理学	生命科学学院	中国当代文学	中国语言文学系
大学语文	生命科学学院	语言学概论	中国语言文学系
生物技术制药基础	生命科学学院	理论语言学	中国语言文学系
现代生物技术导论	生命科学学院	文字学	中国语言文学系
人类生物学导论	生命科学学院	散曲研究	中国语言文学系
人类的性、生育与健康	生命科学学院	实验语音学基础	中国语言文学系
普通生物学(B)	生命科学学院	索绪尔语言理论	中国语言文学系
生物信息学	生命科学学院	说文解字概论	中国语言文学系
普通生物学(A)	生命科学学院	诗经	中国语言文学系
普通生物学实验(A)	生命科学学院	中国古代文化	中国语言文学系
高等数学 C(二)	生命科学学院	西方文论经典研究	中国语言文学系
物理学(B)(1)	生命科学学院	中文工具书及古代典籍概要	中国语言文学系

续表

课程名称	院系	课程名称	院系
汉语和汉语研究	中国语言文学系	民俗学	中国语言文学系
《论语》《孟子》导读	中国语言文学系	聊斋志异研究	中国语言文学系
中文工具书	中国语言文学系	比较文学原理	中国语言文学系
文言小说研究专题	中国语言文学系	现代汉语虚词研究	中国语言文学系
鲁迅研究	中国语言文学系	现代汉语语法研究	中国语言文学系
当代诗歌选读	中国语言文学系	汉语修辞学	中国语言文学系
古代汉语	中国语言文学系	《论语》选读	中国语言文学系
文学概论	中国语言文学系	美国结构语言学	中国语言文学系
中国现代散文研究	中国语言文学系	语义学	中国语言文学系
民俗研究	中国语言文学系	中国古代文化	中国语言文学系
文学原理	中国语言文学系	《汉书》导读	中国语言文学系
大学语文	中国语言文学系	荀子	中国语言文学系
沈从文研究	中国语言文学系	鲁迅小说研究	中国语言文学系
中国现代戏剧	中国语言文学系	老庄导读	中国语言文学系
高级汉语	中国语言文学系	接受美学理论的嬗变	中国语言文学系
汉语修辞	中国语言文学系	中文工具书及古代典籍概要	中国语言文学系
现代汉语(上)	中国语言文学系	台湾文学专题	中国语言文学系
中国古代文化	中国语言文学系	汉语和汉语研究	中国语言文学系
语法研究	中国语言文学系	数据库基础	中国语言文学系
中文工具书使用	中国语言文学系	离散数学(二)	中国语言文学系
中国古代文学(三)	中国语言文学系	美学研究专题	中国语言文学系
中国现代文学(上)	中国语言文学系	西方文学史	中国语言文学系
中国民间文学	中国语言文学系	学年论文	中国语言文学系
中国当代文学作品(上)	中国语言文学系	中国现代诗歌研究	中国语言文学系
中国古代文学(一)	中国语言文学系	文学概论	中国语言文学系
中国古代史(上)	中国语言文学系	元杂剧精读	中国语言文学系
中国文学理论批评史	中国语言文学系	古代典籍概要	中国语言文学系
西方文学理论史	中国语言文学系	大学语文	中国语言文学系
汉语方言学	中国语言文学系	现代汉语(下)	中国语言文学系
汉语史(上)	中国语言文学系	古代汉语(下)	中国语言文学系
离散数学	中国语言文学系	汉语写作	中国语言文学系
程序设计	中国语言文学系	中国古代文学(四)	中国语言文学系
语言工程与中文信息处理	中国语言文学系	古文选读	中国语言文学系
语言统计分析	中国语言文学系	中国现代文学(下)	中国语言文学系
版本学	中国语言文学系	汉字书法	中国语言文学系
古文献学史(下)	中国语言文学系	中国当代文学作品(下)	中国语言文学系
高等数学C(二)	中国语言文学系	中国古代文学(二)	中国语言文学系
现代汉语(下)	中国语言文学系	中国民俗学	中国语言文学系
古代汉语(下)	中国语言文学系	中国古代史(下)	中国语言文学系
中国古代文学史(二)	中国语言文学系	实习	中国语言文学系
中国古代文学史(四)	中国语言文学系	民间文学概论	中国语言文学系
中国现代文学史	中国语言文学系	汉语史(下)	中国语言文学系
汉语音韵学	中国语言文学系	方言调查	中国语言文学系
文字学	中国语言文学系	计算语言学导论	中国语言文学系

续表

课 程 名 称	院　　系	课 程 名 称	院　　系
编译原理	中国语言文学系	罗马史	历史学系
目录学	中国语言文学系	欧洲一体化研究	历史学系
校勘学	中国语言文学系	日本史专题	历史学系
古文献学史（上）	中国语言文学系	中国通史（近代部分）	历史学系
古典文献实习	中国语言文学系	世界通史（下）	历史学系
训诂学	中国语言文学系	中国传统官僚政治制度	历史学系
敦煌文献概要	中国语言文学系	西方文化通论	历史学系
影片精读	中国语言文学系	社会调查与史学研究	历史学系
20世纪中国女性文学经典解读	中国语言文学系	中国古代史（下）	历史学系
世界通史（上）	历史学系	中国现代史	历史学系
中国古代政治与文化	历史学系	中华人民共和国史	历史学系
二十世纪世界史	历史学系	世界中古史	历史学系
中世纪西欧社会史	历史学系	世界现代史	历史学系
中国通史（古代部分）	历史学系	当代世界史	历史学系
当代中国	历史学系	中国历史文选（下）	历史学系
历史视野中中国人生活	历史学系	史学概论	历史学系
中国古代史（上）	历史学系	中国近代政治制度史	历史学系
中国近代史	历史学系	晚清史专题	历史学系
世界上古史	历史学系	中国近代疆域变迁史	历史学系
中国历史文选（上）	历史学系	中国婚姻、家庭与社会	历史学系
中国史学史	历史学系	比较城市史：地图、形态与文化	历史学系
外国史学史	历史学系	中国近代史专题	历史学系
欧美近代史	历史学系	版本目录学概论	历史学系
亚非拉近代史	历史学系	中国古代法制史	历史学系
考古学通论	历史学系	先秦史专题	历史学系
中国古代政治文化	历史学系	秦汉史专题	历史学系
中华人民共和国史专题	历史学系	文史知识专题	历史学系
中国妇女历史与传统文化	历史学系	中国抗日战争史专题	历史学系
中国书法（技法与理论）	历史学系	中国现代社会史	历史学系
中国近代社会史	历史学系	英国史专题	历史学系
中国古代社会生活史专题	历史学系	德国史专题	历史学系
中国民族史名著导读	历史学系	东南亚史	历史学系
台湾百年史	历史学系	韩国史专题	历史学系
秦汉史专题	历史学系	基督教文明史	历史学系
宋辽金史专题	历史学系	欧洲文艺复兴	历史学系
蒙元史专题	历史学系	现代化理论与世界现代化进程	历史学系
中国近代思想史	历史学系	现代希腊语（1）	历史学系
明清经济与社会	历史学系	现代希腊语（2）	历史学系
美国史	历史学系	基础意大利语（1）	历史学系
拉丁文基础（3）	历史学系	国别史专题	历史学系
资本主义史	历史学系	现代国际政治史	历史学系
现代希腊语（1）	历史学系	意大利历史专题	历史学系
现代希腊语（2）	历史学系	学年论文	历史学系
现代希腊语（3）	历史学系	东北亚史	历史学系

续表

课 程 名 称	院　　系	课 程 名 称	院　　系
中国婚姻、家庭与社会	历史学系	考古学导论	考古文博院
埃及学专题	历史学系	美术素描基础(下)	考古文博院
当代印度史	历史学系	史前时代考古(上)	考古文博院
中国古代史(一)	考古文博院	史前时代考古(下)	考古文博院
中国历史文选(下)	考古文博院	博物馆陈列形式设计(上)	考古文博院
古文字学	考古文博院	博物馆实习	考古文博院
田野考古学概论	考古文博院	冶金考古	考古文博院
中国考古学(中)	考古文博院	文物法规与行政管理	考古文博院
文化人类学	考古文博院	不可移动文物保护	考古文博院
中国古代青铜器	考古文博院	定量考古学	考古文博院
现代科技与考古	考古文博院	毕业论文及设计	考古文博院
丝绸之路考古	考古文博院	建筑设计(三)	考古文博院
田野考古实习	考古文博院	中国传统建筑构造	考古文博院
世界遗产	考古文博院	中国建筑史(下)	考古文博院
文物建筑导论	考古文博院	建筑力学与建筑结构(下)	考古文博院
博物馆学概论	考古文博院	美术色彩基础(下)	考古文博院
美术素描基础(上)	考古文博院	世界遗产	考古文博院
文化遗产管理	考古文博院	考古学导论	考古文博院
设计初步	考古文博院	西方哲学导论	哲学系
博物馆陈列内容设计	考古文博院	伦理学导论	哲学系
中国古代物质文化史	考古文博院	美学原理	哲学系
博物馆藏品管理	考古文博院	西方马克思主义	哲学系
无机质文物保护与实验	考古文博院	马克思主义宗教学	哲学系
建筑设计(二)	考古文博院	全球化问题研究	哲学系
计算机制图与表现	考古文博院	美国环境思想	哲学系
中国建筑史(上)	考古文博院	管理哲学	哲学系
建筑力学与建筑结构(上)	考古文博院	波普的历史哲学	哲学系
美术色彩基础(上)	考古文博院	西方美学史	哲学系
文物建筑的保护及规划设计(上)	考古文博院	艺术与人生	哲学系
世界遗产	考古文博院	哲学逻辑	哲学系
考古学导论	考古文博院	印度佛教史	哲学系
艺术考古	考古文博院	基督教和中国文化	哲学系
中国古代史(二)	考古文博院	拉丁语	哲学系
中国历史文选(上)	考古文博院	现代欧陆哲学原著选读	哲学系
毕业论文	考古文博院	柏拉图原著选读	哲学系
田野考古学概论	考古文博院	古希腊语导论(三)	哲学系
中国考古学(下)	考古文博院	希腊哲学专题	哲学系
人体骨骼学	考古文博院	德国古典哲学专题	哲学系
动物考古学	考古文博院	后现代主义哲学	哲学系
中国佛教考古	考古文博院	老庄哲学	哲学系
中国古代陶瓷	考古文博院	易学哲学	哲学系
战国文字	考古文博院	哲学与当代中国	哲学系
文物考古技术	考古文博院	中国古代思想世界	哲学系
文物保护概论	考古文博院	西方哲学原著选读	哲学系

续表

课 程 名 称	院　　系	课 程 名 称	院　　系
科学与宗教	哲学系	德国古典哲学系列Ⅰ(谢林哲学)	哲学系
现代科学与哲学	哲学系	现象学专题	哲学系
中国现代哲学史	哲学系	后现代主义哲学	哲学系
伦理学导论	哲学系	后现代主义与马克思主义哲学比较	哲学系
美学原理	哲学系	先秦哲学	哲学系
当代中国马克思主义哲学	哲学系	魏晋玄学	哲学系
一阶理论	哲学系	当代西方左派思潮评论	哲学系
基督教史	哲学系	学年论文	哲学系
佛教原著选读(上)	哲学系	现代科学与哲学	哲学系
欧美佛教研究专题	哲学系	人文经典阅读	哲学系
宗教人类学	哲学系	自然哲学导论	哲学系
哲学导论	哲学系	马克思主义哲学史	哲学系
马克思主义哲学导论(下)	哲学系	西方马克思主义专题	哲学系
现代西方哲学	哲学系	伦理学专题Ⅰ(自由问题研究)	哲学系
文化哲学	哲学系	知识论	哲学系
数理逻辑	哲学系	伊斯兰教史	哲学系
中国哲学史(下)	哲学系	圣经导读	哲学系
逻辑导论	哲学系	道教史	哲学系
科学哲学导论	哲学系	宗教哲学	哲学系
伦理学导论	哲学系	马克思主义哲学导论(上)	哲学系
人学概论	哲学系	西方哲学史	哲学系
西方马克思主义	哲学系	中国哲学史(上)	哲学系
马克思主义宗教学	哲学系	逻辑导论	哲学系
本体论研究	哲学系	西方哲学导论	哲学系
环境哲学	哲学系	伦理学导论	哲学系
管理哲学	哲学系	悖论研究	哲学系
日本佛教	哲学系	逻辑与批判性思维	哲学系
中国美学史	哲学系	宗教社会学	哲学系
模态逻辑	哲学系	早期佛教哲学	哲学系
逻辑哲学	哲学系	宗教的哲学分析	哲学系
集合论	哲学系	高等数学(B)(一)	经济学院
逻辑与批判性思维	哲学系	线性代数(C)	经济学院
伊斯兰教原典	哲学系	线性代数(B)	经济学院
世界宗教现状	哲学系	文科计算机基础(上)	经济学院
基督教原典	哲学系	高等数学（微积分）(上)	经济学院
生命与爱智	哲学系	统计学	经济学院
佛教原著选读(下)	哲学系	微观经济学	经济学院
中国佛教史	哲学系	中华人民共和国经济史	经济学院
明末基督教和佛教	哲学系	经济学原理(Ⅰ)	经济学院
如何理解宗教	哲学系	政治经济学(上)	经济学院
拉丁语Ⅲ	哲学系	名家专题讲座	经济学院
哲学专业德语Ⅰ	哲学系	组织行为学	经济学院
近代欧洲哲学专题	哲学系	世界经济史	经济学院
20世纪欧陆哲学	哲学系	毛泽东思想概论	经济学院

课　程　名　称	院　　　系	课　程　名　称	院　　　系
发展经济学	经济学院	行为经济学	经济学院
《资本论》选读	经济学院	产业组织理论	经济学院
中国经济史	经济学院	国际宏观经济学	经济学院
国际经济学	经济学院	世界经济专题	经济学院
国际投资学	经济学院	日本经济	经济学院
俄罗斯经济	经济学院	金融工程概论	经济学院
营销学	经济学院	固定收益证券	经济学院
组织行为学	经济学院	西方财政学	经济学院
专业英语	经济学院	中央银行概论	经济学院
投资学	经济学院	金融市场学	经济学院
金融经济学导论	经济学院	国家预算	经济学院
西方财政学	经济学院	国际税收	经济学院
中国金融体制改革	经济学院	中级财务会计	经济学院
国际金融	经济学院	英语口语	经济学院
会计学	经济学院	审计学	经济学院
数理经济学	经济学院	公司金融	经济学院
公共选择理论	经济学院	动态优化	经济学院
公债管理	经济学院	随机过程	经济学院
福利经济学	经济学院	农业经济学	经济学院
税收制度比较	经济学院	风险管理学	经济学院
中国环境概论	经济学院	英语口语	经济学院
保险法	经济学院	制度经济学	经济学院
财产与责任保险	经济学院	产业经济学	经济学院
人寿与健康保险	经济学院	国际贸易	经济学院
保险会计	经济学院	微观经济学	光华管理学院
投资银行学	经济学院	金融学中的数学方法	光华管理学院
高等数学(B)(二)	经济学院	营销学	光华管理学院
高等数学(B)(二)习题课	经济学院	概率论基础	光华管理学院
概率统计(B)	经济学院	货币金融学	光华管理学院
高等数学（微积分）(下)	经济学院	公司财务管理	光华管理学院
宏观经济学	经济学院	保险学	光华管理学院
财政学	经济学院	证券投资学	光华管理学院
货币银行学	经济学院	金融衍生工具	光华管理学院
概率论与数理统计	经济学院	投资银行	光华管理学院
计量经济学	经济学院	社会心理学	光华管理学院
习题/高等数学（微积分）(下)	经济学院	经济学	光华管理学院
保险学原理	经济学院	微观经济学	光华管理学院
经济学原理(Ⅱ)	经济学院	财政学	光华管理学院
政治经济学(下)	经济学院	金融学概论	光华管理学院
公共经济学	经济学院	国际贸易	光华管理学院
外国经济思想史	经济学院	中级财务会计	光华管理学院
环境资源经济学	经济学院	成本与管理会计	光华管理学院
西方经济学主要流派	经济学院	税法与税务会计	光华管理学院
世界经济专题	经济学院	管理信息系统	光华管理学院

续表

课程名称	院系	课程名称	院系
审计学	光华管理学院	财务会计	光华管理学院
战略管理	光华管理学院	应用统计分析	光华管理学院
高等数学(B)(一)	光华管理学院	人力资源管理	光华管理学院
高等数学(B)(一)习题课	光华管理学院	心理与人事测量	光华管理学院
经济学	光华管理学院	组织理论	光华管理学院
微观经济学	光华管理学院	生产作业管理	光华管理学院
营销学	光华管理学院	雇用与培训	光华管理学院
概率论基础	光华管理学院	薪酬管理	光华管理学院
公司财务管理	光华管理学院	劳资关系	光华管理学院
管理思想史	光华管理学院	实习	法学院
心理测量	光华管理学院	文科高等数学 I	法学院
劳动法规	光华管理学院	中国法律思想史	法学院
物流与供应链管理	光华管理学院	中国法制史	法学院
高科技创业思维与实践方法	光华管理学院	西方法律思想史	法学院
宏观经济学	光华管理学院	宪法学	法学院
民商法	光华管理学院	行政法与行政诉讼法	法学院
财务会计	光华管理学院	刑法分论	法学院
金融市场与金融机构	光华管理学院	企业法/公司法	法学院
数理统计	光华管理学院	竞争法	法学院
证券投资学	光华管理学院	财政税收法	法学院
财务报表分析	光华管理学院	劳动法与社会保障法	法学院
金融计量经济学	光华管理学院	专业英语(听力及口语)	法学院
实证金融	光华管理学院	国际税法	法学院
民商法	光华管理学院	商法总论	法学院
企业财务决策与税务决策	光华管理学院	国际公法	法学院
中国经济改革与发展	光华管理学院	司法精神病学	法学院
博弈与社会	光华管理学院	票据法	法学院
运筹学	光华管理学院	刑事侦查学	法学院
计量经济学	光华管理学院	法学概论	法学院
企业伦理	光华管理学院	心理卫生学概论	法学院
财务会计理论与政策	光华管理学院	保险法	法学院
高级财务会计	光华管理学院	世界贸易组织法	法学院
会计信息系统	光华管理学院	经济法学	法学院
审计学	光华管理学院	犯罪通论	法学院
国际财务管理	光华管理学院	环境法	法学院
营销案例分析	光华管理学院	法学原理	法学院
财务案例分析	光华管理学院	法律实务	法学院
线性代数(B)	光华管理学院	国际金融法	法学院
高等数学(B)(二)	光华管理学院	国际私法	法学院
高等数学(B)(二)习题课	光华管理学院	法律导论	法学院
线性代数(B)习题	光华管理学院	竞争法	法学院
社会心理学	光华管理学院	商标法	法学院
专业英语(2)	光华管理学院	经济法概论	法学院
宏观经济学	光华管理学院	青少年法学	法学院

续表

课程名称	院系	课程名称	院系
法理学	法学院	信息资源建设	信息管理系
民事诉讼法	法学院	网络信息传播	信息管理系
外国法制史	法学院	中国文化史	信息管理系
民法总论	法学院	电子资源的检索与利用	信息管理系
刑法总论(刑法一)	法学院	视觉圣经—西方艺术中的基督教	信息管理系
知识产权法学	法学院	高等数学(B)(二)	信息管理系
亲属法与继承法	法学院	高等数学(B)(二)习题课	信息管理系
犯罪学	法学院	线性代数(C)	信息管理系
金融法/银行法	法学院	文科高等数学 II	信息管理系
国际经济法	法学院	传播学原理	信息管理系
专业英语(听力及口语)	法学院	办公自动化	信息管理系
海商法	法学院	程序设计语言上机	信息管理系
法学概论	法学院	数据库系统上机	信息管理系
刑事执行法	法学院	办公自动化上机	信息管理系
物权法	法学院	程序设计语言	信息管理系
债权法	法学院	普通目录学	信息管理系
会计法与审计法	法学院	专业英语	信息管理系
英美侵权法	法学院	数据库系统	信息管理系
著作权法	法学院	信息分析与决策	信息管理系
计算机技术的法律保护	法学院	调查与统计方法	信息管理系
市场竞争与反垄断	法学院	数字图书馆	信息管理系
广告学概论	信息管理系	信息系统分析与设计	信息管理系
中国名著导读	信息管理系	广告实务	信息管理系
高等数学(B)(一)	信息管理系	市场营销学	信息管理系
高等数学(B)(一)习题课	信息管理系	企业与政府信息化	信息管理系
文科高等数学 I	信息管理系	社科文献资源与检索利用	信息管理系
信息存储与检索	信息管理系	西文工具书	信息管理系
计算机网络	信息管理系	网络信息资源组织	信息管理系
信息经济学	信息管理系	人类信息学	信息管理系
管理信息系统	信息管理系	信息系统分析与设计上机	信息管理系
数据结构上机	信息管理系	毕业论文	信息管理系
图书馆自动化系统上机	信息管理系	军事理论	信息管理系
计算机网络上机	信息管理系	中国文化史	信息管理系
管理信息系统上机	信息管理系	中国名著导读	信息管理系
信息存储与检索上机	信息管理系	教育社会学思考	社会学系
计算概论上机	信息管理系	现代社会学理论核心观念	社会学系
管理学原理	信息管理系	社会学导论	社会学系
信息政策与法规	信息管理系	文科高等数学 I	社会学系
信息组织	信息管理系	国外社会学学说	社会学系
媒体与社会	信息管理系	社会学专题讲座	社会学系
计算概论	信息管理系	社会学概论	社会学系
数据结构	信息管理系	国外社会学学说	社会学系
电子商务	信息管理系	社会统计学	社会学系
信息管理概论	信息管理系	社会人类学	社会学系

续表

课 程 名 称	院　　系	课 程 名 称	院　　系
家庭社会学	社会学系	民族与社会	社会学系
社会分层与社会流动	社会学系	公共财政学	政府管理学院
教育社会学	社会学系	台湾问题与中华民族的复兴	政府管理学院
组织社会学	社会学系	多学科视角的金融市场	政府管理学院
中国社会	社会学系	现代市场经济的演进：国际体系、国家与企业	政府管理学院
劳动社会学	社会学系	日本经济	政府管理学院
社会问题	社会学系	政治学原理	政府管理学院
数据分析技术	社会学系	中国近现代政治发展史	政府管理学院
医学社会学	社会学系	公共管理学原理	政府管理学院
影视文本和社会工作	社会学系	微观经济学	政府管理学院
论文写作	社会学系	高等数学(上)D类	政府管理学院
马列经典著作选读	社会学系	比较政治学概论	政府管理学院
人口社会学	社会学系	当代中国政府与政治	政府管理学院
群体工作	社会学系	社会调查的理论与方法	政府管理学院
社会政策	社会学系	西方文官制度	政府管理学院
社区工作	社会学系	中国政治制度史	政府管理学院
中国社会福利	社会学系	政治经济导论	政府管理学院
社会性别研究	社会学系	政治哲学	政府管理学院
教育社会学思考	社会学系	人力资源开发与管理	政府管理学院
社会学导论	社会学系	电子政务与计算机技术	政府管理学院
自杀社会问题研究	社会学系	模拟决策技术	政府管理学院
生物学对社会科学的启示	社会学系	公共政策案例分析	政府管理学院
中国社会：社会学视野中的近代中国历史变迁	社会学系	公共政策分析	政府管理学院
国外社会学学说	社会学系	人才素质测评与选拔	政府管理学院
中国社会思想史	社会学系	战略管理	政府管理学院
城市社会学	社会学系	城市与区域经济	政府管理学院
社会心理学	社会学系	经济地理学	政府管理学院
农村社会学	社会学系	城市管理	政府管理学院
经济社会学	社会学系	现代不动产	政府管理学院
发展社会学	社会学系	发展经济学	政府管理学院
历史社会学	社会学系	地方财政管理	政府管理学院
西方社会思想史	社会学系	社会实践	政府管理学院
越轨与犯罪社会学	社会学系	中国政治与政府过程	政府管理学院
环境社会学	社会学系	政治学原理	政府管理学院
社会工作概论	社会学系	西方资本主义国家政治制度	政府管理学院
社会调查与研究方法	社会学系	台湾问题与中华民族的复兴	政府管理学院
人口社会学	社会学系	普通统计学	政府管理学院
实习	社会学系	公共经济学原理	政府管理学院
人口统计学	社会学系	宪法与行政法学	政府管理学院
个案工作	社会学系	当代世界经济与政治	政府管理学院
社会保障	社会学系	高等数学(下)D类	政府管理学院
社会行政	社会学系	当代西方国家政治制度	政府管理学院
贫困与发展	社会学系	组织与管理	政府管理学院
社会工作实习	社会学系	国家公务员制度	政府管理学院
宗教社会学	社会学系	秘书学与秘书工作	政府管理学院
教育社会学思考	社会学系	中国政治思想史	政府管理学院

续表

课程名称	院系	课程名称	院系
西方政治思想史	政府管理学院	中国政治概论	国际关系学院
中国现代政治思想	政府管理学院	英语听说(一)	国际关系学院
比较政治经济学	政府管理学院	英语听说(三)	国际关系学院
民族政治学	政府管理学院	英语写作	国际关系学院
发展政治学	政府管理学院	战后国际关系史	国际关系学院
政党学概论	政府管理学院	国际贸易和国际金融	国际关系学院
公民社会与非政府组织	政府管理学院	中文报刊选读(一)	国际关系学院
市场与法治	政府管理学院	中文报刊选读(三)	国际关系学院
行政领导学	政府管理学院	毛泽东思想概论	国际关系学院
地方政府管理	政府管理学院	专业汉语(一)	国际关系学院
现代管理技术与方法	政府管理学院	留学生英语(一)	国际关系学院
博弈论与政策科学	政府管理学院	东欧各国政治与外交	国际关系学院
公共政策案例分析	政府管理学院	东南亚各国政治与外交	国际关系学院
宏观经济学	政府管理学院	日本政治与外交	国际关系学院
城市规划	政府管理学院	美国政治与外交	国际关系学院
数字城市	政府管理学院	东北亚政治与外交	国际关系学院
现代不动产	政府管理学院	中东政治与外交	国际关系学院
环境保护政策与管理	政府管理学院	俄罗斯政治与外交	国际关系学院
地方财政管理	政府管理学院	邓小平理论概论	国际关系学院
媒体与国际关系	国际关系学院	翻译理论与实践	国际关系学院
印度社会与文化	国际关系学院	英语原著选读	国际关系学院
亚太概论	国际关系学院	欧洲联盟概论	国际关系学院
中东:政治、社会与文化	国际关系学院	国际政治概论	国际关系学院
中苏关系及其对中国社会发展的影响	国际关系学院	外交学	国际关系学院
台湾政治概论	国际关系学院	中华人民共和国对外关系	国际关系学院
东南亚政治导论	国际关系学院	国际战略学	国际关系学院
当代中国外交热点问题	国际关系学院	中国涉外法律概论	国际关系学院
澳门概论	国际关系学院	中国外交史(下)	国际关系学院
两岸关系与一国两制	国际关系学院	西方外交思想概论	国际关系学院
香港与世界事务	国际关系学院	中级微观经济学	国际关系学院
国际战略学	国际关系学院	社会经济统计原理	国际关系学院
中俄关系史	国际关系学院	国际经济学	国际关系学院
媒体与国际关系	国际关系学院	国际政治经济学理论	国际关系学院
中美经贸关系	国际关系学院	国际贸易政治学	国际关系学院
环境与国际关系	国际关系学院	国际政治经济学	国际关系学院
日本历史	国际关系学院	国际格局与国际组织	国际关系学院
日语(一)	国际关系学院	毕业实习	国际关系学院
国际政治概论	国际关系学院	美国文化与社会	国际关系学院
政治学原理	国际关系学院	中国边疆问题概论	国际关系学院
外交学	国际关系学院	亚太概论	国际关系学院
近代国际关系史	国际关系学院	中东地区的国家关系	国际关系学院
英语精读(一)	国际关系学院	晚清对外关系的历史与人物	国际关系学院
中华人民共和国对外关系	国际关系学院	国际关系与东亚安全	国际关系学院

续表

课程名称	院系	课程名称	院系
比较文化论	国际关系学院	伊斯兰与世界政治	国际关系学院
中国近现代对外关系	国际关系学院	线性代数	中国经济研究中心
世界政治中的民族问题	国际关系学院	经济学原理	中国经济研究中心
台湾概论	国际关系学院	线性代数	中国经济研究中心
海外华侨与华人社会	国际关系学院	经济思想史	中国经济研究中心
冲突学概论	国际关系学院	中级微观经济学	中国经济研究中心
当代西方政治思潮	国际关系学院	中级宏观经济学	中国经济研究中心
日语(二)	国际关系学院	计量经济学	中国经济研究中心
日本研究入门	国际关系学院	国际金融	中国经济研究中心
国际政治经济学	国际关系学院	微积分	中国经济研究中心
世界社会主义理论与实践	国际关系学院	金融经济学	中国经济研究中心
国际格局与国际组织	国际关系学院	基础管理学	中国经济研究中心
国际关系与国际法	国际关系学院	市场营销	中国经济研究中心
现代国际关系史	国际关系学院	卫生经济学	中国经济研究中心
第三世界发展学	国际关系学院	中国经济专题	中国经济研究中心
英语精读(二)	国际关系学院	新制度经济学	中国经济研究中心
英语听说(二)	国际关系学院	线性代数	中国经济研究中心
英语听说(四)	国际关系学院	概率统计	中国经济研究中心
军备控制与裁军	国际关系学院	中级微观经济学	中国经济研究中心
外国政治思想史	国际关系学院	中级宏观经济学	中国经济研究中心
世界宗教与国际社会	国际关系学院	计量经济学	中国经济研究中心
中美关系与台湾问题	国际关系学院	国际贸易	中国经济研究中心
冷战后国际关系	国际关系学院	货币银行学	中国经济研究中心
中亚各国政治与外交	国际关系学院	证券市场	中国经济研究中心
中文报刊选读(二)	国际关系学院	基础管理学	中国经济研究中心
中文报刊选读(四)	国际关系学院	发展经济学	中国经济研究中心
外交决策理论和实践	国际关系学院	公共财政学	中国经济研究中心
专业汉语(二)	国际关系学院	公司金融	中国经济研究中心
留学生英语(二)	国际关系学院	公司财务	中国经济研究中心
英国政治与外交	国际关系学院	会计学	中国经济研究中心
非洲政治与外交	国际关系学院	全球化与中国经济成长	中国经济研究中心
比较政治制度	国际关系学院	产业组织	中国经济研究中心
美国与东亚	国际关系学院	博弈论及其应用	中国经济研究中心
国际政治经济学	国际关系学院	中国经济专题	中国经济研究中心
国际格局与国际组织	国际关系学院	宏观经济学	中国经济研究中心
世界宗教与国际社会	国际关系学院	系统与控制引论	工学院
比较政治制度	国际关系学院	理论力学(A)(下)	工学院
中国外交史(上)	国际关系学院	流体力学(A)(上)	工学院
非政府外交	国际关系学院	力学实验(上)	工学院
中级宏观经济学	国际关系学院	力学实验(下)	工学院
社会经济统计原理	国际关系学院	计算流体力学	工学院
全球化政治经济学	国际关系学院	塑性力学	工学院
非洲政治经济	国际关系学院	自动控制原理	工学院
科学与国际安全	国际关系学院	振动理论	工学院

续表

课 程 名 称	院　　系	课 程 名 称	院　　系
常微分方程	工学院	中国传统装饰艺术赏析	艺术学院
数学物理方法（二）	工学院	舞蹈排练（小品排练）	艺术学院
生物固体力学	工学院	影视鉴赏	艺术学院
数学分析（三）	工学院	中国书法艺术技法	艺术学院
智能优化算法引论	工学院	交响乐（初）	艺术学院
普通物理实验(B)（一）	工学院	交响乐（高）	艺术学院
普通物理学(B)（一）	工学院	交响乐（高）	艺术学院
有限元法	工学院	中国书法史及名作欣赏	艺术学院
工程流体力学	工学院	基本乐理与管弦乐基础	艺术学院
工程CAD(1)	工学院	舞蹈课	艺术学院
结构力学及其矩阵方法	工学院	合唱（初）	艺术学院
数学分析习题	工学院	合唱（高）	艺术学院
数学分析（一）	工学院	民族管弦乐（初）	艺术学院
线性代数与几何（上）	工学院	民族管弦乐（高）	艺术学院
力学与结构工程概论	工学院	中外名曲赏析	艺术学院
计算概论	工学院	中国绘画及名画鉴藏	艺术学院
力学史	工学院	素描造型技法	艺术学院
生物信息学导论	工学院	影视音乐	艺术学院
计算方法	工学院	中国电影史	艺术学院
材料力学	工学院	舞蹈原理与鉴赏	艺术学院
固体力学进展	工学院	中外声乐作品赏析	艺术学院
工程制图	工学院	中国流行音乐流变	艺术学院
微机原理	工学院	西方美术史十五讲	艺术学院
普通物理学(B)（二）	工学院	芭蕾名作赏析	艺术学院
气体力学	工学院	中国美术概论	艺术学院
数学物理方法（上）	工学院	西方歌剧简史与名作赏析	艺术学院
弹性力学	工学院	文化产业导论	艺术学院
流体力学（下）	工学院	优秀电视节目精品赏析	艺术学院
工程数学	工学院	艺术训练（一）	艺术学院
土力学与地基	工学院	艺术学概论	艺术学院
工程弹性力学	工学院	西方音乐史及名曲欣赏	艺术学院
工程设计初步	工学院	中国美术史及名作欣赏	艺术学院
算法与数据结构	工学院	中国传统装饰艺术赏析	艺术学院
数学分析习题	工学院	影视鉴赏	艺术学院
数学分析（二）	工学院	美学原理	艺术学院
线性代数与几何（下）	工学院	中国电影史	艺术学院
理论力学（A）（上）	工学院	播音与主持人技巧	艺术学院
计算材料学及其应用	工学院	舞蹈原理与鉴赏	艺术学院
应用力学的辛数学方法	工学院	西方美术史十五讲	艺术学院
艺术概论	艺术学院	中国美术概论	艺术学院
中国音乐概论	艺术学院	文化产业导论	艺术学院
西方音乐史及名曲欣赏	艺术学院	优秀电视节目精品赏析	艺术学院
中国美术史及名作欣赏	艺术学院	艺术概论	艺术学院
钢琴（二）	艺术学院	毕业实习	艺术学院

续表

课程名称	院系	课程名称	院系
中国电影史	艺术学院	西方美术史十五讲	艺术学院
美学原理	艺术学院	芭蕾名作赏析	艺术学院
戏剧艺术概论	艺术学院	中国美术概论	艺术学院
艺术史方法论	艺术学院	西方歌剧简史与名作赏析	艺术学院
影视文化与理论	艺术学院	艺术史	艺术学院
中国美术史专题	艺术学院	艺术训练(二)	艺术学院
影片分析	艺术学院	文化产业战略与管理	艺术学院
影视编剧	艺术学院	当代文化艺术专题	艺术学院
影视导演	艺术学院	毕业论文	艺术学院
中国古代文学(一)	艺术学院	影视艺术概论	艺术学院
美术学专题	艺术学院	主持人节目概论	艺术学院
影片导读(一)	艺术学院	主持人节目策划	艺术学院
毕业作品拍片实践	艺术学院	传播学	艺术学院
影视技术(非线性编辑)	艺术学院	影片分析	艺术学院
艺术心理学研究	艺术学院	影视导演(二)	艺术学院
艺术概论	艺术学院	影视节目策划	艺术学院
西方音乐史及名曲欣赏	艺术学院	毕业论文	艺术学院
中国美术史及名作欣赏	艺术学院	影视艺术概论	艺术学院
油画技法与理论	艺术学院	中国古代文学(二)	艺术学院
中国传统装饰艺术赏析	艺术学院	影片导读(二)	艺术学院
舞蹈排练(小品排练)	艺术学院	表演理论与实践	艺术学院
影视鉴赏	艺术学院	毕业作品拍片实践	艺术学院
中国书法艺术技法	艺术学院	影视技术(非线性编辑)	艺术学院
文人画研习	艺术学院	西方音乐史及名曲欣赏	艺术学院
交响乐(初)	艺术学院	中国美术史及名作欣赏	艺术学院
交响乐(高)	艺术学院	心理统计	心理学系
中国书法史及名作欣赏	艺术学院	大学生健康教育	心理学系
舞蹈课	艺术学院	生活中的心理学	心理学系
合唱(初)	艺术学院	实验心理学实验	心理学系
合唱(高)	艺术学院	神经心理学	心理学系
民族管弦乐(初)	艺术学院	实验心理学	心理学系
民族管弦乐(高)	艺术学院	社会心理学	心理学系
西方交响乐欣赏	艺术学院	社会认知心理学	心理学系
中外名曲赏析	艺术学院	心理统计(1)	心理学系
电影史研究专题	艺术学院	SPSS统计软件包	心理学系
外国美术史专题	艺术学院	变态心理学	心理学系
中国美术史专题	艺术学院	生理心理学	心理学系
中国绘画及名画鉴藏	艺术学院	认知心理学	心理学系
素描造型技法	艺术学院	消费心理学	心理学系
美学专题(艺术学部分)	艺术学院	心理咨询与治疗引论	心理学系
影视音乐	艺术学院	儿童心理学	心理学系
中国电影史	艺术学院	职业心理学	心理学系
中外声乐作品赏析	艺术学院	组织管理心理学	心理学系
中国流行音乐流变	艺术学院	普通心理学	心理学系

续表

课程名称	院　系	课程名称	院　系
大学生心理卫生与咨询	心理学系	英语视听(一)	外国语学院
高级统计 spss 上机	心理学系	英语视听(三)	外国语学院
心理学概论	心理学系	口语(一)	外国语学院
社会心理学	心理学系	口语(三)	外国语学院
心理咨询	心理学系	英语语音(一)	外国语学院
健康心理学	心理学系	应用文写作	外国语学院
大学生健康教育	心理学系	写作(一)	外国语学院
生活中的心理学	心理学系	英国文学史(一)	外国语学院
心理测量	心理学系	普通语言学	外国语学院
CNS 解剖	心理学系	英译汉	外国语学院
异常儿童心理学	心理学系	汉译英	外国语学院
实验心理学	心理学系	美国文学史与选读(一)	外国语学院
社会心理学	心理学系	希腊罗马神话	外国语学院
心理统计(1)	心理学系	英语结构	外国语学院
发展心理学	心理学系	短篇小说选读	外国语学院
人格心理学	心理学系	美国大众文化	外国语学院
变态心理学	心理学系	英语史	外国语学院
认知心理学	心理学系	汉英口译	外国语学院
青少年心理学	心理学系	报刊选读	外国语学院
生理心理实验	心理学系	英国小说选读	外国语学院
人际交往心理学	心理学系	美国研究入门	外国语学院
神经生物学	心理学系	高级英语阅读	外国语学院
职业心理学	心理学系	测试(B)	外国语学院
组织管理心理学	心理学系	莎士比亚与马洛戏剧选读	外国语学院
爱的心理学	心理学系	中西文化比较	外国语学院
心理学概论	心理学系	英语戏剧实践	外国语学院
应用社会心理学	心理学系	文学导读与批评实践	外国语学院
数据结构与算法上机	心理学系	认知语言学概论	外国语学院
数据结构与算法(B)	心理学系	清末民初的中国人文地理——西方人眼中的旧中国	外国语学院
健康人格心理学	心理学系	西方学术精华概论(英文讲授)	外国语学院
电影与心理(心理压力应对篇)	心理学系	翻译(三)	外国语学院
组织管理心理学	心理学系	俄罗斯文学史(三)	外国语学院
脑成像研究技术及基本数据分析	心理学系	俄语功能语法学	外国语学院
招聘面试的原理与应用	心理学系	俄语报刊阅读(一)	外国语学院
英国传统诗歌精华	英语语言文学系	俄语阅读—文化背景知识(二)	外国语学院
莎士比亚名篇赏析	英语语言文学系	俄语口译(上)	外国语学院
大学英语听说	英语语言文学系	俄罗斯文学选读(上)	外国语学院
英汉口译	英语语言文学系	俄语电影赏析	外国语学院
美国英语语音：朗读	英语语言文学系	俄语(三)	外国语学院
美国英语语音：发音	英语语言文学系	俄罗斯文学史(一)	外国语学院
二十世纪欧美诗歌导读	外国语学院	基础俄语(一)	外国语学院
英语精读(一)	外国语学院	基础俄语(三)	外国语学院
英语精读(三)	外国语学院	高级俄语(一)	外国语学院

续表

课程名称	院系	课程名称	院系
俄语语法(上)	外国语学院	法国文学史和文学选读(下)	外国语学院
俄语写作(上)	外国语学院	法国历史	外国语学院
俄译汉教程	外国语学院	法国报刊选读(一)	外国语学院
俄罗斯国情(上)	外国语学院	法国报刊选读(三)	外国语学院
俄罗斯民俗民情(上)	外国语学院	法语精读(辅修)(一)	外国语学院
俄语语音	外国语学院	法语精读(辅修)(三)	外国语学院
俄语视听说(二)	外国语学院	法语视听(辅修)(一)	外国语学院
俄语新闻听力(上)	外国语学院	法语视听(辅修)(三)	外国语学院
德语精读(一)	外国语学院	法语泛读(辅修)(一)	外国语学院
德语精读(三)	外国语学院	法语泛读(辅修)(三)	外国语学院
德语视听说(一)	外国语学院	公共法语(上)	外国语学院
德语视听说(三)	外国语学院	电影	外国语学院
德语国家文学史与选读(三)	外国语学院	西班牙语精读(一)	外国语学院
德语笔译(三)	外国语学院	西班牙语精读(三)	外国语学院
德语笔译(一)	外国语学院	西班牙语精读(五)	外国语学院
德语口译(上)	外国语学院	西班牙语精读(七)	外国语学院
德语中、短篇小说	外国语学院	西班牙语视听(一)	外国语学院
德语国家青少年文学	外国语学院	西班牙语视听(三)	外国语学院
德语长篇小说(上)	外国语学院	西班牙语视听(五)	外国语学院
德国文化史	外国语学院	西班牙语阅读(二)	外国语学院
德语文学名著(上)	外国语学院	西班牙语阅读(四)	外国语学院
德国历史	外国语学院	西班牙语口语(二)	外国语学院
德语写作	外国语学院	西班牙语口语(四)	外国语学院
奥地利概况	外国语学院	西班牙语作文(下)	外国语学院
德语精读(辅修)(一)	外国语学院	西班牙语文学史和文学选读	外国语学院
德语精读(辅修)(三)	外国语学院	西汉笔译(上)	外国语学院
德语视听(辅修)(一)	外国语学院	西汉口译(上)	外国语学院
德语视听(辅修)(三)	外国语学院	拉丁美洲历史和文化概论	外国语学院
德语泛读(辅修)(一)	外国语学院	西班牙语语法	外国语学院
德语泛读(辅修)(三)	外国语学院	西班牙语应用文	外国语学院
公共德语(上)	外国语学院	西班牙语精读(辅修)(三)	外国语学院
电影	外国语学院	西班牙语视听(辅修)(三)	外国语学院
法语精读(一)	外国语学院	西班牙语阅读(辅修)(二)	外国语学院
法语精读(三)	外国语学院	葡萄牙语(二)	外国语学院
法语精读(五)	外国语学院	电影	外国语学院
法语精读(七)	外国语学院	基础阿拉伯语(一)	外国语学院
法语视听说(一)	外国语学院	基础阿拉伯语(三)	外国语学院
法语视听说(三)	外国语学院	阿拉伯语视听(二)	外国语学院
法语视听说(五)	外国语学院	阿拉伯语视听(四)	外国语学院
法语视听说(七)	外国语学院	阿拉伯语视听(六)	外国语学院
法语写作(一)	外国语学院	阿拉伯语口语(二)	外国语学院
法语写作(三)	外国语学院	阿拉伯语口语(四)	外国语学院
法语笔译(下)	外国语学院	阿拉伯语阅读(一)	外国语学院
法语口译(上)	外国语学院	阿拉伯语阅读(三)	外国语学院

续表

课程名称	院系	课程名称	院系
阿拉伯语阅读（五）	外国语学院	韩国（朝鲜）语（五）	外国语学院
阿拉伯语写作	外国语学院	菲律宾文学史	外国语学院
阿拉伯语口译（二）	外国语学院	菲律宾语写作（二）	外国语学院
阿拉伯语翻译教程（二）	外国语学院	英语译菲律宾语（下）	外国语学院
阿拉伯文学史	外国语学院	菲律宾政治与经济	外国语学院
当代阿拉伯世界	外国语学院	菲律宾宗教	外国语学院
阿拉伯报刊文选（一）	外国语学院	藏语（下）	外国语学院
阿拉伯报刊文选（三）	外国语学院	梵语语法速成	外国语学院
高年级阿拉伯语（一）	外国语学院	基础梵语（上）	外国语学院
高年级阿拉伯语（三）	外国语学院	印度佛教史（上）	外国语学院
基础日语（一）	外国语学院	战后印尼政治与经济	外国语学院
基础日语（三）	外国语学院	印尼报刊选读（二）	外国语学院
日语视听说（一）	外国语学院	印度尼西亚文学史（二）	外国语学院
日语视听说（三）	外国语学院	印尼民俗学	外国语学院
日语视听说（五）	外国语学院	印尼语写作	外国语学院
日本文化概论	外国语学院	马来西亚概况	外国语学院
日本报刊选读	外国语学院	古代东方文明	外国语学院
日语报刊选读（下）	外国语学院	公共印地语（一）	外国语学院
汉译日教程（上）	外国语学院	东方宗教概论	外国语学院
日本社会	外国语学院	印地语视听说（二）	外国语学院
日语概论	外国语学院	印地语写作	外国语学院
日语词汇概论	外国语学院	印度英语报刊文章选读（一）	外国语学院
日本语言文化专题	外国语学院	印地语报刊阅读（一）	外国语学院
公共日语（一）	外国语学院	印地语（一）	外国语学院
公共日语（三）	外国语学院	印地语（五）	外国语学院
高年级日语（一）	外国语学院	基础缅甸语（一）	外国语学院
高年级日语（三）	外国语学院	缅甸语视听说（四）	外国语学院
基础日语（辅修）（一）	外国语学院	缅甸语报刊选读（三）	外国语学院
日语视听说（辅修）（二）	外国语学院	缅甸语翻译教程（三）	外国语学院
日语阅读（辅修）（一）	外国语学院	缅甸现代文学作品选读（三）	外国语学院
日本文化概论（辅修）	外国语学院	基础蒙古语（一）	外国语学院
基础波斯语（三）	外国语学院	蒙古文化	外国语学院
波斯语视听说（下）	外国语学院	基础泰语教程（一）	外国语学院
朝鲜语视听说（下）	外国语学院	泰语翻译教程（上）	外国语学院
韩（朝鲜）半岛概况	外国语学院	泰语写作（下）	外国语学院
韩国语（朝鲜语）报刊选读（上）	外国语学院	泰语视听说	外国语学院
汉朝翻译教程	外国语学院	泰语旅游口语	外国语学院
韩国（朝鲜）文学简史（上）	外国语学院	乌尔都语口语（上）	外国语学院
韩国（朝鲜）名篇选读（上）	外国语学院	南亚伊斯兰文化概述	外国语学院
朝鲜（韩国）经济	外国语学院	基础乌尔都语教程（三）	外国语学院
朝鲜（韩国）国际关系史	外国语学院	希伯来报刊选读	外国语学院
朝鲜语会话（二）	外国语学院	以色列概况	外国语学院
韩国（朝鲜）语（一）	外国语学院	希伯来语写作（上）	外国语学院
韩国（朝鲜）语（三）	外国语学院	希伯来语（五）	外国语学院

续表

课 程 名 称	院　系	课 程 名 称	院　系
越南语泛读(下)	外国语学院	俄苏诗歌(公选)	外国语学院
越南语语法	外国语学院	俄语口译(下)	外国语学院
越南近现代短篇小说选	外国语学院	俄罗斯文学选读(下)	外国语学院
越南语视听说(一)	外国语学院	俄语(四)	外国语学院
日本文化艺术专题	外国语学院	俄罗斯文学史(二)	外国语学院
公共法语(下)	外国语学院	俄罗斯艺术史	外国语学院
传记文学：经典人物研究	外国语学院	基础俄语(二)	外国语学院
电影中的二十世纪外国文学	外国语学院	基础俄语(四)	外国语学院
英语精读(二)	外国语学院	高级俄语(二)	外国语学院
英语精读(四)	外国语学院	俄语语法(下)	外国语学院
英语视听(二)	外国语学院	俄语写作(下)	外国语学院
英语视听(四)	外国语学院	汉译俄教程(上)	外国语学院
口语(二)	外国语学院	俄罗斯国情(下)	外国语学院
口语(四)	外国语学院	俄罗斯民俗民情(下)	外国语学院
英语语音(二)	外国语学院	俄语实践修辞	外国语学院
写作(二)	外国语学院	普通语言学概论	外国语学院
测试(A)	外国语学院	文学概论	外国语学院
英国文学史(二)	外国语学院	中俄文化交流史	外国语学院
英译汉	外国语学院	俄语视听说(一)	外国语学院
汉译英	外国语学院	俄语视听说(三)	外国语学院
美国文学史与选读(二)	外国语学院	俄语新闻听力(下)	外国语学院
文学形式导论	外国语学院	德语精读(二)	外国语学院
短篇小说选读	外国语学院	德语精读(四)	外国语学院
西方思想传统	外国语学院	德语视听说(二)	外国语学院
英语词汇学	外国语学院	德语视听说(四)	外国语学院
美国历史专题	外国语学院	德语笔译(四)	外国语学院
消费文化与生存美学	外国语学院	德语笔译(二)	外国语学院
语言与文化	外国语学院	德语口译(下)	外国语学院
英诗选读	外国语学院	德语民间文学	外国语学院
英美戏剧	外国语学院	德语散文	外国语学院
圣经释读	外国语学院	德语长篇小说(下)	外国语学院
美国政法体制	外国语学院	德国文化史	外国语学院
加拿大小说选读	外国语学院	德语文学名著(下)	外国语学院
中西文化比较	外国语学院	奥地利、瑞士文学	外国语学院
大众文化简介与批评	外国语学院	德国历史	外国语学院
五四文学思想主流与基督教文化	外国语学院	德语语法专题	外国语学院
英语学术论文写作	外国语学院	奥地利传媒	外国语学院
西方学术精华概论(英文讲授)	外国语学院	德语精读(辅修)(二)	外国语学院
翻译(四)	外国语学院	德语精读(辅修)(四)	外国语学院
俄罗斯文学史(四)	外国语学院	德语视听(辅修)(二)	外国语学院
俄语报刊阅读(二)	外国语学院	德语视听(辅修)(四)	外国语学院
俄语阅读—文化背景知识(一)	外国语学院	德语泛读(辅修)(二)	外国语学院
俄语阅读—文化背景知识(三)	外国语学院	德语泛读(辅修)(四)	外国语学院
俄语应用文	外国语学院	公共德语(下)	外国语学院

续表

课 程 名 称	院　　系	课 程 名 称	院　　系
德语国家文学史与选读(四)	外国语学院	西汉笔译(下)	外国语学院
电影	外国语学院	西汉口译(下)	外国语学院
法语精读(二)	外国语学院	西班牙历史和文化概论	外国语学院
法语精读(四)	外国语学院	西班牙报刊选读	外国语学院
法语精读(六)	外国语学院	现当代拉丁美洲作家作品研究	外国语学院
法语精读(八)	外国语学院	西班牙语精读(辅修)(四)	外国语学院
法语视听说(二)	外国语学院	西班牙语阅读(辅修)(四)	外国语学院
法语视听说(四)	外国语学院	葡萄牙语(三)	外国语学院
法语视听说(六)	外国语学院	基础阿拉伯语(二)	外国语学院
法语视听说(八)	外国语学院	基础阿拉伯语(四)	外国语学院
法语写作(二)	外国语学院	阿拉伯语视听(一)	外国语学院
法语写作(四)	外国语学院	阿拉伯语视听(三)	外国语学院
法语笔译(上)	外国语学院	阿拉伯语视听(五)	外国语学院
法语口译(下)	外国语学院	阿拉伯语口语(一)	外国语学院
法国文学史和文学选读(上)	外国语学院	阿拉伯语口语(三)	外国语学院
法语泛读	外国语学院	阿拉伯语阅读(二)	外国语学院
法国历史	外国语学院	阿拉伯语阅读(四)	外国语学院
法语国家及地区概况	外国语学院	阿拉伯语语法	外国语学院
法国报刊选读(二)	外国语学院	阿拉伯语口译(一)	外国语学院
法国报刊选读(四)	外国语学院	阿拉伯语翻译教程(一)	外国语学院
法语文体学	外国语学院	阿拉伯文学选读	外国语学院
法语精读(辅修)(二)	外国语学院	阿拉伯报刊文选(二)	外国语学院
法语精读(辅修)(四)	外国语学院	阿拉伯语应用文	外国语学院
法语视听(辅修)(二)	外国语学院	高年级阿拉伯语(二)	外国语学院
法语视听(辅修)(四)	外国语学院	高年级阿拉伯语(四)	外国语学院
法语泛读(辅修)(二)	外国语学院	日语文言语法	外国语学院
法语泛读(辅修)(四)	外国语学院	日语口译	外国语学院
公共法语(下)	外国语学院	日语阅读	外国语学院
电影	外国语学院	日译汉教程	外国语学院
西班牙语精读(二)	外国语学院	基础日语(二)	外国语学院
西班牙语精读(四)	外国语学院	日本历史	外国语学院
西班牙语精读(六)	外国语学院	日语视听说(二)	外国语学院
西班牙语精读(八)	外国语学院	日语视听说(四)	外国语学院
西班牙语视听(二)	外国语学院	日语作文指导	外国语学院
西班牙语视听(四)	外国语学院	日本文学史	外国语学院
西班牙语视听(六)	外国语学院	汉译日教程(下)	外国语学院
西班牙语阅读(一)	外国语学院	日语敬语概论	外国语学院
西班牙语阅读(三)	外国语学院	日本现代文学作品选读	外国语学院
西班牙语阅读(五)	外国语学院	日语会话	外国语学院
西班牙语口语(一)	外国语学院	公共日语(二)	外国语学院
西班牙语口语(三)	外国语学院	公共日语(四)	外国语学院
西班牙语口语(五)	外国语学院	高年级日语(二)	外国语学院
西班牙语作文(上)	外国语学院	高年级日语(四)	外国语学院
拉丁美洲文学史和文学选读	外国语学院	基础日语(辅修)(二)	外国语学院

续表

课程名称	院系	课程名称	院系
日语视听说(辅修)(一)	外国语学院	缅甸现代文学作品选读(四)	外国语学院
日语视听说(辅修)(三)	外国语学院	基础蒙古语(二)	外国语学院
日语阅读(辅修)(二)	外国语学院	蒙古史	外国语学院
基础波斯语(四)	外国语学院	基础泰语教程(二)	外国语学院
波斯语口语(上)	外国语学院	泰语翻译教程(下)	外国语学院
朝鲜语视听说(上)	外国语学院	泰语口译	外国语学院
韩国语(朝鲜语)报刊选读(下)	外国语学院	泰国文学史	外国语学院
朝汉翻译教程	外国语学院	中泰关系	外国语学院
韩国(朝鲜)文学简史(下)	外国语学院	乌尔都语口语(下)	外国语学院
韩国(朝鲜)文化	外国语学院	乌尔都语语法	外国语学院
韩国(朝鲜)名篇选读(下)	外国语学院	乌尔都语写作教程(上)	外国语学院
朝鲜语会话(一)	外国语学院	巴基斯坦文化(上)	外国语学院
朝鲜语会话(三)	外国语学院	基础乌尔都语教程(四)	外国语学院
韩国(朝鲜)语(二)	外国语学院	乌尔都语泛读(上)	外国语学院
韩国(朝鲜)语(四)	外国语学院	希伯来语翻译教程	外国语学院
韩国(朝鲜)语(六)	外国语学院	犹太简史	外国语学院
东南亚文化	外国语学院	希伯来语写作(下)	外国语学院
东南亚历史	外国语学院	希伯来语(六)	外国语学院
菲律宾华人问题	外国语学院	越译汉教程	外国语学院
菲律宾语译汉语	外国语学院	越南语视听说(二)	外国语学院
菲律宾短篇小说选读	外国语学院	越南报刊选读(一)	外国语学院
基础梵语(下)	外国语学院	汉越语口译(上)	外国语学院
印度佛教史(下)	外国语学院	话剧片段表演	外国语学院
德语(一)	外国语学院	电影中的二十世纪外国文学	外国语学院
印度学入门(上)	外国语学院	莎士比亚作品中的政治与法律	外国语学院
东方文学史	外国语学院	20世纪欧洲文学名著选粹	外国语学院
汉语语言学	外国语学院	俄罗斯艺术史	外国语学院
圣经概述和导读	外国语学院	日本文化艺术专题	外国语学院
图说东方医学文化史	外国语学院	医学发展概论	医学部教学办
汉语译印尼语	外国语学院	健康的生活方式与健康传播	医学部教学办
印尼语(七)	外国语学院	高等数学C(一)	医学部教学办
公共印地语(二)	外国语学院	物理学(B)	医学部教学办
印地语视听说(三)	外国语学院	有机化学(B)	医学部教学办
印地语译汉语教程	外国语学院	有机化学实验(B)	医学部教学办
印度英语报刊文章选读(二)	外国语学院	普通化学(B)	医学部教学办
印度宗教	外国语学院	普通化学实验(B)	医学部教学办
印地语报刊阅读(二)	外国语学院	普通生物学(A)	医学部教学办
印地语(二)	外国语学院	计算概论(B)	医学部教学办
印地语(六)	外国语学院	计算概论(B)上机	医学部教学办
基础缅甸语(二)	外国语学院	算法与数据结构上机	医学部教学办
缅甸语翻译教程(四)	外国语学院	高等数学C(二)	医学部教学办
缅甸概况	外国语学院	物理学(B)	医学部教学办
缅甸经济	外国语学院	普通物理实验(B)(1)	医学部教学办
缅甸语写作	外国语学院	算法与数据结构	医学部教学办

续表

课程名称	院系	课程名称	院系
物理化学（B）（上）	医学部教学办	跨文化交流学	新闻与传播学院
普通物理实验(B)(Ⅱ)	医学部教学办	电视节目制作与策划	新闻与传播学院
分析化学(B)	医学部教学办	英语新闻阅读	新闻与传播学院
生物统计学	医学部教学办	对外传播概论	新闻与传播学院
普通心理学	医学部教学办	选题策划与书刊编辑实务	新闻与传播学院
营养与疾病	医学部教学办	编辑实用语文写作	新闻与传播学院
人类生殖医学进展	医学部教学办	电子出版技术	新闻与传播学院
中医入门	医学部教学办	出版经营管理	新闻与传播学院
医学史：西方医学传统	医学部教学办	中国图书出版史	新闻与传播学院
中国古籍资源与整理	新闻与传播学院	期刊编辑实务	新闻与传播学院
影视编导概论	新闻与传播学院	新闻采访与写作（一）	新闻与传播学院
跨文化交流学	新闻与传播学院	广播电视概论	新闻与传播学院
英语新闻阅读	新闻与传播学院	市场营销原理	新闻与传播学院
舆论学	新闻与传播学院	专业英语	新闻与传播学院
说服学	新闻与传播学院	社会调查研究方法	新闻与传播学院
媒体与国际关系	新闻与传播学院	视听语言	新闻与传播学院
网络传播	新闻与传播学院	纪录片简史	新闻与传播学院
专业英语(二)	新闻与传播学院	公共关系	新闻与传播学院
中国古籍资源与整理	新闻与传播学院	新闻传播理论	新闻与传播学院
信息检索与利用	新闻与传播学院	世界广播电视事业	新闻与传播学院
出版法规与版权贸易	新闻与传播学院	广播电视新闻	新闻与传播学院
广播电视采写	新闻与传播学院	CI研究	新闻与传播学院
广播电视节目制作	新闻与传播学院	广告媒体研究	新闻与传播学院
播音与主持	新闻与传播学院	广告类型研究	新闻与传播学院
专题片与纪录片创作	新闻与传播学院	广告综合研究	新闻与传播学院
广告心理学	新闻与传播学院	广告策划	新闻与传播学院
广告策划	新闻与传播学院	广告管理	新闻与传播学院
电脑设计一	新闻与传播学院	广告前沿问题研究	新闻与传播学院
品牌研究	新闻与传播学院	电脑设计二	新闻与传播学院
广告创意与文案	新闻与传播学院	广告视觉传达	新闻与传播学院
高等数学(D)（上）	新闻与传播学院	高等数学（D）（下）	新闻与传播学院
新闻传播入门	新闻与传播学院	汉语语言修养	新闻与传播学院
传播学概论	新闻与传播学院	广告学概论	新闻与传播学院
社会学概论	新闻与传播学院	新闻评论	新闻与传播学院
报刊英语	新闻与传播学院	舆论学	新闻与传播学院
编辑出版概论	新闻与传播学院	市场调查	新闻与传播学院
新闻传播学概论	新闻与传播学院	中国文化史	新闻与传播学院
新闻采访与写作（二）	新闻与传播学院	媒介经济学	新闻与传播学院
新闻摄影	新闻与传播学院	新闻传播史（一）	新闻与传播学院
英语演讲的艺术与技巧	新闻与传播学院	新闻编辑	新闻与传播学院
毕业实习	新闻与传播学院	传媒法律法规	新闻与传播学院
新闻传播史（二）	新闻与传播学院	英语新闻采写	新闻与传播学院
高等数学(D)（上）	新闻与传播学院	大众传媒与社会变迁	新闻与传播学院
影视编导概论	新闻与传播学院	国际广告与营销传播	新闻与传播学院

续表

课程名称	院系	课程名称	院系
跨文化传播与跨文化管理	新闻与传播学院	微量元素地球化学	地球与空间科学学院
北京风物与传统文化	新闻与传播学院	物理化学（B）	地球与空间科学学院
电影文化中的美国	新闻与传播学院	概率统计(B)	地球与空间科学学院
计算概论	元培计划委员会	环境与生态科学	地球与空间科学学院
普通化学	元培计划委员会	软件工程原理	地球与空间科学学院
信息科学技术概论	元培计划委员会	GIS概论	地球与空间科学学院
算法与数据结构	元培计划委员会	计算数学	地球与空间科学学院
学术规范与论文写作	元培计划委员会	计算机图形学基础	地球与空间科学学院
高等数学(B)(一)	地球与空间科学学院	数字地形模型	地球与空间科学学院
高等数学(B)(一)习题课	地球与空间科学学院	遥感数字图像处理原理	地球与空间科学学院
线性代数(B)	地球与空间科学学院	地理科学概论	地球与空间科学学院
线性代数(B)习题	地球与空间科学学院	数字地球导论	地球与空间科学学院
力学	地球与空间科学学院	遥感应用	地球与空间科学学院
计算概论	地球与空间科学学院	高等数学(B)(一)习题课	地球与空间科学学院
普通化学	地球与空间科学学院	大气科学导论	地球与空间科学学院
C程序设计	地球与空间科学学院	电磁学习题	地球与空间科学学院
矿产资源经济概论	地球与空间科学学院	光学	地球与空间科学学院
自然资源与社会发展	地球与空间科学学院	原子物理学	地球与空间科学学院
地球历史概要	地球与空间科学学院	电磁学	地球与空间科学学院
色彩学基础	地球与空间科学学院	光学习题	地球与空间科学学院
高等数学(B)(一)习题课	地球与空间科学学院	普通物理实验(A)(一)	地球与空间科学学院
电磁学	地球与空间科学学院	电动力学(B)	地球与空间科学学院
光学	地球与空间科学学院	地球连续介质力学基础	地球与空间科学学院
普通物理实验(C)(一)	地球与空间科学学院	重力学与地球电磁学	地球与空间科学学院
数学物理方法	地球与空间科学学院	普通地质学	地球与空间科学学院
普通化学实验	地球与空间科学学院	电离层物理学与电波传播	地球与空间科学学院
普通地质学	地球与空间科学学院	空间探测与空间环境模拟	地球与空间科学学院
结晶学与矿物学	地球与空间科学学院	地球科学概论(一)	地球与空间科学学院
古生物学	地球与空间科学学院	高等数学(B)(二)	地球与空间科学学院
矿床学	地球与空间科学学院	高等数学(B)(二)习题课	地球与空间科学学院
地球化学	地球与空间科学学院	太空探索	地球与空间科学学院
大地构造学	地球与空间科学学院	C程序设计	地球与空间科学学院
同位素地质学基础	地球与空间科学学院	地史中的生命	地球与空间科学学院
环境地球化学	地球与空间科学学院	算法与数据结构	地球与空间科学学院
海洋地质学	地球与空间科学学院	矿产资源经济概论	地球与空间科学学院
石油地质学	地球与空间科学学院	结晶化学原理	地球与空间科学学院
水文地质学	地球与空间科学学院	普通物理	地球与空间科学学院
遥感地质学	地球与空间科学学院	地球科学概论(二)	地球与空间科学学院
沉积环境和相分析	地球与空间科学学院	结晶学与矿物学	地球与空间科学学院
普通岩石学(下)	地球与空间科学学院	X粉末衍射分析	地球与空间科学学院
地史学	地球与空间科学学院	中国区域地质学	地球与空间科学学院
材料与环境矿物学	地球与空间科学学院	近代地层学	地球与空间科学学院
自然资源概论	地球与空间科学学院	环境地球化学	地球与空间科学学院
古生态学与古环境恢复	地球与空间科学学院	综合野外地质实习(一)	地球与空间科学学院

课程名称	院系	课程名称	院系
综合野外地质实习(二)	地球与空间科学学院	气象气候学	环境学院
构造地质学	地球与空间科学学院	中国历史地理	环境学院
普通岩石学(上)	地球与空间科学学院	经济学概论	环境学院
物理沉积学	地球与空间科学学院	人口地理	环境学院
普通地质实习	地球与空间科学学院	自然地理概论	环境学院
固体力学基础	地球与空间科学学院	水文学与水资源	环境学院
地球物理学	地球与空间科学学院	营销地理学	环境学院
地貌与第四纪地质	地球与空间科学学院	旅游规划	环境学院
岩浆作用理论概述	地球与空间科学学院	文化地理学	环境学院
同位素地球化学基础	地球与空间科学学院	高等数学C(一)	环境学院
演化生物学	地球与空间科学学院	近代物理	环境学院
遥感概论	地球与空间科学学院	普通物理实验	环境学院
测量与地图学	地球与空间科学学院	物理化学(B)	环境学院
城市与区域科学	地球与空间科学学院	物理化学实验(B)	环境学院
离散数学	地球与空间科学学院	普通化学实验	环境学院
操作系统原理	地球与空间科学学院	普通化学	环境学院
GIS设计和应用	地球与空间科学学院	算法与数据结构	环境学院
地学数学模型	地球与空间科学学院	遥感基础与图像解译原理	环境学院
网络基础与WebGIS	地球与空间科学学院	人与环境	环境学院
数据库概论	地球与空间科学学院	环境经济学	环境学院
遥感数字图像处理原理	地球与空间科学学院	应用数理统计方法	环境学院
普通物理实验(A)(二)	地球与空间科学学院	环境污染与人体健康	环境学院
地震学与地球内部物理学	地球与空间科学学院	微机应用	环境学院
中、高层大气与电离层物理学	地球与空间科学学院	地学基础	环境学院
太阳大气层,日球层与磁层物理学	地球与空间科学学院	环境模型	环境学院
空间探测原理与实验	地球与空间科学学院	微量有毒物风险分析	环境学院
地理科学概论	地球与空间科学学院	环境工程(下)	环境学院
珠宝鉴赏与珠宝文化	地球与空间科学学院	环境监测(2)	环境学院
板块构造与地震	环境学院	环境科学	环境学院
山水成因赏析	环境学院	环境微生物学	环境学院
世界文化地理	环境学院	应用生态学	环境学院
现当代建筑赏析	环境学院	土壤学及实验	环境学院
环境科学导论	环境学院	植物学(上)	环境学院
环境材料导论	环境学院	生态学实验技术	环境学院
人类生存发展与环境保护	环境学院	普通生态学3	环境学院
环境学基础	环境学院	中外城市建设史	环境学院
北京历史地理	环境学院	城市总体规划(课程设计)	环境学院
中国自然地理	环境学院	规划机助技术(规划CAD)	环境学院
地球概论	环境学院	建筑设计概论与初步	环境学院
乡村地理	环境学院	房地产开发与管理	环境学院
人文地理	环境学院	城市基础设施规划	环境学院
土地评价与管理	环境学院	城市设计	环境学院
概率统计(B)	环境学院	城市道路交通规划	环境学院
中国地理	环境学院	房地产估价	环境学院

续表

课程名称	院系	课程名称	院系
建设项目经济评价	环境学院	城市园林绿地规划	环境学院
规划设计实习	环境学院	人口地理	环境学院
城市社会地理学	环境学院	城市生态学	环境学院
高等数学C(二)	环境学院	景观规划与设计(含园林绿地规划课程设计)	环境学院
全球变化及其对策	环境学院	城市规划管理与法规	环境学院
板块构造与地震	环境学院	详细规划(课程设计)	环境学院
中国传统建筑	环境学院	工业地理学	环境学院
环境伦理概论	环境学院	美术与制图	环境学院
文明与环境导论	环境学院	城市规划原理	环境学院
环境保护与可持续发展	环境学院	社区空间规划	环境学院
全球环境问题	环境学院	经济地理学	环境学院
人类生存发展与环境保护	环境学院	城市经济学	环境学院
环境学基础	环境学院	城市规划概论	环境学院
中国历史地理	环境学院	建筑规划与场地设计	环境学院
计算概论	环境学院	普通地貌实习	环境学院
线性代数(C)	环境学院	普通地质实习	环境学院
地貌学	环境学院	野外生态学	环境学院
环境演变与全球变化	环境学院	微电子学概论	信息科学技术学院
生物地理学	环境学院	概率统计(B)	信息科学技术学院
现代自然地理学实验方法	环境学院	普通物理实验	信息科学技术学院
中国地貌与第四纪	环境学院	数学物理方法	信息科学技术学院
自然资源学原理	环境学院	数学物理方法习题	信息科学技术学院
综合自然地理学	环境学院	近代物理实验(B)	信息科学技术学院
自然保护学	环境学院	固体物理	信息科学技术学院
经济地理研究方法	环境学院	通信原理	信息科学技术学院
普通物理	环境学院	电子物理	信息科学技术学院
有机化学(B)	环境学院	数字信号处理实验	信息科学技术学院
有机化学实验(B)	环境学院	嵌入式系统	信息科学技术学院
定量分析	环境学院	数据结构与算法(A)	信息科学技术学院
定量分析实验	环境学院	微机原理A	信息科学技术学院
中级分析化学实验	环境学院	操作系统B(含实习)	信息科学技术学院
环境管理学	环境学院	光学	信息科学技术学院
环境监测与实验	环境学院	电动力学	信息科学技术学院
环境法	环境学院	电路分析原理	信息科学技术学院
环境化学	环境学院	信号与系统	信息科学技术学院
环境化学实验	环境学院	微机与接口技术实验	信息科学技术学院
环境规划	环境学院	热学	信息科学技术学院
环境工程学	环境学院	量子力学(B)	信息科学技术学院
植物学(下)	环境学院	光学	信息科学技术学院
普通生态学(上)	环境学院	普通物理实验	信息科学技术学院
普通生态学(下)	环境学院	热力学与统计物理(B)	信息科学技术学院
城市化与城市体系	环境学院	微电子学专业实验课	信息科学技术学院
城市形态与结构	环境学院	集成电路CAD	信息科学技术学院
区域规划原理	环境学院	双极集成电路	信息科学技术学院

课程名称	院系	课程名称	院系
数据结构与算法(A)	信息科学技术学院	电子线路计算机辅助设计	信息科学技术学院
数字逻辑设计	信息科学技术学院	电子线路(A)	信息科学技术学院
数字逻辑设计实验	信息科学技术学院	电子线路实验(A)	信息科学技术学院
电路分析原理	信息科学技术学院	数字逻辑电路	信息科学技术学院
信号与系统	信息科学技术学院	数字逻辑电路实验	信息科学技术学院
微机与接口技术实验	信息科学技术学院	电子系统设计	信息科学技术学院
近代物理	信息科学技术学院	通信电路实验	信息科学技术学院
数字集成电路设计	信息科学技术学院	微波技术与电路	信息科学技术学院
半导体器件物理	信息科学技术学院	数字信号处理(含上机)	信息科学技术学院
线性代数(B)	信息科学技术学院	光电子学	信息科学技术学院
高等数学(B)(一)	信息科学技术学院	理论力学	信息科学技术学院
高等数学(B)(一)习题课	信息科学技术学院	纳米科技与纳米电子学	信息科学技术学院
线性代数(B)习题	信息科学技术学院	量子力学 I	信息科学技术学院
力学	信息科学技术学院	声学基础	信息科学技术学院
力学习题	信息科学技术学院	通信电路	信息科学技术学院
思想品德修养	信息科学技术学院	数学物理方法	信息科学技术学院
信息科学技术概论	信息科学技术学院	科技交流与写作	信息科学技术学院
计算概论 A	信息科学技术学院	电子线路(A)	信息科学技术学院
物理中基础数学	信息科学技术学院	电子线路实验(A)	信息科学技术学院
数据结构与算法(A)	信息科学技术学院	半导体物理	信息科学技术学院
集合论与图论	信息科学技术学院	数字集成电路原理	信息科学技术学院
数字逻辑设计	信息科学技术学院	集成电路工艺原理	信息科学技术学院
数字逻辑设计实验	信息科学技术学院	微电子器件测试实验	信息科学技术学院
数据结构与算法实习	信息科学技术学院	微米纳米技术概论	信息科学技术学院
智能科学技术导论	信息科学技术学院	高等数学(B)(二)	信息科学技术学院
脑与认知科学	信息科学技术学院	高等数学(B)(二)习题课	信息科学技术学院
概率统计 A	信息科学技术学院	电磁学习题	信息科学技术学院
数据库概论	信息科学技术学院	电磁学	信息科学技术学院
人机交互	信息科学技术学院	电磁学习题课	信息科学技术学院
数据结构与算法(A)	信息科学技术学院	思想品德修养	信息科学技术学院
集合论与图论	信息科学技术学院	微电子与电路基础	信息科学技术学院
数字逻辑设计	信息科学技术学院	程序设计实习	信息科学技术学院
数字逻辑设计实验	信息科学技术学院	概率统计 A	信息科学技术学院
操作系统 A	信息科学技术学院	程序设计语言概论	信息科学技术学院
数据结构与算法实习	信息科学技术学院	信息论	信息科学技术学院
编译实习	信息科学技术学院	科技交流与写作	信息科学技术学院
软件工程	信息科学技术学院	代数结构与组合数学	信息科学技术学院
数据库概论	信息科学技术学院	数理逻辑	信息科学技术学院
程序设计语言概论	信息科学技术学院	微机原理 A	信息科学技术学院
Web 技术概论	信息科学技术学院	微机实验	信息科学技术学院
电子商务概论	信息科学技术学院	计算机组织与体系结构	信息科学技术学院
信息安全引论	信息科学技术学院	编译技术	信息科学技术学院
数字化艺术	信息科学技术学院	操作系统实习	信息科学技术学院
网络实用技术	信息科学技术学院	计算机图形学	信息科学技术学院

续表

课程名称	院　系	课程名称	院　系
计算机网络概论	信息科学技术学院	汇编语言程序设计	信息科学技术学院
理论计算机科学基础	信息科学技术学院	离散数学I	信息科学技术学院
面向对象技术引论	信息科学技术学院	C++语言程序设计	信息科学技术学院
数字图像处理	信息科学技术学院	微机原理	信息科学技术学院
Linux程序设计	信息科学技术学院	网络实用技术	信息科学技术学院
Windows程序设计	信息科学技术学院	文科计算机基础（下）	信息科学技术学院
外形设计与游戏动画的原理和方法	信息科学技术学院	网络信息安全	信息科学技术学院
电路基础实验	信息科学技术学院	电子商务实习	信息科学技术学院
可编程逻辑电路设计（I）	信息科学技术学院	市场管理与网络营销	信息科学技术学院
电子系统设计高级课程（2）	信息科学技术学院	信息技术知识产权保护	信息科学技术学院
虚拟仪器与非电量的测量和控制	信息科学技术学院	数据库概论	信息科学技术学院
文科计算机基础（上）	信息科学技术学院	软件工程	信息科学技术学院
电子商务技术	信息科学技术学院	计算机图形学	信息科学技术学院
Internet技术与Web编程	信息科学技术学院	离散数学II	信息科学技术学院
Web数据仓库技术	信息科学技术学院	操作系统	信息科学技术学院
金融市场学	信息科学技术学院	Java语言程序设计	信息科学技术学院
计算机网络概论	信息科学技术学院		

北京大学2006年录取各省（自治区、直辖市、港澳台地区）文科第一名（学生名录）

省　份	姓　名	性　别	学　校	院　系
安徽	曹　姗	女	铜陵市第一中学	光华
北京	何　旋	女	北京市第二中学	光华
福建	曾春明	男	惠安一中	元培
甘肃	薛逢源	男	酒钢三中	光华
广东	何世悦	女	广东韶关市广东北江中学	光华
贵州	黄厚瀚	男	水城县往届及社会考生	经济
海南	叶　婧	女	海南中学	光华
河北	王晓月	女	邢台一中	经济
河南	王琳琼	女	巩义市第二高中	国关
黑龙江	魏　冰	女	佳木斯一中	光华
湖北	赵君秋	女	宜昌市夷陵中学	光华
湖南	刘璐源	女	怀化铁路一中	光华
吉林	孙一丁	女	毓文中学	光华
江苏	何　彧	女	江苏省江都中学	经济
辽宁	朴婧玲	女	沈阳朝鲜族第一中学	元培
内蒙古	徐　钰	女	呼和浩特第二中学	光华
宁夏	万木春	女	银川一中	光华
青海	陈　萌	男	湟南省中学	法学
山东	韦　薇	女	淄博市实验中学	元培
山西	郝　乐	女	阳泉一中	经济
陕西	孙　凌	女	西安高级中学	元培
上海	常方舟	女	上海曹阳二中	中文
四川	陈璇卿	女	攀枝花市第七高级中学	元培
天津	刘亚东	男	王口中学	光华
西藏	周孟颖	女	拉萨市第三高级中学	经济
西藏	叶溟尹	女	林芝地区外高中	经济
西藏（民考汉）	扎西次仁	男	昌都地区二中	公管
新疆	穆　静	女	哈密地区二中	国关
云南	刘　涵	女	云南师大附中	光华
云南	高　扬	女	曲靖市第一中学	法学
浙江	陈雄超	男	舟山中学	光华
重庆	蔡妮芩	女	巴蜀中学	光华
港澳台	邢　滨	男	广东珠海一中	光华

北京大学2006年录取各省(自治区、直辖市、港澳台地区)理科第一名(学生名录)

省 份	姓 名	性 别	学 校	院 系
北京	杨蕙心	女	北京市第八中学	光华
广东	林瑞辉	男	广东实验中学	元培
广东	刘怡然	女	华南师范大学附属中学	经济
广东	吴辰熙	男	华南师范大学附属中学	数学
广西	陈亚玲	女	柳州高中	元培
湖南	李佐鸿	男	郴州市一中	化学
江西	刘 捷	男	江西师大附中	数学
宁夏	杜 玮	女	银川一中	光华
青海	高 原	男	湖北省中学	元培
山东	李 明	男	淄博七中	元培
陕西	闫 欣	女	高新一中	元培
上海	唐 靓	女	上海中学	元培
浙江	卢 毅	男	杭州市第二中学	元培
重庆	曹 飞	男	重庆市第一中学	元培
港澳台	王 婧	女	湖北华中师大一附	数学

北京大学2006年录取国际奥赛金牌获得者名单

种 类	姓 名	性 别	中 学	录取专业
数学金牌	邓 煜	男	深圳高级中学	理科实验班
数学金牌	沈才立	男	浙江镇海中学	数学科学学院
数学金牌	金 龙	男	东北师大附属中学	数学科学学院
数学金牌	任庆春	男	天津耀华中学	数学科学学院
数学金牌	柳智宇	男	湖北华师一附中	数学科学学院
数学金牌	甘文颖	男	武钢三中	数学科学学院
物理金牌	裴东斐	男	郑州市一中	理科实验班
物理金牌	王星泽	男	黄冈中学	物理学院
物理金牌	张鸿凯	男	石家庄二中	光华管理学院
化学金牌	蔡李超	男	长沙市一中	化学与分子工程学院
化学金牌	刘艺斌	男	鹰潭市第一中学	化学与分子工程学院
化学金牌	曾 毅	男	深圳中学	化学与分子工程学院
化学金牌	叶钦达	男	华东师大二附	化学学院
生物金牌	欧 洋	女	梁丰高级中学	生命学院
生物金牌	刘 潇	女	成都七中	生命学院
信息金牌	李天翼	男	上海复旦附中	数学科学学院

研究生教育

【概况】 2006年,北京大学的研究生教育以留学生招生方式改革为切入点、以研究生培养机制改革为契机,积极稳妥地推进研究生教育改革,取得了明显的成效。

北京大学共有38个博士学位授予权一级学科,共有210多个博士学位二级学科点。有230多个硕士学位二级学科点。

2006年博士生指导教师1300多人。校本部1026人,医学部274人。

2006年入选全国优秀博士学位论文5篇。自1999年至2006年8年累计,北京大学获全国优秀博士学位论文总数为58篇。

【招生工作】 招生基本数据 申请北京大学推荐免试硕士(含直博)研究生的人数共计2940人,实际接收1470人;报名参加硕士生统考(双证)的人数达到了破纪录的21253人,录取2822人;报名参加博士生应试考试的人数共计3977人,录取726人。

2006年北京大学共录取研究生7973人(其中校本部5188人,医学部848人,深圳研究生院729人,软件与微电子学院1208人)。

其中参加全国统一招生,经过

学校推荐和应试考试入学的研究生（双证）5795名。包括博士生1417名，硕士生4378名；博士生中包括225名推荐免试的"直博生"，413名本校"硕转博"的学生，779名应试考生；硕士生中包括1245名推荐免试生，3133名全国统考生（双证）。

参加全国联考和自主考试入学的在职攻读专业学位研究生（单证）2178名中，包括法律硕士（J.M）135名；工程硕士706名；公共管理硕士（MPA）500名；公共卫生硕士（MPH）40名；工商管理硕士（MBA）229名；高级工商管理硕士（EMBA）400名；会计硕士（MPAcc）50名；艺术硕士（MFA）36名；风景园林硕士12名；高校教师70名。包括校本部1297人，医学部40人，深圳研究生院135人，软件与微电子学院706人。

招收留学生140名（博士24名、硕士116名），港澳台生70名（博士27名、硕士43名）。

改进研究生招生计划的制订 在校本部招生总规模保持稳定的情况下，重点进行了结构的优化调整，提高资源的有效配置，并加强了对专业学位招生计划的管理。使不同校区、不同学科专业、不同层次研究生都能够协调发展。在制订2007年度招生计划中，结合研究生培养机制的改革，对研究生实施收费与奖助办法，充分发挥经济杠杆的调节作用，以推进计划工作的改革力度。特别是博士生招生要根据导师科研经费状况，打破大锅饭，优先满足经费充足的导师提出的招生名额，在招生计划中实施了调控计划，博士计划中有45个，硕士计划中有15个。

改革留学研究生招生选拔办法 为进一步吸引国外优质生源，提高招生质量，改善生源结构，加快北京大学研究生教育国际化进程，起草并通过了《北京大学招收外国来华留学生攻读硕士、博士学位研究生的试行办法》，从2007年起，将招收外国留学硕士、博士研究生的选拔录取办法，由原来的以考生应试考试成绩为主的选拔录取方式，转变为申请报名与考核申请人的素质能力为基础的（申请—审核制）选拔录取方式。具体招生工作包括对留学生的招生宣传、规定申请的条件及申请方式、外语的考核、招生选拔录取方式，以及入学注册等；具体培养工作应包括学习年限及学习方式、教学内容与学科建设、论文指导、写作、答辩、及学位授予等，是一个全方位的改革。

扩大接收推荐免试研究生的比例 在吸引、接收国内重点院校优秀本科毕业生申请免试攻读北京大学硕士、博士研究生方面，逐步扩大免试生的比例。2006年有2847人申请，在接收的1495人中有1397人来自设立有研究生院的高校，占93%。

2003—2006年北京大学接收推荐免试研究生数据统计

年度	人数	硕士生	硕博连读	直博生	本校	外校	校内外比例
2003	858	634	64	160	601	257	70%/30%
2004	1192	886	99	207	731	461	61%/39%
2005	1213	987	87	139	742	471	61%/39%
2006	1495	1075	195	225	850	640	57%/43%

扩展招生咨询日的内容和规模 2006年，除做好日常的招生宣传和咨询服务外，特别对2007年度招生咨询日活动进行了重点策划和实施。主要围绕研究生实行培养机制改革问题，结合招生、奖助学金制度的实施展开。特别是针对社会上关于研究生"收费问题"做了大量的前期宣传工作，得到了平稳过渡，取得了预期的效果。2006年7月9日，以北京大学为主，邀请多所兄弟院校参与、多家媒体参加的招生咨询日活动成效明显，活动的整体组织工作更加完善、内容更加丰富、形式更加多样、规模更加扩大、社会关注更加广泛。

改进考务工作 1. 完善报名信息系统：在继续保留2005年硕士研究生使用教育部的报名信息系统方式不变的情况下，2006年试行考生在网上提交报名信息后上传照片的方法，研究生院可事先打印准考证，然后由考生直接领取。这样，可以使考生的报名方式多一种选择，使报名工作更加快捷、方便。

2. 精心组织入学考试：一是加强了对参加考试工作人员的培训，建立一支认真负责有经验的监考人员队伍，使每个监考人员明确工作职责、监考守则、考场规则、考场的各种指令、监考工作程序以及如何应对考场上出现的问题。二是加强硕士生考试考场的组织管理工作。上万名考生，200多个考场，在组织管理方面都做到了十分周全、详细、有条不紊。三是加强和改进硕士考生试卷整理工作。四是加强了对硕士招生业务课考试成绩的登分、核分的管理。

改进初试与复试工作 1. 合理设置初试的考试科目，并加强命题的研究工作。硕士研究生的初试科目提倡按照一级学科统一设置，对于专业素质的考察应放在复试阶段进行。硕士起点博士研究生的初试科目提倡按照一级学科和二级学科统一设置，对于具体研究方向的考察应放在复试阶段进行。根据初试、复试、面试所承担的功能和任务的不同，在推进考试科目设置改革方面坚持稳妥，循序渐进，使考试科目的设置更符合选拔人才的规律性。

2. 坚持试卷评阅"严格公正，评分准确"的原则。从2003年开始，业务课试卷由研究生院组织院系教师集中统一评阅，2006年的阅卷工作强调：（1）各院系要选派工作责任心强、业务水平高、遵守纪律、身体健康、能胜任阅卷工作的教师组成阅卷组。先按标准答案和评分标准随机抽取部分试卷，进行集体试评，分析试评结果，确定评分阅卷尺度后，再全面展开试卷的评阅工作。（2）各院系组织阅卷教师在规定的时间、地点统一阅卷，并控制好阅卷进程。（3）评阅试卷要规范。（4）遇有疑难问题要由阅卷小组集体讨论得出统一结论，同时报研究生招生办公室。（5）阅卷小组组织专人进行试卷评阅后的复查，纠正错漏或宽严不当等现象，确保阅卷质量。（6）在阅卷完毕后，要求各阅卷小组要对考试结果、试题的分量和难易程度，以及考生在答题中普遍存在的问题，进行分析研究，写出书面意见，以便改进今后命题工作。（7）规定成绩一经登录，试卷不得随意查阅，任何人不得擅自改动。在复查中如发现原成绩确实有误，须由经办人员写出复查报告，经研招办主任、复查人员、相关院系主管院长、阅卷教师签字并加盖研招办公章和院系公章后，连同未改动的试卷一并上报北京市高招办审批后，才能更改成绩。

3. 准确划定复试分数线，并切实做好差额复试工作。2006年，根据各专业录取人数和考生的考试成绩，经过认真考虑，反复研究，精确计算，按照学科门类划定复试分数线。为做好复试工作，学校以及各个院系都加强了对复试工作的领导，并积极探索复试工作的新形式、新做法，建立和完善复试规则，精心进行组织，明确复试工作的要求和标准，严格执行复试程序以及对复试工作的监督。其中特别强调要研究复试笔试、复试面试两者之间的关系和作用。具体做法是：（1）做好复试的组织管理工作。包括成立校系两级复试工作领导小组，并制定复试工作文件和细则。（2）规定进入复试的基本条件。对于免试生和应试生，硕士生和博士生应分别规定，包括资格审查、素质审核以及划定应试考生复试分数线等。（3）明确差额复试的比例，所采用的方式和程序以及复试成绩的权重。推荐免试生的差额复试比例可由各院系根据本学科、专业特点自行决定；应试考生差额复试比例一般应控制在招生计划的110%至130%之间。（4）复试的形式和内容。推荐免试生的复试一般包括一级学科综合考试和综合面试；应试考生的复试可采取笔试、面试或两者相兼的方式。复试中的笔试、面试相互补充、有机结合。专家复试小组要事先确定评分标准。面试时还应尽量避免问题的随意性和偶然性。在复试中严格按照所规定的程序进行。推荐免试生的平时成绩和其他因素以及复试中的一级学科综合考试成绩以多大的权重计入复试总分（亦可以不计入），可由各院系根据自身特点确定；统考生的复试成绩一般应占总成绩的20%至30%。（5）积极做好校内外调剂复试的工作。校内调剂主要是为了调剂余缺，校外调剂则是为了使更多考生被录取。

探索和建立研究生招生质量保障体系　近年来，研究生招生工作经过不断改进，已形成了众多具有规范性的文件。这些文件体现了改革与创新的主题和内容，是建立健全招生质量保障体系的组成部分。随着研究生招生数量迅猛增加，重点高等院校和科研机构招生工作重点，已经逐步由规模扩张转变为生源质量的进一步提高。北京大学由于资源条件的限制，招生规模基本保持稳定，因此，提高生源质量尤为重要。因此，加强对研究生生源质量评价方法的探索和研究，建立生源质量评估体系，并且逐步运用于招生实践中，对于研究生招生工作具有重要的指导意义。

报考北京大学2007年硕士生情况　根据教育部网报数据统计，报考北京大学2007年硕士生的人数为20634人，列全国榜首。这已是北京大学连续三年报名人数超过2万。

【医学部研究生招生工作】2006年公开招考硕士生报考人数为2084人，录取382人；公开招考博士生报考人数437人，录取175人。

招生基本情况　由于在2005年加大了研究生招生宣传力度，以及在招生类型的结构组成做了调整，2006年的招生总体情况好于2005年。

2006年与2005年博士生招生情况比较

年度	公开招考			校内转博				推免直博		港澳台		留学生	招生总数
	报考人数	录取人数	录取率	硕博连读	临技转博	七年制转博	合计	申请人数	接收人数	申请人数	接收人数	录取人数	
2006	437	175	40.0	32	75	35	142	55	32	2	0	0	349
2005	362	149	41.2	47	90	26	163	36	25	2	1	0	338

2006年与2005年硕士生招生情况比较

年度	公开招考			港澳台		留学生		推免硕士		招生总数
	报考人数	录取人数	录取率%	报考人数	录取人数	报考人数	录取人数	申请人数	接收人数	
2006	2084	382	18.7	13	7	15	7	77	43	439
2005	1654	347	21.0	17	8	4	2	49	37	394

2006年博士生与硕士生的报考人数和录取人数较2005年有所增加,其中以硕士生更为突出。接收推荐免试生的总数由2005年的62人增加至75人,其中直博生的增加幅度高于硕士生。招收硕士留学生的人数较2005年明显增多,但博士生仍为空缺。港澳台学生数较2005年减少。

加大复试工作的改革力度 2006年硕士生招生复试中,强调以二级学科组织复试,避免按照研究方向面试,以利于优秀生源的选拔。在研究生复试中全面推行综合素质考察,2006年不仅对硕士生考生开展了能力倾向测试和心理素质考察,对博士生考生也进行了这两方面的考察。将2005年和2006年的硕士与博士考生的能力倾向测试成绩进行分析,结果提示:

(1) 硕士考生的初试成绩不能很好地反映学生的能力水平,复试则显得更加重要;但是需要研究和改进复试工作,使之能够较为真实地考察出学生的能力水平;

(2) 为了提高生源质量,应该加大推免生比例,吸引重点院校的考生;

(3) 博士考生是较为成熟的群体,但是在招生过程中,对他们的工作经历、工作背景和工作能力缺乏有效的考察,在此次分析中难以反映出来;

(4) 能力倾向测试结果对选拔学生有一定的指导作用,然而,就其有效性和可信度来说,还需要在测试方法及内容进一步改进。

MPH招生工作 2006年由于考试科目调整,宣传力度增加,报考医学部的人数明显增多,参加考试人数达110人,较2005年的44人,增加了1.27倍。考试成绩也令人满意,英语和总分百分位达到全国医学专业学位指导委员会下达的复试指导线(≥20)的人数有93人,高出招生计划数13人。组织完成了全国MPH的阅卷工作。全国MPH报考人数共计2160人,三项考试科目,共6000余份试卷。

招生宣传工作 2006年组织部分管理干部到上海交通大学医学院、中国药科大学和南京医科大学开展招生宣传工作。共有700余名学生参加了招生宣讲和咨询。继续编制研究生招生指南。并增印了招生宣传彩页,向43所院校寄发了招生宣传材料。

2007年研究生报考人数超过2006年,硕士生报考人数为2676人,博士生报考人数为572人。

改革外国留学生招生办法 为了加快医学部研究生教育国际化进程,参照《北京大学招收外国来华留学生攻读硕士、博士学位研究生的试行办法》,结合医学部特点,制定了《北京大学医学部招收外国来华留学生攻读硕士、博士学位研究生试行办法》,将外国来华留学生攻读硕士、博士学位研究生的招收方式由考试改为以申请考核的方式进行。

【培养工作】 进一步完善研究生培养管理规定 1. 修订《北京大学研究生手册》:对《北京大学研究生手册》中的各种规章制度、措施与办法进行了梳理与整合。

2. 修订《北京大学硕博连读研究生的培养办法》:对硕博连读研究生的选拔要求、考核办法、培养过程及具体学习要求分别提出了明确的指导性意见。

3. 编写《北京大学在职攻读硕士专业学位人员/学生管理手册》:2006年8月,编写了《北京大学在职攻读硕士专业学位人员/学生管理手册》,内容包括学籍管理、课程管理以及学生如何申请学位等各方面,涵盖了学生从获得录取资格到申请北京大学学位的过程,对院系的工作起到了明确的规范与指导作用,也极大地方便了学生对学校与国家相关政策的了解与解读。

4. 起草《北京大学关于研究生学术规范的规定》(征求意见稿):就开展研究生学术规范教育提出建议。要求各单位深入持久地开展与学术道德和学术规范教育有关的法律、法规、规则、制度的学习;结合本学科特点细化对研究生学术规范的具体要求。

研究生培养的目标与过程管理 2006年度审批、审查硕士研究生毕业(结业、肄业)2765人次,其中毕业2723人次,结业13人次,肄业25人次。2006年审核硕博连读生材料306人。

2006年度审批、审查博士研究生毕业(结业、肄业)753人次,其中结业10人次,肄业22人次。

教务管理 2006年全校研究生公共课的教学管理:外语类99班次,上课人数3552;政治理论课13班次,上课人数3821;研究生体育课33班次,上课人数857。2006年北京大学共开设研究生课程2920门,其中新开课142门。2006年有6位外籍专家在研究生院全职任教,较好地保证了博士生外语的教学质量。2006年接收外单位人员旁听研究生课程336人次,为学校收取旁听费947130元。

学籍管理 2006年研究生新生入学注册4764人次;各类研究生学籍异动约2212人次;办理研究生毕业(结业、肄业)离校手续3527人次;办理研究生对外联系用成绩单6500余份;办理研究生公派出国手续约780人次,涉及40余个国家和地区。

专业学位研究生管理 1. 全面使用专业学位管理系统:2006级注册报到单证学生人数2124人,相关异动工作根据学费交纳情况已经进行完毕。2006年度统计学籍异动(含所有在校单证学生)126人(次)。

2. 规范单证专业学位研究生的管理:2006年重点进行制度化、程序化建设,包括以下几个方面:1.抓好学费交纳工作,把好入口关。2.做好学籍异动工作,认真核对学生的学习状态。3.严格按照各学科培养方案审查学生的学分完成情况 4.在规范管理、服务院系的基础上加强规章制度和信息管理系统的完善。

研究生课程进修班教学管理 2006年研究生课程进修班在学学员3900多人,在北京地区组织

了两次课程考试,参加考试人数分别为2700多人和1900多人。此外,还在京外40多个考点组织了课程考试。2006年研究生课程进修班结业人数2500多人。

研究生课程建设与评估 2006年度立项资助20门研究生课程并对2005年立项的42门研究生课程的建设情况进行中期检查。

2006年组织完成了两次课程评估,涉及24个院系、869门次课程。其中第一学期涉及22个单位492门次课程;第二学期涉及16个开课单位377门次课程。研究生课程评估目前仍采用书面调查问卷的方式。

实行研究生分类培养 为了缓解研究生数量和培养质量的问题,进一步明确培养思路,对研究生实行分类培养。对于应用型专业学位的研究生,如法律硕士、工商管理硕士等主要以硕士培养为主,结合实际社会需求,在掌握基本理论和专业知识的基础上注重实践技能的训练。培养目标是使其能够熟练地进行专业性工作,并取得突出的成就,成为相关领域卓越的组织者和领导者。对于学术型的研究生则以博士研究生培养为主。培养目标是使其掌握坚实的基础理论,系统的专业知识和学科前沿的发展动态,能够独立地进行科学研究和创新工作。

在学术型研究生培养方面,继续推行本科毕业生直接攻读博士学位和硕博连读的长学制培养方式,扩大此类研究生的比例。2006年录取直博生和硕博连读生497人,比2005年有所增加。

研究生创新工程 2006年研究生创新工程包括研究生暑期学校和研究生访学基地项目,完成4个全国研究生暑期学校、6个国际师资的研究生课程,9个研究生暑期课程,接受7名访学研究生;并作为高校代表在教育部组织召开的"全国研究生暑期学校研讨会"做大会发言。组织申报2007年研究生创新计划。

学术道德建设 为了加强对研究生的学术规范训练,加强对学术失范行为的监察力度,培养品德高尚的创新人才。从2006年开始北京大学启动了研究生学术规范与科研能力提升的课程。第一次已经实施了19门课程,出台了《北京大学研究生课程评估办法》,已经出台《研究生学术规范管理办法》,希望把研究生的学术规范逐渐引进到培养教育体系当中。

讨论制定了《北京大学研究生指导教师工作规范》和《北京大学关于研究生教育学术规范的暂行规定》,用以规范导师和研究生的工作和学习行为,从制度上加强学术道德和研究规范的教育,并加上导师的言传身教,培养更多的品德高尚的创新人才。

研究生思想政治教育 2006年10月,教育部专门召开了研究生思想政治教育工作研讨会,强调要结合研究生的培养特点和思想实际,理顺体制,探索途径和方法,切实做好研究生的思想政治教育工作,把业务培养和思想政治教育工作结合起来,教育和自我教育相结合的全方位育人机制。研究生院将继续与学校的相关部门经常沟通,建立机制,协调解决出现的问题,为研究生健康成长创造良好环境。

研究生培养情况调研 为准确掌握院系研究生教育基本状况、各院系研究生培养环节的完成情况以及各院系研究生教育的经验和质量保证措施,加强研究生院与院系之间的了解与沟通。自2006年9月起,研究生院组织了院系调研工作。调研范围包括:各单位的研究教育基本状况(研究生规模、导师规模、学生延期情况等)、各博士生培养单位各培养环节的完成时间和方式(博士生培养计划的制订、硕博连读选拔考核、综合考试、选题报告、预答辩等);各单位有特色的研究生培养经验和质量保证措施;研究生导师工作量计算方法;跨学科人才培养办法;研究生课程管理办法;国内外同领域发展状况;对培养办公室工作的意见和建议等。截止到目前,已调查走访了13个博士研究生培养单位,均作了访谈纪要。其余单位的调查工作将继续进行。

"奥运实习生"选拔与培养
北京大学于2005年9月承担北京奥组委媒体运行部赛时实习生的选拔与培养任务,培养36名赛时实习生;于2006年5月承担北京奥组委场馆管理部实习生的选拔与培养任务,培养60名赛时实习生,共计培养96名奥运会赛时实习生。

自2005年9月16日林钧敬副校长代表北京大学与北京奥组委签署了《合作备忘录——第29届奥林匹克运动会与赛时实习生》以来,研究生院面向2006级全日制计划内非定向燕园本部硕士研究生或档案户口于入学前转入学校的2006级全日制自筹资金燕园本部硕士研究生发出遴选通知,受到全校各院系师生的热烈响应。共有30个院系454人次申请,其中131人次申请媒体运行部奥运实习生项目、323人次申请场馆管理部奥运实习生项目。经过考核,共有外国语学院于施洋等21个院系96名同学获得实习生初取资格。

2006年10月14日,北京大学成立以常务副校长林建华为主任、党委副书记张彦为副主任的北京大学奥运会赛时实习生指导委员会,委员来自参加学生较多的院系主管负责人和职能部门负责人。指导委员会的日常工作机构是秘书处,秘书处设在北京大学研究生院培养办公室,联络人郭蕾。

2006年10月17日,北京大学奥运会赛时实习生指导委员会的部分委员审阅并通过了赛时实习生协议和培养方案,对实习生实行三段式培养:2006年9月至2007年6月为课程学习阶段,学生在北京大学进行课程学习;2007年8月至2008年9月为实习阶段,学生以实习生身份参与北京奥组委的工作;2008年9月之后,学生回校继续进行学习和研究,进行学位论文写作和学位论文答辩工作。培养方案明确了对赛时实习生的课程要求、学分要求、实习要求、毕业

与申请学位的要求等。

【医学部研究生培养】 课程教学 1. 全面实行网上选课：在网上开通学生选课信息，使开课单位能够及时了解选课人数。累计本年度两学期分别接受研究生、在职申请学位人员及外校人员近万人次选课。

2. 规范教学管理：为了加强和规范研究生课程教学管理，保证研究生课程教学质量，在2006年度根据《研究生课程教学管理条例》的要求，对研究生开课情况、备课情况、课堂教学效果、考核方式、教学方法和态度进行了不定期的检查，对新开设的研讨课进行了教学的观摩，对研究生课程学习的出勤情况和课堂纪律进行了抽查，保证了教学秩序和教学质量。

3. 修订和制定研究生培养方案：在新的培养方案中确定了新生必修《实验动物学》《医学研究中的安全防护与相关法规》课程，同时组织启动了教材的编写工作。

4. 修订研究生课程教学大纲：针对原有研究生课程教学大纲已实施五年，一些课程存在的问题，根据学科发展需要，对已开课程进行归类、合并和调整，对内容相近课程及课程中的重复内容进行优化，使其内容精练，针对性强，更符合研究生的学习特点。组织完成了新的研究生课程教学大纲，在开课的方式上增加了研讨课的授课课程。

规范管理 1. 进一步完善医学部、院二级管理制度：为适应研究生教育发展的需要，提高管理效益，确保研究生培养质量，在充分调研和广泛征求意见的基础上，进一步明确了岗位责任，完善了医学部、院二级管理制度，保证了管理重心的平稳过渡和有序运行，确保医学部学位与研究生教育类别、规模和质量的协调发展。

2. 重视学习与培训，不断提高管理水平：为不断提高研究生培养工作的管理水平，学习、领会教育部和学校有关研究生教育的文件精神和新修订的学位与研究生教育工作手册，并就各类研究生的入学注册、学籍管理、培养方案的制订与实施、课程学习、资格考试、临床能力训练、成绩登录、论文答辩程序、档案管理等进行培训和研讨。

3. 启动研究生课程评估，起草了《北京大学医学部研究生课程评估工作暂行条例》（讨论稿）：实施新的研究生教学大纲，开展研究生课程教学评估工作。

4. 严格和细化研究生管理：使其明确培养的每个步骤及要求，录入了研究生各门课程成绩及临床轮转审核，使学生了解个人学习情况及每个环节。同时完成了2006年年末申请答辩人员的同等学力能力认定工作。

5. 完成培养经费的预算和分配等工作：对新开及重新调整课程给予了重点的投入（基础医学院、实验动物科学部、公共教学部）。

培养工作 1. 临床研究生和住院医师阶段考核工作：

3月份组织进行了2003级临床研究生阶段考核的补考工作。有3个专业9名学生参加专业课或专业外语，有5个专业10名学生参加临床思维能力的考核。

9—10月组织进行了2006年临床医学专业学位研究生临床轮转情况的抽查工作，了解了研究生的意见，就研究生临床轮转、管理等方面的问题进行了认真、细致的检查，对未能按照培养方案要求完成临床能力训练者责成在规定时间内补齐，掌握了目前各临床学院临床专业学位第一阶段培养的情况，及时发现和总结培养环节中的问题。

10—12月组织进行了2006年临床医学专业学位研究生、在职申请学位人员和住院医师阶段考核工作。共有561名考生参加，其中研究生131名，在职申请学位人员123名，住院医师307名。

临床医学博士专业学位毕业考核：针对临床医学博士专业学位研究生的毕业考核需要统一组织考核；目前已完成《临床/口腔医学博士专业学位研究生（在职申请学位人员）毕业考核办法》《临床/口腔医学博士专业学位研究生（在职申请学位人员）毕业考核命题原则》《临床/口腔医学博士专业学位研究生（在职申请学位人员）毕业考核评分表》，拟将按照以三级学科为主统一组织考核。

为完善在职申请硕士学位和博士学位人员的课程学习、同等学力水平认定工作，拟定了《北京大学医学部在职人员申请学位实施细则》。

临床医学硕士专业学位研究生的培养：为完全落实"四轨合一"，对临床医学硕士专业学位研究生毕业后，与完成住院医师第一阶段规范化培训合格的住院医师统一颁发合格证书，使这类研究生毕业后在外单位工作时，所在工作单位了解、认可临床训练过程，保证了研究生享有正常的待遇。同时，在总结以往临床医学专业学位培养工作的基础上，配合新的培养方案的落实，修改了专业学位临床能力训练手册和阶段考核评分表，使其更加实用。

2. 直博/硕博连读研究生资格考试工作：为了保证直接攻读/硕博连读医学科学（理学）博士学位研究生培养质量，培养合格的博士生，协同各学院统一组织2004级研究生的资格考试。研究生院负责专业基础课考试，各学院负责专业课、专业外语和课题开题评议。参加考试的研究生全部通过考试，获得继续攻读博士的资格。

3. 长学制学生工作：顺利接受了长学制学生，对其进入二级学科的培养规定和有关管理进行了

调整，理顺了培养环节。

4. 培养管理系统工作：

利用培养管理系统对2006届毕业研究生进行了毕业审核，2004级临床医学专业学位研究生临床轮转科室审核。

加强了对联合培养的研究生的监管工作，严格按规定程序审核、选拔派出研究生，保证了派出研究生的质量，完成了国家及学校有关部门下达的任务。

顺利开通了长学制学生网上管理系统，与研究生同时进行选课。

5. 研究生课程进修班工作：2006年举办了应用心理学、护理学、社会医学与卫生事业管理学、精神病与精神卫生学4个专业4个研究生课程进修班，获得结业证书学员共计66人。

2006年举办了应用心理学、护理学、社会医学与卫生事业管理学、精神病与精神卫生学、药学5个专业研究生课程进修班的招生报名工作，截至目前共招收学员122人。

学籍管理 完成学生学籍异动审批：2006年退学11人、休学6人、复学1人；办理短期出国41人。随着《北京大学医学部基础医学、药学、预防医学长学制学生分段管理暂行办法》的出台，从教育处接收长学制学生共305人，同时将学生档案全部转入研究生院。

【学位工作】 2006年年度北京大学学位授予共计15939人。其中博士学位：1016人；硕士学位：5480人；学士学位9443人。完成了710人的博士学位论文答辩材料审批工作。

在2006年度全国优秀博士学位论文评选中，北京大学有5篇入选。2006年度获得北京大学优秀博士学位论文奖共60篇，其中一等奖5篇（暨全国优秀博士学位论文）；二等奖11篇，三等奖44篇。2006年9月，经过各学部及校学位评定委员会讨论，确定了2007年北京大学优秀博士学位论文名单及上报教育部参加"全国优秀博士学位论文"评选17篇。

在2005年博导遴选机制改革试点的基础上，2006年进一步扩大改革范围，将不固定博导资格制由2005年的4个院系推广到7个院系，2006年遴选了包括39名副教授在内的95名博士研究生指导教师。

2006年完成了2005年启动的一级博士学位授权学科增列自审试点与申请学科增列的相关后续工作任务：北京大学共有5个已有二级博士学位授权点申请增列一级博士学位授权学科点：天文学、测绘科学与技术、核科学与技术、教育学和艺术学等；有1个硕士学位授权学科点申请增列：体育人文社会学。新增列的学位授权学科点均已被国务院学位委员会批准。

根据教育部学位与研究生教育发展中心"关于开展2006年学科评估工作的通知"（[2006]30号文件）精神，北京大学有数学、物理学、化学、力学、电子科学与技术、信息与通信工程、计算机科学与技术、工商管理、公共管理、图书馆、情报与档案管理等10个博士授权一级学科参加了学科排名评估。评估的结果将以全国同类学科的排名形式公布。

12月20日，在英杰交流中心召开了北京大学国家重点学科考核评估工作会议。根据教育部教研司[2006]20号文件《关于做好国家重点学科考核评估工作的通知》要求，教育部决定对国家重点学科（北京大学共81个：其中校本部65个，医学部16个）建设情况进行考核评估。为此，学校专门成立了北京大学国家重点学科考核评估领导小组、专家小组和工作办公室（设在研究生院），并要求各参加国家重点学科考核评估的学院（系、所、中心）务必高度重视，必须有专人负责，组织好国家重点学科评估工作班子，研究生院负责此次国家重点学科考核评估的具体组织工作。

在2005年至2006年间，研究生院继续支持生物信息学、生物医学工程、纳米科技、计算科学、国学研究等交叉学科的招生和培养工作。特别是在人文社科领域，充分利用北大的综合学科优势，结合社会经济发展的需求和中国国际影响不断提高的现实，积极推动跨学科、跨院系交叉培养研究生工作。除继续完善和发展富有北大特色的"国学"研究之外，还利用历史系、政府管理学院、法学院和国际关系学院的丰富资源，推出了"欧洲学"这样一个适合社会发展需要并具有丰富学术内涵的新生交叉学科，并迅速成为相关院系的热门专业。2006年此类在校研究生已达240名。

2006年受理、审核2325人以研究生毕业同等学力和在职攻读专业学位申请学位手续；组织审核参加全国外语和综合学科统一考试2000多人次。

2006年完成了包括第三批6名北京大学研究生从莫斯科大学学成归来、第四批4名北京大学研究生派赴莫斯科大学，以及接收第三批6名莫斯科大学派赴北京大学的学生各种手续的办理等工作。

2006北京大学授予名誉博士学位2人：7月10日授予美国原华盛顿州州长骆家辉（Gary Locke）名誉博士学位；10月10日授予美国著名政治学和政治学者基辛格名誉博士学位。至此，北京大学授予名誉博士学位总数已有40名。

【医学部学位工作】 2006年共向444名研究生授予学位，其中授予博士学位229人；授予硕士学位215人；共向245名在职人员授予了学位，其中授予在职人员博士学

位77人,授予在职人员硕士学位168人;授予七年制医学硕士专业学位79人,五年制学士学位651人,成人本科学士学位275人。

根据北京大学医学部对教学医院硕士生导师遴选的工作部署,2006年1月,经过各学位分会初审、一级学科专家组评议、医学部学位评定委员会审核通过及北京大学学位评定委员会确认,北大深圳医院等10家教学医院的24个硕士生培养点具备了培养硕士生资格,易黎等73名教授具备了硕士生导师资格,圆满完成了医学部教学医院第四批硕士生培养点及导师的遴选。

根据国务院学位委员会[1995]20号文件精神,医学部自1995年实行了对申报硕士、博士学位授权点及导师资格的自行审批。1998年6月始,硕士生导师资格已由各学院(部)按照招生计划和上岗条件自行审批。目前,医学部硕士、博士学位授权点已覆盖59个学科、专业,在岗的硕士生、博士生导师已达稳定规模。

为了进一步确保研究生的培养质量和研究生导师的管理,以及根据以往及本次(第十二批)医学部博士生导师遴选过程中遇到的问题,结合医学部对长学制学生培养过程及管理的明确,在充分征求医学部学位评定委员会委员意见的基础上,对现有的研究生导师遴选、上岗工作进行了调整:医学部不再进行研究生导师的遴选及资格确认,实施研究生导师岗位制,即招收并且实际指导研究生者则为研究生导师;根据研究生的培养目标不同,此次修订的《北京大学医学部研究生导师上岗条件》将指导专业学位和科学学位的导师在上岗条件上的区别予以明确;由各学院(部)学位评定分委员会在每年制订研究生招生计划前严格按照此规定对拟招生的教师进行审核并整体考虑学科布局,按照《北京大学医学部关于制定研究生年度招生计划的规定》完成要求。

2006年3月,受卫生部考试中心委托,组织了在职人员申请博士学位英语全国统考报名和全部考务工作。参考人员203人,其中100人获得考试合格证书。

2006年4月至7月,经严格资格审查,接受在职人员申请硕士学位人员147人,其中申请硕士专业学位的67人,申请科学学位80人;接受申请博士学位的在职人员85人,其中申请博士专业学位77人,申请科学学位的8人。

经2006年6月28日北京大学医学部学位评定委员会二届五次会议充分讨论,修订并下发了《北京大学医学部研究生在学期间发表论著的规定》,对"无SCI收录论著发表或正式接受函拟申请科学学位博士者"做出了明确的要求,对发表论著责任作者、单位署名尤其是教学医院给予了明确规定。协助撰写并下发了《关于外校调入医学部的博士生导师资格确认暂行规定》、《关于对学位论文评阅人及答辩委员会组成的规定》、《医学部关于在职申请学位人员退学退费的管理办法》等。

医学部本部、附属医院博士学位授权点审核,教学医院第三批博士生培养点、导师的遴选工作。目前正在组织进行医学部基础医学、口腔医学、药学三个Ⅰ级学科中放射医学、儿童口腔病学、临床药学三个Ⅱ级学科博士学位授权点的评审及教学医院第三批博士学位培养点、博士生导师资格的审核工作。

【研究生培养机制改革】 1. 研究生培养机制改革工作的背景历程:北京大学的研究生培养机制改革工作开始于2000年,到2006年已经步入了第四个阶段。(1)2001年2月至2003年1月,北京大学试行"三助"制度。(2)2003年2月至今执行现行的"三助"制度,为进一步推进和完善培养机制改革奠定了基础,也积累了经验。自2003年起,对北京大学的有关收费和资助问题做了大量调研,起草了调研报告和对策报告,为进一步推进和完善研究生培养机制提供了依据。(3)2005年年初,专门设置"研究生奖助办公室"开始新的培养机制改革探索,先后出台了多种奖助方案。

2. 启动研究生培养机制改革工作:(1)起草并出台改革文件:在学习和领会国家改革精神以及对学校各院系进行大量调查研究的基础上,2006年6月,出台了一系列的规定,包括《北京大学研究生培养机制改革办法》、《北京大学研究生学业奖学金管理办法》、《北京大学研究生奖助金的资金来源和使用管理办法》以及《关于2007级研究生培养机制改革试点工作的意见》(分学部)。经过几年的"三助"工作试点,北京大学基本形成了合理有效的研究生培养机制,按照现有的方案,90%的博士研究生和70%的硕士研究生可以获得各种档次的奖学金,加上原有的"三助"费用,80%的博士生和60%的硕士生研究生的待遇得到一定的提高。同时,研究生通过参与导师的课题,科研能力得到了较好的锻炼,研究生在科研中发挥着越来越重要的作用。以2005年为例,根据科研部统计,北京大学理工科共发表SCI论文1881篇,其中学生为第一作者的为940篇,占发表论文总数的50%,说明研究生在科研中的作用越来越大。(2)预算改革经费:由于改革涉及到学校大量经费问题,做出合理预算是非常现实的问题。在国家没有增加经费投入的情况下,不仅要创新机制,而且还要提高研究生待遇,因此,在现有情况下,最优化资源配置异常重要。研究生院对学校可投入的经费情况和院系科研经费做了一定的摸底和了解,在此基础上,做了改革的经费预算,力争做到学校收支平衡或者出小钱办大事。(3)设计改革方案:由于北京大学综合性的特点,各院系和各学科之间差异性很大,在充分征求院系意见的基础上,分学部设计了不

同的改革方案,提出《关于2007级研究生培养机制改革试点工作的意见》。(4) 核算院系奖助金情况:根据不同的改革方案,计算学校应下拨的经费和院系可拿出用于奖助金的经费,最后形成各院系的奖助方案。(5) 深化博士生助研制度改革,走访全校大部分院系,形成调研报告,为启动培养机制改革奠定了基础。

【奖助工作】 补贴260万元为推进我校博士生助研制度的深化改革提供了经费保证。

2006年9月,落实文科社会科学在校博士生助研津贴补助办法,截至年底,文科社会科学部的19个院系中,共有14个院系已经为博士生发放了助研津贴,其余5个院系的博士生助研方案也在设计和逐步实施之中。理学部、信息学部院系发放研究生助研津贴的工作也在逐步规范,发放津贴标准也在不断提高。

发放助教金568万元,1945名研究生获得助教津贴。发放人文、社会科学学部博士生研究奖学金和助研津贴154.62万元,859名博士生获得研究奖学金和助研资助。

【医学部研究生就业工作】 2006年医学部总计毕业研究生460人,其中硕士生207人,博士生253人。

截至2006年12月10日,2006届毕业研究生参加就业的人数达87.6%,申请自费出国、考取国内博士生、进入博士后流动站的人数为13.4%;仅有9名研究生(占2.0%)未就业。毕业生就业地区遍布全国26个省、市、自治区、直辖市。

1. 就业特点:

(1) 就业率和就业质量高:06年医学部毕业研究生就业率98%,其中博士生高达97.6%。毕业研究生就业单位层次高,主要在高校、国家和省重点单位和三级以上的医院就业;同时,毕业生签订"三方就业协议"的数量和比例也达到95%以上。

(2) 就业地区仍以北京地区为主,到西部地区和基层单位就业较少:在北京地区就业的毕业生有286名(其中博士毕业生156人,硕士毕业生130人),占毕业生总数的62.2%。在西部地区和县级基层医院就业仅有17名,占毕业生总数的3.7%。

(3) 进入高校就业的人数略有降低:随着各高校及附属医院进人门槛的提高,更多地把位置留给了引进有突出成果的国内、外中、青年学者,使得毕业研究生进入这些单位的数量减少。医学部毕业研究生进入高校178人,占毕业研究生总数460人的38.7%,与2005年相比,进入高校的毕业研究生减少了近8%。

(4) 企业接收毕业生增加;进京指标,进人指标减少,户口、档案存放生源省的灵活就业人数增加。2006年有43人进入企业,占毕业生总数460人的9.4%,比2005年上升了3个百分点;有14位毕业研究生选择了灵活就业。

(5) 留校毕业研究生仍维持往年水平:留校毕业研究生144人,占毕业研究生总数的31.3%,与2005年持平。

【中国研究生院院长联席会秘书处】 4月15日至17日,中国研究生院院长联席会2006年全体会议在江苏扬州大学召开。本次会议的主题是"创新性人才的选拔与培养"。教育部学生司韩建华、学位与研究生教育发展中心副主任王立生出席会议并讲话。江苏省教育厅副厅长殷翔文、扬州大学校长郭荣分别在开幕式上致辞。来自全国57个研究生院的院长或常务副院长参加了会议。会议以大会报告的形式展开。北京航空航天大学、南开大学、哈尔滨工程大学、西安电子科技大学、重庆大学、西南交通大学、北京邮电大学、东南大学、中国科学院、北京林业大学、中南大学、华东理工大学、南京大学等13个单位的研究生院院长或常务副院长分别就深化研究生培养体系改革、推进创新人才培养等方面的实践与探索作了大会交流发言;清华大学研究生院常务副院长陈皓明教授就自审增列一级学科博士点试点工作做了介绍。在闭幕式上,韩建华巡视员传达了2006年研究生招生工作会议精神。

中国研究生院院长联席会2006年年会于10月16—18日在长春召开。来自全国57所研究生院的院长或常务副院长参加了会议。国务院学位办公室及教育部领导出席了会议并讲话。北京大学研究生院常务副院长王仰麟教授主持了开幕式。会议以"进一步深化研究生培养机制改革"为主题,首先听取了教育部学生司陈瑞武处长介绍教育部就研究生招生工作方面改革的新举措和设想;国务院学位办梁国雄处长就研究生培养机制改革的有关问题向大会作了说明;十所在近两年将要试点试行研究生培养机制改革的学校作了大会交流发言。在闭幕式上,各研讨小组作了各自的研讨情况汇报。

12月8—9日院长联席会组织了有国务院学位办公室领导参加的、17所试点试行研究生培养机制改革单位研究生院院长出席的"关于进一步做好研究生培养机制改革工作"的研讨会。学位办公室梁国雄处长传达了周济部长关于培养机制改革工作的指示;各位院长介绍了各自学校的方案,交流了有关试点试行研究生培养机制改革工作可能出现的问题及相应的对策思考;研讨了为做好研究生培养机制改革的试点工作,对教育部和国家有关部门的具体建议和希望;对秘书处提交会议讨论的拟提交给教育部的"关于做好试行研究生培养机制改革工作的几点建议"展开了热烈的讨论。

自2000年院长联席会首次全体会议上发出"关于支持西部地区学位与研究生教育发展的倡议"以来,联席会全体会员单位积极响应,

大力支持,并落实在具体的工作中。除各研究生院的具体支持项目以外,院长联席会也积极派院长代表团做了大量的实实在在的工作。2006年院长代表团出席了重庆工商大学、湖北民族学院、重庆邮电大学有关研究生培养与学科建设的会议并接受了他们的咨询。

12月5—21日,联席会组织院长代表团出席了美国CGS(研究生院学会)的年会,并顺访了6所大学/研究生院。

"中国研究生院建设的研究"课题研究报告已经由"高等教育出版社"出版;第二期"国外高校调研"项目已经于4月正式启动。

2006年院长联席会秘书处应邀先后参加了《中国研究生》媒体工作研讨会暨"《中国研究生》重庆记者站成立"、研究生院工科研究生教育工作会议、全国学位与研究生教育学会文理科工作会议、《学位与研究生教育》编辑部工作会议。

10月完成了联席会网页的升级和改版工作,已经在网上投入试运行。

【专业学位教育指导委员会秘书处】 1月,按照国务院学位办[2006]1号文件《做好MPH录取工作的通知》指示,全国医学专业学位教育指导委员会秘书处出台了《关于对2005年公共卫生硕士专业学位(MPH)联考复试指导分数线的意见》。根据2005年MPH全国联考的成绩,并参考2002—2004年MPH全国联考的录取率,经测算后建议:2005年公共卫生硕士专业学位(MPH)全国联考的复试指导分数线为"总成绩及外语成绩分别在20%百分位点(含)以上"。2006年MPH全国联考的成绩已公布,经测算后建议:2006年公共卫生硕士专业学位(MPH)全国联考的复试指导分数线仍为"总成绩及外语成绩分别在20%百分位点(含)以上"。

【医药科工作委员会秘书处】 医学门类学科专业目录设置和修订工作 2006年4—6月,医药科工作委员会受国务院学位办公室和中国学位与研究生教育学会的委托,在对国外学科专业目录设置调研的基础上,参与承担全国研究生的学科专业目录研讨、论证和修订工作,同时重点承担医学门类学科专业目录设置和修订的组织工作。于2006年5月召开各一级学科的牵头院校和牵头人预备会,确定了整体修订框架。

医药科工作委员会按照1997年研究生的学科专业目录中医学门类的八个一级学科分成7个专家组,由国务院学科评议组学科牵头人所在相应院校的有关专家作为组织修订工作的牵头人,分别组织相关专家进行了深入研究和论证。于2006年6月由广西医科大学承办在南宁主办召开全国医药学研究生的学科专业目录设置和修订专题研讨会。

与会代表对各一级学科专家组提出的医药学研究生学科专业目录方案作了整体分析并在更宽泛的层面上加以补充和修改。在此基础上,各一级学科的牵头专家针对以上讨论的补充和修改意见进行整理和归纳。本次研讨会的特点:1.特殊性及示范性:鉴于医学门类学科专业的特殊性,医药学研究生学科专业目录的修订启动较早且相对独立进行,其经验和做法可以为研究生学科专业目录的整体修订提供参考;2.权威性及广泛性:这次修订工作,全国医学门类8个一级学科的学科评议组专家及全国相关的知名专家、研究生教育管理战线的各层次管理人员都积极参与,充分反映了学位与研究生教育多个层面的意见,这在学科专业目录研讨和修订工作中尚属首次。

5—12月,医药科工作委员会于2006年5月开始第六届学术年会的征文工作。并于2006年12月6—9日在海南召开第六届学术年会。本次年会由医药科工作委员会主办,海南医学院承办。来自全国70所高等医药院校和科研机构的130单位的近280名代表参加了会议,这是历届年会中人数最多、规模最大的一次年会。本次年会得到了国务院学位办公室领导的高度重视,文理医处黄宝印处长在会上作了重要报告。黄处长从介绍几所不同类型的高校在研究生培养工作中的特点作为切入点,他强调,改革研究生培养机制,不断提高质量,加速培养创新型人才,是一个复杂的系统工程。要重视研究生质量,更应注重提高导师的质量。因为导师是提高研究生培养质量的关键。大家充分感受到:经济发展能保证今天,科技发展能保证明天,教育发展能保证后天,足见教育在实施人才强国战略中的重要地位。段丽萍秘书长对医药科工作委员会的工作进行了回顾和总结。尤其是近两年来,秘书处遵照国务院学位办[2005]3号文件精神,对全国7所新增医学专业学位培养单位进行了培训;完成了公共卫生硕士专业学位(MPH)考试大纲和指南的修订和出版;出台了《关于对2005年公共卫生硕士专业学位(MPH)联考复试指导分数线的意见》;受国务院学位办和中国学位与研究生教育学会的委托,参与承担全国研究生的学科专业目录研讨、论证和修订,同时重点承担医学门类学科专业目录设置和修订的组织工作,目前已圆满完成整体汇总。同时,医药科工作委员会积极组织了会员单位进行《学位与研究生教育"十一五"研究课题》的申报。

12月16—18日,中国学位与研究生教育学会主办了"中国学位与研究生教育学会学术交流大会",医药科工作委员会秘书处与学会秘书处共同承担了会务组工作。

医药科工作委员会积极组织

会员单位进行科研课题申报。据不完全统计,医药科工作委员会会员单位共申请"十一五"研究课题25项。其中国务院学位办公室委托重大课题4个,学会重大课题4个,学会重点课题6个,自选课题11个。学会秘书处经专家评审,申请的25项"十一五"研究课题全部被批准。其中批准国务院学位办公室委托重大课题2个,学会重点课题4个,自选课题19个。

【北京大学研究生工作研讨会】11月17—18日,2006年北京大学研究生工作研讨会在北京稻香湖畔酒店举行。本次会议结合研究生工作中存在的机遇和挑战以及研究生教育的发展趋势,以推进研究生培养机制改革、继续建设和完善北京大学研究生教育质量保证体系为主题来开展研讨。北京大学校长兼研究生院院长许智宏院士在开幕式上作了题为"积极推动研究生培养机制改革,努力提高我校研究生培养质量"的主题报告。国务院学位办公室梁国雄处长、北京大学林建华常务副校长和研究生院王仰麟常务副院长分别就教育部研究生培养机制改革试点情况、研究生国际交流与合作和北京大学研究生教育总体状况进行了汇报。

在分组讨论中,与会代表就如何推动研究生培养机制改革、如何加强究生培养全过程各环节的质量控制、如何完善研究生培养淘汰机制、如何规范导师工作,如何发展北京大学研究生教育等议题进行了广泛而深入的讨论。分组讨论结束后,物理学院马伯强、信息科学技术学院陈向群、中文系朱庆之、法学院沈岿和教育学院文东茅分别代表各组就本组的讨论情况在大会作了交流汇报。

18日上午研讨会闭幕式上,林建华常务副校长在听取了各小组的汇报后,就北京大学研究生培养机制改革、研究生培养观念和教育制度之间的关系、如何建立导师负责制等问题进行了总结。

【第四届全国公共卫生研究生暑期学校】7月17日至8月10日,医学部举办了主题为"公共卫生与禽流感"的第四届全国公共卫生研究生暑期学校。此次暑期学校邀请了来自北京大学校本部、清华大学、中国疾病预防与控制中心、美国哈佛大学等国内外一流研究机构的40余位专家授课,授课学时数达168学时。经过慎重遴选,共招收了来自全国22个省、市、自治区24所高校和研究机构的70名正式学员和来自北京市各高校和研究机构的30余名旁听学员。除了课堂教学以外,还组织安排多种课外交流、参观游览等活动,并提供图书阅览、网络检索和自习条件。此次暑期学校得到了全国各兄弟院校师生的热烈响应和众多专家学者的大力支持,达到了开拓学术视野、密切学科交流、介绍学科前沿、夯实专业基础的预期教学目的,并受到教育部、国家自然科学基金委领导的肯定和表扬。

【医学部研究生教育工作会议】4月,研究生院医学部分院组织召开了学位与研究生教育工作会议。会议就研究生招生制度的改革;研究生创新能力的培养;研究生综合素质和心理健康教育;重点学科评估和学科建设以及研究生教育国际化等问题进行研讨。将进一步完善管理流程、提高服务意识、优化管理模式,为营造良好的创新氛围提供更完善的保障机制。

【研究生教务工作研讨会】7月11—17日,北京大学研究生教务工作研讨会在广西北海举行,各院系负责研究生教务工作的老师及研究生院工作人员共60人参加了会议。会议总结2005—2006年度的研究生教务工作,相互交流研究生教务管理工作经验,研讨新形势下研究生教务管理工作的问题与办法。会议返程至南宁期间,与会人员参观访问了广西大学并与广西籍北大研究生校友进行了交流与座谈。

【医学部研究生思想政治工作】北京大学医学部党委研究生工作部按照党委的统一部署和年初制订的工作计划,全面贯彻落实中共中央16号文件《关于进一步加强和改进大学生思想政治教育的意见》的精神,根据医学研究生的特点,对研究生的思想政治工作进行了积极的探索和实践,并取得了良好的效果。

3月,在胡锦涛总书记提出"八荣八耻"的社会主义荣辱观后,研究生工作部为切实落实教育部《中共教育部党组关于学习贯彻胡锦涛总书记讲话精神切实加强社会主义荣辱观教育的通知》及北京市委教育工作委员会、北京市教育委员会《关于在北京教育系统深入开展社会主义荣辱观教育活动的通知》,拟订出详细活动计划,指导各学院(部)组织研究生学习、开展社会主义荣辱观教育活动。

加强医学部研究生学术规范教育调查。研究生工作部专门设计、发放了"北京大学医学部研究生学术规范教育调查问卷",对研究生学术规范现状进行调查,以加强今后对研究生进行学术道德教育的针对性。同时,在研究生工作部的指导和支持下,医学部研究生会邀请到多位道德高尚、业务精湛的专家在医学部举办了"讲究科学道德,净化学术环境"系列讲座,在北医营造良好的学术氛围,引导北医学子在心目中树立良好的科学道德观。

为贯彻落实中共中央《建立健全教育、制度、监督并重的惩治和预防腐败体系实施纲要》,全面提高学生思想道德素质,牢固树立社会主义荣辱观,根据北京大学党委《关于在全校学生中开展廉洁教育活动的意见》(党发[2006]21号),研究生工作部在医学部研究生中

积极开展廉洁教育,结合学生将来从事的职业特点,提出活动建议。

2006年下半年,研究生工作部将本学期开展研究生思想政治教育工作的重点内容拟出计划,下发给各二级单位。主要工作内容有:积极学习胡锦涛总书记给孟二冬老师女儿的回信;认真开展《江泽民文选》学习活动;深入开展纪念红军长征胜利70周年系列主题教育活动;组织研究生党支部开展学习党的十六届六中全会会议精神。对每一项活动,研究生工作部都提出了相应的活动建议。

2006年暑期,医学部共组织研究生社会实践团7个,参加实践团的研究生近百人,足迹遍布山东、山西、河南、安徽、贵州、宁夏等地。本次研究生社会实践收到了良好效果。医学部研究生工作部根据团队组织形式、实践内容、实践收获、总结报告等,对2006年的7个研究生社会实践团队进行了总结评优,共评出2006年医学部研究生暑期社会实践优秀团队一等奖1个,二等奖2个,三等奖4个,并对各个团队给予一定的经费支持。1名老师获"北京大学暑期社会实践优秀领队老师奖",2名同学获"北京大学暑期社会实践优秀个人奖",4名同学获"北京大学暑期社会实践先进个人奖"。

2006年,在接到中共北京市委教育工作委员会、北京市教育委员会《关于实施大学生"村官"配套工程 开展红色"1+1"活动的通知》后,研究生工作部经过认真遴选,结合各学院(部)研究生党支部党员专业特色,推荐了公共卫生学院"流行病与卫生统计学系研究生党支部"参加红色"1+1"活动。该活动采取研究生党支部与京郊农村党支部结对的方式,推动了研究生党员了解农村、服务农村,在实践中将科研成果融入现实生活。

9月,经医学部第24次部务办公会研究通过了《北京大学医学部研究生助研岗位的设置与申请管理办法(试行)》。在2005年助研岗位标准的基础上将助研标准再次提高。"三助"工作的开展,在一定程度上缓解了学生的生活压力。

为进一步加强研究生管理工作,在研究生中加强心理卫生监管,预防学生因心理问题引发的突发事件,2006年在医学部成立学生心理咨询中心后,研究生工作部积极配合中心工作,制定了《关于加强研究生心理卫生健康工作的办法》,在研究生班中设立心理观察员,了解班内学生的心理健康状况,在同学中普及心理健康知识,对于存在较为严重心理问题的同学及时向学院(部)研究生办公室报告。研究生心理观察员属于研究生助管岗位,每学期由研究生工作部给予一定补助。

与有关部门密切配合,做好研究生的日常管理工作。与保卫处配合,做好研究生公寓及校园治安宣传工作,及时处理学生出现的突发事件。与党委组织部、宣传部密切配合,做好研究生的党建、积极分子的培训和形势教育宣传工作。与后勤各有关部门协作,加强研究生的思想道德、日常行为管理。积极配合房地产管理中心,为做好研究生宿舍楼改造搬迁作了大量学生思想动员工作,保证了改造搬迁工程的顺利进行。指导研究生会办好《北大生物医学论坛》、学术十杰评选等;做好研究生保险工作,在做好新生入学保险工作的同时,针对研究生中出现的特殊情况,积极与中国人寿保险公司配合,做好学生的意外伤害的理赔工作。配合研究生会多方协调,解决了研究生会排球队、足球队等活动中的经费问题。鼓励研究生积极参与学校文化建设。2006年2月,在接到《教育部关于建设节约型学校的通知》后,在研究生工作部支持下,研究生会在医学部发出《建节约型校园,做新时代学子》的倡议。

2006年共有248名学生获得北京市、北京大学各类奖励表彰,217名研究生获得各类奖学金奖励。

2006年先后选派研究生工作部老师参加全国高校德育工作会、高校学生干部培训班、学术年会等。2006年研究生工作部进一步加强对研究生班主任工作的监管。2006年下半年开学伊始,对上一学年的《班主任工作手册》进行回收、检查,并将工作记录作为该学年优秀班主任评优的重要标尺。经过评选,研究生工作队伍中有1人获得北京大学优秀德育工作者称号表彰,2人获得北京大学优秀班主任二等奖表彰,4人获得北京大学优秀班主任三等奖表彰。1人获得北京市优秀德育工作者。

(研究生院、研究生院医学部分院)

附 录

2006年全国优秀博士学位论文

专业	作者	论文题目	导师
概率论与数理统计	章复熹	耦合扩散过程	钱敏
理论物理	刘魁勇	正负电子湮灭中粲夸克偶素的产生	赵光达
自然地理学	朴世龙	近20年来中国植被对气候变化的响应	方精云
计算机软件与理论	黄罡	反射式软件中间件原理与技术研究	杨芙清
皮肤病与性病学	王亮春	伴发Castleman's瘤的副肿瘤性天疱疮发病机理研究	朱学骏

北京大学有权授予博士、硕士学位的学科专业目录（不含医学部）

学科门类	学科门类	一级学科	一级学科	学科专业	学科专业	专业类别
01	哲学	0101	哲学	010101	马克思主义哲学	
				010102	中国哲学	
				010103	外国哲学	
				010104	逻辑学	
				010105	伦理学	
				010106	美学	
				010107	宗教学	
				010108	科学技术哲学	
02	经济学	0201	理论经济学	020101	政治经济学	
				020102	经济思想史	
				020103	经济史	
				020104	西方经济学	
				020105	世界经济	
				020106	人口、资源与环境经济学	
				020120	理论经济学（发展经济学）	
		0202	应用经济学	020201	国民经济学	
				020202	区域经济学	
				020203	财政学（含：税收学）	
				020204	金融学	
				020205	产业经济学	
				020206	国际贸易学	
				020207	劳动经济学	
				020208	统计学	
				020209	数量经济学	
				020210	国防经济	
03	法学	0301	法学	030101	法学理论	
				030102	法律史	
				030103	宪法学与行政法学	
				030104	刑法学	
				030105	民商法学	
				030106	诉讼法学	
				030107	经济法学	
				030108	环境与资源保护法学	
				030109	国际法学	
				030110	军事法学	
				030120	法学（知识产权法）	＊
				030121	法学（商法）	＊
				030122	法学（国际经济法）	＊
		0302	政治学	030201	政治学理论	
				030202	中外政治制度	
				030203	科学社会主义与国际共产主义运动	
				030204	中共党史	
				030205	马克思主义理论与思想政治教育	
				030206	国际政治	
				030207	国际关系	
				030208	外交学	
				030220	政治学（国际传播）	

续表

学科门类	学科门类	一级学科	一级学科	学科专业	学科专业	专业类别
				030221	政治学（国际政治经济学）	*
		0303	社会学	030301	社会学	
				030303	人类学	
				030304	民俗学（含：中国民间文学）	
				030320	社会学（老年学）	*
				030321	社会学（社会工作与社会政策）	*
				030322	社会学（女性学）	*
		0305	马克思主义理论	030501	马克思主义基本原理	
				030503	马克思主义中国化研究	
				030505	思想政治教育	
04	教育学	0401	教育学	040101	教育学原理	
				040106	高等教育学	
				040110	教育技术学	*
		0402	心理学	040202	发展与教育心理学	*
05	文学	0501	中国语言文学	050101	文艺学	
				050102	语言学及应用语言学	
				050103	汉语言文字学	
				050104	中国古典文献学	
				050105	中国古代文学	
				050106	中国现当代文学	
				050107	中国少数民族语言文学（分语族）	
		0502	外国语言文学	050108	比较文学与世界文学	
				050201	英语语言文学	
				050202	俄语语言文学	
				050203	法语语言文学	
				050204	德语语言文学	
				050205	日语语言文学	
				050206	印度语言文学	
				050207	西班牙语语言文学	
				050208	阿拉伯语语言文学	
				050209	欧洲语言文学	
				050210	亚非语言文学	
				050211	外国语言学及应用语言学	
		0503	新闻传播学	050301	新闻学	*
				050302	传播学	
		0504	艺术学	050401	艺术学	
				050403	美术学	*
				050406	电影学	*
06	历史学	0601	历史学	060101	史学理论及史学史	
				060102	考古学及博物馆学	
				060103	历史地理学	
				060104	历史文献学（含：敦煌学、古文字）	*
				060105	专门史	
				060106	中国古代史	
				060107	中国近现代史	
				060108	世界史	
				060120	历史学（中国少数民族史）	*

续表

学科门类	学科门类	一级学科	一级学科	学科专业	学科专业	专业类别
07	理学	0402	心理学	040201	基础心理学	
				040203	应用心理学	
		0701	数学	070101	基础数学	
				070102	计算数学	
				070103	概率论与数理统计	
				070104	应用数学	
				070105	运筹学与控制论	
		0702	物理学	070201	理论物理	
				070202	粒子物理与原子核物理	
				070203	原子与分子物理	
				070204	等离子体物理	
				070205	凝聚态物理	
				070206	声学	
				070207	光学	
				070208	无线电物理	
		0703	化学	070301	无机化学	
				070302	分析化学	
				070303	有机化学	
				070304	物理化学	
				070305	高分子化学与物理	
				070320	化学(化学生物学)	
				070321	化学(应用化学)	
		0704	天文学	070401	天体物理	
		0705	地理学	070501	自然地理学	
				070502	人文地理学	
				070503	地图学与地理信息系统	
				070520	地理学(环境地理学)	
				070521	地理学(历史地理学)	
				070522	地理学(地貌学与环境演变)	
				070523	地理学(城市与区域规划)	*
				070524	地理学(景观设计学)	*
		0706	大气科学	070601	气象学	
				070602	大气物理学与大气环境	
		0708	地球物理学	070801	固体地球物理学	
				070802	空间物理学	
		0709	地质学	070901	矿物学,岩石学,矿床学	
				070902	地球化学	
				070903	古生物学与地层学	
				070904	构造地质学	
				070905	第四纪地质学	
				070920	地质学(材料及环境矿物学)	
		0710	生物学	071001	植物学	
				071002	动物学	
				071003	生理学	
				071004	水生生物学	
				071005	微生物学	
				071006	神经生物学	

续表

学科门类	学科门类	一级学科	一级学科	学科专业	学科专业	专业类别
				071007	遗传学	
				071008	发育生物学	
				071009	细胞生物学	
				071010	生物化学与分子生物学	
				071011	生物物理学	
				071012	生态学	
				071020	生物学(生物信息学)	
				071021	生物学(生物技术)	
		0712	科学技术史	071200	科学技术史	
		0801	力学	080101	一般力学与力学基础	
				080102	固体力学	
				080103	流体力学	
				080104	工程力学	
		0809	电子科学与技术	080901	物理电子学	
				080902	电路与系统	
				080903	微电子学与固体电子学	
				080904	电磁场与微波技术	*
		0812	计算机科学与技术	081200	计算机科学与技术	*
				081201	计算机系统结构	
				081202	计算机软件与理论	
				081203	计算机应用技术	
		0830	环境科学与工程	083001	环境科学	
				083002	环境工程	
		0831	生物医学工程	083100	生物医学工程	*
08	工学	0801	力学	080120	力学(生物力学与医学工程)	
				080121	力学(力学系统与控制)	
		0810	信息与通信工程	081001	通信与信息系统	
				081002	信号与信息处理	
		0811	控制科学与工程	081101	控制理论与控制工程	*
		0813	建筑学	081302	建筑设计及其理论	*
		0816	测绘科学与技术	081602	摄影测量与遥感	
		0817	化学工程与技术	081704	应用化学	*
		0827	核科学与技术	082703	核技术及应用	
12	管理学	1201	管理科学与工程	120100	管理科学与工程	*
		1202	工商管理	120201	会计学	
				120202	企业管理	
				120203	旅游管理	
				120204	技术经济及管理	
		1204	公共管理	120401	行政管理	
				120402	社会医学与卫生事业管理	
				120403	教育经济与管理	
				120404	社会保障	
				120405	土地资源管理	
				120421	公共管理(公共政策)	*
				120422	公共管理(发展管理)	*
		1205	图书馆、情报与档案管	120501	图书馆学	
				120502	情报学	

续表

学科门类	学科门类	一级学科	一级学科	学科专业	学科专业	专业类别
				120503	档案学	
				120520	图书馆、情报与档案管理(编辑)	
20	专业学位	2001	法律硕士	200101	法律硕士	*
		2003	工程硕士	200301	工程硕士	*
				200309	电子与通信工程	*
				200312	计算机技术	*
				200313	软件工程	*
				200340	项目管理	*
		2006	工商管理硕士	200601	工商管理硕士	*
				200602	高级管理人员工商管理硕士	*
		2009	公共管理硕士	200901	公共管理硕士	*
43	专业学位	4301	工程硕士	430110	集成电路工程	*
				430127	核能与核技术工程	*

* 仅为硕士学位授予点

医学部有权授予博士、硕士学位的学科专业目录

学科门类及代码	一级学科专业及代码	二级学科专业代码	二级学科专业	授权点
理学 07	化学 0703	070301	无机化学	硕士
	生物学 0710	071003	生理学	博士
		071006	神经生物学	博士
		071007	遗传学	博士
		071009	细胞生物学	博士
		071010	生物化学与分子生物学	博士
		071011	生物物理学	博士
	科学技术史 0712		不分二级学科(医学史)	博士
医学 10	基础医学 1001	100101	人体解剖与组织胚胎学	博士
		100102	免疫学	博士
		100103	病原生物学	博士
		100106	放射医学	硕士
		100120	病理学	博士
		100121	病理生理学	博士
医学 10	临床医学 1002	100201	内科学(心血管病)	博士
		100201	内科学(血液病)	博士
		100201	内科学(呼吸系病)	博士
		100201	内科学(消化系统)	博士
		100201	内科学(内分泌与代谢病)	博士
		100201	内科学(肾病)	博士
		100201	内科学(风湿病)	博士
		100201	内科学(传染病)	博士
		100202	儿科学	博士
		100204	神经病学	博士
		100205	精神病与精神卫生学	博士
		100206	皮肤病与性病学	博士
		100207	影像医学与核医学	博士
		100208	临床检验诊断学	博士
		100209	护理学	硕士

续表

学科门类及代码	一级学科专业及代码	二级学科专业代码	二级学科专业	授权点
医学 10	临床医学 1002	100210	外科学（普外）	博士
		100210	外科学（骨外）	博士
		100210	外科学（泌尿外）	博士
		100210	外科学（胸心外）	博士
		100210	外科学（整形）	博士
		100210	外科学（神外）	博士
		100211	妇产科学	博士
		100212	眼科学	博士
		100213	耳鼻咽喉科学	博士
		100214	肿瘤学	博士
		100215	康复医学与理疗学	硕士
		100216	运动医学	博士
		100217	麻醉学	博士
		100218	急诊医学	硕士
医学 10	口腔医学 1003	100320	牙体牙髓病学	博士
		100321	牙周病学	博士
		100322	儿童口腔病学	硕士
		100323	口腔黏膜病学	硕士
		100324	口腔预防病学	硕士
		100325	口腔颌面外科学	博士
		100326	口腔颌面医学影像学	博士
		100327	口腔修复学	博士
		100328	口腔材料学	博士
		100329	口腔正畸学	博士
		100330	口腔组织病理学	博士
医学 10	公共卫生与预防医学 1004	100401	流行病与卫生统计学	博士
		100402	劳动卫生与环境卫生学	博士
		100403	营养与食品卫生学	博士
		100404	儿少卫生与妇幼保健学	博士
		100405	卫生毒理学	博士
医学 10	中西医结合 1006	100601	中西医结合基础	硕士
		100602	中西医结合临床	硕士
医学 10	药学 1007	100701	药物化学	博士
		100702	药剂学	博士
		100703	生药学	博士
		100704	药物分析学	硕士
		100706	药理学	
		100720	[药学]化学生物学	博士
		100721	[药学]临床药学	硕士
管理学 12	公共管理 1204	120402	社会医学与卫生事业管理	博士
法学 03	政治学 0302	030205	马克思主义理论与思想政治教育	硕士
教育学 04	心理学 0402	040203	应用心理学	博士

2006 年在校研究生人数统计

系所名称	博士	硕士	总计
数学科学学院	184	231	415
物理学院	323	299	622
化学与分子工程学院	321	175	496
生命科学学院	263	145	408
地球与空间科学学院	173	232	405
环境学院	248	322	570
心理学系	53	75	128
软件与微电子学院	0	800	800
新闻与传播学院	56	116	172
中国语言文学系	254	268	522
历史学系	165	162	327
考古文博院	37	71	108
哲学系	184	176	360
国际关系学院	157	263	420
经济学院	93	229	322
光华管理学院	146	1171	1317
法学院	255	656	911
信息管理系	57	76	133
社会学系	82	123	205
政府管理学院	192	196	388
外国语学院	149	270	419
马克思主义学院	39	53	92
艺术学院	11	54	65
对外汉语教育学院	4	62	66
深圳研究生院	34	1502	1536
信息科学技术学院	395	859	1254
中国经济研究中心	60	212	272
教育学院	147	84	231
人口研究所	18	41	59
工学院	98	166	264
分子医学研究所	10	21	31
医学部	1082	1121	2203
合计	5290	10231	15521

（研究生院、研究生院医学部分院）

继 续 教 育

【概况】北大继续教育2006年的工作主线是创新，通过理论、制度、教学、服务、管理、项目、品牌等多方面的创新形成北大继续教育的核心竞争力。

北大各院系的继续教育工作得到发展，弱者变强，强者更强。光华管理学院的"女性领导力班"、"从历史看管理"等项目，经济学院的"企业文化师班"、"现代经理人高级研修班"、"企业总裁人文学堂"等项目，哲学系的"乾元西学研究班"等项目，社会学系的"民政系统社会工作课程高级研修班"等项目，信息管理系的"信息总监班"等项目，都受到了社会的广泛欢迎和赞誉。与此同时，继续教育部也与各院系加强了互动合作，积极帮助他们设计课程、开发项目。如帮助社会学系开发了民政部的项目；促进了政府管理学院与中央警卫局

开展合作，面向警卫局团级以上领导干部开展"专升本"教育；推动了法学院现代远程教育与最高人民法院、最高人民检察院分别合作，面向全国法院系统、检察院系统开展"专升本"现代远程教育，大力提升法官和检察官素质等等。

在企业市场方面，金融系统的中国工商银行、中国银行、招商银行等，保险系统的中国人保、中国人寿等，电信系统的中国移动、中国电信、中国网通等，还有神华集团、招商局集团等大型企业以及众多的中小企业，都已成为我们的重要客户。在政府市场方面，承办了北京市委、贵州省委、黑龙江省委、浙江省委等委托的政府培训项目。其中，江苏省委委托的"五个一批人才工程"，打造了江苏省文化宣传系统的领军人才；海淀区委"海淀区'一把手'素质提升工程——北京大学名师系列讲座"，对海淀区200多名各委、办、局的一把手进行了培训。此外，北大还举办了"江泽民文选"、"十六届六中全会精神"学习班，对妇联系统、质检总局、烟草总局的官员进行了培训，举办了成人教育学院ESEC英语培训班、远程教育的中学师资培训，开发了新的增长点。

2006年，北大长盛不衰的品牌培训得到进一步发扬。如光华的高级工商管理系列课程；经济学院的中国企业家特训班；艺术学院的文化创意产业研修班；哲学系的管理哲学与国学智慧研修班；北京市现代公共管理研修班；中国人保、中国人寿、贵州班等等

2006年，北大还陆续举办了"北京大学高端培训黄金周"、"北京大学管理创新大讲堂"、"第七届海峡两岸继续教育论坛"等品牌活动。其中，以"继续教育与自主创新"为主题的"北京大学高端培训黄金周"，通过新闻发布会、专题研讨会、继续教育成果展、北大各院系高端培训精品课公开观摩、优秀企业家联谊会等多种形式公开展示北大高端培训的成果，不仅在北大首开先河，在全国高校中也属创新之举；"北京大学管理创新大讲堂"则通过邀请海内外著名经济学家、管理专家、知名企业家来北大演讲的方式，搭建学员与国内优秀企业家和卓越人士对话交流的平台，提升高端培训的社会影响力；第七届海峡两岸继续教育论坛作为继续教育界规格最高、影响最广的论坛之一，在北京首次举办，受到了海峡两岸广泛关注，进一步展示了继续教育成果，打造了北大的继续教育品牌，宣传和推介了北大的精品项目。

2006年，北大继续教育开展的研究课题有教育部高等教育司委托、林建华常务副校长担任总课题组组长的《普通高等学校继续教育现状调研》；北京市课题"高端培训与一流大学继续教育的转型创新"；《全国中小学教师教育技术能力建设计划远程培训项目》；《流动党员的有效管理研究》和《信息时代党员学习交流的网络形式初探》等等。同时，在《中国高等教育》、《继续教育》等核心期刊上发表了《高端培训与自主创新》、《高端培训的专业化发展》、《继续教育特色化战略的若干思考》、《创特色课程，求优势发展》、《高校继续教育发展的时代特征与战略选择》等一批优秀论文。在第七届海峡两岸继续教育论坛上，北大论文提交数量最多、质量最好，受到好评。

在管理团队方面，各院系加强制度建设和业务培训，提高管理水平，强化服务意识和市场意识，在教学管理服务过程中进一步做市场；北大继续教育部各机关科室进一步完善工作职能，加强对全校继续教育工作的规划、管理和监督；成人教育学院、网络教育学院、培训中心三个实体明确规范各部门的职能与权限，建设学习型组织和学习型团队，部门设置和人员聘用按照企业运作模式，既节约办学成本，又充分调动人员的积极性。在师资团队方面，努力实现理论派与实践派相结合、高校师资与社会师资相结合、国内师资与国际师资相结合。

各院系科学构建组织结构，不断出台各项具体管理制度，依靠制度管人管事，在面对继续教育市场时能做到灵活性与规范性的结合；成人教育学院推行了学分制等教学管理制度改革，完善了学籍、教学管理规范、学生奖惩工作制度，推动了教学监督机制和教学检查制度；网络教育学院在远程教育教学课件开发与制作、学生学习过程监控与评价、教师教学质量评估、教学中心评估、学习支持服务等方面建立了比较完善的教学质量保障与评估体系；培训中心制定了规范化的规章制度，确定合理有序的培训业务流程，不仅促使各项工作有序、高效地运作，也防止了管理随意性，使员工的合法权益得到保障。此外，在监管制度方面，讨论制定了《北京大学非学历教育监管办法》等监管细则。

【学历教育】 在招生宣传工作方面，采取"首问责任"制度强化招生考试的咨询工作。无论是面对面的咨询，还是电话咨询，被问到的工作人员都会认真、仔细地回答，直到对方满意为止。

积极参与各项成人招生咨询工作。7月29日，参加了由北京语言大学主办的成人高考咨询开放日活动，接待咨询考生800余人，发放招生简章1000余份；8月11日、12日，参加了北京市成人高校招生网上咨询活动，咨询工作历时14个小时，回答考生网上咨询总计1000余条，取得了良好的效果；积极印制招生简章，并在招生专业确定后挂在网上宣传，提高了招生工作的效率，在社会上反响良好。

主动配合院系，拓宽夜大学的招生专业。从2006年3月开始，

北大继续教育部主动和外国语学院、心理学系、政府管理学院、社会学系、中文系联系，向院系主管领导介绍成人学历教育情况，分析生源，在上述各院系领导支持、工作人员积极配合下，2006年成功地开办了3个夜大学新专业：英语、心理学和人力资源管理，这3个专业在2006年我校成考各专业报名人数中都名列前茅，心理学和人力资源管理都超过300人，英语也近300人，为了鼓励和扶植新开专业，学历教育办公室在招生计划上做了调整，使这3个新开专业由年初各100人的招生计划扩招到150人左右。学历教育办公室积极主动的工作态度也得到了院系的好评。

继续贯彻实施招生工作阳光工程。2006年学历教育办公室在整个招生录取过程中坚持"六公开、六不准"原则，及时对社会和考生公开招生章程、招生计划、收费标准，及时公布录取分数线和录取信息，主动接受纪检监察部门的监督指导，并向校纪委、监察室做了《北京大学成人教育招生工作2003—2006年党风廉政建设情况总结》的汇报，2006年继续保持了全部招生过程实行远程网上录取的方式，继续坚持了夜大学各专业不降分，所有专业没有跳录考生，确保了招生工作的公平、公正、公开。

规范学籍管理和毕业生学历证书电子注册工作。2006年学历教育办公室积极参与了《北京大学成人高等学历教育学籍管理细则》的修订工作，对学籍管理中休、退、复、转等工作程序进一步规范，同时更新、细化了《北京大学成人高等教育新生手册》中的一些管理规定。根据院系意见和建议，对《北京大学成人高等教育毕业生登记表》进行了更人性化的修改，下一步准备对学生学籍表、学生登记卡片等相关的表格进行修改。根据社会变化和校方统一北大对外形象的要求，我们更新了传统的学生证式样，准备在2007级启用新版学生证。根据社会用人单位和毕业生需要，学历教育办公室为2006年的毕业生打印了入学时的考生信息登记表，放入学生毕业生档案。每年春秋两次新生数据上报，做到根据北京市教委的要求及时将学生的异动数据一起上报，特别是网络教育退学数据；每年春秋两次毕业生学历证书电子注册工作，每次均一次上报成功，对不能按时毕业的学生毕业证书，我们及时上报北京教委删除，不再积压遗留毕业证书。

清查往届遗留毕业证书工作。2006年学历教育办公室，对从1993年开始的往届遗留毕业证书，进行了彻底的清查处理，10余年遗留积压毕业证书共263本，其中专科129本，高起本4本，专升本130本，首先我们对上述遗留毕业证书做了分类、统计等，列出名单，再经过和相关院系的认真核查，对过期不能领走的毕业证全部进行了销毁的处理。并将销毁的毕业证书编号及时上报北京市教委删除。

提高服务意识，协助院系解决各类问题。2006年，我们继续遵循"以人为本，加强服务"的工作理念，积极协调、配合院系解决各类问题和工作中遇到的困难。特别是在新生数据和毕业生数据电子注册上报工作中出现的问题，通过学历教育办公室和北京市教委的沟通协商，解决了两个棘手问题（1）2006年春季网络教育新生数据上报不准确及以前网络教育上报在校生数据不准确的遗留问题；（2）协助应用文理学院与网络教育学院妥善解决了2002级网络脱产班学生要求变更毕业证书学习形式的问题。为了扩大脱产学习的生源，根据应用文理学院提出的要求，学历教育办公室2006年在8个有函授计划的省（自治区）都投放了脱产计划，共计120名，录取新生136名，虽然增加了录取工作的难度和麻烦，但为院系解决了困难。

2006年学历教育招生与学籍工作的数据如下：

2006年，按照北京大学继续教育发展的整体规划，对我校成人教育招生计划进行了调整，在校本部取消了高中起点层次的招生。教育部下达我校成人招生计划总数是4400人，比去年减少了800人。其中专科1000人，专升本3380人，高起本20人。我校编制的分省计划总数是3990人，其中专科713人，专升本3270人，高起本13人。全校共有11个院系33个专业招生，招生计划分布在9个省（市、自治区），其中北京地区3250人，外地740人。在3990人中，医学部1200人，共9个专业均为北京地区夜大，其中专科500人，专升本700人；校本部2790人，其中函授620人，专科200人（珠海），专升本420人；夜大1170人，共11个专业均为专升本；脱产1000人，其中专科13人，专升本980人（北京860人，外地120人），高起本7人。教育部剩余计划410人，其中专科287人，专升本110人，高起本13人。

2006年北京市成考报考我校的人数总计6232人，其中专科936人，高起本6人，专升本5263人。报名人数中医学部2961人，校本部3271人（其中夜大2490人，脱产781人）。在校本部中，高中起点专科报名8人，高中起点本科报名6人，专升本报名3257人。外地函授报名共计500人左右。

继续教育部学历教育办公室组织了北京地区成人高考专升本专业课考试，只有广告学和英语两个专业进行了专业课加试，考试人数620人，共设21个考场。

截至2006年12月22日，共

录取成人高考新生 3799 人，其中医学部 1246 人，校本部 2553 人。校本部中，函授录取 406 人（其中专科 96 人，专升本 310 人），夜大专升本录取 1266 人，脱产班录取 881 人（专科 6 人，专升本 871 人，高起本 4 人）。完成了教育部年初招生计划的 86%，剩余的计划主要是高中起点专科和函授。

学历教育办公室对 2005 年录取、2006 年 2 月报到的 2842 名成考函授、业余、脱产新生进行了入学资格复查，共查出 3 名疑似替考学生，经与有关院系核实，确认一名替考属实，该生已自动退学。

截至 2006 年 10 月 30 日，学校成人高等学历教育在校生总计 26176 人，其中函授 2395 人、夜大 2418 人、脱产班 4074 人、网络教育 17289 人。从学历层次上说高中起点专科 2329 人、专升本 16302 人、高中起点本科 7545 人。

2006 年春、秋两季成人高等教育毕业生总计 5750 人，其中春季毕业生 2553 人，秋季毕业生 3197 人。以毕业生学习形式分：函授学生 32 人、夜大学生 20 人、脱产学生 1784 人、网络教育学生 3914 人。以毕业生学历层次分：高中起点专科学生 462 人、专升本学生 4056 人、高中起点本科学生 1232 人。

2006 年共办理学籍异动手续 650 人次。

整理移交校档案馆文书档案 25 卷、学籍档案 57 卷。

【进修教师与访问学者工作】 进修教师的总体规模继续扩大，管理工作进入创新阶段。2006 年，北京大学全年共接收访问学者及进修教师 328 人，分别来自全国的近百所高等院校。其中具有副教授以上职称、从事课题研究的国内访问学者 146 名、以系统学习专业知识为主的进修教师 182 名。在北京大学接收的全部进修教师中，由中共中央组织部、教育部、人事部、财政部联合实施并资助所有经费，选送西部地区的高校教师到国内重点大学研修访问的"西部之光"项目的访问学者 2 人；属于"北大—云南省校合作"项目的访问学者 15 人；属于北京大学对口支援新疆石河子大学的"手拉手"项目的进修教师和访问学者 11 人；受教育部委托、新疆教育厅集中培养的大学教师 28 人、中学历史和地理教师共 70 人；来自全国各高校的骨干访问学者 45 名。学术成果方面，经过导师的认真推荐和编辑部同志对选送文章的审核、筛选，最终汇总 36 篇有一定学术水平的论文，编辑出版了《北京大学学报——北京大学国内访问学者、进修教师论文专刊》。2006 年 6 月，北京大学召开第一届"访问学者及进修教师表彰暨经验交流会"，整个奖励项目共分优秀导师奖、创新成果奖、精诚合作奖、社会实践活动奖、优秀成绩奖、优秀学术论文专刊六个部分；共有 41 人受到表彰，其中北京大学有关院系的 13 名教师获得优秀导师奖，28 名访问学者及进修教师获得其他奖项。

【自学考试主考和助学工作】 2006 年，北京大学的自学考试工作总体规模保持稳定。北京大学作为主考学校完成了在北京市承担的 4 个专业和 3 门公共课程的命题、阅卷、相关课程的实习实验、部分本科毕业学生的论文指导与答辩等主考任务，以及各主考专业的毕业或学士学位材料审核等工作；阅卷总量约为 35 万份，专科和本科毕业学生共计 6000 多人，获得北京大学（成人教育系列）学士学位的本科毕业生 2500 人；北京大学有 3 个单位举办了全日制自学考试辅导班，入学新生约 1100 多人，现有在校生约 2000 人；心理系举办了业余形式的自学考试辅导班，约 1400 人次参加学习，信息科学技术学院举办的计算机及应用专业业余班报名人数接近 100 人，参加上机实验考前培训 1487 人。北京大学在广东省承担的 4 个自学考试主考专业的命题、相关课程的实习实验和毕业生管理、获得学士学位的本科毕业生的学位发放等工作全部完成；毕业学生 248 人，获得北京大学相关学科学士学位的本科毕业生 154 人；广东省自学考试独立办班（小考班）项目现有办学点 7 个，学生大约 700 人。北京大学在籍"无法按时毕业和获得学位"的学生参加自学考试学习以获得学位的试点工作进展顺利，已有 20 人办理了手续。2006 年 6 月，北京大学继续教育部与北京教育考试院自学考试办公室经过多次协商，决定签署《北京教育考试院和北京大学关于自学考试工作协议》。

【高端培训】 高层次继续教育总体规模保持稳定，各项工作稳步推进。2006 年，全校审批高级研修项目 313 个；全校 26 个单位的 190 个培训班办理结业手续，14508 多人（次）结业。在品牌项目方面，经济学院的"中国企业家特训班"已连续举办 28 期，"金融投资家高级研修班"已连续举办 9 期，"现代经理人高级研修班"已连续举办 10 期，"现代经理人企业管理研究生课程班"已连续举办 11 期；光华管理学院的中国企业经营者工商管理硕士系列课程班已连续举办 13 期，"高层经理工商管理系列课程研修班"已连续举办 14 期，短期工商管理硕士系列模块课程一年开设了 9 个；北大培训中心的"北京市现代公共管理高级研修班"已连续举办 9 期，"贵州省委组织部经济管理高级研修班"，中国人民财产保险股份有限公司、中国人寿保险股份有限公司中青年领导干部高级研修班都是多年连续举办，获得委托单位的高度赞赏；哲学系的"管理哲学与企业竞争谋略董事长高级研修班"也已连续举办 8 期，

政府管理学院的"现代公共管理高级研修班"一年举办了7期。

【成人教育学院】 2006年学院进一步落实北京大学继续教育工作会议精神,正式停止了成人脱产高中起点本、专科层次的招生,仅开办专升本成人脱产班,同时努力开展非学历教育的培训工作。一年来,学院积极应对了调整转型发展过程中所遇到的各种困难与问题,踏实工作,积极进取,各方面都取得了一定的成绩。

2006年春季新学期共有1669名脱产学历教育新生入学。至2006年年底,学院有脱产住校学生共3985人,其中昌平校区有2060人,共44个专业班;圆明园校区共有学生1925人,共24个专业班。办学层次主要是高中起点本科、专科起点本科、培训等类别,专业有国际经济与贸易、金融学、金融保险、法学、法律事务、英语、计算机科学与技术、计算机应用技术、财务管理、市场营销等10个专业及与美中教育服务机构(ESEC)合办的全封闭英语口语培训班等。

班子建设。2006年5月24日,学校调整了学院党组织机构,批准成立总支部委员会。党总支成立后,较好地发挥了政治核心和保证作用,也增强了院领导班子的凝聚力。在班子成员的民主生活会上,班子认真分析问题,总结经验教训,沟通情况,交流思想,开展批评与自我批评。本着"三讲"和"求真务实"的要求,讨论制定了《党政办公会议事规则》,从而加强了院领导班子的政治、思想、组织和作风建设,推动了团结、奋进、开拓、进取良好风气的形成。在工作中,院新的党政领导班子分别深入到教职工、广大学员当中去,参加各种形式的座谈会、研讨会、学习会、报告会、学生骨干会、情况问题沟通会、班会等。一年来,到处可见班子成员忙碌的身影和亲切的笑容,班子成员与广大教职员工直接沟通、交流和谈心,以崭新的精神面貌、务实的工作态度和良好的工作作风,广泛地团结了广大教职员工,以克服重重困难,推进了思想政治、教育、教学改革和校园基础建设与校园文明建设工作,促进了学院思想风气的好转和稳定、和谐局面的形成,推动着学院的各项工作迈上了一个新的台阶。

教学管理。2006年学院办学形式和方向的转变使在校学生数锐减,面对这种新形势,学院注意继续发挥好服务院系的"平台"作用,主动协调好与各个教学院系的关系,切实有效的认真抓好教学管理工作。组织召开各项教育、教学工作会议,坚持了学校"加强基础,淡化专业,因材施教,分流培养"教学指导方针,调整了教学改革方案,整合了可利用的教育资源,修订了一些教学管理制度,加强了教学、学籍、考绩和学风的管理,完善了"学分制"等教学、学习管理制度,稳定了教学秩序,激发了成人脱产班学生的学习积极性。既促进了成人脱产班教学质量的稳步提高,也维护了我校成人脱产班的"品牌"声誉。结合社会的实际需要,学院大力推动学科建设及专业设置社会适应性的调研工作,成立新的教学组,开设了新的专业学科方向,自主完成了学院两个专业(财务管理和市场营销)的组织教学工作,通过教学实践,锻炼了新的师资队伍,激活了新的学科、专业的生长点,同时也为学校新学科、专业建设提供了实验园地,为停招成人脱产班,实现成人教育学院功能的转型做了必要准备。2006年成人脱产班毕业生不仅就业情况良好,而且又有26名毕业生考上了硕士研究生,开始了科学上面的新攀登。北京市教育考试院领导和教育部调研组专家到昌平校区调研以及中国成人教育协会成员到昌平校区考察时对学院所取得的改革成果都给予了充分肯定。

招生与培训。学院努力提升成人高等学历教育的办学层次,严格控制生源质量和数量,把住质量关口,确保了成人脱产班的生源质量,主动停止招收高中起点培训班学员。到2006年8月,招收专升本培训班学员127人,并顺利完成了培训班的考前辅导及成考后的学习培训。12月通过成人高考秋季招生共录取专升本脱产学历教育学生867人。

2006年,为全面拓展学院的发展空间,探索新的发展模式,学院抓住时机,激流勇进,争取在继续教育培训工作上打开局面。学院加强了与海内外及各国成人继续教育院校、机构之间的合作,推进了与美中教育服务机构(ESEC)合作,开办了以提高中小学英语教师口语能力为主旨的全封闭式英语口语培训班(T.I.P),并给贫困地区学校的教师提供免费学习及奖学金,受到了广大教师的欢迎和好评,T.I.P培训班的开办为提高我国基础教育领域英语师资教学水平和能力做出了贡献,也为我国英语教育师资培养探索了新的途径。2006年9—12月,共开办了5期T.I.P培训班,培训了中小学英语教师共689人。

交流与研究。2006年,学院加强与国内、外成人(继续)教育协作组织、机构、单位和政府的交流合作,加大在成人(继续)教育领域的理论研究工作,加强了成人(继续)教育方面科学研究和对外交流。2006年中国成人教育协会、北京市成人教育研究会、北京市教育考试院、北京市教委成招办多次到学院进行调研视察和研讨有关问题,从而进一步加强了与政府成人教育主管部门、兄弟院校成人继续教育部门以及地方各成人教育研究组织机构的联系与交流,多次进行了学术、理论、经验上的交流探讨,积极参与这些组织的理论研

究工作,共同发表了一些理论文章。学院与香港中文大学专业进修学院就为培养香港地区成人专科起点本科学员事宜进行了研究、探讨,并就发挥各自的资源优势,联合开办成人继续教育,为港、澳、台培养专科起点本科学员事宜进行了必要探索。5月、8月、10月、11月香港中文大学专业进修学院李仕权博士携其同仁多次来到学院参观访问。学院还组织有关人员参加了中美继续教育论坛和第七届海峡两岸继续教育论坛,与海内外兄弟院校进行了广泛的交流,探索了合作、协作办学新的模式、体系,开展了继续教育学术交流及合作研究。通过这些合作交流,推动了学院继续教育理论研究工作,使学院各方面工作都提升到一个新层次。

2006年10月起,学院认真开展了国际合作办学的调研论证工作,走访了国内的一些兄弟院校和培训机构,了解了国际合作办学的政策与体系,并结合学院的优势和特点,对开展国际合作办学提出了建设性的意见和想法,从而进一步推动学院与一些国家、地区间的合作,推动成人、继续教育领域的资源共享和教育、教学改革经验的交流,也为学校成人继续教育走出国门,迈向海外开辟新的途径。

召开2006年暑期工作研讨会。面对学校继续教育改革与发展的新形势,成人教育事业遇到了许多新的困难和问题,继续保持学院的可持续发展是一个重要课题。2006年暑期学院召开了工作研讨会。会议决定按学校要求停招高中起点的成人脱产班,继续发展专升本学历教育,并在今后的一个时期内先抓好专升本学历教育和培训类非学历教育相结合、相促进的新教育模式探索工作,努力探索出成人高等教育办学新路子。在此过程中,努力开拓新渠道,争取成人继续教育在国内、外合作方面迈出新的步伐,并最终朝着重点向高层次继续教育转移的目标迈进。研讨会还对学院的定岗定编、人员聘用、工资改革方案、规范规章制度等都进行了讨论。

综合管理与资源建设。2006年,学院全面制定和修订学院教学、行政、学生工作、安全保卫、后勤服务等各方面的规章制度,制定了北京大学成人脱产班学生手册,做到学院各项工作有章可循,有章可依,学院的社会形象进一步提升,各方面都取得了较好的成绩:

1. 继续抓紧制度建设,从教学教务、学生管理、财务管理、后勤保障等几个方面制定和修订了包括《成人脱产班学生违纪处罚条例(试行)》、《关于校园安全秩序管理若干规定》、《电梯应急措施和救援预案》等十几个规章制度,保障了今年从教学到公共安全基本上没有出现大的问题。

2. 制定一系列学生管理规定和学生的行为准则,坚持育人为本,德育为先,把廉洁教育作为加强学生思想政治教育和牢固树立社会主义荣辱观的重要内容,如制定了《关于在成人教育学院全体学生中开展廉洁教育工作的实施方案》。加强专职班主任队伍的建设与培训,召开了学生工作管理与研讨会、组织学习《德胜员工手册》等,培养团队的合作精神,做到对学生学习生活的耐心、关心和爱心,做到与学生们心贴心,使班主任的工作贴近学生,贴近生活,贴近学生的思想实际,印制了《学工系统联络表》,进一步完善了学院的学生工作管理体系。

3. 建立了定期召开学生党员、共青团、学生会和班委干部会议制度,通报今后一个时期的学生工作重点和校园文明建设工作要点,培训了学生骨干,教育引导广大学生增强主人翁精神,发挥校园文明建设主力军的作用。通过做细致认真的工作,努力培养学生树立勤奋、严谨、求实、进取的学风,使学生的综合素质得到全面的提高。

4. 增加办学投入,稳步改善办学条件,营造良好的育人环境。2006年共投入近四百多万元,用于购置教学设备、图书、电脑、多媒体语音教室装备、电话改造、电力增容改造、学生宿舍楼改造、外籍教员公寓建设、医务室建设、园林绿化等,改善了学院的办学环境。2006年,昌平校区被北京市政府、首都绿化委员会评为"首都绿化美化花园式单位",并获得相应的奖励。

(1) 暑假期间学院对圆明园校区学生宿舍5、6号楼进行了渗漏整修加顶工程,通过改造施工,解决了屋顶漏雨及夏日室内温度过高等问题,学生的学习、生活环境得到极大的改善和提高。

(2) 暑假期间学院对圆明园校区实施了电力增容改造工程,将变压器容量由250KVA(传统油变)增至630KVA(箱式变压器),改变了因学生使用电脑增多以及学生宿舍空调使用所带来的电力超负荷运行情况,而且为今后学院发展及用电两增加提供了保证条件。2006年,学院通过节水、节电及电话改造,在用水、电两项支出上比2005年节省了50多万元开支。

(3) 暑假期间学院在昌平校区新、扩建了外籍教员公寓,粉刷、改造了T.I.P培训班学员公寓,在原有设备的基础上增加了网络、电视及电话,为T.I.P培训班的开办做好了充分的资源准备。

(4) 全面检修学院的网络和教学设备,为教师、学生创造更好的教学和学习环境。更新改版学院的网站,开发增加校友录平台,有效发挥出网站信息服务的作用。

(5) 在学院资金比较紧张的情况下,为保证T.I.P项目的教学效果和质量,投入人力、物力、财

力,建设了 T.I.P 培训项目的专用电脑机房,保证学员的学习使用率。

(6) 投入 20 万元新购图书 4733 册、订阅期刊 2976 本及报纸 23680 份,增大了图书馆的图书和期刊藏量,丰富了学生的借阅面。在昌平校区图书馆投资 6 万元建设了单体视听室和采购了音像媒体资料,并正式启用,学生可以在一个小环境中调动视听感官学习音像媒体类的图书资料。

5. 总务办每天对食堂进行食品卫生、饭菜品种、质量数量检查监督,做好详细记录,及时收集学生对伙食及服务的意见,并广泛宣传食品卫生安全知识,保障了学生的饮食卫生安全。

6. 针对综合服务中心存在的问题和教职工、学生的反映,学院整顿并规范了综合服务中心的经营,对于违反学院规定的经营者一律"请"出校园,利用暑假的时间,在学生开学前便完成了综合服务中心的新老交替,切实保障并解决了学生学习和生活上的需求以及存在的困难。而且学院花大力气加强对学院餐饮和综合服务中心的监督管理,完善服务中心的功能,以保证对学院师生保质保量的优质服务。

7. 抓稳定、保安全,创建有益于学院发展的良好环境。2006 年,进一步加强学院内部管理与周边环境治理,学院 5 月 15 日发出《关于在本院内禁止非法从事经商活动公告》,规定学生个人不得从事经商活动;本院与驻院单位工作人员,一律不准从事经商活动;禁止任何人在学生宿舍楼内外买卖东西等等。学院修订了《关于处理突发事件、治安灾害事件的应急预案》和《干部夜间值班制度》,认真执行保卫部门坚持 24 小时值班制度、节假日和假期由院领导和干部值班制度、周末班主任 24 小时值班制度、安全保卫工作通报制度、保安员半月学习制度和安全保卫工作先进集体、先进个人评比表彰制度,树立正气。组织师生员工参加消防安全演练、应急与救援演练,组织开展安全工作检查,检查安全防范设备、重点部门、要害位置、安全防范工作盲区,对直接关系着学生的思想、学习和生活,影响着学院稳定的因素定期排查,消除安全隐患,切实保障好学院的正常教学、学习、生活秩序的稳定。

党、学、团、工会及校园文化建设新举措和成绩。学院重视党、学、团、工会及校园文化建设。2006 年学院坚持贯彻学习"三个代表"重要思想,根据中央、北京市和学校的政策、文件、决定和通知,结合学院的实际情况和党员队伍建设的现状,深入开展各项思想政治教育活动,巩固和加强党、团、学、工会等组织建设,积极推进和谐、进步、健康的校园文化建设。

1. 加强基层组织建设,整合各基层党支部,推动民主选举党支部支委,健全支部的组织机构,规范各支部的组织建设与活动,加强对离校党员的教育管理,现设立两个教工党支部,三个学生党支部,通过对党员队伍的合理调整,党支部工作面貌焕然一新。

2. 整合各级基层组织的刊物,开辟思想与宣传阵线的主战场,由学生工作办公室负责统一编印《成教工作》,发放到学院各级单位,并分发给学校相关部门和单位,及时交流学院所举办的各种活动、举措和校园信息,树立起学院的标志性形象。

3. 加强党员、入党积极分子的培养教育,组织开展了一系列党日活动,进一步加强革命传统教育、爱国主义教育和国防教育,先后组织党员和入党积极分子参观了"伟大壮举、光辉历程——纪念中国工农红军长征 70 周年大型主题展览"、"响应党中央号召,继承革命先辈遗志,坚持发展马克思主义,学习和领会中央文件精神,并在具体实际工作中贯彻落实"的参观李大钊纪念馆和"学习胡锦涛总书记回信精神、做具有孟二冬精神的北大党员"主题党日活动,组织学生参观空军航空博物馆等,并开展了认真的讨论总结,使教育活动取得实效。

4. 组织参加学校和校外开展的各项活动,活跃学生的第二课堂和校园文化,荣获 2006 年北京大学运动会"甲组男女团体总分第三名"、仪仗队"精神文明奖";2004 级英语本科一班团支部获 2005—2006 年度北京团市委的首都高校"先锋杯"优秀团支部;北京大学第十四届"挑战杯"——五四青年科学奖竞赛"三等奖"、"鼓励奖";北京大学 2006 年暑期社会实践"优秀组织奖"、"先进实践团队";"学习江泽民文选、争做青年先锋"主题团日优秀组织奖;青龙桥街道办事处 2005—2006 年度"青龙桥街道义工服务先进";纪念"一二·九"师生歌咏比赛三等奖、最佳创意奖;北京大学学生平面创作大赛优秀组织奖;"弘扬长征精神、与祖国共奋进"主题团日优秀组织等,同时学院工会荣获校工会"模范教工之家"荣誉称号、院团委荣获 2005—2006 年度北京大学"红旗团委"称号。

5. 学院重视青年教职工和大学生的组织培养,认真做好入党积极分子培养和考察等工作,并定期组织理论学习和考察,做好党课培训,通过设立"我身边的共产党员"专栏、学习《公民道德建设实施纲要》、《中国共产党党员权利保障条例》、观看电影《邓小平在 1927》、开展"共产党员的条件及如何争取加入党组织"主题党课报告会、党课学习讲座等,引导党员和入党积极分子向党组织靠拢,认真做好党员发展工作。2006 年,两校区有 750 余人递交了入党申请书,有 500 多人参加了党校学习,发展党员 63

人,预备党员转正39人。

6. 学院十分重视学生综合素质和创造性思维能力的培养,积极推进校园文化建设。创立了标志性的刊物《成教工作》和《毕业指南》,并在网站上同期发布;专门在网站上开辟党建栏目,组织网上党校、团校活动;开设广播电台,给学生提供自主娱乐的空间,活跃校园文化氛围;加强对学生的思想品德教育和新生入学前教育;引导学生开展积极向上的青年志愿者行动和暑期社会实践活动,在社会中去展现大学生的风采;举办了"知识经济时代、学习社会、成人教育与成人学习"主题讲座;举行"优良学风,从我做起"学习问题促进会;举行学习"胡锦涛同志给孟二冬教授女儿孟菲的回信精神"主题团日活动和学习座谈;举行"社会主义荣辱观"感荣知辱主题活动;开展"艰辛知人生·实践长才干"、"知荣力行·科学发展"主题社会实践;参加"我们在长城传递微笑"大型主题宣传活动;举行"成为IT精英的第一堂课"主题讲座;举行2006年"庆国庆、迎中秋"文艺晚会暨校园十佳歌手颁奖晚会等;设立了各类评奖评优,2006年,共有1496名学生获得了三好学生、优秀学生干部、学习优秀奖、社会工作奖、文体优秀奖和优秀毕业生等奖励。

【网络教育工作】 2006年在校生注册17289人(含法学院),其中新生注册2006春季2281人,2006秋季1357人,按照要求及时报到继续教育部。

2006年春季学期共开设14个专业。录制12门课程,办理课程免修184门次;2006秋季开设14个专业的课程。办理免修176门次;2007春新开设广告学和人力资源管理专业,取消高升本,共开设12个专业。为了保证生源,在上海、广州两地继续高升本的招生。

1—12月网院共组织6次考试;2006年1月报考48162人次,实际参考39910人次,试卷2562袋,参加考试的教学中心39个,考试科目120门;2006年4月报考4916人次,实际参考3694人次,试卷1184袋,参加考试的教学中心27个,考试科目126门;2006年6月报考48897人次,实际参考41378人次,参加考试的教学中心44个,试卷2387袋,考试科目105门;2006年8月报考4164人次,实际参考3825人次,参加考试的教学中心2个,试卷88袋,考试科目13门;2006年10月报考6634人次,实际参考5057人次,参加考试的教学中心39个,试卷1281袋,考试科目143门;2006年12月报考42244人次,报考7666人,参加考试的教学中心47个,试卷2730袋,考试科目111门。2006年作弊、违纪处理大约为150人。

4月组织三级考试,共27个教学中心参加,3370人报名。2006年11月三级考试,共27个教学中心参加,2908人报名。

2006年举行3次统考:2006年3月报名参加考试1793人次,其中大学英语B741人,计算机应用基础1052人,实际参考1535人,其中大学英语B608人,成绩合格率85%,计算机应用基础927人,合格率94.7%。2006年6月总计报名14985人次,其中大学英语B报名5335人,计算机应用基础报名7396人,大学语文报名2239人,高等数学报名15人。本次考试大学英语、计算机基础、大学语文和高等数学通过率分别为60%、67%、62.7%、66.7%。2006年11月总计报名5414人次,其中大学英语B2331人,计算机应用基础2752人,高等数学B21人,大学语文B310人。

2006秋报毕业1343人,2007春报毕业1427人,共计2770人。2006年春季实际毕业1258人,授予学位546人,授予率43.4%,参加答辩89人。2006年秋季实际毕业2394人,授予学位765人,授予率32%。共计毕业3652人,授予学位1311人,全年学位授予率为35.9%。

2006年新增加人力资源管理与广告学两个专业,秋季停止了高升本层次的招生。全年共招生5843人;全年毕业2566人(含法学院),学士学位授予1118人(含法学院)。至2006年年底在校生注册人数为14316人。

2006年学历教育资源建设工作方面,在年底前完成了全部视频改造工作,并将点播服务器中的课件进行了全面更新,并在课件光盘中增加了播放器、插件检测和自动安装功能。2006年共计完成约100门课程的光盘改造工作。

中小学教师培训项目方面,将20门课程送交教育部及全国教师教育课程资源专家委员会审评,其中的7门课程资源被评定为全国教师教育"优秀课程资源",其余13件课程资源被评定为全国教师教育"推荐使用课程资源"。2006年5月至9月,承担了教育部"全国中小学教师教育技术能力建设计划远程培训项目"网络课程的开发和研制工作。9月底,完成了中小学教师教育技术能力建设网络培训课程的基础性开发工作。2006年11月—2007年1月,在全国中小学教师教育技术能力建设计划项目办公室和辽宁省教育厅、广东省深圳市电教馆及新疆教育厅的支持下,在沈阳市和平区、广东省深圳市、新疆具体实施了网络支持的远程教师培训。为支持这门课程的开展,专门开发了一个引领式教学平台。在这个平台上,教师带领学生完成学习过程,通过对学生的作业、自测练习以及参与讨论的质量等指标进行主观评价,激励、引导学生参与教学活动,收到了良好的教学效果。这一培训项目的模式具有一定的创新性,其效果得到

了教育部师范司、有关专家和学员们的一致好评。

2006年北京大学网络教育学院又与十七所院校签订了开设教学中心的合作协议书,与郑州教学中心续签了协议。新签教学中心有黄淮学院、洛阳人民警察学校、泸州职业技术学院、中山教师进修学院、上虞学院、济南电大、武汉电大、青海民族学院、宁夏电大、贵州商业高等专科学校、东方学院、镇江机电分院、九江职大、廊坊京安专修学院、无锡市行政学院、山东商学院计算中心河南机电高等专科学校。

2006年度北京中心学生数量达到2300多人,为加强中心各方面的管理,除原有的26个兼职班主任外,还招收了2名专职班主任,专门负责06春之后的北京中心学生的管理,在班主任设置上今后还要逐渐由专职班主任替换兼职班主任,最后达到班主任专职化。

2006年两个学期中心共安排面授及辅导课110门、讲座4门、统考考前辅导4次。每月一次的班主任例会,统一思想、提高认识、集中问题、提出要求。做好开学典礼工作,加强学生的入学教育。

【培训中心】 北京大学培训中心是北京大学重点举办综合性、跨学科的高端培训项目的专业机构,重点面向国内高级公务人员、高级商务人员和高级技术人员开展高端培训。2006年中心在建设学习型团队,塑造中心文化;与院系合作,增强整体实力;探索培训模式,开拓培训市场;创新培训课程,促进优势发展;优化教学服务,争创培训典范等方面取得很大的成绩。2006年累计办班49个,培训学员3000多人。

1. 建设学习型团队,塑造中心文化。中心现有员工30余名,设有市场开发部、教学管理部、国际合作部、行政管理部、技术保障部、人力资源部、公共关系部等七个部门。员工绝大部分具有统招本科以上学历,还有部分员工为双学位、硕士研究生。中心重视建设学习型团队,大力塑造中心文化:对中心各种研修班的课程、北大的各种讲座,安排员工轮流听课;对于比较重要的课程,组织员工统一学习,如《商务礼仪》等;为员工开设不定期的理论培训和专业技能培训;组织全体员工参加拓展训练,加强团队荣誉感和责任感,增强员工团结协作精神;积极参与北大继续教育部安排的理论研究,从事相关学术论文、课题及论坛的工作,促使员工在本职工作之余,提升理论水平,中心参与的部分论文已在国家核心期刊上发表;承办"北京大学高端培训黄金周"、"北京大学管理创新大讲堂"活动,展示中心培训成果,促进员工提升责任感、荣誉感、使命感,推进中心事业发展。

2. 扶持院系发展,增强整体实力。中心积极组织院系参加北京市委组织部组织的干部培训招标工作,将开发的培训项目交与院系举办,为院系做好项目的市场推广工作。此外,中心还多次走访有关院系,了解他们办班条件和办班需求,并通过承办高端培训黄金周、管理创新大讲堂等活动,宣传各院系的精品项目。

3. 探索培训模式,开拓培训市场。

（1）超市型培训:中心立足于现实的基础条件,提供专业性、前瞻性、实用性的培训体系,供客户自由选择。在社会上颇有影响的"北京大学企业管理与创新总裁高级研修班"、"北京大学中国文化传媒管理高级研修班"、"北京大学民营企业领袖专修学堂"等等就是这种类型。

（2）订单型培训:不少单位细化需求,委托中心量身定制培训体系。中心组织专业人员开发、设计课程,择优选择授课教师,完善教学安排,满足客户需求,塑造了一批深受好评的精品项目。各党政机关、企业单位委托中心的培训项目大多属于此种类型。

（3）衍生型培训:以班带班,中心以"高水平、高质量、高效益"的市场定位赢得社会各界的广泛好评,一些单位参加北京大学的学习之后,还组织自己的下属单位委托北大培训中心办班。如,"北京大学贵州烟草财务高级研修班"开办源于"北京大学贵州省经济管理高级研修班(第八期)"的推动、"北京大学建设行业高管人员研修班"源于"第九期北京大学现代公共管理高级研修班"的推动。学员市场,一方面,不少党政领导和企业家学员会在获得培训收获后参与下一期培训,实现学员资源的自我循环;另一方面,学员在自身受益的同时还主动组织本单位的领导干部和员工"搭班"参与下一期学习。如第七期北京大学贵州省经济管理高级研修班中,有贵州建工集团、贵州盐业集团等单位组织的学员参加,而这些单位的领导正是这个班前几期的学员。活动衍生,北大培训中心承办的管理创新大讲堂等高端培训活动,都会在各界产生反响,此类活动的举办和宣传,为中心带来了大量的学生资源。

4. 创新培训课程,促进优势发展。

（1）课程研发:结合国际培训通用的"模块化课程"和中国成人教育研究学者的理论研究成果,对高端培训的各个环节、进程、结构进行规划和编制,使课程设计一方面冲破学历教育以学科为中心的课程设计方式,另一方面兼顾个人发展与职业岗位的相互需求。

（2）特色课程:根据政治、经济、文化以及社会发展的需要,开设出一些新的培训课程,如社会主义新农村建设、和谐社会、科学发

展观、《江泽民文选》导读、奥运经济、文化创意产业、社区建设与管理、城市规划与建设、自主创新等课程深受好评;北大传统的特色课程文学修养、哲学智慧、从历史看管理、企业经营等也不断得到完善、充实。

(3) 课程模式:以教师面授课程为主的基础上,往往配合以讲座研讨、案例分析、实战模拟、辅导答疑、拓展训练等多种教学模式,贴近实际、注重实效。以系统的理论知识结合经典的职业案例,给予培训学员高屋建瓴的理论指引、稳健务实的专业技能。确保学员在有限的培训时间内,尽快学到相关知识的精髓,掌握有关领域的前沿新知,提升自身的素质和能力。

(4) 课程评估:多主体参与、多层次反馈的教学评估。通过质量评价对课程进行反思和革新,进而推动课程的科学开发。在办学过程中,班主任随堂听课,发现教师教学出现偏差时,会及时与授课教师沟通;对培训期限比较长的培训,通过问卷形式,中期考察教学效果;全部培训结束后,对整体的办学效果进行问卷调查和评估,同时将评估结果反馈给委托单位,供委托单位参考使用。

5. 优化教学服务,争创培训典范。

(1) 遵规守纪:培训中心作为北大继续教育部直属部门之一,在办班过程中严格按照学校有关规定履行报批手续,在遵守规定、规范办班等方面做出表率。

(2) 教学质量:确定合理有序的培训业务流程,注重教学管理工作的规范化、程序化,为学员提供超值服务,确保培训的针对性,在教学质量上做出表率。

(3) 优质服务:服务学员,视学员为终身校友,为学员提供附加服务、超值服务,满足学员终身学习的需要。通过举办优秀企业家学员联谊会、安排学员实地考察、定期寄送学习资料等形式,实现学员资源的多次开发。服务教师,授课之前为教师详细介绍学员,方便教师的授课准备;授课过程中及时为教师提供各类教学服务,满足教师的教学习惯及相关要求;节假日为教师送去衷心问候、温馨祝福。服务全校,在全校宣传终身教育、终身学习理念,营造高端培训氛围,延续一流大学继承传统、引领创新的精神品格。

(4) 社会效益:通过各省市组织部门、宣传部门、财政部门、税务部门、妇联部门、全国各部委、大型国有企业、外资企业、民营企业以及境内外机构合作办学,开发拳头产品,塑造精品项目,扩大北大的社会影响。如受中共江苏省委宣传部委托,举办"北京大学江苏省'五个一批'人才高级研修班"(第二期),新华社对此发表报道《北大为江苏省打造宣传文化系统领军人才》;受北京市各区委组织部委托,举办"第九期北京大学现代公共管理高级研修班";受中共贵州省组织部委托,举办"第八期北京大学贵州省经济管理高级研修班";受国家质检总局委托,举办"质检总局—北京大学质检系统厅局级领导干部科技创新专题培训班";受广东省妇联委托,举办"北京大学妇女干部公共管理高级研修班";受中国人保总公司委托,举办"第九期北京大学中国人民财产保险股份有限公司青年干部工商管理研修班"等等。

医学继续教育

【概况】 2006年是"十五"计划关键的一年,也是继续教育处丰收的一年。继续加强了住院医师规范化培训工作和对内继续教育工作,充分利用学校的教育资源,面向全国开展了多种形式的继续医学教育活动,加强了国家级继续医学教育项目建设和基地建设,办学规模不断扩大,为国家和社会培养了一大批高层次专门人才。

【住院医师规范化培训】 积极宣传、推广北医特色。2006年先后接待了深圳市卫生局、江苏省卫生厅、贵阳医学院附属医院、贵州省人民医院、天津医科大学附属医院的领导对医学部住院医师规范化培训工作进行考察。积极参与北京市卫生局开展的"北京市专科医师培训"工作,增加管理经验,努力理顺"属地化管理",确保了《北京大学住院医师规范化培训第一阶段合格证书》的行业认可度,将医学部四轨合一的培养落实在实处,全年共办理第一、第二阶段合格证书约559人次,使他们平稳融入持证上岗的新的医师管理模式中。

优质完成2006年的住院医师阶段考核工作。分别在医学部、中日友好医院、积水潭医院、首钢医院、地坛医院组织专题讲座,认真进行考试资格的审查和考务准备工作。第一阶段考试参加人数321名,合格者164名,不合格者157名,通过率51.1%。第二阶段的考试参加人数281名,合格者248名,不合格者33名,通过率88.3%。

稳步改革技能考试,在提高效率的同时,最大限度降低风险和消费。在住院医师第二阶段考试中,对妇产科、眼科、耳鼻喉科、泌尿科等部分手术科室调整了临床技能考核方式,变手术面试为手术病例核查达标。这一改革得到专家的认可。

完善《北京大学医学部临床/口腔医学专业学位实施细则》的规定。将获得第一、第二阶段《北医住院医师规范化培训合格证书》作为在职申请临床/口腔医学博士专业学位的要求,使在职申请临床医学专业学位管理工作进入良性运行。为了进一步深化北医住院医

师规范化培训制度,使阶段考核工作更趋完善,下发了《关于北京大学医学部住院医师规范化培训阶段考核补充规定的通知》。5.探讨医学部住院医师培训走向社会化:为了能够吸收优秀的住院医师进入医学部的培训系统,真正实现住院医师培训社会化,初步确立2007年8月接受贵阳医学院附院优秀住院医师参加医学部住院医师规范化培训的事宜,使医学部住院医师培训工作面向社会招生迈出可喜的一步。

【高层次继续医学教育】 2006年的继续医学教育不论在项目还是学科骨干培养均收获丰硕并超过上年。

拓宽培训渠道,培养更多更好的学科骨干。2006年共接收来自教育部、中组部、人事部、北京市卫生局、江西省人事厅、福建省卫生厅、河北省卫生厅、贵阳医学院附院的学科骨干159名,他们各自在导师或教学主任的指导下进行为期半年或一年不等的专业学习。访问学者的导师制培养模式受到学员、选送单位和上级部门的赞许。

打造学科骨干通识课程,提高学科骨干综合素质。2006年共开出三期通识课程,有院士报告、名师讲座的人文内容,有医患关系、医疗纠纷处理技巧的法律知识,还有跨学科的基础知识,提高了学科骨干们应对当前医学知识飞速发展、学科交叉度加大、百姓维权意识增强、目前医疗纠纷明显增加、医疗事故鉴定百分率增加、医疗赔偿数额明显加大等诸多新问题的能力。受益学员达到188名,是前所未有的。

组织高水平继续医学教育项目,扩大受益面。2006年共申请获得批准国家级继续教育项目159项,实际举办120项,共144期,培训学员18696人次;市级继续教育项目获准30项,实际举办26项,共48期,培训学员1699人次。申报教育部高级研修班《分子生物学技术高级研修班》和《创新思维和合理方法在医学基础研究中的应用高级研修班》,共培训45人。

发挥各临床医院优势,提供大量进修学习的机会。今年临床各医院共举办单科进修班90个,培训学员1611人次;招收零散进修生518名,为全国各地培养了大量急需的临床医生。

紧密依托属地化管理,为北京市医药事业发展做贡献。2006年首次理顺北京市卫生局科教处学科骨干培训渠道,整合医学部各学科科研、医疗和教学优势,为2006年北京市卫生局90名学科骨干开设了为期20天的通识课程。并与北京市继续医学教育学会联合举办了《抗生素的合理应用》专题讲座,项目及主讲人均由医学部提供,来自全市各医院250余人参加学习。

扩大国家级继教项目远程化的效果。发挥医学部网络教育学院现代远程教育方式,举办了两个国家级继续医学教育项目,分别是《医疗风险管理与医疗纠纷最新立法动向》《糖尿病强化治疗培训》,共3期,培训学员771人。通过此项目运作和总结为医学部网络学院申请国家继续医学教育的资质作准备。

严格新项目申报,提高医学部申报项目的中标率。在组织申报2007年国家级和北京市级项目中,按照项目要求,认真审核每一个项目的必备信息和附加信息,严格把握学分授予规定,完善标书。共上报国家级项目90项,获准77项,备案项目获准13个,覆盖14个领域;北京市级项目9项。完成基地备案项目申报49项,口腔基地的项目申报理顺了出口,数目有明显增加。尤其是精神卫生基地的项目特色突出,举办的精神卫生系列讲座,内容覆盖了从儿童到老人,从个人到群体,从家庭到社会,从患者到专业技术人员。

【对内继续教育】 2006年,医学部对内继续教育工作经过不断改进、完善,形成了继续教育管理的规范化、学习要求制度化、上报统计标准化,逐渐使对内的继续教育工作走向成熟。各学院圆满地完成了各类继续教育培训计划,开展的继续教育项目比历年有所提高,拓宽了开展继续教育的渠道和领域。举办的继续教育活动内容除了针对医、技、护专业技术人员开展各类培训外,还增加了人文和管理方面的内容。

加强继续教育管理人员的自身学习,提高办事效率。2006年继续教育处组织相关管理人员参加了卫生部组织的"全国继续教育工作会议"及中华医学会医学教育分会继续教育和成人教育学术年会,对大家充分理解上级精神,统一思想认识、理念转变和规范人才培养过程中的环节管理起到了重要作用。

校级继续教育项目继续高升,更加系统化。2006年批准校级继续教育项目483项,实际举办470项,以临床学科为主,参加培训的医学部职工和各类在医学部学习的人员达到61,276人次。2006年护理专业的项目丰富充实,由通科护士的内容向专科方向深入发展。

【成人学历教育】 北京大学与中央广播电视大学联合开办的"卫生事业管理"专业,今年首批有学生获得学士学位证书。目前全国有21个电大招生,累计招生3218人,毕业798人,占总人数的24.78%,获得学位35人,占毕业学生的4.39%。所有教学设计、课程、内容及教师均依托于医学部公共卫生学院的教学管理。

【学术交流】 作为中华医学会医学教育分会、继续医学教育学组、成人教育学组组长单位和秘书处

所在单位,与承办单位一起成功举办了中华医学会医学教育分会继续教育和成人教育学术年会,来自54个成员单位的132位代表参加了会议。会议为大家搭建了良好、和谐的交流平台,共商国家成人学历及非学历医学教育的现状与未来。目前学组单位已经发展到69个。

参加了"全国高等院校继续教育工作会议",继续教育处"开展多种形式的继续医学教育,培养高层次医学人才"的论文进行了会议交流,并获得优秀论文奖。

参加了"第七届两岸继续教育论坛",就"医学继续教育"及"住院医师培训"的研究文章进行了文字交流,更大范围地介绍了北医继续医学教育的特点,使得综合院校的非医学教育管理者以科学发展观,了解医学人才的培养及成长的不同及特点。

参加了"中国继续工程教育协会理事会"会议,作为理事单位唯一的医学院校,强调了"健康卫士"在经济发展和构建和谐社会中的重要性,介绍了我国继续医学教育的现状,介绍了北医继续医学教育的特色及在全国的地位,利用一切机会宣传北医,宣传医学教育,使得全国不同行业的教育者、管理者了解医学教育的规律和特点、医学人才成长的条件和代价、行业管理的规范性及医学人才自身的压力和奉献,使更多的人,尤其是领导层能够理解医药行业和人才成长的困惑。

参加了国家人事部和新疆维吾尔自治区人民政府在乌鲁木齐召开的"少数民族科技骨干特殊培养工作"大会,中央政治局委员、自治区党委书记王乐泉,中组部副部长、人事部部长张柏林等领导同志出席会议。北医特培工作成绩突出,受到充分肯定,并应邀作了题为《扎实工作,锐意进取,努力培养少数民族高层次医学人才》的重点发言,介绍了北京大学医学部开展新疆特培工作的经验。

参与了卫生部"医学教育临床教学实践有关法律规定问题的研究"课题,论文"医学教育临床教学实践面临的法律困境与对策思考"发表在中华医学教育杂志。

【医学网络教育学院】 1. 学历教育 2006年实现招生5000余人,在校学生总数首次突破万人,达到12000余人。

严格规范招生工作,先后召开"远程医学教育研讨会"及"用人单位座谈会",扩大社会影响力;学院每年为支持推动西部地区的教育发展,为西部学生下调学费20%—40%。

圆满完成教学工作的正常运转:39条轨道教学计划的实施;编制92门次教学参考进度、学习及实验实习指导;开设课程96门次;聘请教师84人次;课程答疑8800道,作业5220道;组织完成护理专业毕业巡讲;考纲考卷566门课程,10次考试,试卷14万份,监考1330人;发放教学包20108个。

探索医学远程学习材料的开发模式,编写学院首本远程教育专用教材《医学概论—走近医学》,2006年8月由北京大学医学出版社正式出版发行,9月在2006级新生中推广使用。

重视校外学习中心的建设和规范化管理,2006年7月学院在西宁市召开"2006年校外学习中心工作会议",来自全国17个省、自治区、直辖市的32个学习中心(学区)代表共112人参加了会议。会议的主题是"规范管理、保证质量"。

11月7日至14日,学院成立检查工作组,对济宁、上海等12家校外学习中心进行现场检查。这对规范教学管理,加强教学质量监控,起到积极的促进作用。

2. 非学历教育 学院在确保学历教育良性发展的同时,充分利用现有资源,开展多层次的非学历教育。在战略上,定制非学历教学运营平台,积极拓展非学历教育市场;在组织上,重组非学历教育部门,大力引进市场营销人才。

截至2006年年底,学院已与百余家医院(站点)建立长期培训业务关系,培训各类在职卫生人员达30万余人次,其中很大一部分人员来自县、市级医院以及乡镇卫生院。

9月23日至25日,由学院承办首期《远程教育质量管理高级研修班》在京成功举办。该班为教育部高等教育司授权的"高等学校青年骨干教师高级研修班项目",全国40余家远程教育院校和机构的近百名代表参加了本期研修班。

3. 技术支持与开发 学院加大对创新技术的投入,开发教育技术平台,积极拓展教育技术产品市场,重组与强化技术部门,大力引进技术人才。

4月学院自主研发第二代教育服务平台TOSS系统(教学运营支撑系统),集招生策划、教学管理、业务统计和师生自我服务功能于一体,实现数据共享和业务协同,联通信息孤岛、规范信息处理。

2006年学院媒体部为北京大学医学部拍摄制作新闻、以及各种大型活动电视片约2000余小时;拍摄制作精品课程20余门;各类教学片、专题片42部。为学院录制学历教育课程、MEIS课程共计700余学时;照相部2006年采集图像15000余张,为全校学生及教职员工免费拍摄"一卡通"等证件照片7611人次;为教学、科研、医学试验、学术会议等现场拍摄照片3000余张,圆满完成校院两级媒体服务任务。

4. 内部管理 2006年学院在内部管理中,本着"向管理要效率,向管理要质量"的理念,根据业务发展需要,对组织架构进行大幅调整,在质量、预算、人力资源三大管

理工作中进行探索与创新,取得显著成效。

3月,学院发布了新修订的质量管理体系文件《质量手册》和《程序控制文件手册》3.0版;4月20日,学院顺利通过复评,再次获得ISO9001:2000质量管理体系认证。

学院积极引进社会人才,构建科学规范的人力资源管理体系,导入360度考核法;有针对性地对员工进行各类培训,2006年出国参观学习11人次,内部培训近500人次。2006年学院设立"创新奖",6个项目分别获组织创新奖和个人创新奖,受到学院表彰和奖励。

海 外 教 育

【概况】 2006年秋季北京大学在校长期外国留学生达到2420人,来自93个国家和地区;其中博士研究生142人,硕士研究生181人,本科生1434人,各类进修生663人。全年接收各类短期留学生2744人次,再创新高,来自88各国家和地区。

2006年2月,医学部2003级外国留学生进入中日友好医院(临床2003级7班)、民航总医院(临床2003级8班)和口腔医院(口腔2003级1班)等临床教学医院学习。

2006年,《北京大学招收和培养外国留学研究生的试行办法》,获学校批准并从2007年起开始实施。留学生研究生开始实行审核申请材料录取的方式招生,不再参加统一的研究生入学考试。招生方式改革将有利于广泛吸引高层次的优秀生源,从而促进北京大学的留学生教育向着高层次高质量的方向发展推进。

2006年,北京市政府正式启动共建留学生奖学金项目,为部分高校学位留学生提供学费支持,北京大学获得255万元的奖学金额度。该项目的启动,对于改善生源质量和调整生源结构都有积极意义。

【夜大学】 2006年招生1229人,其中专科494人、专升本科735人,在校生4117人,2006年毕业747人,全部为专科毕业生(夜大学630人、预防医学函授117人)。

根据教学计划要求,认真抓好教学各个环节工作,2006年基础课程主要对神经解剖、系统解剖和组织胚胎学、药理、细胞生物等课程教学进行了尝试性改革,增加随堂测验,加大实验教学管理力度,督促学生的出勤和课后复习;临床课程加强老教师的督教作用,及时与任课教师沟通,增加了病例讨论的内容,在课堂中加强与学生的互动,取得了很好的效果,提高了教学质量。认真做好夜大学籍管理工作,及时办理休、退、转、复学的手续,及时归档建立各种学生信息资料库。强化考试管理,狠抓考风考纪,对补、缓考等进行规范统一管理,对药学、护理、预防医学专业实行督考,以保证各学院、各专业教学工作高质量的正常运行。认真做好学生管理工作,坚持对学生严格要求、热情服务的指导思想,重点抓学生的出勤、考试纪律和课堂教学,教育学生端正学习态度,解决好工学矛盾,调整上课时间,鼓励学生积极参加学习,努力帮助解决学生、教师提出的各种问题和困难,使每个班级形成一个团结向上,努力学习的集体,有利于学生顺利完成学业。

【短期留学项目】 2006年,北京大学共接受来自88个国家和地区的短期留学生2744人次,其中国际合作部留学生办公室短期项目独立接受来自33个国家和地区的短期留学生1388人次,较2005年增长7.1%;全校各院系接受来自87个国家和地区的短期留学生1356人次,较2005年增长20.9%。

2006年,国际合作部留学生办公室短期项目共组织各类项目48批次,其中汉语研修项目32批次,累计学生942人;"中国学"项目16批次,累计学生446人。新增项目包括:韩国成均馆大学MBA项目、汉语学期项目,韩国外国语大学"7+1"中国学项目,挪威奥斯陆大学汉语学期项目,日本同志社大学中国学项目,加拿大麦吉尔大学汉语暑期项目等。

【预科留学项目】 2006年,校内预科项目实际招生125名,来自美国、瑞典、日本等7个国家。2006年结业的预科班中,78名同学被录取为北京大学本科生。

【港澳台学生】 2006年秋季在校港澳台侨学生492人,其中香港学生185人、澳门学生62人、台湾学生243人、华侨2人;其中博士生138人、硕士生126人、本科生221人、专业进修生7人。

【医学留学生工作】 2006年秋季医学部在校长期外国留学生达548人,来自41个国家和地区。

2006年度医学部评出留学生本科生学习优良奖177名,其中一等奖33名、二等奖79名、单项奖65名。此外,医学部还评出了36名港澳台侨学生,荣获教育部港澳台办公室颁发的奖学金。

2006年医学部派人参加了有关机构组织的留学中国教育展,分别是:新加坡和马来西亚(3月)、

墨西哥、巴西和阿根廷(11月)、南非和埃及(11月)。

2月,2003级海外学生分别进入临床教学医院学习,其中外国留学生进中日友好医院(临床2003级7班)、民航总医院(临床2003级8班)、口腔医院(口腔2003级1班)学习;港澳台学生进积水潭医院(临床2003级6班)学习。

4月,医学部留学生办公室荣获了北京市公安局授予的"2004—2005年度留学生管理工作先进单位"称号。

11月,医学部研究生分院改革了外国留学生研究生招生办法,实行以综合素质能力为基础,通过申请、审核和复试的办法录取研究生。

2006年组织海外学生积极参加了各种文体活动。分别是:游览了京郊松山森林公园;参观了社会主义新农村"韩村河"和高科技生物制药基地;参加了"北京市高校外国留学生来华杯乒乓球比赛";部分非洲留学生作为嘉宾或观众录制了中央电视台"走进非洲"和"预防艾滋病"的专题节目;参与了科泰立华医药公司主办的以"预防疟疾"为主题的密云水库植树活动。

附 录

北京大学2006年秋季在校外国留学生分国别统计

国　　家	本科	博研	高进	普进	硕研	学者	预科	合　计
阿根廷	1							1
爱尔兰	1			1				2
澳大利亚	7			8	2			17
巴西	2			1				3
保加利亚				1	2			3
贝宁	1	1						3
伯利兹	9							9
朝鲜	14		3	6			2	25
多米尼加	1							1
多米尼克	1							1
俄罗斯	2	1		22				25
菲律宾	12	1		3				16
哈萨克斯坦	5			7				12
韩国	849	88	17	38	72	2	114	1180
吉尔吉斯斯坦	3			3				6
几内亚比绍	87			1			1	89
加拿大	54	4		12	11			81
柬埔寨	1							1
老挝	6	1		2				9
马来西亚	38	5		2	9			54
美国	52	7	9	114	15	1	1	199
蒙古	9			2	3	1	5	20
秘鲁	1							1
葡萄牙	1			1				2
日本	137	14	18	83	16	2	16	286
瑞士	1			2				3
塔吉克斯坦	1			1				2
泰国	16	1		10	3		10	40
新加坡	31	1		9	16			57

续表

国家	本科	博研	高进	普进	硕研	学者	预科	合计
新西兰	17				1			18
意大利	1			9				10
印度尼西亚	18			4	1		1	24
英国	7			10	3			20
越南	7	1		9	1			18
巴基斯坦		3			1			4
刚果（金）		1		1				2
捷克		1						1
孟加拉国	1	1						3
墨西哥		1						1
瑞典		1		8			1	10
塞拉利昂	1	1						2
伊朗		1		1				2
印度		3						3
丹麦				2				2
德国			2	15	2			19
厄瓜多尔					1			1
法国			1	7	1			9
芬兰				1				1
荷兰				22				22
克罗地亚								0
挪威				1				1
乌克兰				1				1
西班牙			2	14	1			17
阿尔巴尼亚				1	1			2
阿塞拜疆				1				1
爱沙尼亚				1				1
奥地利				4				4
白俄罗斯				1				1
比利时				1				1
古巴				3				3
毛里求斯	2			1				3
摩尔多瓦				1	1			2
南非				1				1
塞尔维亚				1				1
乌兹别克斯坦				1				1
伊拉克				1				1
埃塞俄比亚					2			2
冰岛					1			1
哥伦比亚					1			1
肯尼亚	3				1			4
马里					1			1
尼日利亚					1			1

续表

国　　家	本科	博研	高进	普进	硕研	学者	预科	合　计
苏丹	1				1			2
坦桑尼亚	1				1			2
突尼斯				1				1
委内瑞拉					2			2
希腊					1			1
赞比亚					1			1
尼泊尔	11	4			1			16
也门	3			1				4
巴勒斯坦	1							1
土耳其	2						1	3
缅甸							1	1
喀麦隆	1							1
乌干达	1							1
布隆迪	2							2
布吉纳法索	2			1				3
加蓬	1							1
巴哈马	3							3
洪都拉斯	1							1
格林纳达	1							1
哥斯达黎加	1							1
瑙鲁	1							1
总计	1434	142	52	452	181	6	153	2420

北京大学2006年秋季在校外国留学生分院系统计

	本科	博研	高进	普进	硕研	学者	预科	合　计
地球与空间科学学院	2			1				3
法学院	110	3	6	11	7			137
光华管理学院	70	1	1	21	37			130
国际关系学院	177	18	2	37	43			277
化学与分子工程学院	1			1				2
环境学院	2	7		1	1			11
经济学院	124	2	4	7	2			139
考古文博院	14	6	5	2	5			32
历史学系	51	16	7	11	9			94
社会学系	45	1		3	2			51
生命科学学院	5	1			1			7
数学科学学院	2		1					3
外国语学院	1			2				3
物理学院	6	4						10
新闻传播学院	86	3	1	2	3			95
心理学系	4	2	1					7
信息管理系	6		2		1			9
信息科学技术学院	2				1			3

续表

	本科	博研	高进	普进	硕研	学者	预科	合 计
艺术学系	36				3	1		40
哲学系	19	23	7		6	1		56
政府管理学院	54	8	1	2	6			71
中国语言文学系	127	41	12	14	22	3		219
教育学院		1		1				2
人口研究所		1			4			5
对外汉语教育学院				305	7	1	122	435
北大-耶鲁项目				21				21
工学院				3				3
中国经济研究中心					7			7
医学部	491	1		10	15		31	548
合计	1435	139	52	431	184	6	153	2420

制表人：王　勇

科学研究与产业开发

理科与医科科研

【概况】 2006年,北京大学理工科与医科在研或完成项目2138项,其来源包括国家自然科学基金、国家重点基础研究发展规划(简称"973"计划)、国家高技术研究发展计划(简称"863"计划)、重大科技专项和国际合作等,其中理工科在研项目1521项,医科在研项目617项。

2006年理工科与医科到校科研经费6.58亿,其中理工科5.18亿元,医科1.4亿元。到校科研经费中,国家科技部和国家自然科学基金委来源经费各占1/3和1/4。国家科技计划项目是北京大学最主要的科研经费来源。

2006年度理工科与医科在我国政府主导的重大基础研究和应用基础研究领域继续保持竞争优势,新获准项目893项,经费4.4亿元。其中包括国家自然科学基金项目373项,国家重点基础研究发展规划(973计划)项目2项、子项目17个;重大科学研究计划项目3项、子项目16个;"863"计划课题77项,国家科技支撑计划项目课题23个,教育部项目107项,各类国防项目65项,覆盖医药、信息、材料、资源、环境、社会发展等领域。

2006年度理工科与医科被SCI数据库收录的、以北京大学为第一作者单位的论文2055篇,平均影响因子2.02,其中影响因子大于10的论文13篇,最高影响因子44。

2006年度北京大学共有85项授权专利(本部60项,医学部25项),申请专利303项(本部258项,医学部45项),专利授权和申请量比上一年度有明显增长。

2006年度以北京大学为第一完成单位获国家自然科学二等奖1项、技术发明二等奖2项、科技进步二等奖2项,这是自1999年国家科技奖励制度改革以后,北京大学首次以第一完成人单位获得国家技术发明奖。2006年以北京大学为第一完成单位获得18项高等学校科学技术奖,其中自然科学一等奖4项,二等奖4项;科技进步一等奖4项,二等奖5项;科技进步(推广类)一等奖1项。此外,北京大学教师还获得何梁何利科技进步奖、中华医学科技奖等多个专项奖励。

截至2006年年底,北京大学已有国家实验室(联合、筹)1个,国家重点实验室11个,国家工程中心2个,教育部重点实验室14个(3个在建设中),教育部网上合作中心7个,卫生部重点实验室6个,卫生部工程研究中心2个,北京市重点实验室2个,中关村开放实验室2个。2006年北京大学先进技术研究院组织成立了与国防科研相关的校内跨学科研究中心(虚体)13个和实验室1个。这些研究机构从不同方面为开展科学研究活动提供了良好的支撑平台,反映了北京大学整体科研条件和承担科研任务的能力。

2006年北京大学科学研究部组织了一系列科研活动,其中对学校科研发展较为重要的有:北京大学先进技术研究院成立大会(2006年1月12日);北京大学二级保密资格认证现场审查(2006年4月13—14日);北京大学科研工作会议(2006年5月12—13日);北京大学科研工作委员会(理工科)成立暨第一次工作会议(2006年11月1日)。

【基地建设】 北京大学的科学研究依托于不同形式的科研基地。这些科研基地包括各类实验室、工程中心以及跨学科研究机构,主要有国家实验室、国家重点实验室、国家工程研究中心、教育部重点实验室、教育部工程研究中心、教育部网上合作研究中心、卫生部重点实验室、北京市重点实验室、中关村开放式实验室和校内跨学科研究中心等。国家实验室和国家重点实验室是北京大学科研基地的优秀代表。2006年北京大学科研基地建设在不同层次上取得进展。

国家实验室建设 2006年,北京大学与中国科学研究院化学研究所联合的"北京分子科学国家实验室"(筹)筹建工作稳步推进。进一步完善了各项制度,涉及成果标注、经费管理、公文处理、内部交流和人员互聘等方面。确定了实验室的基本架构:六大研究领域及12+4个研究部,确定了实验室学术委员会名单。实质性准备建

设计划的论证工作。

国家重点实验室申报 2006年,在原有重离子物理教育部重点实验室的基础上申报"核物理与核技术国家重点实验室",并通过了科技部组织的两轮专家评审。

重点实验室评估 2006年,在科技部组织的生命科学领域国家重点实验室评估中,蛋白质工程及植物基因工程国家重点实验室、天然药物与仿生药物国家重点实验室、生物膜与膜生物国家重点实验室、分子心血管学教育部重点实验室均被评为良好类实验室。在教育部组织的信息科学领域教育部重点实验室评估中,量子信息与测量教育部重点实验室(与清华联合)因排名落后而不再列入教育部重点实验室名列。

制定规章制度 2006年,为了增强校内虚体研究机构的活力、规范其管理,在广泛征求各方意见的基础上,制定了《北京大学理工科虚体研究机构管理办法》,由学校正式公布执行(校发[2006]251号)。

其他工作 2006年,一些新的基地得到批准建设或通过验收。由教育部批准新建两个教育部工程研究中心:微处理器及系统教育部工程中心、再生医学教育部工程中心。由北京市批准新建两个中关村开放式实验室:北大微处理器及系统芯片开放实验室、细胞分化与细胞工程开放实验室。细胞增殖分化调控机理研究教育部重点实验室的建设计划通过了教育部组织的专家论证,开始进入正式建设阶段。2003年批准立项建设的高分子化学与物理教育部重点实验室通过了教育部组织的专家验收。

根据教育部要求并结合重点实验室实际情况,2006年分批完成了3个国家重点实验室和4个教育部重点实验室的换届工作:人工微结构和介观物理国家重点实验室、重离子物理教育部重点实验室、造山带与地壳演化教育部重点实验室、分子心血管学教育部重点实验室、神经科学教育部重点实验室、蛋白质与植物基因工程国家重点实验室、天然药物与仿生药物国家重点实验室。

除重点实验室外,继续推动具有实际意义的校内研究机构建设。2006年,批准成立了流域综合管理研究中心、药物信息与工程研究中心、东北亚可持续发展与地区安全研究中心、人居环境中心等、传染病研究中心、医学部性学研究中心等。

为整合北京大学承担国防科研的力量,先进技术研究院确定了14个与国防科研相关的研究中心、实验室,它们分别是:核能与核技术研究中心、宽禁带半导体研究中心、卫星与无线通信研究中心、空天信息工程研究中心、卫星导航与遥感研究中心、冲击爆炸工程研究中心、新型原子钟与量子精密测量研究中心、空天智能系统研究中心、实用网格计算研究中心、先进材料研究中心、微米/纳米加工技术国家级重点实验室、数据与知识工程研究中心、信息安全研究中心、水声技术研究中心。

【科研项目与经费】 2006年理工科与医科共承担和完成了2138项各类项目,到校科研经费近6.6亿元。

1. **国家自然科学基金委员会资助的各类项目** 2006年度北京大学在研的国家自然科学基金各类项目938项,到校费1.6亿元;新批项目385项,经费总额1.48亿元。分类如下:

(1)面上项目:2006年度北京大学共申请面上项目983项,获批准292项,获资助总经费7852万元。

(2)重点项目:2006年度北京大学共申请重点项目63项,获批准18项,获资助经费3045万元。

(3)国家杰出青年科学基金:2006年度北京大学共有58人申请国家杰出青年科学基金,其中10人荣膺资助,总经费达1720万元。他们是物理学院朱世琳,工学院张东晓(外籍),数学科学学院陈大岳,化学与分子工程学院刘文剑,生命科学学院瞿礼嘉、郭红卫,地球与空间科学学院陈斌,信息科学技术学院黄如,医学部姜保国、李铁军。本年度全国共计159名青年学者获得该项基金资助。

(4)创新研究群体科学基金:2006年度北京大学医学部以尚永丰教授为学术带头人研究群体获得基金委创新研究群体科学基金,资助经费总额为500万元。另外,以数学科学学院丁伟岳院士、生命科学学院朱玉贤教授为学术带头人的两个研究群体在经过基金委组织的评估和考察后,获得后三年的延续资助,资助经费分别为315万元和450万元。

(5)海外(及港澳)青年学者合作研究基金:2006年度共有8位以北京大学作为国内研究基地、目前尚在海外(或港澳)从事自然科学基础研究的优秀青年学者,获得了此项基金资助,他们的合作者都是北京大学相应学科的带头人。获资助的海外(及港澳)青年学者及其合作者(括弧内为合作者)是:郁彬(姜明,数学科学学院),郑春苗(谭文长,工学院),王涛(沈波,物理学院),乐晓春(邵元华,化学与分子工程学院),李育人(周其凤,化学与分子工程学院),赵云德(瞿礼嘉,生命科学学院),麻建杰(程和平,分子医学研究所),顾伟(朱卫国,医学部)。

(6)国际交流与合作项目:2006年度北京大学在基金委资助下开展各类国际交流与合作共113项,其中包括国际合作重大项目、留学回国人员短期回国工作讲学、国际合作研究项目、在华召开国际会议,广泛开展国际交流与合

作,很好地促进了科研人员所承担的国家自然科学基金项目的高水平完成。

2. **国家科研计划项目** 2006年度北京大学从科技部主管的各类国家科研计划中获得科研经费21256万元(理工科17073万元,医科4183万元),占理工科与医科到校经费的32.30%。其中,国家重点基础研究发展规划项目("973"项目)5539万元,重大科学研究计划项目2566万元,高技术研究发展计划项目("863"计划)9995万元,科技支撑计划项目及其他科技专项3156万元。分类如下:

(1)国家重点基础研究发展规划项目("973"项目):2006年,北京大学信息科学技术学院张兴教授担任首席科学家的"纳米尺度硅集成电路器件与工艺基础研究"项目和物理学院龚旗煌教授担任首席科学家的"介观光学与新一代纳/微光子器件研究"项目分别获得"973"项目资助。其中张兴教授的项目是继圆满完成2000年启动的"973"项目后,获得滚动资助的项目。北京大学目前在研的"973"依托项目6项。此外,北京大学2006年新获批"973"子项目17项,其中理工科9个,医科8个。2006年北京大学承担的"973"项目有4项完成结题验收,这四个项目的首席科学家分别是生命科学学院王忆平教授、人口研究所郑晓瑛教授、化学与分工工程学院刘忠范教授和信息科学技术学院彭练矛教授、医学部李凌松教授。同时,北大共有14个"973"子项目(理工科11个、医科3个)完成了结题验收工作。

(2)重大科学研究计划:该计划是根据《国家中长期科学和技术发展规划纲要(2006—2020年)》部署的,2006年启动了蛋白质、量子调控、纳米和发育与生殖等四个研究计划。该计划由科技部负责组织实施和总体协调,目前采用973计划项目的运作模式。2006年全国共立项40个,其中北京大学作为项目承担单位的项目有3项,这3个项目的首席科学家分别是化学与分子工程学院赵新生教授、物理学院李焱教授和信息科学技术学院彭练矛教授。2006年北京大学在重大科学研究计划中新立课题16项,其中理工科15个,医科1个。

(3)国家高技术发展计划("863"计划):2006年北京大学新立"863"计划课题77项,包括专题课题61项,重大重点项目课题16项。其中:地球观测与导航技术领域4项,海洋技术领域4项,生物医药技术领域29项,先进能源技术领域2项,先进制造技术领域8项,现代农业技术领域1项,新材料技术领域7项,信息技术领域17项,资源环境技术领域5项。2006年北大有17个民口863计划课题(理工科16个、医科1个)按计划完成并通过了专家组验收。

3. **国防相关科研项目** 2005年11月北京大学正式批准成立先进技术研究院进行国防科学和应用科学技术的研究与管理。2006年1月12日召开了先进技术研究院成立大会。2006年6月正式启动了北京大学国军标质量管理体系认证的申请工作。2006年9月18日北京大学获得二级保密资格单位证书。2006年9月学校批准出台了《北京大学国防项目管理办法》(校发[2006]191号)和《北京大学国防项目经费管理规定》(校发[2006]192号),进一步规范了国防项目的管理。

2006年北京大学国防项目到校经费3535万元,在研项目共计113项,新增国防项目65项。与2005年相比,项目数量增加了50%,到校经费增加了15%。首次获得国防科工委基础研究项目3项,经费额度760万元,到校380万元。

4. **教育部资助项目** (1)创新团队发展计划:2006年北京大学有2个团队入选教育部"创新团队发展计划",入选团队负责人分别为化学与分工工程学院宛新华教授、环境与工程学院朱彤教授。

(2)新世纪优秀人才支持计划:2006年北京大学共有27人入选"新世纪优秀人才支持计划",其中理工科12人、医科5人。

(3)教育部重大项目、重大项目培育资金项目、重点科学研究项目及高等学校博士点学科专项科研基金:2006年度北京大学获准教育部重大项目1个(理工科),重大项目培育资金项目2个(理工科),重点项目4项(理工科2项,医科3项);2006年北京大学获得教育部高校博士学科点专项科研基金48项(理工科30项、医科18项)。

(4)教育部其他资助:2006年北京大学理工科与医科获得高等学校全国优秀博士学位论文作者专项资金资助5项,获准教育部留学回国科研启动基金资助33人(理工科21人、医科12人)。

5. **北京市科研项目** (1)北京市自然科学基金项目:2006年度北京大学获准北京市自然科学基金项目29项(理工科9项、医科20项),其中重点项目1项,面上项目23项,预探索项目5项。

(2)北京市科技项目与北京市科技新星计划:2006年度北京大学与北京市科委新签科技合同4项,合同额479万元;2006年度北京大学6名青年教师入选北京市科技新星计划A类(理工科3人、医科3人),医学部1名青年教师入选北京市科技新星计划B类。

(3)北京市教委共建项目:2006年度北京大学获得北京市教委共建项目资助经费共1446万元,资助范围包括科学研究与科研基地建设项目;科技成果转化与产业化项目;学科建设与研究生培养项目;教育教学改革项目;课程建设与教材建设项目;实践教学基地建设项目;外国留学生奖学金。

6. 北京大学校长科研基金 2006 年"北京大学校长科研基金"支出情况如下:(1) 2005 年 SCI 论文奖励经费 629 万元;(2) 引进人才科研启动费和科研项目资助费共 15 万元;(3) 理工科各院系科研活动组织费 18 万元;(4)《北京大学学报(自然科学版)》《物理化学学报》和《地学前缘》三个刊物的办刊补助费 27 万元;(5) 专利基金 50 万元。合计 748 万元。

【科研成果】 论文专著 根据 2006 年 10 月中国科学技术信息研究所召开的"第 14 届中国科技论文统计结果发布会"上发布的统计结果,北京大学 2005 年度国际论文被引用次数为 7355 次,在高等院校中排名第 1 位;国际论文被引用篇数为 2457 篇,在高等院校中排名第 2 位。北京大学 2005 年度 SCI 收录论文 1881 篇,在高等院校中排名第 4 位。在 1996 年至 2005 年十年间,北京大学 SCI 收录论文累积被引用次数达 51114 次,在高等院校中排名第 1 位;累积被引用篇数为 7714 篇,在高等院校中排名第 2 位。

据统计,2006 年被 SCI 收录的北京大学为第一作者单位或责任作者单位的所有论文 2055 篇,平均影响因子为 2.02;其中医学部 541 篇。北京大学发表的科学论文呈现总量合理增长、高水平论文数量不断提高的态势,科学论文的影响力明显增强。

2006 年出版理工类著作 129 部,通过鉴定的科技成果共 31 项,通过验收结题的主要科研项目共 90 项。

科技奖项 2006 年度以北京大学为第一完成单位获得的科技奖项包括:

国家自然科学奖二等奖 1 项,国家技术发明奖二等奖 2 项,国家科技进步二等奖 2 项。获奖总数排名高校第一,与北京大学每年获得国家科学技术奖奖励数目的最高纪录持平。这也是自 1999 年科技奖励制度改革以后,北京大学首次以第一完成人单位获得国家技术发明奖。

"高等学校科学技术奖"18 项,其中一等奖 9 项,二等奖 9 项。获奖项目数在高等院校中名列前茅,优势明显。"高等学校科学技术奖"原名"教育部提名国家科学技术奖",2006 年更名。这是北京大学自 2001 年以来获得教育部科学技术奖励项目总数最多、获一等奖项目数最多的一年。

2006 年度,北京大学信息科学技术学院何新贵院士荣获何梁何利科技进步奖。至此,北京大学共有 34 人获得何梁何利基金的奖励。

专利 北京大学 2006 年度共有 85 项授权专利(本部 60 项,医学部 25 项)。2006 年度的申请专利为 303 项(本部 258 项,医学部 45 项),较 2005 年增长 39%。

其他成果 2006 年度,北京大学两项成果入选中国高校十大科技进展:"三苯氧胺诱发子宫内膜癌的分子机理"(基础医学院尚永丰等)、"磁重联零点及其邻近磁场结构的卫星观测研究"(中国科学院国家天文台肖池阶,地球与空间科学学院濮祖荫,大连理工大学王晓钢等协作完成)。在历届"中国高校十大科技进展"评选中(1998—2006),北京大学共 14 项成果入选,居高校首位。

【重要科研活动】 北京大学先进技术研究院成立大会 2006 年 1 月 12 日北京大学先进技术研究院成立大会在英杰交流中心新闻发布厅召开。大会由北京大学常务副校长、先进技术研究院院长林建华主持。先进技术研究院指导委员会主任、北京大学校长许智宏,先进技术研究院名誉院长胡世祥,教育部科技司杨东占处长分别发表讲话。他们对于先进技术研究院成立的意义给予充分肯定,同时还对先进技术研究院的工作开展做了重要指示。先进技术研究院常务副院长、科研部副部长白树林教授介绍了先进技术研究院机构和人员组成。先进技术研究院是北京大学"985 工程"二期建设总体布局中的重要部分。其宗旨是发挥北京大学多学科优势,紧密围绕关系国计民生的重大应用需求和国民经济建设主战场,整合有关资源,建立更宽松、更和谐的政策环境和更灵活的机制,进一步鼓励广大教师参与国家急需的大型科研项目的研究工作;通过开展广泛的国内外合作,提高北京大学承担重大应用项目以及大型工程项目的能力,推动北京大学相关学科发展,为北京大学创建世界一流大学做出贡献。先进技术研究院成立后,科学研究部原国防项目办公室和科技保密办公室撤销。

北京大学二级保密资格认证现场审查 2006 年 4 月 13—14 日北京大学通过了二级保密资格认证现场审查,2006 年 9 月 18 日获得二级保密资格单位证书。2005 年 3 月国家保密委员会【2005】1 号文下达后,北京大学成立了以科学研究部国防项目办公室全体成员为主体、校保密办公室参与的北京大学保密资格认证工作办公室(以下简称"认证办")。在北京大学保密委员会的领导下,认证办按国防武器装备科研生产单位保密资格审查认证委员会办公室制定的《武器装备科研生产单位保密资格审查认证工作指导手册》的要求,进行的一年多的准备工作。2006 年 4 月 13—14 日北京市军工保密资格认证委审查组一行七人来我校进行了现场审查,校领导许智宏、林建华、张彦以及保密委员会委员,相关院系负责人、保密要害部门单位负责人,认证办全体成员参加会议。按照现场审查工作的要求和程序,审查组听取了林建华常务副校长的工作情况汇报,审查了有关文件材料,并进行了现场检查和技术检测,最终评得 479 分(满分 500),现

场审查符合标准。经报请北京市军工保密资格审查认证委员会批准，北京大学于2006年9月18日获得二级保密资格单位证书。

北京大学科研工作会议 5月12—13日，科学研究部与社会科学部、医学部科研处联合主办"北京大学科研工作大会"，许智宏校长做重要讲话。中共中央政策研究室郑新立副主任、国家科学技术部发展规划司徐建国副司长、国家自然科学基金委员会朱道本副主任、全国哲学社会科学规划办公室张国祚主任分别应邀为与会人员作关于全国科研工作形势的报告。会议由林建华常务副校长主持，岳素兰副校长、张国有副校长、李晓明校长助理、朱星校长助理、李岩松校长助理出席，部分院士、资深教授、长江学者以及全校各院系所、附属医院负责人，主管科研工作的领导，重点实验室负责人，重大项目负责人代表以及各有关职能部门负责人参加。

5月13日，与会人员分为理工科与医科和人文社科两大组分别召开会议，重点讨论许智宏校长在开幕式上的讲话，并针对各自学科今后几年的科研工作进行深入的讨论。主管校领导，职能部门负责人，理工科与医科各院系院长和系主任、主管科研的副院长和副系主任、科研秘书，各附属医院院长，主管科研的副院长，科研处负责人，重点实验室主任或副主任，重大项目负责人，院士，长江特聘教授等约150人参加了理工科与医科分会。

在理工科与医科分会上，林建华常务副校长、校长助理、科研部部长李晓明，医学部副主任、医学部科研处处长方伟岗分别讲话，物理学院叶沿林院长、第一医院丁洁副院长和生命科学学院邓宏魁教授分别代表学院、临床医院和国际合作项目负责人做了典型发言。在分组讨论中，针对许校长讲话和加强国际合作、科研管理政策、科研机构管理三个主题展开激烈的讨论。另外，与会人员还对科研部拟定的有关项目合同制研究岗位、加强国际科技合作、对外科研协作合同管理、理工科研究机构管理的政策文件进行了深入的讨论，提出了中肯的修改建议。

北京大学科研工作委员会（理工科）成立 为了规范学校科研管理工作，充分发挥专家在学校科研政策制定和执行评估方面的作用，经学校主管校长林建华批准，2006年11月1日起成立"北京大学科研工作委员会（理工科）"。该委员会主任由主管科研的副校长担任，委员由理工科院系分管科研的副院长和副系主任担任，并根据需要安排若干专家学者。委员会的基本职责包括：涉及多学科（多院系）大型项目的组织与协调；重要科技成果的推荐与预评估；学校科研管理政策的研究与建议，如经费管理政策、科研奖励政策等；科研机构申请、状态与撤销的评估等等。该委员会办公室设在科学研究部。

附 录

表1 国家级重点实验室

编号	实验室名称	负责人
1	人工微结构和介观物理国家重点实验室	龚旗煌
2	分子动态与稳态结构国家重点实验室（联合）	来鲁华
3	蛋白质工程及植物基因工程国家重点实验室	朱玉贤
4	生物膜与膜生物工程国家重点实验室（北京大学分室）	王世强
5	视觉与听觉信息处理国家重点实验室	查红彬
6	湍流与复杂系统研究国家重点实验室	佘振苏
7	稀土材料化学及应用国家重点实验室	严纯华
8	区域光纤通信网与新型光纤通信系统国家重点实验室（北京大学试验区）	徐安士
9	环境模拟与污染控制国家重点实验室（北京大学分室）	胡 敏
10	天然药物及仿生药物国家重点实验室	叶新山
11	微米/纳米加工技术国家级重点实验室（北京大学分室）	金玉丰

（科学研究部 蔡 晖）

表2 国家工程研究中心

编号	中心名称	负责人
1	电子出版新技术国家工程研究中心	肖建国
2	软件工程国家工程研究中心	杨芙清

（科学研究部 蔡 晖）

表3　教育部重点实验室

编号	实验室名称	负责人
1	数学与应用数学教育部重点实验室	丁伟岳
2	重离子物理教育部重点实验室	叶沿林
3	北京现代物理研究中心	李政道
4	生物有机与分子工程教育部重点实验室	王剑波
5	纳米器件物理与化学教育部重点实验室	彭练矛
6	地表过程分析与模拟教育部重点实验室	陶　澍
7	水沙科学教育部重点实验室（联合）	倪晋仁
8	造山带与地壳演化教育部重点实验室	张立飞
9	分子心血管学教育部重点实验室	韩启德
10	神经科学教育部重点实验室	万　有
11	高分子化学与物理教育部重点实验室	（已验收）
12	流行病学教育部重点实验室	（建设中）
13	信息数学与信息行为教育部重点实验室（联合）	（建设中）
14	细胞增殖分化调控机理研究教育部重点实验室	（建设中）

（科学研究部　蔡　晖）

表4　教育部工程研究中心

编号	网上合作研究中心名称	负责人
1	微处理器及系统教育部工程研究中心	程　旭
2	再生医学教育部工程研究中心	李凌松

（科学研究部　蔡　晖）

表5　教育部网上合作研究中心

编号	网上合作研究中心名称	负责人
1	数学与应用数学教育部网上合作研究中心	张恭庆
2	生命科学与生命技术教育部网上合作研究中心	陈章良
3	应用化学教育部网上合作研究中心	焦书明
4	核科学与核技术教育部网上合作研究中心	郭之虞
5	软件科学与技术教育部网上合作研究中心	杨芙清
6	脑科学教育部网上合作研究中心	周晓林
7	流行病学调查网上合作研究中心	顾　江

（科学研究部　蔡　晖）

表6　卫生部重点实验室

编号	实验室名称	负责人
1	卫生部心血管分子生物学与调节肽重点实验室	韩启德
2	卫生部肾脏疾病重点实验室	王海燕
3	卫生部精神卫生学重点实验室	沈渔邨
4	卫生部神经科学重点实验室	韩济生
5	卫生部医学免疫学重点实验室	高晓明
6	卫生部生育健康重点实验室	李　竹

（医学部科研处　郑玉荣）

表7　卫生部工程技术研究中心

编号	中心名称	负责人
1	卫生部口腔医学计算机应用工程技术研究中心	张震康
2	卫生部肝炎诊断试剂研制中心	魏　来

（医学部科研处　郑玉荣）

表 8　北京市重点实验室

编号	实验室名称	负责人
1	医学物理和工程北京市重点实验室	包尚联
2	空间信息集成与 3S 工程应用北京市重点实验室	晏 磊

（科学研究部　蔡　晖）

表 9　中关村开放式实验室

编号	实验室名称	负责人
1	微处理器及系统芯片开放实验室	程 旭
2	细胞分化与细胞工程实验室	邓宏魁

（科学研究部　蔡　晖）

表 10　2006 年批准成立的交叉学科研究中心

编号	机构名称	负责人
1	东北亚可持续发展与地区安全研究中心	江家驷　王缉思
2	药物信息与工程研究中心	郑 强
3	流域综合管理研究中心	江家驷
4	人居环境中心	陈效逑　吴宝科
5	传染病研究中心	顾 江
6	医学部性学研究中心	徐天民

（科学研究部　蔡　晖　医学部科研处　郑玉荣）

表 11　2006 年理科与医科在研科研项目

单位		科技部项目				国家自然科学基金委项目	教育部项目	北京市项目	国防项目	其他部委省市专项	海外合作项目	企事业单位委托项目	合计
		973 项目	重大科学研究计划	863 项目	支撑计划								
校本部	数学科学学院	8		1		63	34		1	3	1	9	120
	工学院	3	1			30	9		14	2		9	68
	物理学院	13	2	8		111	54	6	7	10	2	13	226
	化学与分子工程学院	18	5	5	3	124	41	3	3	5	3	14	224
	生命科学学院	18	3	14		53	26	11	0	1	5	4	135
	地球与空间科学学院	8		5		74	15	4	9	14	1	29	159
	环境与工程学院	11		4	5	61	12	9	0	22	6	85	215
	心理学系	1			17	0	1	1		1	2		23
	信息科学技术学院	18		33	3	85	23	11	72	24		13	286
	计算机科学技术研究所			3		3		2	2	4		7	21
	分子医学研究所	1		1		3		0				3	8
	其他单位	2		2	4	41	6	1	4	9	1	3	73
	小计	101	15	76	15	628	220	48	113	94	20	191	1521
医学部		13		4	10	310	139	102		38	1		617
总计		114	15	80	25	975	359	150	113	132	21	191	2138

（科学研究部　王晓化　医学部科研处　肖　瑜）

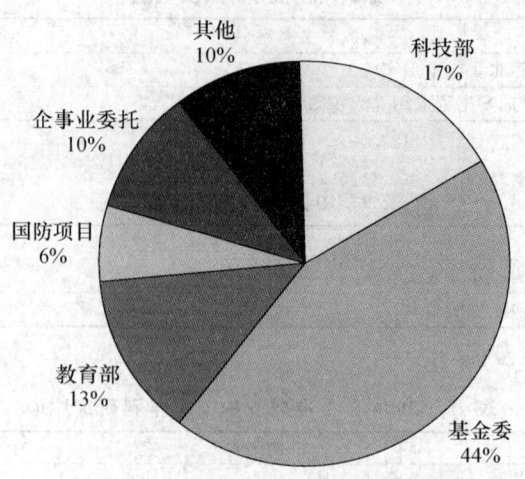

图 1.1 2006 年理科与医科在研科研项目来源

(科学研究部 王晓化)

表 12 2006 年理工科与医科科研项目到校经费 （单位：万元）

单位		科技部项目			国家自然科学基金委项目	教育部项目	国防项目	其他部委省市专项	企事业单位委托项目	海外合作项目	科技开发	合计
		973项目	863项目	攻关及科技专项								
校本部	数学科学学院	117			739	63	9	163	69	21	34	1215
	工学院				492	22	239	95	94		421	1363
	物理学院	163	3	5	1653	203	160	161	204	68	276	2896
	化学与分子工程学院	1229		28	2317	81	150	243	242	110	139	4539
	生命科学学院	319	18	46	1154	49		242	24	921	157	2930
	地球与空间科学学院	28	538		1161	18	809	77	207	24	1234	4096
	环境与工程学院	362	219	71	1074	76		351	1377	218	1487	5235
	心理系				184	4	3	19	30	37	31	308
	信息科学学院	182	535	205	1026	50	1745	451	78		2624	6896
	计算机科学技术研究所				36	12		71	58	177		354
	分子医学研究所				64	2			17			83
	计算中心							7	322	32		361
	实验室与设备管理部								693			693
	软件与微电子学院			450					850			1300
	暂存	4328	5866	2351	2215		342	495	617		398	16612
	小计	6728	7179	3156	12115	580	3535	3370	4018	1399	6801	48881
深圳研究生院		10			84			602	2136			2832
医学部		1367	2816		4126	347		2387	314		2739	14096
总计			21256		16325	927	3535	6359	6468	1399	9540	65809

(科学研究部 吴锜)

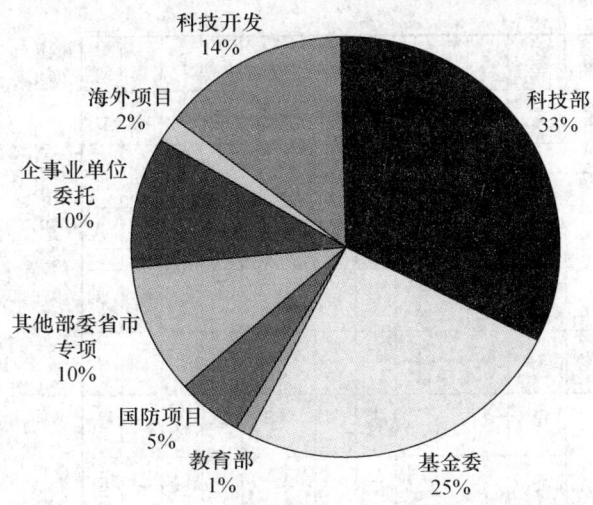

图 1.2 2006 年理工科与医科到校科研经费来源

(科学研究部 王晓化)

表 13 1998—2006 年全校到校科研经费分类统计　　　　(单位：万元)

年度	理工科	文科	医学部	科研编制费	合计
1998	9887	1701		579	12166
1999	14977	793		696	16466
2000	27571	1820	2720	758	32868
2001	22891	2488	4467	1170	31016
2002	29967	2600	8581	1172	42320
2003	30748	2650	9587	1153	44138
2004	33243	3129	10562	1240	48174
2005	42205＋1671*	5529	14277	1239	64921
2006	48881＋2832*	6677	14096	1140	73626

* 深圳研究生院到院科研经费。

(科学研究部 吴 锜)

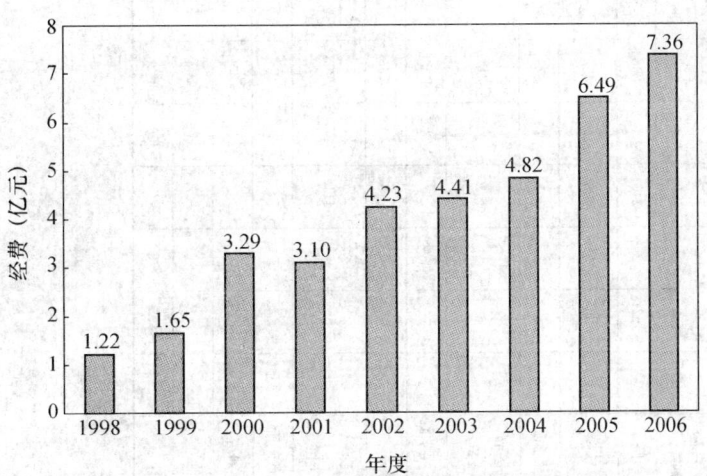

图 1.3 1998—2006 年全校到校科研经费总额增长趋势

(科学研究部 王晓化)

表14　2006年理工科获准项目及经费　　　　　　　　　　　　　　　　　　　　　　　　　　　　　（单位：万元）

单位	科技部项目								国家自然科学基金项目		教育部项目		北京市项目		其他部委省市专项		企业事业单位委托项目		海外合作项目		国防项目		合计	
	973项目		重大科学研究计划		863项目		支撑计划																	
	项目	经费	项目	经费	项目	经费	项目	经费	项目	经费	项目	经费	项目	经费	项目	经费	项目	经费	项目	经费	项目	经费	项目	经费
数学与科学学院	1	172			1	74			16	476	7	3			1	2	1	4					27	731
工学院	1	163	1	118					17	817	6	23	1	14	1	50	4	4			7	280	38	1469
物理学院	1	162	2	343	4	296			43	1862	19	23			5	37	10	82	2	115	2	340	91	3305
化学与分子工程学院	2	408	5	996	4	452			39	1874	14	324	3	45	2	110	13	360	1	56	3	360	84	4960
生命科学学院	2	438	3	561	7	673			26	1169	9	50	1	20			2	130	2	248			52	3369
地球与空间科学学院					3	211			12	607	3		1	100	5	181	16	333	1	23	6	420	46	1775
环境与工程学院					3	1760	2	361	22	1215	3	300	5	298	11	222	46	1391	1	43			93	5590
心理系									6	263	1	3	2	21					1	60			10	347
信息科学技术学院	2	556	4	411	25	2298	2	987	32	904	6	8	3	25	4	4	7	77			43	4041	128	9311
计算机研究所					3	191			1	7	1		3	120	2	150	5	193			1	45	16	706
分子医学研究所					1	60			5	275	1						2	27					9	362
其他					2	323	2	317	2	44	1				6	659	3	53			3	125	19	1521
总计	9	1899	15	2429	53	6338	6	1665	221	9513	71	734	19	643	37	1415	109	2654	8	545	65	5611	613	33446

（科学研究部　王晓化）

表15 2006年医科获准项目及经费

(单位:万元)

单位	科技部项目								国家自然科学基金委项目		教育部项目		北京市项目		卫生部项目		其他项目		合计	
	973项目		863项目		国家科技支撑项目		科技部其他课题													
	项目	经费	项目	经费	项目	经费	项目	经费	项目	经费	项目	经费	项目	经费	项目	经费	项目	经费	项目	经费
基础医学院	4	634.46	9	1602	3		1	136.64	45	1829	9	168	7	127					78	4496.9
药学院	1	41.3	5	460			1	90	16	588	1	7					1	6.5	25	1192.8
公共卫生学院					2				7	173	1	6	5	72.6	5	38	1	24	21	313.6
第一医院	1	187.49			3				26	738.2	9	40	7	83					46	1048.69
人民医院	1		4	576	2				16	535	4	25	2	18					29	1154
第三医院	1	150			3				17	385	3	18	2	112					26	665
口腔医院			1	80	4				13	465	6	28	1	13					25	586
精研所			1	150	2														3	150
肿瘤医院			2	748	1				7	189	2	6	3	39			1	200	16	1182
深圳医院									2	50									2	50
药物依赖所			1	48	2				2	80									5	128
医药分析中心									1	10									1	10
其他			1							0	1	20	1	0.8					3	20.8
总计	8	1013.25	24	3664	22		2	226.64	152	5042	36	318	28	465.4	5	38	3	230.5	280	10997.79

(医学部科研处 肖 瑜)

表 16　2006 年校本部获准国家自然科学基金项目情况　（单位：万元）

单　位	面上项目		重点项目		重大研究计划				杰出基金		海外青年合作基金		创新群体		其　他		合　计	
					面上项目		重点项目											
	项目	经费	项目	经费	项目	经费	项目	经费	项目	经费	项目	经费	项目	经费	项目	经费	项目	经费
数学科学学院	7	132	1	135					1	140	1	40			6	29	16	476
工学院	13	388					1	180	1	200	1	40			1	9	17	817
物理学院	34	1065	2	400			1	100	1	200	1	40			4	57	43	1862
化学与分子工程学院	26	738	4	710	3	68			1	200	2	80			3	78	39	1874
生命科学学院	18	483	1	170					2	400	1	40			4	76	26	1169
地球与空间科学学院	11	407							1	200					0	0	12	607
环境与工程学院	17	545	4	670											1	0	22	1215
心理系	5	113	1	150											0	0	6	263
信息科学技术学院	28	616			3	88			1	200					0	0	32	904
光华管理学院	7	132															7	132
分子医学研究所	3	90	1	145							1	40					5	275
计算机研究所	0	0													1	7	1	7
本部其他	7	149															7	149
总计	176	4858	14	2380	6	156	2	280	8	1540	7	280	0	0	29	696	233	9750

（科学研究部　周　锋）

表 17　2006 年医学部获准国家自然科学基金项目情况　（单位：万元）

单位	面上项目		重点项目		主任基金项目		海外青年基金项目		杰出青年基金项目		NSFC-CIHR健康合作计划		国际合作项目		创新群体		两个基地		总计	
	项目	经费	项目	经费	项目	经费	项目	经费	项目	经费	项目	经费	项目	经费	项目	经费	项目	经费	项目	经费
基础医学院	34	913	2	305	1	10	1	40			1	45	5	15.8	1	500			45	1828.8
药学院	14	387	1	200									1	1					16	588
公共卫生学院	7	173																	7	173
第一医院	22	557	1	160	2	20							1	1.2					26	738.2
人民医院	13	315			2	20			1	200									16	535
第三医院	15	371			1	10							1	4					17	385
口腔医院	9	210			2	30			1	200							1	25	13	465
精研所																				
肿瘤医院	7	189																	7	189
深圳医院	2	50																	2	50
生育健康所																				
药物依赖所	1	35									1	45							2	80
分析中心					1	10													1	10
总计	124	3200	4	665	9	100	1	40	2	400	2	90	8	22	1	500	1	25	152	5042

（肖　瑜）

表18 2006年各单位获国家自然科学基金面上和重点项目数及经费数

单位	申请项目数		获准项目数		获准率(%)		获准经费(万元)	
	面上	重点	面上	重点	面上	面上+重点	面上	重点
数学科学学院	20	1	7	1	35	38	132	135
工学院	27	1	13		48	46	388	
物理学院	70	6	33	2	47	46	1048	400
化学与分子工程学院	56	5	26	4	46	49	738	710
生命科学学院	39	2	18	1	46	46	483	170
地球与空间科学学院	42	4	11		26	24	407	
环境与工程学院	41	5	17	4	41	46	545	670
心理学系	13	1	5	1	38	43	113	150
信息科学技术学院	83	3	28		34	33	616	
光华管理学院	35		7		20	19	132	
计算机研究所	11							
分子医学研究所	7	2	3	1	43	44	90	145
医学部	489	32	117	4	24	23	3011	665
其他	50		7		153	153	149	
合计	983	63	292	18	30	30	7852	3045
面上重点总计	1046		310		30		10897	

(科学研究部 周 锋)

表19 北京大学主持的《国家重点基础研究发展规划》项目(共16项)

项目编号	首席科学家	项目名称	状况
G1998061300	严纯华	稀土功能材料的基础研究	2003结题
G199906400	甘子钊	超导科学技术	2004结题
G1999053900	丁明孝	细胞重大生命活动的基础与应用研究	2004结题
G1999075100	姜伯驹	核心数学中的前沿问题	2005结题
G2000036500	张 兴	系统芯片中新器件、新工艺的基础研究	2005结题
G2000056900	唐朝枢	心脑血管疾病发病和防治的基础研究	2005结题
2001CB6105	刘忠范 彭练矛	纳电子运算器材料的表征与性能基础研究	2006结题
2001CB1089	王忆平	高效生物固氮机理及其在农业中的应用	2006结题
2001CB5103	郑晓瑛	中国人口出生缺陷的遗传与环境可控性研究	2006结题
2001CB5101	李凌松	人胚胎生殖嵴干细胞的分化与组织干细胞的可塑性研究	2006结题
2002CB713600	赵 夔	基于超导加速器的SASE自由电子激光的关键理论及技术问题的研究	在研
2002CB312000	梅 宏	Internet环境下基于Agent的软件中间件理论和方法研究	在研
2003CB715900	来鲁华	基因功能预测的生物信息学理论与应用	在研
2006CB601100	严纯华	新型稀土磁、光功能材料的基础科学问题	在研
2006CB302700	张 兴	纳米尺度硅集成电路器件与工艺基础研究	在研
2007CB307000	龚旗煌	介观光学与新一代纳/微光子器件研究	在研

(科学研究部 范少锋)

表20 2006年新获批的《国家重点基础研究发展规划》课题(共17项)

课题编号	课题名称	负责人	承担单位
2006CB705803	CO_2地下埋存的检测和前缘预测技术	张东晓	工学院
2006CB705604	纳米颗粒的靶分子选择性、其分子毒理学效应及其纳米特性的相关性	刘元方	化学与分子工程学院
2006CB806102	低维纳米结构控制与性能研究	王 远	化学与分子工程学院
2006CB806508	蛋白质寡聚化的动态相互作用	昌增益	生命科学学院
2006CB101703	骨干亲本形成的关键基因功能研究	顾红雅	生命科学学院

续表

课题编号	课题名称	负责人	承担单位
2006CB805903	动力系统大范围演化理论及其应用	文 兰	数学科学学院
2006CB705705	核素标记分子成像前沿问题研究	包尚联	物理学院
2006CB302701	高性能低功耗新型纳米尺度MOS器件研究	黄 如	信息科学技术学院
2006CB302704	新一代集成技术基础问题研究	张 兴	信息科学技术学院
2006CB504307	TLR信号对T和B淋巴细胞的直接作用	张 毓	医学部
2006CB503906	血管病变在Ⅱ型糖尿病中的作用机制	江南平	医学部
2006CB503806	心肌梗死与心肌保护	张幼怡	医学部
2006CB503907	组织中糖代谢异常的分子机制研究	管又飞	医学部
2006CB503807	小分子生物活性物质在血管损伤性疾病发病中的作用研究	杜军保	医学部
2006CB503802	血管氧化应激和慢性炎症与动脉粥样硬化机制研究	王 宪	医学部
2006CB504707	道地药材的药性特征的研究	蔡少青	医学部
2006CB503903	脂代谢紊乱与胰岛素抵抗	纪立农	医学部

（科学研究部　范少锋　医学部科研处　肖瑜）

表21　2006年新获批的重大科学研究计划项目

项目类别	首席科学家	单位	项目名称
蛋白质研究计划	赵新生	化学与分子工程学院	蛋白质生成、折叠、组装和降解的规律及其质量控制
量子调控研究计划	李 焱	物理学院	新型分子与受限小量子体系制备、光电磁功能及其调控研究
纳米研究计划	彭练矛	信息科学技术学院	基于一维纳米材料的新原理器件：纳米碳管为基的纳米器件

（科学研究部　范少锋）

表22　2006年新获批的重大科学研究计划课题（共16项）

课题编号	课题名称	负责人	承担单位
2006CB932403	新型复合碳纳米管材料的合成,结构和性能调控	李 彦	化学与分子工程学院
2006CB921602	新型光电功能分子的合成及受限条件下性能研究	裴 坚	化学与分子工程学院
2006CB910203	蛋白质氧化还原过程中的动态相互作用	金长文	化学与分子工程学院
2006CB932701	碳纳米管的生长机制与结构调控研究	张 兴	信息科学技术学院
2006CB910304	胁迫条件下蛋白质分子的行为和命运	赵新生	化学与分子工程学院
2006CB910404	转录组数据整合与分析及对自然反义转录等重要转录现象的研究	魏丽萍	生命科学学院
2006CB943801	斑马鱼模式生物研究技术和资源库北方服务中心的建立	张 博	生命科学学院
2006CB910103	应激细胞病变和脑退行性病变的蛋白质组研究	纪建国	生命科学学院
2006CB921607	受限半导体量子体系调控及光学、输送性质研究	沈 波	物理学院
2006CB921601	新型分子与受限小量子体系的光学表征和双光子制备的研究	李 焱	物理学院
2006CB910706	酵母转录调控网络的动力学性质研究	李方廷	物理学院
2006CB921402	魔数波长光格子玻色气体系统的量子调控	周小计	信息科学技术学院
2006CB932402	新型碳纳米管器件，尤其是新型量子效应器件的加工、评估和继承方法探索	梁学磊	信息科学技术学院
2006CB921401	三维与二维周期光场中的玻色气体的相变与强关联特性研究	郭 弘	信息科学技术学院
2006CB932401	碳纳米管结构原位加工,修饰,环境的可控变化,性能实时测量	彭练矛	信息科学技术学院
2006CB943603	胚胎生殖嵴干细胞（EG）命运决定的分子调控网络研究	李凌松	医学部

（科学研究部　范少锋）

表23　2006年新获批的《国家高技术研究发展计划》课题（共77项）

领域	课题编号	课题名称	负责人	单位
地球观测	2006AA12Z150	多模式SAR干涉处理技术研究与应用	曾琪明	地球与空间科学学院
地球观测	2006AA12Z201	面向问题的空间业务建模及其在分布式协同环境中的实现	陈 斌	地球鱼口学院
地球观测	2006AA12Z217	网格环境下基于Agent的空间资源分布式共享与协同计算研究	谢昆青	信息科学技术学院

续表

领域	课题编号	课题名称	负责人	单位
地球观测	2006AA12Z310	基于光纤光学慢光系统的高精度谐振光纤陀螺技术研究	李正斌	信息科学技术学院
海洋技术	2006AA09Z407	海蛇降纤酶基因功能及作为生物药物的开发利用	顾 军	生命科学学院
海洋技术	2006AA09Z405	基于快速分离、鉴定和高效合成技术海洋红树植物代谢产物结构多样性及其抗老年痴呆先导化合物的发现	翟宏斌	医学部
海洋技术	2006AA09Z446	海洋动植物来源创新候选药物的研究	林文翰	医学部
生物医药	2006010224203	新型冠状血管内生物可吸收支架的研究	杨水祥	第九医院
生物医药	2006AA02Z104	联核酸(zipped interfering RNA)的合成与新功能研究及其在siRNA制药中的应用	梁子才	分子研究所
生物医药	2006AA02Z301	基于相互作用的蛋白质功能设计和功能预测	曹傲能	化学与分子工程学院
生物医药	2006AA02Z337	药物设计与药物信息若干关键技术研究与软件开发	裴剑锋	前沿交叉学院
生物医药	2006AA02Z4A0	HLA不合造血干细胞移植新方法的建立与完善	黄晓军	人民医院
生物医药	2006AA02Z4A9	常见重症肺部细菌感染的致病菌及耐药基因检测芯片的开发	高占成	人民医院
生物医药	2006AA02Z4D0	HLA-DRB1小干扰RNA(siRNA)治疗类风湿关节炎的实验研究	栗占国	人民医院
生物医药	2006AA02Z314	基于转录组与基因组整合的复杂基因组位点鉴定及相关数据库群开发	魏丽萍	生命科学学院
生物医药	2006AA02Z334	基于网格的生物信息系统集成和应用	高 歌	生命科学学院
生物医药	2006AA02Z101	肿瘤特异标志物Pirh2磷酸化的鉴定及靶蛋白的设计与应用	朱卫国	医学部
生物医药	2006AA02Z119	以RNA干扰技术建立遗传性脂代谢相关基因敲下家兔模型的技术平台研究	刘国庆	医学部
生物医药	2006AA02Z144	多肽缀合异核苷掺入小RNA合成技术研究	杨振军	医学部
生物医药	2006AA02Z151	糖链的化学高效合成技术研究	叶新山	医学部
生物医药	2006AA02Z183	KCNQ/M-通道基因在神经精神疾病中的作用及其靶点筛选技术的优化	王克威	医学部
生物医药	2006AA02Z195	精神分裂症和孤独症易感基因的研究	张 岱	医学部
生物医药	2006AA02Z452	人不明原因肺炎病原体的高效分子诊断系统	于常海	医学部
生物医药	2006AA02Z466	乳腺癌、子宫内膜癌相关功能基因的应用基础研究	尚永丰	医学部
生物医药	2006AA02Z486	肿瘤疫苗候选抗原HCA587的临床前研究	尹艳慧	医学部
生物医药	2006AA02Z495	T细胞疫苗治疗系统性红斑狼疮的临床前研究	高晓明	医学部
生物医药	2006AA02Z4D1	尼古丁戒断后潜伏心理渴求的神经机制和戒烟药物筛选	陆 林	医学部
生物医药	2006AA02Z467	食管癌病因及发病机制研究	柯 杨	肿瘤医院
先进能源	2006AA05Z130	氢能源车用纳米结构镁基合金复合储氢材料	李星国	化学与分子工程学院
先进能源	2006AA05Z107	基于纳米材料的光解水制氢技术研究	郭等柱	信息科学技术学院
先进制造	2006AA04Z247	面向HRI的机器人视听觉注意机制及运动规划技术	刘 宏	信息科学技术学院
先进制造	2006AA04Z301	CMOS兼容MEMS设计工具框架与设计流程开发及其在RF MEMS设计中的应用	郝一龙	信息科学技术学院
先进制造	2006AA04Z315	基于新型聚合物的生物MEMS加工技术研究	金玉丰	信息科学技术学院
先进制造	2006AA04Z336	超高频体模式谐振器及其传感系统平台技术研究	于晓梅	信息科学技术学院
先进制造	2006AA04Z348	基于玻璃上钛(Titanium On Glass, TOG)工艺的MEMS可重构机械逻辑	陈 兢	信息科学技术学院
先进制造	2006AA04Z352	基于柔性衬底三维金属微电极阵列的人造视网膜芯片研究	李志宏	信息科学技术学院
先进制造	2006AA04Z359	适用于植入式系统的无线能量和信号传输系统	张海霞	信息科学技术学院
先进制造	2006AA04Z361	相干布居数囚禁微型原子钟的研究	汪 中	信息科学技术学院

续表

领域	课题编号	课题名称	负责人	单位
现代农业	2006AA10Z133	抑制黄瓜雌花雄蕊早期发育的乙烯受体 CsETR1 调控网络解析及其在人工制造水稻雄性不育性状上的应用	白书农	生命科学学院
新材料	2006AA03Z446	基于激光加工的钛合金口腔修复体的关键技术研究	吕培军	口腔医院
新材料	2006AA03Z350	基于扫描电镜的原位、实时纳米器件综合测试系统的研制和纳米表面修饰的原位研究	彭练矛	信息科学技术学院
信息技术	2006AA01Z402	二进制程序中的安全漏洞挖掘技术研究	邹维	计算机科学技术研究所
信息技术	2006AA01Z410	P2P 网络恶意代码分布式监测与协同防御研究	陈昱	计算机科学技术研究所
信息技术	2006AA01Z445	基于蜜场技术的大规模网络主动安全防护系统	叶志远	计算机科学技术研究所
信息技术	2006AA01Z434	基于安全多方计算的可生存性研究及其平台构造	冯荣权	数学科学学院
信息技术	2006AA01Z104	NP-完全问题 DNA 计算机模型研制	许进	信息科学技术学院
信息技术	2006AA01Z156	特征驱动的工程技术研究	赵海燕	信息科学技术学院
信息技术	2006AA01Z160	基于正确性验证的 web 服务可信性研究	王捍贫	信息科学技术学院
信息技术	2006AA01Z175	基于监测的软件质量分析与评价技术	王千祥	信息科学技术学院
信息技术	2006AA01Z189	面向软件专业孵化器的分布式公共技术综合服务平台	王亚沙	信息科学技术学院
信息技术	2006AA01Z196	智能中文搜索引擎技术研究及平台构建	吴玺宏	信息科学技术学院
信息技术	2006AA01Z230	自组织网络环境中描述性查询服务的关键技术研究	高军	信息科学技术学院
信息技术	2006AA01Z249	全光网络资源优化与调度策略的研究	何永琪	信息科学技术学院
信息技术	2006AA01Z253	新型调制格式光信号产生、传输与处理技术	张帆	信息科学技术学院
信息技术	2006AA01Z261	基于 WDM 的宽带 RoF 传输系统研究	陈章渊	信息科学技术学院
信息技术	2006AA01Z278	实现高效随机接入的 MAC 编码理论研究及硬件平台验证	赵玉萍	信息科学技术学院
信息技术	2006AA01Z302	基于图像几何语义学习的大规模场景快速建模方法研究	查红彬	信息科学技术学院
信息技术	2006AA01Z334	大规模分布式虚拟战场综合集成开发环境的研究	汪国平	信息科学技术学院
资源环境	2006AA06Z233	煤层气的热红外遥感与超低频电磁探测与开发	李培军	地球与空间科学学院
资源环境	2006AA06Z336	治理含氮杂环芳烃污染的基因强化技术研究	温东辉	环境与工程学院
资源环境	2006AA06Z341	控藻生物的基因工程改良及其在富营养化水体修复中的应用技术研究	安成才	生命科学学院
海洋技术	2006AA090503	无依赖性戒毒创新药物 TTX 的临床前研究	李敏	医学部
新材料	2006AA03A109	深紫外 GaN 基 LED 的研究	秦志新	物理学院
新材料	2006AA03A112	GaN 基激光剥离、垂直结构 LED 制备的产业化关键技术研究	陈志忠	物理学院
新材料	2006AA03A113	高效 GaN 基光子晶格 LED 的关键技术研究	康香宁	物理学院
新材料	2006AA03A119	单芯片多波长白光 LED 的研制	杨志坚	物理学院
新材料	2006AA03A164	影响人体生物节律的 LED 光源研究	何仲恺	体育教研部
生物医药	无	干细胞向胰岛素分泌细胞的定向诱导分化及其治疗糖尿病的临床前研究	邓宏魁	生命科学学院
生物医药	2006AA02A305	人类重要生理功能基因的开发研究	韩文玲	医学部
生物医药	无	细胞移植治疗帕金森病的临床方案研究	李凌松	医学部
生物医药	2006AA02A317	人类肝脏、肝病相关蛋白质的三维结构研究及高效率低成本蛋白晶体自动观测系统的研发	苏晓东	生命科学学院
生物医药	2006AA02A323	病原菌中重要功能蛋白质溶液结构的核磁共振研究	金长文	化学与分子工程学院
生物医药	无	糖尿病的分子分型和个体化诊疗	纪立农	医学部
生物医药	2006AA02A402	胃癌的分子分型和个体化诊疗	吕有勇	医学部
生物医药	2006AA020401	基于靶标结构和药效团的高通量虚拟筛选技术	来鲁华	化学与分子工程学院
资源环境	2006AA06A306	区域大气复合污染的模拟、预测技术及应用	张远航	环境与工程学院
资源环境	2006AA06A309	珠江三角洲大气复合污染防治技术集成和综合示范	邵敏	环境与工程学院

(科学研究部 范少锋 医学部科研处 肖瑜)

表 24　2006 年理工科与医科获准"创新团队发展计划"清单

学术带头人	研究方向	单位
朱　彤	全球与区域大气环境化学	环境与工程学院
宛新华	功能聚合物的多尺度结构和分子工程	化学与分子工程学院

（科学研究部　郑英姿）

表 25　2006 年理工科与医科获准高等学校博士点专项科研基金

批准编号	项目名称	负责人	单位
20060001002	堆积与覆盖理论中的几个问题	宗传明	数学科学学院
20060001003	拟共形映射及其在复动力系统等领域的应用	伍胜健	数学科学学院
20060001005	不动点与周期点	姜伯驹	数学科学学院
20060001006	抽样调查与不完全数据若干问题研究	刘力平	数学科学学院
20060001007	有限元自适应方法的理论与应用	李治平	数学科学学院
20060001010	几何时频表示	彭立中	数学科学学院
20060001013	群体系统的合作动力学与协调控制	楚天广	工学院
20060001014	应用 SI-ATRP 提高材料生物相容性的研究	马宏伟	工学院
20060001016	新强子态	朱世琳	物理学院
20060001018	AlGaN/GaN 异质结构中二维电子气高、低温输运性质	沈　波	物理学院
20060001021	西北太平洋热带气旋生成的触发机制	张庆红	物理学院
20060001022	高温超导宏观相图理论	李定平	物理学院
20060001023	低能核子诱发铜系元素裂变后现象的多模式研究	樊铁栓	物理学院
20060001024	环境空气中 Rn—220 的公众剂量评价研究	郭秋菊	物理学院
20060001025	不同类型沙源地区沙尘通量与微气象学关系的实验与模拟研究	张宏升	物理学院
20060001027	可分散稀土氧化物纳米晶的控制合成、结构和性质	张亚文	化学与分子工程学院
20060001029	新型近红外吸收高分子材料的设计、合成与性能研究	宛新华	化学与分子工程学院
20060001031	离子液体介质中金属纳米粒子催化纤维素选择加氢和定向转化的研究	寇　元	化学与分子工程学院
20060001032	弱吸附性放射性核素在花岗岩、膨润土中的迁移扩散机理研究	刘春立	化学与分子工程学院
20060001034	金催化的氧气活化	施章杰	化学与分子工程学院
20060001036	有机共轭树枝状材料的分子设计、合成与组装	裴　坚	化学与分子工程学院
20060001037	微、纳米玻璃双管及其在分析中的应用	邵元华	化学与分子工程学院
20060001040	乙烯调控果实成熟和植物衰老的分子遗传学研究	郭红卫	生命科学学院
20060001042	Interleukin-1 调节皮层神经元钙稳态机制研究	王世强	生命科学学院
20060001044	P2P 共享系统中文件污染问题研究	代亚非	信息科学技术学院
20060001045	用于细胞操作的微纳探针研究	李志宏	信息科学技术学院
20060001050	电荷俘获型存储器的模型与模拟方法研究	刘晓彦	信息科学技术学院
20060001057	北京市大气环境中半挥发性有机物污染特征研究	谢绍东	环境与工程学院
20060001059	化石胚胎 Markuelia 的研究	董熙平	地球与空间科学学院
20060001062	新疆阿尔泰造山带高级变质岩中深熔作用的相平衡研究	魏春景	地球与空间科学学院
20060001065	科技期刊竞争力评价研究	谢新洲	新闻与传播学院
20060001102	咬肌辐射损伤的分子机制研究	马绪臣	医学部
20060001103	维生素 D 受体、雌激素受体基因多态性对人牙周膜成纤维细胞 OPG 和 RANKL 表达的影响	孟焕新	医学部
20060001106	自锁托槽矫治系统的临床应用与实验研究	周彦恒	医学部
20060001107	PDX1 和 ISL1 对胰岛素基因的转录调控机制研究	周春燕	医学部
20060001108	HLA-A * 2402 限制性 WT1-CTL 在移植物抗白血病中作用的实验研究	黄晓军	医学部
20060001111	缺血性脑卒中致病多通路基因多态性的交互作用研究	胡永华	医学部
20060001119	孤独症综合征群（ASD）发病机制的研究	钟　南	医学部

续表

批准编号	项目名称	负责人	单位
20060001121	Cdk5 对辣椒素受体功能的调节及其在炎症痛敏中的作用研究	王 韵	医学部
20060001124	侧颅底区经前方、前下方和侧方入路的显微解剖和三维影像学研究	鲍圣德	医学部
20060001125	用 MR 成像研究前列腺癌组织中特定分子扩散与 Gleason 评分的关系	蒋学祥	医学部
20060001126	磷脂酶 A2 在马兜铃酸肾病肾小管间质病变中的作用及其意义	李晓玫	医学部
20060001128	大鼠食管炎模型时胆碱能抗炎通路与脑神经核团 c-fos、NOS 的表达与调控	谢鹏雁	医学部
20060001131	不同程度脑组织缺氧与脑血流动力学、脑损伤关系的研究	周丛乐	医学部
20060001133	抗独特型抗体 6B11T 细胞表位疫苗的构建及机制研究	崔 恒	医学部
20060001140	RNAi 抑制 Runx2/Cbfa1 治疗异位骨化的实验研究	于长隆	医学部
20060001142	星形胶质细胞和氧化应激在肌萎缩侧索硬化症发病中的作用	樊东升	医学部
20060001143	新基因-HSG 抑制细胞增殖的信号转导通路研究	高 炜	医学部
20060001149	海洋臭椿烷类化合物调控肿瘤靶细胞和靶蛋白作用机理研究	林文翰	医学部

（科学研究部 郑英姿）

表 26　2006 年理工科与医科获准"新世纪优秀人才支持计划"名单

姓名	单位	姓名	单位	姓名	单位
席建忠	工学院	籍国东	环境与工程学院	韩 芳	第二医院
唐少强	工学院	王德明	地球与空间科学学院	洪 楠	第二医院
张家森	物理学院	刘晓彦	信息科学技术学院	郭 军	肿瘤医院
孙聆东	化学与分子工程学院	王腾蛟	信息科学技术学院	杨 勇	第一医院
陈丹英	生命科学学院	彭宇新	计算机科学技术研究所	陈亚红	第三医院
张 研	生命科学学院	曹春梅	分子医学研究所		

（科学研究部 郑英姿）

表 27　2006 年理工科与医科获准教育部重大和重点项目

项目名称	负责人	项目类别	承担单位
代谢综合征及其心血管病变研究	韩启德	重大项目	医学部
逆境生态下植物胁迫激素乙烯的调控机理研究	郭红卫	培育项目	生命科学学院
发展优化高通量筛选钾离子通道靶点的原子吸收……	王克威	培育项目	医学部
Akt2 在癌细胞趋化运动中的重要作用研究	张 宁	重点项目	化学与分子工程学院
烟曲霉 Skn7 转录因子在侵袭性曲霉病发病中的作用	刘 伟	重点项目	医学部
新材料、新结构 MOS 器件的模型与模拟	刘晓彦	重点项目	信息科学技术学院
新型空天飞行器控制理论与仿真研究	王建祥	重点项目	工学院

（科学研究部 郑英姿）

表 28　2006 年获准北京市教委共建项目

建设类别	建设项目	建设内容
科学研究与研究生教育	科学研究与科研基地建设项目	大学生教育基地建设项目
		经济研究中心
		泌尿男生殖系统肿瘤研究中心
		中华文明史
		社科基地—中国都市经济研究基地
		重点实验室—空间信息集成与 3S 工程实验室
		重点实验室—医学物理和工程实验室
		肿瘤常见症状中西医结合规范治疗和临床研究
		北大北新商品补偿经费

建设类别	建设项目	建设内容
	科技成果转化与产业化项目	产学研合作项目(医学部)—颈椎动态诊断辅助装置研究
		发明专利实施与转化项目
	学科建设与研究生培养项目	学科群—教育规划与管理学科群
		重点学科—空间物理
		重点学科—内科学
		重点学科—企业管理
		重点学科—无线电物理
		重点学科—西方经济学
本科教育科学	教育教学改革项目	教改立项
		通州区文化产业发展规划研究;医疗管理人员培训;二级医院业务骨干进修;学历教育项目
	课程建设与教材建设项目	精品教材
		精品课程
	实践教学基地建设项目	实验中心
对外交流与合作	外国留学生奖学金	外国留学生奖学金

(科学研究部 郑英姿 整理)

表29 2006年理工科与医科获准北京市自然科学基金

任务编号	项目名称	负责人	单位
2072008	生物传感器QCM-D的聚乙二醇基质的设计	马宏伟	工学院
3073019	伽马射线三维影像导引的放疗定位系统中关键技术的研究	谢耀钦	物理学院
4072012	基于词汇衔接关系的汉语文本关键词获取研究	王厚峰	信息科学技术学院
4072013	基于图像的点模型的建造及其在环境映射中的实时绘制	周秉锋	计算机科学技术研究所
4073034	搜索引擎中垃圾信息应对技术研究	张 岩	信息科学技术学院
6072015	环首都生态圈关键地段湿地退化及其对北京的生态影响	刘鸿雁	环境与工程学院
7072036	0—3岁幼儿互依型自我建构发展的追踪研究	苏彦捷	心理系
8072014	北京市大气中PANs监测及其来源和变化趋势研究	张剑波	环境与工程学院
8073028	废水处理系统中质粒转移对吡啶降解的促进作用	温东辉	环境与工程学院
2072020	甲状腺疾病的体表红外光谱自动化判别系统的建立	凌晓锋	医学部
7072079	TASK-1和TASK-3在睡眠呼吸暂停中的作用	王广发	医学部
7072080	从足细胞分子磷酸化角度探讨抗蛋白尿药物的作用	丁 洁	医学部
7072081	马尔尼菲青霉菌抵抗宿主氧化压力的分子机制	李若瑜	医学部
7072082	气体信号分子硫化氢对低氧性肺动脉高压的调节机制研究	杜军保	医学部
7072083	全面性癫痫伴热性惊厥附加症基因研究	张月华	医学部
7072084	肿瘤特异TGF-β不敏感CD8+T细胞治疗肾癌研究	郭应禄	医学部
7073095	腓骨肌萎缩症I型患者基因突变和免疫机制的相关性研究	李越星	医学部
7072086	放射性骨骼肌挛缩的分子机制研究	马绪臣	医学部
7072085	核小体多肽的免疫原性及其对狼疮鼠治疗机制的研究	苏 茵	医学部
7073096	阿萨希毛孢子菌唑类药物耐药分子机制的研究	李厚敏	医学部
5072029	CMTM8对趋化因子受体转运和信号转导的调控作用	王 应	医学部
5072030	热应激介导HSP70由胞浆向油滴表面转位的分子机制	徐国恒	医学部
7071006	肿瘤抗原的分析鉴定及可能的临床应用	陈慰峰	医学部
7072039	ADAMTS-7:一个动脉粥样硬化治疗的新靶点	孔 炜	医学部
7072040	Cdk5对辣椒素受体功能的调节及在炎症痛敏中的作用	王 韵	医学部
7072041	DMT1抑制剂防治铁积聚性心脏疾病的前期研究	柯 亚	医学部
7072042	金属硫蛋白在二甲基甲酰胺肝毒性中的保护作用研究	张宝旭	医学部
7072043	豨莶草有效成分药物代谢-药效学相关性及机制的研究	钱瑞琴	医学部
7072044	叶酸、同型半胱氨酸及相关基因多态性与高脂血症的关系	李 勇	医学部

(科学研究部 郑英姿)

表30　2006年理工科部分与北京市科委新签科技合同

项目名称	负责人	单位
光温敏雄性不育小麦雄蕊发育特征及其分子机制	白书农	生命科学学院
区域二次污染形成机制	胡敏	环境与工程学院
网络数字音视频生产管理系统研究及产业化	郭宗明	计算机科学技术研究所
北京市大气污染光学观测	李成才	物理学院

（科学研究部　郑英姿）

表31　2006年度国家科学技术奖

奖励类别	获奖等级	单位排序	获奖人	项目名称	完成单位
国家自然科学奖	2	1	高松　严纯华　陈志达　王哲明　苏刚	磁性金属配合物的设计、结构与性质	化学与分子工程学院
国家技术发明奖	2	1	谢有畅　唐有祺　张佳平　耿云峰　唐伟　童显忠	使用单层分散型CuCl/分子筛吸附剂分离一氧化碳技术	化学与分子工程学院
国家技术发明奖	2	1	王阳元　张大成　郝一龙　闫桂珍　李婷　张海霞	硅基MEMS技术及应用研究	信息科学技术学院
国家科学技术进步奖	2	1	赵东岩　熊开宏　田朝飞　肖建国　曹学军　卢作伟　全心　陈新　周祖胜　刘洋	报业数字资产管理系统	计算机科学技术研究所
国家科学技术进步奖	2	1	杨芙清　梅宏　谢冰　赵文耘　赵俊峰　张路　张世琨　王亚沙　麻志毅　赵海燕	基于Internet、以构件库为核心的软件开发平台	信息科学技术学院

（科学研究部　何洁）

表32　2006年度高等学校科学技术奖

奖励类别	获奖等级	单位排序	项目名称	获奖人	完成单位
自然科学奖	1	1	非稳定核的结构性质和反应机制研究	叶沿林　许甫荣　华辉　郑涛　李智焕　江栋兴	物理学院
自然科学奖	1	1	蓝藻异型胞分化及环式光合电子传递研究	赵进东　董春霞　赵卫星　张颖　史运明　赵饮虹　李荣贵	生命科学学院
自然科学奖	1	1	SARS发病机制研究	顾江　陈慰峰　邓宏魁　宫恩聪　丁明孝　王月丹　高子芬　张波　钟延丰　李六亿	基础医学院
自然科学奖	1	1	细胞衰老相关基因与P16基因调控研究	童坦君　张宗玉　赵亮　薛丽香　郑文婕　张晓伟　郭淑贞	基础医学院
自然科学奖	2	1	基于重氮基高分子自组装功能膜、微图像和胶体晶体为模板的孔材料	曹维孝　陈金玉　曹廷炳　黄兰　张拥军　鲁从华　丛海林　卢英先　罗传秋　张茂峰　杨朝晖　杨凌露	化学与分子工程学院
自然科学奖	2	1	视知觉组织和选择性注意的认知和神经机制	韩世辉　毛利华　蒋毅	心理学系
自然科学奖	2	1	高热惊厥脑损伤发生机制与干预的实验研究	秦炯　韩颖　杨志仙　常杏芝　单英　周国平	北大医院
自然科学奖	2	1	基于病毒基因转录调控机制探索抗HIV新靶标及其新型抑制剂的研究	杨铭　张新祥　王保怀　周田彦　肖苏龙　徐志栋　于晓琳	药学院
自然科学奖	2	1	五子衍宗丸及其加味方抗衰老的临床和实验研究	王学美　谢竹藩　富宏　刘庚信　褚松龄　宋萍　钮淑兰	北大医院

续表

奖励类别	获奖等级	单位排序	项目名称	获奖人	完成单位
科技进步奖	1	1	空分制氧高效吸附剂和大型真空变压吸附空分制氧装置的研制与开发	谢有畅 唐 伟 张佳平 刘世合 童显忠 蒋 化 付晋平 成希岩 王天颐 姜 贺 彭雪萍 罗章建 陈世文 刘忠鹏 李世刚	化学与分子工程学院
科技进步奖	1	1	淮河流域能量与水分循环和气象水文预报	赵柏林 丁一汇 张文建 李万彪 徐 慧 翟武全 朱元竞 林朝晖 葛文忠 张 雁 郝振纯	物理学院
科技进步奖	1	1	(内部公布)	程承旗 韩传钊 郭仕德 董志强 濮国梁 张永生 郑爱民 廖崇尧 赵建业	地球与空间科学学院
科技进步奖	1	1	北京市孔源性视网膜脱离流行病学调查	黎晓新 王景昭 赵家良 陈 玲 向里南 王 薇 师自安 郭 丽 肖 林 王梅英 张卯年 王 京 侯瑞辉 孙心铨 聂红平 徐 庆 郭纯刚 彭秀军 李 丹 曾福利 胡立中 刘桂林 白 钢 吴 烈 郭金凤 孙 莉 吴海洋	人民医院
科技进步奖	2	1	中国心房颤动的流行病学和血栓栓塞防治研究	胡大一 孙艺红 陈 捷 张维君 华 琦 周自强 陈步星 李瑞杰 姜立清 张鹤萍	人民医院
科技进步奖	2	1	膝关节交叉韧带损伤的基础与临床研究	敖英芳 于长隆 田得祥 曲绵域 王健全 余家阔 胡跃林 崔国庆 郭秦炜 林共周 印 钰 徐 雁 焦 晨 龚 熹 王 健 王永健	第三医院
科技进步奖	2	1	肺循环障碍在急性呼吸窘迫综合征发病中的作用及分子机制研究	赵金垣 王世俊 陈 莉 刘和亮 刘 宏 梅 双 邢俊杰 陈晓东 陈 静 赵业婷 张雁林	第三医院
科技进步奖	2	1	中国人口出生缺陷干预的国家战略框架和实施方案	郑晓瑛 宋新明 陈 功 穆光宗 任 强 庞丽华 陈佳鹏 纪 颖 刘菊芬 郭艳玲 张 蕾 范向华	人口研究所
科技进步奖（推广类）	1	1	电视节目数字化播出控制技术研究及应用	郭宗明 董全武 管 雷 邹 维 俞志勇 戴 霖 李春华 何海东 张行功 张鲁平 白 杰	计算机科学技术研究所

（科学研究部 张 铭 何 洁 医学部科研处 汪 立）

表33　2006年度中华医学科技奖

获奖等级	单位排序	项目名称	获奖人	完成单位
2	1	脑缺血性疾病中星形胶质细胞保护机制的研究	于常海 陈晓钎 刘乐庭	基础医学院
2	1	HLA配型不合造血干细胞移植的研究和临床结果	陆道培 黄晓军 纪树荃 陈惠仁 吴 彤 郭乃榄 陈 欢 刘开彦 刘代红 王恒湘 许兰平 高志勇 韩 伟 董陆佳 张耀臣	人民医院
2	1	骨关节炎发病的分子机制及其基因治疗的实验研究	娄思权 周昊嵬 王卫国 程爱新 鞠晓东 王跃庆 孙永生 田 华 刘延青 党耕町 张 克 刘 岩	第三医院
2	1	副肿瘤性天疱疮临床及发病机理研究	朱学骏 王亮春 王 京 张秉新 卜定方 王仁贵 张澜波 李 挺 涂 平 陈喜雪 王爱平 杨淑霞	第一医院

续表

获奖等级	单位排序	项目名称	获奖人	完成单位
3	1	血管新生在缺血性心脏病治疗中的作用研究	郭静萱 张 萍 万 峰 陈凤荣 毛节明 张福春 赵 鸿 卢长林 张少衡 崔 鸣 陈 彧	第三医院(1) 人民医院(2)
3	1	反复高热惊厥脑损伤的发生机制与干预	秦 炯 韩 颖 杨志仙 常杏芝 单 英 周国平 游石琼 李朝阳 杜军保 汤秀英 卜定方	第一医院
3	1	周围神经对牵拉延长耐受性的系统研究	姜保国 闫家智 王澍寰 张殿英 付中国 冯传汉 赵富强 王 兵	人民医院
3	2	肠球菌耐药性监测、耐药机理、致病机理及治疗选药的研究	张 正(2) 李 爽(5)	人民医院

（医学部科研处 汪 立）

表34　2006年中国中西医结合学会科技奖

获奖等级	单位排序	项目名称	获奖人	完成单位
3	1	五子衍宗丸及其加味方抗衰老的临床和实验研究	王学美 谢竹藩 富 宏 刘庚信 褚松龄 宋 萍 钮淑兰	第一医院
3	1	不同药物对瘢痕疙瘩成纤维细胞增殖及生物合成的作用	鲍卫汉(1) 陈东明(2) 李健宁(4)	第三医院

（医学部科研处 汪 立）

表35　2006年SCI数据库收录的北京大学为第一作者单位的论文及分布总体情况

单位	国内刊物			国外刊物	总计	所占百分比(%)	平均影响因子	最高影响因子
	中文	英文	小计	英文				
数学科学学院	0	35	35	109	144	7.01	0.52	2.64
工学院	0	15	15	82	97	4.72	1.15	7.49
物理学院	24	83	107	227	334	16.26	2.14	9.85
化学与分子工程学院	59	22	81	280	361	17.58	2.60	16.05
生命科学学院	1	12	13	87	100	4.87	3.26	11.09
地球与空间科学学院	36	36	72	36	108	5.26	1.16	4.50
环境与工程学院	3	10	13	103	116	5.65	1.97	4.75
心理学系	0	2	2	13	15	0.73	2.21	4.53
信息科学技术学院	7	30	37	165	202	9.83	1.25	7.42
计算机科学技术研究所	0	0	0	21	21	1.02	0.21	3.02
分子医学研究所	0	4	4	4	8	0.39	3.64	10.37
光华管理学院	0	0	0	5	5	0.24	0.49	1.58
信息管理系	0	0	0	1	1	0.05	1.58	1.58
政府管理学院	0	1	1	0	1	0.05	0.25	0.25
人口所	0	0	0	1	1	0.05	1.28	1.28
医学部	10	62	72	469	541	26.33	2.42	44.02
总计	140	312	452	1603	2055	100.00	2.02	44.02

（科学研究部 何 洁）

表36 2006年医学部SCI论文发表情况

单位	国内刊物			国外刊物	总计	所占百分比(%)	平均影响因子	最高影响因子
	中文	英文	小计	英文				
基础医学院	2	1	3	130	133	20.27%	3.399	44.016
药学院	10	5	15	124	139	21.19%	1.809	4.926
公卫学院	1	0	1	26	27	4.12%	2.130	9.052
第一医院	0	18	18	116	134	20.43%	2.201	8.963
人民医院	0	12	12	46	58	8.84%	2.234	10.131
第三医院	0	4	4	46	50	7.62%	2.234	10.521
口腔医院	0	6	6	30	36	5.49%	1.653	4.398
精研所	0	0	0	18	18	2.74%	2.642	5.145
肿瘤医院	0	4	4	33	37	5.64%	3.223	15.171
深圳医院	0	1	1	5	6	0.91%	1.382	2.887
药物依赖所	0	0	0	5	5	0.76%	4.640	14.325
生育健康所	0	0	0	8	8	1.22%	1.726	3.114
其他	0	0	0	5	5	0.76%	2.425	4.966
总计	13	51	64	592	656	100%	—	—

(医学部科研处 许术其)

表37 2006年度被SCI数据库收录的影响因子较高的论文清单

1. M. Z. Guo, S. Liu and F. M. Lu(医学部 鲁凤民). Gefitinib-sensitizing mutations in esophageal carcinoma. *New England Journal of Medicine*,(2006)May 18,354,(20) 2193(IF=44.016)

2. Y. F. Shang(医学部 尚永丰). Molecular mechanisms of oestrogen and SERMs in endometrial arcinogenesis. *Nature Reviews Cancer*,(2006)May,6,(5) 360(IF=31.694)

3. X. Zhang, Z. C. Li, K. B. Li, S. Lin, F. S. Du and F. M. Li(化学与分子工程学院 李子臣). Donor/acceptor vinyl monomers and their polymers:Synthesis, photochemical and photophysical behavior. *Progress in Polymer Science*,(2006)Oct,31,(10) 893(IF=16.045)

4. F. Liu, K. F. Pan, X. M. Zhang, Y. Zhang, L. Zhang, J. L. Ma, C. X. Dong, L. Shen, J. Y. Li, D. J. Deng, D. X. Lin and W. C. You(医学部 游伟程). Genetic variants in cyclooxygenase-2:Expression and risk of gastric cancer and its precursors in a Chinese populationc. *Gastroenterology*,(2006)Jun,130,(7) 1975(IF=12.386)

5. Y. H. Shi, S. W. Zhu, X. Z. Mao, J. X. Feng, Y. M. Qin, L. Zhang, J. Cheng, L. P. Wei, Z. Y. Wang and Y. X. Zhu(生命科学学院 朱玉贤). Transcriptome profiling, molecular biological, and physiological studies reveal a major role for ethylene in cotton fiber cell elongation. *Plant Cell*,(2006) Mar,18,(3) 651(IF=11.088)

6. H. D. Chen, Y. P. Shen, X. B. Tang, L. Yu, J. Wang, L. Guo, Y. Zhang, H. Y. Zhang, S. H. Feng, E. Strickland, N. Zheng and X. W. Deng(生命科学学院 邓兴旺). Arabidopsis CULLIN4 forms an E3 ubiquitin ligase with RBX1 and the CDD complex in mediating light control of development. *Plant Cell*,(2006)Aug, 18,(8) 1991(IF=11.088)

7. L. J. Qu and Y. X. Zhu(生命科学学院 朱玉贤). Transcription factor families in Arabidopsis:major progress and outstanding issues for future research-Commentary. *Current Opinion in Plant Biology*,(2006)Oct,9,(5) 544(IF=10.807)

8. R. P. Xiao(分子医学研究所 肖瑞平),W. Z. Zhu, M. Zheng, C. M. Cao, Y. Y. Zhang, E. G. Lakatta and Q. Han. Subtype-specific alpha (1)- and beta-adrenoceptor signaling in the heart. *Trends in Pharmacological Sciences*,(2006)Jun, 27,(6) 330(IF=10.372)

9. Y. M. Shi, W. X. Zhao, W. Zhang, Z. Ye and J. D. Zhao(生命科学学院 赵进东). Regulation of intracellular free calcium concentration during heterocyst differentiation by HetR and NtcA in Anabaena sp PCC 7120. *Proceedings of the National Academy of Sciences of the United*

States of America, (2006) Jul 25, 103, (30) 11334(IF=10.231)

10. H. B. Zhong, X. R. Wu, H. G. Huang, Q. C. Fan, Z. Y. Zhu and S. Lin(生命科学学院 林硕). Vertebrate MAX-1 is required for vascular patterning in zebrafish. *Proceedings of the National Academy of Sciences of the United States of America*, (2006) Nov 7, 103, (45) 16800(IF=10.231)

11. D. P. Lu(医学部 陆道培), L. J. Dong, T. Wu, X. J. Huang, M. J. Zhang, W. Han, H. Chen, D. H. Liu, Z. Y. Gao, Y. H. Chen, L. P. Xu, Y. C. Zhang, H. Y. Ren, D. Li and K. Y. Liu. Conditioning including antithymocyte globulin followed by unmanipulated HLA-mismatched/haploidentical blood and marrow transplantation can achieve comparable outcomes with HLA-identical sibling transplantation. *Blood*, (2006) Apr 15, 107, (8) 3065(IF=10.131)

12. J. Huang, T. Liu, L. G. Xu, D. Y. Chen, Z. H. Zhai and H. B. Shu(生命科学学院 舒红兵). SIKE is an IKK epsilon/TBK1-associated suppressor of TLR3-and virus-triggered IRF-3 activation pathways. *Embo Journal*, (2005) Dec 7, 24, (23) 4018(IF=10.053)

13. H. Zhang, L. Y. Sun, J. Liang, W. H. Yu, Y. Zhang, Y. Wang, Y. P. Chen, R. F. Li, X. J. Sun and Y. F. Shang(医学部 尚永丰). The catalytic subunit of the proteasome is engaged in the entire process of estrogen receptor-regulated transcription. *Embo Journal*, (2006) Sep 20, 25, (18) 4223(IF=10.053)

14. Z. M. Liao, Y. D. Li, J. Xu, J. M. Zhang, K. Xia and D. P. Yu(物理学院 俞大鹏). Spin-filter effect in magnetite nanowire. *Nano Letters*, (2006) Jun, 6, (6) 1087)(IF=9.847)

15. N. Shao, J. Y. Jin, S. M. Cheung, R. H. Yang(化学与分子工程学院 杨荣华), W. H. Chan and T. Mo. A spiropyran-based ensemble for visual recognition and quantification of cysteine and homocysteine at physiological levels. *Angewandte Chemie-International Edition*, (2006) 45, (30) 4944(IF=9.596)

16. P. Jing, M. Q. Zhang, M. Hu, X. D. Xu, Z. W. Liang, B. Li, L. Shen, S. B. Xie, C. M. Pereira and Y. H. Shao(化学与分子工程学院 邵元华). Ion-transfer reactions at the nanoscopic water/n-octanol interface. *Angewandte Chemie-International Edition*, (2006) 45, (41) 6861(IF=9.596)

17. Q. Qing, F. Chen, P. G. Li, W. H. Tang, Z. Y. Wu and Z. F. Liu(化学与分子工程学院 刘忠范). Finely tuning metallic nanogap size with electrodeposition by utilizing high-frequency impedance in feedback. *Angewandte Chemie-International Edition*, (2005) 44, (47) 7771(IF=9.596)

18. X. T. Liu, X. Y. Wang, W. X. Zhang, P. Cui and S. Gao(化学与分子工程学院 高松). Weak ferromagnetism and dynamic magnetic behavior in a single end-to-end azide-bridged nickel(II) chain. *Advanced Materials*, (2006) Nov 3, 18, (21) 2852(IF=9.107)

19. S. H. Jiao, L. F. Xu, K. Jiang and D. S. Xu(化学与分子工程学院 徐东升). Well-defined non-spherical copper sulfide mesocages with single-crystalline shells by shape-controlled Cu2O crystal templating. *Advanced Materials*, (2006) May 2, 18, (9) 1174(IF=9.107)

20. Y. Wang, Q. Liao, H. Lei, X. P. Zhang, X. C. Ai, J. P. Zhang and K. Wu(化学与分子工程学院 吴凯). Interfacial reaction growth: Morphology, composition, and structure control in preparation of crystalline ZnxAlyOz nanonets. *Advanced Materials*, (2006) Apr 4, 18, (7) 943(IF=9.107)

21. N. Zhao and L. M. Qi(化学与分子工程学院 齐利民). Low-temperature synthesis of star-shaped PbS nanocrystals in aqueous solutions of mixed cationic/anionic surfactants. *Advanced Materials*, (2006) Feb 3, 18, (3) 359(IF=9.107)

22. X. S. Wang, H. T. Zhao, Q. W. Xu, W. B. Jin, C. N. Liu, H. G. Zhang, Z. B. Huang, X. Y. Zhang, Y. Zhang, D. Q. Xin, A. J. G. Simpson, L. J. Old, Y. Q. Na, Y. Zhao and W. F. Chen(医学部 陈慰峰). HPtaa database-potential target genes for clinical diagnosis and immunotherapy of human carcinoma. *Nucleic Acids Research*, (2006) Jan 1, 34, (D607 (IF=7.552)

23. X. Chen(生命科学学院 陈新), J. M. Wu, K. Hornischer, A. Kel and E. Wingender. TiProD: the Tissue-specific Promoter Database. *Nucleic

Acids Research, (2006) Jan 1, 34, (D104(IF=7.552)

24. Y. Zhang, X. S. Liu, Q. R. Liu and L. P. Wei(生命科学学院 魏丽萍). Genome-wide in silico identification and analysis of cis natural antisense transcripts (cis-NATs) in ten species. Nucleic Acids Research, (2006) 34, (12) 3465 (IF=7.552)

25. Y. Wang, K. Xia, Z. B. Su and Z. S. Ma(物理学院 马中水). Consistency in formulation of spin current and torque associated with a variance of angular momentum. Physical Review Letters, (2006) Feb 17, 96, (6) (IF=7.489)

26. Y. J. Zhang, Y. J. Gao and K. T. Chao(物理学院 赵光达). Next-to-leading-order QCD correction to e(+)e(-)->J/psi+eta(c) at root s=10.6 GeV. Physical Review Letters, (2006) Mar 10, 96, (9)(IF=7.489)

27. S. Y. Chen(工学院 陈十一), G. L. Eyink, M. P. Wan and Z. L. Xiao. Is the Kelvin theorem valid for high Reynolds number turbulence. Physical Review Letters, (2006) Oct 6, 97, (14) (IF=7.489)

28. Y. H. Guan, Z. Wang, A. N. Cao, L. H. Lai and X. S. Zhao(化学与分子工程学院 赵新生). Subunit exchange of MjHsp16.5 studied by single-molecule imaging and fluorescence resonance energy transfer. Journal of the American Chemical Society, (2006) Jun 7, 128, (22) 7203(IF=7.419)

29. H. X. Mai, Y. W. Zhang, R. Si, Z. G. Yan, L. D. Sun, L. P. You and C. H. Yan(化学与分子工程学院 严纯华). high-quality sodium rare-earth fluoride nanocrystals: Controlled synthesis and optical properties. Journal of the American Chemical Society, (2006) May 17, 128, (19) 6426(IF=7.419)

30. L. Jiao, Y. Liang and J. X. Xu(化学与分子工程学院 许家喜). Origin of the relative stereoselectivity of the beta-lactam formation in the Staudinger reaction. Journal of the American Chemical Society, (2006) May 10, 128, (18) 6060(IF=7.419)

31. C. Wang, J. Yuan, G. T. Li, Z. T. Wang, S. W. Zhang and Z. F. Xi(化学与分子工程学院 席振峰). Metal-mediated efficient synthesis, structural characterization, and skeletal rearrangement of octasubstituted semibullvalenes. Journal of the American Chemical Society, (2006) Apr 12, 128, (14) 4564(IF=7.419)

32. B. T. Guan, D. Xing, G. X. Cai, X. B. Wan, N. Yu, Z. Fang, L. P. Yang and Z. J. Shi(化学与分子工程学院 施章杰). Highly selective aerobic oxidation of alcohol catalyzed by a Gold(I) complex with an anionic ligand. Journal of the American Chemical Society, (2005) Dec 28, 127, (51) 18004(IF=7.419)

33. X. B. Wan, Z. X. Ma, B. J. Li, K. Y. Zhang, S. K. Cao, S. W. Zhang and Z. J. Shi(化学与分子工程学院 施章杰). Highly selective C-H functionalization/halogenation of acetanilide. Journal of the American Chemical Society, (2006) Jun 14, 128, (23) 7416(IF=7.419)

34. X. B. Wan, D. Xing, Z. Fang, B. J. Li, F. Zhao, K. Y. Zhang, L. P. Yang and Z. J. Shi(化学与分子工程学院 施章杰). Multiple deprotonations and deaminations of phenethylamines to synthesize pyrroles. Journal of the American Chemical Society, (2006) Sep 20, 128, (37) 12046(IF=7.419)

35. N. Yan, C. Zhao, C. Luo, P. J. Dyson, H. C. Liu and Y. Kou(化学与分子工程学院 寇元). One-step conversion of cellobiose to C-6-alcohols using a ruthenium nanocluster catalyst. Journal of the American Chemical Society, (2006) Jul 12, 128, (27) 8714(IF=7.419)

36. X. Y. Wang, L. Wang, Z. M. Wang and S. Gao(化学与分子工程学院 高松). Solvent-tuned azido-bridged Co2+ layers: Square, honeycomb, and Kagome. Journal of the American Chemical Society, (2006) Jan 25, 128, (3) 674(IF=7.419)

37. F. Zhao, M. Yuan, W. Zhang and S. Gao(化学与分子工程学院 高松). Monodisperse lanthanide oxysulfide nanocrystals. Journal of the American Chemical Society, (2006) Sep 13, 128, (36) 11758(IF=7.419)

38. S. F. Lu, D. M. Du(化学与分子工程学院 杜大明), J. X. Xu and S. W. Zhang. Asymmetric Michael addition of nitroalkanes to nitroalkenes catalyzed by C-2-symmetric tridentate bis(oxazoline) and bis(thiazoline) zinc complexes. Journal of the American Chemical Society, (2006) Jun 14, 128, (23) 7418(IF=7.419)

39. J. Lu(物理学院 吕劲), S. Nagase, X. W.

Zhang, D. Wang, M. Ni, Y. Maeda, T. Wakahara, T. Nakahodo, T. Tsuchiya, T. Akasaka, Z. X. Gao, D. P. Yu, H. Q. Ye, W. N. Mei and Y. S. Zhou. Selective interaction of large or charge-transfer aromatic molecules with metallic single-wall carbon nanotubes: Critical role of the molecular size and orientation. *Journal of the American Chemical Society*, (2006) Apr 19, 128, (15) 5114 (IF=7.419)

40. D. Z. Guo(信息科学技术学院 郭等柱), Z. Q. Xue, Q. Chen, G. M. Zhang, Z. X. Zhang and Z. N. Gu. ynthesis of methane in nanotube channels by a flash. *Journal of the American Chemical Society*, (2006) Nov 29, 128, (47) 15102 (IF=7.419)

41. L. X. Zhang, L. Zuo, F. Wang, M. Wang, S. Y. Wang, J. C. Lv, L. S. Liu and H. Y. Wang(医学部 王海燕). Cardiovascular disease in early stages of chronic kidney disease in a Chinese population. *Journal of the American Society of Nephrology*, (2006) Sep, 17, (9) 2617 (IF=7.24)

42. Y. C. Ma, L. Zuo(医学部 左力), J. H. Chen, Q. Luo, X. Q. Yu, Y. Li, J. S. Xu, S. M. Huang, L. N. Wang, W. Huang, M. Wang, G. B. Xu and H. Y. Wang. Modified glomerular filtration rate estimating equation for Chinese patients with chronic kidney disease. *Journal of the American Society of Nephrology*, (2006) Oct, 17, (10) 2937 (IF=7.24)

43. Y. Zhao, S. L. Lu, L. P. Wu, G. L. Chai, H. Y. Wang, Y. Q. Chen, J. Sun, Y. Yu, W. Zhou, Q. H. Zheng, M. Wu, G. A. Otterson and W. G. Zhu(医学部 朱卫国). Acetylation of p53 at lysine 373/382 by the histone deacetylase inhibitor depsipeptide induces expression of p21(Waf1/Cip1). *Molecular and Cellular Biology*, (2006) Apr, 26, (7) 2782 (IF=7.093)

44. J. Zhan, R. S. Deng, J. M. Tang, B. Zhang, Y. Tang, J. K. Wang, F. Li, V. M. Anderson, M. A. McNutt and J. Gu(医学部 顾江). The spleen as a target in severe acute respiratory syndrome. *Faseb Journal*, (2006) Nov, 20, (13) 2321 (IF=7.064)

45. J. He, Q. L. Chen and Z. G. Li(医学部 栗占国). Antibodies to alpha-fodrin derived peptide in Sjogren's syndrome. *Annals of the Rheumatic Diseases*, (2006) Apr, 65, (4) 549 (IF=6.956)

46. H. W. Ma(工学院 马宏伟), M. Wells, T. P. Beebe and A. Chilkoti. Surface-initiated atom transfer radical polymerization of oligo(ethylene glycol) methyl methacrylate from a mixed self-assembled monolayer on gold. *Advanced Functional Materials*, (2006) Mar 20, 16, (5) 640 (IF=6.77)

47. Z. W. Liu, M. Guan, Z. Q. Bian, D. B. Nie, Z. L. Gong, Z. B. Li and C. H. Huang(化学与分子工程学院 黄春辉). Red phosphorescent iridium complex containing carbazole-functionalized beta-diketonate for highly efficient nondoped organic light-emitting diodes. *Advanced Functional Materials*, (2006) Jul 21, 16, (11) 1441 (IF=6.77)

48. M. S. Wang, L. M. Peng(信息科学技术学院 彭练矛), J. Y. Wang and Q. Chen. Shaping carbon nanotubes and the effects on their electrical and mechanical properties. *Advanced Functional Materials*, (2006) Jul 21, 16, (11) 1462 (IF=6.77)

49. X. J. Huang(医学部 黄晓军), D. H. Liu, L. P. Xu, H. Chen, W. Han, K. Y. Liu and D. P. Lu. Prophylactic infusion of donor granulocyte colony stimulating factor mobilized peripheral blood progenitor cells after allogeneic hematological stem cell transplantation in patients with high-risk leukemia. *Leukemia*, (2006) Feb, 20, (2) 365 (IF=6.612)

50. Y. G. Wang and Z. H. Fan(物理学院 范祖辉). Systematic errors in the determination of Hubble constant due to the asphericity and nonisothermality of clusters of galaxies. *Astrophysical Journal*, (2006) Jun 1, 643, (2) 630 (IF=6.308)

51. F. K. Liu(物理学院 刘富坤), G. Zhao and X. B. Wu. Harmonic QPOs and thick accretion disk oscillations in the BL Lacertae object AO 0235+164. *Astrophysical Journal*, (2006) Oct 20, 650, (2) 749 (IF=6.308)

52. R. Wang, X. B. Wu(物理学院 吴学兵) and M. Z. Kong. The black hole fundamental plane from a uniform sample of radio and X-ray-emitting broad-line AGNs. *Astrophysical Journal*, (2006) Jul 10, 645, (2) 890 (IF=6.308)

53. Y. Wang, Q. Z. Zhang, J. M. Rathborne, J. Jackson and Y. F. Wu(物理学院 吴月芳). Water masers associated with infrared dark cloud

cores. *Astrophysical Journal*，(2006) Nov 10, 651,(2) L125(IF=6.308)

54. Y. L. Yue, X. H. Cui and R. X. Xu(物理学院 徐仁新). ISPSR B0943+10 a low-mass quark star? *Astrophysical Journal*，(2006) Oct 1, 649, (2) L95(IF=6.308)

55. G. R. Liu, W. Q. Liu, R. N. Johnston, K. E. Sanderson, S. X. Li and S. L. Liu(医学部 刘树林). Genome plasticity and ori-ter rebalancing in Salmonella typhi. *Molecular Biology and Evolution*，(2006) Feb, 23,(2) 365(IF=6.233)

56. X. Feng, X. Li, W. Liu and C. Liu(物理学院 刘川). Massive domain wall fermions on four-dimensional anisotropic lattices. *Journal of High Energy Physics*，(2006) Aug, 8)(IF=5.944)

57. J. J. Wang, Z. Y. Zhou and H. Q. Zheng(物理学院 郑汉青). A unitarity analysis on the I=0 d wave pi pi scattering amplitude. *Journal of High Energy Physics*，(2005) Dec, 12)(IF=5.944)

58. B. Chen(物理学院 陈斌), Y. L. He and P. Zhang. Exactly solvable model of superstring in plane-wave background with linear null dilaton. *Nuclear Physics B*，(2006) May 1, 741,(1-2) 269(IF=5.522)

59. L. Wang(物理学院 范祖辉、王岚), C. Li, G. Kauffmann and G. De Lucia. Modelling galaxy clustering in a high-resolution simulation of structure formation. *Monthly Notices of the Royal Astronomical Society*，(2006) Sep 11, 371,(2) 537(IF=5.352)

60. X. W. Liu(物理学院 刘晓为), M. J. Barlow, Y. Zhang, R. J. Bastin and P. J. Storey. Chemical abundances for Hf 2-2, a planetary nebula with the strongest-known heavy-element recombination lines. *Monthly Notices of the Royal Astronomical Society*，(2006) Jun 1, 368, (4) 1959(IF=5.352)

61. R. X. Xu(物理学院 徐仁新), D. J. Tao and Y. Yang. The superflares of soft gamma-ray repeaters: giant quakes in solid quark stars? *Monthly Notices of the Royal Astronomical Society*，(2006) Nov 21, 373, (1) L85 (IF=5.352)

62. W. W. Zhu and R. X. Xu(物理学院 徐仁新). GCRT J1745-3009: a precessing radio pulsar ? *Monthly Notices of the Royal Astronomical Society*，(2006) Jan 1, 365,(1) L16(IF=5.352)

63. C. Huang, G. Zhao, H. W. Zhang(物理学院 张华伟)and Y. Q. Chen. Chemical abundances of 22 extrasolar planet host stars. *Monthly Notices of the Royal Astronomical Society*，(2005) Oct 11, 363,(1) 71(IF=5.352)

64. J. Fang(环境与工程学院 方精云), Z. H. Wang, S. Q. Zhao, Y. K. Li, Z. Y. Tang, D. Yu, L. Y. Ni, H. Z. Liu, P. Xie, L. J. Da, Z. Q. Li and C. Y. Zheng. Biodiversity changes in the lakes of the Central Yangtze. *Frontiers in Ecology and the Environment*，(2006) Sep, 4, (7) 369(IF=4.745)(Review)

65. W. An and J. Y. Hu(环境与工程学院 胡建英). Effects of endocrine disrupting chemicals on China's rivers and coastal waters. *Frontiers in Ecology and the Environment*，(2006) Sep, 4, (7) 378(IF=4.745)

66. M. Shao(环境与工程学院 邵敏), X. Y. Tang, Y. H. Zhang and W. J. Li. City clusters in China: air and surface water pollution. *Frontiers in Ecology and the Environment*，(2006) Sep, 4, (7) 353(IF=4.745)

67. Z. Y. Tang(环境与工程学院 唐志尧), Z. H. Wang, C. Y. Zheng and J. Y. Fang. Biodiversity in China's mountains. *Frontiers in Ecology and the Environment*，(2006) Sep, 4, (7) 347(IF=4.745)

68. S. Q. Zhao(环境与工程学院 赵淑清), L. J. Da, Z. Y. Tang, H. J. Fang, K. Song and J. Y. Fang. Ecological consequences of rapid urban expansion: Shanghai, China. *Frontiers in Ecology and the Environment*，(2006) Sep, 4,(7) 341(IF=4.745)

69. Q. Chen, P. Wei and X. L. Zhou(心理系 周晓林). Distinct neural correlates for resolving stroop conflict at inhibited and noninhibited locations in inhibition of return. *Journal of Cognitive Neuroscience*，(2006) Nov, 18,(11) 1937(IF=4.533)

70. Y. X. Zhang(地球与空间科学学院 张有学)and G. W. Kling. Dynamics of lake eruptions and possible ocean eruptions. *Annual Review of Earth and Planetary Sciences*，(2006) 34,(293) (IF=4.5)

71. J. S. He(环境与工程学院 贺金生), Z. H. Wang, X. P. Wang, B. Schmid, W. Y. Zuo, M. Zhou, C. Y. Zheng, M. F. Wang and J. Y.

Fang. A test of the generality of leaf trait relationships on the Tibetan Plateau. *New Phytologist*, (2006) 170, (4) 835 (IF=4.285)

72. C. H. Jin, Z. Y. Zhang, J. Y. Wang, Q. Chen and L. M. Peng(信息科学技术学院 彭练矛). Switching electron current in a semiconductor nanowire via controlling the carrier injection from the electrode. *Applied Physics Letters*, (2006) Nov 20, 89, (21) (IF=4.127)

73. M. S. Wang, J. Y. Wang and L. M. Peng(信息科学技术学院 彭练矛). Engineering the cap structure of individual carbon nanotubes and corresponding electron field emission characteristics. *Applied Physics Letters*, (2006) Jun 12, 88, (24) (IF=4.127)

74. Y. F. Hu, X. L. Liang, Q. Chen, L. M. Peng(信息科学技术学院 彭练矛) and Z. D. Hu. Electrical characteristics of amorphous carbon nanotube and effects of contacts. *Applied Physics Letters*, (2006) Feb 6, 88, (6) (IF=4.127)

75. Z. Y. Zhang, C. H. Jin, X. L. Liang, Q. Chen and L. M. Peng(信息科学技术学院 彭练矛). Current-voltage characteristics and parameter retrieval of semiconducting nanowires. *Applied Physics Letters*, (2006) Feb 13, 88, (7) (IF=4.127)

76. L. Xia, W. G. Wu(信息科学技术学院 吴文刚), Y. L. Hao, Y. Y. Wang and J. Xu. Characterization of focused-ion-beam-induced damage in n-type silicon using Schottky contact. *Applied Physics Letters*, (2006) Apr 10, 88, (15) (IF=4.127)

77. J. Zhou(信息科学技术学院 周劲), Y. L. Hao, Z. J. Yang and G. Y. Zhang. Resonant tunneling effect in metal-semiconductor-metal ultraviolet detectors grown with AlGaN/GaN multi-quantum-well interlayer. *Applied Physics Letters*, (2006) Jul 31, 89, (5) (IF=4.127)

78. S. L. Piao, J. Y. Fang(环境与工程学院 方精云), L. M. Zhou, P. Ciais and B. Zhu. Variations in satellite-derived phenology in China's temperate vegetation. *Global Change Biology*, (2006) Apr, 12, (4) 672 (IF=4.075)

79. A. H. Lu, S. J. Zhong, J. Chen, J. X. Shi, J. L. Tang and X. Y. Lu(地球与空间科学学院 鲁安怀). Removal of Cr(VI) and Cr(III) from aqueous solutions and industrial wastewaters by natural clino-pyrrhotite. *Environmental Science & Technology*, (2006) May 1, 40, (9) 3064 (IF=4.054)

80. J. Y. Hu(环境与工程学院 胡建英), H. J. Zhen, Y. Wan, J. M. Gao, W. An, L. H. An, F. Jin and X. H. Jin. Trophic magnification of triphenyltin in a marine food web of Bohai Bay, north China: Comparison to tributyltin. *Environmental Science & Technology*, (2006) May 15, 40, (10) 3142 (IF=4.054)

81. W. An, J. Y. Hu(环境与工程学院 胡建英), Y. Wan, L. H. An and Z. B. Zhang. Deriving site-specific 2, 2-bis (chlorophenyl)-1, 1-dichloroethylene quality criteria of water and sediment for protection of common tern populations in Bohai Bay, North China. *Environmental Science & Technology*, (2006) Apr 15, 40, (8) 2511 (IF=4.054)

82. Y. Wan, J. Y. Hu(环境与工程学院 胡建英), W. An, Z. B. Zhang, L. H. An, T. Hattori, M. Itoh and S. Masunaga. Congener-specific tissue distribution and hepatic sequestration of PCDD/Fs in wild herring gulls from Bohai Bay, North China: Comparison to coplanar PCBs. *Environmental Science & Technology*, (2006) Mar 1, 40, (5) 1462 (IF=4.054)

83. J. Y. Hu(环境与工程学院 胡建英), X. H. Jin, S. Kunikane, Y. Terao and T. Aizawa. Transformation of pyrene in aqueous chlorination in the presence and absence of bromide ion: Kinetics, products, and their aryl hydrocarbon receptor-mediated activities. *Environmental Science & Technology*, (2006) Jan 15, 40, (2) 487 (IF=4.054)

84. Y. S. Liu(环境与工程学院 刘阳生), L. L. Ma and G. X. Kong. Investigation of novel incineration technology for hospital waste. *Environmental Science & Technology*, (2006) Oct 15, 40, (20) 6411 (IF=4.054)

85. S. Tao(环境与工程学院 陶澍), X. R. Li, Y. Yang, R. M. Coveney, X. X. Lu, H. T. Chen and W. R. Shen. Dispersion modeling of polycyclic aromatic hydrocarbons from combustion of biomass and fossil fuels and production of coke in Tianjin, China. *Environmental Science & Technology*, (2006)

86. S. Tao(环境与工程学院 陶澍), F. L. Xu, W. X. Liu, Y. H. Cui and R. M. Coveney. A chemical extraction method for mimicking bioavailability of polycyclic aromatic hydrocarbons to wheat grown in soils containing various amounts of organic matter. *Environmental Science & Technology*,(2006) Apr 1, 40,(7) 2219(IF=4.054)

87. S. S. Xu, W. X. Liu and S. Tao(环境与工程学院 陶澍). Emission of polycyclic aromatic hydrocarbons in China. *Environmental Science & Technology*,(2006) Feb 1, 40,(3) 702(IF=4.054)

88. H. L. Duan, J. Wang(工学院 王建祥), B. L. Karihaloo and Z. Huang. Nanoporous materials can be made stiffer than non-porous counterparts by surface modification. *Acta Materialia*,(2006) Jun, 54,(11) 2983(IF=3.43)(Article)

89. H. L. Duan, B. L. Karihaloo, J. Wang(工学院 王建祥) and X. Yi. Effective conductivities of heterogeneous media containing multiple inclusions with various spatial distributions. *Physical Review B*,(2006) May, 73,(17)(IF=3.185)

90. J. Wang(工学院 王建祥), H. L. Duan and X. Yi. Bounds on effective conductivities of heterogeneous media with graded constituents. *Physical Review B*,(2006) Mar, 73,(10)(IF=3.185)

91. Y. X. Peng(计算机科学技术研究所 彭宇新)and C. W. Ngo. Clip-based similarity measure for query-dependent clip retrieval and video summarization. *Ieee Transactions on Circuits and Systems for Video Technology*,(2006) May, 16,(5) 612(IF=3.022)

92. S. G. Song(地球与空间科学学院 宋述光), L. F. Zhang, Y. L. Niu, L. Su, B. A. Song and D. Y. Liu. Evolution from oceanic subduction to continental collision: a case study from the Northern Tibetan Plateau based on geochemical and geochronological data. *Journal of Petrology*,(2006) Mar, 47,(3) 435(IF=2.641)

93. C. J. Wei(地球与空间科学学院 魏春景)and R. Powell. Calculated phase relations in the system NCKFMASH (Na_2O-CaO-K_2O-FeO-MgO-Al_2O_3-SiO_2-H_2O) for high-pressure metapelites. *Journal of Petrology*,(2006) Feb, 47,(2) 385(IF=2.641)

94. X. C. Xie, Z. Geng(数学科学学院 耿直)and Q. Zhao. Decomposition of structural learning about directed acyclic graphs. *Artificial Intelligence*,(2006) Apr, 170,(4-5) 422(IF=2.638)

95. D. Zhou(数学科学学院 周栋铎、张平文), P. W. Zhang and W. N. E. Modified models of polymer phase separation. *Physical Review E*,(2006) Jun, 73,(6)(IF=2.418)

96. H. Z. Tang(数学科学学院 汤华中) and T. G. Liu. Note on the conservative schemes for the Euler equations. *Journal of Computational Physics*,(2006) Nov 1, 218,(2) 451(IF=2.132)

97. J. Yan, N. Liu, Q. Yang, B. Zhang, Q. S. Cheng(数学科学学院 程乾生)and Z. Chen. Mining adaptive ratio rules from distributed data sources. *Data Mining and Knowledge Discovery*,(2006) May, 12,(2-3) 249(IF=2.105)

98. X. Ji, T. Lu, W. Cai and P. W. Zhang(数学科学学院 张平文). Discontinuous Galerkin time domain (DGTD) methods for the study of 2-D waveguide-coupled microring resonators. *Journal of Lightwave Technology*,(2005) Nov, 23,(11) 3864(IF=2.077)

99. Z. M. Ma, X. C. Xie and Z. Geng(数学科学学院 耿直). Collapsibility of distribution dependence. *Journal of the Royal Statistical Society Series B-Statistical Methodology*,(2006) 68,(127(IF=1.961)

100. Y. P. Zhang, M. P. Qian(数学科学学院 钱敏平), Q. Ouyang, M. H. Deng, F. T. Li and C. Tang. Stochastic model of yeast cell-cycle network. *Physica D-Nonlinear Phenomena*,(2006) Jul 1, 219,(1) 35(IF=1.863)

(科学研究部 何 洁)

表38 2006年专利申请受理、授权情况统计表

发明人单位	申报专利受理(项)		授权专利(项)	
	国内专利	国际专利	国内专利	国际专利
信息科学技术学院	64	1	25	
地球与空间科学学院	3		0	

续表

发明人单位	申报专利受理(项)		授权专利(项)	
	国内专利	国际专利	国内专利	国际专利
物理学院	12		5	
化学与分子工程学院	29		10	
生命科学学院	8		6	
环境与工程学院	14		6	
计算机科学技术研究所	117	1	7	
工学院	8		0	
数学科学学院	0		1	
心理学系	1		0	
基础医学院	13		4	
药学院	19		11	
公卫学院	2		4	
第一医院	0		0	
人民医院	6		3	
第三医院			1	
肿瘤医院	3		1	
口腔医院	1		0	
第六医院	0		0	
首钢医院	0		0	
深圳医院	0		1	
合 计	301	2	85	0

注：本部专利授权数据来自君尚、纪凯、同立钧成三所北京大学签约知识产权代理事务所。

(科学研究部 何 洁 医学部科研处 赵春辉)

表39 2006年通过鉴定的科研成果(共31项)

项目名称	第一完成单位	组织、批准鉴定单位
空分制氧高效吸附剂和大型真空变压吸附空分制氧装置的研制与开发	化学与分子工程学院	教育部
植物延绿节水复壮剂	生命科学学院	北京市科学技术委员会
内部公布	地球与空间科学学院	教育部
基于地学特征的水下辅助导航系统理论与匹配算法仿真研究	地球与空间科学学院	教育部
电视节目数字化播出控制技术研究及应用	计算机科学技术研究所	教育部
血管钙化发病机制研究	基础医学院	卫生部
脑缺血性疾病中星形胶质细胞保护机制的研究	基础医学院	卫生部
中医药理论指导下的灵芝现代研究	基础医学院	北京市科学技术委员会
农用稀土化合物低剂量长时间作用的毒效应及其作用机理	公共卫生学院	卫生部
心脏畸形的发生病因、机制和预防基础研究	公共卫生学院	卫生部
颌骨牙源性肿瘤的临床病理学研究	口腔医学院	卫生部
五子衍宗丸及其加味方抗衰老的临床和实验研究	第一医院	卫生部
反复高热惊厥脑损伤的发生机制与干预	第一医院	卫生部
分娩镇痛的应用研究和推广	第一医院	卫生部
周围神经对牵拉延长耐受性的系统研究	人民医院	卫生部
组织多普勒及组织多普勒多巴酚丁胺负荷超声心动图临床应用及推广	人民医院	卫生部
人源化6B11抗独特型微抗体的构建及其抗卵巢癌作用的研究	人民医院	卫生部
高原低氧生理状态及心、脑、肾病理状态下高血压患者的动脉弹性功能的研究	人民医院	卫生部
HLA配型不合造血干细胞移植的研究和临床结果	人民医院	北京市科学技术委员会

续表

项目名称	第一完成单位	组织、批准鉴定单位
三位一体的医疗服务模式在支气管哮喘防控中的应用	人民医院	卫生部
心电学最新技术筛选心律失常性晕厥及猝死高危患者的研究	人民医院	卫生部
对慢性呼吸道疾病患者进行长期教育、管理及其效果评估	人民医院	卫生部
放射状视神经切开术的临床及实验研究	人民医院	卫生部
中国心房颤动的流行病学和血栓栓塞防治研究	人民医院	卫生部
人工膝关节置换术的临床应用及相关基础研究	人民医院	卫生部
血管新生在缺血性心脏病治疗中的作用研究	第三医院	卫生部
骨关节炎发病的分子机制及其基因治疗的实验研究	第三医院	卫生部
气流阻塞性疾病气道炎症和气道重塑发病机制的基础和临床研究	第三医院	卫生部
肺循环障碍在急性呼吸窘迫综合征发病中的作用及分子机制研究	第三医院	卫生部
膝关节交叉韧带损伤的基础与临床研究	第三医院	卫生部
以 MRI 为基础的脑缺血中风治疗评估诊断分析平台建立	第三医院	卫生部

(科学研究部 何 洁 医学部科研处 汪 立)

表 40 2006 年理工科与医科通过验收结题的主要科研项目(共 51 项)

完成单位	项目名称	负责人	项目来源	开始时间
生命科学学院	碳代谢与固氮及氮代谢的基因调控网络、高效固氮与高光合偶联作用研究	王忆平	973 子项目	2001
生命科学学院	转基因植物中外源基因插入引发非预期效应的分子基础研究	瞿礼嘉	973 子项目	2001
地球与空间科学学院	后碰撞地壳垂向生长过程	韩宝福 王 涛	973 子项目	2001
地球与空间科学学院	中新生代陆内造山过程	郭召杰 舒良树	973 子项目	2001
基础医学院	杀伤 T 细胞(CTL)产生及效应的分子机理以及 HBV 抗原特异肽与热休克蛋白 gp96 在干细胞的机理	高晓明 吴长有	973 子项目	2001
基础医学院	人胚胎生殖嵴干细胞的分化与组织干细胞的可塑性研究	李凌松	973 项目	2001
基础医学院	胚胎干细胞增殖及定向分化的研究	李凌松	973 子项目	2001
基础医学院	人胚胎生殖嵴干细胞生物学特性的研究	李丽英	973 子项目	2001
生命科学学院	组织干细胞增殖和分化的机制	邓宏魁	973 子项目	2001
人口研究所	重要出生缺陷的环境危险因素和干预基础研究	郑晓瑛 张 霆	973 子项目	2001
化学与分子工程学院	纳米结构的加工、组装及物性	刘忠范 朱 涛	973 子项目	2001
信息科学技术学院	纳米结构的加工、分析和测量	彭练矛	973 子项目	2001
信息科学技术学院	纳电子运算器概念、结构设计和构建	吴锦雷	973 子项目	2001
物理学院	纳米结构与物性综合测试及相关新技术探索	杨威生 马旭村	973 子项目	2001
化学与分子工程学院	纳米结的化学合成与可控生长	张 锦	973 子项目	2001
化学与分子工程学院、信息科学技术学院	纳电子运算器材料的表征与性能基础研究	刘忠范 彭练矛	973 项目	2001
生命科学学院	高效生物固氮机理及其在农业中的应用	王忆平	973 项目	2001
人口研究所	中国人口出生缺陷的遗传与环境可控性研究	郑晓瑛 贺 林	973 项目	2001
物理学院	功率型高亮度 LED 芯片的激光剥离工艺制备工程化技术	陈志忠	863 课题	2005
物理学院	高温超导量子干涉仪及其应用技术	王福仁	863 课题	2005
物理学院	氮化镓基激光器创新结构和工艺研究	胡晓东	863 课题	2005
物理学院	DNA 生物计算机的进化算法及信息读取的研究	欧阳颀	863 课题	2005

续表

完成单位	项目名称	负责人	项目来源	开始时间
化学与分子工程学院	若干重要蛋白质的功能嫁接研究	曹傲能	863课题	2005
生命科学学院	棉纤维功能基因研究平台的建立	秦咏梅	863课题	2005
生命科学学院	耐旱新基因的克隆及耐旱小麦、玉米的培育	胡鸢雷	863课题	2005
生命科学学院	生物信息学网络实验室WEBLAB的建立	罗静初	863课题	2005
生命科学学院	蛋白质结构和功能关系的生物信息学研究	魏丽萍	863课题	2005
生命科学学院	牛结核杆菌多价DNA疫苗的应用和植物反应器的研制	蔡 宏	863课题	2005
生命科学学院	肿瘤坏死因子家族成员信号转导相关基因的克隆、功能及应用研究	舒红兵	863课题	2005
环境与工程学院	大气中有机物的来源解析技术	张远航	863课题	2005
信息科学技术学院	软件开发公共技术支撑体系的若干关键技术研究和系统集成	张世琨	863课题	2005
信息科学技术学院	动态灵活光网络的体系结构与关键技术研究	李正斌	863课题	2005
信息科学技术学院	0.09微米CMOS集成电路大生产工艺与可制造性	康晋锋	863课题	2005
信息科学技术学院	国产数据库在金融领域应用中的关键技术研究	王腾蛟	863课题	2005
口腔医学院	新型口腔根管治疗材料的研制与开发	马 琦	863课题	2005
化学与分子工程学院	药物靶标预测及其作用网络分析的生物信息和计算生物学技术	来鲁华	攻关课题	2005
基础医学院	遗传性疾病的综合防治研究——神经遗传病分子基础及综合诊治	钟 南	攻关课题	2004
北大医院	临床医学实用技术研究与应用——建立检测突变基因mRNA技术平台诊断遗传性肾脏病	丁 洁	攻关课题	2003
北大医院	儿童昏厥及其相关疾病的临床研究	杜军保	攻关课题	2004
北大医院	女性生殖道感染的相关研究——女性生殖道感染的变化和局部免疫状况的研究	廖秦平	攻关课题	2004
人民医院	黄斑孔视网膜脱离治疗模式的研究	黎晓新	攻关课题	2004
人民医院	我国输血后丙型肝炎病毒感染的慢性化规律和致癌作用研究	魏 来	攻关课题	2004
第三医院	自体骨髓干细胞移植防治心肌梗死（MI）后心衰的试验及临床研究	高 炜	攻关课题	2004
口腔医学院	严重牙颌畸形的临床诊断与治疗研究	林久祥	攻关课题	2004
肿瘤医院	肺癌和胃癌的蛋白质组学研究	吕有勇	攻关课题	2002
第六医院	儿童心理行为问题的干预模式研究	王玉凤	攻关课题	2004
化学与分子工程学院	聚烯烃主链液晶高分子的设计、合成及新材料研究	周其凤	科学基金重点项目	2002
生命科学学院	蓝藻异型胞分化和格式形成机理研究	赵进东	科学基金重点项目	2003
地球与空间科学学院	9.21集集地震的震源过程、余震序列及强地面运动研究	陈晓非	科学基金重点项目	2002
力学系	非均匀可压缩流层次结构研究	余振苏	科学基金重点项目	2001
地球与空间科学学院	我国古陆块对Rodinia全球超级大陆事件的响应	徐 备	科学基金重点项目	2001

（科学研究部 韦 宇）

表 41　校本部 2006 年主办的国际学术会议和研讨班情况统计

时间	会议名称	主办单位
2006.5.11-12	中国—奥地利纪念 Sigmund Freud 诞辰 150 周年学术研讨会	心理系
2006.5.22-24	2006 年前沿植物生物学研讨会	蛋白质工程实验室
2006.6.25-27	细胞信号传导的系统性质与进化	理论生物学中心
2006.7.21	J. Geophys. Res. 助理编辑会议	地球与空间科学学院
2006.8.14-18	International Conference on Multilevel Iterative Methods	数学科学学院
2006.8.21-25	第四届 北京亚原子物理国际暑期学校暨基于新一代放射性核束装置上的物理国际研讨会	物理学院
2006.8.24-26	2006 动力锂离子电池技术及产业发展国际论坛	化学与分子工程学院
2006.9.19-21	2006 欧盟瑞士 GMP 中国讲习会	工学院
2006.9.30-10.6	第四届中—澳双边有机化学研讨会	化学与分子工程学院
2006.10.18-20	中国数字媒体知识产权国际会议（EU-CN IPDM）	信息科学技术学院
2006.10.19-22	复杂系统高性能计算与模拟国际研讨会	化学与分子工程学院
2006.11.3-6	第七届中日湍流研讨会	工学院
2006.11.13-15	PHENIX 国际合作组 Pre-QM06 会议	物理学院

（科学研究部　王晓化）

表 42　医学部 2006 年主办的国际学术会议和研讨班情况统计

时间	会议名称	主办单位
2006.5.11-13	原发性免疫缺陷及相关疾病研讨会	基础医学院
2006.6.27-7.1	第五届国际病理生理大会	基础医学院
2006.7.11-12	2006 北京国际人患禽流感病理及尸体查验培训班	基础医学院
2006.7.2-7	第 15 届世界药理学大会	基础医学院
2006.8.1-4	2006 全球华人遗传学国际会	基础医学院
2006.10.17-23	第 21 届国际补体大会	基础医学院
2006.10.11-12	2006 北京国际药学学术研讨会	药学院
2006.10.27-29	"健康安全与保障——面对人类关注的健康问题"北京论坛（2006）公共卫生分论坛	公共学院
2006.11	中国—加拿大卫生改革圆桌论坛：全民医疗保险制度框架设计与卫生改革政策模式选择	公共学院
2006.1.16	第三届北京—香港外科学术研讨会	北大医院
2006.10.14-15	2006 北京国际乳腺癌诊断治疗新进展学术研讨会	北大医院
2006.4	首届北医—哈佛麻醉与疼痛论坛	人民医院
2006.5	第八届全国胸腔镜及胸部微创外科手术研讨会暨第二届亚洲华人胸腔镜手术论坛	人民医院
2006.6.8-6.12	第一届中华妇科肿瘤学会北京第二届培训中心妇科肿瘤国际研讨会	人民医院
2006.6.23-6.25	第一届国际血管健康学会亚太会议	人民医院
2006.9	中德骨科学术交流会	人民医院
2006.11.17	中韩光线皮肤病研讨会	人民医院
2006.9.24-26	第一届世界文化精神医学大会	第六医院
2006.10.18-19	22 届亚太种植学术会议	口腔医院
2006.10.20-21	第四届北京国际口腔种植会议	口腔医院
2006.4	中美外科适应证论坛	肿瘤医院
2006.4.9-12	超声造影及介入性超声新技术国际研讨会	肿瘤医院
2006.4.13-14	中韩学术交流会	肿瘤医院
2006.7.15	中法国际消化道肿瘤学术研讨会	肿瘤医院
2006.9.13	中美国际肺癌综合治疗论坛	肿瘤医院
2006.10.22	2006 Beijing International Symposium on Translational Cancer Research	肿瘤医院
2006.5.29-31	与世界卫生组织合作举办"阿片依赖替代治疗和 HIV/AIDS 预防项目总结会"	药物依赖性研究所
2006.6.1-3	阿片依赖治疗研讨会	药物依赖性研究所

（医学部科研处　陈绍鹏）

表43 2006年获得基金委国际(地区)合作项目(共12项)

项目名称	负责人	单位	项目来源	开始时间	结题时间
氮化铟的真正带隙	史俊杰	物理学院	NSFC-DEST	2007.1	2009.12
澳大利亚—中国联盟—Rett综合征基因型与表型的关系研究	包新华	北大医院	NSFC-DEST	2007.1	2009.12
自动因果发现的真实世界应用的经验研究	耿直	数学科学学院	NSFC-DEST	2007.1	2009.12
植物中维持叶片平整的分子机理研究	瞿礼嘉	生命科学学院	NSFC/JSPS	2007.4	2009.12
GaN基半导体异质结构研究	张国义	数学科学学院	NSFC/JSPS	2007.4	2009.12
脂蛋白脂酶的多功能作用:对动脉硬化和脑功能的影响研究	刘国庆	医学部	NSFC-CIHR	2007.1	2009.12
加拿大和中国关于海洛因依赖治疗的比较研究	陆林	医学部	NSFC-CIHR	2007.1	2009.12
森林-草原过渡带的区系组成与植物群落:现状与气候变暖可能引起的变化	刘鸿雁	环境与工程学院	NSFC-RFBR	2007.1	2008.12
基于金属氧化物半导体纳米颗粒到稀土离子之间能量传递的新颖发光材料	严纯华	化学与分子工程学院	港联RGC	2007.1	2008.12
新型离子导体的探索——多功能硫代及硒代硼酸盐骨架的合成和表征	林建华	化学与分子工程学院	港联RGC	2007.1	2008.12
采用新方法鉴定和研究乙烯激素上游信号传导因子	郭红卫	生命科学学院	港联RGC	2007.1	2008.12
一维半导体纳米结构及其纳米器件研究	俞大鹏	物理学院	港联RGC	2007.1	2008.12

(科学研究部 周 锋)

表44 2006年获得科技部政府间国际合作项目(共4项)

姓名	单位	期限	合作国家
朱平	人民医院	2007—2009	美国
林文翰	药学院	2006—2008	德国
夏斌	化学与分子工程学院	2007—2009	法国
胡建英	环境与工程学院	2006—2008	日本

(科学研究部 王晓化)

表45 2006年获得其他国际(地区)合作项目(共7项)

项目名称	负责人	单位	项目来源	开始时间	结题时间
北亚水环境生态脆弱性评估	黄艺	环境与工程学院	UNEP		
structural and functional studies in novel proteins with important biological	郑晓峰	生命科学学院	ICGEB	2006.1	2008.12
E-Ccoupling efficiency in hibernation and heart failure	王世强	生命科学学院	美国NIH	2006	2010
Computational Chemistry	徐筱杰	化学与分子工程学院	BASF		
structuring the european research area specific support action	钱思进	物理学院	INFN		
中国北方地区沙尘暴形成与输送的实验与模拟研究	张宏升	物理学院	韩国气象局气象研究所	2006.5	2007.1
贵州盘县中三叠世海生爬行动物研究	江大勇	地球与空间科学学院	美国加州大学戴维斯分校		
emotion regultion as a complex system	王莉	心理学系	美国密西根大学		

(科学研究部 王晓化)

文 科 科 研

【项目管理】 2006年是"十一五"规划的开局之年,北京大学获批的各类科研课题显著增加,比较重要的纵向项目包括:国家社科基金项目27项、教育部社科研究项目20项、教育部留学回国人员科研启动基金8项、北京市哲学社会科学规划项目31项、全国教育部科学规划项目5项、北京市教育科学规划项目5项。

为保证纵向项目按时按质完成,社会科学部加强监管力度,积极配合好上级部门的中检和结项工作。2006年北京大学共有100项国家社科基金项目参加中检,25项国家社科基金项目结题,4项教育部社科重大项目参加中检,18项教育部社科项目结题。

2006年,北京市教委加大了对北京大学共建项目的支持力度,共支持七个重大项目,经费达到390万元。

继2005年北京大学人文社科研究经费突破5000万后,2006年继续有较大增长,达到6600余万元。

【成果管理】 先后组织申报北京大学文科单位申报北京大学第十届人文社会科学研究优秀成果奖、中国高校第四届人文社会科学研究优秀成果奖、第三届全国教育科学研究优秀成果奖、北京市第九届哲学社会科学优秀成果奖等重要奖项。

北京大学人文社会科学研究优秀成果奖共评出获奖成果71项,其中一等奖21项、二等奖50项。社会科学部成果管理办公室还编写了《北京大学第十届人文社会科学研究优秀成果奖获奖成果简介》。

申报中国高校第四届人文社会科学研究优秀成果奖59项,获奖33项,总数居首位。

申报第三届全国教育科学研究优秀成果奖8项,获奖5项,中奖率为62.5%,其中二等奖4项、三等奖1项。

申报北京市第九届哲学社会科学优秀成果奖43项,获奖25项,中奖率为58.1%,其中特等奖1项、一等奖6项、二等奖18项,总数位居首位。在教育系统内评选时,社会科学部组织北京大学中国语言文学系、外国语学院、哲学系分别承担了中国文学、外国文学、哲学三个学科组的评审工作。

3月,组织北京大学文科教师申报北京市社科理论著作出版第28批资助,申报著作15项,6月获准资助11项。9月,组织申报第29批资助,申报著作17项,12月获准资助5项。

【基地建设与科研机构管理】 在社会科学部等学校职能部门的积极筹备和推动下,8月29日学校批准成立北京大学中国社会科学调查中心。调查中心的成立,是学校为打破学科壁垒、开展多学科合作和交流,在组织形式和共享机制方面进行的积极探索。其定位在于切实做好服务和支撑工作,充分体现多学科合作的宗旨,为相关各学科的发展服务。

2006年,北京大学13个教育部重点研究基地共有26项重大课题获准立项;另有27项重大课题通过结项鉴定,其中6项课题以其高质量的学术成果被教育部同行专家鉴定为"优秀"。经过几年的建设,北京大学教育部文科重点研究基地保持了平稳发展的良好态势,并产生了一批高水平的研究成果,科研水平和实力得到学术界的公认。

9月5日,校长办公会讨论通过社会科学起草、修订的《北京大学人文社会科学研究机构管理办法》。根据管理办法,社会科学部对已成立的科研机构进行检查,截止12月1日,核定已有机构数为208个。

【国际学术会议管理】 截止到12月8日,社会科学部共受理国际(双边)会议申报50个,全部得到批准。其中较有影响的有:(1)"从考古学理念到实践——田野考古的教学、培训与实践"国际学术讨论会。会议邀请到来自五大洲共19个国家的学者60余名。以"田野考古教学与实践"为主题召开如此规模的学术研讨,在国际考古学界尚属首次。(2)"当代语言学理论和汉语研究"国际学术报告会。会议汇聚了38位汉语语言各个研究领域的顶尖学者,是近年来不多见的最高水平的语言学报告会。会议免费向社会开放,吸引了400多位来自国内外的听众。(3)第二届国际能源与金属战略论坛。国际著名投资家吉姆·罗杰斯教授等10位国内外权威专家联袂出席。会议前后中央人民广播电台等60多家媒体对论坛作了预告和专题报道。(4)"建设可持续发展的和谐社会:来自古代近东的启示"国际学术研讨会。本次会议全程以英语为工作语言,充分体现了北京大学与国际学术界的密切接轨。

【队伍建设】 2月,文科13人入选教育部2005年度"新世纪优秀人才支持计划"。6月,经人文学部、社会学部学术委员会审议,社会科学部选出11人作为2006年度"新世纪优秀人才支持计划(人文社会科学)"候选人申报给教育部。

根据《中组部 中宣部 中央党校 教育部 总政治部关于组织高校哲学社会科学教学科研骨干研修的意见》要求,社会科学部2006年度共组织选送6批15名教授到中央党校分别参加为期一个月的学

习,并进行相关考察。

【机制探索】 5月12日至13日,学校召开科研工作大会。5月13日下午,人文社科分会第一阶段会议在国际关系学院秋林报告厅举行。张国有副校长做题为《人文社科的学科建设、研究与发展问题》的主题报告,提出会议的任务是集中研讨人文社科的学科建设和科研问题,研讨人文社科各领域的科研方向、科研重点、科研队伍、科研资源和科研体制问题,共同思考讨论学科发展问题,集中提出一批研究与发展方面的建议方案和规则,统筹规划各院系所中心今后5年的学科发展和研究工作,推动人文社科的研究工作上一个台阶,开创北京大学人文社会科学科建设的新局面。社会科学部程郁缀部长就科研机构建设问题做题为《加大管理力度 提高学术水平 推进人文社会科学研究机构的建设和发展》的报告,介绍了北京大学目前文科科研机构的概况、作用、存在的问题、今后工作的主要思路以及评选优秀科研机构的情况。会上还表彰了科研机构管理优秀单位1家、跨院系跨学科优秀科研机构4家、院系所属优秀科研机构11家,并由外国语学院、中国新诗研究所、中国保险与社会保障研究中心的负责人作为获奖代表介绍经验。5月14日—19日,人文社科分会第二阶段会议由文科各院系在本单位组织,就张国有校长所提出的问题进行讨论。5月20日,人文社科分会第三阶段会议在稻香·湖畔酒店举行,文科各院系、学校职能部门负责人或代表参加。会议围绕着人事、财务、科研与学科建设、组织管理、学风与学术环境等集中讨论了目前制约北京大学人文、社科院系发展的主要问题,并提出了相关的对策建议。

【第三届"北京论坛"】 10月27日上午,第三届北京论坛在人民大会堂举行开幕式,许智宏校长致辞,诺贝尔经济学奖获得者阿玛蒂亚·森、北京大学中国语言文学系教授袁行霈、美国前贸易代表Charlene Barshefsky做大会主旨报告。10月27日下午,400多位学者在"健康安全与保障——面对人类关注的健康问题"、"世界格局中的中华文明"、"构建和谐的城乡关系"、"文明的演进:近现代东方与西方的历史经验"、"人口与区域发展"、"奥林匹克运动与人类文明的和谐发展——多元文化的碰撞和融合"、"全球传播、媒介与创意产业——对后工业文明的思考"、"和谐社会与治理机制"、"WTO·政府·企业"、"国际化背景下的大学战略规划与战略管理"十个分论坛中展开交流,10月28日至29日,分论坛在北京大学校内继续讨论,并于10月29日下午圆满闭幕。社会科学部程郁缀部长担任论坛学术委员会执行委员,耿琴副部长担任论坛秘书处副秘书长,在筹备过程中负责学术联络和组织协调工作。论坛举行期间,社会科学部全体成员全程参加各分论坛会议,对学者的重要发言和创新观点做记录,会后整理成文,并就继续办好论坛专门召开研讨会,提出建议。

【评比表彰】 12月11日,社会科学部在对项目、成果等方面的8项指标进行数据统计和按权重计分的基础上,评选出2005—2006年度"文科科研管理先进集体"和"文科科研管理先进个人"。"文科科研管理先进集体"为首次设立,本次评选只有中国语言文学系当选。"文科科研管理先进个人"分为三等,其中一等奖4名,二等奖7名,三等奖9名。12月21日,社会科学部召开科研管理工作会议,对获奖单位和个人进行表彰。

附 录

2006年国家社科基金项目立项名单

项目负责人	项目名称	项目类别	单位	项目经费(万元)
杨 河	社会主义和谐社会构建中的意识形态问题研究	重大项目	马克思主义学院	40
王福堂	重建汉语方言音韵史的方法及个案研究	一般项目	中国语言文学系	8
朱 彦	动作动词语义分析	青年项目	中国语言文学系	7
杨海峥	《史记会注考证》研究	一般项目	中国语言文学系	8
牛 可	冷战时期美国对第三世界的援助和发展政策研究	一般项目	历史学系	8
韦 正	六朝墓葬的考古学研究	青年项目	考古文博学院	8
李崇峰	龙门石窟擂鼓台区考古报告	一般项目	考古文博学院	10
刘意青	当代外国文学纪事数据库(在线版/光盘版)	重点项目	外国语学院	16
申 丹	叙事、文体与潜文本——重读英美经典短篇小说	一般项目	外国语学院	7
罗艳华	争论中的人权与主权关系——对西方和非西方世界相关理论的比较研究	一般项目	国际关系学院	8
钱雪梅	政治伊斯兰环境对新疆地区穆斯林族群意识和国家意识的影响	青年项目	国际关系学院	7

续表

项目负责人	项目名称	项目类别	单位	项目经费(万元)
龚六堂	政府财政政策、货币政策的福利评价	一般项目	光华管理学院	8
刘 力	地区金融环境差异与企业投融资研究	一般项目	光华管理学院	8
汪 劲	环保执法问题研究	重点项目	法学院	13
洪艳蓉	金融监管独立性研究——以证券市场为中心	青年项目	法学院	7
陈兴良	判例刑法研究	一般项目	法学院	8
张广钦	中国民营图书馆发展与管理的实证研究	一般项目	信息管理系	8
盛小平	基于知识管理的企业核心竞争力研究	青年项目	信息管理系	8
余锦凤	以计算机为媒介的知识交流评价方法研究	一般项目	信息管理系	8
卢晖临	农民工群体的阶层形成和身份认同	青年项目	社会学系	8
郑红娥	新中国以来的消费政策：一个消费社会学的研究视角	青年项目	社会学系	6
徐湘林	转型期国家战略管理的理论和实践	重点项目	政府管理学院	13
田 凯	我国非政府组织管理中的理事会制度研究	青年项目	政府管理学院	7
乔晓春	2005年中国人口抽样调查的新特点分析	一般项目	人口研究所	8
韩茂莉	近代山西乡村社会地理研究	一般项目	环境学院历史地理研究所	8
常宝宝	面向真实文本的语义关系的自动发现与提取研究	一般项目	计算语言学研究所	9
彭 爽	现代汉语旁指代词的功能研究	青年项目	计算语言学研究所	7

制表人：刘 睿

2006年教育部人文社会科学研究一般项目立项名单

申请人	课题名称	项目类别	单位	最终成果形式	批准经费(万元)
陈 明	基于梵汉对勘的唐代义净译经词汇与语法研究	规划项目	外国语学院	专著	5
林庆新	美国新历史小说研究	规划项目	外国语学院	专著	5
凌建侯	词汇与言语——俄语词汇学与文艺学的联姻	规划项目	外国语学院	系列论文、专著	5
孙伟红	卢梭与中国	规划项目	外国语学院	专著	5
王 浩	蒙古国文学翻译本土化课题理论阐释——Ts.达木丁苏伦比较文学思想研究	规划项目	外国语学院	专著	5
罗 湉	18世纪法国戏剧中的中国形象研究	青年项目	外国语学院	专著	3
李 虹	中国反垄断执法中相关市场界定的经济学分析	规划项目	经济学院	专著、系列论文	5
陶 涛	我国引进外资的利用效率研究	规划项目	经济学院	系列论文、研究报告	5
谢泗新	中国企业全球学习路径创新与战略设计	规划项目	经济学院	系列论文和研究报告	5
刘 燕	上市公司财务运作的法律规制	规划项目	法学院	专著	5
朱苏力	纠纷解决的社会机制及其原理	规划项目	法学院	专著	5
刘明兴	农村基础设施建设的长效机制	规划项目	政府管理学院	研究报告和论文	5
王丽萍	当代中国公民政治参与的社会心理分析	规划项目	政府管理学院	调查报告	5
余 斌	马克思主义公平与效率的研究	规划项目	政府管理学院	专著	5
郭建如	我国万人普通民办高校的发展模式、运行机制与组织演变研究	规划项目	教育学院	系列论文、研究报告	5
李 茵	社会转型时期大学生的道德经验研究：日常德性的视角	青年项目	教育学院	研究或咨询报告、论文	3
刘 耀	领域Ontology自动构建研究	青年项目	计算机语言所	系列论文、音像软件	3
吴云芳	基于语料库的现代汉语并列结构研究及其自动标注	青年项目	计算机语言所	专著、程序软件	3

制表人：刘 睿

北京市哲学社会科学"十一五"规划项目立项名单

项目负责人	项目名称	学科	项目类别	单位
李国平	京津冀城市群发展与调控研究	城市学	自选项目	政府管理学院
张国庆	"十一五"期间北京城市管理的观念、体制、机制研究	城市学	规划项目	政府管理学院
张守文	地方财政分权与首都财税法制的完善	法学	"百人工程"项目	法学院
甘培忠	北京市实施新公司法中新类型案件疑难问题研究	法学	自选项目	法学院
傅郁林	司法裁判权的监督机制研究	法学	规划项目	法学院
刘云杉	和谐社会中的首都高等教育公平研究	教育学	规划项目	教育学院
胡佩诚	关于在北京市高校开展艾滋病展览教育的研究	教育学	自选项目	医学部
萧琛	自主创新与创新型国家理论政策研究:从北京制造走向北京创造	经济·管理	规划项目	经济学院
郭研	北京高新技术企业的资本结构和投资绩效的实证研究	经济·管理	规划项目	经济学院
涂荣庭	提高北京商场核心竞争力:从购物导向到顾客满意	经济·管理	规划项目	光华管理学院
宋芳秀	北京市生产型服务业发展的理论和对策研究	经济·管理	青年项目	经济学院
王锦贵	北京地区版权产业和版权贸易状况及趋势研究	经济·管理	规划项目	信息管理学院
李青宜	我国现阶段人民内部的利益矛盾与社会公平问题研究	科社·党建·政治学	规划项目	马克思主义学院
赵朝洪	东胡林人及其文化研究	历史学	规划项目	考古文博学院
刘能	北京市城乡结合部外来流动人口城市适应模式和社会控制对策研究	社会学	规划项目	社会学系
张拓红	北京市社区与综合医疗服务提供的组织模式研究	社会学	规划项目	医学部
马凤芝	北京市社区工作者职业化问题研究	社会学	规划项目	社会学系
李建新	北京市人口老龄化过程对其人力资本变化的影响研究	社会学	自选项目	社会学系
耿振生	北京话音系的形成和历史演变研究	文学·艺术	规划项目	中国语言文学系
李道新	都市功能的转换与电影生态的变迁:以北京影业为中心的历史、文化研究	文学·艺术	规划项目	艺术学院
沈阳	网络语句对现代汉语语法结构的影响	文学·艺术	规划项目	中国语言文学系
聂锦芳	马克思的"新哲学":原型与流变	哲学	"百人工程"项目	哲学系
仰海峰	后马克思主义研究	哲学	自选项目	哲学系
林娅	循环经济的哲学思考与发展方略研究	哲学	规划项目	马克思主义学院
陆军	北京市国际化大都市发展进程及趋势研究	综合	规划项目	政府管理学院
夏文斌	马克思主义发展理论与科学发展观	综合	规划项目	马克思主义学院
滕军	关于日本遣明使在北京的足迹之调查研究	历史学	规划项目	外国语学院
赵成根	北京城市交通管理模式创新研究	城市学	"百人工程"项目	政府管理学院
刘文忻	北京市公共产品的供给短缺问题和定价机制的实验研究	经济·管理	规划项目	经济学院
肖鸣政	北京市"十一五"规划与首都人才开发战略研究	经济·管理	规划项目	政府管理学院
周子君	首都医疗服务体系研究	经济·管理	规划项目	医学部

标示 * 号者为重点项目

制表人:刘睿

2006年教育部留学回国人员科研启动基金项目名单

课题名称	姓名	单位	资助金额(万元)
协整模型的稳健检验	金赛男	光华管理学院	2
法国戏剧中的中国形象	罗湉	外国语学院	2
韩国文化民族主义与中韩关系研究	钱雪梅	国际关系学院	1.5
我国的经济增长、技术进步和就业	苏剑	经济学院	2
国家持股和公司绩效的实证关系的动态分析	田利辉	光华管理学院	2
富永仲基和日本近代理性主义	王颂	哲学系	2
德国古典哲学与古希腊哲学	先刚	哲学系	2
家庭的社会地位与教育期望:一个社会阶层比较的视角	杨春华	社会学系	2

制表人:刘睿

全国教育科学"十一五"规划 2006 年度课题立项名单

负责人	名 称	单位	类别
岳昌君	高校毕业生就业预警机制研究	教育学院	国家一般
董志勇	我国社会教育消费需求与能力调查研究	经济学院	国家一般
蒋 凯	全球化背景下的高等教育政策变迁：发展中国家的视野	教育学院	国家青年基金课题
苏彦捷	语言环境在聋童心理理论发展中的作用	心理学系	教育部重点
袁 诚	国家助学贷款的可持续性与公平性研究	经济学院	教育部青年专项

制表人：刘 睿

北京市教育科学"十一五"规划 2006 年度课题立项名单

单位	项目名称	负责人
教育学院	北京市民办高等教育政策工具研究	林小英
教育学院	区县教育管理绩效与行政管理创新研究	李 轶
教育学院	教师实践性知识研究	陈向明
教育学院	英语模拟对话语境教学整合与绩效评估	贾积有
历 史 系	世界一流大学是如何打造的：北京大学和美国加利福尼亚大学文科管理模式比较研究	朱孝远

制表人：刘 睿

2006 年教育部人文社科重点研究基地结项课题一览表

基地名称	重大课题名称	项目负责人	鉴定等级
邓小平理论研究中心	邓小平理论与当代中国哲学社会科学的发展	赵存生	优秀
教育经济研究所	高等教育成本补偿政策研究	闵维方 魏 新	优秀
外国哲学研究所	分析哲学和实用主义的复兴	赵敦华 陈 波	优秀
中国古代史研究中心	中国古代政治形态、官僚制度与政治文化的综合研究	阎步克 邓小南	优秀
中国古代史研究中心	古代中外关系：新史料的调查、整理与研究	荣新江 李孝聪	优秀
中国古文献研究中心	郭店楚简文献研究	李家浩	优秀
邓小平理论研究中心	邓小平理论源流、体系和发展	王 东 梁 柱	合格
邓小平理论研究中心	邓小平理论与中国现代化	吴树青 陈占安	合格
邓小平理论研究中心	"三个代表"重要思想与二十一世纪的中国共产党	李忠杰	合格
东方文学研究中心	东方与西方：文学的交流与影响	方汉文	合格
东方文学研究中心	东方文学比较研究	唐仁虎 林丰民	合格
东方文学研究中心	东方古代文论史研究	王邦维 李 强	合格
东方文学研究中心	东方民间文学研究	张玉安	合格
汉语语言研究中心	现代汉语语义知识的形式化模型及语义分类系统研究	陆俭明	合格
汉语语言研究中心	近代汉语语法研究	蒋绍愚	合格
教育经济研究所	社会主义市场经济条件下中国高等教育的管理体制和运行机制研究	汪永铨 喻岳青	合格
外国哲学研究所	现象学运动研究	张祥龙 靳希平	合格
外国哲学研究所	西方哲学文献选编（古希腊罗马卷）	靳希平	合格
外国哲学研究所	印度佛教哲学研究	姚卫群	合格
政治发展与政府管理研究所	当代中国政府管理与发展的基础理论研究	谢庆奎	合格
政治发展与政府管理研究所	渐进政治体制改革与我国政治发展	徐湘林	合格
中国古文献研究中心	出土文献研究（以郭店楚简研究为中心）	裘锡圭	合格
中国古文献研究中心	传世典籍与古代学术研究（以宋代为重点）	孙钦善	合格
中国古文献研究中心	宋代学术文化研究与宋代典籍整理	安平秋	合格
中国古文献研究中心	日本宫内厅书陵部藏宋元版汉籍的复制与整理	安平秋 杨 忠	合格
中国考古学研究中心	聚落演变与早期文明	严文明 赵 辉	合格
中国考古学研究中心	响堂山石窟（上）——六世纪中原中心石窟群研究	马世长 李崇峰	合格

制表人：王康宁

2006年度教育部人文社会科学重点研究基地重大项目一览表

项目名称	负责人	承担部门	项目来源	成果形式	完成日期
党的十六大以来马克思主义中国化的新进展研究	陈占安	邓小平理论研究中心	教育部	专著	2009年底
科学发展观的理论和实践创新研究	李士坤	邓小平理论研究中心	教育部	专著	2009年底
古代近东教谕文学研究	李 政	东方文学研究中心	教育部	专著	2009年底
东南亚古典文学名著的翻译与研究	裴晓睿	东方文学研究中心	教育部	专著	2009年底
基于严格语音对应同源语素的汉藏语系数理谱系分类	陈保亚	汉语语言学研究中心	教育部	专著、数据库	2009年底
大规模中文树库建设及其应用研究	陆俭明	汉语语言学研究中心	教育部	论文、数据库等	2009年底
十一五期间高校毕业生就业状况及对策研究	阎凤桥	教育经济研究所	教育部	报告、论文	2009年底
进城务工人员培训与继续教育的供给模式研究	丁小浩	教育经济研究所	教育部	报告、论文	2009年底
中国艺术批评通史(一卷、二卷)	李 松	美学与美育研究中心	教育部	专著	2009年底
中国美学通史(一卷、二卷)	刘成纪	美学与美育研究中心	教育部	专著	2009年底
西方自然哲学研究	吴国盛	外国哲学研究所	教育部	专著、论文	2009年底
西方形而上学史:现当代部分	靳希平	外国哲学研究所	教育部	专著	2009年底
公共治理领域的软法问题研究	罗豪才	宪法与行政法研究中心	教育部	专著、论文、报告	2009年底
公立高等学校相关法律问题研究	湛中乐	宪法与行政法研究中心	教育部	专著、论文	2009年底
中国地区文化差异与地方行政管理体制改革研究	陈庆云	政治发展与政府管理研究所	教育部	专著、论文、报告	2009年底
转型期中国国家发展战略的理论和实践研究	徐湘林	政治发展与政府管理研究所	教育部	专著、论文、报告	2009年底
中国古地图的调查、整理与研究	李孝聪	中国古代史研究中心	教育部	论文集、资料库	2009年底
中国中古时期的文书传递与信息沟通	邓小南	中国古代史研究中心	教育部	论文、资料集	2009年底
日本宫内厅书陵部藏宋元版汉籍影印丛书(第四辑)	高路明	中国古文献研究中心	教育部	影印古籍	2009年底
《全宋诗》补编(下)	董洪利 王 岚	中国古文献研究中心	教育部	专著	2009年底
技术创新的微观机制研究	平新乔	中国经济研究中心	教育部	专著	2009年底
转型时期中国金融体系稳定性研究	霍德明	中国经济研究中心	教育部	专著	2009年底
琉璃河遗址与西周燕文化研究	葛英会	中国考古学研究中心	教育部	专著	2009年底
宋代墓葬研究	秦大树	中国考古学研究中心	教育部	专著	2009年底
多民族聚落与文化互动研究:以藏彝走廊为例	王铭铭	中国社会与发展研究中心	教育部	专著	2009年底
行动者群体资格研究:转型社会的实践与理论	方 文	中国社会与发展研究中心	教育部	专著	2009年底

制表人:王康宁

第四届中国高校人文社会科学研究优秀成果奖获奖名单

获奖等级	单位	成果名称	成果形式	申报获奖者
一等奖	中国语言文学系	陶渊明集笺注	著作	袁行霈
一等奖	外国语学院	欧洲文学史(三卷4册)	著作	李赋宁 等
一等奖	外国语学院	阿拉伯现代文学史	著作	仲跻昆
一等奖	中国经济研究中心	自生能力、经济发展与转型:理论与实证	著作	林毅夫
一等奖	教育学院	高等教育运行机制研究	著作	闵维方
二等奖	中国语言文学系	生成语法理论与汉语语法研究	著作	沈 阳 等

续表

获奖等级	单位	成果名称	成果形式	申报获奖者
二等奖	中国语言文学系	汉语语法研究的认知视野	著作	袁毓林
二等奖	历史学系	品位与职位——秦汉魏晋南北朝官阶制度研究	著作	阎步克
二等奖	历史学系	教会法研究：历史与理论	著作	彭小瑜
二等奖	哲学系	中国历代美学文库	著作	叶 朗
二等奖	哲学系	宗教哲学研究——当代观念、关键环节及其方法论批判	著作	张志刚
二等奖	外国语学院	Defense and Challenge: Reflections on the Relation Between Story and Discourse(捍卫与挑战：对故事与话语之关系的思考)	论文	申 丹
二等奖	外国语学院	神曲·地狱篇神曲·炼狱篇神曲·天国篇	著作	田德望
二等奖	光华管理学院	信息、信任与法律	著作	张维迎
二等奖	社会学系	农村计划生育家庭奖励扶助计划目标人群测算研究报告	研究咨询报告	郭志刚
二等奖	教育学院	留学教育的成本与收益：我国改革开放以来公派留学效益研究	著作	陈学飞
二等奖	邓小平理论研究中心	关于弘扬培育中华民族精神的几个问题	论文	赵存生
三等奖	中国语言文学系	登科记考补正(上、中、下)	著作	孟二冬
三等奖	中国语言文学系	50—70年代中国文学经典再解读	著作	李 杨
三等奖	中国语言文学系	晚清女性与近代中国	著作	夏晓虹
三等奖	考古文博学院	中印佛教石窟寺比较研究——以塔庙窟为中心	著作	李崇峰
三等奖	哲学系	诠释与重建——王船山的哲学精神	著作	陈 来
三等奖	哲学系	人学理论与历史(三卷本)	著作	黄楠森
三等奖	外国语学院	印度梵文医典医理精华研究	著作	陈 明
三等奖	国际关系学院	国际格局论	著作	李义虎
三等奖	经济学院	邓小平理论与当代中国经济学	著作	吴树青
三等奖	经济学院	What Kind of New Asset Will Push up the CML?	论文	张 博
三等奖	光华管理学院	Optimal Taxation and Intergovernmental Transfer in a Dynamic Model with Multiple Levels of Government	论文	龚六堂
三等奖	法学院	本体刑法学	著作	陈兴良
三等奖	法学院	道路通向城市——转型中国的法治	著作	朱苏力
三等奖	法学院	China's Troubled Bank Loans: Workout and Prevention(中国银行坏账的解决和预防)	著作	楼建波
三等奖	信息管理系	集成分类法、主题词表、元数据构造数字图书馆的知识组织系统(英文)	论文	王 军
三等奖	图书馆	数字信息资源的检索与利用	著作	肖 珑 等

制表人：倪润安

北京市第九届哲学社会科学优秀成果奖获奖名单

获奖等级	成果名称	成果形式	申报获奖者	获奖单位
特等奖	邓广铭全集(1至10卷)	专著	邓小南	历史学系
一等奖	触摸历史与进入五四	专著	陈平原	中国语言文学系
一等奖	19世纪德国非主流哲学：现象学的史前史札记	专著	靳希平	哲学系
一等奖	英美小说叙事理论研究	专著	申 丹	外国语学院
一等奖	当代会计前沿问题研究：创新与发展	专著	吴联生	光华管理学院
一等奖	选择：国企变革与工人生存行动	专著	刘爱玉	社会学系
一等奖	探索教育变革：经济学和管理政策的视角	专著	闵维方	教育学院
二等奖	所谓无词的言语	论文	韩毓海	中国语言文学系
二等奖	汉语和汉语研究十五讲	教材	陆俭明	中国语言文学系
二等奖	近代汉语副词研究	专著	杨荣祥	中国语言文学系

续表

获奖等级	成果名称	成果形式	申报获奖者	获奖单位
二等奖	东亚的历史巨变与重新崛起：东亚现代化进程研究	专著	梁志明	历史学系
二等奖	中国远古人类文化的源流	专著	王幼平	考古文博学院
二等奖	走向后马克思：从生产之镜到符号之镜——早期鲍德里亚思想的文本学解读	专著	仰海峰	哲学系
二等奖	逻辑哲学研究	专著	陈波	哲学系
二等奖	殊方异药：出土文书与西域医学	专著	陈明	外国语学院
二等奖	中日茶文化交流史	专著	滕军	外国语学院
二等奖	中国电影文化史（1905—2004）	专著	李道新	艺术学院
二等奖	图像缤纷：视觉艺术的文化维度	专著	丁宁	艺术学院
二等奖	转轨中的经济增长与经济结构	专著	刘伟	经济学院
二等奖	中国社会保障制度研究：社会保险改革与商业保险发展	专著	孙祁祥	经济学院
二等奖	也许正在发生：转型中国的法学	专著	朱苏力	法学院
二等奖	财税法疏议	专著	张守文	法学院
二等奖	加入WTO对中国政府管理体制的影响研究	专著	黄恒学	政府管理学院
二等奖	与时俱进的科学社会主义	专著	孙代尧	马克思主义学院
二等奖	提高出生人口素质的战略转变：从产前—围产保健到孕前—围孕保健	论文	郑晓瑛	人口研究所

制表人：倪润安

北京大学第十届人文社会科学研究优秀成果奖获奖名单

获奖等级	成果名称	成果形式	申报获奖者	单位
一等奖	近代汉语副词研究	著作类	杨荣祥	中国语言文学系
一等奖	《汉学师承记》笺释（全2册）	著作类	漆永祥	中国语言文学系
一等奖	触摸历史与进入五四	著作类	陈平原	中国语言文学系
一等奖	汉语的词库与词法	著作类	董秀芳	中国语言文学系
一等奖	东亚的历史巨变与重新崛起	著作类	梁志明	历史学系
一等奖	中国远古人类文化的源流	著作类	王幼平	考古文博学院
一等奖	十九世纪德国非主流哲学——现象学的史前史札记	著作类	靳希平	哲学系
一等奖	诠释与重建——王船山的哲学精神	著作类	陈来	哲学系
一等奖	自由主义、社会契约与政治辩护	著作类	徐向东	哲学系
一等奖	《圣经》的文学阐释——理论与实践	著作类	刘意青	外国语学院
一等奖	缅译汉《琉璃宫史》（三卷本）	著作类（译著）	李谋	外国语学院
一等奖	殊方异药：出土文献与西域医学	著作类	陈明	外国语学院
一等奖	中国电影文化史（1905—2004）	著作类	李道新	艺术学院
一等奖	中国工薪所得税有效税率研究	论文	刘怡	经济学院
一等奖	会计师民事责任研究：公众利益与职业利益的平衡	著作类	刘燕	法学院
一等奖	沈家本评传	著作类	李贵连	法学院
一等奖	选择：国企变革与工人生存行动	著作类	刘爱玉	社会学系
一等奖	从政治发展理论到政策过程理论——中国政治改革研究的中层理论建构探讨	论文	徐湘林	政府管理学院
一等奖	中国共产党执政以来防灾救灾的思想与实践	著作类	康沛竹	马克思主义学院
一等奖	探索教育变革：经济学和管理政策的视角	著作类	闵维方	教育学院
一等奖	自生能力、经济发展与转型：理论与实证	著作类	林毅夫	中国经济研究中心
二等奖	比较诗学导论	著作类	陈跃红	中国语言文学系
二等奖	汉语语法研究的认知视野	著作类	袁毓林	中国语言文学系
二等奖	论《集韵》异读字与《类篇》重音字的差异	论文	张渭毅	中国语言文学系

续表

获奖等级	成果名称	成果形式	申报获奖者	单位
二等奖	楚辞选评	著作类（古籍整理）	褚斌杰	中国语言文学系
二等奖	契丹名、字初释——文化人类学视野下的父子连名制	论文	刘浦江	历史学系
二等奖	阴山高阙与阳山高阙辨析	论文	辛德勇	历史学系
二等奖	近代普鲁士官僚制度研究	著作类	徐健	历史学系
二等奖	意识形态与美国对华政策——以艾奇逊和"承认问题"为中心的再研究	论文	王立新	历史学系
二等奖	印度史	著作类	林承节	历史学系
二等奖	宋代丧葬习俗的变革及其体现的社会意义	论文	秦大树	考古文博学院
二等奖	清理与超越——重读马克思文本的意旨、基础与方法	著作类	聂锦芳	哲学系
二等奖	金元全真教石刻新编	著作类（古籍整理）	王宗昱	哲学系
二等奖	庄子哲学	著作类	王博	哲学系
二等奖	当科学遇到宗教	著作类（译著）	苏贤贵	哲学系
二等奖	汉译英《古文观止》精选	著作类（译著）	罗经国	外国语学院
二等奖	功能词的多元语义功能研究	著作类	高彦梅	外国语学院
二等奖	文字与文明——以楔形文字为例	论文	拱玉书	外国语学院
二等奖	诗国寻美——俄罗斯诗歌艺术研究	著作类	顾蕴璞	外国语学院
二等奖	汉语—印度尼西亚语对照《唐诗一百首》	著作类（译著）	梁立基	外国语学院
二等奖	诗与思的激情对话——论奥克塔维奥·帕斯的诗歌艺术	著作类	王军	外国语学院
二等奖	《汉语水平词汇与汉字等级大纲》收"语"分析	论文	李红印	对外汉语教育学院
二等奖	汉语的结构和句子研究	著作类	杨德峰	对外汉语教育学院
二等奖	图像缤纷——视觉艺术的文化维度	著作类	丁宁	艺术学院
二等奖	走出晚清：涉外人物及中国的世界观念之研究	著作类	李扬帆	国际关系学院
二等奖	国际关系中的主权与人权——对两者关系的多维透视	著作类	罗艳华	国际关系学院
二等奖	中国经济周期性波动的微观基础的转变	论文	睢国余	经济学院
二等奖	区域水灾风险评估的理论与实践	著作类	刘新立	经济学院
二等奖	上市公司连续连年亏损就应该被"ST"吗？	论文	姜国华	光华管理学院
二等奖	Medals in transition: explaining medal performance and inequality of Chinese provinces	论文	江明华	光华管理学院
二等奖	中国民营企业家的政治战略	论文	张建君	光华管理学院
二等奖	大宗股权交易与公司控制	论文	王志诚	光华管理学院
二等奖	关系犯罪学	著作类	白建军	法学院
二等奖	因开放、反思而合法——探索中国公法变迁的规范性基础	论文	沈岿	法学院
二等奖	行政许可与个人自由	论文	陈端洪	法学院
二等奖	物权法原则的重新审视	论文	刘凯湘	法学院
二等奖	构建知识管理网络：有效沟通的实践、工具和技术	著作类（译著）	祁延莉	信息管理系
二等奖	数字音乐信息组织	著作类	韩圣龙	信息管理系
二等奖	革命前后中国乡村社会分化模式及其变迁：社区研究的发现	论文	卢晖临	社会学系
二等奖	非协调约束与组织运作——中国慈善组织与政府关系的个案研究	著作类	田凯	政府管理学院
二等奖	进化论与中国激进主义：1859—1924	著作类	吴丕	政府管理学院
二等奖	与时俱进的科学社会主义	著作类	孙代尧	马克思主义学院

续表

获奖等级	成果名称	成果形式	申报获奖者	单位
二等奖	小康社会：中国特色社会主义理论与实践的解读	著作类	刘志光	马克思主义学院
二等奖	从伯克利到北大清华——中美公立研究型大学建设与运行	著作类	马万华	教育学院
二等奖	国际传播学	著作类	关世杰	新闻与传播学院
二等奖	媒体专业主义的困境与社会秩序的维护——"凯利事件"背后的媒体权威与法律权威	论文	吴靖	新闻与传播学院
二等奖	"The Price of Size and Financial Market Allocations"（规模的价格与金融市场配置）	论文	曾志雄	中国经济研究中心
二等奖	近20年来中国人口死亡的性别差异研究	论文	任强	人口研究所
二等奖	中国妇女与农村发展——云南禄村六十年的变迁	著作类（译著）	胡玉坤	人口研究所
二等奖	《中文核心期刊要目总览》2004年版	著作类（工具书）	戴龙基	图书馆
二等奖	大国卫生之难——中国农村医疗卫生现状与制度改革探讨	著作类	王红漫	医学部

制表人：倪润安

第三届全国教育科学研究优秀成果奖获奖名单

获奖等级	成果名称	成果形式	申报获奖者	单位
二等奖	德国古典大学观及其对中国大学的影响	著作	陈洪捷	教育学院
二等奖	在参与中学习与行动——参与式方法培训指南	著作	陈向明	教育学院
二等奖	中国高等院校规模效益的实证研究	著作	丁小浩	教育学院
二等奖	中国大学十讲	著作	陈平原	中国语言文学系
三等奖	高等院校研究生教育管理信息系统的研究开发	研究报告	周其凤	研究生院

制表人：倪润安

2006年获北京市社科理论著作出版基金资助著作名单

序号	申报著作	申请人	所在单位	出版单位
1	当代中国诗学话语的理论阐释	金永兵	中国语言文学系	北京大学出版社
2	实践哲学与霸权——当代语境中的葛兰西哲学	仰海峰	哲学系	北京大学出版社
3	从形式回到历史——20世纪西方文论和学科体制探讨	周小仪	外国语学院	北京大学出版社
4	文艺复兴时期英国诗歌与园林传统	胡家峦	外国语学院	北京大学出版社
5	王国维、郭沫若与儒教	喻天舒	外国语学院	北京大学出版社
6	语用、认知与日语学习	徐昌华	外国语学院	北京大学出版社
7	地缘政治学：二分论及其超越——兼论海陆关系整合中的中国地缘选择	李义虎	国际关系学院	北京大学出版社
8	股东之间利益冲突研究	王立彦	光华管理学院	北京大学出版社
9	民国初年的进步党与议会政党政治研究	张永	马克思主义学院	北京大学出版社
10	渐进式的超越——世纪之交中俄体制转型的调整与深化	关海庭	政府管理学院	北京大学出版社
11	中国农村金融市场研究	刘民权	经济学院	中国人民大学出版社
12	清代《孟子》学史	李畅然	儒藏编纂中心	北京大学出版社
13	云南古代青铜器的金相与成分研究	吴小红 崔剑锋	考古文博学院	北京大学出版社
14	徐光启对外观念研究	初晓波	国际关系学院	北京大学出版社
15	政绩考察与信息渠道——以宋代为中心	邓小南	历史学系	北京大学出版社
16	反思对公法/私法二元区分的挑战	金自宁	法学院	北京大学出版社

制表人：倪润安

2006年文科单位 SCI、SSCI、A&HCI 论文名单

序号	单位	索引源	作者	题目	期刊名称	文章类型
1	中国语言文学系	A&HCI	汪 锋	Multilingualism in China-The politics of writing reforms for minority languages 1949—2002	JOURNAL OF CHINESE LINGUISTICS	Book Review
2	中国语言文学系	A&HCI	汪 锋	Dialect variations in Chinese	JOURNAL OF CHINESE LINGUISTICS	Book Review
3	考古文博学院	SSCI A&HCI	权奎山	ICP-MS trace element analysis of Song dynasty porcelains from Ding, Jiexiu and Guantai kilns, north China	JOURNAL OF ARCHAEOLOGICAL SCIENCE	Article
4	哲学系	A&HCI	陈 来	Studying Chinese philosophy: Turn-of-the-century's challenges	REVUE INTERNATIONALE DE PHILOSOPHIE	Article
5	哲学系	SSCI	吴 飞	"Gambling for qi": Suicide and family politics in a rural north China county	CHINA JOURNAL	Article
6	外国语学院	A&HCI	申 丹	Narratology in China and in the West	FOREIGN LITERATURE STUDIES	Chinese Article
7	外国语学院	A&HCI	申 丹	Why contextual and formal narratologies need each other	JNT-JOURNAL OF NARRATIVE THEORY	Article
8	外国语学院	A&HCI	申 丹	The future of literary theories: Exclusion, complementarity, pluralism	ARIEL-A REVIEW OF INTERNATIONAL ENGLISH LITERATURE	Article
9	外国语学院	A&HCI	程朝翔	The use of Shakespeare in war: A case study of the social utility of literature	FOREIGN LITERATURE STUDIES	Chinese Article
10	外国语学院	A&HCI	魏丽明	A male writer's narrative strategy: Jainendra Kumar's female characters	FOREIGN LITERATURE STUDIES	Chinese Article
11	法学院	SSCI	-	Sending law to the countryside: Research on China's basic-level judicial system	YALE LAW JOURNAL	Book Review
12	法学院	A&HCI	陈兴良	An examination of the death penalty in China	CONTEMPORARY CHINESE THOUGHT	Article
13	法学院	A&HCI	陈兴良	Opinions on retention versus abolition of the death penalty	CONTEMPORARY CHINESE THOUGHT	Article
14	政府管理学院	SSCI	沈明明	Reaching migrants in survey research: The use of the global positioning system to reduce coverage bias in China	POLITICAL ANALYSIS	Article
15	国际关系学院	SSCI	王缉思	China's search for stability with America	FOREIGN AFFAIRS	Article

序号	单位	索引源	作者	题目	期刊名称	文章类型
16	教育学院	SSCI	丁延庆	Resource utilization and disparities in compulsory education in China	CHINA REVIEW-AN INTERDISCIPLINARY JOURNAL ON GREATER CHINA	Article
17	经济学院	SSCI	-	VAT base broadening when the location of some consumption is mobile	ECONOMICS LETTERS	Article
18	经济学院	SSCI	-	Real wages, real interest rates, and the Phillips curve	APPLIED ECONOMICS	Article
19	中国经济研究中心	SSCI	林毅夫	Viability, economic transition and reflection on neoclassical economics	KYKLOS	Article
20	中国经济研究中心	SSCI	沈艳	Aggregate vs. disaggregate data analysis - A paradox in the estimation of a money demand function of Japan under the low interest rate policy	JOURNAL OF APPLIED ECONOMETRICS	Article
21	中国经济研究中心	SSCI	姚洋	Causes of privatization in China - Testing several hypotheses	ECONOMICS OF TRANSITION	Article
22	中国经济研究中心	SSCI	马浩	Leaders beware: Some sure way to lose your competitive advantage	ORGANIZATIONAL DYNAMICS	Article
23	中国经济研究中心	SSCI	霍德明	Inflation and pattern of trade in a dynamic specific-factors model with money	MACROECONOMIC DYNAMICS	Article
24	光华管理学院	SSCI	郭贤达	Efficiency, effectiveness and productivity of marketing in services	EUROPEAN JOURNAL OF OPERATIONAL RESEARCH	Article
25	光华管理学院	SSCI SCI	郭贤达	The effects of R&D and advertising on firm value: An examination of manufacturing and nonmanufacturing firms	IEEE TRANSACTIONS ON ENGINEERING MANAGEMENT	Article
26	光华管理学院	SSCI	周黎安	Parental childcare and children's educational attainment: evidence from China	APPLIED ECONOMICS	Article
27	光华管理学院	SSCI	周黎安	Relative perfonnance evaluation and the turnover of provincial leaders in China	ECONOMICS LETTERS	Article
28	光华管理学院	SSCI	周黎安	Political turnover and economic performance: the incentive role of personnel control in China	JOURNAL OF PUBLIC ECONOMICS	Article
29	光华管理学院	SSCI SCI	陈丽华	Equilibrium prices for resource allocation in grid computing	DYNAMICS OF CONTINUOUS DISCRETE AND IMPULSIVE SYSTEMS-SERIES B-APPLICATIONS & ALGORITHMS	Article

续表

序号	单位	索引源	作者	题目	期刊名称	文章类型
30	光华管理学院	SSCI SCI	陈丽华	Condorcet winners for public goods	ANNALS OF OPERATIONS RESEARCH	Article
31	光华管理学院	SCI	陈丽华 王其文	Majority equilibrium of distribution centers allocation in supply chain management	LECTURE NOTES IN COMPUTER SCIENCE	Article
32	光华管理学院	SCI	蔡知令（特聘教授）	Tree-augmented Cox proportional hazards models	BIOSTATISTICS	Article
33	光华管理学院	SSCI SCI	蔡知令（特聘教授）	Constrained inverse regression for incorporating prior information	JOURNAL OF THE AMERICAN STATISTICAL ASSOCIATION	Article
34	光华管理学院	SSCI	徐立新（兼职教授）	Incentives for CEOs with multitasks: Evidence from Chinese state-owned enterprises	JOURNAL OF COMPARATIVE ECONOMICS	Article
35	光华管理学院	SSCI	徐立新（兼职教授）	Regulatory reforms in the telecommunications sector in developing countries: The role of democracy and private interests	WORLD DEVELOPMENT	Article
36	光华管理学院	SSCI	徐立新（兼职教授）	Institutions, ownership, and finance: the determinants of profit reinvestment among Chinese firms	JOURNAL OF FINANCIAL ECONOMICS	Article
37	光华管理学院	SSCI	徐立新（兼职教授）	Politician control, agency problems and ownership reform-Evidence from China	ECONOMICS OF TRANSITION	Article
38	光华管理学院	SSCI SCI	闫丽静	Cardiovascular risk profile earlier in life and medicare costs in the last year of life	ARCHIVES OF INTERNAL MEDICINE	Article
39	光华管理学院	SCI	闫丽静	Relationship of fruit and vegetable consumption in middle-aged men to Medicare expenditures in older age: The Chicago Western Electric Study	JOURNAL OF THE AMERICAN DIETETIC ASSOCIATION	Article
40	光华管理学院	SCI	蔡剑	Knowledge management within collaboration processes: A perspective modeling and analyzing methodology	JOURNAL OF DATABASE MANAGEMENT	Article
41	光华管理学院	SSCI SCI	蔡剑	A Social Interaction Analysis Methodology for Improving E-Collaboration over the Internet	Electronic Commerce Research and Applications	Article
42	光华管理学院	SSCI	单忠东	Does financial development 'lead' economic growth? A vector autoregression appraisal	APPLIED ECONOMICS	Article
43	光华管理学院	SSCI	王辉	Leader-member exchange as a mediator of the relationship between transformational leadership and followers' performance and organizational citizenship behavior	ACADEMY OF MANAGEMENT JOURNAL	Article

续表

序号	单位	索引源	作者	题目	期刊名称	文章类型
44	光华管理学院	SSCI	韩践	Crossover linear modeling: Combining multilevel heterogeneities in crossover relationships	ORGANIZATIONAL RESEARCH METHODS	Article
45	光华管理学院	SSCI	江明华	Medals in transition: explaining medal performance and inequality of Chinese provinces	JOURNAL OF COMPARATIVE ECONOMICS	Article
46	光华管理学院	SCI	龚六堂	The existence theorem of optimal growth model	ACTA MATHEMATICA SCIENTIA	Article
47	光华管理学院	SCI	张俊倪	Independent particle filters	JOURNAL OF THE AMERICAN STATISTICAL ASSOCIATION	Article
48	光华管理学院	SCI	刘国恩	Choice of atypical antipsychotic therapy for patients with schizophrenia: An analysis of a Medicaid population	CURRENT THERAPEUTIC RESEARCH-CLINICAL AND EXPERIMENTAL	Article
49	光华管理学院	SCI	王汉生	A Bayesian approach on sample size calculation for comparing means	JOURNAL OF BIOPHARMACEUTICAL STATISTICS	Article
50	光华管理学院	SSCI	姜国华	Information uncertainty and expected returns	REVIEW OF ACCOUNTING STUDIES	Article
51	光华管理学院	SSCI	周长辉	R&D co-practice and 'reverse' knowledge integration in multinational firms	JOURNAL OF INTERNATIONAL BUSINESS STUDIES	Article
52	光华管理学院	SSCI	徐信忠	The dynamics of international equity market expectations	JOURNAL OF FINANCIAL ECONOMICS	Article
53	光华管理学院	SSCI	-	Medical malpractice in the People's Republic of China: The 2002 regulation on the handling of medical accidents	JOURNAL OF LAW MEDICINE & ETHICS	Review

制表人：倪润安

北京大学 2006 年度人文社会科学国际(双边)学术会议一览表

序号	日期	会议名称	举办单位
1	2月25—26日	第二届国际朝鲜(韩国)语教学研讨会	外国语学院东语系朝鲜语教研室
2	4月9—15日	"教育财政分权与地方管理"培训	北京大学中国教育财政科学研究所、世界银行学院等
3	4月17—20日	从考古理念到实践—田野考古的教学、培训与实践	北京大学考古文博学院、北京大学中国考古学研究中心、英国伦敦大学考古学院
4	4月18—19日	21世纪的东亚—文化建设与文化交流	北京大学亚太研究院、澳门理工学院中西文化研究所
5	5月11—13日	比较神话学国际研讨会	北京大学东方文学研究中心、哈佛大学亚洲研究中心
6	5月18—19日	Workshop for Preparing Joint Research Grant Proposals on Interdisciplinary Studies on Healthy Aging	老龄健康与家庭研究中心、中国经济研究中心、美国杜克大学

续表

序号	日期	会议名称	举办单位
7	5月20—21日	亚洲广告的创新与广告教育论坛	新闻与传播学院
8	5月22—24日	北京大学——康奈尔WTO高端论坛	北京大学法学院、北京大学WTO法律中心、北京外国语大学、康乃尔大学
9	6月6—8日	JBF30周年庆研讨会	北京大学光华管理学院、JBF杂志
10	6月16—18日	当代语言学理论和汉语研究国际学术报告会	北京大学、北京语言大学、社会科学院语言研究所、北京师范大学等
11	6月20—21日	建设可持续发展的和谐社会：来自古代近东的启示	古代东方文明研究所
12	6月20—21日	"语言哲学"国际研讨会	北京大学外国哲学研究所、哲学系、国际中西哲学比较研究学会、美国哲学学会国际合作委员会
13	6月22日	第11次中韩国际学术研讨会	马克思主义学院
14	6月23—25日	公共财政改革与中国和谐发展	经济学院
15	6月23—26日	国际商务学会2006年年会	光华管理学院、国际商务学会
16	6月24日	第二届国际能源与金属战略论坛	经济学院等
17	7月4—6日	中世纪哲学国际学术讨论会	外国哲学研究所
18	7月28—29日	房地产投资信托：国际经验以及对中国的启示	房地产法研究中心、金融法研究中心
19	8月12日	当代世界新宗教国际学术研讨会（2006）：东亚社会变革与新宗教	东亚学研究中心
20	8月12—14日	内陆亚洲的历史与社会	北京大学、日本大学、石河子大学
21	8月13—14日	北京大学首届中华武术韩国跆拳道国际交流大会	武术研究中心
22	8月19—20日	反就业歧视的立法必要性和理论框架：中国项目成果发布会及研讨会	劳动法与社会保障法研究所
23	8月24—25日	《圆佛教教典》（中文版）出版纪念学术研讨会	北京大学宗教文化研究所、韩国佛教学会
24	8月25—27日	云贵高原及其相关地区史前文化	北京大学中国考古学研究中心、贵州省文物考古研究所
25	8月28—29日	中国俄罗斯学学术研讨会	俄语系等
26	9月17—18日	"高等教育规模扩大过程中的财政体系"中日高等教育财政高层研讨会	北京大学中国教育财政科学研究所、东京大学经营·政策研究中心
27	9月22—25日	首届汉语音韵学青年学者国际学术研讨会	中国语言文学系
28	9月25日	北京大学第二届国际武术论坛	武术研究中心
29	10月16—18日	回佛对话国际研讨会	哲学系、宗教学系
30	10月19—22日	第七届韩国传统文化学术研讨会	韩国学研究中心
31	10月20—22日	第七届中国语音学学术会议暨语音学前沿问题国际论坛	汉语语言学研究中心
32	10月22—23日	2006北京大学日本学国际学术研讨会	日本语言文化系、日本文化研究所
33	10月24日	第二届海峡两岸农业发展与农村建设学术研讨会	台湾研究中心
34	10月24—26日	中国第二届女性与体育文化国际论坛—博雅体育,健康女性	人文体育研究基地、妇女体育研究中心
35	10月26—27日	中国人口健康与发展	北京大学经济与人类发展研究中心、WHO北京代表处
36	10月28—29日	亚太地区市场营销高峰论坛	光华管理学院
37	11月2—3日	泰语教学与研究国际学术研讨会	泰国研究所、诗琳通科技文化交流中心
38	11月10日	南冥学国际学术研讨会	北京大学韩国学研究中心、韩国庆尚大学南冥研究所
39	11月17—18日	和谐社会建设与可持续发展双边学术会	环境学院

续表

序号	日期	会议名称	举办单位
40	11月17—19日	2006博彩产业与公益事业	北京大学中国公益彩票事业研究所、澳门理工学院
41	11月18—19日	中日社会变迁与社会政策双边会议	社会学系
42	11月24—25日	佛教与和谐世界	北京大学哲学系、宗教学系、英属哥伦比亚大学亚洲研究院
43	11月25—26日	基督教在中国：比较研究的视角与方法青年学者研讨会	北京大学比较文学与比较文化研究所、英语系、美国旧金山大学利玛窦中西历史文化研究所
44	12月6—8日	中日学者六朝文学国际研讨会	中国语言文学系
45	12月8—10日	第五届中国社会语言学国际学术研讨会	北京大学外国语学院、中国社会语言学会、墨尔本大学语言教育系
46	12月10日	纪念达·纳楚克道尔基诞辰100周年学术研讨会	外国语学院
47	12月11—12日	北京大学—北卡大学联合卫生改革发展论坛	北京大学、北卡大学
48	12月19—21日	健康长寿的社会、环境和遗传影响因素交叉研究科学前沿	老龄健康与家庭研究中心、中国经济研究中心
49	12月22—23日	第三届朝鲜（韩国）语教学国际学术会议	外国语学院东系朝鲜语言文化专业
50	12月23—24日	首届中青年学者汉语教学国际学术研讨会	对外汉语教育学院

制表人：朱邦芳

北京大学文科科研机构名单

序号	机构名称	负责人	挂靠单位
1	国学研究院	袁行霈	跨学科
2	首都发展研究院	杨开忠	跨学科
3	欧美文学研究中心	申丹	跨学科
4	亚太研究院	何芳川	跨学科
5	中国产业发展研究中心	刘春航	跨学科
6	东方学研究院	季羡林	跨学科
7	诗琳通科技文化交流中心	林建华	跨学科
8	比较文学与比较文化研究所	严绍璗	跨学科
9	中国古代文体研究中心	葛晓音	中国语言文学系
10	跨文化研究中心	乐黛云	中国语言文学系
11	语文教育研究所	温儒敏	中国语言文学系
12	新诗研究所	谢冕	中国语言文学系
13	古代诗歌与史学研究所	袁行霈	中国语言文学系
14	诗歌中心	林庚	中国语言文学系
15	文化资源研究中心	李零	中国语言文学系
16	二十世纪中国文化研究中心	陈平原	中国语言文学系
17	法国文化研究中心	孟华	中国语言文学系
18	文献数据分析研究中心	李小凡	中国语言文学系
19	世界现代化进程研究中心	董正华	历史学系
20	东北亚研究所	宋成有	历史学系
21	当代企业文化研究所	王天有	历史学系
22	孙中山思想国际研究中心	徐万民	历史学系
23	中外关系史研究所	王晓秋	历史学系
24	现代史料研究中心	杨奎松	历史学系
25	希腊研究中心	彭小瑜	历史学系
26	国际东亚学研究中心	郝斌	历史学系
27	历史文化研究所	张希清	历史学系

续表

序号	机构名称	负责人	挂靠单位
28	明清研究中心	王天有	历史学系
29	东南亚学研究中心	梁志明	历史学系
30	拉丁美洲研究中心	林被甸	历史学系
31	历史文化交流中心	牛大勇	历史学系
32	中外妇女问题研究中心	吴志攀	历史学系
33	历史文化资源研究所	牛大勇	历史学系
34	人才研究中心	岳庆平	历史学系
35	历史地理与古地图研究中心	李孝聪	历史学系
36	世界史研究院	何芳川	历史学系
37	中国传统艺术文化研究所	杨重光	历史学系
38	陶瓷考古研究所	权奎山	考古文博学院
39	震旦古代文明研究中心	李伯谦	考古文博学院
40	宗教考古研究所	宿 白	考古文博学院
41	中国古代玉器暨玉文化研究中心	赵朝洪	考古文博学院
42	现代科学与社会研究中心	赵敦华	哲学系
43	宗教研究所	楼宇烈	哲学系
44	人学研究中心	黄楠森 陈志尚	哲学系
45	中国哲学暨文化研究所	李中华	哲学系
46	现代科学与哲学研究中心	赵光武	哲学系
47	应用伦理学研究中心	吴国盛	哲学系
48	科学传播中心	吴国盛	哲学系
49	儒商文化研究中心	胡 军	哲学系
50	儒学研究中心	陈 来	哲学系
51	法国哲学研究中心	杜小真	哲学系
52	日本研究中心	王学珍	国际关系学院
53	韩国学研究中心	杨通方	国际关系学院
54	国际组织研究中心	王 杰	国际关系学院
55	台港澳与世界事务研究所	李义虎	国际关系学院
56	中国与世界研究中心	潘 维	国际关系学院
57	美国研究中心	袁 明	国际关系学院
58	非洲研究中心	陆庭恩	国际关系学院
59	华侨华人研究中心	周南京	国际关系学院
60	东西方文化研究中心	梁守德	国际关系学院
61	国际和平与安全中心	梁守德	国际关系学院
62	俄罗斯研究中心	黄宗良	国际关系学院
63	中国战略研究中心	叶自成	国际关系学院
64	经济研究所	睢国余	经济学院
65	外国经济学说研究中心	王志伟	经济学院
66	市场经济研究中心	晏智杰 郑学益	经济学院
67	国际经济研究所	王跃生	经济学院
68	中国金融研究中心	胡 坚	经济学院
69	联泰供应链应用系统研究发展中心	曹和平	经济学院
70	国民信用研究中心	郑学益	经济学院
71	中国国民经济核算与经济增长研究中心	李德水	经济学院
72	中国保险与社会保障研究中心	孙祁祥	经济学院
73	项目管理研究所	王义遒	经济学院
74	产业与文化研究所	黄桂田	经济学院

续表

序号	机构名称	负责人	挂靠单位
75	金融与产业发展研究中心	何小锋	经济学院
76	经济与人类发展研究中心	刘民权	经济学院
77	国际经营管理研究所	张国有	光华管理学院
78	国际会计与财务研究中心	王立彦	光华管理学院
79	金融与证券研究中心	曹凤岐	光华管理学院
80	金融数学与金融工程研究中心	史树中	光华管理学院
81	管理科学研究中心	厉以宁	光华管理学院
82	工商管理研究所	张维迎	光华管理学院
83	管理案例研究中心	何志毅	光华管理学院
84	中国中小企业促进中心	朱善利	光华管理学院
85	网络经济研究中心	张维迎	光华管理学院
86	二十一世纪创业投资研究中心	朱善利	光华管理学院
87	华人企业管理研究中心	厉以宁	光华管理学院
88	国际MBA案例教学研究中心	王建国	光华管理学院
89	国家高新技术产业开发区发展战略研究院	马颂德 厉以宁 王其文	光华管理学院
90	中国经济与WTO研究所	单忠东	光华管理学院
91	中国医药经济研究中心	刘国恩	光华管理学院
92	(中美)新市场经济与管理研究中心	王建国	光华管理学院
93	海波龙企业绩效管理(BPM)研究中心	李 东	光华管理学院
94	商务智能研究中心	陈 嵘	光华管理学院
95	贫困地区发展研究院	厉以宁	光华管理学院
96	商业经济与发展研究所	杨岳全	光华管理学院
97	战略研究所	于鸿君	光华管理学院
98	国际法研究所	饶戈平	法学院
99	犯罪问题研究中心	康树华 赵国玲	法学院
100	比较法与法社会学研究所	朱苏力	法学院
101	港澳台法律研究中心	饶戈平	法学院
102	中日法律文化研究与交流中心	武树臣	法学院
103	法学院金融法研究中心	吴志攀	法学院
104	环境与资源法研究中心	汪 劲	法学院
105	税法研究中心	刘隆亨	法学院
106	法学院劳动法与社会保障法研究所	贾俊玲	法学院
107	法学院人权研究中心	龚韧刃	法学院
108	国际经济法研究所	邵景春	法学院
109	法学院非营利组织法研究中心	魏定仁	法学院
110	刑事法理论研究所	陈兴良	法学院
111	海商法研究中心	郭 瑜	法学院
112	人民代表大会与议会研究中心	龚韧刃	法学院
113	实证法务研究所	白建军	法学院
114	公法研究中心	姜明安	法学院
115	世界贸易组织法研究中心	邵景春	法学院
116	近代法研究所	李贵连	法学院
117	法律经济学研究中心	朱苏力	法学院
118	房地产法研究中心	楼建波	法学院
119	财经法研究中心	刘剑文	法学院
120	宪政研究中心	朱苏力	法学院
121	法学院公众参与研究与支持中心	王锡锌	法学院

续表

序号	机构名称	负责人	挂靠单位
122	法学院民法研究中心	尹田	法学院
123	公司财务与公司法研究中心	刘燕	法学院
124	北大-耶鲁法律与政策改革联合研究中心	Paul Gewirtz 王锡锌	法学院
125	中美法律与政策联合研究中心	杰弗里·雷蒙	法学院
126	社会调查研究中心	王汉生	社会学系
127	社会理论研究中心	谢立中	社会学系
128	人类学与民俗研究中心	蔡华	社会学系
129	中国社会工作理论与实践研究中心	王思斌	社会学系
130	中国工人与劳动研究中心	佟新	社会学系
131	电子政务研究院	杨凤春	政府管理学院
132	公共经济管理研究中心	黄恒学	政府管理学院
133	欧洲研究中心	李强	政府管理学院
134	企业与政府研究所	路风	政府管理学院
135	人力资源开发与管理研究中心	肖鸣政	政府管理学院
136	政党研究中心	金安平	政府管理学院
137	政府绩效评估中心	周志忍	政府管理学院
138	中国公益彩票事业研究中心	沈明明	政府管理学院
139	中国国情研究中心	沈明明	政府管理学院
140	中国金融政策研究中心	吴志攀	政府管理学院
141	公民社会研究中心	袁瑞军	政府管理学院
142	地方政府治理与创新研究中心	万鹏飞	政府管理学院
143	图像思维与未来政府研究中心	张学栋	政治发展与政府管理研究所
144	政府管理与企业发展研究中心	钱元强	政治发展与政府管理研究所
145	志愿服务与社会福利研究中心	丁元竹	政治发展与政府管理研究所
146	国民素质研究中心	解思忠	政治发展与政府管理研究所
147	地方政府研究院	谢庆奎	政治发展与政府管理研究所
148	廉政建设研究中心	李成言	政治发展与政府管理研究所
149	中国政府创新研究中心	俞可平	政治发展与政府管理研究所
150	人民代表大会与议会研究中心	蔡定剑	政治发展与政府管理研究所
151	战略管理与发展研究中心	王浦劬	政治发展与政府管理研究所
152	阿拉伯伊斯兰文化研究所	谢秩荣	外国语学院
153	朝鲜(韩国)文化研究所	金景一	外国语学院
154	日本文化研究所	彭广陆	外国语学院
155	俄罗斯文化研究所	查晓燕	外国语学院
156	印度尼西亚、马来西亚文化研究所	梁敏和	外国语学院
157	南亚文化研究所	王邦维	外国语学院
158	伊朗文化研究所	王一丹	外国语学院
159	英语语言文学研究所	丁宏为	外国语学院
160	东南亚研究所	张玉安	外国语学院
161	泰国研究所	傅增有	外国语学院
162	澳大利亚研究中心	胡壮麟	外国语学院
163	世界传记研究中心	赵白生	外国语学院
164	西班牙语研究中心	赵振江	外国语学院
165	中世纪研究中心	高峰枫	外国语学院
166	蒙古学研究中心	吴新英	外国语学院
167	印度研究中心	王邦维	外国语学院
168	巴西文化研究中心	丁文林	外国语学院

续表

序号	机构名称	负责人	挂靠单位
169	梵文贝叶经及佛教文献研究所	段 晴	外国语学院
170	古代东方文明研究所	拱玉书	外国语学院
171	法语语言文化研究中心	秦海鹰	外国语学院
172	英语教育研究所	孔宪悼	外国语学院
173	外国戏剧和电影研究所	程朝翔	外国语学院
174	外国语言学和应用语言学研究所	高一虹	外国语学院
175	语言中心	程朝翔	外国语学院
176	文化产业研究所	叶 朗	艺术学系
177	汉画研究所	朱青生	艺术学系
178	书法艺术研究所	金开诚	艺术学系
179	京昆古琴研究所	楼宇烈	艺术学系
180	戏剧研究所	叶 朗	艺术学系
181	电视研究中心	彭吉象	艺术学系
182	市场与媒介研究中心	谢新洲	新闻与传播学院
183	世界华文传媒研究中心	程曼丽	新闻与传播学院
184	财经新闻研究中心	徐 泓	新闻与传播学院
185	创意产业研究中心	杨伯溆	新闻与传播学院
186	中国竞争情报和竞争力研究中心	谢新洲	新闻与传播学院
187	北京大学现代广告研究所	陈 刚	新闻与传播学院
188	中国人口健康与发展研究中心	郑晓瑛	人口研究所
189	老年学研究所	陈 功	人口研究所
190	社会发展研究所	易杰雄	马克思主义学院
191	社会经济与文化研究中心	陈占安	马克思主义学院
192	中国民营企业研究所	钱淦荣	马克思主义学院
193	德国研究中心	陈洪捷	教育学院
194	中国教育与人力资源研究与咨询中心	王 蓉	教育学院
195	基础教育与教师教育研究中心	陈向明	教育学院
196	老龄健康与家庭研究中心	曾 毅	中国经济研究中心
197	中国经济研究中心(CCER)——奥美品牌研究中心	海 闻	中国经济研究中心
198	汉语教学研究中心	李晓琪	对外汉语学院
199	妇女体育研究中心	董进霞	体育教研部
200	武术研究中心	李士信	体育教研部
201	体育健康中心	赫忠慧	体育教研部
202	中国高等教育文献保障系统(CALIS)管理中心	迟惠生	图书馆
203	数字图书馆研究所	王义遒	图书馆
204	亚洲史地文献研究中心	戴龙基	图书馆
205	医史学研究中心	张大庆	医学部
206	临床心理中心	崔玉华	医学部
207	历史地理研究所	唐晓峰	环境学院
208	中国直销行业发展研究中心	海 闻	深圳研究生院商学院

注：以上数据统计截至 2006 年 12 月 1 日。

制表人：邹 培

科技开发、产业管理与国内合作

【概况】 2006年,在北京大学校产管理委员会的领导下,北京大学资产经营有限公司(以下简称资产公司)加强了对学校企业的规范管理,北京大学各产业坚持不断创新、科学管理,成为各自领域中的重要力量。方正集团、青鸟集团、未名集团、维信公司等主要企业稳步发展,销售收入合计超过330亿元,其中方正集团300亿元,青鸟集团18.8亿元,未名集团3亿元,资源集团3亿元,维信公司1.6亿元,出版社2.6亿元。2006年度学校产业共向学校上缴7700万元,加上出版社和印刷厂,校本部上缴达9360万元,其中方正集团向学校上缴了5000万元,太平洋大厦上缴2000万元,临湖科技上缴700万元,出版社上缴1600万元;医学部企业销售收入达0.93亿元,向医学部上缴1327万元,其中时代医大公司上缴684.5万元,北医投资管理有限公司上缴247.5万元,教育培训中心上缴280万元,博士苑宾馆上缴60万元,会议中心上缴40万元,传统企业上缴15万元,实现了历史上回报学校最佳业绩。这些资金有力地支持了学校的教学科研。

【校企改制】 截至2006年年底,北京大学本部以往因特殊原因遗留下来的未完成改制的六家公司即将完成改制:北京市北大青鸟软件系统公司和北京北大宇环微电子系统工程公司正在按既定的方案进行改制准备工作;关闭北大方联医学科技中心;随化学实验厂改制一并关闭北京北大德力科化学公司;北大纵横联合咨询有限责任公司已限期去掉冠名;北大大北科技开发公司因牵涉教委和基金委科研经费事宜,现已办理去掉冠名手续并限期关闭。医学部产业改制也取得了实质性进展:2006年下半年关闭仪器厂、北京金利普生物技术开发有限公司及北医投资咨询公司关闭;5月,印刷厂大胶印停产,缩小生产规模;此外,产业下属学院公司进入审计程序,加快企业关停并转进程。

至此,根据国办函要求高校企业改制的精神和教育部规范校办企业管理的指导意见,北京大学在企业规范化建设的过程中不断探索,关、停、并、转,将校本部原来70多家企业改制为由资产公司持股的近40家公司,对诸多高新技术科技企业按新公司法设立了股东会、董事会、监事会"三会"齐全的现代企业管理制度,为产业规范化建设奠定了健康高效发展的基石。

【规范管理】 2006年资产公司为规范管理所持股权的企业,促进企业的健康发展,重新制定并修订相关的产业管理办法,出台了"北京大学资产经营有限公司为所属企业提供担保管理办法"和"北京大学资产经营有限公司为所属企业借款管理办法",加强了对产业的监管力度。同时积极与建设银行、北京银行等签订银企合作协议,为所属企业的贷款打下良好基础,促进企业的长远发展。资产公司还与工商等部门建立良好的沟通渠道,为下属企业开创绿色通道,提供良好的服务。

资产公司统筹资源,通过资本运作、资产运营、投资管理发展新兴科技企业,推进了学校科技成果的产业化,并不断孵化、创办出具有文化教育特色和智力资源优势的科技企业。2006年5月资产公司和科技开发部创建成立了北京北大临湖科技有限公司,主要管理从资源剥离出来的资源东西楼、资源宾馆和资源大楼共计7万平方米的地产;资产公司收回北京北大绿色科技有限公司代持厦门北大泰普制药有限公司37%的股权;成立北京燕园隶德科技发展有限公司,对高校后勤产业改革做出探索性尝试。

【科技开发成果】 2006年科技开发部在继续加强技术合同的规范管理的同时致力于提供全面的服务,并加强了与校内各院系和学校财务部门的沟通交流,科技合作有了较大幅度的提高,2006年科技开发部代表北京大学共签订各类技术合同328项,比2005年增加了105项,合同总金额12261万元。2006年度医学部共审核科研合同131份,正式签署技术合同93项,合同总金额1170.99万元。北京大学总共签订各类技术合同421项,合同总额13432万元。

2006年北京大学科技开发部到款总额6801万元,比2005年增加了1310万元,增加了24%,其中技术开发合同到款4171万元,技术转让197万元,技术服务及其他到款2433万元;医学部到款约1154万元,比2005年增加了一倍多,其中技术开发合同到款158万元,技术转让约62万元,技术服务等996万元。2006年北京大学技术合作到款总额7955万元,创下了到款新高,这些经费成为学校教学科研经费的重要组成部分。

科技开发部到款的院系分布为:信息科学技术学院近2582万元、环境与工程学院1529万元、地球与空间科学学院1234万元、工学院(力学系)近421万元、综合所280万元、物理学院约276万元、生命科学学院157万元、化学与分子工程学院约139万元、数学科学学院34余万元、心理学系31万元、其他118万元。

2006年加强了与国内外一些大型企业的合作,如中石油、中石

化、贵州航空、五凌电力、富士通、微软等企业,其中与石油石化企业或科研院签署的技术合同额达约3300万元,与核电企业签署的技术合同额约600万元,与跨国企业的合同额620万元左右。医学部也积极在国内外寻求有一定实力、信誉和发展前景的企业实体,建立长期的战略伙伴关系,先后与中外企业,如全球最大的成产疫苗企业塞诺非巴斯德公司、阿斯利康(中国)公司、联合利华(中国)有限公司、安利(中国)公司、美国Genetech、新加坡Moleac、美国Alcon Research Ltd.、迈劲药业集团、康缘药业、步长集团等,进行了多轮合作洽谈,以期与实力雄厚的企业合作,共谋发展。在教育部科技发展中心主办的2006年中国高校—大型企业合作论坛上,北京大学与贵航集团共同研制的"无人机航空遥感系统"项目荣获"2006年中国高校-大型企业合作"科技创新十大案例。

【科技成果收集与推广】 2006年科技开发部继续新收集北京大学医学部和各院系可推广合作的高新技术成果60余个,涉及农业环保、信息技术、生物医药等领域,这些信息汇编成册提供给各地科技、政府部门及网上技术市场和企业,积极进行项目推广。

2006年北京大学继续组织参加第九届中国北京国际科技产业博览会、2006年中国无锡民营企业高新技术暨产学研合作洽谈会、2006年黑龙江农业实用特色产业项目推介洽谈会、北京第六届中国医药高新技术交易会、福建"6·18"项目成果交易会、第七届中国专利高新技术产品博览会(山东)、2006年新疆产学研展洽会、烟台开发区高新技术产学研合作洽谈会等一系列科技成果展洽会和技术交易会,在这些展洽会上积极与企业对接洽谈,推介北京大学的科技成果,并走访考察相关产业,加强与地方和企业的技术信息交流以促进实质性的合作。

2006年北京大学继续保持多年合作的山东、辽宁、云南、江西、河南、新疆、浙江等省、市政府和科技管理部门的密切联系,大力促进双方的科技合作。如医学部与福建省三明市、浙江省金华市市政府与科技局建立友好关系,定期发布该市生物制药企业技术需求信息及医学部新项目推广情况,达成开展长期、广泛合作的意向。为增进地方政府和企业对北京大学的了解,促进双方的交流与合作,北京大学积极组织接待地方代表团的来访,如福建省发改委以及政府顾问代表团、浙江浦江政府和企业代表团等,这些活动进一步加强了科研人员和企业的信息交流,并促成了一些合作,如LED魔钟、LED残影技术等项目签署了技术合同并已到款。

2006年北京大学继续保持和首都高校科技信息网、国际应用科技开发协作网的联系,借助于网络的平台,与兄弟院校和地方企业进行信息交流,促进产学研的合作。

【医学部产业管理】 2006年,医学部产业在国有资产调整重组后格局有所变化:1月,会议中心实行事业编制企业化管理,归口产业;2月,博士苑宾馆整建制从后勤划拨产业管理,实行经营性与非经营性资产分离;9月,网络学院党委和工会关系并入产业。北京北医投资管理有限公司建立产业管理的各项制度,加强了对下属企业的管理与服务:6月,产业管理团队及管理人员实行以定岗、定责、定薪为主要内容的全员聘任管理以及各项制度的建立,以达到人员合理配置,结构合理调整,充分发挥产业全体人员的积极性、创造性,为产业健康有序的发展打下了良好的基础。

10月31日,北京北医投资管理有限公司召开2006年经济形势汇报会,北京医大时代科技发展有限公司、华厦福康科技开发中心、北京北医医疗投资有限公司、北京北医投资管理有限公司、北京博士苑宾馆的总经理分别汇报了2006年企业运营情况,北京北医投资管理有限公司还汇报了对传统企业进行缩减、关并情况。

【医学在职教育培训】 6月,北京大学医学部在职教育培训中心、北京大学医学部远程医疗中心、北京大学网络学院举行第二届"全国医药卫生行业EMBA高级论坛",此次论坛以"医疗和谐与人文管理"为主题,共同研讨和交流在当前国家医疗卫生体制改革的形势下,如何关注建设和谐的医疗环境、和谐的医患关系,如何在医药卫生行业管理中注入人文关怀与人文管理的理念,提高医疗卫生行业的管理水平与服务质量,为广大人民群众提供优质、完善、便捷的医疗服务,实现国家卫生体制改革的总体目标。

11月,北京大学医学部在职教育培训中心在北京召开了EMBA校友会常务理事会,14名来自北京大学医学部历届EMBA高级研修班的常务理事参加了会议,为北京大学医学部在职教育培训中心和医药卫生行业EMBA高级研修项目的发展献计献策。北京大学医学部已经开展多年的医药卫生行业EMBA项目,为打造医药卫生行业的高质量的管理团队,起到了积极的作用。

附 录

2006年北京大学科技合同额统计总表

合同类型	校本部		医学部	
	合同数	合同金额(万元)	合同数	合同金额(万元)
技术转让	20	174.6143		
技术开发	121	7733.7962	5	273
技术服务	82	2054.2085	88	897.99
技术咨询	37			
技术合作	24	1169.9		
合资联营	5	480		
其他合同	39	155.4976		
合 计	328	12261.4166	93	1170.99
总 计	421	13432.4065		

2006年北京大学科技合同到款统计（以财务部2006年12月31日进账计）

合同类型	校本部到款(万元)	医学部到款(万元)
技术转让	4171.71	62.5
技术开发	196.69	158
技术服务与咨询等	2433.02	995.83
合 计	6801.42	1153.83
总 计	7955.25	

2006年北京大学技术合同院系分布表

院 系	合 同 数							
	技术开发	技术转让	技术服务	技术咨询	技术合作	合资联营	其他	合计
医学部	5		88					93
数学科学学院	2			1				3
物理学院	4	1	9		2	2	5	23
化学与分子工程学院	7	1			1		1	10
地球与空间科学学院	19		16	2	5			42
环境与工程学院	14		14	24	2		11	65
信息科学技术学院	65	15	11	1	8		15	115
生命科学学院	4	1	1		3			10
工学院	3		28	2				33
心理学系	1		6					7
其他	2	2	3	1	2	3	7	20
合计	126	20	176	31	24	5	39	421

主要企业名录

北大资产经营有限公司
北大方正集团有限公司
北京北大未名生物集团有限公司
北京北大青鸟集团
北京北大资源集团有限公司
北京北大科技园有限公司

北大科技园建设开发有限公司
北京北大维信生物科技有限公司
北京北大临湖科技发展有限公司
北京北大创业园有限公司
北大英华科技有限公司
北大阳光科技有限公司

厦门北大泰普科技有限公司
北京北大先锋科技有限公司
北大国际医院投资管理有限公司
北京北大天创信息技术有限公司
北京北大千方科技有限公司
北大世佳有限公司
上海蓝光科技有限公司
北京时代博雅咨询有限公司
北京博雅方略管理咨询有限公司
北京北达华彩科技有限公司
北京燕园天地科技有限公司
北京燕园科玛技术发展有限公司
北大星光集团有限责任公司
北京北大先行科技产业有限公司
北京开元数图科技有限公司

北京燕园隶德科技发展有限公司
北京北大升平生物科技有限公司
北大生宝科技发展有限公司
北大方正乒乓球俱乐部公司
北京华瑞能科技发展有限责任公司
北大纵横管理咨询公司
北大大北科技开发公司
北京北大德力科化学公司
北大方联医学科技中心
北京北医投资管理有限公司
北京北医联合生物工程有限公司
北大北大药业有限公司
北京北医医疗投资有限公司
北京大学医学部在职教育培训中心
北京医大时代科技发展有限公司

2006年签订的主要技术合同

地球与空间科学学院
松塔水电站近场区地质构造和变质作用研究
深圳市规划管理信息资源目录体系及其服务系统
大庆油田北部地质研究
徐家围子断陷山山岩喷发模式建立及有利相带预测研究
高分辨率遥感影像在乡镇规划中应用
塔北西部火成岩及其影响下的碳酸盐岩储层、构造建模及地球物理方法研究
柳州市公共信息数据资源中心可行性研究报告
基于动态交通信息融合的导航算法研究
复杂油气藏地震正演数学模型研究
中国北方晚古生代过渡层盆地油气勘探新领域
北京市土地利用规划信息系统工程项目前期咨询与软件工程监理项目委托协议书
城市管理移动信息化基础平台研究
北京市市政管委GPS应用技术规范
深海崎岖海底地震资料成像技术研究
中国北方及邻区大型断裂活动历史及其对古构造淮西前陆冲断带构造特征及与天山南北缘对比研究
四川盆地重点层系碳酸盐岩沉积—成岩演化与储层研究
中国主要断代地层建阶研究
合肥市USDI总体规划合同书
卫星表面带电风险评估软件
卫星内带电效应环境模型
北京市地质调查研究院北京市城市地质信息管理与服务系统
古亚洲构造域及其演化
刚果共和国输变电工程遥感数据技术服务

化学与分子工程学院
50吨/年辛基磺酰氟技术开发
空心磁性微球的制备研究
SPONSORED RESEARCH AGREEMENT
生物复合菌肥技术转让
纤维素酶的中试开发
NaY铵交换新工艺研究
BASF-魅力化学合作协议书

环境与工程学院
Environmental Economics Program in China
Forest Tenure Reform Governed by Community
温州市泽雅水碓坑村保护规划
泰顺氡泉—九峰风景名胜区总体规划
《安阳市城市总体规划》之市域城镇体系规划和专题研究
通州区土地利用总体规划修编专题研究编制
抚顺市产业发展专题研究
中国实施《关于持久性有机污染物的斯德哥尔摩公约》的能力建设及国家实施计划的制定之杀虫剂战略
高分辨率航空遥感数据在城镇规划管理中应用
北京与周边地区大气污染物输送、转化及北京市空气质量
浙江省新型城镇化模式研究
辽宁省沿海城镇带规划中的城镇化模式专题研究
节约与集约利用土地研究
邯郸市主城区土地定级估价（基准地价）更新
通州区土地利用总体规划修编

中国国有林区改革方案研究
委托开展集体林权制度改革课题研究协议书
节约与集约利用土地前期研究
北京市土地市场监测预测预报系统研究

信息科学技术学院

多数据源数据查询和汇集的可行性研究
北京大学语言资源库委托加工
语料库委托加工合同
面向世界专利数据库的自动标引系统
北京市应急指挥技术系统总体框架设计研究项目
推广东城区城市管理经验建立信息化城市管理系统研究
2K 格式的数字影院视频解压卡研制
在线课程的组织与管理
移动通信数据仓库联合实验室
基于 CT 数据的中国人三维颅面复原系统研究
0.5T 磁共振自动床控制系统定制
基于同轴电缆的高性能接入技术研究开发
Lufkin 配套与数据采集终端
水文自动测报系统中 CDMA 传输单元
有关 LP-WPAN 技术的研究
数据管理系统开发
2006 年重点油藏评价区和开发试验区储层微观空隙结构特征及核磁共振可动流体评价
LED 魔钟项目开发
龙门石窟三维数字化技术标准制定的研究
大功率 LED 照明驱动电路优化设计
纺织电控箱通用测试系统开发
遵循 JEE5 规范的 PKUAS 原型系统研究和实现
三维测量作业、贴图信息自动处理程序的研究开发及有关三维测量的技术指导与咨询
视频图像识别软件
微型相干原子钟的关键技术研究
LED 残影显示技术
北京市市政管委"十一五"信息化规划
北京市市级城市管理平台建设技术规范
纯 IP 可视对讲门口机
集成电路芯片检测的比例差值谱分析系统
532nm 固体皮秒激光器
地质信息监测系统
石油核磁共振图像处理软件
UWB Antenna and Low Noise Amplifier
Agreement on development, implementation and evaluation of Chinese Address Text Interpreta
Designing Robust Reputation System for P2P File sharing Systems
Amendment to Agreement on Joint Innovation Institute
Performance Analysis of Overlay Maintenance Protocol
Inclusive Agreement
Intel/University Sponsored Research Agreement

工学院

北京汽车博物馆风荷载风洞模拟实验
光华国际风荷载和风环境风洞实验
烟台市贸中心风洞模拟实验
东营会展中心风荷载风洞模拟实验
大型场馆结构安全分析
米易激流回旋赛道障碍物布置方案设计
科航大厦风荷载风洞模拟实验
奥林匹克公园网球中心风荷载和风环境风洞实验
发动机轴承接触疲劳性能分析
滕州市奥林匹克中心体育场风洞试验
阳宗海电厂三期扩建工程干煤棚风荷载风洞实验
输气管道减阻的理论分析与试验评价
工人体育场改造风洞模拟实验
北京轻汽西厂区改造项目建筑工程风荷载风洞实验研究
港沧输气道现场测量实验研究
空冷凝汽器平台 ACC 装置风荷载体形系数风洞模拟实验研究(二期)
中国石油大学(华东)青岛校区体育馆风荷载风洞实验
南通、盐城火车站无柱雨棚风洞试验
CO2 地下埋存和提高采收率的调研报告
国家皮划艇激流回旋队信息化平台建设
抚顺发电厂景观烟囱风洞测压试验与结构风振分析
镇海炼化 100 万吨/年乙烯工程奠基仪式主席台
华北古潜山油田利用采出水地热发电的可行性研究与概念设计

生命科学学院

基因产权转让协议书
樱桃酒关键技术成果转化与产品开发
抗卵巢癌抗 CD3 单链双特异抗体 BHL-1 的肽谱分析和 C-末端分析
多酶联产新技术制取高活性生化产品
用于高通量生物分子晶体生长条件筛选产品研发
转基因抗虫棉产业发展调研

数学科学学院

临床数据分析的合作协议
H.264 标准演进及下一代视频编码技术研究
可靠性验证评估技术研究

物理学院

辽宁红沿河核电厂厂址大气扩散试验研究
大型核燃料后处理厂甘肃区厂址大气扩散试验研究
北京同质芯光科技有限公司股东协议

辽宁江石底、庄客楼上核电厂址区域气候和常规气象观测资料收集及统计分析
超高真空中扫描隧道显微镜(UHV-STM)
湖南核电小墨山厂址区域龙卷风、热带气旋和极端风调查和分析
功率型、高亮LED封装及应用产品开发和产业化
基于地理信息的全球遥感影响及其产品可视化加工研究

心理学系
时间信息加工能力的测评技术
南山区产业人才资源调查与研究
组织创新研究项目合作协议

其他
Development and License Agreement with Microsoft
黄河中上游湿地变迁遥感调查

2006年科技项目推广目录

农业环保类
纤维素酶
生物有机肥快速发酵菌剂
高效生物复合菌肥
高效花生专用生物菌肥
自然循环高效脱氮工艺——GNC
垃圾渗滤组合处理技术——GLC
高效生物滤池工艺——GBAF
高效生态处理系列技术——GEWP
铜铟硒(镓)(CIGS)太阳电池
锂离子电池正极材料—大粒径单晶层状锰酸锂
新一代锂离子电池用正极材料—磷酸铁锂
锂离子电池生产工艺
YBCO超导块材
HBCCO-1223超导块材
HBCCO-1212超导薄膜
高温CO_2气体吸收材料
显示板上自动重写显示信息的方法及装置
新型变压吸附空分制氧吸附剂及设备

信息技术类
城市应急指挥及社会综合服务系统总体设计规划
无线移动心电监测系统
SOC芯片开发验证平台
SDH、DWDM系统10 Gb/s光电收发器
ROF波分复用通信系统
用于纳米尺度半导体器件性能监测的PDO谱仪
大型通用数据库管理系统CODB
全数字多媒体会议系统
基于IEEE 802.11g的无线局域网卡芯片
希赛可智能英语聊天系统
基于掌上电脑的导游导航系统
实时视频会议系统
MPW流片服务
现代汉语语义词典
汉语词语切分与词性标注软件
信息提取技术与系统实现
信息领域术语辅助提取及术语库的建设

生物医药类
人畜共患结核病菌多价核酸疫苗
Cre/lox系统介导的植物育性控制技术
高纯度α-亚麻酸
赤苷胶囊
益智胶囊
益骨胶囊
胡丹胶囊
高SOD样活性的SOD
CQ总甙胶囊(中药五类)
改性蒙脱土处理棉织物制备医用防护隔离材料
环孢素纳米粒口服液
治疗男性性功能障碍药物——活力制剂
麦考酚酸原料及肠溶片(化药三类)
心脑贯通注射液
新型抗骨质疏松药JMG
新型肽类抗血栓药——凝血因子Xa(FXa)抑制剂
抗肿瘤新药——环磷酰胺前药SLXM-2
类风湿关节炎诊断新试剂盒的研发与应用
干燥综合征诊断试剂盒
临床医学智能诊断辅助系统
抗肿瘤新药-990208
治疗类风湿关节炎的新型免疫抑制剂——CⅡ修饰肽的制备及应用
PCR基因芯片和配套检测仪器
183B2单抗免疫显像试剂盒的开发
抗a-胞衬蛋白多肽抗体诊断试剂盒
肿瘤病人血清erbB2水平检测试剂盒(条)的研发
记忆合金食道支架
新型复合型人工听小骨
具有治疗严重烧(烫)伤潜在功能的锌7-金属硫蛋白的开发性研究

其他类
电厂空冷系统风效应风洞模拟实验

(刘淑媛　孙　菲　赵春辉)

主要高科技企业

北大方正集团公司

【概况】 2006年方正集团秉承持续创新的理念,坚持以IT和医疗医药为两大主业,以钢铁和证券为两大辅业,运行良好,销售收入首次超过300亿元,利税总额达到14亿元。方正集团在深圳建设的6英寸芯片是目前国内生产线中最先进、综合实力最强的生产线,方正集团IT硬件产业链完成了从PC到多层电路板再到芯片的向高附加值环节的迈进,使得方正集团在拥有整机规模组装和关键零部件制造能力后,又拥有了核心元件的制造能力。美国著名财经杂志《财富》中文版公布"2006年最受赞赏的中国公司"名单中,方正集团位列25家全明星榜企业的第16名;在波士顿顾问集团发表的"新的全球挑战者"的报告中,方正集团入选全球迅速发展经济体系100强的第44位,在19家入选的中国企业中居第7。

【方正科技推出国内首款"人脸识别"笔记本】 2月,方正科技推出国内首款具备"人脸识别"功能的笔记本S620。S620预装先进的"人脸识别"软件,通过内置130万像素摄像头,将机主的脸部图像转化成一组独一无二的数字生物密码。此种全新加密模式,使产品保障用户信息安全方面再上层楼。

【"全媒体"理念引领报业新革命】 4月,方正电子在全国报业信息化建设工作会议上提出了一个全新的概念——实现报业"全媒体"的新型运作模式和报业"全媒体"技术规划,此后在这一领域,方正电子的实力很快被市场认可。4月,方正电子的"方正翔宇数字报刊系统"协助《人民日报》实现了数字报刊,针对人民网的具体需求进行了个性化的定制开发,为人民网制作数字报刊提供了快速、专业的电子报纸版面生成、上载及发布的高效解决方案,同时还解决了《人民日报》数字化存档的难题。作为中国最具影响力的报刊,《人民日报》"数字报刊"项目将为业界起到重要的示范作用。2006年上半年,全国多家报业集团和报社已经上线了方正集团的数字报刊,实践了"网络+纸媒"全媒体转型的重要一步。

【硬件产业链三级跳】 截至2006年10月底,珠海方正科技多层电路板有限公司共完成产值总额3.32亿元(上年同比增长一倍以上),净利润达到4260万元(上年同比增长一倍以上)。在完成产值年度业绩目标94.75%的前提下,提前两个月超额完成集团年初下达的4000万元年度净利润目标,为珠海多层未来的发展打下坚实的基础。2006年10月14日,方正集团在深圳建设的国内最现代化的6英寸集成电路生产线正式投产,这是国内已建成的6英寸芯片生产线中最先进也是配套最完善、综合实力最强的生产线。该生产线一、二期达到设计产能后,将成为国内设计产能最大的6英寸单条生产线。至此,方正集团IT硬件产业链完成了从PC到多层电路板再到芯片的向高附加值环节迈进的步伐,此举标志着方正集团在拥有整机规模组装和关键零部件制造能力后,又拥有了核心元件的制造能力。

【承担中国政府网站核心应用系统建设】 1月1日,中华人民共和国中央人民政府网站(简称"中国政府网")正式开通,方正集团凭借在网站应用系统建设方面的强大技术实力成为中国政府网核心应用系统建设的提供商,承担了内容管理系统、信息报送系统以及互动交流系统的建设工作。中国政府网开通两天后,在全球网站中排名即攀升到277位,成为世界各国政府网站中排名最高者。

【方正电子荣获"2005年度全国版权保护示范单位"称号】 3月,在国家版权局召开的"2006年全国版权工作会议"上,方正电子荣获"2005年度全国版权保护示范单位"的荣誉称号,方正电子是唯一一家获此殊荣的数字图书馆技术及电子书资源提供商。作为目前全球最大的中文电子书提供商,方正集团在电子书等网络出版产业领域始终把"版权保护"作为业务发展的基本原则,从核心技术和商业模式两个方面付诸实践:方正集团自主研发了数字版权保护技术(DRM,Digital Rights Management)548C"方正Apabi(阿帕比)电子书整体解决方案",被信息产业部评为"2003年信息产业重大技术发明";在电子书出版领域则始终坚持通过与出版社合作解决电子书版权的业务模式,从而保证了方正集团推出的每一本Apabi电子书的"正版",切实保护了版权所有者的权益。截至目前,全国400多家出版社应用方正Apabi DRM技术出版的电子书已达21万种。

【自主创新的网络出版】 2006年,方正集团投入资金1亿元支持方正阿帕比公司业务的发展,旨在做大网络出版,使其成为继激光照排系统之后又一支柱性产业。方正集团自主创新的Apabi电子书系统已被近2000家数字图书馆采用,其中包括美国纽约皇后区公共图书馆、英国爱丁堡大学图书馆等。目前,方正集团已拥有数字版权保护的图书21万余种,堪称世

界最大的电子图书库之一。

方正阿帕比公司自主研发的两项核心技术：DRM(数字版权保护)技术和CEB版式文件处理技术在国内各级政府的电子公文处理领域也得到了广泛的应用,实现公文的电子化处理及无纸化传输,并保证传输过程的安全、可控及公文内容的不可篡改。国内已有包括国务院办公厅、国家发展和改革委员会、上海市政府、重庆市政府等在内的1000多家政府单位在应用。

2006年,方正集团与卓越网合作的在线翻阅服务也已正式上线,图书传统营销渠道真正突破了时空限制,为读者实现了随时、随地、随心阅读。

【方正电子入选"2005中国印刷业TOP10"】 3月27日,由慧聪网印刷行业频道主办的"2005中国印刷业TOP 10"评比活动颁奖仪式举行,方正电子荣获"2005年中国印刷业十大品牌"称号。本届中国印刷业"十大品牌"的奖项主要针对印刷行业设备生产商和器材配件供应商,根据参选企业在2005年度对印刷业的贡献、企业自身发展动态、产品销售情况、品牌形象、品牌资产、品牌影响力以及品牌内涵等指标进行评比。

【发布人口信息冷僻字解决方案】 4月,方正电子在北京召开了"方正人口信息冷僻字解决方案"发布会,向国内多家主要媒体详细介绍了冷僻字产生的原因、方案的背景和内容,并做了现场演示。目前,该方案已在长期受人口信息冷僻字问题困扰的公安、社保、商业保险、银行和邮政等相关行业投入使用。方正集团在中文信息处理和字体设计上居于国际领先地位,也是国家及国际相关标准制定的主要参与者。随着"方正人口信息冷僻字解决方案"在银行、邮政、社保、商业保险等行业的广泛应用,长期困扰我国6000万公民人口信息的冷僻字问题将得到全面解决。

【方正科技精彩亮相2006国际医疗仪器设备展览会】 4月,方正科技携其系列产品精彩亮相2006年国际医疗仪器设备展览会,该展会是目前国内医疗器械行业唯一获得UFI认证的专业展会。方正科技针对医疗行业的特殊性,推出了医疗行业整体解决方案,涵盖了医疗、医院信息管理系统;医疗PC管理系统;医疗PC数据备份系统;医疗PC、笔记本、打印机;医疗服务器。同时,方正科技针对医院信息系统应用环境推出的方正医院PC管理及数据高可用解决方案,开创了一种既能集中管理又能分布计算的全新计算模式,为广大医疗行业用户提供了高性价比、高安全性、高稳定性、易用性、易维护的信息化办公平台。

【方正科技与微软签订正版Windows合作协议】 4月13日,方正科技在美国与微软签署正版Windows合作协议,国务院副总理吴仪特地致信祝贺。根据该协议,双方将密切合作,在面向中国市场的方正个人电脑产品上安装微软正版软件产品,以促进正版软件在国内的普及。方正科技旨在通过与微软多方面、深层次的合作,为用户提供更大的价值以及更为精彩的软件体验,使用户充分认识到使用正版软件的优越性,增强用户购买正版软件的意识,营造更有力的提倡正版、使用正版的良好社会氛围。此举充分体现了两家企业推广使用正版软件和保护知识产权的承诺与努力,凸显了方正科技对知识产权的尊重。

【方正电子助力首家藏文新闻门户网站】 5月,青海省政府委托《青海日报》社建设藏文新闻门户网站的项目正式签约方正电子公司数字媒体事业部(方正数媒),项目金额达数百万元人民币。该网站拥有藏文、汉文、英文等多个语种,方正数媒运用其关于网站建设丰富经验和藏文输入法、藏文字体等多年的科技成果为此网站的建设创造了突破性条件。方正数媒针对网站所作的创新之一——藏文检索系统成为第一个少数民族语种检索系统。藏文门户网站的建设无疑也给其他少数民族的网站建设提供了宝贵的经验,今后将会有更多的少数民族群众享受到在互联网上使用自己的语言进行宣传和交流。

【方正科技摘得2006年中国IT用户满意度桂冠】 9月,方正科技"全程服务"凭借多年来在IT服务领域坚持不懈的努力,在2006年中国IT用户满意度大型调查活动中获得了分类产品评选奖项中家用台式电脑、商用台式电脑和笔记本综合满意度第一等多项殊荣。作为国内综合实力最强的IT企业之一,方正科技多年来以不断丰富的人才结构和不断提升的服务质量为客户提供完美的用户体验和服务。其努力打造的"全程服务"已成为业界体系完备、运作独立、产品覆盖面广的出色IT服务品牌,并在CCID等权威媒体上屡获大奖。

【方正集团被评为中国十大创新软件企业】 2006年9月,在第二届中国南京国际软件产品博览会上,揭晓了"中国十大创新软件企业"、"十大创新软件产品"及"十大影响我国软件产业发展事件"。名列"中国十大创新软件企业"的有中软、用友、东软、北大方正、神州数码等公司;汉王联机手写识别软件、永中Office集成办公软件、方正飞腾集成排版软件、中软防火墙系统、百度中文搜索引擎等获得了"中国十大创新软件产品"称号。

【方正电子蝉联"2005中国商业科技100强"企业称号】 11月10日,中国商业科技领先媒体《信息周刊》推出《2006年中国商业科技100强白皮书》,公布了2006年"中国商业科技100强"榜单,方正电

子继续榜上有名。"中国商业科技100强"调查,是严格遵循"美国商业科技500强"调查的方法和流程,覆盖26个行业和在中国开展业务的几乎所有大公司。

【方正印捷数码印刷系统问鼎2006年度国家级火炬计划】 11月,方正印捷数码印刷系统被科技部认定为2006年国家级火炬计划项目。火炬计划项目重点支持符合科学发展观要求、突出自主创新、具有自主知识产权的高新技术产品,方正印捷数码印刷系统凭借其先进的技术水平、显著的经济、社会效益等诸多优势获得评审专家的认可,被认定为2006年国家级火炬计划项目。方正印捷数码印刷系统是方正集团自主研发的业界领先、功能完善的中文生产型数码印刷系统,融合了方正集团多年积累的成熟、优势的印艺技术与前沿的数码印刷技术,广泛服务于新兴的、快速成长的中文数码印刷市场,及为全球数码印刷用户服务。

【方正笔记本荣获"CCTV创新盛典"大奖】 12月9日,备受瞩目的"CCTV2006年度创新盛典"笔记本类产品获奖结果电视公布,FOUNDER S200笔记本电脑在国内外知名品牌中脱颖而出,荣获最佳外观设计奖。"CCTV2006年度创新盛典"由国家知识产权局和中央电视台联合主办,评选涉及数码产品、手机、电脑、家电等四大领域,经过网络投票和创新体验家庭活动,最终从百余款拥有自主知识产权的新产品中评选出最佳外观设计、最佳功能设计、最佳年度特色设计、最佳年度自主创新设计四个奖项。"CCTV创新盛典"运作三年来受到了企业、消费者、媒体的广泛关注,盛典的获奖产品均为同代产品中最具潮流感和时尚感的人气之选。

北大青鸟集团

【杨芙清-王阳元院士奖励基金再度提高奖励额度】 9月8日,在北京大学学习贯彻胡锦涛总书记回信精神暨2006年教师节表彰大会上颁发的2006年度"杨芙清-王阳元院士奖教金",奖励额度较2005年有新的提高。

"杨芙清-王阳元院士奖教金",是"杨芙清-王阳元院士奖励基金"的一部分。该奖励基金是以杨芙清院士捐赠其所得15万港元的何梁何利科技进步奖和王阳元院士捐赠其所得50万元新台币的潘文渊研究杰出奖为基础,以北大青鸟集团进一步出资为后援,由北京大学与杨芙清、王阳元院士及北大青鸟集团共同签订协议,于1999年正式在北京大学设立的。该奖励分为奖教金和奖学金两部分,每年各颁发一次。经过几次增额,2006年度该奖励基金每年的奖励总额已上升到60万元。2006年度"杨芙清-王阳元院士奖教金"获奖者共有14人,其中特等奖一人,是北大数学科学学院的丘维声教授;优秀奖有13人,获奖者是邵敏、陈清、张兴、屈婉玲、苏渭珍、王建祥、阎步克、姜明安、陈敏华、马绪臣、王山米、王薇、赵明辉。

【IT业务比2005年增效五成半】 根据具体数字统计,青鸟集团2006年IT业务经营效益与上年相比增长56%,这在中国2006年IT行业市场的异常激烈竞争中是难能可贵的。青鸟集团全年经营收入数十亿元,比2005年增长24.65%;实现利润增长55.91%;IT及IT教育业务主力运营稳步上升。其中,北京青鸟信息技术教育发展有限公司、北京青鸟信息公司、上海青鸟信息公司、广东青鸟信息公司、青鸟应用公司经营收入和效益增幅较大,IT职业培训业务作为国内第一品牌,优势进一步扩大,占有国内市场份额上升到32%以上;北大青鸟的金融、消防、网软产品,在震荡调整中出现了曙光;杭州电力的开局令人振奋;北大青鸟自主知识产权的软件产品市场成倍扩大,增长势头强劲;其他产品和企业也在努力向好处发展。

青鸟集团连续几年不断进行产品和经营模式调整,着手于公司改制;较早地优化了自身产业的资产结构,针对不良的业务落实关、停、并、转措施,减少了经营风险,加大了优势商业模型的比重,加强了经营财务跟踪与管理。

【高质量完成A股上市公司股改】 2006年,青鸟集团旗下的青鸟天桥、青鸟华光两个A股上市公司股改胜利完成,麦科特(光电股份)的股改也顺利推进,资本运营取得新的成功。

青鸟集团极为重视资本运作。2006年,青鸟集团捉住中国A股上市公司股权分置改革的良机,大力推动青鸟集团旗下A股上市公司的良性运作和进一步规范发展,并胜利实现了预期工作目标,使青鸟天桥、青鸟华光两个A股上市公司高通过率、快速完成了股改,重新树立了青鸟系上市公司在证券市场上的良好形象,为青鸟集团在资本市场的后续发展和经营业务方向的整合完成了阶段性任务,打下了坚实基础。

其中,青鸟天桥从股改公告到实施完毕(复牌)仅用了一个月,以98.71%的全体股东赞成率和96.37%的流通股股东赞成率获得高票通过。此外,青鸟天桥2006年上半年还成功转让了上海青鸟企业发展公司的100%股权的重大资产项目,为青鸟天桥公司带来1.93亿元收益,当年实现每股收益0.21元。

青鸟集团在资本运作上这一系列的努力,维护了企业利益,提

高了经营效益,同时也为下一步完成麦科特公司(光电股份)股改积累了宝贵经验。

【东直门交通枢纽项目取得决定性成功】 9月底,由青鸟集团投资建设的2008年奥运会重点配套工程——北京东直门交通枢纽暨东华国际广场商务区建设工程(以下简称东华广场项目),胜利完成了地下17米深的基础建设,按计划实现了工程高度正负零,取得了工程施工的决定性阶段成功。

东华广场项目是青鸟集团房地产产业中最重点的项目,是北京大学校产承接的有史以来最大的房地产项目,该工程与北京2008年奥运会配套,是北京市及东城区整体建设规划的重要一部分。青鸟集团制定了集中力量确保重点的决策后,在项目协调、承建商和设备材料公开招标、施工管理、质量保证和安全防范等方面做了大量有效的工作,解决了各种棘手的问题,确保了各阶段的工作进度。

这项工程占地7.8万平方米,建筑面积60万平方米,是北京东城区21世纪地标建筑群。鉴于时间紧、工作量大,青鸟集团旗下的城建东华公司在具体负责整个工程的建设中周密计划,各项工作压茬进行,严格、有效地抓好了"四控制"。即千方百计控制好安全、进度、投资和质量。该团队兢兢业业、团结协作,至今未出现一次重大安全和责任事故。

截至2006年12月底,该项目地上建筑已建到第四层,其中酒店公寓的地面高度已达15米,为整体建筑预计在2007年10月底全面封顶。

【2006年中国IT职业培训市场冠军落户青鸟集团】 国际权威调研公司IDC(国际数据公司)发布的《2006年度中国IT职业培训市场调研报告》报告显示,青鸟集团属下的北大青鸟APTECH以占有率32.1%获中国2006年IT职业培训市场冠军,这已经是其连续第五次夺冠。

在2006年度,北大青鸟APTECH继续蝉联中国IT职业培训市场占有率冠军,市场份额由2005年的27.3%蹿升至32.1%,独占三分之一的市场份额,超过排名第二的NIIT市场占有率的四倍还多,销售额更是超过了同类竞争对手从第二名到第十名之和,在中国IT职业培训市场一枝独秀。

报告对北大青鸟APTECH在2006年度取得的优异业绩给予了高度赞誉,称北大青鸟APTECH在2006年仍旧保持着霸主地位,领先优势进一步扩大。

IDC的市场分析专家认为,这主要得益于北大青鸟APTECH在体系内大力推进标准化,整个体系的教学质量以及运营水平有了很大的提升,从而更进一步得到了学员的认可。此外,北大青鸟APTECH在社会培训和院校合作两条战线并肩发展也为业务带来了出色成绩。

北大青鸟APTECH是青鸟集团属下的北京青鸟信息技术教育发展有限公司与印度APTECH公司合作组建的IT职业培训机构。自2001年来,创造性地将特许加盟这一经营模式引入职业教育领域,成为中国首家采用特许加盟模式的IT培训机构,并成功在体系内推行标准化。六年来,北大青鸟APTECH的业务遍及国内二十几个省市的80多个城市,培训中心数量在全国已经超过200家。通过成功应用特许加盟模式,北大青鸟APTECH的业务走上了持续、健康的发展道路,并决定了其良好的未来发展态势。

【再获国家计算机信息系统集成一级资质】 2006年7月27日,青鸟集团旗下的北京北大青鸟商用信息系统有限公司再次获得国家计算机信息系统集成一级资质。该公司在2000年9月12日即已成为我国首批获得该一级资质的企业,为青鸟集团迅速拓展其主营的IT业务打下了强有力的基础。2001年后期,该公司因为业务发展需要,将绝大部分系统集成业务和相关资质同时转移到了青鸟集团旗下的青鸟天桥公司。之后,由于青鸟天桥公司非IT业务发展迅猛,其IT集成业务占总业务量的比例相对减少,导致青鸟天桥公司2004年只获得了国家系统集成二级资质证书,未能通过一级资质年审。

2005年,青鸟集团对其下属业务进行统一调整,北京北大青鸟商用信息系统有限公司被重新启用为青鸟集团的IT业务平台,相关资质重新集中回到该公司,充实技术核心队伍,并为企业重回高级资质行列积极开展申办工作。最终,在规定的该类资质有效延长对接期里,再一次取得了宝贵的一级资质证书。这是对该公司在国内IT业务领域技术实力、综合业绩、客户美誉、成功案例和项目实施经验最好的认定,连同该公司拥有的其他各项专业资质一起,为青鸟集团进一步做大、做强IT业务铺平了广阔道路,搭起了良好平台。

【获中国企业质量信用风险等级AAA级证书】 2006年12月4日,青鸟集团旗下的青鸟天桥公司正式获得了"中国企业质量信用风险等级AAA级证书",成为2006年度中国400多家获得A级初级等级以上证书的企业中率先通过实审,并获得AAA等级证书的几家企业之一。

青鸟天桥公司于2005年8月获得中国产品质量协会、中品质协质量信用评估中心联合颁发的"中国企业质量信用风险等级AAA初审等级证书"(在质量信用九个等级中,AAA为最高等级),初审等级证书有效期为一年。经过一年的运行,在经过中国产品质量协会、中品质协质量信用评估中心的

严格监控和对青鸟客户的大量实地调查后,经过专家委员会评估,确认青鸟天桥的质量体系符合要求,企业履行其产品/服务质量承诺的能力和质量信用水平已达到AAA级。

【再次批量全额资助"青鸟班"学生】 2006年7月初,青鸟集团属下的北大青鸟教育管理公司决定,在珠海北大附属实验学校再次设立150万元的"青鸟班"教育基金,用于资助广东省15名品学兼优的特困高中生来校就读,这是青鸟集团2006年前七个月资助人数最多、金额最高的定向公益助学行动。

"青鸟班"是青鸟集团专门在旗下各所北大附属实验学校为特困特优高中阶段学生设立的社会公益性办学项目。该班创立数年来,青鸟集团已斥资近千万元,全额资助了近百名贫寒优秀学子在北大附属实验学校完成高中学业,使他们以优异成绩考入国内一流大学深造。

2006年,珠海北大附属实验学校的首届"青鸟班"毕业生高考成绩优异,14名"青鸟班"学生的高考成绩100%超本科录取线,700分以上高分考生有5位,远远超过珠海其他重点中学的本科上线率和一本上线率。

为确保这项社会公益举措能够公开、公平和公正,产生应有的作用,珠海北大附属实验学校和广东省希望工程办公室2006年联手,在社会有关方面监督下,面向社会招收应届高一特困特优学生。

该校2006届"青鸟班"的招生对象是广东省内高一学生,学生进入珠海北大附属实验学校后三年的学费、学杂费及生活费全免。"青鸟班"不仅成为特困、特优生走向人生成功的有效途径,也已成为北大青鸟集团公益助学的社会知名品牌。

(李启龙)

北大未名生物工程集团有限公司

【产业化进程】 北大未名集团现拥有三大基地:北京北大生物城、厦门北大生物园、广州流溪湾生物港;十余家控股子公司:北京科兴生物制品有限公司、厦门北大之路生物工程有限公司、广州北大未名生物技术有限公司、未名天人中药有限公司等。集团经营的主要产品有:注射用鼠神经生长因子(恩经复®Nobex®)、甲肝灭活疫苗(孩儿来福® Healive®)、甲乙肝联合疫苗(倍尔来福® Bilive®)、流感裂解疫苗(安尔来福® Anflu®),以及数百种中药配方颗粒。集团现已拥有比较完善的研发体系:生物药物研究中心、疫苗研究中心、国家作物分子设计中心、生物智能研究中心、生物经济研究中心等机构和多个研发平台及一批优秀的研发人才。主要进行生物经济、生物药物(基因药物和多肽药物)、人用疫苗、现代中药、作物的分子育种、生物质能源和生物智能技术等方面的研究。

【研究与开发】 1. 长效重组蛋白药物公共技术平台:其核心是利用人血清白蛋白与治疗性蛋白质药物形成分子融合,延长治疗性蛋白质在血液中的半衰期,实现蛋白质药物长效化。目前已完成长效重组人红细胞生成素、长效重组人α干扰素、长效重组人粒细胞集落刺激因子三个长效重组蛋白药物临床前研究并获得了多项中国和美国专利。

2. 多肽药物研究:初步构建了动物肽类毒素研究开发技术平台,已经发现了一批具有重要药用价值和应用前景的具有自主知识产权的新毒素分子。2006年2月23日,国家一类新药——虎纹镇痛肽获得临床批文,进入Ⅰ期临床试验阶段,并通过基因工程方法在昆虫病毒中实验成功,已获得中国、美国及欧洲专利。

【对外合作】 8月8日,北大未名集团与首创科技签署股权转让协议,北大未名正式入主首创大地药业有限公司,成为该公司大股东,公司也更名为北京未名天人中医药有限公司,此举为集团介入中医药的发展搭建了新的平台,也为公司推进中医药项目上的研发和产业化进程创造了条件。

北大维信生物科技有限公司

【概况】 2006年,北大维信生物科技有限公司,坚持自主创新,创建现代中药品牌,加大技术创新和知识产权保护力度,2006年新申请发明专利8件。此外,致力于新药的研发,降血压仿制化药替米沙坦胶囊(赛坦)已取得新药证书,正式上市销售,北大维信已经逐步开始从单一品种经营向多品种经营过渡,一个结构合理、多元化的新产品战略构架已开始崭露头角。2006年维信公司总资产接近2.3亿元,实现销售收入1.6亿元,利润总额预计3050万元,税后利润预计2600万元人民币。2006年员工总数约600余人。

6月12日,北大维信与北京大学教育基金会签署协议,捐资100万元人民币与北京大学医学部共同设立"北京大学维信医学教育奖"、"北京大学阳光基金·爱心维信助学金",以此帮助北京大学医学部的学子们顺利圆医生之梦,回报北京大学。

【血脂康国际市场看好】 2006年,血脂康在美国、新加坡、中国台湾、挪威等其他国家的临床研究工作也取得了令人振奋的结果。在国家商务部的大力支持下,上半年北大维信启动了血脂康在美国食品与药品监督管理局(FDA)的新

药临床注册（IND）工作，迈开了现代中药国际化的第一步；6 月，公司总经理段震文博士等一行应美国 FDA 邀请赴美，参加了血脂康预临床注册工作会议。目前该项工作进展顺利，预计 2007 年 5 月取得 FDA 临床批件。与此同时，该项工作也引起了国家科技部的重视，目前我公司已作为北京市唯一一家入选企业被列入"中医药国际科技合作计划"，科技部领导表示此项工作对于中药走向国际意义重大。

8 月 18 日，"欧洲人看红曲"新闻发布会在北京大学百周年纪念讲堂隆重举行。来自挪威奥斯陆大学的 Kjetil Retterstol 博士向与会的国内外众多媒体介绍了他对特制红曲的研究，该研究结果也已在意大利罗马举办的第十四届国际动脉粥样硬化疾病研讨会上正式公布。该究标志着中国在欧洲人群中的红曲产品调脂研究实现了"零"的突破，北大维信 HypoCol（国内名称血脂康胶囊）成为欧洲市场上第一个有临床证明的中药产品。

国 内 合 作

【交流合作】 1. 与浙江省的合作

1 月 12 日，我校与浙江省共同召开浙江籍教师新春座谈会。浙江省科技厅蒋泰维厅长介绍了浙江省经济成就与科技工作的现状，表达了推进和深化省校合作的愿望；绍兴市张金如市长介绍了绍兴在社会、经济、文化、环境的成就和面临的问题和挑战；我校浙江籍教师为浙江的发展纷纷发言、献计献策；我校副校长岳素兰、中科院院士徐光宪、工程院院士何新贵与会并讲话。

4 月 6 日，绍兴市委办局及区县领导等 46 人参观我校微处理器研究中心和干细胞实验室，了解我校最新科研进展情况；6 月 25 日，何新贵院士率团赴浙江绍兴、金华等地走访企业，收集地方科技需求。

2. 与无锡市的合作

2 月 21 日，教育部批复我校同意在无锡设立"北京大学软件与微电子学院无锡产学研合作教育基地"。随后，我校软件与微电子学院与无锡市签订了《正式启动和加快建设无锡基地的协议》，并首次在无锡招收了在职研究生；9 月 2 日，无锡基地正式奠基开工建设，北京大学校长许智宏、中科院院士杨芙清、无锡市委书记杨卫泽、无锡市长毛小平为基地奠基。

【支援援建】 1. 对口支援石河子大学

对口支援工作开展五年来，北京大学涌现出一大批优秀支教教师，为西部高校的发展无私奉献。中国语言文学系教授孟二冬教授在支教过程中，带病坚持上课，最后倒在讲台上，于 4 月 22 日因病逝世。胡锦涛总书记称赞他"为人师表，品德高尚"。6 月 19 日，教育部授予北京大学"教育部对口支援工作先进集体"称号，追授孟二冬教授"教育部对口支援工作先进个人"称号，授予李长龄、林忠平、张芳、于鸿君"教育部对口支援工作先进个人"称号。

9 月 11 日至 13 日，石河子大学并校十周年庆典暨北京大学对口支援石河子大学工作例会在新疆石河子市召开。会议总结了两校对口支援工作开展五年来的总体情况，并制订了今后的工作计划。北京大学校长许智宏、常务副校长林建华、副校长岳素兰、石河子大学党委书记周生贵、校长向本春等领导出席了例会。

2. 对口支援北京市通州区

3 月 17 日，我校与中国传媒大学、北京化工大学等共 8 所高校参加了对口支援北京通州区启动仪式。我校在年内组织启动了通州区文化创意产业规划、医疗卫生规划以及北大附中"手拉手"支援通州永乐店中学等支援项目。

（国内合作办公室）

首都发展研究院

【能力建设】 从软、硬两个方面着手，不断加强自身能力建设。

北京大学明确了首都发展研究院在北京大学的地位和职能，配置相应的人员编制和领导干部，形成了一支小而精的队伍，"小核心、大网络"的发展格局基本形成。

2006 年，首都发展研究院加强了同国外大学、科研机构和国际组织的合作和交流。通过广泛的国际合作，吸取国际城市发展经

验,服务于首都发展,利用国际平台,展示北京市改革发展成就。首都发展研究院每年邀请国际知名区域和城市发展学者开设讲坛,同北京大学和北京其他大学的学者和学生交流城市发展前沿研究成果,不断提高自身能力。同时,首都发展研究院还和包括美国、意大利、德国、西班牙、日本等国家的相关大学建立了长期合作交流机制。2006年,在北京市政府的大力支持下,通过首都发展研究院和北京大学国际合作部的通力合作,申办了全球发展网络(GDN)第八届年会。总之,首都发展研究院一直重视国际发展工作,利用国际资源,服务首都发展,也是首都发展研究院的重要工作策略之一。

逐步建立了应用经济学博士后流动站,2006年在站人数为5人。

拥有了健全的办公研究场所。目前首都发展研究院拥有近300平方米的办公研究用房,电脑、网络等各类基础设施也基本齐全,基本能满足首都发展研究院的发展要求。

【服务首都发展】 1. 编制北京大学首都创意文化产业促进行动计划。2006年,为响应北京市文化创意产业发展战略,根据北京大学主要领导指示精神,首都发展研究院组织完成了"首都文化创意产业促进行动计划",该计划包括成立北京大学文化产业研究院、健全高端创意人才培养基地、建设北京大学文化创意科技园、成立北京首都知识产权评估中心、举办世界大学生创意文化节、组建北京大学创意产业集团、成立北京大学首都文化创意产业促进领导小组。

2. 与北京市经济与社会发展研究所合作主办《决策要参》。2006年2月以来,该刊紧扣首都发展中的重大问题,力求为市委、市政府相关政策制定提供针对性很强的海内外重要政策研究成果。迄今为止,已出版13期,内容涉及:创意文化产业的基本概念和内涵、欧美国家和我国港台地区创意文化产业的政策发展的最新动向、我国台湾服务业的发展纲领和行动方案、欧洲区域创新政策理论与实践以及首都人口、资源、环境、发展问题与战略研究,北京市后奥运经济研究。

3. 组织首都发展专家圆桌会议。该会议旨在汇聚北京研究部门、政府部门和企业界精英,长期结合首都发展的重大问题,集思广益,向北京市委市政府提供专家建言。从2005年11月起,大致每月举办一次。每次会议的成果整理成"首都发展专家建言",及时上报市委市政府领导参阅。至今为止,共编辑了七期。

4. 组织国际会议:2006年,重点包括参与"北京论坛"的策划组织工作和协助北京市政府成功申办全球发展网络(GDN)年会并参与筹备工作。《北京论坛》是在北京市委市政府的指导和支持下,由北京大学和北京市教委承办,韩国SK集团资助,旨在成为世界级学术与文化盛会。GDN是由世界银行等国际组织发起成立的一个全球发展研究网络,重点支持发展中和转型国家的社会经济发展研究。经报北京市政府批准,北京大学向GDN提交了在北京召开一届GDN年会的申请,GDN董事会主席ZEDDILO博士(耶鲁大学全球化研究中心主任,前墨西哥总统)于2005年1月批准了我们的申请,同意于2007年1月在北京召开第八届年会。2006年,首都发展研究院积极参与了会议的筹备工作。

【决策支持研究】 2006年,产生良好影响的主要决策支持研究工作有以下几个方面:

1. 为首都交通发展决策提供支持研究。2006年年初与北京市经济和社会发展研究所合作完成的《我市轨道交通建设亟待加倍提速》,为北京市委市政府提出加快轨道交通建设提供了参阅材料。

2. 参与北京市及有关区县"十一五"规划咨询工作。首都发展研究院与中国社科院、国家发改委宏观经济研究院、北京市社科院、野村综合研究所、罗兰·贝格国际管理咨询(上海)有限公司以及普华永道咨询(深圳)有限公司北京分公司一道,被聘为北京市"十一五"规划咨询单位。并就如何推进北京市科技创新,服务首都建设提出了详细的咨询报告。受委托研究编制北京市海淀等区县《十一五经济社会发展规划纲要》。另外,首都发展研究院专家还是北京市十一五规划专家组成员、海淀区十一五规划专家组组长、东城区十一五规划专家组副组长等。

3. 参与北京市文化创意产业发展政策研制工作。2006年1月针对北京市需要,完成编写了《文化创意产业理论与实践》,北京市刘淇书记、王岐山市长批示市发改委研究;受市发改委委托组织《北京市文化创意产业政策专家座谈会》;协助市发改委组织起草了《北京市文化创意产业发展若干政策》。该文件在社会上反响颇佳,成为一些兄弟省市制定类似政策的重要参考。

4. 积极参与首都发展密切相关的国家规划编制工作。这些包括担任国家中长期科学技术规划纲要起草工作小组成员;国家经济和社会第十一个五年规划专家委员会委员;

主持承担并完成国家发改委《京津冀都市圈区域规划区域创新体系等专题》(2006—2010)、《京津冀都市圈区域规划北京市规划研究》,以及科技部《"十一五"京津冀区域科技发展规划研究与制定》;

牵头承担中国科学技术协会重大咨询项目《环渤海地区经济社会发展承载力研究》;

首都发展研究院同北京市经济与社会发展研究所合作,研究完

成《北京市服务业发展研究报告》等,为相关政策制定提供了重要参考依据。

5. 继续研制《中国地区新经济指数》。首都发展研究院和北京大学中国区域经济研究中心合作,开展新经济指数研究工作。研究结果表明北京在中国新经济发展中的主导地位。

【科研项目】 2006年度,首都发展研究院在积极面向首都发展开展研究的同时,承担了大量国家发展重大项目研究。具体项目有:北京文化创意产业政策研究(参与制定,无经费),杨开忠;亚洲淡水资源脆弱性评价(UNEP资助),蔡满堂,12万;北京市应急管理信息发布机制研究(北京市应急办项目),万鹏飞,20万;重大公共政策问题国际前沿(北京市发展与改革委员会项目),万鹏飞,18万;京津冀生态环境与资源领域科技发展研究(北京市科技委员会项目),薛领,10万;北京通州新城规划(通州区人民政府项目),张波,25万;北京国际汽车博览中心发展战略研究,北京市丰台区政府(北京国际汽车博览中心建设办公室),沈体雁、陆军,30万;北京市产业结构现状、问题及对策,北京市统计局,沈体雁,3万;北京市文化创意产业发展研究,自筹经费,北京市委宣传部,沈体雁;《体育与城市营销》,自筹经费,国家社科基金(人民出版社),沈体雁;河北省唐山市曹妃甸工业区循环经济试点研究(首钢精品钢材基地),唐山市曹妃甸工业区管理委员会,沈体雁,30万;北京城市未来增长管理与模拟研究,国家自然科学基金,沈体雁,28万;北京市政府公共投资问题与对策研究(北京市规划委项目)杨开忠、陆军,30万;北京城市中心区文化创意产业发展研究(北京市规划委项目)杨开忠、陆军,12万;北京-廊坊区域经济合作研究,北京市发展与改革委员会委托项目,李国平,8万;《当代中国城市发展》丛书北京卷第三编"京津冀都市圈区域协调发展战略",北京市发展与改革委员会委托项目,李国平,10万;加强北京与天津滨海新区合作研究,北京市科技计划项目,李国平,170万;城市空间演化集成模型与模拟系统研究,国家自然科学基金项目,薛领;北京市交通与就业互动关系研究,北京市交通委员会项目,杨开忠、薛领;北京市"十一五"功能区域规划,北京市发改委项目,薛领。

【科研报告】 杨开忠:《关于北京建设创新型城市的几点思考》(大会学术报告论文),北京自然科学界和社会科学界联席会议高峰论坛论;杨开忠(主持):《伊犁河谷旅游业发展总体规划(2005—2020)》规划文本;李国平(主持):《京津冀区域发展与北京创新型城市建设研究》报告;李国平(主持):《京津冀科技发展现状与问题分析研究》报告;李国平(主持):《京津冀科技发展战略研究》报告;李国平(主持):《京津冀区域科技发展规划》报告;陆军(主持):《京津冀区域发展与北京创新型城市建设研究》报告;陆军(主持):《京津冀科技发展现状与问题分析研究》报告;陆军(主持):《京津冀科技发展战略研究》报告;陆军(主持):《京津冀区域科技发展规划》报告。

【学术论文】 彭朝晖、杨开忠:《区域经济差异演化的一个空间均衡模型》,《当代经济科学》2006年1期;杨开忠:《长三角转型要推进七大转变》,《今日浙江》2006年4期;许峰、杨开忠:《现代城市游憩商务区体系建设研究——以武汉市为例》,《旅游学刊》2006年3期;张超、杨开忠:《基于Lancaster特征空间的旅游产品创新模式——以北京和上海的国际旅游业为例》,《商业经济与管理》2006年3期;彭朝晖、杨开忠:《政府扶持下的都市农业产业群模式研究——以北京市延庆县为例》,《中国农业大学学报》2006年2期;杨开忠:《构建特色区域创新体系的三种途径》,《人民论坛》2006年2期;Kaizhong Yang, and Xuying, Regional different in the development of Chinese small and medium-sized enterprises, Journal of Small Business and Enterprise Development, Vol. 13 No. 2, 2006;万鹏飞:《美国联邦应急总署对新闻媒体采访抗灾救灾的管理规范及其借鉴》,《经济社会体制比较》2006年6期总第128期;万鹏飞:《美国联邦政府政务公开制度的实践及启示》,《经济社会体制比较》,2006年第2期总第124期;沈体雁:《CGE与GIS集成的中国城市增长情景模拟框架》,《地球科学进展》2006年11月(第21卷第11期);沈体雁、朱荣付、侯敏、罗丽娥、李迅:《北京城市增长模拟研究——距离因子影响研究》,第二届中国城市发展与土地政策国际研讨会论文集,2006年10月;沈体雁、张红霞、张景雄、李迅:《基于Agent模型的房地产商区位选择行为模拟研究》,第二届中国城市发展与土地政策国际研讨会论文集,2006年10月;Tiyan Shen, Huangji Wang, Liming Wang, Kaizhong Yang, Spatial Agglomeration and Urban Growth in Beijing: An Agent-Based Approach to Industrial Clusters,第二届中国城市发展与土地政策国际研讨会论文集,2006年10月;薛领:《合肥主导产业选择模型研究》,《华东经济管理》2006年(荣获该杂志年度评比一等奖)。

【著作】 《体育与城市营销》,东方出版社,沈体雁、杨开忠等编译;《美国、加拿大和英国突发事件应急管理法选编》,万鹏飞著,北京大学出版社;《市民公共安全应急指南》,万鹏飞著,北京大学出版社;《城市与区域空间复杂性与模拟研究》,薛领、杨开忠著,商务印书馆。

深港产学研基地

【发展概况】 2006年,基地根据深港产学研基地设立的宗旨和五年发展规划,进一步明确了自身定位和发展方向,2006年4月经理事会发展规划研讨会决定,制定了行动纲领,提出以"面向增强自主创新能力建设创新型国家的新任务,充分展现深圳市政府、北京大学、香港科技大学三方的综合优势,发挥大学解决国民经济重大科技问题、实现技术转移、成果转化的生力军作用,加大大学为区域和行业发展服务的力度,落实深圳市关于实施自主创新战略建设国家创新型城市的决定,为建设有特色的区域创新体系共同努力"的工作目标。围绕这一目标的实施,基地积极调整发展思路,在加强自身能力建设的同时,采取灵活的思路,整合和利用各种资源,进一步强化脑库建设,调整与明确产业发展方向,进一步提升实验室研究能力,着力打造培训教育品牌,灵活而主动的开展各项工作,积极寻求新的发展空间,为进一步发展积蓄力量,奠定基础。

【理事会发展专题研讨会】 2月17日上午,深港产学研基地理事会发展专题研讨会在香港科技大学钟士元校董会议室举行。香港科技大学校长、基地理事会名誉理事长朱经武,深圳市常务副市长、基地理事会理事长刘应力,北京大学常务副校长、基地理事会副理事长陈文申,香港科技大学学术副校长、基地理事会副理事长陈玉树及各理事单位代表出席了研讨会。会议对深港产学研基地的今后五年发展规划等问题进行了专题讨论。根据深港产学研基地建立的宗旨和五年发展规划,面向增强自主创新能力建设创新型国家的新任务,基地将充分展现深圳市政府、北京大学、香港科技大学三方的综合优势,发挥大学解决国民经济重大科技问题、实现技术转移、成果转化的生力军作用,加大大学为区域和行业发展服务的力度,成为建设有特色的区域创新体系中的重要一环。

【深港发展研究院】 2006年,基地发挥合作三方优势,面向区域发展发起成立深港发展研究院,研究院以成为深港创新圈的主要智囊与咨询机构为目标,对深港地区的科技创新、体制创新、社会发展和区域协调可持续发展等重大问题进行深入研究,为有关方面决策提供国际水准的建议,同时也在为深圳市的发展提供脑力支持的同时需求发展机遇,为自身发展拓展空间。2006年4月深港发展研究院顺利成立。研究院的研究工作由高级顾问和专家小组负责。研究院首批高级顾问聘请了七人:吴家玮、吴志攀、王德炳、郭荣俊、罗仲荣、杨芙清、陈家强,吴家玮教授任召集人。第一批专家小组召集人有:吴志攀、南岭(体制法制组)、唐孝炎、余同希、陈介中(可持续发展组)、吕新荣、陈家强、郑国汉(企业经济组)、陈正豪、高文、高秉强(电子信息科技组)、王德炳、叶玉如(生物医药组)、何志平、叶朗(文化组)等。

为庆祝深港发展研究院成立,推动深港区域合作和深港创新圈建设,基地于4月20日下午在基地一楼报告厅举办了"深港发展论坛"。香港科技大学荣休校长吴家玮就深港发展研究院的使命与展望,北京大学唐孝炎院士围绕可持续发展、建设环境友好型城市,香港科技大学教授郑国汉围绕深港合作的体制、产业与合作平台,北京大学高文教授就深港合作促进数字音视频编解码技术标准产业化等主题发表了精彩演讲,在深港两地引起巨大反响。

研究院成立之后,立即高效有序地开展了各项工作,并启动了首批研究课题,包括:深圳市建立"生态监测体系"的研究;深港两地2006—2010年文化创意产业发展比较研究;产业分工与合作政策;建设深港IT行业信息平台;深圳建立医学院建议;深圳海洋发展战略研究;深圳新建立大学的方案建议;深圳市南山区建立知识创新区的设想;零排放可持续能源示范主题公园可行性报告;香港回归后深港经济合作的回顾与展望。

发展研究院的作用得到了社会各界的重视,并参与了深圳市2006年重大研究课题——《深圳高等教育的发展》,以及市政协牵头的《深圳海洋问题》等课题的研究。南山区委、区政府多次请研究院有关专家就南山区建设深圳硅谷、打造知识创新区;西部通道建设对区域发展影响等重大问题进行咨询,同时研究院还承担了深圳市科信局的《深港创新圈》课题研究。

【政府科研项目申请】 2006年深圳市进行科研经费改革,对从事应用基础研究的科研单位实行切块资助,基地被列入资助单位。同时基地还充分利用"深港合作"、"深港创新"、"省部合作"等新增资金的机会,积极组织申报各级科技项目。同时利用基地这个平台,为香港科技大学申报内地"863项目"、"973项目"等提供了全力支持,为促进两校科研服务。

【博士后工作站】 7月,经国家人事部批准,深港产学研基地以北京大学香港科技大学深圳研修院名义申报的博士后科研工作站获正式批准。博士后工作站的建立将充分发挥北京大学和香港科技大

学的资源,促进基地与深港企业在高层次专业技术人才队伍建设、为深港发展培养人才,及在自主创新中发挥积极的作用。搭建了高校与深圳企业之间的交流与项目合作平台。目前第一批博士后已进站工作。

【科技成果转化】 2006年,在推动科技成果转化和审慎发展产业取得了较好的进展。

组建了深港产学研环保工程技术股份有限公司。该公司主要利用深港产学研环境技术中心所拥有的"人工快渗污水处理"专利技术,从事中小规模的污水处理及污水资源化,该技术以造价低和运营成本低而受到欢迎,同时对中国目前处于水资源匮乏的国情下有着重要的应用前景并将产生重要的社会意义。其将成为基地今后产业发展的一个重点。

SOC实验室是与深圳IT产业发展关系最密切的一个的实验室,为创造条件使该实验室科技成果尽快产业化,通过引进新的投资人和管理团队,完成了对深圳集成电路设计公司的重组,为实验室的发展打下基础。

高正软件公司是我校科技成果在深圳转化的一个成功案例,他们成功的用数据仓库技术解决了海量数据存储、利用的瓶颈难题,推进了电子政务的发展,2006年获得中国软件自主创新100强企业。

宽带视频作为数字化时代一种新的内容发行技术,越来越受到关注。基地支持开发的微网,正是这样一种介于电信、内容、用户之间的网络视频内容存储和分发平台。该平台能够很好地解决视频业务开展中面临的庞大的内容存储和分发问题,满足视频直播和点播等多种业务需求;推动数字家电的发展。对新传媒发展具有重要意义。

完成北科生物公司的股权转让。随着北科生物公司的逐步发展壮大,基地完成了该公司的股权转让,收回投资并实现盈利,完成了一个风险投资项目的全过程,积累了宝贵经验。

【孵化功能的发展】 通过从运行机制的改进,基地产业发展中心正进入新的发展阶段。从孵化器建设和科技中介咨询服务入手大力开展公共研发平台建设和企业横向研发合作,使基地为两校科技成果的转化服务的功能落到实处。

【培训工作】 继续做好为深圳及周边地区培养各类高级人才的培训工作,积极拓展培训中心的办学思路和发展空间,为基地和培训中心的可持续发展打好基础。促成基地同宝安区组织部、人事局、文化局、城管办、卫生局、石岩镇等的进一步合作。通过合作与客户形成良好关系,促成宝安区向北京大学捐款200万元建设2008年奥运乒乓球馆新闻发布厅。

根据学校关于继续教育的规定,培训中心正在探索新的合作模式,积极加强深港合作,积极推进港人普通话培训项目;与香港动漫学院签订合作协议,为深圳动漫和游戏产业培养行业紧缺人才;与ZHC机构签订合作协议,使深港产学研基地成为ZHC深港和珠江三角洲考试中心。

(邓小昆)

主要教学科研服务机构

图 书 馆

【概况】 2006年,图书馆各项业务工作稳步发展,在读者服务、多媒体服务、网络服务等方面不断出现新的亮点。在文献资源建设方面,印刷型资源继续保持平稳增长,同时加强了特藏和古文献的采访;电子资源的发展数量与品质并重,引进了几个高质量的数据库资源;同时,通过馆际互借与文献传递等措施使我馆的文献形成了系统的保障体系。在文献资源整理方面,除日常的文献编目、清点、整架等工作外,还大力开展整理旧藏和特藏,全面完成了期刊改分类排架的工作。在服务方面,入馆人次、外借册次以及阅览册次均比上一年度有较大增长;电子资源的服务数量依然保持较强的发展势头,全文下载篇次增长迅速,为3,161,115篇次;图书馆主页作为图书馆开展网络服务的最重要窗口,访问量逐年迅猛,并受到浏览者的好评,年底,新的数字图书馆服务门户(新主页)的发布准备工作已全面完成,将于2007年年初正式提供服务;开展了以"创新服务,构建和谐"为主题的"图书馆服务月"活动,通过读者服务满意度调查等举措,改进和提升读者服务;读者培训工作进一步深化,网络培训发展迅速。在多媒体建设方面,建设多媒体学习中心,探索和拓展新的载体资源的服务模式,该中心整合了现有的音频、视频、图像等多媒体学习资源以及各类学术讲座、语言学习资料、影视/音乐/戏曲欣赏等原有资源,提供多媒体资源的采集、编目、阅览等服务,并积极拓展新的资源与服务。分馆建设对创

新服务和学科服务起到重要作用，已经建成分馆19个。在基础设施建设方面，图书馆对机房进行了改造，不仅解决了迫在眉睫的机房容积问题，而且整体提升了我馆机房的环境，为图书馆日益增长的资源、服务以及业务工作的发展创造了条件；图书馆标识系统全面完工，共计装大小牌202块，不仅为读者利用图书馆指明了路径，而且完善了图书馆服务环境，使其与图书馆的整体服务融为一体。在人事工作方面，新制定了新进馆人员的集中轮训制度，修订了《关于员工在职学习的管理规定》等规章制度，使各项人事规章制度更加完善。目前图书馆的附设机构与项目均取得了重大成果：由CALIS管理中心负责的CADLIS"十五"建设项目的专题CALIS二期工程，其总体目标以及各项任务指标均已完成或超额完成，顺利通过国家验收，促进了我国高校图书馆事业的可持续发展；CALIS文理中心在数据库引进与评估、开展用户（馆员）培训以及咨询服务等方面成绩显著；CASHL项目在资源建设和服务体系建设方面取得重大进展，为全国高校的人文社会科学科研和教学提供高水平的文献服务，也为国家繁荣发展哲学社会科学事业发挥文献保障作用；教育部高等学校图书情报工作指导委员会秘书处及中国图书馆学会高校分会秘书处均完成了年度目标，为全国高校图书馆事业的进步与发展起到了重要作用。

【文献资源建设】 2006年，在保障本科教学、采访多品种、适当复本的印刷型资源采访大原则下，印刷型文献资源建设情况总体继续保持平稳，中文图书的采访有较大增长，首次超过3万种，使我馆的中文图书形成了系统保障。

2006年，图书馆加强了古文献及特色文献的采访。在古文献方面：购入家谱101种、980册，购入邓之诚藏书目稿本、清代档案集萃、明代闵凌刻套印本图录等，购入拓片431种、573张。在特色文献方面：向Proquest公司订购了"19世纪有关中国的书籍"（缩微胶片），主要为19世纪的著作，也包括一些18世纪后期和20纪初期的重要著作，为国外的中国学研究提供了珍贵的资料，对我馆特藏有很大的补充。

此外，图书馆还加强了文献资源建设中采访工作的规范管理，按照国家规定制定了《北京大学文献资源供应商选择管理办法》，并同时修订了《北京大学图书馆文献采访业务规程》，保障了采访工作的顺利进行。

电子资源建设除在数量上有所增长，更重视品质的保障。2006年续订的中文数据库共43种，续订外文数据库66种，新增外文数据库3种，新增的外文数据库有："美国政府解密档案"（DDRS）——在线提供50多万页美国政府以前的解密档案，"乌利希国际期刊指南"网络版，计量分析数据库"基本科学指标数据库"（ESI），扩充了我馆电子资源的品种，使我馆电子资源在资源类型、品种、学科配置方面日臻完善，满足教学科研的需要。截止到2006年年底，图书馆共引进中外文数据库416个，中外文电子期刊50620种，中外文电子图书90000余种。

2006年采访（装订）量统计表

项目		文科		理科		总计	
		种	册(合订)	种	册(合订)	种	册(合订)
图书	中文	27,567	68,175	5,977	13,752	33,544	81,927
	外文	11,797	16,056	1,484	1,547	13,281	17,603
	图书总计	39,364	84,231	7,461	15,299	46,825	99,530
期刊	中文	2,221	9,823	1,537	2,715	3,758	12,538
	外文	1,323	1,722	728	1,115	2,051	2,837
	期刊总计	3,544	11,545	2,265	3,830	5,809	15,375
学位论文		2,202		624		2,824	2,826
音像资料						938	977
年新增总计							118,708

【图书捐赠】 2006年，图书馆接受了大量的赠书，有名人赠书、校友赠书、个人赠书等各种途径，共接受捐赠：中文图书4321种共7610册，外文图书7722种共8323册，中文刊1063种，外文刊355种。其中有不少珍贵的影视资料、地图、摄影图等，包括：

1. 崔永元收集的中国影视档案资料：主要包括：其在制作《电影传奇》的过程中的影人采访的素材录像带，总时长95000分钟，以及电影档案资料——电影海报；人物档案350个；影人简历、照片、手稿、评论等；影片150部、

包括导演阐述、评论、分镜头剧本等；剪报 85 个；再现相片 190 部；等等。

2. 侯仁之先生和夫人张玮瑛女士第二次赠书：包括地图、期刊和资料等共 3401 册（件），其中图书（包括地图、资料等）共 1596 册，期刊 1805 册。

3. 胡适秘书胡颂平子女赠送胡颂平日记、书籍。胡颂平著有并赠送《胡适之先生年谱长编初稿》、《胡适之先生晚年谈话录》以及他在追随胡适先生左右时记下的 95 册日记等珍贵的资料。

4. 摄影家刘培恩捐赠《北京全景图》：该图是于 2006 年 6 月 9 日下午在北京尖山山顶上拍摄的一幅大型长卷摄影作品。作品长 14 米，宽 1.1 米，是北京摄影史上单幅最长的实景照片。该作品定格于京城瞬间，记录了老北京的发展历史，展现了新北京的壮丽画卷。

这些捐赠的文献，不仅扩展了图书馆的特色收藏，而且有些资料为图书馆提供新的服务和研究，如多媒体服务及影视研究，开辟了道路。

【数字化特色馆藏】 图书馆在引进各类数字资源的同时，依然重视基于本馆特色收藏的数字资源的建设。2006 年，几个自建特色数据库在目录和全文扫描数字化方面均有数据增加和更新。截止到 2006 年，图书馆自建数字化资源总量已达 8TB 以上。

数字采集与扫描加工统计表

资源名称	加工方式	总量	
		2005 年年底	2006 年年底
古籍与民国图书	扫描加工	90000 余册	105000 册
教学参考书	扫描加工	4000 余册	4000 余册
学位论文	扫描加工	4000 余篇	14800 篇
	网上发布	9700 余篇	11533 篇
拓片	扫描加工	6000 余幅	8000 余幅
舆图	扫描加工	300 多种, 6100 幅	6500 幅
古代珍本字画	扫描加工	7000 幅	7000 幅
善本书影		2500 余幅	2500 余幅
多媒体资源（北大讲座、世纪大讲堂、中华传统文化等）	拍摄、采集加工	600 集, 830 个小时	650 集, 900 小时
其他图像（北京历史地理、北大名师等）	扫描加工	2000 余幅	2000 余幅

【文献编目】 2006 年，图书馆完成新书、新刊、学位论文及电子资源编目 59579 种共 99501 册，完成回溯编目 17597 种共 33422 册。此外还完成期刊改分类排架中的改号和未编刊的编目共计 7573 种。

2006 年图书馆在自动化系统中新增机读数据共 83602 种共 219961 册。

我馆联机书目数据库不仅包含普通图书、期刊、学位论文、电子资源、缩微资料、地图等各类文献类型的书目数据，而且包含了 19 家分馆的书目数据。截止到 2006 年年底，在主页 OPAC 中提供给读者查询的机读书目数据共计 980583 种共 2896891 册，其中中心馆数据 840110 种共 2054685 册。

文献编目统计

项目		新编		回溯		总计	
		种	册	种	册	种	册
图书编目	总计	41238	81160	17597	33422	58835	114582
	中文文科	24150	56879	1802	2489	25952	59368
	中文理科	4136	9278			4136	9278
	中文书小计	28286	66157	1802	2489	30088	68646
	西文文科	8240	9816	5856	8062	14096	17878
	西文理科	1940	2121			1940	2121
	日文	2757	3066			2757	3066
	俄文	15				15	15
	外文书小计	12952	15003	5856	8062	18808	23080

续表

项目		新编		回溯		总计	
		种	册	种	册	种	册
期刊编目	总计	805	0	0	0	805	805
	中文文科	613				613	613
	中文理科					0	0
	中文刊小计	613	0	0	0	613	613
	外文文科	192				192	192
	外文理科					0	0
	外文刊小计	192	0	0	0	192	192
学位论文	总计					2826	2826
	文科	2202					
	理科	624					
电子资源	总计	14710				14710	14710
	文科						
	理科						
总计						77176	132923

【旧藏及特藏整理】 在旧馆改造、新馆搬迁过程中整理出的历史遗留下来的尘封图书中,很多是珍贵的旧藏和特色收藏,例如老燕大和老北大的西文中国学图书、胡适的未刊书信日记、馆史资料、有名人题签的藏书等等,在2005年9月成立的特藏部的精心整理下,已经开始提供阅览服务。2006年起,特藏部工作人员加大整旧力度,对图书馆防空洞中的文献和原存放在红三楼顶、现存于理科楼群地下室的250箱文献进行清理,又整理出2万余册旧藏,包括:中外文本毛选、民国时期图书、线装书、老北大燕大校史图书与引得、东方学图书、中德学会藏书、中法大学藏书、满铁资料、向达藏书、子民图书室藏书等,更包括一些珍贵的资料,如:名人藏书、名人书信与照片、北大及北大馆的档案资料、地契、年画、地图、线装书、拓片、老照片、西文善本等。

【期刊改分类排架】 馆藏期刊排架改为分类排架工作全面完工。从2003年9月开始至2006年7月,馆藏中、西文期刊25000余种34余万册过刊合订本及现刊全部完成了从字顺排架向学科分类排架转变的工作。期刊改为分类排架的成果有:期刊目录完全机读,期刊改号,不仅对原有机读目录进行修改,而且对原来尚未完成的西文小语种期刊和中文刊品种进行了回溯编目,共完成西文刊改号13268种19万册(其中包括约3000种刊的回溯编目),完成中文刊改号12554种15万册(其中包括约1500种刊的回溯编目),同时对CALIS联合目录中的我馆期刊书目进行了系统整理;全面清理期刊馆藏,通过期刊改号,从总体馆藏、语种、学科、学报、期刊年代、缺失补漏等各方面对我馆收藏的期刊进行了一次全面大清理,为馆藏建设和读者服务等创造了一个非常重要的基础;提高了期刊书目数据质量,期刊改号工作对期刊的编目数据是一次很好的重审,有效地提高了本馆期刊的书目质量,从根本上解决了历史遗留的期刊编目问题。同时,改号工作很好地解决和处理了期刊的特殊性问题。如:期刊的字顺关系,期刊的不同语种的排位处理,重号问题的处理,改名刊的处理等等;对期刊利用率统计提供了基础,期刊馆藏数据将为期刊采访与核心刊评估工作奠定基础。

【读者服务】 2006年,图书馆的日常服务继续稳步进行,同时致力于拓展读者服务、创新服务措施,逐步提高服务水平,全面提升数字化和多媒体服务。开馆时间继续保持106.5小时/周,借阅服务时间85小时/周,同时调整各日常服务的时间使其趋于一致,方便读者利用图书馆的资源和服务。

传统借阅服务稳步发展并力求创新。依据统计,2006年的入馆人次、外借册次以及阅览册次均比上一年度有增长,入馆人次增长幅度最大,这主要是图书馆多年来致力于改善馆舍环境与服务环境的成果,同时也表明图书馆传统资源仍然保持较高的利用率。利用图书馆自动化系统提供的其他读者服务继续保持增长势头,新的服务功能不断开发,力求传统读者服务的创新。表现在:续借和预约册次均比2005年有所增长;在利用系统功能提供的根据读者EMAIL自动发送到期、催还、过期等流通通知提醒服务基础上,更与电教中心合作推出通过短信平台系统向读者发出文献到期通知提醒服务;开发系统功能,将所有一卡通读者照片输入安装至系统,在外借时显示读者照片,大大降低了冒用他人借书证的可能性;与医学图书馆和校本部各分馆的异地还书服务量继续进行,2006年中心馆传送医学馆图书886册次,医学图书馆传送中心馆图书11142册次。

2005 年与 2006 年传统服务统计比较

项目	2005	2006	增长比例
入馆人次	1695312	2286294	34.86%
外借册次	1011486	1069049	5.69%
阅览册次	2673667	2875234	7.54%

2005 年与 2006 年续借与预约服务量比较

项目	2005	2006	增长比例
续借册次	451507	479742	15.37%
预约册次	60255	69516	6.25%
借出预约	32279	34646	7.33%

电子资源服务发展迅速。2006 年，图书馆加强了电子资源的宣传、推广和培训，并开发完善了统一检索平台、资源导航平台等，使电子资源的检索更加方便快捷，服务量依然保持较强的发展势头，检索人次仍在千万以上，全文下载篇次则首次超过千万，反映了读者对电子资源全文的需求越来越大，检索到对自己有用的资源越来越多，这从侧面反映了读者培训工作到位，读者检索水平在不断提高。

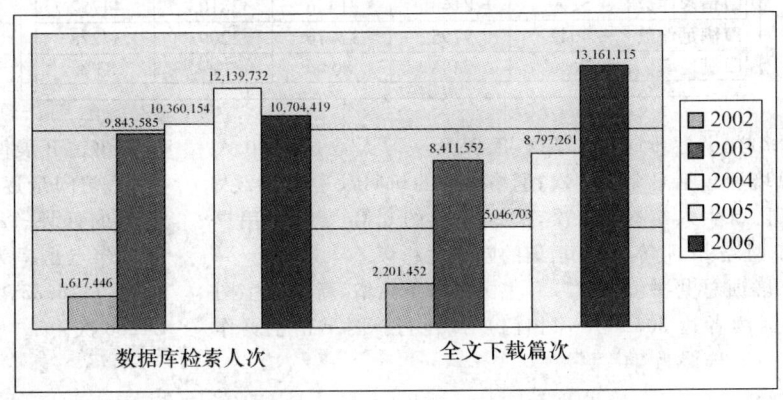

中心馆检索服务发展状况

参考咨询服务形成完善的服务体系，由馆内咨询、电话咨询、网上咨询等多种形式结合，一般咨询与课题咨询组成多层次结合的综合性咨询服务。2006 年完成了"国外人文社科资源共享联盟调研"、"奥林匹克举办城市生态环境研究"、"马克思主义和经济学教材版本研究"、"国内外高校图书馆电子资源收藏情况调研"等大中型课题的咨询，这些咨询以其服务质量和服务速度得到了用户的高度认可。网上咨询服务包括电子邮件咨询、实时咨询、读者留言咨询和常见问题库查询等，2006 年网上咨询总量为 6110 件，实时咨询为 1019 个。2006 年 12 月，为提高虚拟参考咨询服务的速度和质量，图书馆更换了虚拟参考咨询系统平台，以 CALIS 分布式联合虚拟参考咨询系统（CVRS）替代了 OCLC 的 QuestionPoint。

2006 年参考咨询服务统计表

项目		数量	单位
网上咨询		6110	条
课题咨询	查新	44	项
	查收查引	398	项
	专题/定题服务	71	项
	热点话题	2118	条

馆际互借与文献传递发展迅速,为全校的教学科研提供了较高的文献保障率,特别是外文书刊资料的保障。具体表现在:馆际互借与文献传递量增长迅速,满足率日益提高,2006年馆际互借与文献传递请求44752件,满足37278件,满足率为83.3%,满足率几年来首次在80%以上;文献来源单位增多,目前北京大学图书馆已与国内外180余所院校和权威文献提供机构建立了馆际互借与文献传递协议关系;图书馆还承担着CASHL全国中心的工作,2006年取得的成绩有:北京大学师生在CASHL系统注册用户405个,发出文献申请1375篇,处理外馆提交给北京大学的申请28276笔,占CASHL总申请量的40.8%。其中满足24726笔,满足率达87.4%,在CASHL7个中心馆中名列前茅。

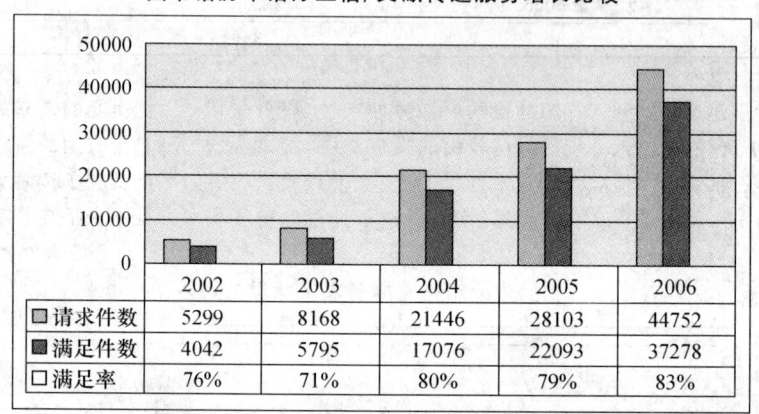

图书馆历年馆际互借/文献传递服务增长比较

	2002	2003	2004	2005	2006
请求件数	5299	8168	21446	28103	44752
满足件数	4042	5795	17076	22093	37278
满足率	76%	71%	80%	79%	83%

用户培训形式多样,并逐步向网络化发展。用户培训包括日常的一小时讲座系列、新生入馆教育、全校通选课和网络培训等。2006年,日常用户培训总共举办了123场次,受培训读者达3072人次,为历年来最多;通选课为34学时,上课及实习人数达1100人次;网络培训的访问量达40692人次,是2004年的3倍,显示了用户培训的网络化趋势。

主页服务量猛增,新的数字图书馆门户试运行。图书馆主页作为图书馆开展网络服务的最重要窗口,访问量逐年迅猛,并受到浏览者的好评。2006年,图书馆主页的年点击率为14亿多次,年访问量7826935次,每天访问量达24288次。

2005年和2006年图书馆主页访问情况比较

统计栏目		2005年	2006年	同比增长
点击率	点击总数	111334400	144935615	30.18%
	平均每天点击率	400173	416424	4.06%
浏览页面数	浏览页面总数	15661127	20941883	33.72%
	平均每天浏览页数	54457	73394	34.77%
	平均每位访问者浏览页面数	23	49	113.04%
访问量	访问总量	5412692	7826935	44.60%
	平均每天访问量	19165	24288	26.73%
	平均每次访问停留的时间	00:09:33	00:08:48	
访问者	不同访问者的数量	1629891	1945804	19.38%
	只一次访问本主页的访问者	1256562	1453745	15.69%
	多次访问本主页的访问者	373329	492059	31.80%

根据统计,除首页外,读者最关注的、点击最多的页面为数据库和电子期刊的导航,其次为学位论文和电子图书首页,这说明图书馆主页中的电子学术资源是读者关注的重点,主页对电子资源的揭示给读者检索电子资源提供了极大的方便。2006年1月10日起,新的数字化图书馆门户网站试运行。

【多媒体中心】 随着计算机和网络技术的不断发展,多媒体资源数量不断增长,多媒体已成为在传统介质的图书、期刊、缩微资料以及近几年发展起来的文本型电子资源之外的一种新型信息资源,逐渐成为国内外图书馆关注和重点建设的内容。为了适应这种需求,北京大学图书馆在2006年年初开始筹建数字多媒体中心。11月,视听部正式改名为多媒体部,并重新调整了服务及布局:多媒体学习中心,提供各类视音频资料、数字多媒体资源、电视及网络教学多媒体资源的检索和阅览服务;音乐视听室,为素质教育部分课程提供场所和设备,放映优秀外语电影录像及中文电影精品,举办音乐欣赏会;多媒体研讨室,可供小组讨论的多媒体教学实验室或研讨室,包括计算机和家庭影院设备、投影设备和讨论用桌椅等;崔永元影视资料陈列室,陈列崔永元向北京大学图书馆捐赠的《电影传奇》采访原带、相关的影视资料等。

其中多媒体学习中心于12月28日开始服务,具体服务内容有:多媒体资源检索,可检索、浏览各类离线、在线的多媒体资源以及其他数字化节目;多媒体资源点播;单机视音频资源播放;电视节目播放,在线收看北京大学有线电视节目等;网络多媒体资源检索和阅览,在线检索和阅览图书馆馆引进的国内外网络多媒体资源。

随着技术的发展与利用,多媒体中心还将陆续为用户提供教学多媒体课件制作、多媒体编辑等服务。

【图书馆服务月】 2006年,旧馆改造后图书馆的布局得到优化,服务上了一个新台阶。为了及时向读者推介各种新型服务,图书馆于4月开展以"创新服务,构建和谐"为主题的"图书馆服务月"活动。该活动是旧馆改造竣工后规模最大的服务性举措,旨在进一步了解读者需求,加强与读者的理解和沟通,共建和谐的学术氛围。在图书馆领导和全体工作人员的共同努力下,尤其是在广大师生的积极参与下,这次活动取得了圆满成功。主要活动包括:服务月宣传日暨开幕活动日、"用户满意度调查"活动、图书馆服务的新亮点—新型服务推介、专题学术讲座、"内聚力量、外树形象"—提高工作人员综合素质讲座、独具特色的专题展览、外文原版刊赠送活动、形象生动的馆长电视访谈节目、面对面的沟通—读者座谈会。此次活动实现了以服务月活动为新的起点,全面提升读者服务质量的预期目标。

【用户满意度调查】 4月至6月,作为服务月活动的重要内容之一,图书馆进行用户满意度调查活动。本次调查共设置了5个方面(图书馆服务、资源建设与使用、图书馆设备与环境、图书馆员、总体评价)的25个调查项目。

从调查结果看,读者对图书馆读者服务的质量和效果非常认可,有超过80%的项目获得了"比较满意"或接近于"比较满意"的评价,对图书馆服务的总体满意度较高。调查报告利用象限分析技术和数据点折线图,确定了读者关注度高、满意度高的项目以及读者关注度高、满意度低的项目。通过本次调查,图书馆获得了读者对图书馆服务的满意度和关注度等数据,为进一步改善和提高图书馆的服务水平、服务质量提供了必要的依据。

【分馆建设】 2006年,分馆建设工作持续发展,继续促进北京大学的资源共享。分馆的发展对图书馆服务的创新和扩展起到了重要作用,尤其是在学科服务方面。

全年共发展3家分馆:国际关系学院、历史系和北京大学医院,并于10月20日召开了2006年分馆工作总结会—暨国关学院分馆开通仪式,10月31日召开北京大学医院分馆开通仪式。

积极开展分馆建设评估活动,对分馆多年来的工作成绩进行了总结,起到了鼓励先进、表彰优秀、促进发展和发现问题的作用。2006年度分别对物理学院分馆和教育学院分馆进行了试点评估。

分馆的文献编目工作一直是分馆建设的重点和首要任务,截止到2006年年底,分馆机读数据量已达840,258条,对于分馆开展各项流通管理与服务起到了积极作用。2006年,分馆文献外借量达129,903册次。

【学科服务】 继学科馆员制度后,随着分馆的发展,图书馆的学科服务正在逐步向各分馆转移,分馆在提供教学和科研的专业服务方面发挥着重大作用。其优势在于:分馆收藏比中心馆更注重专业特色,大多已经形成自己的馆藏特色与优势;分馆服务着眼于本专业的需求,为本专业的教学和科研提供更贴切的服务;分馆工作人员多具有专业背景,了解读者需求,甚至直接参与科研项目。

分馆在配合中心馆的学科服务及其他服务方面也起到了重要作用。例如:积极配合中心馆的"图书馆服务月"活动,包括:编写院系分馆的服务信息,制作展板,配合中心馆的读者服务满意度调查;配合中心馆拓展新的分馆服务,如配合中心馆收集教学参考信息,及时收集教参书单,大大提高了教参书单的收集数量和效率,又如积极建设分馆主页,搭建网上服务平台,并积极开展专题服务,加强专题特色数据库的建设。可以说分馆在中心馆和分馆读者之间架设了信息沟通的桥梁,使读者服务工作向专业化、个性化、高层次发展。

此外,图书馆还积极从其他方面加强学科服务,如在数字图书馆服务门户中,对图书馆的数据库、电子期刊、电子图书等电子资源重

新划分学科类别,按规范化的学科体系进行组织,方便用户对学科知识的检索。门户的技术支持——如统一检索等也为学科服务的发展提供了有利的技术条件。

【数字图书馆门户】 1月10日起,自2004年起就开始规划的数字图书馆门户暨图书馆新主页试运行。图书馆在试运行中收集读者意见,并根据读者意见着手修改和完善工作。与原主页相比,门户新增的功能有:统一认证、统一检索、知识导航、资源调度与全文获取、网上咨询、网络培训、个性化服务、网站索引、动态消息等。新门户将于2007年1月2日正式运行。

新门户的设计特点有:在总体设计上以用户需求为主导,在整合应用上多途径集成资源和服务,在学科体系上以教学科研为服务目标,在开放建设上面向信息化校园和外部共享环境,对原有服务采取优化与平稳继承发展,以方便用户、实现资源和服务的最大和最优化利用为目标科学设计服务链,依托CALIS的技术与标准规范将其他应用系统整合在一起。

新门户的效益主要体现于服务功能、服务形式以及发展方面。从服务功能上看,门户整合了海量资源、多元化服务,使以往分散的资源和服务互相衔接起来;对一个用户来说,从他/她登录图书馆主页的一刻起,感受到的是一个学术与信息服务的整体环境,可以更加方便、快捷、准确地获取教学科研所需信息,而不再迷失和困惑;用户因此会更多地使用图书馆的网络服务和图书馆主页。从服务形式和发展的角度看,图书馆主页一方面保留了以往的重点服务并进行了优化调整;另一方面又增加了很多网络服务,并和图书馆外的信息服务环境结合起来,堪称是从传统服务到数字化服务的圆满结合、平稳过渡和飞跃发展。

【基础设施建设】 为保证各项读者服务和业务工作的顺利进行,图书馆在计算机软硬件、网络设备、馆舍等方面加强基础设施建设,在2006年积极申请专项经费,进行机房的改造工作,使图书馆的网络环境和服务环境得到进一步改善,并保障了多媒体学习中心和新的数字图书馆门户等新的服务的顺利运行。

2006年暑假期间进行的机房改造工作,不仅解决了迫在眉睫的机房容积问题,而且整体提升了我馆机房的环境条件:机房面积从70平方米扩大到200多平方米;引进两台意大利优力机房专用空调,彻底缓解了老机房温度无法控制的状态;通过供电系统的扩容改造,解决了长期以来不规范使用消防和照明用电的问题;通过门禁系统加强了对机房的管理和监控。新的机房无论是在温度、湿度、洁净度、电力等环境标准方面,还是在安全性方面,都达到了国家的相应标准,并为图书馆日益拓展的资源、服务以及业务工作创造了条件。

2006年,图书馆自动化系统Unicorn从WF2002版升级到GL3.0版,一些新的功能得到启用:读者照片显示功能;票据打印机为读者打印还书条、账单收据等,用以提醒读者备忘;短信平台发送各类流通通知;脱机工作站功能;具备日/俄文编目条件;打印目录卡片功能;Order MAP功能使用;自动halt/run功能的启用及数据库每日自动备份。Unicorn升级后,系统参数重审工作和书目格式/模板重审工作相继进行,这对于整理数据库索引、更好地进行目录整理工作、新资源的编目以及更方便的OPAC检索服务奠定了基础。

在馆舍维护和改善方面,图书馆对馆舍基础设施进行全面的完善,使图书馆的环境更加整洁优雅。2006年图书馆安装标识系统,不仅为读者利用图书馆指明了路径,而且完善了图书馆服务环境,使其与图书馆的整体服务融为一体。

此外,图书馆的行政、后勤、安全等工作对图书馆展示优质读者服务和优雅的服务环境提供了有力支撑,也为北京大学图书馆展现一流大学图书馆水平提供了支撑。

【人力资源建设】 2006年图书馆引进人才工作进展顺利,共引进各学科人才7人,同时出台了新进馆人员的集中轮训制度。这一制度建立的目标是:保证新聘人员到馆后能够全面了解图书馆的总体情况、熟悉图书馆主要业务部门的工作任务和工作流程,以便在工作岗位上将所学的知识与图书馆的实际工作有效地结合起来,并在工作中与其他岗位其他部门有良好的沟通与合作。此制度自2006年9月起实施,第一轮集中轮训于年底结束,效果良好。此外,图书馆不断健全各项人事规章制度,修订《关于员工在职学习的管理规定》等规章制度;实行图书馆空缺岗位的馆内公开招聘,适应了图书馆业务发展和工作岗位调整的需要。

员工培训是人力资源建设的重要内容之一。图书馆除了以学术交流和举办会议的方式进行员工业务发展外,图书馆还在馆内多次举办员工业务培训,各部门内部也积极组织相关的内部培训工作,以提高员工的业务素质和读者服务能力。

【工会工作】 2006年图书馆工会结合图书馆的实际情况和人员特点,不断提高自身的组织建设和管理水平。图书馆工会在推进建设"模范教工之家"活动中取得了巨大成绩,并通过了保持"模范教工之家"的验收工作。

图书馆工会在阳光大厅设立了荣誉展览橱窗,把图书馆20多年来工会活动获得的奖励展示出来,这一举措不仅激发了大家参与工会活动的热情,同时也提高了大家为建设一流大学图书馆工作的

积极性。

工会积极开展丰富多彩的文体活动,活跃职工的业余文体生活,构建健康和谐的图书馆环境。如举办了多次爬山、太极拳、羽毛球、乒乓球、网球、摄影比赛、瑜伽、交谊舞、郊游等等活动,丰富了广大职工业余文化生活和精神生活。2006年元旦,在新落成的阳光大厅举办新春联欢会,第一次使用了先进的多媒体等手段。

【北京大学中国影视资料研究中心】 该中心于12月正式成立,是继北京大学数字图书馆研究所和北京大学亚洲史地文献研究中心之后在图书馆成立的第3个科研机构。其宗旨是在北京大学建成中国高校中研究中国影视资料规模最大、学术价值最高、资料最齐全和最富特色的影视资料中心和研究中心;同时开展中国影视资料研究,将中国影视研究推向新的高度,确立北京大学在中国电影研究领域的领先位置。该中心将在以下方面开展工作:全面系统地采集与整理影视资料,并对已有的馆藏资料进行数字化加工,为专业研究应用和进一步发展提供资源基础;开发完善网上服务平台,为影视资料的检索、存贮、点播、管理提供技术支持;在图书馆内开辟空间,提供资料陈列和研究的场所,向广大读者开放服务;积极开展科研活动,召开研究会,出版相关资料目录等;建立存储系统,采购加工设备,规范管理。

【对外交流】 2006年图书馆共接待国内外各界参观、访问人员共49批,1953人次;接待国内外图书馆界来访、交流等共73批,960人次。

8月12—17日,与哈佛大学图书馆联合主办"第一届中美大学图书馆馆长论坛",中美双方共有33个图书馆的45位代表参加了这届论坛。北京大学图书馆副馆长朱强和美国哈佛燕京学社图书馆馆长郑炯文全程主持了论坛。双方就图书馆经费、人事和管理中的问题等工作中的重点难点问题进行讨论。本届论坛是中国高校图书馆间的一次盛事。自改革开放以来,如此规模的中美大学图书馆馆长间的交流尚属首次。

11月20—27日,香港大学图书馆副馆长苏德毅先生再次访问图书馆。作为图书馆聘请的顾问,这已是苏馆长第三次来访。此行他的主要任务是考察图书馆的分馆建设工作,并介绍香港大学的图书馆体系。访问期间,苏馆长走访了物理学院、中古史中心、数学科学学院、校史馆、北京大学医院、应用文理学院6个分馆,考察了分馆的资源、馆藏、服务、分馆和所属院系的关系、分馆馆员、馆舍和安全等,并与分馆建设领导小组成员、分馆馆员进行了交流。另外还给分馆馆员做了香港大学图书馆分馆系统的报告。与前两次考察一样,苏馆长提交了他的考察报告,在题为"北京大学图书馆分馆发展评价"的报告中,他肯定了分馆建设的成绩,同时也对分馆未来的发展方向和运行模式提出了具体的建议。

此外,图书馆在学术交流方面非常活跃。2006年图书馆举办各类学术会议6次,其中举办国际会议1次,国内会议4次,与港澳台合办1次;参加国内外各类学术会议66人次,提交论文9篇;受聘讲学派出27人次,来馆1人次;派出国外进修学习1人次;与港澳台地区进行合作研究1项。

【CADLIS项目】 中国高等教育文献保障体系——中国高等教育数字化图书馆建设(CADLIS)项目"十五"建设于2006年通过国家验收。2004年11月启动的CADLIS项目由两个专题组成,即:中国高等教育文献保障系统二期工程(简称"CALIS")和中英文图书数字化国际合作计划(简称"CADAL")。其中,CALIS专题由北京大学牵头负责;CADAL专题由浙江大学和中国科学院研究生院牵头负责;另有200多所大学参与建设。

2006年8月3—4日,"十五计划""211工程"公共服务体系建设项目专家验收会召开,对包括CADLIS"十五计划"建设项目在内的三大公共服务体系项目(其他两个项目为CERNET和大型仪器设备共享)进行验收。CADLIS项目建设情况由项目管理委员会主任吴志攀教授汇报。

经过"十五"期间的建设,CADLIS项目已经完成了预期的总体建设目标。

在数字图书馆标准和规范建设方面,建立了符合国际主流、与未来的国家标准保持同步衔接的CADLIS标准规范体系,形成了包括数字资源加工与存储、数字对象分类与描述、元数据标准与互操作、系统模式与互操作、服务模式与规范等方面的标准和规范,为建设开放式的中国高等教育数字图书馆提供了技术保障。

在资源建设方面,通过中英文图书扫描加工和引进国内外数据库资源,已建成了以数字化图书期刊为主、覆盖所有重点学科的学术文献资源体系。数字资源总量达到180T字节,包括113.5万册的中外文数字图书、34000多种中外文电子期刊(其中外文期刊24000余种)、25万篇中外文博硕士学位论文,以及可检索至少281个高校图书馆不同类型馆藏的70多个二次文献数据库。

在技术支撑环境建设方面,建立了达到国际先进水平的数字资源制作、管理、组织、存储、访问、服务等功能的分布式数字图书馆系统。支持商业性文献资源的代理服务与收费结算。具有与国际国内重大数字图书馆合作计划的应用接口,成为国家信息资源共享服务体系的重要组成部分之一。

在服务体系建设方面,在"九五"建成的 CALIS 三级保障体系的基础上,进一步加强了 4 个全国文献信息中心、7 个地区文献信息中心的建设,加强了它们的服务和协调能力,并增设了 15 个省级文献服务中心。同时,为了吸纳一批资源和服务能力雄厚的非中心馆加入 CADLIS 核心服务体系,大力推动数字图书馆建设和提升数字化服务能力,在全国高校还建设了 22 个数字图书馆基地。"十五"期间参与 CADLIS 项目建设并提供服务的高校馆达 281 个馆 700 多馆次,平均每个馆参加了 2.5 个子项目的建设。

通过以上四个方面的建设,CADLIS 项目建立了国内最全的数字图书馆实用标准规范体系;构建了国内最庞大的数字化学术文献资源体系;设计开发了无论是从数字化资源与服务的集成规模看,还是从对图书馆传统服务和自动化系统的整合看,都达到国际先进水平的数字化服务应用软件体系。随着这些资源和系统在众多成员馆的部署运行,CADLIS 逐步建成了以系统化数字化学术信息资源为基础、以先进的数字图书馆技术为手段、以中国教育和科研计算机网(CERNET)为依托的具有国际先进水平的开放式中国高等教育数字化图书馆的框架,真正成为国家重要的信息基础设施的重要组成部分之一。

"十五"期间,直接参与 CADLIS 项目建设的高校成员馆达到 281 个,通过各中心馆间接参与或获取 CADLIS 服务的馆则达到了 809 个。以各子项目建设和 CADLIS 服务项目为基础形成的高校图书馆共建共享联盟,在推进高校文献资源的合理配置、培育图书馆新型专业人员和促进服务方面发挥了巨大的作用,基本实现了文献信息资源的共建、共知、共享,进一步深化了信息资源的开发和利用,显著提高了图书馆文献信息保障和服务水平,极大地推动了高等教育的信息化进程。CADLIS 目前已成为国际上最大的高校数字图书馆共享联盟。

综上所述,CADLIS 建设全面完成了"十五"项目建设的总体目标,取得了重大成果,初步建成了迄今世界上最大规模的国家行为的网络化文献资源共享保障体系,使得我国的高等学校图书馆基本上完成了从过去"一校一馆、自我保障"的发展模式向"联合协作、整体保障"的发展模式的转变。CADLIS 项目在"十五"期间的标志性成果主要体现在:初步建成了实用化的分布式数字图书馆服务平台,基本建立了保障各类高校图书馆广泛参与的共建共享机制,形成了大规模数字化加工能力,积累了海量数字资源,开展了多媒体信息处理和中国文化特色的数字图书馆技术的研发,运用数字技术抢救保护了一批珍贵的文献馆藏。

CADLIS 项目"十五"建设取得了巨大的效益,体现在:数字资源总量大幅度增加,教学科研的文献保障率显著提高;促进资源共建共享,提高项目建设效益;信息服务技术水平明显提升,用户利用数字资源方便快捷;促进高素质专业队伍建设,推动图书馆事业可持续发展;推动数字技术开发,促进国家信息化发展;缩小地区差距,促进远程教育和西部高校发展;加强对外交流与合作,提升我国高校图书馆的国际地位。

在验收会上,专家组评议认为:CADLIS 项目建设,初步构建了具有国际先进水平的开放式中国高等教育数字图书馆,项目建设资金使用合理,项目可行性报告中所提出的总体目标以及各项任务指标均已完成或超额完成;各类数字资源建设总量达 180TB,是目前国内外容量最大的公益性数字化文献信息资源之一;技术支撑环境建设所形成的相关应用系统技术先进、功能完善、实用性强、使用效果良好;服务体系建设在完善服务基础设施、提高文献保障率和增强服务方面效益明显,是目前国内外最大的文献资源共建共享和保障服务体系之一;建立了符合国内外主流标准的 CADLIS 标准规范体系;开展了广泛全面、多种形式的培训和有效的协作协调工作,国际合作与交流取得了显著成效。CADLIS 项目的管理运行机制符合中国国情和高校实际。项目建立的中国高等教育数字图书馆以系统化数字化的学术信息资源为基础,以先进的数字图书馆技术为手段,以 CERNET 为依托,为高等院校教学、科研和重点学科建设提供了高效率、全方位的文献信息保障与服务,全国共有 800 多所高校的师生受益,项目建设资源的用户遍及 70 余个国家和地区。通过项目的建设,培养和造就了一批高素质的数字图书馆建设与服务人才,共建共享的理念深入人心,促进了我国高校图书馆事业的可持续发展。

专家组建议国家在"211 工程"三期建设中继续对该项目予以支持,持续地为我国高等教育提供先进而优质的服务。

【CALIS 项目】 作为 CADLIS 项目的两个专题之一的"中国高等教育文献保障体系"(CALIS)二期工程,在 CADLIS 项目验收时,对其"十五"期间的建设工作进行了全面总结。CALIS "十五"建设的目标是,以系统化数字化学术信息资源为基础,以先进的数字图书馆技术为手段,以中国教育和科研计算机网(CERNET)为依托,大力推进理论创新、制度创新、科技创新和教育创新,力争到 2005 年年底,初步建成具有国际先进水平的开放式中国高等教育数字化图书馆的框架,使之成为国家重要的信息基础设施之一,以此推进高校文献资

源的合理配置,实现信息资源共建、共知、共享,深化资源的有效开发和利用,提高图书文献保障水平,为实现"211工程"总体建设目标,大力推动教育信息化,促进教育现代化奠定坚实基础。

CALIS"十五"期间主要建设内容和任务是,按照"统一规划、分工实施、紧密协调、共建共享"的原则,加强数字图书馆标准与规范、数字化文献资源、技术支撑环境和文献服务体系建设,进一步完善和强化系统的、统一的信息检索、馆际互借、协调采购、联机编目和参考咨询等功能。具体为:数字图书馆标准与规范建设,数字资源建设,数字化技术支撑环境建设,以及服务体系建设。"十五"建设期间,CALIS专题各子项目建设目标、建设任务以及具体指标均已完成或超额完成。

CALIS各子项目计划目标与完成情况

建设任务			完成情况
数字图书馆标准与规范建设			《中国高等教育数字图书馆技术标准与规范》及其他
数字资源建设	全文数据库	引进数据库与电子期刊	组织69个集团、615家机构、3512个馆次集团购买数据库283个,包括30636种(去重后约24000种)、约400万份全文电子期刊;8557种、约30万份会议录;145052种、约1200万册电子图书(包括学位论文)。平均回溯年限大约15年左右
		电子版学位论文	建设中文博硕士论文数据库,80所高校参建,新增15万条题录文摘及58230篇前16页全文引进PQDD博硕士学位论文数据库与NDLTD合作,在中国建立NDLTD镜像站,提供学位论文文摘数据库7万条,论文全文超过4万篇
		教学参考资源	建立了一个集中式的高校重点学科中文教学参考信息库,包含50211条记录,64055种教学参考书的全文电子书通过组织高校集团购买教参数据库的方式,总共引进4个数据库,48000余册外文电子图书
		其他全文资源	其他24450种全文出版物。如Chinainfo Bank的2200万篇全文,Gale的120万篇全文,EB Online的98000词条
	二次文献库	联合目录数据库	书目1910591条,馆藏9208784条,规范记录85万条,增加古籍(文献类型)和俄文文献(语种)的数据
		中外文现刊目次库	中文期刊目次400多万条;西文期刊目次约2000万条
		重点学科特色数据库导航库	覆盖70多个一级学科,包含14万条记录
	专题特色数据库	建成65个特色数据库	构架了专题特色数据库中心网站
	其他工具性数据库	名称规范数据库	积累了各类型的规范记录850831条
		参考咨询信息库	开发CALIS分布式联合虚拟参考咨询系统,15所学校利用电子资源学习中心数据库指南、教材及课件数达80种,中心知识库记录数达20000条
数字化技术支撑环境建设			建成17个软件系统,全部完成了"十五"建设规定的目标和任务,并符合CADLIS技术标准与规范,可以集成使用
服务体系建设	联机编目中心建设		成员馆841家,其中高校馆809家
	技术中心建设		整个CADLIS技术支撑体系之一,负责:规划和设计CADLIS数字图书馆整体框架;组织制定高等教育数字图书馆技术标准和规范;设计和开发数字图书馆关键应用和技术等
	馆际互借与文献传递网络建设		启动CALIS馆际互借/文献传递服务网,共有服务馆42家,用户馆1292家,各服务馆业务量累计达到491031笔
	全国中心、地区中心、省中心		三级构架体系,加强CALIS服务的整体性和面向全国的辐射作用
	数字图书馆基地		22家数字图书馆基地馆,加强CALIS体系的整体服务保障能力
	成员馆		新发展了800多家成员馆,成员馆总数已接近1000家

续表

建设任务		完成情况
国际合作与培训	与国际性数字资源组织合作	与美国 OCLC、日本 NII、韩国 KERIS、中国香港 JULAC、英国 JISC 等国外机构合作，在文献编目、学位论文、文献传递、数字图书馆建设等方面开展合作
	重大国际学术会议与国际交流	中欧数字资源长期保存研讨会（中国北京，2004 年），在线教育与信息 2003 大会（泰国曼谷，2003 年），IFLA 国际编目专家会议（韩国，2006 年）与美国高校及数字资源组织交流（美国，2005 年）
	与 IT 产业界合作	与知名 IT 企业成立了联合实验室，引进其先进技术和成功经验，促进相关产业与 CALIS 的合作与同步发展
	人员培训	包括数据库培训、业务培训、系统培训、西部培训和网上培训，共举办各类培训 200 余次/12000 余人次，建成网上"学习中心"，80 个课件

【CALIS 文理中心】 CALIS 全国文理文献信息中心是 CALIS 三级保障体系的重要组成部分之一。2006 年，文理中心圆满完成了"十五"二期建设任务，在引进数字资源、自建资源、馆际互借与文献传递、用户培训、咨询服务、基础设施建设等方面取得了显著成绩。

CALIS 文理中心"十五"建设各项任务完成情况

建设内容	原计划完成任务	完成情况	备注
引进数据库	保持 11 个出版商的 16 个集团，新增 2－3 个集团	新增 13 个数据库商的 20 个数据库	超额 5 倍
	PQDD 国外学位论文全文数据库 6 万篇	已完成 10 万篇	超额 0.67 倍
数字资源存储体系	建成	招标中	
文理中心门户	建成	已建成	
馆际互借系统	建成	已建成	
馆际互借与文献传递	40000 份	97208 份	超额 1.43 倍
培训教室	建成	已建成	
馆员业务培训	600	4877	超额 7 倍
用户培训		20361	原无指标要求
虚拟参考咨询系统	建成	已建成	
虚拟参考咨询	3000 人次/年	3800/年	超额 0.27 倍
课题咨询	1000 项	2222 项	超额 1.22 倍
自建特色资源		元数据 16 万条 图像＋全文＋多媒体资源共 6 TB	原无指标要求
统计报告与相关数据	提供	提供	

经过"十五"的建设，文理中心的建设效益主要体现在以下三个方面：一是文献资源增长迅速，保障水平大幅度提高，其中，引进数据库集团采购趋向成熟，效益明显；本校电子资源发展迅速，电子资源检索成为教学科研中不可或缺的服务；特色资源和自建数据库增长很快，已经逐步开始为全国高校服务。二是网络服务水平逐步提升，特别是馆际互借、参考咨询和用户培训服务的效果明显。三是通过北京大学数字图书馆示范系统和文理中心门户的建设，整合了海量资源和多元化服务，为用户提供了一站式、学科化、个性化服务，用户可以更方便、快捷、准确地找到自己需要的信息。

【CASHL 项目】 中国高校人文社会科学文献中心（简称 CASHL）作为全国性的、唯一的人文社科文献收藏和服务中心，是教育部根据高校人文社会科学的发展和文献资源建设的需要而设立，是高校哲学社会科学"繁荣计划"的重要组成部分。项目自 2004 年 3 月 15 日正式启动运行，至今已经走过了两年多的历程。两年来 CASHL 始终贯彻"以资源为基础、以服务为根本"的发展方针和"整体建设、分布服务、

共知共享、讲求效益"的发展策略,目前在资源建设和服务方面均取得了比较大的发展。CASHL 的最终目标是建设成为"国家级哲学社会科学信息资源平台"。

随着 CASHL 项目的发展和推进,2006 年 CASHL 取得了一系列令人瞩目的成绩,主要包括以下4个方面:

发布《人文社科文献资源共建共知共享北京宣言》,推进哲学社会科学繁荣发展;

与"文科专款"项目整合,通过一体化服务,为全国高校的人文社会科学科研和教学提供高水平的文献服务,也为国家繁荣发展哲学社会科学事业发挥文献保障作用;

启动学科中心,CASHL 覆盖全国的三级资源与服务体系架构已经形成,包括2个全国中心、5个区域中心及10个学科中心;

资源与服务数量大幅度增长:在资源建设方面,截至2006年年底,CASHL 的期刊数量由2005年的3968种增长到7505种,其中 SSCI 和 AHCI 收录的核心期刊3216种,是项目启动时的3倍多,在国外人文社科期刊的占比由1/6增长到1/2多,基本涵盖全部人文社科学科领域,用于检索外文人文社科期刊文献的"高校人文社科外文期刊目次数据库"已拥有目次数据 449 万条,是 2004 年项目启动时的6倍,在文献类型方面整合了外文图书资源 24 万种,增订了外文电子期刊与外文电子图书;在服务体系建设方面,服务范围进一步扩大,文献传递请求量增长迅猛,目前数据库访问次数已达到 1,700 万次,2 个全国中心、5 个区域中心、10 个学科中心已全部启动服务,已拥有成员馆 164 个,系统注册用户 12,094 个,提供文献传递服务 14 万笔,其中,2006 年累计提供文献传递服务 69,305 件,几乎是 2004 年和 2005 年的总和,原文满足率不断提升,2006 年平均满足率达 84.6%,比 2005 年的 76% 有了大幅度提高。

2006 年 12 月 14—15 日,教育部社科司与 CASHL 管理中心联合,在北京大学图书馆召开"中国高校人文社科文献资源建设研讨会"暨学科中心启动大会,参会代表共 130 余人。会议发布了由 70 家图书馆馆长签署的《人文社科文献资源共建共知共享北京宣言》,是 CASHL 自 2004 年 3 月 15 日启动运行以来的一个里程碑。宣言的发布将有力推进人文社科文献资源的共建、共知、共享,为我国哲学社会科学事业的全面繁荣发展做出贡献。

CASHL 管理中心与 CALIS 管理中心联合成立的"高校馆际互借协调组"在立项开展《国内外馆际互借的比较研究》课题研究中,对国内外的馆际互借现状进行系统的比较分析,从而借鉴国外的先进经验和做法,找出 CASHL 的差距和不足,提出 CASHL 文献传递服务的发展方向和发展策略。该课题完成的近 10 万字的研究报告已经集结为《学海津梁》一书出版。

CASHL 外文期刊数量增长情况

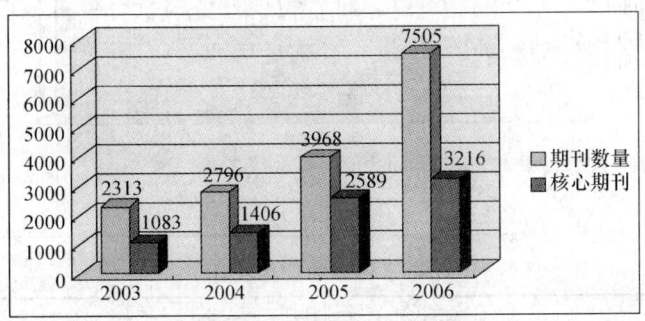

CASHL"高校人文社科外文期刊目次数据库"数据量增长情况

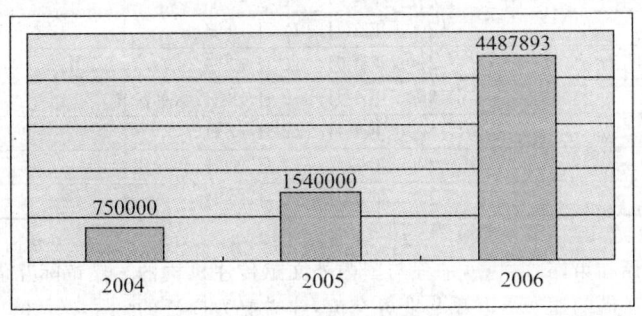

医学图书馆

【概况】 北京大学医学图书馆历史悠久、专业藏书丰富。始建于1922年,现馆于1989年建成并投入使用,馆舍面积为10200平方米,提供阅览座位1000余个。医学图书馆藏书以生物及医药卫生类为主,截止到2006年年底,共有各类藏书近43万册。图书馆注重数字化信息资源的建设,已引进或自建医药卫生数据库近60个,中外文医药电子全文期刊12000种,是目前国内医学专业文献资源充实、网络环境优良、软硬件设施较为先进的医学图书馆。

医学图书馆文献资源与北京大学各附属医院图书馆文献资源协调配套,共同形成全校医、教、研工作所需的医药卫生文献保障系统。图书馆特藏有珍、善本古代图书,其中有中国大陆唯一珍善本——手抄本《太平圣惠方》一部十函共100卷100册。

2006年医学图书馆在文献资源建设、读者服务工作和数字图书馆研究方面都取得了很大的进展,得到了校领导和读者的一致肯定和好评。同时,作为CALIS全国医学文献信息中心,各项工作都有了较快地发展,荣获了CALIS管理中心授予的"全国和地区中心建设"二等奖。

【读者服务工作】 医学图书馆流通部不断提高自身服务水平,2006年努力改善服务环境、创新服务措施,围绕读者服务开展了以下卓有成效的活动:每周一至四晚馆时间增加了借还书业务,大大方便了读者。样本书阅览室除存放1985年以后的中文科技图书样本外,还将当年的外文新书展览一年。文艺图书室对读者不开放时,读者可将文艺图书还到二楼中外文图书阅览室。工具书阅览室开发利用工具书、开展新书导读工作,向读者介绍工具书的分类、编制出版年代及内容简介等共8期。开展与北京大学图书馆的异地还书工作,深受读者欢迎。

由于加强了电子资源的宣传、推广和培训,2006年,已突破数据库检索次数五十万次。同去年相比,电子图书的访问人次数增长较快,其他各类数据库持平。

2006年各类数据库检索情况

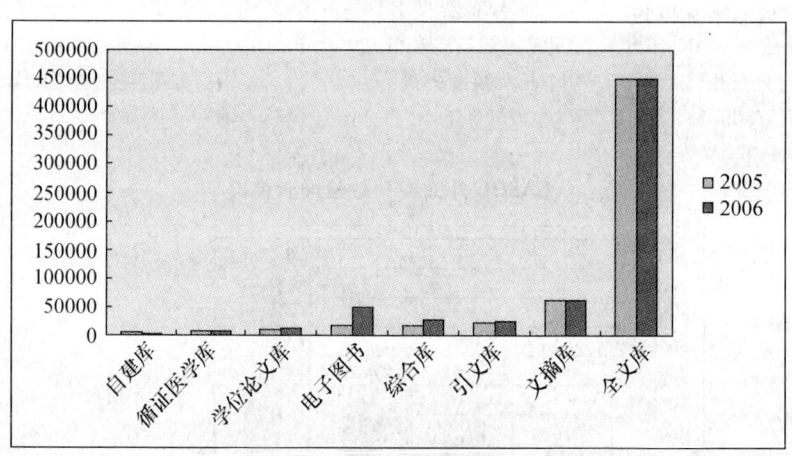

电子资源的使用统计

资源类型	统计日期	访问人次数(人次)
文摘索引数据库	2006年1月—12月19日	61273
循证医学数据库	2006年1月—12月19日	7877
引文分析数据库	2006年1月—12月19日	24857
自建数据库	2006年1月—12月19日	3456
电子图书	2006年1月—12月19日	48795
学位论文	2006年1月—12月19日	11760
综合数据库	2006年1月—12月19日	27237
电子期刊全文库	2006年1月—12月19日	451201

2006年通过多种途径和策略向更多的读者推介馆际互借的服务,加强与国内外文献传递机构的联系与业务交流,建立更为广泛的馆际互借关系,不断拓宽文献源。

2006年共处理馆际互借申请

3292条(截至12月25日),比上一年增长15.4%。利用CALIS馆际互借与文献传递系统文献满足率由去年的77%上升到83%。文献获取时间由7天缩短为3.5天。

图书馆开展参考咨询的方式有:电话咨询、读者当面咨询、邮件咨询、咨询台咨询;其中以电话咨询为主。各类咨询课题205件,包含为国家自然科学基金委、教育部、科技部、全国中小企业创新基金以及河北等全国省市的兄弟院校的课题基金。

2006年图书馆信息用户教育持续发展,详情参看下表:

信息用户培训教育项目情况

培训对象	授课学时数	授课人次数
本科生	30	170
专升本	54	445
研究生	82	240
长学年制PBL教学	10	750
电子资源系列讲座	18	350
附属医院继续教育	3	30
北京大学医学网络教育学院和中央电大卫生事业管理专业	20	2000(其中100余人面授)
Ovid北京地区培训中心	12.5	152

截止到年底,全年共接待读者34707人次,累计使用机时40836.65小时,提高了图书馆设备的使用率,取得了明显的社会效益。图书馆主页以用户需求为主导,内容丰富、风格活泼,2006年全年访问量为696522人次。

2006年开展了流行病学教研室、天然药物与仿生药物国家重点实验室、护理学院和生物化学教研室、病理学教研室和病理生理学教研室的学科调查研究工作。了解各学科的研究人员和学生对我们图书馆相应专业图书、期刊和数据库等各类资源的使用情况,是否有特殊需求等。我们已经和各教研室或学院建立了良好的互助关系,并经常发送学术讲座通知等。这项工作还有待于进行深入的定题服务、新资源的介绍和一些课题的合作等。

【资源共享】 2006年,通过合作建设馆藏、馆际互借、文献检索等方式,实现医学图书馆与各附属医院图书馆馆藏文献资源的共建共享,从而达到提高信息资源保障率、节约资源的目的。医学图书馆文献资源与各附属医院图书馆文献资源协调配套,共同形成医、教、研工作所需的医药卫生文献保障系统。在馆际互借与原文传递方面,医学图书馆与各附属医院图书馆之间也建立了良好的合作关系,极大地方便了用户。

【资源保障】 2006年,图书馆印刷型资源平稳发展,中文图书:采购5554种12422册;收赠书454种810册;外文图书:采购1110种1165册;收赠书:42种84册;中文期刊:订购690种,验收5986册;外文期刊:订购239种,验收3651册;收赠刊:中刊500册,西刊577册。

电子资源大幅度增长,注重数字化信息资源的建设,通过引进或自建电子资源的方式,电子资源大幅度增长,已逐步形成完整体系,成为目前国内医学专业文献资源充实、网络环境优良、软硬件设施较为先进的医学图书馆。

2006年订购电子资源统计

电子资源类型	数量统计
中文数据库	9个(4种)
外文数据库	48个(6种)
中文电子期刊	25个(1835种)
外文电子期刊	3个(10834种)
中文电子图书	2个(51100册)
外文电子图书	7个(9615册)

【基础设施建设】 图书馆的计算机硬件环境不断改善,个人用电脑174台,其中工作人员用机54台,读者用机120台。服务器:共计17台,其他设备:交换机3台,UPS2套。

图书馆现有网络是千兆网,支持IPv6。图书馆现有交换机3台,共有可使用的端口226个左右,接入为百兆。全馆共有信息点700多个。学生阅览区和自习室都有无线网覆盖,最高速率达到54M。

2005年年底,图书馆升级了Sirsi自动化集成管理系统。从2006年1月,自动化部参与了对该系统采购、编目、期刊、流通、用户管理等模块细致功能测试,发现6个重大问题和诸多一般问题,经及时告知北大馆,目前问题已基本得以解决。

【人力资源】 2006年9月,图书馆按学校要求完成2006年度考核、聘任及评优工作。本年度岗位聘任后,C1岗上调B3岗10%,C2岗上调C1岗20%,C3岗上调C2岗50%。

2006年,该图书馆流通部职员刘淑芳退休;流通部招聘录用黄应申,采编部招聘录用翁雷鸣。

【科研成果】 2006年,本馆作为CALIS医学中心完成了CALIS心血管疾病信息资源特色数据库和

CALIS重点学科网络资源导航库两项课题。

CALIS心血管疾病信息资源特色数据库：该项目完成约90000条文献信息（其中全文约30000条）、约1万条（其中全文约5000条）临床证据、2000幅/段病理影像学资料、200段心音等音频资料以及1000条疾病相关的基因和蛋白质序列信息。

CALIS重点学科网络资源导航库：该项目完成数据5694条。每个二级学科所链接的资源不少于500个。

重点学科网络资源导航库学科分配比率

二级学科	数据量
肿瘤学	506
精神病与精神卫生学	507
妇产科学	510
运动医学	510
影像医学与核医学	524
药物化学	509
药物分析学	510
药理学	533
生药学	509
微生物与生化药学	557
药剂学	519

重点学科网络资源导航库文献类型分配比率

文献类型	数据比例（约）
中文	20%
外文	80%
参考资源	35%
全文资源	10%
教学资源	10%
多媒体资源	5%
黄页资源	25%
交互资源	2%
事件	5%
其他资源	8%

【CALIS医学中心】 在CALIS"十五"建设中，医学中心作为CALIS与全国医学信息网的连接点，通过与各高等院校医学图书馆的合作与交流，协调高校医学图书馆丰富的文献资源和人力资源，共同建设高等院校医学文献联合保障体系。同时，通过组建CALIS全国医药文献核心保障服务体系，利用CALIS馆际互借与文献传递系统，提供强大的网上检索服务和文献传递服务，全面提高了高校医学图书馆医药文献保障率和受益面。2006年，医学中心在资源共享，共同发展的目标下，较好地履行了职责，各项工作均取得了一定的成绩，扩大了影响。

构建了CADLIS医学中心门户网站，充分利用医学中心自身资源与服务优势，面向全国高校医学图书馆提供服务。医学中心门户建设以CALIS门户软件为基础，集成了馆际互借、参考咨询、统一检索等各类应用系统，致力于为全国高校医学图书馆提供服务。

建立了覆盖全国高校、效果良好的馆际互借与文献传递服务：2006年共计完成文献传递量3292条。

组织全国医学图书馆集团采购医药卫生数据库：2006年，医学中心共组织8个集团9个数据库的采购，参加集团的馆次累计达到150个。

组织各种活动促进医学图书馆间交流合作：为了交流医学图书馆的管理经验、促进医学图书馆员继续教育、提高医学图书馆的整体水平，2006年11月8—10日"CALIS医学图书馆员继续教育—馆长论坛2006"在上海交通大学医学院召开。会议由CALIS全国医学文献信息中心、北京大学医学图书馆主办，IFII国际资讯整合联盟协办，上海交通大学医学院信息资源中心承办。来自51所高校医学图书馆的60位馆长和继续教育工作负责人出席了本次会议。通过这次会议的召开，大家加强了相互间的交流与合作，增进了老朋友间的友谊，又认识了更多的新朋友。

在加强国内医学图书馆同行交流合作的同时，医学中心也建立了与海内外同行的广泛联系、交流合作。2006年举办了"海峡两岸医学图书馆学术交流研讨会及参访活动"。这些活动分享了国内外医学图书馆的成功经验，促进了医学图书馆之间的相互交流与合作。

北京大学出版社

【发展概况】 2006年，北京大学出版社累计出版图书3309种次；发行码洋3.6亿元；销售收入2.36亿元，比上年增长15%。电子音像出版也比上年有较大幅度的增长。2006年，出版社上缴学校利润1760万元，比上年增长37%，同时，支持学校教材建设专项基金100万元，支持《儒藏》编纂100万元，上缴国家各种税赋2420多万元。出版的3309种图书中，新版1497种、重版430种、重印1382种；新版图书中高校教材575种、教参66种、中小学教材9种、教辅139种，职业成人教育教材33种，社会教育教材56种，学术著作475种，一般图书144种。

出版社出版的图书中50%左右是北大各院系相关学科的教材和学术著作。到2006年，法学、中文、对外汉语、哲学、数学等学科，基本配套出版了从本科生到研究生教育的教材和教学参考书，英语、经济、管理、新闻传播等其他学科的教材和学术著作出版已全面规划并正在落实，学校规划的学生素质教育教材已经出版几十种，形成了一定规模并在各兄弟院校产生广泛影响。出版社坚定不移地坚持"教材优先，学术为本，建设一流"的办社方向，教材、教学参考书和学术著作出版所占比重始终保持在70%以上。

截至2006年年底，出版社职工有326人，其中事业编制103

人,其他人员223人;正高级职称6人、副高级职称41人、中级职称61人;博士学位13人、硕士学位112人、本科84人、大专39人。

【重点项目】 2006年是"十一五"规划的开局之年,出版社积极申报"十一五"国家重点图书出版规划,确立了17项"十一五"国家重点图书出版规划项目,立项数量居全国第2位。同时,出版社积极组织参加"十一五"国家级规划教材的申报工作,申报项目892个,成功立项320种。

【版权工作】 出版社坚持"立足北大,面向全国,走向世界"的开放办社模式,版权转让和版权输出工作都位居国内出版业前列,多次受到国家版权局表彰。北京大学出版社有大批出版物行销海外。据不完全统计,2006年对外销售额超过400万元,对外输出版权收益55万元,输出版权51种,其中教材32种、学术著作6种、一般图书13种。引进版权396种,其中教材160种、学术著作173种、一般图书63种。

【获奖情况】 2006年,北京大学出版社图书获奖78项,其中省部级奖27项。在教育部组织的第四届中国高校人文社会科学研究优秀成果奖评选中,《自生能力、经济发展与转型:理论与实证》获经济学一等奖;《邓小平理论与当代中国经济学》获经济学三等奖;《电视传播艺术学》获艺术学三等奖;《诠释与重建——王船山的哲学精神》获哲学三等奖;《晚清女性与近代中国》《路与灯——文艺学建设问题研究》获中国文学三等奖。

《"荒原"之风:T. S. 艾略特在中国》获重庆市第五届哲学社会科学优秀成果三等奖。

《中国现当代文学名篇十五讲》获上海市哲学社会科学优秀著作二等奖。

在司法部组织的第二届全国法学教材与科研成果奖评选中,《中国行政法基本理论研究》获一等奖;《中国宪法导论》、《民事执行法学》、《知识产权法学》、《论公共行政与行政法学范式转换》获二等奖;《中西法律文化比较》、《国家赔偿法律问题研究》、《宪政维度的刑法新思考》、《论禁止使用武力原则——联合国宪章第二条第四项法理分析》获三等奖;《礼与法:法的历史连接》、《美国证券私募发行法律问题研究》、《论国家在〈经济、社会和文化权利国际公约〉下义务的不对称性》获优秀作品奖。

在北京市第九届哲学社会科学优秀成果奖评选中,《19世纪德国非主流哲学:现象学的史前史札记》、《社会发展的代价》获哲学一等奖;《集团诉讼问题研究》获法学一等奖;《当代会计前沿问题研究——创新与发展》获管理学一等奖;《触摸历史与进入五四》、《诗与意识形态:西周至两汉诗歌功能的演变与中国诗学观念的生成》、《中国古代歌诗研究:从〈诗经〉到元曲的艺术生产史》、《英美小说叙事理论研究》获语言文学·新闻传媒学·艺术学一等奖;《理想国的诗学研究》、《"大人"论:中国传统中的理想人格》等10种图书获二等奖。

【重大记事】 1. 2006年6月,北京市版权局授予北京大学出版社"北京地区出版社版权输出十佳先进单位"称号。

2. 2006年,北京大学出版社被中国生产力学会、中国经济日报协会评为"2006最具竞争力行业十强"。

3. 2006年11月28日,新闻出版总署署长龙新民、办公厅主任孙寿山、图书司副司长、电子音像司王国庆司长来北京大学出版社调研考察。

4. 2006年,在学校领导的支持下,出版社自筹资金在大兴区购置土地140亩,建设印刷物流基地。

(刘　洋　陈　健)

医学出版社

【十一五出版社发展规划】 北京大学医学出版社建社17年以来取得了快速发展,取得了骄人的业绩。在"十一五"期间,北医出版社将继续坚持邓小平理论和"三个代表"重要思想,坚持科学发展观,坚持改革、发展、稳定的方针,加强管理,优化出书结构,提高精神意识,争取社会效益和经济效益的最佳结合。全体员工将同心同德,发挥二次创业精神,为把北医出版社建设成为国内医学教材和医学专著并重的出版基地、建设成为具有优势品牌特色的医学专业出版社而努力。

【十一五选题规划】 2006年北京大学医学出版社125种教材进入了教育部普通高等教育"十一五"国家级教材规划选题。在入选的医学类教材的28家出版社585种教材中,北京大学医学出版社名列前茅,占入选的医学类教材选题总数的21%。我社入选的教材中,长学制教材45种,本科教材42种、专科教材30种、高职教材8种。

新闻出版总署《"十一五"期间(2006—2010年)国家重点图书出版规划》评选揭晓,北京大学医学出版社在本次评选中共有16项选题进入榜单,入选图书数量在参评的全国451家出版社中排居第四,在全国医学类卫生类出版社中排居第一,也是入选的全国396家出版社中入选图书数量达到10项以上的26家之一。标志着北京大学医学出版社为实现战略目标迈出了坚实的一步。

北京大学医学出版社作为全国重要的医学专著、译著和医药卫生类教材出版基地之一。此次医学出版社入选的图书为繁荣医学出版事业,增进人民健康做出了更大的贡献。

【版权贸易】 顺应图书市场国际化的需求,出版社从1998年至今,与欧美及港台多家出版机构建立了经常性的业务合作关系。

自从2003年出版社与Elsevier出版公司成立合作编辑室以来,在2006年引进的Elsevier公司图书已经初具规模,全年出书码洋达到150万码洋,圆满地完成了双方的合作目标。

2005年9月,出版社开始于英国医学杂志出版集团(BMJ)接洽,计划引进临床医生必备的循证医学专著——《临床证据》(Clinical Evidence)一书。经过一年多的谈判,双方于2006年11月正式签订合同,引进《临床证据》完全版、简明版和网络版。2006年,出版社共引进出版49种国外图书,占社出版图书总量的11%。

【市场营销】 2006年市场营销部的工作取得了一定程度的进展,很好地完成出版社下达的任务。其中发行部取得了发货码洋8283万元,回款实洋4441万元的成绩,分别比2005年发货码洋7558万元、回款实洋3721万元增长了10%和19%。另外市场部的建设也取得了很好地进展。2006年,市场部工作集中在对外界媒体的产品宣传与发布、宣传材料设计及制作、教材推广、电子商务、信息收集与沟通、产品知识培训、图书策划等七个方面。合作媒体由最初的3家扩展为22家,在单个媒体上全年最多信息投放在20次以上。自制的宣传材料有书目(增加为4种并增加条形码)、宣传页、幻灯片等。在电子商务方面取得质的飞跃,开拓了与卓越、人天、好医生等网站的业务,2006年回款达42万元。开拓了上网卡推广的业务,此部分获得了5.6万元的广告收入。该部门在图书策划方面已经初具雏形,策划了《关爱乳房》(被评为2006年行业内畅销书)、《中国肿瘤医师临床实践指南丛书》(被评为国家"十一五"重点图书项目)。

【出版基金】 经北京大学医学部科学出版基金委员会审议,54个申请项目中,29项获得资助,总计字数为1700万元,总计金额49万元,余款1万元。评审结果见附表:

2006年度医学部科学出版基金资助项目

教材类

	书　名	类别	字数(万)	第一作者	预估交稿时间	自筹资金	资助金额/元
1	卫生统计学(第二版)	专、自考	30	王　燕	2006.9		6000
2	临床龋病学	本、研	30	高学军	2006.10		9000
3	生物监测理论基础及应用(第二版)	研、专著	50	沈惠麒	2006.3		15000
4	医学研究中安全防护与法规	研	40	朱万孚	2007.4		12000
5	临床和预防医学科研论文报告规范	研	20	詹思延	2006.10		6000
6	内科疾病诊治要点习题系列丛书(7本)呼吸、心血管、消化、血液、肾脏、内分泌	教辅	160	陈　红	2006.7—2007.7		49000

基础类

	书　名	类别	字数(万)	第一作者	预估交稿时间	自筹资金	资助金额/元
7	血液免疫学	专著	65	王德炳	2006.12		18000
8	实用实验动物大体解剖彩色图谱	图谱	50	唐军民	2007.10	自筹2万	10000
9	子宫颈细胞与组织病理	专著	40	赵　蕊	2006.12		12000
10	上消化道活检组织病理学彩色图谱	图谱	40	金　珠	2006.12		12000
11	神经肌肉疾病的临床病例诊断	专著	20	袁　云	2006.9		7000
12	医学科研数据的处理与分析方法(附光盘)	专著	45	陈大方	已交稿		6000
13	Protein-Protein Interactions Methods and Applications	译著	50	张幼怡 韩启德	2006.5		15000
14	Receptor Signal Transduction Protocol (2nd)	译著	50	张幼怡 韩启德	2006.7		15000
15	测量免疫学:基础生物学和临床评价	译著	70	陈红松	2006.8	自筹3万	15000
16	干细胞生物学基础	译著	70	刘清华	2006.11		20000

临床类

	书　名	类别	字数(万)	第一作者	预估交稿时间	自筹资金	资助金额/元
17	胃食管反流病	专著	30	周丽雅	2006.9		6000
18	儿童神经系统肿瘤	专著	90	罗世祺	2006.4		27000
19	儿科肾脏疾病临床指南	译著	25	丁洁	2006.9		7000
20	肺癌的治疗(规范化与个体治疗)	专著	50	刘叙仪	2007.3		15000
21	《外科手术精要与并发症》系列丛书(共10本)	专著	400—500	王杉等	2006.7—2007.7		135000
22	中国精神障碍防治指南	专著	40	舒良	2006.8		12000
23	老年精神病学	专著	40	沈渔邨	2006.9	自筹2万	12000
24	注意缺陷多动障碍	专著	60	王玉凤	2006.12		18000
25	PET/CT(2005)	专著	60	王荣福	2006.6		18000

公共卫生类

	书　名	类别	字数(万)	第一作者	预估交稿时间	自筹资金	资助金额/元
26	矿工吸入钍尘对健康影响力与防治措施系列研究	专著	10	陈兴安	2006.3		3000
27	癌症预防手册——水果和蔬菜	译著	23	赵文华	2006.7		6000

护理类

	书　名	类别	字数(万)	第一作者	预估交稿时间	自筹资金	资助金额/元
28	基础护理技术操作手册	手册	12	张洪君	2006.6		2000
29	急救护理实用手册	手册	15	李葆华	2006.8		2000

2006年出版新书书目

	书　号	书　名	作　者
1	7-81071-464-3/R.464	人体解剖学学习指导("十一五"规划教材)	胡梦娟
2	7-81071-562-3/R.562	2007西医综合应试指南	专家组
3	7-81071-613-1/R.613	医学细胞生物学(基础医学长学制)	周柔丽
4	7-81071-614-X/R.614	毒理学教程(预防医学长学制)(第三版)	周宗灿
5	7-81071-615-8/R.615	儿童少年卫生学(预防医学长学制)	季成叶
6	7-81071-616-6/R.616	环境健康学(预防医学长学制)	郭新彪
7	7-81071-618-2/R.618	社会医学(预防医学长学制)	张拓红
8	7-81071-619-0/R.619	人体生理学(基础医学长学制)	范少光
9	7-81071-622-0/R.622	卫生事业管理(预防医学长学制)	郭岩
10	7-81071-623-9/R.623	卫生统计学教程(预防医学长学制)	王燕
11	7-81071-629-8/R.629	口腔颌面医学影像学(口腔医学长学制)	马绪臣
12	7-81071-633-6/R.633	预防口腔医学(口腔医学长学制)	卞金有
13	7-81071-635-2/R.635	牙体牙髓病学(口腔医学长学制)	王嘉德
14	7-81071-636-0	临床牙周病学(口腔医学长学制)	曹采方
15	7-81071-644-1/R.644	药物化学原理(药学长学制)	彭帅奇
16	7-81071-659-X	新型农村合作医疗——滚动筹资理论与实践	王靖元
17	7-81071-660-3/R.660	中国医学教育管理体制和学制学位改革研究(精装)	王德炳
18	7-81071-666-2	放射掌中宝——妇科百例疾病影像诊断精粹(E)	主译：时春艳
19	7-81071-667-0/R.667	放射掌中宝——产科百例疾病影像诊断精粹(E)	Woodward
20	7-81071-670-0/R.670	放射掌中宝——脑部百例疾病影像诊断精粹(E)	主译：艾琳
21	7-81071-671-9/R.671	放射掌中宝——胸部百例疾病影像诊断精粹(E)	Gurney 马大庆 主译
22	7-81071-703-0	口腔生物化学	李玉晶
23	7-81071-717-0/R.717	医疗机构人力资源管理(第4版)(卫生管理经典译丛)	李林贵 主译
24	7-81071-718-9	卫生经济学(第3版)(卫生管理经典译丛)	程晓明 等译
25	7-81071-719-7/R.719	护理领导与管理(卫生管理经典译丛)	王旭东

续表

	书 号	书 名	作 者
26	7-81071-724-3/R.724	臭氧治疗学	李庆祥
27	7-81071-727-8/R.727	ROSAI&ACKERMAN外科病理学(第9版)(上下卷)(E)	JUANROSAI
28	7-81071-730-8/R.730	精神病学(英文本科研究生教材)	Edmond Yu-Kuen Chiu
29	7-81071-739-1/R.739	健健康康活百岁 有滋有味过百年	张宗玉
30	7-81071-754-5	外科学应试指南(二版)	姜宝国
31	7-81071-759-6	妇产科学应试指南(第二版)	廖秦平
32	7-81071-766-9/R.766	骨折固定图谱	姜保国
33	7-81071-772-3/R.772	临床胃肠病学图谱(E)	孙 刚译
34	7-81071-776-6/R.776	宫颈、阴道和外阴疾病——阴道镜学图谱(E)	夏恩兰译
35	7-81071-787-1	预防医学(高职)	袁玉华
36	7-81071-794-4	生理学复习指导(高职)	丁报春
37	7-81071-822-3/R.822	社区护理学(护理学本科系列教材)	李明子
38	7-81071-826-6/R.826	岁月如歌——中国健康教育发展侧记	胡锦华
39	7-81071-832-0/R.832	实用皮肤病性病治疗学(第三版)	朱学骏
40	7-81071-838-X/R.838	运动发育量表(第二版)(上册)	M. Rhonda Folio
41	7-81071-838-X/R.838	运动发育量表(第二版)(下册)	M. Rhonda Folio
42	7-81071-840-1/R.840	老年抑郁症的诊断及治疗——让老人欢乐地度过晚年生活	赵友文
43	7-81071-841-X	儿科教学案例选编	陈永红
44	7-81071-842-8	皮肤病与性病学教学案例选编	涂 平
45	7-81071-854-1/R.854	神经精神病理学	库宝善
46	7-81071-862-2	眼视光医学检查和验配程序	谢培英
47	7-81071-863-0/R.863	结直肠肛管癌	蔡三军
48	7-81071-865-7	放射掌中宝——儿科百例疾病影像诊断精粹(E)	刘锦纷 主译
49	7-81071-868-1/R.868	中国医学人文教育——历史、现状与前景	张大庆
50	7-81071-870-3/R.870	药理学(高职)	成正雄
51	7-81071-871-1	医学遗传学(高职)	严杨钵
52	7-81071-874-6/R.874	实用医护化学	向开祥
53	7-81071-876-2/R.876	医用化学(三年高职教材)(第二版)	马祥志
54	7-81071-879-7/R.879	内科护理学(护理学本科系列教材)	姚景鹏
55	7-81071-889-4/R.889	护理健康促进(卫生管理经典译丛)	詹尼斯 王培玉译
56	7-81071-891-6/R.891	医学英语中的多义词、同义词和反义词	洪信班
57	7-81071-894-0/R.894	心力衰竭再同步化和电除颤治疗	郭继鸿 主译
58	7-81071-897-5/R.897	食管癌	张熙曾
59	7-81071-898-3	肿瘤急症手册	储大同 译
60	7-81071-899-1/R.899	传染病学应试指南(应试指南系列)	王勤怀
61	7-81071-901-7/R.901	疼痛介入治疗图谱(E)	童小强 译
62	7-81071-902-5/R.902	护理结局分类(第三版)(E)	Sue Moorhead
63	7-81071-903-3/R.903	医学科研数据的处理与分析方法(附光盘)	陈大方
64	7-81071-906-8/R.906	2007年护理学专业(主管护师)资格考试习题集	护理学院
65	7-81071-908-4	1992-2006西医综合真题解析	专家组
66	7-81071-909-2/R.909	组织学与胚胎学(中职)	邵忠富
67	7-81071-910-6/R.910	2007西医综合指南与模拟(增补篇)	专家组
68	7-81071-924-6	2007西医综合考点分析及考纲精要	李芳邻
69	7-81071-925-4/R.925	传染科教学案例选编(教学案例选编)	徐小元
70	7-81071-926-2/R.926	北京儿童医院临床疑难病例荟萃	江载芳

续表

	书号	书名	作者
71	7-81071-927-0/R.927	现代冠心病（精）	邵耕 胡大一
72	7-81071-928-9/R.928	人体解剖学图谱及纲要	林奇
73	7-81071-929-7/R.929	失语症（第二版）	高素荣
74	7-81071-930-0/R.930	分子生物学（基础类教材）	黄璐琦
75	7-81071-931-9/R.931	积水潭骨科教程	田伟
76	7-81071-932-7/R.932	关爱乳房	徐光炜
77	7-81071-935-1/R.935	常见运动创伤的护理和康复	于长隆
78	7-81071-937-8	现代医学模拟教学	万学红
79	7-81071-945-9/R.945	护理心理学（护理学本科系列教材）	娄凤兰
80	7-81071-946-7/R.946	苯丙酮尿症的特殊饮食治疗	何德阳莉
81	7-81071-950-5/R.950	意象对话心理治疗（现代心理治疗与咨询丛书）	朱建军
82	7-81071-951-3	中枢信息编码学概论	罗非、王锦琰
83	7-81071-954-8	组织学与胚胎学（高职）	柳洁
84	7-81071-956-4/R.956	放射掌中宝—急诊创伤百例疾病影像诊断精粹（E）	Novelline 刘剑羽 主译
85	7-81071-958-0	高等仪器分析实验与技术	凌笑梅
86	7-81071-960-2	基因与基因组分析	刘树林 主译
87	7-81071-975-0/R.975	传染病疑难病例精粹	王勤环
88	7-81071-977-7/R.977	免疫学（英文原版教材）（E）	J. DAVID M. EDGAR
89	7-81071-978-5/R.978	儿科学（第二版）（英文原版教材）（E）	SIMON ATTARD-MONTALTO
90	7-81071-979-3/R.979	系统病理学（影印）（E）	A clinically-orientated
91	7-81071-981-5	精神障碍护理学（护理学本科系列教材）	王志英
92	7-81071-982-3/R.982	米勒麻醉学（第六版）（上下卷）（E）	曾因明 主译
93	7-81071-983-1/R.983	临床医学病例精粹译丛-内科会诊病例精粹（E）	吴寿岭 主译
94	7-81071-984-X/R.984	外科学聚焦（E）	Rowan W Parks 曹立瀛 主译
95	7-81071-987-4/R.987	眼科学聚焦（E）	Jack J Kanski 崔浩 译
96	7-81071-988-2/R.988	儿科与新生儿学聚焦（E）	Roslyn Thomas 刘锦纷 主译
97	7-81071-989-0/R.989	皮肤病学聚焦	John Wilkinson 李林峰 主译
98	7-81071-997-1/R.997	小儿外科原则（E）	吴晔明 主译
99	7-81071-999-8	儿科鉴别诊断指南（E）	刘锦纷 主译
100	7-81116-000-5	蛋白质双向电泳实验手册	牛屹东
101	7-81116-001-3	医学英语常用介词搭配	洪班信
102	7-81116-002-1/R.002	基层卫生人员传染病与急性中毒防治参与式培训教案（包销书）	卫生部
103	7-81116-003-X/R.003	儿童神经系统肿瘤	罗世祺
104	7-81116-004-8/R.004	2006临床医师过关冲刺3000题（附解析）	专家组
105	7-81116-005-6/R.005	2006临床助理医师过关冲刺2000题（附解析）	专家组
106	7-81116-006-4	水：生命的液体	李可基 等译
107	7-81116-007-2	显微神经外科技术训练教程	石祥恩
108	7-81116-008-0	生理学实验指导	李春跃
109	7-81116-009-9/R.009	医学英语中的趣味术语	洪班信
110	7-81116-010-2/R.010	中医药美容保健知识与方剂	符文澍
111	7-81116-011-0/R.011	儿科护理学（护理学本科系列教材）	洪黛玲

续表

	书号	书名	作者
112	7-81116-012-9/R.012	轻松急诊 X 线检查（E）	James D. Begg 刘剑羽 译
113	7-81116-013-7/R.013	轻松胸部 X 线检查（E）	Jonathan Corne
114	7-81116-014-5/R.014	临床见习实习指南系列——内科学见习实习指南（E）	Douglas S. Paauw 吴寿岭 译
115	7-81116-015-3/R.015	我在北医五十年	王德炳
116	7-81116-017-X/R.017	医学英语教程（英文影印版）（第 7 版）（E）	Davi-Ellen Chabner
117	7-81116-018-8/R.018	组织病理学技术（现代生物医学科研技术丛书）	周庚寅
118	7-81116-019-6/R.019	临床康复医学（临床医学长学制）	王宁华
119	7-81116-021-8/R.021	我眼中的澳大利亚妇幼保健	王 斌
120	7-81116-022-6/R.022	现代化洁净手术部护理缺陷防范指南	王 方
121	7-81116-023-4/R.023	分子生物学技术（现代生物医学科研技术丛书）	王伯瑶
122	7-81116-024-2/R.024	慢性 HBV 感染治疗新策略	苏 盛
123	7-81116-027-7/R.027	泌尿男生殖系统肿瘤诊治手册	郭应禄
124	7-81116-028-5/R.028	精神障碍婚育保健指南	赵贵芳
125	7-81116-029-3/R.029	1992-2006 西医综合历年考卷精解	专家组
126	7-81116-030-7/R.030	青少年健康人格	黄悦勤
127	7-81116-031-5/R.031	中文医药卫生期刊投稿指南	尹 源
128	7-81116-032-3/R.032	临床病学病例精粹译丛——精神病病例精粹（E）	王学义 译
129	7-81116-033-1/R.033	辐射与你的患者·执业医师指南（作者包销）	J. VALENTIN 刘长安 译
130	7-81116-034-X/R.034	不饱和脂肪酸与现代文明疾病	库宝善
131	7-81116-035-8/R.035	西学中感悟录	黄全华
132	7-81116-036-6/R.036	特应性皮炎	李邻峰
133	7-81116-037-4/R.037	医学考研真题精解——病理学	李 良
134	7-81116-038-2/R.038	常见肿瘤规范病历质控标准及书写指南	辽宁省卫生厅
135	7-81116-039-0/R.039	生物化学（自考）（护理专业-专科）	章有章
136	7-81116-040-4/R.040	外科护理学（护理学本科系列教材）	路 潜
137	7-81116-041-2/R.041	护理科研（护理学本科系列教材）	王克芳
138	7-81116-042-0/R.042	马斯奎勒博士的健康观点	Bert Schwitters 林凯利 译
139	7-81116-047-1/R.047	实用生物医学信息检索	谢志耘
140	7-81116-049-8/R.049	支气管镜诊断图谱	赵鸣武
141	7-81116-050-1/R.050	人体解剖学实验指导	梁邦领 郭新庆
142	7-81116-051-X/R.051	稳定碘预防在核事故应急中的应用	刘长安
143	7-81116-052-8/R.052	临床医学病例精粹译丛——血液病和肿瘤病例精粹（E）	主编：MICHAEL A. DANSO 主译：刘开彦
144	7-81116-053-6/R.053	计算机应用基础	王呼生
145	7-81116-054-4/R.054	现代角膜塑形学	褚仁远
146	7-81116-055-2/R.055	基础化学（自考）（营养专业-专科）	吕以仙
147	7-81116-056-0/R.056	健康教育与健康促进（自考）（营养专业-独立本科）	张竞超
148	7-81116-057-9/R.057	食品加工与保藏（自考）（营养专业-独立本科）	綦菁华
149	7-81116-058-7/R.058	医生职业修炼	席 彪
150	7-81116-059-5/R.059	人际交流与咨询技巧（第二版）	王凤兰
151	7-81116-060-9/R.060	医学机能实验学	朱坤杰
152	7-81116-061-7/R.061	病理学实验教程	兴桂华
153	7-81116-062-5/R.062	微生物学寄生虫学及免疫学实验教程	刘伯阳
154	7-81116-063-3/R.063	围产保健与出生缺陷检测年度报告 1997-2000	李 竹
155	7-81116-064-1/R.064	临床医学总论（自考）（营养专业-专科）	周 晋

续表

	书号	书名	作者
156	7-81116-065-X/R.065	中医营养学基础（自考）（营养专业-专科）	周俭
157	7-81116-066-8/R.066	食品卫生法规与监督（自考）（营养专业-专科）	包大跃
158	7-81116-067-6/R.067	烹饪与膳食管理基础（自考）（营养专业-专科）	阎怀成
159	7-81116-069-2/R.069	生物监测和生物标志物——理论基础及应用（第二版）	沈惠麒
160	7-81116-071-4/R.071	流行病学（自考）（营养专业-独立本科）	胡永华
161	7-81116-072-8/R.072	变态心理学（自考）（心理专业-独立本科）	王建平
162	7-81116-074-9/R.074	微生物与食品微生物（自考）（营养专业-专科）	李平兰
163	7-81116-076-5/R.076	医学基础总论（自考）（营养专业-专科）	王卫国
164	7-81116-077-3/R.077	药理学（自考）（护理专业-专科）	金有豫
165	7-81116-078-1/R.078	食品加工与保藏（自考）（营养专业-专科）	綦菁华
166	7-81116-079-X/R.079	人体营养（自考）（营养专业-专科）	林晓明
167	7-81116-080-3/R.080	食品卫生学（自考）（营养专业-专科）	张万起
168	7-81116-081-1/R.081	社区营养学（自考）（营养专业-独立本科）	吴坤
169	7-81116-082-X/R.082	新型食品概论（营养专业-独立本科）（自考）	孙长颢
170	7-81116-083-8/R.083	生物化学（四）（自考）（营养专业-专科）	李刚
171	7-81116-084-6/R.084	基础营养学（自考）（营养专业-专科）	苏宜香
172	7-81116-087-0/R.087	临床营养学（自考）（营养专业-独立本科）	李淑媛
173	7-81116-088-9/R.088	疾病的营养防治（自考）（营养专业=专科）	李淑媛
174	7-81116-089-7/R.089	实用卫生统计学（自考）（营养专业-独立本科）	康晓平
175	7-81116-090-0/R.090	食品毒理学（自考）（营养专业-独立本科）	郝卫东
176	7-81116-091-9/R.091	食品化学与分析（营养专业-独立本科）（自考）	黄国伟
177	7-81116-092-7/R.092	营养学（一）（自考）（营养专业-独立本科）	苏宜香
178	7-81116-097-8/R.097	病理学（自考）（护理专业-专科）	吴秉铨
179	7-81116-098-6/R.098	实用胃肠道双重对比造影图谱	王爱英
180	7-81116-099-4	组织学与胚胎学实验指导	齐云飞
181	7-81116-103-6/R.103	烹饪营养学（自考）（营养专业-独立本科）	路新国
182	7-81116-104-4/R.104	轻松 CT.MRI.超声检查（E）	Simon A. Jackson
183	7-81116-106-0/R.106	医疗纠纷典型案例与医院告知文书	郑雪倩
184	7-81116-122-2/R.122	妇产科常用操作技术手册	魏丽惠
185	7-81116-155-9/R.155	大家风范——郭应禄教授从医执教五十年	编写组
186	7-81116-165-6/R.165	心理健康教育概论（自考）（心理专业-专科）	伍新春
187	7-81116-185-0/R.185	流行病学应试指南（应试指南系列）	刘民
188	7-81116-193-1/R.193	循证医学实践和教学（第三版）（E）	原著：Sharon E. Straus 主译：詹思延
189	7-81116-194-X	聪明的病人	秦颖
190	7-81116-195-8/R.195	国际心脏节律治疗临床试验	丁燕生
191	7-81116-204-0/R.204	健康营养保健管理师培训教材	姜滨英
192	7-81116-209-1/R.209	实验室生物安全国内外法规和标准汇编-2006年版（包销书）	王宇
193	7-81116-216-4/R.216	医学化学实验技术	张杰
194	7-89993-287-4	生理学实验（光盘）	孙勋荣
195	978-7-81071-451-8	人体解剖学（"十一五"规划教材）	胡梦娟
196	978-7-81071-695-6	病理学学习指导	高子芬
197	978-7-81071-760-1	妇产科热点问题聚焦	周应芳
198	978-7-81071-793-9	生理学（三年高职）	丁报春
199	978-7-81071-904-9	2007临床医师考试全真模拟及精解（第三版）（医师考试用书）	专家组

续表

书号		书名	作者
200	978-7-81071-905-6	2007临床助理医师考试全真模拟及精解（第三版）（医师考试用书）	专家组
201	978-7-81071-911-7	2007口腔医师考试全真模拟及精解（第三版）（医师考试用书）	专家组
202	978-7-81071-912-4	2007口腔助理医师考试全真模拟及精解（第三版）（医师考试用书）	专家组
203	978-7-81071-913-1	2007公卫医师考试全真模拟及精解（第三版）（医师考试用书）	专家组
204	978-7-81116-046-8	冠心病防治之路	刘坤申
205	978-7-81116-101-4	新生儿颅脑超声诊断学	周丛乐
206	978-7-81116-102-1	医学概述——走近医学	刘 虹
207	978-7-81116-127-4	医学考研真题精解——外科学	专家组
208	978-7-81116-148-9	儿科疑难病例精粹	陈永红
209	978-7-81116-207-3	医学英语句子的结构特征	洪班信
210	978-7-81116-914-8	2007公卫助理医师考试全真模拟及精解（第三版）（医师考试用书）	专家组
211	978-7-81116-246-8	实验室感染事件案例集	疾控中心

档 案 馆

【概况】 档案馆成立于1993年4月，既是学校档案工作的职能管理部门，又是永久保存和提供利用本校档案的科学文化事业机构。根据工作职能划分：档案馆下设收集指导、管理利用和技术编研三个办公室，编制13人，现全馆有工作人员13名，高级职称5名，中级职称5名。

档案馆馆藏档案现有北京大学、西南联合大学、日伪占领区北京大学、北平大学、燕京大学5个全宗，涉及党政、学籍、科研、基建、人物、出版、会计、声像、设备、实物10个档案门类，另有档案资料等。截至目前馆藏档案排架长度1700多米。

2006年档案馆继续加强收集指导工作，遵循提高案卷质量的基本工作原则，展开多种形式的档案培训。结合学校军工保密资格认证的有关工作，档案馆不断提高档案管理利用水平，并加强了管理制度方面的建设，修订了多项管理规章制度，有效地促进了档案库房的科学化管理。2006年档案馆重点加大信息化方面工作的力度，在原有档案系统和检索系统的基础上进行升级改版，开发和完善档案管理利用系统和收集录入系统。2006年4月作为展示爱国教育阵地和拓宽档案利用服务渠道的档案精品展览正式对外开展。

2006年档案馆被评为北京大学安全保卫工作先进集体、保密工作先进集体、保密资格认证工作先进集体以及北京市高校档案工作协会先进集体。常务副馆长赵兰明同志被评为北京大学优秀共产党员和北京高校档案工作协会先进个人，王淑琴同志被评为北京大学2006年度保密工作先进个人，李向群同志被评为北京大学2006年度安全保卫工作先进个人。

【档案收集】 2006年档案馆坚持"简化立卷，指导在先"原则，工作人员深入各立档单位对兼职档案人员进行业务指导，把收集指导工作从档案规章制度建设，档案工作培训等入手，从每一个归档单位的需求角度出发，以服务促管理，取得较好工作成果，并在北大主页上对归档情况做了通报。

2006年收集、整理、接收各门类档案共计：15466卷/件。其中：文书6337卷件，学籍4444卷，科研271卷，基建10卷，照片3825张，音像41件，出版522件，资料10册，实物6件。

深入学校各个部门，多方了解对档案工作的需求和意见，修订了声像照片、会计、基建、出版等七份档案管理实施细则，并根据实践的发展，在全校范围内修订了北京大学文书档案归档范围。在2006年文书档案收集工作中实行新的归档范围，为提高文书档案归档质量提供了制度保证。此外，配合学校完成了"211工程"检查验收的有关工作，出台了有关"211工程"档案管理办法。

强化服务意识，有计划培训。先后召开两次文书档案员培训会，并着重加强了博士、硕士、本科、成教、留学生等各类学籍档案的归档指导。在归档过程中，档案馆分别到相关单位组织了兼职档案员培训会，在档案馆主页上制作了图文并茂的学籍档案归档流程的指导文件，发布了归档实施细则，通过

多种形式加强学籍档案指导力度。此外,根据学校有春秋两季毕业生的情况,档案收集做到及时联系、及时归档,保证学籍档案归档的质量;另外还制作了研究生和本科生的数据归档操作指南,作为收集指导办公室对外的窗口,有效地促进了收集指导工作的开展。

【档案利用与服务】 2006年,档案馆认真贯彻学校发展、创新的战略构想,在积极开发利用档案、加强档案理论研究、历史档案整理鉴定等方面做出了努力,组织力量开发档案管理利用系统为利用者服务,并结合学校军工保密资格认证的有关工作,进一步促进了档案库房的科学化管理。本年共接待利用者1827人次,利用档案11714(件)次。主要利用内容为学校工作查考、新闻出版单位以及国内国外人士等大量文字材料和照片档案。

4月5日,档案馆馆藏精品展首次开放。北京大学师生和社会各界人士数千人先后参观了展览。参观者对展出的内容都表现出了浓厚的兴趣,认为此次展出能够直观地反映北大百年来的历史面貌,同时也真实展现了前辈学者们顽强刻苦的治学精神。本次展览受到多方面的好评,中国档案报和北京电视台等多家媒体对此进行了专题报道。档案精品展览将长期免费对外开放,每周三的上午和周五的下午作为开展时间。

【学术交流与研究】 与社会学系合作的学籍项目进展顺利,1952—1999年已归档学籍数据统计和材料采集工作已近尾声,为下一步开展数据分析奠定了基础。积极鼓励职工敬业爱岗、钻研业务,撰写档案学术论文。档案馆同志在高等教育、档案类核心期刊发表论文4篇;在教育部档案工作协会和北京市高校档案研究会等学术交流中获奖或交流论文6篇。

【档案整理鉴定】 继续开展对老北大、北平大学拟开放档案的审定和整理工作,共审定4220卷件。全年指导整理新中国成立前历史档案8039卷(件),换装具2000多盒。

【信息化建设】 2006年开发和完善了档案管理系统,加强档案数据库建设,为进一步简化网络归档环节,早日实现全面开放档案数据库远程查询做好准备。

1. 基于B/S结构的档案管理系统的开发和试运行。档案WEB管理利用系统和收集录入系统档案的开发是档案管信息化建设的重要工作,是在目前使用的档案管理系统和检索系统基础上的升级。从上半年系统设计和需求分析,到下半年开始开发、测试,经过多次讨论和征求各方意见,系统开发本着"简化、高效、灵活、安全"的思想,如何最大限度地减轻专兼职档案员的工作强度,如何高效、便捷地为利用者提供服务,如何确保档案信息的安全流转,这些问题是系统设计初期就认真思考的问题。目前档案WEB管理利用系统已经初步完成,正在试用中。收集录入系统大部分功能都已经开发完毕,目前还在后期修改和测试。

2. 档案数据库建设取得较大进展。档案原文数据库建设工作取得可喜成绩,新中国成立前五大全宗的卷内目录录入工作进展很快。照片档案原文数据库已扫描录入到2000年,共16500余张。音像档案流媒体数据库建设也取得较大进展,目前音像数据文件存储已达400G。

3. 加强网络安全防范,确保档案数据安全。随着档案数据库建设逐步推进,确保档案信息安全显得尤其重要。档案馆一方面与学校网络中心配合,通过技术手段保障档案馆网络安全;另一方面,通过专人管理、口令加密、多重验证等手段,在管理工作中消除事故隐患。档案馆现有服务器6台,其中五台由档案馆负责日常维护。为保障档案管理信息系统正常运行,维护网站及各个服务器的安全,档案馆制定了计算机网络管理安全制度,做到每天进行数据备份,确保数据的安全性和完整性。

【保密工作】 以学校申请二级军工保密资格认证工作为契机,贯彻"积极防范、突出重点,既确保国家秘密又便利各项工作"的方针,从强化档案工作人员保密知识和保密意识教育和加强日常保密工作管理入手,进一步健全档案馆保密制度,规范涉密档案管理工作,使档案馆保密工作迈上了一个新台阶。根据学校申请二级军工保密资格认证的统一要求,档案馆切实履行各项工作职责,并承担了部分评审员的接待工作,顺利通过军工涉密档案保密检查。档案馆被学校评为保密资格认证工作先进集体。

(贾永刚)

医学档案馆

【档案接收进馆工作】 2006年继续做好纸质档案的接收进馆工作。接收永久和长期档案共3017卷/件。其中党政97卷、财会55卷、出版物55卷、外事37卷、基建148卷、礼品9件、科研352卷、教学2245卷、产业15卷、设备4卷。

【档案利用与服务工作】 2006年档案馆全体同志做到热情、耐心、细致的服务工作,以各种形式提供利用档案。全年利用档案521卷次,305人次。

【剪报工作】 2006年共制作剪报542篇,装订为13册,并将发表的文章标题登录到医学部档案馆网站上,方便校内职工查看。

【获奖情况】 1月,在北京市高校档案研究会2005年度年会暨表彰会上,档案馆荣获先进集体,夏桂

青同志获先进个人荣誉称号。2006年6月,在北京大学召开表彰大会,夏桂青同志获北京大学优秀党员荣誉称号。

(夏桂青)

校史馆

【概况】 校史馆于2001年9月1日落成,2002年5月4日正式对校内外开放。展览主要内容分为北京大学校史陈列和北京大学杰出人物展(一)两个部分:校史陈列以光荣革命传统和优良学术传统为主线,将北京大学历史分为九个阶段依次展示,有图片、图表800余幅,实物展品440余件,展板273块,展线长度400余米;北京大学杰出人物展(一)为北京大学历史上217位杰出革命家、思想家、理论家、教育家、科学家的生平简介及照片。

校史馆内设研究室、办公室、资料室,编制7人,兼职2人,返聘13人。日常工作主要为校史展览、校史研究及校史文物的征集、保管和展出。

【校史展览】 本年度校史馆继续发挥传统教育的课堂和对外宣传的作用,接待参观人数总计为26492人。其中校内人员、校友及学校客人4329人,校外人员22163人;接待各种参观团组92个,其中包括:华南理工大学代表团、教育行政学院学员班和第29期校长班、中央党校广西学员班、教育部哲学社会科学骨干研修班、香港重点大学校长代表团、由李嗣涔校长带领的台湾大学代表团、台湾成功大学代表团、北京大学平民学校学员班、吉林省委组织部北京大学学习班、北京市教工委组织部的领导、国家助学贷款代偿资助工作会议的代表、北京市西城区文委李大钊故居工作小组、延安精神小小宣讲团、市长许宗衡带领的深圳市代表团、来自嘉兴市和青岛市的客人、香港企业家叶谋遵、香港公务员代表团、澳门社工局培训班、台湾国民党青年领袖代表团、台湾企业领袖研修班、第三代华裔新生代企业家中国经济高级研修班、柬埔寨教育部部长参观团、泰国文官委员会、俄罗斯科学院青年代表团等。另外特别配合学校有关部门做好新生入学教育、毕业生离校教育、北京大学开放日及校庆返校校友的参观接待工作。

为全面展示北京大学校址及校园的变化与发展,由校史馆筹划、学校素质教育项目资金资助的"北京大学旧址模型"和"燕园鸟瞰浮雕"项目已进入制作、安装阶段,预计于2007年年初全部完成。

【专题展览】 围绕学校教学与科研等主体工作,举办、协办各种形式和内容的专题展览,是校史馆可持续发展的重要工作之一。本年度除继续展出"纪念抗日胜利60周年暨一二·九运动70周年图片展",以配合保持共产党员先进性教育活动外,校史馆还与历史系世界现代化研究中心合办了"书生本色 学者风范——罗荣渠先生的学问人生"专题展,获得各方面好评。

【校史研究】 校史研究是校史展览、宣传工作的重要基础。本年度由学校前党委书记王学珍主持的《北京大学校志》、前党委副书记王效挺等主持的《北京大学党组织史—解放后部分》,以及校史馆组织的《北京大学图史》等编写工作正在进行。由李大钊研究会与校史馆合作的《李大钊年谱长编》的编写全面启动,并已完成部分章节。王学珍、古平、杨琥、王世儒等编著的《李大钊全集》(新校订版)、王学珍等编写的《北京高等教育纪事》(1861年—1949年1月)、郭建荣主编的《北大的学子们》分别由人民出版社、中国广播电视出版社、中国经济出版社出版;馆内部分同志参与编写的《国立西南联合大学图史》一书已完成校对,将于2007年年初出版。馆内同仁还发表了《缅怀陆平同志》、《深切缅怀陆平同志》、《对"第一张大字报"〈再考订〉一文的商榷》、《五四运动名词溯源》、《竞争与竞赛》、《章太炎尊荀思想及其中西学术渊源》等多篇有关校史的研究文章。

本年度校史馆派代表出席了"中国大学文化百年研讨会暨课题组成立大会"、"第九届全国高校校史研讨会"、"韩麟符烈士事迹研讨会"、"北京李大钊故居展陈大纲研讨会"等学术会议;完成了中国高等教育学会"共和国老一辈教育家系列宣传活动"中马寅初、周培源电视专题片脚本的撰写;承担了北京市党史研究室组织的《北京革命史百科全书》和北京市海淀区史志办组织的《北京的名人故居·海淀卷》部分词条的编写工作;举办了由物理学院赵凯华教授主讲的"谈谈北大老物理系"等北京大学校史系列讲座。

【校史文物实物征集】 本年度征集到北京大学12位知名学者照片计657张。收到学校相关部门送存的礼品52件,藏品总数达673件;新的馆藏物品管理系统正在试用。为充分发挥藏品的作用,校史馆对陈列的文物进行了调整和更新;为配合《北京大学图史》等的编纂工作,对展柜中350余件文物进行了拍照。

【对外交流】 与中国农业大学、华东大学、兰州大学、中央广播电视大学、大庆石油学院等来访同仁就校史展览和校史馆建设进行交流与探讨;组织校史馆工作人员参观中国农业大学校史馆、国防大学校史馆、首都博物馆、纪念长征胜利70周年展览、非物质文化遗产保护成果展览等,以提高业务水平。

【行政工作】 为满足对外服务和自身建设的需要,校史馆在逐步建立完善一系列行之有效规章制度

北京大学学报（自然科学版）

【工作统计】 1. 刊载论文情况：2006年《北京大学学报》（自然科学版）（以下简称《学报》）出版印刷版7期（增刊1期）、网络版4期，共刊载研究论文200篇（两版重复发表的按1篇计算），比2005年的128篇增加56%。

2. 2005年刊载论文被国内外权威检索期刊（数据库）收录情况：根据中国科技信息研究所等部门的统计，2005年《学报》仍被国际权威检索数据库CA、SA、Ei（pageone）、MR以及国内30多家权威数据库收录。

3. 2005年论文计量指标：据中国科技信息研究所出版的《2006版中国科技期刊引证报告》中对国内1 652种主要科技期刊的统计，《学报》2005年的计量指标见文后表（同时列出2004年同类数据）。

4. 收稿情况：2006年接收稿211篇，比2005年的165篇增加27.87%，退稿42篇。

【工作创新】 1. 版本、封面设计的改进：版式改大16开，封面设计采用当期"主打（或重点）论文"的插图。版式改动后，印刷版1—6期发文140篇，比改版前的2005年增加9.37%。而封面设计的改变，使得《学报》文章重点突出，版面内容丰富，视觉效果增强，获得广泛的好评。

2. 增设学报网络版（印刷版预印本）：2006年3、6、9、12月在《中国期刊网》上正式出版了4期学报网络版，共66篇，出版周期平均186天，比印刷版周期（2005年平均425天，2006年平均333天）大为缩短。2006网络版中共有25篇文章发表在当年其后的印刷版中，前者比后者发表周期平均提前4.6个月。截止到2006年12月30日，网络版（前3期）文章共被点击11502次，全文下载4701篇次，其中最多的一篇被下载588次。平均每篇下载90次。比较2006年11月底之前先后发表在网络版和印刷版上的18篇文章，在《中国期刊网》上的点击率，网络版为6836次，印刷版为1616次；下载率，网络版为2837篇次，印刷版为697篇次。前者分别为后者的4.23倍和4.07倍。

《学报》网络版的创办，在缩短文章的出版周期和扩大文章的影响力上都达到了预期的效果。此外，该举措在高校学报界开了先例，为众多学报效仿。

【获奖情况】 在2006年10月教育部科技司主办的"首届中国高校精品·优秀·特色科技期刊"评比中，学报以较高名次获得"精品"奖。另外，陈进元编审撰写的《科技期刊著作权讲析》获得"优秀编辑学论著"一等奖。

2006年《学报》继续被中国科技信息研究所评选为"中国百种杰出学术期刊"之一。

【学术活动】 2006年7月下旬《学报》编辑部在承德主持召开了"中国高校学报（自）研究会第五次版权工作研讨会"，中心议题讨论了在网络环境下科技期刊出版的版权保护问题。

2006年刊载论文学科分布

年份	数学	力学	物理学	化学	地球空间	地理环境	生命科学	心理学	信息科学	科研管理	总计
2006	13	12	34	22	28	41	4	6	39	1	165

2005年刊载论文被国际检索机构收录情况

学科	数学	力学	物理学	化学	地球空间	地理环境	生命科学	心理学	信息科学	总计	收录比例
刊载篇数	14	12	21	1	26	23	4	5	22	128	100%
Ei收录	12	12	21	1	26	23	4	5	22	126	98.44%
CA收录	0	0	5	1	9	5	2	0	4	26	20.31%
SA收录	6	12	18	0	0	1	0	0	21	58	45.31%

2003—2004年刊载论文计量指标

年份	被引频次	影响因子	即年指标	被引半衰期	他引率	扩散因子
2004	514	0.485	0.063	4.1	0.97	56.8
2005	589	0.444	0.086	5.3	0.97	55.3

北京大学学报（哲学社会科学版）

【概况】《北京大学学报》（哲学社会科学版）办刊总体构思非常明确，就是结合本校实际，突出本校特色，树立精品意识，尽量多刊载一些研究解决国家或地区经济、社会发展中具有全局性、前瞻性、战略性的重要研究成果，一些在基础理论方面有创新意义，特别是具有原创性意义的学术成果。

对于精品文章，《北京大学学报》不问篇幅，不管文体，打破常规，所刊发的文章有的篇幅长达六七万字，有的则只有数千字。在栏目设置方面，《北京大学学报》发挥北大文、史、哲的传统优势，结合本校的重点学科、重点基地、重大课题和学术活动进行选题策划。北大学报录用相当一部分校外、海外知名学者的优质稿件。

学报改革的一个十分重要的方面，就是要完善编辑部各项规章制度建设，特别是匿名审稿制度。北大学报在用稿方面坚持公平、公正、公开的原则，建立了有权威、负责任的专家库，逐步推行对稿件实行双向匿名评审制和三审制，做到学术至上，质量面前人人平等，以质论稿，择优录用。

【队伍建设】推荐刘曙光同志担任学报副主编，得到学校领导的同意批准；经过认真慎重考察选调新的编辑；注重对编辑理想信仰、学识素养、艺术趣味的培养；鼓励和支持编辑参与各种学术会议、业务培训以及承担力所能及的科研工作；加强编辑部与其他兄弟院校学报之间的交往和联系，相互切磋砥砺，相互取长补短，充分调动编辑的主动性和创造性。

学科编辑一方面积极面向校外、面向国际组约稿件的同时，另一方面深入到各院、系、所、中心，积极主动地向有深厚学术造诣的著名学者和中青年骨干教师组稿、约稿。在和学者充分沟通和交流的基础上，根据学术热点问题、前沿问题来策划选题、组织稿件和遴选稿件。同时，还发动一些著名学者为学报组稿、约稿，聘请他们担任学报相关栏目的特约主持人。

【评奖工作】北京大学学报（哲学社会科学版）从1990年起设立"北京大学学报优秀论文奖"，旨在吸引高水平的学术论文，推动刊物学术质量不断提高。2006年6月起举办了第七届北京大学学报优秀论文评奖活动。评奖范围是2003—2005年发表在本刊上的学术论文，共有10位作者的优秀论文入选。8月28日召开了颁奖大会，向获奖作者颁发了证书和奖金。获奖作者和论文篇名如下（以发表先后为序）：张守文《经济法基本原则的确立》；申丹《叙事形式与性别政治——女性主义叙事学评析》；徐通锵《思维方式与语法研究的方法论》；赵光武《后现代哲学的反基础主义与复杂性探索》；葛晓音《屈赋比兴的性质及其作用的转化——兼论"雅"与"骚"的关系》；周志忍《当代政府管理的新理念》；王义遒《推进通识教育，催生一种新的教师模式》；陈来《论儒家教育思想的基本理念》；谢冕《回望百年——论中国新诗的历史经验》；阎步克《宗经、复古与尊君、实用——中古〈周礼〉六冕制度的兴衰变异》。

【办刊实力】根据中南财经政法大学图书馆期刊信息检索中心检索报告，《北京大学学报》（哲学社会科学版）2006年共被中国人民大学书报资料中心、《新华文摘》、《高等学校文科学术文摘》、《报刊文摘》等检索途径转载文章90篇，在全国综合性大学学报中排名靠前。

根据中国学术期刊（光盘版）电子杂志社、中国科学文献计量评价研究中心和清华大学图书馆编写的《中国学术期刊综合引证报告》（2006年版），《北京大学学报》（哲学社会科学版）在大学学报社会科学类综合高校中的总被引频次和影响因子均名列前茅。

（《北京大学学报》
（哲学社会科学版）编辑部）

北京大学学报（医学版）

【概况】 《北京大学学报》（医学版）创刊于1959年，由北京大学主办，是国内外公开发行的综合性医药卫生学术期刊。

2005年下半年进行编委会换届。在各二级单位推荐编委候选人的基础上，经医学部批准，产生了第八届编辑委员会。韩启德为主编，柯杨为常务副主编，丁洁、方伟岗、刘俊义、马大龙、唐朝枢、俞光岩、周传敬为副主编。

【大事项】 1. 进入"CA 2005年引文频次最高的1000种期刊表"。美国《化学文摘》（Chemical Abstracts Service Source Index Quarterly No. 4），2005公布了"CA 2005年引文频次最高的1000种期刊表"，《北京大学学报（医学版）》（Beijing Daxue Xuebao：Yixue Ban，CODEN：BDXYAH）榜上有名。

2. 连续三次入选"中国百种杰出学术期刊"。《北京大学学报》（医学版）继2004年被评为"第三届中国百种杰出学术期刊"后，于2005年和2006年又连续两次入选"第四届中国百种杰出学术期刊"和"第五届中国百种杰出学术期刊"名单。中国科学技术信息研究所每年出版的《中国科技期刊引证报告》定期公布《中国科技论文与引文数据库（CSTPCD）》收录的中国科技论文统计源期刊的十余个科学计量指标。1999年开始，以此指标为基础，研制了中国科学术期刊综合评价指标体系，采用层次分析法，由专家打分确定了重要指标的权重，并分学科对每种期刊进行综合评定。2002年公布了第一届中国百种杰出学术期刊名单。几年来，先后以期刊评估为主题召开了十余次不同学科、不同层面的专家研讨会。2004年11月再次召集专家会议，综合分析了期刊指标体系实施应用以来我国科技学术期刊的变化趋势和实际状况，重新核定了期刊的指标权重，在此基础上推出第四届和第五届中国百种杰出学术期刊。

3. 被评为"中国高校精品科技期刊"在2006年教育部期刊评比中，获奖期刊共设"精品"、"优秀"和"特色"三个层面。《北京大学学报》（医学版）被评为"中国高校精品科技期刊"，获奖人员：周传敬、王蕾、贾桂荣、任英慧、赵波、刘淑萍。

（周传敬）

计算中心

【概况】 截至2006年年底，计算中心共有职工68人，其中，正高级职称8人，副高级职称16人，中级职称36人，初级职称7人，无职称1人。具有本科以上学历的人数51人，占计算中心总人数76%以上，其中具有博士学位的5人，硕士学位25人。平均年龄逐年降低，学历结构逐年升高。

目前，北京大学计算中心承担的主要工作有：为全校的计算机教学和高性能计算提供实习和计算环境；北京大学校园网的规划、设计、建设、管理及维护；中国教育和科研计算机网华北地区北大节点的规划、设计、建设、管理和维护；北京大学管理信息系统的规划、设计、开发、管理和维护；计算机应用技术学科硕士生的培养和成人教育学院计算机应用技术专业的教学等。

北京大学计算中心已是计算中心、管理信息中心和网络中心三位一体的实体单位，为北京大学的计算机教学和科学计算提供环境，还为教学、科研和行政管理承担信息网络基础设施和管理信息系统的建设、技术支持和信息服务，对创建世界一流大学起到了重要的保证作用。

【校园网建设】 校园网主干升级：为适应用户增长、应用增长的需求，实现校园网主干无阻塞，2006年1月校园网主干从千兆升级到万兆，部分汇聚层到核心层采用万兆接入。

2006年相继完成了41—43、63共4栋学生宿舍楼3424个信息点的联网工程、北京国际数学研究中心光缆接入校园网、网络教育学院光缆接入校园网、成府园政府管理学院与法学院新楼1096个信息点的网络联网工程、工学院77个信息点的联网工程、28楼学生资助中心和建筑研究中心湖心小岛的网络连接、20楼120个信息点的联网工程、医学部教学大楼、学生1号楼、职工6号楼的网络及电话系统的建设、财务部独立建网改造工程、医学部博士生南北楼的网络改造、理科三号楼部分区域网络升级改造及中关园、燕东园、蔚秀园部分家属宿舍联网工程。

2006年9月1日，根据校办[2006]154号文件精神，对网络用户实行资费调整，确立新的收费标准。

2006年9月开始，采用独立IPv6路由器、独立IPv6核心网络、公用汇聚和接入网络的技术实现了校园IPv6网络全覆盖。并利用北京大学本部与医学部已有的1Gbps链路，建立IPv4/IPv6双栈路由，实现医学部网络全面接入IPv6网络。

2006年校园网视频会议系统参加了包括希拉克演讲（中国网网络直播）、诺贝尔获奖者讲座直播等内容的保障工作12次，医学部还通过IPV6网络成功与日本九州大学召开网上视频会议。校园网视频会议系统和视频会议教室于2006年12月12日通过验收，现已

具备面向全校提供视频会议、远程视频教学的能力。

对医学部的网络电视、视频新闻及视频课件的视频平台进行了整合，已具备提供简单的视频浏览环境。

完成了医学部的电话计费系统改造，在网上提供更多的电话信息的查询。

完善了网络安全系统，搭建起医学部的 Windows 系统升级平台和病毒提示平台。

对医学部的电子邮件系统完成了升级改造：包括启用网络存储，给每个用户的邮箱扩容到 100 兆字节，给每个用户建立了 100 兆字节的网络存储柜可用于存放教学课件等资料。整合了邮件系统与垃圾邮件过滤系统，完善了 Web 邮件系统。

针对计算中心管理的校园网在线设备约 1400 台的情况，为了规范管理，2006 年对网络设备地址进行全面规划和修改。

2006 年 9 月，全面改版校园网网络服务主页，按照用户的网络使用习惯，重新调整，整合了网关登陆功能，进一步调整将持续进行。

在医学部建立了校内 200 电话服务系统，并开通校内电话语音信箱。

2006 年对 500 名贫困在校生实行网费资助政策，资助标准为免除每月基本费及每人每年 60 元网费，期限为一年。

继续做好 CERNET 北京大学主节点日常管理维护和技术支持工作。除主节点日常域名和 IP 地址申请、接入院校技术支持、每周视频例会外，2006 年 6 月份主节点开通了与网通的 10M 链路，确保各未接入学校尽快接入 CERNET 和高招信息安全畅通，通过 VPN 接入 8 所院校。

【微机教学实验室系统建设】 微机室在创建大型微机教学实验室的过程中，发挥综合技术优势，集成最先进技术，推动最前沿应用，先后实施了多项"211"子工程—计算机、英语教学实习主环境更新改造，以域控制器管理为核心、跨网段架构为特色的大型校级微机教学实验室系统建设得到健康、持续、快速地发展，资源充分共享，是全校学生受益面最大、利用率最高的实验室。2006 年该室主要完成了以下任务。

国防生计算机实验室建设 2006 年年初，由解放军总政治部装备部投资，分别在北京大学、清华大学创建国防生计算机实验室，北京大学由计算中心负责技术方案和具体实施。该实验室是北大目前最先进的微机教学实验室，技术含量高、性能稳定可靠。2006 年寒假期间，为保证国防生开学后就能用上新环境，微机教学实验室加班加点，全过程注重工程质量，高质快速地完成了创建国防生计算机实验室的任务，受到了军、校双方相关领导及国防生的充分肯定和赞扬。

优化实验室硬环境 充分利用新机器后置安全门的功能，使 600 台机器的网线端合理固定在安全门内，从而保护了网线、电源线的安全。对 8 个机房内 200 多条"短网线"进行了加长或调整处理，消除了"短网线"经常出现的接触不良现象，提高了整个实验室网络基础设施的安全性和系统的可维护性。更换 UPS 一台、空调两台，完成交换机到服务器端 10 条 1000Mbsp 口网线。每年两次 600 套终端键盘托盘和 8 个机房窗帘的检修；更换机房凳子面 170 多把。完成国防生计算机实验室扩音设备的安装、调试，进一步改善了国防生计算机实验室环境。完成 7 号机房 110 个节点和 3 号机房 60 个节点电子教室软件安装和调试，进一步改善了教学环境。除正常规范的软、硬件维护外，每周整理磁盘空间，清除不健康的文件，值班人员增强巡视，采取疏堵结合，遏制不健康的文件，构建绿色健康的上机环境。

进一步提高前台服务质量 2006 年在圈存机使用中尚存一些问题的情况下，前台教学值班人员和账户服务窗口的同志进一步增强服务意识，端正服务态度。热情、认真地为用户咨询、创建及注销账户而服务。尽管国内、外临时交流的人员在增加，给账户管理增加了不少工作量，但他们一样圆满完成了任务。

拓展英语视频点播范围 10 月 8 日开始，英语视频的点播范围从计算中心机房、部分教学楼和部分学生宿舍楼扩展到全校全部学生宿舍楼、教学楼，1000 人可同时点播，满足了全校英语流媒体视频点播教学环境的要求，增强了同学自主学习的主动性和灵活性。

2006 年完成了全校计算机、英语教学实习机时量共 75 万小时；保障了第五届北京大学 ACM 程序设计大赛和第三届北京大学数学建模大赛在计算中心顺利进行。

IPV6 实验 和网络室、计算机系共同完成 IPV6 和 MAZE 软件在 600 台机器上的试验。

【电子校务建设】 学生综合信息门户在 2006 年 8 月底正式运行，该门户集成了学生的有关信息以及各部门网页的信息，集成了博雅博客、北大未名等学生关注的网站信息，为学生提供了一个统一的信息服务窗口。

实现电子校务系统的统一用户管理，目前纳入统一管理的用户有校园卡、学生门户、博雅博客、图书馆、网上办公系统、迎新系统、校内信息服务、人才中心系统、组织部系统、大型仪器开放测试基金管理系统等应用系统中的用户。

网上办公系统开始在全校范围内进行推广应用，该系统提供动态信息、收发公文、网上通知、单位

信息、办公电话等发布功能。全校共有70多个单位分期分批地参加了计算中心组织的培训。

"大型仪器开放测试基金管理系统"经过开发测试,于2006年9月底开始在全校使用,当期基金申报数共715份,除医学部11份外,全部是在网上申报的。批准692份,批准金额300万元。由于网上申报的使用方便灵活、信息面广,所以今年的申报课题数和批准金额都比往年有明显的增加。

组织完成了组织部工作网站的建设工作。该网站能够实现信息发布、文件下载、留言等常用功能,实现对站点、频道、栏目、文章、附件、用户以及角色等的动态管理。

数据中心建设继续拓展。目前昌平的数据灾备中心已经投入使用,共部署了7台服务器,12个应用。除原有的数据外,又为图书馆存储了近10TB的资源数据,有力保障了数字图书馆项目的建设。

MIS室承担完成的教育部和科技部三个项目都已在相关部门得到应用,并且受到使用者的好评。这三个项目分别是:《教育部财务核算及经费预算管理系统》、《教学实验示范中心信息资源应用管理分系统》和《全国大型科学仪器共享网络信息管理系统》。

开通了医学部新版财务网上查询系统,做好医学部主页、老年网站、精品课程网站、网络教学平台、校内信息系统的维护工作。

继续为医学部的各单位设计网页,协助各单位使用发布平台更新网页。协助药学院使用网上教学平台,开发继续教育处管理信息系统,管理医学部各部门的托管信息服务器。

【校园网运行和服务】 运行室为了保障全校光纤网络的畅通和中心电力系统、制冷系统、高性能计算系统的正常运行,常年忙碌于施工、维护等服务领域,及时为用户解决各种问题,多次受到学校、中心和服务对象的表扬和称赞,给中心赢得了荣誉。

与Visual Numerics公司达成协议,VNI公司提供授权,全校各院系及研究中心可以在16颗及16颗以下CPU的高性能计算机上免费使用VNI公司的IMSL和PV-Wave产品;改进了HP机群和SP机群现有主页和使用说明书。整理IBMSP的用户群,规范了机器的使用;保证对惠普机群和SP机群用户的服务力度。维护系统正常运行,并向用户提供了系统系列软件资源的使用规范模板,帮助用户进行不同并行计算平台之间程序的移植、测试和比较服务。

彻底更换了学生反映较大的29楼三个房间网线,使学生们感到很满意。2006年共敷设光纤20多公里,熔接光纤共计2200多芯。完成了燕北园光纤入地工程,并通过了相关部门的审计。

设立24小时值班热线,接收报修和咨询电话,随时解决用户各种问题。在医学部进行了上千次的网络及电话、上门服务,同时继续开展每周三上午的对网络用户进行免费培训。

【科研工作】 正在实施的科研项目包括4个"下一代互联网示范工程"项目、2个"国家信息安全计划"项目;已获批准的科研项目有1个国家863项目、1个"下一代互联网示范工程"项目和1个"国家信息安全计划"项目;另外为改善网络运行,还自行研发了网管课题多项,设备管理、无线网管理、802.1x认证、proxy/NAT检测等。

教育部"十一五计划""211工程"项目的2个子项目通过验收;"下一代互联网中日IPv6合作项目"的2个子项目通过验收;CNGI－CERNET2主干网和CNGI－6IX建设项目—核心节点建设项目通过验收;在CERNET NOC工作评比中荣获一等奖。

2006年度计算中心共发表论文24篇,其中国际会议2篇,一级刊物4篇,核心刊物16篇,一般刊物2篇。

【党建和工会工作】 2006年,计算中心党支部继续发挥战斗堡垒作用,在创建学习型党支部的过程中,支部坚持每月一次的全体党员集体学习和平时自学相结合,时事学习、模范宣讲和传统教育相结合。暑假期间,计算中心党支部和工会共同组织同志们赴革命圣地——井冈山、庐山参观学习,使大家受到一次很好的传统教育,取得了良好的学习效果。在2006年中心党支部先后发展了两名新党员,目前尚有4名交了入党申请书的积极分子正在培养之中。计算中心党支部2006年荣获"北京大学先进党支部"的光荣称号。在做好党务工作的同时,针对中心年轻人不断增多的情况,正式成立了目前校本部教工中的第二个团支部。团支部在计算中心党、政、工的大力支持下,不断提升思想、业务水平,同时积极开展各项有意义的活动,如在2006年首届"团队之星"北京大学杯毽球邀请赛上,他们就通过努力拼搏,赢得了亚军。

2006年,中心工会在党、政的大力支持、帮助下,发挥了较好的桥梁与纽带作用,各项工作得到健康、持续地发展。2006年在工会干部的努力和广大会员的协助下,我们圆满地完成了当年的各项任务和活动,被校工会通过"保持模范教工之家"的申请,同时荣获"部门工会先进单位"的称号。计算中心工会在2006年校教工运动会上再次获得团体总分第四名的好成绩,在"2006年北京大学教职工乒乓球联赛"中四次蝉联女子团体亚军。

(孙光斗 丁万东 张 翎
陈 萍 李庭晏)

医学部信息通讯中心

【电子邮件系统升级改造】 完成了电子邮件系统的升级改造:包括启用网络存储,给每个用户的邮箱扩容到100兆字节,给每个用户建立了100兆字节的网络存储柜可用于存放教学课件等资料。整合了邮件系统与垃圾邮件过滤系统,完善了 Web 邮件系统。

【网络服务】 在全校开通 IPV6 网络,并通过 IPV6 网络成功与日本九州大学召开网上视频会议。完成了医学部教学大楼、学生1号楼、职工6号楼的网络及电话系统的建设。完成了医学部博士生南北楼的网络改造。整合了网络电视、视频新闻及视频课件的视频平台,将提供简单的视频浏览环境。完善网络安全系统,搭建了北医的 Windows 系统升级平台、病毒提示平台。

【电话服务】 建立了医学部校内200电话服务系统。开通校内电话语音信箱。完成电话计费系统改造,在网提供更多的电话信息的查询。2006年受理了上千次的网络及电话上门服务。并于每周三上午免费对网络用户进行培训。

【信息化建设工作】 开通新版财务网上查询系统。协助药学院使用网上教学平台。并继续协助各单位使用发布平台更新网页。为各单位设计网页。维护北医主页、老年网站、精品课程网站、网络教学平台、校内信息系统等。

(医学部信息通讯中心)

医药卫生分析中心

【概况】 北京大学医药卫生分析中心直属北京大学医学部,多次通过国家计量认证评审,具有检测资质的单位,属学校公共服务体系,为校内外医、教、研服务。依据重点学科的科研特点下设五个实验室(细胞分析实验室、蛋白质组学实验室、放射性药物实验室、环境与卫生分析实验室、药学与化学分析实验室)共有各种现代仪器设备60余台。仪器设备总价值近8000万元人民币,同时拥有一支业务素质高的科研和技术队伍,目前在全国高校中是发展最好的分析中心之一。除配合和参与学校各学科承担的国家重点重大科研课题的实施外,医药卫生分析中心还承担"十五"国家科技攻关、"863"重大专项、国家科技部专项资助、国家自然科学基金等多项研究课题。发表研究论文40余篇,SCI 10余篇。同时承担研究生和本科"高等波谱分析"、"细胞分析"、"实验核医学"、"环境卫生分析"等教学任务。

【细胞分析室】 1. 测试服务与创收。

(1)加强了对高档流式细胞仪器的分选功能开发和应用和对承担国家重点科研课题的科室的分选服务。流式细胞计 FACS Vantage DiVa 和 FACSAria 成功运行超过1200小时。FACSAria 主要用于免疫细胞的分选、JFP 细胞的细胞分选(转基因细胞)等动物细胞的分选,FACSVantage DiVa 主要用于各种全能干细胞的分选,以及细胞周期的分选等。其中大部分时间用于高水平的多参数的分选服务,尤其无菌分选的大力开展使得有关学科的论文水平有了大的提高,也吸引了大量的外校和外地用户。这两台仪器已为北京大学医学部赢得了荣誉。仪器在高速分选和干细胞分选功能已有长足的进步。2006年细胞分析实验室管理的另三台流式细胞计,其中两台 FACSCalibur 和 BD LSR 也完成了1200小时以上的测试工作,在细胞凋亡和细胞周期测量方面很有特色,也为许多外校用户完成了测试工作。这五台流式计创收12.5万元。

(2)细胞分析实验室除了积极扩大两台现有的激光扫描共焦仪的应用外,正在积极向学校争取二期"985工程"仪器平台拨款购买双光子扫描共焦仪。图像分析仪 Leica Q550IW 运行1000小时,创收近3万元。激光共焦显微镜 Leica TCS SP2 2006年运行超过1200小时,激光共焦显微镜 Leica TCS NT 运行超过1200余小时。这两台共焦显微镜共创收6.5万元。以上仪器2006年总共创收近22万元。

2. 教学工作。

细胞分析实验室2006年继续为全校研究生开设了《细胞分析与定量》课,研究生人数为60余人,本年还辅导了免疫系研究生班和科大生物系研究生班100余名研究生上机。

3. 科研工作。

细胞分析实验室依据不完全的统计,使用细胞分析实验室的仪器又有一批影响因子超过2.0文章在不同的国外的杂志上发表;2006年有两篇署名第一作者的论文发表;通过细胞分析实验室的高档流式细胞仪器分选和共焦显微镜的测试服务工作,其中有几项优秀的工作1)在图像组的共同努力下,在 Leica TCS SP2 上的几名博士生以投出几篇影响因子高于3的科研论文。2)陈慰峰院士领导的 T 细胞研究室多个博士研究生在细胞分析实验室流式细胞作了许多有意义的课题已有几篇影响因子3以上科研论文发表。

4. 实验室建设。

细胞分析实验室在2006年中引用了《高等学校仪器设备和优质资源共享系统》47万元人民币资金,升级了入网流式细胞仪 FACSVantage DiVa 的计算工作站、系统软件和工作软件。增加了

FSC的放大光电倍增管,改善了小细胞和亚细胞等的测试性能。同时也投资和改进老激光共焦显微镜Leica TCS NT的计算机系统,提高了测试性能。

购买一台紫外光固体激光器安装在FACSAria上,以增加此仪器全能干细胞的测试和活细胞DNA测试功能。

通过互联网上建立细胞分析实验室的网页,宣传细胞分析实验室的仪器和我们的测试能力,扩大细胞分析实验室的影响吸引更多的用户。

集中精力进一步开发高档仪器。例FACSVantage DiVa的大细胞和亚细胞的分选、FACSAria流式细胞计的紫外激光的配置和干细胞分选。这些仪器功能高水平的利用,为北京大学医学部各教研组和各附属医院各临床科室如:基因组、T细胞室、干细胞室、生理和生化等学科以及校外医学科学院、北京大学、清华大学和中科院动物所等外单位完成许多重大课题提供一个好的生物实验平台。

【电镜室】 电镜室2006年测试收入4万元。承担126学时电镜课"生物医学电镜技术",博硕学生74人。与北京大学医学部天时力微循环研究中心合作承担"蒙古沙鼠全脑的缺血再灌注超微结构的研究"课题。为国内多家单位培训了数名生物电镜专职工作人员,包括北京市疾病控制中心、烟台医学院、湖北医科大学、辽宁大学等。接待部分兄弟院校、相关科研单位电镜室的工作人员86人次到本室参观和调研。与中国电镜协会、Leica公司联合举办了两次电镜冷冻超薄切片学习班;一次生物样品速冻技术学习班;两次免疫电镜方法学习班。与中国电镜协会、美国Gatan公司联合举办了三次电镜CCD数字图像应用学习班。与中国电镜协会、香港尚丰公司联合举办了电镜CCD数字三维图成像学习班。协助动物所对神州3号搭载培养细胞进行检测。协助航天20号返回舱搭载培养细胞检测。协助中国人民银行完成对纸币的部分检测。电镜室免疫电镜,标记抗原在组织或细胞内的具体位置。

【氨基酸分析室】 氨基酸分析室完成北京大学医学部内外测试服务分析样品135个,收入13500元。开设氨基酸分析仪在科研和临床上的应用一课,授课四组约60人。该科室职员以第一作者在国内核心期刊《中国康复杂志》发表文章《高苯丙氨酸血症控制期患者血清氨基酸测定结果与正常人群的比较》。

【蛋白质组学实验室】 1. 校内外测试服务与创收。

蛋白质预制平台完成双向电泳实验样本、7厘米胶90余块、17厘米胶约100块、酶切样品400余个、蛋白定量90余个、蛋白提取30余个。质谱平台共测试样品约885个,其中完成校内测试样品475个左右。

支持基础医学院免疫系、生物化学与分子生物学系、遗传系、生物物理系、药理系、药学院等院系以及蛋白质组学启动项目的实验研究。主要包括蛋白质和多肽的分子量、肽质量指纹图谱测试、LC－MS/MS多肽序列鉴定等分析。

校外服务:测试样品410个左右。

支持北大医院、人民医院、肿瘤医院、北医三院等医学部附属医院各科室所送样品测试。同时,还承担了中国科学院微生物所、武汉水生所、首都师范大学、南开大学、青岛海洋大学、清华大学、军事医学科学院、国家人口计生委科学技术研究所、中国原子能科学院、北京理工大学等数十个学校和科研院所的社会测试任务。样品种类包括蛋白质、多肽、DNA、RNA、寡糖、聚合物和富勒烯等。包括分子量测试、肽指纹图谱、LC－MS/MS鉴定等。测试总收入约11万元人民币。

2. 教学工作。

组织了心脏蛋白质组学研究报告会、双向凝胶电泳实用技术讲座等多次大型学术讲座。立足于帮助研究者更好地掌握蛋白质组学研究思路和实用实验技术,对深入推动医学部蛋白质组学研究的开展起到推动作用。

应基础部和药学院要求,为约50名研究生组织多次仪器实习教学,组织了Waters的MALDI-TOF仪器应用培训等。

3. 科研工作。

实验室在推进"北医蛋白质组学研究启动基金"的科研协作项目顺利开展的同时,蛋白质组学实验室还与人民医院肾内科和肿瘤研究所、三院消化科等临床医院,以及西安交大医学院等单位开展了科研协作。2006年共开展协作科研项目12项。

完成了实验室数据存储系统的初期建设项目,初步解决了困扰本实验室的海量数据的存储和管理难题。所建立的DC-3000数据存储备份系统,针对不同仪器产生的不同类型的文件,开发出一套软件来进行控制,将三台质谱和电泳等仪器产生的数据传递到该数字存储备份系统中,提高了保存实验数据的安全性及工作效率。

此外,蛋白质组学实验室技术人员在完成分析测试任务的同时,开展了一些蛋白质组学研究方面的探索工作,如饥饿诱导的自噬相关蛋白研究,凋亡蛋白PDCD5与DNA及与其他核蛋白相互作用研究等。2006年蛋白质组学实验室独立或与其他单位共同发表论文共3篇。

实验室参加中国质谱学会第八届学术交流会、中国蛋白质组学第四届学术会。并派人员赴美国进修。通过建立例会暨工作汇报制度,举办了多次蛋白质组学实验

室内部以及吸收协作单位参加的学术交流活动,活跃了学术气氛。

4. 蛋白质组学实验室管理及实验室建设。

加强蛋白质组学实验室管理,建立了比较完善的科研工作管理、测试服务管理、仪器使用管理、例会暨工作汇报制度、客座人员准入制度、实验常用材料和试剂领用制度、考勤管理等相关管理制度。

建立蛋白质组学实验室网站,通过及时在网上发布蛋白质组学实验室信息与动态,加强了与客户之间的交流和联系。

经过不懈的努力,终于落实Waters 公司将赔偿 MALDI-TOF 质谱仪之事(约 20 万美元),今年初仪器到岸后及时进行了安装调试、验收和运行。使实验室仪器装备进一步加强。同时获得 Waters 公司赠给约 5 万多元人民币的各种另备件。为几台新仪器建立起技术档案,编写了相关文件和整理了有关资料。配合学校对外交流工作的开展,积极协助学校按时完成了中奥生物标记物发现研究中心的实验室建设。蛋白质组学实验室人员参加了 Waters MALDI-TOF 质谱仪使用培训。岛津公司的 MALDI-TOF 质谱仪进行维修,更换检测器。两维凝胶电泳仪更换了一维电泳仪的电源板。

【医学同位素研究中心(放射性药物实验室)】 2006 年,在前期工作积累和全体工作人员的不懈努力下,同位素研究中心在科研、教学和公共服务方面取得了全面的丰收。无论是基金的申请、发表论文的档次、国内外合作的力度和影响以及国内外的学术地位,都走在了国内同领域的前列。在教学方面,除承担本科生和研究生的"放射性同位素技术与安全"理论课和实验课教学外,还承担着博士生和硕士生的培养工作。另外,申请了放射医学专业的博士点,将承担起放射医学学科的建设工作。在公共服务方面,实现了全天候对外开放服务,为医学部其他研究室课题组的教学和科研工作提供了有利的支持和相关技术保障。中心职工总人数 6 人,毕业硕士生 2 人,在读博士生 1 人,在读硕士生 6 人。

2006 年获国家自然科学基金主任基金 1 项(10 万元);获北京市科委主题计划项目 1 项(总经费 400 万元)

2006 年 SCI 收录论文 2 篇:Biochemical and Biophysical Research Communications(IF 3.000)和 Bioconjugate Chemistry(IF 3.943)。

申请发明专利 2 项。

参加美国核医学年会,2 篇论文在会议上进行交流,其中"Tumor Targeting of 90Y-DOTA-3H11 in Nude Mice Bearing Human Gastric Cancer Xenograft"为我国放射性药物领域的科研人员首次在美国核医学年会上做口头报告。在前国际放射性药物科学学会主席 Welch 教授就放射性药物做的 highlight 中也介绍了此研究工作。

【卫生与环境分析室】 2006 年共投寄科研论文 9 篇,其中发表 6 篇,接受 1 篇;另外还有会议文章 2 篇。

2006 年到位的横向科研资金约 2.7 万元,北京市自然科学基金 4 万元。

统招研究生 3 名,培养本科毕业专题生 1 名,并开设《高级医药卫生仪器分析》研究生课程,有 4 名研究生选修该课程。多次协助公共卫生学院本科生此外,还经常接受各个学院、附属医院以及外单位博士后、博士生、硕士生毕业专题的实验工作。

对医学部内部的测试服务原则上采取收取成本费的政策,共测试样品 1000 余份,约 3 万元;此外,我室今年社会服务创收约 8.95 万元左右。

购置价值约 40 万人民币 GC 及其辅助设备一套;北京市自然科学基金第一期 4 万元到位;前往加拿大学术交流两次,并应邀做了一次学术报告;更新、添置了约 300 万元的仪器设备;自行添置、更新了两台国产设备。

生命元素组学实验室已开展的"生命元素总谱"、"无机元素在生物体内的形态、价态研究"、"富硒蛋白的研究与开发"等项目将使卫生与环境分析室在生物无机领域逐步处于国内领先地位。成立一年多来,生命元素组学实验室在生命元素组学研究方面有了开拓性进展,曾经两次被邀请参加全国性学术会议,做大会发言。

【药学与化学分析实验室(重点室)仪器组】 该实验室完成校内外测试服务 500NMR 核磁,测试样品 6720 小时,收入 171144 元。发表论文 3 篇(SCI),其中第一作者 2 篇,第二作者 1 篇。完成 AL-300NMR 核磁测试样品 2200 个,收入 11040 元。完成 ARX-300NMR 核磁仪器开放,测试样品 1200 个,收入 7700 元。完成 LC-MS 测试样品 1860 个,收入 100000 元,以责任作者身份在国内核心期刊发表论文 1 篇。LC 测试样品 1000 个,收入 10000 元。GC-MS 测试样品 981 个,收入 50080 元,以第三作者在国内核心期刊发表论文 3 篇。EA 测试样品 586 个,收入 25200 元;IR 测试样品 1130 个,收入 32280 元;Flu 测试样品 3400 个,收入 15700 元;UV 测试样品 682 个,收入 9300 元;CD 测试样品 200 小时,收入 14890 元;HRMS 测试样品 437 个,收入 46000 元;仪器组 2006 年运转费用 20 万元。HRMS 通过调试验收。

(王靖野)

医学部实验动物科学部

【动物生产与动物实验】 为校内、校外供应合格(达到SPF/VAF标准)实验动物25万余只;协助各教研室及附属医院等134家单位,进行了动物实验283项;受校内、校外23家兄弟单位委托,以合同形式独立承担并完成有关毒理学、一般药理学、免疫学、肿瘤学等方面的动物实验25项;在动物生产量基本饱和的情况下,开拓思路、挖掘潜力,使模型动物生产供应量比2005年增加了4倍、比2002年增加了10倍;新引进并保种繁殖成功动物品系5个。

【教学培训与对外交流】 承担并完成了药学院本科生选修课的教学工作;承担并完成了医学部研究生《实验动物学》课程,4个班、1000多人的教学工作,选修的同学经考试合格后全部取得了北京市科学技术委员会颁发的实验动物从业人员上岗证书,受到广大同学的好评;举办了13期实验动物从业人员(包括需要做动物实验的教学及研究人员、研究生)岗位证书培训班,培训医学部及附属医院等单位相关人员554人;受北京市科委委托举办了第三期小动物实验操作基本技术培训班。接受了7人进修学习;接受了国内、国外约60多人次来本部参观、学习。

【其他】 完成了对本部各项规章制度和工作操作规程的修订工作,并特别制定了《突发重大动物疫病应急防控预案》和《关于善待实验动物的规定》;完成了对屏障环境实验动物设施全部高效空气过滤器的更换及其他相关设备的维修完缮;通过了北京市实验动物管理办公室对我单位《实验动物生产许可证》《实验动物使用许可证》换证验收;在本专业核心刊物发表专业论文9篇。

(医学部实验动物科学部)

现代教育技术中心

【概况】 现代教育技术中心在教务长直接领导下,主要承担北京大学教学信息化建设、应用、管理和服务等任,包括网络多媒体课件制作、教学信息资源库管理、网络教学支撑、教师的教育技术培训、音视频技术对教学的支持与服务、全校多媒体教室和语言实验室教育技术设备(设施)的规划管理和服务、新技术教育应用的研究开发与推广应用和有线电视天线维修管理等。同时担负着全国高等学校教育技术协作委员会秘书处的工作。2006年现代教育技术中心在编人员26人,从事科研开发、课件制作、教育技术服务、党政管理等工作;临时聘用人员24人,从事全校多媒体教室的管理工作。人员不足仍然是中心的一个棘手问题。

【多媒体教室建设与管理】 2006年校本部有网络多媒体教室123间(总座位数8049位,设备517件),每间教室平均每天排课10—12课时;语言实验室18间(座位总数708个,设备1030件),每间教室平均每天排课6—8课时,所有教室和设备都处于满负荷运转状态。根据学校的规划要求,将文史楼32个普通教室改装成多媒体教室的工程由现代教育技术中心负责,并于2006年9月底改造完成,共新吊装投影机32台,加装控制台32个。学校多媒体教室目前存在的问题是:教室资源紧张,语音实验室部分设备老化需要更新。

2006年配合学校有关院系进行了17次大型听力考试的技术支持,没有出现任何责任事故。配合新教学楼的施工,逐步完善线路设计。配合学校有关单位,完成了4次校园网直播活动。同时,针对教室管理工作的特点,不断总结经验,把"教室管理人员工作守则"、"考勤制度"、"临时工聘任制度"等落到实处,落实到位,实行"挂牌服务"和建立"意见箱"等,广泛征求师生意见,不断提高服务水平,保证服务质量。受到师生普遍欢迎。

【精品课程和教育资源建设】 2006年制做的精品课程中,13门课程获得国家级奖,8门课程获北京市级奖项,为学校争得了荣誉。录制课程共3000学时,覆盖全校22个院系,建立了本科生课程库和精品课程库。从2006年秋季开始,开展了对新疆石河子大学课堂直播试点工作,共直播5门课程:《广告学概论》(陈刚)、《哲学与当代中国》(聂锦芳)、《西方文明史导论》(朱孝远)、《中国经济专题》(林毅夫)、《社会心理学》(侯玉波)。石河子大学反映效果良好,目前正探索新技术,希望扩大直播规模和增加直播形式及直播范围。

【平台建设】 北京大学网络教学平台:2006年对其内部机制进行了重大调整,包括把原有的平台上传文件存储方法做了更新,有效地解决了大用户量时文件上传失败的问题;把平台的配置参数进行了调整,使平台的速度有了明显提高。这些更新给教师、学生们使用平台带来了更大的方便。截至2006年12月:平台上已经累积开设课程365门,当前教师用户220人,学生15772人,涉及28个院系,累积访问人次达153万。

公共英语网络教学平台:根据大学英语教学工作的新要求对平台的内容和功能做了部分调整,增加了网上听力测试的功能,更新了英语教学中新的内容和要求,开发了英语精品课的展示功能子模块,增加了外教口语课程栏目,完成了06级新生的信息导入和新生选择自学时间段的设置等工作。截止到2006年12月:平台上的累积学生用户已经达到4万多人,当前英语教师用户64名,本年度学生在网上完成测验4.5万多个。

(去年学生用户达3万多人次,教师用户64名,学生网上完成测验5万多个)。

精品课程网络支撑平台:已经提供的约有130门2003—2006年各级精品课程的展示(含校外的,其中已获准国家级46门,北京市级52门)和16门申报2006年国家级精品课程的评审。精品课程网络平台通过流媒体服务器还管理300多学时的教师授课视频资源,提供视频点播服务。

教师精品课程网站:为申报校级、市级或国家级精品课程的教师设计制作他们的课程网站,包括教师网络课程所需的多媒体素材的设计和制作、讲稿内容的修饰和排版、网络课程的设计和制作等。目前新技术开发室已为北京大学教师完成36门网络课程的设计和制作。在很大程度上减轻了教师的申报负担,使他们的精品课程得到有力的技术支持和稳定的运行环境,取得了良好效果。

北京大学短信信息服务系统:该系统是由现代教育技术中心自主开发的短信信息服务系统,面向全校学生、教职员工和单位团体,提供手机短信信息服务,开展基于短信的信息发布、查询和订阅业务。截止到2006年12月25日,注册用户共2753人(教职工292人,学生2461人),总访问量74020人次,累计短信发送条数245000余条。目前使用本系统的单位有光华管理学院、图书馆、现代教育技术中心。其中现代教育技术中心通过此平台完成电话查询、天气预报、百周年纪念讲堂信息发布、学术动态发布等服务。

【教师培训】 2006年共举办了三期教师培训班,包括两期一级培训班和一期二级培训班,共培训教职工145名。协同校工会、教务部、人事部,组织了"北京大学第五届青年教师教学基本功和现代教育技术应用演示竞赛",中心有三位年轻同志参加竞赛并获二等奖1名,优秀奖2名。

【教学和科研】 该中心共开设3门课程:《普适计算与语义Web》(崔光佐,北京大学研究生课程)、《面向对象与C++设计》(杨公义,北京大学成人教育学院课程)、《广告心理学》(曾腾,北京大学新闻与传播学院课程)。2006年培养研究生7名,毕业3名;本科生毕业设计2名。本年度发表论文共10篇。

科研项目:北京大学"十一五计划""211工程"的研究项目《教育资源信息化与管理现代化建设与应用系统》顺利通过验收。教育部《国家精品课程共享与应用机制研究与实践》(参加单位之一)、北京市的《本科教学信息化的研究与实践》、国家十五教育规划课题《教育信息资源的瓶颈与对策》和教育部高等教育司项目《移动教育的理论与实践研究》四个科研项目正在进行中,并取得了阶段性成果:

【迎评准备工作】 接教育部通知(教高评中心[2006]2号),北京大学将接受普通高等学校本科教学工作水平评估。根据学校对迎评工作的精神和要求,该中心认真组织落实:把各项工作的每个环节落到实处,责任到人。从2006年起追踪积累各种材料、情况和数字,扎扎实实做好各项工作,为学校争取优异的评估成绩而努力。

【协作委员会工作】 2006年编辑6期《教育技术》刊物,面向教育部和全国261所高校,共发行1万多册。

对CETA网站的内容进行了定期维护,加快了几个重要模块的更新时间,对部分重要模块还实行了专人负责制,进一步提高了网站的质量和影响力。目前累积访问量已经达到20多万人次,现有功能包括协会通知发布和活动组织、教育技术相关新闻和文章发布、协会期刊网上发布等等。

积极筹备全国高校教育技术协作委员会第五届年会暨学术交流会,以及换届等工作。

(李树芳)

管理与后勤保障

"985工程"与"211工程"建设

【概况】 2006年,学校顺利通过了"十五·211工程"的国家验收;"985工程"二期建设工作进展顺利,"985工程"到位资金8.2亿元;北京市对北京大学共建的支持力度显著增强,2006年下拨资金1446万元。

【"985工程"建设】 资金到位和执行情况 2006年"985工程"二期实施已进入第三年,国家加大了对北京大学"985工程"的投入力度,2006年12月收到教育部下达北京大学2006年"985工程"中央专项经费拨款8.2亿元。学校继续贯彻"以队伍建设为核心,以交叉学科为重点,以机制改革为动力"的建设原则,择优扶重,确保重点学科的经费投入。重点支持了前沿交叉学科研究院、工学院、先进技术研究院、分子医学所、科维理天文与天体物理研究所、中国社会科学调查中心、高能物理研究中心等一批前沿和交叉学科的研究机构的学科建设。基础学科整体实力得到进一步增强,建立了一些具有世界先进水平的科学研究基础设施平台。重点建设了一批公共实验平台,如:试验动物中心、遗传学与发育生物学研究中心水体实验室、微流实验室、纳米技术研究中心、脑功能成像中心与河北坝上地球环境与生态系统定位站等。"985工程"基础设施建设项目中,教室楼和新化学楼目前正在建设中,人文大楼的建设方案已通过学校初步论证。

北京大学海外学者讲学计划 作为学校人才队伍建设的一个组成部分,北京大学国际合作部与985工程办公室自2006年起,设立"北京大学海外学者讲学计划"。该计划对所聘海外学者的要求是:1)在国际学术界有一定影响;2)在正常学期或暑期学校期间能够开设符合学校教学要求的课程或具有学科前沿内容的系列讲座;3)开展学科发展前沿的其他交流活动。通过"985工程"和学校国际合作经费共同支持,开始实施的"海外学者讲学计划"已初见成效,邀请海外学者242人次,其中,讲学32人次,讲座210人次。讲课类以研究生课程为主,学分1—5个,如《美国大众传媒》、《分子磁性》、《人机交互技术》等,外籍专家来校任教、讲学,内容大多集中在国际学术前沿问题,有本学科领域发展的新动向、新进展或是角度新颖的创新思路,对于提高我校教师、学生的学术水平,提高教学质量、促进教材更新、改革教学方法等有着极大的推动作用。讲座类活动,以介绍本学科领域世界前沿的信息、最新科研成果以及科研方法等为主,对于开拓教师学生的研究思路起到了重要的作用,联合撰写学术论文并在国际著名期刊上发表的比例有所提高。

北京大学优秀青年人才引进计划 作为人才队伍建设的又一举措,学校于2005年年底建立了旨在引进和培养下一代学术和学科带头人的"北京大学优秀青年人才引进计划",在2005—2007年期间,根据学科规划布局和创新平台(基地)建设的需要,重点培养和引进100名左右有学术发展潜力的优秀青年学术带头人,以提升未来在新兴以及交叉学科领域的竞争能力。目前已批准17人,到位9人。

人文社会科学出版专项和学术交流专项 为适应人文社会科学学科建设的特点,进一步提高学科建设资金的使用效率,985工程办公室改进了原有的项目管理办法,2006年7月,设立了北京大学人文社会科学出版专项和人文社会科学学术交流专项两个专项经费,人文社会科学出版专项经费主要用于资助具有较高水平而出版发行亏损的优秀著作,以学术专著为主;人文社会科学学术交流专项经费主要用于资助具有较高水平的国际和国内学术会议。试行以来,受到了文科院系教师的普遍欢迎。

【"十五""211工程"建设】 "十五""211工程"国家验收 2006年4月,国家对北京大学"十五""211工程"(2002—2005)建设项目进行了验收,专家组对我校取得的成果给予充分肯定。专家组对学校在"十五""211工程"建设中,调整和优化学科结构,促进学科交叉和融

合；在学科建设和科学研究中取得的重大突破并产生了一批标志性创新成果；对学校的办学特色、人才培养尤其是创新人才培养的成效，以及人才引进，优化师资队伍结构等留下了深刻印象。"211工程"的实施为北京大学的学科建设、教学科研及人才培养提供了前所未有的发展契机。81个重点学科在"十五""211"期间得到不同程度的支持，人才培养与科学研究的条件得到显著改善。

"十一五""211工程"立项 2006年5月，根据"211工程"部际协调小组办公室《关于做好"十一五""211工程"建设方案预研究工作的通知》的要求，学校先后召开多次工作会议和专家咨询会，积极组织有关力量认真开展"十一五""211工程"建设的预研工作。经过预研究，确立了北京大学"十一五""211工程"建设拟安排重点学科建设项目18个，公共服务体系项目3个，创新人才培养体系项目和师资队伍建设项目各1个。坚持以重点学科建设为核心的指导思想，从国家经济建设与社会发展的战略高度出发，继续结合三方面考虑学科建设的定位：一、学校自身已有的办学条件与特色；二、国家及地方建设与发展的需要；三、世界高等教育与科学技术发展的趋势。同时，"十一五""211工程"将大力推进创新人才培养体系建设，积极推进教学改革、人才培养模式改革和体制改革，提高人才培养质量，努力形成创造型人才脱颖而出的人才培养新机制。

【共建项目管理】 为加强北京大学与北京市共建项目的管理，经2006年10月24日第30次党政联席会议研究决定，成立北京大学与北京市共建项目管理办公室，与"211工程"办公室合署办公。

2006年北京市与中央在京高校共建项目的支持力度显著增强，共下拨资金1446万元。项目分为科学研究与研究生教育、本科教育教学、对外交流与合作三个类别。

发展规划工作

【概况】 2006年，发展规划部围绕"谋划全局、主动规划"、"统筹规划资源为学科建设服务"的工作理念，以三个规划委员会为核心，开展学科、事业和校园规划工作，探索为教学科研服务，实现资源有效配置的科学化、规范化、程序化管理机制。

研究和制定北京大学中长期发展规划

1. 研究、撰写、修订《北京大学中长期发展规划纲要（讨论稿）》。2006年，发展规划部在研究分析相关资料，比较借鉴国内外一流大学有益经验的基础上，研究撰写了《北京大学中长期发展规划纲要（讨论稿）》，分别从"基本思路和发展目标"、"加强学科建设，创建国际一流的学科体系"、"提高科研水平，增强自主创新能力"、"推进医学部与校本部的深度融合"、"加强国际合作，提高国际化程度"、"建立与学科建设相适应的人才培养机制"、"推动管理体制创新"、"探索与研究型大学相适应的队伍机制"、"探索资源配置机制"、"完善校园规划，建设生态校园"以及"合理控制规模，不断优化结构"共十一个方面进行了阐述。该《规划纲要》提请学校暑期战略研讨会进行了讨论。

暑期战略研讨会之后，发展规划部组织召开了多次座谈会，同科研部等职能部门以及有关院系专家，尤其是教育学院、中国教育财政科学研究所的专家，就《规划纲要》进行了深入讨论。发展规划部还积极参与有关大学建设方略、大学发展规划以及基层学术组织建设等主题的研讨会并代表北京大学进行了主题发言，与兄弟院校共同探讨在制定规划过程中所遇到的关键问题，学习借鉴兄弟院校的有益经验。

2. 整理编印《大学发展规划通讯》。2006年，发展规划部邀请教育学等相关社会科学及自然科学等学科的优秀教师、博士后、博士生等组成战略规划研究小组，将制定大学发展规划涉及的问题分解为近10个子项目分别进行研究。与此同时，发展规划部还编译、整理了《哈佛概览》、《牛津大学整体规划摘要》、《海外知名大学使命陈述选辑》等文章。

在此基础上，发展规划部将原有的《发展规划资料选编》改为《大学发展规划通讯》（季刊）定期编印，供上级单位领导、学校领导、各职能部门负责人、广大师生及兄弟院校同仁参阅。《大学发展规划通讯》收录的内容主要有以下三类：

1）对大学特征和规律的研究，包括对国外一流大学的结构、运作、战略发展规划的介绍与研究；

2）介绍国内兄弟院校在大学发展规划、组织结构和运作机制等方面的探索和经验；

3）登载对北京大学学科规划、事业规划、校园规划方面的研究成果，以及校内各院系、职能部门在改革和规划方面的成果和经验。

探索三个规划委员会工作的

新机制

2006年，发展规划部加强调研论证，积极协调各相关单位，以三个规划委员会为平台，注重体制创新，努力探索三个规划委员会的运行机制。

1. 加强调研论证，促进决策科学化。凡批转或提交至发展规划部的申请报告，发展规划部通过实地调研或座谈，充分了解和掌握各方面的资料进行论证。根据实际需要，发展规划部还会协调相关部门一同进行调研。

2. 积极协调各部门，研究解决方案。发展规划部日常处理的各类事务和报告，大部分涉及到其他相关部门的职责范围，这就要求发展规划部加强协调功能。2006年，发展规划部的许多工作都是通过与相关职能部门的反复沟通、协调来解决的。这种积极协调和群策群力的工作方式，保证了决策的规范化和程序化。

3. 召开专家论证会，引进智力支持。对于特殊、重大事项，特别是重大学术机构的成立或重要的建设项目方案，发展规划部还会组织校内外专家进行评审论证，集思广益。

4. 注重体制创新。2006年，发展规划部紧紧围绕"统筹规划资源为学科建设发展服务"的核心理念，坚持"有所为、有所不为"、"控制规模、保证质量"、"突出重点、优化结构"的原则，在科研机构的用人机制和二级机构申请成立独立法人单位的规定上做了一些新的尝试。

根据实际需要，2006年，发展规划部组织召开学科规划委员会、事业规划委员会及校园规划委员会会议共20次，审议事件120项，撰写各种会议纪要、工作简报36期，发放事业规划项目审批意见书18件，校园规划项目审批意见书14件，出具校园建设项目确认函10件。

此外，发展规划部还拟订了《关于北京大学重大资源配置的管理程序》，提请北京大学事业规划委员会第三次会议审议通过。

【学科规划与事业规划】 参与重大学术机构的筹建

1. 工学院。2006年，学校决定将力学系并入工学院。发展规划部组织召开了力学系进入工学院协调会议，审议了《力学系进入工学院具体方案》，讨论了各条款的具体内涵和可操作性。根据会议精神，发展规划部修改完善了《力学系进入工学院具体方案》，并将该《方案》提交校领导审定。此外，发展规划部还积极协调力学系进入工学院之后的整体建筑规划。

2. 前沿与交叉学科研究院。2006年，前沿交叉学科研究院根据新的运行制度，提出人员聘任方案。发展规划部经多次沟通，并同人事部等相关职能部门研究论证，将前沿与交叉学科研究院人员聘任方案提交事业规划委员会审议并由学校党政联席会议审核批准。

3. 艺术学院。2006年，北京大学决定在艺术学系的基础上成立艺术学院。发展规划部就艺术学院的系、专业设置、人事编制以及艺术学院大楼规划等问题进行了讨论。讨论结果提交学科规划委员会与事业规划委员会审议后由校党政联席会议通过。

4. 中国教育财政科学研究所。为了在全球范围内引进高级专门人才，形成科学合理的学术梯队，建设高水平的教育财政研究机构，2006年，由国家财政部、国家教育部和北京大学共同成立了北京大学中国教育财政科学研究所（CIEFR）。发展规划部组织事业规划委员会对中国教育财政科学研究所的运行机制与人员编制进行了审议和论证。

5. 科维理天文与天体物理研究所。2006年5月30日，校长办公会议批准成立北京大学科维理天文与天体物理研究所，同意"建设北京大学科维理天文与天体物理研究所的指导性意见（草案）"。根据学校的决策，发展规划部就科维理天文与天体物理研究所的定位、组织结构、人员编制进行了研究，还协调了研究所的建筑规划问题。

6. 景观设计学研究院。为了充实景观设计学研究院的师资队伍，健全教学科研结构，促进景观设计学科的发展，2006年，发展规划部经研究，将景观设计学研究院的人事方案提请事业规划委员会审议，明确了景观设计学研究院为学校独立的实体机构，实行新的人事制度。

7. 北京大学乒乓球运动国际研修院。根据校领导指示，发展规划部积极参与了北京大学乒乓球运动国际研修院建设方案的起草、讨论和修订工作，并协调相关职能部门，将修改完善的《北京大学乒乓球运动国际研修院建设方案》中英文版提交校领导审定。

参与配合教辅单位与公共实验平台的筹建

1. 北京大学中国社会科学调查中心

为推进社会科学定量研究的跨学科合作与发展，构建分析中国社会经济发展动态的研究基地，搭建高层次学术交流平台，发展规划部配合社会科学部修改完善了《北京大学中国社会科学调查中心建设方案》，提交事业规划委员会、学科规划委员会和事业规划委员会联席会议审议并由校党政联席会议审核批准。

2. 北京大学现代教育技术中心

学校拟转变北京大学现代教育技术中心的职能，改建为"北京大学教学促进中心"，以更好地提供教学服务和技术支持。根据校领导的指示，发展规划部与筹备人员进行了多次磋商，修改完善了

"北京大学教学促进中心规划草案",提交学科规划委员会和事业规划委员会联席会议审议并提请校党政联席会议决定。

3. 实验动物管理办公室(虚体)

为加强公共实验平台建设,学校成立了实验动物管理委员会,发展规划部积极支持该平台的建设并委派一名副部长参与其中。2006年,为加强实验动物管理,实验室与设备管理部申请成立虚体机构"北京大学实验动物管理办公室"。学科规划委员会和事业规划委员会对此进行了审议,同意成立该虚体办公室。

4. 微纳米超净加工公共实验室

发展规划部会同信息科学与技术学院就微纳米超净加工实验室设计方案召开了协调会议,讨论修改设计方案,提请学科规划委员会和事业规划委员会予以审议。会后,发展规划部积极配合实验室与设备管理部、人事部,提出了北京大学微纳米超净加工公共实验室运行机制的具体方案,还将修改后的北京大学微纳米超净加工公共实验室建筑设计方案提交校园规划委员会审议。

研究审议各职能部门机构设置与人员编制的调整

2006年,北京大学事业规划委员会审议了关于成立北京大学保密委员会办公室的报告,还审议了关于北大新闻中心、审计室、党委组织部、物理学院、二恶英实验室、科研部、社科部、教务部、研究生院、资产部以及国内合作办公室的内设机构及人员编制的调整的报告。审议结果报北京大学党政联席会议批准执行。

此外,2006年,若干北京大学的二级机构申请成立独立法人。发展规划部针对学校二级机构成立独立法人的利弊进行了调研并形成报告。

【校园规划】 在"服务教学科研和学科建设的原则"、"可持续发展的原则"、"以人为本的原则"、"保护和利用兼顾的原则"以及"有限资源统筹使用的原则"的指导下,积极主动开展北京大学的校园规划工作。

积极推进《北京大学未名湖燕园建筑文物保护总体规划》的报批,调整细化《北京大学海淀本部校区总体规划》,主动规划了16—27楼改造、餐饮中心大楼、工学院大楼等建筑。发展规划部充分挖掘校园规划的深度和广度,不但审查建设项目的场地规划和形态以及外立面设计,还通过审查建设项目的《初步设计方案》,对建设项目的内部功能性空间设计进行监督,从源头上防止了项目设计上的浪费和不合理现象。发展规划部还积极探索地下空间的开发利用和地下管网的布局建设,使得北京大学的校园规划工作更为主动和全面。

1.《北京大学未名湖燕园建筑文物保护总体规划》的报批。自2005年以来,编制并争取北京市文物局签发《北京大学海淀校区文物保护规划——未名湖燕园建筑文物保护总体规划》(简称《文保规划》)一直是北京大学校园规划工作的重点之一。发展规划部根据校领导与国家文物局以及北京市文物局领导沟通的结果,于2006年9月连续两天组织召开了由闵维方书记、许智宏校长主持的北京大学校园规划恳谈会,就我校文物保护规划和16—27楼相关改造问题听取了全国人大代表与政协委员、北京市人大代表与政协委员以及校内外专家、学者,相关院系领导的意见和建议。在校领导的高度重视和相关部门的支持配合下,经反复沟通、修改和大力公关,2006年12月21日,北京市文物局同意公布实施《北京大学海淀校区文物保护规划——未名湖燕园建筑文物保护总体规划》。

2. 根据新的形势与需求,调整、细化《北京大学海淀本部校区总体规划》。根据学校新的学科、事业发展要求,发展规划部将调整、细化后的《北京大学海淀本部校区总体规划》多次提交校园规划委员会审议修改,并在2006年校领导班子暑期研讨会上做了汇报,得到批准后报北京市规划委员会审批。调整细化后的《北京大学海淀本部校区总体规划》有利于校园功能分区的优化和绿地系统的完善,符合校园空间的长远发展要求,有利于完善燕园东部绿地系统格局。

3. 推动北京大学景观规划。2006年,发展规划部委托北京大学景观设计学研究院编制《北京大学燕园校区景观规划设计方案研究》委托协议。发展规划部配合景观设计学研究院收集了校园及区域的水系、植被、建筑、交通、遗产保护、开放空间及其他公共服务设施等问题的有关资料。景观设计学研究院最终完成了《北京大学燕园校区景观规划设计研究报告》并提交校园规划委员会审议。

4. 海淀主校区校园地下空间统筹规划。根据学校领导的指示,经校园规划委员会研究,学校决定启动校园地下空间统筹规划,以利于学校各项事业的正常运转,以利于校园近期和未来的发展和建设。发展规划部积极推动该项工作,撰写了《地下空间统筹规划任务书》,并将《成府园区域地下车库统一规划初步设计方案》以及《东操场及人文大楼地下空间停车方案》提交校园规划委员会审议。

5. 建设项目初步设计方案的审查。2006年,发展规划部审查了微电子学院大楼、景观设计学大楼、经济学院大楼等建设项目的初步设计方案。对建设项目的内部功能性空间设计进行了监督,从源头上防止了项目设计上的浪费和

不合理现象。

6. 组织协调地铁 4 号线成府站设计施工方案。在北京地铁四号线建设过程中,发展规划部接到了地铁四号线降水井施工需要临时使用我校成府园东侧部分场地的报告。发展规划部协调北京市轨道交通建设管理有限公司,针对地铁修建过程中的占地与费用问题进行了积极协商,维护北京大学的利益。

2006 年,发展规划部共组织召开校园规划委员会 13 次、校园规划办公室会议 3 次,讨论审议的事项共计 82 项。

2006 年,北京大学校园规划委员会协调、审议、评审的校园规划重大方案有:歌剧研究院大楼、环境学院绿色大楼、人文大楼、南校门内 16 楼至 27 楼区域详细规划方案、工学院整体建筑规划、物理学院技物大楼使用规划方案。

除以上列举的重大项目外,2006 年,北京大学校园规划委员会还评审、审议了如下重要方案:北京大学综合体育馆外立面方案、篓斗桥学生公寓及食堂建筑外立面设计方案、新化学南楼建筑外立面设计方案、中水处理厂初步设计方案、万柳学生公寓改造方案、成府园区域地下车库统一规划初步设计方案、学生宿舍浴室改建方案、集中供暖锅炉房增容改造工程、新建燃气调压站及通讯塔事宜、中关园留学生公寓室外环境设计方案、法学院大楼建筑设计方案、公共教室大楼外立面方案、企业家研修院大楼外立面方案、北京国际数学研究中心和成府园水源问题、关于 168 号地热井地下井房建设及与艺术大楼地下室连通的申请、落实 2008 环境建设指挥部关于主要大街重点地区清洗粉饰工作的建议草案等。

【环保和辐射防护工作】 未名湖水环境综合治理 2006 年,发展规划部组织召开了改善未名湖水环境工作会议,研究了未名湖水系的现状与成因,讨论了治理工作的基本思路,正式启动了未名湖综合水系治理工作。为解决水源问题,学校计划采用中水技术。经实地勘察和校园规划委员会审议,学校确定了中水处理厂的地址,委托北京大学环境工程研究所制定了《北京大学中水处理厂初步设计方案》报北京市政府,以期获得政府方面的资金支持。法国威立雅公司表示愿意为建设北京大学中水处理厂提供服务并提交了北京大学中水处理方案供校园规划委员会审议。

换领辐射安全许可证的前期准备工作 根据国家规定,我校本部与医学部应于原有放射工作卫生许可证到期之前共同换领《辐射安全许可证》。自 2006 年 4 月 21 日学校召开辐射防护领导小组扩大会议并布置换证的相关工作之后,环保办陆续开展了《北京大学放射性同位素和射线装置项目环境影响评价报告书》的编制工作,填写辐射安全许可证申请表、放射性同位素和射线装置台账等明细表,收集、修改、完善辐射安全与防护制度。2006 年 11 月 7 日,北京大学向国家环保总局递交《北京大学放射性同位素和射线装置项目环境影响评价报告书》。2006 年 11 月 29 日,国家环保总局组织召开专家审查会,与会专家一致认为:北京大学提交的环评报告书基本满足评审要求,经补充修改后,建议国家环保总局接受。

其他工作:

1. 按照北京市环保局、公安局、卫生局的要求,环保办定期对全校辐射防护工作进行自查、抽查;组织全校放射工作人员(共计 109 人)参加放射工作人员职业查体;启用一批新式剂量计实现实名制检测的个人剂量检测;接待上级主管单位来我校检查和指导辐射安全和防护工作 10 余次;联系相关部门对放射性工作场所进行退役检测;按时填报《北京市辐射工作单位情况调查表》、《射线装置统计表》、《废源统计表》等。

2. 根据海淀区环保局的相关要求,与总务部、供暖中心、后勤水电中心等单位共同完成了按时填报《排放污染物申报登记统计表(试行)》和《排放污染物月(季)报表(试行)》工作。

3. 为了落实第二届辐射防护工作会议要求,环境保护办公室暨辐射防护室购买了辐射防护仪器和器具,提高了我校放射工作场所和公共实验室放射工作人员的安全保障。

4. 在经过一年多的调研并征求各单位意见的基础上,环境保护办公室暨辐射防护室调整了我校从事有害健康工种人员营养保健标准并报主管校领导批复。新的标准将于 2007 年起实施。

5. 饮用水水质关系到北大师生健康,为此,环境保护办公室暨辐射防护室根据国家规定于 2006 年 6 月、11 月两次抽取北京大学的饮用水水源进行检测。

6. 为了加强我校师生的环境意识,环境保护办公室暨辐射防护室联合学生社团开展各种宣传活动。2006 年 10 月 9 日—2006 年 10 月 30 日,环境保护办公室暨辐射防护室指导北京大学环境发展协会启动了"大学生环保文化月"系列主题活动,先后成功实施了环保宿舍评比,废旧电池回收箱设置,环保公益讲座,大熊猫保护图片展等项目,在校内产生了积极的反响,达到了预期的宣传教育效果。

【信息化与规范化建设】 发展规划部积极落实学校信息化建设的要求,明确了信息员制度,规范信息报送和审批流程,充分借助学校 OA 系统平台,及时报送信息。

2006 年,发展规划部对部门网站进行了改版,以更好地将网站

作为传递信息和对外交流的窗口,全面、快捷地展现北大的发展情况及北大未来的风貌。同时,也能更及时和有效地获取广大师生对学校建设与发展的意见建议。

发展规划部还通过积累历年来上报各单位的报表数据、其他部门提供的数据以及通过公共平台获取的其他高校的基本数据,致力于部门信息平台和数据库的研究和开发工作,以期实现学科、事业、校园及环保与辐射防护的信息、数据共享,提高工作效率,为研究提供支持。

2006年,发展规划部制定或修订了《发展规划部公文处理办法》、《关于北京大学规划委员会会议纪要的处理办法》、《发展规划部简报制定办法》、《发展规划部保密工作制度》以及《发展规划部安全保卫工作制度》,加强了管理的科学化和规范化。

附 录

北京大学学科规划委员会组成人员名单

主　任:林建华
副主任:陈文申　柯　杨　张国有
成　员:王　宪　朱　星　关海庭　李　强
　　　　李克安　李晓明　张新祥　周岳明
　　　　周春燕　郑学益　柴　真　程郁缀
　　　　王仰麟

北京大学事业规划委员会组成人员名单

主　任:陈文申
副主任:吴志攀　林建华　鞠传进
成　员:邓　娅　闫　敏　李　强　李　鹰
　　　　李国忠　李晓明　张新祥　周岳明
　　　　柴　真　郭　海

北京大学校园规划委员会组成人员名单

主　任:陈文申
副主任:鞠传进　史录文　吕　斌
成　员:方　拥　支　琦　王宏昌　冯支越
　　　　闫　敏　安国江　李　强　李　鹰
　　　　张书仁　杨仲昭　张宝岭　李国忠
　　　　倪　斌　郭怀诚　翁剑青　黄达武

北京大学辐射防护领导小组组成人员名单

组　长:陈文申
副组长:方伟岗　李　强　焦书明
成　员:冯庆荣　刘长友　刘　波　沈　波
　　　　张新祥　周文平　赵　辉　顾红雅
　　　　贾振邦　唐适宜　柴　真　陶　澍
　　　　潘　懋　魏引树

(发展规划部)

对外交流

【校际交流】 截至2006年年底,北京大学已与世界53个国家和地区210余所大学和研究机构建立了校际交流关系。2006年,北京大学与海外高校新签或续签校际交流协议、重点项目协议58个;共接待120多个由校领导率领的大学代表团。

2006年,为进一步拓展与海外相关高校的交流与合作,累计派出校级交流代表团16个,其中亚洲、非洲8个,美洲、大洋洲5个,欧洲3个。

柏林自由大学北京大学日 4月27日,"柏林自由大学北京大学日"在德国柏林自由大学隆重举行,这是北京大学首次在海外高校举办的大学日活动。北京大学校长许智宏向柏林自由大学百余名师生代表发表了题为"传统与国际化:北京大学跨世纪的发展"的主题演讲,详细介绍了北大的历史沿革、学科建设、科学研究和发展趋势。大学日期间还举办了北京大学教育展。展览以图文并茂的形式向观众展示了北大概况、人文与社会科学、自然科学、医学、国际交流、北京论坛、柏林自由孔子学院以及北大德国研究中心的情况,并展示了《儒藏》、《北京大学盛唐研究系列丛书》、《天马—曲村》和《燕园聚珍》等人文社科类出版物,这些展品在活动结束后赠送给了柏林自由大学图书馆。作为两校建立合作关系二十五周年之际的一项重要的交流活动,"柏林自由大学北京大学日"加深了德国学生、学者对北大乃至中国高校的了解,对于拓展两国的教育、文化交流起到了积极的促进作用。

北大-耶鲁联合本科项目 9—12月,北京大学-耶鲁大学联合本科项目在北京大学举行,来自耶鲁和北大的42名学生共同参加了课程学习和丰富多彩的课余活动。该项目每年从北大元培计划实验班的学生与耶鲁大学的本科生中各选拔20人左右,在北京大学校园内共同生活、学习,并由两校选派优秀师资为学生们开设特定课程,旨在营造一个两校学生相互融合的居处环境,及互相了解和学习的国际氛围,以开拓他们的国际视野,增进跨文化的理解与交流。北大—耶鲁联合本科项目作为中美高等教育合作的一种全新尝试,得到两校领导的高度重视和大力支持。

【外国政要来访】 2006年,访问北京大学的政府首脑、国家元首包括泰国公主诗琳通、联合国秘书长安南、阿富汗总统卡尔扎伊、法国总统希拉克、阿尔及利亚总统布特弗利卡、美国前国务卿基辛格等。全年共有约60个各国政要代表团及30余位外国驻华使节来访。

联合国秘书长安南访问北大 5月23日,联合国秘书长科菲·安南及夫人娜内·安南一行访问北京大学,并与130余位北大学子进行了约一个小时的座谈。北京大学校长许智宏在致辞中赞扬了安南在联合国改革过程中为全世界人民所作的贡献,称赞他是我们这个时代最有影响力的人物。许智宏校长还对安南为加强联合国和北京大学之间的联系所做的工作表示感谢,他介绍说,从1994年开始,北京大学接连获得来自联合国各机构的支持;1998年,北京大学百年校庆时安南曾发文祝贺;2001年开始,北大学生自发举办"模拟联合国大会";2006年3月,"世界大学生模拟联合国大会"在北大成功举行;2004年首届北京论坛举办之际,安南还特地发来贺电对论坛的举办表示支持。安南在演讲中对北大学生表达了希望,他说,"你们这一代人面临的最大挑战是保证使全球化成为一个好的推动力,一个不仅使少数几个特权者受惠,而且造福于全人类的动力。"安南在讲话中还提到,流行病、环境退化、核扩散和恐怖主义是对我们所有人的挑战。安南还强调了中国在朝核六方会谈中发挥的重要作用。中国常驻联合国大使王光亚及夫人等陪同来访。

阿富汗总统卡尔扎伊访问北大 6月20日,阿富汗伊斯兰共和国总统哈米德·卡尔扎伊访问北京大学并发表演讲。北京大学常务副校长林建华在致辞中称赞卡尔扎伊总统为阿富汗的独立、和平、团结而做出的努力,以及为中阿两国人民的友谊而作出的贡献,他特别指出,近年来卡尔扎伊为确保阿富汗人民的受教育权利而采取了许多措施。卡尔扎伊在演讲中盛赞中国经济建设的突出成就,他认为中国的崛起将有助于阿富汗的重建和社会进步,有助于阿富汗打击恐怖主义斗争的胜利。卡尔扎伊寄语北大学生,作为幸运的一代人,要珍惜和平地接受高等教育的机会,好好利用在这样优秀的大学的学习机会。他欢迎北大学子有机会去看一看生活在邻国的同龄人,以更好地帮助他们。教育部副部长章新胜,中国驻阿富汗大使刘健等参加了活动。

授予美国前国务卿基辛格名誉博士学位 10月10日,北京大学举行仪式授予美国前国务卿基辛格名誉博士学位,北京大学校长许智宏为基辛格颁发证书。基辛格发表演讲指出,35年来,在他40多次的访华经历中,中国的变化给他留下了极其深刻的印象。随着

亚洲逐渐成为世界发展的焦点,中国,作为一个新的力量单元,正在不断崛起,而他的历史与文化底蕴也势必为世界文明的多样性注入活力。针对中美关系,基辛格强调,在传统国际关系格局发生巨大改变的今天,原有世界体系面临着剧烈的冲击,世界力量中心正由大西洋向太平洋过渡转移,因此,中美两国的关系将对未来国际社会产生更深层的影响。他希望两国能建立更密切的伙伴关系,从而在合作中促进世界的和平与发展。演讲后,基辛格还就中文及中国文化的传播与流行、中美两国在国际事务中应扮演的角色以及中日关系、国际化中的角色平衡等多领域的问题回答了现场同学的提问。

法国总统希拉克来访 10月26日,法兰西共和国总统雅克·希拉克访问北京大学并发表演讲。希拉克高度评价了中国的发展前景和中法关系,他还引用中国古语"二人同心,其利断金",形容中法合作的重要性。他说"正是因为这个世界依然徘徊于稳定和混乱之间,正因为我们依然记得中国古语'二人同心,其利断金',所以法国和中国在近几年间不懈努力,构建一个全面的政治组织架构,以规避危险,并在强有力的、合法的、为众人接受的国际组织框架下共同承担责任。"他勉励青年学子:"你们当中的许多人,将来就会成为未来中国的领导人。你们的行为,你们的想象能力,你们的决策,不仅仅将决定新中国的未来,而且也会影响到世界未来的命运。"教育部部长周济等陪同来访。

阿尔及利亚总统布特弗利卡来访 11月7日上午,正在北京出席中非合作论坛北京峰会的阿尔及利亚民主人民共和国总统阿卜杜勒-阿齐兹·布特弗利卡访问北京大学,并接受了北京大学授予的"荣誉教授"称号。布特弗利卡在演讲中强调,在此次访华期间,他同中国国家主席胡锦涛签署了关于发展阿中两国战略合作关系的声明,这将使两国之间堪称典范的友好关系更加坚实紧密。他指出,这种伙伴关系是战略性的,并有着清晰的蓝图。这反映了阿尔及利亚和中国之间政治上的高度协调,将保证两国合作机制顺利发展,将有利于两国相互汲取对方经验,取长补短,保证政治、经济、科学、文化、贸易、旅游等领域双边关系的扩大与发展。布特弗利卡在阿尔及利亚国内就以极富感染力的演讲著称。在长达30分钟的演讲中,他就当前国际关系、联合国改革、非洲国家的发展现状、中非关系、中东地区形势、文明的对话等问题一一进行了阐述,他的讲话赢得了在场师生阵阵的掌声。400多名北京大学师生代表参加了演讲会。

【**学生海外学习项目**】 2006年,"学生海外学习项目"(EAP,Education Abroad Program)共完成学位、交流、暑期学校等不同类型的项目33个,累计派出学生110人次。该项目成立三年来,为我校学生提供了大量海外学习、实习、交流、研修机会,对于开阔学生国际视野、丰富学生海外交流经历,为培养创新型、复合型领导人才发挥了重要作用。

【**北京论坛**】 10月27—29日,第三届北京论坛在北京举行,来自36个国家和地区的454名学者参加了本次论坛。在"文明的和谐与共同繁荣——对人类文明方式的思考"的主题下,与会学者围绕"健康安全与保障——面对人类关注的健康问题"、"世界格局中的中华文明"、"构建和谐的城乡关系"、"文明的演进:近现代东方与西方的历史经验"、"人口与区域发展"、"奥林匹克运动与人类文明的和谐发展——多元文化的碰撞和融合"、"全球传播、媒介与创意产业——对后工业文明的思考"、"和谐社会与治理机制"、"WTO·政府·企业"以及"国际化背景下的大学战略规划与战略管理"等十个论题,展开了广泛而深入的研讨,取得了丰硕的学术成果,赢得了海内外学术界的普遍关注和一致好评,圆满达到了本届论坛的预期目标。

美国人文与科学院院士史景迁(Jonathan D. Spence)、美国前贸易代表巴尔舍夫斯基(Charlene Barshefsky)、中国前外经贸部副部长龙永图、1998年诺贝尔经济学奖获得者阿马蒂亚·森(Amartya Kumar Sen)、国际奥委会文化与奥林匹克教育委员会主席何振梁、韩国学术院院士金忠烈等参加本次论坛并发表主旨演讲,反响强烈。

北京论坛在国际人文社会科学界和教育界的影响正日益扩大,通过这一平台,不仅充分展示了我国高等教育事业发展的最新成就和近年来我国哲学社会科学研究领域取得的丰硕成果,而且进一步促进了海内外哲学社会科学界的交流与合作。

【**北京大学第三届国际文化节**】 10月28日,北京大学第三届国际文化节隆重举行。教育部国际合作与交流司岑建君副司长、国家留学基金委李建民副秘书长、北京市教育委员会杜松彭副主任出席开幕式并致辞。爱尔兰驻华大使戴克澜(Declan Kelleher)代表参加此次文化节的28个国家和地区的驻华使馆官员和8位驻华大使发表了热情洋溢的致辞。

本届文化节以"培养青年全球视野,共建和谐国际校园"为宗旨,以"五洲同乐尽享燕园盛筵,中外联欢共建青春和谐"为口号。来自65个国家和地区的学生欢聚一堂,以亲密和谐的互动与合作,展示世界青年的风采。本届文化节共设有八大主题活动。包括"环游地球村"主题游园会、"国际学生与校园国际化"驻华大使与北大学生对话论坛、"我爱燕园,唱给你听"

留学生十佳歌手比赛、"美食广场"各国饮食文化展览、"爱在燕园"文艺晚会等。

【外国专家工作】 为推进北京大学创建世界一流大学建设的进程，作为学校人才队伍建设的一个组成部分，北京大学于2006年启动"海外学者讲学计划"。计划旨在聘请在国际学术界有一定影响的海外知名学者在北京大学正常学期或暑期学校期间开设符合学校教学要求的课程或具有学科前沿内容的系列讲座，以及资助海外学者来校开展相关学术交流活动。该计划分为讲课类和讲座类。

2006年，为来校参加国际学术会议及长、短期讲学的外国专家办理来华手续共计约1180人。

【国际学术会议】 2006年，北京大学共举办约200次重要国际学术会议，其中人文社会科学类会议约60次，自然科学、信息科学与工程、医学类会议约140次。较大规模的会议有：第一届世界文化精神医学大会、第二届女性与体育文化国际论坛、第15届世界药理学大会、国际商务学会2006年年会、北京大学—北卡大学全球健康论坛、第五届中国社会语言学国际学术研讨会等。

【派出工作】 2006年北京大学师生因公出国（境）4043人次。其中出国参加学术会议1608人次，访问考察555人次，合作研究296人次，出国讲学57人次，进修学习218人次，实习培训73人次，校际交流266人次；赴港澳台地区学习交流953人次。2006年学生出访总计1199人次，占总出访人数35.63%，比2005年增长34.27%，学生出访所占比例之高、增长速度之快均创历史新高。

【港澳台工作】 2006年，北京大学接待港澳台各界及各类来访代表团共70余批，总人数约4000人。北京大学因公赴台交流访问的校级代表团（由学校领导率团）共19批次，赴港澳地区约22批次。

2006年，北京大学共与台湾地区7所、香港特区5所、澳门特区2所大学新签或续签了学术交流合作框架协议。

香港特区公务员国家事务研习课程（第五期） 5月，香港特别行政区高级公务员国家事务研习课程（第五期）在北京大学举行，来自香港特区政府社会福利、卫生署、廉政公署、律政司等单位的19名公务员参加了该课程。课程邀请的专家、教授主要围绕着国家十一·五发展规划、中国政治体制改革、内地公务员机制和政府运作架构、"三农"问题、公共卫生等各方面的情况进行专题讲座。除授课外，学员们还到外交部旁听新闻发布会；走访居民社区，拜访居民家庭，亲身感受了北京老百姓的普通生活。后期，学员还赴山东济南、泰安、新泰、曲阜等进行实地考察。

香港明日领袖人才培训计划 9月，北京大学与香港北大之友有限公司共同设立"香港青年领袖人才培训计划"，该计划旨在为香港社会培养一批具有"香港根、中国心、世界视野"的优秀青年人才。计划的支持对象是北京大学本部正式本科生中具有香港永久居住身份的学生以及明德奖学金的获得者。入选者在完成北京大学前两年的学习后，到北大承认学分的境外大学（2006年合作学校为香港大学）学习一年。目前，已经有5名学生（含香港学生和内地学生）受到项目支持，在香港大学学习。

香港特区外籍公务员国家事务研习课程 11月，香港特别行政区外籍公务员国家事务研习课程在北京大学举行，该课程是北京大学与香港特别行政区公务员局合作，为特区政府外籍公务员设立的系列培训课程。来自香港的14名高级外籍公务员参加了为期七天的培训课程，培训范畴涉及国际关系、经济、政治、文化、法律等领域。

【医学部国际交流】 2006年医学部国际合作处共举办了14次学术研讨会和报告会。

接待来自美国、澳大利亚、加拿大、中国香港、中国台湾等20多个国家和地区的人员共计521人次，如美国纽约中华医学基金会主席代表团、美国Duke大学副校长代表团、加拿大Kwantlen大学校长代表团、澳大利亚维多利亚州长代表团、澳大利亚Deakin大学副校长代表团、意大利移胚荣基金会董事长代表团等。通过对这些活动的组织和协调，不仅提高了医学部在国际上的知名度，建立了国际友好关系，而且通过交流也对提高北大医学教育、科研和管理水平起到了积极的作用。此外，在2006年医学部与各附属医院分别与12所院校签订合作交流协议，其中包括：美国Duke大学、美国德克萨斯大学医学中心、日本慶應義塾大学医学部、英国伦敦大学学院、韩国忠南大学医学院。

医学部国际合作处与其他处室紧密配合，积极联络国际知名大学，利用各种方式建立和申请国际奖学金项目，其中包括：英国Cancer Research UK的中国奖学金计划、日本富山医科药科大学"西山敬人"奖学金项目、英国爱丁堡大学博士生奖学金项目等，并通过组织短期学生交流项目，如：香港中文大学医学生交流项目、韩国嘉泉医学院暑期交流活动等。通过这些奖学金的支持，医学部的专业人员和学生能够更多地走出国门，开阔视野，增长见识，为他们将来事业的发展、在学术上与世界水平进一步接轨奠定了基础。

2006年医学部国际奖学金项目统计

序号	项目名称
1	美国德克萨斯 MD Anderson 肿瘤中心 MD/Ph.D 项目
2	美国 Emory 大学 Ph.D 联合培养项目
3	美国耶鲁大学 MD/PhD 项目
4	美国内布拉斯加医学中心联合培养博士研究生
5	美国新泽西医学院联合培养博士研究生
6	美国宾州大学项目
7	美国约翰霍普金斯大学博士后奖学金
8	新西兰 Auckland 大学 Ph.D 联合培养项目
9	荷兰格洛林根大学联合培养项目
10	荷兰莱顿大学奖学金项目
11	日本东京医科齿科大学联合培养博士研究生
12	日本富山医科药科大学"西山敬人"奖学金项目
13	日本东北大学医学院的"星野奖学金"
14	德国 Jena 大学 HKI-MONOCO 联合培养博士研究生项目
15	新加坡国立大学联合培养博士研究生项目
16	韩国首尔大学联合培养博士研究生项目
17	英国 Cancer Research UK 中国奖学金计划
18	英国爱丁堡大学奖学金项目
19	香港医学院郑裕通奖学金
20	瑞典乌普萨拉奖学金项目
21	意大利罗马大学奖学金项目

2006年举办的具有重大影响的活动还有：

北京大学感染病研究中心于3月2日成立，该中心将与美国哥伦比亚大学密切合作。

医学部英文网页筹备工作于3月开始启动。在国合处与两办的组织下，教育处、研究生院、科研处等单位选出英文网页筹备小组代表，定期召开筹备工作会议。到2006年年底基本完成网页的建设工作。

中奥生物标志物研究中心揭牌仪式于2006年5月25日举行。该中心为北京大学和奥地利因斯布鲁克大学进行生物标志物研究合作的平台。该中心将致力于蛋白质组分析技术的培训、研究和开发新的与疾病相关的生物标志物的方法，并将因斯布鲁克大学的实验室技术转让给北京大学医学部。

希腊卫生部长阿弗拉莫普洛斯先生于9月27日访问北京大学，北京大学校长许智宏院士、医学部基础医学院院长顾江教授等会见了来宾。阿弗拉莫普洛斯先生向医学部捐赠了"西方医学之父"希波克拉底的雕像，这预示着中希两国在新的领域内即将开展合作。

第九届海峡两岸暨香港地区医学教育研讨会于10月23日在四川成都举行。会议由"海峡两岸暨香港地区医学教育协会"主办，研讨会的主题是"现代教育技术和医学教学方法改革"。

人　事　管　理

【概况】 2006年，北京大学人事工作以"985工程"二期建设为契机，紧密围绕创建世界一流大学的中心工作，以事业单位人事分配制度改革工作为重点，认真做好高层次人才的引进和队伍建设、专业技术职务评审以及年度考核和岗位聘任等工作，为学校各项事业的发展提供了人才保障。

【收入分配制度改革】 贯彻实施事业单位工作人员收入分配制度改革是北京大学2006年的一项重要工作。

北京大学专门成立"北京大学收入分配制度改革领导小组"，由闵维方书记和许智宏校长任组长、吴志攀常务副书记和柯杨常务副校长任副组长；根据实际情况分别在校本部和医学部分别成立工作小组，分别由吴志攀常务副书记和柯杨常务副校长任组长；同时，为了保障教职工的权利和利益，成立"申诉受理调解委员会"，协助处理疑难问题。

制订预案，完善制度。为确保改革稳妥实施，北京大学在深入调研基础上，制定了《北京大学岗位绩效工资制度工资套改入轨实施细则》、《北京大学岗位绩效工资制度基本工资管理办法（草案）》、《北京大学离退休人员增加离退休费实施办法》、《北京大学离退休人员离退休费计发管理办法（草案）》等文件，为北京大学实施收入分配制度改革整体方案提供了操作依据，也为实现工资管理规范化奠定了制度基础。

积极准备，稳步实施。为做好基本工资套改工作，在确保队伍稳定的基础上实现向岗位绩效工资制度的平稳过渡，北京大学人事部从2006年11月起，组织全校各单

【教职工队伍状况】校本部2006年北京大学教职员工队伍的建设继续朝着控制规模、结构合理的方向发展。截至2006年12月31日，北京大学校本部在职人员共5860人（不含博士后），比2005年净增员14人，减员幅度为0.2%。离退休人员4500人（其中离休330人），比2005年增加89人，增幅为2%。学校教职工总规模10880人，比2005年增加211人。职工队伍的年龄、学历结构趋于合理。教师队伍中具有博士学位1543名，基本达到了预期目标，硕士学位455人，大学毕业（含学士学位）222人。教师的平均年龄为43岁，其中教授平均年龄为50岁，45岁以下教授占教授总人数的34.5%。

位对在职职工人事信息进行了核对，人事部门全体同志又对人事信息进行审核、复核和录入工作，为做好基本工资套改奠定了重要的基础。同时，北京大学人事部仔细研究国家和北京市文件精神，多次组织相关人员深入研究，从保障教职工利益、妥善解决关键问题的角度出发，制定了基本工资套改实施细则。为了保证套改的精度和准度，北京大学人事部门工资管理人员实行集中办公，按照逐条信息核对、逐人细致套改的原则对参加套改人员进行基本工资套改，并将套改结果下发院系人事干部进行复核。与此同时，着眼长远，研究制定了基本工资日常管理办法，并就新聘外籍人员、新聘博士后等人员的日常工资管理提出了初步的操作预案。从初步套改情况来看，全校在职职工（含在站博士后研究人员）全部参加套改，其中，校本部在职人员月人均增资额为439元，医学部本部在职人员月人均增资额为404元，与前期测算情况基本吻合。

按照预先制订的工作计划，此次套改结果将在学校、教育部逐层审批后于2007年2月全部兑现。

2005—2006年北京大学校本部教职员工基本情况一览表

人员及分布	数量（人）	比例
总规模	10880	100%
在职总人数	5860	53.9%
其中：女性	2478	42.3%
教师	2238	38.2%
非教师专业技术人员	1432	24.4%
党政管理人员	865	14.8%
工勤人员	951	16.2%
中小学幼教	374	6.4%
其中：教师	324	86.7%
附中	221	59%
附小	109	29.2%
幼教	44	11.8%
事业编制	5129	87.5%
企业编制	125	2.1%
集体所有制	491	8.4%
博士后流动人员	520	8.9%
离退休人员	4500	41.4%
其中：离休人员	330	7.3%
退休人员	4095	91%
退职人员	75	1.7%

2006年北京大学校本部人员分布情况

总计	教学科研	实验技术	工程技术	党政管理	选留学工	图书资料	出版印刷	财会	医护	中小幼教	工勤
5860	2238	478	302	813	52	249	103	180	120	334	991

2006年北京大学校本部教师队伍年龄结构

	平均年龄		45岁以下教授		60岁以上教授		45岁以下教师	
	教师	教授	数量	比例	数量	比例	数量	比例
1994年	46	58.6	50	6.8%			1008	40.6%
1999年	43	55	171	22%	367	46%	1403	60.4%
2001年	43	52.6	236	28%	266	32%	1408	63.1%
2002年	42	53	184	25%	226	30%	1379	62%
2004年	42	50	257	32.2%	144	18.1%	1460	65.5%
2005年	43	50	274	33.5%	153	18.6%	1481	67%
2006年	43	50	295	34.5%	130	15.2%	1519	67.8%

2005—2006年北京大学校本部教师队伍的学历状况

学位状况	2005年		2006年	
	人数	比例	人数	比例
博士学位	1457	65.9%	1543	68.9%
硕士学位	479	21.7%	455	20.3%
学士学位	257	11.6%	222	9.9%

2006年北京大学校本部现有人员编制构成

总计	事业编制	企业编制	集体编制	合同制工人	博士后
6380	5129	125	491	115	520

北京大学校本部在职人员的专业技术职务分布是（不含博士后）：正高级职务965人，占16.5%，其中教授有855人；副高级职务1625人，占27.7%，其中副教授944人；中级职务1645人，占28.1%；初级职务453人，占7.7%；员级职务19人，占0.3%；无专业技术职务1153人，占19.7%。

医学部 2006年医学部教职工队伍建设继续朝着规模适度控制、结构基本合理的方向发展。截止到2006年12月31日，医学部在职职工总数10347人，比2005年增加141人，增幅1.36%。其中医学部本部1725人，比2005年减少37人，减幅2.14%。附属医院8622人，比2005年增加178人，增幅2.06%。

2006年医学部教职工基本情况一览表

人员及分布	医学部本部人数（比例）	医学部人数（比例）
在职总人数	1725	10347
其中：教师	663(38.43%)	3217(31.09%)
非教师专业技术人员	653(37.86%)	5745(55.52%)
党政管理人员	184(10.67%)	510(4.93%)
工勤人员	225(13.04%)	875(8.46%)

【增员情况】 校本部 2006年全年学校增员213人，全部为事业编制。

2006年北京大学校本部增员情况分布

总计	教学科研	实验技术	党政管理	选留学工	图书资料	出版印刷	财会	医护	中小幼教	工勤
213	87	15	46	29	8	6	4	4	13	1

从以上数据可以看出，2006年增员中，教学科研占40.8%，党政管理（含选留学工）占35.2%。

2006年北京大学校本部增员的类别及学历分布

	合计	选留毕业生	录用留学生	地方调入	选留博后	其他
合计	213	121	30	43	18	1
博士	86	24	29	15	18	
硕士	73	60	1	12		
本科/双学位	45	37		7		1
无学位	9			9		

2006年北京大学校本部选留毕业生的分布

	总计	教学科研	实验技术	工程技术	党政管理	学生工作	图书资料	财会	校医院	中小幼教
总计	121	26	3	18	33	32	2	4	1	2
博士	24	16	1	2	4	1	0			
硕士	60	10	2	16	27	0	2		1	2
双学位/本科	37				2	31		4		

2006年北京大学校本部从地方调入人员的分布

	总计	教学科研	实验技术	党政管理	出版编辑	图书资料	医护	中小幼教	工勤
总计	43	15	2	10	3	1	3	8	1
博士	15	14	1						
硕士	12	1	1	5	3		1	1	
本科	7			2		1	2	2	
无学位	9			3				5	1

医学部 2006年北京大学医学部调配工作继续实行编制控制，以调整结构，优化队伍，搞好梯队建设为出发点，把有限的编制资源用到教学、医疗和科研第一线。在控制人员总量的同时，仍有计划地吸引优秀人才和补充新生力量。

在2005年补充副高层面人才的基础上，本年度主要补充了有发展潜能的青年人才。2006年共调入54人，比去年减少28人，其中副高级以上16人。从学历分布看，博士28人；硕士8人。本年度接收毕业生387人。

北京大学医学部2006年调入人员技术岗位及来源分布

项目		小计	岗位							来源			
			教学科研	医药护技	实验技术	工程技术	党政管理	图书资料	出版印刷	留学回国	京外调干	京内调入	军队转业
专业技术职务	正高	6	3	3						1	2	2	1
	副高	10	3	7						4	1	3	2
	中级	32	3	24	1		4			10		19	3
	初级	6	1	2	2		1			1		5	
	未定												
合计		54	10	36	3		5			16	3	29	6
学历	博士	28	8	20						14	3	7	4
	硕士	8	2	5			1				2	5	1
	本科	13		9	1		3			1	1	10	1
	大专	4		2	2					1		3	
	中专	1					1					1	
合计		54	10	36	3		5			16	6	26	6

北京大学医学部2006年接收毕业生岗位分布及学历分布

项目		小计	岗位							来源		
			教学科研	医药护技	实验技术	工程技术	党政管理	图书资料	出版印刷	本校	外校	其他
学历	博士	109	16	89	1	1	2			78	22	9
	硕士	94	4	71	5	1	10	3		52	42	
	本科	54		34	2	7	11			9	45	
	大专	129		127		2				95	34	
	中专	1		1							1	
合计		387	20	322	8	11	23	3		234	144	9

【**减员情况**】 **校本部** 2006年北京大学校本部共减员229人，其中：离退休148人，调出、辞职、自动离职、在职死亡81人。

2006年北京大学校本部总减员分布

总计	教学科研	实验技术	工程技术	党政管理	选留学工	图书资料	出版印刷	财会	医护	中小幼教	工勤
229	64	24	9	32	20	5	4	4	7	6	54

2006年北京大学校本部离退休人员分布

合计	教学科研人员		其他人员							
	教授	其他	实验技术	党政管理	图书资料	出版编辑	财会	医护	中小幼教	工勤
148	24	13	21	18	4	4	4	6	4	50

注：其他人员中含正高19人。

2006年北京大学校本部非离退人员减员和学历分布情况 非离退人员减员81人，其中事业编制减员71人，企业编制减员10人。

2006年北京大学校本部非离退人员减员分布

总计	教学科研	实验技术	工程技术	党政管理	图书资料	医护	中小幼教	工勤
81	27	3	9	34	1	1	2	4

2006年北京大学校本部非离退人员减员学历分布

合计	博士	硕士	本科	无学位
81	26	15	34	6

医学部 2006年共调出132人，其中副高以上21人。随着国家工资调整待遇的提高及岗位津贴向优秀青年倾斜，从人员流动情况看，属合理流动。

北京大学医学部2006年调出人员技术岗位及来源分布

项目		小计	岗位							流向				
			教学科研	医药护技	实验技术	工程技术	党政管理	图书资料	出版印刷	考研	出国	调到本市其他单位	调到京外其他单位	其他
专业技术职务	正高	6	2	4							1		5	
	副高	15	7	7			1			2	5		8	
	中级	36	13	20			3			5	12		19	
	初级	72	2	54	4		11			6	7		59	
	未定	3		2			1			1	1		1	
合计		132	24	87	4		16	1		14	26		92	
学历	博士	17	11	6							7		10	
	硕士	26	15				3			6	8		12	
	本科	38	9	16			12	1		11	6		21	
	大专	42	2	35	5						1		39	
	中专	9	2	7							1		8	
合计		132	39	72	5		15	1		18	24		90	

【政府特贴人员】 2006年北京大学上报教育部政府特贴人选24人，分别是物理学院叶沿林、欧阳颀、化学与分子工程学院林建华、寇元、席振峰、生命科学学院李毅、环境学院朱彤、周力平、地球与空间科学学院陈晓非、心理学系韩世辉、工学院顾志福、分子医学研究所周专、哲学系李中华、历史学系邓小南、经济学院黄桂田、政府管理学院周志忍、艺术学院丁宁，以及医学部郭继鸿、高子芬、敖英芳、胡佩诚、赵明辉、李铁军、万有。北京大学校本部共有政府特贴获得者771名。

【长江学者工作】 2006年的长江学者推荐遴选工作作为教育部《高等学校"高层次创造性人才计划"

实施方案》(〔2006〕4号)中的主要组成部分,北京大学对长江学者推荐遴选工作极为重视。根据2005年推荐工作取得的经验,积极主动地开展了本年度的长江学者推荐遴选工作。2006年3月新签订长江学者聘任合同21人,其中特聘教授10人,讲座教授11人;2006年8月推荐申报长江学者29人,其中特聘教授16人,讲座教授13人,通过教育部评审14人,其中特聘教授5人,讲座教授9人,即将在教育部公示。

长江学者的届满评估及期中评估 为了继续发挥聘期届满的长江学者的作用,学校出台了《关于长江学者聘期届满评估以及续聘工作的意见》,对于聘期中业绩优秀的长江学者继续聘用,并享有原有长江学者的待遇。第四批15名长江学者五年聘期于2006年9月届满,经各单位及学校专家委员会评估,共有11人续聘,其中特聘教授10人,讲座教授1人,加上前三批聘期届满续聘的长江学者27人,共有38人,其中特聘教授29人,讲座教授9人。

【奖教金评审工作】 北京大学校本部组织了2006年的奖教金申报评审工作,共8个奖项,获奖人数共104人。

【人才开发工作】 2006年北京大学校本部办理公派出国人数共计74人(男47人,女27人)。承办有关留学项目情况:共17项,推荐人数共计120余人。2006年校本部办理出国(境)人员自动离职、辞职共计8人,其中自动离职3人(手续未办理完者3人)、辞职5人(1人手续未办完)。

2006年北京大学校本部公派出国(境)人员的派出类别

派出类别	人数	派出类别	人数
单位公派进修	28	国家公派进修	13
校际交流	13	国家公派讲学	2
单位公派任教	17	单位公派读博	1
总计	74人		

2006年北京大学校本部公派出国(境)人员的学历、职称、年龄分布状况

职称	人数	学位	人数	年龄段	人数
正高	14	博士	43	50岁以上	11
副高	33	硕士	22	45—50(含)岁	3
中级	26	双学位	1	40—45(含)岁	23
初级	1	学士	4	35—40(含)岁	18
		无学位(大学)	4	30—35(含)岁	16
				30岁及以下	3
总计	74人				

2006年北京大学公派出国(境)人员派出(地区)国别

国别	人数	国别	人数	国别	人数	国别	人数
美国	31	英国	6	荷兰	3	中国香港	1
蒙古	1	法国	2	芬兰	1		
日本	9	西班牙	4	新加坡	1		
韩国	5	爱尔兰	1	中国台湾	1		
德国	5	瑞士	1	中国澳门	2		
总计	74人						

2006年北京大学校本部公派留学人员回校工作类别分布

派出类别	回国人数	批准延期人数	逾期未归人数
国家公派进修	15		
国家公派读博士	1		
国家公派讲学	1		
单位公派进修	30	8	1
校际交流	26	2	
单位公派出国任教	14	1	
其他(随任)	1	1	
总计	88	12	1

备注:逾期未归1人,属于单位公派进修,已办理辞职。

医学部 积极鼓励青年教师在职攻读学位和出国留学,加强出国留学管理工作,拓展渠道为教师出国进修提供服务。2006年有88位青年教师在职攻读学位,其中在职攻读硕士学位41人,在职攻读博士学位47人。选派74名优秀人才出国留学,其中国家公派留学10人,单位公派留学64人,在派出人员中:副高级以上人员36人,中初级人员38人;派往美国27人,德国5人,澳大利亚5人,日本7人,法国、加拿大等其他国家30人;出国进行合作研究的19人,进修学习43人,攻读博士学位2人,攻读硕士学位1人,短期讲学及从事临床工作3人,访问学者4人,实习培训2人。2006年办理探亲和旅游等因私出境手续33人次,自费留学2人,豁免4人,延期回国15人。

【新任教职工岗前培训】 校本部组织举办了"2006年北京大学校本部新任教职工岗前培训班"。这次岗前培训重新修订丰富了培训手册,增加了很多重要内容,特别是将其他相关部门的重要文件纳

入进来，而不仅仅限于人事部内部的文件资料；本着"传承北大精神与学术传统，接受岗前职业教育；了解学校发展战略与政策，尽快进入工作角色"的宗旨，邀请了北京大学知名学者、教育与管理领域的专家、学校及有关管理部门领导等作了9场精彩的报告或讲座，培训内容丰富充实，共有107位新教职工参加培训，参加人数是历年来最多的一次。

医学部组织674名新教师进行岗前教育理论培训，其中医学部本部43人、附属医院244人、教学医院267人、北京科技大学120人。为了提高新教师的全面素质，结合医学院校的特点，在课程设置和内容上做了一定的调整和安排，培训效果比较理想。培训结果，缺考1人，22人参加补考，最终651人取得高等学校教师岗前培训合格证书。此外对医学部从1996年到2006年组织的新教师岗前教育理论培训情况进行了全面统计和总结工作，11年来共对4721人进行了培训。

【青年教师流动公寓】 根据北京大学的规定，自2002年5月起实行教师公寓制度，原人才房也纳入教师公寓管理，2004年学校决定将人才房转入教师公寓管理，2004年11月，人事部、资产管理部下发通知，通知原人才房住户办理人才房租金结算和签订新的教师公寓入住协议。由于种种原因，租金结算工作未能按预期时间结束，截至目前共结算完成212人，收回租金2,081,172.7元；仍有50人未完成结算工作，涉及租金595,263元。

学术假公寓 2006年共接待了北京大学校本部各院系国内外访问学者共计34人次，为来北京大学进行学术交流的国内外专家提供了一个舒适、安静、宽松、自由的生活环境。其中，有部分院系租用学术假公寓用于新引进人才在落实住房之前的过渡。这也可以作为今后引进人才配套政策的一个方面，尤其在公寓进一步扩充之后。

【年度考核与专项岗位聘任】 2006年北京大学校本部年度考核分两类：岗位目标的年度考核及正常晋升工资档次的年度考核。

晋升工资档次的年度考核结果 2006年北京大学校本部参加晋升工资档次年度考核人员共5883人（不含在站博士后人员），考核合格者5738，考核不合格者145人。考核不合格的主要原因是不在学校工作。

岗位目标的年度考核与聘任结果 北京大学校本部于2006年9月1日正式启动2005—2006年度考核与2006—2007年度"985"专项岗位聘任工作，并召开全校各单位领导干部大会做了布置。人事部同时下发《关于年度考核与岗位聘任的通知》。各单位按照学校的布置，于9月20日前完成了年度的岗位考核与岗位聘任工作；各职能部门对各单位新聘A岗人员进行了审核，并在学部审议会会议上进行了汇报；各学部于9月30日前完成了所属各单位聘岗的审议工作；北京大学校学术委员会于2006年10月18日完成了对全校聘岗的审议工作。

继续坚持高标准、严要求、做到四个有利于：有利于推动优秀学科带头人和学术骨干服务教学第一线，加强教学力量；有利于激励科研人员在学术研究中系统攻坚，勇于创新，承担国家各类重大重点项目；有利于校院系教学科研基础设施建设，促进学校各项改革的深入；有利于吸引国内外优秀的学科学术带头人，加强教学科研骨干队伍建设。聘任、审核和批准程序继续按照2005年度办法执行。

2006—2007年度，校本部聘任各类岗位人员3810人。A类岗852人，其中：A1岗141人，A2岗262人，A3岗449人，BC岗2029人；职员制人员共929人。岗位聘任总数在4000个岗位的限额之内，经费总额也在预算规定的限额之内。

新聘A类岗位情况：校本部各单位拟新聘A类岗位人员104人，其中A1岗16人，A2岗44人，A3岗44人。学部审议通过104人。新聘A类岗位人员占A类岗位总数的12.2%。与上一年度的新聘A类岗位116人，占A类岗位总数13.8%相比，本年度的新聘A类岗位人数和比例都有比较明显的下降，随着聘岗工作的日常化，各单位的聘岗工作日趋稳定。

教学科研单位聘岗情况：本次聘岗工作全校各教学科研单位共聘岗位2741人，其中：A类岗位832人，BC类岗位1661人。A类岗中A1岗位140人，A2岗位259人，A3岗位433人。教学科研单位职员制人员考核合格共聘任248人。

教学辅助单位聘岗情况：按照学校部署，图书馆、计算中心、教育技术中心、校医院等教学辅助单位进行岗位考核和聘任工作。各教学辅助单位共聘岗396人。其中：A岗人员20人；BC类岗位人员368；职员制8人。

校机关及直属单位聘岗情况：校机关及直属单位考核合格共聘任673人。（中学、小学进行单独的考核聘任。）

医学部聘岗结果 按照北京大学人事部《年度考核与岗位聘任的通知》（北人发〔2006〕010号文）和医学部《关于2005—2006学年度考核及2006—2007年度岗位聘任的通知》（北医（2006）部人字156号）文件的要求，完成2005—2006学年度医学部本部ABC及职员人员考核聘任工作。各临床医院和本部其他未设ABC及职员的单位执行自然年度考核制度，考核工作如期完成。

2006年，医学部本部设ABC

及职员岗单位应参加考核人员1380人，实际参加考核人员1313人。优秀人员142人，占实际参加考核人数的10.81%；合格人员1170人，占实际参加考核人数的89.11%；不合格人员1人，占实际参加考核人数的0.08%；未考核人员67人，占应参加考核人数的4.86%。

按照考核结果进行了新一轮的岗位聘任，聘任ABC岗位共999人（含博士后64人）、职员岗位共316人，共计1315人。

在此次岗位聘任的过程中，将政策向中青年教师适当倾斜。考虑到中青年教师学历比较高，虽然工作时间短但是教学科研任务比较重，为了体现优劳优酬，充分调动中青年教师工作的积极性，适当提高了高一级岗位的比例，使一部分中青年教师上到了高一级的岗位，待遇得到了相应的提高。

医学部本部未设ABC及职员岗位的单位应参加考核的人员350人，实际参加考核人员345人，优秀人员26人，占实际参加考核人数的7.54%；合格人员319人，占实际参加考核人数的92.46%；未考核人员5人，占应参加考核人数的1.43%。

各临床医学院应参加考核的人员9142人，实际参加考核人员8841人。其中优秀人员775人，占实际参加考核人数的8.77%；合格人员7997人，占实际参加考核人数的90.45%；不合格人员69人，占实际参加考核人数的0.78%；未考核人员301人，占应参加考核人数的3.29%。

聘岗过程中反映出来的情况

本年度的聘岗工作，继续延续上两年度对晋升A类岗位和降低岗位级别聘任的要求，很多院系注重了对实际工作业绩的考核。全校降级聘任共13人。部分院系在岗位考核与聘任工作中，根据各自院系的实际情况采取了一些特殊的做法，取得了比较不错的效果。例如，化学学院在A3岗设立"化学实验课主持人岗位"（本年度设综合化学实验课和普通化学实验课2个岗位），鼓励和支持优秀的中青年教师积极投入到化学基础实验课的教学工作、稳定化学基础课实验教学骨干队伍，提高实验教学水平。地空学院利用空岗设立"流动岗位"，初步建立了竞争激励机制。

【科级干部任免】 2006年校本部共任免机关基层办公室负责人20人。

2006年任命北京大学校本部机关基层办公室负责人的职称结构统计

职称	总计	副高	中级	初级	无职称
人数	20	1	13	5	1

2006年任命北京大学校本部机关基层办公室负责人的年龄结构统计

年龄段	总计	30以下	31—35	36—40	41—45	46—50	51—55	56—60
人数	20	15	3	2	0	0	0	0

2006年任命北京大学校本部机关基层办公室负责人的学历结构统计

学历	总计	研究生	本科	本科以下
人数	20	17	13	0

2006年北京大学校本部机关基层办公室负责人的学位结构统计

学历	总计	博士	硕士	学士
人数	20	2	15	3

【流动编制管理】 2006年北京大学校本部流动编制增加23人，减员9人，目前净增14人，流动编制人员总量达到188人。

新增流动编制人员管理工作坚持3项原则：1. 北京大学实行总量控制，防止流动编制人员规模迅速扩大；2. 向教学科研单位或教辅岗位倾斜，逐步压缩具有经济实体性质单位的人员数量；3. 实行新增流动编制人员的单位与人才中心签署工作备忘录的制度，督促用人单位加强管理，帮助用人单位明确流动编制的日常管理内容。

在流动编制人员日常管理方面，着重强调规范程序性服务，厘清学校、用人单位与海淀人才之间的关系，基本做到程序性服务均由海淀人才加盖公章的做法，以强化人事代理的概念；加强年度考核工作；强化聘用合同管理，重新拟定不同类别人员聘用合同的样本，实行聘用合同备案制度；加强流动编制人员住房公积金和社会保险的缴纳工作；改变办事程序，规范流动编制人员调出程序，实行离校转单制度等。

【富余人员管理】 北京大学校本部转岗富余人员队伍净减少1人，共有离退休人员（含退职）24人，

在职人员35人,总计59人。

维护学校基本稳定方面所做的工作:第一,督促转岗富余人员及时上岗。第二,解决转岗富余人员的疑难问题。第三,协助特殊困难的同志办理医疗费用报销手续。第四,按学校相关职能部门的安排,及时落实各项福利待遇,做好校工会年终慰问及慰问品发放、离退休办公室组织电影招待会及发放慰问品、资产管理部取暖费发放等项工作。

【临时聘用人员管理】 校本部经过三年努力,使得临时聘用人员的管理走上规范化管理的轨道。2006年度,人才中心共办理备案手续1400余人次,同比增加300人,增长21%。

主要工作:一、规范备案程序,强化合同管理。继续与财务部相配合,实行不备案不发放劳动报酬的政策,使校内大多数单位都具备了备案意识。在备案过程中,逐步强化用人单位依合同进行管理的观念,要求其在备案时提供合同复印件,强化合同管理。二、协助工资与福利办公室做好社会保险的缴纳工作。目前,已经建立了很好的合作模式,即:备案时解释和宣传社会保险政策,督促用人单位及时到工资与福利办公室办理社会保险缴纳手续;工资与福利办公室办理完毕缴纳和停缴手续时,每月交人才中心核对,以及时了解人员变动情况。三、积极推动非事业编制人员管理数据库建设。四、增强法制建设,降低劳动纠纷发生率。经过2004、2005年度的劳动法普及和工作中的宣传,2006年度只有物理学院、现代教育技术中心发生两起劳动纠纷。两个单位也及时汇报,并根据法律途径妥善解决纠纷。同时,在2006年度举办两次劳动人事关系及劳动法方面的讲座,邀请中国劳动网的法律顾问做讲座,进一步普及了劳动用工方面的法律知识。

【工资与福利】 校本部 在职职工的工资涉及全校主体人员的切身利益。自从1999年实行岗位津贴制度和一系列的改革以来,北京大学已经形成了国家工资、岗位津贴、校发津贴、其他收入为基本结构的收入分配体系。目前该体系已经基本稳定,工作步上正轨,总体上也比较规范。

北京大学校本部2006年工资日常工作量统计表(人次)

起薪	停薪	工资变动	暂停薪及恢复工资	内部调动	病休及恢复	合计
381	301	341	47	16	2	1088

2006年度校本部发放岗位奖励津贴4248人;同时进行了正常晋升工资档次工作,升级人数为5644人;年终一次性奖金发放;调入人员工资确定:查阅了140名调入人员的档案,作出详细记录,为他们确定参加工作时间、职务工资等人事管理必需的项目,并签订工资协议书。另外,有相关工龄阅档40人;核发其他津补贴、临时工工资、校内返聘人员工资等;

2006年共办理了退休手续148人,至2006年年底北京大学校本部离退休人员总数为4500人。

北京大学校本部2006年离退休人员分类统计表

项目	离休	退休	退职	合计
年底人数	330	4095	75	4500
占总人数%	7.4%	91%	1.6%	100%

2006年为离退休人员支出纪念品费用5920元,对去世人员家属进行了死亡抚恤、遗属生活困难补助;办理高干医疗;组织70名高级专家体检。

2006年度完成了住房补贴发放过程中全部人事信息的提供和核对工作。为有关职能部门提供参加工作时间、连续工龄、学龄、建立公积金时间、建立公积金前工龄等。

医学部 2006年度完成了第六轮岗位奖励津贴发放工作,为医学部本部保卫处干部及校卫队在编工作人员浮动壹档工资;为基础学院解剖教研室在职人员发放特殊岗位津贴;为博士生导师发放博导补贴;给23位遗属发放遗属生活困难补助。

根据京劳社资发[2006]93号《关于调整北京市2006年最低工资标准的通知》,医学部从2006年7月1日起执行每月640元最低工资标准;根据民发[2005]52号《关于提高部分优抚对象抚恤补助标准的通知》,医学部提高了因公致残抚恤金人员的抚恤金标准(从2004年10月1日起执行);下发了《北京大学医学部关于教职工请假制度的规定》,从2006年5月1日起执行;根据北人发[2005]08号《北京大学关于调整离休干部护理费标准的通知》,医学部调整了抗日战争时期及以前参加革命工作的离休干部护理费标准(从2005年8月1日起执行)。根据京工发

[2005]17号和18号文件，医学部提高了已离休、退休劳动模范、先进工作者荣誉津贴标准（从2005年1月1日起执行）。

【保险】 校本部 2006年年底北京大学校本部缴纳失业保险人数为7098人，平均月缴费人数为7010人，其中返回保险费的人数为2825人，比去年增长了9%，占缴费总人数的40%，缴费人员中临时聘用或流动编制人员占24.6%，比去年增长了2.6%。全年办理人员增减手续1387人，其中转出562人次，转入825人次。为133名临时聘用人员办理了失业保险清算待遇，总金额70240元，人均528元。

在社会保险意识不断强化的社会环境下，北京大学干部职工的保险意识也得到了加强，今年养老保险的参保人数增长仍然很快，年末缴费人数较上年增加了20%，办理转出转入等手续的人数较上年增加了2.24倍，全年缴费788万元。

北京大学校本部2006年失业保险缴费情况统计表

平均月缴费人数	单位缴纳	个人缴纳	合计	返回学校金额
7010人	262万元	84万元	346万元	106万元

北京大学校本部2006年养老保险人员及缴费情况表

分类	项目	数额	月/人均数	较上年增加
人员情况	年终人数	1843人	/	20%
	其中：事业编制职工	141人	/	0%
	企业编制职工	3人	/	0%
	流动编制人员	176人	/	15%
	临时工	1523人	/	23%
	全年转出人数	636人	/	224%
	全年转入人数	329人	/	－55%
	更改基本信息人数	157人	/	/
	接收外地汇款人数	9人	/	/
	全年缴费总人次	21062人	1755人	34%
缴费金额	单位缴纳	5631838.76元	268.80元	18.6%
	个人缴纳	2252272.04元	107.50元	18.5%
	合计	7478961.48元	376.30元	18.55%

北京大学校本部2006年医疗保险工作统计表

分类	项目	数额	月平均数
人员情况	年终人数	1621人	/
	其中：企业编制职工	3人	/
	流动编制人员	176人	/
	临时工	1442人	/
	全年转出人数	353人	29人
	全年转入人数	576人	48人
	更改基本信息人数	100人	8人
	发放个人账户存折	225人	19人
	全年缴费总人次	18430人	1536人
缴费金额	单位缴纳	5035518.47元	419626.54元
	个人缴纳	443966.92元	36997.24元
	合计	5479485.39元	456623.78元

医学部 4—5月，北京睿合达会计师事物所有限公司受北京市劳动和社会保障局委托对医学部本部2005年度社会保险费缴费人数和缴费基数进行专项审计检查，审计结果为通过。

北京大学医学部2006年社会保险缴费情况表

缴费单位：万元

保险项目	缴费时间段	月平均缴费人数	单位正常缴费	个人正常缴费	单位补缴	个人补缴	合计
养老保险	2006.01—2006.12	300	53.22	21.29	0.58	0.27	75.36
失业保险	2006.01—2006.12	1895	62.33	20.00	0.41	0.13	82.87
医疗保险	2006.01—2006.12	269	16.78	1.76			18.54

【离退休人员工作】 校本部 截至2006年12月31日，北京大学校本部共有离退休人员4515人，其中离休干部329人，退休人员4111人，退职75人。

北京大学始终以"基本政治待遇不变，生活待遇略为从优"为工作的重要准则，坚持贯彻。第一，坚持司局级离休干部学习制度。第二，坚持向老干部通报情况制度。第三，坚持走访慰问制度。第四，坚持离退休党支部建设等四项制度。

在落实生活待遇方面，第一，提高离退休补贴待遇。北京大学在工资福利改革中，在增加在职人员收入时，都相应提高了老同志的待遇。2006年，根据中央关于事业单位收入分配制度改革的精神，北京大学及时提高了离退休人员生活补贴。第二，做好特困专项补助工作。2002年开始启动了每年30万元的特困补助专项基金，并常年办理特困补助的申报和审批，为因瘫痪长期卧床或因癌症、心血管疾病等大病造成特殊困难的老同志减轻负担。第三，完善医疗保健工作。经协商，决定由北京大学医院一名专科医生每两周为司局级离休干部开药一次，由若干名专科医生包干负责，每两周为27名80岁以上多病、行动不便的离休干部上门巡诊一次。同时，北京大学各院系单位在组织在职人员体检时，也组织离退休人员参加体检。第四，统筹资源，配合社区养老服务工作。统筹校内老干部活动站、社区、街道、居委会为老服务资源，联合社区做好高龄养老服务状况调查，配合社区建立健全为老服务体系，加强了燕园网络服务系统建设，老同志通过呼叫器寻求购物、医疗、家政、维修等方面的社区服务，为老同志的生活带来极大的便利。

为纪念建党85周年和红军长征胜利70周年，在老同志中广泛开展"坚定不移跟党走、身心健康乐晚年"主题实践活动。通过召开老干部座谈会、走访慰问老党员、参加教育部和北京市教工委组织的文艺汇演和摄影作品展、组织党日活动、组织老同志参观等一系列活动形式，丰富了老同志的精神生活。在北京市教工委组织的主题摄影展中，由老同志主动成立的筹备组搜集了100多幅精心挑选出来的摄影作品，其中精选的50多幅报送北京市教育工委参展，有三幅作品获得一等奖，四幅获得二等奖，两幅获得三等奖。由北京大学法学院党委组织的党日活动在北京市教工委离退休党日活动评选中获得优秀组织奖。

医学部 截至2006年12月31日北京大学医学部共有离退休人员3874人。其中离休干部287人（正局级及正局级待遇6人，副局级及副局级待遇56人），红军老战士2人（王承祝、谢世良），退休人员3579人。医学部本部有离退休人员1204人，其中离休干部105人、退休人员1099人。

加强老干部的政治学习和党支部建设 医学部党委重视老干部的政治学习和离退休人员党支部建设。凡是重要的学习报告，老干部同在职人员同步进行。老干部坚持集体听报告和参观、自学为主的原则。2006年10月16日纪念红军长征胜利70周年纪念日，组织200多名离退休人员参观军事博物馆红军长征展览。医学部机关有三个党支部组织党员去延庆县永宁医院参观，了解农村医疗卫生改革现状及农村改革发展变化，并向该医院赠送了1000余本医疗卫生知识书籍，有的党支部组织参观了西柏坡、李大钊故居纪念馆、天津平津战役纪念馆，还有部分老同志通过旅行社去延安、井冈山、江苏盐城新四军纪念馆等革命传统教育基地参观学习。为了使老同志更好的学习，医学部党委专门为每一位离退休党员购买了大字版江泽民文选，以方便老同志学习。

医学部党委领导积极落实老干部的生活待遇 随着高等学校收入分配制度改革的进行，离退休人员的离退休费也有了相应的提高。医学部医院坚持每周三专程到活动中心为老同志报销医药费制度，基本做到老同志的医药费随到随报，坚持每年为全体离退休人员进行一次体检。医学部每年为老干部划拨专用车费用于老干部看病、外出参加比赛、演出、春秋游及党支部活动用车等。

积极开展适合老同志的各项文体活动增强老同志身心健康 举办医学部第十二届老年门球赛；第十七届老年书画展。为更好的宣传医学部离退休人员工作，2006年度共展出老干部的各项活动宣传图片展8期，充分展示了离退休人员的风采。

【博士后工作】 2006年北京大学共招收博士后251人，出站147人。1985年至今，累计招收2372人，累进出站1720人。北京大学在博士后研究人员的管理中一贯坚持了"在培养中使用，在使用中培养"的原则，效果明显。2006年北京大学在站博士后被SCI收录文章143篇，获得自然科学基金11项、资助经费219万元，获得社会科学基金5项、资助经费29万元。2006年北京大学有128名博士后获得中国博士后科学基金资助，资助金额达462万元。其中一等资助金获得者55人，二等奖获得者73人，获得资助者占总申请人数的54%，在全国申请人数较多的单位中名列首位。

社会实践方面，继续推荐博士后参加北京市东城区挂职实践，积极开展同天津市、北京市丰台区等地区的合作，努力探索高层次人才培养和社会服务的新模式。

学术交流方面，北京大学博士后积极参与第三届中国博士后地学学术大会并在会议优秀论文集发表论文7篇，2006年8月与河南省漯河市政府共同主办了2006年中国博士后经济与管理前沿论坛，同年9月又参加"2006中国博士后创新发展潍坊论坛"。

【人事档案管理工作】 校本部2006年人事部档案办公室本着"加强信息化管理，提高服务意识，为创建世界一流大学做贡献"的工作理念，完成了全校师生员工人事档案的收集归档、核对及转调动、接待校内外阅档、新生入学归档、毕业生转档、全校信息日常查询、为回国人员办理相关手续等一系列工作，并配合全校工资改革完成了人事信息核对工作以及中组部布置的中层以上领导干部档案审核工作。

2006年6月20日，在部领导的大力支持下，人事部档案办公室召开了北京大学2006届毕业生暨2006级新生档案材料收集归档及转递工作培训会，北京大学各院系所中心及相关职能部门人员共62人参加了会议，会上分析了毕业生就业档案服务工作面临的形势和任务，全面部署2006年的毕业生就业工作中与学生档案密切相关的各项服务体系支撑工作。并对北京大学2006届毕业生暨2006级新生档案材料收集归档及转递的具体工作流程进行培训。

为落实好第四次全国干部档案工作会议精神，2006年3月，中组部下发了《关于进一步开展干部人事档案审核工作的通知》（组厅字[2006]5号，以下简称《通知》），决定在各副省级城市党委组织部、中央和国家机关各部委、各人民团体、新疆生产建设兵团党委组织部、部分国有重要骨干企业和部分高等院校开展干部人事档案审核工作。人事档案室在北京大学党委组织部和人事部的领导下，基本完成了处级及以上干部人事档案审核工作。

医学部 医学部人事处档案室负责医学部4000余职工（含在职、退休、出国）人事档案管理工作。2006年医学部本部完成接收档案工作73份（毕业生37份；博士后及调入36份）；办理转出83份（其中：调动55，离退28份）。配合工资改革完成2000余人份的档案查阅工作；完成中组部处以上领导干部档案装订工作87份。办理查借阅897份，材料归档2144份，转递材料178份。

【医学部人才服务与培训中心工作】 人事代理及档案管理工作2006年按照《关于对新增加的工作人员实行聘用合同管理的补充通知》（北医(2006)部人字214号）的要求，对新增正高职人员开始实行人事代理，至此人事代理的人员范围已经扩大到全部新增的各类人员，这样为的是更好的促进人才合理配置、合理流动，充分体现"能进能出"的用人原则。2006年新增各类人事代理人员474人，各类人员解除合同211人。截止到2006年12月31日止，共接收各类代理人员4358人（在卫生部代理580人，在北京市代理3778人），终止或解除合同792人，现有各类代理人员3566人。另外，2006年有450余人续签了聘用合同。

社会保险 截至2006年12月31日为医学部下属12个二级单位实行人事代理的自筹编制人员、合同制人员、临时用工人员及个人存档人员共计620人分别办理了各项社会保险，其中养老、失业、医疗保险均为620人，代理缴纳生育保险430人，代理缴纳住房公积金76人。2006年度期间因各种原因终止保险代理78人，转入保险代理126人。

技术工人升级考工工作 完成54名技术工人升级考工工作，其中国管局考工42人、北京市卫生学校考工12人。

考务工作 2006年完成2977人次专业技术职务及行政职务晋升考试的考务工作。

培训工作 组织674名新教师进行岗前教育理论培训，其中本部43人、附属医院244人、教学医院267人、北京科技大学120人。为了提高新教师的全面素质，结合医学院校的特点，在课程设置和内容上做了一定的调整和安排，培训效果比较理想。共651人取得高等学校教师岗前培训合格证书。医学部从1996年到2006年组织的新教师岗前教育理论培训共对4721人进行了培训。

财务与审计

财务工作

【财务收支概况】 2006年学校收入总额为357200万元,比2005年的263435万元增加93765万元,增长35.59%。其中,国家专项经费拨款91479万元,比2005年的29419万元增加62060万元,主要是"985"工程专项比上年增加66000万元,"211"工程专款则减少4200万元;扣除专项经费后的各类收入为265721万元,比2005年的234016万元增加31705万元,除附属单位缴款比上年略有减少外,其他各项收入均比上年有所增加,特别是科研经费拨款和其他经费拨款,分别增加8375万元和4972万元,教育事业收入和科研事业收入也分别增加4938万元和3358万元。

2006年学校支出总额为284883万元,比2005年的271012万元增加13871万元,增长5.12%。年末固定资产总额为404259万元,比2005年的379552万元增加24707万元,增长6.51%。

总体看来,2006年学校收支总量和固定资产总量仍保持稳健增长趋势,这表明学校教学科研事业发展活跃,办学实力进一步增强。

【财务专题分析】 多渠道筹措办学经费 2006年学校收入具体构成情况如下:教育经费拨款136219万元,科研经费拨款59043万元,其他经费拨款20155万元,上级补助收入1152万元,教育事业收入79399万元,科研事业收入15722万元,经营收入687万元,附属单位缴款700万元,其他收入44123万元。国家拨款(包括教育经费拨款、科研经费拨款、其他经费拨款和上级补助收入)占总收入的60.63%,是学校办学财力的主要来源;学校自筹资金(包括教育事业收入、科研事业收入、附属单位缴款、经营收入和其他收入)占总收入的39.37%,是弥补办学经费不足的重要来源。学校的事业发展不再单纯依靠国家拨款,而是逐步形成了以国家拨款为主、多渠道筹措办学经费的格局。

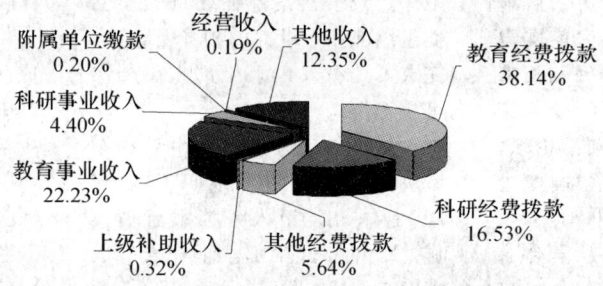

北京大学2006年收入构成图

自筹经费能力增强 为弥补办学经费的不足,促进学校长远、可持续发展,在保证正常教学、科研工作的前提下,学校充分利用科研、人才优势,积极开展各种社会服务,努力发展校办产业,广泛争取海内外捐赠和社会资助。2006年学校自筹经费收入达140631万元,比上年的132286万元增加8345万元,增长6.31%。

学校自筹经费保持逐年增长趋势。自筹经费能力的增强大大缓解了学校事业发展和办学经费不足之间的矛盾,为增强办学实力、提高办学效益提供了强有力的资金保障。

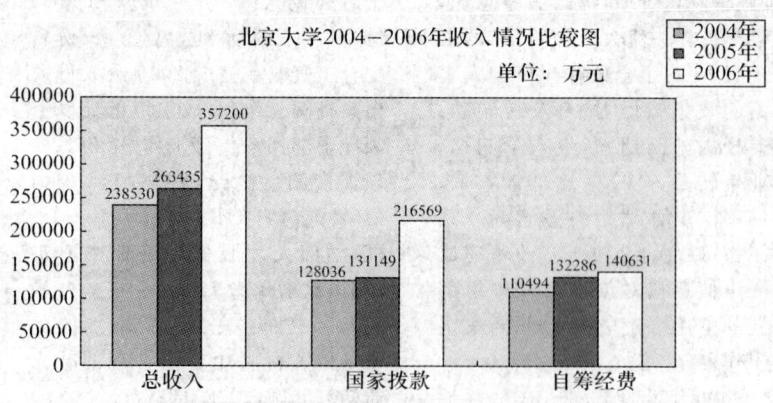

北京大学2004-2006年收入情况比较图

支出结构合理 2006年学校总支出为284883万元。教学支出和科研支出占总支出的66.27%,这表明学校在支出预算安排上始终以教学科研为核心,资金投向明确,支出结构合理。

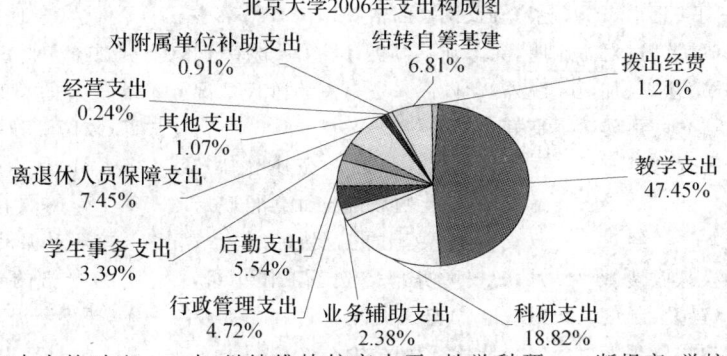

北京大学2006年支出构成图

同时,通过与上年支出的对比可以看出,学校各项支出情况比上年更为活跃,尤其是教学、科研支出,继续维持较高水平,教学科研工作稳步推进。此外,随着离退休人员数量的逐年增加和待遇的不断提高,学校每年用于离退休方面的支出也在持续上升,学校的负担将越来越重。

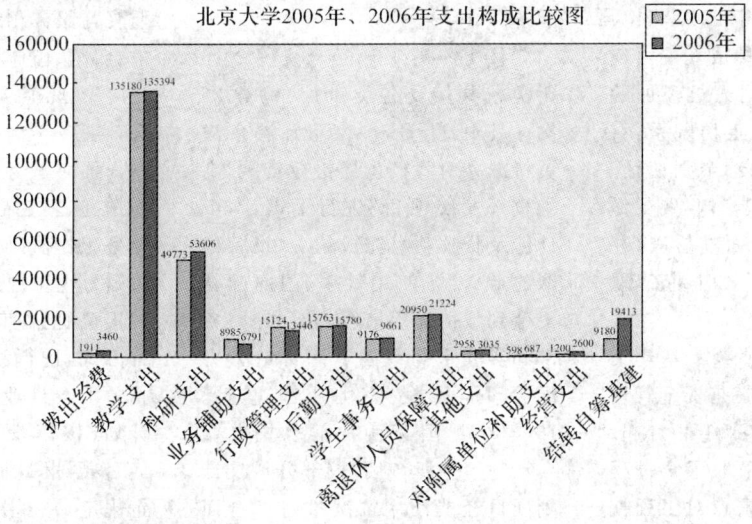

北京大学2005年、2006年支出构成比较图

财务指标评价良好 2006年学校现实支付能力11.08个月,潜在支付能力10.43个月,非自有资金余额占年末货币资金的比重为94%,自有资金余额占年末货币资金的比重为75%,自有资金动用程度为61%,自有资金净余额占年末货币资金的比重为75%。以上数据表明学校各项财务指标均维持在合理范围之内,财务状况处于良性循环状态。这说明财务工作的指导思想和财务管理体制是适合学校实际情况的,只有坚持"积极、稳健"的财政方针,才能确保学校各项事业的长远、可持续发展。

【**财务管理工作**】 **恢复财经工作领导小组** 为切实加强对学校财经工作的领导,2006年10月学校恢复了财经工作领导小组,由党委书记和校长担任组长,主管财务、产业、法律工作的副校长、副总会计师和财务部长任成员。恢复后的财经工作领导小组对加强学校财务管理、科学决策重大经济事项、保证学校财经工作的合法合规将起到重要作用。

加强财务制度建设 制度建设是学校财务工作的重要内容,也是学校事业健康发展的有力保障。2006年学校制定了《北京大学财经工作领导小组工作规程》、《北京大学资金运作管理规定》、《北京大学特聘境外教授出、入境费用报销管理办法》、《医学部各级经济责任制》等一系列财务规章制度,并对会计人员岗位责任制和内部控制制度进行了修订。医学部还建立健全了各单位负责人签名备案制度,要求各单位填写《单位负责人签名备案表》报计财处备案,报销过程中要严格核对备案表,以保证资金安全,规范资金管理。

2006年学校将新出台的财务规章制度汇编成册,发放给会计人

员和各单位党政领导,以便于大家在工作中学习和运用。此外,根据北京市治理教育乱收费工作的要求,在全校范围内印发了《北京市治理教育乱收费工作问答》。这对宣传国家和学校财经政策法规、加强财务管理、严肃财经纪律、预防财务工作中的非制度化行为具有重要意义。

进一步规范收费工作 经过多年的努力和探索,学校从收费管理体系建设、审批程序建设、制度建设、收入监督控制和票据管理五大环节入手,逐步建立了适应自身特点的收费管理机制,对规范收费工作、确保学校收入及时、足额入账等起到了积极作用。2006年为加强监督和检查,学校成立了由纪委、财务、审计等部门人员参加的专项检查小组,通过走访院系、召开不同层次的座谈会、个别谈话、重点抽查等多种形式,对收费工作进行了较为系统、全面的检查,并对存在的问题进行了及时纠正,取得了良好的成效。

规范基建工程付款 基建工程款一般为大额款项,是资金管理的重中之重。自2005年9月起,学校就对基建工程采取了全过程跟踪审计。2006年重点对工程款的支付进行了规范:基建部门在提供工程预算与进度情况,并经工程监理部门签字的前提下,按月提出资金需求并上报学校,审计室对资金需求出具审计意见后报主管校长审批,财务部根据主管校长的审批支付工程款。这一措施有利于规范工程建设行为、合理使用学校资金。

全面清查往来资金 根据教育部教财司函[2006]235号文件《关于全面清查直属高校往来资金情况的通知》要求以及周济部长11月15日在"教育部直属高校案件通报视频会议"上的讲话精神,2006年11月,学校用将近一个月的时间,对全校范围内的教学、科研、基本建设资金及其他资金进行了全面、认真的清查。清查结果表明,除个别单位仍存在"小金库"问题外,学校往来资金总体管理情况良好。

调整财务程序和会计科目 适应2007年财政部全面实行政府收支分类改革的需要,2006年7月,学校财务部成立了工作小组,对政府收支分类改革过程中涉及的会计核算程序的修改、科目设置和科目使用要求的变化等进行逐一研究和调整,为2007年会计核算工作的顺利开展做好了充分准备。

接受各类审计和检查 2006年学校共接受各类审计、检查36次。其中:4月,国家审计署京津冀特派办对我校世界银行贷款"高等教育发展项目"进行了审计,审计涉及贷款项目完成情况、设备建账建卡、设备使用效率、国内配套资金到位情况等诸多内容,在财务部和实验室与设备管理部的大力配合下,我校顺利通过审计。10—12月,国家科技部委托专业会计师事务所,对我校部分科技计划项目经费使用情况进行了全面审计。审计规模大、范围广、内容多,在各单位的积极配合下,审计接待任务圆满完成。11月,审计署教育审计局来我校进行审计调查,配合此次调查,学校首先在全校范围内进行了认真自查,并将自查结果上报审计署和教育部。

加强会计队伍建设 增强财务人员综合素质,努力提高服务水平和服务质量,一直是学校会计队伍建设工作的重点。

1. 扩大会计派驻范围,强化财务监督

随着学校事业的快速发展,资金核算量逐年增加,派驻单位范围扩大,对财务人员的要求也不断提高。2006年学校根据工作需要,对部分派驻单位的财务人员进行了科学、合理的整合,加派财务人员到经济业务活动较多、资金核算量较大的单位,并对中关园项目部、校医院等单位派驻了专门的财务人员,从而保证学校教学、科研等工作的顺利开展;在此基础上,学校还对派驻会计的工作提出了更为严格的要求,强调以服务为本,要不断提高服务水平和服务质量。通过努力,学校各单位财务收支管理得到强化,会计人员的服务意识普遍增强并得到所在单位的肯定,逐步形成了适合学校特点、监督与服务相结合、管理更为细化的会计队伍体系。

2. 规范会计基础工作,加强会计业务培训

面对财务工作中不断出现的新情况、新问题,除召开全校会计财务工作研讨会外,学校还组织相关财务人员通过走访校内各单位、外出调研、咨询上级管理部门等多种方式,进行积极研讨,出台了包括外汇会计业务、"海外学者讲学计划"核算业务、"市政交通一卡通"发票报销业务等在内的多项报销规定,并多次组织相关会计人员进行培训。

(田 丽)

审 计 工 作

【审计项目数量与审计工作绩效】2006年,共完成审计审签项目(出具审计报告、意见)1127项,其中医学部207项。校本部920项按被审计项目性质来分,包括以下3类:财政审计294项、工程审计622项、企业审计4项。

通过加强内部审计的管理控

制作用,促进了学校资源利用效益的提高。除了这些隐性效益之外,还包括如下显性效益:(1)通过对学校有关事项的专项审计,为学校直接减少支出1000多万元;(2)通过对建设工程审计,为学校直接减少支出1400万元;直接减少进度款拨付2100多万元。

通过审计处理违法违规资金,防范了学校违规风险。经过学校内部审计的项目或单位,在外部审计或检查时普遍反映良好。

审计促进了内部管理与控制机制建设:(1)通过审计工作,提出促进内部管理控制机制建设的意见和建议数十条,促进了学校内部管理活动的规范运行;(2)近年来连续进行审计的单位,其内部管理规范化程度明显提高。

【财政审计】 学校预算执行和重点专项资金审计 根据学校特点,坚持开展学校预算执行情况审计。针对此项业务长期持续开展而且学校资金量大、二级单位较多、业务复杂等特点,把全面审计与重点审计相结合,把预算执行情况审计与大额资金支出月度审计审签相结合,把二级预算单位延伸审计与对其负责人经济责任审计相结合,合理确定审计方式,科学整合审计资源,既提高效率又提高效果,促进学校预算管理规范化程度不断提高。根据"十五""211工程"验收要求,开展了对该重点专项资金的预算执行情况审计;根据教育部主管司局要求,开展了对"十五""CALIS项目"(跨校项目)的预算执行情况审计。

大额资金月度审计审签 严格执行教育部"银行对账单双签制"的有关规定,坚持按照我校《大额资金月度审计审签规范》开展工作,每月对于10万元大额资金支出严格执行审计程序,特别是对非经常性业务开支重点审核。通过这些工作,规范了大额资金的支出程序,完善了资金管理的内部控制,确保了资金安全。

大额支出专项审计 根据学校要求,对学校5项大额支付和追加预算项目进行事前审计,审减1000多万元,发挥了内部审计的事前控制作用,促进了学校资金使用效益的提高。

二级单位财务与管理审计 开展二级单位审计14项,包括院系10项,机关2项,直属附属单位2项。通过审计,处理了账外资金、投资损失、管理违规等问题,促进了二级单位的内部管理机制建设,防范了学校风险。

【建设工程审计】 在上年开始进行全过程审计基础上,全面开展建设工程全过程审计。在审建设工程项目达到12项(见附表2),建筑面积51万平方米,计划投资19亿元,本年完成投资4亿元。此外,继续开展竣工结算审计,审结竣工结算项目116项,审定2.6亿元。

招投标阶段审计 (1)促进完善招标机制,与学校工程管理部门配合,制定出台了《北京大学建设工程项目招标管理办法》;(2)促进完善了校内材料设备招标的机制,转变了以往邀请招标的模式。为了使投标人竞争更为充分,目前,在全过程审计项目中,校内材料设备招标采用了校园网公告、合理低价竞标、评标小组记名投票等一系列方式,取得了较好的效果。以北大体育馆为例,截至2006年12月底,已进行的校内招标项目最终决标金额比原暂估暂定金额节省近200万元。

施工阶段审计 (1)建立预算追加事前审计机制。按照学校要求,建立预算追加事前审计机制,以及在此基础上的预算追加财经领导小组批准机制,从而规范预算追加的申请程序,促使工程相关各方更加主动地合理控制工程造价,更为有效地使用学校建设资金。

(2)严格进行洽商变更的审核。在全过程审计中,严格对洽商变更举行审核,杜绝不必要的洽商变更。学校已经进入施工阶段的7个建设项目,累计完成投资2.8亿元,洽商变更不到70万元,有效地防止了不必要洽商变更的发生,提高了建设资金的使用效益。

(3)开展月度拨付款审计。按照学校要求,对学校建设工程月度拨付款进行审计,全年送审金额33853万元,审定金额31714万元,审减2139万元,减少了学校工程款超付的风险,提高了资金使用效益。

(4)对建设工程管理情况进行季度审计。除在前述有关重点环节设置审计控制机制外,从2006年下半年开始还对工程管理情况按季度出具审计报告,进行审计评价,提出审计意见和建议,旨在促进工程管理部门进一步规范管理行为,完善管理与内部控制机制。

竣工阶段审计 在竣工阶段,继续对10万元以上的工程项目进行竣工结算审计,全年审结工程项目116项,送审造价2.68亿元,审减金额380多万元,审减率1.42%。在审计中,把审减工程造价与规范工程管理相结合,不断推动工程管理部门加强管理,取得了一定的效果,表现在:1.工程管理部门已经将对审减率的约束条款签订在施工与监理合同之中,严格要求其履行职责,降低造价;2.送审工程洽商逐渐减少,结算价逐渐降低。3.审计二次审减率不断降低,充分发挥了内部审计的制约作用。

【企业审计】 2006年5月下旬,资源集团由方正集团托管改为校外企业托管;2006年7月,资源集团

又改为方正集团托管。其间,根据学校了解企业状况以及决策需要,对资源集团安福房地产项目盈利预测情况等进行了审核;对资源集团2006年7月底净资产情况进行了审计确认,为学校全面掌握资源集团状况提供了依据。

【**经济责任审计**】 按照学校党委要求,2006年开展领导干部经济责任审计13项,包括院系领导干部经济责任审计10项,机关和直属附属单位领导干部经济责任审计3项。在经济责任审计中,加强了调研和访谈,并对审计结果多方征求意见,确保审计结果客观公正,审计质量不断提高。通过审计,促进领导干部和领导班子全面掌握本单位管理状况,促进领导干部认真履行所承担的经济责任,促进单位进一步完善内部管理机制,规范内部管理。

【**内部审计转型与发展**】 近年来,审计部门不断借鉴国际内部审计的先进理念,探索其目前在我国大学的实现途径,努力使内部审计从传统内部审计向现代内部审计转变。

1. 审计工作面向资金、资产、资源

在审计领域上,审计工作从以关注资金为主,向全面关注资金、资产、资源转变。为实现好这一转变,审计部门从学校内部资源配置的方向、结构及其变化,资源配置与管理控制的关系上关注资源配置的新方向、新变化,从而确定审计的领域、方向、重点。把资源配置的方向作为内部审计的方向;把管理控制薄弱的环节作为内部审计的重点。

2. 发挥审计工作提高学校资源利用效益的作用

在审计目标上,从合规性审计为主向管理与绩效性审计为主转变。在内部审计的各种目标中,突出强调为提高学校资源利用效益服务,并以此引导整个审计工作。2006年实现了管理与绩效性审计比例在审计工作中占到60%的目标。

3. 发挥审计工作事前控制的作用

在审计方式上,从事后审计为主向事前审计为主转变,也就是从事后检查向事前控制的转变,充分发挥内部审计在管理控制中的作用,把传统的检查处理问题的工作方式转变到通过建立审计控制机制或促进建立其他控制机制防止问题发生的工作方式上来。2006年实现了事前审计比例在审计工作中占到60%的目标。

【**内部审计建设与管理**】

1. 内部审计队伍建设

建立一支专业化、职业化、适应国际内部审计发展与世界一流大学建设的内部审计队伍是我们内部审计队伍建设的目标,经过近年来的努力,以国际注册内部审计师为骨干的审计队伍初步形成,校本部审计人员中,有4人拥有国际注册内部审计师资格。此外,还有7人次具有中国注册会计师、注册造价工程师、注册税务师、注册资产评估师、注册价格鉴证师等专业资格。

为适应审计工作的不断发展,组织审计人员参加了效益审计、信息系统审计等方面的培训,组织开展了内部审计论坛等形式的研讨交流活动,促进了审计人员专业水平的提高。

2. 内部审计法规规范建设

通过近年发展,学校建立了完整的以《北京大学内部审计规定》为核心的内部审计制度体系。目前,适合学校情况与现有审计人员特点的一套内部审计实务标准与工作程序已经形成,该标准细化流程、注重程序、目标引导过程,包括5大类40多个规范化的文件,并在6年的实践中不断修订完善。从1999年9月时的《审计业务规范与文书格式》到现在的《内部审计实务手册》,每一项工作都建立了程序与标准。为适应建设项目全过程审计的开展,又增加了建设项目全过程审计阶段报告、月度报告等方面的规范指南。

3. 内部审计业务技术建设

"业务入手、全方位提炼分析信息"的审计方法逐步完善。近几年来提炼和总结出的"业务入手"审计方法继续深入应用。审计人员过去习惯于从"账面入手"开展工作,注意力在会计凭证、会计账簿、会计报表,这样容易使审计工作局限于会计信息,而忽略了其他信息。按照"业务入手"审计方法,要求审计人员全方位地获取信息、提炼信息,在审计业务过程中既要查账务、查账户,又要查业务,既要关注财务信息也要关注业务信息,既要运用查账手段也要运用调研手段,来揭示存在问题,提炼有用信息和综合分析,并从体制、机制上提出解决和防范问题的办法。随着审计方法的改革,审计活动不再局限于财务收支的审计,而是拓展到与资源利用有关的业务活动及其内部控制,通过对业务活动及其内部控制的审计,完善整个管理控制过程,从而防范风险、创造效益。

基于通用软件的数据分析技术逐渐使用。学校审计部门充分发挥电子数据审计的优势,从手工数据审计向电子数据审计逐步过度,并积极探索不是基于专门的审计软件,而是基于通用软件的审计模式和方法。在工具改善,方式转变的基础上,充分利用电子数据,强化数据分析,促进了审计效率、质量、效果的提高。

4. 内部审计理论建设

2006年，审计室作为牵头单位组织10多所高校审计专家完成了教育部、中国内部审计协会的研究课题——《中国教育内部审计准则》和《中国教育审计实务指南》（包括4项实务指南）。

10月，王雷承担的中国教育审计学会《效益审计研究》课题获得课题成果一等奖。《审计控制理念与效益审计的实现途径》一文获得中国内部审计协会论文一等奖。有关论文在《中国审计》、《中国内部审计》等核心期刊和国家级期刊发表。

5. 内部审计环境建设

学校审计部门通过多种方式，宣传内部审计在学校发展中的作用，营造大家理解关心支持审计工作的局面；在工作中，既充分发挥内部审计的管理控制作用，又与各相关业务职能部门建立良好的沟通机制与工作关系，站在不同角度为学校改革与发展服务，共同为学校防范风险、提高资源利用效益。

(沈 济)

【医学部审计工作】 2006年，医学部审计室受医学部的委托，先后对博士苑宾馆、医学部教育处、北京北医投资管理有限公司印厂分公司、医学部设备与实验室管理处和北京大学人民医院进行了经济责任审计。审计范围之宽跨度至八年前的会计账簿及有关经济活动，审计内容之广涉及近十几个部门。审计室在人力资源严重短缺，审计业务十分繁重的情况下，坚持不降低工作标准。在审计中，审计室不仅只是查出经济活动中存在的问题，而且对领导干部任职期间的工作业绩做出客观公正的评价。同时，针对存在的问题提出整改建议。对发现的具有共性的问题，审计室向医学部提交了审计管理建议书。

参加工程设计、工程施工、大型物资设备采购等招标投标及议标项目54项，并对目前医学部招标投标工作中存在的问题提出了改进建议。

积极参与审签学校基本建设、基础设施改造及校舍装修改造审批手续及设计、施工、监理及设备采购等经济合同。2006年，审计室共签署了59份经济合同流转单，涉及金额3216万元，提出合理性建议和意见41条，发挥了审计的防护作用，维护利益双方权益，避免经济损失。

对基建工程实施全过程监督管理，进行工程结算审计。2006年共完成医学部基建修缮工程结算审计90项，审计金额2,879万元，审减工程款173万元。完成医学部所属医院工程结算审计3项，审计金额4,466万元，审减工程款121万元，为医学部及所属医院直接节约资金共计265万元。

2006年，审计室从思想意识入手，建立监督与服务并重的审计理念。

一是服务医学部改革。2006年，审计室配合医学部后勤改革和产业清理整顿及"关、停、并、转"工作，先后对饮食服务中心、博士苑宾馆、北京北医投资管理有限公司印厂分公司等单位实施了经济责任审计。在审计中审计室提出了：实体在管理中缺少对承包人的监督与约束机制，导致毛利率过高，加工环境差的问题；企业在经营中存在短期行为，导致国有资产得不到保值增值，内部设施老化，存在安全隐患等问题。客观地揭示了这些单位内部管理中存在的问题，并提出改善管理的建设性意见。

二是服务于教学与科研。审计室要求审计人员热情对待每一位来处里办事的人员，不允许以任何理由将办事人拒之门外，对于年长者，如有需求还可以上门服务。在审签科研经费中，审计室会热情接待，耐心解答，使老师们急切而来，满意而归。2006年完成科研课题审签项目43项，涉及金额308万元。

三是服务于医疗。审计室的服务不仅仅局限于医学部本部，还扩展到医学部所属医院。2006年审计室完成医院工程结算审计3项，为医院节约工程资金121万元。医院工程结算审计中产生争议、甚至出现僵局时，审计室积极配合医院领导走访北京市建设主管部门以及施工方的上级单位，召开建设方、施工方、审计方的协调会议，营造和谐气氛，针对出现的问题提出解决的办法，为医院提供政策与专业支持。

(医学部审计室)

附录

2006年审计项目情况简表

类别	明细类别	数量	目的		内容			方式	
			合规性审计	绩效性审计	财务审计	管理内控审计	经济责任审计	事前事中审计	事后审计
一、财政审计	1. 学校预算和重点专项资金审计	3	√	√	√	√			√
	2. 二级单位审计	14	√	√	√	√	√		√
	3. 大额资金月度审计审签	12	√		√	√			√
	4. 大额支出专项审计	4	√	√	√	√		√	
	5. 物资采购审计	4	√	√	√	√			√
	6. 科研项目审签	257	√		√				√
	小计	294							
二、工程审计	7. 招标、合同、洽商等审计	464	√	√		√		√	
	8. 追加预算审计	20	√	√	√	√		√	
	9. 月度付款审计	12	√	√	√	√		√	
	10. 结算决算审计	116	√	√	√	√			√
	11. 工程管理审计	10	√	√		√		√	
	小计	622							
三、企业审计	12. 校办企业审计	1	√	√	√	√			√
	13. 报表(财务信息)确认	2	√		√				√
	14. 特殊事项审计	1		√	√				√
	小计	4							
	校本部合计	920					13		
	医学部	207							
	总计	1127							

2006年建设工程全过程审计项目情况简表

序号	项目名称	建筑面积（平方米）	设计概算（万元）	审计开始阶段	备注
1	体育馆工程	26900	25316.91	总包招标后	上年延续项目
2	企业家研修院工程	29888	18376.00	总包招标后	上年延续项目
3	中关园7#楼工程	5695	4097.41	招投标阶段	本年新开项目
4	附小地下车库工程	5332	1749.00	招投标阶段	本年新开项目
5	新化学南楼工程	22633	10203.53	总包招标后	本年新开项目
6	菱斗桥学生宿舍食堂等5项工程	20845	4620.00	总包招标后	本年新开项目
7	公共教室楼工程	33508	11153.71	总包招标后	本年新开项目
8	留学生公寓一期工程	39401	15347.71	施工中期	本年新开项目
9	科技园创新中心工程	66095	33000.00	施工前期	本年新开项目
10	校医院大楼工程	32768	17822.00	招投标阶段	本年新开项目
11	万柳教师公寓改造工程	100000	7300.00	招投标阶段	本年新开项目
12	中关园1—6#楼工程	127005	37217.00	招投标阶段	本年新开项目
	合计	510071	186203.27		

（沈 济）

资产管理

房地产管理

【概况】 2006年，根据学校的规划和安排，资产管理部进一步加强了对各类房屋、土地资源的科学管理与合理调配，为学校的教学、科研等各项事业的发展服务。主要包括公用房调配与管理、教职工住房和教师公寓的管理与服务、土地与房屋产权管理等方面的工作。

公用房调配与管理 （1）北京大学成府园1、2、3号楼建成投入使用，房屋总建筑面积38587平方米。根据学校公用房配置领导小组审议通过的公用房分配与调整方案，将成府园1、2、3号楼分配给政府学院、法学院、工学院等7家单位使用。收回公用房转分给出版社、物理学院重离子所、前沿交叉学科研究院等单位使用以及用于搬迁周转等。除此之外，调整置换出燕东园32、34、36等3栋居民住宅小楼，建筑面积约1000平方米，分配给交叉学科研究院、社会调查研究中心、幼教中心等单位，部分解决了重点科研项目用房紧张的困难，为教学科研拓展了办学空间。2006年，公用房分配与调整涉及20多个院系和职能部门，建筑面积约43000多平方米，各相关单位的教学科研及办公条件得到了相应改善。（2）公用房搬迁与周转。2006年，拆除公用房3处：北新商店部分拆除；学校木工厂部分工作间拆除；三教、四教之间青鸟公司小楼及临建全部拆除。拆除房屋建筑面积近2000平方米。（3）公房竣工验收工作。2006年，共进行6处新建和改造公用房的竣工验收，新建工程竣工建筑面积54527平方米。其中，包括成府园1、2、3号楼、蒋家胡同2号院、中关园留学生公寓8号楼的竣工验收，以及文史楼1—2层的维修改造。

教职工住房和教师公寓的管理与服务 （1）教师公寓的管理与服务。2006年毕业留校教职工87人，引进人才及调入人员近100人，共安排教师公寓180余套（间），其中成套房72套，非成套房110间。安排教师公寓粉刷检修244套（间）。（2）博士后公寓的管理与服务。办理进站入住150人次，成套房59套，非成套房30间。博士后公寓粉刷检修67套（间）。（3）清理、收回各类占房。由于历史原因，学校存在一批非法占房户。经调查核实，2006年，清理收回房屋28套（间）。（4）办理住房相关手续。办理退休、调出、病故转单270余人次，开具校外住房及教职工住房补贴情况调查表、教师优惠证明670余人次。（5）办理供暖费、物业费支付手续。2006年，学校统一支付西二旗供暖费约220万元；支付西三旗育新花园小区、六道口静淑苑小区供暖费约110万元，物业费约48万元。

土地与房屋产权管理 （1）办理国有土地使用权登记。办理并取得燕北园、清华园4—7公寓、北大附中、蓝旗营教师住宅（4、5、6、11号楼）国有土地使用权证；协助医学部办理房屋产权证和国有土地使用证变更事宜；完成昌平十三陵西山村污水处理池土地调查工作。（2）房屋产权管理。协助办理东升园和华清嘉园两处公房的房产证；办理蓝旗营教师住宅小区4、5、6、11号楼房屋产权证；为资源集团、科技园、青鸟集团、社区中心等单位80多家租赁学校产权房屋的公司出具经营场所产权证明。（3）填报相关土地与房屋报表。完成教育部年度高校基层报表、北京市城镇房屋安全表的统计及填报；完成中央国家机关普通地下室调查摸底数据采集。

（姜 如 陈 杰 杨 晶）

【房改工作】 2006年，学校住房制度改革工作主要包括房改售房和教职工住房补贴发放等工作。

房改售房工作 （1）发放1997价、1999价、2001价产权证120本。（2）办理退、购房等房改售房手续25户。（3）完成北京大学农转居拆迁安置售房工作。截至2006年10月，包括北京大学燕北园、成府北河沿3号楼的256户农转居售房户的房产证制证工作全部完成。（4）承担蓝旗营小区房产证办理工作。按照《蓝旗营住宅小区房屋买卖协议》规定，此项工作应由蓝旗营小区住宅建设办公室负责，但由于多种原因，一直未能办理。2005年，学校决定由资产管理部承担蓝旗营小区房产证的办理工作。2006年5月，完成蓝旗营小区部分土地证的办理。截至2006年年底，完成蓝旗营小区4、5、6、11楼大房产证的办理工作，同时着手进行教职工每户小房产证的办理工作。

住房补贴发放和预算决算工作 （1）办理住房补贴支取手续。2006年，按照住房补贴支取程序，办理在职无房和住房面积未达标教职工的住房补贴支取手续1011人次，并逐一建立住房补贴支取档案。（2）完成农转居职工的住房情况调查工作。2006年5月起，陆

续发放、收回并审核农转居职工住房情况调查表328份,为尽快落实农转居职工的住房补贴做好准备工作。(3)贯彻落实国家有关住房补贴发放的新政策,完成2006年住房补贴发放工作。2005年5月,中共中央办公厅、国务院办公厅转发建设部等单位《关于完善在京中央和国家机关住房制度的若干意见》的通知(厅字[2005]8号)。2006年5月,国务院机关事务管理局出台《在京中央和国家机关住房补贴调整实施办法》(国管房改[2006]164号)。根据以上文件规定,自2005年开始,住房补贴发放标准有所提高,发放方式也由原来的集中管理转变为随职工工资发放。为尽快落实住房补贴新政策,2005年年底,资产管理部全面启动实施工作。2006年6月,学校调整住房制度改革工作小组,增加部分青年教师代表作为工作小组成员。12月,《北京大学教职工住房补贴调整实施办法》(校发[2006]83号)正式颁布实施。2006年11月起,资产管理部面向全校陆续发放并收回住房情况调查表、住房补贴申请审核表9000余份。经核定,北京大学校本部5906名教职工符合住房补贴发放资格,资产管理部及时公示名单并核算住房补贴金额。12月底,根据学校住房补贴预算,按新标准为校本部3983名教职工发放了住房补贴,累计发放住房补贴金额8371万元。(4)完成并上报教育部有关北京大学住房补贴预算和决算报表(含校本部和医学部)。校本部和医学部依据教职工的人事信息和住房档案对在职和离退休职工的住房情况、住房补贴金额及发放记录进行汇总、核算,完成《2005年北京大学住房补贴决算报表》和《2007年北京大学住房补贴预算报表》,并按时上报教育部,为确保上级财政部门拨付住房补贴资金做好基础工作。

(杜德华)

【重点专项工作】 2006年,资产管理部在完成日常服务保障工作的同时,在稳步推进公用房制度改革、确保学校重点基建项目建设等方面做了大量工作,为学校的长远发展拓展建设用地空间,促进土地资源的合理利用以及房屋的合理调配。主要包括公用房制度改革、"北京国际数学研究中心"工程的拆迁、五道口住宅项目的建设、万柳学生公寓的改造和置换、校园综合整治以及信息化建设等方面的工作。

公用房制度改革 北京大学公用房使用与管理制度改革的目的是:实行分类定额管理、有偿使用、超额收费的办法,建立公用房使用与管理的自我约束机制,促进房产资源有效合理配置。此项改革涉及面广、情况复杂,对学校各方面的发展意义重大。2006年4月,学校成立了公用房配置领导小组和公用房管理改革工作小组,统筹协调全校公用房资源的合理配置,指导《公用房管理条例》的修订。7月,公用房管理改革工作小组走访浙江大学、山东大学等兄弟高校,进行公房管理考察和调研,提出了《关于公房使用与管理改革调研报告》。10月,根据公房使用现状,结合调研情况,提出了《北京大学的公用房管理条例》(修改讨论稿)。

"北京国际数学研究中心"工程拆迁工作 学校集前沿研究、国际交流与合作和人才培养于一体的"北京国际数学研究中心"选址于朗润园、镜春园区域。而该区域内古建损毁严重,驳岸水系有待整治复原,尤其是平房区居住人员复杂,私搭乱建、出租房屋现象严重,长期以来对校园安全构成较大隐患。为加快"北京国际数学研究中心"工程建设,维护校园安全,必须对该区域进行拆迁。然而,拆迁工作难度相当大:拆迁区域住户住房面积普遍较小(户均建筑面积37平方米),住户多为后勤老职工,子女多,下岗工人及低保户多,住户对拆迁补偿的心理预期和要求又普遍较高。为顺利完成拆迁任务,2006年2月起,就加快进行"北京国际数学研究中心"工程前期手续的办理和环境整治及拆除违章建筑等事宜,学校多次召开会议进行研究,并邀请海淀区建委负责人进行商讨。4月,拟订了《关于调查和拆除朗润园、镜春园地区违法建设实施方案》。5月,完成了上述区域的违章调查和测量事项。9月16日,"北京国际数学研究中心"工程《拆迁公告》正式发布,拆迁工作正式启动。截至2006年年底,签订《房屋拆迁货币补偿协议》的教职工91户,未签订协议的教职工仅剩7户。其中,位于全斋的房屋已全部腾空并具备了进场施工的条件。

五道口经济适用房项目的建设 2006年以来,法政公司不仅在办理五道口项目的拆迁过程中遇到了很多阻力,而且由于政策的变化,在规划和开工手续办理过程中也遇到了困难。经学校与北京市政府有关部门多次进行协调,以及资产管理部和法政公司的共同努力,2006年7月,终于完成建设区域内的拆迁工作。截至2006年年底,《建设工程规划许可证》和《建设工程施工许可证》正在办理中,该项目有望于2007年年初开工建设。

万柳学生公寓的改造和置换工程 2006年5月,北京大学成立

万柳学生公寓改造工作小组,由资产管理部牵头负责具体事宜。6月,资产管理部提出《万柳公寓改造及置换建议方案》。此后,就具体改造设计方案,资产管理部、基建工程部与设计单位——北京联华公司进行多次协商讨论,各项前期准备工作稳步进行。据测算,万柳公寓可改造出标准间680套、单元房340套,这将极大缓解学校教师公寓房源短缺现状。其中,单元房可作为教师公寓用于解决引进高级人才和新留校教职工的住房问题。标准间可用来置换主校园内16—24楼教工集体宿舍,而校内16—24楼腾空后将改造为教学科研用房,以满足学校长远发展需求。

校园环境综合整治 2006年4月起,主校园及周边地区的环境综合整治工作开始进行。根据校领导指示,资产管理部积极配合燕园街道办事处、海淀区城管监察大队高校执法分队进行违法建设拆除工作。截至2006年年底,共计拆除违法建设:蔚秀园31户(建筑面积2015平方米)、承泽园64户(建筑面积4055平方米)。燕南园、燕东园等剩余区域的拆违调查工作将于2007年完成。

房屋安全检查 根据国家及北京市的有关规定,结合学校实际情况,资产管理部拟定《北京大学房屋安全检查实施方案》。2006年9月至12月期间,完成中关园501—506楼、中关园41—50丙楼、清华园4—7公寓、蔚秀园14—29楼、燕东园31—40楼的房屋安全检查,涉及楼房52幢,建筑面积达15.6万多平方米。

北京大学房地产管理信息系统建设 2005年11月,经校领导批准,资产管理部与计算中心合作研发北京大学房地产管理信息系统。2006年1月,资产管理部网页正式开通。自部长信箱建立以来,资产部派专人负责管理,做到发现问题及时处理和解决,确保学校、校内其他单位、师生员工与资产管理部之间沟通渠道的畅通,为不断提高服务质量和水平提供保障。5月,信息系统的需求分析工作已完成。9月,系统初步建成,公用房管理子系统已进入系统试用阶段,其他子系统正在进行最后完善。信息系统所需的数据收集、整理工作已结束,共整理学校楼宇建筑数据500余座、公房房间数据13000余间、教职工个人住房信息档案10000余份,拍摄北京大学房屋外观照片1000余张,信息资料数据库全面建成。整个系统将于2007年得到全面完善。

(殷雪松)

【医学部房地产管理】 4月28日成立医学部房地产管理中心,该中心是在整合北京大学医学部后勤与基建管理处房地产管理办公室、社区服务中心、学生公寓管理中心、留学生公寓管理中心和城内服务中心五个办公室(实体)的基础上成立的,实行事业单位企业化管理模式,隶属于后勤与基建管理处。

1. 住房补贴。(1)完成医学部2006年8月以前参加工作的565名无房职工月住房补贴核算工作;完成2006年11月前离退休的79名职工住房补贴核算工作;完成1970年以前参加工作的130名在职职工差额住房补贴工作,共计发放住房补贴20873729.45元。(2)完成84名已购房无房职工供暖费支付工作,支付金额82687.88元;完成136名有房职工供暖费支付工作,支付金额231499.01元;完成73名住平房职工的取暖费支付工作,支付金额14600元;完成育新小区、西二旗小区等物业费、供暖费支付工作,物业费支出192315.3元,供暖费支出535447.62元。

2. 学生公寓。(1)完成100余名在北大完成基础课程学习学生的回校宿舍安排工作;完成82名草岚子学生回校宿舍安排工作;完成南北博士楼178名学生的搬迁、回迁工作。(2)留学生公寓于2006年1月正式启动接待任务。

3. 教师公寓。(1)完成教职工公寓房源划分工作。教职工公寓类房源共422套,分为人才公寓80套,教职工公寓267套,博士后公寓75套。(2)2006年7月至8月,完成六年来首次教职工公寓成套住宅分配与入住手续的办理工作,共有74名职工挑到了以上公寓房;(3)2006年9月,单身教工6号楼完成装修改造,10月底,组织首批单身教工办理入住手续,首批入住职工58人。

4. 产权产籍、公房管理。(1)医学部《房屋所有权证》、《国有土地使用证》更名工作继续办理中。(2)启动医学部公用房屋管理工作,完成医学部公有房屋初步普查工作,医学部共有行政办公、教学科研、学生用房、教职工宿舍、附属用房共计38万平方米。

(王 华)

附 录

2006 年北京大学土地基本情况汇总表

序号	土地坐落	面积(平方米)
1	海淀区海淀路 5 号	1016971.00
2	海淀区颐和园路 102 号(蔚秀园)	84851.11
3	海淀区北京大学畅春园	60644.06
4	海淀区成府路燕东园	185073.10
5	海淀区北京大学中关园	160200.70
6	海淀区北京大学承泽园	58748.41
7	海淀区清华南路 4—7 公寓	15732.44
8	海淀区骚子营北京大学燕北园	94472.54
9	海淀区中关村 19 号楼	663.66
10	海淀区中关村 23 号楼	651.55
11	海淀区中关村 25 号楼	1017.84
12	海淀区中关村 26 号楼	1045.24
13	海淀区中关村北二条街 3 号	13182.95
14	海淀区中关村北二条街 7 号	1527.07
15	海淀区大泥湾北大附中	55485.32
16	海淀区北河沿 3 号楼	581.68
17	海淀区上地朱房	7529.80
18	海淀区教养局 10 号	353.80
19	海淀区苏家坨镇金仙庵	16779.40
20	海淀区苏家坨镇金仙庵朝阳院	6667.00
21	海淀区苏家坨镇寨口村 44 号	1681.83
22	东城区黄米胡同 7 号	837.00
23	东城区黄米胡同 9 号	400.00
24	东城区礼士胡同 141 号	375.20
25	东城区北河沿大街 155 号	374.10
26	东城区东高房胡同 21 号	3093.00
27	昌平区十三陵镇北京大学昌平园区	346296.00
28	昌平区十三陵镇西山口村南	3935.00
29	昌平区十三陵镇西山口村南苗圃	11260.00
30	昌平区十三陵镇太陵园村东南侧	1938.00
31	昌平区南口镇太平庄村	6667.00
32	昌平区十三陵西山口村南 1 号泵站	815.00
33	昌平区十三陵镇北京大学昌平园区污水处理池	120.00
34	海淀区海淀路 36 号	589.44
35	海淀区海淀路 38 号	777.79
36	海淀区海淀路 44 号	132.61
37	海淀区海淀路 46 号	1548.05
38	海淀区海淀路 50 号	2150.52
39	海淀区蓝旗营教师住宅小区	25323.84
40	海淀区蓝旗营教师住宅小区商建	5964.45
41	海淀区北京大学畅春新园学生宿舍	20000.00
42	海淀区北京大学篓斗桥学生宿舍	7775.00
43	海淀区北京大学成府园	92313.00
合计		2316545.50

(杨 晶)

2006年北京大学房屋基本情况

类　　别	建筑面积（平方米）
一、教学科研及辅助用房	474384
公共教室	30138
图书馆	55896
体育馆	12426
会堂	12421
实验室	114002
其他教学科研及辅助用房（院系）	249531
二、行政办公用房	19874
三、生活用房	377535
学生宿舍	211085
教工集体宿舍	20734
学生食堂	27126
生活福利及其他附属用房	118590
四、教工住宅	462672
五、产业用房	246180
六、附小、附中用房	84248
总计	1664893

（胡姮霞）

2006年北京大学教职工住宅现状情况表

建筑面积（平方米）	使用面积（平方米）	居住面积（平方米）	实住户数（户）	家庭人均居住面积（平方米）	有成套房户数（户）	住房成套率（%）
534227 *	401674	241004	8505	10.12	7226	81.95

注：住宅面积中包括蓝旗营小区以及部分校外购福利房面积。

（赵月娥）

2006年北京大学成套家属房汇总统计表

区　片	套数（套）	建筑面积（平方米）
校内	96	9834
附中	108	6000
中关园（含科学院）	1286	79083
蔚秀园	817	43403
畅春园	320	20068
承泽园	386	24961
燕东园（含清华园）	884	51698
燕北园	1390	96700
蓝旗营	641	75600
西三旗（一期）	316	22387
西三旗（二期）	129	14575
六道口	83	6166
燕东园小楼		4198
燕南园小楼		3475
合　计	6456	458148

（赵月娥）

实验室与设备管理

【概况】 为进一步完善运行机制，强化管理手段，加强制度化建设，实验室与设备管理部根据学校清理规章制度会议的精神，对制度化建设工作进行了部署和落实。共制定或修订规章制度17项，分别为《北京大学实验室工作条例》、《北京大学仪器设备管理办法》、《北京大学大型仪器设备管理办法》、《北京大学实验室安全管理办法》、《北京大学实验室工作评审奖励办法》、《北京大学院（系）仪器设备和实验室管理人员职责》、《北京大学实验室档案和基本信息收集管理办法》、《北京大学大型仪器设备维护维修基金管理办法》、《北京大学大型仪器设备开放测试基金管理办法》、《北京大学仪器设备损坏丢失赔偿办法》、《北京大学国内仪器设备采购管理办法》、《北京大学仪器设备招标采购管理办法》、《北京大学"十五""211工程"建设项目仪器设备购置与管理办法》、《北京大学科教用品进口管理办法》、《北京大学免税科教用品的申报及管理办法》、《北京大学仪器设备调拨、报废收入管理办法》《北京大学实验室危险化学废物处理实施细则》。实验室与设备管理部通过近年来不断完善的制度化建设，进一步确定了各项工作的职责范围，明晰了各个管理流程，规范了管理。

（何 平）

【实验室建设与管理】 截止到2006年年底，北京大学共有各类实验室112个，其中校本部80个，医学部32个（详见附表1：《2006年北京大学实验室基本情况一览表》）。2006年，在实验室管理方面的主要工作如下：

实验教学示范中心建设与评审 按照教育部和北京市教委关于开展高等学校实验教学示范中心建设和评审工作的通知精神，组织相关实验教学中心的建设与申报工作。继2005年北京大学物理、化学实验教学中心获得北京市级和国家级实验教学示范中心之后，2006年生命、经济、电子、医学4个参评中心均被评为北京市级实验教学示范中心，其中生物基础实验教学中心被评为国家级实验教学示范中心。至此，北京大学共有国家级实验教学示范中心3个，即：物理基础教学实验中心、化学基础教学实验中心和生物基础教学实验中心；北京市级实验教学示范中心6个，即：物理基础教学实验中心、化学基础教学实验中心、生物基础教学实验中心、电子信息科学基础实验中心、经济管理实验教学中心、生物医学教学实验中心。

实验室安全和环境管理
1. 危险化学废物管理 化学学院从2002年开始规范处理有毒有害废液及废旧化学试剂，并义务协助几个理科院系处理废液和废旧试剂。但从学校整体层面上来说，缺少学校一级的统一管理。为此，由实验室与设备管理部牵头，成立了北京大学实验室危险废物处理协调小组，制定并颁布了《北京大学实验室危险化学废物处理实施细则》。同时，学校拨专款52万元/年用于废液及废旧试剂的处理，保证了此项工作的顺利进行。

2. 放射源管理 对医学部放射性实验室进行了多次安全检查，处理了沉积多年的放射性液体废物。整理了有关放射性的管理制度，为废源的报废清理进行准备。

3. 实验室生物安全管理。2006年11月，接受北京市卫生局关于病原微生物实验室安全检查。建立了医学部生物安全管理体系，制定《P2实验室生物安全手册》，落实生物安全培训方案。2006年，完成申请加入卫生部"国家突发重大传染病应急实验室网络"的申报工作。

4. 实验室防火、防盗、防泄漏和防污染安全检查。

2006年度实验技术系列职务评审 2006年度参加实验技术系列职称评审的共计33人，其中申请参评教授级高级工程师的6人，晋升5人（2人提退）；申请参评高级工程师的14人，晋升10人；申请参评工程师的13人，晋升13人。

（张聂彦、徐继革）

【仪器设备管理】 2006年，北京大学"十五""211工程"项目的执行工作接近尾声，"985工程"二期项目的实施进入第二年。2006年新增800元以上仪器设备14415台，价值人民币2.45亿元（本部9785台，价值人民币1.88亿元；医学部4630台，价值人民币0.57亿元）。至2006年年底，北京大学在用仪器设备总量增至116026台，价值人民币20.52亿元（本部79975台，价值人民币15.85亿元；医学部36051台，价值人民币4.67亿元）。这些仪器设备在教学、科研、临床应用等领域发挥了重要作用。

根据北京市人民政府办公厅《关于开展北京市行政事业单位资产清查工作的通知》要求，为进一步加强北京大学仪器设备的管理，保证仪器设备的完好率，提高使用效益，实验室与设备管理部启动了北京大学仪器设备清查工作，并于2006年11月30日召开了仪器设备清查工作动员会。与会人员包括全校各单位主管负责人和仪器设备管理员，张新祥部长主持会议，林建华常务副校长到会并做了重要指示，黄凯副部长对清查工作进行了部署。本次资产清查工作的主要任务是：1. 全面核查学校各单位仪器设备的账物相符情况和使用情况，清理无效仪器设备资产。2. 重点核查10万元以上的仪器设备和通用仪器设备的情况。

3. 掌握40万元以上大型仪器设备的使用效益。4. 核查带有放射源的仪器设备。5. 对于存在问题的处理,如丢失、损坏、闲置等。6. 总结经验,提高仪器设备管理工作水平。

开展40万元以上大型仪器设备购置可行性论证工作24次。

对全校264台40万元以上的教学科研仪器设备进行了2005—2006学年度的使用情况调查,总体情况良好,使用机时800小时以上的仪器占76.14%,使用机时2000小时以上的仪器占24.62%。

完成第十四期大型仪器开放测试基金的结算:参加开放的仪器84台,基金总额373.70万元,其中"十五""211工程"出资249.14万元,配套124.56万元。完成课题600个,使用测试经费343.71万元。受益单位有化学与分子工程学院、生命科学学院、物理学院、地球与空间科学学院、环境学院、信息学院、考古文博学院、力学与科学工程系(工学院)等。

完成第十五期大型仪器开放测试基金的申报和评审。参加本期开放的仪器增加到94台(详见附表2:《第十五期大型仪器开放测试基金开放仪器》),基金总额450万元,其中"211工程"三期出资300万元,配套150万元。申请课题716个,测试费590万元,机时60余万小时,样品7万余个。通过评审,获批准资助的课题有690个,总测试费449.63万元。本期基金首次对医学部开放,扩大了受益面,进一步提高了基金的使用效率。

加强北京科学仪器协作共用网入网仪器的管理,2006年入网仪器10台。

大型仪器测试服务总收入454.81万元(含北京科学仪器协作共用网入网仪器服务收入,不含测试基金部分)。

完成教育部"十五""211工程"建设项目"高等学校仪器设备和优质资源共享系统"子项目"入网仪器设备条件建设"的相关工作。北京大学共有23台单价100万元以上大型仪器设备获得资助,项目总经费为284万元,完成了项目执行、中期检查、经费管理、课题总结,项目已于2006年8月通过验收。(详见附表6:《北京大学"高等学校仪器设备和优质资源共享系统"入网仪器设备清单》)。

北京大学"十五""211工程"建设项目"仪器设备优质资源共享系统"顺利通过验收。该项目2500万元经费所购置的尖端大型仪器设备已正常、高效运行,达到了项目建设目标,验收时得到专家的一致好评。该项目资助的北京大学大型仪器开放测试基金已按计划完成;维修基金已基本执行完毕,尚有一小部分等待最后结算。

完成北京大学"211工程"仪器设备验收相关工作,核对全校10万元以上"211工程"二期的仪器信息。与"211工程"办公室协作完成各单位"211工程"10万元以上仪器机时使用情况调查。与审计室协作调查了各单位"211工程"二期40万元以上仪器的使用效益情况。

完成进口科教用品免税及后续管理工作。2005年以来,海关对科教用品减免税监管力度逐步加大,因此,在2006年实验室与设备管理部重点加强了进口科教用品的免税管理工作。继2005年组织院系自查后,2006年3月又组织全校各院系、部处、直属单位以及附属医院对2002—2005年进口免税科教用品进行了全面的核对,并在各单位自查的基础上,对重点用户进行了抽查,对于发现的问题,及时进行了整改。在2006年5、6月间的中关村海关全面检查中,被抽查到的1000余台(套)仪器设备均没有出现问题,海关对检查结果表示满意,对北京大学免税物品的使用和管理给予了肯定。

规范旧仪器设备的报废程序,及时发布拟报废仪器设备信息,供全校教学科研调剂使用,充分发挥这些仪器设备的使用效益。对确实没有利用价值的旧仪器设备进行分类集中,招标出售,2006年全校旧仪器设备出售收入为83.2万元。

与计算中心共同研发"北京大学大型仪器开放测试基金管理系统"。从2006年9月第十五期基金开始使用该系统,初步实现了开放基金的计算机网络化管理。

开展地铁震动影响相关问题调研。

(张解东 李小寒 石铄 盛路 崔洪伟)

【仪器设备采购】 2006年,实验室与设备管理部进一步完善了招标采购制度,成立了北京大学招标采购领导小组,规范了按类型和购置金额分级的仪器设备采购申报、审批程序。2006年,在仪器设备采购方面的主要工作如下:

截至2006年年底,"985"一期设备经费总拨款约4.37亿,完成4.33亿,其中2006年执行167.46万元;"985"二期总拨款1.5亿,完成1.03亿,其中2006年执行6527万元(国外采购3146.26万元,国内采购3381万元)。签订进口采购合同131项,合同金额折3054.24万元(详见附表8:《2006年40万元以上仪器设备采购一览表》),购置仪器设备274台(件、套、批);80万元以上的大型贵重仪器6台(套),包括:X射线衍射仪、紫外-近红外微区拉曼/荧光光谱系统、小角X射线衍射仪、低温强磁场杜瓦系统、电感耦合等离子质谱仪、激光剥蚀熔样系统等。

"十五""211工程",总拨款约2.54亿,完成2.33亿,2006年完成执行约4921万元(国外采购2985.62万元,国内采购1935.21万)。其中谈判并签订进口采购合

同89项,合同金额折2935.04万元(详见附表8),购置仪器设备399台(件、套、批);80万元以上的大型仪器设备3台(套),包括:紫外拉曼光谱仪、冷场扫描电子显微镜、诱导耦合刻蚀系统。

组织招标采购28次,其中国内招标采购17次,招标金额约1106万元;进口招标采购11次,招标金额约1985.28万元。

完善了通用设备采购与审核制度,配合政府采购更新了两期北京大学通用设备协议供货商,使学校的通用类设备采购更加规范化、制度化。定期公布学校通用设备实际采购价格及采购工作相关信息,使全校教职工及时掌握通用类仪器设备的实际价格变动情况。2006年,组织协议供货商对全校通用仪器设备进行了4次巡检活动,累计外派工程技术人员30多人,检修复印机、空调机、计算机及其外设等设备1500余台,受到全校师生的欢迎。

其他经费的进口仪器设备采购方面,谈判并签订进口采购合同116项(详见附表8),合同金额1294.32万元,购置仪器设备266台(件、套批)。

接受境外友好赠送6项,接受赠送仪器设备9台(件、套、批),价值折美元48393元。全部赠送仪器设备均办理了申请接受赠送的行文、报审、进口审批手续。

与计算中心共同研发"厂商产品信息管理系统"。该系统是采购管理系统的一部分。通过该系统,校内用户可以便捷、及时的查询代理商所经营产品的类别、型号及其价格。厂商产品信息管理系统是北京大学通用设备信息化管理的重要手段之一。

(石 铄 张聂彦)

【世行贷款"高等教育发展"项目】
1998年立项的世界银行贷款"高等教育发展"项目,已于2005年进入关闭阶段,该项目2006年的主要工作是收尾工作,包括核对和结算支付清单,编制财务报告,接受并通过了国家审计署对此项目最后执行年度的完工审计。世行贷款"高等教育发展"项目,北京大学共获得贷款300万美元,建设了6个基础教学实验中心,分别为物理基础教学实验中心、化学基础教学实验中心、生物基础教学实验中心、电子信息基础教学实验中心、语言语音教学中心、多媒体网络教学中心。在贷款项目执行期间,各实验中心在基本建设和教学改革方面都取得了显著成绩。利用世行贷款项目购置的实验设备和图书资料,为改善实验教学条件,提高实验教学质量,推进实验教学改革,培养高素质、创新型的人才发挥了作用。2006年下半年已接受国家审计署对北京大学世行贷款教材发展项目、重点学科发展项目和高等教育发展项目三个项目债务管理和项目效益的专项审计调查。

(张聂彦 石 铄)

注:本年鉴所涉及的进口项目金额,美金对人民币的折算汇率按1:8估算。

附 录

表1 2006年北京大学实验室基本情况一览表(校本部)

序号	单位	实验室个数	实验室使用面积(m²)	教学实验(2004—2005学年)			仪器设备		其中20万元以上	
				实验个数	实验时数	实验人时数(万)	数量	金额(万元)	数量	金额(万元)
	合 计	80	83771	1398	28574	122.66	57265	129629	905	68276
1	数学科学学院	2	2100	24	114	0.32	2077	1537	2	48
2	工学院	5	3872	28	1631	0.63	2522	4814	29	2317
3	物理学院	12	15719	308	3198	21.06	7991	23230	133	14602
4	信息学院	13	12629	193	10160	40.14	8854	23576	162	13072
5	化学与分子工程学院	15	17724	168	2089	30.04	7915	21162	203	13903
6	生命科学学院	9	7311	264	2929	20.74	7595	16629	121	7451
7	地空学院	5	4905	184	706	2.43	4070	6901	45	2862
8	环境学院	5	4200	90	4879	2.63	4494	7233	70	2894
9	心理学系	4	1160	109	1488	1.25	721	741	3	213
10	中国语言文学系	1	80	7	808	0.55	687	706	0	0
11	考古文博院	1	720	0	0	0	998	1615	14	633
12	光华管理学院	1	520	23	572	2.87	2168	2063	3	151

序号	单位	实验室个数	实验室使用面积(m^2)	教学实验(2004—2005学年)			仪器设备		其中20万元以上	
				实验个数	实验时数	实验人时数(万)	数量	金额(万元)	数量	金额(万元)
13	北京核磁共振中心	1	2000	0	0	0	208	3168	7	2843
14	现代教育技术中心	1	1128	0	0	0	1479	2186	14	533
15	计算机科学技术研究所	1	1400	0	0	0	189	455	2	204
16	计算中心	1	3168	0	0	0	2965	8945	61	4655
17	图书馆	1	400	0	0	0	1634	3418	28	1650
18	分子医学研究所	1	1235	0	0	0	658	1231	8	245
19	北京大学实验动物中心	1	3500	0	0	0	40	19	0	0

注：现代物理中心和电镜实验室含在物理学院中。

(李小寒　张　媛)

表2　第十五期大型仪器开放测试基金开放仪器

序号	仪器编号	仪器名称	仪器负责人	所在院系
1	0108948	粒子成像流场测量系统	强　明	力学系
2	0407504	扫描探针显微镜	强　明	力学系
3	0103757	激光测振仪	强　明	力学系
4	0107525	数字化扫描电子显微镜	强　明	力学系
5	0604089	原位纳米力学测试系统	强　明	力学系
6	0107670	脉冲激光溅射沉积系统	聂瑞娟	物理学院
7	0404088	磁学性质测量系统	陈晋平	物理学院
8	9703475	交变梯度磁强计	陈海英	物理学院
9	0404087	物理性质测量系统	陈晋平	物理学院
10	9701789	材料研究衍射仪	王永忠	物理学院
11	0407740	碳14测量加速器质谱仪	刘克新	物理学院
12	9301743	瞬态荧光及喇曼谱仪	杜为民	物理学院
13	8601027	串列静电加速器	马宏骥	物理学院
14	0404726	场发射扫描电镜	陈　清	信息学院
15	8400195	色谱质谱联用仪	贺晓然	化学学院
16	9703476	热分析系统	章　斐	化学学院
17	0006914	超高真空镀膜机	王银川	化学学院
18	9900780	气相色谱仪	刘虎威	化学学院
19	9400788	气相色谱/质谱仪	张　秀	化学学院
20	9803387	元素分析仪	王智贤	化学学院
21	9900777	高压液相色谱仪	刘虎威	化学学院
22	0108938	等离子发射光谱仪	张　莉	化学学院
23	9400803	紫外可见近红外光度计	周永芬	化学学院
24	9802240	比表面和孔径分布测定	章　斐	化学学院
25	9801799	高效液相色谱仪	孙　玲	化学学院
26	9900528	凝胶渗透色谱	孙　玲	化学学院
27	9801798	毛细管电泳仪	张新祥	化学学院
28	0303532	扫描探针显微镜	潘　伟	化学学院
29	0108939	热台偏光显微镜	潘　伟	化学学院
30	9400785	核磁共振波谱仪	吕木坚	化学学院
31	9801106	荧光光谱仪	孙　玲	化学学院
32	0108930	影像板X射线衍射仪	章士伟	化学学院

续表

序号	仪器编号	仪器名称	仪器负责人	所在院系
33	0303529	核磁共振谱仪	林崇熙	化学学院
34	0210194	X射线荧光光谱仪	张 莉	化学学院
35	9802238	色-质联用仪	张新祥	化学学院
36	0401834	液相色谱-质谱联用仪	袁 谷	化学学院
37	9400783	X射线衍射仪	廖复辉	化学学院
38	9400801	傅氏变换拉曼红外谱仪	翁诗甫	化学学院
39	0502371	多功能成像电子能谱	谢景林	化学学院
40	0604091	冷场发射扫描电镜	王银川	化学学院
41	9703268	核磁共振仪	林崇熙	化学学院
42	0604084	热重分析仪	章 斐	化学学院
43	0507397	稳态/瞬态荧光光谱仪	张 莉	化学学院
44	0210465	调制式扫描量热仪	章 斐	化学学院
45	0210195	激光光散射仪	郑 容	化学学院
46	8600050	透射电子显微镜	付洪兰	生命科学学院
47	9703266	中压液相层析系统	任燕飞	生命科学学院
48	0605224	串联飞行时间质谱仪	纪建国	生命科学学院
49	0201576	蛋白质序列分析仪	沈为群	生命科学学院
50	0108941	激光共聚焦显微镜	桑华春	生命科学学院
51	0405161	制备超速离心机	潘 卫	生命科学学院
52	0210467	流式细胞分选仪	杜立颖	生命科学学院
53	0108956	高分辨气相质谱联用仪	陈左生	环境学院
54	0606221	多功能X射线粉末衍射	王河锦	地空学院
55	0210622	激光拉曼光谱仪	任景秋	地空学院
56	0407725	顺序式X射线荧光光谱	杨 斌	地空学院
57	0210230	激光显微定年系统	季建清	地空学院
58	0207679	高分辨等离子质谱仪	陈 斌	地空学院
59	0108955	电子探针	舒桂明	地空学院
60	8801723	激光显微探针定年系统	刘玉琳	地空学院
61	0301647	液相色谱质谱联用仪	孙卫玲	环境学院
62	0210480	石墨炉原子吸收分析仪	孙卫玲	环境学院
63	0407733	离子色谱	孙卫玲	环境学院
64	0210218	总有机碳/总氮分析仪	孙卫玲	环境学院
65	0510134	气相色谱质谱联用仪	孙卫玲	环境学院
66	9902809	原子吸收分光光度计	邓宝山	环境学院
67	0510101	气相色谱仪	刘 煜	环境学院
68	0407727	气相色谱-质谱联用仪	刘 煜	环境学院
69	0306881	极谱仪	蒙冰君	环境学院
70	9902810	气相色谱仪	王永华	环境学院
71	0001352	激光粒度分析仪	周力平	环境学院
72	0510080	高效液相色谱仪	刘 煜	环境学院
73	0510102	微波消解/萃取系统	蒙冰君	环境学院
74	0108579	大幅面扫描仪	刘雪萍	环境学院
75	0307604	元素分析仪	贺金生	环境学院
76	0103753	快速溶剂提取仪	蒙冰君	环境学院
77	0201580	气相色谱-质谱联用仪	刘 煜	环境学院
78	0001685	激光粒度仪	蒙冰君	环境学院
79	9901713	总有机碳分析仪	蒙冰君	环境学院
80	0201581	气相色谱仪	刘 煜	环境学院

续表

序号	仪器编号	仪器名称	仪器负责人	所在院系
81	0210231	标准快速磁刺激系统	韩世辉	心理系
82	0303559	500兆核磁共振谱仪	金长文	核磁中心
83	0700000	600兆核磁共振谱仪	金长文	核磁中心
84	0700001	400兆核磁共振谱仪	金长文	核磁中心
85	0303325	800兆核磁共振谱仪	金长文	核磁中心
86	0303326	600兆核磁共振谱仪	金长文	核磁中心
87	0210472	聚焦离子束系统	徐军	电镜室
88	0407723	环境扫描电子显微镜	陈莉	电镜室
89	0302852	场发射透射电子显微镜	尤力平	电镜室
90	9501243	场发射扫描电镜	张会珍	电镜室
91	8600028	扫描电子显微镜	张会珍	电镜室
92	8200065	透射电子显微镜	张小平	电镜室
93	9400782	透射电子显微镜	陈晶	电镜室
94	0201583	高性能计算服务器	孙爱东	计算中心

(李小寒)

表3 北京大学大型仪器开放测试基金情况表

序号	测试费额度(万元)	经费来源	资助课题(个)	执行测试费(万元)
十期	60.00	"985工程"一期	358	75.00
十一期	70.00	"985工程"一期	374	91.00
十二期	152.00	"十五""211工程"	443	198.00
十三期	204.00	"十五""211工程"	564	306.00
十四期	249.14	"十五""211工程"	628	373.70
十五期	299.75	"211工程"三期	690	449.63

(李小寒)

表4 2004—2006年北京大学参加北京地区科学仪器协作共用网情况表

时间(年)	测试项目(个)	测试样品(个)	测试机时(小时)	测试费收入(万元)	获运行补贴费(万元)
2004	193	3808	9410	103.59	17.77
2005	204	4404	6971	94.79	12.55
2006	256	4643	7725	128.09	16.14

(李小寒)

表5 1998—2006年北京大学大型仪器测试服务收入统计表

年度	金额(万元)
1998	54.00
1999	80.00
2000	100.00
2001	138.00
2002	178.00
2003	270.00
2004	328.00
2005	436.83
2006	454.81
合计	1602.81

(李小寒)

表6　北京大学《高等学校仪器设备和优质资源共享系统》入网仪器设备清单

仪器编号	仪器名称	规格型号	所在实验室	负责人	资助额（万元）
0303325	800MHz 核磁共振谱仪*	AV 800	北京核磁共振中心	金长文	24
0302852	场发射透射电子显微镜	TECNAI F30	北京大学电镜室	尤力平	18
9400782	高分辨透射电子显微镜	H9000NAR	北京大学电镜室	陈 晶	18
0404087	物理性质测量系统	PPMS-9	凝聚态物理与材料物理研究所低温实验室	陈晋平	10
0201567	蛋白质测序仪	Procise 491	生命科学学院蛋白质测序室	赵进东	8
0108955	电子探针X射线显微分析仪	JXA-8100	造山带与地壳演化实验室	魏春景	18
0207679	高分辨多接收等离子质谱仪	VG AXIOM	造山带与地壳演化实验室	韩宝福	8
0108948	粒子成像流场测量系统	Y120-15E	力学系测试分析室	李存标	8
9703475	交变梯度磁强计	2900-4C	磁测量实验室	陈海英	10
0605224	激光飞行时间串联质谱仪	Ultraflex TOF TOF	蛋白质工程与植物基因实验室	赵进东	10
0210467	流式细胞分选仪	MoFlo	细胞生物学与细胞工程实验室	邓宏魁	8
9701789	材料研究衍射仪	X'Pert MRD	材料物理实验室	张 酣	10
0210230	全自动全时标高精度激光显微探针40Ar/39Ar定年系统	MS5400	造山带与地壳演化实验室	季建清	18
9400801	傅里叶变换红外/拉曼光谱仪	750/910	红外拉曼光谱实验室	翁诗甫	6
20022022	扫描探针显微镜	MMAFM-2	北大医药卫生分析中心	沙印林	18
971494	核磁共振波谱仪	INOVA 500	北大医药卫生分析中心	崔育新	12
20010555	高效液相色谱-质谱联用仪	QSTAR	北大医药卫生分析中心	李 军	10
20031272	电感耦合等离子体质谱	Elan DRC II	北大医药卫生分析中心	王京宇	8
971307	激光扫描共焦显微镜	TCS NT	北大医药卫生分析中心	何其华	8
医学部	流式细胞计*	FACSvantage Diva	北大医药卫生分析中心	陶家平	16
医学部	激光共焦显微扫描系统	TCS SP2	北大医药卫生分析中心	何其华	8
19990484	透射电子显微镜	JEM-1230	北大医药卫生分析中心	胡白和	18
医学部	四极杆飞行时间生物质谱仪	Q-TOF GLOBAL	北大医药卫生分析中心	彭嘉柔	10
共　　计					284

＊注：800MHz核磁共振谱仪、流式细胞计是试点仪器，资助经费加倍。

（李小寒）

表7　2006年北京大学大型贵重仪器购置论证统计表（40万元以上仪器设备）

序号	仪器名称		参考型号	参考单价（万元）	经费来源	申请单位	申请人	论证日期
1	扫描电子显微镜		Jsm-740	￥200	"十五""211"	信息学院	张大成	2006.1.3
2	地震仪	数值采集器	130B-01/3DAS	$19.85	"985"二期	地空学院	陈永顺	2006.1.3
		拾震器	CMG-3ESPC	$17.01				
3	小角度衍射仪			￥220	"985"二期	化学院	陈尔强	2006.1.11
4	紫外拉曼光谱仪			￥165	"十五""211" 150万元 自筹15万元	化学院	严纯华	2006.1.10
5	视频会议多点控制单元			￥70	"十五""211"	计算中心	张 蓓	2006.1.13
6	多功能扫描探针显微镜		DI MultiMode	$9.5	"十五""211"	物理学院	王福仁	2006.1.18
7	二维扫描变温紫外红外微区光谱系统		LABRAM HR800	￥250	"985"二期	物理学院	秦国刚 戴 伦	2006.2.21

续表

序号	仪器名称	参考型号	参考单价（万元）	经费来源	申请单位	申请人	论证日期
8	椭偏仪	J. A Woollam M-2000V	￥49.5	"985"二期	工学院	马宏伟	2006.2.21
9	2K低温液氦系统	L140,2K Helial1000,2K	￥1300	"985"二期	物理学院	赵夔	2006.4.6
10	1.3GHz超导粒子加速器	1.3GHz	￥1300	"985"二期	物理学院	赵夔	2006.4.6
11	超声诊断仪		￥200	"985"二期	分子医学研究所	张荣利	2006.4.26
12	激光剥蚀融样-电感耦合等离子质谱仪	Agilent7500ce	￥390	"985"二期	地空学院	赖勇	2006.6.5
13	量子输运测量系统	Cryostat+VT151/30	￥224.6	"985"二期	物理学院	俞大鹏	2006.06.19
14	扫描离子电导显微镜	SecanIC SSH02	￥79	"985"二期	化学院	绍元华	2006.7.25
15	网络应用层负载分析系统	Avalanche 2700	￥48.6	"985"二期	计算机技术研究所	盛哲	2006.10.27
16	高端口密度网络性能分析系统	Smartbits6000c	￥45	"985"二期	计算机技术研究所	盛哲	2006.10.27
17	IP性能测试仪		￥45	"985"二期	计算机技术研究所	盛哲	2006.10.27
18	能谱分析仪	EMAX Energy EX-350	￥38.9	"985"二期	化学院	吴凯	2006.11.16
19	目标蛋白快速分离系统	PF-2D	￥79	"十五""211"	生命学院	沈为群	2006.12.21
20	425 nm蓝光激光器		￥70	"973"	信息学院	陈景标	2006.12.25
21	倒置荧光显微操作系统		￥40.2	"985"二期	动物中心	朱德生	2006.12.26
22	MicroSTAR 微聚焦光源		￥180	"985"二期	生命学院	苏晓东	2006.12.26
23	环境污染与健康研究环境监测车		￥180	"985"二期	环境学院	朱彤	2006.12.27
24	气质联用仪		￥120	"985"二期	生命学院	朱玉贤	2006.12.28

（张解东）

表8　2006年40万元以上仪器设备采购一览表

序号	品名	金额（万元）	经费来源	购买（使用）单位
1	四极杆质谱仪	41.34	正常经费	环境学院
2	气相色谱质谱联用仪	45.60	正常经费	环境学院
3	激光熔蚀进样器	48.00	"211"经费	考古文博院
4	太阳辐射采集仪	49.18	"985"经费	环境学院
5	全谱直读等离子发射光谱仪	54.40	"211"经费	考古文博院
6	二维液相色谱仪	55.84	"211"经费	生命学院
7	紫外可见近红外分光光度仪	63.52	"211"经费	化学学院
8	泰克 TDS6604B 示波器	69.75	"211"经费	信息学院
9	释光测年仪	70.14	"211"经费	考古文博院
10	SGI ALTIX 330 服务器	74.40	"211"经费	物理学院（天文系）
11	多功能扫描探针显微镜	76.00	"211"经费	物理学院
12	量子输运测量系统	77.44	"985"经费	物理学院
13	扫描离子电导显微镜	78.52	"985"经费	化学学院
14	Synopsys EDA 软件	79.84	"211"经费	信息学院
15	Cadence 电子辅助设计软件	79.96	正常经费	信息学院
16	诱导耦合等离子刻蚀系统	88.00	"211"经费	物理学院
17	电感耦合等离子质谱仪	121.52	"985"经费	地空学院
18	紫外拉曼光谱仪	136.54	"211"经费	化学学院

续表

序号	品　名	金额（万元）	经费来源	购买（使用）单位
19	低温强磁场杜瓦系统（量子输运测量系统低温部分）	140.55	"985"经费	物理学院
20	X射线衍射仪	177.08	"985"经费	地空学院
21	紫外-近红外微区拉曼/荧光光谱系统	191.51	"985"经费	物理学院
22	时间分辨光谱测量系统	199.46	"211"经费	物理学院
23	冷场扫描电子显微镜	200.00	"211"经费	信息学院（微电子所）
24	小角X射线衍射仪	204.95	"985"经费	化学学院
25	激光剥蚀熔样系统	210.13	"985"经费	地空学院
26	SUN服务器服务	45.40	"985"经费	图书馆
27	地球环境与生态系统塞罕坝实验站修缮	260.00	"985"经费	环境学院
28	彩色多普勒超声波诊断仪	189.00	"985"经费	分子医学研究所
29	并行机	41.90	"211"经费	环境学院

（张志强）

表9　2006年北京大学接受境外赠送科教用品一览表

序号	品　名	数量	折合美元（$）	用户
1	六氯二硅烷	1	1500	化学学院
2	己六醇	1	39	化学学院
3	图书	1	12822	艺术学系
4	大气颗粒物碳元素分析仪	1	10202	环境学院
5	大气颗粒物测量仪	1	3446	环境学院
6	集成电路芯片	4	20384	计算机系
	合计：	9	48393	

（张志强　张洁）

基 建 与 后 勤

基建工作

【概况】 7月19日，校发〔2006〕169号文件，关于基建工程部领导班子任职通知，任命莫元彬为北京大学基建工程部部长，李国华、李钟、张佳利、沈薇为北京大学基建工程部副部长，原班子成员自然免职。

2006年是北京大学基础设施建设持续高峰的一年，基建分党总支带领全体党员和行政领导班子密切配合，在党员、干部中继续坚持勤政廉政的思想教育，保持共产党员先进性教育成果，联系基建工作实际，在行政、党务工作中，党政领导宣传、教育党员，明确工作中心任务，增强党员、干部工作的责任感、使命感，发挥党员的先锋模范作用，以实际行动确保学校基建任务圆满完成。2006年度，基建分总支有3位党员被后勤党委评选为优秀共产党员。其中，1位党员被评为校级优秀党员，另二位党员被评为后勤优秀党员。

2006年基建工程部在工程管理中，积极配合各类监督工作，工程项目开工前进行招标（设计、施工、监理），接受政府相关部门监督，施工中接受校内及社会相关部门监督管理，2006年，开始全面开展工程项目全过程跟踪审计，基建工程部积极主动配合审计监督，共同完善审计程序，共同监督工程建设。2006年工程竣工结算继续接受审计室监督，工程项目无论大小，无论政府监督还是校内监督，均实施阳光工程。2006年完成政府监督招标工程8项，校内招标96项，送学校审计工程结算37项。

2006年，按照教育部要求，参与制订了北京大学"十一五"期间基本建设计划，为北京大学分期实施校园建设总体目标提供了依据。

【基建投资计划与完成情况】
1. 投资计划。

2006年教育部批准北京大学基建投资共计43项，72.6万平方米，计划总投资356907万元。2006年度安排北京大学基建投资55688万元，其中，属于基建投资计划53688万元（含教育部拨款

1247万元,学校自筹及捐款52441万元),另有专项国拨投资计划2000万元用于流感疫苗专项研究。

2006年北京大学基建投资计划53688万元中,校本部39项,6.4万平方米,年度投资计划43632万元。医学部3项,8.6万平方米,年度投资计划10076万元。

2. 投资完成情况。

新建工程项目完成情况:2006年度,北京大学基建工程实际完成投资为27081万元,其中,校本部完成投资为21876万元,医学部完成投资为5205万元;实际完成投资为本年工程建设投资计划的50%。另外,2006年基建工程部还完成北京大学会议中心自筹资金项目"中关园留学生公寓"工程投资1879万元(该项目由北京市立项,不在教育部投资计划内)。

改造工程项目完成情况:2006年完成维修改造工程投资1683万元。其中,文史楼改造工程完成152万元;生物东、中、西馆改造工程完成188万元;20#楼改造工程完成89万元;东操场改造工程完成102万元;成府园区临时道路14万元;往年工程结算款等1138万元。

【工程项目管理】 2006年继续推行工程项目管理制,全面做好安全、质量、投资、进度和文明施工等各项工作。2006年校本部新建和改造工程开复工主要项目为14项,建筑规模约为212038平方米。其中,竣工项目4项,竣工面积为21190平方米,在施项目10项,建筑规模约190848平方米。

1. 竣工工程

中关园留学生公寓一期(甲型公寓即8#楼博士后公寓)工程:2004年2月基建工程部接受北京大学会议中心委托,接手中关园留学生公寓(一期)工程管理工作。一期工程中的甲型公寓即8#楼博士后公寓工程,建筑面积为16000平方米,地下二层,地上六层,2004年5月开工,于2006年11月竣工,可入住博士后266户。

燕北园生活配套用房工程:建筑面积为2018平方米,地下一层,地上三层。2004年10月开工,2005年年底已完成工程主体结构一层一段,因存在"民扰"问题,施工暂停,经燕园社区、基建工程部等部门多方面作"民扰"工作,2006年5月该工程继续施工,于2006年11月工程竣工。

文史楼(1—2层)改造工程:建筑面积2000平方米,2006年6月开工,2006年9月竣工;本工程利用暑期完成改造任务,改造后的教室楼为学生提供了新的研讨式教学场所,得到了教师和同学的普遍好评。

20号楼改造工程:建筑面积1172平方米,2006年4月开工,2006年6月竣工。为学校学生心理健康教育与咨询中心提供了办公用房。

2. 在施工程

北京大学体育馆工程:建筑面积26900平方米,2005年9月开工,计划2007年8月竣工,2006年底工程主体结构已经完成,于2007年上半年进行屋顶钢结构和玻璃幕墙安装工程,工程进展顺利。北京大学体育馆作为奥运比赛场馆(乒乓球比赛馆),是重点建设工程,各级领导非常重视,基建工程部各专业人员与监理单位、施工单位积极配合,加强工程安全教育,狠抓工程质量,加强施工过程控制,保证施工进度,严密组织材料设备招标,控制工程造价。该工程在结构验收中,一次通过结构长城杯验收。

公共教室楼工程:建筑面积36512平方米,地下三层,地上五层,2006年4月开工,计划2007年9月竣工。2006年年底,工程结构施工已经完成,已经进入精装修。该工程在结构验收中,顺利通过结构长城杯验收,得到专家一致好评。

篓斗桥学生宿舍及食堂工程:建筑面积为20800平方米,其中,宿舍楼为15700平方米,食堂为5100平方米。宿舍楼总计516间,可入住学生1032人。

该工程于2006年年初开工,4栋宿舍楼在2006年12月底竣工交付使用,食堂工程精装修开始,计划2007年5月竣工。

新化学南楼工程:建筑面积22634平方米,地下一层,地上九层,2006年元月开工,计划2007年8月竣工。截止到2006年12月底,工程结构施工已经完成,进入精装修施工。

光华企业家研修院工程:建筑面积29888平方米,地下二层,地上五层,2006年1月开工,计划2007年11月竣工。截止到2006年12月底,工程结构施工已经完成,正在进行内部设备安装工程。

中关园留学生公寓一期(专家公寓)工程:建筑面积24000平方米,地下二层,地上六层,2005年3月开工,计划2007年8月竣工。截止到2006年12月底,工程主体结构与粗装修工程已经完成,进入精装修阶段。

中关园7#楼工程:建筑面积5695平方米,地下二层,地上五层。该工程为中关园留学生公寓设备及办公用房。于2006年5月开工,计划2007年7月竣工,截止到2006年12月底,工程主体结构已经完成地上四层。

附小地下车库工程:建筑面积5460平方米,地下车库二层,可供停车泊位102辆。2006年7月开工,计划2007年5月竣工,截止到2006年12月,工程进行结构施工。

生物东、中、西馆工程:建筑面积1959平方米,2006年5月西馆开工,截止到2006年12月,东

馆、中馆由于搬迁问题,尚未施工。

东操场改造工程:场地面积17000平方米,2006年12月开工,计划2007年8月底竣工。

【工程前期报批】 2006年取得开工证并已经开工的新建项目有4项,共计65327平方米。包括:公共教室楼、箩斗桥学生宿舍及食堂、中关园7#楼、附小地下车库。

2006年已经取得规划许可证的新建项目有6项,建筑面积为188060平方米。其中,正在办理开工证的有4项:医院大楼、中关园留学生公寓1#—6#楼、北大附中图书馆扩建、燕北园综合楼。正在进行招标的项目2项:经济学园综合楼、金工实验楼。

截至2006年12月底,已完成改造工程报批手续5项,建筑面积为67131平方米。其中,已开工改造项目4项,建筑面积为22131平方米,包括文史楼1—2层改造、生物东、中、西馆改造、东操场改造、20#楼改造。正在招标1项,万柳教师周转楼改造,建筑面积45000平方米。

截至2006年12月底,其他正在办理工程报批项目有6项:微电子大楼、景观设计学大楼、科技成果转化中心、教育学院大楼、北达资源中学食堂、北京国际数学研究中心。

截至2006年12月底,正在进行和准备进行方案招标的有6项:新法学楼、人文大楼、工学院与交叉学科大楼、歌剧院大楼、艺术大楼、环境绿色大楼。

(张淑鸾)

【医学部基建工作】 2006年教育部下达给医学部中央预算内投资计划共计9206万元(包括国拨资金582万),实际完成10706万元,调增1500万元。

1. 基本建设项目工程

逸夫教学大楼2004年10月26日开工,建筑面积33530平方米,包括语音教室、多媒体教室、台阶教室、艺术教室、教师休息室和办公室在内的大大小小九十间教室,2006年12月18日投入使用,极大缓解了教室用房紧张的状况。

2. 专项修购工程

(1)病理楼装修改造工程:完成施工图的设计工作和施工单位的资格预审工作;(2)公寓房装修改造工程:共改造公寓房152套,总装修面积8096平方米。该工程于2006年6月6日开工,2006年9月12日竣工;(3)南北博士楼装修改造工程:装修面积2200平方米,工程于2006年6月18日开工,2006年8月25日竣工;(4)解剖楼装修改造工程:于2006年8月5日开工,2006年10月17日通过项目竣工验收;(5)生理楼装修改造工程于2006年8月3日开工,2006年10月17日通过项目竣工验收;(6)时缘琚餐厅改造工程:完成施工图的设计工作和施工单位的招投标工作,计划2007年4月开工,2007年6月竣工。(7)外专楼(米勒)修缮工程:建筑面积435平方米,于2006年5月1日开工,2006年11月22日通过项目竣工验收。(8)毒理楼改造工程,建筑面积300平方米,2006年7月24日开工,2006年12月27日通过竣工验收;(9)东区污水管线工程改造长度405米,施工单位的招投标工作已完成;(10)3、4号楼污水管线改造6月10日开工,2006年7月1日竣工,已投入使用。

3. 其他建设项目

(1)中奥生物标志物研究中心工程,总装修面积607平方米,工程于2006年4月1日开工,5月19日通过各方验收。(2)中心花园绿化工程:于2006年5月3日开工,2006年10月17日竣工交付使用,绿化面积17000平方米。

(余 平)

总务工作

【概况】 2006年,学校增加副总务长职数,任命总务部部长杨仲昭、餐饮中心主任崔芳菊为副总务长,协助主管校长分管和协调餐饮、水电、供暖、校园、学宿、运输、幼教、电话室的工作。

组织完成总务系统中心主任考核聘任工作。于2006年3月正式启动,历时3个月,是2000年中心组建后的首次换届。此项工作得到了学校领导的大力支持,组成了由组织部、人事部、纪委、后勤党委和总务部相关领导参加的考核聘任工作组。遵守干部选拔和任用条例,严守组织工作程序,将一批有责任心、有能力、有实绩、公正廉洁的干部选拔到领导岗位,为进一步推动后勤各项工作的开展选好材、用好人。餐饮中心等几个中心的正、副主任继续连任,幼教中心顺利完成新老班子交接,电话室补充一名副主任;以此项工作为推动,各中心陆续进行了科室干部的重新考核聘任,餐饮中心首次进行了全员考核聘任。

认真做好总务部机关干部考核工作。根据组织部《校本部机关干部考核实施办法》的要求,认真组织2006年度机关干部述职考评工作,进行充分动员并召开全体会议述职测评。对3位部长的考核测评表当场封存,上报组织部。对其他11名工作人员的测评表进行统计,德、能、勤、绩、廉合格率均达到100%,形成《考核测评汇总表》上报组织部。同时,按照《北京大学关于年度考核与岗位聘任的通知》精神,协助做好总务系统各中心在编人员的考核聘任工作。

注重规范管理,加强制度建设。进一步规范和健全管理制度落实党风廉政建设责任制,落实民主集中制。2006年总务部进一步

修订完善廉政责任制和配套制度，严格遵照廉政建设和"三重一大"制度的规定，在实施"阳光工程"的基础上，要求所有维修改造及新建工程，必须实行工程招投标制度、工程预决算制度、重大项目审批制度、项目负责人制度、合同制和监理制。坚持"集体议大事"。坚持集体领导和个人分工相结合的原则，规范成立招投标小组，形成"集体议大事，个人有分工，工作有人抓，事事有人管"的良好氛围。

不断建立和完善沟通机制。沟通的层次是多方面的。一方面是与校外政府职能部门及业务监管部门如电力局、技术监督局等，校内如党办校办、教务部、学工部、保卫部等相关职能部门的沟通，近些年建立了相应的例会制度，配合较好。另一方面是与服务对象，特别是与学生的沟通。总务部与学生会、研会每年春秋两次沟通见面会已形成制度，通过见面会向同学通报新学期学校后勤工作规划及近期工程进展情况。遇到涉及学生切身利益的如家具、卧具招标、学生宿舍用电指标确定等，都邀请同学参与或者专门召开座谈会，听取学生的意见，接受学生的监督。

以提供优质安全及时可靠的后勤保障服务为根本，服从安全稳定大局，促进学校的改革和发展。总务部与各中心加强分工合作，确保全年供水、供电、供热系统的安全运行和餐饮、学生宿舍、学生教室、浴室、校内环境、运输、幼教、通讯的良好服务，全力做好后勤保障服务工作，同时重点做好以下几项改造和建设工作。

1. 改善师生就餐环境创造良好就餐秩序。我校食堂面积严重短缺，按照国家规定的1.3平方米/人的标准，师生人均用餐面积仅有0.8平方米，按照这个标准测算，我校食堂面积至少有15000平方米左右的缺口。尽管历史遗留的困难很多，2006年加大力度做了很多基础工作，确保餐饮运行和服务良好。包括临时售饭亭投入使用、对面食馆改扩建、对燕南美食整体装修、为农园一层、二层和燕南美食安装空调等，缓解了就餐拥挤的状况和高峰期的就餐压力，进一步改善了师生的就餐环境和舒适度。

2. 在2005年完成浴水接入学生宿舍前期调研和相关准备工作的基础上，2006年新学期部分学生在宿舍即可实现"足不出户，方便洗浴"。浴室接入宿舍工程进展顺利，第一期33—37、45甲、45乙等六个楼共24个浴室已经建成并投入使用。第二期33楼3—5层、38、39楼，共13个浴室，已于元旦前投入运行。畅春园63号楼及簸斗桥新建宿舍楼共22个浴室已经建成，准备在春节后投入使用。第三期也将在2007年春节后开始抓紧施工，预计将于2007年9月全部投入使用。从而使大部分同学足不出户就可以洗上热水澡。学生宿舍浴室全部安装智能卡淋浴控制系统，并增加了远程监控系统，进行计量收费，也可实现浴水温度调整。目前，已经投入运行的37个浴室洗浴可达2000人次/天，而大浴室平均约3000人次/天。

3. 学生宿舍用电开始实行"定额管理，计量收费"。从9月1日起，校本部学生宿舍用电实行"定额管理，计量收费"的管理办法，指标内用电电费由学校负担，超过指标部分电费由学生自己负担。对宿舍楼内6000余块电卡表进行维修和重新设置，共拆改电卡表637块，铺设售电集," 通讯电缆700余米。制定了《北京大学学生宿舍用电管理办法》和《学生宿舍用电购电细则》。在学生区开设了学生宿舍售电室，并向全校学生免费发放《学生宿舍售电手册》。至2006年年底实行新管理办法的三个月来，与去年同期相比，用电量下降了16%（约25万度）。

4. 2006年总务系统在完成各项保障服务工作中始终把"做好安全稳定工作"放在首位，在学校各级领导特别是在保卫部门的支持下，切实做好安全生产、防火防盗、食品卫生、交通运输等方面的安全工作。高度重视安全稳定工作，总务部利用中心主任会议和安全保卫专项会议等各种机会，传达上级安全工作精神与要求，提高中心负责人对学校稳定和安全保卫工作的认识。

在总务系统内部，通过加强安全管理，形成"重视安全，加强安全，全员讲安全"的有利局面和日常安全工作的良好规范。一是完善应急预案体系和责任体系，组织健全，制度落实，责任到人，防范到位。二是进行经常性的安全教育和安全常识演练。三是做好供暖、供电、供水各种设备设施和学生宿舍、公共教室、公共浴室等消防安全设备设施的维护、检修工作，确保安全生产和管理服务到位。四是做好外来务工人员管理，减少安全稳定隐患。

2006年总务部继续会同保卫部、学工部等七个单位开展了以"排查安全隐患，构建和谐校园"为主题的安全教育和联合检查活动。对校本部和万柳学区学生宿舍的消防设施和违章用电现象进行检查，排查安全隐患，在院系和学生中反响较好。目前，此项工作已经形成一种长效机制，并成为我校"文明生活，健康成才"活动的重要组成部分。

(卢永祥)

【后勤人事管理】 为建设一支适应社会主义市场经济体制、符合创建世界一流大学需要的后勤保障服务队伍，根据《北京大学后勤社会化改革方案》，通过加强用工规范管理和人事队伍建设，总务系统在定编、定岗、定职责的基础上，逐步实行了干部聘任制和全员劳动合同制，逐步建立了固定编制与流

动编制、事业编制与企业编制相结合的用人制度,逐步实现了人力资源的合理配置,逐步培养了一支管理、技术和服务的骨干队伍。截止到 2006 年 10 月,总务系统事业编制 475 人、流动编制 27 人、各类临时聘用人员 1356 人。事业编制中干部 113 人。其中:职称结构:高级 8 人占 7%、中级(含)以上占 44%。学历结构:本科(含)以上占 25%、专科(含)以上占 50%。年龄结构:50 岁以上占 44%、35 岁以下占 5%。事业编制中工人 362 人。其中:职称结构:技师 1 人占 0.3%、高级工占 62%。学历结构:专科(含)以上占 4.4%、初中(含)以下占 56.3%。年龄结构:50 岁以上占 29%、35 岁以下占 2%。在事业编制职工中,职称结构、学历结构日趋合理,年龄结构逐渐改变"两头大、中间小"的困难、中坚力量日益稳固。流动编制全部为 30 岁以下的大学毕业生,其中研究生 1 人、中级职称 1 人。各类临时聘用人员中除 200 多人的专业技术企业编制外,大部分为外来务工人员,从事一线服务工作。2006 年,以加强干部队伍建设和提高后勤从业人员素质为着眼点,重点完成了总务系统中心主任考核聘任、流动编制大学生队伍建设、对外来务工人员管理培训、配合人事部进行总务系统职工工资套改等工作。

加强流动编制大学生队伍建设 2001 年开始陆续招聘应届大学毕业生,作为流动编制管理使用,目前总务系统共有流编 27 人。2006 年,继续完善流动编制登记管理档案、《北京大学流动编制人员服务期限协议书》、进行住房公积金调整和职称评定、为新来的流动编制解决食宿和上岗培训问题。从有利于解决大学生生活困难的角度,向资产部递交了《关于总务系统流动编制人员住宿收费问题报告》;从有利于引进和留住人才的角度,向人事部提交了《关于流动编制转为人事代理编制的报告》和《幼教中心申请教师流动编制的报告》;从有利于加强规范管理的角度,向人事部递交了《关于总务系统流动编制人员进行事业单位工作人员收入分配制度改革的请示报告》,希望长远地能够管好、用好、留住人才。

重视外来务工人员管理和培训 总务系统各中心都高度重视对外来务工人员的管理,经过体检合格后予以聘用,经过岗位技能和安全生产教育培训允许上岗。在使用的过程中,外来务工人员的管理由专人负责,多年来没有发生一起因为管理不力而给学校稳定造成负面影响的事件。2006 年 9 月,组织后勤职工 53 人参加"平民学校",有 48 人获得首期培训班结业证书。这在全国成为探索外来务工人员培训和"关心打工者,构建和谐社会"的首次尝试,引起了媒体强烈关注和收到了较好反响,受到了北京市教育工委的表扬并预备在全北京市进行推广。2006 年下半年组织总务系统 6 名外来务工人员和 1 个务工人员集体参加北京市首届"创业青年首都贡献奖"和"创业青年先进服务单位"评选,餐饮中心钱勇获得银奖(全市 20 名),餐饮中心胡相夫和幼教中心宾晓亮获得优秀奖(全市 70 名),幼教中心获得"创业青年先进服务单位"荣誉称号。

配合人事部完成总务系统职工收入分配制度改革的相关工作 4 月,对总务系统各中心在编人员的工资进行摸底,为即将启动的工资套改工作提供参考资料。11 月,针对总务系统工资套改和人事队伍建设存在的问题与困难,首先由各单位撰写包括本单位基本人员状况、管理、技术、服务骨干所需人数、后备人才培养计划等内容的人事报告,最终形成《总务系统人事队伍建设报告》向人事部汇报。12 月,组织总务系统各单位做好在编人员个人信息、工资套改核对工作,尽早发现问题,解决矛盾,理顺职工情绪,将问题解决在基层。

加强后勤职工晋升、表彰工作 组织总务系统 15 人参加计算机、4 人参加外语提职考试。组织职称评审,工程技术系列有 1 人晋升高级工程师、2 人晋升工程师、3 人定级助理工程师;教育管理系列有 4 人定级研究实习员。在教育战线工作满三十年表彰中,总务系统有 28 人获此荣誉。

加强离退休人员管理服务 帮助人事部发放总务系统各单位离退休人员慰问品,为高龄休人员办理优诊医疗证,做好年底慰问老同志,组织老干部团拜会等工作。

(朱滨丹)

【后勤财务管理】 2006 年,总务财务室认真贯彻执行国家有关法律、法规和财务规章制度,坚持勤俭办学的方针,合理安排资金,对资金使用进行控制和管理,努力节约支出,提高资金使用效益,完成了后勤保障运行任务,综合预算收支平衡。

2006 年预算收入 58629644.60 元,预算支出 55673528.04 元(供暖费 2813.76 万、公用水电费 899.14 万、修缮费 902.12 万、园林绿化卫生费 458.16 万、学生宿舍运行服务支出 267 万、其他支出 227.17 万)。

2006 年在集中供暖增容改造、低温配电室改造、学生宿舍浴室改造、菱斗桥学生公寓家具等专项工程资金支出 24108656.13 元。

《面向二十一世纪教育振兴行动计划》本年完成 5011041.66 元,一期项目资金 14601 万已全部完成。

总务部自筹资金用于学生食堂宿舍改造、校园绿化、固定资产投资等支出 331.66 万元,改善师生员工的学习生活条件。

(潘小兵)

【后勤运行管理】 根据学校及总务部的整体工作要求,运行管理办公室提出了"顾全大局,务实向上,科学规范,团结进取"的十六字工作方针。

1. 狠抓规范管理,提高保障能力。2006年运行办结合学校的大环境,认真组织学习构建和谐北京大学的工作要求,结合自身的工作特点编写了运行管理办公室的督导条例,要求大家"旗帜鲜明,知荣知耻,团结一致,扎实工作。总务部运行办公室是学校与各后勤服务中心的桥梁和纽带,一年来,运行办认真执行"监督、管理、协调、服务"的方针,及时传达和贯彻上级领导的指示精神,落实下达的工作任务。努力规范协调餐饮、水电、供暖、校管、学宿、幼教、运输、通讯的服务保障工作,提高为全校教学科研和师生的服务质量,增强后勤支撑保障能力。对基础设施的维修改造工程,坚持"阳光工程"的原则,坚持"四制"制度,坚持"三重一大",使2006年的工程基本达到了规范、公正、优质。

2. 加大改造力度,改善硬件环境。2006年总务部为进一步改善教学科研和学生的工作生活条件,充分利用学校、总务及中心的资金合计5700余万元,进行了多项基础设施的维修改造工程(详见附表)。

为改善学生的就餐条件,2006年年初投资30万元在校园新建了3个临时售饭点,增加就餐面积170 m³;投资100万元利用暑期对面食馆进行扩建,由原来的89个座位增加到200多个座位,成为学生就餐的一个亮点;投资100万元对燕南学生餐厅进行全面改造;同年在农园餐厅安装了多联变频吸顶式空调,大大改善了学生的就餐环境。为保证餐饮中心的安全生产,投资20万元对学五食堂的杂务电梯进行了改造。

为方便学生洗澡,2006年较为突出的一项工作是将地热水引入学生宿舍,即在每栋宿舍楼里每一层改建1—2个学生浴室,让学生不出宿舍楼就能洗澡。2006年已投资680万元完成了一部分宿舍楼24个浴室间和144个喷头的改造,方便了学生,深得学校领导及学生的好评。

投资105万元对学生宿舍楼窗户更换新型的塑钢窗,安装窗户护栏,投资60万元更新部分宿舍楼家具;暑期投资140万元对部分学生宿舍进行了粉刷。为改善师生饮水条件,投资100余万元在娄斗桥学生宿舍及部分行政办公楼内安装饮水机。

进一步改善水电基础设施的硬件条件。2006年投资400万元改造低温变配电室,及路灯安装等。投资70万元启动西门至水塔上水管线工程,还有全校上水加装阀门,投资35万元等等;

配合协调供暖锅炉房完成增容改造,改建一座锅炉房,安装3台20吨燃气锅炉,改造水塔换热站等,共增加了60万m³的供暖能力,共累计投资3700万元,保证冬季为广大师生提供良好的工作学习环境。

2006年总务部主要维修改造工程一览表

工程名称	工程内容	投资	竣工日期	备注
临时售饭点	分别在学生区和用餐拥挤的区域建3座临时售饭点。	30万元	2006.2	校专款
面食馆扩建	将原有80个座位的面食馆扩建为200多个座位。	100万元	2006.8	自筹
燕南美食餐厅改造	全面维修改造,包括电气等等	80万元	2006.8	自筹
学五食堂电梯改造	杂务电梯全面更新改造	20万元	2006.9	自筹
学生宿舍改建浴室(一期)	在部分学生宿舍楼内改建浴室间24座,安装喷头144只,建地热水站两座	650万元	2006.8	校专款
学生宿舍更换塑钢窗	部分宿舍楼拆除旧木质窗,更新为透光好、保温强、美观大方的塑钢窗	105万元	2006.8	自筹
学生宿舍粉刷	粉刷10栋楼,839个房间	140万元	2006.8	计划内
学生宿舍家具更新	45—48#及31#更新612套床,椅子及组合柜各380件	60万元	2006.8	自筹
部分宿舍家具及饮水设备	娄斗桥学生公寓	138万元	2006.	校专款
上水管线改造	校西门至水塔敷设上水管线	70万元		校专款
上下水加阀门	全校上下水管线加装阀门及整修	35万元	2006.12	985专项
42楼维修改造	学生42楼地下室加隔断改造含电气改造等	17万元	2006.10	自筹
低温配电室改造	土建改造加固,更换25面高低压柜,两台变压器等	400万元	2006.12	其他
学生宿舍电卡表安装	全校学生宿舍电卡表维修、改造、安装	55万元	2006.6	自筹
路灯安装	文博院及考古博物馆等周边安装路灯	28万元	2006.12	自筹

续表

工程名称	工程内容	投资	竣工日期	备注
节电器安装	在学生宿舍楼公用教室楼及路灯系统安装照明节电器	98万元	2006.10	自筹
校园环境建设改造	全校绿地护栏改造、家属区公厕维修	30万元	2006.9	自筹
节水器具改造安装	部分学生宿舍区及大图书馆周边等安装节水喷灌设备、小便池安装远红外控制器等	30万元	2006.9	节能专项
饮水设备安装	部分行政办公楼内安装饮水机	60万元	2006.10	校专款
锅炉房增容改造	集中供暖锅炉房土建改造，新装3台燃气锅炉，改造更换换热器，维修改造部分管线	3600万元	2006.8	修构专项
锅炉房维修	集中供暖锅炉房外墙粉刷	38万元	2006.8	自筹
合计		5644万元		

【节能办公室】 2006年是党中央国务院继续强调建设节约型社会的一年，是全国能源（电力、水源、石油）持续紧张的一年，节能办公室积极响应中央及北京市有关部门的要求，坚持协调、推广、宣传、监督的原则，协调学校各单位做好节电节水、保护资源、持续发展、支持绿色奥运的工作。并积极落实上级有关领导部门的要求和部署，努力创建节约型北京大学。

1. 完善节能制度。北京大学的节能工作从管理上入手，不断地从北京大学的实际情况出发，相继制定、出台了多个节能管理办法对居民和单位实施水电费全额收费管理后，学生宿舍的用水用电成为北京大学能源管理工作中的一个难点，2006新学期开学伊始，经过学校有关部门的充分准备，我们出台了《北京大学学生宿舍用电管理办法》。对6000余间学生宿舍实施"定额管理，计量收费"的管理办法，该办法主要是针对不同的类别学生宿舍（本科生、硕士生、博士生）分别给予不同的免费用电定额指标，基本上是本科生每人每月8度电，硕士生13度电，博士生14度电。超过定额后，学生要自己花钱购电，这项措施的出台，进一步增强了广大同学的节约用电意识，使他们在平常的生活、学习中养成节约能源的好习惯。

2. 坚持收费管理。坚持执行全校用水用电全额收费的市场运作机制，将节约能源纳入到市场经济轨道。2006年是执行全额收费办法的第五个年头，全校各单位及广大师生的节约意识、资源意识和环境意识有了显著提高，各单位的成本核算观念也进一步增强。全年水电费总支出为：4859万元，回收水电费为：5241万元，收支基本平衡，略有节余。

3. 继续节能宣传。通过各种宣传手段在全校范围广泛开展节约能源的活动。积极配合北京市和海淀区分别在5月和10月开展节水宣传周、节能宣传周的活动。通过学校各种媒体电视台、广播台及悬挂横幅等，并在各院系、餐厅、宿舍等张贴宣传画。同时依照有关制度，学校每年于春季、暑期及秋季三次在学校开展全面的节水节电及安全用电检查，杜绝浪费用电，确保安全用电。作为北京高校节能协作片组组长单位，我们积极召开高校节能片组会，组织片组兄弟院校完成市教委布置的工作等。同时积极配合北京市城市执法局两次对学校节水情况的检查指导，进一步推动学校的节能工作。

4. 推广节能技术。2006年学校继续推广应用节能新技术新产品，投资近100万元在28、29、38、39等学生宿舍、第三第四公用教室楼及部分路灯共安装16台照明节电器，经测试节电率已达近20%。改造安装远红外节水小便斗并免费推广试用无水冲小便器及在公用教室试用日光灯节约型镇流器。大图书馆周边及33#—38#学生宿舍楼外草坪安装节水型微喷灌设备。

为加强计量收费管理，投资55万元在学生宿舍楼全部安装预付费式电能计量表。

【爱委会办公室】 2006是整治环境，迎接奥运的一年。一年中在市、区两级政府的指导下，北京大学积极参加爱国卫生运动，接受各级政府的指导和检查

完成全校各单位灭蝇、灭蟑及灭鼠工作的药品发放工作，共发出各类灭虫药20余箱。

对全校学生宿舍做好毕业生离校后和新生入学前的灭蟑工作。

对校内12个重点单位，餐饮食堂的灭蝇、灭蟑和杀鼠工作进行布置和监督，全年共分批打药投药16次。

对全校家属区230余座楼房进行灭蚊蝇消杀工作7次。

接待北京市爱委会、区爱委会领导4次来校检查指导工作，进一步推动学校的爱国卫生工作。

加大对全校的环境卫生进行整治，包括小广告治理、古树保护及对垃圾站点的卫生环境进行监督检查工作。

（王祖荫）

【后勤党委】 后勤党委所属分总支4个，党支部24个，其中在职支部11个、混编支部6个、离退休支部7个。党员428名，其中在职

234人、离退休194人。党员分布在学校后勤13个部门。

在2005年开展保持共产党员先进性教育活动基础上,继续巩固和扩大整改成果,按照上级党委要求,2006年3月,后勤党委及所属分总支、党支部普遍进行"回头看"自查,取得了实际效果:一是全体党员对"三个代表"重要思想和先进性建设的认识进一步提高,增强了保持共产党员先进性的自觉性;二是对基层党组织的战斗力、凝聚力、向心力进行全面检验和考察,并提供了方向指引,促进了基层党组织建设;三是紧密联系学校创建世界一流大学的中心任务,后勤党委提出建设"和谐后勤"和"全面服务"的工作理念,不断提高工作效率与质量,不断提高服务水平与能力,力争创造一流业绩;四是在后勤保障服务工作中,各单位皆从"服务群众、真正成为群众满意工程"的根本目标出发,落实具体整改措施,解决群众实际困难。

抓紧落实《高校党建和思想政治工作基本标准》并积极做好党建迎评自查工作。按照上级党委要求,后勤党委从2006年10月开始,集中时间进行自查、评估和整改。党委召开党委委员会议和党委扩大会议,制定党建迎评实施方案,明确工作程序、时限,明确责任人和工作目标。党委和基层党支部对照《实施细则》逐条进行自查、自评和自建,客观总结成绩和特色做法,及时查找不足和制定整改措施,最终形成《后勤党委对照〈党建基本标准〉自查总结》上报组织部。同时,配合纪委和保卫部完成党风廉政建设和安全稳定工作方面的总结。

抓好党支部换届选举,推进基层党组织建设。2006年,后勤党委将支部的换届选举作为一项重要工作来抓,重点是任期已满尚未改选的支部换届、退休支部的调整和支委会的健全与完善。本年度,党委所属的4个分总支和24个党支部中,分总支到届的有3个,已经完成改选的2个,正在进行改选的1个;党支部到届的有14个,已经完成改选的12个,正在进行改选的2个。利用支部换届选举,严格考察书记人选,把选好一个称职的支部书记当成党委第一责任。通过加强党支部书记培训和支委会建设,推动基层党支部工作。

开展多种形式的党员教育管理服务工作,发挥党员先锋模范作用。一是抓学习教育,认真组织党员学习邓小平理论和"三个代表"重要思想,十六大和十六届六中全会精神,党的基本路线方针政策,学习党章和反腐败教育,开展保持共产党员先进性教育活动等。不断丰富教育的内容和形式,将理论学习、讨论活动与参观考察充分结合。为了深刻理解胡锦涛总书记提出的"八荣八耻"荣辱观的深刻内涵,树立坚定的爱国主义、集体主义和社会主义的世界观、人生观和价值观,燕园社区服务中心党支部组织全体党员、企业经理到红旗渠,学习林县人民"自力更生、艰苦创业、团结协作、无私奉献"的精神;幼教中心党支部利用五一,组织党员到江西上饶,开展"参观上饶集中营"红色之旅活动;资产管理部党支部组织全体党员及群众参观《开天辟地——纪念中国共产党成立85周年图片展览》,以迎接和庆祝党的生日。二是保障党员权利,扩大党内民主。认真贯彻《中国共产党党员权利保障条例》,尊重并保障党章规定的党员各项权利的实施。按照党内选举的有关原则,顺利完成后勤党委出席学校党代会的代表推荐工作。三是在学校开展的"共产党员献爱心"捐款活动中,后勤党委336名党员,累计捐款数额达19995元。四是按照学校党委关于评选表彰优秀党员和先进支部的安排,评选表彰了2个校级先进党支部、7名校级优秀共产党员,后勤党委评选出了4个后勤级先进党支部和28名后勤级优秀共产党员。积极宣传党支部和优秀共产党员的事迹,利用暑期组织支部书记和优秀党员赴革命老区延安参观考察,在党内形成了"争优创先"的良好氛围。

加强党员发展工作。克服"等人上门"的观念,主动工作,积极培养。党支部有年度发展计划,党委年初审批备案,年底对落实情况检查。针对后勤一线党员少,年轻党员少的状况,加大了在生产一线工人技术骨干和中青年中发展党员的力度。在吸收新党员方面坚持发展原则和发展程序,2006年发展党员12人。积极主动培养积极分子,做到每个积极分子都有明确的联系人,组织后勤32人参加党校2006年度积极分子培训班,所有学员顺利结业。

组织后勤外来务工人员参加平民学校首期培训班,举办北京大学后勤首届文化节,努力构建"和谐后勤"。牵头组织后勤职工53人参加北京大学"平民学校"第一期培训班,有48人顺利完成学业并获得结业证书。此外,党委还组织后勤系统6名外来务工人员和一个务工人员集体参加北京市"创业青年首都贡献奖"和"创业青年先进服务单位"评选,餐饮中心钱勇获得银奖(全北京市20名),餐饮中心胡相夫和幼教中心宾晓亮获得优秀奖(全北京市70名),幼教中心被评为"创业青年先进服务单位"。

做好后勤职工的思想工作,理顺情绪,化解矛盾,将问题解决在基层,确保2006年收入分配制度改革的顺利实施。同时,结合学习孟二冬、王选院士活动,开展后勤职工职业道德建设,并成功组织北京大学后勤首届文化节。

加强后勤干部队伍建设。在继续抓好干部队伍加强思想政治理论学习、开好领导班子专题民主

生活会、贯彻执行《党政领导干部选拔任用工作条例》、认真落实《中共北京大学委员会关于做好2004—2008年干部培训工作的意见》等工作的基础上,重点完成以下三项工作。第一,牵头做好总务系统中心主任的届满考核与换届聘任工作。这是2000年中心组建后的首次换届,在学校领导的大力支持下,组成了由组织部、人事部、纪委、后勤党委和总务部相关领导参加的考核聘任工作组。遵守干部选拔和任用条例,严格组织工作程序,将一批有责任心、有能力、有实绩、公正廉洁的干部选拔到领导岗位,为进一步推动后勤各项工作的开展选好材、用好人,有利于继续完善优胜劣汰、奖勤罚懒、能上能下的干部管理机制。第二,贯彻落实中共中央颁布的《关于党员领导干部报告个人有关事项的规定》(中办发[2006]30号),按照《北京大学关于贯彻落实党员领导干部报告个人有关事项规定的实施办法》,做好副处级以上干部2006年个人有关事项报告和2006年下半年收入申报的相关工作。第三,按照学校"后备干部数量充足,各种结构合理,培养措施落实,管理到位"的要求,2006年新补充后勤和学校中层后备干部22人。

以加强领导干部党风廉政建设为关键,全面推进后勤系统廉政工作。首先,坚持思想预防为主,不断丰富学习教育的形式,组织干部学习《中国共产党党内监督条例(试行)》、《中国共产党纪律处分条例》、《建立健全教育、制度、监督并重的惩治和预防腐败体系实施纲要》和中纪委全会精神;组织干部参加学校纪委各项党风廉政教育活动,特别是党风廉政教育活动月活动,2006年重温党的基本知识、基本理论教育,组织后勤党政班子成员近80人参加全国"红船杯"学党章知识竞答活动;组织干部开展反腐倡廉警示教育,通过学习《关于转发北京市教育工委《关于余际从同志违纪案件的通报》的通知》(北大纪发[2006]8号)和中纪委对腐败干部的处分通告,使反腐教育警钟长鸣。其次,坚持落实党风廉政建设责任制,完善规章制度。后勤各单位进一步修订廉政建设责任制和相关配套制度。在基础设施建设工程与大宗物资采购中,在前几年实施"阳光工程"的基础上,要求所有维修改造及新建工程,必须实行工程预决算制度、重大项目审批制度、项目经理人制度、工程招投标制度、合同制和监理制。再次,坚持干部选拔任用、财政资金运行等重点环节的监督,发挥党内监督、审计监督、社会监督等多种形式的监督作用,后勤系统涉及人、财、物的大宗项目向校内和社会公开。

支持学校的离退休和老干部工作。请离退休老同志到单位,主动向他们介绍学校和后勤工作的近期动态与发展变化,向他们发放《后勤通讯》等宣传杂志,主动听取意见,改进工作。关心他们的思想状况和实际困难,帮助解决问题。组织好年底慰问和团拜。

支持后勤工会与共青团的工作。进一步推动基层工会制度化、规范化。针对职工最关心、最急需解决的问题,努力为大家排忧解难谋利益,通过工会,努力做好每年节假日看望病号和慰问工作,把温暖送到职工的心中。积极支持工会开展多种形式的体育健身活动,增强职工体质,活跃文化生活。加强后勤团组织建设,充分调动团员青年的积极性,使后勤团的工作有了新气象。

(朱滨丹)

后勤服务保障机构

【餐饮中心】 2006年,在北大党委和行政班子的领导下,餐饮中心紧紧围绕"提供优质餐饮,保障文明服务"的办伙宗旨,准确把握"管理育人,服务育人"的教育方针,着重突出创建"和谐餐饮、安全餐饮、营养餐饮、美味餐饮"的指导思想,切实履行各项工作职责,圆满完成了全年的各项供餐任务。7月,餐饮中心主任被任命为学校副总务长。

延续四十九年安全办伙 餐饮中心从学校稳定大局出发,以保证全校师生饮食安全为己任,时刻把食品卫生安全工作放在首位,年初顺利通过ISO9001认证年审核工作,于4月份开展了第10个卫生月评比活动。

中心各部门各岗位严把伙食质量关,在采购、加工、存储和售卖等过程,都建立有完善的管理办法和监督检查制度。中心重视食堂员工卫生责任意识培训,加大食品卫生监督频度,在学校食堂面积严重不足(根据教育部有关文件规定,目前我校食堂面积缺口近15000平方米)及后厨供餐压力不断增大的情况下,全年累计服务就餐师生16184100人次(日均44340人次),未发生一起群体性食源性疾患,延续了餐饮中心连续49年未发生食源性疾患的优秀办伙历史,为维护学校正常教学秩序和师生饮食健康提供了有力保障。

推出《餐饮中心管理手册(第二版)》 为促进餐饮中心管理的科学化、规范化、制度化,餐饮中心于今年5月份推出《餐饮中心管理手册(第二版)》。《管理手册(第二版)》由中心主任崔芳菊主编,是继2000年《餐饮中心管理手册(第一版)》的进一步修订,全书共385页,涵盖了餐饮中心日常管理的各项规章制度。

《手册》浓缩了餐饮中心几代人从伙食处走来,秉承老一辈"口耳相授"的传统,历经高校后勤二十多年改革,集高校餐饮管理中智

慧的结晶。特别是中心2005年年初通过ISO9001国际质量管理体系认证,使中心在管理规范化、制度标准化、任务到岗、责任到人等在《手册》里都得以完整体现。《手册》对各岗位培训、创建和谐餐饮、高校餐饮与国际接轨等方面都将发挥重要的作用。

北京大学副校长鞠传进等领导为本书题写了赠言,肯定了餐饮中心近年来取得的成绩,勉励餐饮中心在高校餐饮管理领域有更大的突破,为北京大学创建世界一流大学提供有力的后勤保障。

增加面积改善就餐环境 餐饮中心充分利用现有资源,采取多项措施,增加就餐面积,全年斥资700余万元用于基础设施改造。

年初,在学一食堂西侧、艺园食堂北侧及学生宿舍区34至37楼之间等三个地点增设临时售饭点3个。暑假期间,扩建面食部、增建学一食堂、艺园食堂、学五食堂等3个粗加工间,为后厨安全生产提供了保障。中心先后对农园、燕南美食两个综合性食堂进行装修,并为其安装了中央空调,解决了夏季餐厅温度的难题,也为安全饮食提供保障,受到广大就餐师生的一致好评。

这些工程的实施,累计增加就餐面积524.6平方米,增加后厨生产面积282.1平方米,在一定程度上缓解了目前较为紧张的就餐状况。

餐点公开招标民主投票 餐饮中心为丰富校内餐饮,更好地为师生服务,6、7月份整合现有资源对家园各档口、艺园二层、售饭亭等14处餐点进行招标评标。后勤党委、总务部、校工会、学校纪检等管理机构负责人,研究生会、学生会、学生监督员代表以及餐饮中心相关负责人参加会议,11人参与评标投票。

这次公开招标,是餐饮中心充分利用现有的就餐条件,丰富校内餐饮品种、增加工作透明度、引进竞争机制、提高综合服务质量所采取的重要措施。邀请有关部门领导和消费者代表参与评标,让服务人员在消费者代表面前承诺自己的服务理念、经营目标等,是餐饮中心改变管理模式,体现"我的餐饮我做主"的一个大胆尝试,也是近年来餐饮中心为了更好地服务师生,积极完善廉政建设、健全民主监督的举措之一。

实施全员知识技能培训考核
2006年作为餐饮中心的培训年,年初人力资源室做出了全年全员培训计划。中心主任崔芳菊以"确定新型财务管理观念,适应市场经济发展需要"为主题的百人财务第一讲,从而拉开全员培训序幕;中心副主任王建华的"成本核算培训",使培训工作普及到食堂中层骨干。

管理干部计算机培训作为培训的重要部分,人力资源室聘请专业人士,租用计算中心机房组织多次培训,78名参考干部一次全部通过,通过培训考核,提高了管理干部计算机使用水平,使中心的"电子批复""无纸办公"得以迅速推广。

11月餐饮中心发出以"提高服务技能,增强餐饮责任"为主题的全员岗位考核通知,全员岗位培训操练如火如荼。373人参加7个项目的实操考核,311人参加14个工种的笔试考试。

今年的培训考核是一次规模最大、参与范围最广的技术培训考核,实际操作和理论测试相结合的方式,使全中心上下形成了提高操作技能、掌握餐饮知识、积极向上的学习氛围,达到强化餐饮中心队伍建设的预期目的。人力资源室将按考核成绩调整岗位,按岗定薪。

筹建营养分析室和食品研发室 2006年9月,"营养分析室"、"食品研发室"、"食品检验室"、"制剂车间"四块醒目牌子挂在图书馆西侧四院临街平房外墙上,其中,营养分析室和食品研发室是餐饮中心新建工作室,这是基于餐饮中心倡导健康饮食,提供"营养餐饮"和"美味餐饮"的办伙思想而建立的,中心特聘2名从事饮食研究的营养专家承担营养室工作,全面负责食堂营养食谱的制定和在校大学生的营养状况的分析,为广大同学义务提供营养知识咨询等工作。

食品研发室作为餐饮中心的研发基地,对传统北大餐饮食谱的标准化和在新时期开拓创新菜肴都将发挥重要作用。"营养分析室"和"食品研发室"的建立是餐饮中心创新服务理念的一种新的尝试,也是适应现代社会师生健康生活发展的需要。

多渠道沟通完善监督员制度
学生义务监督员制度是餐饮中心和学研会为联合办好学校餐饮服务而组织实施的。2年来,在餐饮中心的大力支持下,食堂监督员在沟通交流、化解矛盾、代表同学反映意见、提升中心服务管理等方面做了大量工作,受到师生欢迎。

2006年11月,许智宏校长、张彦书记在视察学一食堂时还与食堂监督员共进午餐,许校长亲笔为监督员题词:"服务同学,认真把好健康关;反映问题,积极做好沟通事",对他们在过去2年来取得的成绩给予充分肯定。

全年,食堂监督员网上回复同学各类意见多达9000余条,协助解决各类争议数十起。经过两年的不断总结和完善,食堂监督员组织工作已经形成了餐饮中心一项管理制度。

2006年,餐饮中心进一步开展了消费者参与活动,包括:公开招聘学生监督员,连续两年公开选举"十佳服务员"、"十佳菜肴"、举办"学生厨艺大赛"、多次组织食堂监督员考察周边院校餐饮,监督员参加北京高校联合招标采购,参加

家园等餐点招投标投票,参加年底餐饮中心优秀评选。通过活动,增进了同学对餐饮工作的了解,大大改善了服务与被服务的关系,受到了广大师生的欢迎。

公益桌贴传播和谐餐饮文化
2006年11月,北京大学学一食堂的136张餐桌一夜"变脸",7幅新颖而幽默的平面公益广告桌贴让就餐师生耳目一新。中央电视台经济频道、新京报、教育报、北大新闻网等媒体先后对北大学一食堂的桌贴工作进行报道。

桌贴富有创意的漂亮图案美化了就餐环境,风趣幽默的语言起到寓教于生活的目的。通过餐桌这个平面生活载体,实现餐饮中心"服务育人、管理育人"的办伙宗旨。

公益桌贴创意的实施,结束了食堂餐桌一色不变的历史,开创了食堂餐桌活泼风趣的新面貌。截止到年底,艺园、家园、面食部、饺子馆、西餐厅等食堂的桌面也都有了新面貌。食堂桌贴也迅速在北京乃至全国兄弟院校的食堂得到推广。

考察特区和国外餐饮行业
2006年,餐饮中心共派出4批17人参加特区和国外餐饮行业考察,考察是由中国烹饪协会、北京市高等院校伙食专业委员会组织的。其中参加美国加拿大高校后勤考察2人,参加中国台湾中华烹饪美食展6人,欧洲中餐研发考察8人,南美餐饮考察1人。考察批次人数创历年新高。

考察后,团体和个人都及时写了考察汇报,这对北大与世界接轨,建设与世界一流大学相匹配的餐饮服务都具有重要意义。考察对了解各地区民族的饮食特点、交流烹饪技艺、弘扬中华饮食文化都有很大的促进。考察所获得各方面的经验和先进的管理办法正逐步落实在日常管理工作中。

组建联采降低办伙成本 作为北京高校伙食联合采购中心主任单位,餐饮中心一直在倡导和推动北京高校联合采购工作,已经连续6次成功举办并积极参加了北京高校伙食联合采购招标大会。在4月份北京交通大学举办的第6次北京高校联合采购招标大会上,餐饮中心一次性签订了1100万元的食品原材料订单,采购原材料包括米、面、粮油、肉类、副食调料等几十个品种,这样不仅大大降低了采购价格,同时又保证了产品质量。为保证采购过程的公开、公正、透明,餐饮中心还邀请食堂监督员参与到采购过程中来,倾听他们对伙食原材料采购的意见,确保采购到让广大同学吃得放心的食品原材料。

餐饮中心积极发挥主导作用,聘请专人成立了北京高校联合采购中心,并在短短3个月时间内筹备并开通了北京高校联合采购网(www.gxlhcg.com)。该网以及时发布各种食品原材料采购价格为主,实时提供采购市场的变化信息,为各高校做出准确的采购决策提供依据。

这项工作得到了教育部、市教委及学校领导的大力支持,同时他们对北大餐饮中心在其中发挥的积极作用给予了高度评价。

化解原料涨价稳定校园餐饮
自2006年10月份开始,国内食品市场出现了以粮油为主导的食品原材料涨价浪潮。到12月中下旬,粮食、油脂、肉、禽及其制品和鲜蛋食品价格均有一定幅度的上涨。而在北大食堂就餐的师生很难感觉到外面价格攀升的市场环境,这是北京大学餐饮中心在化解价格波动方面已经做了一些基础工作,保证了学生食堂饭菜价格的稳定。

主要措施有:餐饮中心倾力搭建和使用高校联合采购平台,降低采购风险和成本;采购部开拓市场,储备平价粮油,并积极找寻价格相对较低的替代产品;中心对水、电、液化气、天然气、蒸汽、设备、原材料、办公用品等实行了严格节约措施,降低加工成本,各食堂在倡导技能节约,做到物尽其用;通过餐饮中心主页阴阳提示栏目公布出各食堂饭菜品种价格表供同学下载,引导大学生合理用餐。

粮油价格波动对高校食堂带来的影响受到各级领导和政府部门的关注,分别下发专文指导高校餐饮工作。张彦副书记和鞠传进副校长了解到餐饮中心对稳定食堂价格所做的工作后,很快批示,张彦副书记:餐饮中心的同志为办好学生伙食克服了许多困难,采取了很多办法,大家辛苦了;鞠传进副校长:知道你们非常认真努力做了大量工作,而且成效显著。感谢餐饮中心干部职工为学生教职工的伙食所做的贡献!望继续努力。

喜获多项荣誉 在2006年11月20—21日,中国高校伙专会成立二十周年庆典大会在武汉隆重举行,北大餐饮中心作为中国高校伙专会副理事长单位应邀出席大会并受到大会嘉奖。

此次颁奖庆典,北大餐饮中心共获4项集体和个人大奖。其中,北大餐饮中心被评为全国高校伙食工作先进集体;北大农园食堂被授予全国高校"百佳食堂"荣誉称号;中心主任崔芳菊被评为全国高校伙食工作先进个人,同时由她撰写的《试论我国高校餐饮的行业监管体系建设》在高校餐饮领域引起强烈反响,得到众多行业专家的高度评价,获全国高校伙食研究论文评比一等奖。

中华全国妇女联合会、中国商业联合会批准授予崔芳菊为"全国商业、服务业巾帼建功标兵";中国烹饪协会授予崔芳菊"全国餐饮业社团先进工作者";北京市教育委员会批准授予崔芳菊、王建华等

"北京高校伙食工作先进个人"。

餐饮中心获得"海淀区交通安全先进单位"和"北京大学安全保卫工作先进单位"的光荣称号。

（金宏丽　甄　涛）

【水电中心】 全年完成各类指标数：2006年全年供电量约为：7287.07万度；全年供水量约为：227.77万吨；全年燕北园供电量约为：257.6万度；全年燕北园供水量约为：14.9万吨；全年共收取水电费：52411959.93元。

校园供电系统 2006年，水电中心对全校1座110千伏变电站、6座开闭站、21座10KV配电室、12座箱变、近100台户内外变压器、数万米高低输配电线路、2000余盏路灯进行24小时的巡视和检修；全年共处理电网突发故障10余次；负责学校各种重大活动的高压配电室的值班工作10余次，电网系统全年8760个小时无一次人为原因造成全校停电，为学校教学科研和师生的工作生活创造了良好的用电条件。

校园给排水系统 北京大学供水系统由6所水泵房和约3.2万余米上水管线组成，其供水工作由水电中心电管科、水管科协作完成。水电中心技术人员全年共排除上水管线、阀门、水泵、除沙器、变频器和流量器等各类问题20余起，保证全校供水系统的正常运行。同时，水电中心还对校内3.5万余米的雨污水管线进行疏通和维护。

校园水电收费 2006年，水电收费科完成了对全校近千户公用单位、7300多户居民、30余座学生宿舍楼、近6000户IC卡售电户进行了查表、检修和水电收费等工作。

2006年9月，水电中心对校本部6000余间学生宿舍、近2万名本科生、研究生和博士生实施用电收费。

2006年，水电收费科配合学务部、保卫部、教务部、学宿管理中心对学生宿舍楼进行了两次安全用电检查，并在检查中及时排除安全隐患。

校园零星维修 2006年，水电中心零修班共完成全校水、电维修小票27344张；校园水电维修车完成维修服务小票5000余张；燕北园维修室完成水电零修小票7390张。

防汛抢险工作 2006年，水电中心防汛工作小组在汛期共接居民报漏电话95个，出险抢修90次，共苫塑料布1500平方米，疏通雨水管道20余处，约2000米。

校园水电施工工程 2006年，水电中心共完成科技园电缆沟工程、42楼地下室改造工程、暑期学生宿舍粉刷工程、四院改造工程、全校阀门更换工程、西门井房到水塔井房上水管线改造工程、篓斗桥学生宿舍外线工程、中关园外线工程和公共教室地下车库通道上水改线工程、学生宿舍楼浴室改造工程、考古楼路灯安装工程、承泽园路灯安装工程、中关园三通一平工程、篓斗桥电缆、沟道、路灯安装工程、节电器安装工程等60多项水电设施、线路的新建和改造工程。

校园水电物业管理 2006年，水电中心继续对理科楼群、光华楼、生命大楼和畅春新园学生公寓等近17.54万平方米的楼宇实施了物业管理，负责承管楼宇内的水、电、空调、电梯等设施的安全稳定运行。

（张海峰）

【供暖中心】 2006年3月根据学校安排，供暖中心领导班子进行了换届，原领导班子成员在经过述职、干部测评、综合评价和公示后，继续被学校聘任为供暖中心领导。2006年7月中心新招聘了3名应届毕业本科生和1名应届毕业研究生，给中心的工作注入了新的力量。

供暖工作 2006年供暖总面积为1491622.8平方米，供暖运行总经费为2789万元。2006年5月经过认真的准备、调研，学校煤炭管理小组对今年的煤炭进行了招标，确定了2006年的购煤价格和煤炭供应商。中心按照招标的结果，与锅炉房施工单位多方协调，克服了工期紧张，进煤与施工相互交叉，场地狭小等困难，完成了预定的进煤、存煤任务，场地存煤12000余吨，在煤炭供应厂家存煤16000吨，通过质量技术监督局的抽检，煤炭质量合格，为冬季的供暖做好了准备。在中心职工的共同努力下，供暖中心继续被北京市评为2005—2006年度供热先进单位。

浴室工作 2006年7月浴室进学生宿舍楼改造工程开工，到2006年12月底，已将学生区的33、34B、36、37、45甲、45乙六个楼改造完毕，并陆续投入了使用，新增浴室27个、淋浴喷头162个，使学生们可以在楼内直接用地热水洗浴，为学生们的生活提供了方便。该项工程中，采用了远程计算机联网监控系统，可实现远程计量收费，还可进行浴水温度调节。同时，中心还对监控服务中心进行了整体改造，增加了服务窗口，改善了服务设施，使同学们更加舒适、快捷地办理业务及咨询相关事宜。面对日益增多的工作量和工作人员，中心对浴室的管理人员进行了调整，补充进专业技术人员去应对新技术，加强对浴室职工的管理，编制服务手册，增强职工的服务意识和特殊情况处理能力，加大检查力度，强调文明服务和挂牌上岗，奖惩结合，进一步完善岗位责任制，从而改善了职工的服务态度，提高了服务质量。

新建、改造工程 2005年8月学校投资1600万元新建的燃气热水锅炉房，于2006年10月底建成，2006年10月31日，学校领导

鞠传进副校长参加了新建燃气锅炉房的竣工及燃气锅炉点火运行仪式。2006年里供暖中心还完成了由学校投资230万元的水塔换热站扩建工程,在这个工程中,翻建换热站厂房210平方米,安装了2台50平方米板式换热器和配套水泵。为满足中关园留学生公寓及篓斗桥学生公寓的供暖需要,中心完成了中关园留学生公寓工程新建高温及低温管道2200米(工程投资210万元)及篓斗桥学生公寓共新建供暖管道1630米(投资76万元)两项外线工程。对从1997年到现在没有粉刷过的集中供暖锅炉房的外墙,2006年进行了粉刷。

(翁正明)

【校园管理服务中心】 校园管理服务中心下设中心办公室、财务室、绿化环卫服务部、保洁服务部、茶饮服务部、收发室、订票室、会展服务部等八个职能部门。2006年有正式在岗职工59人(含流动编制1人)、外来务工人员180人,离退休职工272人、代管职工10人。主要承担校本部绿化养护工作,新建和改造绿化的全部工程,校园、公共教室及部分办公用房的清扫保洁,校本部报刊、杂志订阅及信件报刊的投递,饮用开水的管理和供应,寒暑假学生返家车票和日常师生出行的火车票、航空机票的预定,及部分送旧迎新的工作。

园林绿化工作 日常养护管理 2006年完成校本部89.6万平方米的绿地及植物的养护管理工作。引进种植了4种乔木(青冈槭、金枝国槐、真梅系梅花、日本早樱花)和6种灌木(布什丁香、什锦丁香、十大功劳、北海道黄杨、火棘、香荚蒾)共70株植物。完成校本部514株一、二级古树的日常养护管理工作,春季由校外古树保护专业队伍,对学一食堂南侧2株一级古国槐和水塔南侧1株一级古油松,进行了养护、修补。

植物病虫害防治工作 2006年根据不同季节的虫情预报,采取捕杀和打药等多种手段,有效控制了病虫害的蔓延。上半年,北京市发现美国白蛾疫情,校园管理服务中心成立了防控小组,同时做好应急预案,提前储备了药品。由于受周边地区的传播影响,9月30日北京大学发现虫情,在第一时间上报海淀区市政管理委员会,同时由专业人员迅速处理,至11月初北京大学共发现疑似病虫十三处,由于监控有力,发现及时,没有出现大面积病虫害。全年喷洒农药300车,春季挖蛹24斤,全年未发生由于病虫害造成植物成片整株的秃叶。

绿化新建和改造工程 2006年绿化新建改造工程6项,分别为法学院绿化工程、学生宿舍38—43楼绿化工程、文博院西侧绿化工程、燕南园60号63号绿化工程、北新商店绿化工程。新增绿地5000平方米,种植草坪10402.8平方米,宿根花卉561株,乔木205株,灌木5243株,栽植竹子647株。

荒山绿化 完成北京大学昌平绿化基地3505亩荒山绿化义务植树与养护工作,全年种植树木1500株,抚育野生树1450株,修剪树苗35000株,全年护林防火未发生险情。

环卫、保洁工作 2006年北京大学校园清扫面积169146平方米,校园保洁面积191743平方米,湖泊的清理保洁103518.4平方米,公共教室(6座)服务、卫生保洁,教室223间16874个座位,清扫保洁面积35393平方米,负责校内45个院系、所、室保洁清扫有偿服务工作,面积68788平方米。配合学校完成研究生考试、阅卷及暑期高考阅卷,毕业生招聘会的保洁服务工作。全年清运生活垃圾4745标准箱,粪便清掏清运756车,清运树枝及建设垃圾870车。

其他工作 2006年共分拣、投递信件108000余封,印刷品180000斤,挂号信84240封,报纸508680余份,外刷72000斤,杂志21600份。全年现售火车票36181张,飞机票1800张,完成寒暑假学生返家及返校车票11112张。全年饮用开水供水量10095吨。为毕业生顺利离校,协调铁路、邮政部门来校接收、托送行李2010件;接发新生行李1412件,9月3日在北京站、北京西站设立迎新站,接待新生到校工作。

(刘凤梅)

【学生宿舍管理服务中心】 2006年学生宿舍管理服务中心共管理校本部燕园校区、畅春新园、畅春园(篓斗桥)三个宿舍区,共有30栋学生宿舍楼,建筑面积185300m^2,住宿学生19600余人。中心共有职工224人,其中校编15人,外聘楼长114人,保洁员75人,其他人员20人。

"送旧、迎新"工作 中心的党政负责同志根据学校下达的关于毕业生离校的指示和精神,结合各项工作的具体情况,从四五月份就对毕业生的离校工作进行了精心筹划。7月5日至7月9日组织毕业生有秩序的离校。在此期间,对确实有困难的学生想尽一切办法为其解决实际困难,处处为同学着想,耐心诚恳地为同学们解决问题,使毕业生在离开学校的最后时刻,还能真切感受到学校对同学们的关怀。

学宿中心在暑假期间就做好了新生入住的各项准备。设施到位,房间粉刷一新,迎新板报树立在楼门口。9月3日早上六点半,新生报到工作正式开始。面对前来报到的同学,中心职工亲切细心的交代各种入住程序和注意事项,直到晚上十二点才结束一天的工作。对来早了要求提前入住的同学,中心及时安排解决他们的住宿问题;对车次晚点赶不上白天报到

的同学，中心又留人在晚上值班等待；报到结束后，又为同学们解决类似调换宿舍床铺之类的问题。整个迎新的过程中，中心职工均保持热情细致，认真负责的态度。赢得了同学们的信任和感谢。

从 7 月 5 日毕业生开始离校到 9 月 3 日新生报到，先后有毕业生 5500 余人离校，5772 名新生入学。两个月中共计 11000 余人次搬入或搬出学生宿舍。

暑期综合修缮工程 根据学校关于暑期工作的安排，从 7 月 5 日毕业生离校起，中心的全体职工积极努力，配合各施工单位开展了暑期宿舍修缮工程。

中心的负责同志制订了详细周密的工作计划并经常现场办公，组织协调工作方案，验收检查工作质量。在一个多月的时间里粉刷维修宿舍 799 间，设备检修宿舍 1103 间；为新生宿舍楼更换组合书柜 482 套，更换新床 644 架；协助总务部和各施工单位对 6 栋宿舍楼进行了浴室改造；更新 28、29 号楼等 6 栋宿舍楼 1000 余套塑钢窗；协助供暖中心对 30 号楼等 4 栋宿舍楼的供暖系统进行更新。

"文明卫生宿舍"创建评比 学生宿舍管理服务中心于 11 月下旬至 12 月中旬开展了本年度"文明卫生宿舍"创建评比活动。各楼管组共上报候选宿舍 2034 间，经过复查小组核查后总计 1206 间宿舍达到文明卫生宿舍标准，并在 12 月 15 日中心办公会上被批准授予"文明卫生宿舍"称号。获奖宿舍占学生宿舍房间总数 19.4%。获奖个人 3894 人，占学生总数 19.9%。各项数据均创下创建评比工作的新纪录，反映了此项工作得到越来越多同学们的认可和参与，同学们都把这当作生活中的一件大事来看，给予了高度重视。

最后一批万柳学生顺利回迁燕园 自从 2004 年学校开始有计划分批次的回迁万柳学区同学，每年的回迁工作便是我中心的工作重点，经过连续三年的努力，终于到今年 2 月迎来了最后一批万柳回迁同学。2005 年 11 月底学生宿舍 40、41、42 楼，畅春园 63 楼陆续竣工交付使用，自接收之日起，中心关于万柳研究生回迁的各项准备工作也随即全面启动。住宿方案的制订、工作人员的配备均在短时间内就绪，木工厂也将早已生产完成的宿舍家具进行了组装。鉴于 2005 年暑期同学们入住畅春新园时反映的甲醛含量超标问题，中心特别予以重视。各楼管组自进驻之日，便坚持每天早上打开所有宿舍门窗，保证室内空气流通，同时，为保护暖气设备晚上又必须将全部门窗关闭，有的楼长年纪大身体不好，却依然每天坚持，为了给同学们创造一个好的居住环境。由于前期周密的准备工作，2 月 17、18 日两天 2660 名研究生顺利回迁校本部。

安全保卫工作推出新举措 中心全体干部职工，认真学习贯彻执行学校安全保卫工作条例和相关文件精神，定期召开安全保卫专题工作会，使安全保卫工作职责到人。定期检查与不定期抽查相结合，逐一排查各种不安全的隐患，将其消灭在萌芽状态。今年中心自筹资金，购置了 415 套灭火器箱分配到各宿舍楼，并在灭火器箱上标注了灭火器的使用方法，简便易学，效果非常明显。另一方面中心陆续为各宿舍楼制作了安全疏散示意图，为紧急情况下合理的进行疏散提供了保障。

走廊文化建设 去年"五一"期间温家宝总理来到宿舍楼内参观时饶有兴趣的欣赏了同学们的书画作品，并对北大的这种做法提出了表扬，号召高校进行学习。遵照总理的嘱咐，我中心今年继续加大力度开展此项工作，将学生书画大赛中获奖的一些精品加工制作，在 40、41、42 楼开展"我爱我家"楼道美化项目。目前燕园校内宿舍区已基本推广完毕，明年我们将此项工作推进到畅春园和畅春新园宿舍区。

庆祝楼长管理制 20 周年 1986 年 8 月北京大学房产处下发关于《试行楼长管理制的通知》，20 年里一批批楼长们为北大的发展默默地奉献着。他们中的多位代表曾获得校级优秀党务工作者、先进个人的称号。2006 年尚永平、李昕两位楼长更是获得了北京市公寓管理先进个人的称号。中心编纂了《北大楼长》20 周年纪念特刊，并得到闵维方书记、许智宏校长等多位校领导的题词。

完善规章制度 4 月，对中心的各项规章制度进行了重新的修订和汇编。对中心各办公室的职权进行了明确和详细的划分，对各项工作标准和制度进行了书面的规定。这标志着中心工作向着规范化和制度化方面的巨大跨越，也是学宿中心成立 7 年以来的一次总结。

学宿网站正式发布 4 月，学宿中心网站（http://dorm.pku.edu.cn）也正式在校园网上发布了。网站画面美观、功能强大，集新闻发布、常用信息查询、卧具申购、学宿信箱、办事指南、办公系统等多种功能。一方面网站为同学们提供了全方位的服务，另一方面网站也将中心各个楼管组以及各住宿区办公室联系在一起，通过网络办公系统实现文件互传，信息共享，中心主要的会议内容可进行在线观看，大大地提高了工作效率。

外来务工人员队伍建设 每半月一次的全体会、定期的理论及文化知识学习、丰富的业余文化生活，使外来务工人员普遍获得了家一般的归宿感。全年中心收到同学写来各类表扬保洁员的感谢信十余封，拾金不昧、助人为乐等优秀事迹不胜枚举。今年 63 楼保洁员王武元同志的爱人不幸重病住

院，需要较大的治疗费用，全体保洁员便自发地组织起来进行捐款，共计捐款 4200 元为他解决了燃眉之急。中心外来务工人员工会，已被校工会列为先进典型。

国际交流项目 9月，中心首次迎来了入住学生公寓的美国耶鲁大学留学生，根据学校要求，在 42 楼单独设立了两部分独立住宿区提供给外国留学生，所有硬件设施均与国际接轨，设立了洗浴间、活动室，安装独立的电子门禁、烟感探测器等。12 月份交流项目顺利结束，中心的服务也赢得了全体美国同学及中美两方工作人员的赞誉。

（宋　飞）

【运输中心】 2006 年，运输中心安全运输服务工作有了新的提高。全年安全运行 120 万公里。实现运行总收入 542.5 万元，保持了稳定发展势头。2006 年中心把安全生产作为工作重点，搬家后因车辆停放场地分散给安全管理增加了难度，但中心安全生产管理工作不松懈，在开展经常性的交通法规和安全教育同时，进一步完善各项安全管理措施。在执行学校大的运输任务前做好各项安全教育预案工作。由于安全生产管理从严和制度措施落实到位，对中心工作任务完成起到保证和推动作用。2006 年中心按计划完成了学校"两会"，接新生、教工、附小班车、《北京论坛》等大型出车任务和学校其他教学科研任务，中心按要求实现了全年安全生产目标，并被学校安委会评为《北京市交通安全先进单位》。

节能降耗工作 2006 年燃油价格涨价和维修费用增加，在整体运输成本提高的不利情况下，中心及时调整车辆结构，开展节能降耗工作。从点滴入手培养职工节约意识，使职工树立勤俭节约为荣浪费为耻的思想，爱护车辆，珍惜油料，提高节能技术操作水平，2006 年中心节能降耗工作取得成效，整体运输成本同比有所下降，燃油损耗也同比下降。

车辆发展调整工作 2006 年运输车辆结构性调整已初步显现，大小车型配置做到基本合理，根据学校市场预测，目前中心各种车辆的配比能够满足学校不同用户的需求。2006 年年初，针对小客车车辆档次偏低，不能满足用户需求的问题，中心及时进行补充调整，于 2 月底新购置 3 台中高档小车，并投入"两会"使用受到用户欢迎。为了迎接 2008 年北京奥运会，中心加快了车辆更新换代步伐，对于现有的不符合要求的车辆进行测评和提出了可行的更新调整计划，预计 2007 年中心车辆将进一步加大更新力度。

职工队伍建设 2006 年中心运输任务增加，驾驶员队伍出现空位，为保证生产任务完成，中心及时对外招聘司机，先后在社会上招聘小车司机和大客车司机补充驾驶员队伍。

（牛林青）

【幼教中心】 幼教中心现有教职员工 129 名，其中在编职工 45 名，流动编制 3 名，外聘人员 81 名。幼儿全日制、寄宿制教学班 25 个，包括大、中、小、托四个年龄班，两个蒙台梭利实验班，一个亮博士班（专门针对弱视幼儿的治疗与教育）。共有入托幼儿 700 余名。其中教职工子女约占 46%，三代子女约占 17%，外单位儿童约占 37%。中心在满足北京大学教职工子女入托的情况下，积极接纳社会人员子女入托，充分实现了教育的社会服务功能。

新老领导集体过渡 2006 年中心领导班子进行调整，王燕华担任幼教中心新一届主任。在保证中心全面工作有序开展的同时，新老领导集体实现了工作的顺利交接，为幼教中心的进一步发展奠定了良好的基础。

队伍建设 坚持以人为本，以科学发展观为指导，以促进人的发展为需要，选好人、用好人。将每一位教师安排在恰当的岗位，使其发挥最大的作用。中心增补 2 名保教干事，使管理工作向一线教学工作倾斜，确保保教工作质量的稳步提高，为今后参加北京市示范幼儿园的验收做好铺垫工作。制定教师成长培训工作规划，开展全员师德培训，加强各岗人员的岗前和岗上应用性培训，提高师资队伍业务水平，不断提高保教工作质量，为即将参加北京市示范幼儿园的验收做好教师专业技能需要的铺垫工作。对教师队伍建设的关注，是幼教中心师资队伍不断成长的关键。在中心的不断努力下，目前，中心共有 6 名教师被评为市级和区级骨干教师。一名教师获北京市"辛勤育苗"先进个人奖，多名教师获得海淀区教育系统"优秀青年教育工作者"称号。

制度化建设 广泛听取群众意见、完善民主机制，同时进一步完善和修订有关制度。比如：完善并落实民主管理制度，举行教职工代表大会，采取民主管理、民主监督的方式共谋中心发展大计，实现中心中层和基层领导干部全部民主选举产生。健全完善各项安全制度，建立健全安全工作档案，制定详细的安全整治措施和校园综合治理责任书，深入开展自查自纠工作。儿童日常教育中渗透安全意识培养，多次进行逃生演习训练。安装安全防控系统，基本实现科学创安的目标。与全体教师签订了"安全工作责任书"，加强全体教师对安全工作的责任心。

教育教学工作 在《幼儿园教育指导纲要》精神指导下，全体教职工围绕中心的整体工作计划与要求，继续坚持以保教质量的提高为基础，增强服务意识，充分发扬求真务实，开拓创新，团结协作的精神，切实认真地开展各方面的工作，不

断提高幼儿园的保教工作质量。

1. 加强日常教学的管理，促进教师的成长，提高保教质量。加强教师及幼儿一日常规的管理和检查。结合主题教育活动，以主题展板宣传和日常安全教育活动的形式开展安全教育活动。开展网上电子备课工作，调整备课计划的部分内容，强调对幼儿个体的关注，帮助教师更加深入、客观的去观察和了解每一个孩子，为更好实现幼儿个性化的发展提供支持。

2. 加强教研组建设，发挥基层教研组织的作用，初步形成基层教研氛围。确立中心教研分层组织及管理体系，逐步开拓教师教研参与、交流的渠道。充分发挥教研组长的教研组织、管理作用，增加基层班组的教研活动。同时，尝试开展"一课多研"的教研活动形式，增加教研活动的内容的针对性和实践性。开展"优秀教研班组"评比活动，帮助教师们整理和理清教研活动思路，进一步挖掘潜在教研资源，提高教师主动参与教研活动的意识。开展分享阅读的教学研究实践工作，帮助教师们拓展了语言教育活动的思路和手段，初步培养起孩子们早期阅读的习惯，获得家长的认可。

3. 积极申报教育科研课题，提高教师的教育科研能力。中心成功申报了一个中国学前教育研究会课题及两个北京市学前教育研究会课题。继续国家课题《生态式艺术教育》的推广及实践工作，获得初步成果。目前，正在筹备"全国生态式艺术教育课题研讨会"，即将迎接来自全国各地的课题组教师的观摩、指导。

4. 开展形式多样的园本培训，大力提高教师全面素质。中心外请专家入园，利用业余时间对青年教师进行舞蹈、写作、绘画等方面的技能培训，为教育理论向教育行为的转化提供了实践保证。鼓励教师积极参加市、区各级各类教学工作评优活动，并取得较好成绩。在全国高校幼教研究会第六届年会论文评选中，19篇教师文章获一等奖，另有若干篇文章分获二、三等奖。

5. 注重家园合作，共创和谐教育环境。新《纲要》指出：幼儿园应与家庭、社区密切配合，综合利用各种教育资源，为幼儿的一生打好基础。通过建立班级家委会月联系制度，加强家委会的沟通联系作用。开辟家长园地，设立家长信箱，举办家长讲座（邀请著名的家庭教育专家程鸿勋教授开展家庭教育讲座），开展网络家园沟通等常规沟通形式，及时向家长传递信息，了解家长建议和意见，做到虚心听取，积极改进，以达到家园共育、一致教育的目的。对幼教中心在家庭教育工作中的突出表现，2006年中心荣获"海淀区幼儿园家庭教育指导工作"先进集体称号。

6. 进一步探索特殊需要儿童早期干预模式 坚持"一体化"和"正常化"的全纳教育指导思想。确立本园特殊需要儿童随班就读工作的发展思路，加强班级对特殊需要儿童教育实践工作的培训指导，初步实现班级教师与特教老师的协同工作模式，逐步完善个训课程体系。逐步创建专业治疗、随班就读和家庭干预三方结合的立体化全纳教育模式。筹建成立北京大学幼教中心"特殊儿童随班就读教科研研究和资源中心"，并开通相关网站和热线电话，面向社会提供早期干预指导。

"早期教育示范基地"工作 作为北京市教委"早期教育示范基地"之一，中心在海淀区、北京大学各级领导的关心和帮助下，积极利用自身的教育优势，以向社区宣传科学的早期教育工作作为中心的重点工作，大胆创新，开展了丰富多样的社区早教宣传活动，赢得社区的广泛认同，取得很好的社会效果，成为社区科学早期教育的宣传窗口。包括：继续实行降低入托幼儿年龄的政策，为广大青年教师放心地投入科研工作创造条件。开办周六、日亲子班及半日亲子班，满足社区家庭的不同入学需求。同时，利用周末向社区幼儿开放幼儿园大型户外玩具，提供各种可操作材料，满足社区幼儿的活动需要。针对家长在教育指导上的问题，充分利用大学的教育资源，不定期地邀请心理系博士开展教育咨询活动。请有经验的儿科专家在园内进行科学育儿和幼儿常见病多发病的治疗与预防讲座。不定期地开办保姆学校，提高幼儿身边每一位养育者的早教意识和专业能力。与社区工作人员一起，有目的的对社区家庭进行入户早教指导，发放早教宣传材料，及时解答家长的养育困惑等。发挥网络优势，加强与社区的联系，完善沟通渠道，社区家庭可以通过网络的形式，获得有关的早教活动信息。由于在早教工作中所做出的积极努力，2006年幼教中心在海淀区"让科学的早期教育走进千家万户"的主题活动中，获得表现突出先进集体称号。

后勤保障工作 为实现幼儿园的科学创安，在学校、总务部和保卫部的支持下，中心准备在燕东、蔚秀两园安装价值30多万的电子监控系统，并在教室内安装报警器。目前燕东幼儿园的设备安装已经完成。

为保障幼儿科学合理的膳食结构，中心重新制定符合幼儿营养摄取量的两套食谱（婴儿食谱和幼儿食谱），以满足不同年龄段幼儿生长发育的需要，促进幼儿健康成长。同时加强卫生保健工作，积极宣传卫生保健知识。2006年中心荣获"海淀区卫生保健宣传工作"二等奖。并顺利通过海淀区示范幼儿园和北京市A级食堂的复验工作。

完成部分设备的更新与改造；投资添置备课和学习用电脑；增添两园伙房设备；添置儿童玩具、图书，为中大班购置三层床，扩展幼儿室内活动空间。在资产部的支持下，争取了10间半地下室学校宿舍，改善教职工住宿环境，并添置了新床新柜子。

支持学校漏斗桥修道路工程，蔚秀幼儿园退让400多平方米的活动场地。同时在基建工程部和总务部的支持下修整出蔚秀园内1500平方米的儿童活动场地。为解决附小施工的影响，燕东幼儿园修建471平方米的彩板楼教室，及时解决幼儿入托问题。

为保护古树，拆除燕东园幼儿园亲子班的一间幼儿用房，并在校园管理中心的帮助下，重新修整亲子班教室，加盖儿童洗手间，保证社区0—3岁早教工作的正常开展。

（余 丽）

【幼儿园工作】 本着"一切为了儿童，为了儿童的一切"的办园宗旨，采用多种形式引导、培养幼儿勤于思考、大胆尝试；通过开展多种健康有益的活动，锻炼幼儿的体制，增强心理素质，使各方面全面发展。

2006年，根据幼儿发展评价情况，幼儿园组织幼儿开展迎奥运的主题活动。采取探究式主题活动的方式，培养幼儿主体性发展。

发挥家园共育的优势，建立新型家长、教师关系。建立电话联系制度、运用家长联系手册、设置幼儿自立习惯评比表。还开展家长学校，传授探讨科学育儿知识。2006年5月幼儿园开办了亲子班，并收到良好的效果。

教师们的自身素质、专业技术水平不断提高。幼儿园在海淀区教育委员会主办的海淀区幼儿园首届"童心杯"幼儿素质教育征文活动中获优秀组织奖。老师制作的教学课件也被海淀区幼教研为范例并出版，月亮主题活动案例获"童心杯"一等奖、科学主题活动反思获鼓励奖。

在保证幼儿伙食营养合理的前提下，加强了对肥胖儿的管理。每月测量一次全园肥胖儿的身高、体重并评价，做好家长工作与家长达到共识，引导儿童健康饮食。积极做好口腔卫生的宣传保健工作。做好疾病预防工作，根据传染病流行季节和各种疫苗的有效免疫期，定期对幼儿实施预防接种。完善新生各种入园手续，建立幼儿档案。对部分幼儿进行乙脑注射，对全园幼儿进行体检，并做出评价。对体检中视力异常的幼儿进行复查，组织教师学习托幼园所卫生保健常规，使幼儿一日生活常规统一规范化。加强保育员的业务学习，与炊事员加强沟通，使幼儿食谱更加合理。

（谭 红）

【电话室】 根据网通公司代办协议要求，为学校用户办理各项电话业务并提供电话咨询和IP电话服务。2006年全年办理新装电话800余部，学生宿舍201校园卡电话1000余部，迁移电话230部，受理电话性能服务1600余宗，电话宽带（ADSL）业务1200余宗，开通长途和IP长途电话800余部。为了确保通话质量，积极主动为学校用户代购电话机并开展免费维修电话机业务。为了适应信息多元化要求，电话室把最新信息及时发布到校园网和闭路电视上，以多方位的服务手段，使学校用户及时了解参与到相关活动中来。

根据网通公司代维协议要求，电话室线务主要承担电话安装、迁移和故障修复工作。2006年全年装通电话1900余部，其中学生宿舍电话1000余部，迁移电话250余部，加装电话宽带（ADSL）400余部，维护电话电缆2.5万米，用户线路1.8万线对，修复电话故障700余个。

根据学校对电话通信需求，电话室及时和网通公司有关部门沟通，2006年全年外管线增加1000余米，改接电话电缆5条，光缆20条，较好地保证了北京大学电话的安装使用。

电话费的收缴工作主要是固定电话费的收取服务工作，按照网通公司收费服务要求，定期对上岗人员进行岗位要求、业务知识、操作技能和服务规范培训，为用户提供优质服务。2006年全年共收取固定电话14万户，移动电话5000户，小灵通电话1000户，IP电话4800户的费用。

查号台为了提高服务质量，定期对话务人员进行业务知识、计算机操作和话务用语培训，以增强其综合素质。根据电话的装、撤量增减，学校院系所单位的变化，及时对查号台系统资料进行变更，把最准确的电话号码信息提供给用户。

文印室承担学校的各类文件的打印、复印工作，全年共打印各类文件1.5万份，复印各类文稿26万余页，在党办校办领导的指导下，圆满地完成了任务。

（赵宏才）

医学部后勤工作

【制度化建设】 2006年，建立了包括核心组会、党政联席会、党政学习会、党委会、党委扩大会、处长办公会、财务工作会、人事工作会、基建工作会、房地产工作会、基建招标工作组会和其他专题会议等多种会议制度，先后出台固定资产管理办法、律师咨询审核制度、招投标管理办法、合同审批程序、资金审批制度、基建洽商审批制度和《后勤与基建管理处首任负责制暂行办法》、《北京大学医学部后勤与基建管理处关于经费审批权限（试

行）的规定》、《北京大学医学部后勤与基建管理处经济责任制（试行）》、《北京大学医学部后勤与基建管理处处级经费管理办法（试行）》等，坚持民主集中制，落实领导干部责任制，有效地保证了后勤在规划、建设、人事、财务、招标、待遇、奖励、处罚、考核等涉及重大事项方面的决策、办事、执行、落实、监督的公正和合法性。

干部管理逐步走向规范化、常规化，建立了相对规范的考核竞聘平台，定岗、定责，建立考评、竞聘上岗制度。2006年12月，在后勤各实体（办公室）主任、副主任中期考核工作中，制定了《北京大学医学部后勤与基建管理处实体（办公室）主任、副主任中期考核实施办法（试行）》，运用以民主测评的形式进行综合评价，科学有序，为以后干部的考核评价积累了重要的经验。

【校舍维护】 校舍维护中心秉承"一切从师生需要出发"的服务理念，以全方位，多层次的服务于全校师生员工。

学生公寓1号楼改造装修：为缓解2006年新生住宿紧张的矛盾，将原有医学部制药厂用房制剂楼、开发楼进行了改造。改造面积约3200平方米（100间房屋），同时改造绿化、室外路面、更新车棚、线路、暖气、上下水、更换塑钢窗、围栏、加改卫生间、洗盥间、防水、网络、搬迁、保洁等，解决400—500名学生住宿问题。

改造停车场：对西北区、尸体房；3号、4号楼之间；6号、7号楼之间；车队西出版社书库等拆除改建停车场及周围进行绿化。改造面积约6248 m²，停放车位约244个。

配合医学部建设项目配套工程和监管工作：投入资金为中心配电室10KV设备安装工程68万元；中心配电室电缆小室设备安装工程70万元；教学大楼配电室设备安装工程1044万元。配合热力运行，进行了锅炉房和外线大修工程36万元。

全校供水系统卫生许可证取证的相关工作。初步拟订节能方案《北京大学医学部水电（能源）实施指标（定额）管理文件汇编》。

确保教学大楼供电：积极与供电局、施工单位、设备单位密切协调，做好前期准备工作。10月18日起对教学大楼交换站供暖设备进行调试、交接（与施工单位）。

建设了学校中心花园。

增加维修项目：原校产办仪器厂维修项目从2006年9月1日起正式转入后勤与基建管理处校舍维护中心。维修项目包括：实验室仪器、机械、电器、设备、空调、玻璃器皿、开水器方面的维修工作。

电梯年检及运行工作：根据北京市海淀区特种设备检测所的管理要求，医学部37部电梯通过了年检，并与三家电梯公司签订了《北京大学医学部电梯维修保养》合同书；对家属区电梯轿箱内的通话机监控系统更新改造；学生公寓7号楼（原留学生楼B座）电梯进行了大修。

多次举办了节能宣传活动，并得到了广大师生员工的积极参与和大力支持。

切实做好冬季供暖工作。医学部供暖面积达40多万平方米，对供暖设备、全校管网、交换站进行保养检修及管线的改造工作，还对进户总阀门进行保养维护，更换破损设备，消除事故隐患。

安全工作常抓不懈。2006年内进行了2次消防安全知识讲座、40余名职工安全教育培训，并观看《2000—2004全国特大火灾案例》，进行了一次灭火演练。为确保2006—2007年冬季供暖，邀请了北京市利达华信电子有限公司工程师对操作和维修人员进行岗前培训。

【绿化工作】 2006年暑期，完成体育馆前东侧绿化改造180平方米；14号家属楼南侧绿化430平方米；东南门外马路两侧绿化370平方米；26楼南侧绿化230平方米；11号楼绿化375平方米；3—4号楼停车场绿化188平方米；细胞楼绿化更新300平方米；生化楼绿化更新2500平方米；药厂绿化430平方米；会议中心东侧绿化改造280平方米；7号楼南侧绿化420平方米；整治黄土露天500平方米。

国庆节期间，在全校范围内主干区域摆花，摆出各种新颖图案，尤其是西门与职工食堂前的景观，花坛锦簇，喷泉柱射，五彩灯光，形成了学校的亮点。

（赵建秀　李桂云）

【饮食工作】 1月28日农历除夕夜，饮食服务中心在静雅斋餐厅组织春节不回家的同学聚餐联欢，全国人大副委员长、医学部主任韩启德与学生共度除夕夜。

3月15日，饮食服务中心与学生"伙管会"在跃进厅共同举办"有话你就说，学生食堂听你的"维权活动，广泛征求同学对伙食工作的意见和建议，从学生的角度维护就餐者的利益，促进饮食工作。

2006年饮食服务中心把走访学生宿舍作为一项经常性活动，深入到学生宿舍，与学生面对面诚恳主动征求学生对伙食工作的意见和建议，并进行汇总、归纳、分析、制定整改措施，及时改进工作，努力达到同学的满意。

6月，饮食服务中心组织全体职工进行烹饪比赛技术练兵活动，以此提高职工烹饪技术和伙食质量，努力为师生提供可口的饭菜和满意的服务。

饮食服务中心在回民食堂组织少数民族同学聚餐联欢，庆祝开斋节。

（王振江）

【社区服务工作】 4月，社区居委会成功进行换届选举，设主任1人，委员11人，现有工作人员13人。居委会所辖社区占地面积9万余平方米，现有居民住宅楼26

座和三处平房区，另有一座公寓楼，负有部分管理职能，所辖人口2219户、6593人，60岁以上有1548人（空巢老人116人），老龄人口占23.5%。

2006年社区居委会荣获海淀区先进社区居委会、海淀区人口与计划生育工作先进集体、"北京市健康社区"、海淀区年平安社区等荣誉。社区居委会人民调解委员会荣获海淀区优秀社区人民调解委员会。居委会张玉琴荣获北京市先进社区居委会主任、北京市先进治保积极分子称号。

（陈桂萍）

【运输服务】 运输服务中心共配备运行车辆23台，其中大车8台，小车15台，专职在编驾驶员19人，非在编司机3人，修理工2人。2006年全年安全运行45万余公里；完成行政公里指标119万元；完成创收47万元；计166万元。

3月24日，隶属运输服务中心管理的北京助行汽车维修服务中心因经营管理不善停业，具体事宜通过法律解决。2006年10月16日，后勤党委、后勤与基建管理处党政联席会决定由韩仁广、吕晓明、李兴武组成工作组，李兴武任组长，全面接管运输服务中心工作。暂停原行政领导班子职务。

（张 荣）

【人口与计划生育工作】 医学部育龄妇女数5173人，作为医学院校，女同志多（女教工占教工总人数的61%）、育龄妇女多。2006年医学部人口与计划生育办公室按照不同育龄妇女群体情况，采取了分门别类的管理模式，对她们进行生殖健康教育的科学管理和计划生育服务管理。

3月，会同研究生院统一制定了《在校研究生婚育管理暂行办法》；开展大学生生殖健康教育的宣传活动；将"大学生生殖健康教育"引入学生的第二课堂，并作为今后高校的一项综合性、长期性工作开展；2006年5月，规范、调整了全校人口与计划生育领导小组、成立了医学部人口与计划生育工作小组；2006年7月7日，组织医学部教工参加了"优生优育、关爱女孩"孕妇大讲堂活动；"关注男性健康、促进社会家庭和谐"大型宣传活动；2006年10月，组织完成了全校历年来的计划生育档案（育龄妇女卡片、独生子女父母申请表等）整理建档、归档工作；在专项经费有限的情况下，全年为生产的女教工发放中国教育集团编撰的权威性读物"0—3岁教育大全"。切实为育龄妇女办实事。

2006年，医学部分别获年度海淀区人口与计划生育先进单位和花园路地区计划生育先进集体奖励；医学部人口与计划生育办公室工作人员被评为海淀区和花园路地区人口与计划生育先进工作者。

（刘晓鸥）

【教室管理服务】 教室管理服务中心主要负责全校的教学教室安排工作。编制医学部教学使用的课程表。对教室内的教学设备、教室环境，负有维护、维修的责任。

2006年根据教室的实际情况进行了一系列的改造，并重新编排了改造后教室所涉及的课程安排。

2006年，配合教育处、公共教学部、研究生院、人事处等单位完成了全国职业医师资格考试、人事处专业技术职务外语专业考试、四六级英语考试、推荐免试研究生综合素质测试、临床技能型硕士研究生阶段考试、硕士研究生全国统考、博士研究生招生考试等。

在逸夫教学楼基础建设之际，教室管理服务中心对其内部的教学环境和教学手段，结合北京大学医学部的实际状况，听取一线教师们的意见，对其总体功能目标、各种类型教室的功能目标提出完整的设计思想，撰写完成了逸夫教学楼总体设计思想和概要需求等分析报告，就逸夫教学楼内黑板、课桌椅、窗帘、LED显示屏幕、电子检索触摸屏、标识牌等公共服务设施提出技术要求和功能目标。

（马长明）

医 院 管 理

【概况】 完成"北京大学医学部医院管理委员会"人员调整组建工作。2007年1月下旬召开管理委员会2007年第一次全体会议；完成"北京大学医院管理研究中心"人员调整组建工作。并根据医疗卫生改革形势需要，研究中心增设了"医院质量评价研究室"、"医院改革与发展研究室"、"医院管理研究学术部"。在医学部直接领导下开展医院管理与改革、发展方面的研究。原计划组建的"北京大学医院管理专家委员会"经研究不再单独设置，其研究工作纳入中心统一开展；完成"北京大学医学部医疗质量管理委员会"的组建和成立工作，下设八个专业委员会。相应的工作委员会分别召开了会议，研究工作计划。并召集医疗质量管理委员会急重症专业委员会会议，讨论如何结合《北京大学医学部医院医疗工作制度》和行政主管部门标准做好检查督促工作。

【医院医疗工作】 与去年同期相比较，期末实有病床数增加109张。六所医院出院总人次上升

4.77%,门诊总人次上升7.76%,急诊总人次上升10.96%。说明医院医疗工作量全面增加。

2006年1—12月六家附属医院床位规模及完成的主要医疗工作情况

	2005年	2006年	增减(%)
期末实有病床数	4611	4720	+2.36
出院总人次	120253	125992	+4.77
门诊总人次	4978117	5364594	+7.76
急诊总人次	454111	503875	+10.96

【医院管理工作】 为推动各医院创建人民满意医院工作,根据医学部领导指示,组织召开了各医院创建活动的经验交流和阶段工作汇报会,医学部领导及各医院科主任以上人员参加了会议。按照医学部领导部署,为规范所属医院的医疗行为,保证医疗安全,提高医疗质量,医管处组织各医院管理人员进行《北京大学医学部医院医疗工作规章制度》的编写工作。经过先后五次讨论和修改,已完成《北京大学医学部医院医疗工作制度》的编写和印刷工作,并已经发放各医院试用。受北京市卫生局委托,在医学部教育处的全力配合下,组织一年级学生利用暑假,结合学生社会实践活动,完成了创建人民满意医院出院病人、住院病人、门诊病人的满意度调查工作。

12月,组织了对北京大学四所医院的死亡病历质量检查。派专人前往各医院病案室随机抽调2006年住院病人死亡病历复印件或电子病历打印件14份。由各医院选派有关专业副主任医师以上专家各一名组成病历检查组。检查标准采用2006年北京市卫生局"医院管理年和创建人民满意医院考核评价标准实施细则——住院病案书写质量检查表"。检查组以个人评估,分组总结的方式对各医院的病历进行了认真的评估和讨论。14份病历总平均分为83.64分。90分及以上2份,占14.29%,80—89分11份,占78.57%,75—79分1份,占7.14%。

强化护理管理工作。继续深入开展以病人为中心的整体护理工作。组织五次联合护理查房,由各医院轮流主持。完成护理记录书写规范,并下发各医院试行。11月召开各医院护理部主任会议,对护理记录使用情况进行阶段小结,并针对下一步实施工作提出改进建议。

【社会服务】 在各医院的大力支持下,完成"卫生部支援西部农村医疗卫生工作项目"医疗队的组派工作:一院5人支援海南省第二人民医院(五指山市);人民医院8人支援四川省凉山自治州第一人民医院(西昌市);三院8人支援内蒙古通辽市医院。三支医疗队共完成门诊4422人次,会诊308次,查房111次,手术132例,授课111次,下乡义诊456人次。同时,六院承接主办全国精神卫生培训班一期,30人,时间一个月。

各医院完成各种会议医疗保健任务:完成2006年九三学社会议、全国政协委员研讨班、孙中山诞辰140周年纪念座谈会、全国应急管理工作会议、纪念红军长征70周年大会医疗保健任务;2006年孔子学院工作会议医疗保健任务,2006年世界药理大会医疗保健任务,2006年中非合作论坛北京峰会暨第三届部长级会议医疗保健任务;每年各类运动会保健任务,第三医院参加全国汽车拉力赛、亚太汽车拉力赛、2006年全国汽车越野赛、A1世界杯汽车大奖赛中国北京站、2006年第11届国际田联世界青年田径锦标赛医疗保健任务等。

【培训工作】 为交流各医院处理医疗纠纷的经验,提高解决医患矛盾的和谐意识和能力,医院管理处11月24日,组织召开共建和谐医患关系研讨会。各医院医务处、门诊部、医患协调办公室、法律事务室人员参加。同时邀请北京医患调解中心专家和积水潭医院医患协调办公室主任做了有关医患矛盾调解技术、艺术、法律依据、社会工作等专题报告。

为提高各医院危机意识及应对危机能力,6月15日,根据医学部领导指示,组织召开了各医院党政领导参加的医院危机管理座谈会,并邀请人民大学新闻学院胡百精博士做了"医院危机管理与突发事件应对"的专题讲座,受到与会者的欢迎。与会的各位领导针对报告内容和我校医院的危机管理现状进行了深入的分析和研讨。

组织护理管理研修班,参加人员为各医院护理部主任、科护士长、护士长,共计102人,全部课程46个学时,自9月至12月,隔周一次,利用周五下午和周六全天的时间,邀请的师资有卫生部护理处、北京市卫生局医政处、科教处的领导、医学部的领导、及清华大学、人民大学、医学部的专家教授,学习结束时各医院护理部主任对此次学习作了认真的总结。通过学习使大家深刻认识到"人才"的含义,领会到护士长是人才不是人手,要充分发挥护士长的作用,体会到执

行力在贯彻领导意图推动工作的重要性,普遍认为开阔思路,对改进工作方法具有重大的指导作用。

组织翻译出版了美国护理专著《护理结局与分类》,并邀请美国乔治梅森大学袁剑云教授为各医院护理骨干作了专题学术报告"护理结局与分类的临床应用"。

受北京市卫生局医政处委托,在国合处协作下,我处承担了2006年来京外国医师及港澳台医师资格考试的报名工作,以及其中内科医师、整形科医师和眼科医师考试的考务工作。考试分4月和10月两批,考试过程规范,对考生的考试要求不断改进和完善,得到市卫生局医政处的好评。

【科研工作】 医学部医院管理处和友谊医院作为组长单位,共同牵头负责北京市卫生局、北京医院协会课题:"北京地区医院按DRGS付费与临床路径的应用研究"中的"临床路径应用研究"分课题组工作。课题组覆盖北京地区军内外23家医院。目前14个病种中已有11个病种圆满完成小样本临床试用,通过专家论证。

以胃癌为例进行二十年间医疗进步带来的相关费用变化以及医务人员工作量的变化等调研。

参加北京市卫生局密云、延庆等7个远郊区县区域卫生中心规划调研及方案设计工作。同时完成城市大医院对口支援远郊区农村卫生建设工作执行情况的评估工作。主要负责门头沟区、海淀区、东城区、西城区的一、二级医院考核评估。

完成北京市卫生局委托的器官移植工作规划专家协调工作。

参加完成对中山、浙江、复旦等大学的合校后医学教育发展情况和对上海复旦大学医院管理公司运行机制的专题调研工作。

在药学院的大力支持下,组织完成世界青年运动会药物手册翻译工作。

参加了北京市卫生局梁万年常务副局长担任主编的《卫生事业管理学》编写工作。

为了了解北京大学各医院临床科室、临床研究所、医技科室骨干人才基本情况,进一步建立北京大学会诊专家库,2005年11月开始组织了《北京大学各医院临床科室、临床研究所、医技科室学科带头人情况调查表》及《北京大学各医院临床、医技会诊专家情况调查表》的设计、发放、收集、整理及统计工作,此次调查的范围包括具有正高职称以及担任科主任的副高以上职称的人员。目前已经顺利完成《北京大学各医院会诊专家库》资料整理工作,并已印刷成册,发放各医院及相关单位。

【交流活动】 组织召开庆祝"5.12国际护士节大会",表彰了优秀护士长21名、优秀护士45名。组织编写北京大学医学部《护士论文汇编》,共有护理论文80篇。

组织完成召开卫生局委托的北京地区卫生系统医疗纠纷处理研讨会工作。

根据医学部领导指示,1月18日,与国合处一起完成邀请美国专家举办大学医院管理专题学术报告会。北京大学各附属医院和北京市有关医院近100人参加报告会。

完成北京市教委北京大学对口支援通州区计划中有关医学支援的前期调研和支援方案的立项设计工作。计划2007年1月中旬与通州区共同召开"北京大学通州区医学论坛",会期一天。

参与完成12月17日北京大学医学部与中华医学会共同发起组织的"中国卫生发展高峰论坛"的筹备和组织工作。

教育基金会与校友工作

【捐赠概况】 2006年度北京大学教育基金会共获得社会捐赠和投资收益23913万人民币,比上年同期有大幅度增长。其中11%用于设立奖学金、助学金、奖教金,19%用于科学研究资助,25%用于院系发展及其他项目,45%用于学校基础设施建设。

主要大额捐赠有:新加坡邱德拔遗产基金捐赠1.733亿元人民币,支持奥运体育馆建设和政府管理学院发展,这也是北大建校以来收到的最大一笔捐赠;美国廖凯原基金会继2005年4月之后再次与北大签署捐赠协议,支持法学院大楼建设、跨学科研究以及设立奖教金和奖学金,总额共计1.235亿元人民币;香港新昌国际集团有限公司叶谋遵捐赠500万元人民币,设立"叶氏鲁迅社会科学讲座教授基金";必和必拓公司捐赠100万美元,德勤华永会计师事务所北京分所捐赠50万美元,支持"北京大学全球公共政策高级培训项目";泰国TCC集团董事局主席苏旭明夫妇捐赠300万元支持学校发展;北京中坤投资集团董事长、中文系校友黄怒波捐赠200万元人民币,支持北大新诗研究所发展及北大传统文化研究;深圳市宝安区捐赠200万元人民币,支持北大奥运场馆新闻发布厅建设。

2006年度,教育基金会管理的奖励资助项目共有169项,年度捐赠总额为2400余万元人民币(含奖助基金项目收益增值130万余元人民币),共有3500余名教师和学生获得奖励和资助。

北京大学教育基金会 2006 年度奖励资助项目统计

项目数	奖学金	助学金	奖教金	研究资助	合计
校级项目	60	36	8	11	115
院系项目	30	11	2	11	54
合计	90	47	10	22	169

【首届筹资与发展工作研讨会】 5月，基金会筹备召开了"北京大学首届筹资与发展工作研讨会"，全校各院系、各职能部门的主要领导共100余人参加了会议。会上，许智宏校长、陈文申常务副校长做了筹资工作报告，林毅夫教授、傅军教授、潘国华教授、刘伟教授等院系代表介绍了各自院系的工作经验，在与会代表中引起了强烈反响。会议的召开使全校上下在筹款工作上达成了高度共识，为学校院系一盘棋开展筹款奠定了良好的基础。

【交流活动】 香港地区 2006年，基金会在香港举办了三讲"北京大学政治经济文化沙龙"，先后邀请历史系何芳川教授、国际关系学院王缉思教授以及中国经济中心林毅夫教授赴港，就有关世界与中国发展、中国经济的发展等热点问题发表了公开演讲。林毅夫教授、海闻教授、潘维教授等众多知名学者还分别赴中华总商会、新鸿基集团、恒基集团、震雄集团、香港民政署等企业或机构发表系列演讲，促进了北大与香港各界的沟通与交流。

此外，学校领导先后几次赴港拜访北大的新老朋友，并于10月份先后授予了香港"北大之友"创会会董陈国钜及香港信兴集团董事长蒙民伟"北京大学名誉校董"称号。

北美地区 10月7日，在北加州校友会的协助下，基金会在旧金山举办了首届"未名论坛"，许智宏校长和海闻副校长分别发表演讲并接受了听众的提问。10月7日晚，基金会在旧金山湾区成功尝试了第一次中秋慈善晚会，为北京大学"育才助学金"募集2万美元资金。

11月22日至12月5日，配合北大乒乓球代表团的访美活动，基金会进一步加强了北美地区的校友联络和筹款工作动员。

中国内地 2006年，基金会和校友会共同组织了多次校友聚会活动，如邀请出席全国"两会"的校友返校、组织中青年校友春节聚会以及校庆校友日返校活动等，并联合中国银行推出了"中银北大信用卡"。该卡一方面可以使校友方便快捷地向母校直接捐款；同时，中国银行还会将校友刷卡消费金额的1.2‰捐赠给北京大学校友基金。

为答谢工商界人士对北大的支持，基金会于5月18日举办了"北京大学108周年校庆工商界人士招待酒会"。来自跨国集团、大型国企、民营企业和校友创办企业的近百名工商界人士光临酒会，与学校领导及各院系领导、老师进行了充分的交流。

【项目管理】 随着奖学金、助学金、奖教金等捐赠项目的增多，基金会进一步加强了项目管理的力度。除每年一度的全校奖教金、奖学金颁奖大会之外，基金会还邀请奖教金、奖助学金的捐赠方专程来校，与获得奖励资助的教师、学生进行交流座谈。2006年，基金会举办各类颁奖、座谈活动20余次，编印了《2006年度北京大学社会捐赠奖学金项目介绍》和《2006年度北京大学社会捐赠助学金项目介绍》两本手册，增进了获奖助学生与捐赠单位之间的沟通交流。

在财务管理方面，2006年5月，基金会制定了《北京大学教育基金会财经管理办法》(试行)、《北京大学教育基金会财务管理办法》(试行)、《北京大学教育基金会专项基金管理费收取办法》(试行)等各项规章制度，并编印成册发放到各院系。同时，基金会财务部还建立了网上查询系统，使各院系项目负责人可以通过登陆学校的"校内信息服务"查询本人所负责的捐赠经费的收、支、余明细情况。

【校友工作】 继续做好校友联络的基础性工作。向8000名校友寄发了四期校友通讯《北大人》，为4000余名校友办理了校友卡，为近7500名校友邮箱用户提供了稳定服务，定时向15000余名校友网注册校友发送各类校内信息以及生日和节日祝福，向6万多名校友寄送了新年贺卡，校友数据库中收集的校友信息超过10万条。

此外，为加强与捐赠人的常规联系，基金会编印了四期《北京大学发展通讯》，向1000余名捐赠人发放，让他们及时了解北大的发展动态，收到了很好的反馈。

2月11日上午，北京地区校友新春联谊会在北大农园餐厅举行。北京大学党委常务副书记吴志攀出席并致辞，北大校友会领导郝斌、李安模、王学珍、汪家镠、谢青、李忠、沈克琦等出席，北京地区中老年校友五六百人参加。下午，在北大百周年纪念讲堂多功能厅举行了北京地区中青年校友新春联谊会，北大常务副校长、校友会常

务副会长陈文申出席并讲话,北大学生艺术团为校友们表演了节目。

3月12日下午,校友会、基金会配合学校举办过两年的"两会"校友返校活动如期在百周年纪念讲堂举行,80多位来自全国的出席全国人大和政协会议的北大校友应邀返回了母校。闵维方书记、许智宏校长及教师代表欢迎校友的到来,校领导介绍了母校的发展状况,校友们参观了北大图书馆、学生宿舍,并在农园餐厅与师生们共同进餐,校友们对母校的变化给予了肯定。

4月9日,青岛北京大学校友会在青岛市举行成立大会,许智宏校长、陈文申常务副校长出席了大会,夏耕、马论业、杨军等接待了许校长一行,山东省人大副主任墨文川也出席了大会。

4月22日上午,在北大英杰交流中心举办了108周年校友返校活动,许智宏校长介绍了学校一年来的主要发展与变化;随后举办校庆学者论坛,安排了王选教授事迹报告会,王选教授的创新精神和务实的学风深深感动了每一位在场的北大人。

5月22日,许智宏校长应上海北大校友会和上海静安区文化局的邀请,出席了"孑民书屋"揭牌仪式,并代表北大向书屋赠送了一批图书。

5月28日,北大校友会常务副会长郝斌到内蒙古呼和浩特市,参加了内蒙古校友会的活动,将"优秀北大校友"的奖牌颁发给了牛玉儒的夫人。

9月初,校友会与基金会共同在2006级新生入学时,用"北京大学校友基金"约4万元,向300多位家庭贫困的同学赠送了运动服。

9月23日,2006年度北大校友会理事会在理教举行,会议通过了北大校友基金管理办法和管理机构。自2003年起,广大校友积极参加"我爱母校"校友年度捐赠活动。4000多人次的校友共捐款150多万元归入校友基金。

10月5—10日,由许智宏校长带队,海闻副校长及基金会秘书长邓娅、校友会秘书长高超、美国北大校友联议会秘书长许净等参加了美国加州旧金山、洛杉矶地区校友的活动,举办了首届"未名论坛"。

10月28日,受中国高校校友工作研究会委托,北大校友会在北京大学举办了"首届中国大学校友会会长论坛"。24所担任常务理事学校的领导出席了会议,许智宏校长以北大校友会会长身份出席大会,并就高校校友工作的现状与发展方向进行了发言。各高校领导一致认为:校友是母校的宝贵资源,是学校发展的源泉和永恒之动力。只有关爱学生、服务校友,学校才可能得到校友和社会的回报与支持。

(高 超)

附 录

2006年度北京大学教育基金会奖学金、助学金、奖教金、研究资助项目一览

奖学金(校级1—59;院系级60—96)

序 号	项目名称	捐赠单位、个人	总额(单位:人民币元)
1	华润奖学金	华润股份有限公司	1635000.00
2	光华奖学金	光华教育基金会	919200.00
3	周美满泰语奖学金	苏旭明先生、周美满女士	416592.63
4	董氏东方奖学金	香港董氏慈善基金会及东方海外货柜航运有限公司	334414.88
5	唐仲英奖学金	唐仲英基金会	320000.00
6	星光国际传媒奖学金	北京星光国际传媒有限公司	300000.00
7	奔驰奖学金	戴姆勒-克莱斯勒股份有限公司	236609.86
8	三星奖学金	三星集团	215000.00
9	玫琳凯奖学金	玫琳凯化妆品(中国)有限公司	204000.00
10	杨芙清王阳元院士奖学金	杨芙清院士、王阳元院士、青鸟集团	192000.00
11	通用电气基金会奖学金	通用电气基金会	160056.00

续表

序 号	项目名称	捐赠单位、个人	总额（单位：人民币元）
12	佳能奖学金	佳能公司	115370.13
13	大和证券集团奖学金	日本大和证券集团	108000.00
14	美林集团奖学金	美林集团	107912.10
15	泽利奖学金	黄绍文先生	105000.00
16	中国工商银行奖学金	中国工商银行	100000.00
17	韩国学奖学金	韩国国际交流财团	93715.20
18	中国石油奖学金	中国石油天然气集团公司	90000.00
19	索尼奖学金	中国青少年发展基金会	88000.00
20	三菱东京日联银行奖学金	三菱东京日联银行	83007.00
21	维信医学教育奖	北京北大维信生物科技有限公司	80000.00
22	法鼓山人文奖学金	法鼓山人文社会奖助学术基金会	79676.45
23	宝钢奖学金	宝钢教育基金会	77100.00
24	杜邦奖学金	杜邦中国集团有限公司	70000.00
25	建信基金优秀学子奖学金	建信基金管理有限责任公司	69800.00
26	丰田奖学金	日本丰田汽车公司	63000.00
27	冈松奖学金	岗松家族	52612.41
28	时尚传媒奖学金	时之尚广告有限责任公司	50400.00
29	CASC奖学金	中国航天科技集团	50000.00
30	SK奖学金	SK集团	50000.00
31	光华鼎力奖学金	光华鼎力教育机构	50000.00
32	惠普奖学金	国家留学基金管理委员会、惠普公司	46000.00
33	华为奖学金	深圳华为技术有限公司	45000.00
34	东宝奖学金	通化东宝实业集团公司	45000.00
35	奇瑞21世纪东方之子奖学金	中华社会文化发展基金会、安徽奇瑞汽车销售有限公司	44100.00
36	大韩生命保险奖学金	大韩生命保险株式会社	42000.00
37	中科院地球物理奖学金	中国科学院地质与地球物理研究所	40000.00
38	住友商事奖学金	日本住友商事株式会社	40000.00
39	IBM奖学金、IBM自强奖	国家留学基金管理委员会、IBM（中国）公司	36000.00
40	中科院奖学金	中国科学院人事教育局	35000.00
41	沈秉钺先生纪念奖学金	沈氏文教基金会	32000.00
42	西南联大奖学基金	西南联大北京校友会、北京大学教育基金会	27000.00
43	黄鹰育才奖学金	道和律师事务所	21000.00
44	三昌奖学金	北京三昌宇恒科技发展有限公司	20000.00
45	松下育英奖学金	中国友好和平发展基金会	20000.00
46	香港城市大学校长奖学金	香港城市大学	19908.58
47	百人会奖学金	美国百人会	19839.42
48	欧阳爱伦奖学金	欧阳桢兄妹	13963.05
49	霍铸安法律、经济奖学金	霍铸安先生	13729.26
50	冯奚乔奖学金	冯奚乔纪念基金会	10064.19
51	ECSC奖学金	美国教育服务机构（ECSC）	10039.61
52	力学攀登奖学金	中国科学院力学研究所	10000.00
53	林超地理学奖学金	刘闯女士、刘阳先生	10000.00
54	顾温玉生命科学奖学基金	顾达诚先生、孙同方女士；顾乐诚女士、张光裕先生；顾孝谊女士、蔡荣业先生	9002.70
55	西南联大国采奖学金	江国采	9000.00

续表

序号	项目名称	捐赠单位、个人	总额（单位：人民币元）
56	成舍我奖学金	成舍我纪念基金会	8640.00
57	谢培智奖学金	谢培智基金	5437.69
58	芝生奖学金	冯钟璞女士	2570.58
59	章文晋奖学金	美国TAI基金会	400140.00
60	教育学院知行奖学基金	邱黎强2000、缪明贤2000、张保江2000、香港大学蒋凯先生2000、王书峰2000、孙波彬2000、董德刚2000、邓娅2000、陈淑梅2000、张国兵500、闫凤桥500、崔艳红2000、陈晓宇2000、陈冠桦校友182425.36、魏新校友10000、黄锦樟校友10000	225425.36
61	社会学系严景耀奖学金	雷洁琼教授	105415.70
62	丁东地质科学奖学金	郑亚东教授	100000.00
63	信息学院长飞奖学金	长飞光纤光缆有限公司	80000.00
64	钟陈玉兰基金	钟赐贤夫妇	78521.00
65	PKU8108奖学金	计算机系81级校友	68251.80
66	经济学院国泰奖学金	国泰人寿保险有限公司	68000.00
67	南方都市报新闻学奖学金	南方都市报	52000.00
68	法学院仇浩然奖学金	仇浩然先生	50000.00
69	肖蔚云基金	肖蔚云先生及其亲友	49255.22
70	化学学院杜邦高性能涂料奖学金	杜邦中国集团有限公司	40000.00
71	国际关系学院LG化学奖学金	乐金化学（中国）投资有限公司	30000.00
72	环球时报奖学金	环球时报社	30000.00
73	费孝通奖学金	费孝通教育基金	25000.00
74	杨钦清宗教学奖学金	杨钦清先生	22800.00
75	微电子系泰瑞达奖学金	泰瑞达（上海）有限公司	22000.00
76	法学院韩国世宗律所奖学金	韩国法务法人世宗（律师事务所）	20000.00
77	华藏奖学金	新加坡净宗学会净空法师	15583.99
78	人口学奖学金	人口学基金	15332.12
79	儿玉绫子奖学金	儿玉绫子、铃木重岁	12585.63
80	法学院理律奖学金	理律文教基金会	11884.38
81	陈有利印尼语奖学金	陈有利先生及家属	10207.73
82	王仁院士奖学基金	赵永红教授	10000.00
83	伍福强纪念奖学金	香港方树福堂基金	10000.00
84	白仁杰奖助基金	白仁杰先生	9000.00
85	广发奖学基金	广发证券责任有限公司	9000.00
86	谢义炳奖学金	谢义炳基金会	6572.93
87	张景钺植物学基金		5504.17
88	法学院斯缔尔奖学金	北京斯缔尔商务调查服务有限公司	5000.00
89	君合奖助金	君合律师事务所	4590.00
90	甘雨沛先生奖助基金	甘雨沛先生，杜岫石先生	4500.00
91	彭瑞安归侨、归侨子女奖学金	彭瑞安教育福利基金会	4200.00
92	杨郑留奖学基金		3285.29
93	关伯仁奖学基金	Prof. Gorlden Beanland & Mr. Andrew Power	1199.05
94	红十字志愿服务奖	崔从政	1000.00
总计			8758016.11

助学金(校级 1—30;院系级 31—45)

序 号	项目名称	捐赠单位、个人	捐赠总额
1	黄奕聪伉俪助学金	黄荣年夫妇	785210.00
2	罗定邦助学金	香港罗氏慈善基金	511582.90
3	宣明助学金	世界宣明会	376504.00
4	周虞康助学金	滨江集团周虞康先生	350000.00
5	张维迎助学金	张浩宇先生 150000、肖龙江先生 50000、深圳市全彩光电科技有限公司 50000、林昭围先生 50000	300000.00
6	香港道德会助学金	香港道德会	259929.17
7	晨兴助学金	晨兴教育基金	199994.31
8	思源助学金	香港思源基金会	160262.15
9	ING 贫困学生助学金	荷兰保险有限公司北京代表处	150000.00
10	中国红十字基金会三全博爱助学金	中国红十字基金会、三全食品有限公司	150000.00
11	奔驰助学金	戴姆勒—克莱斯勒股份有限公司	114841.54
12	建信基金爱心助学金	建信基金管理有限责任公司	100000.00
13	福浩铭助学金	深圳福浩铭实业有限公司	100000.00
14	悟宿奖助金	香港悟宿基金会	99971.02
15	东英伦助学金	东英伦慈善基金会	99304.93
16	杨福如助学金	杨福如先生	56000.00
17	香港校友会助学基金	香港北大助学基金有限公司 6013.26、陈兆湖先生、麦立明先生 19916.36、香港校友会四位校友 12372.75、香港陈妙玉 2463.38	55302.81
18	李良玉、肖玉敏助学金	李良玉先生、肖玉敏女士	50000.00
19	黄乾亨助学金	黄乾亨基金会	49986.43
20	社会育才助学金	佟巧红 3000.00、法国友人 30245.10、赵红女士等 3 人 15000.00	48245.10
21	古龙文教基金助学金	古龙著作发展管理委员会代理人赵震中先生	48000.00
22	阳光基金-爱心维信助学金	北京北大维信生物科技有限公司	20000.00
23	浩瀚助学金	浩瀚基金会	15000.00
24	智慧助学金	照惠法师(释照惠)	12953.25
25	静如助学金	张淳智先生、刘秀华女士	12004.20
26	仁政助学金	仁政公司	10000.00
27	湘成助学金	李奔豪先生	9000.00
28	汉京凯美助学金	汉京凯美(北京)商贸有限公司	8000.00
29	肖康育才助学金	肖康先生	2000.00
30	易卫卫助学金	易卫卫先生	1850.00
31	医学部进知德善助学金	北京瑞德祥信息咨询有限公司 100000.00、北京新恩仕医疗科技有限公司 50000.00	150000.00
32	社会学系贤景教育奖助学金	贤景教育网络技术开发(荆州)有限公司	100000.00
33	物理学院八六级校友基金	物理学系八六级校友(许志华等)	60637.82
34	8203 化学助学金	化学学院 82 级丁健等校友	50738.24
35	法学院育才奖助金	张明先生 12040、山东德义律师事务所 9000、北京威联德骨科技有限公司 20000	41040.00
36	信息学院校友励志助学金	邵铮先生	32495.01
37	法学院仇浩然助学金	仇浩然先生	30000.00
38	金融教育扶贫助学金	中国金融教育发展基金会	24000.00
39	物理学院八八级助学基金	物理学系八八级助学基金委员会(徐鹰等 15 名校友)	23163.69
40	李宁同学助学基金	李宁先生	13500.00
41	法学院王献平、崔林林助学金	王献平、崔林林	8002.80

续表

序 号	项目名称	捐赠单位、个人	捐赠总额
42	法学院罗亚南助学金	罗亚南	7852.10
43	长城律师奖助金	长城律师事务所	6750.00
44	法学院斯缔尔助学金	北京斯缔尔商务调查服务有限公司	5000.00
45	物理学院七七级校友基金	胡晓东	3985.00
总计			4713106.47

奖教金（校级 1—11；院系级 12—13）

序 号	项目名称	捐赠单位、个人	捐赠总额
1	中国工商银行奖教基金	中国工商银行	991125.00
2	杨芙清王阳元院士奖教金	杨芙清院士、王阳元院士、青鸟集团	340000.00
3	正大奖教金	北大正大发展基金	200000.00
4	宝钢奖教金	宝钢教育基金会	130000.00
5	北京银行奖教基金	北京银行	56250.00
6	树仁学院奖教金	香港树仁学院	47904.94
7	宝洁奖教金	宝洁公司	45263.55
8	东宝奖教金	通化东宝实业集团公司	45000.00
9	华为奖教金	深圳华为技术有限公司	30000.00
10	莱姆森奖教基金	莱姆森先生	4796.90
11	朱光潜奖教金	朱光潜先生的亲属	3166.17
12	经济学院国泰奖教金	国泰人寿保险有限公司	32000.00
13	优秀青年加速器工作者奖	陈佳洱教授	10063.61
总计			1935570.17

研究资助（校级 1—9；院系级 10—29）

序 号	项目名称	捐赠单位、个人	捐赠总额
1	叶氏鲁迅社会科学讲座教授基金	叶谋遵先生 4990834.50、颜安德先生 99985.59	5090820.09
2	周美满教育基金	苏旭明先生、周美满女士	2525344.00
3	正大科技论文奖	北大正大发展基金	800000.00
4	香港明日领袖培训计划	香港北大之友有限公司	515179.30
5	世川良一研究基金	日本财团	264567.34
6	桐山研究资助	日本阿含宗桐山靖雄先生	243615.92
7	韩静远奖助金	台湾中流文教基金会、喜马拉雅研究发展基金会	70000.00
8	中流奖助金	台湾中流文教基金会、喜马拉雅研究发展基金会	33034.23
9	笹川良一优秀青年奖学基金丹麦会议资助	东京财团	11700.00
10	软件学院 ACOM 项目资助	日本 ACOM 株式会社公司	1489677.31
11	中国传统文化研究基金	北京中坤投资集团	1000000.00
12	中坤诗歌发展基金	北京中坤投资集团	1000000.00
13	孙贤鉌基金	孙庆萼女士 592510.46、孙贤隆先生 79705.24、张弥曼院士 30000、孙卫东先生 30000、南京大学 30000、江博明先生 23644.2、钟孙霖教授 19505.50、Mr. WARREN SUN 17682.72、牛耀龄教授 15978.60、孙枢院士 10000.00、李惠民先生 10000、ROBERTA RUDNICK 7946.20	866972.92
14	北大－密大联办学院资助	密歇根大学、美国教育部、卫生部	153145.30
15	团委河合创业基金	日本通用工程股份有限公司	108121.50
16	毛玉刚创业基金	毛李蕴玉女士	78521.00
17	北大平民学校基金	东莞市方正电子设备有限公司	50000.00

续表

序号	项目名称	捐赠单位、个人	捐赠总额
18	泰兆奖助金	泰兆教育基金	50000.00
19	中国传统文化基金	查良镛先生	46476.99
20	LAM REARCH 论文奖	泛林半导体设备技术（上海）有限公司	46000.00
21	505 中国文化奖基金	来辉武教授	45000.00
22	袁方教授纪念基金	袁方教授的学生	28235.13
23	陈岱孙基金	社会各界人士	27000.00
24	刘绍棠奖励基金	刘绍棠	22500.00
25	中文系王默人小说奖	王默人先生	16005.60
26	胡济民教授奖基金	社会各界人士	13950.00
27	环境学院房地产校友基金	潍坊鸿基房地产开发有限公司	10000.00
28	外国文学记事研究资助款	刘意青	5000.00
29	曾昭抡基金	社会各界人士	2553.95
总计			14613420.58

会 议 中 心

【概况】 北京大学会议中心是1999年9月正式组建的专业化服务实体，主要承担组织承办各类会议，开展各种形式的对外学术、文化交流活动；管理经营群众文化活动场所，组织开展各类群众文化艺术活动；为外国专家、留学生和中外宾客提供住宿、餐饮等服务的工作任务。

会议中心组建初期，下设办公室、会议与学术交流部（对外称"北京大学对外交流中心"）、百周年纪念讲堂管理部和勺园管理部，2003年8月增设中关园留学生公寓建设项目部，负责中关园留学生公寓前期筹备和施工阶段的工作，并为建成后的运行管理做准备。

会议中心组建七年以来稳定运行，在学校工作中发挥了积极作用，逐渐成为学校举办各类活动的重要基地和对外展示形象的窗口，在校内外产生了越来越深远的影响，取得了良好效益。2006年会议中心全体干部、员工认真学习陈文申常务副校长2005年勺园园庆大会讲话精神，进一步强化服务主体意识，提高了服从学校大局、服务广大师生的自觉性；所属各部门全体员工扎实工作，锐意进取，努力为创建世界一流大学提供一流服务，发挥自身综合优势，为支持教学科研、人才培养和对外交流，为加强学生素质教育、丰富校园文化生活做出了积极贡献，顺利完成了各项任务；在会议中心总体框架下，勺园、交流中心、讲堂继续紧密合作，在管理、经营上相互借鉴，在人员、设备等方面相互支援、互通有无，形成合力，共同承担和圆满完成了学校春节团拜会、第15届世界大学生模拟联合国大会、北大与邱德拔基金协议签字仪式暨文艺晚会、泰国诗琳通公主来访等多项重大接待服务工作；中关园留学生公寓园区工程取得新的重要进展，5月7号楼（动力与办公）动工，11月底接收8号楼（博士后公寓），12月底9号楼（专家公寓）开始精装施工，与总务部合作的168号地热井工程于5月11日开工。

会议中心注重加强干部队伍建设，自2003年起坚持每年举办研讨会，组织干部学习理论、更新观念、交流经验，2006年主题为"如何正确认识和切实提升管理干部执行力"，通过会前自学准备，会上畅所欲言，会后汇编文章，对培养锻炼骨干，提高干部素质，增强团队凝聚力发挥了积极作用，为会议中心工作再上新台阶奠定了基础。

2006年会议中心取得良好效益，积极回报学校和师生。会议中心全年总收入5837万元，实现利润1529万元，上缴学校800万元。其中对外交流中心收入922万元，利润243万元，上缴学校50万元；讲堂收入886万元，利润260万元，上缴学校50万元；勺园收入4029万元，利润1026万元，上缴学校700万元，包括根据学校与正大集团的协议，正大中心上缴学校教育基金会100万元纳入北大正大基金，支持学校教学科研工作。

2006年交流中心会场对校内单位免收、减收费用81万元；讲堂为学校及机关各部门免费提供场地54次，师生各艺术团体免费排练192次，支持校内活动免收55万元、收费优惠60万元；讲堂在低价位基础上以兑换券形式再让利20％给师生，2006年销售兑换券1080本，优惠师生2.7万元，六年来累计销售5663本，共优惠14.7万元。会议中心坚持帮助贫困生

走进高雅艺术殿堂,2006年讲堂又为400名贫困生免费发送2400张兑换券,已连续六年共为全校贫困生2960人次免费提供17760张兑换券,折合人民币88800元。

2006年,会议中心获得北京大学交通安全先进集体荣誉称号。

范强任会议中心主任、陈振亚、张胜群、刘寿安任副主任。2006年有员工531人,其中学校编制员工181人。

(范 强 郝淑芳)

【对外交流中心】 自1993年成立伊始,对外交流中心就定位于致力开展北京大学民间交流,并为校内院系和相关单位提供高质量和专业化的会议策划、联络、咨询、组织、会务等一系列服务。2006年是中心自成立以来工作量最大、工作成果最为突出的一年:承办的会议规模大、规格高,长期海外交流项目数量多、领域广,海外旅游团队来访继续保持高数量,会场使用人次大幅提升并成为校内重要活动的首选场所。

在长远发展规划上,中心加强对后备管理人员的培养和选拔,注重发挥二级部门的职能和作用,旨在考察和建立新的管理梯队;针对服务员的新老交替,中心制定了量化的考核与评估机制,旨在激励服务员自觉提高自身素质、不断完善会场服务;在内部文化建设方面,中心秉承"诚信第一、服务至上、超越自我、创新思变、高效敬业、追求完美、团队合作、以人为本、勤俭节约、完善品牌"的原则,并逐步通过建立和完善内部管理规章制度,实现工作和管理的标准化与规范化。

2006年共圆满承办了18项国际、国内会议,包括第十五届世界大学生模拟联合国大会、第十二届国际胶体与界面化学大会、北京论坛(2006)等。其中第十五届世界大学生模拟联合国大会是我校历史上规模最大的盛会,共有37个国家和地区162所大学的1458名代表与会,其中1078名来自欧美国家。

2006年共与海外高校开展了13项中国学交流项目,较2005年增加一项,包括美国密苏里大学法律交流团、UMKC大学中国法律暑期项目、明治学院大学、OKLAHOMA大学等。

2006年共接待了来自15个国家和地区318批16301人次的海外旅行团队来校参观访问。

2006年中心共举办了4073场会议,来中心参加各种会议和活动的人数超过25万,增幅达25%,再创历史新高。

2006年校级层次的重要会议达165场,平均每天有一位以上的校领导在中心出席活动。协助党办校办举办活动31场、协助国际合作部举办活动20场。其中,中心协助学校和国际合作部接待了两位国外首脑:阿尔及利亚总统布特弗利卡阁下,意大利共和国副总理马西莫·达莱马先生。

2006年有员工27名,其中学校编制员工3名。

(陈振亚)

【百周年纪念讲堂】 2006年讲堂秉承朴素的组织文化和优良的工作传统,以"回报学校,服务师生"为宗旨,继续围绕"出精品、创品牌"的工作思路,着力实施"以人为本,科学管理,服务师生,繁荣文化"的管理理念,开拓外部市场,规范内部管理,狠抓服务质量,各项工作在原有基础上不断提高和发展。

2006年讲堂在人才引进、培训、使用方面更加规范化。对现有员工队伍进行考核重聘,调整原有机构和人员设置,成立宣传办公室,在民主评议基础上任用三名德才兼备的外聘员工担任讲堂重要管理工作;组织员工进行岗前培训两次,10人参训,对讲堂各部门员工进行有针对性的业务技能培训9场;为提高工作效率,对转正考核、日常考核、月度考核和年终考核严格把关;学生志愿者数量达到六年来最高,讲堂指导老师与志愿者定期举行工作心得交流会议,2006年讲堂定期为志愿者活动划拨专项发展基金,首次成立了老志愿者顾问团。

2006年举办各类活动总计833场,其中演出185场(校内26场,国内团体118场,国外团体41场),观众23.6万人次;电影放映190场(售票171场,包场19场),观众23.2万人次,会议、报告、典礼、讲座等458场。

继续大力推行"将高雅艺术引进校园"的方针,推出了丰富多彩的文艺演出和经典影片,其中戏曲类演出46场,音乐类演出55场,舞蹈类演出20场,其他演出64场;电影主创人员见面会12场,影片首映2场,影片展映活动2次;继续开展"五四交响音乐会"、"新生音乐会"、"北京国际音乐节"、"打开音乐之门"、"百折经典昆曲进北大"等品牌活动。

承接大量重要活动,如接待李岚清及联合国秘书长安南、泰国公主诗琳通、阿富汗总统卡尔扎伊等中外政要,协助凤凰卫视录制《世纪大讲堂》节目54期,分别举办吴冠中、叶毓中、杨辛书画作品展等。

2006年讲堂继续立足北大校园文化,通过多种形式配合学校素质教育。继续放映原文影片配合外语教学,在演出过程中"演""讲"并行普及艺术知识,通过"pku-hall"网站和《大讲堂》期刊与观众交流如何欣赏艺术,还特别推出"艺术课堂"栏目,邀请知名艺术家与大学生进行面对面的讲座问答式沟通。

2006年讲堂在硬件维护改造方面下了很大力气,在中国教育电视台大力支持下安装观众厅立体声杜比还音系统,全面提升了观众厅电影音响品质;投入数十万元对

老化设备进行保养维护；添置或更换了交响乐队演奏台、钢琴运输车架等演出设备；新购置消防灭火器，在地下室机房安装了磁卡防盗门；为了增强小剧场的演出效果，在多功能厅内安装了字幕机。

2006年暑期组织中层管理者去上海参观考察，学习上海大剧院、东方艺术中心等先进经营模式和剧场管理方式；狠抓服务质量和环境卫生，对全体人员在着装、语言、表情等细节上严格要求；实行内保和外保轮换工作制，使保洁工作更加细致；出台《员工手册》、《安全管理规定》、《奖惩管理制度》、《考勤、考核管理办法》等内部规章制度；归纳总结讲堂组织文化，营造和谐工作氛围。

2006年共有职工48名，其中正式职工6名，外聘人员42名，另有学生志愿者120名。

（刘寿安）

【勺园】 2006年，勺园紧紧围绕学校中心工作，坚持服务宗旨，坚持两个效益并重的原则，进一步强化了全体员工的主体意识，提高了服从学校、服务师生的自觉性，继续保持整体的稳定运行，以顺利完成各项任务和总收入首次突破4000万元的优异成绩庆祝了建园25周年。

在为长住外国专家和留学生提供住宿、餐饮等服务的同时，2006年勺园共接待中外宾客23218人次住宿，其中外宾6295人次，港澳台宾客825人次，各类国际、国内会议245批，短训班44批，年平均住房率84.3%，全年约35万人次在勺园就餐；圆满完成了教育部"211工程"验收、北京大学军工保密资格认证会议、北京大学"十五""211工程"建设研讨会、京、津、沪、渝四直辖市高校后勤工作研讨会、全球公共政策高级培训班、中国石油发展战略高层论坛、第二届国际古生物学大会、和谐社会建设与可持续性发展中日国际研讨会、中俄大学校长论坛、视觉与听觉信息处理国家重点实验学术会议、中国入市五周年高层研讨会、北京地区校友代表新春联欢会等数以百计的重要接待任务。

在仍维持十多年前低收费标准的情况下，确保外国专家和公费留学生住房，提供场地改善留学生迎新工作条件；服从学校大局，认真为腾出北招进行房源安排、后续服务等准备；坚持办好佟园清真餐厅，不断提高为中外穆斯林师生服务水平；继续以教授餐形式提供方便就餐条件，搭建温馨交流平台，至2006年已为574位教授办理了就餐卡；积极开展菜肴创新，2006年推出102道新菜；选拔优秀员工组成精品服务小组，深化服务层次，完善服务细节，在为重要宾客提供高品质服务的同时，带动全员增强服务意识，提高服务技能；继续加大质量监督检查力度，定期编发《质量检查通报》，及时整改，消除隐患，7号楼餐厅首批达到食品卫生A级单位标准后，连续两年保持稳定；进一步完善VIP接待制度，深化首接负责制，着力打造具有学校特点和自身优势的服务品牌。

积极推进计算机网络系统建设和应用，调整优化勺园主页，陆续开发启用无线点餐系统和OA办公系统，提高工作效率，优化对外形象；积极改造硬件设施，7号楼更换了高档旋转门，经过两年多酝酿设计和四个多月紧张施工完成了7号楼餐厅雅间装修和厨房改造，成为近几年勺园硬件设施升级上档工作的代表性新成果，力求体现北大深刻的人文内涵，提升勺园服务的文化品位，打造校园独特的餐饮品牌，为提供与北京大学社会地位和创建一流目标相适应的优质服务奠定了基础，有力地推动了勺园接待水平的提高，投入使用后顺利完成了接待陈国矩先生、邱德拔家族等多次重要任务。

2006年开始建立部门经理例会制度，进一步加强制度化建设，继续完善各项内部管理制度，编制、修订《员工手册》，细化工作流程，强化操作规范；选聘获得国外硕士学位的新人主持一级部门工作，尝试高薪聘请高水平厨师，充实骨干队伍；严格培训要求，建立训导网络，经过外请专家训练考核和试用合格的首批18位训导员，开始有计划地开展基层培训活动，2006年员工培训数量增加，培训的正规化和实用性程度提高；组织骨干烹饪、洗衣等岗位技术骨干外出学习取经，收到较好效果；首次引进旅游服务专业大专实习生，逐步优化一线员工知识结构；全年对新员工进行岗前培训、组织文化学习88人次，电脑培训30人次，2006年员工中有21人正在进修大专以上课程。

在2005年调整全员待遇体系之后，2006年进一步完善待遇方案，细化了部分重要岗位员工由日工资转为月工资的办法并开始实施，增加了部分非学校编制员工的有薪休息日，对厨师等技术岗位给予特殊政策，加大吸引与稳定了员工骨干的力度。

2006年勺园充分利用庆祝建园25周年的契机，以"传承精神，激励进取，推动创新，营造氛围，凝聚队伍，促进发展"为目的，自9月起陆续开展了丰富多彩的系列活动，包括征集纪念文章、座谈交流、岗位练兵与考核、服务知识与技能比赛、卡拉OK大赛等，历时四个多月，近400人次参与；12月26日举行庆祝勺园建园25周年大会，闵维方书记、陈文申常务副校长分别做重要讲话，充分肯定了勺园近年来所取的成绩和进步，明确提出了今后发展的更高要求；首次授予15人"勺园优秀员工"荣誉称号。

（郝淑芳）

【中关园留学生公寓建设项目部】 2006年是中关园留学生公寓园区

工程建设和运营筹备同步推进的一年,项目部在拆迁扫尾工作、一期工程精装施工、二期工程方案申报及施工建设、园区整体建设、运营筹备、内部建设等方面均取得了显著进展。

4月,在校保卫部、资产管理部等有关职能部门的大力支持和积极协助下,完成园区剩余2户强占房户强制拆除工作;至8月18日施工区域内剩余5户拆迁户全部拆除。对园区新增绿化区内最后一排平房共8个门牌住户进行了摸底动员和申办拆迁许可证准备工作。

一期工程精装施工 继续配合基建工程部进行精装施工,经初步验收,11月下旬基建工程部将博士后公寓(8号楼)移交项目部,12月初完成该楼所有房间涉及80多项内容的逐项检测,并将检测结果和整改意见函送基建工程部协调施工方进行整改,待7号楼建成后便可投入使用;专家公寓(9号楼)4月下旬开始汽车坡道施工,12月份完成精装施工总包招标工作,北京侨信装饰工程有限公司中标,12月31日进场开始制作样板间。

二期工程方案申报及施工建设 在2005年方案报批进展基础上,2006年1月27日6号楼规划许可证获得批准;3月初完成1—5号楼内部功能布局方案确认工作;4月20日1—5号楼人防设计方案获得批准;5月31日1—5号楼规划许可证获得批准;6月15日完成1—5号楼施工图出图;9月完成园区所有餐厅设计报批工作。至此,园区所有规划、设计方案申报工作圆满完成;截至年底,基本完成二期工程所有施工图出图工作。

二期工程4月19日通过市场招标,7号楼施工建设由中国建筑技术集团有限公司中标,5月29日正式进场施工,截至12月底7号楼临近结构封顶;完成1—6号楼开工建设前期筹备事务,因1—6号楼施工建设需要,10月19日校园规划委员会同意修建位于中关园506楼与方正大厦之间的中关村北三条道路,12月底协助校园管理服务中心完成施工区域内所有树木伐移工作。

园区整体建设 5月11日景观设计方案通过校园规划委员会审查,6月12日完成景观施工图出图工作;5月25日完成外管线设计及施工图出图工作,下半年配合基建工程部完成园区一期工程外管线施工;与总务部合作钻凿位于成府园的京热168号地热,该地热井是中关园留学生公寓园区建设的一个重要组成部分,建成后将主要为园区及成府园有关建筑提供热源保障;通过公开招标,北京市地质勘察技术院中标,5月11日举行开工典礼并动工建设,截至年底钻凿至地下2180米。

运营筹备 邀请人事部博士后管理办公室全程参与博士后公寓(8号楼)相关运行筹备工作,并与其就建设成本投入、运行管理模式、家具配置等问题进行多次商讨,以满足博士后公寓投入使用后的基本要求;7月18日经会议中心主任办公室审议批准,设立运营事务部(临时),主要负责7、8、9号楼的运行筹备、运行管理和服务等工作;12月经主管校领导批准,成立了由校审计室、纪委等相关职能部门组成的"中关园留学生专家公寓园区运营筹备项目招标工作小组",正式启动各项设施完善和物品采购招标工作,使运行筹备工作进入实质性操作阶段。

内部建设 1. 搭建园区未来组织机构框架。为使建成后的留学生专家公寓园区在硬件设施、组织架构、软件服务、文化理念方面,成为我校在创建世界一流大学进程中,对外文化交流和服务的专业平台,项目部主要负责人和部分骨干,4月下旬对本市6家4星级以上酒店进行专项调研,5月下旬对外埠3家兄弟院校的校园宾馆进行考察,学习和借鉴先进的管理经验和服务理念,结合我校校情,参照勺园现行管理体制,按照"三级管理,层级负责"的思路,制定了园区未来管理组织机构框架,拟分步实施、逐步到位,为园区运营管理奠定基础。

2. 拓展用工渠道,加大骨干队伍建设。继续联系用工渠道,与北京中华商科学院、石家庄第25中学、石家庄第三职业中专、河北沧州运河劳动职业技术学校等多所职业学校和劳动管理部门建立联系;根据工作需要,通过公开招聘,全年共聘用4名员工;派遣新选留的2名硕士毕业生到新世纪日航酒店进行为期3个月的实习培训。

3. 继续推进规章制度建设。制定了《福利及劳动保护管理办法》、《员工守则》、《目标考核办法》、《员工培训管理办法》、《财务预算管理办法》;完善了《员工手册》(试行)、《财务报销管理办法》等制度。

4. 逐步规范财务工作。园区预算工作步入正轨,一季度尝试性完成2006年预算编制工作;四季度正式启动并完成2007年全面预算编制工作;11月校财务部正式派驻会计1名,协助园区管理和规范财务工作。中关园留学生公寓建设项目部由张胜群兼任主任,马钧兼任副主任。2006年学校编制员工2名,外聘专职员工16名,会议中心内部兼职工作人员2名,校财务部派驻会计1名。

(张胜群 何海燕)

燕园社区服务中心

【社区服务工作】 1. 社区网络服务运行方便、畅通。2006年，网络呼叫系统呼叫总数为1145次，其中家政服务612次，医疗求助呼叫108次，安全求助呼叫9次。同时，对100余户的呼叫器进行了检测维修，测试呼叫800余次；全年接听处理服务热线电话19732个。社区网络服务发挥了重要的沟通和服务作用。

社区服务信息网站设有十个栏目，630余个网页，由于及时发布有关社区服务方面的信息，备受居民关注。全年有16万人次访问，平均每天访问人数450人次。

2. 社区家政服务内容不断扩展。2006年，为教职工提供的家政服务种类扩展至十一个大类54个服务项目，全年接待服务客户并完成家政服务量8549人次。其中：介绍保姆小时工314人次，保洁服务992次，维修服务2976次。社区服务队一流的服务态度，良好的服务质量，及时到位的服务作风得到了广大用户的交口赞誉。

3. 社区便民服务站功能不断完善。为了更好发挥便民服务站的作用，社区中心对三个便民服务站的管理人员进行了公开招聘，实行竞争上岗、签订服务合同、明确服务指标的管理原则。今年4月1日重张开业的社区便民服务站，根据广大居民生活的需要，扩大了服务站的功能。新的服务站除了原有商品销售外，还增加了各种维修、邻里紧急求助的服务功能，使三个服务站成为名副其实在老百姓身边最方便的服务站。2006年，服务站配送商品8.6万人次，完成营业流水70.36万元。为园区的居民提供了送货上门1000余次，各种维修、邻里式帮助服务295次，深受老师们的欢迎。

4. 便民服务活动深受欢迎。2006年，社区中心组织两次大型便民活动和三次咨询活动。本年的便民服务活动以"贴近百姓、融入生活"为主题，为教职工安排了二十多个服务项目。今年还与北大体教部合作，为老师们提供免费的体质检测。两次便民服务活动有30多家服务单位参加，共完成便民服务2583人次、咨询3762人次。

【规范化、标准化建设】 2006年，社区中心以规范化、标准化服务，努力提高社区服务水平为工作重点，积极开展了服务人员规范化、标准化服务岗位培训，提高了服务人员的服务水平。2006年4月6日至5月13日，社区中心委托燕园博文职业培训学校对超市营业员、客房服务员进行了规范化、标准化服务培训。培训课程由理论和实践两部分组成，内容包括职业道德、服务规范、服务礼仪、岗位技能、实践操作。

社区中心与团委、学生会权益部合作推出了社区服务学生监督员制度。社区中心在博实商场、综合服务社、理发店、周末文化市场等处，设置了学生监督员，在学校BBS上也设立了监督版。在学生监督员的帮助、协调下，综合服务社妥善解决了同学反映较多的打气时间、修车点不足、修车价格偏高等问题；洗衣店较好地解决了同学们反映的没能及时领取的衣物的晾晒问题；周末文化市场通过学生监督员，加强了对周末文化市场内的盗版书籍的监督检查力度。学生监督员制度，在社区中心与学生们之间搭建了一个良好的沟通、交流平台。在学生监督员的监督帮助下，社区服务质量有了较大的提高。

【对外合作】 1. 2006年住家活动取得圆满成功 2006年暑假，受北大国际合作部委托，社区中心承办了第二届北大—哥伦比亚大学暑期汉语项目"住家活动"，本次住家安排50名美国学生住在北大教职工家中。在住家活动期间，社区中心与国际合作部、哥伦比亚大学暑期汉语研修项目方充分的沟通与协调，及时为学生和家长排忧解难，保证了住家活动的顺利进行。

2. 为留学生服务，文化活动丰富多彩。（1）社区中心受北大国际合作部委托，于3月、5月三次成功举办了日本、加拿大、美国大学生到北大教职工家庭进行家访活动。三次家访活动共接待了35名日本大学生、49名加拿大大学生、19名美国大学生。家访活动增进北大教职工与世界各国人民的相互了解与交流。（2）6月，社区中心与国际合作部合作开展了留学生学书法活动。来自加拿大麦吉尔大学的15名学生参加了活动。参加书法学习的加拿大大学生对中国传统艺术具有浓厚的兴趣，难写的中国字在他们的笔下也舒展出别致的神韵。（3）4月，美国斯坦福大学的十一名学生在北大三位老师家中学习中餐制作。通过六次授课，他们对中餐制作有了初步了解并基本上学会了包饺子、烙饼、炸酱面、炒菜、拌凉菜等中餐制作方法和技巧。

3. 8月19日，北大日照教授花园三期入住仪式隆重举行。岳素兰副校长、北大部分职能部门负责人和在教授花园居住的专家、教授等出席了入住仪式。北大、日照校市合作始于2000年，北大产学研居日照基地三期工程顺利建成，标志着北大—日照校市合作的发展历程又结出了丰硕的成果。北大有三百多位教职工入住教授花园一期、二期、三期；北大教授花园

项目也推进了其他方面的合作与交流,北大在日照市开办了经济和教育管理两个研究生班;北大的两个国家重点实验室,软件工程实验室和蛋白质工程实验室进驻了教授花园。北大和日照市在教授花园项目合作中优势互补,共同促进,共同发展,增进了了解、收获了友谊,产生了非常好的社会效应。

【完善社区服务环境设施】 2006年,社区中心继续进行社区服务设施的改造、扩建和维修,改善了服务环境、设施,为教职工提供了更为便利的生活服务。燕北园生活服务附属用房完成工程施工。燕北园社区综合楼已经完成招投标工作,进入施工合同的签订、施工许可申报等准备阶段,计划2007年元月开工。在各园区新建了20个广告张贴栏,并改造装修了便民服务站、招待所等服务用房。完成安全隐患房屋维修、改造15项。完成零修70项。

【经营管理】 社区下属企业全部按合同规定完成了各项经营服务指标,全年经营流水7000多万元,实现利税800多万元,上缴统筹金50多万元。

社区中心与北大资产经营公司组建燕园隶德公司,对下属企业进行改制,在体制改革方面,走在了全国高校后勤改革的前列。

社区中心证券投资历经两年多的沉浮,本年度取得了不错的业绩。

购买博雅西园的底商,取得了近10%的回报率。

购买4—7公寓正白旗房屋,使4—7公寓周边北大版图更加完整。

协助学校顺利完成了北新商店的拆迁工作等。

【综合管理】 继续加强安全生产管理力度,收到比较好的效果,全年未发生任何安全问题。

4月,社区中心组织党员、干部参观红旗渠,进行爱国主义、集体主义和社会主义的世界观、人生观、价值观教育。社区组织全体职工学习胡锦涛总书记"牢固树立社会主义荣辱观"的文章,并进行了答卷考核。

为了关爱退休职工身心健康,丰富退休职工的文化生活,社区中心组织了60多名退休职工参观游览了北京西郊名寺潭柘寺。

分四批组织近200名职工前往山西乔家大院和平遥古城参观考察,现场学习、了解晋商的起源、发展历程和晋商经营成功之道。

9月3日,社区中心在迎新现场向300位经济困难新生捐赠了生活用品。

社区中心提供活动经费,积极支持北大老干部民乐团、合唱团、舞蹈队、书法协会、布艺协会开展文化艺术活动和艺术创作,丰富了离退休职工的文化生活。

编印6期《社区工作简讯》,上报校内外有关领导,汇报燕园社区建设、社区服务工作进展情况。

10月20日下午,社区中心男女代表队参加了北京大学首届后勤文化节拔河比赛。社区中心男队力克群雄,在三局两胜定输赢的决赛中以2∶0的战绩夺得冠军。

社区中心编印的2007年年历册,以摄影为题材,收录了28位北大校本部、医学部离退休老师的40幅摄影艺术精品。受到使用者广泛好评。

12月23日举办了北大社区第二届新春联欢会。

燕园街道办事处

【环境综合整治】 2006年辖区的环境综合整治是街道的重点工作,以迎奥运为契机,围绕优化校园环境,提高人们健康水平这一目标,对园区平时难以解决的违章建设、脏乱差卫生死角进行重点整治,具体数字如下:拆除违法建设户180户,拆除总面积11212平方米,清运渣土垃圾1125车,共计6759吨;针对4—7公寓南门和燕东园北门雨季严重积水的问题进行了彻底解决。本年汛期出险抢修120余次;疏通雨水管道20余处;检查268家生产单位,对发现的问题责令及时整改;对18326名流动人口进行登记普查;缴获盗版、黄色光盘6826张,没收假发票32本,零散发票800余张,收缴各类小广告35000余张,清理非法小广告30000余张;6月底组建了城管监察协管员队伍,对北大校内、东门、西门等地的无照经营查抄55次,暂扣各种车辆33辆次,伪劣饮料375瓶,水果700余斤,各种物品1564件,收缴各种小广告4500张,处罚、劝阻各类商贩277人次,执法罚款2000余元。

【社区建设】 贯彻落实科学发展观,推进和谐社区建设、创建十大工程是2006年社区的主要工作,也是今后城市管理的主要工作。围绕建设和谐社区这个总目标,不断提高和完善社区服务体系,健全社区服务机制,创新社区服务办法,主要体现以下几个方面工作:

社区居委会换届选举 2月下旬按照全市统一部署,在区委区政府的直接领导下,根据《中华人民共和国城市居民委员会组织法》、北京市实施《中华人民共和国城市居民委员会组织法》办法、《北京市

居民委员会选举办法》的规定,燕园街道辖区第六届居委会换届选举工作全面展开,换届选举的全过程组织严谨,工作细致,发扬民主,严格依法按照程序进行,并在预定的时间内高标准、高质量、圆满完成了这次换届选举工作任务。

成立爱心家园、服务特困群体 6月成立了爱心家园,包括成立"爱心家园领导小组",建立爱心家园管理制度,即:《爱心救助卡办理条件》《爱心卡申请审批程序》、《对持卡人的具体规定》、《持卡人领物程序》、《接收捐赠款制度》和《爱心家园工作人员制度》。建立了爱心家园救助、接收捐赠工作台账,包括:《购物明细账》、《领物日记账》等,对本地区生活存在特殊困难的低保家庭44户进行入户登记,低保边缘5户,残疾人特困28户,单亲困难家庭3户,空巢老人805户和突发事件造成生活特别困难的家庭都进行了登记,建立了救助对象个人资料档案,并于11月8日购买回3221元的生活用品,对所属20户低保对象进行首批救助。

老旧小区停车场改造。4月,街道办事处投资12万多元,将畅春园55楼北侧泥泞的草坪改建成了停车泊位,并对畅春园东院进行修整,增加了82个停车泊位。通过整治改造,畅春园社区从原来的36个车位增加到现有停车泊位118个。

成立老年服务中心活动站 辖区共有居民6千多户,老年人5000余人,其中空巢700户,占总人口30%以上。燕北园社区居民1029户,3386人,其中老年人1023人,占总人口的30.1%,纯老年人户185户,共385人。80岁以上孤、寡、独居、重病户57户,80余人。2006年10月街道办事处正式成立了"老年服务中心"活动站,设在燕北园社区老年协会,目前助老服务的工作内容主要是开展家庭服务、娱乐服务、精神服务,园区有志愿者119人,以老年人为服务对象,特别是对纯老年人家庭、高龄、重病、特困等老年人进行分类建档,并为他们配装对叫铃。"老人服务中心"的章程、各项管理制度健全,服务项目明确。充分发挥燕北园老年协会《燕北缘》网站的作用,实行对服务中心的各项工作进行数据管理,与北大校医院联合提供网上医药信息服务;老年协会视频交流组为有所不便的老人,自费开通电脑网上可视群体聊天系统,进行网上交流;由老年协会信息部统计记录信息和建立健康档案,开展网络信息咨询服务;微机资料管理服务;网络专题讨论服务等。经居民学校电脑培训,现经常上网的燕北园老人达340人。11月,区民政局考核验收了街道老年服务中心,并对《燕北缘》网站给予很高评价。

司法工作 2006年10月份成立了"燕园专家民调工作室",新闻媒体给予了高度关注和评价,普遍认为这是全市乃至全国首创之举,是促进创建和谐社会进程中的一个重要创新举措,将产生广泛影响和起到一定的示范作用。

【社区党建】 2006年社区党支部换届选举,街道工委严格按照区委组织部要求的程序和方法进行,周密部署,精心组织,稳步推进。经多方共同努力,辖区7个社区党支部顺利完成换届选举任务,达到了预期目的。新一届社区党组织成员总数19人,平均年龄57岁,大中专以上文化程度的10人,占52%,党支部书记均为大中专文化程度,与上届相比年龄有所下降、学历均有所提高。

【人大代表换届】 依据宪法、选举法和地方组织法的有关规定,根据北京市区县乡镇人大换届选举工作办公室,关于2006年区县乡镇人大代表换届选举工作的统一部署,燕园街道选举分会承担组织北京大学师生员工和燕园街道辖区居民,参加海淀区第十四届人民代表大会的换届选举工作。并于2006年8月中旬全面展开,经过动员部署、选民登记、提名酝酿和确定代表候选人、投票选举等程序,至11月中旬选举结束,新任6名海淀区人大代表全部产生。燕园地区分配的正式代表名额为6名,按照"区、县人民代表的选举由选民直接选举并差额产生,代表候选人获得参加投票的选民过半数的选票时,始得当选"的规定:数学科学学院王冠香、生命科学学院沈扬、历史学系牛大勇、法学院朱苏力、燕园街道李兰、北京大学副校长鞠传进等六人当选为新一届海淀区人大代表。

【其他工作】 为保洁中心4名失业人员、社区巡逻队21人、劳动协管员7人、城管协管员2名续签《劳动合同》,从根本上解决了他们的实际生活困难;共有18名复读生参加报名考试,15人被高等学校录取;全年办理退休新增手续28人,日常管理退休人员118人;为残疾人、低保人员、农转居人员办理就业服务证10张;为失业人员办理148张求职证、70张优惠证,为23名失业人员办理自谋职业手续,实现68人再就业,为37人发放失业金67609元,报销失业人员医药费98人次30004元。城镇失业人员就业率达到了62.67%;计划生育率100%,办理一胎《生育服务证》83本,为82名新生儿办理入户手续。为600余名青少年、幼儿办理"国寿学平"保险;为250余名无业人员发放独生子女费;为600余名独生子女父母发放一次性奖励金90多万元,为育龄人群发放了避孕药具自助发放机IC卡;为慈善协会捐款,为9名70岁以上低保老人办理了"助老慈善医疗卡"。

(修亚冬)

北京大学医院

【发展概况】 在编职工129人,其中卫生技术人员113人(包括主任医师5人、副主任医师36人、主治医师62人、医师10人);行政后勤人员16人。聘用合同人员89人。床位101张。总建筑面积8600平方米。有万元以上医疗设备155件,其中本年度新购置万元以上设备3件,800元以上固定资产总价值2633万元。

设有10个普通门诊。30多个专家专科门诊,由正副主任医师和外聘教授开诊。设有体检中心及心理咨询门诊。

【医疗工作】 全年门诊252651人次,急诊数28282人次,急诊危重症抢救1人次,抢救成功率100%,全年手术例数162人次,医院床位数101张,年住院人数416人次,出院人数421人次,床位周转次数4.17%,床位使用率30.3%,平均住院日26.67天,7日确诊率99.51%;出入院诊断符合率99.51%,治愈好转85.98%,死亡率5.93%,院内感染率9.74%,住院手术例数75例。查体26164人次,其中学生12599人次,教职工5811人次,妇科2459人次,幼儿677人次,三大员1065人次,其他查体3553人次。

【病案管理】 住院病历的书写严格按照北京市卫生局统一的书写规范执行,病案室规章制度齐全,注意保护患者的隐私权,复印、借阅病历有登记。全年住院终末病历421份,建立了完整的病案、统计管理系统,并严格按照国际疾病ICD-10的分类标准进行疾病、手术分类编码。终末病历由各科主任在出院后一个月内逐份检查,病案管理质量委员会定期抽查,全年抽查55份病历,均为甲级病历,占全年终末病历的13.4%,全年住院甲级病历达100%。

【护理工作】 围绕医院质量管理体系ISO9001:2000认证工作,落实相关要求,建立和完善护理文档及管理制度与关键流程,加强监督检查,每月进行护理综合质量查房,定期召开护士长,及时评价,提出整改措施,促进护理质量持续改进。积极执行北京市护理质控中心下发的各项护理工作标准,加强培训,做到学有标准,行有规范。认真组织护士在职继续教育,全年完成业务学习21次。严格依法执业,认真做好双年度护士再注册工作以及年度内护理执业变更和2006年度护士首次注册工作。全年完成职工查体5000余人次,学生查体14000余人次,共派出护理人员1000余人次;各类公共服务60人次。加强院内感染控制管理,落实检查监督,做好空气培养、物表采样,全年共监测654人次,发现问题16人次,院内感染率≤8%。护理部协助海淀区卫生局参与学习型医院工作评估、部分高校医院社区卫生工作绩效考核。有2名护理人员受到海淀区卫生局的表彰,3名护士受到院内表彰。

【科研工作】 参与了为期3年的首都医学发展基金重点科研项目:强化降压治疗研究(项目编号为2002—2014)。对很高危的高血压患者随机分配到强化降压组和常规治疗组,使强化降压组的血压控制在135/85 mmHg内,提高血压的控制率,减少并发症。全年发表医学科技论文10余篇。

【医学教育】 派出一名医师到上级医院进修学习;医院开设《大学生健康教育》《生活中心理学》两门课程,作为学校通选课,有300多名学生选修。承担对北大学生红十字会会员知识培训,共进行6期初级急救员培训,300人取得合格证。举办多场健康知识讲座,2000多人参加。

【社区卫生服务】 进一步开展社区卫生服务疾病管理工作,在北京市社会劳动保障局及国家医学教育发展中心健康工作委员会的支持和帮助下,我院在燕园社区卫生服务中心及承泽园社区卫生服务站,同时开展了针对糖尿病患者及糖尿病高危人群的"健康知己管理",它是一项以学会一套自我管理和保健的方法为目的,以控制好病情和避免或延缓疾病的发生,发展、减少医疗保险费用,提高生活质量为目标的活动,已收到可喜的成效。网上咨询、电话回访263人次,各种出诊、上门服务共2175人次。

【医保工作】 区公务员总参保人数513人,全年门诊1222人次,门诊总费用166592.34元,住院11人次,住院总费用69064.53元,人均6278059元;市医保住院6人次,住院总费用97797.02元,人均20927.24元。

【国际交流与合作】 日本渡边牡蛎研究所渡边贡先生3月、8月和12月三次来院访问,双方就活性牡蛎丸对更年期妇女的药物作用进行了探讨;8月访问同时,召开了北京大学医院与日本度边牡蛎研究所学术交流15周年纪念大会,并接待了日本渡边牡蛎研究所40余位员工。5月由瑞士外交部赞助,瑞士驻华使馆参与,医院心理咨询中心举办了"荣格分析心理学在心理治疗中的实践"培训工作。

【信息化建设】 完善信息系统管理制度。根据市医保文件要求对医疗收费项目进行整理,更换门诊收费发票;对住院结算清单进行调整,实行机打住院收费发票。在体检中心、西药库、糖尿病专家门诊、

肠道门诊和抗感染等部门增加了网点。在内科和外科候诊厅安装排队叫号机。对机房设备检测并更换了3台交换机。配合首信公司进行医疗保险网络升级改造工作,为医保住院结算提供方便。利用校园网防病毒服务,校园网Windows Update服务,保证了医院各部门办公自动化的使用安全。

【体制改革与管理】 按照学校人事制度改革的要求,9月对上年度聘任的130名上岗人员进行岗位考核,并进行新学年133名在职职工的岗位聘任,3名流动编制职工的岗位聘任;继续实行院内岗补。在学校党委组织部的指导下,6月完成党委换届工作,9月完成党支部换届工作。医院党委配合学校党委组织部在干部选拔任用中的推荐、考察和测评,6月增补一名副院长。继续与博士伦公司合作在眼科设博士伦高校眼睛保健中心。

【迁建新院】 1月对新院大楼设计图进行修改;3月确定新院采用水源热泵供热制冷;3月25日学校确定由基建部管理新院大楼工程;29日召开设计院、医院以及北大医院专家参加的"功能设计研讨会",讨论手术室、会议室、体检中心、口腔中心、厨房精装部位及大型设备配置型号等问题;9月学校党政联席会议讨论通过新建医院贷款;10月基建部确定"招标代理公司"、二次精装部位、暂估价的项目、机电设备的品牌、弱电系统;医院领导组织有关人员在北京参观部分新建医院工程;12月签订了"施工监理合同"和"总包合同",年底筹备开工奠基仪式。

【精神文明建设】 4月组织党员、入党积极分子54人到支农定点医院密云区东邵渠镇卫生院义诊,与卫生院党组织共同开展"植绿、护绿、爱绿"活动,携手共建友谊林(植树200棵)。5月举办全院"医患和谐论坛",请校内监督员、大学生代表、勤工助学代表、离退休代表、曾住院代表参会,并与医药护代表共同演讲;3月、5月、10月召开三次学生见面会,听取意见。继续聘请五位大学生勤工助学,轮流在上下午挂号高峰时间帮助取病历。医院《社区健康论坛》报,校内发行三期。10月创刊《北京大学医院工作简报》季刊,院内发放。11月在天下第一城召开由学校领导及全校各院系、部门领导110人参加的北京大学第二次健康促进工作会议,主题为"健康促进在创建和谐校园中的作用"。5月工会组织全院职工168人春游,暑期分三批组织137人桂林游。参加学校党委组织的"党员献爱心"活动。12月急诊科护士代表医院参加北大燕园社区组织的新春联谊会演出,演唱《常回家看看》。12月党委工作总结会后支部开展"弘扬高尚医风,构建和谐医院,争做模范党员"研讨。按照卫生部和北京市卫生局、海淀区卫生局的要求,5月起开展医药购销领域商业贿赂专项治理工作。成立治理医药购销领域商业贿赂领导小组,讨论研究制订治贿工作计划,布置、落实、检查、监督。下发法规文件,组织学习讨论,做好思想工作;播放《卫生系统行风专项整治》警示教育片;发给全院每位医务人员两封信;召开与医院采购、财务、迁建相关人员恳谈会、全体医生恳谈会;对重点岗位人员个别谈话;采取有效措施:针对医生开药不够规范进行业务培训;医务科每周检查处方,对超量开药的处方采取干部会通报、公示和点评;医务人员外出参加医药公司组织的会议要到医务科登记;采购工作要严格执行国家、北京市及上级主管部门的相关政策,按照规范程序招标和采购。各科室自10月起填写《医德医风季报表》。5月创建人民满意医院接受检查;12月创建首都公共卫生文明单位接受检查;12月创建无烟医院接受检查。全院有离退休人员152人,1月召开离退休人员春节联谊会,为离退休人员查体;4月召开离退休人员健康座谈会,进行健康讲座,评选"健康老人";重阳节组织离退休人员80人到石林峡登高活动。

获校级先进党支部1个,校级优秀党员2名;院级优秀党员6名;内科病房评为文明服务一等奖,急诊室评为文明服务二等奖;北京大学安全保卫工作先进单位、燕园地区交通安全先进单位。

【后勤工作】 安全工作三级管理,医院与学校签订安全稳定目标责任书,医院与科室签订安全责任书,医院职工人手一册《医院职工应急手册》。医院与中德合资北京普净物业管理有限公司签订陪护、保洁协议书。对全院轻型板材房做防漏工程。

北京大学附属中学

【概况】 北大附中创办于1960年,地处中关村高科技园区,是北京市重点中学,北京市示范高中,是北京大学基础教育的教学实验基地和后备人才的培养基地。学校倡导"勤奋、严谨、求实、创新"的校风,学校把"肩负天下,敢为人先,追求卓越,志存高远"作为自己

的办学理想。学校拥有各种现代化的实验室和多媒体教室,以及塑胶操场、塑胶篮球场、体育馆和图书馆。学校信息网络系统十分完备。学校拥有整洁、舒适的食堂、宿舍以及环境优雅、亮丽的校园。

北大附中以"三个面向"为办学指导思想,全面贯彻教育方针,坚持"育人为本",坚持走改革创新之路,积极推进素质教育,形成了鲜明的办学特色和生动活泼、丰富多彩的校园文化。建校以来学校共培养毕业生数万人,在尖子生培养方面取得了显著成绩,恢复高考后的升学成绩一直在全市名列前茅,为高校输送了大批优秀人才。在全国及北京市数学、物理、化学等竞赛中硕果累累;在国际中学生学科竞赛中有9人获得金牌,4人获得银牌,1人获得铜牌。北大附中是北京市中小学科技活动示范学校和青少年科技俱乐部活动基地学校、全国先进体育传统基础学校和北京市绿色学校。北大附中还大力发展远程教育,与社会分享教育资源,积极支持边远贫困和少数民族地区的教育。

北大附中从20世纪的60年代开始招收外国留学生,与10多个国家的学校建立了友好关系。学校金帆管乐团、舞蹈团先后赴美、日、俄以及中国香港、澳门、台湾等地演出。北大附中已经成为具有广泛国际联系的开放性学校。

2006年,北大附中开设教学班49个(初中12个,高中37个),招生650人(初中154人,高中469人),毕业688人(初中185人,高中503人),在校学生1230人(初中340人,高中890人),应届高考录取率90%。教职工179人,其中,专任教师162人,高级专业技术职务教师69人,特级教师7人。学校占地面积50000平方米,建筑面积63000平方米,物化生物实验室和各种专用教室46个。体育场地16000平方米。图书馆藏书55000册。

【北大附中芬兰语选修课开班】 3月10日,北大附中芬兰语选修课开班仪式在学校多功能教室隆重举行。教育部国际交流合作司岑建君副司长、欧洲处生建学处长、北京大学校长助理、国际部李岩松部长、北京市教委对外交流合作处葛岩处长、海淀区教委胡新懿副主任、芬兰驻华使馆新闻官溥明睿先生、北京外国语大学欧洲语系芬兰语专业的三名教授和专家与学校50名师生共同见证了这一重要时刻。

莅临开班仪式的领导和来宾均认为北大附中开设芬兰语选修课是具有开创性意义的事情,为中芬两国青少年的友好交流做了新的贡献;领导和来宾同时也鼓励学校学生克服困难,好好学习,为中芬两国青少年友谊的不断发展继续努力。学校学生彭安宁同学也代表全体学员发言,表达了为中芬青少年的友好交流做出应有贡献的决心和愿望。罗素高中校长阿里·霍卫宁先生也写来了热情洋溢的贺信。罗素高中为北大附中在中学阶段首开芬兰语选修课感到骄傲和自豪,认为这具有象征性的意义。阿里校长鼓励学生努力学习并预祝学生取得成功。

【北大附中希望之光访学之旅——河南行】 4月1日上午,在张思明副校长的带领下,学校中青年骨干教师一行10人来到河南,进行了为期两天的"北大附中希望之光访学之旅"。老师们分别参观了北大附中河南分校、新郑市千户寨乡同源小学、郑州市北大附中河南分校附属双语小学和附属幼儿园等,向同源小学校长赠送了老师们从北京带来的价值上千元的书包文具及书籍。

【北大附中红十字会初级急救员培训】 4月1日,北大附中红十字会初级急救员培训班在学校新礼堂举行。北京市红十字会、海淀区红十字会的有关负责人及北大附中校长康健、副校长程翔出席了开班仪式。全校有近200名师生以及北达资源中学、清华附小的老师参加了培训。

6月19日校训上,程翔副校长为红十字会初级急救员颁发了证书,王丰同学代表参加活动的同学讲话。

【罗素高中访问团到附中交流学习】 3月31日至4月7日,罗素高中第五个访问团来学校学习和交流。访问团由四名老师和五名学生组成。教师交流的主题是心理学教学和辅导员制度;学生交流的主要活动是福乐球友谊比赛和以芬兰青少年日程生活为主题的"芬兰日"展示活动。

【海淀教委主任孙鹏等来校调研】 4月4日下午,海淀教委主任孙鹏等来到学校,就学校高三工作进行了调研。学校就本学期高三工作重点和措施向教委领导做了汇报,并提出目前高三工作中存在的困难、困惑和问题,希望教工委、中教科、进修学校等相关单位给予帮助和支持。学校康健校长、主管高三教学的张继达副校长、张思明副校长,教务主任杨文焕、副主任姜民,高三年级主任王卫东等参加了会议。

【看望北京四十七中学特困生并捐款】 4月24日下午副校长程翔、行政后勤党支部书记王文成和高二年级班主任、备课组长一行16人到我们的"手拉手"学校——北京四十七中学看望两位特困学生。程翔副校长代表北大附中向两位特困学生转交了柒仟陆佰玖拾元壹角捐款。并对两位同学能够克服困难,刻苦努力学习,成为品学兼优、负责任,有正气,积极向上的优秀学生表示赞赏,同时对他们提出了殷切希望。

【英国学生中国文化夏令营】 7月14日至8月1日,北大附中与英国使馆文化教育处共同举办的

"2006年英国学生中国文化夏令营"在学校举行。参加此次夏令营的成员来自英国的9所学校,共78人。7月16日上午,夏令营的开幕式在学校多功能厅举行。开幕式由英国使馆文教处一秘罗晖怡女士主持,英国商务、投资及外交事务部长Ian McCartney先生做了简短、生动的演讲,学校张继达副校长代表学校致欢迎词。7月29日,夏令营闭幕式在国贸饭店顺利举行。康健校长和罗晖怡女士为夏令营营员、教师和工作人员颁发了结业证书。

【学生科技创新大赛获优异成绩】
8月4日,在澳门举行第21届全国青少年科技创新大赛中,学校虞小茜同学获一等奖,并被授予2006年北京市中小学生银帆奖;任治全、刘恺余获二等奖,为学校赢得了荣誉。(北京市共有15个项目参加,学校参赛项目3个)。

由教育部、中国科协、香港周凯旋基金会等共同举办的第六届"明天小小科学家"奖励活动评审结果于11月6日在京揭晓,学校曲芳菲同学的论文《水稻谷蛋白基因Gluc启动子的作用特性》获"第六届明天小小科学家"奖励活动特等奖,并获得了"明天小小科学家"称号及5万元奖学金,刘焓同学的《金属塑料的性质与应用的研究》、孙艾同学的《洋葱的多糖提取及其生理活性的研究》、马兆远同学的《能发送短信并拍照的职能家庭报警系统》获提名奖。

"明天小小科学家"奖励活动,是一项旨在选拔青少年中优秀科技创新后备人才的活动,至今已举办六届。11月13日,国旗下讲话,曲芳菲同学面向全体学生做了获奖感言。

【"广茂达杯"中国智能机器人大赛获奖】8月22日至25日,在上海华东师大举行的第七届"广茂达杯"中国智能机器人大赛中,学校学生李今、汤旸合作的"三维光源自动追踪系统"夺得机器人创新第一名,获一等奖。李超的论文"怎样增加机器人的速度"获论文一等奖、汤旸的论文"生物芯片的应用"获论文二等奖。

【教育部副部长陈晓娅到校调研】
9月1日上午,教育部副部长陈晓娅、基础教育司司长姜沛民、北京市教委副主任罗杰、海淀区教委副主任胡新懿一行来到北大附中调研,对附中的工作进行指导。莅临附中之后,陈副部长一行首先参观了校园及教学西楼等地,随后在学校南楼会议室听取了康健校长对学校工作的汇报,宾主双方就目前教育的政策、现状及面临的问题进行了交流,现场气氛和谐热烈;陈副部长对附中目前的工作予以肯定,对附中存在的问题也表示理解,希望附中在目前的办学规模上,走精品道路,在保持附中目前优势的前提下,在高品质的基础上,把附中办成有特色的精品学校。

【化学优秀课堂教学设计论文获奖】 学校化学组选送的论文在"2006年北京市中学化学优秀课堂教学设计评选"中全部获奖,其中秦蕾老师的《水的电离》、周磊老师的《氢氧化亚铁制备》获北京市二等奖,熊美容老师的《氨的还原性》获北京市三等奖。

【全国中学生物理化学竞赛喜获佳奖】 在第23届全国中学生物理竞赛(省级赛区)比赛中申井然同学获得一等奖;在2006年全国高中化学竞赛(省级赛区)比赛中,北大附中学生王英琦、党曦备、吴尚、赵然获得了一等奖。

【诺贝尔文学奖获得者大江健三郎访问附中】9月10日,第22个教师节,日本作家、诺贝尔文学奖获得者大江健三郎先生,访问北大附中,并做了《走的人多了,也便成了路》的演讲,之后,大江先生与学生进行了座谈,并给北大附中题写了《觉醒吧,新时代的青年》之后,大江先生兴致勃勃的与同学们一起包饺子并共进午餐。

9月11日大江先生和国内外文学研究者、作家在社会科学院外国文学研究所召开了"大江文学专题研讨会"。黄宝生、陈众议、陆建德、叶渭渠、吴岳添、许金龙、王中忱等学者,莫言、阎连科等作家都出席了此次研讨会,日本文艺评论家、东京大学教授小森阳一也专程赶到北京参加研讨。与会者就大江文学既直面社会又指向心灵的特点,对大江文学中的多元文化内涵和中国因素等问题做了深入探讨和研究。学校语文组的部分老师有幸参加了此次会议。

【海淀区校园文化建设特色校开放日】 海淀区校园文化建设特色校开放日活动于9月18日在学校举行。区教委副主任胡新懿、海淀区各校德育干部以及家长代表参加活动。来宾首先参观了北大附中校史馆,对北大附中的46年的历史有了直观的了解。

随后,在北大附中田径体育场举行了庄严的升旗仪式,9:05分,校园里响起"我的家在东北松花江上"音乐,全校师生和来宾一起重温历史,程翔副校长慷慨激昂的"九·一八断想",唤起了学生的爱国热情,激起学生为中华崛起而读书的壮志。

【中芬高中课程改革研讨会暨中芬高中合作项目回顾会】10月24日,"中芬高中课程改革研讨会暨中芬高中合作项目回顾会"在学校召开。此次国际研讨会是中国教育部基础教育司主办,由北京市教科院、北大附中和人大附中共同承办的。中国教育部和芬兰国家教育事务委员会的官员、北京市教科院的专家、中芬高中合作项目学校校长和新课程实验区的学校校长等共60余人参加了此次研讨会。

在研讨会期间,教育部基础教育司朱慕菊副司长和芬兰国家教育事务委员会高中处处长焦玛·

考比宁先生分别做了"中国普通高中课程改革的实施与挑战"和"芬兰目前教育发展的趋势"的专题演讲。学校张继达副校长做了"中芬交流、促进了解、加快发展"的发言,回顾了学校与芬兰罗素高中自建立友好联系以来的交流历程和所取得的丰硕成果。与会的中芬高中合作项目学校和中国新课程改革实验区的代表学校也就友好交流和新课程实施的成果和思考做了主题发言。研讨会在朱慕菊副司长、北京市教科院副院长张铁道博士和考比宁先生的总结发言中圆满结束。

【"示范高中课堂教学优质课展示交流"活动】 12月21日上午,北大附中举行"示范高中课堂教学优质课展示交流"活动,活动旨在通过课堂教学,提高课堂效率,促进教师专业化发展,为进入高中新课程做好准备。康健校长的发言是《有准备地上好每一节课》,谈了以学为本的教学设计理念。随后,在引导员的带领下,听课老师200多人按学科分散到各个教室听取学校中青年教师的课,三节课后,学校教师与各个学校的老师就课堂教学进行了探讨,以达到共同提高的目的。

学校举行教学开放日活动,得到了海淀区教委、中教科的大力支持,海淀教委副主任胡新懿、中教科科长纪世铭、苏纡等领导来到附中参加了会议。手拉手学校昌平区小汤山中学、怀柔区红螺寺中学、通州区永乐店镇中学50多位教师应邀来到附中参加教学开放日系列活动。

【校长谈德育论坛第四次会议在北大附中举行】 12月21日下午,由北京市教委主办的2006年校长谈德育论坛第四次会议在北大附中礼堂隆重举行,会议由北京市教委副主任罗洁主持,校长康健在会上做了《道德实践,青少年必读的无字书》发言,康校长从问题的提出、道德实践的途径与思考、关于道德实践的若干思考三个方面进行了阐释,中国教育学会副会长、总督学顾问陶西平做了《关于学校的德育建设》的重要发言,国家教育部德育处吕同舟处长、北京市教委德育处处长关国珍等先后发言,对北大附中协办此次会议表示感谢。

北京大学附属小学

【概况】 2006年,附小有65个教学班,学生2737人,教职工152人(不含外籍教师)。其中专任教师123人,现有特级教师1人,中学高级教师4人,北京市学科带头人1名,北京市中青年骨干教师10名,海淀区学科带头人11名,海淀区骨干教师11名。专任教师本专科学历达到96.7%。

为规范办学,提升办学水平和效益,在多方努力下,附小于7月领取了法人证及组织机构代码证。

上半年,绿化了兰园、百草园和梅园,在五色广场上建起了红廊,完成了圆厅五楼、南楼五楼新电教及北楼地下一层科技教室的改建,不仅增加了两间普通教室,还使其功能更加合理,使用更加便利。下半年,附小对北楼北侧三、四层开放式阳台进行接建改造,设立室内乒乓球训练馆,提高建筑的使用效率,同时改造了1、2、3号小楼,改善了教师的办公环境。

9月13日下午,由区教工委书记、教委主任、区人大代表、区政协委员、民主党派人士、社科院专家及政府特约监察员等组成的校园和谐工程测评工作组到附小开展测评,附小各方面成绩显著,被评为"和谐海淀十大创建工程"校园和谐工程样板单位,一年级组被评为校园和谐示范点。

11月14日,海淀区督导室对附小进行了督导检查。督导组认真查阅了资料,深入课堂听了推门课和展示课。校长尹超通过督导自评报告详细地汇报了附小近几年的发展情况以及所取得的成绩。督导组充分肯定了附小的工作,提出了合理的建议。附小根据区督导办的回复意见上交了整改方案。校长尹超获"落实督导评价,促进学校发展校长奖"。

6月14日北京金鹏科技团命名,附小被命名为科技分团,海淀区仅有两所小学获此殊荣。

为充分发挥优质校作用,3月29日按教委要求附小与东北旺中心小学签订了手拉手协议,双方将在各方面进行交流,共同进步。6月附小还与方正乒乓球俱乐部签订了共同培养运动员的协议。

9月起,附小不再承担三代子女的义务教育,并与教委、中心学区协调,对居住在北京大学的三代子女享受义务教育的学校进行了重新划定,确保了附小招生的政策性。

本年度接待了甘肃省教育代表团、香港教师团和香港蔡继有学校130位师生、日本RBA棒球代表团及新加坡公教学校的来访,并派师生前往日本、美国进行交流,扩大了影响,提升了附小的办学质量。

【德育工作】 紧紧抓住奥运契机,通过开展各种活动,让学生关注奥运、了解奥运、参与奥运、体验奥

运,并把奥林匹克教育和民族艺术教育有机结合,培养学生的奥林匹克精神和良好的思想道德修养。5月附小被批准为北京市奥林匹克教育示范校。"六一"前夕附小隆重推出了"北大少年,唱响奥运——献给2008民族艺术小奇葩"大型京剧专场演出,北京市奥组委副主席蒋效愚先生应邀出席并讲话。9月,附小专门派教师参加了为期四天的奥林匹克教育师资培训班学习,并圆满结业。12月,校长和学生代表参加了2008年奥林匹克教育同心结交流活动的培训会和启动仪式。学校体育组、音乐组也全力以赴投入到"福娃健身操"和大型民族舞蹈"福娃闹京城"的筹备和排练当中。

5月,附小承办了海淀区2006年中小学机器人比赛和北京市第六届中小学机器人比赛,活动井然有序,受到了上级领导的肯定。附小也取得了较好的成绩。

附小艺术活动持之以恒、蓬勃开展,继续被认定为海淀区艺术特色教育示范学校。

"北大少年电视台"正式启动,于12月29日顺利播放首期节目。北大少年电视台的节目内容由"五色沃土"、"小小讲堂"、"百草故园"和"乳燕初飞"四个固定栏目组成。"五色沃土"播报校园新闻,"小小讲堂"评议行为规范,"百草故园"回顾校园历史,"乳燕初飞"展示学生才艺。"北大少年电视台"的成立,将更好地展示附小师生良好的精神风貌,成为一个生动活泼、多姿多彩的宣传窗口。

科技节期间,附小"北大少年科技论坛"启动。连续数场专家科技报告:天文知识讲座、航天航空知识讲座、疯狂科学体验报告会等深受同学们欢迎。各班班主任还组织同学们设计、制作科技电脑小报、手抄报,创作科技壁报、板报,进行科普教育。何立新老师获得海淀区科技之星光荣称号,孙雪林老师被评为海淀区中小学优秀科技教育管理干部,学校被评为2006年海淀区科技教育先进集体。

附小"充分利用网络资源,积极开展德育活动"课题,在中央教科所举办的"学校德育跟进社会化网络趋势行动研究论坛"中被评为成果一等奖。10月,在北京市第五次少先队代表大会上,附小的"网上入队"作为活动成果向北京市推广。11月,王丽萍老师作为中国少年儿童信息研究基地学校的代表参加了中国少先队工作学会成立的理事会,并且成为中国少先队工作学会中唯一的大队辅导员理事,同时,《北大少年争做网络文明小使者》获得中国少先队工作学会论文成果二等奖。12月,附小网站又获得了由北京市教育委员会、北京教科院颁发的优秀德育网站一等奖的奖牌。

9月,附小推出了由本校教师集体创作歌词、著名作曲家戴于吾先生谱曲的新校歌。歌词为:"未名湖畔,朝霞石旁,紫燕喃喃,书声琅琅。五色沃土,新苗茁壮,春风化雨,桃李芬芳,北大少年,快乐成长,沐浴温暖的阳光。乳燕初飞,向着蓝天,展开理想的翅膀。"

【教学工作】 为鼓励教师向深入研究发展,9月底附小进行了一次全校校本教研,会上老师们听了李瑜、马新成、王唯恺、杨融冰四位老师的课,并进行了积极的评课研讨。会后,各教研组又进一步进行了组内研讨,老师们感觉很有收获。语文学科还以学校教学大组的形式先后进行了三次以"务本、求实、倡简、重活"为主题的校本教研研讨活动,活动中,教师们相互合作,相互交流,共同反思,用新课程理念去审视、评价每一节课,同时不断探索更具有时效的教研途径,真诚的交流研讨,不仅使听课者得到提高,做课者也受益匪浅。数学组《整体把握教材——空间与图形》的校本研究已经正式启动,还有部分老师参与教育部基础教育司远程数学教师培训的录像任务。

9月,李瑜老师代表附小加入北京市"教与学"教师展示团队参加了全国英语大赛,取得了全国一等奖的好成绩。10月,7位老师参加了海淀中心评优课,杨重生、张敏、王唯恺获一等奖,王杰、李丽、李强、张静获二等奖。11月,17位老师参加了海淀区学科带头人评优课,何立新、李革、孙雪林获创新奖,方芳、刘桂红、范冰、李正辰、梁春玲、李宁、郭琼、潘东辉、张志宏获一等奖,李蓓、陈小葵、赵静、杨融冰获二等奖,蔡青获三等奖。孙雪林还代表学校先后参加了"海淀区教学干部风采展示与研讨"、北京市骨干教师培训班、北京市小学数学教师论坛活动和全国的做课,均获得好评。

2006年全国青少年无线电测向分区锦标赛(华北赛区)短80米团体竞赛第一名、北京市中小学生科技英语创意大赛团体一等奖、海淀区师德建设先进集体、海淀区2006年度科技教育先进集体、海淀区2006年度艺术教育先进集体。

(孙江红)

党建与思想政治工作

组织工作

【机关建设】 按照胡锦涛总书记提出的"党性要强、作风要正、工作要实、业务要精"的要求,北京大学党委组织部提出,要通过创新工作方式,加强内部建设,明确责任制,完善沟通协调机制,推动调研工作,把组织部建设成为学习型、研究型、开拓型、和谐愉快健康发展型和服务型组织,对内营造和谐健康的氛围,为同志们提供愉快的发展环境,对外代表北京大学形象,提高落实校党委意图、履行部门职责的效能,做到出典型、出经验、出理论、出专家、出思想。采取的具体措施包括:

1. 在学校党委的大力支持下,调整了组织部内设机构,对部分干部进行了轮岗交流,在短时间内配齐部领导班子和干部队伍。增设了干部与党建研究室,增加了相应的编制,统一协调调研工作,专门承担干部交流方面的事务。按照知识结构、能力结构、经验结构相匹配的原则,从其他部门和院系调入一批优秀青年干部充实到组织部,扩大了队伍,增强了活力,为创造性地开展工作奠定了人力资源基础。对组织部原有的工作人员进行了分工调整。

2. 加强组织部内务建设,提高为基层服务的意识和水平。主要工作包括,第一,强调注意总结和提高,及时规范常规性的业务流程和专项工作流程,做到有章可循;第二,强调办文要统一程序、文字格式规范,确保质量;办会精心设计、及时通报情况,协调配合;办事遵循规章,规范有序;第三,在微观层面上,加强个人办公室管理、公共会议室管理、公章管理和报纸杂志管理;第四,建立首问负责制,从保持办公室整洁、维持良好的言谈举止和着装、坚持良好的电话接听态度入手,树立组织部的工作形象。

3. 以党支部为依托,完善支部组织生活和学习制度。针对组织部新同志多、年轻同志多的特点,发挥组织部党支部领导同志多、老同志老干部多的优势,定期组织支部生活会和学习会。把继承发扬组织部的优良传统、营造团结向上的工作氛围、提高业务技能、提高学习能力、掌握办公知识密切结合起来。

4. 把信息化建设作为提高服务水平和管理效率的重要工作加以推进。在《北京大学党委组织部管理信息系统》的需求报告基础上,与基层党组织、计算中心和其他相关单位多次沟通,促进组织部网站和组织信息管理系统的开发。

5. 2006年度,组织部全面推进调研工作,把深入基层和兄弟院校调研作为推动党建和干部工作上层次、上水平,更好地服务基层的重要手段,也作为推动年轻干部尽快掌握情况、熟悉业务的重要渠道。除了各个科室自身的调研课题外,组织部统一组织的调研工作有:

(1) 5月至6月、10月至11月,党委组织部分别以全体学生和本科新生为对象,开展了抽样问卷调查,主要目的是了解北京大学学生的思想政治素质尤其是对党的认知情况,为加强学生党员发展工作提供数据参考。

(2) 10月23日至10月31日,党委组织部工作人员、部分院系党委(总支)书记组成三个调研组,分赴上海和南京、武汉、合肥的部分高校开展调研工作,主要了解兄弟院校院系党政领导班子建设、基层党组织建设及党员队伍建设和党员作用发挥情况。

(3) 10月26日至27日召开了专项研讨会,总结教育管理与德育系列专业技术职务评审工作中的经验和问题,研究工作科学化、专业化、规范化发展的对策。

(4) 11月27日至12月15日,党委组织部工作人员走访了23个院(系)、36名院(系)党政一把手,同时面向全体院系中层领导干部发放了调查问卷,了解我校院系党政领导班子建设和基层党组织建设情况。

通过召开座谈会、深度访谈和发放调查问卷等方式,征集了大量的意见和建议,掌握了丰富信息和数据,挖掘了许多鲜活的工作经验,也发现了不少问题。通过对这些调研材料的初步分析,形成若干份调研报告(谈话综述、或调查问卷结果分析)和政策文件建议。为

进一步充分利用这些信息资源,为今后工作提供方便,经请示主管校领导同意,编印了《2006年组织和干部工作资料汇编》,收录了上述资料。

【基层党组织和干部队伍基本状况】 截至2006年12月,北京大学共有院系级党组织55个(其中校本部41个,医学部14个),党支部918个(其中,校本部593个,医学部322个;教职工党支部494个,学生党支部333个,离退休党支部59个)。与前两年相比,北京大学党组织数量相对稳定,党支部数量稳中有升。

截至2006年12月,北京大学中共党员有20248名,占全校总人数的31.4%,年增长率为7.1%。其中,校本部有党员13516名,占本部总人数的35.5%;医学部有党员6646名,占医学部总人数的30.4%。学生党员占全校党员总数的42.4%,离退休党员占全校党员总数的17.5%。在职教职工中党员比例为35.6%,学生中党员比例22.7%,其中研究生达到34.1%,本科生占14.3%。

2006年度,北京大学发展党员1207人,其中,教师20人、学生1056人(其中有本科生561人、研究生479人)、干部14人、其他专业技术人员(含博士后)91人、工人19人和非在编教职工7人。

截至2006年12月底,全校共有中层领导干部477人,其中校本部327人,医学部150人,具体分布情况见下表。

2006年北京大学中层领导干部分布情况　　　　单位:人

部门	总数	正处级	副处级	女性	民主党派	少数民族	具有高级职称	具有博士学位	具有硕士学位
全校	477	160	317	171	46	23	386	170	138
校本部	327	110	217	95	37	15	280	121	101
医学部	150	50	100	76	9	8	116	49	37

北京大学中层领导干部的年龄结构保持相对稳定性。从2001—2006年,正处级干部平均年龄保持在50岁左右,副处级干部平均年龄保持在44岁左右。学历结构和职称结构也都保持了持续改善的势头。少数民族干部、女干部和党外干部的比例保持在相对合理的水平上。

截止到2006年12月31日,医学部党员总数为6646名,其中,在岗教职工党员3092名,学生党员1412名,离退休党员1434名,其他708名。2006年医学部共发展党员317名,其中,教职工党员115名(其中专职教师20名);学生党员200名(研究生40名,本科生153名,专科生7名)医学部共有副处级以上干部152人(男76人,女76人)。其中副局级以上2人,正处级50人,副处级100人;具有高级职称118人(正高73人,副高45人),占77.6%;具有研究生学历88人(博士49人,硕士39人),占57.9%;中共党员133人,民主党派9人,无党派13人;少数民族8人。正处平均年龄为49岁,副处平均年龄为46岁。

举办了北京大学第33期中层干部培训班,55位校本部和医学部2004年12月至2006年5月31日期间上岗的中层干部参加培训。举办北京大学第19期入党积极分子培训班,共办了10个班次,培训了入党积极分子3483名。举办北京大学第13期入党积极分子提高班(党性教育读书班),共办了2个班次,参加培训的共计1214人。

【党建工作】 持续开展党员先进性教育,提高党员、干部的理论水平和思想政治素质　　在巩固和扩大先进性教育活动整改成果,进一步建立健全保持共产党员先进性长效机制,进行一次"回头看"工作的同时,组织党员深入学习贯彻中央十六届六中全会精神、全国第十四次高校党建工作会议精神,认真学习领会胡锦涛总书记给孟二冬女儿孟菲回信精神和《江泽民文选》。通过学习,进一步加深了党员和领导干部对"三个代表"重要思想和科学发展观的认识。

1. 充分发挥各院系党委理论中心组的学习引导作用,创造良好学习条件,大力组织党员开展学习活动。为便于长期学习使用《江泽民文选》,北京大学党委支出452475元(其中党费、学校拨款各一半),为全校教工党员、学生党支部及部分学生思想政治工作干部购买了《江泽民文选》。

2. 抓住纪念建党85周年的重大教育契机,集中开展思想政治教育活动。北京大学党委制定下发了《中共北京大学委员会关于开展纪念中国共产党成立85周年系列活动的通知》,号召基层党组织广泛开展纪念活动;组织部分教职工党支部书记收看"庆祝中国共产党成立85周年暨总结保持共产党员先进性教育活动大会"的现场直播节目并学习座谈了胡锦涛总书记的重要讲话;将纪念建党85周年与学习胡锦涛总书记给孟菲回信精神结合起来,隆重召开北京大学纪念中国共产党成立85周年暨表彰大会,举行了教师党员学习回信精神座谈会。

3. 将思想政治学习与主题党日活动等相结合,力求使学习活动取得实效。在思想政治建设中,引

导基层党组织以"主题党日"的形式,集中开展学习活动。以胡锦涛给孟菲回信为契机,于9月中旬至10月中旬,在全校教职工党支部(学生党支部党日活动由学生工作部具体部署,主题一致)中深入开展以"学习胡锦涛总书记回信精神,做具有孟二冬精神的北大党员"为主题的党日活动。

4. 按照北京市委组织部有关文件精神和北京市委教育工委关于开展"共产党员献爱心"捐献活动的部署,北京大学党委组织部于2006年6月26日至7月4日间在全校开展了"共产党员献爱心"捐献活动。捐献活动得到了北京大学各级党组织和共产党员及部分群众的积极响应,共有6078名共产党员、7名入党积极分子、1名民主党派人士、2名群众参加,共计捐献人民币343830.21元、台币200元、埃及币110镑,北京大学党委组织部将全部捐款转交北京市慈善协会。

高度重视、分步推进、以评促建,认真筹备党建和思想政治工作基本标准的任务分解和实施 根据中共北京市委教育工委对《北京普通高等学校党建和思想政治工作基本标准》(以下简称《基本标准》)的调整,为进一步提高北京大学党建和思想政治工作的整体水平,北京大学党委从2006年10月起,用4个月的时间,对照《基本标准》,在北京大学内部开展了党建和思想政治工作检查评估工作。北京大学党委成立了党建和思想政治工作检查评估工作领导小组、工作小组和文秘组,研究提出了《北京大学党建和思想政治工作检查评估实施方案》并对《基本标准》进行了院系层面的任务分解,分别召开了《基本标准》检查评估工作动员会议和工作小组组长会议,进行了全面部署。与学校检查评估工作相结合,各职能部门和基层单位对照《基本标准》和分解任务,对三年来的党建工作进行了全面的自查、自评、自建,以评促建效果显著。2006年12月1日,在医学部召开了党建和思想政治工作基本标准评估中期总结汇报会,总结了近期工作。

根据中共北京市委教育工委关于推进高校基层党建工作创新的有关文件精神,大力夯实基层党建,加大指导和支持力度,激发基层组织活力 1. 加强对基层党建工作的政策指导和经费支持,开展基层党建创新立项工作。北京大学党委向全校基层党组织转发了市委教育工委《关于推进高校基层党建工作创新的有关意见》(京教工[2006]10号),并根据文件要求,按照党员年人均100元的标准核定了党支部工作和活动经费,强调各基层单位要按照"落到工作实处、突显激励作用、推动党建创新"的原则,指导各支部用好这笔经费。为支持离退休党员的活动,北京大学党委按照每人30元的标准下拨了专门活动经费,用于支持离退休党支部开展活动。当时校本部离退休党员共计2138名,共下拨经费64140元。

为激发基层党组织活力,给基层党组织活动提供保障,创新基层活动的指导和管理模式,校党委重点开展了"基层党建创新立项"工作,校本部共25个院系级党组织计112个项目获准立项,下拨活动经费123500元。这些项目覆盖了思想教育、理论学习、实践调研、制度建设、组织设置等多个领域,极大地调动了基层党组织尤其是党支部开展活动的积极性和创造性。

2. 加强基层党组织的规范化、制度化建设。按照加强学生党支部、教师党支部建设的有关文件、党员发展规程、教职工党支部考评办法等,大力加强规范化建设。根据《党章》及党的有关制度、文件,立足北京大学党建工作的具体需要,广泛参考有关材料并征求各层面党务工作者意见,完成了《北京大学党支部工作指导手册》。2006年5月,为落实北京市委组织部《关于对党费收缴、管理和使用情况进行检查及有关问题的通知》和北京市委教育工委《关于进一步做好高教系统党费收缴、使用和管理工作的有关要求》,切实加强党费管理,要求全校各基层党组织对本单位党费的收缴、管理和使用进行了一次自查工作。

3. 注意加强党员管理,积极探索和完善党员管理办法。根据上级党组织的有关规定,主要针对大学生就业、出国、考研和干部挂职锻炼给预备党员转正、党员关系接转等工作带来的新情况、新问题,积极探索和改进相应的管理办法,尤其是对中学与高校、高校与社会在入党积极分子培养和党员管理过程中的衔接进行重点研究。对海外留学回国人员参加党组织的状况进行了集中调研。

发挥典型引路作用,认真组织开展先进性评选和表彰工作,形成争先创优的良好风尚 以纪念建党85周年为契机,大力开展优秀共产党员和先进党支部的评选工作,共有85个党支部、276名党员(含12名优秀党员标兵)受到北京大学党委表彰。北京大学党委隆重举行北京大学纪念中国共产党成立85周年暨表彰大会,获奖单位和个人在会上受到表彰。在北京市评优表彰工作中,北京大学数学科学学院院长张继平教授被评为北京市优秀共产党员,临床肿瘤学院党委书记李萍萍教授被评为北京市优秀党务工作者。中国语言文学系孟二冬教授被追授全国优秀共产党员。

加强党建理论研究,努力提高党建研究水平 2006年,北京大学党委完成所承担的北京高校党建研究会课题《加强党的执政能力建设、保持共产党员先进性》并获通过,《新时期党内民主建设与党

员教育管理服务的互动机制研究》获得立项。为深入了解新时期学生党员的基本思想状况，为学生党员发展和教育管理工作的改进提供数据参考，上半年和下半年各进行了主题集中、样本广泛的调查研究，分别形成了《北京大学学生对党的认同状况及相关问题抽样调查报告》和《北京大学2006级新生思想状况调查报告——党员与非党员的比较分析》。北大党建研究会课题立项工作运转成熟，二期课题结题，三期课题立项工作进入筹备阶段。在北京高校保持共产党员先进性教育活动征文研讨活动中，北京大学选送的宇文利、陈占安的论文分获一、二等奖。

医学部党建工作 1. 完成党代会筹备及召开的相关工作

12月27—28日，医学部第十一次党代会圆满、顺利召开。党委组织部以高度负责的精神，在大会筹备领导小组的领导下，完成了党组织和党员情况统计、党员代表的名额分配、酝酿提名和选举、党员代表资格审查、党员代表分组及召集人指定、两委委员"三下三上"的酝酿提名、列席代表和校内嘉宾遴选、党费收缴管理使用情况的报告、党代会日程编排、大会及两个全会选举办法制定等工作；草拟了各类报告单、请示和主持辞；制定了两委委员候选人的情况简介；与有关人员精心设计，顺利完成大会的选举工作；组织了对计票人员的培训，指导完成大会的计票工作等。

2. 党建标准自查迎评工作

为迎接2007年上半年北京市委党建和思想政治工作先进校的评审，根据学校的工作部署，医学部开展了党建标准检查评估工作。党委组织部作为牵头单位，结合医学部实际做了大量工作，制定并下发了《关于落实〈北京大学党建和思想政治工作检查标准实施方案〉任务分工》和《关于党建和思想政治工作检查评估近期工作的几点安排和说明》，指导各单位做好检查评估工作。

3. 党员理论学习

为结合形势加强党员学习，党委组织部先后购买了各类资料并组织党员、干部进行了学习；参与组织了医学部党建工作研讨会，开拓了党建工作思路；结合2006年重要事件，认真组织了专题学习活动，如：结合建党85周年和纪念长征胜利70周年，要求党员学习胡锦涛总书记的讲话，组织党员参观长征精神展；结合十六届六中全会的召开，要求召开支部会议，认真组织学习和领会上级文件精神，并结合工作实际，推动和谐校园的建设。

4. 以开展"党日活动"为载体，鼓励和支持支部活动创新，通过开展各具特色的支部活动，不断提高基层党支部的凝聚力和战斗力

2006年，医学部党委组织部结合医学部的特点和优势，努力加强基层组织建设，成绩显著。3月，根据北京大学党委的统一部署，医学部党委开展了先进性教育"回头看"活动。通过此项活动，认真总结医学部党委开展先进性教育的经验，对医学部探索先进性建设的长效机制进行了探索，巩固和扩大了先进性教育前一阶段的成果；9—10月，根据北京大学通知要求，组织各二级单位党组织开展"学习孟二冬"专题党日活动。经过评比和筛选，共有20个支部活动成效显著。

2006年年底按照上级要求，经医学部党委会和部务会研究，医学部按照党员年人均不低于100元的标准核实党支部工作和活动专项经费，由院（部）党委（总支）负责管理待用；给离退休党员下拨专题活动经费，重点支持离退休支部活动的开展；从党费中划出专项经费，支持各支部创新活动的开展，尤其是对那些效果好、形式新颖、推广性好的支部活动，重点支持，资金支持力度进一步加大；为生活困难党员提供补助，以体现党组织的关怀和温暖。为支持上述活动的开展，2006年共计下拨经费近50万元。

5. 结合七一表彰活动开展，学习先进，交流经验，推动建设

2006年是中国共产党成立85周年，医学部党委于"七一"前夕评选表彰了一批先进党支部、优秀党支部书记和优秀共产党员。肿瘤医院党委书记李萍萍同志被评为北京市优秀党务工作者，第三医院党委被评为北京市思想政治工作先进集体；韩济生、赵明辉、俞光岩、樊东升等4名同志被评为北京大学优秀共产党员标兵，99名同志被评为北京大学优秀共产党员，34个党支部被评为北京大学先进党支部；10名党支部书记被授予医学部"十佳党支部书记"称号，102名同志被评为医学部优秀共产党员，21个党支部被评为医学部先进党支部。组织部将他们的先进事迹选编成册并发放到每个基层党支部中，以此影响、鼓励和带动全体党员。

6. 扎实开展党建理论研究

2006年，党委组织部积极组织各二级单位，积极申报研究课题，认真进行理论研究。3月，组织医学部各级党组织积极参与了北大党建研究会第二期课题申报，经评审，医学部共有12个项目立项，共获得北京大学资助14500元。经医学部党委讨论，对上述12个立项项目同时给予等额资金支持。对于未获得资助的课题项目，采用自由立项的方式开展研究，共有11个项目立项。

7. 党内统计工作

2006年党内统计工作在往年统计工作经验的基础上，组织部专门召开了各二级党委/总支负责统计人员的工作会议，针对医学部实

际情况制定了党内统计工作说明和注意事项。在二级党委/总支的积极配合下,2006年的统计效率和数据质量较去年都有明显的提高。

8. "共产党员献爱心"捐款活动

6月末至7月初,党委组织部根据上级有关文件精神和北京大学的具体安排,在医学部组织了"共产党员献爱心"集中捐款活动。共有3565名党员参与了此次捐款活动,共收到捐款人民币174314.51元、台币200元和埃及币110磅。上述捐款已经全部上交北京大学。

【干部工作】 **进一步深入学习贯彻《党政领导干部选拔任用工作条例》,加强干部工作的制度化建设** 根据中央要求,2006年党委组织部加强了对干部工作制度的规划,列出了明晰的文件起草、修订工作进展表,集中对现有文件制度进行清理、修订,并根据工作需要出台了一批新的制度。新制定下发5个有关干部队伍建设的文件,修订下发1个有关管理系列专业技术职务评审的文件,起草《北京大学中层领导干部公开选拔工作暂行规定》、《北京大学关于院(系)党政领导班子工作职责及运行机制的暂行规定》等文件草案;撰写《北京大学关于加强干部管理工作的若干规定》等文件的修订建议稿。

把干部工作相关文件汇编成册。为进一步贯彻落实中央和北京市委干部政策和有关文件精神,党委组织部制作了《干部工作文件选编》和《北京大学干部工作文件汇编》。这两本制度手册将于近期印制发放,以供学校干部平时学习和工作参考。

认真贯彻党的干部工作路线,坚持用好的作风选人,选作风好的人,推进干部人事制度改革 坚持用好的作风选人,是当前加强和改进党的作风建设的关键问题,也是全面贯彻干部队伍"四化"方针和德才兼备原则的迫切要求。组织部门作为党委选人、用人的参谋和助手,在落实用好的作风选人方面负有重大的责任。党委组织部的做法,一是深入理解、严格遵循六中全会关于用好的作风选人必须做到的"五坚持五不准";二是在选拔任用党政领导干部过程中,始终坚持党管干部的原则,德才兼备、任人唯贤的原则,群众公认、注重实绩的原则,公开、平等、竞争、择优的原则,民主集中制的原则,依法办事的原则等六条原则;三是坚持解放思想,树立与时俱进观念,进一步拓宽选人用人的视野;四是深入调查研究,努力探索高校干部工作的客观规律和改革的途径;五是严肃干部人事工作纪律,增强廉洁自律意识;六是加强业务学习和内部管理,提高工作效率和水平。为进一步发扬民主,扩大用人视野,在部分单位的干部选拔任用工作中采取了公开选拔、竞争上岗的形式,如发展规划部副部长、先进技术研究院副院长增补采取了面向全校公开选拔的方式,资产管理部副部长增补采取了竞争上岗的方式,生命科学学院院长采取了面向校内外学术界公开招聘的方式。

正常有序地进行中层领导班子的调整和换届工作 2006年院系党政领导班子换届任务繁重,在实际操作过程中遇到的困难也比较多。北京大学党委坚持以科学发展观为指导,根据中央颁发的《党员领导干部选拔任用条例》等有关规定,用正确的人才观和政绩观衡量和使用干部,努力把德才兼备、群众拥护的优秀干部选拔到各级领导岗位上来,组建在学术上追求卓越、在管理上敢于负责、善于合作共事和做群众工作、能够兼顾各方面利益的工作班子。为了发扬民主、尊重民意、体现群众公认的原则,当个别院系换届暂时难以形成广泛共识之时,北京大学党委采取了宁缓毋急、广纳建言、充分协商的慎重态度,没有简单追求换届工作的速度,而是把决策的科学化、民主化摆在了更加重要的位置,对学校负责,对每一个院系负责,对每一位干部负责。所以,尽管一些院系党政领导班子的换届工作未能按期完成,但是,着眼于长远,着眼于工作质量,2006年已经开展的工作将为保证换届的成功奠定更加坚实的基础。

2006年校本部共有8个院系行政班子、4个基层党委班子和1个机关部处班子完成换届,有3个院系和直属附属单位行政班子换届正在进行中,调整和充实班子27个,新建班子5个,撤销建制5个。干部个别调配工作比较繁重,任命干部人次为近五年来最高,且主要集中在上半学期。校本部中层干部327人中,2006年任命(包括新任、提任、连任和调配)干部为87人,占26.6%。医学部2006年有7个行政班子和3个基层党委班子完成换届。在干部个别调配方面完成了公卫学院行政、护理学院党总支和医学部纪委办公室、组织部、宣传部、工会、研究生工作部、后勤与基建管理处和计划财务处等单位的干部职数配置和调整工作,二级单位领导班子和机关部处干部队伍结构整体趋于合理。2006年医学部共任免干部78人次,其中班子换届任免64人次,个别调整任免14人次。

以改进领导干部作风建设为重点,加大对领导干部管理和监督力度 1. 按照中央要求,与纪委配合,推动开好处级以上领导班子党员领导干部民主生活会。2006年5月,中共北京市纪律检查委员会、中共北京市委组织部和中共北京市委教育工委先后下发文件,要求北京大学领导班子围绕主题,开好领导班子党员领导干部民主生活会。北京大学成立由吴志攀常务副书记负责,党委组织部牵头,纪委、党办校办和宣传部等职能部

门参与的工作组,制订下发了《北京大学2006年校级领导班子民主生活会方案》和《关于开好处级领导班子民主生活会的通知》,对学校领导班子党员领导干部民主生活会和中层领导班子党员领导干部民主生活会进行了比较周密的计划和布置,取得了明显效果。

2. 与纪委建立联席会议制度,定期研究干部队伍建设的政策和管理机制,共同研究工作中出现的苗头性问题,共同拟定对策和办法。目前已经初步形成了几个合作机制:在领导班子换届和干部任免过程中,请纪委直接参与;在干部拟任人选提出之后,请纪委出具廉政情况说明书;在干部任用之前,联合进行任前谈话和廉政谈话。

3. 做好干部离任审计监督工作。根据学校有关规定和干部选任的需要,2006年度组织部共委托审计室对15个即将换届的院系和直属附属单位行政班子进行了换届审计,对5名即将离任的中层干部进行了离任审计。为充分发挥这一制度的作用,组织部加强了与纪委、审计室的沟通合作,多次召集召开联席会议,讨论干部审计工作,对审计报告书中反映出的问题进行认真分析,研究措施,并对一些问题进行进一步调查,督促问题及时得到改进。

4. 认真做好处级以上干部出国报备工作和出国请假工作。根据北京市委《关于加强国家工作人员因私出国(境)管理实施办法》的要求,坚持处级以上领导干部和离退休厅(局)级以上干部登记备案工作。2006年干部登记备案名单累计新增46人,更新9人,撤销16人。办理中层领导干部出国请假150人次。

5. 按照学校统一部署,做好机关干部考核工作。2006年9月,根据学校有关安排,组织部组织全校30个校部机关开展了干部年度考核工作,校本部机关468人次参加考核。为进一步提高效率,减轻各单位的负担,2006年对机关干部年度考核制度进行了一定程度的改进。

认真组织教育管理与德育系列专业技术职务评审,及时总结改进 2006年3月评审准备工作正式启动。组织部在总结近几年评审工作成功经验和存在问题的基础上,修订和完善了评审文件,会同人事部研究讨论了高级职称名额、系列转换等问题,调整了评审委员会分会和各评审组组成。评审工作于2006年8月圆满完成。2006年度申报人员共71人,其中申报正高级16人(其中提退2人)、副高级24人(其中提退1人,提调1人,代评2人)、中级27人、初级4人。共评出正高级7人(其中提退2人)、副高级14人(其中提退1人,提调1人,代评2人)、中级27人、初级4人。

职称评审后,针对评审工作中的一些重要问题,组织部召开了职称评审工作研讨会,有关校领导及30名专家评委参加了会议。根据研讨会的意见,组织部提出了改进评审工作的若干建议,并将在进一步征求意见的基础上修订《北京大学教育管理与德育系列专业技术职务评审暂行规定》。

做好处级以上干部人事档案整理工作 为加强干部队伍建设的基础性工作,根据中共中央组织部《关于进一步开展干部人事档案审核工作的通知》(组厅字[2006]5号)文件要求,学校于2006年5月上旬开展中层干部人事档案审核整理工作。干部人事档案审核整理工作涉及在职干部400多人,时间紧、任务重,学校党委高度重视,划拨了专项经费,成立了专门的档案整理工作领导小组,并由组织部与人事部组成了工作组,具体负责档案整理工作的实施。

在档案整理工作领导小组的领导和指导下,工作组认真学习研究了上级要求,研究确定了档案整理工作方案,并克服种种困难,严格筛选、集中抽调了一批精干人员集中进行严格审核整理。共发现北京大学中层干部人事档案中存在的两千余处问题,其中填写不规范1259处、缺失材料1549份。2006年9月份至12月中旬工作组按照上级要求和档案规范进行了不规范材料和缺失材料的认定、查找、补充、完善和归档工作。2006年12月下旬专门成立了档案自查小组,对全部现职中层干部人事档案进行逐一审核,每份都按照检查标准打出分数,确保做到对所有档案都心中有底,使北京大学能够以高质量的干部人事档案迎接中组部的检查。

加强后备干部队伍建设 校级后备干部和中层后备干部遴选是干部培养和使用的重要环节。2006年9月,校级后备干部推荐工作正式启动,目前已完成推荐回收和统计工作,并向学校党委做了汇报。中层后备干部推荐工作正在进行。为进一步扩大选人用人视野,了解基层干部群众,尤其是教师队伍中愿意投身学校机关和院系党政管理工作的人员情况,本次中层后备干部推荐工作增设了个人自荐环节。

协助上级部门做好干部考核和考察工作 根据教育部有关规定,北京大学于2006年12月底召开了校级党政领导班子述职和民主测评大会。闵维方书记和许智宏校长分别代表学校党委和学校行政进行了述职,其他校领导进行个人述职。述职完毕后,组织部发放并回收了民主测评表,按照规定将测评结果上报中组部和教育部党组,并将结果反馈给校领导本人。

2006年组织部协助上级和北京市有关部门组织安排了王登峰、沈千帆、王干、石勇和张鑫等到校

外交流任职的校内考察、推荐工作,并积极协助办理了相关手续。

着眼于畅通干部进出渠道,提高干部管理能力,做好干部交流工作,2006年加大了干部交流工作的力度。在北京大学党委和有关部门大力支持下,共派出挂职干部33人,交流任职4人,接收干部挂职5人。主要工作包括:

1. 有计划地派出干部到地方政府、机关、部委挂职锻炼。学校主动与北京市丰台区、东城区、宣武区等地方政府沟通、协商,达成合作共识,并分别与丰台区和东城区签订了合作协议。根据合作协议和合作计划,2006年北京大学向丰台区派出挂职干部8人,其中7人为在站博士后研究人员,1人为在读博士研究生;向东城区派出挂职干部9人,其中干部8人(医学部3人),博士研究生1人,到委办局5人,到街道4人;向宣武区派出挂职干部10人,其中干部2人,博士生8人(医学部1人),均到委办局挂职。

2. 向石河子大学选派干部。北京大学物理学院副教授张建玮出任石河子大学师范学院副院长兼物理学系主任,研究生院综合办公室主任彭万华出任石河子大学校长助理兼研究生院院长。法学院教授王磊出任石河子大学法学院院长。

3. 根据政府部门的需求协助选派干部。应中共中央办公厅、教育部、国家发改委等中央部委以及各省市地方政府的要求,积极选派校内干部7人到校外挂职或交流任职。

4. 接洽省校合作单位干部到北大挂职。北京大学与河南省、郑州大学、新疆石河子大学有共建协议,每年定期接收多名干部来校挂职。组织部与国内合作办公室、挂职部门积极沟通、协作,安排落实职务、办公环境、住宿等。

【党校工作】 党员教育工作 根据北京市委教育工委的要求和本科新生党员的实际情况,为了让新生党员在新的环境中更好地发挥先锋模范作用,除让他们随人党积极分子参加党的知识培训班,接受党的知识系统教育外,还单独组织了一场《在新形势下加强党性锻炼》的报告,请中央党校教授、中央社会主义学院原副院长甄小英,就在新形势下党性锻炼的重要性、主要内容和方法途径进行了翔实的讲解。

干部教育培训工作 1. 举办了北京大学第33期中层干部培训班,参加培训的多为北京大学校本部和医学部近两年来上岗的中层干部,共计55人。本期培训班,在继承往年干部培训经验的基础上,有了一些新的改进。具体表现在:增强服务理念;综合干部需求,设计多方位的培训内容;医学部和校本部的干部同期、同班、同步进行培训;加大了社会实践的力度,实施了体验式培训;学习理论与研究工作相结合。

2. 医学部举办财经法规知识讲座。请医学部的有关负责人分别以《遵守财经纪律,落实经济责任》《加强财经法规学习,做合格的领导者》为题作了报告。医学部中层干部、各单位党办主任和部分管理人员参加了培训。为大家知法、懂法、严守财经纪律,认真做好自己的工作普及了相关的知识,收到了很好的效果。

3. 医学部举办基层党建工作干部培训班。为了加强保持共产党员先进性长效机制建设,医学部组织部、党校举办了基层党建工作干部培训班,参加培训的有各单位的党支部书记、党办主任以及部分单位的党委正、副书记共计300多人。通过培训,大家了解了标准,明确了责任,对加强医学部基层党的建设工作起到了推动作用。

入党积极分子培训工作

1. 举办北京大学第19期入党积极分子培训班 此次培训班以对教职工和学生中申请要求入党的积极分子进行党的基本知识培训为目的,采取"办好主课堂、辐射分校区"的办班模式、"系统自学、重点报告辅导、电影形象教育和其他相关教育活动相结合"的培训方式,在校本部、医学部、昌平校区、大兴软件与微电子学院、方正软件技术学院、深圳研究生院等处共办10个班次,培训了入党积极分子3483名。

2. 举办北京大学第13期入党积极分子提高班(党性教育读书班) 为了进一步提高入党积极分子的素质,校本部和昌平校区各办了一个班次,参加培训的共计1214人。

宣 传 工 作

【理论工作】 理论学习 (1)为贯彻落实科学发展观,努力创建世界一流大学,4月份邀请国家发改委发展规划司司长杨伟民作了关于十一五规划纲要的形势报告。(2)为了认真贯彻中共中央作出的关于学习《江泽民文选》的决定,组织相关的座谈会、研究会、报告会,邀请部分专家就江泽民同志关于思想政治工作的思想进行学习和研讨,帮助广大师生认真学习和

领会江泽民文选的精神实质。(3) 6月9日，胡锦涛总书记给孟二冬亲属回信，在北大校内迅速掀起学习回信精神的热潮，要求各基层单位结合本单位的实际，认真组织师生开展学习活动，深刻领会和学习先进人物身上所折射出来的高尚师德。(4) 十六届六中全会召开以后，及时组织师生进行学习，并邀请相关专家学者就构建社会主义和谐社会问题进行了专题研讨。先后邀请北大邓小平理论研究中心主任赵存生教授、中央党史研究室副主任李忠杰教授就社会主义荣辱观、如何看待改革等问题为我校理论中心组举办了专题讲座。

医学部党委宣传部开展的理论学习活动主要有：(1) 3月31日，邀请北京大学哲学系魏英敏教授为医学部中心组做"解读胡锦涛总书记关于社会主义荣辱观的讲话"的辅导报告，召开了北京大学医学部加强社会主义荣辱观宣传教育学习辅导及座谈会。(2) 3月下旬，党委宣传部与组织部共同开展了2006年党建理论与实践研讨会征文活动。(3) 4月5日，起草了《关于开展社会主义荣辱观学习宣传教育实践活动的通知》，就切实做好医学部关于社会主义荣辱观宣传教育活动的各项工作进行部署。(4) 5月26日，组织承办了医学部2006年党建研讨会，来自北京大学、医学部及各二级单位的150余人参加了研讨会。(5) 10月25日，联合统战部邀请海峡两岸关系协会副会长王在希来医学部做《当前台湾局势与我对台方针政策》报告。

理论研讨 (1) 3月23日，召开社会主义荣辱观座谈会，邀请学校部分伦理学、思想道德教育研究的专家，院系党委书记和部门的领导及学生代表等近二十人参加了会议。(2) 5月17日，组织召开深入学习研究社会主义荣辱观暨《社会主义荣辱观理论教程》出版座谈会，教育部、北京市委、市教工委领导及黄楠森、谢龙等专家学者与会。(3) 4月28日，组织召开北京大学理论建设座谈会，中宣部舆情信息局副局长甄占民、北大党委副书记杨河、党委宣传部部长赵为民及知名专家学者黄楠森、陈志尚、陈占安、董学文、丰子义、郭建宁、萧琛、李义虎等出席了座谈会。(4) 2006年5月25日，由校党委宣传部、马克思主义学院、社科部、邓小平理论研究中心承办的北京大学"科学发展观与马克思主义理论创新"学术研讨会召开。校内外著名马克思主义研究专家、学者李君如、李忠杰、厉以宁、沙健孙、黄楠森、赵存生等百余人出席。(5) 9月3日，校党委宣传部、马克思主义学院、邓小平理论中心联合召开了纪念毛泽东同志逝世30周年理论研讨会，大会就"毛泽东与社会主义建设的当代启示"进行了热烈的讨论。(6) 9月7日，组织召开学习《江泽民文选》座谈会。(7) 10月21日至22日，由校党委宣传部和邓小平理论研究中心联合举办的"社会发展与民族精神"研讨会召开。全国哲学社会科学规划办公室主任张国祚、北京大学副书记张彦出席会议并致辞。张岂之、黄楠森、叶朗、钟哲明、赵存生、韩震等全国高校和研究机构的代表，在为期两天的会议中先后作了大会发言。(8) 11月29日，校党委宣传部、马克思主义学院、邓小平理论研究中心联合召开了学习贯彻十六届六中全会精神研讨会。(9) 在众多学者的努力下，出版发行了《党的先进性与执政能力建设》一书。

调研和舆情工作 (1) 理论调研。在师生中开展各种规模的思想状况调查，共完成师生思想调查5期。6月，为了了解师生近期以来的思想状况，维护校园稳定，召集部分院系党委书记座谈，及时掌握师生动态，并以纪要的形式上报校领导。此外，还承接了中宣部和北京市教工委委托的思想动态调研。7月，受中宣部政策法规研究室委托，在全校范围内开展了大规模的社会主义意识形态调研，并先后几次组织专家学者进行座谈，撰写了比较详细的调研报告，得到了中宣部领导的高度评价。(2) 舆情工作。充分利用作为中宣部舆情信息直报点的优势，共完成舆情信息专报200多期。《北京大学建立学生思想政治工作机制》、《北大创新学生心理健康教育机制和方法》、《北大师生对进一步深入学习社会主义荣辱观的意见》等一批信息，因其具有很强的现实意义，得到中宣部领导的批示。

【新闻宣传工作】 常规性宣传报道 (1) 进一步加强与媒体的联系，注重对北京大学全方位的报道。据不完全统计，2006年，对外宣传方面，平均每周协助校内大型活动或其他部门邀请、接待校外媒体2—3次。校外各类媒体对北京大学不同内容的直接报道有2000多条。中央电视台、中国教育电视台、人民日报、人民日报海外版、光明日报、中国教育报、中国青年报、北京日报等重要媒体上，都对北大重要的新闻进行了报道，在新华网、新浪网、中新网等主要网络上也都发布了大量的新闻、图片和专题报道。(2) 主动宣传报道北大在创建世界一流大学过程中各项工作和成绩，组织力量采写了一批有分量的稿件在主要媒体《光明日报》、《中国教育报》等刊登，如反映北大教学成就的《北大教授争上基础课讲台》(《中国教育报》)、反映北大援建成就的《北大人的西部情结》(《光明日报》)、反映北大研究生教育改革的《许智宏解读北大博士生教育改革》(《中国教育报》)《许智宏：研究生教育期待建立"进出口机制"》(《光明日报》)、反映北大全面成就的国庆专稿《新世

纪学科建设的崭新跨越》(《前线》),多篇文章被各大网站转载。向社会展示了北京大学所取得的成果和未来发展思路,加深了社会各界对北大的正面了解。

医学部党委宣传部先后邀请《健康报》、《中国教育报》、《北京电视台》、《中国教育电视台》、《光明日报》、《科技日报》、《北京青年报》、《北京晚报》等媒体对医学部控烟工作启动仪式、第二届全国EMBA高级论坛、北京大学感染病研究中心中心成立等活动进行报道。根据统计,2006年医学部宣传部在各大媒体发表各类稿件118篇。

王选院士和孟二冬教授先进事迹宣传报道活动　(1)积极配合中宣部、统战部进行王选院士先进事迹报告会的筹备工作,并由此在北大广泛开展了对王选院士宣传工作,效果突出。(2)组织人员通过座谈、访谈等全面搜集孟二冬教授的事迹,专门组团赴新疆采访孟二冬教授在新疆石河子大学支教的感人事迹。协助党办、校办撰写出孟二冬教授先进事迹的报送材料,配合中宣部、教育部组织孟二冬优秀事迹报告团的工作。配合中央各大媒体进行的各类采访并提供相关文字、影像资料,在全校乃至全社会引起了强烈反响。在很短的时间内编辑出版了《品格——北大教授孟二冬》一书。撰写《他的心和学生在一起——记北京大学中文系教授孟二冬》、《人民教师的楷模》、《为文、为师、为人》等报道文章发表于《中国教育报》、《北京考试报》、《现代教育报》等报刊,其中《人民教师的楷模》获得2006年北京新闻奖特别奖。

第三届北京论坛新闻宣传工作　(1)与国务院新闻办进行了全方位的合作,利用其广泛的国际、国内媒体资源对北京论坛进行报道。参加新闻发布会的国内媒体有64家,境外媒体有20家,到会记者近110位,中国网还对发布会全程进行了网络直播。(2)媒体合作机制进一步完善和成熟。《中华读书报》从8月份开始,每期一篇深度人物专访,对参与本届北京论坛的著名学者进行访谈,一共出了十期,展示了北京论坛的学术高度和广泛的效国际性,收到了很好的宣传效果。《光明日报》在论坛召开的前一天以半版的篇幅,对本次论坛的10个分论坛的主题说明进行了报道;会议结束的当天,光明日报又发了半版,对本次论坛进行了全面的总结。《中国日报》在会议期间发了一个整版,对开幕式的盛况进行了报道,并刊登了三位重要的大会发言。人民网对论坛的开幕式、闭幕式和四个分论坛进行了网上直播。

新闻危机事件攻关　(1)3月份,学校对校内朗润园、镜春园中一些乱搭、乱建建筑开展拆除、恢复原有古貌等正常工作,当时在社会上被传为破坏文物,校党委宣传部组织人员到朗润园、镜春园进行摄影、摄像,整理出文字说明材料,及时向外界发布,并组织主要媒体的记者前来参观,表明北大拆迁工作是以清理环境、恢复校园风貌为目标的。这次新闻危机事件的解决,不仅维护了北大的社会形象,也保证了校内工作的正常开展。(2)暑假期间,有传言北大要建高尔夫球场,引起社会舆论的关注,校党委宣传部根据这次新闻危机事件的特点,进行了必要的回应。(3)针对贫困生助学贷款等话题,联合学校助学中心召开新闻发布会,在中央电视台《对话》栏目策划对许智宏校长的专访,有力地澄清了社会上的传言,较好地维护了北大的形象。

《北医党建网》于"七一"前夕正式开通　该网站为医学部党委开展党建理论研究和学术交流活动提供了信息平台。网站设有时政要闻热点专题、政策法规、党建论坛、党建知识、支部活动等栏目。经过半年多来的资料积累、收集整理,收录各类文章460篇。

北京大学卫生思想政治工作促进会成立　10月17日,北京大学卫生思想政治工作促进会成立。敖英芳书记任会长,下设医德医风建设组、医学生思想政治工作组、师德师风建设组、政治思想理论研究组。宣传部姜辉部长任秘书长,迟春霞副部长任办公室主任。卫生思想政治工作促进会的成立,将为医学部党建工作搭建更宽广的平台。

北京大学医学部师德师风建设工作会　会议于11月29日下午在医学部会议中心隆重召开。此次大会由医学部宣传部牵头,两办、教育处、研究生院、医管处、科研处等部门共同协作,取得圆满成功。这次会议为北京大学第二届师德论坛的胜利召开奠定了基础。为配合北京大学首届"蔡元培奖"宣传工作,医学部宣传部积极组稿,宣传相关获得者的先进事迹。

【校园文化工作】　文艺活动　(1)由校党委宣传部主办或主要协办的大型文化活动有:6月举办的第三届北京大学主持人大赛,9月初的北京大学新生音乐会,9月中旬由教育部、文化部、财政部举办的2006年高雅艺术进校园活动开幕式演出,10月12日举办的《顾泉雄:解读人生——一个文化老人与青年朋友的心灵交流》演讲活动,11月24日由北京八路军老战士文工团演出的"纪念红军长征胜利70周年大型歌会"等。(2)由医学部党委宣传部主办的文化活动有:6月13日举办的"永远跟党走——北大医学部庆祝建党85周年歌咏比赛",6月28日举办的"永远跟党走——北大医学部庆祝建党85周年文艺演出",以及北京大学医学部"远离烟草 引领健康"系列活动等。

师德建设　开展学习孟二冬、

王选先进事迹和胡锦涛总书记给孟二冬亲属回信精神系列活动,大力加强师德学风建设。2006年6月9日,胡锦涛总书记给孟二冬亲属回信,在北大校内迅速掀起学习回信精神的热潮。校党委宣传部根据师生们的工作学习实际,要求各基层单位结合本单位的实际,认真组织师生开展学习活动,深刻领会和学习先进人物身上所折射出来的高尚师德。从师德学风建设的高度出发,校党委宣传部多次组织师生召开座谈会,深入学习回信精神,并结合我校创建世界一流大学的实际,认真听取师生对学校师德学风建设的意见和建议,为我校下一步师德学风建设打下了基础。

【校刊工作】 2006年,校刊共出报34期,其中4期奔驰副刊为四开八版,其余都是对开四版大报。在34期报纸中,正刊21期,奔驰副刊4期,专刊9期。

主要工作:(1)多种形式报道北大师生学习总书记回信精神。自北大开展学习孟二冬教授活动以来,校刊组织了多篇文章,并出版了学习孟二冬专刊,及时报道了孟二冬事迹报告会。胡锦涛总书记给孟二冬女儿孟菲回信后,校刊以最快的速度出版专刊,全文刊登了总书记回信内容,报道了学校各个部门学习回信精神的一系列活动。(2)打造特色栏目和版面。紧密配合学校各项工作,对北大创建世界一流大学的进展,进行了深入宣传报道,对学校的重大新闻事件提前进行新闻策划,有选择性地编辑了专刊、专版、专栏。专刊包括学习孟二冬专刊、档案馆专刊、艺术学院建院专刊、"211工程"专刊、国际关系学院建院十周年专刊、继续教育专刊、深圳研究生院建院五周年专刊、北京论坛专刊、学生工作部表彰专刊。专版有我国核科学首届大学生毕业50周年专版、纪念何芳川教授专版、2006年北大优秀共产党员标兵专版、社会主义荣辱观引领北大师德学风建设专版、北大师生深切悼念王选院士专版、纪念李政道从事物理研究60周年专版、师德建设专版等。继续办好新闻透视、博雅讲堂、博雅人、学术争鸣、前沿论坛、重点实验室主任访谈、抱拙居闲话等深受师生喜爱的栏目,新开辟了家在燕园、心里话等专栏。(3)升级校刊网络版。联系技术支持公司,对校报网络版进行升级,更突出报纸特色,上传、浏览更为便捷。在每周的5个工作日内,平均每天上传新闻1—5条,校刊组织采写的稿件在第一时间优先上网,增强了时效性,起到了网络和报纸宣传互补的作用。重大活动做到了周末休息日值班上传新闻。

主要成果:2006年校刊选送部分新闻作品参加全国、北京市高校校报系列好新闻评选,获得好成绩。(1)获中国高校校报好新闻一等奖四项。消息类一等奖:《北大女生成为阳光骨髓库造血干细胞捐赠第一人》,言论类一等奖:《创新洪流的沉渣泛起》,版面类一等奖:《北大校报1063期第一版》,通讯类一等奖:《下一步,游向海洋》。(2)获北京新闻奖(高校校报系列)一等奖十项,二等奖三项,特别奖二项。特别奖:《向孟二冬学习》,作者:杨河,《人民教师的楷模——记北大中文系教师孟二冬》,作者:郭俊玲、刘静、孙战龙,消息类一等奖:《北大女生成为阳光骨髓库造血干细胞捐赠第一人》,一等奖:《国民党主席连战在"母校"北大发表演讲》,一等奖:《泰国公主诗琳通北大过50岁生日》,通讯类一等奖:《下一步,游向海洋》,一等奖:《播种希望——记全国劳动模范林毅夫》,言论类一等奖:《创新洪流的沉渣泛起》,版面类一等奖:《1069期第一版》,图片类一等奖:《温家宝与北大师生交谈》,二等奖:《入迷的小观众》,专栏类一等奖:《先锋本色》,二等奖:《重点实验室主任访谈》,标题类一等奖:微小世界 前沿热点,二等奖:大学期间圆军营梦北大校园走出义务兵。

【校电视台工作】 2006年校电视台围绕学校的中心工作,自1—10月制作播放新闻514条;开设的栏目专题包括:《美丽人生》、《媒体聚焦》、《聊吧》、《新闻观察》、《影视新生代》、《第八日记者报道》、《体育地带》等学生栏目各30期,《留学生活我爱你》、《校园攻略》、《读书时间》各15期;各类节目时长共约5000分钟。

大型直播包括:新年狂欢夜、孟二冬先进事迹报告、教职工运动会开幕式、2006年主持人大赛、中国共产党成立85周年暨表彰会、2006年本科生毕业典礼上午场、2006年本科生毕业典礼下午场、2006年研究生毕业典礼上午场、2006年研究生毕业典礼下午场、2006级本科生开学典礼上午场、2006级本科生开学典礼下午场、2006级研究生开学典礼上午场、2006级研究生开学典礼下午场、教师节表彰大会、北京论坛闭幕式、第三届国际文化节(共三场)。

其他专题和工作:赴新疆石河子拍摄孟二冬素材、随学生服务总队赴黑龙江做"能力建设论坛"专题、随研究生会赴辽宁做开发区调研专题、开学典礼专题片《光荣与梦想》、毕业典礼专题片《今天我们毕业》、新生文艺汇演专题片、《北京论坛》宣传片、国际文化节专题片、王选院士专题、孟二冬专题、整合各媒体关于孟二冬的报道、教工委提供孟二冬先进事迹报告会素材、"十五""211工程"专题片、蔡元培奖十位获奖老师专题。

【校广播台工作】 本年度校广播台共制作四大类13档节目。(1)新闻类4档。新闻简讯类节目《未名每日播报》;新闻专题类节目《糊涂说文》,现在主要侧重校园文化;访谈节目《有故事的人》;时事评论节目

《郝挺天天说》。(2)音乐类5档。综合流行音乐类节目《音乐盒(musicbox)》；华语新歌推介节目《音乐快递(music express)》；欧美新歌推介节目《音乐伞兵(music trooper)》；点歌祝福节目《天天点歌》；中国和西方古典音乐欣赏节目《未名湖音乐欣赏》。(3)文化、娱乐类3档。娱乐综合节目《烤鱼片》；日本文化类节目《和风大杂烩》；国际文化交流节目《留学生活我爱你》。(4)文学欣赏类1档。文学综合类节目《文海星空》。

本年度校广播台新闻类节目的报道重点是：结合学校师德建设工作，报道王选、孟二冬先进事迹；北京论坛期间，派出10人的记者团进行全面报道；奥运知识的普及节目；校领导和院系、学生的活动。同时，校运动会期间，派出播音员4名，为运动会服务；为学校军训纪录片《一切为了成长》做配音。

具体节目制作时间是：从2月20日至6月9日，除五一长假，计15周；9月18日至12月29日，除去十一长假，计13周，两学期共计28周，140天。其中《未名每日播报》、《郝挺天天说》、《音乐快递》、《音乐伞兵》、《天天点歌》、《未名湖音乐欣赏》等6档节目制作周期是每天一期，总计840期。其余7档为每周一期，总计196期。总体情况是音乐节目偏多，但是在节目类型上并没有重复之处，因此计划下学期进行进一步整合，缩减一些类型的节目的期数，争取更加精品化。

广播的节目主要通过以下方式传播：(1)燕园校区的有线广播系统。分为生活区、未名湖区和静园区，针对不同区域的特点播出不同的节目。三套共计每天两个小时。(2)燕园之声网站。本台《郝挺天天说》节目在北京台和团市委主办的青檬网络电台同步播出。

继续做好办公楼音响工作，共为办公楼提供音响服务30次70余小时。其中有重大活动(希拉克演讲)一次，全校干部会议两次，校办其他活动两次。其余均为非校务活动。年初应校办的要求，为办公楼完成音响的测试、改造工作。

做好全国高校广播协会工作。第十届全国高校广播宣传工作研讨会于2006年11月8—11日，在江苏大学成功召开。来自全国70余所高校的120位宣传部领导和广播、电视工作者参加。张继洲同志代表全国高校广播工作联谊会作了题为《坚持科学发展观，推动高校广播电视和谐发展》的工作报告。

【新闻网和图片编辑工作】 2006年，在校党委宣传部的领导下，校新闻网实现了服务器改造，增加人员编制，强化内部规范，进一步明确发展思路，在全面报道、深入报导、创意报道和人文报道方面获得进一步的发展。校新闻网新设一级栏目13个，建立专题80多个，网页形式进行报道的专题共6个，在塑造北大社会形象，宣传学校大政方针，服务师生教学科研，促进学校民主管理等方面发挥着独特作用。

校新闻网原来的服务器是2002年投入使用的，配置较低，运行不稳定，维护起来十分耗费精力。2006年，在部领导支持下，更换了新的服务器，处理能力是以前3倍，硬盘容量是以前的2倍，并将服务器放到计算中心托管，目前网络运行状况良好。

作为学校的网上舆论阵地，校新闻网注重提高自采新闻的比重，增强新闻稿件的专业含量。在新闻稿件的编辑和审核中，对大部分的稿件都进行结构性改造处理。对于老师和记者采写的稿件，从媒体专业的角度提出要求，然后进行内容的二度加工。在页面制作、专题策划等方面，也提高了专业化的要求。

同时，校新闻网进一步规范员工的工作制度，严格记者团管理，增强团队协同工作的能力。随着新闻网工作人员的不断充实，需要在业务、财务、安全、卫生等各个方面进行规范的管理，目前已经做到每方面的事务有专人负责，建立了责任和权利相结合的制度。

摄影组2006年共拍摄来访的总统、部长、著名大学校长等二十多人次，包括法国总统希拉克演讲、阿尔及利亚总统演讲、阿富汗总统演讲、意大利副总统演讲、授予基辛格北京大学名誉博士仪式、授予陈国距、蒙民伟名誉校董仪式等。

北京大学今年得到新加坡邱氏家族一亿七千万的捐款，校领导非常重视接待工作。邱氏家族成员在北京的四天行程中，摄影组全程摄影，记录了她们在北京的点点滴滴，以最快的速度连夜赶出13本图片册，得到了客人的高度评价，也为北京大学的接待工作增添了色彩。在第三届北京论坛、第三届国际文化节等大型活动中，摄影组也进行了及时的摄影报道。

【英文新闻网工作】 2006年，英文网在原有基础上始终保证每个工作日的新闻和图片更新，做到编译新闻和自采新闻相结合，力求全面、及时、有针对性地报道北大新闻。截至11月20日更新新闻总量达到2220多条，其中文字新闻1550多条，图片新闻670多条，图片3614幅。

内容特点：

Global专题紧跟北大与外界频繁的交流合作主题，为人们及时展示一个充满活力、积极开放的北大。其中包括各国首脑访问北大、世界著名高校校长及教授访问北大、国际文化交流活动等内容。该专题新闻代表了北大与国际对话、与国际接轨所做的不懈努力。

Focus专题主要聚焦影响大的新闻人物、新闻事件，对其进行

多层面、有深度的系列报道。如正在北大工作的和曾经在北大工作过的著名教授、学者，以及来北大访问的优秀人物。校园一段时间的热点或大家关心的事情，如获奖捷报、学术创新等。此外，第三届"北京论坛"是今年此专题报道的亮点之一，充分体现了英文网新闻报道的深度。

Campus 专题主要展示北大校园独特的社团文化和丰富的学术活动，反映北大人的学习、生活状态。2006年，该专题文章注重"抓大"和"抓小"相结合，既有校内各项社团活动、文艺演出、学术讲座等相对"大"的新闻报道，也有校园新现象、北大人新鲜事等相对"小"但又颇有意义、饶有趣味的特色报道。从社团培训到获奖捷报，从学术论坛到奥运宣传，从教室改革到环保行动，从节日活动到文艺演出……专题展现了北大丰富校园文化的多彩篇章。此外，2006年此专题还创新性地采写并登载 Campus Tour Through History（燕园景观史话）系列文章，通过追溯校园美景的历史和文化内涵，为树立北大良好的对外形象起到了积极作用。

Outlook 专题主要选择外界媒体对北大的各类报道进行编译，同时关注北大在海外的影响力与出色表现。不仅我们主动向外界展示北大的真实魅力，换一种视角去倾听外面的声音，也正体现北大开放兼容的姿态。该专题是使北大与外界紧密联系在一起的一条纽带。

图片北大服务于世界一流大学的目标，充分报道北京大学的国际交流活动，如中俄校长论坛、首届国际大学生环境论坛、北大——康奈尔 WTO 高端论坛、中德校长论坛等；展示北大的学术、文化风采，充分报道校园学术、文化的动态，如北京大学第三届国际文化节、公共财政改革与中国和谐发展国际研讨会、广西文化周、2006世界大学生模拟联合国大会开幕式等；宣传北大优美的校园环境和人文气氛，以及高质量的风景图片；为英语新闻的报道提供图片支持，为校内外机构提供图片。

【"远离烟草 引领健康"系列活动】在医学部领导的大力倡导下，在有关部门的配合和支持下，医学部党委宣传部承办了北京大学医学部"远离烟草 引领健康"系列活动，先后起草了《北京大学医学部关于创建"无烟校园"、"无烟医院"活动方案》、《北京大学医学部关于创建"无烟校园"、"无烟医院"的暂行规定》，制作并发放了控烟专刊、控烟手册。4月26日，成功组织了"远离烟草 引领健康——创建"无烟校园"、"无烟医院"活动启动仪式。

5月31日（第十九个世界无烟日），成功举办了北京大学医学部大学生控烟海报设计大赛，大赛共征集到海报52张。医学部控烟工作小组对医学生控烟海报设计大赛的作品进行复审，18幅脱颖而出。10月19日下午，控烟海报设计大赛专家评审会在会议中心举行，经过海报作者的阐述和答辩，专家从入围的18幅作品中评选出一、二、三等奖，3幅作品入选医学部控烟海报。

11月7日，国际友人 Gimbel 教授应邀访问医学部，并与医学部控烟工作小组就控烟工作进行了座谈，双方就今后开展合作项目展开交流。

12月21日，由党委宣传部、团委、医学部控烟工作办公室主办，学生会协办的"无烟校园"宣传日主题活动隆重举行。当天中午，"控烟知识有奖问答"在跃进厅门前举行，活动吸引了上千名老师和同学。在晚上的"无烟校园"宣传日主题典礼上，发布了医学部控烟宣传海报，发行了《北医控烟手册》，同时还进行了医学生控烟知识竞赛。

2006年控烟工作得到了医学部领导的大力支持，在师生们当中产生了很大的影响力。特别是广大医学部学生积极参与，充分展示了医学部学生对"远离烟草 引领健康"这一控烟主题的理解，充分显示了医学生强烈的责任意识和良好的专业素养。医学部控烟活动得到了卫生部、中国疾病控制中心、《健康报》等有关专家和媒体的高度评价。

统 战 工 作

【学习贯彻中央精神】 2006年，在第20次全国统战工作会议精神和《中共中央关于巩固和壮大新世纪新阶段统一战线的意见》（中发[2006]15号）指引下，在中央统战部、市委统战部和市教工委统战处的关心和指导下，在校党委统一领导下，全校专兼职统战工作干部和统一战线广大成员共同努力，坚决贯彻党的统战路线方针政策，围绕中心、服务大局，以树立和落实科学发展观、构建社会主义和谐社会为重点，学校统战工作有了新的进展。

校党委理论中心组集体学习

了中央[2006]15号文件和第20次全国统战工作会议、北京市统战工作会议精神。全校各基层党委统战委员也集体学习了中央15号文件和第20次全国统战工作会议精神。

医学部党委注重学习和宣传贯彻统战工作文件和统战工作会议精神，加强学习研讨、搞好培训，努力推动党员干部和广大统战人士认清形势、任务，增强政治意识、大局意识、责任意识，扩大了统战工作的影响，为做好统战工作提供良好舆论导向。2006年3月，医学部党委召开了统战工作研讨会，北大统战部部长卢咸池同志为大家作了题为"努力做好高校统战工作——认识、做法和感受"的报告，北大一院党委副书记廖秦平、口腔医学院党委副书记张瑞颖、公卫学院党委副书记徐善东等分别介绍了本单位开展统战工作的做法、经验、体会、存在的问题、困惑，原医学部党委副书记马焕章同志和卢咸池部长进行了认真的解答和指导。在医学部党支部书记培训班中增加了统战知识的培训内容，约有220位党支部书记参加了学习，分管统战工作的原党委副书记马焕章同志亲自为大家讲统战理论，增强支部书记的统战意识。

2006年7月，中共中央召开了第20次全国统战工作会议，会后下发了《中共中央关于巩固和扩大新世纪新阶段统一战线的意见》的文件。医学部党委认真组织学习宣传和贯彻落实，出版了宣传展板进行宣传；召开统战干部会议组织学习，同时将相关材料发到各党委（总支）领导；组织统战干部和基层党委领导参加有关"学习贯彻第20次全国统战工作会议精神辅导报告会；专门购买了《新世纪新阶段统一战线——第20次全国统战工作会议精神解答》下发有关党政领导、统战干部；下发了全国和北京市统战工作会议精神学习材料《统一战线基础知识问答》到医学部各党支部。

【民主党派组织自身建设】民盟北大委员会4月，举办"高等教育论坛"，民盟中央主席蒋树声、中央副主席兼北京市委主委王维城，北大常务副校长陈文申等出席。《北大盟讯》会后将论坛发言整理编印成"论坛专刊"；12月，举办了"高等教育改革座谈会"，民盟北京市委常务副主委朱尔澄，北大党委副书记杨河、副校长张国有等出席。九三北大委员会也召开了教育改革座谈会。8月，九三北大委员会、九三北大第二委员会和九三清华委员会联合举办暑期干部研修班，九三中央韩启德主席到会并讲话，九三北京市委田麦久主委等全程参加会议。

积极支持民主党派和党外代表人士参政议政，参与学校的民主管理、民主监督，并结合自身特点开展有益的主题活动。5月，北京市政协主席阳安江一行来校调研工作，听取了校党委关于北大市政协委员工作情况的汇报，并与政协委员座谈；6月，市委统战部尤兰田部长来北大调研党外代表人士的选拔培养工作。北大党外代表人士积极参政议政，各级政协委员先后提交了一批有分量的提案，北大市政协委员作为第一提案人提交的4份提案被评为市政协2005年度优秀提案。1月、2月、9月，学校分别举行见面通报会、座谈会，校领导、学校有关职能部门和"两会"代表委员、党外代表人士就学校的发展建设沟通情况、听取意见建议。7月，医学部党委召开了统战系统代表人士座谈会，北大常务副校长、医学部常务副主任柯杨通报了医学部的中心工作、保障工作和管理工作情况，听取统战系统代表人士对学校发展建设的意见和建议。

【党外代表人士选拔、培养、推荐工作】4月，北京党外高级知识分子联谊会正式成立，北大李晓明、肖建国教授当选为常务理事，丁洁、李义虎、胡坚教授为理事。年中，协助增补李义虎为中国和平统一促进会理事。协助市委统战部完成北京市统一战线理论研究会换届，北大共有7人进入新一届理事会，其中闫志民任副会长，卢咸池、李安山、张志刚、贾庆国、黄南平、胡军任理事。下半年，积极协助做好区县"两会"换届，全市各区县政协年底换届后，全校共有10人担任新一届海淀区政协委员、6人担任西城区政协委员，其中15人是党外人士，3人当选为常委，1位中共委员是少数民族同胞；还有4位党外人士当选为新一届海淀区和西城区人大代表，其中1人当选为海淀区人大常委。向全国人大或政协方向推荐15人作为党外代表人士重点人选，向北京市人大或政协方向推荐10人，积极支持和推荐党外代表人士参加上级统战部门组织的学习培训和到市政府部门挂职锻炼。

【统战工作领导机构建设】11月，学校经过研究，决定将原对台工作领导小组更名为北京大学港澳台工作领导小组，由闵维方、许智宏任组长，林建华、杨河任常务副组长，张国有、李岩松和顾芸任副组长；将原有的少数民族学生工作小组更名为北京大学民族宗教工作领导小组，由闵维方任组长，吴志攀、张彦、杨河和敖英芳任副组长。同时，经统战部提议并积极协调，学校党委同意重建学校统战理论研究会，并更名为北京大学统战理论与实践研究会，由闵维方书记、岳素兰副校长任会长，党委副书记杨河任常务副会长，医学部党委副书记顾芸和北京市政协副主席、民革北京市委主委韩汝琦任副会长。

【积极筹备学校统战工作会议】为学习贯彻第20次全国统战工作会议精神、继续推进我校统战工

作，经校党委常委会研究，决定在12月中、下旬召开全校统战工作会议。统战部作为党委主管统战工作的职能部门，与党办共同筹备了这次会议。在党委副书记的主持下，统战部主要负责会议文件的准备，起草了会议主题报告的初稿并经党委书记审定，还拟定了《中共北京大学委员会关于不断推进新世纪新阶段学校统一战线工作的意见（征求意见稿）》。同时，统战部编辑了《高校统一战线工作专题选录》；还经过座谈了解和查找有关资料，撰写了《北京大学统战史略（初稿）》，作为会议文件下发。

【统战研究、调研和信息工作】 学校统战部、港澳台办和医学部国际合作处参加了市委教育工委、市台办进行的台生工作调研，还派员参加了北京高校高等教育考察团赴台参访；统战部参加了北京高校统战理论与实践研究会开展的党外知识分子思想状况调研，在校本部、医学部共发放《高校高级知识分子状况调查问卷》300份，回收294份；统战部并认真参与了两项调研的结果分析以及两份调研报告的撰写和修改定稿工作。参加10月份在河南大学召开的第11次全国高校统战工作研讨会，提交了2篇论文并做了大会发言。统战部一贯重视统战信息工作，报送的多条信息被中央统战部、市委统战部和其他部门采用。根据市委统战部年底统计，信息工作全年共积115分，在全市高校继续名列第一。

【举办党外代表人士研修班】 北京大学党委统战部、北京大学干部培训中心和北京大学各民主党派组织，于4月20日至21日共同举办了2006北京大学党外人士研修班。学校各民主党派成员、无党派代表人士和党委统战部、干部培训中心干部70余人参加了研修班。研修班开班式由统战部部长卢咸池主持，党委副书记杨河出席并讲话。研修班邀请中央社会主义学院郑宪教授就"中国共产党领导的多党合作和政治协商制度与参政党建设"做专题报告。北京市政协委员、九三北京市委委员、北大第二委员会副主委、公共卫生学院吴明教授介绍了自己几年来参政议政的做法和体会。21日上午，陈文申常务副校长在研修班上介绍了学校发展的战略思考和总体规划，并与学员座谈对话。

【北大民盟高教论坛】 4月26日，民盟北大委员会在学校英杰交流中心举行"北大民盟高教论坛"。民盟中央主席蒋树声，民盟中央副主席、北京市委主委王维城和民盟中央组织部长陈幼平，北京市委副主委唐克美、朱尔澄、贾庆国、姚飞等应邀出席。北京大学常务副校长陈文申也应邀出席，并在论坛开始前会见了蒋树声主席。论坛由民盟北大委员会主委鲁安怀主持。化学学院徐光宪院士，全国政协委员、历史系教授王晓秋，以及民盟北大委员会成员茹炳根、刘力、于希贤、陈晓明、贾庆国、沈正华等分别发言，就高等教育的国家财政投入与多方筹措资金、高等教育发展模式、素质教育、如何留住教育资源、人文学科知识创新、高等教育与党的执政能力建设等问题各抒己见，提出了不少有益的意见和建议。民盟中央主席蒋树声对大家的发言给予高度评价，并希望北大盟员要甘于奉献、为高等教育改革做出贡献。民盟中央副主席、北京市委主委王维城也对高教论坛给予充分肯定。

【北京市政协主席阳安江到北大考察调研】 5月26日，北京市政协主席阳安江到北京大学考察调研。陪同阳安江主席到北大考察调研的有市政协副秘书长兼研究室主任张平夫，副秘书长兼办公厅常务副主任祝明扬，教文卫体委员会主任杜金香，专职副主任张国义，人事联络室副主任陈昕等。许智宏校长会见了阳安江主席，许智宏校长简要介绍了北大历史和现状，双方表达了加强相互合作的愿望。北大党委常务副书记吴志攀向阳安江主席和陪同人员介绍了北京大学的学科设置和教学科研情况，党委副书记杨河介绍了北大政协委员情况。随后，阳安江主席参观了市政协委员、北大生命科学学院副院长顾红雅所在的蛋白质与基因工程国家重点实验室，并分别到市政协副主席叶文虎和韩汝琦的办公室看望了两位副主席。阳安江主席还与北大市政协委员举行了恳谈会，副校长岳素兰、校党委副书记杨河出席了恳谈会。参加恳谈会的市政协委员有：韩汝琦、叶文虎、胡坚、郑胜利、葛晓音、鲁安怀、顾红雅、肖鸣政、陆杰华、吴思诚、佟新、王德煌、卢咸池等。他们在恳谈会上踊跃发言，就改进政协的提案工作，改善政协委员的结构组成，整合力量、发挥北大政协委员的团队作用，以及发挥北大优势，为首都发展服务等问题，发表了自己的意见和看法。阳安江主席最后充分肯定北大的市政协委员在参政议政、参与北大的民主管理民主监督中所做的贡献。

【全校统战工作会议】 12月16日至17日，北京大学召开全校统战工作会议。会议的主题是学习贯彻第20次全国统战工作会议精神，总结五年多来北京大学统战工作的成绩和经验，部署今后学校统战工作，把新世纪新阶段北京大学统战工作不断推向前进。校党委书记闵维方，常务副校长林建华，党委副书记王丽梅、杨河，副校长张国有，党委常委、医学部党委书记敖英芳，校长助理李晓明、李岩松，以及全校各基层党委书记和统战委员、各职能部门负责人共130多人参加了会议。中共中央统战部六局局长沈冲、北京市委统战部常务副部长闵克、北京市委统战部党外干部处处长马振生、北京市

委教育工委统群处处长钱卫、海淀区委统战部副部长林虹等出席了开幕式。16日上午，校党委书记闵维方在会上做了《把新世纪新阶段北京大学统战工作不断推向前进》的主题报告，党委统战部部长卢咸池在会上就制定《中共北京大学委员会关于不断推进新世纪新阶段学校统一战线工作的意见（征求意见稿）》的思路、背景、依据以及文件制定过程、结构框架做了说明。16日下午，中共中央统战部研究室主任庄聪生同志以"认真学习贯彻全国统战工作会议精神，开创新世纪新阶段统一战线工作新局面"为题，为与会同志做了学习贯彻第20次全国统战工作会议精神的辅导报告。16日下午和17日上午，与会同志分成四个小组，对闵维方书记的报告和校党委关于推进学校统战工作意见的征求意见稿进行了热烈讨论。17日上午小组讨论后，会议举行闭幕式。各小组代表在会上汇报了小组讨论情况，校党委副书记杨河做了会议总结。闵维方书记在闭幕会议上最后讲话，他肯定这次会议开得非常成功，相信在大家的共同努力下，学校的统战工作将会迈上新的台阶、开创全新的局面。

附录

2006年校本部民主党派组织机构状况

党派名称	委员会	总支	支部	小组	本年度发展人数	总人数
民革			1			28
民盟	1		9		7	218
民建			1		2	23
民进	1		6		2	109
农工			1		1	7
致公党			1			31
九三	1		7		5	137
台盟						1
总计	3		26		17	554

2006年医学部民主党派组织机构状况

党派	委员会	支部（支社）	成员	外单位成员数	发展数	去世数	备注
民革		1	37	1	1		2000年8月成立中国国民党革命委员会北京大学第一医院支部
民盟	1	5	127	1	8	1	1992年7月8日成立中国民主同盟北京医科大学委员会，2001年3月27日更名为中国民主同盟北京大学医学部委员会
民建			3		1		
民进			15	5			
农工	1	5	261	6	10		1990年11月10日成立中国农工民主党北京医科大学总支，2001年12月成立中国农工民主党北京大学委员会
致公党		1	19				2001年2月成立中国致公党北京大学医学部支部
九三	1	8	331		10	2	1956年成立九三学社北京医学院支社，1989年9月16日成立九三学社北京医科大学委员会，2003年12月更名为九三学社北京大学第二委员会
合计	3	20	793	13	31	3	

纪检监察工作

【党风廉政建设】 在党中央和北京市召开系列纪检监察工作会议后,纪委监察室负责同志先后在"校领导寒假战略研讨会"、校党委常委会、校纪委全委会、全校中层干部会上,传达和学习中央纪委六次全会、国务院第四次廉政工作会议、教育部2006年教育系统党风廉政建设工作会议和北京市纪委九次全会暨全市党风廉政建设工作会议精神,并结合学校的实际研究制订了北京大学2006年度党风廉政建设和反腐败工作计划。

3月6日下午,学校召开党委扩大会暨党风廉政建设工作会议,对本年度学校党委工作及党风廉政建设和反腐败工作进行部署。党委常务副书记吴志攀主持大会。常务副校长陈文申、党委副书记张彦、杨河、副校长张国有等出席会议。校党政领导班子全体成员、医学部党委委员、校纪委委员、各基层单位党委书记、纪检委员、各职能部门及各附属医院负责人、全体纪检监察干部参加会议。会上,党委副书记吴志攀、杨河、张彦等学校领导作了重要讲话,强调要加大党风廉政建设工作力度,切实落实党风廉政建设和反腐败的各项任务,主管财务的常务副校长陈文申和主管文科教学科研工作的副校长张国有,分别就严格遵守国家和学校的财经纪律、加强财务管理和加强师德校风建设提出了明确要求。校纪委副书记叶静漪代表纪委报告2006年学校纪检监察工作计划。

8月31日,在学校召开的秋季全体中层干部会议上,校党委书记闵维方、校长许智宏再次强调要加大我校党风廉政建设工作力度,切实落实党风廉政建设和反腐败工作的各项任务。

党风廉政建设的工作重点是:深入贯彻落实《建立健全教育、制度、监督并重的惩治和预防腐败体系实施纲要》,以党风廉政建设责任制为总抓手,按照"有的放矢、切实可行、阳光建制、改革创新"的要求,认真抓好制度建设;深入学习和贯彻党章,提高领导干部廉洁自律意识,加强校园廉政文化建设的探索,营造反腐倡廉的和谐校园氛围;加强信访和案件查处工作,进一步完善信访举报工作程序和工作制度;以解决群众反映的突出问题为重点,不断深化纠风专项治理工作;切实加强监督检查和执法监察,进一步推进招生、基建工程建设的"阳光工程",规范大宗物资、图书采购管理行为。

《北京大学贯彻落实〈建立健全教育、制度、监督并重的惩治和预防腐败体系实施纲要〉的具体办法》(党发[2006]4号)文件经2006年2月14日第三次党政联席会(十一届党委第86次常委会第599次校长办公会)讨论通过,向全校发文。

按照《北京大学贯彻落实〈建立健全教育、制度、监督并重的惩治和预防腐败体系实施纲要〉的具体办法》的规定,结合本年度党风廉政建设和反腐败的工作任务,确定本年度落实《具体办法》和《任务分解表》的主要工作、重点内容、主管部门和人员以及落实时间。

《具体办法》和《任务分解表》明确规定2005—2007年要制定、修订和完善的制度共84项,经纪委监察室的组织协调、督促检查,2006年完成42项;医学部制定、修订制度29项。

【领导干部廉洁自律】 坚持以处级以上领导干部的廉政教育为重点,教育党员干部严格遵守中央纪委提出的"四大纪律八项要求"以及教育部党组对高校领导干部提出的"六个不准"(即不准利用职权违规干预和插手建设工程、大宗物资设备采购招投标;不准接受与其行使职权有关系的单位、个人的现金、有价证券和支付凭证;不准配偶、子女、亲属以及身边工作人员利用领导干部职务的影响谋取私利;不准利用职务和工作便利越权干预招生录取、职称评聘、科研项目评审等工作正常开展;主要领导不准担任社会上经营性实体的独立董事;不准擅自决定学校对外投资、借贷、融资、合作等重大事项)等廉洁自律规定。

6月份,学校所属各单位陆续召开反腐倡廉专题民主生活会,会上,与会人员就贯彻执行财经纪律规定和廉洁自律规定的有关情况,逐条进行自查自纠。

为开好校级领导班子党员领导干部民主生活会,根据《北京大学2006年校级领导班子民主生活会方案》的安排,校纪委和党委组织部组成专门的工作小组,于6月8日下午和15日下午召开两个座谈会,广泛征求与会代表对学校管理运行以及领导班子、领导干部在贯彻党章、落实科学发展观、树立社会主义荣辱观和工作作风、廉政建设等方面的意见并整理成座谈会纪要,向领导班子反馈。

【宣传教育工作】 根据北京市教育工委的要求,结合北大实际,纪委监察室与组织部、宣传部配合,2006年在党员干部中以深入开展学习贯彻党章和党内其他法规为主要内容,引导广大党员认真学习

党章、自觉遵守党章、切实贯彻党章、坚决维护党章,教育广大党员严格执行党的纪律特别是政治纪律和财经纪律。

根据北京市教育工委、北京市教委《关于开展2006年党风廉政建设宣传教育月活动的通知》精神,学校于5月中旬至6月中旬在全校开展以"认真执行财经纪律,规范管理,从严治教"为主题的党风廉政建设宣传教育月活动。于5月9日以党发[2006]16号文件下发各基层党委(党工委、党总支、直属党支部)。

校党委将党风廉政建设宣传教育月活动作为开展社会主义荣辱观宣传教育实践活动的重要内容,纳入学校党风廉政建设宣传教育工作大格局。要求各单位对党风廉政建设宣传教育月活动高度重视,认真研究,明确责任,狠抓落实,做到学习、教育、宣传不走过场,真正把这项工作抓实,抓出成效,力争通过开展宣传教育月活动,促进我校党员、干部学习贯彻党章、遵守党纪和财经法规长效机制的形成,弘扬"两个务必"传统,提高广大干部、教师和学生树立社会主义荣辱观的自觉性;健全和完善财务管理制度,确保治理教育乱收费和清理"回扣"、"小金库"工作取得实效。

党风廉政建设宣传教育月活动在校党委的领导下,由党办校办、纪委监察室、宣传部、组织部、财务部、审计室、医学部党委负责组织实施,校纪委监察室负责宣传教育月活动的组织协调。

为认真贯彻落实胡锦涛总书记在中央纪委六次全会上的重要讲话精神和中央有关部门关于深入学习贯彻党章的通知要求,纪念中国共产党成立85周年,根据北京市纪委《关于组织参加全国"红船杯"学党章知识竞答活动的通知》要求,学校组织校内副处以上党员领导干部参加。共发放答题1000份,收回答卷738份,收回的答题卡按要求寄送有关单位。

重点学习中共北京市委教育工委、北京市教委印发的《财经法规选编》、北京市治理教育乱收费局际联席会议办公室印发的《北京市治理教育乱收费问答》等相关文件,增强党员、干部和财务管理人员的财经法纪观念和经济责任意识,切实加强财务管理,健全财务内控制度,确保资金安全,提高教育经费使用效益。

5月11日,邀请国家审计署京津冀特派办刘汝焯特派员为学校各单位主管财务工作的负责人、基层党委纪检委员、纪委监察室全体人员、财务部、审计室、会计派驻中心及医学部计财处全体工作人员作"信息化环境下新的审计监督方式"财经纪律教育专题报告。

5月30日,教育部财务司崔邦焱副司长为校党委理论中心组作了"加强直属高校财务管理有关情况的介绍"专题报告;5月31日,教育部纪检组监察局副局长李胜利为全校各单位主管财务工作的负责人、基层纪检监察干部、财务、审计等200余人作"高校违法违纪案件分析及治理",财经纪律教育专题报告。

【廉政文化建设】 纪委会同学生工作部,在充分调研的基础上,制定了《关于在全校学生中开展廉洁教育活动的意见》(党发[2006]21号),明确了学生廉洁教育工作的指导思想、工作目标、基本原则、方式方法和领导体制、工作机制等,下发各院系和有关单位实施。

6月28日上午,纪委监察室与学生工作部一起在办公楼召开北京大学2006届毕业生廉洁教育座谈会,教育部党风室主任李耀建、北京市教育纪工委副书记周燕、北京大学党委副书记张彦、王丽梅和即将赴党政机关、事业单位、大型国企工作的35名毕业生代表等参加了座谈会,党委副书记、纪委书记王丽梅主持。这是自5月份开始,在北大实施的毕业生廉洁教育的重要内容,将廉洁教育作为毕业教育的内容在北大历史上尚属首次。

与会同学代表在毕业生座谈会上宣读了《廉洁自律爱岗敬业——致全国2006届毕业大学生的倡议书》,之后,与会的学生代表分别在《廉洁自律承诺书》上签字。承诺内容:第一,工作中继续发扬北京大学爱国、进步、民主、科学的光荣传统和勤奋、严谨、求实、创新的优良学风,坚持正直、高洁、公正、清廉,为形成廉洁健康的社会风气做出贡献。第二,认真学习并遵守党纪政纪和国家的法律法规、所在单位的各项管理规章制度和操作规程,不断提高法律意识和法制观念。第三,工作中不弄虚作假,不以权谋私,坚决杜绝收受贿赂、"买官卖官"、奢侈浪费等腐败行为的发生。

【治理商业贿赂】 治理商业贿赂专项工作是在深入贯彻中央纪委第六次全会和国务院第四次廉政工作会议精神的基础上,按照中央的部署和教育部党组及北京市委教育工委的要求,精心组织开展的。在5月31日中央纪委驻教育部纪检组副组长李胜利所做的关于教育系统的职务犯罪预防问题和有关专项治理商业贿赂的专题报告会上,校党委副书记兼纪委书记王丽梅进行部署并强调,北京大学治理商业贿赂专项工作将从各基层单位的经费管理自查工作开始,各单位的自查活动于6月9日结束。

学校专门成立由纪委监察室、财务部和审计室共同组成的专项

检查小组,对各单位的自查情况进行专项检查。检查各单位的经费管理是否符合国家和学校的财务规定,是否存在以各种名义给予和收受"回扣"、"手续费"及其他利益的商业贿赂行为,是否存在"账外账"、"小金库"。检查的重点是:教材、教辅、图书的编审、印刷、发行、选用、购销,教学仪器设备、大宗物资、医药购销,工程建设、校办企业经营管理及政府采购等方面。

成立治理商业贿赂专项工作领导小组,组长:吴志攀;副组长:陈文申、王丽梅、敖英芳;成员:叶静漪、闫敏、王雷、缪劲翔、郭海、赵为民、周有光、孔凡红;领导小组办公室设在纪委监察室。

在专项检查的同时,学校组织力量深入开展调研,摸清容易发生商业贿赂行为的主要环节,了解具体表现形式及特点,分析形成原因,提出有针对性的解决办法。6月21日,由校纪委、财务部、审计室组织召开加强财务管理、治理商业贿赂专项工作调研座谈会,有文理科院系18个院系的负责人参加了座谈,大家围绕大宗物资和设备采购、工程建设、图书、教材采购、学生用品采购、医疗设备和药品购销、企业经营与管理、财务管理等领域进行了座谈讨论。大家认为,学校容易发生商业贿赂现象的环节和岗位主要有:基建、仪器设备及办公用品采购、图书资料采购、医药(实验药品)采购等。学校发生商业贿赂的方式主要是商业回扣,或现金,或变相回扣(比如请出国参观、赞助会议、旅游等)座谈中,大家还对学校防治商业贿赂工作提出了意见和建议:必须建立真正有效的大额资金审批制度;建立公开透明的设备图书采购制度;建立全程跟踪的工程建设审计制度;建立严格可行的商业贿赂惩处制度等。

教育部和北京市的文件《教育部办公厅关于开展治理商业贿赂自查自纠工作的实施意见》(教监厅[2006]1号)和《首都教育系统治理商业贿赂专项工作实施方案》(京教工[2006]23号)两个文件下达学校后,学校党委转发了教育部和北京市的文件。6月1日,向全校各单位下发了"经费管理自查表",要求各单位根据学校财务管理制度和"三重一大"的规定及上级有关部门关于治理商业贿赂专项工作的相关要求,对本单位经费管理工作进行一次全面的自查。6月29日开始,对容易发生商业贿赂现象的校内相关单位(图书馆、出版社、仪器与设备管理部、教材中心、校医院、总务部及各中心、产业办、基建工程部、附中、附小)进行了专项检查。

经各单位对本单位的财务工作进行自查,发现的主要问题有:擅自设立收费项目,收入未上交学校财务部核算,未经批准开设银行账户等。

6月29日开始,纪委监察室、财务部和审计室负责同志组成检查小组对容易发生商业贿赂现象的校内相关单位图书馆、出版社、仪器与设备管理部、教材中心、校医院、总务部及各中心、产业办、基建工程部、附中附小等进行了重点检查。经检查发现存在的问题主要有:有的单位制定的制度在执行过程中虽冠以北京大学的名义,但是实际上还未经过学校党政联席会议通过、颁布;有的职能部门管理不到位,内部控制制度不够健全,存在潜在的财务风险;有的单位仍然自购收据,私设小金库、账外账;有的单位为了更好地开展业务而实行奖励政策,即折扣返点。11月10日,学校治理商业贿赂专项工作领导小组召开会议,就自查和重点检查过程中发现的问题进行专门研究,责成相关单位和主管部门予以纠正并限期进行整改,对进一步的整改提出了明确的意见。

9月15日,根据北京市教育纪工委的安排部署,北京高校纪检监察系统第五片组单位治理商业贿赂工作纪委书记座谈会在北京大学召开。会上,各与会高校纪委书记交流了各学校开展"治理商业贿赂专项工作"和"党风廉政建设宣传教育月"的做法、体会以及面临的热点问题,并进行了深入的交流研讨。下半年,纪委监察室负责同志又参加了北京市教育纪工委组织的工作汇报会,专题汇报了我校治理商业贿赂工作的有关情况。11月17日,在教育部召开的纪委书记汇报会上,周有光代表北大汇报了北京大学治理商业贿赂专项工作自查自纠情况。

【信访与案件】 本年度(2005年12月1日至2006年11月30日)共受理来信来访及电话举报395件(校本部230件,医学部165件),比去年同期增长23件。其中来信303件(校本部162件,医学部141件),来访30件(校本部20件,医学部10件),电话举报62件(校本部48件次,医学部14件次)。

本年度立案3件,涉及5人。其中妨害社会管理秩序1件涉及1人(窝赃),违反社会道德类1件涉及1人(嫖娼),违反组织人事纪律1件涉及3人(考试作弊);涉及人员中党员3人;科级干部2人,教师1人,一般人员2人;受到党纪处分3人(开除党籍2人,党内严重警告1人),受到行政处分2人(开除留用察看1人,记过1人),受到其他处理1人(免职),其中1人受到党纪政纪双重处分。

【治理教育收费工作】 严格规范教育收费管理,依然是中央部署的2006年纠风工作的内容之一。根

据教育部等七部门《关于 2006 年治理教育乱收费工作的实施意见》和北京市教委等部门《关于印发 2006 年北京市治理教育乱收费工作意见的通知》文件要求,学校治理教育乱收费工作领导小组对学校各单位的各种收费项目逐一进行摸底调查。对教育收费公示情况进行检查,进一步明确了首次为学生办理各种学习生活必需使用的证卡不得收取工本费的要求,学校提供的服务性收费继续坚持自愿和不盈利原则,服务性收费或代收费"即时发生即时收取"。附属中学严格执行公办高中招收择校生的"三限"政策,严禁公办中小学违规补课收费的行为,加强中小学教材的管理。教务部、研究生院和继续教育部在招生简章中注明有关收费项目和标准;总务部负责监督各后勤中心实体收费工作。通过检查,继续贯彻收费公示制度,并通过"入学通知"、"公示栏"、"公示墙"等方式分别在大学、附中、附小醒目的位置实施教育收费公示,接受公众的监督和检查。

【基建工程项目招投标监督】 校纪委监察室指派专人参加基建工程部、总务部、学生宿舍管理中心、供暖中心等部门牵头组织的 90 余项新建、改造工程以及大宗物资采购的招标工作,加强事前事中的监察,及时堵塞管理上的漏洞。为了从制度层面规范学校的工程建设项目(含修缮项目)的招标活动,维护学校利益,纪委监察室牵头起草了《北京大学工程建设项目招标管理办法》,并与基建工程部、审计室等相关部门多次讨论研究,数易其稿,经 2006 年 11 月 22 日第 629 次校长办公会讨论通过,以校发[2006]257 号文件印发各单位执行。

【招生工作监督检查】 纪委监察室主要负责人参加学校招生监督工作委员会;开通招生监督电话;纪委监察室协助招生部门做好招生工作人员的培训,提出纪律要求,强调规范工作程序,完善制度;指派专人参与学校的招生工作,在参与中服务,在服务中监督;认真受理招生方面的投诉举报和来信来访;加强调研,总结经验教训。

【干部选拔任用监督】 纪委监察室与党委组织部初步建立起,并逐步完善学校任用干部征求纪检察部门意见的制度,坚持对干部的全面考察和考核;纪委监察室就反映学校组织人事类问题的信访件不定期与组织部进行沟通和专题研究,共同研讨群众反映的有关干部的热点、难点问题,协助学校把好用人关,积极促进干部勤政、廉政和学校的党风廉政建设。

【奥运场馆工程建设监督】 按照第 29 届奥运会监督委员会关于加强奥运场馆工程建设监督工作的要求,围绕"节俭办奥运"、"办廉洁奥运"的总体目标和"关口前移、重在预防、全程介入、严格监督"的工作思路,根据教育部有关文件的精神,纪委监察室开展对体育馆工程建设的监督工作,以确保"安全、质量、工期、功能、成本"五统一和"绿色奥运、科技奥运、人文奥运"三大理念的有效落实。在体育馆工程建设的日常监督工作中,纪委副书记、北京大学奥运乒乓球馆工程监督工作领导小组办公室主任出席体育馆工程材料设备采购招标工作的各种会议,监督招标工作程序。对收到的投诉举报及时提交监督工作领导小组讨论,认真调查,提出处理意见。

9 月 4 日,教育部副部长袁贵仁、中纪委驻教育部纪检组组长田淑兰同志率领的教育部有关部门领导同志来校视察检查体育馆建设监督工作,并在北大召开教育部直属高校奥运会场馆建设监督工作汇报会,副校长鞠传进向大会汇报了北大乒乓球馆建设情况。10 月 19 日,奥监委主任黄树贤带领奥监委成员到北京大学视察检查北京大学体育馆工程建设监督工作。

【五校一院联席会议】 为进一步加强纪检监察工作的相互交流,共同做好高校预防职务犯罪工作,由北京大学纪委、北京体育大学纪委提议,经与北京科技大学纪委、北京外国语大学纪委、中国农业大学纪委等五所高校和海淀区人民检察院协商,建立了预防职务犯罪工作联席会议制度。1 月 6 日下午,第一次全体会议在北京体育大学北办公楼会议室召开,会议讨论制定了由北京体育大学纪委起草的《五所高校、海淀区人民检察院纪检监察工作联席会议规程》,确定了联席会议实行轮流承办制的运行机制等。

2006 年联系会议共组织了七次活动,内容包括奥运工程参观学习、外地考察调研、案件研究与讨论、治理商业贿赂及《实施纲要》落实工作交流等多项活动。

【纪检监察干部队伍建设】 校本部、医学部两级纪检监察干部 16 人次参加教育部监察学会组织的教育纪检监察干部业务培训班;5 月份,派人参加了中纪委举办的预防腐败工作理论研讨会;11 月份派人参加了中纪委在宁波举办的全国廉政文化建设现场会暨理论研讨会。

保 卫 工 作

【**结构调整**】 2006年年初，因工作安排变动，原保卫部部长张虹调离，新任保卫部部长安国江和副部长邢劲松于3月8日正式赴任，与刘长友、张寅、窦书霞一同组成了新的保卫部领导班子。

2006年，经医学部23次部务办公会研究，同意医学部保卫处增设消防安全与交通安全办公室，该办公室为科级建制，为进一步加强校园消防安全和交通安全奠定了基础。医学部保卫处党支部进行了换届。新一届党支部委员会更加年轻化和知识化。2006年，保卫处有4名干部参加了北京市公安局文保处举办的文保系统保卫人员岗位培训班，并取得了北京市保卫人员工作证。

【**制度化规范化建设**】 新班子组成后，注重了安全稳定工作的制度化规范化建设，建立起了"一日一周信息报告制度"及每周工作总结和下周工作安排的《周报》；梳理了十年来国家、教育部、公安部、安全部以及北京市委市政府、市教育工委、市教委、公安局、安全局等上级的各类政策、法规，组织编写了《上级有关校园安全稳定工作政策、规定汇编》，同时还对1999年机构改革以来保卫部、派出所、校卫队各办公室、各类人员的工作职责以及工作制度进行了梳理、修订、完善，组织编写了《保卫部、派出所、校卫队工作职责与工作制度汇编》；在办公环境上也注意了向不断规范方向发展，整修了地下仓库、地下宿舍、各层卫生间，对楼道、各房间、各办公室正在统一规划，尽快建立一个统一、整洁、舒畅的办公环境和条件。

2006年，为加强重大突发危机事件处理的综合指挥能力，提高紧急救援反应速度和协调水平，确保医学部迅速有效地处理各类重大突发危机事件，结合医学部实际，医学部保卫处拟定了医学部各项突发事件应急处置预案，包括《北京大学医学部突发事件总体应急预案》、《北京大学医学部关于处理火灾事故预案》、《北京大学医学部关于处理突发性重大政治案(事)件预案》、《北京大学医学部关于处理校园交通安全事故预案》、《北京大学医学部关于处理重大刑事、治安突发事件预案》、《北京大学医学部关于处理校园秩序突发事件预案》等七项预案，同时修订了《北京大学医学部保卫处突发事件应急处置预案》。这些预案的制订，增强了区域应急反应能力以及积极防范和及时处置重大突发公共事件的能力，对保证医学部日常教学和学术交流活动的正常运行与维护校园的稳定，对创建世界一流大学，都具有十分重大的意义。

【**维护校园稳定**】 2006年保卫部在维护校园稳定工作中，针对新时期新矛盾新特点，始终贯彻"安全稳定工作第一"的方针，围绕创建"和谐校园、平安校园"的目标努力工作。在全国人大和政协会议、党的十六届六中全会、中非合作论坛北京峰会等重要国内外会议期间，先期制订工作预案，圆满完成上级交付的各项保卫工作。关注年度内发生的国内外热点问题、焦点问题和师生关注的重点问题；与有关部门密切配合、相互沟通，及时处理各种突发情况，避免矛盾激化。进行大量的基础调研工作，配合国家专门机关做好防范境内外敌对势力与人员打着各种旗号对校内的侵袭。认真做好防范与处理邪教工作，进一步健全和完善预防工作方案；做好防范非法宗教组织侵袭校园工作。及时制止、处理了数起校外人员因当地各类矛盾到校内上访的情况。抓紧全面落实中共市委和市教委联合颁布的《首都教育安全稳定"十一五"规划》，起草了《北京大学安全稳定工作规划》讨论稿，对当前学校安全稳定的有利条件和不利因素进行了分析，确定了"十一五"期间安全稳定工作的指导思想、原则与工作思路，明确提出了维护校园稳定工作体系的建立健全方案，为今后做好维护校园稳定工作打下坚实基础。

医学部在完善和健全国家安全小组工作体系的同时，2006年着重抓了各类专项基础建设、信息工作和宣传教育。对各二级单位基层保密员队伍进行了调整，健全完善了组织体系，确保了各小组工作的正常运转。目前，医学部共有一支由106人组成的基层保密工作队伍。

【**召开全校安全稳定工作会议**】 以保卫部为主起草了《北京大学安全稳定工作规划》(2007—2010年)、《北京大学突发事件应急预案》、《北京大学安全稳定工作规定》、《北京大学大型活动安全保卫工作规定》、《北京大学安全稳定责任书》等供大会讨论的相关会议材料。

安全稳定工作会议于4月12、13日召开。会议由吴志攀常务副书记主持，中央维稳办、教育部、公安部、市教工委、市公安局等有关领导出席了会议，中央维稳办和市公安局的领导在会议上作了形势报告，闵维方书记、许智宏校长在会议上作了重要讲话，张彦副书记作了工作报告，校领导与各单位主

要负责人在会上签订了《安全稳定责任书》,会议分组对有关规定进行了讨论,杨河副书记对会议进行了总结。此次会议对于全校上下各级领导提高校园安全稳定工作的认识程度、重视程度有了大幅度的提高,明确了安全稳定工作的任务、责任,明确了有关安全稳定工作的制度、规定,梳理了安全稳定工作的思路、标准和方法,进一步落实了安全稳定工作的组织、责任人和专兼职负责人。教育部、市教工委、市公安局的有关领导称:北京大学这次安全稳定工作会议,在重视程度、规模层次、会议筹备和会议成果上,不仅在北大是多年来的第一次,在北京高校甚至全国高校也是少见的。

【重大警卫活动】 2006年,保卫部在每次重大警卫活动中,都认真制订警卫方案,精心安排,在保卫部其他部门的配合和支持下,圆满地完成了历次的警卫任务和大型活动的安全保卫工作。2006年完成警卫任务和大型活动安全保卫工作98次,其中内、外事警卫32次(外事警卫13次,国内三级以上警卫19次),大型活动安全保卫任务66次(国家级单位在北京大学主办的活动19次,北京市在北京大学主办的活动16次,北京大学和院系组织的大型活动20次,社会、商业团体组织的大型活动11次)。

【消防工作】 2006年北京大学消防安全管理工作继续坚持"预防为主,防消结合"的指导方针,贯彻、落实北京市消防局和北京大学领导的指示精神。2006年在宣传教育、消防安全、消防设施、器材管理方面主要工作如下:(1)第十六届"119"消防宣传日,保卫部在以往悬挂宣传横幅、摆放宣传展板的形式基础上,又增加了现场播放宣传片、现场讲解灭火器的使用以及在学生会的参与下的有奖答题活动,广大师生积极踊跃参加,校内媒体也予以报道,在校园营造出"掌握消防知识,防范火灾隐患"的氛围,取得了良好的宣传效果;对校史馆和餐饮中心工作人员进行消防安全培训;(2)对全校室外消火栓进行两次全面检查,共报修6个,保证完好有效,对全校消防器材、消防设施进行普查,为全校各单位和畅春新园学生宿舍配备灭火器816具,维修灭火器224具;(3)对北京大学国家级文物保护建筑和海淀区文物保护建筑进行安全检查三次;(4)对11个施工单位进行消防安全检查50次,发出隐患通知书7份,经复查均整改完毕;(5)由总务部牵头,春秋两季对学生宿舍进行了以安全用电为主的安全检查,3月23日、24日和10月12日、13日,总务部、保卫部、学生工作部、学生宿舍管理服务中心、水电中心和北京大学团委共六家单位20余人组成三个联合检查组,在各楼长的配合下,每次都检查了1000余间学生宿舍(占所抽查学生宿舍楼总房间数的50%)。

2006年北京市春节期间烟花爆竹的燃放由"禁"改"限",五环路以内为烟花爆竹燃放的限制范围。2006年1月3日下午14:00,保卫部召集学生工作部、北京大学团委、燕园社区服务中心、燕园街道办事处、总务部、派出所等单位负责同志在保卫部二层会议室召开北京大学关于春节期间禁放工作会议;2006年1月4日上午9:00召集基建工程部、会议中心及校内施工工地单位安全负责人,部署北京大学春节期间禁放工作,要求施工单位做好宣传工作,加强值班,确保安全;2006年1月21日,保卫部和燕园街道办事处在校园和家属区开展烟花爆竹限放宣传活动,制作宣传横幅12条在校园、校门口悬挂,发放宣传专刊5000张,张贴100余张禁放宣传海报;2006年1月24日在校园网上刊登北京大学2006年春节期间烟花爆竹安全燃放宣传专刊。

医学部消防工作坚持以人为本,求真务实,夯实基础,科学管理。本着效力放大、以点带面、连点成片的消防灭火器材的分配原则,完成了医学部灭火器材的按需调配、分类整合工作。摸清了家底,改变了不同型号不同规格的灭火器材混装混配、布防缺位、底数不清的局面,使现有的灭火器材最大限度的覆盖了保护区域,效力成倍增加。为医学部64处建筑物进行了消防安全情况登记造册。对医学部院内73处地下消火栓进行了全面保养工作,并对消火栓井盖做了红色喷涂标识,以便发生火警时能够及时找到灭火用水源。

8月31日,医学部保卫处成功地举办了学生公寓消防演习。参加演习的有学生(新生)、辅导员、学生公寓工作人员、后勤管理人员和义务消防队员等,共计600余人。这次演习对义务消防队的初级扑救、对学校后勤管理系统处理重大事故的能力、对楼内消防设施等均进行了实战检验,也使广大学生学习了消防知识,掌握了防火技能,提高了逃生和自救能力。

2006年,医学部进一步加强了校园消防安全大检查,全年消防安全检查70余次,特别是实验室和学生宿舍、易燃品库等重点防火部位。发现各类安全隐患40余处,已整改消防隐患20余处。按照北京市公安局治安总队的要求,对校方重点地点加装了远程监控和自动报警装置。

2006年,医学部保卫处邀请北京市公安局消防总队海淀支队防火监督处王江凯处长,为各部、处、学院及各附属医院主管安全的

领导和安全员作报告,收到良好效果。

【校园环境秩序整治】 2006年学校加大了对违章建筑的拆迁力度,校卫队先后5次抽调192名保安员参与现场秩序维护工作,保安员的机智果敢和雷厉风行的作风,得到了学校领导的高度赞扬。在全年工作中,门卫人员阻拦校外无关车辆入校26053辆;查阻非本校人员入校70549人次(其中国外人员11174人次);纠正各类违章20105人次;校内巡逻人员查获处理翻墙、校门滋扰、商贩、乱贴广告、违章捕鱼、打架、卖盗版光盘、摩托车入校等违章违纪人员1580人次;抓获偷盗自行车、诈骗钱财、使用假币、偷盗、抢夺等犯罪嫌疑人51名,提供各类救助45人次。

【交通安全管理】 为了改善目前交通状况,6月份,保卫部提出了八条建议,7月18日校规划委员会上,原则通过了前6条建议,保卫部组织落实了4项,增加车位100多个,增加和改善影响交通自行车场两处,在主要路口处增划了机动车"减速让行线"或"停车让行线",产生了良好效果。

2006年,医学部保卫处深度加强了校园交通秩序的管理,曾三次召开了机关、家属区、各学院代表座谈会,广泛征求校园交通、车辆管理等方面的意见和建议。结合医学部特殊的校园环境,进一步规范了进出校园和家属区机动车及停车的管理。并三次发出通知,要求做好校园交通管理,规范机动车停车秩序,保证了校园区四条主干道的畅通,改变了多年以来校园内乱停车现象。同时,加大了摩托车进校的管理,对校园内摩托车集中控制,获得了较显著的成绩。统一规划了校园的交通标志,共增加校园机动车指示标志、禁行标志、禁停标志、导流标志等交通标志牌72块。购买液压拖车一套,对严重影响交通的车辆或乱停乱放屡教不改的车辆,拖到指定地点。同时聘用6名老职工对重点路段定点值勤,收到了较好的效果。

医学部保卫处与各二级单位签订交通安全责任书2000份。全年分阶段进行大型交通安全宣传教育和交通安全知识宣传日活动,全年分阶段对校园乱停乱放的自行车1000余辆进行了清理。同时制定了每季度一次的司机安全季活动,进行法规和安全意识教育,使全校驾驶员未发生挂上号的甲方事故。校园交通环境得到了较大的改善。

【技术防范建设】 2006年,为建设和谐校园,打击犯罪,确保广大师生生命财产安全,北京大学进一步加强了技术防范建设。

2006年年初,为配合保密资格认证工作,北京大学在校内重点单位、重点场所加装了摄像头、红外报警器技术防范设备,并对相关使用人员进行了上门培训。2006年上半年,保卫部对安全防范系统一期工程进行了测试、验收等工作。2006年暑期,保卫部与图书馆对图书馆原有安全技术防范系统进行了改造,新装各类摄像头120余个,提高了图书馆安全防范能力。2006年下半年,北京大学进行了物理大楼、幼儿园和技物楼、加速器楼、理科楼群要害部位的安全防范工程的建设。全系统主要包括出入口监视探头、室内监视探头、室内红外双鉴报警器、楼周边遥控摄像机、围墙红外对射报警器、震动电缆、手动报警按钮等先进的设备。本次工程还建成了物理楼分控制室,为今后校园东区的技防建设奠定了基础,建成使用后,大大改善了物理大楼和幼儿园的治安状况,保护了师生的安全。

北京大学安全技术防范系统在维护校园安全稳定方面发挥着积极的作用,为各类案件的侦破提供了重要线索和证据,极大地震慑了各种犯罪行为。

【治安防范】 2006年,面对日益恶化的社会治安环境及其对校园的渗透,保卫部积极配合公安、安全等机关做好工作,以全面加强基础工作为主线,深入贯彻整体防控、精确指导、精确打击工作思路,积极推进辖区内治安、外勤、户籍等管理工作,进一步健全校内治安防范体系,严厉打击犯罪、维护治安秩序。据统计,2006年,燕园派出所全年共接各类案、事件2200余起,出警2300余人次;在人手少,任务重的不利情况下,不辞劳苦、辛勤工作,对违法人员采取治安拘留以上措施的达40人;全年共处理非正常死亡4起;共注册、年检居民养犬224条,收无主流浪犬12条。外勤工作方面,共召集居委会干部开会研究社区治安工作40余次,配合居委会调解居民纠纷50余次,对在册的5名吸毒人员进行了大量的监控、教育工作;同街道司法所对3名社区矫正人员开展工作,落实家属园区60名精神病人(含精神病史)的监护措施,通知、督促居民办理二代身份证达7000余人次;调查、督促外籍人员办理临时户口登记约200余人次;为居民出具各种证明200余次。户籍管理工作方面,全年共办理户口迁入8213人,所内移动1275人,项目变更1750人,出生报户口125人,申报户口57人,死亡注销73人,办理外国人临时户口496人,办理居民第二代身份证32876人。

医学部治安工作实行打击、防范、管理诸措施结合,校园治安状况进一步得到改善。

2006年1—11月医学部共发生各类案件26起,比2005年29起减少3起,减少10%。在发生的案件中,保卫处积极配合公安部门侦破9起。坚持以防为主,保证校园内少发案,最好是不发案的治安工作目标。年初代表医学部综合治理委员会与学校各二级单位签

订安全责任书39份,以保证安全工作落到实处。为进一步加强医学部各部处和各学院安全管理工作,消除各类安全隐患,全面落实"安全责任书"中的具体工作内容,确保学校和师生员工生命财产安全,对各二级单位的基层保卫队伍进行了调整,健全了各部处、各学院35个计88人的安全领导小组,加强了安全管理工作。加强对校内工地的管理,和施工队签订安全协议书4份,召开有关负责人安全会,对工地和民工宿舍进行安全检查。对工地多次出现的问题进行认真处理。

【安全教育】 一年来,保卫部与学校其他部门积极探索和拓展宣传教育工作的渠道,利用网络、演习、讲座、主题教育等多种活动形式,在全校范围内大力营造安全保卫的氛围,努力提高广大师生员工的安全意识。

在网络安全管理方面,保卫部更加积极主动的关注网络信息、介入网络活动。保卫部进一步健全了对网络信息的监控机制,安排专人进行24小时网络监控工作,一旦发现问题及时上报,并定期收集汇总《一周网络信息资料收集汇编》供决策参考;同时,保卫部和医学部保卫处都对各自的网页进行了更新,增加了形式多样的服务内容,充分利用互联网的优势开展安全信息的发布和安全知识的宣传,取得了良好的工作成效。

在安全教育方面,采取多种形式,加强对在校学生的安全知识的普及和安全教育。一年来,保卫部与学工部等部门协同合作,先后开展了"2006年首都大学生安全教育主题系列活动"和"文明生活、健康成才"安全教育活动月活动。在活动中,保卫部注重大学生安全教育工程长效机制的建立,认真落实"十一五"规划的"三进"要求(进课堂、进教材、进学分),加强安全教育的师资队伍的建设,深入开展各项安全教育工作,努力拓展安全教育和安全稳定工作领域,开创安全教育新局面。

医学部保卫处进一步加强安全教育工作。2006年,通过与海淀公安分局高校治安处协商,在医学部网页上开辟专栏,每个月把发生在高校有针对性的案件和需要对学生进行提醒的问题,以《警情提示》的方式进行宣传,使广大教职员工增强了安全观念,提高了防范意识。以简报、通知宣传材料、会议、橱窗宣传图片、宣传展板、播放VCD消防宣传影视片、网络宣传等形式开展安全宣传教育。开展治安、防火、交通、国家安全工作培训,参加培训人员3700余人次。组织三批教工代表、学生、后勤人员赴海淀公共安全馆参观学习。组织开展了学生安全教育征文活动,收到征文110余篇,与基础学办共同举办了"关注安全、关爱生命"趣味安全知识竞赛,收到较好的效果。充分发挥了保卫工作的宣传功能。对全校安全员、各学院、后勤、留学生公寓、博士苑宾馆等单位的师生员工进行了1000余人次的广泛、深入的防火宣传教育和消防演习,收到较好的效果。

【流动人口管理】 保卫部流动人口管理办公室在做好对流动人口管理和服务的基础上,对本辖区的流动人口进行了统计,从2006年1月起截至12月底,辖区统计、登记的流动人口有6631人。为了进一步加强辖区对流动人口及出租房屋的管理工作,又重新调整、补充了流动人口协管员队伍,并开展对辖区内7个家属社区的出租房屋和暂住人员进行了摸底、统计、登记工作,出动人员650人次,在工作中大家克服了数量大、入户难等各种困难,较好地完成了任务。截止到2006年12月在辖区内共登记出租房屋671户,暂住人员1582人。根据海淀区流动人口管理办公室的工作部署,年内向辖区流动人口发送各种宣传材料5150份。

中非论坛期间,保卫部流动人口管理办公室及时起草了《关于中非论坛期间加强工地安全的通知》并派专人发送到辖区内共计34个施工队,向他们提出了具体的安全防范的工作要求。确保中非论坛期间有一个良好的社会治安环境。

【获奖情况】 被北京市公安局授予集体三等功。

积极开展保卫学的研究工作,全年撰写共撰写论文60余篇,在北京高校保卫系统优秀论文评选中,北大保卫部获奖率最高,共有42篇获奖,其中一等奖4篇、二等奖13篇、三等奖25篇。保卫部还编撰《北京大学保卫工作理论研讨会论文集》和《国外安全管理与执法(第二辑)》。

2006年,医学部保卫处获得多项集体及个人荣誉:获得北京市国家安全局授予的2006年度国家安全工作先进集体;被北京市海淀区交通安全委员会评为海淀区2006年度交通安全工作先进单位;有1人被北京市公安局授予个人三等功;有2人被北京市公安局授予个人嘉奖;有2人被评为2006年度高校国家安全工作先进个人;有1人被北京市海淀区交通安全委员会评为海淀区2006年交通安全优秀管理干部;有1人被评为北京大学优秀共产党员;有1人被评为北京大学医学部优秀共产党员。

2006年,医学部保卫处继续发动和组织全处干部参加保卫工作研讨,要求每个保卫干部都要写一篇结合工作实践的保卫工作论文,提高了保卫工作研究和理论水平。

工会与教代会工作

【概况】 面对新形势和新任务,校教代会、工会提出了2006年的工作理念:以服务教职工为根本、以依法维权为手段、以健全机制为保障、以队伍建设为关键、以构建和谐为目的。确定了2006年工作的总体思路:以构建和谐校园、促进学校发展为主题;以服务大局、服务教职工为根本;以建立健全良好的沟通互动机制为前提;以加强二级教代会、工会建设为重点;以提高工会干部维权能力和水平为关键;以丰富工作内容、创新工作方式为途径。在各级工会组织的共同努力下,校工会在发挥维护、建设、参与、教育四项基本职能,教代会在行使民主管理、民主参与、民主监督和民主决策四项职权方面,都有所推进。

1. 以教代会为基本载体,推进校(院、系)务公开工作,加大民主管理和民主监督力度。

根据工作实际,修订《北京大学教职工代表大会工作细则》和《关于建立健全二级单位教职工代表大会制度的意见》。本部、医学部、部分二级单位按照教代会规程认真组织召开教代会年会;对代表提交的提案、意见进行审议、整理、分类,分送相关校领导批示后转送有关部门单位处理答复,并做了督促和代表评价反馈工作。积极探索建立二级教代会的模式,分步试点,稳妥推进,同时将信息科学技术学院、物理学院、外国语学院、第一医院、第三医院、药学院等单位的经验在全校推广。参与修订《北京大学校务公开实施办法》,推荐教代会代表进入校务公开工作委员会、民主监督工作委员会、房改工作小组、教师公寓管理委员会等以保证源头参与。举行校领导与教职工见面会、座谈会,设立工会主席信箱等多种渠道广开言路。2006年,共组织四次校务沟通会,邀请学校党委、行政领导以及相关部门负责人就学校的发展规划、学科建设、科研工作、管理干部的培养、拆迁户的利益保障等专题同教职工进行沟通与交流。

2. 围绕学校中心工作,配合学校做好师德师风医德医风建设工作。

积极响应学校关于向王选同志、孟二冬同志学习的号召,通过工会网站、刊物、巡展、参加表彰会、协办师德论坛、发倡议书、评选师德标兵及先进个人等形式,宣传以王选、孟二冬为代表的师德先进教师事迹,弘扬优良的师德师风、医德医风,推进"三育人"活动深入开展。与教务长办公室、教务部、人事部、现代技术教育中心等单位联合举办第五届青年教师教学基本功和现代教育技术应用演示竞赛;学校对评出的一等奖授予教学优秀成果奖,这是在制度上的重大突破。成立以岳素兰主席为组长的、有关专家参加的"北京大学工会师德调研组",医学部也成立了相关的课题组,就北京大学教师职业道德情况进行多项调研,并积极配合学校党政召开"北京大学第二次师德建设工作会议",调研结果在会上提交。

3. 构建和谐校园,在改革、发展、参与、帮扶中做好依法维权工作。

首先,根据"双向维护"职能的要求,及时了解群众意见和要求,并向学校领导及职能部门反映和提出建议,在后湖平房拆迁、西二旗班车、西二旗和西三旗离退休人员报销药费难、安康保险(2006年,校本部和医学部女职工安康保险和意外伤害保险人数共计6053人)等方面为教职工排忧解难。组织旅游疗养,节日慰问劳动模范、优秀教师和教职工,为经济困难教职工送温暖,物美价廉商品的代购代销等传统工作项目。关注教职工健康问题,开办健康大讲堂系列讲座。顺利筹建工会爱心基金,并制定了《北京大学工会爱心基金管理使用暂行办法》,进一步做好对生活特殊困难教职工的帮扶工作。其次,通过教代会劳动争议调解委员会、校工会教职工接待室等途径,受理和解决有关争议案件。共接待群众反映问题25人次。医学部工会接待来访教职工20余人次,与相关职能部处协调疏通教职工意见、建议9条。再次,积极稳步地推进非在编教职工入会工作。2006年6月,制定下发了《北京大学非在编教职工加入工会组织的暂行办法》;此外,经学校批准和精心筹备,在教育学院"外来进城务工人员再教育"项目的推动下,联合校内八个单位重新开办北京大学平民学校。9月,校工会、医学部工会、第三医院举办了为农民工"送温暖、送文化、送健康"活动,为北京大学奥运场馆建设工地的农民工送去药品和健康知识手册,并宣讲常见病预防知识和进行义诊,岳素兰副校长、鞠传进副校长参加了此次活动。

4. 开展丰富多彩的文体活动,活跃校园文化体育活动,推进精神文明建设。

2006年全校运动会(5000人次参加)圆满举办,通过大型团体操(太极拳)的表演,带动教职工参与体育锻炼;校工会与计算中心合

作开发的"运动会管理系统"进一步完善。"京华杯"北大——清华棋牌友谊赛、工会干部登山比赛、以"全民健身活动月"为主体的系列项目竞赛，医学部的第四十四届运动会（2000人次参加）、足球比赛、第四届教职工乒乓球比赛、第三届教职工棋牌比赛、教职工游泳比赛和《健康有术》一书，以及部门工会各种活动和比赛，把《全民健身计划纲要》落在了实处。举办庆祝2006年教师节电影招待会。与党委宣传部、北京大学集邮协会联合举办"庆祝北京大学108周年华诞暨'好运2008'集邮展览"。组织教职工社团参加"一二·九"大合唱、燕园社区新年联欢会。针对女教职工的需要开展《妇女权益保障法》等讲座。医学部工会举办"杏林和风"教职工书画展和"迎奥运、双语服务年"护士英语会话情景剧、小品比赛，活跃了教职工的文化生活。此外，针对女性的特点与需要开展工作，如举办"科学母爱师生座谈会"、"三八国际妇女节"系列活动，"护士节"、"六一儿童节"时到校医院、幼儿园进行慰问等。医学部工会还开展了评选"女教职工之星"系列活动。

5．深入开展党政工共建"和谐之家"活动，激发基层组织的工作活力。

以建家达标活动为依托，积极推动基层工作制度化、规范化。制定了《北京大学工会关于深入开展建设教职工之家活动的实施意见》，修订了《北京大学部门工会"教职工之家"验收标准》，并在年末对"建家"工作进行全面考核验收。

组织学习培训，开展调查研究，建设学习型工会。将我校第七届教代会、工会工作研讨会上的报告、发言及相关文章集结成册，以《中国劳动关系学院学报》增刊的形式发行。暑期举办以"提高工会干部维权能力"为主题的第八届教代会、工会工作培训班。通过多种形式开展调查研究工作，完成了《关于北京大学教师职业道德存在的问题及分析的调查报告》《北京大学教职工生活质量与主观幸福感调查报告》《北京大学教职工心理健康与工作压力、工作倦怠感调查报告》《北京大学非在编人员状况调查报告》4篇调研报告。医学部工会设立并完成了《肿瘤医院在职职工培训需求的调研》《药学院青年教师队伍稳定与发展的调研》等10个调研报告。在北京市教育工会优秀论文、调研报告评比中，北京大学有2篇论文获二等奖，1篇论文获三等奖；2篇调研报告获得一等奖，2篇调研报告获二等奖，2篇调研报告获三等奖。此外，组织工会干部800余人参加"北京市'十一五'规划纲要"知识竞赛；组织工会干部、会员参观纪念红军长征胜利70周年展览，接受革命传统教育；组织34名青年教师，青年管理干部赴贵阳、遵义等地进行社会实践考察，并编辑出版《红色遵义行》考察报告集。医学部工会组织了30多名中青年骨干赴上海、江苏进行社会考察活动，参观了中共一大旧址、毛泽东旧居、华西村等地。

加强工会宣传窗口的建设。不断改进《北大教工》和医学部《教工之声》的编辑、排版和印刷质量，增设栏目，明确刊物定位，及时反映工会工作动态。校工会网站提供大量信息，成为联系教职工的重要窗口。

通过激励机制树立典型。结合工作实际，修订《北京大学部门工会建设教职工之家考核条件》，制定《北京大学工会奖励办法》，并根据规定对工会系统先进集体予以表彰。

（孙　丽　王金华）

【组织宣传工作】　部门工会调整　为理顺关系，校工会继续调整部门工会。截至2006年年底全校共有分工会3个，部门工会56个，校工会直属工会小组4个，会员6058人，其中女会员2537人。

参加高校师生思想状况滚动调查　3月，校工会分别召开中老年和青年教师座谈会，共有33位教师参加。会后校工会将座谈会发言记录整理上报党委宣传部。

非在编人员入会情况　根据《北京大学非在编教职工加入工会组织的暂行办法》，校工会开始非在编人员的入会工作，截止到2006年年底共有6个单位49名非在编人员加入工会。

表彰教龄三十年的教职工　2006年，全校共有134名教职工从事教育工作满30年。9月，校工会向他们颁发了证章、证书和纪念品。

工会工作先进集体评选与表彰　为调动部门工会工作的积极性，校工会根据《北京大学工会奖励实施办法》于年终进行工会工作先进集体的评选与表彰。共评选出信息科学技术学院工会、人民医院工会等13个先进工会委员会，地球与空间科学学院理论与应用地球物理研究所工会小组、第三医院心内科工会小组等19个先进工会小组，教工艺术团合唱团、医学部教工合唱团等5个先进教职工社团，并进行了表彰、奖励。

上级工会授予的各项荣誉称号　(1) 生命科学学院吕植被北京市总工会授予首都劳动奖章；(2) 北京大学工会获得中国教科文卫体系统先进工会组织称号；(3) 北京大学工会获得北京市师德先进集体、全国师德先进集体称号；(4) 第三医院获得中国教科文卫体系统模范职工之家称号；(5) 第一医院工会获得北京市模

范职工之家称号；(6) 外国语学院工会获得北京市模范职工小家称号；(7) 副校长、校工会主席岳素兰被授予北京市工会干部教育培训工作先进个人称号；(8) 物理学院工会、临床肿瘤学院工会获得北京市教育工会先进工会集体称号；(9) 副校长鞠传进、医学部副主任李鹰获得北京市教育工会优秀教职工之友称号；(10) 校工会王洪波、医学部工会梁雁获得北京市教育工会优秀工会工作者称号；(11) 外国语学院刘意青、第一医院李海潮被北京市教育工会授予北京市师德标兵称号；(12) 地球与空间科学学院焦维新、经济学院李庆云、口腔医学院周永胜、药学院张英涛被北京市教育工会授予北京市师德先进个人称号；(13) 经济学院胡坚、信息科学技术学院魏引树、体育教研部郝光安、人事部蒋宗风、药学院杨振军、医学部人事处朱树梅、医学部审计室张明、医学部党委宣传部袁小平获得北京市教育工会优秀工会积极分子称号；(14) 经济学院肖治合、第六医院黄悦勤等15人被北京市总工会授予"北京市教育创新标兵"称号。

学习教育活动　5月，组织教职工参加"十一五建功立业"答题竞赛活动，共有45个单位参加。发放答卷810份，回收773份。10月，组织全校教职工参加向王选、孟二冬学习，加强师德师风建设征文活动，共收到征文95篇。

（王冬云）

【文化工作】　2006年，北京大学教职工艺术团下属10个分团。在没有专用场地的情况下坚持开展日常活动，参加艺术团活动的教职工人数比2005年有所增加。

4月27、28日，在百周年纪念讲堂举办"庆祝北京大学108周年华诞暨'好运2008'集邮展览"，本次展览是由北京大学工会、北京大学党委宣传部、北京大学集邮协会联合举办的。本次展览，特制纪念封一枚。

12月，各单位教职工组队，和学生一同参加了每年一次的"一二·九"歌咏比赛。

（王洪波　张桂芳）

【体育工作】　4月1日上午，第二十届北京大学、清华大学"京华杯"棋类、桥牌友谊赛在北京大学正大国际交流中心举行。在本次比赛中，清华大学棋牌队发挥出色，最后以12∶10的比分，获得了本届"京华杯"比赛的胜利。本次比赛分为上下午两场进行。双方共有22支队伍参赛，其中包括各个项目的教工队、研究生队、本科生队和女子混合队。一年一度的"京华杯"棋牌友谊赛始于1987年，是北京大学与清华大学之间的传统赛事，是两校之间交流互动的重要方式，迄今已成功举办了二十届。在第20届"京华杯"落座清华大学后，两校"京华杯"至今成绩是北大以11∶9暂时领先。

4月21日至23日，校工会、体育教研部联合举办2006年北京大学田径运动会，包括教职工组和学生组。参加入场式的单位57个；在22日的开幕式上，来自40个单位，1050余名教职工表演了"二十四式太极拳"；参加52个比赛项目的运动员达2600多人次。比赛分为男、女青年、中青年、中老年、老年8个组。

6月7日下午，北京大学第十四届体育文化节闭幕式暨发奖仪式在五四体育中心举办。副校长、校工会主席岳素兰出席了闭幕式。获得2006年北京大学运动会精神文明奖的单位是：机关、医学部、幼教中心、北大附小、生命科学学院、数学科学学院、哲学系、中国经济研究中心、保卫部和成人教育学院。

北京大学代表北京市教育系统组织乒乓球代表队参加北京市第九届职工运动会。北京市第九届职工运动会乒乓球比赛于5月9日至5月14日在北京光彩体育馆举行。本次比赛上，北京大学代表北京市教育系统组队参赛，分别参加了男子团体和女子团体的比赛及男、女单打比赛，取得女子团体第三、男子团体第四的成绩。

5月20日上午，校工会在金山举办了工会干部登山活动。部分院系党政领导和部门工会干部近180人参加了登山活动。

9月开始，校工会和体育教研部联合免费开放教职工健身项目及场地，并为每项健身项目配备了教练员，项目有网球、太极拳、器械健身。

10月22日至12月3日，校工会和体育教研部共同承办第三届首都高校教工足球邀请赛，共有24支高校代表队参加，我校教工足球队获得第三名。

9月19日开始，每周二、周三中午11∶40—12∶40在第二体育馆一层形体教室，校工会举办瑜伽入门班，任课教师是北京大学体教部讲师听。9月28日，又外聘教练，每周一、四中午在第一体育馆举办瑜伽班。

10月17日，校工会在校工会大会议室举办2006年北京大学教工中国象棋和围棋比赛。20余名教职工参加中国象棋比赛。

10月17日至11月4日，校工会举办"2006年北京大学教职工乒乓球联赛"。男子团体27支队伍参赛，女子团体31支队伍参赛。

11月12日，校工会在第二体育馆网球场举办2006年北京大学教职工网球锦标赛。比赛分男子单打、男子双打、女子单打、混合双打。是近年来我校第一次举办教

工网球比赛。

11月15日下午,校工会在五四体育中心二层阶梯教室举办北京大学健康大讲堂"糖尿病防治新进展"主题讲座,主讲人是国家医学教育发展中心、健康促进工作委员会、医学培训部安秀清主任。

11月18日,北京市"钟声体协杯"高校校级领导乒乓球比赛在北京大学第一体育馆内举办。来自北京市19所高校的43位校级领导参加了此次比赛。北京大学副校长、工会主席岳素兰、北京大学党委副书记杨河、校长助理朱星作为运动员参加了团体比赛、女子单打比赛和男子单打比赛。经过一天的激烈角逐,北京大学副校长、工会主席岳素兰获得女子单打冠军,我校获得团体比赛的第三名。此次比赛由北京市教育工会和北京市钟声体协主办、北京大学工会承办,北大方正乒乓球俱乐部和体育教研部给予了本次比赛大力的支持。

12月15日下午,校工会举办"2006年北京大学教职工'迎奥运健康大步走'活动",三千余名教职工参加。

北京大学工会现有教职工体育社团:教职工羽毛球协会、教职工足球队、教职工棋牌协会、教职工冬泳协会、教职工钓鱼协会、教职工乒乓球代表队、教职工网球协会等。

(王洪波 张桂芳)

【青年工作】 6月25日至6月29日,校工会组织了"2006年北京大学青年教师贵阳——遵义社会实践考察团"赴贵阳、遵义等地进行社会实践考察,有34名青年教师、青年管理干部参加了这次活动。考察活动结束后,校工会编辑了《红色遵义行》考察报告集。

10月,校工会、校教代会教职工队伍素质建设工作委员会、教务长办公室、教务部、人事部、现代教育技术中心联合举办了北京大学第六届青年教师教学基本功和现代教育技术应用演示竞赛。2007年1月6日至7日,在我校理科教学楼117教室和医学部分别举办了人文社科类、理工类和医学类校级竞赛。校级竞赛中,16名青年教师参加了人文社科类的竞赛,17名青年教师参加了理工类的竞赛,38名青年教师参加了医学类的竞赛。

(王洪波 张桂芳)

【女教职工工作】 庆祝"三八"国际妇女节期间,校工会举办了两场面向全校女教职工的电影招待会并向全校女教职工发出慰问信。3月6日下午,北京大学庆祝"国际劳动妇女节"专题报告会在五四体育中心报告厅召开。

特邀北京大学法学院马忆南教授作关于《妇女权益保障法》的专题讲座。

召开以"关爱身心健康"为主题的座谈会,请部分女干部、女教授畅谈"构建和谐家庭",并向全校女教职工发出"构建和谐家庭,关爱男性健康"的倡议书。北京大学心理学系的吴艳红副教授从专业的角度为与会者做了一次"关于情绪、压力和健康"的主题讲座。

请部分患病的女教职工讲述患病(癌症)后,发扬"四自"精神,战胜疾病投身教育教学工作中去的感想和体会,并邀请医务人员讲授医疗知识。

特邀肿瘤医院欧阳涛教授作关于《妇女乳腺肿瘤防治》的专题讲座。

"六一"儿童节慰问幼儿园的小朋友,赠送了玩具;"五一二"护士节慰问校医院的护士,为她们举办的联欢会提供了经费支持。

(王洪波 张桂芳)

【生活福利工作】 开展慰问和"送温暖"活动 (1) 2006年春节前,校工会代表学校党、政组织慰问在职教职工和离退休老同志,并送上一份节日慰问品。(2) 慰问有特殊困难的教职工68户,并给予金额不等的补助金。(3) 看望及慰问了部分知名学者、教授和劳动模范。(4) 1月召开"以主人翁精神构建和谐校园"座谈会,参加者均为外来务工人员。(5) 慰问运输中心外来务工人员。

职工互助保险 2006年校本部有132位教职工加入中国职工保险互助会,校工会为他们代交了每人10元的会员费。4月份,全校有49个单位的519位教职工投保了职工安康互助保险,投保储金为519万元。并有89400元红利发给了447位2005年参加职工安康互助保险的教职工。2006年职工安康互助保险投保储金红利为2%。校本部有42个单位的461位女教职工投保了女职工安康互助保险(含新入和续保),投保份数为1320份。职工安康互助保险有6位教职工出险,1位教职工得到赔付金1000元;3位教职工每人得到慰问金150元;2位教职工每人得到慰问金80元;共计1610元。女职工安康互助保险有6位女教职工出险,每位女教职工得到3万元赔付,共计18万元。医学部参加女职工安康互助保险和意外伤害保险人数共计5592人,保险储金达1223.6万元。2006年为39人办理了女职工安康互助保险和意外伤害保险赔付,理赔金额11.28万元。

旅游休养活动 7月,组织教职工新疆游60人,云南游80人,烟台游30人,欧洲游20人。组织教学、科研、管理骨干及部分部门工会的优秀教职工32人赴内蒙古休养。

为教职工提供服务 (1) 与

上海通用集团签署团购协议,为教职工提供优惠购车服务。(2) 10月,广州本田、长安福特等品牌汽车的展示及销售活动。(3) 7月,与驾校联系,为北大教职工开办暑期驾驶员培训班,有176人参加学习汽车驾驶技术。(4) 应教职工要求,校工会积极与麦德龙的业务人员沟通,努力为北大教职工提供方便,现场办理麦德龙超市会员卡1150余张,受到广大教职工欢迎。

关心教职工生活 针对教职工提出关于班车拥挤存在安全隐患的意见,校工会经过反复调研,及时协调校内有关部门,西二旗班车从原来的四辆增加到五辆,并重新调整了早晚班车的发车时间,基本解决了教职工上下班的通勤问题。

我校部分教职工反映,由于居住地离学校较远,离退休教职工报销药费很困难。为了方便居住在西三旗育新花园和西二旗智学苑的离退休老同志报销医药费,经学校有关部门协商,在鞠传进副校长的关心和亲自协调下,在运输中心的支持下,于4月开通了接送离退休老同志来校报销医药费的专项班车,时间为每月第一个周三的上午,解决了百余位老人的实际困难。

为了加强教职工之间的沟通与了解,丰富单身教职工的业余生活,6月工会生活福利部组织单身教职工一日游活动,30多名单身教职工在工会干部和部分单位的领导陪同下,到京郊自然风景区游览并做交流。

（张丽娜 崔 龙）

【第八届教代会工会工作培训班】7月10日至12日,北京大学第八届教代会、工会工作培训班在怀柔举办。来自校内各单位的118位党政分管领导干部和工会干部参加了此次培训班。

培训班上,副校长、校教代会执委会主任、工会主席岳素兰,中国劳动关系学院教授赵健杰,全国总工会法律顾问委员会委员、北京大学法学院叶静漪老师分别作专题报告,从理论角度阐述了近年以来工会工作的新形势、新要求和工会维权机制的建立问题。来自计算中心、人民医院、国际合作部、社会学系、教育学院的党政领导和工会主席分别发言,介绍了本单位在工会工作开展中的经验体会。随后,全体参会人员进行了小组讨论,就工会工作中的认识和实践问题进行深入交流,并进行了小组汇报。

7月12日,岳素兰在培训班闭幕式上作总结讲话,并作了题为"深化工会工作,增强维权能力,构建和谐北大"的报告。

此次培训班紧密围绕维权的主题,同时侧重于理论层面的培训和实践经验的交流,与会同志对维权职责有了更深入的认识,表示要在今后的工作中,切实维护教职工合法权益,为构建和谐校园、创建一流大学作出贡献。

（李 霞）

【北京大学平民学校】 经认真研究筹备,并报学校党政联席会议同意,7月2日,北京大学工会、北京大学教育学院等八个部门、单位合作,正式启动了为校内非在编人员提供免费培训服务的平民学校。北京大学平民学校在办学方面有以下特色:

在创办理念上,对传统理念既有继承又有发展。在办学理念上,除了继承1918年蔡元培校长在倡导举办"校役夜班"中的"有教无类"、"人人平等"的理念,还在新的时代背景下,实践了"平等、参与、互助、共进"的平民教育思想。

在组织机构建立和学员招收、教员招募及机构运行模式中,通过理事会制度和校长负责制的建立,共有校工会、校团委、后勤分工会、人事部、继续教育部、教育学院、法学院、校教代会教职工素质建设工作委员会八个部门、单位为首批理事会成员单位,校长由北京大学副校长、工会主席岳素兰担任。

平民学校在日常管理上实行三长制,即教务长、总务长、学务长,分别负责教学工作、日常管理、学生事务。首届教务长为北京大学教育学院丁小浩教授,总务长为北京大学工会常务副主席孙丽,学务长为北京大学团委书记沈千帆。

在学员和师资方面,平民学校首期学员共53人,均来自北大后勤系统。在第一批学员招收过程中,主要采取个人自愿报名的方式。教员的招募主要依据培训的内容邀请校内外的老师为学员提供各种不同类型的知识和技能培训。

在平民学校的运行模式和机制上,采用多方合作的运作机制,积极探索"高校教学资源＋志愿者"的培训模式。

在课程设置上,既有宏观价值体现又有微观技能培训,首期课程主要包括健康向上的人生观、职业发展观和文化技能普及两大系列。

通过北大平民学校这一平台,实现了培训的教育功能、辐射功能、资源整合与模式推广等四个目标。

北京大学平民学校于9月23日举行了开学典礼,11月13日,新增北京大学教育基金会为理事单位,同时收到第一笔捐款,由东莞方正数码通信有限公司总裁朱刚捐助的5万元人民币,朱刚也因而成为北京大学平民学校第一位名誉理事。

经过近3个月的学习,北京大学平民学校第一期学员于2007年1月顺利结业,1月6日,举办了结业典礼。48名学员被授予结业证书。校党委书记闵维方出席典礼并作了报告。

北大平民学校受到了社会的广泛关注。人民日报、中国教育报、北京电视台等新闻媒体均对平民学校作了报到。

（李 霞）

学生工作

【队伍建设】 结合先进性教育"回头看",切实推进学生工作干部队伍建设。按照先进性教育第三阶段整改提高方案的工作部署,扎实开展巩固和扩大整改成果及"回头看"工作,组织全体干部加强党纪政纪和廉政法规的学习,全面贯彻学校党委关于树立主体意识、政治意识、大局意识、责任意识、忧患意识和职业意识的要求,不断提高政治理论水平,提升工作业务能力,树立廉洁自律意识。扎实做好"两个系统"(干部工作管理系统、干部管理决策信息系统)、"四个机制"(干部发现选择机制、领导干部职数优化配置机制、干部考核评价机制、干部监督激励机制)的完善和落实工作,进行岗位招聘,补充了一批科级干部。多次派教师参加"中国学位与研究生教育学会德育委员会工作会议"、"北京市高教学会研究生教育研究会德育专题组2006年年会"、"北京市高校学生干部培训班"等各类培训会议,与各高校德育工作者交流了经验,拓宽了视野,提升了能力。

进一步加强辅导员班主任队伍建设。形成《北京大学2006年辅导员班主任队伍状况统计报告》,制订《北京大学2006—2007学年辅导员培训计划》,编写了《北京大学辅导员培训教材》,构筑了多层次、多渠道的培训工作格局。此外,通过详细计算并设定院系学生工作专职在编人员最低限度、配备选留学生工作干部以及补充研究生助管等途径,逐步缩小了学生工作干部数量上的缺口。要求学工部及其挂靠单位、校团委全体干部兼任学生辅导员,进一步充实了辅导员队伍的力量。推行辅导员入住学生宿舍制度,为增强学生工作的渗透力和教育效果提供了有力保障。全年举办了多场不同主题的班主任、辅导员培训讲座,并组织多名班主任、辅导员代表参加教育部和北京市教委的各种业务培训。

进一步加强选留学生工作干部队伍建设。制定出台了《北京大学选留学生干部工作准则》和《北京大学选留学生干部工作手册》,确定了选留干部工作月度会制度,对选留学生工作干部的言行、权责作出明确规范。大力加强组织文化建设,编辑出版了《北大选留一族》刊物。大力加强学生骨干队伍建设,改革了学生助理学校的规章制度及培训机制,推出了学生助理学分制选课制度。

【学生思想政治教育】 2006年,持续推进"文明生活、健康成才"主题教育活动的深入开展,7月份这一主题教育活动被评为北京市党建和思想政治工作优秀成果一等奖。

大力推进学生党建工作。针对学生党员强化党的理论知识培训,规范党员发展工作,组织各种主题党日活动、读书征文活动、支部实践和风采展示活动。举办了第七届党支部书记培训班暨进一步推进"八荣八耻、党员先行"学习教育活动动员大会。开展"践行'八荣八耻'基本要求,树立社会主义荣辱观"、"学习胡锦涛总书记回信精神、做具有孟二冬精神的北大党员"等主题党日活动。贯彻落实市教工委《关于实施大学生"村官"配套工程,开展红色"1+1"活动的通知》,把红色"1+1"活动作为加强学生党建的创新工作来抓。2006年5月,红旗在线完成改版,提出了"每个人心中都需要有一面旗帜"的主题口号;开设了网上党支部频道,为广大学生党支部建设网络之家、开展日常工作、组织各类活动、加强联系交流等带来极大便利;结合纪念红军长征胜利七十周年的重要历史契机,开展了各类网络思想政治教育活动。

统筹规划学生日常思想政治教育及公共活动。2006年,北京大学规定每周五下午5—8节课时间段不排课,按单、双周分别作为文、理科学生开展思想政治教育及公共活动时间,学校空余教室在该段时间向组织学生开展思想政治教育及其他公共活动的单位、部门、党团组织、班集体、学生社团开放。依据这一规定,下发了《关于要求各院系充分利用好学生思想政治教育及公共活动时间的通知》和《关于开设"北大学生成长成才指导讲座"的指导意见》,推行了"学生思想政治教育和公共活动出勤卡"制度。利用周五下午不排课时间,面向全校学生推出了多场大型形势与政策教育报告会。学校要求各院系开设"北大学生成长成才指导讲座",作为北大思想政治教育的创新途径,指导讲座从党的理论知识、形势政策、学习计划、职业规划、心理健康等各方面为学生提供了切实有效的指导,促进了学生的健康成长成才。

积极开展各类主题教育活动。在学生中大力加强社会主义荣辱观教育,取得了显著成效。在由教育部思政司、北京市教工委主办的"践行社会主义荣辱观,寻找身边的榜样"主题教育活动中,北大爱心社被推选为北京市践行荣辱观"团结互助"的典型,并荣获"校园大使"杯。面向全校学生开展了以"向王选和孟二冬老师学习"为主题的班会活动,先后组织近千名学生参加"孟二冬同志先进事迹报告

会"和"王选同志先进事迹报告会"。在胡锦涛总书记给孟二冬女儿孟菲回信后,以学习胡锦涛总书记回信精神为契机,把学习王选、孟二冬主题教育活动进一步推向深入。通过报告会、座谈会、研讨会、主题班会等形式,引导学生回顾长征历史、学习长征精神,纪念红军长征胜利70周年。组织了2006届毕业生廉洁教育座谈会,首次将廉洁教育作为欢送毕业生的一种形式。2006年下半年,下发了《关于基层院系开展廉洁教育工作和制订实施方案的通知》,督促各院系切实深入开展廉洁教育工作。开展了"青春奉献、构建和谐"主题教育活动,通过学雷锋活动、名师讲座、纪念长征胜利70周年和纪念"一二·九"运动71周年活动,激发大学生的爱国情感、民族情怀和奉献精神。

创新各种常规教育活动。2006年的新生入学教育在入学典礼、艺术教育、研究生教育、心理健康教育等方面推出创新举措;毕业教育改革了往年毕业典礼单纯追求气氛庄重、严肃的传统作法,很好地起到了引导学生感恩母校、爱校荣校的教育效果。多次组织学生代表参加由中宣部、教育部等联合举行的思想政治理论课新教材征求意见会,北大学生就《基础》、《纲要》和《概论》三门课程的教材编写提出了修改意见和建议。针对新生群体组织开展了适应大学生活教育和稳固专业思想教育;针对研究生群体着重开展了学业规划指导和学术诚信教育,举办了2006年研究生迎新讲坛、"讲究科学道德、净化学术环境"系列讲座等活动,教育研究生树立学术道德、养成学术规范。

【学生日常管理】 召开研讨会议,加强理论研究,促进学生管理工作的科学化发展。2006年7月,首次召集本科、研究生教学教务系统和学生工作系统联合召开北大学生管理工作研讨会,系统总结了自教育部新版《普通高等学校学生管理规定》实施以来,学校在开展学生管理工作方面取得的成绩和积累的经验,分析了工作中存在的主要问题,明确了学生管理工作的新要求。2006年年底,启动了《北京大学学生违纪处理卷宗》和《北京大学学生退学申述处理卷宗》的编撰工作,进一步提升了学生管理工作的科学化、规范化水平。

评奖评优工作顺利开展,在全体学生中发挥明显的激励示范作用。在个人评奖方面,全校共评出第五届"学生五·四奖章"获得者10名,三好学生标兵221名,创新奖126名,三好学生1534名,优秀学生干部94名,社会工作奖606名,学习优秀奖1137名,红楼艺术奖40名,"五·四"体育奖28名,创新团体5个,获奖总人数3786名;评出校级优秀毕业生718人,推荐2006年北京市高等学校优秀毕业生157名。在集体评奖方面,全校共评出第五届"班级五·四奖杯"获得者5个,7个"学生工作先进单位",29个"优秀班集体",71个"先进学风班"。4月,召开了第五届"学生五·四奖章"、"班级五·四奖杯"颁奖典礼暨深入推进"文明生活、健康成才"主题教育活动动员大会,12月召开了纪念"团结起来、振兴中华"喊响25年暨2005—2006学年度奖励表彰大会。

加大优秀个人和集体的宣传力度,营造学先进、做先进的良好氛围。通过印刷报纸、制作展板等形式,在全校范围内对获得"学生五·四奖章"、"班级五·四奖杯"的学生和班级进行宣传。推出学生先进典型施永辉、张翔等,向全社会展示了当代北大学生的良好形象。12月,生命科学学院2002级硕博连读学生施永辉入选"2006全国大学生年度人物评选活动"30名晋级候选人,并参加全国大学生优秀事迹报告团。

切实做好日常学生管理工作。认真做好在校学生保险工作,积极满足学生的特殊投保需要(社会实践、野外活动、对外交流等),并争取保险公司为参加本年度北京高校大学生定向越野比赛的学生购买了保险。扎实开展学生学籍异动登记、学生违纪处理和申述受理等常规管理工作。

【国防教育】 常规教育纳入军训,有力增强了军训的育人成效。8月18日至31日,北大2005级2916名学生分别在怀柔基地和康庄611基地完成了军事技能训练。2006年的军训工作首次推行"常规教育纳入军训",利用军训期间时间集中、地点固定、学生容易组织等优势,在军事技能训练中加插有针对性的教育活动,举行了专题讲座、主题班会、各类评比、汇报表演、文艺晚会等丰富多彩的国防教育、心理教育、安全教育和文体活动,增强了学生的国防意识,培养了学生不畏困难、团结协作的精神,受到了同学们的普遍欢迎。

军事理论课教学和学科建设迈出了新步伐。在2005年的工作基础上,组织了军事理论教学及军事学科建设研讨会。作为会议的重要成果,在开好《当代国防》通选课的同时,邀请军事科学院的著名专家刘庆研究员开设了《孙子兵法导读》通选课。广大同学踊跃选课,课堂育人效果显著。

国防教育活动蓬勃开展。成立了学生定向运动协会,举办了全校新生定向运动比赛,组建代表队参加了北京市高校比赛并取得优异成绩。开展了"国防教育月"活动,举行了军事讲座、校长部长军营行等活动。承办了由北京市教委主办的"红旗颂"大型军训文艺晚会,受到上级领导的高度肯定。此外,武装部积极配合总政治部驻北大"后备军官选培办"开展工作,加强了与周边军队机构的联系,继续保持了与国防大学、军科院、卫

成区、三十八军、海淀武装部和军训基地等单位的良好军地关系。

【万柳学区工作】 顺利完成学生回迁和学区宿舍整合工作。2006年2月,按照学校的安排,在万柳居住的2004级、2005级计划内非定向学生回迁校本部。在有关部门的积极配合下,学区办克服种种困难,顺利完成了24个院系2599名硕士生、博士生的回迁工作。同时,为配合学校对万柳学区公寓的改造规划,学区办对散住在4、5、6各区的学生进行集中安排,并将原住在2区的男生集中调整到1区,经过1个多月的艰苦工作,分散于万柳各区的800名学生的整合工作基本完成。

加强和调整学生管理和服务工作。针对新情况,学区办改变工作方式,调整并加强学生教育、管理和服务工作。坚持"以学生为本",推出了一系列方便学生入住的举措,如在工作时间上延长办手续期间,允许学生凭入学通知和学生证在暑期入住等。在宿舍管理和后勤服务方面,严格开展宿舍安全检查,协调解决了"燕园—万柳"班车的车次、保安换岗、暖气温度、电梯安全等学生反映比较集中的实际问题。积极调动学生参与日常工作,组织学生助理创办了学区周报《万柳扬风》,多次组织学生代表与物业的座谈会。

深入开展"和谐万柳"主题教育活动。以中央提出的"全面构建社会主义和谐社会"的战略部署为契机,结合"文明生活、健康成才"主题教育活动,学区办策划开展了"和谐万柳"主题活动,通过座谈、公益宣传、文体活动等多种形式,营造了安定祥和的学习生活环境。

【学生就业工作】 就业工作重心在"时间"上"瞻前顾后",在"空间"上建立健全职业指导、就业服务两个工作体系。所谓"时间"上"瞻前顾后",即一方面通过试点开设"成长成才与职业生涯规划辅导"课程(2006年下半年已在全校各院系全面推广),工作重心前移,加强对非毕业班学生职业素养与就业能力的培养;一方面将工作力度往后延伸,通过引导鼓励更多的毕业生到基层、西部、国家重点行业就业,努力保持北大毕业生就业流向在行业与地域分布上的相对合理与均衡,切实提高毕业生成才率。所谓"空间"上建立健全就业指导、就业服务两个工作体系,主要是针对毕业班学生举行就业指导专家系列讲座,开设职前教育网络学堂、公务员考试辅导课程、学生就业职业测评系统,对部分就业困难的同学直接提供个性化的就业咨询和帮助;针对非毕业班学生开设"成长成才与职业生涯规划辅导"课程,推出职业测评、职业生涯规划咨询(一对一)、职业规划训练营(一对多)、就业指导报网络版、实习服务、咨询开放日等多项创新性的全程职业指导项目。

培育完善就业服务体系。第一,按照"点—线—面"的模式组织有形就业市场。"点"是指优先把政府机关、国家重点企事业单位、世界一流企业引入校园召开专场招聘会;"线"是指按照行业、地域等不同的毕业生就业趋向,选择和邀请用人单位进入校园召开中等规模的招聘洽谈会;"面"是指每年一次的大型毕业生就业洽谈会。2006年的就业洽谈会吸引了国内200余家用人单位,是17年来规模最大的一次,需求职位多达上千个。第二,在无形就业市场建设与培育方面,对毕业生就业信息网进行全面改版,增设了用人单位提供信息和服务的交流平台。第三,借助"省校合作"、"省校共建"的平台扩大与地方的合作,通过建立就业实习基地、选派优秀毕业研究生到地方挂职工作等方式,拓宽就业渠道。第四,继续贯彻"请进来,走出去"的工作方针,先后赴中国航天科技、中国核工业、中国石油石化等大型国有企业参加供需见面活动,到宁波、嘉兴、绍兴、广州、顺德、昆山等地发布生源信息,搜集单位需求信息。

建立科学化、制度化和规范化的就业管理制度,完善"三位一体"的就业工作方式。面对新的毕业生就业形势,我校毕业生就业工作转向以市场为导向、以服务为龙头、以职业生涯及就业观念引导为核心的工作模式,就业工作的方式从单一的就业管理转变到指导、服务、管理"三位一体"。为此,就业管理工作本着科学化管理的原则,强调寓毕业生就业管理于教育、指导和服务等功能之中,达到科学化、制度化和规范化的标准。校系两级就业管理体系不断加强,开始形成全员参与的良好局面。健全毕业生就业管理系统、完善管理办法,依托市教委的"北京高校毕业生就业管理系统",把毕业生个人基本信息、用人单位基本信息及时、准确地录入系统,使毕业生就业管理基本信息更加全面、客观、及时、准确。严格规范《就业协议书》、《就业报到证》的发放、记录和存档工作,制定毕业班学生出国旅游办理护照的相关规定,弥补管理漏洞,维护正常的就业秩序。

【本科毕业生就业情况】 基本数据与就业流向(括号内为校本部数据) 2006年北大本专科毕业生共计3169人(2740),截止到12月31日,共计考取研究生1158人(1115),占36.5%(40.7%);申请自费出国留学696人(662),占22.0%(24.2%);实际参加就业1303人(924),占41.1%(33.7%)。(见图1)。在实际参加就业毕业生中,1189人(847)已就业,106人(77)未就业。在已就业毕业生当中,被正式派遣800人(546),服务北京基层1人(1),志愿服务西部1人(1),签劳动合同139人(101),提供用人单位证明128人(128),自由职业87人(60),灵活就业22

人(0),自主创业11人(10)。全部毕业生毕业去向落实率(就业率)为96.66%(97.19%)。

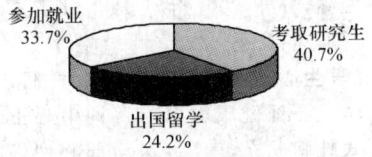

图1 校本部本专科毕业生去向

从工作单位性质上看,在校本部已被正式派遣的546名毕业生中,去机关53人,占9.7%;事业单位126人,占23.1%(其中科研设计单位26人,占20.6%;高等学校43人,占34.1%;其他教学单位2人,占1.6%;其他事业单位55人,占43.7%);企业单位335人,占61.4%(其中国有企业143人,占42.7%;三资企业106人,占31.6%;其他企业86人,占25.7%);军队14人,占2.6%。(见图2)。

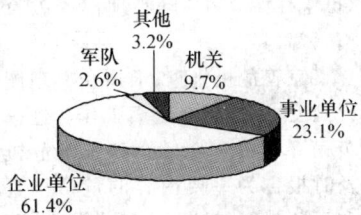

图2 校本部正式派遣的本专科毕业生就业单位性质

从就业的地区来看,在校本部已被正式派遣的546名毕业生中,去北京313人,占57.3%;广东113人(含深圳市38人)、上海18人,分别位列2、3名,分别占20.7%、3.3%;支援西部地区39人,占7.1%。(见图3)。

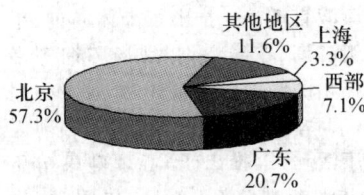

图3 校本部正式派遣的本专科毕业生就业地区

就业特点分析 (1)与2005年相比,我校本部本专科毕业生总量增加234人,增幅达9.3%。从毕业生去向来看,受出国签证放宽、研究生扩招政策影响,自费出国留学人数与比例分别比去年增加75人、0.8个百分点,考取研究生人数比去年增加60人、比例减少1个百分点,最终实际参加就业人数与比例分别比去年增加4人、比例减少1.5个百分点,正式派遣的毕业生人数相比去年增加18人。

(2)各类企业依然是本专科毕业生就业的主渠道,但就业人数和比例均有所减少。与去年相比,2006年本专科毕业生选择企业的人数与比例分别减少了6人、5个百分点。

(3)与企业就业人数及比例减少这一趋势相反,除到部队的基本稳定外,到党政机关、事业单位的人员与比例均呈上升态势。这其中到党政机关的人数与比例分别比去年增加了4人、0.5个百分点,到事业单位的人数与比例分别比去年增加了17人、1.9个百分点。

(4)与去年相比,毕业生留京的人数与比例有了一定幅度的减少,分别减少了17人、6.9个百分点;但服务北京基层和到京郊农村就业的人数显著增加,共计15人。到西部和国家重点单位就业的人数相比去年又有稳步增长。就西部来说,我校本部赴西部就业的本专科毕业生在去年相比前年人数增加了13人,增幅达到50%。

【毕业研究生就业情况】 基本数据与就业流向(括号内为校本部数据) 2006年北大毕业研究生共计4139人(3300),其中定向、委培生314(258)人,不参加派遣的自费生92人,可派遣毕业生3743人(2950)。截止到12月31日,在可派遣毕业生中,已申请自费出国留学383人(318),占可派遣毕业生

数的10.2%(10.8%);已考取博士(博士后)248人(155),占6.6%(5.3%);实际参加就业3097人(2477),占82.7%(84.0%)。(见图4)。在实际参加就业毕业生中,已被正式派遣2630人(2083),签劳动合同31人(29),提供用人单位证明114人(107),自由职业21人(20),自主创业4人(3),其他灵活就业155人,未就业毕业生132人(70)。全部毕业生毕业去向落实率(就业率)为96.47%(97.62%)。

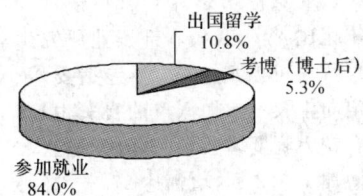

图4 校本部毕业研究生去向

从工作性质上看,在校本部已被正式派遣的2083名毕业生中,去机关264人,占12.7%;事业单位685人,占32.9%(其中科研设计单位112人,占16.4%;高等学校361人,占52.7%;其他教学单位26人,占3.8%;其他事业单位186人,占27.2%);企业1099人,占52.8%(其中国有企业499人,占45.4%;三资企业311人,占28.3%;其他企业289人,占26.3%);军队5人,占0.2%。(见图5)。

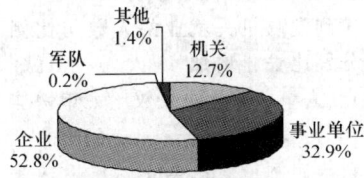

图5 校本部正式派遣的毕业研究生就业单位性质

从就业地区来看,在校本部已被正式派遣的2083名毕业生中,去北京1384人,占66.4%,仍然高居榜首;广东位列第2名,有257人(含深圳市121人),占12.3%;

上海列第3名,为146人,占7.0%;支援西部地区24人,占1.2%。(见图6)。

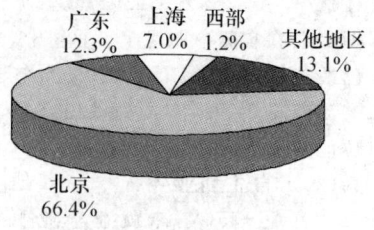

图6 校本部正式派遣的毕业研究生就业地区

就业特点分析 (1)与2005年相比,今年我校本部毕业研究生总数与可派遣人数(不包括委培、定向生及不参加派遣的自费生)均有较大程度增长,其中可派遣人数增加了702人,增幅达27%。在可派遣毕业生当中,与去年相比,自费出国留学人数增加了22人,已考取博士(博士后)的人数减少18人,比例均略有减少,实际参加就业人数增加了359人,比例增加了2.3个百分点,就业的压力是实实在在的。与此同时,学生准备来年出国、考博的人数与去年持平,正式派遣的毕业生人数和比例有了大幅度提高,增加了291人,增幅达16.2%,这是今年毕业研究生就业最主要的特点,也是与校系两级就业工作队伍的有效工作分不开的。

(2)从工作性质方面来看,今年到党政机关就业的人数与比例分别比去年增加49人、一个百分点;去事业单位的人数比去年增加15人、0.3个百分点;去企业的人数与比例依然占据正式派遣毕业生的半壁江山,比去年增加了2.8个百分点,其中到三资企业的人数比去年增加54%,增加113人。

(3)从就业地区方面来看,今年留京的人数比去年增加了151人,所占比例减少了2.4个百分点,在内地就业的毕业生比例持续增长,到西部地区就业的人数与比例仍保持一定规模。这种就业地域流向的态势既显示出我校毕业研究生就业地区多元化趋势进一步加强,同时也说明了我校毕业研究生就业去向的布局进一步趋向合理。

【青年研究中心】 继续加强校园BBS监管工作。自从2005年北大未名BBS由面向公众开放的论坛转变为北大师生的校内信息交流平台后,校外用户的发文权得到有效控制,危害性文章相对减少。但青年研究中心对于校园BBS仍然坚持24小时监控,对不实信息和恶意炒作的帖子进行严格控制,有效维护了校园安全稳定。

继续做好校内外的舆情报送工作。在校内舆情报送方面,将以往的《校园网动态》改版成《网络信息周报》,增加了社会网络媒体涉及北大的报道和评论,以便相关领导及时了解社会大众对于北大的评价,为北大的舆论宣传工作提供参考。在校外舆情报送方面,主要为中宣部舆情局和教育部社政司报送舆情信息。未名BBS作为中宣部舆情局的舆情信息直报点,每月大约报送5—7条校园网内出现的政治敏感信息,同时也将敏感的教育类信息及时报送教育部社政司,得到上级领导的高度重视和充分肯定。

编辑出版《北大青年研究》。2006年,按计划编辑出版了四期杂志,共刊登文章78篇。其中,第一期和第二期各有一篇文章分别被全国教育类核心期刊《中国高等教育》和《中国大学教学》转载。同时,青年研究中心不断完善杂志编辑制度,聘请了王义遒、赵存生、林均敬三位老领导为顾问,成立了以张彦副书记为主任的编委会,修改完善了各项工作流程与规章制度,增加了专门的编辑工作人员,确保了编辑部工作的高效、规范。

创建和运营"北大地带"学生综合服务网站。2006年,青年研究中心积极探索建设融思想性、知识性、趣味性、服务性于一体的校园网络主阵地,创办了"北大地带"网站,并于2007年1月1日正式开通运行。

【学生心理健康教育】 1月7日,学生心理健康教育与咨询中心正式挂牌成立,10月,医学部心理咨询中心挂牌并重新调整了领导班子,极大推动了学生心理健康教育工作的制度化、专业化和规范化进程。

完善全员育人机制。多次组织针对院系学生工作干部和学生专项助理的心理健康教育工作培训,内容包括新生辅导员的心理健康教育工作思路、大学生常见心理问题及对策、自杀危机的识别技能、心理咨询的原则和方法以及教师心理健康维护等主题。制作、发放了各种培训资料和工作指导手册,如《心理危机干预工作手册》、《班主任工作手册(心理健康教育篇)》等。

完善危机排查、干预和心理测评制度,做好存档建案工作。进一步完善了由定期排查和日常危机及时报告为主要内容的危机排查和干预制度,对2006级本科生、研究生进行心理健康测评,对其中近600名同学进行了逐个约谈,主动干预了30余名学生的各类心理问题。2006年下半年,心理普测工作基本覆盖了校本部全体在校学生。在上述工作的基础上,心理健康教育与咨询中心为学生中的问题人群和高危人群建立心理健康档案400余份。

开展心理咨询工作和心理健康教育活动。推出了个体面询、小组咨询、在线咨询、现场咨询等多样化的心理咨询服务,开通了心理咨询绿色通道,举办了两届心理健康活动月,推出了"心理健康精品讲座走进院系"项目,在数学、物理、国关、经院等10余个院系开展了20多场讲座。2006年下半年开

始全面推广工作坊项目，采取同伴教育工作坊（学生带队）和团体咨询工作坊（老师带队）并行的方式，涵盖了新生适应、森田疗法、情绪管理、时间管理、人际交往、网络成瘾等多个主题。创办了《北大青年〈心声增刊〉》，推出了新生适应、节食、爱情和时间管理四个特别策划，邀请专业咨询师对学生日常生活中的共性问题提出建议和指导。

【学生资助工作】 1月7日，学生资助中心正式成立，极大地促进了北大学生资助工作的深入发展。

切实做好国家助学贷款工作。花大力气落实、深化国家助学贷款政策。5月，学生资助中心牵头召开了全校国家助学贷款工作会议，决定建设以学生资助中心为龙头，学校各相关单位为支撑，各院系学生工作办公室为基础的学生资助工作运行体系。学校拨出专项经费表彰和奖励了在国家助学贷款工作中涌现出来的23名先进个人和14个先进单位。2006年，北大的学生资助工作受到上级领导和社会各界的一致好评。校党委张彦副书记代表北大在全国助学贷款工作会议上作经验介绍，教育部领导称北大学生资助工作"领导重视，工作扎实，效果显著"。2006年末，教育部特意将全国助学贷款代偿资助工作会议放在北大，邀请115所高校的领导实地参观北大学生资助中心，称赞北大学生资助工作做得好。

积极拓展社会捐助资源。积极丰富社会捐助渠道，拓展捐助项目，新增近300万元助学金。仅爱心礼包一项，就募集了校内外近十个单位总计近40万元的捐助，300名特困家庭学生每人受益一千多元；中秋节又为3000名贫困家庭学生送上了中秋月饼。截至2006年年底，平均每名贫困家庭学生受资助金额为5283.7元，比去年同期增加近1千元，资助资金总额为1660.7万元。

高度重视学生服务总队能力建设。2006年，学校投入十万元经费用于指导学生服务总队开展能力建设，通过举办礼仪及信用专场讲座、洪战辉事迹报告会、自强演讲比赛、各年级受助学生座谈会等能力建设活动，以及开展环保植树、到打工子弟学校义务教书等多项社会公益服务活动，帮助贫困家庭学生提高实践能力、创新能力、社会适应能力以及自助能力，同时引导他们保持乐观向上的精神面貌，树立服务他人、奉献社会的优秀品质，最终实现"他助、自助、助人"的根本转变。2006年暑期，学生资助中心策划组织了学生服务总队队员赴黑龙江省社会实践活动，有效培养了学生的团队协作精神和艰苦奋斗的品德。

【德育研究】 编辑出版了《转型与跨越——北京大学加强和改进学生思想政治教育论文选编》，全面反映了北大在贯彻落实中央16号文件的工作进程中所积累的工作成绩和成功经验；承担教育部思想政治工作司组织编写的《高等学校辅导员培训教程》第四、八章的撰写任务；启动了学生工作课题招标，组织全校学生工作干部开展理论研究，形成统一课件用于开设学生成长成才指导讲座。《北京大学教育评论》的《2006年高等教育管理专刊》设立"高校学生工作"专栏，收录了北大学生工作系统的19篇理论文章；中国学位与研究生教育学会德育委员会组织编写的《研究生思想政治教育工作——优秀案例选编》一书收录了北大学生工作系统的3篇理论文章。此外还承担了教育部全国高校师生思想政治状况滚动调查工作，开展了《长学制医学生思想政治教育模式》研究和《医学生职业生涯设计》课程开设的总结与调研工作，编写了《北京大学"文明生活、健康成才"主题教育活动工作简报》6期、《学生工作简报》15期、《学生工作周报》40期。

共青团工作

【概况】 2006年，北大共青团以邓小平理论和"三个代表"重要思想为指导，牢固树立科学发展观，深入学习、认真贯彻党的十六届六中全会、团的十五届五中全会和团市委十一届九次全委（扩大）会议精神，在校党委的领导和上级团组织的指导下，在全体团干部和广大团员青年的共同努力下，胜利召开了共青团北京大学第十七届委员会第三次全体（扩大）会议，并以此为契机，服务构建社会主义和谐社会、全面建设小康社会的发展大局，围绕2008年奥运会的筹办工作和北京大学创建世界一流大学的中心工作，深入推进服务大局、服务青年的工作格局，校本部和医学部团的各项工作取得了新业绩，迈上了新台阶。

深入贯彻中央16号文件精神，引导青年坚定理想信念，进一步提升思想政治教育工作水平。2006年来，团委秉承"育人为本、德育为先"的理念，以纵深推进"文明生活，健康成才"主题教育活动为指导，全面夯实具有北大共青团特色的大学生思想政治教育体系

的基础,取得了突出的育人成效。团委于2006年开展了纪念"团结起来,振兴中华"喊响25年主题教育活动,按照弘扬长征精神、共建和谐社会的时代要求,总结了服务大局、服务青年的基本经验。从3月份起,相继开展了"北大师生社会主义荣辱观座谈会"、"知荣辱,促和谐"主题团日等一系列活动。从5月份开始,组织团员青年开展纪念五四运动87周年、学习胡锦涛总书记给孟二冬女儿孟菲回信精神、学习《江泽民文选》等教育活动,编写了《大学生社会主义荣辱观教育理论研究》学习读本,进一步深化思政教育的成果。2006年,北大团委获得了全国五四红旗团委、全国增强共青团员意识主题教育活动先进单位等一系列荣誉。

紧密围绕北大建设社会主义和谐校园、创建世界一流大学的中心工作,深入落实领导型创新型人才培养战略,不断完善大学生成才服务体系。以学生课外活动指导中心的成立为契机,大力加强校园文化建设,学生课外学术科研和社会实践蓬勃发展,文体品牌活动百花齐放,进一步提升了第二课堂的育人成效。青年理论研究、"挑战杯"、《北大讲座》、五四学术文化节、暑期社会实践、"十佳歌手"大赛、学生"演讲十佳"大赛、"毕业生晚会"、"新生文艺汇演"、"一二·九"文化节、"新年联欢晚会"、学生平面创作大赛等品牌工作继续推进,取得了新的进展。

坚持"党建带团建",巩固共产党员先进性教育活动和增强团员意识教育活动的成果,切实加强共青团能力建设和组织建设。2月份举行的共青团北京大学第十七届委员会第三次全体(扩大)会议,将北大共青团的自身建设推向了一个新的发展阶段。深入推进学习型组织和服务型组织建设,着力加强团干部、团员队伍建设,进一步增强了团组织的凝聚力、战斗力。加强万柳学区团的工作,指导万柳团工委积极开展安全教育、志愿服务和"共建和谐万柳"等活动。在团委指导下,学生组织工作也有了新的进展,学生会、研究生会、学生社团"自我教育、自我管理、自我服务"的功能得以充分发挥,为活跃校园文化、维护学生权益、服务同学生活作出了积极贡献。团校、研究生骨干学校、青年理论骨干发展中心、社团文体骨干培训中心和奥运志愿者骨干培训学校的办学体制进一步得以完善,学生骨干训练营成功举办,学生骨干培养工作全面推向深入。

2006年11月底,在学校党委的亲切关怀和直接领导下,共青团北京大学委员会的领导班子进行了调整。沈千帆调离团委,任共青团北京市委员会副书记,学校任命韩流为团委书记。

【学生思想政治教育】 团委坚持以邓小平理论和"三个代表"重要思想为指导,牢固树立科学发展观,贯彻"育人为本、德育为先"的工作理念,将大学生思想政治教育摆在各项工作的突出位置,以深入推进"文明生活、健康成才"主题教育活动为龙头,以服务青年全面成才为落脚点,全面构建和巩固导向明确、内涵丰富、机制健全、成效显著、具有北大特色的大学生思想政治教育体系,取得了突出的育人实效。

上半年,团委认真贯彻中央16号文件精神,充分汲取增强共青团员意识主题教育活动的成功经验,深入开展大学生社会主义荣辱观教育。并按照学校加强师德建设的战略部署,深入学习胡锦涛总书记给孟二冬女儿孟菲回信精神,积极组织向王选院士和孟二冬老师学习的活动,引导青年学生学习先进、励志成才。2月26日,来自全校各院系的四十多名学生代表和学生干部参加"北大学子深入学习王选院士精神"座谈会。3月11日,"感受先贤魅力,励志和谐发展,争作时代先锋"北大团员青年学习王选精神座谈会在英杰交流中心召开。3月中旬,校团委理论研究室推出"学习社会主义荣辱观"系列专评。3月30日,成功举办"知荣辱、树新风——北大师生社会主义荣辱观座谈会"。4月,"知荣辱、促和谐"主题团日活动和"生于八十年代——八十年代人的理性思考"主题系列活动举办。5月4日,北大学子参加天安门广场升旗仪式,并与武警天安门警卫支队战士座谈。

下半年,团委成功开展纪念红军长征胜利70周年暨"团结起来,振兴中华"喊响25年主题教育活动。8月份,《江泽民文选》出版发行,为大学生思想政治教育工作提供了强大的思想武器和不竭的精神动力,共青团系统兴起学习《江泽民文选》的热潮,努力用"三个代表"重要思想指导实践、推动工作。9月15日,2005—2006年度北京大学共青团系统评优表彰暨"志愿服务,健康成才"主题教育实践活动动员大会在北京大学办公楼礼堂隆重召开。共青团中央学校部大学处处长王松山、共青团北京市委大学与中专工作部部长刘震、北京大学党委副书记张彦、党委组织部副部长迟行刚、学生工作部副部长查晶以及北京大学团委书记班子出席了大会。10月11日,校团委全面启动"学习《江泽民文选》,争做青年先锋"主题团日活动。12月1日,北京大学纪念"团结起来,振兴中华"口号喊响25年大会隆重召开。团中央学校部部长周长奎,团市委副书记王粤,团市委大学与中专工作部部长刘震,北京大学党委常务副书记吴志攀、常务副校长林建华、党委副书记王丽梅、副校长鞠传进等领导出席。会后,团中央学校部部长周长奎、海淀区区委副书记彭兴业、北大党委副书记张彦等领导参加了北京大学纪

念"团结起来,振兴中华"喊响25年师生座谈会。12月9日,由团委和工会联合主办的北京大学纪念"一二·九"运动71周年师生歌咏比赛在百周年纪念讲堂隆重举行。

切实增强政治责任感和敏感性,积极维护校园安全稳定。建立健全校园舆情监测机制,密切关注青年学生群体中的热点、焦点和难点问题,及时掌握青年学生的思想动态,积极做好信息收集与反馈、矛盾化解、应急处理等工作。发挥团报团刊、橱窗、校园网络等宣传阵地的教育引导作用,努力形成齐心协力保稳定、聚精会神谋发展的大好局面。

2006年,医学部团委以纪念建党85周年、长征胜利70周年等历史契机,通过多种形式开展大学生思想政治教育。6月15日,举办"永远跟党走"纪念建党85周年大型歌咏比赛,12月举办纪念"一二·九"主题升旗仪式及长跑活动,推出了《北医之窗》专题栏目、爱国主义电影展、主题团日、调研、座谈、参观等丰富多彩的学习教育活动,取得了良好的育人成效。积极配合学校整体创建无烟校园的工作部署,创建了学生控烟服务团,组织开展了控烟海报设计大赛、控烟知识竞赛、世界无烟日主题宣传、医学部控烟宣传日等活动,对医学部控烟禁烟工作的开展起到有力推动作用。

【理论研究与宣传引导】 团委高度重视调研和理论研究工作,发挥北大共青团理论研究的先锋优势,把握理论研究工作的创新性、前瞻性、实践性、指导性方向,推动团的理论研究工作迈上了新台阶。在组织上,成立了青年理论骨干发展中心,带动团校、研究生骨干学校以及青年马克思主义发展研究会等学生理论社团,主动发挥"理论学习代表队"的作用,体现了鲜明的时代责任感和较高的理论素质。在机制上,"学习例会"、"专题学习"、"专业写作"、"实践调查"、"基层理论研究"等特色工作,有力地促进了学习的日常化和规范化。在品牌上,《学习简报》、《热点参考》、《理论前沿》、《北京大学青年发展报告》等项目得到完善和巩固。在项目上,围绕青年发展和青年工作的时代主题,开展了"大学生价值观发展状况"、"传统文化与北大学生思想政治教育调查报告"、"北京大学学生骨干培养工作调研报告"、"北京市海淀区中关村高新技术企业青年工作状况调研"、"大学生课外活动状况调研"等一系列调研活动,研讨了"社会主义荣辱观"等富有时代气息的新课题,推出了一批高水平研究成果。在《中国青年研究》等刊物上发表了多篇理论文章,出版了《青春行——北京大学学生社会实践的历程与探索》等理论书籍。团委还通过开展理论研究课题立项工作,推动了基层共青团组织的理论研究工作和学习型组织建设。2006年,北大团委被评为"北京共青团调研工作先进单位",《论大学生社会主义荣辱观教育的八大关系》获全国高等学校思想政治教育研究会颁发的"第十一届全国高校青年德育工作者优秀论文奖",《北京大学学生价值观发展状况调研报告》荣获"全国基层团建创新优秀成果奖"。

团委充分发挥宣传工作的教育和引导功能,秉承"弘扬主旋律,打好主动仗"的宗旨,积极宣传和弘扬社会主义荣辱观,着力挖掘北大师生典型和先进事迹,引导青年学子不断提高道德修养、健康成长成才。充分发挥《北大青年》的覆盖优势,积极开展纪念长征胜利70周年、"团结起来,振兴中华"喊响25年主题教育活动,结合奥运志愿者相关事宜积极开展奥运精神与志愿服务主题教育工作。系统梳理了团史,于11月编写了画册《青春的征程:北大共青团经典瞬间回眸》,全面记录北大共青团的光荣历史。《北大青年》积极调整思路,推进报纸内容和版式改革,发挥了共青团宣传工作主渠道的职能。大力推动团委网站的建设和完善,充分发挥网络优势,开辟宣传工作新方式,促进北大共青团工作的信息化建设。完善北大共青团宣传系统网上办公平台,启动网络信息监控的工作,加强了信息报送工作。举办第七届学生"演讲十佳"大赛、2006—2007年度学生平面创作大赛、纪念中国传统节日主题图文展等主题宣传活动,为学生的成长成才提供了广阔的舞台。医学部团委大力推动宣传教育工作,不断加强对《北医之窗》、广播站、团内信息等传统校园媒体的基本建设。此外,医学部团委还积极进行网络建设,充分发挥医学部团委网站的功能,进一步深化了团委的信息化工作。

【学术科研与社会实践】 2006年,团委成功组织了北京大学第十四届"挑战杯"——五四青年科学奖竞赛,参赛作品共计256件,参赛同学来自校本部各院系、医学部、软件学院和应用文理学院等33个院系,作品内容涵盖文、理、工、农、法、医六大领域。评选产生个人一等奖14名、二等奖29名、三等奖33名、鼓励奖23名。3月正式启动北京大学第八届"北大科技园杯"学生创业计划大赛,大赛历时9个月,共计收到商业计划书34份,包括照明、环保、新能源、信息技术、生物医药等多个类别,参赛队员200多人,涵盖校内23个院系,经过初评、复评和决赛答辩等环节的激烈角逐,绿色阳光科技有限公司获得金奖,海净环保水处理有限公司、PDM传媒有限公司两支团队获得银奖,Yotee创意文化有限公司等三支团队摘得铜奖。4月与日本通用工程股份有限公司共同设立了北京大学团委"河合创业基金",专门用于支持在课余

时间从事创新创业活动的北大学生。4月份正式启动北京大学第三届"江泽涵杯"数学建模与计算机应用竞赛,5月底圆满结束。11月,组织参加第十届"挑战杯"全国大学生课外学术科技作品竞赛,获得第五届"挑战杯"飞利浦全国大学生创业计划竞赛高校优秀组织奖。

2006年,团委积极响应团中央、团市委"践行荣辱观、服务新农村"的号召,成功组织了以"知荣力行,科学发展"为主题的暑期社会实践活动,不仅在参与人数、团队结构上较以往有了突破和完善,而且在加强团队课题指导、精细化管理、课程化建设等方面取得突破性进展,社会实践育人大课堂日趋成熟,北京大学被评为"全国文化科技卫生'三下乡'先进集体"。2006年暑期,共有238支团队申报立项,2415人次参与社会实践。其中本部有197支团队申报立项,1968人次参与社会实践,医学部、深圳研究生院共组团41支、447人次参与社会实践。校本部参与社会实践的本科生共有1310人次,研究生658人次(其中硕士生493人次,博士生165人次);指导教师共计256人次,随团指导教师87人次;硕士生参与的实践团队99支,博士生参与的团队达40支。其中,参与红色之旅的团队有18支,关注社会主义新农村建设的团队有91支,关注西部大开发的团队有97支,关注中部崛起的团队有43支,关注东部发展的团队有38支,关注资源节约型和环境友好型社会建设的团队有47支,关注奥运的团队有9支,关注自主创新的团队有7支,关注服务支教的团队有78支。团队的实践区域覆盖了内地各个省、市、自治区。按照活动区域划分:赴革命老区的团队18支,占总数的7.5%;赴西部实践的团队97支,占团队总数的41%;赴东北的团队14支,占团队总数的6%;赴中部地区实践的团队43支,占团队总数的18%;赴东部沿海地区实践的团队38支,占团队总数的16%;在北京实践的团队9支,占总数的3.75%。在首都大学生暑期社会实践评比中,北京大学被授予"2006年度首都高校社会实践先进单位",5人被评为"首都高校社会实践先进工作者",13支社会实践团队被评为"首都大学生社会实践优秀团队"。

2006年,医学部团委围绕"践行荣辱观,服务新农村,构筑和谐社会"的主题,结合专业特点,发挥资源优势,精心组织学生实践团奔赴全国各地,开展形式多样的医疗卫生服务活动。共组建了四支实践团,分别奔赴新疆维吾尔自治区鄯善县、石河子市、云南省昆明市、玉溪市通海县、大理自治州州府、大理自治州鹤庆县、山西省右玉县、河北省清河县等实践地,在医学部各学院、附属医院团委的积极配合下,暑期社会实践成果丰硕。

【校园文化建设】 团委从创建世界一流大学、培养领导型创新型人才的整体战略出发,充分发挥学生课外活动指导中心的协调和服务功能,继承传统精髓,汲取时代精华,发挥独特优势,将北大校园文化逐步打造成为深入实施素质教育的桥头堡和服务青年成长成才的主阵地。

学术文化方面,举办了五四学术文化节、研究生"学术十杰"评选、医学部青年科技文化艺术节等品牌活动和"燕园韶华"迎新系列讲座、"亚太名家系列讲座"、"永远的故宫"系列讲座等精品讲座。全年总计组织近千场学术讲座,营造了浓厚的学术氛围。编辑出版了《北大讲座》第11—13辑,基本构建了全方位的讲座合作模式,进一步提升了"北大讲座"的品牌质量和社会效应。各院系团组织积极举办学术文化节,地球与空间科学学院"天地人"文化节、哲学系"社会·文化·心灵"系列讲座、法学院模拟法庭训练营、政府管理学院市长论坛、物理学院"萃英"研究生学术沙龙等活动广受好评。

文体文化方面,举办了新生文艺汇演、校园十佳歌手大赛、"演讲十佳"大赛、"一二·九"文化节系列活动、学生平面创作大赛、"北大杯"、"硕士杯"等多项文体品牌活动,使校园文化得以进一步繁荣。举办了"缤纷社团,和谐校园"北京大学第十届社团文化节以及"红色经典"爱国励志歌会、"青春之歌"原创歌曲试听会等特色活动。组织拍摄了毕业电影《离骚Ⅱ》,举办了毕业生晚会、"北大青年号"记忆列车、"Memory"毕业歌会等系列活动,激发了全体毕业生热爱母校、回报社会、报效祖国的情感。北大赛艇队成功卫冕"北大—清华赛艇邀请赛",学生桥牌队成功获得了代表中国参加2006年世界大学生桥牌锦标赛的资格。山鹰社、自行车协会、乒乓球协会等体育类社团蓬勃发展,在校园内掀起了强身健体的热潮。

校园文化国际化建设稳步推进。2006年3月,在北大举办的世界大学生模拟联合国大会以及院系团委、学生社团举办的国别文化节,充分展示了北大校园文化开放大气的时代风貌。

2006年,医学部通过继续抓好"新生文化月"、"学生控烟活动"、"北大生物医学论坛"等品牌活动,繁荣发展医学部校园文化建设。成功举办了第十三届社团文化节,医学部29个学生社团分别举办了内容丰富、形式多样的精品活动,如"蛋糕制作大赛"、"摇滚之夜"音乐会、第二届外文歌曲大赛、"今日中医灿烂"大型义诊、"缤纷社团,星耀北医"闭幕式晚会等,充分地展现北医学生社团的魅力风采,丰富了同学们的课余文化生活。

【青年志愿者与青年文明号】 2006年,团委以成立志愿者工作

部为契机,全面整合和深化北大志愿服务事业,进一步完善志愿者工作组织管理体系、项目开发运作体系和骨干选拔培养体系。重点围绕北京奥运会,加强宏观规划和项目落实,大力开展"志愿服务奥运,争做和谐青年"、"青春微笑行动"等奥运主题志愿服务活动。8月28日,北京奥运会、残奥会志愿者招募工作正式启动,北大成立"奥运会志愿者工作领导小组",校级咨询点设在团委志愿者工作部,统一负责校内志愿者招募的宣传、咨询和资料汇总工作。9月份,团委正式启动"志愿服务,健康成才"主题教育实践活动。团委以奥运文化和志愿精神塑造为主要着眼点,以奥运宣传和志愿者招募为工作重点,形成了广大团员青年积极关注、踊跃报名的喜人局面。截至12月底,网络报名的师生超过5000名。11月,北京大学奥运会志愿者骨干培训启动仪式在北京大学英杰交流中心阳光大厅举行。12月,奥运会媒体运行专业志愿者培训工作正式启动,来自28个院系的680多名师生参加了此次培训,成效显著。12月,北京大学奥运会媒体运行专业志愿者培训启动仪式暨首场讲座在北京大学办公楼礼堂举行。团委还着力加强基层志愿者协会和志愿服务类社团工作,外国语学院国旗班英语培训、心理学系成长热线、环境学院"绿色奥运"等院系专业项目以及爱心社"爱心万里行"、阳光志愿者协会"阳光10000"等社团特色项目都成为北大志愿服务事业的闪亮名片。

继续推进支教工作。第八届研究生支教团顺利组建,15名优秀学生骨干奔赴西部贫困地区。1月,北京大学2006年研究生支教团新年座谈会在英杰交流中心第二会议室召开。校党委副书记张彦出席了座谈会。5月底,北京大学副校长岳素兰一行赴拉萨慰问了在西藏支教的北京大学第七届研究生支教志愿者和西部计划志愿者,西藏自治区党委常务副书记胡春华、自治区副主席白玛才旺会见了慰问团一行。

2006年,医学部团委引导团员青年积极参加志愿服务工作,号召全体团员青年学习奉献精神,大力推进医学部志愿服务活动。全面启动医学部奥运志愿者招募工作,邀请原北京奥申委秘书长魏纪中等多位专家为医学部志愿者作专题培训。从9月起,在北医范围内开展"微笑天使"系列主题活动,先后组织了"微笑天使"口号征集、"最美的天使,最美的微笑"百张笑脸征集、"奥运在我心"征文以及"微笑与健康"系列讲座等活动,得到了医学部广大团员青年广泛关注和支持,取得了预期的效果。医学部第八次派出应届毕业生参加团中央的扶贫接力计划——研究生支教团工作,形成了良好的替换机制。

12月中旬,北京大学"青年文明号"活动领导小组成立。领导小组办公室设在校团委研究生与青年工作部。12月20日,《北京大学青年文明号管理办法(试行)》发布,在后勤系统启动"青年文明号"试点活动。

医学部团委继续推进青年文明号、青年岗位能手和青年志愿者工作。2006年,北京大学第一医院急诊科急诊抢救室、北京大学第一医院儿科ICU、北京大学人民医院外科重症监护病房、北京大学第三医院药剂科门诊西药房、北京大学临床肿瘤学院中西医结合病房被新认定为"2005年度北京市青年文明号";北京大学第一医院传染科一病房、北京大学第一医院妇产科产一病房、北京大学人民医院血液病研究所、北京大学人民医院急诊科、北京大学第三医院眼科中心病房、北京大学第三医院心内科23病房、北京大学第三医院神经科24病房、北京大学第三医院运动医学研究所创伤组、北京大学口腔医学院急诊科、北京大学口腔医学院医院正畸科、北京大学临床肿瘤学院呼吸内科一病区(原内二病区)被重新认定为"北京市青年文明号";北京大学人民医院肝病研究所副研究员陈红松荣获"2005年度北京市青年岗位能手"称号。

【青年团干部与学生骨干培养】团委高度重视团组织的队伍建设,不断加大青年团干部与学生骨干的培养力度。为建设一支能够适应现代高等教育管理工作需求、能够担负阻的事业发展所需的工作重任的高素质的团干部及学生骨干队伍,根据团中央、团市委、校党委的文件要求,团委制定了《关于做好2006年度北京大学共青团系统干部及学生骨干培训工作的意见》,确定了2006年度团干部及学生骨干培训的总体目标。邀请了北京大学常务副校长林建华教授、中国青年政治学院陆玉林教授等上级领导和青年研究专家为团干部进行培训,还邀请经验丰富的团干部与新上任的团干部进行座谈交流。通过系统化、经常性的培训,各级团干部的思想政治素质、业务能力都得到了提升。6月,团市委刘剑书记一行莅临北大,就学生骨干培养的相关问题开展调研。

为探索人才培养新模式,培养一支素质过硬、能力出众的学生骨干队伍,7月,在延庆康庄军训基地成功举办北京大学第一届学生骨干训练营,此次学生骨干训练营的理念定位是"同脉相依,同求卓越,携手共进,振兴中华",参训人员主要包括北京大学各院(系、所、中心)团委(总支)、学生会、研究生会学生骨干,学生助理学校、北京大学团校、北京大学研究生骨干学校学员和学生骨干,北京大学团委机关学生骨干,北京大学学生会、研究生会主席团成员,北京大学学生服务总队骨干,北京大学品牌社

团骨干以及未名BBS站务等102人。训练营以实用的工具、方法演练为主线,追求高品位,注重实效性。通过展开专题学习、课题研究、素质拓展、体育锻炼等活动,增强了学员的先锋意识、服务意识、领导意识、创新意识、团队意识,促进了团队学员之间的交流、合作、团结、进取。

为了加强基层院系团组织工作骨干培养,夯实共青团组织工作基础,2006年暑假,团委利用小学期时间组织了暑期基层团组织工作干部培训班。培训班采取理论教学与实践教学相结合的模式就日常团务、主题团日等组织工作的开展进行了培训。通过讲座、模拟实践、讨论、参观等形式,全面提高团干部素质。

【学生组织与学生社团】 学生会 2006年5月,北京大学第二十九次学生代表大会在电教报告厅召开,选举产生了白小龙、赵峰、李婷婷、刘蕊、遇昊、齐向宇、高翔等七人组成的主席团。白小龙当选为北京大学第二十九届学生会执行委员会主席,陈敏生当选为北京大学第二十九届学生会常代会会长。

不断加强服务型组织建设。密切关注同学们普遍关注和反映强烈的问题,建立健全监督制度,在校园维权、保护同学正当权益方面做了大量有益工作。建立了网络全天监控制度,就网络费用问题,校医院诊断问题等举办了多场见面会,及时化解了矛盾,做好了疏通工作。同时,学生会积极回应同学的建议和倡议,就图书馆占座、图书馆饮水机、食堂卫生等问题积极奔走,及时而有效地解决了问题,得到了同学的好评。11月5日,学生会组织的"北京市高校学生会论坛之生活权益分论坛"在北大民主楼礼堂成功举行。

积极参与校园文化建设。2006年,学生会继续推进"爱·生活"主题活动,先后开展了爱·生活之电影展播、校园首届厨艺大赛等系列活动。成功举办北京大学十佳歌手大赛、第二届剧星风采大赛、第三届"英语之星"大赛、第三届体育主持人大赛、第五届"北大之锋"辩论赛和光光节系列活动。4月到5月,学生会开展了第十一届"我爱我师——最受学生爱戴的老师"暨"十佳教师"评选活动,配合评选举办了多场十佳教师精品讲座。学生会通过一系列的校园文化活动,引领校园文化潮流,倡导广大同学文明生活,健康成才。

努力加强自身建设。9月,对学生会网站进行改版和扩建,进一步扩充了网站的信息量,整合了外联资源。编辑出版会刊,编写《自主权益——大学生维权知识指南》、《大学生创业手册》等书刊,编写了访谈录《执行者说》和《笔间行走——学生会公文写作指南》,对促进学生会工作的规范化、制度化、科学化起到助推作用。加强干部培训学校的建设,举办了面向学生会的办公知识培训,还开展了各种形式的工作研讨和经验交流活动。

研究生会 2006年6月,北京大学第二十二次研究生代表大会选举产生了唐亚刚、刘军、徐扬、赵巍、成煜、吕聪、孙伟等七人组成的主席团。唐亚刚当选为第二十七届研究生会执委会主席,岳薇当选为研究生会第十六届常代会主任。

切实提升服务同学的水平和能力。以"研会就是家"为口号,以服务同学为宗旨,成功地举办"庆教师节,回报师生"大型化妆品降价活动、"北京大学宿舍美化设计大赛"、"光棍节"真情大派送、移动通话费优惠风暴等活动。针对畅春新园过街天桥上的骑车问题,研究生会发出了倡议书,制作了海报展板,并在天桥上散发传单,建议广大同学勿在天桥上骑车,受到同学们好评。为校本部研究生宿舍楼安装了健康秤。每周搜集众多就业资料,组织策划了"求职风暴"系列讲座为同学们提供了及时有益的就业指导和帮助。

着力推动学术创新,促进学术交流,打造具有北大特色的研究生校园学术氛围。11月,成功举办北京大学首届学术精英文化节开幕式暨第八届"学术十杰"颁奖典礼,校党委副书记张彦致开幕词,规模需求理论创始人、资和信集团总裁、北京大学当代企业文化研究所研究员王吉绯作开场讲座。重新对《纵横》进行定位,建立了责任编辑轮换制度,印刷出版总第三期、第四期《纵横》。

积极开展丰富多彩的校园文体活动,开创校园文化研究生时代的新局面。10月,举办了"庆国庆、迎中秋"大讲堂观看电影活动、万圣节化妆舞会以及趣味运动会。11月中旬起推出以"硕士杯"联赛为主的"北京大学研究生体育文化节"系列活动。11月下旬,首届"传统文化节"正式开幕。12月29日晚举行了研究生新年晚会。

强化研究生会内部建设,不断完善各项制度。部长例会、主席团例会定期化、机制化,各部例会也实现了固定化、正规化。成立了研会骨干素质培训学校,为同学们量身打造素质拓展培训锻炼,受到广泛赞扬。2006年11月成功召开北京大学第二十七届研究生会第一次执委会议。

学生社团 团委本着"科学规划、分类指导、重点扶持、整体推进"的思路,不断探索和总结通过社团提升学生思想政治素质的有效途径,在促进社团健康发展的同时推进学生综合素质的提高,收到了良好的效果。

团委注意引导社团以办事业的精神、以出精品的观念推动活动的品牌化,传统品牌活动继续发展,新兴品牌项目不断塑造。2006年,北京大学自行车协会被评为"全国学生社团标兵"。2月中旬,

在北京市委教工委、市教委、团市委、市学联和北京青年报社等单位联合开展的以"缤纷社团,青春北京"为主题的北京高校优秀社团评选暨首都大学生社团文化季活动中,北大团委获得"学生社团工作先进单位"荣誉称号,山鹰社被评为"优秀学生社团",医学部健康促进1+1协会的"健康促进你我同行"艾滋病同伴教育项目被评为"优秀学生社团活动项目"。

2006年修订了《北京大学学生社团组织管理条例》并经校长办公会通过,对学生社团的规范管理工作具有里程碑意义。3月制作了"北大社团信息网",用先进的网络技术管理社团。10月举行了社团工作大会,校党委副书记张彦出席了大会并作了重要讲话。组织社团评优活动,通过社团奖励机制,调动了社团积极性。重视社团文体骨干培训中心(ACTC)队伍建设,使社团文体骨干培训呈现了新的活力。经过长期的建设发展,截至2006年12月,北京大学本部的学生社团数量已经达到195家,呈现出了"百舸争流,千帆竞渡"的良好局面。

2006年,医学部秉持"科学管理,服务为本,互相监督,携手共进"的工作方针,引导、支持各社团积极、有序的开展活动,在2月至3月期间举办了第十三届社团文化节,为各个社团提供了一个广阔的展示空间。进一步加强了社团组织体系的建设,先后起草、公布施行了《北京大学医学部学生社团管理条例(试行)》、《北京大学医学部学生社团例会制度管理条例(试行)》、《北京大学医学部团委社团部展板借用办法》、《北京大学医学部团委社团部办公室使用管理办法》等多项规章制度,促进了医学部学生社团管理体系的规范化发展。截至2006年年底,医学部学生社团总数已达35个。

【团机关建设】 作风建设 2006年团委机关党支部着眼于巩固保持共产党员先进性教育活动的成果,对机关的各项工作制度和管理制度进行了集中整理,重点加强了民主集中制建设,巩固了党员岗位工作责任制度、党的基层组织建设制度、党风廉政建设制度等,努力探索团结凝聚青年、教育引导青年、服务学校建设发展的长效工作机制,建立经常性的党员教育管理机制,用制度约束和规范党员言行,用制度促进机关作风建设,形成常抓不懈的长效工作机制。在继承优良传统的基础上,团委进一步改进工作作风,努力塑造紧密联系青年、竭诚服务青年的形象。

机关党务 2006年,团委机关党支部在北大党委的领导下,始终高举邓小平理论和"三个代表"重要思想伟大旗帜,牢固树立科学发展观,深入学习贯彻中共十六届五中全会会议精神,进一步落实中央16号文件精神,服务构建社会主义和谐社会、全面建设小康社会的发展大局,紧扣北京大学创建世界一流大学的中心工作,团结和带动党员和团干部,不断推动机关党支部工作的与时俱进,取得了新进展。

深入开展主题党日活动,推进党员党性教育,加强思想作风建设。2006年3月,根据学校党委的统一部署,团委开展了支部"学习胡锦涛总书记回信精神,做具有孟二冬精神的北大党员"主题党日活动,通过学习研讨、经验座谈、总结表彰的形式,取得了良好的效果。

积极组织理论学习,培养党员理论思维能力,完善党员自身素质。机关党支部在学校党委的领导下,充分重视理论学习,并密切结合自身实际工作,推动理论研究工作的深入开展。5月份以来,随着《江泽民文选》的出版与发行,机关党支部结合纪念五四运动87周年,从历史教育、典型宣传、理论学习等不同方面,深入学习《江泽民文选》,传承"五四"精神,进一步营造了机关注重理论学习的良好氛围。理论研究的日常化使得广大党员既把握了时代的热点又夯实了理论基础,始终保持较高的理论素养。

时刻把握育人中心工作,坚持党建带团建,增强团组织凝聚力、战斗力。在过去的一年中,机关党支部坚持以党的建设带动和促进团的建设,为共青团工作的开展和团员青年的成长提供了坚强的政治保证。团委积极推进联系服务基层行动,团的各级领导机关层层确定联系点,加强对联系点的工作联系和指导,把联系点建设成为示范点,大力推动基层团建创新,不断增强团组织对团员青年的有效覆盖。深化学习型和服务型组织建设,不断增强团组织的服务能力、凝聚能力、学习能力、合作能力、执行能力、创新能力和科学管理的能力,推动两型组织建设的理论研究和实践探索。加大团干部培训工作力度,按照"党放心、青年满意"的总要求,努力建设一支思想先进、作风过硬、能力完备的团干部队伍。

信息与财务工作 2006年,团委进一步加强和改进《北大团内信息》的编辑工作,及时、主动、全面地收集和整理有关团委工作的信息,全年共编辑刊发《北大团内信息》42期,及时上报团中央、团市委、校党委、校行政,并下发到各院(系、所、中心)团委。为进一步规范北大团内信息的报送流程,提高编辑质量,团委在各单位团委(总支)内继续推行基层信息员制度,强化了对基层信息员的管理和培训,加强了校团委与基层团委在信息工作中的沟通。通过团内信息编辑制度的规范和完善,稿件的质量明显提高,建设性和综合性的信息所占比例进一步增大;《北大团内信息》报送工作也取得了较大

的成绩,上报信息的理论深度和编校水平都有了质的飞跃。2006年,团委共向团市委报送信息600余条,其中被团市委网站采用的342条,被团市委上报给团中央的20条,在2006年北京共青团信息上报积分排行榜(大学系统)上名列第一。团委进一步完善团委档案的分类整理和汇总工作,档案管理的信息化、数字化水平显著提高。

2006年,团委开展了一系列丰富多彩的活动,为保障这些活动的顺利进行,为其提供必要的经费支持,团委稳扎稳打、严格执行财务管理制度,理清每一笔账目的收支状况,同时发挥业务职能,不断提高财务管理工作的水平,提高资金的使用效率,保证了团委经费的有效使用。团委还积极探索电子财务管理模式,利用先进的计算机技术有力保障了各类资金的合理、有效配置,显著提高了财务管理的工作效率,使得团委全年财务运转良好。

【组织建设】 2月,共青团北京大学第十七届委员会第三次全体(扩大)会议暨北京大学增强共青团员意识主题教育活动总结会议在英杰交流中心举行。校党委副书记张彦出席会议并作重要讲话。通过民主选举,增补王浩雷、王鹏、孔令博、史善峰、唐国军、穆良柱等6名同志为共青团北京大学第十七届委员会委员,增补王浩雷同志为共青团北京大学第十七届委员会常务委员会委员。会议总结了2005年度北大共青团工作,并按照上级精神对2006年度北大共青团工作进行部署。

2006年,北大团委着力开展"和谐组织构建年"工作,基层团组织建设迈上了新台阶。通过促进巩固"联系服务基层"制度,促使校团委委员、校团委各职能部门负责人主动加强对联系点的工作联系和指导,把了解基层、指导基层、服务基层的工作落到实处,强化团的基层和基础工作。同时指导各单位进一步落实"三会两制一课"制度、干部选拔制度等规范化建设以及团支部"项目化管理"制度。4月,团委组织开展了以"建和谐组织,凝创新精神"为主题的2006年度北京大学团支部风采展演大赛,共有26个单位的88个团支部开展了104个内涵丰富、形式多样的活动。本次展演大赛首次采取了集中展演的形式,充分展示了团支部蓬勃向上的活力、稳健进取的建设成绩和在和谐校园构建过程中的良好形象。5月北大方正软件技术学院团委成立;10月,对外汉语教育学院直属团支部成立,有效扩大了团组织的覆盖范围。进一步加强了与宣武区团委、武警天安门支队团委等共建单位的合作,大力拓展社会赞助渠道,推进了共青团的资源建设。

5月,开展了共青团系统年度评优工作,交流经验,推进工作。9月,评优工作顺利完成并召开了总结表彰大会。历史学系2003级本科生刘默涵被评为"全国优秀共青团员",化学与分子工程学院物理化学研究所副所长齐利民荣获北京市五四奖章,法学院团委被评为"北京市五四红旗团委",信息科学技术学院2003级电子本科1班团支部、护理学院2004级护理本科班团支部被评为"北京市五四红旗团支部",哲学系团委书记于晓凤被评为"北京市优秀团干部",医学部团委副书记沈鹏被评为"北京市优秀共青团员",工学院2004级博士班团支部等30个支部被评为北京市高校"先锋杯"优秀团支部。在校内评优工作中,评选出了中国语言文学系团委等8个红旗团委,化学与分子工程学院团委等10个先进团委,数学科学学院2005级本科3班支部等32个优秀团支部组织建设奖、国际关系学院2004级本科班团支部等23个优秀团支部工作创新奖、工学院2004级硕士班团支部等12个优秀团支部学术实践奖,康德智等12名共青团标兵,马婷婷等10名十佳团支书,程修远等7名优秀新生团支书,吴晶辰等129名优秀团干部,汪小琳等180名优秀团员。

11月29日,团委举行专门会议,原校团委书记、现任北京团市委副书记沈千帆,新任校团委书记韩流以及原校团委副书记、现任校学生工作部副部长吕晨飞共同出席会议,与校团委书记班子其他成员、校团委机关干部以及各院系团委负责人共话北大共青团事业的过去、现在与未来。

【万柳学区共青团工作】 2006年,万柳学区团工委在校团委的领导下,以确保安全稳定和服务万柳同学为工作基点,以丰富学区文化生活和增强万柳学术氛围为工作突破口,扎实有效地开展了安全教育、志愿服务和"和谐万柳"等一系列工作。

维护学区安全稳定、服务学校工作大局。一方面通过基层团组织认真了解万柳同学的思想动态,关注与同学们紧密相关的生活和安全问题;另一方面积极做好与各级领导和各职能部门的汇报和沟通工作,不断完善《万柳学区团工委处理突发事件预案》,成立突发事件应急小组,正确及时应对学区的各类重要事件。11月,北京大学万柳学区"共建和谐万柳"学生骨干会议在万柳学区多功能厅召开。

积极开展多种活动丰富同学们的课余生活,增强万柳学术氛围。坚持从细微处入手,努力为同学们感受校园文化创造条件,定期将学校内有关校园文化活动的展板引进到万柳学区进行展示和张贴发放,在未名BBS万柳生活版上推出"校园文化每日一帖"等活动,为万柳同学了解和参与校园文化活动提供便利。10月,成功举

办北京大学第三届"万柳杯"乒乓球赛。12月,举办了一年一度的"万柳新年狂欢夜"。

积极服务同学,帮助万柳同学解决生活和学习中的困难。协助学区办以高度的责任感做好回迁和迎新的各项工作,联合校研究生会万柳学区工作组入户发放了《致北京大学万柳学区同学们的一封信》和《万柳生活小提示》。团工委继续发挥万柳交流信箱和志愿服务小组的作用,并进一步提高信息沟通和志愿服务的质量。

在校院士简介

中国科学院数学物理学部

李政道 美国物理学家。1926年11月25日生于中国上海市，原籍江苏苏州。1944～1946年先后就读于浙江大学、西南联合大学。1946年入美国芝加哥大学物理系研究院学习，1950年6月获哲学博士学位。1953～1960年历任美国哥伦比亚大学助理教授、副教授、教授，1960～1963年任普林斯顿高等研究院教授，1964年至今任哥伦比亚大学费米物理教授，1984年至今任哥伦比亚大学"大学教授"。是中国科技大学、北京大学等11所大学的名誉教授。1994年6月8日当选为中国科学院首批外籍院士。

李政道教授曾获诺贝尔物理学奖(1957年)、爱因斯坦科学奖(1957年)、法国国立学院布德埃奖章(1969年,1977年)、伽利略·伽利莱奖章(1979年)、意大利共和国最高骑士勋章(1986年)、埃·马诺瑞那爱瑞奇科学和平奖(1994年)等。他是美国艺术和科学院院士(1959年)、美国国家科学院院士(1964年)、意大利林琴科学院院士(1986年)和台湾中央研究院院士(1957年)。

李政道教授关于弱相互作用中宇称不守恒定律以及其一些对称性不守恒的发现，是极为重要的划时代贡献，为此，李政道教授和杨振宁教授共获1957年诺贝尔物理学奖。

从20世纪40年代末～70年代初，李政道教授在弱相互作用研究领域做出了许多具有里程碑性质的工作：除去宇称不守恒定律，还有二分量中微子理论、两种中微子理论、弱相互作用的普适性、中间玻色子理论以及中性K介子衰变中的CP破坏等重要研究成果。

在统计力学方面，李政道和杨振宁研究了一阶相变的本质(1952年)；完成了稀薄玻色硬球系统低温行为的分析(1956年)；他们还对量子多体系统的维里展开做了一系列研究(1956～1959年)，并和黄克孙一起研究了量子玻色硬球系统的能级(1956～1957年)等等。这些研究对多体理论做出了开创性的和重大的贡献。

20世纪70～80年代，李政道教授创立了非拓扑性孤子理论及强子模型方面的研究，具有经典意义。量子场论中的"李模型"对以后的场论和重整化研究有很大影响。"KLN定理"的提出，为分析夸克-胶子相互作用奠定了理论基础。"反常核态"概念的提出，深化了人们对真空的认识，推动了相对论重离子碰撞的理论和实验研究工作。用随机格点的方法研究量子场论的非微扰效应，并建立离散时空上的力学，理论上受到广泛重视。李政道教授近年来关于高温超导的系统理论研究工作，也是别具一格的。

从70年代起，李政道教授为中国的教育事业和科学技术的发展做出了重大的贡献。为了在中国发展高能物理和建立高能加速器，在李政道教授的建议和安排下，自1979年，有几十位中国学者到国外学习和培训，后来成为建立北京正负电子对撞机(BEPC)、北京谱仪和进行高能物理实验的骨干；1982年当中国高能物理事业举棋不定的关键时刻，他帮助中国选择了一个既先进又符合国情的BEPC方案，并促成了中美高能物理合作，使BEPC工程在选择方案、进行设计和建设中都得到了美国高能物理界的帮助和支持。北京正负电子对撞机能如期建成，成为当今世界上在c-τ物理研究能区唯一的高亮度电子对撞机，并做出重要的物理结果，这与他的努力是分不开的。

为让中国的年轻人尽快成才，李政道教授除在中国开设长期讲座外，还倡议并创立了中美联合招考物理研究生计划(CUSPEA)，在

1979～1989年的10年内，共派出了915位研究生，并得到美方资助。

1985年，他又倡导成立了中国博士后流动站和中国博士后科学基金会，并担任全国博士后管理委员会顾问和中国博士后科学基金会名誉理事长。1986年，他争取到意大利的经费，在中国科学院的支持下，创立了中国高等科学技术中心（CCAST）并担任主任，每年回到中国亲自主持国际学术会议，并指导CCAST开展多种形式的学术活动，对提高科技人员的学术水平起了重要作用。同时，在北京大学建立了北京现代物理中心（BIMP）；其后，在浙江大学建立了浙江近代物理中心，在复旦大学建立了李政道实验物理中心。

*姜伯驹 1937年9月生于天津，祖籍浙江苍南。1957年毕业于北京大学数学力学系，留校任教至今。曾在美国普林斯顿高等研究所等处做研究访问。曾于1995～1998年任北京大学数学科学学院院长。任第七～十届全国政协委员。现任北京大学数学科学学院教授、博士生导师。1980年当选为中国科学院数理学部委员（院士），1985年当选为第三世界科学院院士。

姜伯驹教授主要从事不动点理论与低维拓扑学的研究。在不动点理论中Nielsen（尼尔森）数的计算方面，首创了迹群和有限覆迭方法，取得突破性进展。深入研究低维的不动点问题，对于曲面自同胚，证明了Nielsen数等于最少不动点数；而对于曲面自映射，发现了Nielsen数一般不等于最少不动点数。这项成果解决了有半个多世纪历史的"Nielsen不动点猜测"，开创了Nielsen式的周期点理论，并进一步探索与动力系统理论的联系。曾获国家自然科学奖三等奖（1982年）、二等奖（1987年），1984年被授予"国家级有突出贡献中青年专家"的称号，1988年获陈省身数学奖，1996年获何梁何利科技进步奖，2002年获华罗庚数学奖，2002年获全国五一劳动奖章。

张恭庆 1936年5月生，上海市人。1959年毕业于北京大学数学系，曾在美、英、法、德、意大利、加拿大等国做研究访问。现任北京大学数学科学学院教授、博士生导师。1991年当选为中国科学院数理学部院士，1994年当选为第三世界科学院院士。

张恭庆教授在非线性泛函分析及非线性偏微分方程理论研究中都获得了国际领先成果，特别是他建立和发展了孤立临界点无穷维Morse（莫尔斯）理论，把几种不同的临界点定理纳入了一个新的统一的理论框架，由此又发现了好几个新的重要的临界定理，运用这一理论，得到了一批重要理论成果。此外，他发展了集值映射拓扑度和不可微泛函的临界点理论，解决了一批有实际应用的非线性偏微分方程的自由边界问题。因上述成果均达到国际领先水平，他多次获国家级科学奖。1984年被授予"国家级有突出贡献中青年专家"称号。

*杨应昌 物理学家，1934年5月生于北京。1958年毕业于北京大学物理系，留校任教至今。期间，曾在法国国家科学研究中心格勒诺布尔磁学研究所和美国密苏里—罗拉大学材料研究中心工作。现为北京大学物理学院教授，凝聚态物理博士生导师。1997年当选为中国科学院院士。

杨应昌教授研究物质的磁性。研究宏观磁性和微观结构的联系，以基础研究为先导，结合我国资源特点，在研究稀土金属4f电子和铁族金属3d电子的特性、探索新相、发现新效应、开发新材料方面取得了一系列在国际磁学界具有重要影响的成果。1980年合成了以稀土-铁为基体的新相，该相现在已经成为稀土合金中的一个重要系列；1990年发现了在磁性合金中氮的间隙原子效应，从理论上阐明了间隙原子效应的物理根源；发明了钕铁氮和镨铁氮等新型稀土永磁材料，并持续研究了氮化物的磁畴结构及其反磁化过程，开发了制备高性能磁粉的新技术。

杨应昌教授发表论文160余篇，SCI他人引用逾800次，取得多项国内外发明专利。曾获1991年和2003年国家自然科学二等奖，获1991年和1993年国家教委科技进步一等奖，1992年获王丹萍科学奖，2000年获全国优秀博士论文指导教师奖，2004年获何梁何利科学与技术进步奖。

陈佳洱 1934年10月生，上海市人。1954年毕业于吉林大学物理系。1963～1965年应英国皇家学会的安排赴牛津大学与卢瑟福高能研究所等处访问，从事串级加速器和等时性回旋加速器的研究工作。1982～1984年初在美国石溪大学和劳伦斯伯克利国家实验室做访问科学家。曾任北京大学副校长、校长（1996年8月～1999年12月），曾任国家自然科学基金委员

会主任(1999年12月～2003年12月)、1998～2000年任亚太物理学会主席,2000年选为英国物理学会会员(Chartered Physicist)。现任北京大学物理学院教授、博士生导师、北京大学重离子物理研究所所长、中国科学院数理学部主任、中国科学院主席团执行委员会委员、国家高技术项目主题专家组顾问、中国科协全国委员会常务委员、北京市科协主席、中国物理学会理事长等职。1993年当选为中国科学院院士,2001年当选为第三世界科学院院士。

陈佳洱教授长期从事粒子加速器的研究与教学,是一位理论素养与实验技能兼备,熟悉多种加速器的学科带头人。在比较艰苦的条件下完成了4.5兆伏静电加速器的设计、建造以及2×6兆伏串列加速器的改建工程,填补了国内单色中子能区空白,拓展了重离子束核分析技术;主持建成静电加速器质谱计,在国内首次实现C-14同位素的超灵敏检测,为国家夏商周断代工程任务的完成做出了重要贡献;在回旋加速器中心区物理和束流脉冲化研究上取得了一系列创造性成果,大幅度地提高了束流输运和利用效率;在加速器发展的前沿,他建议并主持新型重离子RFQ加速结构,率先实现用一个RFQ同时加速正负离子,大大提高了加速结构的束流效率;推动和主持射频超导加速器的实验研究,取得了具有国际先进水平的成果,为我国新一代加速器的发展做出贡献。在国内外发表论文150余篇,获国家科技进步二等奖、国家"863计划"优秀工作者(一等奖)各一项,省部级科技进步一等奖和二等奖各3项,获美国加州门罗学院、日本早稻田大学和香港中文大学授予的理学荣誉博士学位。

甘子钊 1938年4月生,广东省信宜县人。1959年10月于北京大学物理系毕业,1959年12月～1963年1月在北京大学物理系攻读研究生,毕业后留校任教至今。现任北京大学物理学院教授,中国人民政治协商会议第九～十届常委,北京现代物理中心副主任,国家超导实验室学术委员会主任,人工微结构和介观物理国家重点实验室学术委员会主任,《中国物理快报》(Chinese Physics Letter)主编,中国物理协会副理事长。1991年当选为中国科学院院士。

甘子钊教授的研究领域是固体物理和激光物理。1960～1965年间,主要从事半导体物理的研究工作。曾在半导体中的电子隧道过程、杂质电子状态、磁共振现象等方面进行过理论研究,解决了锗中隧道过程的物理机理。1970～1978年间,主要从事激光物理的研究工作,曾在二氧化碳气体激光器和燃烧型气体动力学激光器的研制、气体激光器的频率特性等方面进行过实验和理论研究,对发展我国的大能量气体激光做出一定贡献。1978～1982年间,主要从事光与物质的相互作用的研究,曾提出多原子分子光致离解的物理模型和光在半导体中相干传播的理论。1982～1986年主要从事固体电子状态的研究,曾在半导体中杂质的自电离状态量子Hall(霍尔)效应、绝缘体-金属相变、磁性半导体中磁极化子、低维系统中电子输运等方面进行理论研究。从1986年开始,转入高温超导电性的实验和理论研究,主持北京大学的高温超导和全国超导攻关项目的研究工作,对我国高温超导研究的发展做出重要贡献,并负责组建国家重点实验室"人工微结构物理实验室"的工作,在国际与国内学术刊物上发表论文50余篇。甘子钊学术工作的特点是致力于在凝聚态物理与光学物理的前沿研究,并总是力求把理论研究与实验研究结合起来。1984年被授予"国家级有突出贡献中青年专家"称号。

文兰 1946年3月生,甘肃省兰州市人。1964～1968年在北京大学数学力学系读本科,1978～1981年,在北京大学数学系读研究生,师从著名数学家、国际微分动力系统研究主要代表人之一廖山涛院士。1982～1988年,在美国纽约州立大学、西北大学数学系学习,其间获得西北大学博士学位。1988年回国,在北大博士后流动站从事两年研究工作。现任北京大学数学科学学院教授。1999年11月当选为中国科学院院士数理学部院士,2005年当选为第三世界科学院院士。

文兰教授是数学科学学院微分动力系统专家,独立解决了流C1稳定性猜测,建立了不一定可逆系统的C1封闭引理,证明了Williams(威廉斯)猜测对一大类非扩张双曲引子成立。由于这些工作,文兰教授先后获得国家教委科技进步二等奖(1992年)、国氏博士后奖励基金(1994年)、陈省身数学奖(1996年)、求是杰出青年奖(1997年)。

丁伟岳 1945年4月生,上海市人。1967年毕业于北京大学数学力学系数学专业。"文革"后以优异的成绩考取中国科学院数学研究所

研究生,1986年获博士学位。现任北京大学数学科学学院教授。1997年当选为中国科学院院士。

丁伟岳教授在几何分析这一当代基础数学前沿领域的许多重要而困难的课题上做出了令人瞩目的成果。他推广了著名的Poincare-Birkhoff定理并将其应用于常微分方程周期解的存在性问题;他在著名的Nirenberg问题研究上取得了突破性进展,首次证明了该问题有解的充分条件,这一结果与其他一系列相关研究推进了具共形不变性的半线性椭圆方程的理论;他在调和映射及其热流的存在性和奇异性的研究、Kahler-Einstein度量的存在性以及薛定谔流的研究等一系列重要问题上也获得了具有国际影响的结果。多年来丁伟岳教授领导了北京地区的几何分析讨论班,培养了一批该领域的优秀青年数学家,并取得了丰硕的成果。丁伟岳教授于1993年获国家自然科学二等奖及陈省身数学奖;1991年被授予"国家级有突出贡献的中青年专家"称号;1995年获求是杰出青年学者奖。历任中国数学会副理事长(1996~2003年),2002年国际数学家大会组委会下属科学委员会主任,第9~10届政协委员,第8届民建中央常委。

陈建生 1938年7月生,福建福州市人。1963年毕业于北京大学地球物理系天体物理专业,1979~1980年在英澳天文台访问,1982~1983年在欧洲南方天文台访问。现任中国科学院北京天文台研究员,中国科学院-北京大学联合北京天体物理中心主任,北京大学天文系主任。1986年起任博士生导师,曾兼任中国科学院数理学部副主任,现兼任中国科学院天文学科专家委员会主任,国家自然科学奖等评审组专家,中国科技大学兼职教授,国际天文学会第9届和第28届委员会组委,美国 *Fundamental of Cosmic Physics* 学报编委,国务院学位委员会及人事部博士后专家组成员,中科院学位委员会委员,第八届全国政协委员、第九~十届全国人大常委、教科文卫委员会委员,农工民主党中央副主席,第九届中-德议会友好小组成员,第十届中匈友好小组副组长,中-欧盟友好小组成员,第十届北京市政协副主席。1991年当选为中国科学院院士。

陈建生教授主要研究领域为:类星体巡天、类星体吸收线、星系际介质、星系物理、施密特CCD测光及大视场、大尺度、大样本天文学。现主持"九五"中科院重大基础研究项目及国家基金委重点项目,为"973项目——星系形成与演化"首席科学家。

赵光达 1939年10月生,陕西省西安市人。1963年毕业于北京大学物理系。现任北京大学物理学院理论物理所教授。1994年被评为国家级有突出贡献的中青年专家。1997年获中国物理学会评选的周培源物理奖。2001年当选为中国科学院院士。

在粒子物理学的强子物理和量子色动力学等方面,赵光达教授取得了有意义的研究成果,首次从QCD轴矢流反常的基本关系出发,研究了η,η'与赝标重夸克偶素之间的混合及现象学,解释了J/Ψ的辐射衰变实验,对$\Psi(2S)$的预言与之后的实验一致。与研究生一起,对NRQCD和重夸克偶素物理进行了研究,首次给出了强衰变中色八重态对QCD辐射修正的贡献,证明了红外发散的抵消,并得到了符合实验的P波粲偶素强衰变宽度;指出色八重态可将D波粲偶素在许多过程中的产生率提高一两个数量级,是对NRQCD产生机制的关键性检验;预言了正负电子对撞中J/Ψ的产生截面以色八重态的贡献为主,得到了美国和日本两个B介子工厂最新实验结果的支持。与合作者预言了奇异数等于$-2,-3$的重子谱,并被之后发现的$\Omega^*(2250)$等重子所验证。有关夸克模型和重子谱,重子磁矩,胶子球,及B介子衰变的4篇论文被国际粒子物理界权威评述机构"粒子数据组"连续引用。

田 刚 1958年11月生,江苏省南京市人。1982年毕业于南京大学数学系,1984年获北京大学硕士学位,1988年获美国哈佛大学数学系博士学位,现任北京大学教授及美国麻省理工学院西蒙讲座教授。曾为美国斯坦福、普林斯顿等大学访问教授。自1998年起,受聘为北京大学长江讲座教授。2001年当选为中国科学院院士。

田刚教授解决了一系列几何及数学物理中重大问题,特别是在Kahler-Einstein度量研究中做了开创性工作,完全解决了复曲面情形,并发现该度量与几何稳定性的紧密联系。田刚教授与他人合作,建立了量子上同调理论的严格的数学基础,首次证明了量子上同调的可结合性,解决了辛几何Arnold猜想的非退化情形。在高维规范场数学理论研究中做出杰出贡献,建立了自对偶Yang-Mills联络与标度几何间的深刻联系。由于他的突出贡献,田刚教授获美国国家基金委1994年度沃特曼奖;1996年,获美国数

学会的韦伯伦奖。

徐至展 1938年12月生，江苏省苏州市人。1962年毕业于复旦大学本科。1965年北京大学研究生毕业。现任中国科学院上海光学精密机械研究所研究员、所长，从2000年10月起被聘为北京大学物理学院教授、博士生导师，并担任中科院-北京大学激光物理与超快光科学联合研究中心主任。1991年当选为中国科学院学部委员（院士）。2004年当选为第三世界科学院院士。

徐至展教授长期主持激光核聚变研究，在实现激光打靶发射中子、微球靶压缩、建立总体计算机编码及建成6路激光打靶装置等项重大成果中均有突出贡献。在激光与等离子体相互作用领域，特别是在非线性过程或不稳定性研究方面，他从实验与理论上进行了系统的深入研究，取得了多项开创性重要成果。在X射线激光领域，1981年已实现粒子数反转并发现新反转区；首次在国际上用类锂和类钠离子方案获得8条新波长的X射线激光，最短波已达到4.68纳米。在强场激光科学技术领域，特别是在新型超短超强激光、强场激光与原子、分子、电子、团簇、等离子体的相互作用以及强激光驱动粒子加速等方面，他都取得了重要研究成果。

徐至展教授长期从事并主持激光科学、现代光学领域的科研工作，在国内重要学术刊物上发表论文300余篇，在约20次重要国际学术会议做特邀报告，作为第一研究者完成的10项重大成果获得国家或中国科学院级奖励，包括：全国科学大会重大成果奖1项；国家自然科学奖二等奖1项、三等奖1项；中国科学院自然科学奖一等奖2项、二等奖3项；中国科学院科技进步奖一等奖2项。徐至展教授是国家人事部批准的国家级有突出贡献的中青年科学家，1995年被国务院授予全国先进工作者称号，1998年获何梁何利基金科学与技术进步奖。

周又元 1938年7月生，江苏省南京市人。1960年毕业于北京大学物理系。曾任中国天文学会星系和宇宙专业委员会主任。现为中国天文学会常务理事和中国天文学会教育工作委员会主任，北京大学物理学院教授。2001年当选为中国科学院院士。

周又元教授主要从事类星体和活动星系核的研究，同时涉及宇宙学、宇宙大尺度结构和高能天体物理等的研究。20世纪70年代采用射电类星体子源之间的距离作为判据进行光度标定，改善了类星体的Hubble图，支持了类星体红移的宇宙学起源本质；20世纪80年代中期，较早利用类星体获得100Mpc的超大尺度结构的观测证据，并被大样本星系巡天所证实；20世纪90年代，通过对活动星系核内部结构和辐射机制的深入研究，首次得到活动星系核大蓝包形状参数方程，给出了估算中心黑洞质量的新方法；并发现Fe $K\alpha$ 短时标变化规律新类型，用耀斑模型对各种类型的变化规律进行了统一解释。

周又元教授发表论文100余篇，其中在国际一流杂志（Ap. J, A&Ap., M. N. R. A. S）发表13篇，在《中国科学》发表10篇。有15篇论文被国际权威杂志（Nature, Science, 天文和天体物理年评，Physics Report 等）介绍和引用，Nature（270, 205, 1977年）曾发专文介绍他及合作者研究的内容和意义。1980年和1990年两次获中科院自然科学二等奖，1992年获中科院有突出贡献中青年科学家奖。

苏肇冰 1937年生，江苏省苏州市人。1953~1958年就读于北京大学物理系。1994~1998年任中科院理论物理研究所所长。现为北京大学物理学院教授、博士生导师。1991年当选为中国科学院院士（学部委员），2000年当选为第三世界科学院院士。

苏肇冰教授目前主要研究领域为强关联多电子系统，介观系统，低维凝聚态系统和非平衡量子统计。他与周光召、郝柏林、于渌合作，系统地把现代量子场论与统计格林函数结合，发展了适用于平衡和非平衡统计的闭路格林函数方法，已经应用到相变临界动力学等多种问题。与合作者论证了电磁波在粗糙金属表面传播的安德逊局域化，提出了在金属小颗粒悬浮液体中可能通过测量吸收系数观察电磁波局域化的迁移率边界的建议。与于渌合作，推广了黄昆的多声子晶格弛豫理论，建立了准一维有机导体系统中非线性元激发的量子跃迁理论。

1987年获中科院科技进步一等奖。1999年获中科院自然科学一等奖。2000年获何梁何利基金科学与技术进奖，同年还获国家自然科学二等奖。

张杰 1958年1月生于山西省太原市，河北省邢州人。1985年2月毕业于内蒙古大学物理系，获硕士学位；1988年8月毕业于中国科学院物理研究所，获博士学

位;1989年1月～1990年12月在德国马普量子光学所做博士后研究(洪堡学者);1991年1月～1999年1月在英国卢瑟福实验室任研究员;1999年9～12月在日本东京大学任访问教授。现任中国科学院物理研究所研究员,等离子体物理学家,北京大学物理学院教授。2003年当选为中国科学院院士。

张杰教授主要从事X射线激光和强场物理研究。在波长14～6纳米的近水窗波段实现了X射线激光的饱和输出,解决了通向水窗的主要物理难题;研究了X射线激光的最佳泵浦脉冲结构,为X射线激光的小型化做出了贡献;对相对论强激光作用下电子在固体表面的高速运动进行了探索,产生了波长最短的固体高次谐波;测量了与快点火激光核聚变相关的"钻洞"速度,并揭示出其中的物理规律;对超热电子的产生和传输机制进行了深入研究,测量出了高能超热电子的角分布,同时揭示出静电分离势对超热电子的影响,实现了高能超热电子的定向发射和在低密及高密等离子体中的定向传输;对飞秒脉冲强激光与大气相互作用的物理过程进行了研究,在大气中产生了长等离子体通道并获发明专利;揭示了等离子体定标长度和激光偏振对超强激光与等离子体相互作用的影响;与同事合作,研制出超短超强激光装置和其他强场物理诊断系统,建立了先进水平的强场物理研究平台。

张杰教授1997年获国防科工委科技进步奖;1998年获中国青年科学家奖,同年获国家基金委杰出青年基金;1999年获香港求是基金会青年学者奖;2000年获中科院科技进步奖;2002年获中国光学学会王大珩光学奖;2003年获中国物理学会饶毓泰物理奖。

张杰教授社会兼职有:IUPAPC;17量子电子学执行委员会委员;国际X射线激光研究理事会理事;OECD超短超强激光委员会委员;英国物理学会高级会员;亚太原子分子物理国际顾问委员会顾问;物理学报副主编;物理杂志副主编。

张焕乔 核物理学家,1933年12月23日生,重庆市人。1956年毕业于北京大学技术物理系,一直在中国原子能科学研究院工作。现任研究员、博士生导师和北京串列加速器国家核物理实验室主任,兼任北京大学物理学院教授、中核集团公司科技委高级顾问、国防科工委专家咨询委员会委员、中国物理学会常务理事。1997年当选为中国科学院院士。

张焕乔教授先后从事中子物理、裂变物理和重离子反应的实验研究。为我国第一台中子晶体谱仪和第一台中子衍射仪的建立做出了重要贡献;参与压电石英单晶中子衍射增强现象的发现,并提出合理解释;为国防需要测量部分重要核数据,提供若干测试手段和方法;系统研究自发裂变和中子诱发裂变的中子数及其与碎片特性的关联,提供了高精度^{252}Cf自发裂变的平均中子数,成为国际上"热中子常数和^{252}Cf自发裂变中子产额"这组重要初级标准中被收入的唯一中国数据;系统研究近垒和垒下重离子熔合裂变角分布,在国际上首先采用碎片折叠角技术实现将熔合裂变与转移裂变分开,发现碎片角异性的异常现象,并参加提出理论解释,最近得到国外实验支持。在国外合作研究垒下重离子熔合反应的平均角动量激发函数和熔合势垒分布中,首次揭示双声子激发引起熔合势垒分布劈裂成3个峰,表明复杂的核表面振动影响垒下熔合增强。该工作成为这方面研究的一个典型工作。采用转移反应作探针和发展ANC方法,首次研究稳定核激发态中子晕,观测到^{12}B第二、第三激发态和^{13}C第一激发态为中子晕态,扩大了晕核研究范围。

张焕乔教授在国内外杂志发表上百篇文章,在国际学术会上做过16次邀请报告。曾获国家自然科学奖等多项奖励,1991年被评为核工业总公司优秀科技工作者,2004年获何梁何利奖。

解思深 1942年生于山东省青岛市。1965年毕业于北京大学物理系。1983年在中科院物理所获理学博士学位。现任中国科学院物理研究所研究员、博士生导师、凝聚态物理中心副主任,中国科学院纳米科技中心主任,国家纳米科学中心主任首席,北京大学信息科学技术学院教授。解思深教授还是国家自然科学基金委纳米专项计划的负责人和国家中长期规划纳米专项的起草人。2003年当选为中国科学院院士。2004年当选为第三世界科学院院士。

解思深教授1987～1992年主要研究高温氧化物超导体的合成、相关系和晶体结构。在超导氧化物体系的相关系和晶体结构测定上有过重要的贡献。编写《高温超导》一书,合著《高温超导电性》一书。曾获1989年国家自然科学一等奖,1991年国家自然科学三等奖和1998年中科院科技进步三等奖。

1991年至今,解思深教授主要从事富勒烯及其相关化合物的合成、结构和物理性质的研究,是国内最早开展C60、碳纳米管有关工作的少数单位和个人;并开展了介观系统中的光电特性的研究。1992年在国内率先开展了碳纳米

管的研究,在定向碳纳米管的制备、结构和物理性质的研究方面取得了一系列的重要进展。先后在 Science, Nature 上发表 3 篇文章,并在 Phys. Rev. Letts., Phys. Rev. B, Appl. Phys. Letts., Advanced Materials 等发表多篇学术论文;论文被引用 1800 余次。

解思深教授 2000 年获何梁何利科学技术进步奖、桥口隆吉基金会材料奖、ISI1981~1998 年经典论文奖,2001 年获中科院自然科学奖一等奖,2002 年获国家自然科学奖二等奖和周培源基金会物理奖。

王诗宬 1953 年 1 月生于江苏省盐城市。1981 年获北京大学硕士学位,留校任教至今。1988 年获加州大学洛杉矶分校博士。曾获中国青年科学家奖、求是杰出青年奖、国家杰出青年基金、陈省身数学奖、国家自然科学奖二等奖。现任北京大学数学学院教授,为长江特聘教授,Algebraic and Geometric Topology 等 5 个数学杂志的编委。2005 年当选中国科学院院士。

王诗宬教授研究涉及低维拓扑,涉及几何群论、不动点、动力系统和代数拓扑等领域。有下述合作成果:发现三维流形中本质浸入曲面不能提升成有限覆叠中嵌入曲面的第一个例子;观察到卫星结上循环手术的障碍,证明了纽结补中的浸入本质曲面边界数的有限性;在有限群作用、手性、流形嵌入等方面均有颇具创意的研究;特别是开拓和发展了三维流形间的映射这个研究领域,在探索覆叠度的唯一性、非零度映射的存在性、有限性、标准型及其与三维流形拓扑的相互作用中,有一系列预见和佳作。

中国科学院化学部

唐有祺 中国物理化学家。1920 年 7 月生于江苏省原南汇县。1942 年毕业于同济大学理学院化学系。1946 年秋入美国加州理工学院,主修化学,副修物理,1950 年获博士学位,并在原校任博士后研究员。1951 年回国任教于清华大学化学系,1952 年院系调整转入北京大学。曾任北京大学物理化学研究所所长、分子动态与稳态结构国家重点实验室主任、国家教育委员会科学技术委员会主任、中国化学会和晶体学会理事长以及化学译报和物理化学学报创始主编等职。1980 年当选中国科学院学部委员(院士)。

半个多世纪以来,唐有祺教授一直从事物理化学和结构化学的科研和教学工作。留学期间师从著名化学家 L. 泡令,主攻晶体结构分析和化学键理论,研究合金中形成超结构以及六亚甲基四胺与金属离子络合的本质问题,并在博士后期间涉足蛋白质晶体学领域。回国后,首次开设晶体化学课程,筹建结构化学实验室并培养队伍,并于 1960 年前后取得了首批成果,其中有:首批晶体结构测定结果,专著《结晶化学》和《统计力学》,还有 2 篇分别针对 DNA 双螺旋结构和两种血红蛋白结构的来龙去脉以及有机物电子结构理论问题进行分析的论文,后者还特别阐释了化学中共振的本质。

1970 年结合国内石油化学发展的需要,研究了部分氧化和聚合反应的催化剂,并对活性组分在载体上的分布方式和规律有所揭示。同一时期,唐有祺教授主持的实验室作为主要单位之一,参加了胰岛素结构测定工作。1979 年建成生物大分子结构实验室和表面分析实验室,开展了生物分子结构和表面物理化学研究。20 世纪 90 年代,他历任攀登项目"生命过程中重要化学问题研究"的首席科学家,还曾建议设立另一项目"功能体系的分子工程学研究"并担任顾问。唐有祺教授著有《结晶化学》(1957 年)、《统计力学及其在物理化学中的应用》(1964 年)、《化学动力学和反应器原理》(1974 年)、《对称图像的群论原理》(1977 年)、《有限对称群的表象及其群论原理》(1979 年)和《相平衡、化学平衡和热力学》(1984 年);先后发表论文 300 余篇。

徐光宪 1920 年 9 月生,浙江省绍兴市人。1944 年毕业于上海交通大学化学系,1951 年获美国哥伦比亚大学博士学位,回国后在北京大学任教。先后曾任北京大学稀土化学研究中心主任、国家自然科学基金委员会化学科学部主任、中国化学会理事长、中国稀土学会副理事长等职。现任北京大学化学与分子工程学院教授、博士生导师。1980 年当选为中国科学院学部委员(院士)。

徐光宪教授与合作者在量子化学领域中,提出了原子价的新概念 $nxc\pi$ 结构规则和分子的周期律、同系线性规律的量子化学基础和稀土化合物的电子结构特征,被授予国家自然科学二等奖。他的"串级萃取理论",把我国稀土萃取分离工艺提高到国际先进水平,并取得了巨大经济和社会效益;其《物质结构》一书在长达四分之一世纪的时期内是该课程在全国唯一的统编教材,被授予国家优秀教材特等奖。

张滂 1917年8月生，江苏省南京市人。1942年毕业于国立西南联合大学化学系，1949年获英国剑桥大学博士学位。现为北京大学化学与分子工程学院教授、博士生导师，兼任中国化学会常务理事等职。1991年当选为中国科学院学部委员（院士）。

张滂教授在有机化学领域有很深的造诣，他特别着重于基础理论研究，取得了独创性的成果，在国内外重要期刊上发表了数十篇高水平的论文。他在以天然产物为中心的有机合成、新型化合物、试剂和方法的研究及新的有机反应的发现等研究领域都做出了突出贡献。张滂教授还长期担任国家化学课程改革的学术领导工作，为我国有机化学人才培养、教材建设及教学改革做出了重大贡献。

黎乐民 1935年12月生于广东省电白县。1959年北京大学技术物理系毕业后留校任教。1965年北京大学研究生毕业。1984年2～9月在美国北卡罗莱纳大学做访问学者，1984年10月～1985年6月在美国Iowa州立大学做客座科学家。现任北京大学化学与分子工程学院教授、博士生导师、院学术委员会主任；北京大学稀土化学研究中心主任，稀土材料化学及应用国家重点实验室学术委员会主任。兼任《无机化学学报》、《分子科学学报》、《化学研究与应用》、《北京大学学报（自然科学版）》等刊物的副主编，《中国科学》、《科学通报》、《高等学校化学学报》、《物理化学学报》、《中国稀土学报》等刊物的编委。曾任稀土材料化学及应用国家重点实验室主任，中国化学会常务理事、无机化学委员会副主任等职。1991年当选为中国科学院学部委员（院士）。

1976年以前科研方向为配位化学，开展溶液中络合物的化学平衡、平衡常数测定方法、平衡常数与络合物组成及结构的关系等方面的实验与理论研究。与徐光宪合作提出弱络合物平衡的吸附理论，用正规溶液理论阐明萃取过程中惰性稀释剂的溶剂效应，发展了适用于研究萃取络合平衡的两相滴定法，被用于研究一系列萃取与协萃体系。1977年以后，主要从事量子化学和物理无机化学研究，提出同系物性质变化的正弦型同系线性规律、振动力常数的自洽计算方法、配位场理论——双层点电荷模型及其应用、芬太尼类麻醉镇痛剂的药效与其电子结构的关系；开展稀土化合物的电子结构和化学键、稀土化合物稳定性规律及相对论效应的影响、密度泛函理论计算方法及其应用等方面的研究工作，取得了系统的有特色的研究成果。黎乐民教授与他人合作，发表学术论文100余篇。研究成果"应用量子化学——成键规律和稀土化合物的电子结构"获得1987年国家自然科学奖二等奖，还获得过部委省级科技成果奖多项。在教学方面，与徐光宪等合作，出版教材多本，其中《量子化学——基本原理和从头计算法》（上中下），得到广大读者的好评。

刘元方 生于1931年2月，籍贯浙江省镇海县。放射化学家。1952年毕业于燕京大学化学系。1951年加入中国共产党。毕业后一直在北京大学任教，1981年至今任北京大学化学与分子工程学院教授，1984年为博士生导师。曾任中国核化学与放射化学学会理事长，国际化学联合会（IUPAC）放射化学和核技术委员会主席，中国核学会常务理事，中国科学院化学学部副主任。现任国家自然科学基金会化学部专家咨询委员会委员（第一、二届），国家高放射性废物处置专家顾问委员会副主任等职。多年以来，他还一直兼任《国际放射化学学报》顾问编委。1991年当选为中国科学院院士。

40年来，刘元方教授在核化学与放射化学领域做过许多富于开拓性和创造性的工作。在创立和建设我国第一个放射化学专业的教育事业中做出了贡献。1960年，由他主持建成了我国第一台5万转/分的浓集^{235}U的雏形气体离心机；利用超铀元素重离子核反应首次直接制得^{251}Bk，解决了从几十种元素中快速分离纯Bk的难题，重制了^{251}Bk的衰变纲图；建立了从核燃料废液中提取Rh, Pd和Tc的先进的化学流程；20世纪80年代起，系统地开展放射性核素标记抗癌单克隆抗体化学的重要研究，其中^{111}In标记化学等成果具有国际先进水平；他负责的"从金川矿中提取铑和铱的新方法"获国家教委1986年科技进步一等奖；还最先从生物体提取与稀土相结合的蛋白质。1994年以来，在生物-加速器质谱学研究中做出了优良成果。2001年以来，积极从事纳米物质的生物效应研究。在核化学与放射化学等领域发表论文约140篇，著有《放射化学》（无机化学丛书16卷，科学出版社，1988年）等书三种。

周其凤 1947年10月生，湖南省浏阳市人。1965～1969年在北京大学化学系学习；1979～1981年，在北京大学化学

系读研究生,师从著名化学家冯新德教授。1981~1983 年在美国麻省大学攻读研究生,1983 年获得博士学位回国。曾任北京大学研究生院常务副院长。1990 年 8 月起任北京大学化学与分子工程学院教授。1999 年当选为中国科学院院士。

周其凤教授主要从事高分子化学的教学和科研工作。他创造性地提出了"Mesogen-Jacketed Liq-uid Polymer"(甲壳型液晶高分子)的科学概念,并从化学合成和物理性质等角度给出了明确的证明,该成果获 1997 年国家自然科学三等奖。最先发现通过共聚合或提高分子量可使亚温态液晶分子转变为热力学稳定的液晶高分子两个原理;并发现了迄今认为是最早人工合成的热致液晶高分子;发现了高分子六方柱相超分子结构等。16 年来,发表论文 160 篇,据 SCI 统计,其论文被引用 486 次。曾获中国化学会高分子基础研究王葆仁奖、霍英东教育基金会优秀青年教师基金、国家教委科技进步二等奖等奖励。

黄春辉 1933 年 5 月生,河北省邢台市人,无机化学家。1955 年毕业于北京大学化学系,毕业后留校任教。1981~1982 年任美国能源部 Ames 实验室访问学者,1982~1983 年任美国亚利桑那大学化学系访问学者。现任北京大学化学与分子工程学院教授。2001 年当选为中国科学院院士。

黄春辉教授的主要研究领域是稀土配位化学和分子基功能膜材料。在稀土功能配合物的研究中,首次在稀土配合物的光学微腔中同时观察到荧光增强和寿命缩短这两个介观物理现象;以铽配合物组装成的电致发光器件,其绿光亮度达到目前同类工作已知的最高值 920 坎德拉/平方米。在分子基功能材料的研究中,将二阶非线性光学材料分子设计的原理引入到光电转化材料的设计中。在具有二阶非线性的半菁染料体系中,发现了两者在构效关系上的相关性,开发了一类新的光电转化材料。美国期刊 *J. Phy. Chem.* 连续介绍了她的工作,并于 2000 年被权威杂志 *Chem. Rev.* 大段引用。在对二氧化钛纳米晶进行表面修饰后,提高了染料敏化纳米晶太阳能电池的一些重要指标。

黄春辉教授著有《稀土配位化学》(1997 年)和《光电功能超薄膜》(2001 年)。此外,还参加编写了《钪及稀土元素》(无机化学丛书第七卷)、《稀土》等 3 部专著;发表论文 200 余篇;曾获得专利 2 项、国家自然科学三等奖 1 项(排名第四)、国家教委科技进步二等奖 2 项(排名第一)。黄春辉教授注重教书育人,共培养硕士 11 名,博士 23 名。研究小组中有一名博士生于 1996 年获中国化学会青年化学奖及首届全国优秀博士论文奖,另一名青年教师获 1998 年中国化学会青年化学奖及 1998 年国家杰出青年基金的资助。

王夔 1928 年 5 月生,天津市人,无机化学家。1949 年毕业于燕京大学化学系。曾任北京医学院及北京医科大学助教、讲师、副教授及教授,教研室主任,药学系主任及药学院院长,天然药物及仿生药物国家重点实验室主任。现任北京大学教授及国家自然科学基金委员会化学科学部主任。1990 年被聘为博士研究生导师。1991 年当选为中国科学院学部委员(院士)。

目前主讲无机化学及细胞无机化学课程。主要研究病理、毒理或药理过程中的基本无机化学问题,包括金属离子与生物大分子、细胞表面及内部靶分子的结合及由之引起的后续变化、生物系统中反应组合、组织表面上的化学(膜或基质指导矿化的过程)以及金属离子生物效应的化学基础及其规律。在大骨节病病理化学过程方面,发现致病因子黄腐酸通过自由基机理引起软骨细胞胶原蛋白基因表达由 II 型转为 I 型,使基质异常、骨矿物形成异常。此项工作获中科院科技进步二等奖及"八五"攻关重大成果奖。在胆红素溶液化学与自由基化学研究基础上阐述色素型胆结石形成过程,获国家教委科技进步二等奖。在大小分子配体竞争金属离子的反应组合研究方面,获国家教委科技进步三等奖。提出金属络合物(作为毒物或药物)与细胞相互作用的多靶模型,在这方面重点研究对膜分子与细胞骨架的进攻及影响。系统地研究了顺铂类抗癌药物与非 DNA 靶分子的作用,在此基础上找到几种毒性低、抗癌活性强的铂络合物,已申请专利。自 20 世纪世纪末以来,致力于稀土元素的生物化学反应和有关细胞化学过程干预的研究,目的在于阐明稀土生物效应的化学机制,解释稀土金属离子生物效应的两面性和非线性浓度依赖关系,为稀土农用和药用提供合理基础。研究成果获得国家教委科技进步奖二等奖,北京市科技进步奖二等奖,教育部科技进步奖一等奖,中科院科技进步奖二等和三等奖各一次。2000 年获何梁何利科学与技术进步奖。近年来,王夔教授在开展基于生物药物学性质合理设计抗糖尿病和其他无机药物方面的工作。已发表论文近 200 篇,获批专利多项。

张礼和 1937年9月生,江苏省扬州市人,有机化学家。1958年毕业于北京医学院药学系本科;1967年北京医学院药学系研究生毕业。1967～1981年在北京医学院任助教、讲师;1981～1983年在美国弗吉尼亚大学化学系做访问学者;1983～1985年在北京医科大学药学院任副研究员;1985～1999年在北京医科大学任教授;1999年至今,在北京大学药学院任教授。张礼和现为北京大学药学院(系)教授,天然药物及仿生药物国家重点实验室学术委员会主任。1995年当选为中国科学院化学学部院士。

张礼和教授主要从事核酸化学及抗肿瘤、抗病毒药物方面的研究。自1990年以来,系统研究了细胞内的信使分子cAMP和cADPR的结构和生物活性的关系。在此基础上发展了作用于信号传导系统,能诱导分化肿瘤细胞的新抗癌剂。发展了结构稳定、模拟cADPR活性,并能穿透细胞膜的小分子,成为研究细胞内钙释放机制的有用工具。系统研究了人工修饰的寡核苷酸的合成、性质和对核酸的认别。提出了酶性核酸断裂RNA的新机理。发现了异核苷掺入的寡核苷酸能与正常DNA或RNA序列识别,同时对各种酶有很好的稳定性。寡聚异鸟嘌呤核苷酸有与正常核酸类似形成平行的四链结构的性质。发现了信号肽与反义寡核苷酸缀合后可以引导反义寡核苷酸进入细胞,并保持反义寡核苷酸的切断靶mRNA的活性。研究了异核苷掺入siRNA双链中去对基因沉默的影响,为发展基因药物提供了一个新途径。共发表论文200多篇;获批中国专利3项。

曾获日本Hoshi University名誉博士学位(1990年);美国密苏里-堪萨斯大学Edgar-Snow Professorship(1992年);何梁、何利科技进步奖(1999年);国际药联(FIP) Millennium Pharmaceutical Scientists Award (San Francisco, USA)(2000年);国家自然科学二等奖(2004年)。兼任国务院学位委员会学科评议组药学学科召集人;中国药学会副理事长;IUPAC, Organic & Biomolecular Chemistry委员会委员(Titular Member);英国皇家化学会高级会员(FRSC)亚洲药化学会主席(1998～1999年)及"Organic & Biomolecular Chemistry","Chem Med Chem","Medicinal Research Review"和"Current Topics of Medicinal Chemistry"编委;《中国药物化学》杂志主编,《高等学校化学学报》副主编等职。

中国科学院地学部

董申葆 1917年8月生,江苏省武进人。1940年毕业于北京大学地质系。1948年赴法国留学,回国后曾任北京大学地质系教授、长春地质学院院长等职。现任北京大学地球与空间科学学院教授、博士生导师。1980年当选为中国科学院学部委员(院士)。

董申葆教授在变质岩石和岩浆岩石学研究方面取得了重要突破,曾获1978年全国科技大会先进工作者称号。他发起组织并主持了中国变质地质图件的编制与研究,填补了我国地质科学中的一项空白。其专著《中国变质图及说明书》、《中国变质作用及其与地壳演化的关系》,分别获得国家自然科学二等奖、地矿部及全国优秀科技图书第一届提名奖。1998年,"中国扬子北缘元古代蓝片岩带及榴辉岩"获得教育部科技进步一等奖。

侯仁之 1911年12月生,山东省恩县人。1940年毕业于燕京大学并留校任教,1946年赴英国利物浦大学地理系进修,1949年获博士学位后回国,并任教于燕京大学。1952年院系调整后,任教于北京大学地质地理系,曾任系主任和校副教务长等职。还曾兼任国际地理学会及科学历史哲学国际协会所属地理学思想史工作委员会常任委员,兼任北京市人民政府首都发展战略顾问组顾问等职。现任北京大学环境学院教授、博士生导师。1980年当选为中国科学院学部委员(院士)。

侯仁之教授长期致力于历史地理学的教学与科学研究,1950年发表"中国沿革地理课程商榷"一文,首次在我国从理论上阐明沿革地理与历史地理的区别及历史地理学的性质和任务。在对北京历史地理的研究中,解决了北京城市起源、城址转移、城市发展的特点及其客观规律等关键性问题,为北京旧城的改造、城市的总体规划及建设做出重要贡献。在西北干旱及半干旱地区的考察中,他揭示了历史时期不合理的土地利用是导致沙漠化的重要原因,为沙区的治理,在决策上提出了重要的科学依据。改革开放以来,侯仁之教授多次进行国际学术交流,曾应邀在加拿大和美国伊利诺大学讲学,出席在美国、西班牙与荷兰举行的学术讨论会,在康奈尔大学完成"从北京到华盛顿城市设计主体思想试探"专题论文。1984年被英国

利物浦大学授予"荣誉科学博士"称号。1999年10月获何梁何利基金科学与技术成就奖。1999年11月获美国地理学会 The George Davidson 勋章。

赵柏林 1929年4月生,辽宁省辽中人。1952年毕业于清华大学气象系,其后在北大物理系及地球物理系任助教、讲师,1979年越级晋升为教授,1984年任博士研究生导师。1957年到苏联莫斯科大学和苏联科学院应用地球物理研究所进修,完成国家重要科研任务多项。曾获国家科学大会奖(1978年),国家教委科技进步奖一等奖(1986年),国家科技进步一等奖(1987年),获部委科技进步奖二等奖3项,1988年获国家级有突出贡献中青年专家称号,1990年获全国高等学校科技先进工作者称号。1992~1994年任中国科学院地学部常务委员。1994年当选为总部设在莫斯科的国际高等学校科学院院士。是第八、第九届中国人民政治协商会议全国委员会委员。现为北京大学物理学院教授,国家自然科学基金重大项目首席科学家。1991年当选为中国科学院学部委员(院士)。

赵柏林教授在云降水物理、大气光学、微波遥感、无线电气象、卫星气象及气候变化等科学领域中做出了重大贡献。在苏联期间,实现首次以人乘气球测云中电荷,其结果载入专著之中。后又研究雨层云人工降水和冰雹成长机制,并用于实践;研制多频微波辐射计用以监测天气变化;研制雷达与微波辐射计测雨系统,提高了测雨精度;建立微波遥感地物实验室;研究遥感水面油污和土壤湿度,用于环境遥感。在光学遥感大气污染方面,建立光学遥感气溶胶和二氧化氮的新方法;利用卫星遥感得出东亚大气尘暴的流动和大气臭氧的分布,在国际上有良好的反响;云雨对微波通讯影响的评估为国内外所采用。在海洋大气遥感方面,建成低空大气遥感系统,利用此系统在海洋上进行观测;参加中日合作的西北太平洋云辐射实验,获得成功,受到国际上的重视;建立卫星遥感海洋大气新的方法,在实践中取得效益。目前,赵柏林教授正在主持下述科研项目:世界气候研究计划项目——全球能量与水分循环试验亚洲季风区中日合作的淮河流域试验;热带降水测量卫星(TRMM)微波资料的中日合作研究;国防科研项目——大气底层微波波导传播的预报。

涂传诒 1940年7月生,北京市人。1964年毕业于北京大学地球物理系。先后于1980~1981年在美国天主教大学、1988~1990年在德国马克斯普朗克学会高空研究所从事合作研究。现任北京大学地球与空间科学学院教授。2001年当选为中国科学院院士。

涂传诒教授建立了太阳风中湍流串级理论和太阳风质子加热理论;提出了阿尔芬脉动中存在着弱非线性湍流相互作用的新概念,给出了自恰处理阿尔芬脉动在非均匀介质中传播的几何光学效应与湍流串级加热效应的方法,导出了阿尔芬脉动功率谱在非均匀磁流体介质中发展的控制方程及阿尔芬脉动的能量串级函数,该理论揭示了存在于阿尔芬脉动中的湍流串级过程;给出了维持观测到的太阳风质子温度所需的能源,不仅解释了过去学术界所不能解释的关于功率谱发展的观测现象,而且被在该理论发表数年之后所做的数据分析所证实,该理论统一了在理论研究中长期存在的对于阿尔芬脉动的波动描述与湍流描述之间的矛盾,揭示了太阳风中阿尔芬脉动的本质,促进了国际学术界对太阳风湍流传输理论和太阳风动力学模型的研究;建立太阳风湍流发展的形态学和太阳风湍流结构的模型;首次发现太阳风湍流热能值起伏是起伏马赫数的一级量,提出磁声波与压力平衡结构混合模型,否定了国际学术界广泛流行的"近似不可压理论"在太阳风中的适用性;他和 Marsch 出版的专著总结了太阳风湍流研究成果,并指出了新的研究方向。

至2005年4月,涂传诒教授发表文章已被 SCI 引用1644多次,第一作者被引1118次,单篇最高引用188次;2005年以第一作者在 Science 杂志发表研究论文,论述太阳风起源,提出新的太阳风起源模型。

涂传诒教授先后获得国家教委科技一等奖(1988年)、国家自然科学二等奖(1989年)、Vikramsarabhai (COSPA)奖章(1992年)、首届王丹萍科学奖(1992年)、北京市科技进步一等奖(2000年)、国家自然科学二等奖(2001年),2002年获何梁何利科学与技术进步奖。

张弥曼 1936年4月生,浙江省嵊县人。1960年毕业于苏联莫斯科大学地质系。1982年获瑞典斯德哥尔摩大学博士学位。现任中国科学院古脊椎动物与古人类研究所研究员,北京大学地球与空间科学学院研究员。1991年当选为中国科学院学部委员(院士)。

张弥曼教授从事比较形态学、古鱼类学、中—新生代地层、古地

理学、古生态学及生物进化论的研究。基于对泥盆纪总鳍鱼类、肺鱼和陆生脊椎动物之间的关系的研究得出的结果,她对传统的看法提出了质疑,受到国际上的重视。在中新生代含油地层鱼化石的研究中,探明了这一地质时期东亚鱼类区系演替规律,为探讨东亚真骨鱼类的起源、演化和动物地理学提供了化石证据,并在此基础上提出了对中国东部油田的有关地层时代及沉积环境的看法,在学术上和实际应用上都有一定价值。张弥曼教授曾获国家自然科学二等奖,中国科学院自然科学一等奖,重大成果一等奖,科技进步二等奖及何梁何利科技进步奖。

童庆禧 1935年10月生,湖北省武汉市人。1961年毕业于苏联敖德萨水文气象学院。现任中国科学院遥感应用研究所研究员,北京大学地球与空间科学学院教授,博士生导师。是我国最早从事遥感研究的专家之一。1997年当选为中国科学院院士。

童庆禧教授早年从事气候学、太阳辐射和地物遥感波谱特征研究。在我国首次提出关于多光谱遥感波段选择问题,并在理论、技术和方法上进行了研究。主持了中国科学院航空遥感系统的研制,该系统在"七五"攻关中发展成为具有国际先进水平的高空机载遥感实用系统。倡导和开展了高光谱遥感研究,在岩石矿物识别、信息提取和蚀变带制图方面取得突破。根据植被光谱特征研究发展的高光谱导数模型和光谱角度相似性匹配模型等为高光谱遥感这一科技前沿的发展与应用奠定了基础。近年来特别致力于推动以快、好、省为特征的小卫星对地观测系统的发展和国家航空遥感系统的建设。曾14次获国家及省部级科技奖,其中1次获中科院自然科学一等奖,2次获中国科学院科技进步特等奖。

马宗晋 1933年1月生,吉林省长春市人。1955年毕业于北京地质学院普查系。1961年中国科学院地质研究所研究生毕业。曾任中国地震局分析预中心副主任,中国地震局地质研究所所长;现任名誉所长、研究员,北京大学博士研究生导师和国家减灾委员会专家委员会主任。1991年当选为中国科学院学部委员(院士)。

马宗晋教授长期从事地质构造、地震预报、地球动力学方面的研究工作。1964年完成节理定性分期配套等小构造研究,在国内构造地质教学中广为选用。他提出的长中短临渐近蕴震模式,成为中国预报强震的主要思想和工作程序。还丰富了现今地球动力学的内涵,建立了3个全球的现今构造系统,论证了地球变动的韵律性和非对称性,从而建立起以壳、幔、核细分层角差运动为基础的地球自转与热、重、流联合的动力模式的构想,对全球构造动力模式进行了新的分析与综合,为灾害和矿产研究提供了部分基础。2004年,出版了《中国重大自然灾害与社会图集》和《全球构造及动力学》专著,提出了综合减灾的减灾系统工程设计。曾获李四光地质科学奖、国家自然科学三等奖1次、国家科技进步二等奖1次、国家地震局科技进步一等奖7次。

叶大年 1939年7月生于香港,祖籍广东省鹤山市。1962年毕业于北京地质学院岩石与矿物专业,1966年中国科学院地质研究所研究生毕业。现任中国科学院地质与地球物理研究所研究员、第九届全国政协常委、民盟中央常委、北京市民盟副主委,2001年9月被聘为北京大学地球与空间科学学院教授,博士研究生导师。1991年当选中国科学院学部委员(院士)。

叶大年教授长期从事矿物光学性质与晶体结构之间的关系研究,发现许多定性和定量的规律,从而开拓了结构光性矿物学的新领域,并著有此领域世界上第一部专著《结构光性矿物学》,1986年获中国科学院自然科学二等奖。1968~1975年,从事铸石学研究,提出"适度过冷结晶"的理论和"余硅指数"的配料计算方法,以及微观结构和结晶程度的测定方法,1978年获全国科学大会奖。他擅长矿物的X射线鉴定方法,解决了斜长石、单斜辉石、石榴石、角闪石等造岩矿物鉴定问题,其专著《X射线粉末法极其在岩石学中的应用》,推动了矿物学和岩石学研究。1976年在河南大别山发现C类榴辉岩和3T型多硅白云母,并论证了它们在中国大地构造中的意义。叶大年教授多年致力于陶瓷矿物学和水泥矿物学应用技术研究,1986年因沸石水泥研究获国家科技进步三等奖。20世纪90年代,研究统计晶体化学和颗粒的随机堆积,发现"地球圈层氧离子平均占有体积守恒定律"、"分子体积可加和性"、"多级随机堆积常数"等等。近年来,他致力于"城市的对称分布和城市化趋势预测"研究。

著有专著3部:《结构光性矿物学》、《X射线粉末法及其在岩石学中的应用》、《造岩矿物概论》;主编专著4部:《岩矿实验室工作方法》、《铸石》、《铸石研究》等;发表论文170余篇,涉及结构光性矿物学、造岩矿物学、非金属矿物材料学以及结晶化学等领域。

陈运泰 1940年8月生于福建厦门，广东省潮阳县人。1962年毕业于北京大学地球物理系，1966年中国科学院地球物理研究所研究生毕业。1981～1983年为美国洛杉矶加州大学（UCLA）地球和行星物理研究所（IGPP）访问学者。1986～2000年任中国地震局地球物理研究所所长。现任中国地震局地球物理研究所名誉所长，北京大学地球与空间科学学院院长，中国科学院咨询委员会副主任。历任中国地震学会理事长（1986～1991年，1995、2001年），副理事长（1991～1995年），中国地球物理学会常务理事，1991年当选为中国科学院学部委员（院士）。1998～2000年任中国科学院地学部副主任。1999年当选为第三世界科学院（TWAS）院士。

陈运泰教授从事地震学和地球物理学研究，并在地震波理论、地震震源理论和数字地震学研究中做出了突出贡献。他用地震波、大地测量、形变和重力等资料反演与综合研究邢台、昭通、海城、唐山等大地震震源过程的工作，属我国震源研究领域先驱性工作。他在地震震源的静态、准静态和动态裂纹模型，地震序列的动力学模拟等前沿性的理论研究中做出了重要贡献，并将这些理论研究成果与中国地震学研究和防震减灾工作的实际相结合，深化了对地震成因、地震预测和防震减灾的认识。他关于地震矩张量反演和震源过程的数字地震成像的研究，特别是关于青藏高原地区的重要地震震源过程的研究，代表了目前国际上在这一前沿领域的水平。他还积极倡导和从事了数字地震学方面的研究工作。

20世纪70年代以来，陈运泰教授在国内外学术刊物上发表论著170余篇（部），与他人合著的《地球物理学基础》《震源理论》等，长期以来被用作该领域的主要教材。他的研究成果曾获得全国科学大会奖（1978年）、国家自然科学奖三等奖（1987年）、中国地震局科技进步奖二等奖（1983、1985、1988年）、一等奖（1997年）、国家科技进步奖三等奖（1998年）、何梁何利科学与技术进步奖（2000年）等多项奖励。

中国科学院技术科学部

杨芙清 计算机软件科学家、教育家。汉族，1932年11月6日生于江苏省无锡市。1958年北京大学数学力学系研究生毕业。1957～1959年在苏联学习程序设计和计算机软件。1962～1964年任莫斯科杜勃纳联合核子物理研究所计算中心中国专家。历任中国计算机学会副理事长，中国电子学会副理事长，国务院学位委员会委员等。现任北京大学信息科学技术学院教授，信息与工程科学学部主任，软件与微电子学院理事长、软件工程国家工程研究中心主任，国务院学位委员会学科评议组召集人，中国软件行业协会副理事长，《中国科学》《科学通报》和《电子学报》副主编，清华大学、复旦大学、浙江大学、上海交通大学等校兼职教授，上海大学名誉教授。1991年当选中国科学院学部委员（院士）。2002年当选IEEE Fellow。

杨芙清教授从事系统软件、软件工程、软件工业化生产技术和系统等方面的教学和研究工作，取得了卓越的、富有创造性的研究成果。主持研制成功我国第一台百万次集成电路计算机多道运行操作系统和第一个全部用高级语言书写的操作系统。倡导和推动成立了北京大学计算机科技系，1983～1999年担任系主任期间，将该系建成国内一流和国际知名的计算机科学技术研究和人才培养基地。在国内率先倡导软件工程研究，创办了国内第一个软件工程学科；主持了历经4个五年计划的国家重点科技攻关项目——青鸟工程，为国家软件产业建设提供了技术基础；创建了软件工程国家工程研究中心，促进了科研成果产业化。提出"人才培养与产业建设互动"的理念，创建了以新机制、新模式办学的示范性软件学院，面向产业培养实用型、复合型的国际化人才，被誉为"示范性软件学院的开拓者和设计师"。杨芙清教授在科学研究、学科建设、人才培养和产业建设四方面做出了系统性、开创性工作，为我国计算机科学技术发展，学科建设和软件产业发展做出了重要贡献。

杨芙清教授多次获得各种荣誉称号和奖励，包括：全国科学大会奖、国家科技进步二等奖、电子工业部科技进步特等奖等15项国家及部委级的奖励，全国"三八"红旗手、北京市"三八"红旗手、第二届首都"巾帼十杰"、全国高等学校先进科技工作者、国家"七五"、"八五"科技攻关突出贡献先进个人、"九五"国家重点科技攻关计划先进个人、"光华科技基金"一等奖、何梁何利科学与技术进步奖、潘文渊文教基金研究杰出奖。2004年12月，获北京市教学成果一等奖。2005年7月获国家级教学成果奖一等奖。

1984年杨芙清教授被聘为博士研究生导师，已培养出百余名硕士、博士和博士后。发表论文100余篇，著作8部。

王阳元 1935年1月生，浙江省人。现任北京大学信息科学技术学院教授、博士生导师，北京大学微电子学研究

院首席科学家,中国电子学会副理事长,《半导体学报》和《电子学报》(英文版)副主编,《微电子学科学丛书》主编,信息产业部科技委员(电子),美国 IEEE Fellow 和英国 IEE Fellow 等。1995 年当选为中国科学院院士。

王阳元教授从事微电子学领域中新器件、新工艺和新结构电路的研究。20 世纪 70 年代主持研究成功我国第一块 3 种类型 1024 位 MOS 动态随机存储器,是我国硅栅 N 沟道 MOS 技术开拓者之一。20 世纪 80 年代提出了多晶硅薄膜"应力增强"氧化模型、工程应用方程和掺杂浓度与迁移率的关系,被国际同行认为"在微电子领域处理了一个对许多研究者都有重要意义的问题","对实践有重要的指导意义"。研究了深亚微米和深亚微米 CMOS 电路的硅化物/多晶硅复合栅结构;发现磷掺杂对固相外延速率增强效应以及 $CoSi_2$ 栅对器件抗辐照特性的改进作用;20 世纪 90 年代在 SOI/CMOS 器件模型和电路模拟工作方面,提出了 SOI 器件浮体效应模型和通过改变器件参量抑制浮体效应的工艺设计技术,扩充了 SPICE 模拟软件。在 SOI/CMOS 新结构电路研究方面,开发了新的深亚微米器件模型和电路模拟方法,研究成功了多种新型器件和电路;与合作者一起提出了超高速多晶硅发射极晶体管的新的解析模型,开发了成套的先进双极集成电路工艺技术;这对独立自主发展我国集成电路产业具有重要意义。20 世纪 90 年代后期,开始研究微机电系统(MEMS),任微米/纳米加工技术国家重点实验室主任,主持开发了五套具有自主知识产权的 MEMS 工艺,开发了多种新型 MEMS 器件并向产业转化,获得一批发明专利。近期又致力于研究亚 0.1 微米器件和集成技术,研制成功多种非经典 CMOS 器件与电路和相关工艺。

在 1986~1993 年担任全国 ICCAD 专家委员会主任和 ICCAT 专家委员会主任期间,领导研制成功了我国第一个大型集成化的 ICCAD 系统,使我国继美国、日本、欧共体之后进入能自行开发大型 ICCAD 工具的先进国家行列;在研究集成电路发展规律基础上提出了我国集成电路产业和设计业的发展战略建议。为推动我国微电子产业的发展,作为发起人之一,创建了中芯国际(SMIC-Semiconductor Manufacturing International Corporation)集成电路制造有限公司,被誉为"中国微电子领域的战略科学家"。

王阳元教授发表科研论文 230 多篇,出版著作 6 部,拥有 9 项专利,现有 20 项重大科技成果。获全国科学大会奖、国家发明奖、国家教委科技进步一等奖、光华科技基金一等奖等共 19 项国家级和部委级奖励。

秦国刚 1934 年 3 月生于南京市,原籍江苏省昆山。1956 年 7 月毕业于北京大学物理系,1961 年 2 月研究生(固体物理方向)毕业于该系。现任北京大学物理学院教授。2001 年当选为中国科学院院士。

秦国刚教授长期从事半导体材料物理研究。他带领的研究组在半导体杂质与缺陷和多孔硅与纳米硅镶嵌氧化硅发光领域做出系统的和创造性的成果:在中子辐照含氢硅中检测到结构中含氢缺陷在导带以下 0.20eV 深能级,在国际上最早揭示硅中存在含氢深中心,提出的微观结构,被实验证实;发现退火消失温度原本不同的各辐照缺陷在含氢硅中变得基本相同;最早揭示氢能显著影响肖特基势垒高度。测定的硅中铜的深能级参数被国际权威性半导体数据专著采用。1993 年对多孔硅与纳米硅镶嵌氧化硅光致发光提出量子限制-发光中心模型,成功解释大量实验,得到广泛支持;首次观察到 p-Si 衬底上氧化硅发光中心的电致发光现象。在此基础上,设计并研制出一系列硅基电致发光新结构,如半透明金膜/纳米(SiO_2/Si/SiO_2)双垒单阱/p-Si 等。发光波长从近红外延伸到近紫外。所提出的电致发光机制模型,被广泛引用。获国家教委(教育部)科技进步奖一等奖和二等奖各 1 次,中科院自然科学二等奖 1 次,获物理学会 2000~2001 年度叶企孙奖。在国内外重要期刊上发表论文 240 余篇,其中 SCI 论文 160 余篇。

叶恒强 1940 年 7 月生,广东省番禺县人。1990 年被授予国家级有突出贡献的中青年专家称号。曾任中科院金属研究所所长、中科院固体原子像开放实验室第一、二届主任,并担任中国电子显微镜学会理事长、国家自然科学基金会委员、国务院学位委员会专家委员会及学科评议组成员等职。现为中科院金属所研究员,北京大学物理学院教授、电子显微镜实验室学术委员会主任,国家重点基础研究发展规划("973 计划")材料计算设计与性能预测基础问题项目首席科学家。1991 年当选为中国科学院学部委员(院士)。

叶恒强教授主要从事材料的电子显微学研究。他与国外学者同时独立发现了传统晶体学不允许的五次对称性,进而与合作者发现并研究了二十面体对称、八次对称等准晶相,为我国在准晶学研究方

面居于国际前列做出了突出贡献。他在用高分辨原子成像技术对固体材料结构与缺陷的研究方面有独创性的发现；在高温合金拓扑密堆相中发现多种新相及畴结构，发现层状晶体多种长周期结构，直观揭示了合金非公度结构的原子模型。

叶恒强院士曾先后4次获国家自然科学奖（1982年三等奖，1987年一等奖，1989年四等奖，1999年四等奖），并获钱临照奖（1994年）、何梁何利科技进步奖（1996年）等。近10多年来，共出版5部学术专著，发表250余篇论文。先后培养博士、硕士30余名，其中数人获全国优秀博士论文、中科院院长奖学金等多种奖励。

黄　琳　控制科学专家。1935年11月30日生，江苏省扬州市人。1961年毕业于北京大学数力系研究生。现任北京大学力学与工程科学系教授。兼任北京航空航天大学、浙江大学、东北大学、南京航空航天大学、华南理工大学、中南大学等多所院校兼职或名誉教授及中科院科学出版基金技术科学组组长。2003年当选为中科院院士。

黄琳教授一直从事系统稳定性与控制理论方面的研究工作。早在1959年，结合飞机安定性分析提出多维系统衰减时间概念并给出估计方法，该成果作为中国的两项成果参加1963年第二届IFAC会议；1964年，解决了现代控制理论中的一些基本问题：给出单输入系统极点配置定理，并且给出了二次型最优控制的存在性、唯一性与线性控制律；后来又给出了输出反馈实现二次型最优控制的充要条件，并指出在一般情况下该问题无解。

1986年，黄琳教授首先给出了稳定多项式其凸组合保持稳定的充要条件，及利用顶点集与边界集判断多面体多项式族稳定的一组充分条件。随后与美国学者一起给出并证明了分析多项式系统族稳定性的棱边定理，有效地降低了计算复杂性。与国内学者合作，给出了更为基础的边界定理，在多项式稳定性理论中相继提出了值映射、参数化等概念，建立了一系列重要定理，形成了一套系统的理论体系。进一步在鲁棒控制前沿领域，控制器与对象同时摄动问题、积分二次约束问题、模型降阶问题、非线性系统总体性质等方面指导开展了一系列研究工作，做出了有价值的成果。曾获包括国家自然科学三等奖在内的多项奖励。

1993～1997年主持国家"八五"重大基金项目——复杂控制系统理论的几个关键问题。此外，先后主持基金委重点项目、攀登项目子课题，以及多项面上项目的研究任务。出版3部著作，其中在《稳定性与鲁棒性的理论基础》（2003年）一书中首次将鲁棒性与稳定性这两个基本概念统一于同一框架下，提炼与总结了相关的基础理论成果。目前正主持基金委重点项目——非线性力学系统的控制。

黄琳教授在人才培养上做出了突出贡献，培养的研究生中有不少成长为国内外知名学者，其中有长江学者与杰出青年基金获得者，航天控制领域专家（神舟系列飞船控制系统副总设计师），中国科学院1999年十大优秀博士后称号获得者等。

郭光灿　光学和量子信息专家。1942年生于福建省惠安。1965年毕业于中国科学技术大学无线电电子学系。现任中国科学院中国科学技术大学量子信息重点实验室主任、物理系教授；北京大学物理学院、中科院-北京大学超快光科学和激光联合中心双聘院士。2003年当选为中国科学院院士。

郭光灿教授主要从事量子光学、量子密码、量子通信和量子计算的理论和实验研究。提出概率量子克隆原理，推导出最大克隆效率，在实验上研制成功概率量子克隆机和普适量子克隆机。发现在环境作用下不会消相干的"相干保持态"，提出量子避错编码原理，被实验证实。提出一种新型可望实用的量子处理器，被实验证实。在实验上实现远距离的量子密钥传输，建立基于量子密码的保密通信系统，并提出"信道加密"的新方案，有其独特的安全保密优点。在实验上验证了K-S理论，有力地支持了量子力学理论。发现奇偶相干态的奇异特性等。

中国科学院生物学部

许智宏　1942年10月出生于江苏省无锡市。1959年9月～1965年8月，就读于北京大学生物系植物专业，1965年5月参加工作后长期在中国科学院上海植物生理研究所工作，1979年8月～1981年9月先后在英国约翰依奈斯研究所和诺丁汉大学从事研究工作，1983年12月～1988年10月任上海植物生理研究所副研究员、副所长，1988年11月～1991年2月任上海植物生理研究所研究员、副所长，1991年2月～1999年10月，任上海植物生理研究所所长。1992年10月～2003年2月任中

科院副院长、党组成员,1999年12月至今任北京大学校长,现任北京大学生命科学学院教授。1995年当选第三世界科学院院士。1997年当选中国科学院生物学部院士。

许智宏教授长期从事植物生理学和生物工程的研究,为推动和发展中国的植物组织培养和生物工程研究,做出了重要贡献。1988年获国家级有突出贡献的中青年专家称号,1991年获国家自然科学三等奖,1994年获英国DEMONTFORT大学荣誉科学博士学位。1994年任香港大学荣誉教授。

翟中和 1930年8月生,江苏省溧阳人。1956年毕业于苏联列宁格勒大学生物学系,回国后在北大生物系任教。后曾赴苏联科学院生物物理研究所进修,并到美国麻省理工学院生物学系做访问教授。现任北大生命科学学院教授、博士研究生导师,兼任中国细胞生物学会副理事长、亚洲太平洋地区细胞生物学联盟副主席、北京大学生命科学学院学术委员会主任等职。1991年当选为中国科学院院士。

翟中和教授较早建立细胞超微结构技术,首次研制成鸭瘟细胞疫苗,在动物病毒复制与细胞结构关系的研究方面取得突出成就。近10多年来,主要进行核骨架-核纤层-中间纤维体系、非细胞体系核重建、植物中间纤维及细胞凋亡与细胞衰老的研究,取得了许多创新性的成果,被国内外多次引用。先后在国内外发表科研论文200余篇,其中被SCI收录70多篇。培养硕士30多名、博士20多名、博士后6名。

翟中和教授先后获得过国家教委科学技术进步奖一等奖;农业部科学技术进步奖一等奖;国家自然科学奖二等、三等、四等奖;国家科技进步三等奖;钱临照电子显微学奖;何梁何利科学与技术进步奖;北京大学首届自然科学基础理论研究突出贡献奖等奖项。他还主持编写出版了细胞生物学方面高校教材3册,《细胞生物进展》(3卷)、《细胞生物学动态》(3卷)、《生命科学技术》等图书,并参与编著《医学生物学图库》、《生物医学超微结构》等书籍。

朱作言 1941年9月出生于湖南省澧县。1965年毕业于北京大学生物系。1980年毕业于中国科学院研究生院细胞及发育生物学专业。自1965年起,先后在中科院水生生物研究所任实习研究员、助理研究员、副研究员、研究员和研究所所长,其中1980~1983年和1988年、1991~1994年间分别在英国和美国的大学和研究所进修和工作。其他兼任职务有:中国科学院水生生物研究所所长(1996~1999年),北京大学学术委员会委员(自2000年),国家科委"863项目"专家组成员(1986~1988年),中科院生物技术专家委员会委员(自1992年),《中国科学基金》主编,《水生生物学报》、《遗传学报》、《遗传》、《动物学报》、《水产学报》、《生物工程学报》、"Cell Research"编委,中国细胞生物学会副理事长、中国水产学会副理事长等,湖北省科学技术协会副主席,第九届全国人民代表大会代表。现任北京大学生命科学学院教授,国家自然基金委员会副主任。1997年当选为中国科学院院士。1998年当选为第三世界科学院院士。

20世纪70年代在童第周教授指导下,合作完成了鲫鲤间的细胞核移植克隆,第一次实现低等脊椎动物异种间克隆。最近又用金鱼卵克隆了转基因鲤鱼,用斑马鱼卵克隆了稀有鮠鲫。鱼类异种克隆成功,对国内外正在进行的哺乳动物异种克隆有重要的激励和指导意义。80年代首创转基因鱼研究,提出鱼类转基因模型理论:外源基因不稳定的嵌合性整合("有效整合"、"沉默整合"和"毒性整合")和非均一表达,通过克隆建立稳定的转基因纯系。系统阐明了转GH基因鱼饵料利用、能量转换和蛋白质合成代谢的高效性,在转基因鱼的生理、能量及营养代谢和生态安全对策等方面,均开展前沿性研究,确立了我国在该研究领域的领先地位。提出"全鱼"重组基因概念,克隆鲤鱼肌动蛋白(CA)基因和草鱼生长激素(GH)基因,构建了全部由我国鲤科鱼类基因元件组成的"全鱼"基因重组体pCAgcGH,培育转"全鱼"基因黄河鲤和不育的"863吉鲤"。F1群体生长速度提高42%,饵料节省18.52%,养殖效益提高125.66%,并可实现当年成鱼上市,对促进我国东北和西北淡水养殖有非常重要的意义,现已完成中试和营养安全检测,有望在我国建立世界首例转基因动物品种商品化生产的范例。20世纪80年代,组建了鲤鱼、草鱼基因组文库,克隆并测序了鲤科鱼类4个基因和6个特异DNA片段,首次发现了鲤种的DNA分子标记,揭示了鱼类GH基因结构对研究脊椎动物早期演化的特殊意义。

上述几方面共发表研究报告100多篇,其中3篇已成为鱼类基因工程领域公认的经典文献。先后曾应邀25次在国际学术会议

和22次在欧美大学作学术报告。1978年获全国科技大会奖。1979年获中科院重大科技成果奖和湖北省科学大会奖。1984年获中国科学院技术改进奖三等奖。1988年获中国科学院科技进步奖二等奖。1992年获国务院政府特殊津贴。1996年获国家级有突出贡献中青年专家称号,同年获中国科学院自然科学奖一等奖。1997年获国家自然科学奖三等奖。

韩启德 1945年7月生,上海市人。病理生理学家。1968年毕业于上海第一医学院医学系,1982年在西安医学院获医学硕士学位,1985年9月~1987年8月在美国埃默里大学药理系进修。1989~1995年,每年3个月在美国埃默里大学做客座教授。曾任北京大学常务副校长、北京大学研究生院院长、北京医科大学副校长、研究生院院长、北京医科大学学位评定委员会副主席、北京医科大学心血管基础研究所所长。现任全国人大常委会副委员长、九三学社中央主席、欧美同学会·中国留学人员联谊会会长、中国科学技术协会主席、北京大学医学部主任、教育部科技委员会副主任、国际病理生理学会执行主席、国际分子与细胞心脏学会理事、国际心脏研究学会中国分会主席、中国病理生理学会理事长。1997年当选为中国科学院院士。2004年当选为第三世界科学院院士。

长期以来韩启德教授从事心血管基础研究。近十年在α1肾上腺受体α1-AR亚型研究领域获重要成果,1987年在国际上首先证实α1-AR包含α1a与α1b两种亚型,这项具有突破性意义的发现很快得到国际学术界的公认,在α1-AR亚型研究的发展史上占有一定的地位,主要结果在 Nature(自然)与 Molecular Pharmacology(分子药理学)等杂志发表。系统研究α1-AR亚型在心血管分布、功能意义以及病理生理改变,这方面的工作在国际同类研究中具有特色并有较大影响。近年来,关注学科交叉研究,开始研究生物单分子在细胞中的转运及其生物学意义,用复杂系统手段研究肾上腺素受体的网络调节。心血管神经肽研究中也有较多成果,关于神经肽与降钙素基因相关肽对心血管的作用以及病理生理的研究,曾先后获得卫生部科技进步三等奖与国家教委科技二等奖。在国内核心期刊发表学术论文200余篇,在国际刊物上发表学术论文40余篇。据不完全统计,发表的论文被SCI收录刊物引用1700余次。

曾于1990年获卫生部授予的"优秀留学回国人员"称号,1991年获国家人事部与教委授予的"做出突出贡献的留学回国人员"称号,1991年获国家教委科技进步一等奖,1993年获卫生部科技进步三等奖,1994年获国家自然科学三等奖、获国家人事部授予的"有突出贡献中青年专家"称号,1995年获国家教委科技进步一等奖、获国家教委科技进步二等奖,1998年获何梁何利科技进步奖,2000年获得高校自然科学奖一等奖。1993年被聘为博士研究生导师,讲授心血管病理生理学、受体学等诸门课程。已培养博士30人,硕士7人,博士后7人。

吴阶平 1917年1月生,江苏省常州市人。泌尿外科学家。1942年毕业于北京协和医学院,获医学博士学位。1947~1948年在美国芝加哥大学进修。1952年加入九三学社。1956年加入中国共产党。历任九三学社主席,第五、第六届全国政协委员,第七、第八届全国人大代表,第七届全国人大常委会副委员长。曾任北平中和医院(现北京大学人民医院)外科住院医师、住院总医师、主治医师,北京医学院第一附属医院外科讲师、副教授、教授,北京第二医学院副院长、院长,中国医学科学院副院长、院长,北京医科大学泌尿外科研究所所长,中华泌尿外科学会主任委员,中国科学技术协会副主席,世界卫生组织人类生殖专门项目顾问组成员等职。现任中国医学科学院名誉院长,中国协和医科大学名誉校长,北京大学泌尿外科研究所名誉所长,中华医学会名誉会长,中华泌尿外科学会名誉主任委员,《中华泌尿外科杂志》总顾问,《中国大百科全书》总编委会副主任,《中国医学百科全书》总编委会名誉主任,5所国内大学名誉教授,国际计划生育联合会中央副主席、亚太地区主席等职。同时,他还是美国医学院荣誉会员,美国泌尿外科学会荣誉会员,国际外科学会荣誉会员,美国泌尿外科学会荣誉会员,国际外科学会荣誉会员,4个国际学术团体荣誉会员或成员。1980年当选为中国科学院院士。1981年被聘为博士研究生导师。1992年当选为第三世界科学院院士。1995年当选为中国工程院院士。

吴阶平在教学工作中强调提高学生实际工作能力,着重掌握临床医学特点,做一名好的医生。主要科研成果包括:提出肾结核对侧肾积水的新概念,使原来不能挽救的病人获得康复机会;计划生育研究中在输精管结扎术的基础上提出多种输精管绝育法,国际上已承认我国居于领先地位;经17年临床资料的积累,确

立了肾上腺髓质增生为独立疾病;对肾切除后留存肾的代偿性增长,自20世纪80年代起,进行了系统的实验和临床研究,已取得的研究成果说明,传统认识需要调整,以提高接受肾切除病人的寿命。1982年编著《性医学》,为在我国开展性教育打下了基础。发表医学论文150篇,编著医学书籍21部,其中13部为主编。获得全国性的科学技术奖7次,获首届人口科技研究奖,北京医科大学首届伯乐奖,巴黎红宝石最高荣誉奖,日本松下泌尿医学奖。

陈慰峰 免疫学家。1935年11月生,上海市人。1958年毕业于北京医学院医疗系,1982年毕业于澳大利亚墨尔本大学,获哲学博士学位。1958年至今在北京大学医学部(原北京医科大学)工作。1985年被评为正教授,现任免疫学系教授,博士研究生导师。1995年当选为中国科学院院士。

陈慰峰教授主要从事胸腺内T淋巴细胞分化研究。发现在早期T细胞阶段,即进行T细胞受体基因重排;证明胸腺细胞功能成熟是在髓质区进行的,是以程序性过程,呈阶梯性功能成熟发育的;证明胸腺微环境基质细胞在诱导T细胞受体表达,胸腺细胞功能成熟及细胞凋亡中均有诱导作用,指出在胸腺髓质区胸腺细胞经历"二次胸腺选择"的发育过程。目前正在从分子及细胞机理方面深入研究。近10年来,从事肿瘤免疫研究,从肝癌细胞中克隆出多个新的CT(肿瘤-睾丸)及新型CP(肿瘤-胎盘)抗原编码基因;证明肿瘤患者对CT及CP1抗原有特异T细胞免疫应答;这些抗原可用于肿瘤免疫治疗,亦可作为肿瘤标志物判断肿瘤预后及疗效。发表原著科研论文300余篇,获得授权的国家发明专利3项。

陈慰峰教授曾主持并参与"863课题"及"973课题";国家自然科学基金委重点课题;北京市基金委重点课题;主持与美国LUDWIG肿瘤研究所合作研究。

陈慰峰教授获得10多项科技成果奖,主要包括:卫生部科技成果甲级奖(1984年);国家教育委员会科技成果一等奖(1993年);国家自然科学奖三等奖(1993年);国家教育委员会光华科技奖一等奖(1995年);何梁何利代表科技成果奖(1996年);北京市自然科学技术进步二等奖(1999年);国家教委二等奖(第三获奖人,2005年);高等学校科学技术奖自然科学一等奖(第二获奖人,2006年)等等。1988年被授予国家级中青年有突出贡献科学家称号。1990年被授予中华人民共和国人事部全国科技先进工作者称号。

陈慰峰教授长期从事中国免疫学会工作,历任中国免疫学会秘书长、副理事长、理事长;国际免疫学会联合会(IUIS)执行委员;亚洲-大洋洲免疫学会联盟(FIMSA)副主席等职。作为大会主席,在我国成功举办第三届FIMSA免疫学学术大会,为我国免疫学的发展做出了重要的贡献。

韩济生 生理学家。1928年7月生,浙江省萧山市人。1953年毕业于上海医学院医学系。在大连医学院生理高级师资班进修后,先后在哈尔滨医科大学、北京卫生干部进修学院、北京中医学院、北京医学院等院校生理系任教。1979年晋升为教授。1981年被评为博士研究生导师。1983~1993年任北京医科大学生理教研室主任,1987年任该校神经科学研究中心主任。1993年任卫生部神经科学重点实验室主任,神经科学研究所所长。主讲高级神经生理学和神经生物学课程。现兼任中国博士后科学基金会理事会医学组长;北京神经科学会名誉理事长;中华医学会疼痛学分会主任委员;生理科学进展(杂志)名誉主编,中国疼痛医学(杂志)主编及国际神经科学、中国药理学通报、中国中西医结合杂志(英文版)、中国药物滥用防治等期刊的编委。1993年当选为中国科学院院士。

韩济生教授从1965年开始从事针灸原理研究,1972年以来从中枢神经化学角度系统研究针刺镇痛原理,发现针刺可动员体内的镇痛系统,释放出阿片肽、单胺类神经递质等发挥镇痛作用,不同频率的电针可释放出不同种类阿片肽,针效的优劣取决于体内镇痛和抗镇痛两种力量的消长。研制出"韩氏穴位神经刺激仪"(HANS),对镇痛和治疗海洛因成瘾有良效。1979年以来应邀到27个国家和地区的100余所大学和研究机构讲学,多次担任国际学术会议主席。现任世界卫生组织科学顾问。获国际脑研究组织与美国神经科学基金会联合颁发的"杰出神经科学工作者奖学金",被选为瑞典德隆皇家学会国际会员、国际疼痛研究会(IASP)教育委员会委员和中国分会主任委员,担任两届国际麻醉性物研究学会(INRC)执委会委员。1987年以来连续13年获美国国立卫生研究院(NIH)RO1科研基金用以研究针灸原理。2004年与哈佛大学联合申请获美国NIH重大科研基金用以研究针刺治疗药物成瘾原理。

韩济生教授在国内外杂志及专著上发表论文500余篇,主编

《中枢神经介质概论》《针刺镇痛的神经化学原理》《生理学习题汇编》《英文生理教科书》《神经科学纲要》《神经科学原理》《针刺镇痛原理》等多部著作。前后分别获国家自然科学二等奖和三等奖各1次，国家科技进步三等奖1次，卫生部甲级奖3次、乙级奖2次，国家教委一等奖2次，二等奖1次，国家民委一等奖1次，北京市科技进步一等奖1次，国家中医药局二等奖1次。1992年获北京医科大学"桃李奖"。1984年被评为有突出贡献的中青年专家。1995年被评为北京市先进工作者。

方精云 1959年7月出生于安徽省怀宁县。1982年毕业于安徽农学院林学系，同年考取教育部出国研究生，1983年赴日本学习，1989年获大阪市立大学生物学博士学位。现任中国生态学会副理事长及美国生态学会刊物"*Frontiers in Ecology and the Environment*"等国内外多个学术期刊的副主编或编委。现任北京大学环境学院长江特聘教授，生态学系主任。2005年当选中国科学院院士。

方精云教授主要从事植被生态学、全球气候变化以及植物生物地理学的研究。他建立了我国陆地植被和土壤碳储量的研究方法，系统研究了国内陆地生态系统的碳储量及其变化，较早地开展了碳循环主要过程的野外观测，构建了中国第一个国家尺度的陆地碳循环模式，为我国陆地碳循环的研究奠定了基础；系统研究了我国大尺度的植被动态及时空变化，揭示了我国植被生产力的变化趋势、空间分异及其对气候变化响应的规律；系统开展了我国植被分布与气候关系的定量研究，提出了基于植被-气候关系的植被带划分的原则和依据，首次采用统一的调查方法，较系统地研究了国内山地植物多样性的分布规律。他还较为系统地研究了我国一种重要的木本植物属——水青冈属（*Fagus* L.）植物的生物学及生态学特性；较为深入地研究了长江中游湿地50年来的生境变迁及其生态后果。

方精云教授重视野外调查工作。20多年来，对中国和日本的主要植被类型均做过实地考察或定点观测，涉及我国西藏、青海、新疆、黑龙江、海南等25个省区和日本的一些地区。1995年参加中国首次北极科学考察，对加拿大高纬度地区的生物、冻土、冰雪和大气进行过研究。

方精云教授在国内外发表论文180余篇，其中国际重要刊物的论文40余篇（包括 *Science* 论文2篇）。曾获首届国家杰出青年科学基金（1994年）、国务院政府特殊津贴（1995年），入选国家劳动人事部百千万人才工程（1995年），中国高校十大科技进展（2001年），教育部自然科学一等奖（2003年）、国家自然科学二等奖（2004年）。

童坦君 浙江省慈溪人，1934年8月出生。1959年毕业于北京医学院，毕业后师从刘思职学部委员，1964年生物化学专业研究生毕业。现为北京大学基础医学院生物化学与分子生物学系教授，北京大学衰老研究中心主任，中国老年学会衰老与抗衰老学术委员会副主任委员，中国老年保健医学研究会常务理事，中国癌症研究基金会学术委员及生理科学进展常务编委等。2005年当选为中国科学院院士。

童坦君教授于1978年被选拔为我国中美建交前夕首批派出的52名访美学者之一，先后在约翰·霍普金斯大学、国立卫生研究院（NIH）做研究访问和博士后训练，1986~1988年在美国加州大学戴维斯分校、美国纽约大学等地研究访问。

20世纪70年代末童坦君教授揭示生物体液中存在抑癌活性物质，此物质对癌细胞具有杀伤作用，但不抑制自身骨髓细胞。90年代初，提出了生长因子在肽类生长因子信号传递方面干预原癌基因转录因子及DNA甲基化的设想，由其主持的研究组率先揭示表皮生长因子（EGF）具有降低某些原癌基因甲基化，促进染色质蛋白激酶活性，使某些原癌基因特异结合蛋白增多等作用，并对影响途径进行了系统的研究。

1988年童坦君教授涉足老年医学基础研究，与原在我国从事该领域研究的张宗玉教授共同将分子生物学与细胞生物学理念与技术系统地引入我国衰老研究，并率先在国内开展端粒、端粒酶与衰老相关性研究——衰老的分子机理，对影响衰老的遗传、环境及二者相互关系进行了系统的研究，并创建了估算人类细胞"年龄"的基因水平生物学指征及一套国际承认的评估细胞衰老定量指标，可用于衰老研究，也可检验药物抗衰作用。童坦君教授领导的研究组在寻找衰老相关新基因、深入研究细胞其他重要衰老相关基因、信号传递通路方面做了大量系统的、创新性工作，克隆出延缓衰老的RDL与加速衰老的TOM1两种细胞衰老相关新基因，发现在细胞衰老相关基因之间存在着相互作用。

童坦君教授发表论文约200篇，国际SCI收录论文约40篇，曾为中国科学院提名为2000年Faisal国际医学奖候选人。衰老

分子机理相关课题入选两院院士评选的"2002年中国十大科技进展"。主编了《医学老年学》、《医学分子生物学》和高等医学院校教材《生物化学》，参编各类书籍30余部，倡立开办中华健康老年网。

中国工程院
信息与电子工程学部

何新贵 汉族，1938年10月生，浙江省浦江县人。1960年北京大学数学力学系毕业。1967年北京大学研究生毕业。20世纪80年代初留学美国俄亥俄州立大学（The Ohio State University）计算机和信息科学系，研究数据库及数据库机技术。曾先后在国防部五院、七机部（后改航天部）和原国防科工委任技术员、工程组长、室主任、工程总师和所科技委主任和总工程师等职，现任我国载人飞船工程软件专家组组长（被授予少将军衔），及北京大学信息科学技术学院研究员、博士研究生导师。2001年当选中国工程院院士。

何新贵教授长期从事计算机软件和人工智能的理论研究和工程实践工作，是我国首批计算机软件工作者之一。提出了加权模糊逻辑、模糊计算逻辑、模糊区间值逻辑和模糊分布值逻辑等多种非标准模糊逻辑，以及巨并行的浸润推理模式、加权神经元网络和过程神经元网络等理论。他提出的可执行模糊语义网、模糊H网和主动模糊网络概念等在模糊理论与技术、知识处理及数据库等具有创造性和系统性的贡献。此外，在编译程序和数据库管理系统的实现技术、软件过程改进技术及CMM等方面也做出了较大贡献。

已发表第一作者学术论文130多篇，并著有《模糊知识处理的理论与技术》等11部专著，编撰《软件工程进展》等5本文集，是我国多部大型辞书的主要撰稿和审稿人。截至2001年，曾先后获国家或部委级以上科技进步等奖19项，其中12项排名第一。

中国工程院
农业轻纺与环境工程学部

唐孝炎 1932年10月生，籍贯江苏省。1959年1月～1960年4月，在苏联科学院地球化学分析化学研究所进修；1985年9月～1986年10月，美国布鲁克海文国家实验和国家大气科学中心高级客座科学家。现任北京大学环境科学中心教授，兼任联合国环境署（UNEP）臭氧层损耗环境影响评估组共同主席、中国环境学会副理事长。1995年当选为中国工程院院士。

自1972年起，唐孝炎教授在我国最早建立环境化学方面的专业，20余年来培养出大量研究生和本科生。自20世纪70年代以来，开拓了大气环境化学研究方向。对我国兰州及其他城市光化学烟雾的成因及控制对策，南方地区酸雨的输送成因、来源及控制对策及城市化进程中我国大气污染的特点，大气中细颗粒物污染等研究方向进行了系统深入的研究，取得了丰硕成果。在我国执行"蒙特利尔议定书"过程中，协助国家环保局主持编写《中国消耗臭氧层物质逐步淘汰国家方案》和行业机制战略等。为指定国家执行国际合约的战略和策略奠定了基础。探索了经济、能源与环境协调发展的道路、方法和理论。在福建和青岛做出了富有成效的典型范例。出版了多部著作，其中《大气环境化学》获国家教育部和国家环保局优秀教材一等奖。1985～1993年先后获国家科技进步二等奖3次，三等奖1次，国家教委科技进步一等奖1次。1994年获何梁何利科学技术进步奖。1998年获国家科技进步一等奖。

中国工程院
生物医学学部

吴阶平 （双院士，详见中国科学院生物学部）

陆道培 血液病学家和造血干细胞移植专家。1931年10月生，上海市人。1955年毕业于同济医学院，之后分配至原北京中央人民医院（今北京大学人民医院）内科，1957年起主要从事血液病临床和实验研究。1980年及1986年获世界卫生组织和世界癌联奖学金，分赴英国皇家医师进修学院Hammersmith医院及美国哈佛大学医学院Brigham & Women Hospital专修白血病和骨髓移植。1981年起任北京大学血液病研究所所长。1985年起任北京大学人民医院内科主任。1995年被遴选为中国工程院院士并曾担任主席团成员。目前担任北京大学医学部学术委员会顾问、北京大学血液病国家重点学科带头人（首席专家）、北京市和上海市道培医院医学总监。2005年被复旦大学聘为教授，并任复旦大学第五人民医院血液病中心主任。兼任中华医学

会常务理事、医学名词审定工作委员会主任、中华医学会血液学分会名誉主任委员、造血干细胞学组主任、中国抗癌协会血液肿瘤专业委员会主委。同时担任国内外近10所大学的名誉教授或兼职教授,及国内外多种医学杂志任主编、副主编或编委。1995年当选中国工程院院士。

陆道培教授对我国血液病学发展做出了多方面的杰出贡献,开创了我国异基因骨髓移植事业的先河,并促进了造血干细胞移植事业在我国的迅速发展;同时还是我国出凝血疾病领域少数奠基人之一,也是再生障碍性贫血诊断和治疗的先驱,并在白血病治疗中起着学术带头人的作用。在国际上进行了首例异基因骨髓移植治愈无丙种球蛋白血症;率先在临床上证实第三者细胞有利于 HLA 配型不全相合的造血干细胞移植;发现了硫化砷在急性白血病的治疗作用。已发表360余篇/部论著,包括主编《白血病治疗学》等4部专著,参与编写19部著作。多次主持召开国际或全国专业学术会议。2002年当选亚洲血液学会(AHA)副主席,并被国际血液学会(ISH)推举为第11届国际血液学会(APD)2007年大会主席(北京)。

陆道培教授除荣获国家科学技术进步二等奖(排名第一)等多项重大奖励外,还荣获何梁何利奖和陈嘉庚奖。

郭应禄 泌尿外科学家。1930年5月生,山西省定襄县人。1956年毕业于北京医学院医学系,1963年于北京医学院医学系泌尿外科专业研究生毕业。1983年在加拿大大学皇家维多利亚医院进修肾移植。曾任北京医科大学第一医院副院长及泌尿外科研究所所长。现任北京大学第一医院名誉院长、北京大学泌尿外科研究所名誉所长、北京大学男科病防治中心主任、北京大学泌尿外科医师培训学院院长,教授、主任医师。此外,还任中国医师协会泌尿外科分会理事长、中华医学会男科学会名誉主任委员,中华医学会泌尿外科学会名誉主任委员,中华泌尿外科杂志名誉主编,中国医学基金会副会长,国家医药管理局全国医疗器械评审专家委员会副主任,卫生部国际交流中心理事及吴阶平-杨森医药研究奖评委会主席。1990年被聘为博士研究生导师。1992年开始享受国务院颁发的政府特殊津贴待遇。1999年当选为中国工程院院士。

郭应禄教授是新一代泌尿外科和男科学学术带头人,多年来从事泌尿外科教学、科研及医疗工作,主要研究方向是尿石症防治、尿路肿瘤的基因诊治及腔内泌尿外科技术。在我国肾移植、体外冲击碎石及腔内泌尿外科的发展中起到牵头促进作用。主编了《肾移植》、《腔内泌尿外科学》、《前列腺热疗及衍生疗法》、《临床男科学》等32部著作,发表论文300余篇。获首届吴阶平-杨森医药学研究一等奖。获14项部委级科技成果奖。

沈渔邨 精神病学家。1924年2月生,浙江省杭州市人。1951年毕业于北京大学医学院医学系。同年赴苏联留学,1955年毕业,获医学科学副博士学位。曾任北京医学院第三附属医院精神科主任、副院长,北京医科大学精神卫生研究所所长、教授,WHO北京精神卫生研究与培训使用中心主任,北京医科大学精神卫生系主任,现任卫生部精神卫生学重点实验室主任。1984年被聘为研究生导师。1997年当选为中国工程院院士。

1986年被挪威科学文学院聘为国外院士。1990年12月被美国精神病学院聘为国外通信研究员。在国内外兼职有:WHO总部精神卫生专家组成员(已连任5届),《中国心理卫生杂志》社社长。曾任世界心理康复协会亚太区地区副主席。卫生部精神卫生咨询委员会主任委员,国务院学位委员会医学科学评议组成员。中华精神科学会副主任委员,中国心理卫生协会副理事长,《中华精神科杂志》总编辑,《中国心理卫生杂志》主编。

沈渔邨教授40余年来始终坚持在医疗、教学与科学研究的第一线。20世纪70年代,在农村社区首创家庭精神病防治模式,随访证实其治疗效果与住院病人相近、复发率低、社会劳动能力恢复好、费用低。此项成果曾在山东、辽宁、四川等省推广,于1984年获卫生部乙级科技成果奖。20世纪80年代引进精神疾病流行病调查的先进方法,组织国内六大行政区的12个单位进行了全国首次精神疾病流行病学调查,使得我国该学科领域研究水平迅速与国际接轨,并于1985年获卫生部乙级科技成果奖(WHO已将此调查资料用英文编辑出版)。在此期间,还率先对老年期痴呆筛查和诊断工具、发病率、患病率及发病危险因素进行研究,以及开展抑郁症病人的生化基础与药物治疗研究。上述课题在1993年分别获得卫生部与国家教委科技进步三等奖。目前正在开展精神疾病分子遗传学研究工作。

主编大型参考书《精神病学》(已修订至第5版,分别获卫生部优秀教材奖、国家新闻出版署优秀科技图书二等奖、卫生部杰出科技著作、科技进步二等奖)、卫生部规划教材《精神病学》和《精神病防治

与康复》(荣获中宣部颁发的全国首届奋发文明进步图书二等奖)。发表论文百余篇,被 SCI 收录 19 篇,被引 179 次。参加国际学术会议 50 余次。1959 年被北京市授予文教卫生先进工作者荣誉称号。是北京医科大学 20 世纪 90 年代首批八位名医之一。2002 年 8 月由国务院残疾人工作协调委员会、卫生部、民政部、财政部、公安部、教育部、中国残疾人联合会授予"全国残疾人康复工作先进个人"称号。

庄 辉 流行病学、微生物学专家。1935 年 1 月生,浙江省奉化县人。1961 年毕业于苏联莫斯科第一医学院。曾在中山医科大学任教;1963 年调入北京大学医学部工作至今。先后 3 次(1980～1982 年,1993 年,1999 年)赴澳大利亚维多利亚州立传染病参比实验室兼世界卫生组织病毒参考、生物安全性和协作研究中心做访问学者。1991 年曾为日本大学医学院第一病理学教研室客座教授。现任世界卫生组织西太区消灭脊髓灰质炎证实委员会委员、亚太地区肝病学会理事、国际疫苗研究所理事会理事、国务院学位委员会学科评议组成员、国家药典委员会委员、卫生部病毒性肝炎专家咨询委员会委员、中华医学会理事、中华医学会肝病学会主任委员及中华肝脏病杂志等 10 余种期刊的顾问、名誉总编、总编、常务编委或编委。现为北京大学医学部病原生物学系教授。1983 年被评为北京市教育系统先进工作者,1986 年获卫生部有突出贡献的中青年专家称号,1989 年被评为北京市劳动模范,1991 获国务院颁发的政府特殊津贴。2001 年当选为中国工程院医药卫生学部院士。

庄辉教授主要从事病毒性肝炎研究。首先证实我国存在流行性和散发性戊型肝炎;在国内首先建立戊型肝炎实验室诊断技术和猕猴动物模型;研制成功"戊型肝炎病毒 IgG 抗体酶联免疫测定试剂盒"和"乙型肝炎病毒表面抗原胶体金试纸条"等。庄辉教授曾主持国家"七五"、"八五"、"九五"攻关课题;参加国家"十五"攻关课题、"973 计划"、"863 计划"、国家科委重大专项课题、国家科技攻关计划引导项目、中比和中日科研合作课题(中方主持人)等。

在国内外学术期刊上共发表论文 400 余篇,参加编写英文专著 5 册,中文专著 30 余册,译著 1 册。2003 年获美国专利 1 项,1993 年和 1999 年获国家科技进步二等奖 2 项,1998、1999、2004 年获国家新药证书 3 项;1991、1992、1997 年获卫生部科技进步一至三等奖各 1 项;1998 年获教育部科技进步二等奖(基础类),1992 年获中国人民解放军总后勤部科技进步二等奖,1991 年获北京市科技进步一等奖等。1994 年获光华科技基金二等奖,1999 年获浙江省科技进步一等奖,2005 年获中华医学科技进步一等奖。

教 授 名 录

环境学院

在职教授

唐孝炎	叶文虎	王缉慈	白郁华	韩光辉
唐晓峰	蔡运龙	陶 澍	许学工	吕 斌
栾胜基	王永华	郭怀成	宋豫秦	方 拥
毛志锋	莫多闻	韩茂莉	张永和	冯长春
张远航	周力平	阙维民	王红亚	陈效逑
杨小柳	方精云	王健平	刘耕年	胡建信
马晓明	倪晋仁	吴必虎	朱 彤	张世秋
王仰麟	谢绍东	俞孔坚	徐晋涛	曾 辉
王学军	柴彦威	李有利	胡建英	胡 敏
邵 敏	曾立民	李文军	刘鸿雁	李喜青
朴世龙				

离退休教授

侯仁之	张景哲	江德爱	魏心镇	陈昌笃
王恩涌	曹家欣	韩慕康	李寿深	杨吾扬
韩启成	陈静生	周慧祥	卢培元	方锡义
王模善	杨景春	崔之久	胡兆量	谢凝高
徐云麟	吴荔明	崔海亭	任明达	刘继韩
田昭舆	严润娥	刘宝章	王淑芳	陈青慧
徐海鹏	邵可声	孙庆瑞	王美蓉	王新英
何绿萍	黄润华	董黎明	李金龙	姚荣奎
任久长	于希贤	吴月照	周一星	李树德

李赛君　陈旦华　夏正楷　　　　　　鲁安怀　张立飞　郭召杰　胡天跃　邹伦
　　　　　　　　　　　　　　　　　陈斌　　陈秀万　朱永峰　李江海　传秀云
信息科学技术学院
　　　　　　　　　　　　　　　　　傅绥燕　黄清华

在职教授　　　　　　　　　　　**离退休教授**
杨芙清　王阳元　韩汝琦　何新贵　迟惠生　　董申保　潘德扬　范心圻　石世民　钱祥麟
解思深　吴锦雷　周乐柱　杨东海　甘学温　　修保琨　佟伟　　寿曼丽　承继成　毛赞猷
毛晋昌　杨冬青　魏引树　张天义　徐安士　　赵鸿儒　莫志超　朱亮璞　孙正江　霍宏遥
赵宝瑛　屈婉玲　王克义　丁文魁　孙家骕　　刘宝诚　魏菊英　刘本立　白顺良　郑淑惠
邵维忠　郭瑛　　赵兴钰　闫桂珍　姜玉祥　　黄杰藩　曹正民　毕于润　王玉芳　林万智
刘新元　王子宇　张志刚　高文　　李晓明　　牟保磊　杨守仁　王仁民　陈凯　　傅淑芳
谢昆青　陈徐宗　代亚非　程玉华　焦秉立　　蒋邦本　吴庆鹏　何国琦　臧启家　徐振邦
谭少华　陈向群　张大成　金玉丰　赵玉萍　　艾永富　崔文元　朱梅湘　殷纯煅　谭绪荣
彭练矛　查红彬　何永琪　陈钟　　郝一龙　　苏水秀　陈仲生　宋礼庭　沈长寿　王丽华
梅宏　　夏明耀　王捍贫　王兆江　康晋锋　　朱仁益　魏绮英　廖志杰　王宪曾　刘燕君
许超　　汪国平　张盛东　张兴　　王厚峰　　张荫春　肖佐　　李淑鸾　郑亚东　杨承运
陈清　　金野　　刘晓彦　张铭　　吴文刚　　王新平　马蔼乃　陈大元　濮祖荫　臧绍先
李红滨　何进　　封举富　程旭　　吴玺宏　　王时麒　孙荀英　过帼颖　沈敏子　徐希孺
李文新　陈章渊　揭斌斌　张耿民　黄如　　　刘瑞珣　郑辙　　曾贻善　王式　　朱炜炯
郭弘　　李志宏　侯士敏　赵建业　崔斌　　　金丽芳　李茂松　闫国翰　穆治国　邵济安
　　　　　　　　　　　　　　　　　　　　　齐文同　郝守刚　王关玉　史諨　　张秀莲
离退休教授
郑乐民　陈志全　徐承和　许殿彦　李椿　　　马瑞志
张世龙　杜淑敏　徐孟侠　程光裕　周云镍
余耀煌　冯义濂　吴阿华　王楚　　杨天锡　　## 数学科学学院
叶良修　唐镇松　刘有恒　王长清　晏继文
陈葆珏　许卓群　陆钟辉　李映雪　林绪伦　　**在职教授**
施蕴陵　许培良　金东瀚　王守仁　张肇仪　　谢衷洁　张恭庆　姜伯驹　李承治　郭懋正
王仁乾　董太乾　刘志雄　潘荫基　武国英　　彭立中　丘维声　赵春来　刘嘉荃　王铎
谭长华　谢柏青　薛增泉　张兆祥　耿素云　　丁伟岳　文兰　　裴宗燕　王诗宬　郑志明
吕晋育　张国炳　徐浚　　吴良芝　曾树荣　　徐树方　刘和平　伍胜健　方新贵　何书元
栾桂冬　吴德明　张金铎　祝西里　王逊　　　谭小江　刘张炬　李治平　高立　　耿直
奚中和　王德和　王树元　俞士汶　吴义芳　　田刚　　张继平　孙文祥　王鸣　　莫小欢
刘惟敏　余道衡　董士海　张利春　许铭真　　许进超　李伟固　房祥忠　夏志宏　宗传明
关旭东　吴修文　高玉芝　唐世渭　吉利久　　马尽文　徐恺　　刘力平　蒋美跃　柳彬
仇桂生　姜天仕　龚中麟　余娟芬　孙玉秀　　陈大岳　王长平　林作铨　姜明　　鄂维南
项海格　李迎春　史美琪　汤俊雄　梁庆林　　王正栋　刘旭峰　刘培东　王冠香　任艳霞
张立昂　袁崇义　姚国正　吴淑珍　张录　　　葛力明　周蜀林　张平文　蔡金星　王保祥
莫邦燹　倪学文　张太平　盛世敏　宁宝俊　　汤华中　朱小华　甘少波　史宇光
　　　　　　　　　　　　　　　　　　　　　离退休教授
地球与空间科学学院　　　　　　　　徐献瑜　聂灵沼　张芷芬　钱敏　　黄敦
　　　　　　　　　　　　　　　　　丁同仁　闻国椿　王萼芳　章学诚　邵士敏
在职教授　　　　　　　　　　　张锦炎　周民强　戴中维　刘婉茹　吴兰成
马宗晋　童庆禧　张弥曼　叶大年　涂传诒　　文丽　　娄元仁　张顺燕　黄文灶　李忠
陈运泰　董熙平　焦维新　方裕　　蔡永恩　　应隆安　周芝英　滕振寰　陈家鼎　高维新
郝维城　宋振清　郭仕德　郑海飞　潘懋　　　潘文杰　孙靖　　张绪定　孙山泽　董镇喜
徐备　　侯建军　李琦　　秦其明　吴泰然　　王耀东　蓝以中　胡德昆　郑忠国　尤承业
高克勤　白志强　晏磊　　陈永顺　赵永红　　田茂英　程士宏　陈亚浙　黄少云　钱敏平
刘树文　王河锦　陈晓非　马学平　关平　　　李正元　庄大蔚　陈维桓　刘西垣　程乾生
韩宝福　程承旗　魏春景　秦善　　陈衍景　　林源渠　徐明曜　魏泽光　叶抗生　张乃孝

高惠璇　王文保

物理学院

在职教授

赵柏林	张焕乔	杨应昌	秦国刚	陈佳洱
吴思诚	甘子钊	陈建生	徐至展	周又元
赵光达	王德煌	叶恒强	赵夔	郭光灿
段家怾	卢大海	刘松秋	郭之虞	熊光成
邢启江	包尚联	丁富荣	张保澄	高政祥
郭建栋	冯庆荣	卢咸池	俎栋林	姚淑德
吕建钦	李重生	王稼军	陈金象	朱星
张国义	方胜	钱思进	刘树华	王建勇
张酣	王晓钢	王世光	叶沿林	欧阳顾
田光善	樊铁栓	谭本道	钱维宏	胡晓东
张杰	俞大鹏	李振平	马中水	许甫荣
刘玉鑫	马伯强	王福仁	史俊杰	班勇
鲁向阳	王宇钢	王若鹏	刘克新	熊传胜
冒亚军	范祖辉	沈波	龚旗煌	张宏升
郑汉青	王洪庆	刘晓为	吴学兵	李定平
胡永云	季航	刘川	孟杰	蒋红兵
张家森	李焱	盖峥	徐仁新	赵春生
尹澜	朱守华	朱世琳		

离退休教授

仇永炎	沈克琦	郭长志	杨葭荪	丛树桐
尹宏	杨大升	让庆澜	黄飞虎	张之翔
宋增福	何文望	钱尚武	殷宗昭	张合义
赵凯华	张玉玲	钟云霄	章立源	戴道生
杨泽森	曾谨言	许祖华	李守中	卢希庭
李认兴	潘国宏	曹昌祺	韩其智	钟文定
尹道乐	王绍武	宋执中	王国文	方瑞宜
秦旦华	梁静国	成俐	周静亚	张霭琛
谢淑贤	夏松江	吴名枋	巩玲华	沈能学
刘福绥	虞丽生	龚镇雄	彭宏安	黄植文
高崇寿	陈熙谋	陈诗闻	张镡	郭菊芳
张英侠	周志成	曾昭地	李坤	陈坚
朱宜	蔡伯濂	蔡一坤	王学忠	包科达
谭国英	陈辰嘉	黄昀	李传义	张树霖
胡望雨	张虹	卫崇德	蒋尚诚	吴鑫基
孙凯	陈受钧	罗先汉	张启仁	刘经之
陆善坤	严声清	李嘉璋	王威礼	韩汝珊
孙驹亨	张金龙	朱生传	童莉泰	张丽珠
陈娓兮	尹光俊	乔国俊	陈家宜	周道祺
赖初喜	何玉明	汪厚基	郑春开	谢淑琴
李新章	王守证	高巧君	张承福	夏蒙棻
林宗涵	刘继周	钟毓澍	杨威生	程檀生
陈秉乾	邹英华	冯孙齐	秦克诚	俞允强
王兰萍	杨澄清	张铮	夏宗瑊	施兆民

张如菊	方家驯	吴恩	陈开茅	赵汝光
钟锡华	吴崇试	黄湘友	夏宗炬	林勤
林纯镇	宋行长	王文采	吕斯骅	阎守胜
刘尊孝	廖绍彬	刘弘度	傅济时	桑建国
秦瑜	胡成达	潘乃先	吴月芳	刘式达
刘式适	谢安	楼宾桥	江栋兴	唐国有
李纬国	赵渭江	章蓓	林祥芝	王舒民
张为合	王祖铨	周治宁	赵志泳	戴远东
陈文雄	毛节泰	陶祖钰	林本达	刘洪涛
许方官	王正行	程本培	陆果	丁浩刚
黄嘉佑	袁忠喜	谢大林	张存珪	任尚元
叶学敏	朱允伦	朱元竞	沈定予	于金祥
舒幼生	周赫田	张征芳	李先卉	张洁天
赵绥堂	王胜	蔡建新	徐晓林	罗绍光

化学与分子工程学院

在职教授

唐有祺	徐光宪	刘元方	黄春辉	黎乐民
陈志达	魏根栓	李克安	章士伟	裴伟伟
姚光庆	黄其辰	段连运	周其凤	寇元
钱民协	程正迪	贾欣茹	袁谷	刘锋
林建华	刘虎威	赵新生	李星国	其鲁
杨震	李元宗	严纯华	魏高原	刘忠范
王剑波	王哲明	王远	邹德春	邵元华
来鲁华	甘良兵	许家喜	席振峰	高松
宛新华	沈兴海	吴凯	金长文	张新祥
黄建滨	陈尔强	刘文剑	李彦	夏斌
裴坚	李子臣	徐东升	齐利民	张锦

离退休教授

张滂	苏勉曾	韩德刚	杨文治	叶于浦
黄竹坡	慈云祥	叶秀林	孙亦梁	赵国玺
张明哲	陈慧英	吴季兰	华彤文	尚振海
倪葆龄	钱久信	张启运	蒋硕健	徐瑞秋
冯建章	汪勤慰	邵美成	周公度	陈金榜
童沈阳	张嘉郁	张鸿志	丘坤元	李南强
刘瑞麟	赵匡华	严宣申	杨骏英	金韵
李福绵	王文清	李宣文	桂琳琳	张有民
项斯芬	张榕森	蔡生民	臧希文	李外郎
俞启全	高执棣	江林根	袁荣尧	李标国
龚曼玲	郭凤瑜	谢有畅	吴瑾光	彭崇慧
张钰华	王德民	周维金	李安模	林炳雄
顾菡珍	曹维孝	花文廷	许振华	李崇熙
杨以文	金德秋	杨福良	李良助	何佩伦
陈凤翔	唐恢同	张婉静	叶蕴华	李明谦
宏存茂	李芝芬	郑克祥	顾镇南	朱瑶
齐大荃	佘励勤	唐任寰	吴永慧	哈鸿飞
赵振国	吴佩强	杨锡尧	刘英骏	徐筱杰

羌 笛	邓 卓	樊 杰	刘万祺	高盘良	任仁眉	许政援	韩立国	沈 政	韩 凯
刘兴云	黄祖琇	高宏成	戚生初	施 萧	高云鹏	肖 健	朱 滢		
马季铭	戴乐蓉	叶宪曾	王世玉	阮慎康			**工学院**		
钱秋宇	江子伟	程虎民	郭国霖	李星洪					
魏金山	石进元	郑朝贵	赵钰琳	汤卡罗	**在职教授**				
张广利	关烨第	倪朝烁	赵璧英	李根培	黄 琳	苏先樾	顾志福	王 炜	方 竞
伊 敏	张茂良	金祥林	杨清传	韩玉真	刘凯欣	耿志勇	白树林	王建祥	佘振苏
黄惠忠	杨华铨	何美玉	褚德莹	罗传秋	陈国谦	李存标	王 龙	谭文长	唐少强
陈月华	吴念祖	何元康	高月英	宋艳玲	郑玉峰				
张玉芬	林孝元	陈丽蓉	王祥云	李俊然	**离退休教授**				
李 能	李支敏	田桂玲	潘景歧	王保怀	周 光	孙天凤	陈耀松	苏先基	朱照宣
赵凤林	吕木坚	何永克	翁诗甫	黄 兰	魏中磊	邓成光	杜 珣	曲圣年	是长春
		生命科学学院			吴望一	黄福华	吴江航	符致福	盛森芝
					张瑞云	武际可	叶以同	王大钧	温功碧
在职教授					张伯寅	颜大椿	唐世敏	韩铭宝	钮珍南
翟中和	潘文石	朱作言	丁明孝	孙久荣	林荣生	殷有泉	陈德成	陈 滨	张远鹏
程 红	樊启昶	罗静初	李松岗	于龙川	秦寿珪	魏庆鼎	邹光远	余光志	黄永念
许崇任	周先碗	郝福英	顾 军	朱玉贤	叶庆凯	袁明武	王敏中	黄筑平	于年才
安成才	赵进东	白书农	张传茂	王忆平			**中国语言文学系**		
顾红雅	陈建国	陈章良	李 毅						
苏都莫日根		饶广远	纪建国	邓兴旺	**在职教授**				
邓宏魁	苏晓东	孔道春	吕 植	昌增益	袁行霈	张双棣	张联荣	孟 华	李家浩
张 博	瞿礼嘉	王世强	蒋争凡	郭红卫	董学文	张剑福	葛晓音	温儒敏	方锡德
魏丽萍					李 零	董洪利	商金林	宋绍年	程郁缀
离退休教授					卢永磷	王洪君	高路明	吴 鸥	耿振生
梁家骥	李正理	钱存柔	梅镇安	王 平	李小凡	夏晓虹	张 鸣	曹文轩	陈平原
曹宗巽	吴相钰	胡适宜	蔡益鹏	高信曾	陈跃红	王岳川	沈 阳	刘 东	车槿山
杜锦珠	宗志祥	杨安峰	汪劲武	胡寿文	陈保亚	傅 刚	朱庆之	孔江平	戴锦华
王镜岩	于豪建	潘 乃	杜芝兰	吴鹤龄	杨荣祥	陈晓明	刘勇强	钱志熙	郭 锐
何笃修	高天礼	顾孝诚	张人骥	曹同庚	张颐武	袁毓林	李 杨	吴晓东	潘建国
刘泰槿	任淑仙	蔡晓明	梅慧生	王发辉	**离退休教授**				
张新英	周培爱	贺慕严	杨 澄	方昭希	吕德申	吕乃岩	唐作藩	吴竞存	郭锡良
胡美浩	陈守良	杨俭美	郭振泉	黄祚强	乐黛云	沈天佑	李庆荣	孙 静	王理嘉
李荫蓁	刘克球	张庭芳	来树民	林稚兰	陈松岑	孙庆升	何九盈	谢 冕	马振方
华子千	李绍文	李令媛	刘兆乾	尤瑞麟	严家炎	唐 沅	王福堂	孙钦善	段宝林
曹 焯	徐长法	朱圣庚	马莱龄	戴灼华	索振羽	周先慎	张少康	孙玉石	闵开德
尚玉昌	吴光耀	孟联忠	周曾铨	高伟良	费振刚	陆俭明	周 强	苏培成	符淮青
田清涞	罗大珍	茹炳根	卫新成	吴才宏	侯学超	刘 烜	赵祖谟	马 真	李思孝
杨中汉	卢光莹	陈 朱	黄仪秀	俞梅敏	钱理群	黄书雄	洪子诚	沈 炯	陈熙中
王重庆	罗林儿	林忠平	容寿榆	薛友纺	严绍璗	蒋绍愚	安平秋	杨 忠	马秀娟
朱广廉	崔克明	陈雅蕙	高崇明	张继仁	陈德礼	曹亦冰			
		心理学系					**历史学系**		
在职教授					**在职教授**				
钱铭怡	谢晓非	李 量	王 垒	周晓林	王晓秋	何顺果	王天有	张希清	宋成有
韩世辉	苏彦捷	王登峰	吴艳红		房德邻	徐 凯	李孝聪	王春梅	朱凤瀚
离退休教授					徐 勇	邓小南	董正华	臧 健	王红生
杨博民	邵 郊	孟昭兰	沈德灿	薛 祚	王小甫	罗志田	许 平	杨奎松	牛大勇

阎步克	朱孝远	茅海建	陈苏镇	郭卫东	刘民权	胡 坚	刘 伟	乔晓春	周 云
高 毅	高 岱	王新生	彭小瑜	辛德勇	王跃生	陆杰华	章 政	李涌平	黄桂田
荣新江	李剑鸣	刘浦江	郭润涛		李绍荣				
欧阳哲生	王立新				**离退休教授**				

离退休教授

王永兴	荣天琳	张芝联	吴同宝	田余庆	严仁赓	陈振汉	胡代光	赵 靖	张友仁
张寄谦	张注洪	张传玺	谭圣安	吴荣曾	范家骧	张胜宏	李德彬	金以辉	徐淑娟
袁良义	孙 淼	周怡天	祝总斌	郑必俊	王茂湘	傅骊元	蔡沐培	刘方棫	朱 克
鲍良骏	潘润涵	朱龙华	马克垚	杜 美	张德修	张康琴	邱沛玲	周勤英	洪君彦
杨立文	刘祖熙	郭华榕	张仁忠	吴宗国	商德文	弓孟谦	石世奇	王俊宜	张纯元
郑家馨	徐天新	梁志明	林华国	沈仁安	陈德华	巫宁耕	靳兰征	邵 秦	丁国香
林被甸	林承节	张衍田	徐万民	刘俊文	晏智杰	何绿野	陈为民	顾鉴塘	

考古文博学院

在职教授

赵朝洪	高崇文	权奎山	刘 绪	黄蕴平
王 迅	赵化成	赵 辉	李水城	齐东方
王幼平	林梅村	秦大树	徐天进	孙 华
李崇峰	张 弛			

离退休教授

宿 白	高 明	吕遵谔	李仰松	严文明
杨 根	原思训	陈铁梅	李伯谦	马世长
晁华山	张江凯	贾梅仙	葛英会	

哲学系

在职教授

叶 朗	魏常海	李中华	杜小真	王 东
靳希平	赵敦华	张祥龙	王海明	胡 军
陈 来	张学智	尚新建	姚卫群	刘壮虎
王宗昱	郭建宁	何怀宏	丰子义	周北海
任定成	朱良志	张志刚	章启群	陈 波
韩水法	陈少峰	韩林合	吴国盛	孙尚扬
刘华杰	王 博			

离退休教授

周辅成	黄楠森	张世英	杨 辛	朱伯昆
甘 霖	葛 路	汤一介	宋文坚	于 民
施德福	宋一秀	朱德生	赵光武	李清昆
王永江	杨克明	李廷举	孙小礼	陈葆华
张翼星	傅世侠	楼宇烈	彭燕韩	陈启伟
魏英敏	夏剑豸	阎国忠	陈志尚	冯国瑞
李 慎	张文儒	李醒尘	李国秀	赵家祥
许抗生	马名驹	金可溪	杨伍栓	

经济学院

在职教授

萧灼基	李庆云	雎国余	萧国亮	王志伟
刘文忻	萧 琛	郑学益	李心愉	叶静怡
何小锋	林双林	郑晓瑛	孙祁祥	王大树

法学院

在职教授

郑胜利	张玉镶	巩献田	刘守芬	罗玉中
李贵连	饶戈平	姜明安	张建国	周旺生
王世洲	白桂梅	龚刃韧	尹 田	郭自力
白建军	朱苏力	甘培忠	赵国玲	邵景春
吴志攀	李 鸣	曲三强	陈兴良	刘剑文
张 骐	贺卫方	马忆南	潘剑锋	汪建成
叶静漪	钱明星	梁根林	刘凯湘	张千帆
王 磊	张守文	陈瑞华		

离退休教授

芮 沐	沈宗灵	周 密	王作堂	张云秀
康树华	蒲 坚	邵 津	刘升平	陈宝音
刘家兴	张若羽	王存厚	张国福	魏定仁
王以真	由 嵘	赵震江	金瑞林	黄芝英
朱华泽	田如萱	王 哲	储槐植	杨殿升
魏振瀛	杨紫烜	杨敦先	程道德	周俊业
王国枢	贾俊玲	王守渝	朱啟超	梁 滨
张 文	盛杰民	刘瑞复	赵昆坡	

国际关系学院

在职教授

邱恩田	袁 明	张锡镇	张世鹏	王缉思
杨保筠	尚会鹏	李安山	连玉如	牛 军
张光明	叶自成	贾庆国	许振洲	李保平
孔凡君	潘 维	李义虎	张小明	朱 锋
罗艳华	王正毅			

离退休教授

强重华	赵宝煦	张汉清	李景荫	夏吉生
张俊彦	余崇健	李石生	杨荫滋	彭家声
杨永骝	曹长盛	梁根成	王炳元	陈悠久
任清玉	马锐敏	梁英明	林修坡	高 鲲
张映清	周南京	林良光	耿引曾	陆庭恩
安维华	颜 芙	陈峰君	梁守德	方连庆
葛振家	林代昭	潘国华	刘金质	李 玉
黄宗良	张振国	林勋建	王 杰	陈建民

贾蕙萱　　张敏秋　　张学斌

信息管理系

在职教授

秦铁辉　　赖茂生　　王锦贵　　马张华　　段明莲
刘兹恒　　李国新　　王子舟　　王余光　　陈建龙
周庆山

离退休教授

关懿娴　　张荣起　　周文骏　　朱天俊　　白化文
李　严　　张树华　　徐克敏　　郑如斯　　张文儒
郑莉莉　　吴慰慈　　孟昭晋　　余锦凤　　傅守灿

社会学系

在职教授

夏学銮　　吴宝科　　杨善华　　王汉生　　王思斌
马　戎　　郑也夫　　刘世定　　郭志刚　　蔡　华
钱民辉　　谢立中　　张　静　　佟　新　　高丙中
邱泽奇　　王铭铭　　方　文

离退休教授

韩明谟　　华　青　　杜　勤　　郭崇德　　潘乃谷
卢淑华　　阮桂海

政府管理学院

在职教授

陈庆云　　李成言　　袁　刚　　李　强　　沈明明
江荣海　　关海庭　　周志忍　　徐湘林　　路　风
张国庆　　王浦劬　　黄恒学　　肖鸣政　　金安平
杨开忠　　李国平　　傅　军

离退休教授

陈哲夫　　岳麟章　　肖超然　　李景鹏　　丁则勤
石志夫　　陈恢钦　　谢庆奎　　宁　骚

外国语学院

在职教授

季羡林　　刘意青　　解又明　　姜永仁　　韩振乾
任光宣　　孙　玉　　赵玉兰　　张玉安　　罗　芃
石春祯　　韩敏中　　裴晓睿　　姜望琪　　李桂霞
唐仁虎　　唐孟生　　李先汉　　王邦维　　刘曙雄
于荣胜　　刘金才　　吴新英　　梁敏和　　赵　杰
辜正坤　　段　晴　　张　敏　　谢秋荣　　李昌珂
王继辉　　黄必康　　丁宏为　　刘建华　　韩加明
拱玉书　　彭广陆　　刘树森　　申　丹　　周小仪
赵华敏　　高一虹　　程朝翔　　秦海鹰　　钱　军
金　勋　　王东亮　　李　政　　赵白生　　王　建
查晓燕　　赵桂莲　　黄燎宇　　董　强

离退休教授

管玉珊　　龚人放　　陈　炎　　张祥保　　陈玉龙

黄敏中　　赵　琏　　颜　保　　黄宗鉴　　严宝瑜
张有福　　杨通方　　刘自强　　张泳白　　张秋华
殷洪元　　孙宗光　　贺剑城　　梁立基　　李廷栋
刘晓波　　马孟刚　　朴忠禄　　韦旭升　　彭克巽
赵陵生　　安炳浩　　岳凤麟　　陈瑞兰　　左少兴
金鼎汉　　刘安武　　姚保琮　　桂裕芳　　蔡鸿滨
乔振绪　　顾稚英　　罗经国　　毕金献　　王明珠
张鸿年　　黄增业　　黄琛芳　　李　淑　　顾蕴璞
臧仲伦　　李广庭　　李济生　　孙静云　　陆嘉玉
孙亦丽　　何镇华　　施振才　　孙坤荣　　李秀琴
徐稚芳　　潘　虹　　陈士林　　姜鸿霄　　董青子
麻乔志　　陈嘉厚　　潘金生　　李宗华　　沈石岩
贾　弃　　汪意祥　　李明滨　　桑　凤　　祝畹瑾
胡壮麟　　顾海根　　傅　成　　吕学德　　包智星
范大灿　　孙凤城　　张玉书　　万美君　　吴贻翼
王式仁　　丁安如　　罗国章　　曾延生　　巴特尔
徐昌华　　李　谋　　张殿英　　张甲民　　李国辰
张砚秋　　叶奕良　　姚秉彦　　潘德鼎　　张嘉南
韩德英　　赵蓉恒　　陈　玫　　陶　洁　　李淑言
马克承　　计莲芳　　孔远志　　戚盛中　　孙承熙
崔应九　　景云英　　李毓榛　　张　光　　李　湘
张荣昌　　林成勤　　周祖生　　魏　玲　　孟继有
胡春鹭　　胡家峦　　张保胜　　汪大年　　仲跻昆
卢蔚秋　　徐曾惠　　赵德明　　赵登荣　　安美华
王逢鑫　　马文韬　　王庭荣　　赵振江　　任友谅
王文融　　顾嘉琛　　王燕生　　沙露茵　　金海民
谷向阳　　黄蓉美　　刘自强　　郑惠康

光华管理学院

在职教授

厉以宁　　王其文　　曹凤岐　　杨岳全　　张国有
梁钧平　　朱善利　　王建国　　李　东　　刘　力
武常岐　　何志毅　　王立彦　　张维迎　　单忠东
涂　平　　张红霞　　邹恒甫　　刘　学　　于鸿君
陆正飞　　符国群　　陈　嵘　　姚长辉　　徐信忠
江明华　　雷　明　　张一弛　　周春生　　蔡洪滨
龚六堂

离退休教授

闵庆全　　陈颖源　　高程德　　陈良焜　　范培华
胡建颖　　秦宛顺　　董文俊　　靳云汇　　史树中

马克思主义学院

在职教授

李顺荣　　易杰雄　　陈占安　　林　娅　　智效和
李青宜　　程立显　　祖嘉合　　侯玉杰　　李淑珍
仝　华　　尹保云　　杨　河　　黄小寒　　李毅红
孙蚌珠　　康沛竹　　孙熙国

离退休教授

冯瑞芳	王隽彦	谢 龙	钟哲明	潘国华
张维福	高宝钧	钱淦荣	薛汉伟	杨淑娟
梁 柱	闫志民	沈继英	王兰媛	徐雅民
秦玉珍	江长仁	仓道来	吴国衡	李士坤
赵建文	李庆瑞			

体育教研部

在职教授

周田宝	田敏月	李德昌	郝光安	张 锐
董进霞				

离退休教授

林启武	喜 勋	王胜治	于德仁	王谦培
赵振绵	翟峻岚	沈忠民	侯文达	丘 震
杨荣华	陈庆树	林志超	孙玉禄	徐帮志
陈占奎	李士信	李宜南	王 余	刘承鸾

艺术学系

在职教授

彭吉象	俞 虹	李 松	朱青生	李爱国
丁 宁	陈旭光			

离退休教授

戴行钺

对外汉语教育学院

在职教授

张秀环	李大遂	李晓琪	王若江	张 英
杨德峰				

离退休教授

姚殿芳	杨贺松	潘兆明	赵燕皎	郭振华

计算机科学技术研究所

在职教授

肖建国	陈晓鸥	周秉锋	邹 维	汤 帜
郭宗明	吴中海			

离退休教授

谢慧瑗	顾小凤	陈堃銶	毛德行	刘秋云
鲍慧云	宋再生			

教育学院

在职教授

高利明	陈学飞	康 健	闵维方	陈向明
马万华	陈洪捷	丁小浩	闫凤桥	

离退休教授

曲士培	林建祥	汪永铨	张光佩	陈定芳
朱万森	万明高	喻岳青	殷金生	蔡翠平
陆小玉				

中国经济研究中心

在职教授

陈 平	周其仁	梁 能	曾 毅	海 闻
林毅夫	巫和懋	汪丁丁	宋国青	平新乔
胡大源	霍德明	卢 锋	朱家祥	李 玲
赵耀辉	姚 洋	马 浩		

计算中心

在职教授

黄达武	孙光斗	刘贺湘	童建昌	李润娥
丁万东	张 蓓	种连荣		

离退休教授

吴士琪	梁振亚	张兴华	吕凤羲	王一心
孙绍芳	任守奎			

新闻与传播学院

在职教授

龚文庠	徐 泓	关世杰	肖东发	杨伯溆
程曼丽	谢新洲	陈 刚		

离退休教授

许渊冲

分子医学研究所

在职教授

李 建	周 专	程和平	田小利	梁子才

工学院

在职教授

陈十一	郑 强	米建春	王习东	李克文

软件工程国家研究中心

在职教授

王立福	张世琨

方正集团

在职教授

张国祥	张兆东	张炳贤	陈文先	魏 新
汪岳林	蒋必金	廖春生	黄肖俊	贾江涛

离退休教授

楼滨龙	唐晓阳	姚秀琛	于立德	姜纪冰
鲁永令	杜宗躬	王永达	黄禄萍	何宇才
张尊超	张玉峰	周瑜采	孟志华	王金岚

青鸟公司

在职教授

刘永进	苏渭珍	田仲义	杨 明	

离退休教授

贾秉文	杜永昌	江超华	晏懋洵	朱守涛

未名集团

在职教授
宋 云　潘爱华　张 华
离退休教授
李平方

维信公司

在职教授
段震文

资源集团

在职教授
仇守银　黄琴芳　张永祥
离退休教授
巩运明

校办公司

在职教授
王 川　初育国

图书馆

在职教授
戴龙基　高偉贤　沈正华　沈乃文　朱 强
宋力生　陈 凌　肖 珑　聂 华
离退休教授
赵新月　韩荣宇　阚法箴　成素梅　潘永祥
张敏孚　齐文颖　鹿庆芳　庄守经　董成泰
董立武　陆玉英　丁有骏　朱芝仙　侯忠义
王世儒　周龙祥　宋华斐　张其苏　赖荣源
潘太明　熊光莹　张玉范　周家珍　蔡蓉华
谢琴芳

现代教育技术中心

在职教授
李树芳　崔光佐
离退休教授
刘家祯　张永魁　孙辨华　单淑明　张万增

餐饮中心

在职教授
崔芳菊

校医院

在职教授
顾钟瑾　张玉梅　杨萍兰　张宏印
离退休教授
王如璋　乔 净　吴坚明　马卜香　王慧芳
余志英　乌 云　王砚恩　钟玮玲　封佩群

李鸿明　周玉芳　徐川荣　王 军　陈文琴

社区服务中心

在职教授
赵桂莲

党办校办

在职教授
吴树青　赵存生　许智宏　林钧敬　陈文申
离退休教授
王效挺　王学珍　谢 青　黄文一　黄槐成
田德祥

发展规划部

在职教授
冯支越

纪检监察室

在职教授
王丽梅　侯志山

组织部

在职教授
岳素兰
离退休教授
杨孚旺　郝 斌　侯学忠　王淑文

宣传部

在职教授
魏国英　赵为民
离退休教授
刘文兰　古 萍　桑祥森　杨康善

统战部

在职教授
付 新
离退休教授
葛淑英　程敦慧　张万仓　张庆熹

人事部

在职教授
周岳明
离退休教授
刘景生　王淑坤　马树孚　朱印康

国际合作部

在职教授
庞志荣　潘庆德　刘新芝

离退休教授
柯　高　　黄道林

财务部

在职教授
冒　敏
离退休教授
张陶生

教务部

在职教授
卢晓东
离退休教授
向景洁　蒋曼英　毕源章　王义遒　张文增
孙桂玉　周起钊　眭行严　王文清　陈淑华
谢淑环

科研部

在职教授
吴錡　　刘波　　周辉
离退休教授
沈钟　　罗淑仪　蒋明　　陈婧媛

研究生院

在职教授
魏志义　郑兰哲
离退休教授
周琦秀　张丽霞　赵敬　　汪太辅　张桂英
曹在礼

继续教育部

在职教授
李国斌　张虹
离退休教授
沈鹏　　熊汉富　吕以乔

基建工程部

在职教授
莫元彬
离退休教授
陈克勤　徐醒华　姚德霖　庞长春　汪宇
唐幸生　徐晓芬　赵仲成　支琦

总务部

在职教授
鞠传进　张宝岭

离退休教授
崔殿祥　马云章

实验室与设备管理部

在职教授
史守旭
离退休教授
张宏健　高颖　　王兴邦

教育工会

在职教授
陈淑敏
离退休教授
刘宏勋

出版社

在职教授
张文定　金娟萍　刘方　　王明舟　张黎明
张冰
离退休教授
彭克伟　苏志中　冒光华　王世厚　李一华
陆彬良　胡双宝　孙德中　沈昆鹏　邱淑清
周学艺　苏勇　　汪淑哲　李昭时　郑昌德
宋祥瑞　赵亨利　徐信之　周月梅　彭松建
朱新邨　王春茂　赵学范　乔征胜　瞿定
段晓青　江溶　　严胜男

档案馆

在职教授
赵兰明
离退休教授
张爱蓉　纪世友

街道办

在职教授
张书仁
离退休教授
焦锦堂

会议中心离退休教授
杨咏赓

供暖中心离退休教授
于海凌

学生工作部离退休教授
张章才

保卫部离退休教授
李树恬

产业管理部离退休教授
周 政　姚仁杰　周广田　陆永基　陈美章

社科部离退休教授
王毓钟　吴同瑞　何淑云　朱邦芳　杜家贵
龙协涛

审计室离退休教授
赵立群

昌平园区离退休教授
宋心才

校史馆离退休教授
郭建荣

医 学 部

基础医学院

教授
陈慰峰　崔彩莲(女)　崔德华　方伟岗　宫恩聪
高子芬(女)　高晓明　高远生　顾 江　管又飞
郭长占　韩济生　韩文玲(女)　侯伟敏　贾弘禔
库宝善　李学军(女)　李凌松　李 刚　李 英(女)
刘国庆　刘树林　鲁凤民　马大龙　毛泽斌
梅 林(女)　濮鸣亮　钱瑞琴(女)　邱晓彦(女)
邱幼祥　沙印林　尚永丰　沈 丽(女)　谭焕然(女)
唐朝枢　唐军民　童坦君　王克威　王 露(女)
王 宪(女)　王 韵(女)　汪南平　万 有　文宗曜
吴立玲(女)　谢蜀生　徐国恒　尹长城　于常海
于恩华　张 波　张书永　章国良(女)　张永鹤
张 毓　郑 杰　周春燕(女)　祝世功　钟延丰(女)
朱卫国　朱 毅　庄 辉

研究员
吴鎏桢

编审
冯腊枝(女)

教授级高级工程师
尚 彤(女)

药学院

教授
艾铁民　蔡少青　陈虎彪　崔景荣(女)　果德安
雷小平(女)　李安良　李长龄　李润涛　李中军
刘俊义　卢 炜　吕万良　蒲小平(女)　史录文
屠鹏飞　王 超　王 夔　王 璇(女)　王银叶(女)
武凤兰(女)　徐 萍(女)　杨晓达　杨秀伟
叶新山　曾慧慧(女)　张礼和　张 强　赵 明(女)
赵玉英(女)　张亮仁

研究员
车庆明　崔育新　郭绪林　林文翰　解冬雪(女)
杨 铭(女)

公共卫生学院

教授
安 琳(女)　曹卫华　陈 娟(女)　郭新彪
郭 岩(女)　郝卫东　胡永华　季成叶　贾 光(女)
康晓平(女)　李立明　李曼春(女)　林晓明
刘 民(女)　马 军　马谢民　钮文异　宋文质
潘小川　王洪玮(女)　王培玉　王 生　王 燕(女)
王志峰　吴 明(女)　肖 颖(女)　杨 辉
詹思延(女)　张宝旭　张金良(女)　张拓红(女)
周宗灿

研究员
陈晶琦(女)　康凤娥(女)　李可基　李 勇　王京宇
续美如(女)　余小鸣(女)　周小平(女)

护理学院

教授
郑修霞(女)

公共教学部

教授
丛亚丽(女)　董 哲　贺东奇　洪 炜　胡德康
胡佩诚　贾炳善　李 菡(女)　刘 奇(女)
刘新芝(女)　刘大川　王 玥(女)　吴任钢　张大庆

党政机关、后勤、直属及产业

教授
李 竹　李书隽　田 佳(女)

研究员
柏 志　蔡景一(女)　陈立奇　邓艳萍(女)　樊建军
侯 卉(女)　李 均(女)　李 鹰(女)　梁建辉
刘建蒙　刘秀英(女)　刘志民　陆 林　马长中(女)
马焕章　聂克珍(女)　彭嘉柔　乔 力(女)
任爱国　王春虎　王振铎　谢培英(女)　辛 兵(女)
张成兰(女)　张 翎(女)

主任医师
王晓军(女)　易 英(女)

研究馆员

林小平　尹　源(女)

编审

周传敬(女)　赵　莳(女)　安　林　赵成正(女)

第一临床医学院(北大医院)

教授

鲍圣德　丁　洁(女)　丁文惠(女)　杜军保　高献书
郭晓蕙(女)　郭应禄　霍　勇　黄建萍(女)　黄一宁
蒋学祥　姜　毅(女)　金　杰　李克敏(女)
李若瑜(女)　李小梅(女)　李晓玫(女)　廖秦平(女)
刘梅林(女)　刘新民　刘玉村　刘萌华　那彦群
潘柏年　秦　炯　任汉云　唐光健　万远廉
王海燕(女)　王贵强　王　丽(女)　王荣福
王薇薇(女)　王荫华(女)　温宏武　吴新民
武淑兰(女)　谢鹏雁　肖永红　徐小元　辛钟成
严仁英(女)　杨慧霞(女)　杨尹默　晏晓明(女)
姚　晨　袁　云　张　宏(女)　张仁尧　张彦芳
章友康　赵明辉　周丛乐(女)　周利群　周应芳
朱　平　朱天岳　朱学骏　邹英华　左文莉(女)

主任医师

白　勇　包新华(女)　岑溪南　柴卫兵　陈　倩(女)
陈永红(女)　段学宁　冯　琪(女)　冯珍如(女)
甘晓玲(女)　高惠珍(女)　高燕明(女)　郭在晨
贺茂林　洪　涛　霍惟扬　季素珍(女)　贾志荣
金燕志(女)　李淳德　李桂莲(女)　李　简　李　鸣
李巧娴(女)　李　挺　梁丽莉(女)　梁卫兰(女)
刘玲玲(女)　刘世援(女)　刘桐林　刘新光
刘玉洁(女)　刘运明(女)　林景荣　柳　萍
卢新天(女)　马玉凤(女)　那　加　聂红萍(女)
聂立功　庞　琳(女)　齐慧敏(女)　乔岐禄
石雪君(女)　宋鲁新　宋以信　孙　洁　山刚志
谭　伟(女)　汤秀英(女)　涂　平　王爱萍(女)
王东信　王广发　王化虹　王继琛　王建中
王丽勤(女)　王宁华(女)　王　平(女)　王全桂(女)
王仁贵　王维民　王蔚虹(女)　王文生　王　颖(女)
汪　波　文立成　肖　锋　肖慧捷(女)　肖江喜
肖水芳　许　幸　杨海珍(女)　杨俊娟(女)
杨　柳(女)　杨　欣(女)　杨　勇　邑晓东
殷　悦(女)　于岩岩(女)　左　力　张宝娓(女)
张澜波　张明礼　张淑娥(女)　张晓春　张学智
张月华(女)　赵冬红(女)　赵建勋　周元春(女)

研究员

高树宽　冯　陶(女)　李海峰(女)　李惠芳
李六亿(女)　刘素宾(女)　刘晓燕(女)　马兰艳(女)
戚　豫　伍期专　夏铁安　辛殿祺　徐国兵
姚景雁(女)　杨艳玲(女)　俞莉章(女)　张春丽(女)

张祥华　王学美(女)　潘　虹(女)　张庆林

主任药师

崔一民　孙培红(女)　孙忠民

主任护师

丁炎明(女)　王　群(女)

主任技师

卢桂芝(女)　刘静霞(女)　苗鸿才　孙孟里(女)
王　彬　吴北生　赵　宜(女)

编审

单爱莲(女)

第二临床医学院(人民医院)

教授

白文俊　陈　红(女)　崔　恒　杜如昱　杜湘珂(女)
冯传汉　冯　艺(女)　高旭光　高占成　郭　卫
何权瀛　洪　楠　胡大一　黄晓波　黄晓军　纪立农
姜保国　姜燕荣(女)　解基严　冷希圣　李建国
黎晓新(女)　栗占国　刘开彦　卢纹凯(女)　陆道培
吕厚山　苗懿德(女)　王德炳　王建六　王　俊
王　梅　王秋生　王　杉　王天龙　王晓峰
魏　来　魏丽惠(女)　余力生　张建中　张庆俊
张小明　张　正(女)　朱继业

主任医师

安友仲　鲍永珍(女)　曹照龙　戴　林(女)　高伯山
高承志　郭丹杰　郭继鸿　胡肇衡　黄　迅
贾　玫(女)　江　滨(女)　寇伯龙　李书娴(女)
李　澍　李月玺　梁冶失　刘桂兰(女)　刘海鹰
刘慧君(女)　刘　军　刘兰燕(女)　刘玉兰(女)
林剑浩　毛　汛(女)　倪　磊　牛兰俊　彭吉润
乔新民(女)　曲星珂　任泽钦　沈丹华
苏　茵(女)　孙宁玲(女)　沈　浣(女)　佟富中
万　峰　王福顺　王　豪　王　茜(女)　王少杰
王山米(女)　王伟民　伍少鹏　许兰平(女)　许俊堂
杨拔贤　杨德启　杨铁生　袁燕林　吴　夕
吴　彦　邢志敏(女)　于贵杰　曾超美(女)
张海澄　张乐萍(女)　张立红(女)　张文娟(女)
赵　辉　赵明威　赵　彦(女)　赵　耘(女)　朱继红
朱天刚

研究员

戴谷音(女)　冯　捷(女)　何申戌　何雨生　黄　锋
李春英　李月东　刘艳荣(女)　路　阳(女)　王吉善
赵　越　周庆环(女)

主任药师

李玉珍(女)　王　佩(女)

主任技师

李　丹(女)　滕智平(女)

编审

林文玉(女)　李燕华(女)

第三临床医学院(北医三院)

教授

敖英芳　陈仲强　党耕町　董国祥　段丽萍(女)
樊东升　高炜(女)　韩启德　贺蓓(女)　洪天配
蒋建渝　克晓燕(女)　李东　李健宁　李邻峰
林共周　林佩芬(女)　林三仁　刘忠军　马潞林
马庆军　马志中　毛节明　乔杰(女)　孙永昌
王金锐　王薇(女)　王侠　王振宇　汪涛
徐智　杨孜(女)　张同琳　张捷(女)　张永珍
赵金垣　周丽雅(女)

主任医师

陈凤荣(女)　崔国庆　陈跃国　丁士刚　范家栋
葛堪忆(女)　顾芳(女)　郭长吉　郭丽君(女)
郭昭庆　韩劲松(女)　郝燕生　黄雪彪　黄毅
黄永辉　侯宽永　胡跃林　贾建文　李松
李伟力(女)　李选　李昭屏(女)　李志刚
刘桂花(女)　刘剑羽(女)　刘书旺　刘瑜玲(女)
吕愈敏　林发俭　鲁珊(女)　马芙蓉(女)
马力文(女)　马勇光　苗立英(女)　闵燕(女)
聂有智　朴梅花(女)　齐强　宋世兵　孙宇
沈扬(女)　谭秀娟(女)　童笑梅(女)　王爱英(女)
王超　王俊杰　王丽(女)　王立新　王少波
王雪梅(女)　王悦　魏玲(女)　吴玲玲(女)
肖卫忠　修典荣　徐梅(女)　徐希娴(女)　许艺民
姚婉贞　闫明　闫天生　杨碧波　杨雪松(女)
叶蓉华(女)　袁炯　张福春　张连第　张璐芳(女)
张克　张燕燕(女)　赵军　郑丹侠(女)　周方
周劲松(女)　周谋望　朱曦　庄申榕

研究员

艾华　陈东明(女)　陈贵安(女)　付贤波
耿力(女)　韩鸿宾　林丛　秦泽莲(女)　沈韬
王新利(女)　吴建伟　许锋　于长隆　余家阔
张小为　张幼怡(女)　赵一鸣

主任药师

翟所迪

主任技师

杨池荪(女)　吕志珍(女)

口腔医学院

教授

曹采方(女)　冯海兰(女)　傅开元　付民魁　高学军
高岩　葛立宏　郭传瑸　贾绮林　姜婷(女)
李铁军　刘宏伟(女)　林久祥　林琼光(女)　林野
吕培军　马莲(女)　马绪臣　毛驰　孟焕新(女)
欧阳翔英(女)　秦满(女)　沙月琴(女)　孙勇刚

王嘉德(女)　王伟建　王新知(女)　王兴
谢秋菲(女)　许天民　徐军　于世凤(女)　俞光岩
岳林(女)　曾祥龙　张博学　张成飞　张丁(女)
张刚　张益　张震康　周彦恒　魏世成

主任医师

蔡志刚　陈洁(女)　董艳梅(女)　高娟(女)
胡晓阳　华红(女)　姬爱平　姜霞(女)
李巍然(女)　马琦(女)　邱立新　孙凤(女)
谭建国　佟岱　王世明　王忠桂(女)　王尊一(女)
张汉平(女)　张建国　罗奕　谢毓秀(女)
徐莉(女)　阎燕(女)　翟新利(女)　张清(女)
张伟　张祖燕　赵士杰　赵燕平(女)　郑树国

研究员

甘业华　林红(女)　张筱林　郑刚

主任药师

梁俐芬(女)

主任技师

吴美娟(女)

编审

颜景芳

教授级高级工程师

王勇

临床肿瘤学院(肿瘤医院)

教授

陈敏华(女)　邓大君　顾晋　黄信孚　季加孚
柯杨(女)　李吉友　李萍萍(女)　吕有勇　任军
徐光炜　许佐良　杨仁杰　勇威本　张珊文　张晓鹏
寿成超　游伟程　张力健

主任医师

陈克能　范志毅　高雨农(女)　郝纯毅　胡永华(女)
林本耀　刘宝国　刘淑俊　马丽华(女)　欧阳涛
沈琳　施旒旎(女)　孙艳(女)　王怡
卫燕(女)　邢宝才　徐博　薛仲琪　杨跃
章新奇(女)　张集昌　张乃嵩　朱广迎

研究员

方家椿　何洛文(女)　张联　张青云　张宗卫

主任药师

张艳华(女)

主任技师

韩树奎

编审

凌启柏

精神卫生研究所(第六医院)

教授

崔玉华(女)　黄悦勤(女)　沈渔邨(女)　王玉凤(女)

于　欣　张　岱　周东丰(女)　　　　王希林(女)　王向群　张大荣(女)　张鸿燕(女)
　　　　　　　　　　　　　　　　　　李　冰

主任医师　　　　　　　　　　　　　　**研究员**
丛　中　甘一方　韩永华　吕秋云(女)　唐登华　　司天梅(女)　汪向东

新世纪百千万人才工程国家级人选名录

所在院系	姓名
环境学院	周力平
法学院	陈兴良
经济学院	刘伟
化学与分子工程学院	宛新华　高松
医学部	万有　汪涛
历史学系	荣新江
信息科学技术学院	郭弘　梅宏
数学科学学院	宗传明
工学院	王习东

长江学者名单

单位	姓名	岗位名称	岗位类别
地球与空间科学学院	陈晓非	固体地球物理学	特聘教授
地球与空间科学学院	陈永顺	固体地球物理学	特聘教授
地球与空间科学学院	高克勤	古生物学与地层学	特聘教授
地球与空间科学学院	张立飞	矿物学、岩石学、矿床学	特聘教授
地球与空间科学学院	张有学	地球化学	讲座教授
法学院	陈兴良	刑法	特聘教授
分子医学研究所	程和平	细胞生物学	特聘教授
分子医学研究所	肖瑞平	心血管分子生物学	特聘教授
工学院	佘振苏	流体力学	特聘教授
工学院	陈十一	流体力学	特聘教授
工学院	王龙	一般力学与力学基础	特聘教授
工学院	曲建民	固体力学	讲座教授

续表

单　位	姓　名	岗位名称	岗位类别
工学院	陈关荣	一般力学与力学基础	讲座教授
化学与分子工程学院	刘忠范	纳米科学与技术	特聘教授
化学与分子工程学院	程正迪	高分子化学与物理	讲座教授
化学与分子工程学院	严纯华	无机化学	特聘教授
化学与分子工程学院	赵新生	物理化学	特聘教授
化学与分子工程学院	杨　震	有机化学	特聘教授
化学与分子工程学院	刘文剑	理论化学	特聘教授
化学与分子工程学院	席振峰	有机化学	特聘教授
化学与分子工程学院	夏　斌	生物化学及分子生物学	特聘教授
化学与分子工程学院	金长文	无线电物理	特聘教授
化学与分子工程学院	来鲁华	化学生物学	特聘教授
化学与分子工程学院	高　松	无机化学	特聘教授
化学与分子工程学院	邵元华	分析化学	特聘教授
化学与分子工程学院	王剑波	有机化学	特聘教授
环境学院	周力平	自然地理学	特聘教授
环境学院	陶　澍	自然地理学	特聘教授
环境学院	朱　彤	环境科学	特聘教授
环境学院	方精云	自然地理学	特聘教授
环境学院	何玉山	环境科学与工程	讲座教授
教育学院	曾满超	教育经济学	讲座教授
经济学院	刘　伟	政治经济学	特聘教授
历史学系	王　希	世界史	讲座教授
历史学系	阎步克	中国古代史	特聘教授
人口研究所	郑晓瑛	人口学	特聘教授
社会学系	李中清	社会学	讲座教授
生命科学学院	邓兴旺	生物化学与分子生物学	讲座教授
生命科学学院	赵进东	遗传学与发育生物学	特聘教授
生命科学学院	邓宏魁	生物技术	特聘教授
生命科学学院	朱玉贤	遗传学及发育生物学	特聘教授
生命科学学院	苏晓东	生物化学及分子生物学	特聘教授
生命科学学院	张传茂	细胞生物学	特聘教授
生命科学学院	林　硕	动物发育生物学	讲座教授
生命科学学院	王世强	生理学及神经生物学	特聘教授
生命科学学院	郭红卫	植物分子生物学	特聘教授
生命科学学院	龙漫远	神经信息学	讲座教授
数学科学学院	田　刚	基础数学	讲座教授
数学科学学院	夏志宏	基础数学	讲座教授
数学科学学院	鄂维南	计算数学	讲座教授
数学科学学院	许进超	计算数学	讲座教授
数学科学学院	张继平	基础数学	特聘教授
数学科学学院	刘　军	概率论与数理统计	讲座教授
数学科学学院	王诗宬	基础数学	特聘教授
数学科学学院	张平文	计算数学	特聘教授
数学科学学院	葛力明	应用数学	特聘教授
数学科学学院	郁　彬	概率论与数理统计	讲座教授
数学科学学院	王长平	基础数学	特聘教授
数学科学学院	林晓松	拓扑学	讲座教授

续表

单 位	姓 名	岗位名称	岗位类别
外国语学院	申 丹	英语语言文学	特聘教授
物理学院	欧阳颀	凝聚态物理	特聘教授
物理学院	龚旗煌	光学	特聘教授
物理学院	刘晓为	天体物理学	特聘教授
物理学院	孟 杰	粒子物理与原子核物理	特聘教授
物理学院	马伯强	理论物理	特聘教授
物理学院	俞大鹏	凝聚态物理	特聘教授
物理学院	汤 超	凝聚态物理	讲座教授
物理学院	沈 波	凝聚态物理	特聘教授
物理学院	季向东	理论物理	讲座教授
物理学院	陈 勇	微流技术	讲座教授
信息科学技术学院	彭练矛	纳米科学与技术	特聘教授
信息科学技术学院	张志刚	光学工程	特聘教授
信息科学技术学院	查红彬	信号与信息处理	特聘教授
信息科学技术学院	丛京生	计算机软件与理论	讲座教授
信息科学技术学院	梅 宏	计算机软件与理论	特聘教授
医学部	高晓明	免疫学	特聘教授
医学部	王 宪	生理	特聘教授
医学部	叶新山	药物化学	特聘教授
医学部	吴 励	免疫学	讲座教授
医学部	刘国庆	心血管分子生物学	特聘教授
医学部	汪 涛	内科肾脏病学	特聘教授
医学部	李凌松	心血管分子生物学	特聘教授
医学部	尚永丰	生物化学及分子生物学	特聘教授
医学部	唐金陵	流行病与卫生统计	特聘教授
医学部	管又飞	病理生理学	特聘教授
医学部	王克威	神经生物学	特聘教授
医学部	王存玉	口腔医学	讲座教授
医学部	张 毓	免疫学	特聘教授
医学部	施文元	口腔医学	讲座教授
中国经济研究中心	约翰·施特劳斯	经济学	讲座教授
中国经济研究中心	詹姆斯·赫克曼	经济学	讲座教授
中国经济研究中心	加里·贝克尔	经济学	讲座教授
中国经济研究中心	约瑟夫·斯蒂格利茨	经济学	讲座教授
中国语言文学系	陈平原	中国语言文学	特聘教授

2006年在岗博士生导师名录

马克思主义哲学
丰子义 郭建宁 王 东 杨 河 易杰雄

中国哲学
陈 来 胡 军 李中华 楼宇烈 庞 朴

汤一介 王 博 魏常海 张学智 朱伯崑

外国哲学
杜小真 韩林合 韩水法 靳希平 尚新建
张祥龙 赵敦华

逻辑学
陈 波　刘壮虎　周北海
伦理学
陈少峰　何怀宏
美学
叶 朗　朱良志
宗教学
孙尚扬　王宗昱　姚卫群　张志刚
科学技术哲学
傅世侠　龚育之　孙小礼　吴国盛
政治经济学
陈德华　黄桂田　睢国余　李顺荣　刘 伟
卢 锋　孙蚌珠　吴敬琏　吴树青　叶静怡
经济思想史
晏智杰　郑学益
经济史
萧国亮　周其仁
西方经济学
樊 刚　胡大源　李绍荣　刘文忻　平新乔
宋国青　汪丁丁　王志伟　易 纲
世界经济
海 闻　王跃生　萧 琛
理论经济学(发展经济学)
林毅夫　姚 洋　曾 毅　赵耀辉
国民经济学
高程德　高尚全　龚六堂　李善同　厉以宁
秦宛顺　王 益　王梦奎　邹恒甫
区域经济学
李国平　杨开忠
财政学(含：税收学)
林双林　刘民权　王大树
金融学
曹凤岐　陈 平　单忠东　高西庆　何小锋
胡 坚　李庆云　李心愉　刘 力　孙祁祥
王大树　萧灼基　徐信忠　姚长辉　于鸿君
周春生
产业经济学
张来武　张维迎　朱善利
统计学
陈 嵘
法学理论
巩献田　罗玉中　张 骐　周旺生　朱苏力
法律史
贺卫方　李贵连　王 哲　武树臣　徐爱国
张建国
宪法学与行政法学
姜明安　罗豪才　王 磊　袁曙宏　湛中乐
张千帆
刑法学
白建军　陈兴良　储槐植　郭自力　梁根林
刘守芬　王世洲　张 文　赵国玲
民商法学
刘凯湘　钱明星　韦 之　尹 田　张 平
郑胜利
诉讼法学
陈瑞华　潘剑锋　汪建成　张玉镶
经济法学
甘培忠　贾俊玲　刘 燕　刘剑文　刘瑞复
盛杰民　张守文
环境与资源保护法学
汪 劲　魏振瀛　朱启超
国际法学
白桂梅　龚刃韧　李 鸣　李红云　饶戈平
邵景春　吴志攀
政治学理论
关海庭　李 强　李成言　李景鹏　宁 骚
王浦劬　谢庆奎　许耀桐　袁 刚
中外政治制度
金安平　潘 维　沈明明　徐湘林　许振洲
科学社会主义与国际共产主义运动
黄宗良　孔凡君　李青宜　林代昭　林勋建
潘国华　沙健孙　孙代尧　仝 华　尹保云
张光明　张世鹏　智效和
马克思主义理论与思想政治教育
陈占安　程立显　林 娅　赵存生　祖嘉合
国际政治
陈峰君　李 玉　李安山　李保平　李义虎
梁守德　陆庭恩　尚会鹏　王 杰　杨保筠
张锡镇
国际关系
方连庆　连玉如　刘金质　王缉思　王正毅
袁 明　张小明　朱 锋
外交学
贾庆国　牛 军　叶自成
社会学
方 文　郭志刚　李中清　刘世定　马 戎
邱泽奇　佟 新　王汉生　王思斌　谢立中
谢 宇　杨善华　张 静　郑也夫　周雪光
人口学
陆杰华　穆光宗　乔晓春　宋新明　郑晓瑛
周 云
人类学
蔡 华　高丙中　王铭铭

马克思主义基本原理
　　黄小寒　林　娅　夏文斌
马克思主义中国化研究
　　陈占安　康沛竹　赵存生
思想政治教育
　　程立显　祖嘉合
教育学原理
　　陈向明
高等教育学
　　陈洪捷　陈学飞　汪永铨　喻岳青
文艺学
　　董学文　卢永璘　王岳川　张　健
语言学及应用语言学
　　陈保亚　孔江平　李晓琪　王洪君　王若江
　　张　英
汉语言文字学
　　耿振生　郭　锐　蒋绍愚　李小凡　陆俭明
　　沈　阳　宋绍年　孙玉文　杨荣祥　袁毓林
　　朱庆之
中国古典文献学
　　安平秋　董洪利　高路明　金开诚　李　零
　　李家浩　孙钦善
中国古代文学
　　程郁缀　傅　刚　葛晓音　刘勇强　钱志熙
　　夏晓虹　袁行霈　张　鸣
中国现当代文学
　　曹文轩　陈平原　陈晓明　方锡德　商金林
　　温儒敏　张颐武
比较文学与世界文学
　　车槿山　陈跃红　戴锦华　刘　东　孟　华
　　严绍璗
英语语言文学
　　程朝翔　丁宏为　高一虹　辜正坤　韩加明
　　韩敏中　姜望琪　刘树森　刘意青　钱　军
　　申　丹　沈　弘　王逢鑫　周小仪
俄语语言文学
　　查晓燕　李明滨　任光宣　赵桂莲
法语语言文学
　　董　强　罗　芃　秦海鹰　田庆生　王东亮
　　王文融
德语语言文学
　　范大灿　谷　裕　黄燎宇　李昌珂　王　建
日语语言文学
　　刘金才　彭广陆　于荣胜　赵华敏
印度语言文学
　　段　晴　季羡林　刘曙雄　唐孟生　唐仁虎
　　王邦维

西班牙语语言文学
　　赵振江
阿拉伯语语言文学
　　谢秩荣　仲跻昆
亚非语言文学
　　陈岗龙　拱玉书　梁敏和　裴晓睿　张　敏
　　张玉安　赵　杰
传播学
　　陈　刚　程曼丽　龚文庠　关世杰　邵华泽
　　肖东发　谢新洲　徐　泓　杨伯溆
艺术学
　　陈旭光　丁　宁　李　松　彭吉象　俞　虹
　　袁　禾　朱青生
史学理论及史学史
　　董正华
考古学及博物馆学
　　高崇文　李崇峰　李水城　林梅村　刘　绪
　　齐东方　秦大树　权奎山　宿　白　孙　华
　　王幼平　吴小红　徐苹芳　徐天进　严文明
　　张　弛　赵　辉　赵朝洪　赵化成
历史地理学
　　侯仁之　李孝聪　于希贤
专门史
　　牛大勇　荣新江　王晓秋　徐万民
中国古代史
　　邓小南　郭润涛　荣新江　田余庆　王天有
　　王小甫　徐　凯　阎步克　岳庆平　张希清
　　朱诚如　朱凤瀚　祝总斌
中国近现代史
　　房德邻　郭卫东　金冲及　刘桂生　罗志田
　　茅海建　欧阳哲生　杨奎松
世界史
　　董正华　高　毅　何顺果　彭小瑜　宋成有
　　王红生　王立新　王新生　许　平　朱孝远
基础心理学
　　韩世辉　李　量　钱铭怡　沈　政　苏彦捷
　　王　垒　王登峰　谢晓非　周晓林　朱　滢
基础数学
　　蔡金星　丁石孙　丁伟岳　方新贵　冯荣权
　　甘少波　葛力明　姜伯驹　蒋美跃　李承治
　　李伟固　刘和平　刘嘉荃　柳　彬　莫小欢
　　彭立中　丘维声　史宇光　孙文祥　谭小江
　　田　刚　王保祥　王长平　王诗宬　文　兰
　　伍胜健　夏志宏　徐明曜　杨家忠　张恭庆
　　张继平　赵春来　郑志明　周蜀林　朱小华
　　宗传明

计算数学
鄂维南 高 立 李 若 李治平 汤华中
徐树方 许进超 应隆安 张平文
概率论与数理统计
陈大岳 房祥忠 耿 直 何书元 刘 军
刘力平 马志明 钱敏平 任艳霞 谢衷洁
郁 彬 郑忠国
应用数学
陈亚浙 程乾生 邓明华 郭懋正 胡德昆
姜 明 李 未 林作铨 刘培东 刘旭峰
刘张炬 马尽文 潘家柱 裘宗燕 史树中
王 铎 王正栋 夏壁灿 徐茂智 杨静平
杨义先 张恭庆 张乃孝
理论物理
陈 斌 李定平 李重生 刘 川 刘玉鑫
卢大海 马伯强 马中水 宋行长 苏肇冰
赵光达 郑汉青 朱世琳 朱守华
粒子物理与原子核物理
班 勇 陈金象 樊铁栓 郭 华 郭秋菊
冒亚军 孟 杰 钱思进 许甫荣 姚淑德
叶沿林 张焕乔
凝聚态物理
戴 伦 甘子钊 高政祥 胡晓东 吕 劲
欧阳颀 秦国刚 沈 波 史俊杰 汤 超
田光善 王福仁 吴思诚 熊光成 杨应昌
叶恒强 尹 澜 俞大鹏 张 酣 张朝晖
张国义 朱 星
光学
陈志坚 龚旗煌 郭光灿 蒋红兵 李 焱
刘春玲 王若鹏 徐至展 张 杰 张家森
无线电物理
陈徐宗 董太乾 郭 弘 汤俊雄 杨东海
张志刚
无机化学
陈志达 高 松 顾镇南 黄春辉 荆西平
李 彦 李国宝 李星国 林建华 施祖进
孙聆东 王文清 王颖霞 王哲明 吴瑾光
徐光宪 徐怡庄 严纯华 张亚文 支志明
分析化学
李 娜 李克安 李元宗 刘 锋 刘虎威
罗 海 邵元华 杨荣华 张新祥 赵美萍
朱志伟 庄乾坤
有机化学
杜大明 甘良兵 裴 坚 施章杰 王剑波
席振峰 杨 震 余志祥
物理化学
曹傲能 黄建滨 黄其辰 金长文 寇 元

来鲁华 黎乐民 林炳雄 刘 莹 刘海超
刘文剑 刘忠范 马季铭 齐利民 唐有祺
王 远 吴 凯 吴云东 夏 斌 谢有畅
徐东升 徐光宪 徐筱杰 张 锦 章士伟
高分子化学与物理
曹维孝 陈尔强 程正迪 范星河 贾欣茹
李子臣 梁德海 宛新华 危 岩 魏高原
周其凤 邹德春
化学(化学生物学)
刘元方 钱民协 袁 谷 赵新生
化学(应用化学)
刘春立 彭 静 其 鲁 沈兴海 王祥云
魏根拴 翟茂林 赵达慧
天体物理
艾国祥 陈建生 邓李才 范祖辉 韩金林
景益鹏 刘富坤 刘晓为 吴鑫基 吴学兵
武向平 徐仁新 赵 刚 周 旭 周又元
自然地理学
蔡运龙 陈效逑 方精云 蒋有绪 刘鸿雁
王红亚 王仰麟 许学工 杨小柳 曾 辉
人文地理学
董黎明 冯长春 李贵才 吕 斌 阙维民
王缉慈 吴必虎 杨吾扬 俞孔坚 周一星
地图学与地理信息系统
程承旗 方 裕 李 琦 马蔼乃 秦其明
邬 伦
地理学(环境地理学)
胡建英 陶 澍 王学军
地理学(历史地理学)
韩光辉 韩茂莉 唐晓峰
地理学(地貌学与环境演变)
李有利 刘耕年 莫多闻 夏正楷
气象学
付遵涛 胡永云 钱维宏 秦大河 谭本馗
王洪庆 杨海军 张庆红
大气物理学与大气环境
陈家宜 李万彪 刘树华 毛节泰 张宏升
赵柏林 赵春生 郑国光 周秀骥
固体地球物理学
蔡永恩 陈晓非 陈永顺 陈运泰 胡天跃
臧绍先 赵永红
空间物理学
傅绥燕 濮祖荫 涂传诒 肖 佐
矿物学,岩石学,矿床学
陈 斌 邓 军 董申保 关 平 莫宣学
王河锦 魏春景 闫国翰 张立飞

地球化学
刘树文　穆治国　郑海飞　朱永峰

古生物学与地层学
白志强　董熙平　高克勤　郝守刚　郝维城
马学平

构造地质学
韩宝福　侯建军　李江海　马宗晋　潘懋
史謌　吴淦国　吴泰然　徐备

第四纪地质学
李树德　周力平

地质学（材料及环境矿物学）
传秀云　鲁安怀　秦善

植物学
白书农　崔克明　范六民　顾红雅　郭红卫
李毅　林忠平　饶广远　许智宏　尤瑞麟
赵进东

动物学
吕植　潘文石　许崇任　闫凤鸣

生理学
柴真　王世强　于龙川　张研　周专

细胞生物学
陈建国　邓宏魁　丁明孝　林硕　舒红兵
苏都莫日根　滕俊琳　肖瑞平　翟中和
张博　张传茂　朱作言

生物化学与分子生物学
昌增益　顾军　纪建国　金长文　孔道春
李建　梁宋平　罗明　茹炳根　苏晓东
王忆平　夏斌　郑晓峰　朱圣庚　朱玉贤

生物物理学
程和平　吴才宏

生物学（生物信息学）
李松岗　龙漫远　罗静初　魏丽萍

生物学（生物技术）
安成才　陈章良　邓兴旺　瞿礼嘉　梁子才

科学技术史
何祚庥　任定成

一般力学与力学基础
楚天广　耿志勇　黄琳　王龙

固体力学
胡海昌　黄筑平　刘凯欣　苏先樾　王炜
王建祥　王敏中

流体力学
陈国谦　陈十一　黄永念　李存标　佘振苏
谭文长　唐少强　魏庆鼎　吴介之

工程力学
白树林　顾元宪　袁明武

力学（生物力学与医学工程）
方竞　郑玉峰

物理电子学
陈清　解思深　彭练矛　吴锦雷　夏明耀
薛增泉　张耿民　周乐柱

微电子学与固体电子学
甘学温　韩汝琦　郝一龙　何进　黄如
吉利久　康晋锋　李志宏　刘晓彦　倪学文
盛世敏　王阳元　吴文刚　许铭真　闫桂珍
张兴　张大成　张利春　赵宝瑛　朱跃生

计算机系统结构
程旭　丛京生　代亚非　李晓明　王克义

计算机软件与理论
陈钟　董士海　李大维　梅宏　屈婉玲
邵维忠　沈昌祥　孙家骕　唐世渭　汪国平
王捍贫　王立福　吴中海　许进　许卓群
杨冬青　杨芙清　俞士汶　张铭　张世琨

计算机应用技术
高文　郭宗明　何新贵　谭少华　谭营
汤帜　肖建国　谢昆青　周秉锋

环境科学
白郁华　郭怀成　胡敏　胡建信　栾胜基
毛志锋　邵敏　宋豫秦　唐孝炎　谢绍东
徐晋涛　叶文虎　张世秋　张远航　朱彤

环境工程
查克麦　黄国和　倪晋仁

通信与信息系统
陈章渊　焦秉立　金野　梁庆林　王子宇
邬贺铨　吴德明　项海格　谢麟振　徐安士
许浚　赵玉萍

信号与信息处理
查红彬　迟惠生　封举富　何新贵　谭少华
吴玺宏　许超

摄影测量与遥感
陈秀万　童庆禧　晏磊

核技术及应用
包尚联　陈佳洱　郭之虞　刘克新　鲁向阳
吕建钦　唐孝威　王宇钢　张保澄　赵夔
俎栋林

会计学
陆正飞　王立彦　吴联生

企业管理
成思危　符国群　郭贤达　江明华　靳云汇
雷明　李东　梁能　梁钧平　刘学
涂平　王建国　王其文　武常岐　熊维平
徐淑英　杨岳全　尹衍樑　张国有　张一弛
张志学

行政管理
　薄贵利　陈庆云　傅　军　黄恒学　李习彬
　刘　峰　路　风　汪玉凯　王　健　肖鸣政
　张国庆　周志忍
教育经济与管理
　丁小浩　闵维方
图书馆学
　李国新　刘兹恒　王锦贵　王余光　王子舟
　吴慰慈
情报学
　陈建龙　关家麟　赖茂生　梁战平　秦铁辉
　王惠临　徐学文　余锦凤　赵澄谋
图书馆、情报与档案管理（编辑出版学）
　王锦贵　王余光
神经生物学
　韩济生　王晓民　于常海　万　有　崔德华
　王　韵　罗　非　崔彩莲　王克威
生理学
　唐朝枢　王　宪　肖瑞平　朱　毅　汪南平
　刘国庆　徐国恒
遗传学
　钟　南　杨　泽
细胞生物学
　柯　杨　李凌松
生物化学与分子生物学
　贾弘禔　寿成超　吕有勇　邓大君　李　刚
　周春燕　尚永丰　朱卫国　王文恭　黎　健
生物物理学
　文宗耀　尹长城　沙印林
人体解剖与组织胚胎学
　沈　丽　周长满　濮鸣亮
免疫学
　陈慰峰　谢蜀生　马大龙　高晓明　张　毓
　邱晓彦
病原生物学
　庄　辉　刘树林
病理学
　郑　杰　方伟岗　张　波　顾　江
病理生理学
　韩启德　吴立玲　祝世功　管又飞　高远生
　娄晋宁
药理学
　李学军　李长龄　陆　林　梁建辉　章国良
　张永鹤　蒲小平
流行病与卫生统计学
　李　竹　李立明　胡永华　游伟程　詹思延
　唐金陵

劳动卫生与环境卫生学
　王　生　赵一鸣
营养与食品卫生学
　李　勇　李可基
儿少卫生与妇幼保健学
　季成叶　王　燕
卫生毒理学
　周宗灿　郝卫东　王培玉
社会医学与卫生事业管理
　郭　岩　吴　明
药学化学生物学
　王　夔　张礼和　刘俊义　李中军　李润涛
　叶新山
药物化学
　彭师奇　赵　明　杨　铭　崔育新　张亮仁
药剂学
　张　强
生药学
　赵玉英　果德安　蔡少青　屠鹏飞　杨秀伟
　林文翰
内科学
　武淑兰　朱　平　任汉云　霍　勇　丁文惠
　谢鹏雁　王海燕　章友康　李晓玫　汪　涛
　王　梅　赵明辉　郭晓惠　刘新民　王贵强
　徐小元　于岩岩　陆道培　王德炳　黄晓军
　郭继鸿　孙宁玲　胡大一　陈　红　何权瀛
　高占成　王　宇　刘玉兰　栗占国　魏　来
　纪立农　陈明哲　郭静萱　陈凤荣　毛节明
　张幼怡　高　炜　赵鸣武　姚婉贞　贺　蓓
　林三仁　吕愈敏　周丽雅　段丽萍　克晓燕
　洪天配　赵金垣　孙铁英
儿科学
　王　丽　杜军保　丁　洁　秦　炯　周丛乐
　戚　豫　张乐平　李　松
神经病学
　王荫华　袁　云　黄一宁　樊东生
皮肤病与性病学
　朱学骏　李若瑜　张建中　李邻峰
影像医学与核医学
　蒋学祥　邹英华　王荣福　杜湘珂　洪　楠
　谢敬霞　王金锐　杨仁杰　陈敏华　张晓鹏
临床检验诊学
　夏铁安　张　正　彭黎明
外科学
　刘玉村　李　龙　万远廉　朱天岳　郭应禄
　薛兆英　俞莉章　那彦群　周立群　辛钟成
　潘柏年　李　鸣　李　简　鲍圣德　冷希圣

王 杉	朱继业	吕厚山	姜保国	郭 卫
王晓峰	白文俊	张小东	何申戌	解基严
王 俊	万 峰	张同琳	徐 智	董国祥
党耕町	娄思权	陈仲强	刘忠军	马庆军
李健宁	王振宇	蔡楢伯	王满宜	田 伟
蔡志明				

妇产科学

郭燕燕	廖秦平	王临红	周应芳	冯 捷
魏丽惠	崔 恒	王建六	陈贵安	乔 杰
杨 孜				

眼科学

晏晓明	黎晓新	王 薇	曹安明	马志中

耳鼻喉科学

余力生	李学佩

运动医学

于长隆	敖英芳	林共周	艾 华

麻醉学

吴新民	杨拔贤

中西医结合临床

钱瑞琴	王学美

口腔组织病理学

于世凤	高 岩	李铁军

牙体牙髓病学

王嘉德	高学军	栾文民

牙周病学

曹采方	孟焕新	沙月琴

口腔颌面外科学

张震康	马绪臣	俞光岩	王 兴	孙勇刚
林 野	马 莲	郭传瑸	傅开元	魏世成

口腔修复学

冯海兰	徐 军	吕培军	谢秋菲

口腔正畸学

傅民魁	林久祥	曾祥龙	张 丁	周彦恒
许天民				

肿瘤学

徐光炜	黄信孚	勇威本	李吉友	顾 晋
季加孚	任 军			

2006年逝世人物名单

姓 名	所在单位	职 称	生卒年
刘心务	环境学院	副教授	1920~2006
王越先	信息科学技术学院		1928~2006
褚天鹏	信息科学技术学院	教授	1933~2006
沈伯弘	信息科学技术学院	教授	1936~2006
丁中一	地球与空间科学学院	教授	1935~2006
李文禄	物理学院		1920~2006
郭 华	物理学院	教授	1963~2006
张青莲	化学与分子工程学院	教授	1908~2006
庞 礼	化学与分子工程学院	教授	1917~2006
冯 午	生命科学学院	教授	1918~2006
秦素娣	力学与工程科学系	副教授	1938~2006
林 庚	中国语言文学系	教授	1910~2006
林 焘	中国语言文学系	教授	1921~2006
徐通锵	中国语言文学系	教授	1931~2006
汪景寿	中国语言文学系	教授	1933~2006
褚斌杰	中国语言文学系	教授	1933~2006
孟二冬	中国语言文学系	教授	1957~2006

姓　名	所在单位	职　称	生卒年
余大钧	历史学系	教授	1936～2006
何芳川	历史学系	教授	1939～2006
赵常林	哲学系	教授	1937～2006
熊正文	经济学院	教授	1910～2006
殷汉章	经济学院	副研究馆员	1919～2006
周洪键	国际关系学院	讲师	1931～2006
李志英	信息管理系		1924～2006
周珊凤	英语系	教授	1916～2006
齐　香	外国语学院	教授	1911～2006
林筠因	外国语学院	教授	1912～2006
魏　真	外国语学院	教授	1918～2006
吴琼瑂	外国语学院	副教授	1924～2006
李文秀	外国语学院		1924～2006
蔡秀英	外国语学院	副教授	1930～2006
杜家芳	马克思主义学院	教授	1931～2006
薛汉伟	马克思主义学院	教授	1935～2006
王　选	计算机科学技术研究所	教授	1937～2006
崔德勤	青鸟公司		1925～2006
李占荣	青鸟公司		1930～2006
刘玉和	青鸟公司		1930～2006
池秀兰	图书馆		1935～2006
史作庭	印刷厂		1930～2006
徐振光	印刷厂	助理研究员	1956～2006
宋国君	餐饮中心		1928～2006
金增海	餐饮中心		1929～2006
周文明	餐饮中心		1953～2006
朱兰英	校园管理服务中心		1923～2006
高　金	校园管理服务中心		1936～2006
曹淑和	校园管理服务中心		1937～2006
尹淑玉	校园管理服务中心		1938～2006
刘悦清	校园管理服务中心		1939～2006
闫春波	校园管理服务中心		1955～2006
蔡金栋	会议中心		1929～2006
修学成	会议中心		1944～2006
侯锡令	校医院	主任医师	1925～2006
张　颖	校医院	副主任医师	1966～2006
杜昌谦	社区服务中心	工程师	1935～2006
高振梅	社区服务中心		1940～2006
张素芝	社区服务中心		1944～2006
张丽德	社区服务中心		1950～2006
褚顺福	社区服务中心		1963～2006
王秀芳	幼教中心		1926～2006

姓 名	所在单位	职 称	生卒年
任永志	供暖中心		1934～2006
张 萍	党办校办		1919～2006
胡越祥	保卫部		1925～2006
胡振全	保卫部		1927～2006
初云生	保卫部		1945～2006
陈雪松	房地产管理部	助理会计师	1950～2006
张宝忠	基建工程部	工程师	1934～2006
薛恒兴	北大附中		1919～2006
魏承绪	北大附中	中学一级教师	1929～2006

2006 年北京大学党发、校发文件

党　发

党发[2006]1号	关于韩流、李宇宁任职的通知
党发[2006]2号	关于团委第十七届委员会第三次全体会议选举结果的批复
党发[2006]3号	北京大学关于号召全校师生员工向王选院士学习的决定
党发[2006]4号	关于印发《北京大学贯彻落实〈建立健全教育、制度、监督并重的惩治和预防腐败体系实施纲要〉的具体办法》的通知
党发[2006]5号	关于邢劲松任职的通知
党发[2006]6号	关于安国江、张虹职务任免的通知
党发[2006]7号	关于张晓黎、张庆东职务任免的通知
党发[2006]8号	关于调整北京大学保密委员会和保密委员会办公室组成人员的通知
党发[2006]9号	关于成立中共北京大学工学院委员会的通知
党发[2006]10号	关于印发《中国共产党北京大学基层组织换届选举工作办法》的通知
党发[2006]11号	关于刘力平任职的通知
党发[2006]12号	关于孟庆焱任职的通知
党发[2006]13号	关于调整北京大学保密委员会的通知
党发[2006]14号	关于明确北京大学保密委员会办公室建制并调整办公室组成人员的通知
党发[2006]15号	关于评选表彰优秀共产党员、先进党支部的通知
党发[2006]16号	中共北京大学委员会关于开展2006年党风廉政建设宣传教育月活动的通知
党发[2006]17号	关于成立中共北京大学教育学院委员会的通知
党发[2006]18号	关于教育学院党员大会选举结果的批复
党发[2006]19号	关于进一步加强信息工作的意见
党发[2006]20号	关于转发《关于在广大知识分子和统一战线各界人士中开展向王选同志学习活动的决定》的通知
党发[2006]21号	关于在全校学生中开展廉洁教育活动的意见
党发[2006]22号	关于成立中共北京大学成人教育学院总支部委员会的通知
党发[2006]23号	关于印发《北京大学2006年校级领导班子民主生活会方案》的通知
党发[2006]24号	关于开好处级领导班子民主生活会的通知
党发[2006]25号	中共北京大学委员会关于开展纪念中国共产党成立85周年系列活动的通知
党发[2006]26号	关于哲学系党员大会选举结果的批复
党发[2006]27号	关于冯支越任职的通知
党发[2006]28号	中共北京大学委员会关于表彰优秀共产党员和先进党支部的决定
党发[2006]29号	关于张鑫任职的通知
党发[2006]30号	关于转发有关开展治理商业贿赂专项工作文件的通知
党发[2006]31号	关于缪劲翔任职的通知
党发[2006]32号	关于郑清文、张小萌任职的通知
党发[2006]33号	关于北京大学医院党员大会选举结果的批复
党发[2006]34号	关于调整领导班子分工的通知

党发〔2006〕35号	关于转发《中共教育部党组关于学习贯彻胡锦涛总书记在庆祝中国共产党成立85周年暨总结保持共产党员先进性教育活动大会上的重要讲话精神的通知》的通知
党发〔2006〕36号	关于顾芸、马焕章职务任免的通知
党发〔2006〕37号	关于秦春华任职的通知
党发〔2006〕38号	关于转发中共北京市委教育工作委员会《关于推进高校基层党建工作创新的意见》的通知
党发〔2006〕39号	关于医学部后勤第一次党员大会选举结果的批复
党发〔2006〕40号	关于第一医院第四次党员代表大会选举结果的批复
党发〔2006〕41号	关于信息科学技术学院党员代表大会选举结果的批复
党发〔2006〕42号	关于魏国英级别的通知
党发〔2006〕43号	关于迟行刚、李胜级别的通知
党发〔2006〕44号	关于人民医院第二次党员代表大会选举结果的批复
党发〔2006〕45号	关于印发《北京大学党建和思想政治工作检查评估实施方案》的通知
党发〔2006〕46号	关于中共北京大学产业工委书记任免的通知
党发〔2006〕47号	关于同意中共北京大学医学部委员会进行第十一次代表大会筹备工作的批复
党发〔2006〕48号	关于成立中国共产党北京大学医学部公共教学部委员会的通知
党发〔2006〕49号	关于王干免职的通知
党发〔2006〕50号	关于王浩雷任职的通知
党发〔2006〕51号	关于医学部公共教学部第一次党员大会选举结果的批复
党发〔2006〕52号	关于韩流、沈千帆职务任免的通知
党发〔2006〕53号	关于马化祥职务任免的通知
党发〔2006〕54号	关于吕晨飞职务任免的通知
党发〔2006〕55号	关于严敏杰、安国江职务任免的通知
党发〔2006〕56号	关于印发《北京大学"营建文明校园、平安校园、和谐校园"百日专项行动工作方案》的通知
党发〔2006〕57号	北京大学关于颁发第一届"蔡元培奖"的决定
党发〔2006〕58号	关于刘旭东免职的通知
党发〔2006〕59号	关于印发《北京大学校务公开实施办法》的通知
党发〔2006〕60号	关于北京大学医学部第十一届党委和纪委候选人的批复
党发〔2006〕61号	关于成立北京大学统战理论与实践研究会的通知
党发〔2006〕62号	中共北京大学委员会关于不断推进新世纪新阶段学校统一战线工作的意见

校　发

校发〔2006〕1号	关于认真做好寒假和春节期间安全工作的通知
校发〔2006〕2号	关于同意聘请米耀荣先生为北京大学客座教授的决定
校办〔2006〕3号	关于对校本部"十五""211工程"子项目进行验收的通知
校发〔2006〕4号	关于同意北京大学医学部伦理委员会更名的批复
校发〔2006〕9号	关于赵南先聘任的通知
校发〔2006〕14号	关于成立北京大学艺术学院的通知
校发〔2006〕15号	关于金野任职的通知
校发〔2006〕18号	关于成立北京大学传染病研究中心的通知
校发〔2006〕19号	关于同意聘请陈镕先生为北京大学客座教授的决定
校发〔2006〕20号	关于同意聘请李建业先生为北京大学客座教授的决定
校发〔2006〕21号	关于北京大学石油天然气研究中心行政班子换届和成立理事会、学术委员会的通知

校发[2006]22号	关于批复人事部内设机构负责人聘任结果的通知
校发[2006]23号	《中国疼痛医学杂志》
校发[2006]24号	《中国介入心脏病学杂志》
校发[2006]25号	《中国微创外科杂志》
校发[2006]26号	《医院管理论坛》
校发[2006]27号	《口腔正畸学》
校发[2006]28号	《中国生育健康杂志》
校发[2006]29号	关于成立北京大学P3实验室的通知
校发[2006]30号	关于新闻与传播学院行政班子任职的通知
校办[2006]31号	免税科教用品
校发[2006]32号	关于批复档案馆内设机构负责人聘任结果的通知
校发[2006]37号	关于张维迎任职的通知
校发[2006]38号	关于考古文博学院院长任免的通知
校发[2006]39号	关于同意聘请李卫平先生为北京大学客座教授的决定
校发[2006]40号	关于同意聘请张建福先生为北京大学客座教授的决定
校发[2006]41号	关于同意聘请孙惠方先生为北京大学客座教授的决定
校发[2006]42号	关于成立北京大学前沿交叉学科研究院学术委员会的通知
校发[2006]43号	关于批准北京大学前沿交叉学科研究院内设机构的通知
校办[2006]44号	关于调整校本部电价的通知
校办会[2006]47号	部分在万柳住宿的学生的教育、管理及其他问题协调会纪要
校办会[2006]48号	北京大学奥运会乒乓球比赛场馆建设协调会纪要
校办[2006]49号	关于发布北京大学2006—2007学年校历的通知
校发[2006]50号	关于张东晓、苏先越等任职的通知
校办会[2006]51号	北京大学奥运会乒乓球比赛场馆建设协调会纪要
校发[2006]52号	关于教育基金会内设机构负责人聘任结果的通知
校发[2006]53号	关于力学与工程科学系整体进入工学院的通知
校发[2006]54号	关于调整北京大学迎接教育部本科教学评估领导小组、工作小组名单和增设迎评工作办公室的通知
校发[2006]55号	关于明确北京大学国内合作委员会职能和调整国内合作委员会组成人员的决定
校发[2006]56号	关于成立北京大学奥林匹克教育工作领导小组和领导小组办公室的通知
校办[2006]57号	关于成立北京大学康寿武术研究中心的通知
校发[2006]58号	关于调整奥运会乒乓球比赛场馆建设领导小组组成人员的通知
校发[2006]59号	关于调整北京大学离退休工作委员会组成人员和成立离退休工作小组组成人员的通知
校发[2006]60号	关于调整北京大学治安综合治理委员会组成人员的通知
校发[2006]61号	关于调整北京大学重大外事活动领导小组组成人员的通知
校发[2006]62号	关于调整北京大学事业规划委员会组成人员的通知
校发[2006]63号	关于调整北京大学国防教育领导小组组成人员的通知
校发[2006]64号	关于调整北京大学传染病防治工作领导小组组成人员的通知
校发[2006]65号	关于调整北京大学清理学校规章制度工作小组组成人员的通知
校发[2006]66号	关于调整北京大学编码调整工作领导小组组成人员的通知
校发[2006]67号	关于调整北京大学艺术大楼建设领导小组组成人员的通知
校发[2006]68号	关于成立北京大学实验室废物处理协调小组的通知
校办[2006]69号	关于规范通用设备购置和启用通用设备审核章的通知
校发[2006]70号	关于赵化成任职的通知
校发[2006]71号	关于同意聘请文正先生为北京大学客座教授的决定
校发[2006]72号	关于推进无锡产学研合作教育基地建设的意见
校办[2006]73号	关于规范各单位捐建希望小学命名问题的通知

校发[2006]74 号	关于撤销力学系袁明武 2004 年度考核合格的决定
校发[2006]78 号	关于人民医院行政班子任职的通知
校发[2006]79 号	关于吴中海任职的通知
校发[2006]80 号	关于印发《北京大学学生社团管理条例》的通知
校发[2006]81 号	关于成立北京大学公用房配置领导小组的通知
校发[2006]82 号	北京大学公用房管理改革工作小组的通知
校办[2006]84 号	关于总务系统中心(室)主任聘任的通知
校发[2006]85 号	关于成立北京大学奥运工作领导小组的通知
校发[2006]86 号	关于成立北京大学肖家河教师住宅建设领导小组的通知
校办[2006]87 号	关于 2006 年"五一"放假的通知
校办[2006]89 号	关于 2006 年教职工子女升入初中的决定
校发[2006]90 号	关于授予张翔等"学生五·四奖章"、基础医学院临床医学 2002 级 2 班等"班级五·四奖杯"的决定
校办[2006]91 号	关于做好"五一"期间安全稳定工作的通知
校发[2006]92 号	关于成立北京大学万柳住宅置换领导小组的通知
校发[2006]93 号	关于成立北京大学万柳住宅置换工作小组的通知
校发[2006]94 号	关于批复燕园街道办事处内设机构负责人招聘结果的通知
校发[2006]95 号	关于表彰国家助学贷款工作先进单位和个人的决定
校发[2006]96 号	关于对许昱华予以通令嘉奖的决定
校发[2006]97 号	批复资产管理部内设机构负责人招聘结果的通知
校发[2006]98 号	关于表彰北京大学保密工作先进集体和先进个人的决定
校发[2006]99 号	关于邱建国任职的通知
校发[2006]100 号	关于同意授予张信刚先生北京大学名誉教授称号的决定
校发[2006]101 号	关于成立北京大学东北亚可持续发展与地区安全研究中心的通知
校发[2006]102 号	关于同意授予斯蒂芬·沃伦先生北京大学名誉教授称号的决定(Stephen T. Warren)
校发[2006]103 号	关于同意授予彼得·阿格雷先生北京大学名誉教授称号的决定
校发[2006]105 号	关于化学与分子工程学院行政班子任职的通知
校发[2006]106 号	关于临床肿瘤学院行政班子任职的通知
校发[2006]108 号	关于成立北京北大临湖科技发展有限公司的决定
校发[2006]109 号	关于总务系统中心(室)副主任聘任的通知
校办[2006]110 号	关于填报经费管理自查情况表的通知
校发[2006]111 号	关于成立北京大学科维理天文与天体物理研究所的通知
校办[2006]112 号	关于停止与"北京未名湖教育文化传播中心"合作的通知
校发[2006]113 号	关于同意聘请严宏高先生为北京大学客座教授的决定
校发[2006]114 号	关于高岱任职的通知
校发[2006]115 号	关于黄凯任职的通知
校发[2006]116 号	关于成立北京大学形象建设委员会的通知
校发[2006]117 号	关于印发《北京大学成人教育考核工作条例》的通知
校发[2006]118 号	关于印发《北京大学成人高等学历教育学籍管理办法》的通知
校发[2006]119 号	关于夏红卫、严军任职的通知
校发[2006]120 号	关于第一医院行政班子任职的通知
校发[2006]121 号	关于政府管理学院行政班子任职的通知
校发[2006]122 号	关于成立北京大学流域综合管理研究中心的通知
校发[2006]123 号	关于成立北京大学药物信息与工程研究中心的通知

校发[2006]124号	关于同意聘请西田典之先生为北京大学客座教授的决定
校办[2006]125号	关于暑期时间安排和切实做好暑期安全工作的通知
校发[2006]126号	关于"毕业周"期间有关活动安排的通知
校发[2006]127号	关于印发《北京大学"叶氏鲁迅社会科学讲座教授"聘任办法》的通知
校发[2006]129号	关于成立北京大学住房制度改革工作小组的通知
校发[2006]130号	关于成立北京大学研究生培养机制改革领导小组的通知
校发[2006]131号	关于成立北京大学研究生奖助委员会的通知
校发[2006]132号	关于印发《北京大学研究生培养机制改革办法》的通知
校发[2006]133号	关于印发《北京大学研究生奖助金资金来源和使用管理办法》的通知
校发[2006]134号	关于印发《北京大学研究生学业奖学金管理办法》的通知
校发[2006]135号	关于成立北京大学国军标质量管理体系认证和武器装备科研生产许可认证工作领导小组和认证办公室的通知
校办2006]136号	关于转发《关于公布2006年度北京大学教材建设立项名单的通知》的通知
校发[2006]145号	关于第三医院行政班子任职的通知
校发[2006]146号	关于刘明利任职的通知
校发[2006]147号	关于王雷任职的通知
校发[2006]148号	关于李建丽任职的通知
校发[2006]151号	北京大学关于表彰2006届优秀毕业生的决定
校发[2006]152号	关于北京大学分析测试中心行政班子换届的通知
校发[2006]153号	关于批复科学研究部内设机构负责人聘任结果的通知
校办[2006]154号	关于网络用户月基本费收费标准的通知
校办[2006]155号	关于调整居民用电价格的通知
校发[2006]156号	关于历史学系行政班子任职的通知
校发[2006]157号	关于教育学院行政班子任职的通知
校发[2006]158号	关于对外汉语教育学院行政班子任职的通知
校发[2006]159号	关于信息科学技术学院行政班子任职的通知
校发[2006]160号	关于计算机科学技术研究所行政班子任职的通知
校发[2006]161号	关于副总务长任职的通知
校发[2006]162号	关于确定李榕为副处级的通知
校发[2006]163号	关于北大资产经营有限公司董事长任免的决定
校发[2006]165号	关于成立北京大学实验动物管理委员会的通知
校发[2006]166号	关于成立北京大学实验动物中心管理委员会的通知
校办会[2006]167号	2006年毕业典礼总结会纪要
校办会[2006]168号	2006年迎新工作研究暨工作部署会纪要
校发[2006]169号	关于基建工程部领导班子任职的通知
校办会[2006]170号	北京大学形象建设委员会第一次会议纪要
校发[2006]171号	关于同意授予蔡南海先生北京大学名誉教授称号的决定
校发[2006]172号	关于成立北京大学经济管理实验教学中心的通知
校办[2006]173号	关于印发《北京大学2006年迎新工作方案》的通知
校发[2006]174号	关于王宪、刘玉村职务任免的通知
校办会[2006]175号	环境科学与工程学科发展问题教师座谈会纪要
校发[2006]176号	关于表彰北京大学2005—2006学年度优秀德育奖和优秀班主任的决定
校发[2006]177号	关于成立北京大学奥运会志愿者工作领导小组的通知
校办会[2006]178号	"北京大学首都文化产业促进行动计划"工作会议纪要

校发〔2006〕179号	关于成立北京大学汉语国际推广工作领导小组的通知
校发〔2006〕180号	关于同意聘请清水康敬先生为北京大学客座教授的决定
校发〔2006〕181号	关于Kavli天文与天体物理研究所科研楼用房的批复
校发〔2006〕182号	关于转发《北京大学学生宿舍用电管理办法》的通知
校发〔2006〕183号	关于表彰国家、北京市教学名师奖和北京大学教学优秀奖获得者的决定
校发〔2006〕184号	关于表彰国家级、北京市级精品课程获得者的决定
校发〔2006〕185号	关于表彰北京大学第十届人文社会科学研究优秀成果奖的决定
校发〔2006〕186号	关于明确北京大学中国教育财政科学研究所建制的通知
校发〔2006〕187号	关于同意授予路易斯 J. 伊格纳罗先生北京大学名誉教授称号的决定
校发〔2006〕188号	关于张兴任职的通知
校办〔2006〕189号	关于成立北京大学国际卫生研究中心的通知
校发〔2006〕190号	关于成立北京大学中国社会科学调查中心的通知
校发〔2006〕191号	关于印发《北京大学国防项目管理办法》的通知
校发〔2006〕192号	关于印发《北京大学国防项目经费管理规定》的通知
校发〔2006〕193号	关于印发《北京大学人文社科科研机构管理办法》的通知
校发〔2006〕194号	关于光华管理学院院长任免的通知
校发〔2006〕195号	关于同意聘请陈经广先生为北京大学客座教授的决定
校发〔2006〕196号	关于同意聘请克劳斯·罗克辛先生为北京大学客座教授的决定
校发〔2006〕197号	关于同意聘请林华生先生为北京大学客座教授的决定
校发〔2006〕198号	关于要求方正集团支付学校"权益转让价款"的通知
校办〔2006〕200号	关于开展教育收费自查自纠工作的通知
校发〔2006〕201号	关于同意聘请许浚先生为北京大学客座教授的决定
校发〔2006〕202号	关于印发《北京大学实验室危险化学废物处理实施细则》的通知（此文件办公会已原则通过，但需要再协调医学部）
校发〔2006〕203号	关于授权相关会议履行"校长会议"职责的决定
校办会〔2006〕204号	关于学生学籍处理、处分事宜协调会纪要
校办〔2006〕205号	关于国庆节放假的通知
校发〔2006〕206号	关于副教务长任免的通知
校办会〔2006〕207号	北京大学校园规划恳谈会纪要
校发〔2006〕208号	关于印发《北京大学招收外国来华留学生攻读硕士、博士学位研究生的试行办法》的通知
校办〔2006〕210号	关于规范软件购置和管理的通知
校办〔2006〕211号	关于转发教育部领导在2006年高校哲学社会科学科研工作会议上的讲话的通知
校发〔2006〕212号	关于同意医学部向职工出售今典花园住宅的批复
校发〔2006〕213号	关于对法学院自行采购中央空调行为给予通报批评的决定
校发〔2006〕214号	关于成立北京大学奥运会赛时实习生指导委员会的决定
校发〔2006〕215号	关于段丽萍、宝海荣、马大龙任职的通知
校发〔2006〕216号	关于同意授予穆罕穆德·尤纳斯先生北京大学名誉教授称号的决定
校发〔2006〕217号	关于调整北京大学体育馆暨2008年奥运会乒乓球比赛馆工程监督工作领导小组组成人员的通知
校发〔2006〕218号	关于柏志、周文平职务任免的通知
校发〔2006〕219号	关于医学网络教育学院院长任免的通知
校发〔2006〕220号	关于殷雪松任职的通知
校发〔2006〕221号	关于印发《北京大学特聘境外教授出、入境费用报销管理办法》的通知
校发〔2006〕222号	关于印发《北京大学精品课程体系建设管理规定》的通知

校发〔2006〕223号	关于成立北京大学国际合作委员会的通知
校发〔2006〕224号	关于同意撤销北京大学图书馆图书文献服务部的批复
校办〔2006〕225号	关于对部分少数民族开斋(尔代)节放假的通知
校发〔2006〕226号	关于成立北京大学仪器设备招标采购领导小组的通知
校发〔2006〕227号	关于规范新建楼宇信息网络建设工作的通知
校发〔2006〕228号	关于成立北京大学与北京市共建项目管理办公室的通知
校发〔2006〕229号	关于认真做好2006年从在校生中征集义务兵工作的通知
校发〔2006〕230号	关于年终结账事项的通知
校办〔2006〕231号	关于在中非合作论坛北京峰会期间做好有关工作的通知
校发〔2006〕232号	关于同意北京大学文化产业研究所更名的通知
校发〔2006〕233号	关于成立北京大学收入分配制度改革领导小组的通知
校发〔2006〕234号	关于同意授予阿卜杜勒-阿齐兹·布列弗里卡先生北京大学名誉教授称号的决定
校发〔2006〕235号	关于调整北京大学党风廉政建设责任制领导小组组成人员的通知
校发〔2006〕236号	关于成立北京大学审计接待工作领导小组的通知
校发〔2006〕237号	关于调整北京大学体育运动委员会组成人员的通知
校发〔2006〕238号	关于调整北京大学财经工作领导小组组成人员的通知
校发〔2006〕239号	关于成立北京大学审计接待工作小组的通知
校发〔2006〕240号	关于调整北京大学招生委员会组成人员的通知
校发〔2006〕241号	关于成立北京大学卫生思想政治工作促进会的通知
校发〔2006〕242号	关于成立"第八届全球发展网络年会"筹备小组的通知
校发〔2006〕243号	关于荣起国任职的通知
校发〔2006〕244号	关于成立北京大学中国社会科学调查中心管理委员会的通知
校发〔2006〕245号	关于医学部公共教学部行政班子任职的通知
校发〔2006〕246号	关于萧群任职的通知
校发〔2006〕247号	关于王兴邦免职的通知
校发〔2006〕248号	关于同意聘请达艾特·芬斯克先生为北京大学客座教授的决定
校发〔2006〕249号	关于同意聘请盖伦 D. 斯塔基先生为北京大学客座教授的决定
校发〔2006〕250号	关于印发《建设北京大学科维理天文与天体物理研究所(KIAA-PKU)的指导性意见》的通知
校发〔2006〕251号	关于印发《北京大学理工科虚体研究机构管理办法》的通知
校发〔2006〕252号	关于成立北京大学高能物理研究中心的通知
校发〔2006〕253号	北京大学关于开展"全面清查往来资金情况"工作的通知
校发〔2006〕256号	关于护理学院行政班子任职的通知
校发〔2006〕257号	关于印发《北京大学工程建设项目招标管理办法》的通知
校发〔2006〕258号	关于成立北京大学校本部收入分配制度改革申诉受理调解委员会的通知
校发〔2006〕260号	关于表彰2004—2005学年度学生优秀个人和先进集体的决定
校发〔2006〕261号	关于印发《北京大学实验室工作条例》的通知
校发〔2006〕262号	关于印发《北京大学仪器设备管理办法》的通知
校发〔2006〕263号	关于印发《北京大学大型仪器设备管理办法》的通知
校发〔2006〕264号	关于印发《北京大学实验室安全管理办法》的通知
校发〔2006〕265号	关于印发《北京大学实验室工作评审奖励办法》的通知
校发〔2006〕266号	关于印发《北京大学院(系)仪器设备和实验室管理人员职责规定》的通知
校发〔2006〕267号	关于印发《北京大学实验室档案和基本信息收集管理办法》的通知
校发〔2006〕268号	关于印发《北京大学大型仪器设备维护维修基金管理办法》的通知

校发[2006]269 号	关于印发《北京大学大型仪器设备开放测试基金管理办法》的通知
校发[2006]270 号	关于印发《北京大学仪器设备损坏丢失赔偿办法》的通知
校发[2006]271 号	关于印发《北京大学国内仪器设备采购管理办法》的通知
校发[2006]272 号	关于印发《北京大学仪器设备招标采购管理办法》的通知
校发[2006]273 号	关于印发《北京大学"十五""211 工程"建设项目仪器设备购置与管理办法》的通知
校发[2006]274 号	关于印发《北京大学科教用品进口管理办法》的通知
校发[2006]275 号	关于印发《北京大学免税科教用品管理办法》的通知
校发[2006]276 号	关于印发《北京大学仪器设备调拨、报废收入分配管理办法》的通知
校发[2006]277 号	关于成立北京大学人居环境中心的通知
校发[2006]278 号	关于俞虹任职的通知
校发[2006]279 号	关于卢晓东、金顶兵职务任免的通知
校发[2006]280 号	关于吴朝东任职的通知
校发[2006]281 号	关于柏志、周平文职务任免的通知
校发[2006]282 号	关于授予詹姆斯·默泽尔先生名誉教授荣誉称号的决定
校发[2006]283 号	关于印发《北京大学教职工住房补贴调整实施办法》的通知
校办[2006]284 号	关于元旦放假的通知
校发[2006]285 号	关于成立北京大学校务公开工作委员会组成人员的通知
校发[2006]286 号	关于转发《教育部关于印发〈教育部人文社会科学研究项目管理办法〉的通知》的通知
校发[2006]287 号	关于转发《教育部关于印发〈普通高等学校人文社会科学研究重点研究基地管理办法(2006 年修订)〉的通知》的通知
校发[2006]288 号	关于转发《教育部关于印发〈教育部哲学社会科学研究后期资助项目实施办法〉(实行)的通知》的通知
校发[2006]289 号	关于北京大学上海微电子研究院更名的通知
校发[2006]290 号	关于同意上海北京大学微电子研究院注册事业单位法人的批复
校发[2006]291 号	关于同意聘请崔铮先生为北京大学客座教授的决定
校发[2006]292 号	关于同意聘请 Bradley J. Nelson 先生为北京大学客座教授的决定
校发[2006]293 号	关于同意聘请邬建国先生为北京大学客座教授的决定
校发[2006]294 号	关于调整北京大学流动人口管理领导小组及管理办公室组成人员的通知
校发[2006]295 号	关于对施永辉同学予以通令嘉奖的决定
校办会[2006]296 号	期末考试期间学生教育管理服务工作协调会会议纪要
校发[2006]297 号	关于同意聘请张燕文博士为北京大学客座教授的决定
校发[2006]298 号	关于批复社会科学部内设机构负责人聘任结果的通知
校发[2006]299 号	关于批复实验室与设备管理部内设机构负责人聘任结果的通知
校发[2006]300 号	关于成立北京大学港澳台工作领导小组的通知
校发[2006]301 号	关于成立北京大学民族宗教工作领导小组的通知
校发[2006]302 号	关于马大龙任职的通知
校发[2006]303 号	关于调整从事有害健康工种工作人员营养保健发放标准的通知
校发[2006]304 号	关于印发《北京大学单证专业学位学生学生证、校园卡管理规定》的通知
校发[2006]305 号	关于成立北京大学廉洁社会研究中心的通知
校发[2006]306 号	关于成立北京大学研究生奖助委员会办公室的通知
校办会[2006]307 号	北京大学 石河子大学 2006 年对口支援工作例会会议纪要
校发[2006]308 号	关于规范中小幼教师职务聘任程序的意见
校发[2006]310 号	关于成立北京大学中国直销行业发展研究中心的通知

表彰与奖励

2006 年受表彰的优秀共产党员、先进党支部名单

全国优秀共产党员

孟二冬(追授)　北京大学中文系教师　教授

北京市优秀共产党员

孟二冬(追授)　北京大学中文系教师　教授
张继平　北京大学数学科学学院院长　教授

北京市优秀党务工作者

李萍萍　北京大学临床肿瘤学院、北京肿瘤医院党委书记、中医科主任　主任医师、教授

北京大学优秀共产党员标兵(12 人)

张平文　数学科学学院党委委员　科学与工程计算系系主任　教授
李元宗　化学与分子工程学院教师　教授
卫　欣　环境学院 2003 级博士生党支部书记　班长
王锦贵　信息管理系教师　教授
何小锋　经济学院金融系主任　教授
傅增有　外国语学院泰国研究所所长　副教授
曲春兰　校纪委委员　纪委党支部书记　纪委办公室主任　机关一工会主席　副研究员
刘海明　党委办公室校长办公室主任　党委办公室校长办公室党支部书记　副研究员
韩济生　基础医学院神经科学研究所所长　院士
赵明辉　第一医院科研处处长　肾内科主任　主任医师　教授
俞光岩　口腔医院院长　口腔颌面外科主任医师　教授
樊东升　第三医院副院长　神经内科主任　主任医师　教授

北京大学优秀共产党员(276 人)

殷巾英　数学科学学院 2005 级本科生党支部书记院团委副书记
张　璐　数学科学学院 2002 级本科生党支部书记
宋　鹏　数学科学学院 2005 级博士生党支部书记　2005 级博士生班班长
荣起国　工学院党委副书记　副教授
张清平　工学院行政党支部书记　工程师
张永新　工学院生物医学工程系 2004 级硕士生
徐　军　物理学院电镜实验室副主任　高级工程师
秦志龙　物理学院 2004 级本科生党支部组织委员　北京大学国防生大队副大队长
范　莹　物理学院理论物理博士生班班长　2003 级博士生
张颖一　物理学院 2003 级硕士生
李锋铭　物理学院光学研究生党支部书记　2003 级博士生
陈国棉　物理学院大气系教工党支部支委　副研究馆员
郑　涛　物理学院技术物理系党支部书记　副教授
吕建钦　物理学院重离子物理所教师　教授
汪厚基　物理学院技术物理系退休党支部书记　教授
仲维英　地球与空间科学学院党委副书记　学工办主任　高级工程师
张　臣　地球与空间科学学院大陆动力研究所党支部书记　副所长　副教授
戚国伟　地球与空间科学学院地质硕士生党支部书记　学院研究生会主席　2004 级硕士生
盛淑兰　地球与空间科学学院行政党支部书记　党团人事办公室主任
曾琪明　地球与空间科学学院遥感所教工党支部委员　实验室副主任　副教授
屈婉玲　信息科学技术学院党委委员　教授
项海格　信息科学技术学院党委委员　科研指导委员会主任　教授
王克义　信息科学技术学院党委委员　计算机教工第二党支部书记　教授
甘学温　信息科学技术学院基础部副主任　教授

张　兴	信息科学技术学院常务副院长　教授	韩世辉	心理学系党委纪检委员　系主任　教授
闫援平	信息科学技术学院人事办公室主任　助研	王　垒	心理学系党委委员　应用心理学教研室主任　教授
栾桂冬	信息科学技术学院电子学离退休党支部书记　教授	李小凡	中文系教师　教授
李子奇	信息科学技术学院团委书记　计算机2002、2004级本科生党支部书记　助教	常　森	中文系古代文学教研室党支部书记　副教授
		刘占召	中文系2004级博士生党支部书记
张贤国	信息科学技术学院计算机2003、2005级本科生党支部书记	胡南敏	中文系2003级硕士生班班长
		耿　葳	中文系2004、2005级本科生党支部组织委员
王楠楠	信息科学技术学院学生会副主席　电子2003级本科1班团支部书记	唐璐璐	中文系2004、2005级本科生党支部宣传委员
		阎步克	历史学系党委委员　学术委员会主任　教授
潘玉龙	信息科学技术学院团委副书记　电子2002—2004级本科生党支部书记　电子2002级4班团支部书记	管晓宁	历史学系团委书记　助教
		峨　嵋	历史学系2002级本科生党支部书记
		郑振清	历史学系2003级博士生党支部组织委员
黄婷儿	信息科学技术学院方正硕士生党支部副书记　2004级硕士生	樊　力	考古文博学院教工第一党支部书记　副教授
刘讓哲	信息科学技术学院团委副书记　2003级博士生	刘　静	考古文博学院硕士生党支部书记　2005级硕士生班班长
陆俊林	信息科学技术学院系统结构研究所研究生党支部书记　2002级博士生	张中秋	哲学系美学—伦理学党支部书记　工会主席　副教授
李子臣	化学与分子工程学院副院长　教授	范丹卉	哲学系2005级博士生党支部书记
荆西平	化学与分子工程学院工会主席　副教授	董　鹏	哲学系2005级硕士生党支部书记
李　彦	化学与分子工程学院党委副书记　教授	杨　超	哲学系本科生第二党支部书记　2004级本科生班班长
张启运	化学与分子工程学院离退休联谊会主席　教授	李寒梅	国际关系学院党委副书记　副教授
张晓雷	化学与分子工程学院团委副书记　2003级本科生	许振洲	国际关系学院党委统战委员　副院长　教授
		虎翼雄	国际关系学院团委书记　助教
刘　婧	化学与分子工程学院2005级博士生党支部宣传委员	卢成军	国际关系学院博士生联合党支部书记　2004级博士生
贾春江	化学与分子工程学院2004级博士生班班长	吕　强	国际关系学院2004级硕士生党支部书记　班长
白书农	生命科学学院党委委员　教授		
郝福英	生命科学学院教学实验中心副主任　教授级高工	初晓波	国际关系学院教师　讲师
		吴祖馨	国际关系学院党委委员　党委秘书　院办公室副主任　副研究员
高凤茹	生命科学学院党委委员　党委秘书　副研究员	刘　伟	经济学院院长　教授
梁宇和	生命科学学院教工生理环生党支部宣传委员　讲师	何　杭	经济学院2003级本科生党支部书记
		杨长湧	经济学院2004级硕士生党支部书记
康德智	生命科学学院2005级本科生党支部书记	王花蕾	经济学院2003级博士生班班长
刘　音	生命科学学院2002级本科生党支部组织委员	陈　功	人口研究所党支部书记　所长助理　副教授
		李俊杰	中国经济研究中心2004级硕士生班班长
于永兰	环境学院党委委员　副研究员	张佳利	光华管理学院院长助理　副研究员
钟　敏	环境学院退休教师　副教授	王　岩	光华管理学院2003级本科生党支部组织委员
许学工	环境学院党委委员　教授		
汪　涌	环境学院2005级博士生班班长	竺　玮	光华管理学院2005级硕士生党支部书记
刘瑞楠	环境学院2004—2005级本科生党支部书记	代少勇	光华管理学院2005级工商管理硕士生
徐志新	环境学院2005级硕士生2班党支部书记	马庆林	光华管理学院2005级博士生党支部书记
刘元元	环境学院2003级硕士生2班党支部书记	翟继光	法学院2003级博士生党支部书记
		熊　可	法学院2005级法学博士生党支部书记
闫永涛	环境学院2004级硕士生1班党支部书记	孙新亮	法学院2004级法学硕士第二党支部宣传

	委员	秦春华	校电视台主编 副研究员
王 璐	法学院2005级法学硕士第二党支部书记	姚卫浩	党委办公室校长办公室综合室主任 研究实习员
徐 征	法学院2003级法律硕士第二党支部书记	潘燕生	幼教中心党支部副书记 幼教中心主任 中学高级教师
张秋英	法学院2004级法律硕士班班长	杨仲昭	总务部部长 助理研究员
庄田田	法学院2002级本科生党支部宣传委员	任金锁	餐饮中心农园食堂经理 餐饮中心分党总支副书记 高级厨师
许 凯	法学院2003级本科生党支部书记 院团委副书记兼文体部长	姚清明	校园管理服务中心200号荒山绿化队队长
刘东进	法学院院长助理 副教授	王君波	学生宿舍管理服务中心主任 研究实习员
潘剑锋	法学院教师 教授	李国忠	资产管理部部长 副研究员
杨晓雷	法学院团委书记 助教	林一凡	供暖中心分党总支纪检委员 第一党支部书记 供暖中心副主任 工程师
杨殿升	法学院教师 教授	张美萍	图书馆采编党支部书记 采访部副主任 副研究馆员
陈 博	信息管理系硕士生党支部书记 2003级硕士生	周春霞	图书馆自动化系统、咨询部党支部书记 流通阅览部副主任 馆员
李 康	社会学系党委组织委员 副教授	胡双宝	出版社编审
张 翔	社会学系2004级博士生班班长	刘 勇	出版社理科编辑室主任 副编审
金 民	政府管理学院办公室副主任 助理研究员	薛 颖	出版社中南办事处主任 编辑
梁 江	政府管理学院2003级硕士生党支部书记	朱建华	校医院党委副书记 护理部主任 主管护师
黄国珍	政府管理学院2005级硕士生	李建丽	校医院院长助理 统计师
林伟鹏	政府管理学院2002级本科生党支部书记	姬新建	北达资源中学党支部副书记 中学一级教师
陈永利	外国语学院团委书记 助教	冯金梅	附属中学党委副书记 党政办公室主任 工会主席 中学一级教师
杨明丽	外国语学院法语系党支部书记 副教授	王卫东	附属中学高三年级党支部组织委员 高三年级主任 中学高级教师
陈昱臻	外国语学院2004级研究生党支部书记	姜 淼	软件与微电子学院招生就业办公室主任
戴甚彦	外国语学院2004级本科生党支部书记 学生会副主席	刘乃贵	软件与微电子学院学生第一党支部书记 院团委副书记 2005级硕士生
刘建华	外国语学院英语系教师 教授	孙旭光	软件与微电子学院学生第四党支部书记 2005级硕士生
谢轶荣	外国语学院阿拉伯语系主任 教授	王毅旭	软件与微电子学院学生第三党支部书记 院研究生会副主席 2005级硕士生
郑惠康	外国语学院俄语系教师党支部书记 副研究员	魏骁怡	软件与微电子学院学生第二党支部书记 2005级硕士生
邹月梅	外国语学院党委委员 业务办公室主任	周福民	校科技开发与产业管理办公室副主任 副研究员
刘 军	马克思主义学院教师 讲师	尹江红	北大方正集团方正电子数媒/网传党支部书记 电子公司字模开发总监 高级工程师
徐 泓	新闻与传播学院常务副院长 教授	张永祥	北大资源集团助理总裁 研究员
姚 雪	新闻与传播学院2003级硕士生	王学军	北大科技园党支部宣传委员 北大科技园项目经理
陈学飞	教育学院常务副院长 教授	魏 磊	北大维信生物科技有限公司法务主管
阎凤桥	教育学院党委委员 教育经济与管理系教师党支部书记 教育经济研究所副所长 副教授	叶智勇	北大青鸟集团党委副书记 青鸟天桥公司党支部书记 北京青鸟天桥仪器设备总经理 高级工程师
胡群海	保卫部党支部书记 治安综合治理办公室主任 副研究员		
苏 鸿	党委组织部党建室主任 助理研究员		
王 干	校团委机关党支部组织委员 校团委副书记 讲师		
王 卫	教务部教务办公室主任 党支部书记 助理研究员		
闫 敏	校纪委委员 机关党委委员 医学部副主任 校财务部部长 研究员 高级会计师		
张丽娜	校工会副主席 党支部书记 小学高级教师		
蒋宗凤	人事部副部长 副研究员		

李　恂	街道党工委离休干部		陈宝珠	第一医院肿瘤治疗中心总护士长　主管护师
田为民	成人教育学院教工第一党支部书记　保卫办公室主任　副研究员		韩晓宁	第一医院内科临床研究生党支部书记　2004级博士生
蔡云凌	对外汉语教育学院北大新航道项目主任助理　讲师		张道俭	第一医院外科临床研究生党支部书记　2005级博士生
梁根林	深圳研究生院文法学院院长　教授		陈　亮	第一医院实验室研究生党支部书记　2004级博士生
莫方正	深圳研究生院2005级法律硕士第二党支部书记		闫　婕	第一医院学生党支部书记　2001级本科生
曹　丹	深圳研究生院2005级社会学党支部书记		张　素	人民医院内科科护士长　副主任护师
黎　黎	深圳研究生院2004级法律硕士第二党支部书记		陈红松	人民医院肝病研究所党支部书记　党委院长办公室副主任　副研究员
侯博威	深圳研究生院2004级信息党支部书记		郭继鸿	人民医院心内科副主任　主任医师
蔡蓓娟	深圳研究生院2005级西方经济学党支部书记		朱继业	人民医院普外科党支部书记　普外一科副主任　教授
李小东	深圳研究生院2004级环境与城市学院硕士生		黄晓波	人民医院泌尿外科副主任　教授
谈小嫱	元培计划管理委员会教务办公室副主任　助理研究员		关　菁	人民医院计划生育与生殖医学科　副主任医师
杨　威	元培计划管理委员会2003级党支部书记　团支部书记		李明武	人民医院眼科　副主任医师
赵兰明	档案馆常务副馆长　直属单位党总支委员　研究员		尹东辉	人民医院中医科　副主任医师
			刘元生	人民医院急诊科副主任　副主任医师
邱玉红	直属单位党总支校史馆党支部组织委员　校史馆资料室负责人		沈丹华	人民医院病理科主任　主任医师
			陈琦玲	人民医院高血压病房　副主任医师
陈　婷	艺术学院2002级本科生班学习委员		赵　建	人民医院监察室主任　主治医师
白雪生	附属小学总务主任　工会主席　中学高级教师		岳　兰	人民医院医务处党支部组织委员　主管护师
			邓焕霞	人民医院儿科支部宣传委员　主治医师
萧文革	体育教研部直属党支部组织委员　教学教研室主任　副教授		杨申淼	人民医院血液病研究所　主治医师
			刘　玮	第三医院眼科中心护士长　护师
龚艳君	第一医院心内老年科党支部组织委员　主治医师		周洪柱	第三医院医务处副处长　副研究员
			宋东红	第三医院生殖中心护士长　主管护师
迟春花	第一医院呼吸内科　副教授		马朝来	第三医院普通外科　主治医师
高燕明	第一医院内分泌科副主任　教授		李危石	第三医院骨科党支部宣传委员　副主任医师
高淑敏	第一医院普通外科　主管技师		李崇延	第三医院老干部处离退休党支部书记　副研究员
文立成	第一医院骨科　主任医师			
郭应禄	第一医院名誉院长　院士		张　捷	第三医院检验科主任　教授
刘运明	第一医院妇产科　主任医师		赵宜珍	第三医院财务处处长　高级会计师
薛洋洋	第一医院小儿科　护士		李林茂	第三医院医学工程处党支部书记　技工高级
杨海珍	第一医院皮科　主任医师		翟所迪	第三医院药剂科　主任药师
王霄英	第一医院医学影像科副主任　副主任医师　副教授		郑亚安	第三医院急诊科主任　副主任医师
			陈凤荣	第三医院药理基地主任　教授
沈文生	第一医院检验科党支部书记　主管检验师		王　霄	第三医院口腔科副主任　主治医师
高路群	第一医院人事处　主管技师		闫　石	第三医院人事处、总务处副处长　助理会计师
王桂芬	第一医院收费处主任		高学军	口腔医院党委委员　牙体牙髓科主任　教授
安建民	第一医院党工离退办党支部副书记　主任科员		周永胜	口腔医院修复科党支部副书记　副教授
			葛立宏	口腔医院党委副书记　儿童口腔科主任　教授
姚景雁	第一医院监察室主任　研究员		郭传瑸	口腔医院副院长　口腔颌面外科主任　教授
			孙晓平	口腔医院中医黏膜科党支部书记　副主任

		医师
张铁军	口腔医院放射科技术组长	主管技师
田秀英	口腔医院财务处处长	会计师
李金锋	临床肿瘤医院外科党支部组织委员	副主任医师 副教授
孙 红	临床肿瘤医院内科第二党支部组织委员	副主任医师
韩树奎	临床肿瘤医院放疗科	主任技师
许秀菊	临床肿瘤医院工会常务副主席	副研究馆员
齐家良	临床肿瘤医院后勤调度	技工高级
黄悦勤	第六医院党委书记 副院长	教授
王玉凤	第六医院儿童精神病学研究室主任	教授
刘 靖	第六医院儿童病房主任	副教授
饶用清	基础医学院离退休第二党支部书记	教授
王 韵	基础医学院神经生物学系副主任	教授
尚永丰	基础医学院生物化学与分子生物学系系主任	教授
王月丹	基础医学院免疫学系党支部书记 系副主任	副教授
刘永寿	基础医学院解剖与组织胚胎学系党支部书记	副主任技师
王玉明	基础医学院工会常务副主席	助研
赵 姗	基础医学院团委书记 专职辅导员	助教
何金汗	基础医学院生理系党支部宣传委员	2004级博士生
曾 柱	基础医学院生物物理学系2003级博士生	讲师
李润涛	药学院党委委员 化学生物学系主任	教授
徐 萍	药学院药物化学系副主任	教授
崔景荣	药学院天然药物及仿生药物国家重点实验室党支部组织委员 分子与细胞药理学系主任	教授
王坚成	药学院研究生党总支书记 院长助理	讲师
刘 毅	药学院天然药物学系党支部书记 2004级博士生班班长	
杨可伟	药学院 2001级本科3班党支部书记 团支部书记	
秦 颖	公共卫生学院流行病与卫生统计学系教师	讲师
闫 蕾	公共卫生学院劳动与环境卫生学系	主管技师
陈丽颖	公共卫生学院教育办公室专职学生辅导员	研究实习员
王 超	公共卫生学院妇儿党支部组织委员	2004级硕士生
王 辉	公共卫生学院2002级本科生党支部书记	
梁志欣	护理学院教学办公室主任	助理研究员
暴 婧	护理学院学生党支部副书记 院团委书记	助教
王 岳	医学部公共教学部卫生法学教研室副主任	讲师
张艺宝	北京大学学生会副主席 医学部公共教学部团委副书记	2003级本科生
谭昌妮	医学部机关党委副书记	副研究员
谷卫胜	医学部离退办主任	
刘 昱	医学部工会办公室副主任	
夏桂青	医学部档案馆	副研究馆员
高素英	医学部夜大学副校长	副研究员
蔡志基	医学部药物依赖所	教授
程传泰	医学部机关离休党支部书记	
赵成知	医学部保卫处副处长	助研
王振江	医学部饮食服务中心主任	技工高级
石俊婷	医学部校舍维护中心会计 校舍维护中心财务班班长	技工高级
章 京	医学部产业办主任	主管技师

北京大学先进党支部(85个)

数学科学学院计算、信息与实验室党支部
数学科学学院2005级本科生党支部
工学院2005级博士生党支部
物理学院现代光学所教工党支部
物理学院大气天文研究生党支部
地球与空间科学学院地质硕士生党支部
信息科学技术学院计算机教工第三党支部
信息科学技术学院系统结构研究所研究生党支部
化学与分子工程科学学院无机化学研究所党支部
化学与分子工程科学学院2003级博士生党支部
生命科学学院生物化学与分子生物学教工党支部
环境学院教工行政党支部
环境学院2004级博士生党支部
心理学系硕士生党支部
中文系2004级硕士生党支部
历史学系2003级硕士生党支部
考古文博学院博士生党支部
哲学系2005级博士生党支部
国际关系学院行政党支部
国际关系学院博士生联合党支部
经济学院经济学教工党支部
经济学院2003级博士生党支部
光华管理学院2004、2005级本科生党支部
法学院2005级本科生党支部
法学院刑法学教师党支部
信息管理系本科生党支部

社会学系本科生第一党支部
政府管理学院 2004、2005 级本科生联合党支部
外国语学院东语系党支部
外国语学院法语系党支部
外国语学院 2004 级硕士生党支部
马克思主义学院 2005 级硕士生党支部
新闻与传播学院 2003 级本科生党支部
教育学院教育与人类发展系博士生党支部
党委办公室校长办公室党支部
学工部武装部党支部
国际合作部党支部
餐饮中心分总支
幼教中心党支部
图书馆流通特藏党支部
出版社行政第一党支部
校医院护理党支部
附属中学高三年级党支部
软件与微电子学院第一学生党支部
产业党工委维信党支部
街道党工委承泽园党支部
成人教育学院昌平校区学生党支部
对外汉语教育学院教师第一党支部
深圳研究生院 2004 级法律硕士一班学生党支部
元培计划管理委员会 2003 级党支部
直属单位党总支计算中心党支部
第一医院妇产科党支部
第一医院泌尿科党支部
第一医院肾脏血液科党支部
第一医院儿科党支部
第一医院党工离退办党支部
第一医院临床内科系统研究生党支部
人民医院中医科党支部
人民医院手术麻醉科党支部
人民医院儿科党支部
人民医院医务处党支部
第三医院运动医学党支部
第三医院儿科党支部
第三医院药剂科党支部
第三医院神经内科党支部
第三医院外科第一党支部
口腔医院口腔颌面外科党支部
口腔医院牙体牙髓科党支部
口腔医院儿童口腔科党支部
肿瘤医院内科第二党支部
第六医院门诊党支部
基础医学院生物化学与分子生物学系党支部
基础医学院医学预科党支部
基础医学院生理与病生理学系党支部
药学院药物化学系党支部
药学院研究生第三党支部
公共卫生学院 2002 级学生党支部
公共卫生学院行政党支部
护理学院教工党支部
医学部公共教学部哲学与社会科学系党支部
医学部计划财务处党支部
医学部机关退休第一党支部
医学出版社党支部
医学部社区居委会党支部
医学部产业办公室党支部

2006 年获国家级精品课程名单

序号	课程名称	负责人	所属院系
1	地理信息系统概论	邬伦	地空学院
2	刑法学	陈兴良	法学院
3	西方文明史导论	朱孝远	历史学系
4	思想道德修养	祖嘉合	马克思主义学院
5	基础分子生物学	朱玉贤	生命科学学院
6	数理统计	何书元	数学科学学院
7	普通物理实验	段家忯	物理学院
8	变态心理学	钱铭怡	心理学系
9	中国当代文学	洪子诚	中文系
10	中国古代文学史	袁行霈	中文系

序号	课程名称	负责人	所属院系
11	口腔正畸学	周彦恒	医学部
12	外科学	祝学光	医学部
13	药物化学	徐萍	医学部

2006年获北京市级精品课程名单

序号	课程名称	负责人	所属院系
1	地理信息系统概论	邬伦	地球与空间科学学院
2	中国历史地理	韩茂莉	环境学院
3	思想道德修养	祖嘉合	马克思主义学院
4	城乡社会学	杨善华	社会学系
5	数理统计	何书元	数学学院
6	中国当代文学	洪子诚	中文系
7	神经生物学	韩济生	医学部
8	外科学	祝学光	医学部

2006年各类奖教金获奖名单

杨芙清—王阳元院士奖教金(14名):

特等奖(1名):
数学科学学院:丘维声

优秀奖(13名):
环境科学学院:邵敏
信息科学技术学院:陈清(女) 张兴 屈婉玲(女)
软件与微电子学院:苏渭珍(女)
工学院:王建祥
历史学系:阎步克
法学院:姜明安
北京肿瘤医院:陈敏华(女)
口腔医学院:马绪臣
人民医院:王山米(女)
第三医院:王薇(女)
第一医院:赵明辉

正大奖教金(33名):

特等奖(4名):
物理学院:姚淑德(女)
化学与分子工程学院:席振峰
中国语言文学系:陈晓明
国际关系学院:牛军

优秀奖(29名):
环境科学学院:徐福留
地球与空间科学学院:秦善 周仕勇
信息科学技术学院:闫桂珍(女)
数学科学学院:刘力平 周铁
物理学院:邓卫真
化学与分子工程学院:来鲁华(女)
工学院:王勇
中国语言文学系:王韫佳(女)
历史学系:房德邻 宋成有
考古文博学院:李志荣(女)
哲学系:刘壮虎 魏常海
经济学院:刘文忻(女) 雎国余
法学院:张平(女)
信息管理系:马张华
社会学系:李康
政府管理学院:朱天飚
外国语学院:姜望琪 刘锋
光华管理学院:周长辉
马克思主义学院:刘志光
对外汉语教育学院:刘元满(女)

教　育　学　院：林小英(女)
　　中国经济研究中心：海　闻
　　新闻与传播学院：陈开和

东宝奖教金(5名)：
　　生命科学学院：蔡　宏(女)　白书农
　　　　　　　　　顾红雅(女)　王戎疆
　　　　　　　　　郑晓峰(女)

树仁学院奖教金(11名)：
　　环境科学学院：邓　辉
　　工　　学　　院：李水乡
　　考古文博学院：周双林
　　经　济　学　院：李庆云
　　法　学　　院：王　成
　　信息管理系：周庆山
　　外国语学院：胡旭东　罗　炜(女)
　　光华管理学院：金赛男(女)
　　体育教研部：赫忠慧(女)
　　教　育　学　院：郭建如

宝洁奖教金(10名)：
　　环境科学学院：贺金生
　　信息科学技术学院：常宝宝　吴淑珍(女)
　　数学科学学院：范后宏
　　物　理　学　院：古　英(女)　王福仁
　　化学与分子工程学院：李　娜(女)　袁　谷
　　生命科学学院：苏都莫日根
　　工　　学　　院：朱怀球

北京银行教师奖(10名)：
　　信息科学技术学院：郭　强
　　地球与空间科学学院：刘岳峰
　　社会学系：邱泽奇

　　政府管理学院：郁俊莉(女)
　　外国语学院：咸蔓雪(女)
　　光华管理学院：姜国华
　　马克思主义学院：李少军
　　中国经济研究中心：周其仁
　　体育教研部：吴尚辉
　　公共卫生学院：胡永华

中国工商银行教师奖(16名)：
　　地球与空间科学学院：张　臣
　　数学科学学院：王正栋
　　化学与分子工程学院：姚光庆(女)
　　心　理　学　系：钱铭怡(女)
　　工　学　　院：苏卫东
　　中国语言文学系：杨海峥(女)
　　历　史　学　系：桥本秀美
　　哲　学　　系：李四龙
　　经　济　学　院：萧国亮
　　法　学　院：郭　雳
　　国际关系学院：张小明
　　外国语学院：郭　童(女)
　　光华管理学院：唐国正
　　艺　术　学　系：李　松
　　计算机科学技术研究所：梁　循
　　分子医学研究所：郑良宏

宝钢奖教金(5名)(待宝钢教育基金会批准)：
　　特等奖(1名)：
　　基础医学院：宫恩聪
　　优秀奖(4名)：
　　环境科学学院：汪　芳(女)
　　物　理　学　院：刘树华
　　中国语言文学系：刘勇强
　　法　学　　院：沈　岿

2006年北京市优秀教师和优秀教育工作者名单

优秀教师

序号	姓名	工作单位
1	朱玉贤	生命科学学院
2	张祥龙	哲学系
3	梁根林	法学院
4	吴明	公共卫生学院

序号	姓名	工作单位
5	段连运	化学学院
6	何芳川	历史系
7	李玲	经济中心
8	陈永红	第一医院
9	倪晋仁	环境学院
10	王稼军	物理学院
11	宋绍年	中文系
12	陈学飞	教育学院
13	毛节明	第三临床医学院
14	黄如	信息学院

优秀教育工作者

薛福林　　　　　　　　　　　医学部公共教学部

北京大学优秀德育奖获得者名单

董晓华	物理学院	王欣涛	就业指导服务中心
林茵	地球与空间科学学院	石建春	医学部第一临床医学院
李支敏	化学与分子工程学院	张红梅	医学部药学院
沈扬	生命科学学院	郭琦	医学部基础医学院
张剑波	环境学院	韩文燕	医学部基础医学院
金永兵	中文系	牛宏伟	深圳研究生院
刘浦江	历史学系		
金英	考古文博学院		

北京大学优秀班主任奖获得者名单

一等奖（11人）

束鸿俊	哲学系		
王永健	经济学院		
马化祥	光华管理学院	张树义	数学科学学院
龚文东	法学院	彭士香	物理学院
张林	信息管理系	王凤芝	信息科学技术学院
刘旭东	社会学系	姚静仪	中文系
陈永利	外国语学院	连玉如	国际关系学院
杨柳新	马克思主义学院	王锦贵	信息管理系
李静	艺术学院	黄璜	政府管理学院
孙华	新闻与传播学院	冯雅新	马克思主义学院
沙丽曼	元培计划管理委员会	顾凡颖	元培计划管理委员会
安国江	学生工作部	石淑宵	第二临床医学院
陈贵兵	学生工作部	周永胜	口腔医院
李存峰	学生工作部		

二等奖（39人）

张鑫	校团委		
孙明	校团委	石亚龙	数学科学学院
樊志	万柳学区办公室	范辉军	数学科学学院

孙智利	工学院	吴　克	物理学院
付遵涛	物理学院	田　伟	地球与空间科学学院
宋述光	地球与空间科学学院	盖增喜	地球与空间科学学院
刘岳峰	地球与空间科学学院	张雪虎	地球与空间科学学院
金海岩	信息科学技术学院	蒋　云	信息科学技术学院
彭　波	信息科学技术学院	陈　兢	信息科学技术学院
吕传君	化学与分子工程学院	邹艳珍	信息科学技术学院
张　莉	化学与分子工程学院	邵　娜	化学与分子工程学院
薛　堃	生命科学学院	刘　涛	化学与分子工程学院
昌增益	生命科学学院	孙　伟	化学与分子工程学院
赵昕奕	环境学院	张丽君	生命科学学院
李同归	心理学系	宋　宇	环境学院
李鹏飞	中文系	郭大立	环境学院
党宝海	历史系	姜　涛	中文系
李志荣	考古文博学院	茅海建	历史系
王　颂	哲学系	韦　民	国际关系学院
孙　薇	经济学院	李保平	国际关系学院
吴玉芹	光华管理学院	窦尔翔	经济学院
马宝霞	法学院	张元鹏	经济学院
秦铁辉	信息管理系	王　莹	光华管理学院
鄢盛明	社会学系	亓淑琴	光华管理学院
闫立佳	政府管理学院	张　婕	法学院
刘迪南	外国语学院	臧文素	法学院
李生俊	外国语学院	王　成	法学院
万悦容	外国语学院	周庆山	信息管理系
刘　军	马克思主义学院	卢晖临	社会学系
徐未欣	教育学院	薛　领	政府管理学院
霍德明	经济中心	李博婷	外国语学院
邱章红	艺术学院	林成姬	外国语学院
李　萌	新闻与传播学院	黄　轶	外国语学院
吴兴宁	元培计划管理委员会	单荣荣	外国语学院
于新亮	公共教学部	林　琼	外国语学院
暴　婧	护理学院	许　静	新闻与传播学院
赵　姗	基础医学院	史学军	新闻与传播学院
赵　锋	北大医院	李　颜	公共卫生学院
张小为	北医三院	陈丽颖	公共卫生学院
杨玉顺	深圳研究生院	秦　颖	公共卫生学院
		赵亚飞	航天临床医学院

三等奖(57人)

		张　皓	北大医院
刘　勇	数学科学学院	江　华	护理学院
生云鹤	数学科学学院	宋　涛	药学院
刘旭峰	数学科学学院	吕万良	药学院
雷奕安	物理学院	郝徐杰	人民医院
李智焕	物理学院	宋　虹	第四临床医学院
王　新	物理学院	尹同良	精神病研究所

谢 虹	公共教学部	金自宁	深圳研究生院
刘 杰	口腔医学院	赵 琪	应用文理学院
吴 元	基础医学院	尹蔚平	成人教育学院

学生奖励获奖名单

北京市三好学生

数学科学学院	石亚龙	林 霖
工学院	杨玉林	
物理学院	陈 同	负 克
地球与空间科学学院	周 阳	王文虎
生命科学学院	赵卫星	王 姐
信息科学技术学院	徐连宇	蒋 竞
化学与分子工程学院	陈 静	齐 剑
环境学院	唐园园	李 伟
心理学系	杨扬子	
中文系	魏 薇	
考古文博学院	张 敏	
哲学系	李春颖	
国际关系学院	李 雪	丛小东
经济学院	苏 静	
光华学院	朱隆斌	李金诺
法学院	廖宇飞	熊 可
信息管理系	孙鹏飞	
政府管理学院	刘 增	
社会学系	唐 蕊	
外国语学院	刘 宁	戴甚彦
马克思主义学院	杨伟杰	
教育学院	涂端午	
经济中心	周晓乐	
艺术学系	马 骏	
新闻学院	田 甜	
软件与微电子学院	刘乃贵	
元培计划管理委员会	类 凡	
医预	曾 祯	上官思怡
基础医学院	田 婵	刘 烨
药学院	杨丽娟	杨 琳
公共卫生学院	宋 岩	刘 淼
护理学院	顾娇娇	
第一临床医学院	朱 颖	
第二临床医学院	刘晓宇	
第三临床医院	范东伟	赵 博
第四临床医学院	孙丽颖	
口腔医院	葛 娜	王雪东
中日友好医院	敖明昕	
民航总医院	张浔敏	
航天临床医学院	沈 蔷	

北京市优秀学生干部

数学科学学院	王国强
物理学院	池月萌
信息科学技术学院	刘 石
化学与分子工程学院	王 菲
环境学院	姚 磊
历史学系	王 颖
光华管理学院	邢 楠
政府管理学院	路 鹏
社会学系	王 珊
外国语学院	张 驰
艺术学系	吴 婧
新闻与传播学院	白真智
医预	叶绽蕾
肿瘤医院	陈扬霖
精神卫生研究所	李 雪
护理学院	卢 欣
公共教学部	周志清
第一临床医学院	韩蓓蓓
第二临床医学院	成兴华

北京市优秀班集体

数学科学学院2005级硕士2班
工学院2004级博士生班
地球与空间科学学院2004级本科地质基地班
信息科学技术学院电子系2003级1班
历史学系2005级本科生班
考古文博学院2003级本科考古与博物馆班
经济学院2005级本科1班
法学院2004级本科1班

信息管理系 2005 级本科生班
政府管理学院 2005 级本科生班
教育学院 2005 级硕士生班
元培计划实验班 2005 级本科生班
深圳研究院 2005 级商学院双硕士班
第一临床医学院临床 2002 级 2 班
公共教学部医学英语 2004 级本科生班
航天中心医院临床 2002 级 9 班
护理学院 2003 级护理本科班
基础医学院 2003 级临床 3 班
口腔医学院口腔 2001 级八年制班

北京大学三好学生标兵

数学科学学院
林　霖　　王月清　　陈可慧　　高　堃　　王　曦　　程修远
陈世炳　　贾金柱　　石亚龙

工学院
何劲聪　　熊向明　　李　舟　　杨玉林

物理学院
陈　同　　肖　军　　负　克　　陈　曦　　池　航　　王春岩
尚怡君　　张玉美　　韩　雷　　陈　弦

地球与空间科学学院
杨永飞　　周　阳　　王文虎　　薛露露　　张　清　　刘超辉

信息科学技术学院
王宏鼎　　夏志良　　张德朝　　刘文俊　　何　靖　　张　静
黄　强　　徐　扬　　廖泰敏　　张　诚　　唐宇婕　　蒋　竞
杨筱舟　　叶　露　　徐连宇　　胡天驷　　杨德俊　　董正斌
封　盛

化学与分子工程学院
贾春江　　齐　剑　　冯　玮　　刘志博　　陈　静　　郭向宇
钟明江　　赵　帅　　陈　震

生命科学学院
王　妲　　李　拓　　孟琳燕　　沈　钰　　高小井　　胡蕴菲
黄渡海　　毛希增　　赵卫星

环境学院
冯　雷　　万　超　　曹善平　　李　伟　　苏国良　　王乐征
唐圆圆

心理学系
杨扬子

中国语言文学系
李　超　　王　嵘　　刘文渊　　魏　薇　　王　展　　宫　铭

历史学系
田武雄　　韩　冰　　高　岳　　梁英华

考古文博学院
张　敏　　刘　静

哲学系
李春颖　　臧　勇　　董　鹏

国际关系学院
李　娇　　吴国金　　李　雪　　丛小东　　郭　凡

经济学院
黄思婧　　龚　欣　　郑裕耕　　沈双莉　　尹一蒙　　苏　静
余向荣　　钱伟锋　　隋福民

光华管理学院
朱隆斌　　项伊南　　程　雅　　冯　博　　李金诺　　张钟伟
周　力　　俞学清　　代少勇　　袁　航　　李金波

法学院
廖宇飞　　苏　容　　彭　錞　　贺　剑　　戴　伟　　张秋英
王俊杰　　范云鹏　　赖银标　　邱　颖　　吴　沂　　王贵松
熊　可

信息管理系
孙鹏飞　　刘　畅

社会学系
郭　琦　　唐　蕊

政府管理学院
陶　郁　　刘　增　　张　弦　　黄国珍

外国语学院
刘　宁　　张妙妙　　戴甚彦　　杨任任　　张琳娜　　徐文凯
姚　骏　　黄　淳　　袁　琳

马克思主义学院
杨伟杰

教育学院
涂端午

人口研究所
王　勇

中国经济研究中心
周晓乐

艺术学院
马　骏

新闻与传播学院
顾　鑫　　田　甜　　陈征微

软件与微电子学院
刘乃贵　　高振宁　　邓晓清　　陈　晨

元培计划
王俊煜　　张琬婷　　类　凡　　刘　伟　　朱肖昱

基础医学院医学预科班
于洪馗　　王　芳　　上官思怡　　曾　祯　　王晓雯
赵　晨

深圳研究生院
楼　夏　　何长春　　李　思　　谢秀珍　　蔡蓓娟　　王　恶
王志强　　蒋俏蕾

基础医学院
孙露洋　梁　璟　田　婵　祁　姬　吴寸草　高露娟
李荷楠　王　晶　贾茜茜

药学院
田晓明　张文悦　杨可伟　唐　偲　叶丽华　高　阳
吴瑁威

公共卫生学院
王　超　王倩怡　孙晓东　肖　杨

护理学院
李　旭　王春炅　段　琳　阳　方　徐艺翀

公共教学部
黄　芳　雷　铭

第一临床医院
张　争　韩晓宁　朱　颖　胡　君　朱毓纯

人民医院
张　果　封　波

第二临床医院
刘晓宇　张　锋

第三临床医院
范东伟　赵　博　孙丽娜

第四临床医院
孙丽颖

口腔医院
葛　娜　王雪东　刘晓默

精神卫生研究所
郭春梅

肿瘤医院
龚继芳

民航总医院
张浔敏

创新奖(125人,5个团体)

社会工作类创新奖

工学院
梁红波

国际关系学院
卢成军

深圳研究生院
熊　伟

医学部
郭宇岚　陈　睿

艺术类创新奖

社会学系
华燕君

艺术学院
李思思

软件学院
李　毅

体育类创新奖

法学院
邢衍安

政府管理学院
黄俊森

经济学院
周正卿　王　烨

学术类创新奖

数学科学学院
曹　斌　邵嗣烘　张玉萍

工学院
陈　昱　唐绿岸　肖　峰　邵金燕　马　炜　胡永辉
王启宁

物理学院
赵　悦　张　定　杨　俊　廖志敏

地球与空间科学学院
刘俊杰　罗　扬　张　磊　黄　舟　周长付　陈朝伟
李　艳　丛威青　乔二伟　吕勇军　王传成　刘　畅

信息科学技术学院
李浩源　范　炜　周新彪　郭　奥　何毓辉　任全胜
刘明浩　吴　珂　王　东　杨川川

化学与分子工程学院
杨四海　周　焱　焦　雷　梁　勇　赵　飞　王　煜
王　超　邵　娜　静　平　赵娜娜　王金亮　丁　磊
刘志伟

生命科学学院
孟　庚　雍　军　宋治华　施永辉　赵卫星　张鑫鑫
初明明　余雅梅　刘新尧　李　健　陈浩东

环境学院
刘　永　万　祎　赵　昕

心理学系
李楠欣

历史学系
刘媛媛　孙剑伟　梁建国　施　展　庄小霞

哲学系
单提平　任蜜林

国际关系学院
张学昆　赵为民

经济学院
李　波　王睿智　王　雪　邓丽琳　余向荣

光华管理学院
罗　凯　华　婷　刘玉铭

法学院
阎　天　孙玉红

社会学系
刘　琪

政府管理学院
黎映桃　汪　波

外国语学院
邵雪萍　孙　敏

马克思主义学院
刘晓哲　王永浩

人口研究所
陈俊华

新闻与传播学院
王　伟

医学部
莫漓红　杜长征　王黎恩　李志昌　寇　毅　蒋昌敏
赵　颖　徐　晔　马　曦　林燕华　顾艳艳　王　媛
林　霖　徐丽霞　刘森炎　刘　鹏　赵　鑫　刘　毅
王　飞　梁　暻　郑爱萍

创新团队
1. 北大赛艇队
2. 北大女子篮球队
3. 2006国际大学生数学建模与跨学科建模竞赛(MCM&ICM)数学科学学院获奖团队
4. 全国大学生电子设计竞赛2006年嵌入式系统专题邀请赛(英特尔杯)信息科学技术学院获奖团队
5. 2006国际大学生数学建模与跨学科建模竞赛(MCM&ICM)医学部获奖团队

北京大学三好学生

数学科学学院
邵　远　张　帆　单治超　孙　祺　孙幼弘　王天一
姚　珧　王敏瑶　邢亦青　方家聪　刘　勇　肖国辉
崔庸非　朱一飞　王长长　杨诗武　曹思未　程　洁
赵　颖　孙鹏飞　沈临辉　李晓东　王　露　邱　宇
方旭赟　韩思蒙　张姗姗　谭昌汇　张　苗　刘亚汀
童　心　赵彤远　曲文卉　汪小琳　付　蓉　曹　璞
胡　禹　张学斌　傅　列　宋琪凡　姜博川　王远祺
王　鑫　林　凌　王　乐　毕　波　倪冬梅　王慧娟
孟祥瑞　刘志鹏　罗晨光　张　斌　朱永平　胡雅琴
丁丹丹　宋宇萍　林战刚　李铁香　池义春　王　辉
李秋月　宋　鹏　冯　涛

工学院
苏天翔　王晓晨　李正宇　沈震远　黄　伟　肖翌萱

白　彬　林　达　井庆深　刘立忠　杨乐天　黄任含
朱金波　成　名　陈　思　李雄魁　张志雄　徐式蕴
石朋忆　王　鑫　路益嘉　陈文仕　麦金耿　张　田

物理学院
于　航　张新义　陈　超　王　赫　方轲杰　石宇宁
彭临夏　卢显国　孟　鹤　刘　伟　潘坤峰　尚子靖
秦　毅　张　政　尹含韬　高　滨　曾　鹏　刘兰个川
范　悦　陈代卓　王直轩　柳　翼　张　定　马荣荣
黄　博　曾　荣　石建敏　柏志军　甘旸谷　庞加宁
刘立腾　高亦斌　汤夏平　孙天意　王朋博　蔡丞韻
张　睿　王永利　李　鹰　王　诚　黄　胜　陈　冲
冯　旭　李　芬　林　亮　李　航　李蓬勃　林光星
林云萍　刘　鹏　李罂辙　宋国琼　刘顺荃　范　莹
邵　昕　张　艳　裴　育　刘大勇　丁志博　李峰铭
陈　宇　李洪云　王　璐　王世奇　焦　飞　姜海梅
梁豪兆　郭纪美　张　颖　李柯伽　钟春来

地球与空间科学学院
俞春泉　刘华峰　李润强　王　东　陈建业　叶　澎
张　曦　王海洋　马知途　高　栏　王皓越　范　杰
宋晓鹏　游　林　初　旭　涂继耀　陈　旭　李四维
任庆鹏　周桂清　戚国伟　彭　凡　黄　慧　王景康
陶迎春　赵志栋　汤好书　张　蕤　苏日娜　申　思
吴自兴　金　川　汪大明　周　晶　张　波　唐有彩
文　健　莫午零

信息科学技术学院
付　艳　吴　昊　韩耀强　孙　涛　刘　佳　刘谶哲
张小欣　周发龙　熊英飞　郑衍松　郭俊奇　杨　杰
唐孝通　肖　竞　李军国　庞九凤　李定宇　刘家瑛
程　方　魏红秀　刘　妹　林　静　赵辉辉　施　澍
李晨煜　郑　昱　程劭斌　戴　蓉　李世亮　易　炜
郭化楠　浦甲列　张彬彬　李勤飞　王莉春　黄婷儿
张　琴　王建涛　胡再霞　施文典　曹东志　张增寅
李　琛　杨艳云　刘　源　刘　鹏　周　黎　杨志超
佟志伟　毛宏伟　张　涛　孙立伟　王兴华　倪冬鹤
唐大闯　支　流　刘慧杰　张　乐　杨　蕾　伊　凯
李　婧　王中果　王俊刚　宋春晖　孙　月　张　辉
梁　昕　吕　博　陈昊罡　徐正镔　王靖轩　饶向荣
吕佳楠　袁　峰　程志文　俞润祥　张旭东　王文静
张　舟　朱　元　王　义　张贤国　潘　宇　赵　瑜
傅　越　徐晓帆　曹　勇　吴炜捷　赵　莉　肖　琳
寿思聪　许　诺　张佳璐　蒋　晓　张兆俊　宋宝奇
刘　成　石福昊　杨　帅　邓　飞　陈　辰　田　昊
柳明海　罗　洁　张来线　谢　迪　张　蕾　徐　聪
牛明涛　杨　晔　黄敏华　刘飞龙　戴　梦　冯　涛
牟学昊　涂　昭　陈　驰　赵　思　任　然　卞超轶
韩　旭　高汉鸿　王　璐　温苗苗　康兆一　赵冀杰
宋诗琴　才　宇　王乐业　任　伶　张拳石　乔　颖

王冠男

化学与分子工程学院

温晓帆	许洪彬	郭 素	刘 卉	刘安华	王晓东
何懿峰	李晓敏	付晓芳	梁欢欢	聂稻波	江忠萍
王福芝	邱景义	张政祥	严竞竞	瑰晓军	彭 程
朱嘉丹	张爱欣	龙媛媛	李东阵	李鸿义	邱 爽
傅 培	马子玥	张鹏翼	郑 菁	许 潇	潘胤瑾
刘喆韵	徐 琳	蒋凌翔	严 良	周能杰	郑腾飞
李伯男	田松海	胡 光	唐 雯	刘 玥	顾元彦
王建斌	寿 恒	王 航	夏建中	刘硕妍	王宇锋
张 威	周晓雪	张 鹏	师 安	俞 歌	贠 琳
汪 维	陶治源	金 鑫	汪 骋	朱叶子	吴 昊

生命科学学院

梁 伟	陈力颖	赵江阳	吴 叶	刘晓婷	陈 放
张 鹏	郭琴溪	郭弋戈	牟 平	杨璐菡	李 冀
王国晓	李英睿	周 腾	许 康	李田园	宇文泰然
陈崇毅	马海粟	陈 轶	林继强	谭 验	于静怡
郭靖然	施 杨	张 晨	徐 磊	刘 琰	张 旭
殷海娣	侯仙慧	卢雯雯	李炯棠	胡迎春	李红姜
李川昀	许师明	逄 宇	钟应福	刘艳霞	严海芹
李万峰	余大海	李林川	杨自强	刘 芃	史运明
季序我	余雅梅	张鑫鑫	李 健	顾兴龙	

环境学院

廖忠芳	张川子	李艳秋	季 梦	易 如	刘 轶
周琴丹	刘 涛	严绍玮	吴丹丹	刁明慧	沈咏美
陈 曦	金燕妮	刘 扬	邹 倩	金 晔	黄晨倩
何琦霜	宋 超	王锡泽	孙 康	刘居正	徐 曼
樊成丹	左 谦	常 明	罗 涛	沈 洁	闫永涛
龙 韬	张敏思	许姗姗	杜婷婷	吴冬青	伍 佳
李一静	刘筱璇	李 根	陈 悠	王益红	丁 超
潘 晟	郁亚娟	黄秋昊	郭兆迪	刘 葳	林薇薇

心理学系

杨扬子	范 妍	林 菡	王 觅	沈益扬	房伟标
罗喆慧	刘 飚	杨悦然	修佳明	张 璇	钱 栋
童佳瑾	张 真	邹智敏	杜 忆		

中国语言文学系

李 晶	刘 纯	钟大迁	黄海飞	吴 鹏	袁 媛
王 笑	向 柳	耿 葳	马 昕	金 晶	闵 慧
万 辉	唐璐璐	翟 昊	覃夕航	陈 思	王琳琳
李笑莹	李 军	王兴菜	王 灏	卢燕娟	林志英
袁 博	胡 楠	倪咏娟	钟永强	金 锐	郑伟汉
洪 琰	徐昌盛	杨霁楚	刘 岩	张清芳	崔 彦
王小婷	史 静	张慧丽	田 露	张 冰	

历史学系

| 崔金柱 | 徐 硕 | 李娜颖 | 陈冠华 | 陈 捷 | 李怡文 |
| 谢 婷 | 张洪秋 | 吴奕锋 | 尹汉超 | 聂爱玲 | 赵姗姗 |

孙 瑜	王思葳	王 敏	陆 意	周诗茵	闫桂梅
邱 磊	孙正军	侯 洁	徐志民	徐利卫	姚文秀
马顺平	谢 蔚	周红江			

考古文博学院

| 杨 琴 | 章珠裕 | 王冠宇 | 吕 宁 | 张宇翔 | 余雯晶 |
| 杨清越 | 陈 瑞 | 黄晓帆 | 林永昌 | 燕生东 | |

哲学系

赵金刚	杨 卓	许国荣	张晓萌	肖 宇	胡翌霖
于 洺	刘国琪	陶奎堂	钱杰润	韩德奎	刘洪宇
颜 筝	徐思源	雷 博	甘祥满	王 珏	尹景旺
周锋利	王晓红	敖 英	翟奎凤	丛占修	

国际关系学院

王剑英	赵雅茹	陈 芳	李潇潇	邢孔婧	于利强
李云飞	陈 光	曾庆捷	陈晓君	叶啸林	马明宇
邓 洁	李欣然	沈贤元	桂 丹	赵 宇	肖 桃
张 昊	李康安	张倩烨	张 元	陈龙宁	李春嘉
高 静	刘晓秋	何一轩	付凤云	刘 莉	廖 望
赵 森	夏 菲	魏可钦	王日华	王衬平	

经济学院

曹青青	毛亦可	杨梦依	孙 赫	王梦婷	张少君
秦邱月	许 雯	徐竞文	王 云	王 爽	沈日晶
韩广智	曾雪兰	张 林	刘丁华	夏小雨	茅 锐
沈晓兰	黄若琰	党笑蕊	张 敏	赵 悦	曾 江
王 佳	黄思婧	孙建云	王 雪	李 婧	郑裕耕
李 苗	买 慧	苏 静	李婧谦	沈双莉	徐子菲
祁 雪	袁晓晴	尹一蒙	钱伟锋	尚 洁	戴 晨
余向荣	郭 欣	王佩佩	赵书骞	边 春	江 雁
韩 菲	徐晓菲	姚 奕	赵 翔	隋福民	时 炜
李敏波	刘 涛	杜 伟	吕鹏博	辜 岚	周 丹
龚 欣	李梦遥				

光华管理学院

秦 雨	王 实	林俊杰	仇 斌	何儒斯	成 鑫
黄达鑫	刘养贤	陈 铎	石凌怡	程相源	余 音
林晓宇	温 玄	葛佳洁	孟雪莲	刘 曼	林景艺
魏博文	薛 超	费 凡	周晓明	杨 捷	李 怡
涂舜德	王旦丽	符 健	吕 婷	舒 恒	汪 倩
姜 平	李原草	邱 丹	金 毅	雍家胜	赵 静
张 黎	于开乐	袁永勤	王艳晖	罗光兴	张丽珍
牛志冬	陈 萌	王文博	徐仲秋	卞 恒	徐莎莎
杨 旸	马 琳	胡新杰	崔 尧	陈 于	刘建章
董学艳	刘晓路	潘晓丹	王华宇	卢林峰	史 斌
王 彦	张远斌	孙士海	张 泽	杨志威	王燕山
张 翼	石 良	王建勤	王居正	朱 彤	吴 刚
张雪松	朱华伟				

法学院

| 徐正捷 | 于 宁 | 张霄杨 | 赵静怡 | 康文义 | 姜婉莹 |

谢志伟	左古月	方　磊	葛　智	曾　璐	陈　韵		**人口研究所**				
余　珊	卢　璟	蒋　航	吴双双	都　兰	陈艺方	王存同	范向华	章颖新	张　刚		
江伟丽	侯东方	朱　毅	曹志勋	郭　嘉	吴华莎		**中国经济研究中心**				
茅少伟	蔡克蒙	符明子	李德妮	刘远萍	康　静	张　浩	安　安	周子鹏	熊　奕	王雁杰	王　挺
王　瑛	徐凌波	高　鸽	吕晓轩	秦丹鸿	刘庆芳	杨　希	贺雯雯	王　非			
淮艳梅	苏亚新	秦　平	李　蕾	黄韶鹏	翟　刚		**对外汉语教育学院**				
陈　婷	李南春	蔡康强	王　彬	周明苏	代广颖	詹成峰	罗艺雪				
郭润华	王　璐	谢　静	高　瞰	卢小从	高　洁		**艺术学系**				
何瑞琦	王　羽	郭小莉	王天凡	初忠聪	高春乾	施　鸽	康　路	章　超	刘志宇	魏　莱	章丹露
冯　洁	高　健	姜思宇	潘　江	缪金献	刘玉良	肖　琳	许春阳				
许宏峰	施文璋	方　朝	杨祖民	唐俊文	王凯帆		**新闻与传播学院**				
薛永前	赵晓帆	于海涛	陈生泰	袁瑜琤	刘妙香	张雪皎	庄　燕	谢舒宇	李雨岑	杨屹东	徐雅菲
毕雁英	梁　亚	詹　昊	夏雯震	俞惠斌	韩春晖	吕　莉	刘宝静	张　颖	王倩茜	孔春霞	方可成
王云川	孙玉红	汤洁茵	申柳华	刘孝敏	丁保河	常玉洁	张紫瑞	邹雅婷	王　婧	李杰琼	何　琳
吴元元	李瑞生	江　溯				王金媛	云国强	李　理	王维佳	夏侯昭珺	
	信息管理系						**软件与微电子学院**				
窦曦骞	杜晓梦	李瀚瀛	王　雯	刘雅琼	张　亮	段小鹏	王毅旭	师英强	朱璐璐	廖闵闽	李　威
冯　时	翁　荔	计　瑞	岳　珍	黄晓莺	程煜华	蒋振宇	刘　运	赵　婧	姜　凌	赵文霞	张　力
孙　静	张慧丽	易　芳	王沙骋	王素芳	陈雪飞	孙旭光	倪海宇	魏骁怡	邓　韬	付红梅	刘丽林
	社会学系					魏　巍	李晨之	李　殊	王冠珠	刘　洋	黄颖玉
纪莺莺	胡倩影	凌　鹏	赵玉金	连碧文	王　瑛	易　勋	张　婧	陈宇航	苗　蕾	魏华	李　阳
杜　月	房　瑶	黄皓怡	李　勰	章邵增	吴泽兵	卫　卓	李　强				
田　芳	胡飞飞	卢雨霞	徐　豪	林　虹	曹　姗		**元培计划**				
任　敏	胡　薇					赵智沉	李　忱	黎晖晖	陈昌明	翟　霖	韩　婷
	政府管理学院					施　皖	张金玉	王佳欣	马　青	刘　岩	刘　扬
马　杰	高　明	杨先哲	惠长虹	陈剑峰	郭一聪	平小虎	邱海维	吴杰行	杨　森	詹　韵	李　翱
马健铨	吴　爽	武倩倩	韩玮玮	杨　阳	陈敏生	周　全	段晓琳	方解石	屈仁丽	林　叶	王　轩
史晓琳	吴志翔	冯攀攀	李　娟	党建伟	王　斌	陈　敏	张画欣	马文江	阙建容	黄华泰	张博然
刘贵彬	郑　薇	丁　杰	俞艳荣	石　岩	陈万蒙	王　凝	张　韧	孙　佳			
郝程光	应潮瀚	薛　蕾	王冰松	李小土			**基础医学院医学预科班**				
	外国语学院					冯　刚	苏　红	贾平一	裴喜燕	杨静文	常冬元
钱杨静	白　瑜	戴　骞	刘　煜	明亮亮	龚杰秀	李　丹	陈香梅	孟令超	石　砚	范　爽	闫　琦
汪梅子	李　斌	张　晶	鞠舒文	王　颖	吴一凡	何　洋	裴晓言	王　瑶	李　圆	易福梅	王永强
刘　倩	杨　扬	杨　婧	聂　骅	程子航	金　欣	刘晓鲁	张晓琳	吕晓娟	易铁慈	胡　展	潘雪阳
丁　祎	燕　燕	陈　果	池泽钰	王　瑜	刘骏强	阎　凯	张晓晓	张珏颢	臧　鑫	许　航	张　垒
刘惠超	张霁萌	姜　越	贾　盾	钟　意	高笑天	田　雨	王　宇	王浩铭	毛光榴	梁　颖	戴帆帆
王　玉	陈　禹	陈奇达	刁淑欢	孙　婧	贺　曦	章晶晶	胡洪成	翟晶晶			
孙　皓	张忞煜	杨宇桑	高晓珊	徐枢捷	吴　非		**分子医学研究所**				
倪　璐	李莎莎	李昶伟	王竹雅	吴　健	董　洁	张美玲	颜　媛	张　勃	金　义	彭　薇	
黄　莹	金　勇	解　璞	尹琼瑶	魏　然	王建英		**深圳研究生院**				
艾　青	谢　威	李苏宁	金红梅	林楠楠	王　欢	余　菲	张靖凯	林茫茫	胡海军	张家训	方应龙
	马克思主义学院					陈晓丹	于海波	张昌盛	莫献坤	李　波	董克玲
李　彦	倪寿鹏	李因亮	艾　林	王海林	杨伟杰	黄常乾	杨广权	张丽丽	杜　欣	黎　黎	刘振华
王云朋	李鸿博	田　浩	蒋辉玥	张振华		张阳阳	王　帅	杨仕龙	庞世之	杨淑君	陈　冲
	教育学院					刘斌斌	严　峻	赵慧星	李勤飞	郭化楠	罗　浩
魏　巍	毛　帽	吴艳艳	倪　俊	范皑皑		陈　晟	汪清勤	曾强辉	刘　军	裴小敏	栾　博

王思思 杨 磊 郭 松 储雯玉 石 锐 刘 楠 陈 佳 李志昌 黄远深 陈 琛 徐珊珊 周 媛
杨慕云 付同杰 李 伟 李 勤 袁 楠 庄周浩 孙 丹 马逸远 桑 田 唐 澍
赵 磊 张 建 赵 艳 陈晓年 周 艳 王小虎 人民医院
陈 亮 韩 亮 张 玉 尹 潇 仝 德 崔 毅 刘 扬 杨德梅 孙于谦 张大方 孙小亮 丁晓岚
基础医学院 赵翔宇 殷晓峰 赵 东 江 瑛 晁 爽
林维佳 卫晓红 桂有静 施桂兰 冯 海 赵金存 第二临床医院
苗艳颖 姚 璐 姜玉秋 曲爱娟 李祥虹 王 兰 侯 婧 董黎明 杨后圃 赵艺超 李 春 莫晓冬
杨光锐 童志前 李 涛 许晓风 曹 琦 武鸿莉 肖 玮 周 城 李 晓 刘云杰 盖 源 王 砲
唐植辉 丁 绪 吕卓远 孙晓明 李秀茅 黄 鹤 张晓蕾
邓 暄 喻小娟 余盈盈 林 琳 褚 祎 董士勇 第三临床医院
米 兰 寇 毅 鲁华菲 李嘉华 刘 雯 刘 林 江 东 曾祥柱 张恩柱 葛晓慧 徐 宁 马晓伟
刘向宇 石婵奇 袁家佳 宋 耕 赵 敏 刘子源 刁垠泽 王 琨 裴新龙 陈 宁 张海龙 杨 晨
牛悦青 卓 敏 赵 通 赵 瑾 夏 雪 于 楠 王 丽 杜长征 顾阳春 刘揆亮 白 涛 王婕敏
马 瑞 陆峥飞 吴 翔 郭晓欢 程 愈 张莉萍 梅 林 张明博 季 鑫 张 珂 张英斌
王 欣 第四临床医院
药学院 李天水 李 宁 康丽惠 陈 晗 宋立娜 周 敏
张 洁 王 芳 张晓雪 陈桂辉 刘 蕾 崔建鑫 口腔医院
姜小梅 王添敏 赵继会 吴建辉 范雪莱 杨 巍 欧阳莉 李 婧 周传香 刘建彰 韩 冰 何 伟
唐月新 申晨曦 伍博深 李 昂 王黎恩 郭宇岚 冯向辉 姚 瑶 宋广瀛 朱 敏 史作慧 王 娜
杨 宁 聂小燕 王晓峰 付 刚 杜偲倩 章俊麟 柳大为 葛严军 刘晓默 王雪东 叶 颖 杜琳娜
赵保忠 谢璐佳 金 武 林松文 徐 芳 王 惟 精神卫生研究所
乔任平 孙 勇 赵 敏 任宏燕 陈晓梅 殷其蕾 王世错 梁 英 曹庆久
王 迎 霍常鑫 周冰莹 毛玉丹 李 丝 赵 欣 肿瘤医院
安春娜 甄 鹏 张金洋 董 静 王 菲 施 喆 任 芳 许小青 孙应实 田秀云 彭丽容 代 妮
武晓明 孙 晟 包宁疆 李博彧 安智娇 于 琛琛 石安辉
公共卫生学院 北京医院
周穗赞 李 颜 余灿清 张 悦 宋晓明 赵亚玲 原惠萍
韩 静 柳 鹏 吴 静 胡瑜超 穆 蕾 那木子 世纪坛医院
尹 慧 颜 力 黄雪梅 孟 莎 李 昱 袁 月 姚晶磊
何 柳 栾 承 邬 娜 刘志刚 武轶群 张 冉 中日友好医院
聂 垚 马 宁 奥 登 王 欣 张国钦 李世鹏 曹 键 吕 昂
护理学院 航天临床教学医院
张进瑜 刘 璐 王雅祺 郑 奕 韩媛媛 尤燕霞 马家芳 刘 蔚
韩启飞 王晶晶 龚 金 肖 星 张东敬 王晓莹
张 严 李佳星 王越敏 陈 卓 黄晓琳 杜文军 # 北京大学优秀学生干部
高 菲 赵宏伟 王新静 王 雯 方 俏 张岳楠
苏 欣 卓和芳 王美玉 蔡丹萍 张京京 张 璐 数学科学学院 田 陆 宋永佳 王国强
李 玲 金 翠 王 迪 王雪晶 赵海芳 工学院 陈 伟 马徽冠
公共教学部 物理学院 梁浩原 王 龑 池月萌
赵 昉 王京凯 徐 鹏 赵经洲 赵晓曦 王新峰 地球与空间科学学院 党韦华 杨雄英
董 璐 王晓莎 李孟辉 苗金冈 蒋艳芳 韩 鹏 信息科学技术学院 陆俊林 张 林 王楠楠
第一临床医院 刘 石
史 楠 何 华 王 鹤 周伟炜 林连君 樊曦涌 化学与分子工程学院 刘中仕 王 菲 李宏佳
胡春阳 田孝东 徐丽霞 张 尧 王 轩 王 娣 生命科学学院 王 茜 王 冶
李 醒 王 驰 张道俭 赵晓彬 王三梅 陈 璨 环境学院 兰宗敏 姚 磊
李伟山 闫 婕 索丽叶 邢海英 林 玮 解伟琳 心理学系 何吉波 孔令志

院系	获奖者					
中国语言文学系	运红娜	张 慧				
历史学系	王 颖	曹 晋				
考古文博学院	张 钊	张靖敏				
哲学系	王 征	刘 丽				
国际关系学院	刘 桁	王牧笛				
经济学院	孙 伟	袁新钊				
光华管理学院	邢 楠	慈颜谊	朱 彤			
法学院	宋 鹄	许 凯	王 宇			
	杨秋岭	陈云超				
信息管理系	姜文彬	范 凡				
社会学系	姚建文	王 珊				
政府管理学院	魏 健	路 鹏				
外国语学院	张 驰	张婧一	陈昱臻			
	麦林静					
马克思主义学院	赵 倩	李 飞				
教育学院	张 欢					
人口研究所	陈秋媛					
中国经济研究中心	沈梦圆					
对外汉语教育学院	王玉响					
艺术学系	林 楠	吴 婧				
新闻与传播学院	曹宇钦	白真智	韩 冰			
软件与微电子学院	李天飞	韩轶东				
元培计划	齐彦艳					
基础医学院医学预科班	桂 宾	叶绽蕾				
深圳研究生院	王 艳	李振武				
基础医学院	何金汉	刘 洋				
药学院	柳雨时	王旖旆				
公共卫生学院	吕 聪	沈 娟				
护理学院	李淑元					
公共教学部	周志清					
第一临床医院	陈 亮	韩蓓蓓				
人民医院	焦 洋					
第二临床医院	成兴华					
第三临床医院	李 显	钟沃权				
第四临床医院	王 博					
口腔医院	王 琳	黄 振				
精神卫生研究所	李 雪					
肿瘤医院	陈扬霖					
中日友好医院	刘黎黎					
民航总医院	刘 岩					
航天临床医学院	王 娟					

北京大学社会工作单项奖

数学科学学院

王盛颐	黄 皓	邓 冲	徐新平	罗福生	蒋星博	
吴晶辰	陈治津	余 悦	李应博	孙启明	张文丑	
杨 凝	陈 浩	王戴黎	李 申	刘海洋	杨升松	
刘 锐	颜 巍	阎 健	董建锋	韦 卫	贾继伟	
张 诚						

工学院

石天一	张 璐	王琦峰	郑宇朋	许智菲	司方伟
袁志勇	刘明晖	朱 涛	杜特专	温 鑫	邢济谦
张玉宝					

物理学院

兰晓青	董 哲	吴 敏	陈 东	孙 鼎	罗 璇
杨 征	冷 军	谢秋实	卢志鑫	孙斯纯	董若冰
张品超	王 健	刘家怡	刘 莎	如 是	廉 和
付 裕	蒋晓萌	吴苏醒	田 尧	刘晟西	邓凯骅
李 婧	钱 磊	褚赛赛	王立坤	宋星灼	王 璐
胥建国	冯文科	贺 丽			

地球与空间科学学院

张 宇	陈 博	闫彬彦	齐向宇	王 睿	侯晓丽
吴飞龙	何金有	张 婷	李 颖	贺元凯	张婷婷
郑 南	袁鑫鹏				

信息科学技术学院

张 鹏	汪 萌	银 平	梁爱丽	李 卓	陈 炯
王 昇	熊文英	刘晓芳	杨志丰	张 洁	李 敏
黄冀渝	郭 健	吴冬梅	梁 璞	周 磊	丁 晨
唐鼎皓	尤 睿	刘国鹏	刘 诚	陈 亮	孔誉乾
添 天	袁辰雨	吴峰峰	金 婧	蒋寓文	史江辉
李 超	王 希	王 晨	李 春	马子桐	樊 波
张禹铭	王贵重	周 武	刘 成	房 路	陶 钧
原 帅					

化学与分子工程学院

杨小兵	孙立梅	董永全	王寒枝	梁明会	陈呼和
沈宜泓	黄晓鸣	王春海	杨宇斐	张 晶	单州莹
方 昭	李子汇	周永明	刘海燕	吴见青	吕祎轩
李沁然	王 进	樊 婧	徐 骏	贺 竞	章晨曦
徐科锐	曹 争	梁 竹	冯孝文	乔 萌	张嘉迪
李 卉	马 健				

生命科学学院

祖 毅	谭志佳	贾 岳	李超然	秦晓华	郭 彤
郑 瀚	李 霞	王 玮			

环境学院

杜泉滢	张诚昊	王 亮	宋 潇	姚 望	孙小明
王天璞	任 帅	赵 舫	蒋潇潇	赵小雨	张 鑫
卢 娜	王俏巧	邵业涛	王文涛	党 宁	金丽佳

心理学系

李松蔚	刘腾飞	王明姬	张登浩

中国语言文学系

傅 爽	李 佳	王 婧	宋伟光	邢 程	李 欣
刘 坤	付 佳	史 诗	黄 帅	史 画	鲍 楠

张　帅　　王　龙　　刘占召　　孙文秀　　周　煜　　陈　蒙
许　凝

历史学系

詹　珩　　李小斐　　廖理琳　　朱　哲　　马行亮　　姜张翠子
严　帅　　倪　钰　　鲁　萍　　张艳玲

考古文博学院

罗汝鹏　　吴　婷

哲学系

李　林　　刘　耕　　古仲兵　　丁　雪　　施云燕　　龙金晶
孟凡杰　　孙珊珊　　刘振丽　　邵　明　　琚凤魁　　杜文丽

国际关系学院

周济申　　刘赫丹　　龚　正　　朱丹青　　孟　克　　侯　坤
周衍冰　　尹东方　　张　慧　　何　燕　　袁　浩　　沈　涛
吴春晖　　马千山　　成　煜　　李明双

经济学院

程思薇　　王怡然　　彭　天　　邢　茜　　杨　寒　　王　畠
范海洋　　伊丽娜　　谢文怡　　王冬萌　　吴倩颖　　刘　艺
刘小瑞　　邵　诚　　杨美玉　　杜美妮　　郁智慧　　朱　丽
王庚锐　　胡　渊　　吴佳琦　　李彦芝　　石　拓　　郑仁福
孙　楠　　张亚光　　张卫平　　蒋大伟　　王　浩　　柴沿清

光华管理学院

常　江　　阮　晨　　张秀娴　　熊飞力　　任　飞　　白洁莹
梁余音　　乔亿源　　周寅猛　　舒　威　　广　东　　谭精灵
周　雷　　孙　健　　孔　菲　　陈　茂　　山　盟　　郎德超
张浩而　　张志凯　　王智瑞　　黄　欣　　杨　清　　许　封
花　伟　　徐　玲　　熊　凌　　李　蓓　　陈智罡　　谭　彦
杨静涛　　孙光辉　　杨　群　　竺　玮　　唐继发　　常　伟
刘桂珍　　胡媛媛　　高瑞强　　王卫华　　熊　艳　　赵曙光
周丽波　　颜　峰　　马庆林　　林小驰　　吴玉立

法学院

张天弘　　戚　鲁　　姜　莹　　何　欣　　傅　鹏　　陈少毅
刘　爽　　陈　励　　马　正　　代　锷　　崔　强　　曾　嘉
孟　扬　　向　前　　肖　京　　李　岩　　郑　燕　　舒　冬
杨文菁　　高大应　　黄艺彬　　王　涛　　许　冰　　张伟伟
张　展　　张　程　　刘曜熙

信息管理系

谢晓添　　朱开屿　　彭红彬　　陈　茜　　何　冰　　朱环新
隆　捷　　王　丹　　冯　时

社会学系

王路璐　　王　叶　　朱　颖　　鲍程亮　　徐　辰　　陈冬雪
刘伟华　　胡　瑜　　朱靖江　　吴玉鑫　　侯　超

政府管理学院

张　蕾　　徐　正　　陈雪嵩　　徐世达　　尤宇川
迪丽·米然别克　　张玥明　　冯俊晨　　赵　凯　　赵珊珊
田　野　　王文广　　韩　溪　　钱溢辉　　张吉思　　马　兰
刘　洋　　娜　敏　　刘晓晨　　韩国旭　　蔡莹莹　　孔祥丽
陈　威　　林　赛

外国语学院

崔天歌　　胡　婧　　惠　郁　　孙　俊　　许珣珣　　刘尹博
宋雪思　　谢天驰　　陈静雅　　陈　功　　何珊珊　　高　翔
阚文文　　许敏敏　　姚　婕　　倪垚卉　　许冰心　　龚翌旸
陈　曦　　屈丽娜　　孟雨菲　　师吉阳　　张庆霞　　杨慧敏
周海东　　霍建勋　　姜　悦　　闫海笑　　王琳琳　　张　帆
陈　垦　　孙允海　　刘　潋　　王　冕

马克思主义学院

李锦云　　韩　英　　刘　撰　　李　慧　　张忠安　　刘　喆
李红柳　　李　洁　　白笛葳

教育学院

李　铮　　刘钧燕　　冯　翔

人口研究所

严予若

中国经济研究中心

陈华帅　　何永利　　章棋元　　周　科　　金竹维　　徐　莉
王　琅　　陈　成　　孙晓曦　　钟宁桦

艺术学系

张园园　　邓　鹏

新闻与传播学院

王辰彦　　周　钊　　周凯莉　　王若菁　　王鹏辉　　廉　薇
王默涵　　文　静　　赵　琳　　刘　阳　　万小龙　　解　峰
易　妍　　周　婧　　宋琬如　　朱辰娟　　陆　洲

软件与微电子学院

刘　振　　秦　辰　　余学锋　　钟　声　　陈正举　　张澍晟
王海波　　陈彦均　　雷　昊　　赵　奎　　郭令宇　　高志强

元培计划

赵汇海　　马宇民　　阮　明　　黄　珊　　杨　威　　刘云波
柳亚鑫　　赵兴龙　　李　君　　李婧思　　徐　清　　张献伟
刘柯桢　　蒙　克　　李　爽　　任　博　　杨楠楠　　王　阳
辛　悦　　刘蔚然　　张发强

基础医学院医学预科班

何丹青　　谭文诗　　安　超　　于　杰　　孟昭婷　　郭惟霄
王晓迪　　梁凌智　　马永蔽　　安明月　　谭书韬　　郭慧凝
王　倩　　闵　楠　　黄　悦　　毕　海　　张　迪　　刘　帅

深圳研究生院

侯博威　　林　杰　　寇　星　　莫蓁蓁　　毛　宁　　柯　湘
袁　钢　　李　蓓　　李晓华　　姜维莹　　魏　敏　　陈朝晖
孔维申　　童素娟　　黄丽华　　薛　桦　　张正操　　李　畅
王　炜　　李晓娟　　毛剑锋　　莫方正　　杨锦文　　王凤祥
曹　丹　　胡丛立　　宋静姝　　彭　彪

基础医学院

李蒙萌　　杨　嫣　　郑　帅　　张　帆　　赵　旭　　单学敏
田　天　　王　溪

药学院

姜　杉　　赵　彬　　易湛苗　　赵　岩　　张　婷　　李　松

邢 丞	李天舒	刘瞳彤	李 婷	于 童	车欣轩	李 航	许嘉宾	江蔼庭	徐苏杨	亓婉铭	周 江

护理学院

丛 馨	张 亶	陈逾钦	孙慧杰	田 君	宋晓禹	王新炜	顾 杰	张 哲	胡 根	高雅博	周 雄

公共教学部

蒋昌敏	霍晓婷					孙永强	黄俊灵	刘政豪	周兰珥	鲁志勇	祝 韬

第一临床医院

毕青玲	吴 关	耿 研	刘 丽	朱一辰	范芳芳	邹范勇	屈争真	陈亮亮	穆 森	罗光富	腾海云
强光亮	孙 玥	丁明明				桑立雯	沈雷雷	岳 捷	王富瑶	郑世龙	宋 炜

第二临床医院

杨晓燕	徐 力					潘尧波	陈莉萍	徐 楠	刘言锐	李 钊	陈 蕾
						李延钊	崔晓红	邹雪晴	林 晨	王 坤	芦 莘

第三临床医院

刘 磊	梁 瀛					王慧亮	倪 铭	侯占峰			

第四临床医院

地球与空间科学学院

林 洁						朱孟璠	刘超群	陈 晨	方 芳	赵俊彦	李 潇

公共卫生学院

沈 鹏	王 辉	王晨琛	何鲜桂	丁彩翠	陈江飞	季 承	张晓佳	崔喜爱	田 猛	胡张翼	杜 越
邓喜先						曾道远	冯旭辉	马原飞	丁 玉	李 敏	王永福

口腔医院

单小峰	罗 佳	张珊珊	刘志强	王 郁		邱云峰	何国源	尹 丹	湛 胜	王武名	曹 宝
						梁晓峰	何建森	朱 琳	李 喆	张传明	杨玉萍

肿瘤医院

信息科学技术学院

廖莉莉						赵雨来	梁 涛	刘 钊	李永锋	高显峰	吴 琳

北京医院

王 鑫						钮 艳	王 华	陈 婧	董海瀛	朱 虹	杨 成

中日友好医院

刘 珵						金 澎	陈文兰	刘 博	庞 燕	张文静	吴 波

航天临床医院

谢 旻	王志强					刘 坤	李成垚	邸 楠	黄 鑫	宋谊超	吴 娜
						刘逸群	王 全	杨 莉	彭 宇	侯晓宇	李希婷

北京大学学习单项奖

						吴 泠	韩 翔	薛知行	张 隽	张乖红	张 磊

数学科学学院

孙洪宾	黄宇浩	刘一峰	陈 苏	吴 瑜	谭 旭	赵 静	陈 宇	邱志欢	朱 伟	杨 阳	成 富
尹 艳	王迅羽	李凌飞	叶 明	武 威	赵 斌	罗 闵	田 甜	黄文彬	王 玮	段孟成	朱广飞
秦瑞斌	李蔚明	陈 江	王国祯	周 帆	吴怡君	覃丽巧	李秋华	蔡 错	张 懿	胡永伟	高小平
苏 威	李 成	李 岩	张兴潭	陆宇澄	寿昊畅	褚 昆	涂伦才	宋本聪	雷 俊	赵海峰	吴定明
张 凡	张 宇	陈昕韫	张 浩	吴朔男	李 驰	张明明	柳 迪	刘克东	冯 岩	肖向阳	夏 冰
戚 扬	葛 颢	伍方方	徐大伟	杨 修	余达毅	齐奕科	张文哲	朱 彬	童 菲	陈 欣	黄 婧
瞿 聪	赵 平	王铭锋	王淑灵	武连文	蒋 欣	薛 强	张福强	党向磊	王婧婧	陈治宇	杨碧姗
郭紫华	谢兵永	沈 良	王玉昭	黄利兵		王 坤	林晨希	曹 越	孟玥婷	傅 晨	高泓彧

工学院

						曾 晨	肖 帆	李柳青	张逸林	吴 怡	陈元凯
王 斌	王建春	陈曾伟	陈 熹	郭 霖	胡 宁	张顺廷	丁 抗	李国旺	朱 磊	郑拓伦	车宇驰
李厚国	王 琦	程 磊	季 曦	曹玉会	陈小杰	阮一叶	朱韬晖	黄一峰	胡梦蝶	张小阳	王一凡
桑凌洁	马婷婷	张丹丹				李 钊	王 煦	司 赢	李 强	叶初阳	江 洄

物理学院

化学与分子工程学院

						章彦星					
						张慧娟	牛佳莉	高宏军	林 莉	叶迎春	肖 作
						焦丽颖	高 波	黄潇楠	叶 柿	周 爽	罗 佳
						姚亚刚	刘 涵	丛日红	陈海波	于 跃	杨 敏
						蔡志鹏	刘振飞	王 炜	汪蔚学	祝小茗	唐 力
						夏新元	李必杰	袁 媛	王冠博	雷 霆	尹 宁
						王顺海	肖 琦	许 杰	彭 晨	王祖超	窦乐添
						彭瀚达					

生命科学学院

						张媛媛	李 超	张菁菲	王之硕	罗碧泉	郑闻捷
						祁容素	伍拓奇	郑 琰	郭一飞	余 跃	胡 珉
						韩 博	余 涛	李剑青	陈 妍	屈铭志	冯 佳
刘 琪	朱家彩	王 芃	杨 远	郭 芃	张 云	冯 晖	施 慧	孟令瑶	林 源	黄 岳	潘胜凯

刘利佳	周舟	蒋卫	张力	刘盈盈	赵驰	陈瑾	李瑜敏	耿莹	蒋大伟	熊晓云	王志斌
付兴	王乔	韩佳嘉	张萌	尹晓磊	唐艳	杨光	薛静	邱杰	刘念	邬嫒嫒	任慧娟
郭玉珊	王娟	刘平丽	车南颖	扈春阳	贺金堂	周天睿	衣光春	习江平	张军	刘愿	李琼
潘春根	赵扬	邓国平	刘芳	施永辉	何俊云	邹全亮					
初明明	戴雪瑜	张湘波	刘聪	郭安源	刘婷						

环境学院

杨曦	杨小黎	苏乾	彭雪	杨意峰	戴薇
吴文婧	马筱舒	彭思圆	张礼文	王寅	薛淼
刘亚克	吕志江	曹敏政	李镓颖	赵陆胤	李昂
马菲菲	王蕾	朱毅	王金凤	赵曦	曹雯
彭谷亮	郑童	汪婷	刘颖君	苗伟杰	刘莹
宁淼	刘作丽	林玉军	李正国	刘永	徐丽娜
叶敏婷	马兰兰				

光华管理学院

郭乃嘉	李可心	刘冰	朱传仁	邱汛	李慧
刘小山	安砾	朱杰	吴晓斌	欧阳婧	万晓慧
蒋子懿	夏恺恺	王岚	伍婧	李飞	李蕙伶
俞炀	王锦刚	陶灿	祖国鹏	张绍敏	熊望月
杜克	张斌	任俊鑫	韩连波	林凯	王中兴
禚成志	曲中华	杨宾	高振宇	鹿波	林忠晶
王孟颖					

心理学系

廖卉	湛希宁	金晶	谭滢滢	胡天翙	朱培元
石振昊	涂艳苹	李燕洁	周丽	石冠楠	刘岩
穆妍	蔡文虹				

法学院

张舒	韩露璐	黄以天	樊凡	周源源	郑园
尤若楠	阎天	索亚琼	叶菊芬	刘赟	曹暑
曹哲	韩里然	张宇寒	翟晓津	王婧	刘杰
曾燕斐	王琦	李逸男	陈兰	肖宁	操健
李洁	董旭超	张霁爽	赵丽	赵大伟	布莉莉
张颖	吴琴	侯陆方	李锐	李孔军	刘佳
吴书振	赵璧	陈文明	申展	李昍	李嫒嫒
徐婷	孙红	杨敏	田晓菲	史文君	李长辉
李春阳	陈天一	王鹏飞	袁秀梅	高雪莲	王森鹤
李娴	江容	颜国恒	卢奕	张曦	张阳萍
李洁婷	张亮	魏宇明	石彪	林承铎	张际枫
苗文龙	黄文熙	谢川豫	张志成	王新艳	宋振武
王海涛	曾大鹏	孙运梁	韩涛	李斯特	张世泰
毕洪海					

中国语言文学系

杨乐	叶泽华	喻小菲	王尧	李琦	林峥
桂馨凝	吴君涵	徐奉先	靳成诚	王靖楠	张婧婧
郭道平	祁峰	陈祝琴	廖娟	黄晶	吴向廷
钟健	尤康	陆烁	田天	钱晓静	赵晖
杜轶	郭利霞	祝宇红	夏军	王长民	李阳
程振兴					

信息管理系

刘琳	傅智辉	刘幸昕	邱奉捷	邓悦	夏青
吴龙婷	杨海燕	王丽华	吴丹	陈芬	刘佳

社会学系

陈怡平	何曼盈	石松	刘爽	张珣	夏丽丽
李雪	李睿	盛智明	姚泽麟	刘雪婷	马红光

历史学系

潘丹	彭勃	张若薇	胡晓丽	陈浩	刘寅
张婷	孙剑伟	董文静	万翔	费晟	黄宁群
赵明昊	张祎	肖守贸	朱悦梅	李欣荣	孟晓旭
王洋	符莹岩	穆崟臣			

政府管理学院

王乐	梁彦文	周茜	张冬	李坤	毛委
吴润洲	肖春	姜玲	傅景亮	王清	

考古文博学院

沈辛成	吴婧玮	王敏	方笑天	邓振华	韩婧
曲彤丽	汤超	施文博	张海		

哲学系

赵曦	王涵	詹仁龙	张小星	江新	刘渤
蔡文菁	李爽	刘春阳	张亚月	邓浩	蔡祥元
孙焘	张东林				

外国语学院

陈思齐	耿鑫	李昊	杨柳	董原	张维
郭雯	杨韵	艾洁	叶晓璐	张凌	吴夏
李萱	吴蔚琳	万进军	李企	王思祺	王梦雪
张慧姝	罗晨姿	徐惠珍	卢白羽	陆汝卿	张婷
吴红蕾	刘恋子	黄弋	张林华	王怡	徐泉
王大方	徐阳	宋成方			

国际关系学院

洪浩岚	汪思涵	邓砂	陈向阳	王岑卉	许午
石相宜	潘晔	宋晨	杨帆	程多闻	汪佳良
姜鑫	邱力戈	熊姗姗	王元超	梁劲	张毅
朱红梅	曾宪芳	张廷英	高绪参	李春燕	董见微
葛珞	王世兴				

马克思主义学院

范春燕	曹浩瀚	金英君	王芳	杨茜	刘香

经济学院

方宁	林潇	行星	姚爽	林榕	朱逸清
李晓琳	杨绍华	吕焱	谭倩盈	高若然	胡迪
种佳伶	杨光	吴若晗	翟进	邹天龙	沙莎
李少知	穆峥	徐超	黄俊	马思伟	李寒森

教育学院

郑砚秋	陈维超	陈苑

人口研究所

刘玉博 张晓磊 丁 杰

对外汉语教育学院

董宪臣 崔巍巍

艺术学系

郑慧懿 刘 从 郝 志 赵 卓 王晓鑫 周莹盈
严 烁 李 伟

新闻与传播学院

刘 瑾 周 悦 余 弦 蔡金曼 陈 玥 潘聪平
贺 洁 张 炀 刘沛诚 刘 扬 池 岩 李 武
冉继军

软件与微电子学院

汪新波 张素慧 周珊珊 刘宏志 罗志达 陈 阳
孙建政 匡丹萍

元培计划

徐春虎 何 侠 郭甲子 刘往一 张颖心 臧鹏飞
李骥堃 孙 冰 张东舟 岳 衎 姚 舜 蒋君乐
田 禾 彭 旭 殷 隽 段文涛 武阳乐

基础医学院医学预科班

孙 威 陈 杨 刘雅涵 凌广慧 王天昱 陈骏良
李甚煦 刘文清 苗 恒 林志娟 孙 川 钱 敏
徐莹莹 陈 练 方 冬 李 翔 陈 静 陈 雯
折剑青 赵 博 王师尧 崔 莹 谭 磊 陈霁晖
刘 璐 孙 玥 郭晓丹

深圳研究生院

谭秀颖 朱正鹏 李 晶 班旭欣 彭春明 隋桂云
陈 阳 上官辉 陈 梅 戚 悦 万 璇 游敏常
刘轶群 成 富 李科佳 赵锦淑 方 芳 郭正伟
何铁军 姬 婷 谢新源 李文楷 陈雅涵 石 磊
汪丹霓 谢 峰 颜 瑾 康建昌 胡培培 马晓慧
江 宏 史以贤 李 荔 郭 莹 杨甜甜 刘 霞
赵晓菲 杨佛尘 李秋华 朱顺妮 李正涛 曾祥坤
姚婷婷

基础医学院

田林杰 陈 睿 翟士桢 卓德祥 潘艳平 陆 悦
周 芬 顾 漪 梁靖瑞 朱敏佳 潘艳丽 杨 郁
娄利霞 柳华东 刘元沨 王笑菲 孔雅娴 张云岗
兰晓梅 甘起霓 张 晖 于 宇 吕 达 李沈铎
程艳娇 曹晓静 李 楠 吴 烁 梅 帆 张庆芬
赵建辉 石 磊 王 琳 邱 敏 文 锋 黄 强
王 丛 周 妍 冷昆鹏 周 一 尚 维 苏 仙
张 瑞 丁 盟 鲁方亮 汲 婧 蔡 嫣 周 莹
王小蕾 马亚琪 高 玥 周 知 种 红

药学院

陈文倩 张 征 曾克武 刘 艺 郭 慧 雷 萌
赵婧华 柴兴云 江 泱 王宇航 陆亚男 刘晓明
温 禾 邓小敏 傅佳凝 李 功 梅 辉 肖 娟
商 朴 王 丹 陈文静 顾邱岚 袁惠燕 陈星伟
徐 杨 李 然 杨 婷 许斐斐 刘 迪 李 珅
张关敏 薛 莲 杨 婧 陈玉平 胡辛欣 薛小超
张春晖 张 鑫 孙 曼 谭 栎 门 萤 穆 然
王 瑞 谌 侃 王珊珊 唐 静 陈 卓 王梓凝

公共卫生学院

骆颖慧 孔 越 秦雪英 刘 庆 张 焱 阮云洲
石红梅 吴 婷 简伟研 田 芳 范天藤 杨学礼
林 鑫 张 锋 董兆欣 朱 葛 彭 妮 方 凯
许涤沙 陈 卿 赵 茜 安 伟 赖颖斯 武珊珊
雷洁萍 苏会娟 袁长征 肖晚晴

公共教学部

史如松 谷 雪 颜济南 何 煜 王敬庭 夏 静
魏佩芳 张 锐 李 丹 贾 茹 陈 颖 骆大胜

第一临床医院

甘 琳 杨金霞 汤 可 边大鹏 时延伟 宋锦叶
孙 敏 田国保 林 菲 尹道馨 邓雪蓉 张春燕
刘 强 刘森炎 邢 军 张 蕾 李 珺 张 焱
毕鸿雁 童 彤 李 颖 李 鹏 漆学良 刘 平
陈聪骢 邱 丽 楚 红 毛 卓 杨 柳

人民医院

裴雪婷 周益峰 陈 奋 李俊强 孔 盟 侯志强
李晓伟 陈敏霞 封益飞 巫国谊 雄 建 袁 链
徐 峰

第三临床医院

黄 锦 庄洪卿 朱 丹 张 娟 林 霖 宋天然
温 韬 赵 威 陈 薇 王 齐 曾 琳 张远锦
高 飞 王行雁 邱素均 杨 帆 廖 莹 莫漓虹
王雅楠 李 姝 陈 楠 盛 森

第四临床医院

刘世晓 边 臻 石晔洁 高 健 刘 砺

口腔医院

李 率 杨 坚 陈莉莉 李 蓬 孟 丹 张 杰
彭兆伟 陈 立 葛雯姝 邹晓英 廖雁婷 张津京
马 雯 赵河川 浦婷婷

精神卫生研究所

韩 雪 谭永红 管丽丽 曲 梅

肿瘤医院

应志涛 朱向高 刘 蕾 徐 晔 刘鲁英 郭剑平
郑 丽

世纪坛医院

董晓琳

中日友好医院

王莹莹 苏运超

民航总医院

杨 彦 李 梦

北京大学航天中心医院

张佳丽 任珏静

| | | | | | | 护理学院 | | 陈 雯 | 李秀婧 | 汪 璇 |

护理学院

朱小琴	赵东霞	王 倩	关 悦	白 淼	贾 琼
刘亚芳	谢 楠	刘 丽	洪梅花	梁 媛	单 蕊
雷 虹	万莎莎	夏明晶	王 乔	孙 乐	李 雅
胡佳慧	王文雅	赵晓卉	梁 蕊	杜钰祯	李 倩
姚 宇	韩金金	王 冉	马 腾	王凯平	路建旭

第二临床医学院

张黎黎	付 瑶	王旻舒	王晓丹	潘思思	王思源
高凤莲	杨后圃	王佳艳	王 倩	谭 潇	

红楼艺术奖

地球与空间科学学院	方 超		
信息科学技术学院	张一瑄		
环境学院	程雨曦		
中国语言文学系	黎小夏	沈 力	
历史学系	杜 凯		
考古文博学院	周 仪		
国际关系学院	王君茗	余 歌	石孟卿
	查玲睿		
法学院	李 昂	华亚丽	
信息管理系	杨 扬		
政府管理学院	马 地	武倩倩	
外国语学院	张安琪		
艺术学系	顾晓春	李晶凌	
新闻与传播学院	王戎滔	左 佳	
软件与微电子学院	高 岩	张佳音	刘雯方
	赵小丽	施一飞	薛东波
	唐 静	吕 梅	
元培计划	黄家莹		
药学院	刘祥瑞	杨杰松	殷诺雅
	张 蕾	杨宇希	
护理学院	田 军		
第一临床医学院	池 滢		
第二临床医学院	李 蕾		
第三临床医学院	高 慧		

北京大学五四体育奖

国际关系学院	李东骏		
经济学院	谭 赛		
法学院	刘晓萌	张竹元	薛晨钟
	李洪鹏		
社会学系	刘 晓		
艺术学院	李媛媛		
新闻与传播学院	时盛男	陈一沫	望开力
软件与微电子学院	杨 栋	李继平	鲁泽宇
	党一鸣	朱文涛	庄 凡

		苗 军	董章钊
基础医学院		李 杨	李兴哲
护理学院		赵艳华	姜 芳
公共教学部		任志佳	
第三临床医学院		王佳宁	

北京大学学生工作先进单位(7个)

外国语学院
地球与空间科学学院
数学科学学院
环境学院
国际关系学院
公共卫生学院
深圳研究生院

北京大学优秀班集体

数学科学学院2005级硕士2班
工学院2004级博士生班
物理学院2003级本科3班
地球与空间科学学院2004级本科地质基地班
信息科学技术学院电子系2003级1班
化学与分子工程学院2004级本科3班
生命科学学院2004级本科1班
历史学系2005级本科生班
考古文博学院2003级本科考古与博物馆班
国际关系学院2005级本科生班
经济学院2005级本科1班
光华管理学院2005级本科工商2班
法学院2004级本科1班
信息管理系2005级本科生班
社会学系2005级硕士生班
政府管理学院2005级本科生班
外国语学院英系2004级本科生班
艺术学院影视编导专业2005级本科生班
新闻与传播学院2005级本科生班
教育学院2005级硕士生班
元培计划实验班2005级本科生班
医学预科2005级临床4班
第一临床医学院临床2002级2班
公共教学部医学英语2004级本科生班
航天中心医院临床2002级9班
护理学院2003级护理本科班
基础医学院2003级临床3班
口腔医学院口腔2001级八年制班
深圳研究生院2005级商学院双硕士班

北京大学先进学风班

数学科学学院 2005 级本科 6 班
数学科学学院 2003 级本科 3 班
数学科学学院 2005 级本科 5 班
数学科学学院 2003 级本科 1 班
数学科学学院 2005 级本科 3 班
数学科学学院 2003 级本科 4 班
工学院 2005 级硕士生班
工学院 2003 级本科力学班
物理学院 2004 级本科 6 班
物理学院 2005 级本科 4 班
物理学院 2005 级本科 6 班
物理学院 2005 级本科 5 班
地球与空间科学学院 2005 级本科 5 班
地球与空间科学学院 2004 级地化本科班
地球与空间科学学院 2004 级地物本科班
地球与空间科学学院 2005 级遥感硕士班
地球与空间科学学院 2004 级地质博士班
地球与空间科学学院 2005 级地质本 2 班
信息科学技术学院计算机系 2005 级硕士 2 班
信息科学技术学院电子系 2004 级硕士生班
信息科学技术学院计算机软件与理论 2005 级硕士 1 班
化学与分子工程学院 2004 级本科 4 班
化学与分子工程学院 2005 级硕士生班
化学与分子工程学院 2005 级本科 1 班
化学与分子工程学院 2005 级本科 2 班
化学与分子工程学院 2005 级本科 3 班
化学与分子工程学院 2005 级本科 5 班
生命科学学院 2005 级博士班
生命科学学院 2005 级硕士班
环境学院 2005 级硕士 2 班
环境学院 2005 级博士生班
环境学院 2003 级环境科学本科班
环境学院 2005 级本科 4 班
中国语言文学系 2004 级本科 1 班
中国语言文学系 2005 级硕士生班
中国语言文学系 2005 级本科 1 班
历史学系 2005 级博士生班
考古文博学院 2004 级研究生班
经济学院 2004 级本科保险班
经济学院 2005 级本科 3 班
经济学院 2004 级环境资源与发展经济班
光华管理学院 2005 级工商 1 班
光华管理学院 2005 级工商 3 班
光华管理学院 2004 级本科金融班
法学院 2005 级本科 1 班
法学院 2005 级本科 4 班
政府管理学院 2005 级硕士生班
外国语学院 2004 级乌尔都语本科生班
外国语学院 2005 级韩语本科生班
外国语学院 2005 级法语本科班
外国语学院 2005 级英语本科班
外国语学院 2005 级蒙语本科班
外国语学院 2004 级西班牙语本科班
马克思主义学院 2005 级硕士生班
马克思主义学院思想政治教育专业 2005 级本科生班
马克思主义学院 2004 级博士生班
艺术学院 2005 级研究生班
元培计划实验班 2004 级本科生班
元培计划实验班 2003 级本科班
医学预科 2005 级口腔班
基础医学院 2004 级 1 班
基础医学院 2004 级临床 3 班
基础医学院 2005 级基础医学班
基础医学院 2003 级临床 5 班
医学部 2004 级口腔班
公共卫生学院预防 2003 级 2 班
护理学院 2005 级护理本科
第二临床医学院 2002 级临床 4 班
深圳研究生院 2005 级社会学硕士班
深圳研究生院环境与城市学院 2005 级硕士班
深圳研究生院 2005 级法律硕士 2 班

校级优秀毕业生

数学科学学院

类别：本科生
秦伯涛　刘保平　袁洪松　张　伟　沈瑞鹏
王　芳　李毅梅　徐　颖　侯　琳　韩　晗
刘知海　李若莎　王　涵　胡　兴　魏晓迪
杨静毅　张景阳　方　子　陈　浩　姚佩佩
钟铁飞　胡冲锋　刘　畅

类别：硕士研究生
林　乾　　沈玉萍　　乔　琦　　谢先超　　郭沁苗
赵　震
类别：博士研究生
赵新宇　　范少锋　　安金鹏　　梁　超

工学院

类别：本科生
荆文甲　　张　哲　　蔡　艺　　蔺　冰　　郭文轩
夏振华　　徐科益
类别：硕士研究生
付超奇　　杨艳静　　陈青松　　武　牲
类别：博士研究生
楚海剑

物理学院

类别：本科生
王　雷　　杨　承　　王　屾　　张　昊　　李　芸
于海明　　邵旦瑛　　寿兴贤　　张　翼　　李　宁
诸葛菁　　洪礼明　　蒙　康　　赖力鹏　　韩俊峰
王　晨　　徐怡冬　　李　东　　林　蒲　　王　姣
张碧辉　　谢　辉
类别：硕士研究生
张　强　　朱炜玮　　张颖一　　罗浩俊　　费增坪
郑明杰　　戴俊峰
类别：博士研究生
吴俊宝　　赵　清　　胡成余　　贺千山　　刘　一
田新春

地球与空间科学学院

类别：本科生
易鸿宇　　彭清兰　　裴　睿　　金慧然　　仲力恒
金　戈　　涂蔚超　　石　超　　高晶晶　　匡俊宇
类别：硕士研究生
李光辉　　余海洋　　郭东升　　卢　鹏　　秦　适
徐宜勤　　李　强　　刘依谋　　郭永和
类别：博士研究生
阿布都瓦斯提·吾拉木　　张　伟　　陈　涛
孙作玉　　王　林

信息科学技术学院

类别：本科生
乐济麟　　申　超　　刘　钰　　张　弥　　胡　彬
方路遥　　丁向辉　　潘玉龙　　韩　瑜　　林志伟
赵婷婷　　何　魏　　肖　斌　　金祯祯　　任建国

王　川　　李端梁　　何　啸　　李　囡　　李　合
王　亮　　徐重远　　张楑滈　　刘忠义　　刘福东
王振华　　王莎莎　　吴　俣　　陈舒毅　　辜新星
边　江　　秦　琦　　周　沫
类别：硕士研究生
黄远文　　吴智发　　吴晓明　　李双峰　　郑闽睿
李泽为轩　杨长喜　　刘　星　　钱金蕾　　夏　令
石午光　　劳焯鹏　　王　煜　　刘　芳　　童　霆
范小杏　　任　惟　　安　科　　王　峥　　赵　硕
邱宝军　　韩润强　　胡子敬　　王曦元　　朱立达
类别：博士研究生
焦现军　　王鸣生　　王　胜　　曲　宁　　滕　腾
杨　利　　裴玉茹

化学与分子工程技术学院

类别：本科生
王　璐　　王一恺　　姚志中　　魏昕宇　　丛　欢
张子燕　　梁海林　　廖佩琳　　张　锐　　蔡述宗
黄　恺　　魏　漾　　韩佐晏　　斯　翀　　庞育成
张可亚　　朱　汇
类别：硕士研究生
吕传君
类别：博士研究生
朱敦深　　王新益　　司　锐　　尹海清　　周　江
官轮辉　　陆　江　　吕少峰

生命科学学院

类别：本科生
刘　音　　潘映红　　张继涛　　高　巍　　胡冠箐
苏晓磊　　孙实笏　　何　斌　　毛绮妍　　钱文峰
郭俊杰
类别：博士研究生
刘蓉蓉　　陈　强　　黄　俊　　熊　伟　　周　锋
王柏臣　　时　艳　　钱万强

环境学院

类别：本科生
何思源　　王　乐　　王翼鹏　　谢志华　　陈秀欣
朱晟君　　宋　楠　　于　璐　　张　纯　　姜　姗
颜亚宁　　刘　柯　　张雯婷　　郭　嘉　　周固君
陈旭东　　袁慧诗　　刘　侃
类别：硕士研究生
范英英　　金晓辉　　刘　尚　　姚　波　　丁　剑
肖海燕　　何　钢　　陈倩倩　　李昌霞　　邢珏珏

类别：博士研究生
赵英丽　卫　欣　彭　建　温丽丽　邱祝礼
魏永杰

心理学系

本科生
张佳昱　常诗晴
硕士研究生
刘江娜　李　峥　邓　晶
博士研究生
王异芳　赵红梅

中国语言文学系

本科生
王　禹　周剑之　明姗姗　欧阳国焰　丁伟伟
胡蔓妮　郑熙青　陈　益　赵　玥　孙昊牧
硕士研究生
白　雪　王振峰　胡南敏　刘子凌　吕　远
包菊香　王琰琰　王　璞　王　彦
博士研究生
李峻岫　郭凌云　李　晶　王　佺　李　龙

历史学系

类别：本科生
张　静　峨　眉　陈　浩　孙佳文　高欣亮
类别：硕士研究生
李　雯　尤　李　吴　楠　刘慧娟
类别：博士研究生
周东华　陈友良　王媛媛　常越南

考古文博学院

类别：本科生
黄　珊　张英轩　徐新云
类别：硕士研究生
李青昕　叶　倩

哲学系

类别：本科生
孟庆楠　高思存　贡　洁　季志强
类别：硕士研究生
吴　敏　王耀华　岳砥柱　王云飞
类别：博士研究生
王　利　郭美云　颜玉科

国际关系学院

类别：本科生
王秋实　于慧玲　姚　遥　陈晓晨　何叶紫
朱淑娴　罗　冲　查文晔　周　斌　邓晓天
类别：硕士研究生
马晓辉　褚大军　秦　禾　汪　恒　周　玲
顾　群　吕　强　张松岩　魏婷婷　曹　文
王文泽　陈　晨
类别：博士研究生
刘东胜

经济学院

类别：本科生
金旭毅　郝亚明　张荣乐　魏东旭　潘醒东
朱至瑜　张　娴　韩　旭　蔡洪玮　吴博文
周　怡　马　聪　林　锟　于　平　杨　浩
瞿　茜　解利艳　黎　阳　李　丹　岳大洲
张涵冰　李　璇
类别：硕士研究生
杨长湧　吴　铭　赵冰喆　黄志刚　刘　淼
杨　鑫　刘雪菲　蔡　婧
类别：博士研究生
钱宥妮　王花蕾

光华管理学院

类别：本科生
史方舟　史小楠　王鹏飞　陈　烨　罗佳嫒
杨本心　曲　涛　金　玲　陈　雯　聂明珠
王君竹　关　冲　蔡　玉　唐　芊
类别：硕士研究生
陈雯雯　董常凌　李宏伟　刘　青　王兴猛
张初华　张涵天　张志华　高　雁　张　娜
朱　嘉　赵鑫阳　刘　琪　吴成华　周　飞
杨德龙　高培道　李蓉蓉　胡王欣　赵端端
余浩平　周文斌　钱叶文　彭基峰　宋　煜
刘学臣　董羿君　管家民　李　琳　付　洁
付　莉　杨友林　文　飞　赵宏博　王晓东
王　欣　周传忠　胡泽国　吴晓帆　张春晓
金　霞　王菁华　熊岳达
类别：博士研究生
黄国华　吕开颜　高　义　王　鹏　王　敏

法学院

类别：本科生
时　磊　庄田田　赵　杨　霍　琨　戴　昕

王　婧	陈　卓	王秋雯	龚仙蓝	徐　莹
柳思佳	李　鹏	林琼华	陈洁玉	向天宁
刘　骁				

类别：知识产权二学位

吴丽芳	韩丽丽	钟　炜		

类别：硕士研究生

张丽丽	林　海	江　菁	竹莹莹	张莉鑫
孟兆平	丁宇翔	唐桂英	孙　琦	郭维真
吴　敏	周　雯	李　洋	李伟华	牛广济
赖乾胜	陈苏华	徐玲芳	蒋　诤	李　强
孙新亮	郭　鹏	胡馨月	李　肖	齐东亮
康　凯	王爱霞	董　宇	翁　建	刘渊明
王青山	刘建辉	汤雄军	王红玲	张　云
贺　莎	叶晓斌	孟树理	张学勇	胡红梅
刘　琼	谢凌寒			

类别：博士研究生

张会峰	赵　玲	朱　理	刘　凯	税　兵

信息管理系

类别：本科生

黄妙茹	王　欣	吴懿咏	王一丁	刘　菲
林轶君				

类别：硕士研究生

罗　超	蒋　龙	王秀峰	余训培	葛　宁
胡文倩	陈　洁	杨梁彬		

类别：博士研究生

许　欢	吕　娜			

社会学系

类别：本科生

安文妍	周　楠	陈家建	罗　鸣

类别：硕士研究生

田　耕	高洪山	辛　佳	孙力强	蒋　勤

政府管理学院

类别：本科生

赵　立	尹诗翰	陈继友	李　璇	
欧阳李慧	田　园	明　明	林伟鹏	

类别：硕士研究生

梁　江	果　佳	上官华洁	徐　卓	魏　薇
但根友	熊　磊	郑婧儒	郑　融	杨腾原

类别：博士研究生

鄞益奋				

外国语学院

类别：本科生

朱宏斌	刘宇婧	吴冬华	余　宁	郭　鑫

焦炜铭	郭晓春	张　芳	李　洋	黄重凤
张冉宁	刘晓霖	赵　嵩	魏　明	杨　璇
佟　牧	王婧怡	刘　爽	邵文君	海　洋
欧玉环	黄　卉	张　哲	刘丽红	陈靖翀
马筱璐	王　倩	徐　蓓	于　佳	

类别：硕士研究生

魏有美	张　玥	张　强	胡　维	郄莉莎
何　楠	孙冬梅	孙　铮	万丽娜	

马克思主义学院

类别：本科生

陆　松	陈　博	任卫军	徐飞克	郭　玲
高　博	张瑞敏	刘　鹏	彭　敏	孙曼琳
胡海莹	顾一鸣	吕　盈	李　静	张　征
周文静	王　斌			

类别：硕士研究生

安风雷	吴　静	乔　梁	李晓鹏	谢振华
邵　琼	刘东成			

教育学院

类别：硕士研究生

何　峰	祝　晨			

类别：博士研究生

郭丛斌				

对外汉语教育学院

类别：硕士研究生

张京京				

艺术学院

类别：本科生

刘胜眉				

类别：硕士研究生

金晓聚				

新闻与传播学院

类别：本科生

保　江	王健保	李世凡	倪诗敏	钟　声
庄　明	樊　敏	韩天旸	黄缘缘	刘　楠
王　嘉	陈　露	谢名誉	王一涵	李　婧
彭　鹏				

类别：硕士研究生

吕馨惠	翟淑华	王　珍	熊启涵	高丹妮
姚　雪	袁　泉	吴岑鸟	杨　虎	李　卓

类别：博士研究生

张　洁				

元培计划

类别：本科生

崔　婧　　黄冰洁　　李璞琳　　赵翰露　　张天翼
彭　放　　杨　凝　　许彦之　　王　康　　乔元华

基础医学院

类别：本科生

熊婷婷　　陈瑶瑶

药学院

类别：本科生

万　颖　　刘晶晶　　马　妍　　张　苑　　赵少琼

公共卫生学院

类别：本科生

张　愫　　李　翾

护理学院

类别：专科生

程　芳　　单芳芳　　张　慧　　冯建春　　周　颖
杨　洁　　申雪梅　　李　茜　　佟明笑　　周　波
郑秋梅　　王巧玲　　王笑赛　　周远珍　　戚莹莹
何　洋　　白　华　　陈平平　　李雪利　　陈　乐
靖宏宇　　宋　涛

类别：本科生

喻颖杰　　陈　萌　　金文姬　　邹慧君　　陈华夏

北京大学人民医院

类别：硕士研究生

郑日亮　　蔡　林　　刘　琳　　任　磊　　姜　宁
姚远洋

口腔医学院

类别：硕士研究生

陈晓播

航天中心医院

类别：本科生

黄志卓　　钟秋子

民航总医院

类别：本科生

林晓琳　　徐晓娟

北京大学深圳医院

类别：本科生

李　凌　　曾跃平

深圳研究生院

类别：硕士研究生

郭凌云　　盛　楠　　王　一　　王　为　　胡亚非
李　坤　　李桢荣　　石志猛　　武艳军　　胡景贺
高丹妮　　熊启涵　　章文颖　　刘立峰　　付　滔
朱　熠　　陈　伟　　丛　黎　　戴鉴雄　　李洁华
司贺秋　　宋　川　　孙晓静　　佟长辉　　王胜利
王彦鹏　　王　媛　　苑仁庆

类别：博士研究生

岳　隽

2006届北京地区高等学校优秀毕业生名单

数学科学学院

秦伯涛　　袁洪松　　张　伟　　李毅梅　　韩　晗　　刘知海
陈　浩　　姚佩佩　　王　涵　　魏晓迪　　胡冲锋

工学院

荆文甲　　张　哲　　蔡　艺　　蔺　冰

物理学院

王　雷　　李　芸　　于海明　　张　翼　　李　宁　　谢　辉
王　姣　　徐怡冬　　赖力鹏　　蒙　康

地球与空间科学学院

彭青兰　　金　戈　　仲力恒　　涂蔚超　　高晶晶

信息科学技术学院

刘　钰　　胡　彬　　潘玉龙　　林志伟　　毛　震　　辛新星
何　巍　　王　川　　吴　俣　　陈舒毅　　李　囡　　李　合
王　亮　　金祯祯　　王振华

化学与分子工程技术学院
梁海林　王一恺　姚志中　魏昕宇　王　璐　廖佩琳
丛　欢　张子燕　张　锐

生命科学学院
刘　音　张继涛　胡冠箐　苏晓磊　孙实笏　何　斌

环境学院
何思源　谢志华　宋　楠　于　璐　张雯婷　郭　嘉

心理学系
张佳昱　常诗晴

新闻与传播学院
刘　楠　黄缘缘

中国语言文学系
王　禹　周剑之　明姗姗　欧阳国焰

历史学系
陈　浩　张　静

考古文博学院
徐新云　黄　珊

哲学系
孟庆楠　贡　洁

国际关系学院
王秋实　于慧玲　姚　遥　朱淑娴　罗　冲

经济学院
金旭毅　魏东旭　潘醒东　朱至瑜　解利艳　黎　阳
蔡洪玮　吴博文　林　锟　于　平

光华管理学院
杨本心　金　玲　唐　芊

法学院
霍　琨　戴　昕　龚仙蓝　陈　卓　钟　炜　韩丽丽
向天宁　吴丽芳

信息管理系
黄妙茹　王　欣

社会学系
安文妍　田　耕

政府管理学院
林伟鹏　尹诗翰　李　璇

外国语学院
刘宇婧　朱宏斌　吴冬华　余　宁　黄重凤　张冉宁
郭晓春　焦炜铭　郭　鑫　张　芳　李　洋

马克思主义学院
陆　松　陈　博　任卫军　郭　玲　张瑞敏　刘　鹏
高　博

元培计划
崔　婧　黄冰洁　李璞琳　赵翰露　张天翼　彭　放

基础医学院
熊婷婷

药学院
万　颖　刘晶晶

护理学院
程　芳　冯建春　申雪梅　周　波　喻颖杰　陈　萌
王笑赛　何　洋　戚莹莹　陈　乐　李雪利

北京大学人民医院
郑日亮　蔡　林　刘　琳

航天中心医院
黄志卓

民航总医院
林晓琳

北京大学深圳医院
李　凌

奖学金获得者名单

明德奖学金

数学科学学院
王月清　王　伟　方家聪　万　昕　陈星兴　耿　原
彭闽昱　杨诗武　周　游　徐尚华　朱庆三　赵彤远
罗　晔　谭志宏　任庆春　金　龙　刘　捷　柳智宇
甘文颖　吴辰熙

物理学院
余江雷　王星泽

化学与分子工程学院
周　焱　倪犇博　胡蓉蓉　何玙伽　曾　毅　刘艺斌
叶钦达　李佐鸿　蔡李超

生命科学学院
冯铁夫　孟琳燕　郭琴溪　黄　璞　谭志佳　吴　叶
刘　倩　李晶晶　周　腾　张鸿康　杨璐菡　李田园
王　澜　周　舟　于静怡　马　强　贾方兴　王韵涵
谭　昊　欧　洋　刘　潇

新闻传播学院
陈　玥

中国语言文学系
陈晓梅　凌　超　常方舟

国际关系学院
陈杭霞　马明宇　何　燕　郄凌鹿　王琳琼
娜迪娅·尼亚孜

经济学院
王　璇　叶文蟠　杨春莉　柴沿清　种佳伶　曾雪兰
鲁　蕙　卢晓宇　徐絃宇　穆小天　王晓月　郝　乐
何　彧　刘怡然　黄厚瀚　周孟颖　叶淏尹　扎西次仁

光华管理学院
肖　潇　赵　聪　黄兆瑛　张晓楠　徐惊蛰　黄明旻
刘梦羽　薛　琦　李　娜　王晓书　李原草　费　凡
杨令霞　史小燕　张　丹　方美燕　王佳杰　黄晨琦
庆出蓝　韩陆瑶　李　琳　杨　青　孙田宇　程相源
任　飞　余子宜　肖梦丁　林小杰　陈　博　冯文婷
董　春　邱　汛　吴　倩　梁　莹　谢　尼　刘亚东
张鸿凯　徐　钰　孙一丁　魏　冰　赵君秋　刘璐源
何世悦　叶　婧　高　扬　薛逢源　杜　玮　万木春
蔡妮芩　朴婧玲

法学院
黄　姗　阎　天　刘　爽　李圣思　殷晓霞　张宇寒
王　馨　江伟丽　伊晓莉　王　军　康　静　格桑曲宗
曾海卿　陈雄超　陈　萌

社会学系
石　松

政府管理学院
潘学峰　穆　静

外国语学院
廖海珍　赛　婧　王笑月　蒋士莹

元培计划管理委员会
张　杰　张颖心　张晓菲　晏琦帆　黄　芳　王俊煜
徐岸汀　陈　歆　孟　梦　吴杰行　周之悦　陈　铭
宿　洁　岳　衍　杨　森　王　冉　周　全　卢　炜
申栋材　林英睿　田　禾　易　萌　武睿颖　陈　敏
刘诗泽　林　叶　阚建容　徐语婧　赵　雪　朱诗雄
谢宇宏　张博然　王　轩　杨楠楠　朱师达　王　凝
屈仁丽　唐　靓　卢　毅　曾春明　李　明　韦　薇
裴东斐　林瑞辉　陈亚玲　陈璇卿　闫　欣　孙　凌
高　原　曹　飞

光华奖学金

数学科学学院
周栋焯　王　辉　宋　鹏　戚　扬　王　鑫　吴朔男
余云龙　曹　斌　王慧娟　徐大伟　王　乐　肖　逸
刘　钢　王子龙　胡雅琴　叶乐天　余达毅　王婉洁
朱永平　罗晨光　周天扬　邵　远　武　威　曹　璞
杨子光　崔庸非　尹　艳　张　帆　刘　熠

工学院
于俊燕　刘伟东　韩　薇　李　舟　吴晋芳　李　想
王一伟　郭　佳　王　斌　井庆深　吴文琪

物理学院
经光银　张玉萍　李　钊　未　微　岳友岭　杜仁众
孙永健　马仁敏　江　萍　高　萌　荆明伟　杨再宏
李　芬　陈亮亮　李蓬勃　郭春蕊　张　新　赵仕俊
何　颂　徐志波　薛　巍　袁　玮　程尔康　李则博
焦长峰　滕海云　刘曦励　桑立雯　熊　畅　郭泽磊
聂　绩　靳　松　严　锋　许　杨　陈　同　徐茂龙
吴朝军　张　政　徐苏杨　范　悦　董若冰　高　原

地球与空间科学学院
金　川　彭　霞　周桂清　丁　玉　刘　畅　曾道远
陶迎春　古　琳　申　思　李慧娟　郭　璇　周长付
刘俊杰　吕勇军　王　东　陈建业　曹　毅　张贵宾
李墩柱　王星光　涂继耀　陈朝伟

信息与科学技术学院
励晓林　吴　越　杨佳雄　刘　钊　张德辉　党向磊
魏贤龙　延　涛　张弩云　景　昊　彭春干　穆秀娥
王　健　彭小斌　刘天喜　孙明华　李建学　黄冀渝
陈　迅　刘　姝　施　澍　吴　霞　陈　希　余诗孟
范　刚　梁爱丽　马骋宇　杨　坤　李　鸿　陈　梅
周　春　常艳玲　杨　毅　于佃海　袁文佳　陈彦卿
黄小江　张芳芳　唐　浩　朱狄枫　刘　石　伍逸煊
孟霏湲　杨致海

化学与分子工程学院
倪江锋　白　瑜　王　平　胡乔舒　周　爽　彭德高
曹　征　罗　洁　李宗溪　李　腾　王建斌　姚思宇

生命科学学院
刘　婷　戴雪瑜　郭安源　叶　子　赵　敏　胡　婧
张菁菲　范瑞雪　张　薇　刘　畅　张　赟　邵文筠
高杨滨　王国晓　冯　晖　施　杨

环境科学与工程学院
李新坡　李湉湉　梅丽霞　张　巍　吕红华　张霁阳
朱秀萍　龙　韬　赵　曦　于　琬　张诚昊　潘元犁
王　亮　程　龙　张　一　彭思圆　陈　曦　刘瑞楠

心理学系
陈景秋　蒋晓鸣　潘苗苗　高　隽　胡潇潇　黄　蔚
李楠欣　侯　悦　谢佳秋　贺　熙

中国语言文学系
郭院林　苏明明　宫　铭　何　恬　孙　娟　魏　薇
成　方　王　媛　仲　林　尚　垒　唐　洁　袁绍珊
张逸临　王　颖　陈尔杰　袁　园　高　峰　李笑莹

历史学系
温　克　戴海斌　吴　浩　董文静　聂爱玲　周诗茵
孙　瑜　张　婷　刘召兴　韩　冰　尹汉超　陆　意
黄宁群　倪　钰　闫桂梅　邱　磊

考古文博学院
燕生东　黄晓帆

哲学系
蒋丽梅　高海波　王　楷　唐文佩　韩德奎　王少辉
许韩茹　刘国琪　唐亚刚　贾姗姗　蔡文菁

国际关系学院
马千山　王日华　齐顺利　黄　越　梁　婧　丁颖鹏
李春嘉　梁　劲　佟上元　齐　鹏　翁翠芬　熊姗姗
王霁宏　刘　佳　赵　宇

经济学院
隋福民　李　琼　郜全亮　张　军　习江平　秦邱月
郑仁福　蒋大伟　胡　渊　任慧娟　邬媛媛　杨　寒
熊晓云　王小溪　邢　茜　彭　天

光华管理学院
刘玉铭　王　崇　孙道银　童　英　杜　创　史丽燕
刘　丹　刘向东　王红亚　慈颜谊　潘广钱　侯嘉隆
彭传国　张金华　竺　玮　钟　律　王　芸　邢　楠
高海燕　陈　于　吕永光　肖素平　狄芊宇

法学院
姜　峰　王政勋　李家军　刘培俊　刘千千
古丽阿扎提　林达丰　李斯特　牟效波　王社坤
林健聪　杨秋岭　陈福利　温雨梅　高平均　刘红梅
卢小从　茅少伟　程　馨　黄茜霞　刘合磊　芮　静
龚　宇　周　偲　贺　飞　李　枫　李太阳　牟家玥
李　皓　倪　佳　何诗扬　田晓菲　霍仁现　孟　静
赵莉莉　吕丹萌　赵晓静　陈星洲　陈莹莹　王明慧
郭　程

信息管理系
谷秀洁　陈　芬　孙　静　易　芳　张慧丽　何　冰
程煜华　黄晓莺　岳　珍　杜晓梦　邱奉捷

社会学系
罗力群　李荣荣　陈冬雪　刘伟华　胡　瑜　李　飔
盛智明　刘雪婷　王　叶　刘　爽

政府管理学院
陈良文　王雄军　王启峰　徐珊珊　陈万萌　李丹阳
张金杰　吕　燕　俞　蘷　赵　倩　刘　杰　孙朝阳
娜　敏　王　伟　吴　津　周　波

外国语学院
张　幸　许　娅　刘　健　王鸿博　张利明　谢　隽
李如钰　吴　婧　倪　璐　陈　盈　周李围　李　晨
郑　楠　刘　倩　柳　静　丁　祎　叶培蕾

马克思主义学院
徐　芳　张子凯　金英君　李　慧　杨　芳　刘洪娟
乔　宇　叶薇薇　李玉红　张　蒙

艺术学系
王晓鑫　常青青　康　路　蒋　静　罗媛媛

新闻与传播学院
云国强　王维佳　王　伟　张婷婷　韩攀科　伍嘉威
孙　强

元培计划管理委员会
张思嫒　赵　婧　陈雪莹　徐　莎　杨　杉　马文江

人口所
江　益

对外汉语学院
徐婷婷　孙　爽

中国经济中心
王　勇　许　伟　周晓乐

教育学院
陈汉聪　沈文钦

医学部
吕晓娟　曾　桢　安明月　谭书韬

深圳研究生院
朱正鹏　侯博威　林　杰　寇　星　张　尉　王思思
万　璇　陈　梅　马　辉　陈朝辉　张丽丽　仝　德
叶　伟　刘娟娟　米康民　李永奎　郭　松　欧阳海明
张　瑾　陈　健　王　帅　杨　琨　杜　洁　曾祥坤
毕胜杰　刘　臣　张昌盛　于海波　赵锦淑　韩　辉
黄丽华　薛　桦　张正操　何铁军　李国亮　李正涛
石　锐　汪丹霓　颜　瑾　杨慕云　石　磊　马　上
史以贤　尤金霞　王会娜　王　勤　甘佳军　朱顺妮
李　荔　李振武　杨省庭　胡燕玲　王　莹　周　睿
王小虎　杨甜甜　李　娟　范若虹　柳　丝　李文楷
姚婷婷

唐仲英奖学金

数学科学学院
肖国辉　王　露　张　超　丁　鹏　刘文贵

物理学院
邱文俊　李　江　蔡子星

化学与分子工程学院
唐　力　负　琳

生命科学学院
张常青　冯安丽

地球与空间科学学院
杜治学

环境科学与工程学院
刘　涛　胡　章　冯　俊

新闻传播学院
席淑静　白玛吉宗

中国语言文学系
钟大迁

哲学系
任　苗　孟　朔

国际关系学院
李云飞 高 歆
经济学院
苏 宁 方志敏
光华管理学院
郭乃嘉
法学院
索亚琼 周 林 贺 剑 秦丹鸿
信息管理系
李芙蓉
政府管理学院
许佳佳 杨明旭
外国语学院
吴阳春 宗阳阳
艺术学院
马 骏 姜 扬
元培计划管理委员会
孙婷婷 臧鹏飞 赵立红 陆怡纳 段晓琳
信息科学技术学院
张素明 张化强 李 鹏 胡君珏 王 腾 牛 犇
余江波 黄敏华
工学院
熊向明
医学部
何 洋 张方博 贾平一 叶红强 方 冬 郭海江
肖雨萌 安 宇 庞 博

奔驰奖学金

物理学院
王思远 方轲杰 范鹏宇 孔德圣 李 博 金宇航
中国语言文学系
赵 祎 黄 梅 金 晶 李国春 陈 思 刘 晨
哲学系
张 厚 张小星 王 涵 肖 宇 杨 卓 赵 曦
光华管理学院
朱隆斌 冯 博 荣 膺 许椽笔 秦 雨 王 玉
法学院
葛 智 张 舒 钱思雯 邱方哲 李德妮 戴 伟
外国语学院
葛文菊 邬瑞婧 林 琳 张婧一 李 萱 陈奇达

三星奖学金

数学科学学院
林 霖 张 斌
物理学院
权奇敏 侯 冲

化学与分子工程学院
陈 倩 周薇薇 张莹莹 褚海斌
环境学院
孙 康 陈零极
心理学系
马志莹
经济学院
郑裕耕
光华管理学院
万晓慧
法学院
吕晓轩
信息管理系
刘 畅
社会学系
胡倩影
外国语学院
戴甚彦
信息科学技术学院
董正斌 周 翼 何 靖 常 雷
工学院
何劲聪 唐绿岸
软件与微电子学院
陈 晨

玫琳凯奖学金

数学科学学院
余 悦 程 洁 付 蓉
地球与空间科学学院
丁林芳 张 弛 闫彬彦 杜 越
信息科学技术学院
赵 瑜 王 璇
化学与分子工程学院
何 阳 廖等等 朱叶子
环境学院
邓 航
中国语言文学系
喻懿洁 付海婧 郑伟娜 彭楠赟
历史学系
李怡文
考古文博学院
章珠裕 杨 琴 吕 宁 余雯晶
哲学系
钱咏邠
国际关系学院
赵雅茹 王岑卉 王 菁 徐静毅 汪佳良 桂 丹
洪浩岚 邓 砂 曾 琼 张 萌

社会学系
葛 娟 房 瑶 徐 辰
政府管理学院
赵姣玉 张 洁 赵姗姗 金轶男
外国语学院
徐 晴 蒋 莹
元培计划管理委员会
龙腾飞 孙 佳
医学部长学制班
何丹青 戴帆帆
医学部本科系统
潘 峰 姜 娟 帕拉沙提 崔淑婧

董氏东方奖学金

数学科学学院
李 驰 程修远
工学院
肖翌萱
物理学院
谷建法 李达梁
地空学院
黄 舟 佟啸鹏
信息科学学院
徐 川 田 浩 张耀文 葛 浩 李 楠 黄顺平
杨筱舟 叶 韵 饶向荣 杨碧姗 徐连宇 王乐业
潘 宇 陈 亮 张佳璐 郭 健 房 路 温苗苗
高泓彧 赵 思
化学与分子工程学院
郝 锐 孙 飞
生命科学学院
刘 芃 郭婧然
环境学院
方琬丽 刘 畅
心理学系
杨 寅
中国语言文学系
林 峥
历史学系
陈冠华
考古文博学院
张 通
哲学系
赵金刚
光华管理学院
陈骞綦 龙 尹德志 张宏伟 张昕晔
信息管理系
王 雯

社会学系
郭 琦
政府管理学院
武倩倩 纪权凌
外国语学院
姚 骏 张 驰 金 欣
马克思主义学院
韩 英
艺术学院
赵 卓
新闻与传播学院
郭 琳 刘文琳
元培计划管理委员会
刘 莹
软件与微电子学院
韩轶东 刘磊波 汪新波 师英强 张 坚 段小鹏
王毅旭 杨 栋 姜志奇 李天飞

佳能特等奖学金

数学科学学院
谢兵永 傅 列
物理学院
丁 庆 陈 弦 孙梦阳
化学与分子工程学院
李希奔 周晓雪
生命科学学院
沈 钰 陈秋月
地球与空间科学学院
王曙光
环境科学与工程学院
王金凤
法学院
张霄杨 蒋 航 王 琦
信息管理系
冯 时
外国语学院
刘 宁
信息科学技术学院
张 琴 赵开兴 肖 琳
工学院
石朋忆

佳能优等奖学金

数学科学学院
黄利兵 罗振兴 陈世炳 邢亦青 谭 旭 王 曦
物理学院
陈华星 高 吉 方 浩 程 稷 陈任煜

化学与分子工程学院
张中岳 周能杰 郑勤思 钟绮文 金 鑫
生命科学学院
王亚萍 李 冀 冯 佳
地球与空间科学学院
楼小挺 宋晓鹏 马知途 杜瑾雪 杨俊杰
环境科学与工程学院
赵小雨 马兰兰 季 梦 李艳秋
新闻与传播学院
王苏娅 胡 珣 陈贤众
哲学系
陈星群
国际关系学院
张 弦
信息管理系
陈雪飞 李瀚瀛 张 亮 刘雅琼
外国语学院
郭晓丽 张雯雯 于泓洋 刘苏曼
元培计划管理委员会
环 昊 殷 隽 蒋君乐
信息科学技术学院
宋云成 刘军涛 魏 勇 曹 勇 张逸林 修晓鸣

东港奖学金

化学与分子工程学院
李卉卉 林 莉 张黎伟 刘宣伯 肖峰平 蒋 帆
赵娜娜 钟 南 肖 作 罗 佳 杨 韬 严竞竞
静 平 刘安华 焦丽颖
生命科学学院
薛 堃 杨自强 季序我 贺金堂 李 健 余大海
史运明 何俊云 李万峰 毛希增 施永辉 车南颖
赵卫星 余雅梅 李林川 刘艳霞 严海芹 陈浩东
顾兴龙 张鑫鑫
医学部药学院
陈桂辉 刘 鹏 郭 慧 柴兴云 王宇航 何梅孜
刘 蕾 田晓明 杨卓理 张晓雪 徐剑锋 王 媛

杨芙清-王阳元院士奖学金

数学科学学院
陈 苏 黄 皓 林 达
化学与分子工程学院
麦灏昕
生命科学学院
张 蔚
地球与空间科学学院
张 鑫 张 磊

环境学院
沈咏美 莫 琳
心理学系
魏 萍
中国语言文学系
孙 顺
历史系
施 展
考古系
刘 静
哲学系
林 锋
法学院
王贵松
光华管理学院
黄 杏
社会学系
胡飞飞
政府管理学院
赵 莹
马克思主义学院
杨伟杰
信息科学技术学院
马 伟 杨德俊 封 盛 蒋 晓 林晨希 陈 辰
姚恩鑫
教育学院
涂端午
工学院
陈文仕 苏天翔 陈 昱
软件与微电子学院
李 强 张 婧

大和证券集团奖学金

经济学院
韩广智 李敏波 赵书骞 钱伟锋 黄思婧 龚 欣
尹一蒙 苏 静
光华管理学院
杨 超 俞学清 张 凯 高梓淇 赵 欢 欧阳珊
李 刚 黄 朵
政府管理学院
任鹏飞 郝程光 张 桐 陶 郁

韩国学研究基金奖学金

外国语学院
荀振红 乐 恒 李 悦 乔 文 王 颖 陈宏璋
金文学 徐 亮 王 瑜 郑 华 郭 鑫 李 玲
周 毅

中国石油奖学金

物理学院
王俊逸
信息科学技术学院
牟学昊　张蕾　杨晔　卞超轶　司赢
中国语言文学系
张蕴爽　陈湘静　艾溢芳
考古文博学院
汤超
国际关系学院
蒋翊民　刘峰　姜鑫
社会学系
章邵增　连碧文　华燕君　黄皓怡
政府管理学院
张佳康　李玉萍　刘亦然
马克思主义学院
赵倩
艺术学系
唐金楠
新闻与传播学院
马轶红
人口研究所
柴馥蕾
对外汉语教育学院
麦子茵
中国经济研究中心
熊奕
教育学院
魏巍
医学部
刘文清　孟令超　叶绽蕾

东京三菱奖学金

经济学院
张亚光　邱杰　时炜　孙楠　周丹　江雁
辜岚　尚洁　边春　吕鹏博　刘涛　王佩佩
杜伟
光华管理学院
王开宇　王伟　梁瑜　金亿　傅命梁　林琳
张海静　杨宾　林凯　陈柏年　曾勃　杨惠
徐强
法学院
张志成　陈琳　邹秋爽　汤洁茵　张世泰　张怡超
赵星　吕蕙君　周丽　熊可　孙玉红　李春阳
杨郁娟　沈朝晖

杜邦奖学金

生命科学学院
李川昀　黄渡海　胡蕴菲　柯伟雄　余跃　王凯
环境科学与工程学院
蒋潇潇　张树才　金晔　甘慧洁

德尔奖学金

化学与分子工程学院
雷荣　刘恺鹏　苏婕　焦雷　高敏　袁立永
赵文竹　丛日红　龙媛媛　王羽
光华管理学院
宋美虹　符彬彬　辛毅　叶菁菁　何雨　杨殊威
方芳　赵小娜　徐莺　丁瑛

索尼奖学金

生命科学学院
王妲　陈博
法学院
肖宁
外国语学院
高飞
元培计划管理委员会
王佳欣　刘岩　詹韵
信息科学技术学院
周喆頔
医学部
王晓迪　崔莹

SK奖学金

生命科学学院
周慧杰　李旻典
环境科学与工程学院
杜泉滢　王华
新闻与传播学院
杨旭　薛寒
国际关系学院
于菁华　张倩烨
经济学院
黄若琰　方宁
光华管理学院
朱雅卉　刘明曦
法学院
康文义　曾燕斐　吴华莎
政府管理学院
杨延青　张慧妍

外国语学院
赵 欣 吴 健

宝钢奖学金

数学科学学院
谭昌汇
物理学院
贠 克
化学与分子工程学院
许灵敏
生命科学学院
刘 辉
地球与空间科学学院
李四维
环境科学与工程学院
李雪莹
新闻与传播学院
于思齐 胡亚男
法学院
赵静怡
外国语学院
张妙妙
艺术学系
纪 念
医学部
钱 敏 许 航

华为奖学金

数学科学学院
王铭锋 贾金柱 努尔买买提 石亚龙 邵嗣烘
陈可慧 孙幼弘
信息科学技术学院
王 邃 何毓辉 廖泰敏 王 川 程道放 肖 锋
高 雅 许 诺

大韩生命保险奖学金

经济学院
祁 雪 王庚锐 郁智慧 袁晓晴 李寒淼 王冬萌
沈双莉 吕 焱 赵 悦 王 爽

中国科学院奖学金

物理学院
顾 杰
地球与空间科学学院
乔二伟 徐 钊

工学院
邵金燕 李正宇

三井住友银行全球基金会奖学金

数学科学学院
王天一
物理学院
卢小川
化学与分子工程学院
孟 非
地球与空间科学学院
田 猛
环境科学与工程学院
王 雁
哲学系
张 梧
信息管理学院
刘 琳
外国语学院
许敏敏

住友商事奖学金

数学科学学院
孙洪宾 刘一峰
物理学院
许嘉宾 高 阳
化学与分子工程学院
严 兢 覃 覃
国际关系学院
秦 月 吴宇桢 冯 峥
法学院
陈艺方 徐凌波
外国语学院
李祥乐
信息科学技术学院
朱 元 徐晓帆 刘新星 曹 佳 张 萌 吴 怡
医学部
王 瑶 李 翔

沈秉钺先生纪念奖奖学金

新闻与传播学院
游梦圆
法学院
翟晓津
政府管理学院
刘 增 黎娟娟

元培计划管理委员会
李 翱　李 寅
信息科学技术学院
乔　颖
医学部
石　砚　范　爽　潘雪阳

泽利奖学金

数学科学学院
苏 亚　李 成
环境学院
颜 燕　黄 姣
新闻与传播学院
王默晗
中文系
王先云
历史系
毛艺霖　罗 潇
考古文博学院
朱博雅
哲学系
李婷婷
信息科学技术学院
刘 飞　刘 鹤　李 强

松下育英奖学金

数学科学学院
黄宇浩
物理学院
郭宇铮
化学与分子工程学院
吴屹然
生命科学学院
刘利佳
地球与空间科学学院
杨 毅
环境科学与工程学院
杨意峰
新闻与传播学院
张思婧
历史系
田 园
马克思主义学院
王国婧
元培计划管理委员会
全 玲

信息科学技术学院
余伟民
工学院
王 鑫
医学部
阎 凯

黄鹰育才奖学金

法学院
叶菊芬　韩露璐　陈 韵　王 婧　韩里然　操 健
李逸男
信息科学技术学院
邓 飞　罗 洁　谢 迪

恒生银行奖学金

新闻与传播学院
吴 琦
经济学院
沈日晶　夏小雨
光华管理学院
蔡 婧　厉 行　陆子昱

王度奖学金

考古系
张 钊　张宇翔
艺术学系
杨梅媛　石 瑶

林超地理奖学金

环境科学与工程学院
杨元合　王志恒　曾辰骐　刁明慧

力学攀登特等奖学金

工学院
王晓晨

力学攀登优等奖学金

工学院
沈震远　陈 伟　桑凌洁

岗松奖学金

物理学院
刘作光　唐 卫　王春岩
化学与分子工程学院
王海梁　余 旷　章晨曦

中国语言文学系
侯晓晨　岳　娜　王　芳
国际关系学院
周济申　张暮辉　杨　红
法学院
曹　暑　符明子
外国语学院
谷　玉　顾　奕　胡　越
信息科学技术学院
王冠男　魏康亮
医学部
陈俊良　李甚煦　王天昱　毕　海　孙　玥
数学科学学院
单治超　蔡雄伟　邓　剑
物理学院
薛秉侃　周振宇　李国荣
化学与分子工程学院
李必杰　刘文俊
生命科学学院
陈智斌　沈东彪
地球与空间科学学院
徐世庆　王华沛
环境学院
赵　阳　徐治乙
心理学系
夏　凯　林志成
新闻传播学院
张雪皎
中国语言文学系
袁文旭
哲学系
禹　洁　丁　雪
历史学系
徐　硕
考古文博学院
杨　青
国际关系学院
李　宁　李潇潇
经济学院
胥明阳　周　恒
法学院
黄　菁　程　莉　余　仙
信息管理系
宋景梅　王　雯
社会学系
徐晓锋

政府管理学院
张　源　王春明
外国语学院
明　喆　王　玲　王金艳　王　圆
艺术学院
左屹桐　郝　志
元培计划管理委员会
郭运波　任　洁　徐春虎　朱　璇
信息科学技术学院
刘　昱　黄增立　夏　冰　蒋　竞
工学院
王建春　陈曾伟

成舍我奖学金

中国语言文学系
王耐刚　姚　华

东宝硕士奖学金

生命科学学院
胡迎春　逄　宇　王　曦　张冬卉

东宝博士奖学金

生命科学学院
李　晟　初明明　张湘波　刘　毳　梁中成

西南联大奖学金

数学科学学院
朱忍胜　席雯雯
物理学院
王昆仑　李兴斌
化学与分子工程学院
王　恺　张　鹏

中国语言文学系
许帆婷　燕　子
历史学系
陈　捷　赵　诺
哲学系
顾嫣怡　温蓝枫

欧阳爱伦奖学金

生命科学学院
尹晓磊
经济学院
樊　果　夏　添　姜　卉

光华管理学院
王华宇　涂舜德　茅　茂
外国语学院
刘　梅　刘　僮　贾　盾

冯奚乔奖学金

物理学院
蒲　宇

顾温玉生命科学奖学金

生命科学学院
许师明　李林宸　傅天民

谢培智奖学金

历史学系
欧亚戈　赵明昊　李小斐　胡晓丽

芝生奖学金

中国语言文学系
乔　攀　陆　洁

五四奖学金

数学科学学院
马　跃　范玉莲　梁志斌　郭紫华　陈国贤　王玉昭
王远祺　林　凌　王迅羽　张姗姗　赵　斌　李晓东
李应博　赵　颖　穆　放　沈临辉　方旭赟　支　持
蔡振宁　吴怡君　李蔚明　罗海丰　邱　宇　张　尧
王国祯　李　通　张　浩　赵晓磊　胡　禹　赵　鹏
童　心　张　宇
物理学院
廖志敏　王　炜　丁志博　徐　楠　张玉洁　卢　飞
闻新宇　朱晓金　张伟明　徐文灿　曲　波　黄建斌
盛　黎　王　智　刘新建　杨　远　刘焕龙　刘　琪
汤一乔　肖　军　秦　毅　李政言　江蔼庭　王新炜
陈代卓　吴迋璧　王超龙　张　帆　池　航　夏俊超
吕振凯　李　诣　赵祥明　陈梦曦
化学与分子工程学院
卢　婷　房　韬　刘　森　梁璋仪　付晓芳　邓鹿江
黄　凌　赵　晨　王　博　杜娟娟　宋　倩　刘　颂
张亦弛　党项南　刘　娜　曹　烨　洪国松　彭　晨
宋　寅　陈　震　陶治源　隗　莹　冯旭辉
生命科学学院
李红姜　孟　赓　于涵洋　王向锋　郭弋戈　陈准安
康德智　李剑青　谭　验　朱庭娇　肖　琦　任庆鹏

地球与空间科学学院
丛威青　田　晖　邓松涛　明　镜　赵世湖　张　清
刘超辉　戚国伟　薛露露　叶　澎　俞春泉　赵俊彦
张　杨　张　曦　刘超群　陈　旭　胡张翼
环境科学与工程学院
赵　昕　丁　超　段晓峰　黄秋昊　党　宁　郁亚娟
张菲菲　汪　涌　胡俊栋　沈　洁　唐圆圆　许姗姗
张敏思　张　鑫　唐　辉　郭　磊　贺　佳　刘娅囡
王　佳　徐志新　镇华君　兰宗敏　吴丹丹　严绍玮
徐　冰　姜冀轩　胡　垚　刘　婧
心理学系
叶　铮　谭洁清　余荣军　杨　洁　张轶文
新闻传播学院
陈征微　谢佳妮　单丽晶　侯　琼　李筱悠　叶晓君
刘雪楠　宋　佳　韩　冰　俞自强　徐　璐　吕　莉
杨屹东　高　虹　朱慕南　王晨瑜　吕钦钦　郭雅婧
中国语言文学系
孙英丽　汪高武　徐建委　师力斌　孙天琦　苏晓威
梁海燕　王　媛　黄高飞　孙显斌　颜维琦　黄敏勍
李　斌　郭红霞　邝剑菁　谭晶晶　金　锐　王　斌
袁一丹　于　雪
历史学系
梁建国　谢　慧　肖　瑜　李永春　孙靖国　方诚峰
崔军伟　谢　蔚　张艳玲　王　洋　刘媛媛　万　翔
李娜颖　于　月
考古文博学院
陈　瑞　吴　婷　杨清越　林永昌　王　敏
哲学系
朱松峰　常　宏　柯遵科　李忠伟　苗敬刚　张　卉
江　新　陶奎堂　张　灯　周艳萍　徐多依　李　爽
徐思源　刘胜利　许国荣　徐召清
国际关系学院
马荣久　郭翠萍　庄　娜　李玉婷　陈龙宁　高绪参
刘晓秋　沈　涛　宋莹莹　孙昭钺　张　程　郭　凡
朱正旺　蒋华栋　石相宜
经济学院
滕贞旭　姚　奕　戴　晨　耿　莹　徐晓菲　韩　菲
赵　翔　穆　峥　马思伟　翟　进　杨美玉　沙　莎
陈　瑾　邵　诚　邹天龙　曾　江　刘　艺　杨　光
沈晓兰　谭倩盈　杨绍华　胡　迪　李　月　高明星
李晓琳　林　潇
光华管理学院
林细细　李　达　朱　蓉　张　格　冯永昌　刘伟林
赵锦勇　马园园　李　敏　刘朝阳　柳世庆　朱菲白
林道怡　祁　超　郑冰洁　杜　敏　童晓白　陈　刚
代少勇　高　霖　李　岩　刘晓路　刘　勇　潘晓丹
史　斌　王洪景　邢晓菊　苑雪姣　朱丽思　符　晓

陶 荣　季 宇　肖宇超　秦小深
法学院
李 娟　牛 杰　孙家红　丁 鹏　周 折　刘晓春
闫仁河　黄士元　宋振武　戴 锐　刘 民　曹明星
王相坤　林承铎　韩 涛　王 旭　毕洪海　丁保河
江 溯　刘孝敏　孙运梁　王海涛　曾大鹏　汪华亮
吴元元　廖志敏　王云川　范晓玲　余黎春　张 婧
高 瞰　林良亮　李 呾　孙 红　谢 静　初忠聪
高春乾　郭小莉　李长辉　史文君　王 羽　何瑞琦
田 甜　彭 鹏　王鹏飞　原君凯　孙晓璞　王瑞卿
许 凯　尤若楠　郑 园　黄以天　周源源　郭 昕
吴双双　都 兰　傅 鹏　刘 杰　朱 毅　井珊珊
张霁爽　贺晓琳　金 印　杨 彧
信息管理系
王丽华　吴 丹　刘 佳　王沙骋　谢晓添　彭红彬
陈 茜　计 瑞
社会学系
赵联飞　肖 琳　田 芳　王 珊　吴泽兵　曹 姻
林 虹　赵玉金　王 璜　鲍程亮
政府管理学院
孔新峰　梁 涵　谭彦德　劳 婕　肖俊奇　黄国珍
邱佳娜　周春梅　周 茜　马健铨　席 文　王 酌
外国语学院
邵雪萍　刘 彤　金红梅　李苏宁　曾红萍　陈昱臻
黄 淳　朱 磊　万 瑾　谢阶明　邓 深　于 超
袁 琳　钱杨静　胡 婧　文史哲　汪梅子　周祝源
于 潼　沈宇杰　何 磊　刘 志　盛 甜　黄晓韵
艾 洁　郑青亭　王娅茜　左 为　陆笑天　李 冲
黄 旭　朱江月　周海东　邓依然　李海鹏　李膺函
王立丽　王 萌　卢盈宇
马克思主义学院
李因亮　艾 林　王海林　张忠安　许志强　李 洁
艺术学院
苏 涛　刘 静　姜一博　解 明
元培计划
魏 来　孙昱姣　张金玉　沈琛华　阮 明　李 思
朱纪明　石 鸣　易声宇　黎莉诗　攸佳宁　王 宇
黎晖晖　刘 蘡　姜 锐　孙 瑶　彭 程　孙 冰
黄闻亮　石淙寅　栾 静　邓 拓　王 子　肖 丹
李骥堃　喻梦旸　郑 诚　王 阳　孙 玙　段文涛
邹 旭　李玲丽　朱肖昱　彭 旭　姚 舜　陈玉朋
信息科学技术学院
金小鹿　林广荣　郭 奥　郭宇红　刘 佳　刘谡哲
张建伟　田 豫　张志平　方 昊　曹 振　韩 博
王广福　任全胜　张晓薇　赵加奎　夏云霓　陈玉莹
王建涛　侯晓宇　施文典　殷 俊　王绍翾　宣善明
高 勤　韩 亮　李梅梅　王文涛　吴 奇　谢 琳

李继峰　陈 良　黄晓晨　彭 宇　孙 栩　徐春香
周 立　李宁波　朱 伟　庄 伟　杨淮洲　李天玮
文 潇　井 琪　张 林　陈 炯　蒋亚康　刘红敏
王位春　王雪颖　王 悦　支 流　朱 成　梁 晓
张 芳　张 译　张 辉　温 泉　薛 强　郭 健
顾闻博　柳 迪　张福强　吕佳楠　唐宇婕　宋春晖
叶 露　王靖轩　刘克东　朱 彬　袁 烽　黄 婧
陈昊罡　程志文　王文静　乔 熹　尤 睿　张兆俊
杨 帅　蔡明博　傅 越　寿思聪　吴奇林　朱 磊
赵 凯　肖 帆　刘 成　杨暐健　黄宇心　雒佳俊
韩 旭　吴 垠　任 然　武晋轩　康兆一　刘 成
李 峰　叶初阳　吕雨田　吴晓牧　赵冀杰　魏 来
中国经济研究中心
安 安　韩 琪　刘思甸　沈梦圆　杨 希　贺雯雯
王 挺　王雁杰
教育学院
范皑皑　毛 帽　吴艳艳　倪 俊
人口研究所
王海涛　李 昊　李书杰
工学院
钟 建　朱金波　陈慧军　胡永辉　王启宁　刘立忠
易 新　罗 青　郑宇朋
医学部
常冬元　李 丹　林志娟　王 芳　裴晓言　孙 川
苗 恒　李 圆　王永强　易福梅　梁凌智　上官思怡
裴喜燕　于洪馗　杨静文　桂 宾　冯 刚　张晓琳
翟晶晶　张晓晓　王师尧　张珏颢　王 倩　张 堃
田 雨　赵 晨　王 宇　章晶晶　郭晓丹　胡洪成
毛光楣　梁 颖　刘 璐

新增奖学金——光华鼎力新生奖学金

数学科学学院
杨纬华
地空学院
郭瑞龙　王 超　高 林　王 微
法学院
王 京　韩世中
工学院
赵大伟
光华管理学院
冯宛淞　宋琴楠　许 超
国际关系学院
卢 宁　陈秉宙　王 京
化学与分子工程学院
刘志强　王键林
环境科学与工程学院
胡笑然　宫照恒

经济学院
王晓月 孟 晨 赵 璐 付丽莎 乔雨菲
考古文博学院
王彦玉 李山石
社会学系
郝欣欣 眭静坤 檀 越
生命科学学院
曹俊越 袁鹏飞
外国语学院
周 晨 郭小溪 姜佳颖 郭金灿 张甜甜
物理学院
魏 敏
新闻传播学院
廖基添 张 宇
信息管理系
孔 菁
信息科学技术学院
李小佳 刘振岳 王振华 陈 昭 郑亚丹 孟祥云
王莹磊
元培计划管理委员会
王济坤 谢钰琪 崔 璨 张墨白
哲学系
马清伟
政府管理学院
杜清磊 李国超 王盼盼
中国语言文学系
李 超 仝十一妹

新生奖学金一等奖

物理学院
刘宏剑 马 岳 赵 耀 云冠翔 柯 特 邓年沛
江 澎 周 迪 吴宗杰 马 雯
元培计划管理委员会
张浩炜 周 游 孙济明
数学科学学院
刘建新 张 牧 汪哲楠 魏文哲 张安如 朱傲雄
熊 欢 王 欣 蒋 扬 何广璐 冯春远

新生奖学金二等奖

化学与分子工程学院
徐 琰 吴振华 陈宇滨 宋 殷 吴惠娴 野 墅
王 潇 朱 贺 郭 潇 秦 伟 梁宇帆 王华明
毛 鹏 李颖轩 林 亮 任 臻 李 洋 赵明哲
赵若冰 廖 伟 邓鑫星 程 强 张严昕 张 博
吴 沣 唐 伟 洪辰明

数学科学学院
樊昊阳 张 涛 殷 杰 谭新文 周宇晨 王少峰
何珂俊 谢 腾 陈 轩 章 尧 徐 劼 路 昊
朱煦雯
元培计划管理委员会
吴淑可 冯 峰 刘 炼 杨晓慧 彭 韬 徐蕙兰
陈 涛 李晓杰 张琳弋 朱姚遥 李 澔 王金石
物理学院
胡 闯 李成超 贺环宇 陈牧原 汪世英 汪宇佳
康瀛洲 辛延超 徐新尧 赵宇心 姬一冰 李俊晖
朱一明 钱禹辴
生命科学学院
张延晓 梅域城
信息科学技术学院
崔 毅 杨 涛
地球与空间科学学院
韩建刚
经济学院
石 珏 朱永平 欧阳锦 王 伟 吴珍芳 洪 源
伍 晨 李梦吟
国际关系学院
杨汉良
法学院
李迎辰 蒋道娟 包腾飞 蔡小萌 董雪原
光华管理学院
姚 珧 左丁亮 朱一萌 魏 莹
政府管理学院
张宸珲

新生奖学金三等奖

物理学院
闫 佶 马 文 刘奇航
地球空间科学学院
刘明超
数学科学学院
罗 鹏
国际关系学院
方韦璩 欧阳鹏上
元培计划管理委员会
程 忱 张智澜 邹洁羽 朱剑锋 力 菲 虞之龙
赵新侃 杨 桦 王若思 李 君
经济学院
赵轶白 逯金才 徐昉磊 李 硕 周宇锋 张一歌
信息科学技术学院
吴 轲
中国语言文学系
李 桦 冯相郡

光华管理学院
宫 珍　李明心　林 珑　许 超　程韵薇　宫 晴
徐 一　刘一川　梁 幸　李 玥
法学院
刘真珍　廖 然　李 鑫　郑瀚泽　何 旭
新闻传播学院
舒芳静
政府管理学院
张 轩　王 栋

新生奖学金鼓励奖

元培计划管理委员会
季张龙　方 可　余 嘉　王济坤　谢晓晓　张梦媛
廖 芳　赫 滋　王 恂　赖梵一　洪一帆　陈 曦
生命科学学院
谢 珏　李小飞
数学科学学院
陈 烨　李 康　邹 岩
经济学院
孟 晨　张 彤　于学风　顾 宇　邵 威　张 博
兰 馨　倪 况　靖 牟　玥 林　婕 张　潇 朱　庆
金晟哲　武玲蔚
信息科学技术学院
李 欣　彭 璟　朱晓龙
中文系
李振华　罗 静　邱文君　李 欣
法学院
张 胜　解石坡　杨宗威　张虹霞　俞 悦　韩 蓓
郭敬敬　毕建伟　马超雄　陈百川
国际关系学院
石春媚　解灿霞　保一凡　童晓锋
新闻传播学院
庄 婕　卜 文

光华管理学院
余江颖　宋琴楠　陈 露　施 灿　卢 丹　隋 晨
杨文滢
政府管理学院
朴美玲　张 昊
外国语学院
刘 璐　敖迎盈　李天然

星光国际奖学金一等奖

化学与分子工程学院
葛 静
生命科学学院
陈 轶

地球与空间科学学院
马原飞
环境科学与工程学院
边 雪
法学院
余 珊
信息管理系
孙鹏飞
政府管理学院
李 鑫
外国语学院
徐文凯
信息科学技术学院
梁佳乐
医学部
胡 展

星光国际奖学金二等奖

数学科学学院
高 堃　孙鹏飞
物理学院
冯 朗　杨 俊
化学与分子工程学院
王博远　汪 骋
生命科学学院
熊慧中　陈崇毅
环境科学与工程学院
郑一就　史 进
心理学系
王 纯　潘星宇
中国语言文学系
张 慧　邹 昕
历史系
崔金柱　王 颖
信息科学技术学院
柳明海　洪才富
医学部
刘晓鲁　臧 鑫

星光国际三等奖

数学科学学院
叶 明　熊 雯　吴 瑜　李凌飞　汪 谷
物理学院
冯小峰　马荣荣　黄 博　李 震　顾 超
化学与分子工程学院
蔡教晨　滕明俊　孙 浩　刘 易　吴 昊

生命科学学院
张 鹏 刘晓婷 余 涛 丛 倩 邢梦可
环境科学与工程学院
吴文婧 王 寅 邹 倩 张 骞 肖晓俊
心理系
王 非 王 璐 王 昳洁 翁秋洁 周 乐
中国语言文学系
王 苗 吕厦敏 刘书刚 徐 钺 顾 虹
历史系
潘 丹 禚召伟 张若薇 贾 彤 徐力恒
法学院
方 磊 曾 璐 蔡克蒙 董旭超 刘 赟
信息学院
李思然 戴 梦 徐 聪 施兴天 马永强

中国工商银行奖学金

经济学院
曹青青 程思薇 毛亦可 孙 赫 王怡然 李少知
王梦婷 杨梦依 张少君 许 雯 刘丁华 买 慧
徐竞文 茅 锐 张 林 王 佳 李 苗 徐子菲
王 雪 李 婧
光华管理学院
张 璐 方 杰 于 沂 王 垆 刘 曦 汪 倩
王雨希 苏晓红 宋 菁 史若瑶 刘倩倩 姜 平
魏小可 朱 虹 沈 艾 白旭亮 袁洲薇 王 岚
何俊杰 王智鹏

丰田奖学金

经济学院
王 云 李梦遥 党笑蕊
光华管理学院
宋旻洁 林景艺 蔡 弦
法学院
彭 錞 刘远萍 廖宇飞
外国语学院
罗 弥 尚 宁 王晓君

建信基金优秀奖学金

数学科学学院
张宇辰 李纯毅
物理学院
林中杰 尹含韬 谢旭飞
信息科学技术学院
刘飞龙 赵思楠 陈 驰
化学与分子工程学院
沈鸿燕 周 灿 赵 帅

生命科学学院
陈力颖 罗碧泉
国际关系学院
谭 牧 李 钢 邵梦宇
社会学系
哈光甜
艺术学系
徐 洁
元培计划管理委员会
武阳乐 刘 欢

奇瑞奖学金

物理学院
亓婉铭 杨 薇 吴中义
化学与分子工程学院
魏冰川 陈一宏 师 安
心理学系
何吉波
中国语言文学系
张欣悦 周若卉 刘紫云
国际关系学院
王碧如
信息科学技术学院
樊 波 马子桐 唐 杨 冯 涛 穆秀娥
医学部
陈香梅 闫 琦 苏 红 易铁慈 王浩铭

塔里木优秀奖学金

数学科学学院
宋琪凡 林剑锋
物理学院
陈志平
化学与分子工程学院
江 来
生命科学学院
陈 哲
环境学院
马筱舒
中国语言文学系
翁姗姗
信息科学技术学院
周 炜 陈 欣 徐正镔

塔里木励志奖学金

数学科学学院
姜博川

化学与分子工程学院
李振东
生命科学学院
王　冉
地空学院
陆　絮
环境学院
姚　望
信息科学技术学院
邵立晶
国际关系学院
徐嘉蔚
考古文博学院
韩　婧

三昌奖学金

哲学系
郭雨佳　杨洪源　吴贞妮
外国语学院
张霁萌　丁若汀

中国航天一等奖学金

数学科学学院
葛　颢
物理学院
何亚丽
信息科学技术学院
黄　鑫
工学院
衷洪杰

中国航天二等奖学金

物理学院
张晓明
信息科学技术学院
张益贞　杨　俊　张　涛　刘永刚
工学院
孙元功

中国航天三等奖学金

数学科学学院
周　晶
工学院
黄任含
物理学院
赵伟强

地球与空间科学学院
张晓佳
信息科学技术学院
李　琰　张一萱　李国旺　兰　希
考古文博学院
罗汝鹏
法学院
刘　莉
信息管理系
邓　悦
社会学系
陈　昊

摩根斯坦利奖学金

数学科学学院
赵翔鹏　韩思蒙　慈懋林
工学院
马　炜　肖　峰
物理学院
唐　宁　陈　曦
地空学院
罗　扬
信息科学学院
刘　晟　宁　静　李浩源　陈元凯
化学与分子工程学院
芦　逵　林　松　张　晶
生命科学学院
马海粟
环境学院
戴　薇
光华管理学院
郭晓倩
信息管理系
王素芳
社会学系
唐　蕊
政府管理学院
马　兰
元培计划班
张东舟
软件与微电子学院
卫　卓　匡丹萍

霍铸安奖学金

经济学院
郭　欣　李婧谦　张　敏

法学院
宋　鸽　左古月　潘冰清

北京大学医学部特等奖学金

郭　勇　赵　颖　柳雨时　余灿清　陈　亮
焦　洋　徐　宁　王　琨　葛　娜　徐　晔

北京大学医学部研究生优秀奖学金

基础医学院：
唐植辉　刘晓敏　王晓红　唐　璐　娄利霞　杨光锐
苗艳颖　龚云涛　汪沉然　杨生永　贾秀珍　马利伟
张颖娱
药学院：
张　征
公共卫生学院：
吕　聪
公共教学部：
韩　鹏
第一医院：
甘　琳　何　华　王　娣　刘森炎　张春燕
人民医院：
窦青瑜　孙小亮　郭立民　江　瑛　赵　东
北大三院：
朱　丹　曾　琳　林　霖　赵　威
口腔医院：
李韵仪　王　琳　周传香
肿瘤医院：
任　芳　陈扬霖　田秀云　代　妮
第六医院：
管丽丽
积水潭医院：
李天水　李　宁

北京大学通用电气医学教育奖学金

基础医学院：
黄丽君　马　曦　张　扬
药学院：
周彦菲
公共卫生学院：
刘利容
第一医院：
张道俭　田孝东
人民医院：
刘元伟　殷晓峰
北大三院：
范东伟　裴新龙

口腔医院：
李　婧　刘建彰
第六医院：
曲　梅
肿瘤医院：
孙应实

北京大学东港制药奖学金

药学院：
陈桂辉　刘　鹏　郭　慧　柴兴云　刘　蕾　田晓明
杨卓理　张晓雪　徐剑锋　王　媛　王宇航　何梅孜

北京大学医学部椎名奖学金

李　玮

北京大学医学部研究生中日医药奖学金

基础医学院：
王笑菲　王　彧　刘昭飞　王淑梅　张　瑛
药学院：
曹菁华　刘　毅
公共卫生学院：
王　娟
第一医院：
边大鹏　孙　敏　韩晓宁
人民医院：
刘　扬　丁晓岚　李　虎
北大三院：
江　东　张恩柱　刁垠泽
口腔医院：
欧阳莉
第六医院：
王世锴
肿瘤医院：
应志涛

多美滋科学苑奖学金

公共卫生学院：
周穗赞　李　颜　石晓燕　冯　宁　王　超　张　悦
杨睿悦　宋晓明　柳　鹏　韩　静　李　勇
第一医院：
胡春阳　周伟炜　林连君　史　楠　樊曦涌　杨金霞
田国保　张　争　张　尧　李　醒　王三梅　张　蕾
张　淼
人民医院：
张　峰　张　丽　张　果　石菁菁　左英熹　晁　爽

北大三院：
葛晓慧 黄锦 宋天然 张娟

肿瘤医院：
龚继芳

2006 年北京大学共青团主要获奖情况

集体奖项

名 称	发奖单位	获奖单位
全国五四红旗团委	共青团中央	北大团委
全国增强共青团员意识主题教育活动先进单位	共青团中央	北大团委
2005 年度北京市红旗团委	北京团市委	法学院团委
2006 年度北京市红旗团委	北京团市委	地球与空间科学学院团委
2005 年度北京市五四红旗团支部	北京团市委	信息科学技术学院 2003 级电子本科 1 班团支部
		护理学院 2004 级护理本科班团支部
2006 年度北京市五四红旗团支部	北京团市委	历史学系 2004 级本科班团支部
北京市高校"先锋杯"优秀团支部	北京团市委	工学院 2004 级博士班团支部等 31 个团支部
创业青年教育服务工作先进单位	北京团市委	北京大学幼教中心
机关党委先进党支部	中共北京大学机关委员会	团委党支部
"我心中的奥运"大型征文活动优秀组织奖	北京市奥运教育工作领导小组	北大团委
全国基层团建创新理论成果奖（二等奖）	共青团中央	北大团委
全国青年德育工作者优秀论文	全国高等学校思想政治教育研究会	北大团委
北京共青团调研工作先进单位	北京团市委	北大团委
北京共青团调研工作优秀调研成果一等奖	北京团市委	北大团委《北京大学学生价值观发展状况调研报告》
北京共青团调研工作优秀调研成果二等奖	北京团市委	北大团委《北京大学学生骨干培养工作调研》
		北大团委海淀团区委《北京市海淀区中关村高新技术企业青年工作状况》
北京共青团调研工作优秀调研成果三等奖	北京团市委	北大团委《传统文化与大学生思想政治教育调查报告》
第五届"挑战杯"飞利浦全国大学生创业计划竞赛高校优秀组织奖	教育部共青团中央全国学联中国科协	北京大学
第五届"挑战杯"飞利浦全国大学生创业计划竞赛银奖	共青团中央中国科协教育部全国学联	"芯光"科技有限公司
		万家福信息技术有限公司
第五届"挑战杯"飞利浦全国大学生创业计划竞赛铜奖	共青团中央中国科协教育部全国学联	酷柏新概念代购服务公司
第四届"挑战杯"首都高校大学生创业计划竞赛优秀组织奖	北京市教委 北京团市委 北京市科委 北京市科协 北京市学联	北京大学

续表

名　称	发 奖 单 位	获 奖 单 位
北京大学生数学建模与计算机应用竞赛十五周年优秀组织工作奖	北京市教委	北京大学
2006年度首都高校社会实践先进单位	中共北京市委宣传部 北京市教工委 北京市教委 北京团市委 首都精神文明建设 委员会办公室 北京市学联	北京大学
2006年度首都大学生社会实践优秀团队	中共北京市委宣传部 北京市教工委 北京市教委 北京团市委 首都精神文明建设 委员会办公室 北京市学联	经济学院赴山东临沂暑期社会实践团
		青年马克思主义发展研究会赴广西暑期社会实践团
		工学院赴陕西延安暑期社会实践团
		研究生赴内蒙古呼和浩特暑期社会实践团
		法学院赴宁夏中卫市海原县暑期社会实践团
		信息管理系赴贵州息烽暑期社会实践团
		爱心社赴甘肃省民勤县暑期社会实践团
		山鹰社赴新疆阿勒泰地区暑期社会实践团
		研究生会赴宁夏银川暑期社会实践团
		政府管理学院赴河南安阳暑期社会实践团
		公共卫生学院赴甘肃皋兰县暑期社会实践团
		第三医院研究生赴山西长治市暑期社会实践团
		医学部团委赴云南暑期社会实践团
第四届"挑战杯"首都高校大学生创业计划竞赛特等奖	北京市教委 北京团市委 北京市科委 北京市科协 北京市学联	酷柏新概念代购服务公司
		芯光科技有限公司
第四届"挑战杯"首都高校大学生创业计划竞赛一等奖	北京市教委 北京团市委 北京市科委 北京市科协 北京市学联	万家福"随身外教"有限公司
		华茵生物科技有限公司
第四届"挑战杯"首都高校大学生创业计划竞赛二等奖	北京市教委 北京团市委 北京市科委 北京市科协 北京市学联	捷能科技有限公司
		亿思电子产品有限公司
		Campustar网上校园租用服务公司

续表

名　称	发奖单位	获奖单位
第四届"挑战杯"首都高校大学生创业计划竞赛三等奖	北京市教委 北京团市委 北京市科委 北京市科协 北京市学联	酷迪信用卡服务有限责任公司
		友友购物网有限公司
		"我来"自助饮食文化城有限公司
中国青年丰田环境保护奖特别奖	共青团中央、全国青联	北大团委
第二届全国高校"优秀学生社团标兵"	教育部、共青团中央、全国学联	自行车协会
2005年北京高校优秀学生社团	中共北京市委 北京市教工委 北京市教委 北京市学联 北京青年报社	山鹰社
全国大学生第四届外交外事礼仪大赛冠军	外交部礼宾司、外交学院	青年外交学会
2005年北京高校优秀学生社团活动项目	北京市教工委 北京市教委 北京团市委 北京市学联 北京青年报社	医学部健康促进1+1协会
2005年北京高校学生社团工作先进单位	北京市教工委 北京团市委 北京市学联 北京青年报社	北大团委
北京市高校垒球联赛亚军	北京市大体联	棒垒球协会
长城国际自行车嘉年华男子、女子团体冠军	中国自行车协会	自行车协会
"杏泽杯"北京高校围棋赛 团体第一名	中央财经大学	围棋协会
海淀区围棋会员单位联赛第二名	海淀棋院	围棋协会
北大清华爱国者象棋百人对抗赛冠军	中国国际象棋协会 中国大学生体育协会 北京华旗资讯数码科技有限公司	国际象棋协会
北京市高校五子棋邀请赛团体第一名	北京市学联	五子棋协会
第四届北京高校乒乓球协会邀请赛亚军	北京市学联	乒乓球协会
中国百个优秀青年志愿服务集体	共青团中央中国青年志愿者协会	北大团委（北京大学青年志愿者协会）
"文明礼仪耀京城 志愿服务迎奥运"青少年主题教育实践活动"优秀活动项目"	中共北京市委组织部 中共北京市委宣传部 首都精神文明建设委员会办公室 北京奥组委人事部 北京团市委 北京青年报社	北大团委（北京大学青年志愿者协会）
2005年度"志愿服务迎奥运 文明交通伴我行""优秀志愿服务团队"	北京团市委	北京大学志愿服务队
2005年度首都青少年"保护母亲河——青春奥运绿色行动"先进集体	首都青少年保护母亲河行动领导小组	北京大学绿色生命协会
"北京大学为第十一届国际田联世界青年田径锦标赛做出突出贡献"	国际田联世界青年田径锦标赛2006北京组织委员会	北京大学

个人奖项

名　称	发奖单位	姓　名	单　位
警地"四联"活动先进个人	共青团中央	沈千帆	北大团委
全国优秀共青团员	共青团中央	刘默涵	历史学系
北京市五四奖章	北京团市委	齐利民	化学与分子工程学院物理化学研究所
2005年度北京市优秀团干部	北京团市委	于晓凤	哲学系
2006年度北京市优秀团干部	北京团市委	吕晨飞	北大团委
2005年度北京市优秀共青团员	北京团市委	沈　鹏	医学部
2006年度北京市优秀共青团员	北京团市委	史金龙	医学部
"创业青年首都贡献奖"银奖	北京团市委	钱　勇	餐饮中心
"创业青年首都贡献奖"优秀奖	北京团市委	胡相夫	餐饮中心
		宾晓亮	幼教中心
"寻访青春榜样"首都优秀青年评选活动志愿之星	北京市教委 北京团市委 北京市教工委 北京市学联	应潮瀚	政府管理学院
"寻访青春榜样"首都优秀青年评选活动创意之星	北京市教委 北京团市委 北京市教工委 北京市学联	刘　增	政府管理学院
全国青年德育工作者优秀论文	全国高等学校思想政治教育研究会	曾嘉坤	北大团委理论研究室、研究生与青年工作部
全国大中专学生志愿者暑期"三下乡"社会实践活动先进个人	中宣部 中央文明办 教育部 共青团中央 全国学联	刘雨龙	北大团委
2006年度首都高校社会实践先进工作者	中共北京市委宣传部 北京市教委 北京团市委 北京市教工委 首都精神文明建设委员会办公室 北京市学联	刘雨龙	北大团委
		曹　菁	北大医学部团委
		王瑞儒	北京大学第三医院
		李文军	北京大学环境学院
		杨柳新	北京大学马克思主义学院
首都高校大学生影视作品大赛DV作品专业组二等奖	首都高校大学生影视作品大赛组委会	马　骏	艺术学院
第四届中国大学生校园歌手大赛业余组金奖最佳原创奖	共青团中央、中国文联、全国学联	沈　力	中国语言文学系
		何建航	艺术学院
首都大学生原创歌曲大赛一等奖	北京市教工委北京市教委	钟　卫	国际关系学院
		徐鸣涧	法学院
		杜　凯	历史学系
		沈辛成	考古文博学院
2005年度首都青少年"保护母亲河——青春奥运绿色行动先进个人"	首都青少年保护母亲河行动领导小组	晋雅卉	医学部
2005年"北京十大志愿者"	北京团市委、北京市青年志愿者协会	刘默涵	历史学系

其他表彰与奖励

1. 中国翻译协会"翻译文化终身成就奖":外国语学院季羡林教授。
2. 北京市有突出贡献的专家:口腔医院俞光岩教授、主任医师。
3. 北京市第二十届"五四"奖章:化学与分子工程学院齐利民教授。
4. 第九届中国青年科技奖:医学部尚永丰教授、微电子学研究院黄如教授。

毕业生名单

本专科毕业生

数学科学学院

潘科	胡侨鑫	张驰	权丹	宁巍杨	秦伯涛
黄宗晔	秦锋	方子	魏晓迪	刘方	黄雄韬
王奇瑄	于路	吴迪	亢杉	王晨	肇欣
李欣	陈思远	朱霖	陈洪宇	张驰	李荟
李准	谢季纯	郭智超	顾崇伦	张贤	陈鑫
蒋长生	谢辉	王雄文	黄建兴	王川	张赟
张曦	刘志刚	杨娟	李莹莹	曾宪乙	景艺亮
刘操	李荣锋	黄桂恒	牛钧	秦蓁	苗纯
沈建泽	刘葛飞	胡平	程辉	乔佳晟	徐颖
高博然	李华峰	崔喆	吕婷	张光楹	刘畅
刘畅	陈默	黄芳	李鹏飞	张伟	于沣
隋百荣	周莹	刘冉	汪健	孙丽华	祝希贤
陆望哲	陈琴	胡冲锋	鞠晟凯	汪泉	陈竑焘
易欣	杨扬	张景阳	张伟	杨韵文	窦继阳
余浩	方明	杨静毅	李元仲	李笑云	涂仕奎
孔繁顺	张鹏	黄熙	王彬	李毅梅	王恒宇
李欣贺	周开拓	姜川	杨一夫	曹茜婷	陈远达
牛一	邓继	刘晶晶	顾畅	王明	游佳明
沈瑞鹏	王昕扬	姚佩佩	哈图	王博潼	张贺信
高赛昂	林璐瑶	吴镇国	李若莎	姜筱晔	王正
赵杰	来米加	刘立	郑伟山	卢泸	许畅
申皓	谷雨	刘洋	陈璐	石珂	布晓龙
杨鲲飞	冷玲	余辉	陈伊凡	刘毅	赖中立
钟坚	王楠	平婷	刘家睿	邵楠	黄昊晗
王芳	何平	汪璐	王晔	夏桐	张洁
孙飞	郇真	王涵	张璐	陶大江	王铮铮
张梦瑶	葛旸	刘广会	关元颖	吕则良	林海峰
刘凯	胡婧玮	于湉	戴欢欢	王广乐	钟轶飞
王补时	杜一平	李琨	郭建辉	段钢	李娜
苏筱菁	刘保平	黄晶	袁鹏辉	袁洪松	萧萧
杨芳	徐昕	王道京	韩晗	刘知海	陈浩
董琦	谢飞	项翔	刘昱	王璐璐	王亮
万媛妮	汪寿强	李博萌	胡兴	张生明	常化磊
陈礼昕	陈薇	丁剑	汪腾	田垠	王若谷

吴惟为	王蕊	汪世达	戴中元	何可	侯琳
祁登锋	方圆	王中伟	江浩亮	王晨	韩志广
李锴	贺鹏	王怀习	解宇宸		

力学与工程科学系

陈瑜	张法睿	丁可琦	李宜璇	吴佳	陆叶
郭志群	孙凯	郭文轩	杨雅洁	郭家杰	杨帆
徐科益	陈宵	韩凤磊	高伟栋	彭小玲	吴卓
梁佳音	张美莹	董浩	许岩	王帅	陈章良
杨帆	陈松泽	刘洋	侯亚娜	汤光珺	蔡艺
朱虹宇	梁垄	薛向东	惠巍	王岩	李亚哲
赵原	邹轶群	冯波	王彦之	陈占明	邹奔
郭文嘉	荆文甲	银波	吴悠	李剑	温明果
雷金华	雒之林	刘皓	陈曦	郑炯	刘永初
夏振华	耿文涛	李开涛	赵明	原中晋	孙振旭
蔺冰	李德民	刘苑	刘艳欣	杜惠敬	张哲
盛小伟	周斌	邹胜亮	李彦荣		

物理学院

冯士祯	张继瑞	倪轶璇	魏宏	万里峰	王雷
刘楠	张昊	刘峥	王屾	吴超伦	陈思
阿格若	张岑	洪兴	陈安博	徐丰	单于
闫备	钱昊宇	刘元昕	张伟	李昊	李子雍
杨子文	马晖	冯万哲	辛天牧	钟鸣远	楼屹
常嵩	刘亮	刘肖先	马海福	董昭	付强
曹中鑫	刘海文	李骏	王铁磊	谢辉	于海明
洪礼明	于涛	鲁秀南	赵威	唐雪倩	李永乐
安海鹏	李华卿	陈海龙	孙金华	路经伟	李阔昂
李大玮	王晨	庄士超	邵旦瑛	季凯	储军峰
李芸	王志政	平夏雨	郑闻	寿兴贤	韩俊峰
张帅	黄松全	陈庆伟	周宏钦	张德平	刘开剑
王辰宇	穆占蕊	郭涛	张翼	袁博	周鹏
岳巍	韩晗	苍鹏	杨三军	杨哲	佘俊
徐佳	杜航	杨承	练子淇	曾铮	谭力扬
诸葛菁	李翔	陈实	朱玲	陈燕	郑博阳
朱世伟	段兆文	刘永铎	方蔚瑞	梁文	屈多田
鲍羡芬	郑望乙	周小舟	赖力鹏	骆婷	罗雪峰

生命科学学院

孙佳颖	史本懿	边　和	迟亦舟	焦倩宁	冯　迟
刘　音	李欣遥	武　晔	赵玉婷	白　雪	杨宏倩
陈　杨	姜丽婧	戴春黎	陈　栩	于　凡	吕梦潇
潘映红	何盈盈	邓　婧	胡冠菁	张晓冬	胡　玮
王译萱	徐　涵	张四维	张　蓬	范小舟	朱伯开
张继涛	高　巍	郝兴华	于　泉	罗　浩	金　鑫
王彦昭	王玉时	何　珉	倪瑞锋	马　淇	刘　韬
陈新元	夏　炜	王　垚	谭　毅	刘　力	胡家志
曾思禹	李　帅	卢　斌	陈　鹏	郝雨涵	袁雄鹰
李英蓝	肖　琦	李　晨	丁　琦	赵维娜	耿　瑄
马　迪	毛绮妍	李　曼	刘慧芳	孔双蕾	刘绪卿
楼梅燕	崔维蕾	于庆辉	陈　娟	邓伍兰	陈峭霖
张宛睿	孙实笏	李　娟	徐含玉	刘　毅	张　浩
钱文峰	范　宇	周　旭	黄　鹏	王　昭	李　旭
张　峥	杨兆凯	王兴安	孙常宏	苏晓磊	夏　冬
于　洋	何　斌	邓晓象	许少华	叶　欣	胡冬雪
李　磊	林伯超	谢精卫	刘　敏	张　基	朱宝利
陶　青	周　帅	周　博	郭俊杰	傅宏宇	刘　畅
雷卓凡	邓昌荣	方　鞑	蔡　蜜		

地球与空间科学学院

叶　钢	龚　禔	葛志宏	高　宁	赵　星	贺　电
张鑫钊	裴　睿	次海鹏	李　鑫	温俊君	董　攀
陈　方	于　谦	李　锐	彭一博	彭青兰	易鸿宇
史　翔	田　甜	季　东	杨炳圣	游　尧	龙　飞
林亚娟	刘　莹	谭兆志	荆　旭	徐　速	王伯秋
权伍勋	苏　捷	缪孜恒	孙大亥	陶　涛	武　弘
蔡　昕	王丽宁	赵慧颖	马莹莹	高晶晶	肖　洁
吴峰辉	陈　容	陈　晶	匡俊宇	徐　龙	包　项
曹　隽	贾建瑛	金慧然	关　鑫	王　啸	汤秋红
仲力恒	肖丹青	许燕吟	周　行	吴道政	王煌基
刘　辉	陶　欣	吴土金	陈梦珂	裴丛欣	金　戈
褚项宁	赵　杨	谭　博	竺文杰	唐跟阳	徐光晶
汤易冰	黄　洁	唐斯文	肖　亮	曹　琴	涂蔚超
王斯宇	刘新涛	王婷婷	何　向	李婷婷	石　鹏
宋晓磊	张斯奇	张　贝	周一杰	韩　鹏	胡红霞
刘　韬	施　旭	师健伟	齐少华	石　超	冯　翔
马永辉	陈　晓				

环境学院

林晓松	王翼鹏	忻　隽	宋增文	王永海	黄　珏
潘峰华	肖诚理	石　磊	赵书鑫	程　成	李　泰
陈洪金	徐志红	祝佳杰	曹宗旺	孙　健	金晓峰
缪杨兵	解永庆	苗春蕾	李雁飞	颜亚宁	于　璐
张　纯	宋　楠	常皓皓	姜　姗	杜罗云	胡　莹
黄斐玫	唐文灿	郑凌汶	刘　谡	汪潇潇	曾海宏
刘　柯	杨　卓	苏　杭	张新平	席　扬	刘杰阳
陈　默	龚宇华	杨　涛	林　云	司苏沛	张　跃

苏文辉	温东源	张晓佳	桂勇哲	顾玮莱	徐怡冬
李　东	魏　庆	苑海波	韩　哲	苟　康	伍　岳
刘俊良	李新叶	李兆聿	孙　彤	李　然	冉　靓
薛　睿	李　婧	翟晓东	李熙晨	刘铁楠	姚　波
茅宇豪	宗　诚	张碧辉	戚逸飞	黄丽伟	潘玲芬
孙佳晖	王　姣	左　波	陈　曦	林　蒲	袁　为
冯旻子	孙子文	余　环	张雯娴	朱金奎	张　伟
邓兆泽	朱　好	晏平仲	王　瑶	钟蕴达	李　奇
周稳稳	张今中	李　晗	刘　贡	焦路光	辛　诚
李　宁	王铁军	张玉彬	李　鹏	苏　琦	乔　良
张　磊	许嘉纹	卢　飞	温　泉	宁　菲	肖建国
丁静颖	侯振宇	潘　智	洪仁楷	覃　睿	周丽丹
罗　浩	温　静	潘华璞	冯晓波	廖　成	李继承
贾　晔	法　涛	司粉妮	袁　熙	蒙　康	宋宏星
何小安	谭　放	姜森林	杜建成	谭世勇	袁王庆
罗　伟	陈祎伟	邹　劼			

化学与分子工程学院

郑　江	程　伟	熊　浩	何　兵	莫欣乐	郑　宁
施东魁	张宝磊	贺　冲	和　平	关晓睦	何　旷
王　璐	陶　珊	于　渤	文　雯	张砾允	史严容
朱亚玲	钟雪飞	田　丰	于　南	丛　欢	李少魁
雷　浩	魏昕宇	陈立刚	关东亮	孙　翔	孙　茂
陈久安	叶建锋	林国锋	王晓雷	李　瀚	吴元子
吕　华	姜　坤	何建安	杨胜韬	梁　乐	白净卫
王子涛	周　文	邱顺晨	高　欣	刘　骁	陈佳未
潘　琼	唐　思	廖佩琳	魏　漾	安佳·罗娜	
王小月	张雪杉	张　燕	王　琮	窦增培	王　赐
张　超	李斌馨	黄继青	徐一丁	刘立维	祝快昌
窦海强	杨　容	张可亚	陈　强	苑亚夏	王　琨
宁英剑	李东旭	陈天鹏	吴　嘉	梁海林	吴天骄
吴　漪	孙　宁	杨燕飞	兰玉茹	胡　珊	王惠宁
张玉琢	巨　蓉	罗　晶	何　婉	杨瑞雪	谷云鹏
王阳阳	柯大川	张　然	刘　宇	杨国强	谈　蕾
徐晓东	周李军	朱巍映	王　铮	姜志峰	刘伟山
周明辉	刘　雨	蔡述宗	王　鑫	王志国	姚志中
张　锐	廖　珣	吴湘楠	王文悦	高　飞	赵彩杰
梁莲花	邓　杰	汪宜娴	刘文玲	张　瑶	刘熹昀
李　平	韩佐晏	白传江	胡立博	朱　汇	徐　超
姚万里	白　岩	于　潇	金建余	丁　帅	徐　升
王一恺	王峥辉	朱　斌	郑耀荣	白　璐	张登泰
赵　昕	张子燕	李文鑫	金　凤	王　梦	田　川
朱　志	李瑶琦	唐海云	董校捷	李梦圆	胡　惠
王　骁	陈　瀚	宋　杰	张　帅	方　昊	斯　蚰
钱　玮	朱　烨	方　超	黄　恺	叶思宇	李韵朗
龙海涛	沈　越	杨新星	岳智英	崔毅然	朱必胜
庞育成	高中兰	施沈华	陈　惠	李　博	郑　昕
江　璧	邱璟旻	熊　伟	刘　冰	贾柱保	吴开宇

蓝 图	金 鑫	王 乐	吕智浩	李 晶	战晓峰
谢志华	朱晟君	赵志强	黄 博	李 智	李佰恒
李韵然	李 倞	陈华珺	辛 颖	陈秀欣	赵春红
高波阳	何思源	刘 汀	杨剑文	陈红高	谢旭轩
罗 锐	王 路	张彦旭	李其林	王 昌	徐 炜
戴瀚程	蔡 俊	谢彦佼	杨 栎	刘震涛	江明华
肖 扬	陈旭东	赵靖宇	张 朔	陈志远	张 鹏
朱 樱	沈亚婷	姚 昱	王佰梅	韦芳玲	冯健秋
万孟兰	刘 侃	林 鑫	郭 嘉	周固君	钱 健
吴卉晶	张 卉	袁慧诗	葛 楠	杨 虹	窦 晗
张小璐	张雯婷	林 漾	张先明		

心理学系

孟晨西	张佳昱	张杰栋	常诗晴	赵 宗	耿 丹
黄 珊	刘 轩	高晓超	杜 丹	战宇杰	胡月琴
许晓婧	顾晓思	张 昕	吴思静	周 艳	王雨吟
冯冬冬	刘 兴	林 克	商佳音	王 博	宋 萱
陈 佳	刘松琦	黄韫慧	万美婷	秦 漠	陈 潇
郭 萍					

软件与微电子学院

曹光海	陈振军	高 磊	郝 辉	康冠雄	李立锋
王卫新	王 勇	庄 凝	周遇奇	李思维	李晓芃
刘海峰	白云祥	陈筱进	古可明	梁成修	刘 申
孙 毅	王 帅	王志刚	吴迎松	张乃岳	赵 楠
毛益洪	郎小凡	卢 俊	郝俊杰	左 昶	姚正宇
左家维	姜 亮	刘松林	高 江	武 鲲	胡 劼
董梁煜					

新闻与传播学院

朱凌卿	江 涛	程冠华	许桐珲	谢 培	谢名誉
封 锐	任 静	胡 娜	陈 晓	王丽莹	郝小楠
王 律	宋 晶	张定红	刘寰宇	王一涵	王建保
李世凡	保 江	王保铭	胡安庚	李 炜	王彦直
窦振华	周 健	李 喆	刘桂宏	杨大伟	白 雪
佟 菲	戴艾霖	林 卉	王静怡	倪诗敏	叶念砚
赵丽平	唐 芳	肖 琨	卢 婷	周丽娜	覃丽丽
刘晓静	韦小花	钟 声	樊 敏	宋振庆	张 晶
赵文健	廖文亮	刘 欢	郭炳朋	高文隽	张晓达
杜夤然	王琮琦	高 雅	赵琬微	林楠特	付 娆
王晓申	徐 萌	庄 明	张 睿	许丽贤	蒙静泊
王丽娜	王 嘉	韩天旸	程海侠	郭索凡	聂芝芯
陈 露	黄缘缘	刘 丹	赵小菊	周 溪	张 艳
方力为	张忠兰	杨梦露	刘 楠	李晓雨	黄礫玢
朱知翔	邵夷贝	刘 影	王 男	赵玉蕙	李 斐
翁若菁	李 丹	刘 溪	李双宏	黄丽云	徐文琪
郑一忱	陈 颖	苏贝贝	吴 琼	李 婧	赵 婧
郭 野	王俐琼	梁莉莉	金 煜	孙松杰	陶小平
彭 鹏	臧蕙心	刘东伟	吴 昊	陈钰炜	张 旻
崔英博	王小聪	王 莼	代 曼	陈 林	

中国语言文学系

刘 昂	唐曼曼	蔡 蕊	周 昱	金学影	张一南
常 鸣	朱 珠	张红丽	张 力	张晓磊	曹牧春
明姗姗	郎文婷	王崴皓	陈兴月	韩 毓	杨文辉
陈莹雪	姜 巍	孙薇薇	谭 婧	卞 岩	黄 鹤
王春红	王 禹	吴恺夫	赵 玥	刘玥妍	柳美英
张金凤	王 芸	俞诸亮	姜 勇	郑熙青	王旭东
陈 益	钱一凡	胡晓丹	张德付	曾石铭	李 娜
曾惠娟	曾 恺	段祖庆	曲 丹	徐丽丽	刘敦海
丛治辰	邓 高	丁伟伟	鲍春晖	赵江汉	陈恒舒
谢 云	龙瑜宬	黄 昕	叶坚颖	马 前	胡蔓妮
杨伯特	范 雪	张慧君	周剑之	欧阳国焰	
徐天基	张峤影	潘丽娜	唐 玮	吴 优	夏 洁
俞 卿	杨箪璐	张文奕	吴远琴	王 姝	孙昊牧
庞书纬	刘 妍	刘丽雯	周 娜	周 瑜	郑炳全
邓丹枫	董思聪	徐巧韵	张 力	王 慧	詹伟锋
周一希					

历史学系

高芸芸	李 进	卢 葳	峨 崛	高欣亮	孙佳文
张 静	李 霖	张 超	李 梦	蔺亚琼	高子越
陈丹正	祁正虎	洪高龙	顾炜燕	胡 鸿	毛远策
陈 浩	骆之围	滕旭宁	李宇恒	李 伟	陈 实
夏远亮	程 昊	张 斌	陈 莉	王歆谧	张 倩
卿 婧	林晓洁	储 鹏	陈春宝	李 享	陈昱良
马慧敏	银 飞	刘丽娜	鲁虹佑		

考古文博学院

赵 健	王佳音	邢志丹	刘子佳	赵晓梅	张英轩
岳 青	纪 伟	张恩君	朱 嵩	蓝丽燕	王培珊
张 颖	郭晓东	李富强	徐支燕	徐新云	陈明铭
黄 珊	刘 怡	李 军	张 青	郑 好	孙宇静
汪 盈	雷 娴	邹书予	卢浩轩	王书林	张小古

哲学系

苏 明	吴一凡	孟庆楠	刘 晶	杨兆明	张梦竹
夏 芳	唐纪宇	姜雪今	沈 丹	包漪蓓	胡明哲
周奇伟	王 鑫	林慧轻	涂定发	洪 浩	李永昌
魏晶晶	刘 凯	孔卫涛	赵胜利	高 峰	范闻文
池志培	章 晟	赵 双	任建党	张馨尹	高思存
程 亮	梁得里	王 静	贡 洁	仲立红	关 琳
张景瑞	任娜娜	季志强	张 婧		

国际关系学院

刘 森	傅 晓	王 墨	陈晓晨	孟 萌	王 俊
王秋实	吴 铮	白 帆	孙璐璐	金 哲	叶 青
刘 苏	纪华菁	习 欣	崔蕃瑶	姚 遥	赵 俊
刘雅雯	张 迪	朱晓琦	李明旭	于慧玲	韩玲玲
刘 鹏	宫金玉	张 涛	刘环宇	王晓初	李 鑫
张 鹏	孙 晋	崔 剑	唐 慧	郑奇峰	徐 薇

姜云涛	吴跃然	郭 佳	黎 滢	李 翀	李宏治	陈 烨	张 倩	郝 煜	王婧翀	王鹏飞	李重达
王晓璇	何叶紫	向 真	庞 博	张 琛	吴明静	李 岩	金英梅	李 峥	高 健	赵 宇	张严心
郭 鸽	张建平	全江水	宋金媛	吴 迪	周 斌	谢 奕	汤 炜	陈 飞	唐晓璐	刘英豪	朱萝伊
万璁琮	袁 雪	崔黎明	金德俊	宋 洁	田 苗	赵雪娟	蔡克立	黄艳琼	邱 石	吴健雄	朱彦昆
朱淑娴	罗冰清	严熙民	陈 距	范玉婷	邓晓天	李 密	王 珞	周志京	谭潇乐	黄 河	史方舟
李慧芬	罗 冲	龙云霄	朱 砂	王 磊	张晏儒	周 天	何 立	杨康博	李 锦	陈 然	朱梦峣
杨传辉	柯金花	衣 远	李滨兵	张 晋	查文晔	何 倩	王 怡	杨本心	卢令剑	曲 涛	张运慧
张 原	李 瑜	段斯嘉	陈 可	李超楠	窦克明	葛 青	孙馨蕊	方红艳	金 玲	孙 庆	夏云飞
朱斯哲	沙玉颖	刘仁豪	高肖瑜	曲一铭	强 音	包晓妍	童 创	张 哲	苏艳阳	潘 晓	王 伟
张 韡	于小宇	周 伟	王 许			王 韬	周 羿	王振亚	王明芳	孙 静	莫嘉丽
		经济学院				赖 娟	孙 陶	柳文超	马 妍	周 宇	孙 琳
郑 旭	冀梦晅	吕 佳	洪 斌	张春连	赵 越	刘 斌	王 锋	代启圆	罗 蓉	蒋 梦	李玉忠
夏 曦	袁 锐	秦 冉	郝亚明	张荣乐	闫 楠	胡亮喜	关 冲	彭文燕	唐 宁	施建光	钟 希
葛明磊	孙宇旎	朱 珉	鲍佳音	朱文卿	季 杰	蔡 玉	张沛之	徐晶晶	李宁远	赵祖俊	唐 芊
林丹艳	徐自华	胡 丛	魏东旭	郭超靖	李谚斐	刘翰宇	张 晗	吕 尤	董育珠	邢佳	刘妍
陈昌伟	邹文博	李燕飞	闻 琛	田 天	张卫东	胡 婕	陈 雯	尚 晶	李 婧	杜 鹏	何 洋
张 泽	帕尔温·帕尔哈特		张韫之	郑可欣		王君竹	聂明珠	周 冰	朱剑飞	蒋斯妮	黄贞树
刘 阳	杨天啸	付 岩	王元元	张 薇	刘小溪	陈 伟	邱晓东	沈亚洲	李 璐	陶建鑫	雷翠霞
张涵冰	葛 飞	任素蓉	张 宁	黄 华	韩 旭	李媛媛	邹清晨	杨 扬	王 磊	李 洋	
韩京艳	朴美英	郑 莲	边闪玉	骆 亮	张 娴			法学院			
潘醒东	朱至瑜	黄丽真	刘黎君	漆睿芬	黄 婷	王 杨	朱 琛	杨 帆	于晓鹏	王道水	李 威
陈丽瑜	汤 康	韩 冰	董珮璐	黄宏兴	李云荣	赵安戈	塔 娜	于 洋	刘 昊	谢 阳	张智国
杨 婷	陈红君	尼玛次仁	李 瑛	方 涛		胡硕叶	陈雯娴	邢 莉	刘芳宇	王 浩	赵一静
高敏杰	王春阳	董晶晶	江欣璇	才 萌	郭 翔	张连生	时 磊	杨 蕾	邓东升	张 申	孔 霏
庞晶晶	胥晓晗	韩 艾	董福焱	李一鸣	田 天	臧 欣	都云峰	吴 悦	卢珊青	胡 科	胡耀华
张 波	徐永铨	杜 婧	张昕雅	谢 桐	叶繁青	刘晓力	辛玉霞	赵 杨	岳 琮	项 尹	尹 灿
卢师维	阚方圆	张 帆	陈 超	刘雅洁	李 璇	杨雅丽	庄田田	霍 琨	朱毅峰	高晓瑞	何 珊
苗 蕊	赵 琼	张 健	徐小骄	吴 越	沈佩抒	刘鹏玮	李文斌	戴 昕	沈雅姣	李 响	刘 芳
邵 烨	朱 超	蔡洪玮	黄 潞	周 怡	吴灵犀	韩 寒	宁晓颖	刘 博	李 俊	任凤倩	林 桦
黄 婧	姚元杰	宋涤尘	孙丽娟	马 聪	鲍 勤	邵 博	王秋雯	孙家旭	李 月	冯 迎	余慧婷
张 璨	邹邮郦	张 旭	魏 娜	罗 莎	林 珺	单 丹	王 婧	施 进	张 晏	刘 晗	裴 欣
信 杰	张 哲	荣 希	于 平	冯 杰	李 炜	李国江	吴文彬	徐小娟	陈 卓	肖 毅	陈进进
朴 英	王紫侠	姜艳艳	瞿 茜	周 健	沈苗妙	秦 强	李 园	卢 勇	李晓龙	杜晓峰	张立春
徐丹文	褚丁田	许颖娟	王丽娜	盛明明	张 渝	周 佳	杜 明	黄 磊	王 曼	肖 烨	韩靖姝
尹 超	林 锟	陈辉云	陶 婧	梁绍辉	夏 韵	杨晓梅	卢 莹	柳思佳	李子瑾	李 瑞	李 鹏
季牧青	雷 蕾	徐 利	崔晓雄	杨 浩	俞礼玢	李 嘉	隋传宾	刘国荣	马继亮	李 峥	汤星亮
孙增蔚	黎 阳	张逾男	过 婧	杨祎雯	李 丹	龚仙蓝	邓 璐	叶柱轩	黄筱帆	杜培湖	徐 莹
王 巍	潘昕昕	张晓丹	侯 璐	周乃俊	朱嘉超	彭 鹏	李昉芳	李 霞	谭正华	韩玉婷	刘仁婧
解利艳	姚 伟	赵 亮	陈 曦	符 昆	聂 聪	高 亮	杨晓星	郭晓菲	刘 韬	杨 慧	张 蕾
蔡 钡	章春燕	刘廷志	张 涛	刘永东	万虹麟	马 欣	成 凯	孙 超	刘 骁	王 科	施志群
戴俊涛	孟 佳	吴博文	李 霞	杨良松	刘逸菡	李若晨	林琼华	陈小娟	艾 飞	刘柏才	孟 菊
邓一婷	丁明明	陈玉冬	周一枫	曹 颖	孟 霞	刘艳美	王守利	秦 博	陈洁玉	高 娜	廖思宇
郑环环	金旭毅	袁树仁	鲁小萌	游文峰	刘彩云	唐芒花	罗 意	张 静	孔 胤	刘小丽	向天宁
岳大洲	陈卓群	康林红	赵宇驰			游 艺	郭思聪	漠 楠	吴鹤松	贺 亮	胡 晓
		光华管理学院				柯东旭	冯 凯	郭姗姗	宋海东	徐 梅	徐文轩
金 燕	谢 茜	史小楠	李芳芳	李笑风	孙 鹏	于 洋	杨林松	刘思洁	黄贤涛	姚睿明	郭 锋
高 菲	段秋雨	黄 婧	刘 浏	高 湛	罗佳媛						

胡 鑫	李 南	钟德伟	赵学武	钟 炜	台 康
吴丽芳	罗 超	赵华恩	宋 彦	姚佳靖	程秋玲
韩丽丽	霍学亮				

信息管理系

于 雷	金 坤	支 茵	李志新	曹冠英	赵 华
孙翼飞	南 玲	刘 杰	王一丁	单 馨	林轶君
吴懿咏	周 志	裴珊珊	郑熙临	翁建山	林毓靖
夏 华	祝 迪	金时杰	于 嘉	黄青山	马良鹏
刘尚贤	王 欣	王 冬	唐珇芳	龚明顺	鄢 凡
郑剑平	黄妙茹	李孟臣	吕 虹	冼碧娟	刘 菲
王海波	徐 琦	曾克宇	李俊成	盛 迪	聂开基
余 昕	李锦飞	韩 楠	刘 洋	刘 敏	韩云飞
王昱昱	杨盛楠				

社会学系

孙丁丁	郝青青	舒扬文	周 楠	杨 柳	梁 晨
许 卉	崔佳良	么 东	赵 蕊	苏 萍	辛盛通
鲁兴中	安 乐	李春亮	许 非	孙铭徽	安文研
金 梓	王 维	何菁菁	沈 旭	蔡 澍	傅春晖
陈灿宇	严 婷	陈 强	刘东升	王一鸽	郝正元
朱礫昊	张 帆	邝 全	林健夫	周 璇	陈家建
罗 鸣	廖衍杨韬	许元荣	钟晓芳	李 丁	

政府管理学院

于文彬	张之星	孟宪秋	程静轩	闫 鹃	哈艳梅
康 波	马胜强	郑伟峰	彭雅馨	杨 拯	王 威
赵 滕	王国峰	李鹏舒	王 妍	张 琪	桑广巍
田 园	景璐艳	过靖嘉	李 翔	虞梅仁	陈继友
于 峰	林伟鹏	周燕燕	吴 旭	刘 圣	
欧阳李慧	冯 译	明 明	岳承涛	左 才	
曹雅文	尹云洁	宋 歌	徐南生	李 璇	黄 娴
陈 桥	尹诗翰	高瑰曦	柴博洋	寇 博	向姣姣
赵 立	蔡亚庆	李鸿翔	任玉霞	任 燕	吴 边
兰 勇	陈 斯	罗浩斐	张季芳	周华敏	孟志强
侯 明	杨 斐	吴 昊	武建杉	李卐平	

外国语学院

严 妍	秦雪君	崔文钦	丁 峻	陈 楠	贾 威
海 洋	吴冬华	刘 晗	陈 平	王 婧	孙晓弋
黎 黎	张小娅	秦 铮	张 征	王 磊	海 洋
刘 曦	张 远	李 盼	罗 纯	刘范美	安思源
蔡 莹	刘 亚	李俊男	尹淑荣	林培栋	杨 璇
刘晓霖	李冬婷	李玄珠	刘宇婧	李冬梅	张宇寰
陈靖翀	朱宏斌	徐 晶	胡 杨	林梦茜	周铭英
邢锋萍	郑梦柳	俞婷宁	吴 湘	刘国栋	张 铮
齐 纳	魏 歌	钟菲菲	徐红霞	欧玉环	陈圆妮
郭 佳	童 玲	徐 曦	黄重凤	白 尧	赵晨帆
黎元媛	闫 静	王卓伦	李 洋	侯 磊	林艳霞
徐莲淑	赵 磊	张 全	王晴初	贺颖骏	赵石言

刘丽红	陈 琳	楼 数	马筱璐	屈潇潇	王 晖
李焕祥	陈 全	张 薇	夏 雨	钱 曦	许 阳
陶 涛	崔佳山	张丽娜	郭 鑫	徐 亮	蔡同明
廖 迅	石良燕	包维维	孙 坤	梁美霞	王婧怡
彭 斌	彭梦瑶	刘 旸	陶若谷	朱文静	黄金铭
焦炜铭	纪金贤	魏 明	王 猛	郭成专	陈崇新
王金蓉	胡 蝶	陈 宁	尚楚宜	李 钊	王 莹
苏欧婷	杨美娜	刘大围	张 旭	王洪印	解晓宇
郭 亮	姜 伟	余 宁	王杨子	曹 廷	吴 迪
吴起全	杜 璐	段 练	朱牟兰	于施洋	蔺 妍
孟 嘉	徐 丹	彭 勃	于海丰	佟 牧	冯 倩
刘 爽	廉超群	何洁婷	孙嗣勤	徐 岩	徐 文
王 涛	王朝薇	吴剑雄	郭 帅	曲佐良	黄香子
王 欢	黄 卉	张 建	张 伟	邢燕燕	杨 汀
曾 蓉	徐 蓓	骅卫东	宋筱茜	王 怡	王熙威
张冉宁	朱 玥	夏 申	陈翊中	覃晓遂	沈 彬
周文嘉	熊 燕	黄莉玲	王 倩	唐 棣	吴 晶
王 潇	赵 嵩	施红祥	张 巍	王化雨	黄舒睿
谭金周	孙明莹	张冠群	张 芳	齐 磊	王 妍
谢 冰	郭晓春	苏 铁	李 溯	邵文君	焦 阳
巢 湛	陈心宇	张 哲	李福生	张 蕊	赵 彤
张鼎海	于 佳	赵 璧	刘晓宇	贺远征	王 帅
陈运璇	凌子未	杜 鹃	田凌波	刘海波	闫 敏
叶之亮	张潇潇	裘 吉	王英卜	熊 燃	李炜光
蔡东岩	林龙亮	岑逾豪			

马克思主义学院

何小锋	姜迎新	毛小明	孙华敏	白 斌	任卫军
刘 莹	沈新华	任民鹰	任小英	蒋月月	杨 琴
刘军君	苏虹澎	聂玉环	梁立新	马 文	张玲艳
顾一鸣	李新婵	张瑞娟	王 博	刘 霞	李 龙
冯 雪	樊俊杰	杨燕军	陈 婷	杨月利	胡海莹
刘 莹	刘 蕊	陆 松	林延冰	褚悦鑫	付朝锋
朱飞飞	赖 锐	廖燕蕊	赵继良	徐飞克	汤 丽
张 佶	张晓玉	毕丽玲	李聪颖	康 帅	薛圣造
裴菲菲	彭 敏	彭颖敏	单洪慧	娄 昕	吴建华
刘文力	刘艳玲	赵 静	杨 晔	顾雪松	孟 楠
严 旻	陈星星	寇春宇	孙曼琳	冯 玮	夏银华
杨 凡	王 蓉	王彩云	邱晓东	祝 明	王 静
史美芹	潘梅蓉	游广贤	孙 慧	陈晓慧	童元鹏
程海军	赵志成	刘宝梅	韩吉顺	姚 阁	丁仿明
颜廷秀	马小卫	何 颖	郭长存	尚 涛	刘俊云
邓玉龙	张 于	刘智文	李 霞	王 滢	黄晓帆
蒋 错	崔 龙	谢 姗	刘 凌	史晓蕊	许文龙
张 耘	李 锐	陈 博	郝 群	张 怡	李 伟
高 速	杨朝晖	成 竹	朱 琳	张 薇	樊 虎
王艳霞	周文静	刘 鹏	赵 慧	刘予馨	樊晶晶
张瑞敏	吕 盈	王亚军	孙 晶	郑小伟	杜 楠

刘朋	马媛媛	姜慧峰	史丽芳	韩许	胡青松	陈曦	李诺	李楠	刘磊	贾亚飞	赵自力
张俊	白石	樊蕊	段艳平	陈洁	王鑫	杨森	黄洋	方路遥	陈文洪	帅喆	李经宇
李静	田钿	王斌	胡瑞芳	钱雯雯	张珺源	丁向辉	乐旭广	李昌志	郝彪	翟伟库	樊磊
胡斌	郭玲	耿芸	刘晟冉	齐文娟	陈峰霖	李鹏	戴永恒	宋姝婧	袁思芃	张小青	白安琪
徐娟	张琳	刘稚	田瑞霞	张征	付妍	吴丹丹	陆丹	何婷婷	毛震	张义尉	曹梦文
马迪	梁小建	李萌	张瑶	翟婕	甘文珂	张静	陈芊树	张一丁	华冬	武帅	张磊
李丽霞	王晶晶	贾文韬	刘佳	陈颋轩	杨立平	林阳	潘玉龙	郑贤光	吴文勇	孙正则	魏铮
张攀	赵冬梅	朱桂娇	窦文娟	宁一	白明庆	甘森	王明良	高武强	陈栋	杨超	肖斌
陈晓兵	高博	高翔	白贵平	侯伟	李丽霞	郭永亮	江多思	朱弋飞	郭琦	李文雯	李霞
王霞	付苗				杜姝	林美娜	尹小燕	鞠研玲	郭实敏	余西西
		艺术学院				刘筱	霍宣	朱孔涛	张远洋	江南	马明礼
康硕	沈童	王清	陈元	李迟	查萌	刘鑫	徐德华	王振楠	许彬	吴昊	李贺
邓子君	陈婷	任聚会	王涛	钟琳	蔡克君	朱东博	胡慧琳	胡彬	郝本明	熊裕辉	何巍
王安安	杨昱	张姣怡	金子	朱丽凉	叶盛雯	于闯	刘中扬	陈舒毅	谢南诗	乐元	任鑫琦
孙春芳	蒋薇	刘胜眉	王春玉	张洪亮	匡咨	张沛	厉哲	王超	徐婧祺	王志杰	孙自然
赵鹏	邹然	邓子春	孙长钰	刘丽莎	王艳	张桭漓	曾剑杰	王梓又	粟尉廷	吴冷冬	尹铮
霍姗姗						姜平	黄亮	吴俣	吴昊宇	郭晋鹏	王晓聊
		元培计划委员会				杨寿贵	徐重远	邓守亮	李牧群	王亮	李闪
吴云广	李岸阳	郭健	涂硕	殷帆	张梦迪	金春梅	耿云涛	赵齐圣	覃璇	王希光	李梁
崔蓓蓓	游慧娟	梁崇一	王璟歆	刘聪	孙佳音	肖忠民	蒋前程	黄启聪	华央平	宋琦	姚霖
胡齐	王乃中	乔琪	孙孟军	刘宇	李晓光	邢舟	赵祺	王成林	高鸣雁	汪潇	田超
李璞琳	赵勇	张东阳	奚庄庄	周晶	裴秉政	谢文森	韩爽	高晓飞	王超	李合	马家宽
耿艳林	卢毅	徐陈佳	张翔	张天翼	谢乐	梁双	白铁钢	夏银波	宣启超	孙晓	田梦
陈亘斯	郭小勇	魏颖	黄涛	龙海涛	胡晶	赵翔宇	赵华丽	曹伟	张阜东	薛欣	李雯雯
刘超	马亦欣	刘鲁乔	孙朋龄	董垒	高俊	李科	徐茂兴	郭玛璠	闵旺华	秦众森	王秋实
王峰	曾海锋	黄捷	王康	刘文韬	何湘伟	张旦峰	刘忠义	李囡	何啸	褚一民	朱迪
周重余	李立志	袁岑溪	叶子君	李黄煌	张懿	冯滨	秦琦	程旭	杨宇	赵晨	杨颉
朱震	李伟斌	洪俊梅	金哲	冯开	孟大喆	李庚	于广雷	周沭	童有军	崔舟航	文沛
张彦斌	朱炜	陈冬冬	刘畅	罗旻	张宁宁	赵益	孙宁	蔡杰	郭振华	王焜	何杰
周金薇	崔婧	刘洋	陈雪	石砚书	邹家继	俞敏岚	曾科	张良杰	张捷	孙大伟	周雷
赵东晨	王硕	赵翰露	杨凝	葛磊	黄冰洁	李成	辛新星	郑莹	孙鑫	何径舟	谢璟
郑昊	甘泉	黄丰	乔元华	张浩楠	宋筱嵌	叶鹏程	杨健	李琦	边江	杨成恩	吴怡娜
范晶晶	周小琴	赵珊珊	彭璐珞	赖宇鸥	彭放	李良	赵奇玮	李端梁	冯昊	谢子超	杨清玄
杨滔	郭洁	许彦之	邱一洲	周哲宇	杨若晓	庄一丁	吴烨娴	陈江	谷卫青	孙庆余	李铁夫
刘睿	袁瑞爽	郑小重	郝铮	邓德华	刘诗聪	李博	刘斌	王佳	龚子明	舒琼	李巍巍
		信息科学技术学院				王川	蒋巍	任建国	王健	刘畅	韦睿
李桂森	朱一丁	黄茜	司文轩	屠元	王寅超	刘福东	孙博韬	黄援媛	王鉴湫	徐国专	王辉
黄家琪	马毅	马峥	林志伟	张弥	王瑞	陈曦	刘晔	杨杰	隆杰毅	唐伟	王莎莎
安志武	史凯岚	褚孝鹏	陈辰	劳健	徐颖清	韩松	刘鑫	卢峰	万磊	张赞	张翔
靳晓宁	何正	吕敏	杞耀军	乔治	蔡述宪	罗鹏	吴巍	施云峰	殷积磊	王振华	陈佳
高嵩	陈雅稚	韩瑜	郑莹	朴松梅	何苗	罗睿	焦阳	赵甲东	王志忠	谭策天	张笑
赵洁	宋葳蕤	谢艳霞	张倩	赵婷婷	杨光	谌黎明	林溪	熊驰	林子京		
王艳新	魏宝节	刘钰	申超	贾超	顾启佳					**临床医学**	
张林华	陈昭祥	王振兴	郑新波	乐济麟	吕超	郝冠琦	韩嵩博	于航	曾跃平	高炜	曹旭
吕国成	王登剑	高壮	吴树江	唐科	赵萃萃	濮欣	刘雯静	郭丽	王欣	石岩	冯京南
任芳	马少婕	曲径	王丽丽	张聪	高严	郑启渊	魏利龙	金加发	高洁	郭稳	李晓枫
倪永丽	金祯祯	黄静	曾文蓉	马乐	张宇	黄志卓	吴诸丽	尹立铮	张可	王之龙	吉宁

王 镇	韩启仰	钟秋子	林晓琳	李 凌	张 莉
徐晓娟	高 戬	孙晓北	赵 影	王京京	
克里木江	扎依拉	赵雪松	张 磊	陈 尘	
姚招华	帕拉提·吾不力	李 冀	王 艳	董黎明	
贾志杰	曾 进	崔 洁	娄轶君	倪 刘	王 倩
成文虎	木合甫拉	刘 正			

应用药学

梅振东	廖丽娜	徐 磊	姚 禹	孙晓征	徐秋颖
李子菲	贾全祥	崔晓峰	黄海涵	史 磊	李 牧
陈佳争	崔 振	姚 玥	王 昆	穆怀通	姚 晶
郭海彬	张 琳	李 淼	曹志涛	李翘楚	蔡 云
张 伟	王 佳	叶 昕	孟原青青	吴 蕾	
谷 田	魏 莹	谢 韧	张 翠	班合芝	李少博
耿艳新	霍佳音	崔 娅	刘晨光	李 莉	黄永明
王 静	原 涵	贾学奇	赵 捷	任肖男	郑 菲
杨 乐	王 迪	王 蕊	高 迪	杨 帆	李 超
刘 溪	邱 爽	刘晓静	徐 彬	王春燕	赵 欣
孔祥鑫	李雨晨	梁 婷	姚晓楠	曲 薇	顾 杰
王玲玲	张 旭	马良萍	徐佳兰	任 爽	宋 维
周 娣	史香漪	王金涛	杨建森	宋丽明	杨 杰
董 琳	张 培	袁偲偲	王小利	董战伟	

基础医学

洪 鹏	穆丽冰	熊婷婷	侯 萌	王曼捷	陈 怡
陈瑶瑶	阎 焰	王亚楠	李娅芳	韩 墨	石海泉
李 京	徐 皓	苏天昊			

预防医学

樊石磊	阿尔玛斯	刘 宁	陈 楠	冯霞燕	
李 翾	方 舟	陈 涛	阿克来木		
黄宇峰	任永亮	解武祥	韩天栋	张 憭	任丽宝
刘 琼					

药学

祁 悦	李秋实	王 凡	苏建恺	叶 儒	杨 溢
卫晋菲	韩 瑞	石 骅	王 笑	王 楠	古 丽
何继伟	高 荣	郭奥博	刘晶晶	冯 涤	武晓光
张 殊	赵少琼	万 颖	马 妍	肖 琰	

护理学

赵 明	贾瑶瑶	王 洁	高明月	陈芳森	吴 丹
玉 喆	邹慧君	李姗姗	张 磊	潘丽燕	张荷钰
邓 红	张晓方	张新乔	邵小珍	李 琛	黄 婵
李卓阳	陈洁瑜	贾 婷	冯佳园	梁 坤	魏征新
苏承馥	尹松月	林 淦	林嫦梅	王 艳	吴金艳
陈华夏	陈 萌	王 琛	魏彦姝	金文姬	毕野平
梁陶嫒	沈 杰	孟 伟	石 群	喻颖杰	赵莹颖
王祎琛	刘 臻	胡 玮	孟 盈		

毕(结)业硕士研究生名单

数学科学学院

郑建宏	涂寅辉	管 涛	杨重生	王德臣	陈宗彬
邓海映	顾新丰	郭东彤	江建文	李大海	林 乾
卢崇煜	聂 磊	乔 浩	沈玉萍	孙曙光	杨世显
姚文松	张大鹏	张 峰	郑延婷	宗 山	韩建强
魏璟鑫	杨怀渊	智伟峰	高文华	胡建林	雷 娟
李 睿	李晓冬	刘 宇	潘 潇	乔 琦	秦红霞
宋 杰	王 蕊	王云飞	谢先超	周 潇	周志明
韩 霞	陈长波	陈 翀	郭沁苗	万范霞	王 敏
王岁杰	王晓胜	王耀君	徐 智	易 琛	袁 诠
张 佳	张 静	张 磊	周云鹤	倪志军	张 伟
陈基琳	孔 强	孙 雷	赵 震	付丽娜	陈 博
汪 洋	裴国军	唐君莉	袁立宇		

力学与工程科学系

于 天

物理学院

赵 俊	凌东波	张立国	陈 江	程践渊	崔 莹
高 杨	黄 洋	梁小凤	刘 微	刘雪乐	陆 杰
王丰林	张 强	周启华	朱黄俊	刘 朗	丁莉莉
李 偁	罗浩俊	汝鸿羽	商树萍	苏月永	武宏宇
夏冬炎	许玉华	尹小刚	余增强	张开成	张 可
张颖一	宋朋云	姚 丹	安红云(结)		窦艳萍
黄 娟	谭登峰	王 凯	王立金	颜海峰	杨 志
臧乐云	郑明杰	周永恒	曹伟涛	徐冰笑	朱炜玮
高 帆	李坤玉	龙小雨	鄢俊一	费增坪	李 莹
毛 辉	汤 琦	于 飞	周 彬	陈启忠	戴俊峰
王 乐	朱国平				

化学与分子工程学院

贾炳楠	杨子良	陈光业	毛 景	杨 静	邓小勇
吕传君	苏延静	孙 欣	杨士国	张 瑜	

生命科学学院

傅文侠	高兆锋	王晓颖	陈纪衷	蒋斯明

地球与空间科学学院

王琪琪	张祖青	常鹏飞	陈德智	黄 丰	李 杰

彭森林	秦 适	涂 勇	谢谦礼	徐宜勤	杨文白	焦光辉	蓝岩华	雷 沉	李登虎	李宏义	李 瑾
余 博	周跃勇	郭永和	刘 涛	魏 星	韩 峰	李 岩	林洁琬	刘武明	牛 刚	丘永萍	邱志金
李 强	郭东升	李海建	李玉娟	卢先初	邱 林	邵 华	谭 斌	万阿俊	王 栋	王晓光	魏 星
熊金玉	郑 佳	马黠静	沈 杨	余海洋	王海涛	文 立	吴 标	吴炎冰	吴耀辉	吴振刚	夏智敏
龚建业	何秀彬	李传新	李光辉	李 毅	卢 鹏	肖 健	许 阳	杨 杰	叶棋标	张 霞	张 昕
徐岳仁	杨圣彬	余绍立	袁志云	张新钰	赵 兰	赵 湘	周迪强	周 挺	朱晨光		
程 涛	邓 嵬	高 亮	胡红涛	李小凡	刘贻华						
罗 立	欧建宏	王文博	刘道理	刘依谋	李 晶						

环境学院

新闻与传播学院

宋翔宇	倪建辉	陈 晖	凡小涛	罗日升	田 帅	王丹青	尹琪雯	高 娜	侯露露	李伟林	吴 鹈
曾筱淳	黄 蕾	石 杰	程 上	舒时光	杨 雷	吴斌斌	叶铁桥	郑伟庭	马凤祥	沈 磊	臧 晔
卜心国	何 钢	李慧敏	李 莉	王建华	张 源	陈 晨	陈叶红	范艳春	付 瑶	耿 姝	季晓莉
周巧富	朱倩琼	曹丽晓	陈倩倩	邓细春	杜姗姗	李 卓	李自若	刘 畅	刘 丽	马珂珂	齐 济
郭凌云	黄小兵	贾 娜	李昌霞	李 宁	李 尧	宋晶晶	王 萃	王 昕	文艺橙	夏学英	杨 虎
刘文豹	刘 洋	罗 翔	裴 丹	彭 珂	彭立维	姚 朔	姚 雪	叶 红	易 璐	喻 平	袁 泉
宋加平	邢珏珏	俞 曦	臧 峰	张 然	赵星烁	张 颖	香 云	孔 迪	史文倜	严江宁	袁 芳
周 菁	周 琦	刘 静	马元旭	石军民		张 莹	许丞守	程 征	冯 姣	索阿娣	王 珍
杨文瑜(结)	尹荣一	韩 梅	胡志伟	黄志基		许 晓	张佳妮	陈嘉燕	成连虎	杜 娟	弓 琳
梁振春	施 雪	王晟(结)	肖海燕	虞 琰		李金林	李 莎	李 珊	梁宇星	刘书文	刘 馨
赵 军	赵 俊	郑乃山	朱江玲	宾国澍	褚艳玲	吕 欢	吕馨慧	戚 佳	秦 雅	盛 情	谈香丽
邓梁春	丁 剑	窦艳伟	范英英	高东峰	宫继成	王 蓓	王 静	王妍妍	魏沛然	杨 媚	曾 苑
郝君宜	贺丽敏	胡连伍	季芳芳	蒋 颖	蒋玉萍	翟淑华	张 琛	张春铭	张红捷	张 卉	张 莹
金晓辉	李少鹏	李晓华	李 尧	林 卉	刘金林	张彧浩	赵 晨	朱 凯	闫伟华	陈 娟	陈 婷
刘 娜	刘 尚	刘元元	罗志明	牛彧文	潘国隆	陈 征	崔传刚	付 滔	高丹妮	龚选博	侯捷心
裴 娟	冉庆凯	芮克俭	盛 楠	汤晓旭	王彩霞	胡 茜	胡雅清	黄 睿	黄若凌	黄婷婷	雷 进
王鹤扬	王 禄	王杉霖	王树通	王 颖	魏瑞芳	李潇潇	李晓娜	林扬欢	刘立峰	刘 璐	刘文娜
肖依赟	杨春妍	姚 波	姚 薇	易 莎	俞仲英	卢艳华	陆文俊	吕 坤	罗 苏	马 巍	马晓霞
曾 香	翟国梁	张 爽	张 颖	周丽君	孔令裕	茹 华	孙 雁	王 培	王元平	熊启涵	熊玉亭
刘学欣	梅立永	翟凤敏	张 劲	张 森	张 歆	许翠苹	晏 菁	杨金修	杨宇良	杨泽亮	叶明堂
曹建科						尹 洁	余宗蔚	袁春华	臧 博	张华贞	张理强

心理学系

						张 炜	张 雯	张潇潇	章文颖	赵 欢	赵瑞英
						赵正阳	甄 贞	周 昕	周艳粉	朱亚丽	朱 熠
						乌日吉木斯					

邵丽萍	史艺荃	韩 颖	陈 静	戴 婕	高兴翔	## 中国语言文学系
郭晶萍	李文娟	平俊丽	齐雅琼	宋茜兰	王 凌						
肖小溪	张 洪	朱 棋	黄永静	白海峰	陈 阳	张健柠	傅松洁	洪丽娟	胡森森	吕 远	唐邈芳
李 峥	聂 晶	王 盼	徐青肖	张 梦	李 敏	唐文吉	周冰心	傅 林	李 佳	刘翠兰	王 彦
刘江娜	朱 睿	王 欢				张博岩	白 雪	龚 英	蒋 鲤	李伟群	李 新

软件与微电子学院

						梁 雨	刘宝霞	秦 晔	沈 薇	唐琪佳	许晓辉
						杨灵叶	张 洁	包菊香	陈 殿	党伟龙	刘 彭
段永宁	付卫兵	李杰英	刘传梅	刘 浩	刘 倩	王 应	熊 建	高新华	李萌昀	马驰原	王琰琰
马尔东	欧文盛	吴敏纲	叶毓睿	袁秀国	张晓璐	辛晓娟	徐晓峰	张彦金	张 毅	赵 乐	耿继秋
朱如山	褚伟杰	方跃坚	冯在文	何 凤	李会娟	胡南敏	李 春	李 芬	刘子凌	吕东亮	彭春凌
李 敏	李世荣	梁 侃	林 涛	刘明达	刘 治	盛利君	汤 莉	王 璞	王晓白	王 颖	王振峰
庞晓强	田恒军	张 民	张 鹏	赵振宇	邓 赟	严 斌	余祖政	赵 静	陈 勤	刘 斐	刘 伟
方立峰	高 松	蒋 宇	李长涛	刘光辉	吕德富	彭姗姗	周 舟	余震宇	吴越典	许裕民	
任 静	孙宝昌	王 可	王 倩	王世超	王 田	## 历史学系
王 宇	肖 俊	徐 斌	杨 雯	姚登峰	张 莉						
张 丽	章 健	赵学慧	邹文团	邹雨竹	陈维科	徐 东	张爱萍	朱任东	王元崇	宋芳芳	吴元东
陈余芳	董 昊	冯文祥	付 镝	胡 乐	华晓亮	吕 迅	卜庆功	陈明星	崔焕平	郭 峰	季爱民
						李丹婕	王 芳	伍婷婷	尤 李	张 晗	刘洪强

刘慧娟	史 楠	汪雪亮	叶开锋	易丙兰	邹一峥	祁燕萍	苏 毅	孙立刚	王 雩	吴 刚	徐玉生
曹 磊	陈 默	陈西帆	杜 芳	方 理	李 虎	杨毓玲	袁志和	曾晓丽	张 丹	张晓东	郑海波
李 雯	孙利强	邹宁宁	吴 楠	徐兴颖	刘建华	周 蓉	陈 筠	郭银霞	李志锐	庞恩富	钱 伟
陈慧瑜	张玉华(结)					宋 芳	吴 铭	辛洪红	许 凤	严 慧	杨 琼

考古文博学院

陈 冲	黄 薇	黄 悦	李高峰	李 茜	李青昕
彭 阳	肖怀德	余建立	袁德良	张 洁	张 凌
丁见祥	胡传耸	郎剑锋	雷 英	刘 能	叶 倩
何锟宇	黄秋明(结)				

易滢婷	岳旭宙	钟子坝	王俊涛	王 沛	王艳军
张 萱	李京帅	谭明祥	陈 宁	郭旭林	刘 淼
王 旭	尹 娟	周歆序	储丽雯	韩汾泉	江 政
姜菲菲	焦 点	童杨威	王 凡	张 慧	张轶婕
张 宇	张月伦	赵冰喆	赵秋香	胡伟琴	廖 静
童怡华	许 冬	余晋琳	郑 龙	蔡 婧	蔡军强
陈 欢	陈小红	程宇冉	邓颖璐	刁天烽	封 菁
冯 磊	付 玲	高 炼	冀 愉	姜晓晓	金仙淑
康可佳	李德发	李国兴	李 昊	李宁宁	刘 杰
刘雪菲	唐 莉	吴凌凌	徐 秋	杨 鑫	张 棋
赵 越	朱 翔	成丽敏	顾卫兵	何长松	李娟娟
李庆平	李亚琳	梁 皓	吕新鹏	戚晓晖	孙秀彬
田寰宇	王竹前	张 琦	郑勇男	周海峰	周 康
林乐茵	欧阳智恒				

哲学系

赵 炎	谢广宽	洪 亮	郭 淞	陈长青	曹成双
查 纯	贾辰阳	王耀华	欧日成	向龙飞	岳砥柱
刘德锋	秦 峰	田守雷	童 昊	吴 敏	朱 艳
邓明艳	李麒麟	王世福	张红山	黄鹏飞	解本远
刘 挺	王 豁	张建宝	刘 伟	宋 蕾	王云飞
赵 翔	代凤智	郝光明	田 炜	魏农	钟 麒
曲 会	肖 磊	周 祥	周正国	李绪青	孟 涛
张 威	冯丹阳	伍源源			

光华管理学院

殷雪松	胡晓敏	刘 军	赵 波	周 宁	刘正琛
徐 鲁	徐 杰	余昌华	史丽芳	王 丹	郑少武
艾晓光	白 燕	毕朝晖	边 明	常娟娟	陈 耕
陈明仲	成方泳	崔俊锋	方 芳	方晓岗	封江涛
付 莉	高恩兴	耿石颖	郭洪涛	郭永昊	韩 淼
韩铁檩	韩 旭	韩 颖	何瞻军	华 烽	淮 斌
黄 珩	黄小兵	黄泽锋	黄钟胜	季 贺	贾颖华
贾智猛	江 山	李长高	李红莲	李 麟	李 鹏
李 强	李 蕊	李小明	刘 超	刘福文	刘海燕
刘 婧	刘 普	鲁成城	栾 威	马 丽	马 霖
马天英	马云涛	潘 锋	秦 颖	石庆贺	史 忠
宋艳秋	孙 婕	孙树军	孙 艳	汪 浩	王铁红
王 颖	王中华	魏志达	吴朝晖	吴慧青	夏 鑫
向 嵘	徐德霞	闫部伟	杨胜琨	杨 焰	张 华
张军辉	张 宇	张 羽	赵风波	赵镇宁	郑金军
郑锦秀	郑伟民	郑英立	周 波	周 军	周 翔
胡 东	刘 青	曲晓兴	舒第铁	鲍驭舟	毕 涛
李蓉蓉	刘 琪	刘 葳	刘洋洋	钱叶文	王晶琦
吴成华	吴启凤	赵端端	周 薇	蔡 畅	曹梦缘
陈龙飞	陈 勇	付春燕	高联军	戈 洁	耿艳艳
韩 鹏	胡王欣	黄君杰	黄 巍	黄 欣	贾志敏
刘一鸣	罗永忠	马 群	毛燕燕	欧阳凡	蒲 茜
屈耀辉	史宝成	宋 卓	孙 琳	万 熔	万水航
王 胜	吴姝颖	谢家佳	徐 栩	许维华	杨德龙
杨 燕	杨子龙	殷丽敏	余浩平	张 驰	张 杰
张 晶	张 静	张明月	张卫明(结)	张 益	
周文斌	林春阳	张初华	曹文锋	陈 琦	李 杰
张涵天	张 娜	赵鑫阳	常 莹	董吉娜	郭利兵

国际关系学院

周 路	凌正功	娄 亚	汤 韵	陈人江	顾 群
郝鑫淼	刘 勇	杨元师	柴绍锦	褚大军	冯云波
渠怀重	熊婷婷	鲍玉良	国震寰	胡丽芳	胡荣荣
寇建桥	李明波	林 峰	刘 杨	鲁洪柯	马晓辉
史 昊	苏 莉	唐 思	王 锦	王锐彬	王兆东
杨伟玲	赵焕刚	周 艳	刘 江	王 维	范晓雁
乐艳娜	李 巍	刘 华	刘凌霄	马 超	苗 苗
孙洪涛	唐 新	汪 恒	王 菁	王志伦	杨 丹
张 静	张 天	赵永刚	王明慧	常春宇	何 雷
李 蓓	李栋林	李金岩(结)	聂阳阳	王海峰	
王立民	王霄巍	王晓阳	严 崴	叶辅靖	余 建
袁 颖	张秀良	朱 柳	郭东明	何 林	何 薇
黄 梅	楼玲令	马冬妮	马 佳	王一君	周 玲
孙 巍	陈金燕	王贞又	吴 浩	李 希	刘 星
杨 旭	余 乐	张松岩	赵京峰	李 昀	吕 强
王俊峰	王艳辉	叶淑兰	赵 洁	陈 晨	董 斐
葛耘娜	李 琦	龙湘林	罗 青	邵长军	沈建冬
施华东	王文泽	吴晓丹	闫 莉	杨 静	陈淑凤
陈吉锋	陈 晔	郝 妍	荆宗杰	鞠 杨	李 键
罗业超	孙冰冰	孙广星	王荣华	王升华	魏婷婷
姚西蒙	俞 晴	朱思明	雷 涛	邵宝华	张 楠
费 杨	胡 波	李亚男	孙力舟	吴丽丽	武光陶
徐庆超	姚佳威	臧 劢	曹 文	李 晟	林 影
杜恒昌	蔡庆化	陈振中	陈学锋	杨子熙	王 燕

经济学院

田松涛	李 颖	董明华	马 玲	侯叶楠	邓秀峰
丁 韬	杜 宇	黄 鹤	林元达	马 舒	孟丽静

胡大春	胡宜国	金明锋	张 俊	张雁南	周 翔	陈绍平	褚福宝	丁宇翔	金伏海	郎艳飞	李 虹
曹 璟	董常凌	高 雁	龚锡挺	李芳芳	李兴卫	李宗辉	孟兆平	钱 伟	乔乐天	商小路	宋娟娟
李彦敏	王海燕	王煜坤	邬财浩	项晓峰	肖志辉	孙巾淋	陶中怡	田 磊	童 蕾	童元玲	王 桔
徐 彬	许志勇	朱成龙	朱晓珊	陈雯雯	单宏伟	王小莉	臧志斌	张金恩	张瑞彩	陈湘林	褚福民
黄 珂	黄生平	李 辰	廖 青	刘会平	束晓晖	何才林	李佳佳	刘哲玮	苏文成	唐桂英	于春露
王广轩	谢 海	张志华	周 飞	樊 蕾	胡 玥	朱晶晶	戴 菲	邓碧君	高广彬	郭维真	华秀兰
黄 震	李 达	李宏伟	马萍萍	沈 恬	谭 佳	焦海涛	刘 静	刘 鹏	刘新颖	刘 雅	卢 亮
王 冰	王 立	王兴猛	王 星	吴 蕾	武朝艳	吕凌娜	吕 卓	孙建立	孙 琦	吴心竹	于谨源
叶辉燕	尹劲桦	俞文皎	张 旭	张玉州	朱 嘉	张 贤	周 旦	范正伟	陈儒丹	顾军锋	郭 岳
朱 琳	邹明星	邹亚辉	曹 颖	曹志敏	陈超书	韩晓委	黄 韬	贾 杉	李德祥	刘 涛	聂咏青
陈 旸	陈毅勤	陈重安	程兴军	程彦亭	董羿君	潘晓琳	吴 敏	徐贝贝	喻文婷	张 娟	张 宇
杜 建	段建林	樊 金	丰昱昕	付 洁	耿 标	周 洁	李洪涛	王传贵	白海霞	白 铧	车萌枝
管家民	郭家强	郭亚非	韩 杰	韩黎洪	何 涛	陈柏苍	陈江丰	陈丽娟	陈丽娜	陈雄波	程松涛
胡泽国	黄海波	霍博宁	计 飞	江 勇	金 霞	崔 虹	代纪柱	戴国庆	戴华祥	戴新燕	邓 舒
李 博	李春光	李 刚	李 晖	李 晋	李 康	董 岩	董 宇	杜 杨	段家星	范 莉	付 强
李 林	李 琳	李梦蘅	李 明	李秀娟	李 暄	付先兵	高发伟	高华玲	高 巍	高永华	郭伟红
李学民	李 莹	李云鹏	刘 东	刘金旭	刘 锦	韩 笑	韩 朕	郝海燕	何春华	何怀文	何 平
刘劲松	刘克平	刘肖桢	刘学臣	刘昱珂	龙 军	何青锋	何 玮	贺 莎	侯丽娟	胡红梅	胡 涛
龙 宇	鲁杰钢	路 卫	吕 健	罗翔宇	骆 磊	华 斌	姬 学	姜 涛	蒋 斌	金英丽	金志华
马大力	马孝东	牟绍华	牛其建	潘小龙	彭基峰	康 凯	康 昕	孔 霞	李 佳	李 劼	李 娟
彭志明	邱虹天	曲丽莉	任 晖	任 伟	邵 华	李 力	李 任	李 锐	李 姝	李未芬	李 勇
沈慧明	石鑫杰	帅 飞	水 倩	宋 煜	苏 明	李占科	李 震	梁奉敬	梁 元	刘 凤	刘建辉
孙 伟	唐 煜	汪 峰	汪睿林	汪 洋	王本梅	刘 琼	刘 伟	刘晓颖	刘玉霞	刘渊明	柳爱杰
王传印	王国军	王海鹏	王红宇	王菁华	王 蕾	卢培伟	路美芳	吕国华	罗 勇	马 彪	马卫华
王利军	王鹏云	王 圣	王万金	王小勇	王晓东	孟树理	苗晓艳	牟晋军	潘传兵	齐东亮	乔资营
王晓莉	王 欣	王 艳	王以国	王泽成	文 飞	秦浩东	秦 曲	任改梅	任文昌	阮耀明	沈 丽
吴 刚	吴海燕	吴会军	吴 明	吴晓帆	伍 旋	史 成	史睿斌	宋凌凌	苏长玲	苏灵芝	苏 伟
夏华阳	谢 源	邢 辉	熊岳达	徐长军	徐雪莲	孙传霞	孙建华	孙 利	孙 慎	孙淑宁	孙 彦
徐 越	晏 飞	杨清波	杨文博	杨友林	杨周周	谭 姝	汤 恩	汤雄军	王爱霞	王炳毅	王晨龙
杨自成	易黎明	易万达	殷明强	于 湛	余 波	王聪慧	王 鸽	王红玲	王济发	王 磊	王 领
袁福生	曾文明	曾 智	翟晓华	战 旗	张 柏	王青山	王 嵘	王田田	王小兵	王 晓	王 洋
张 斌	张春晓	张贵林	张海瑛	张宏波	张建龙	王洋林	王英军	王莹莹	王泽华	王战鹰	王 峥
张 晶	张俊国	张 澎	张 祁	张晓伟	张 焱	魏 星	瓮 建	巫建军	吴成剑	吴 迪	吴红霞
张 垚	张翼翔	赵凤学	赵国文	赵宏博	赵雷雨	吴平芳	吴 艳	吴永胜	吴月超	吴哲健	武 凯
周传忠	周启龙	朱 红	邹芳芳	余世杰	杨孟乔	谢凌寒	徐海伦	徐 进	徐 征	许 源	薛 景
张逸帆	张逸仙					薛维然	闫 丽	杨后鲁	杨 俊	杨良宇	杨梦晗
		法学院				杨文军	杨有军	叶 军	叶 可	叶齐伟	叶晓斌
杨 巍	李 佳	王斯曼	任小静	陈 辛	王 涛	尹天兵	尹维宇	于伶俐	于玲玲	张 超	张海珊
张济花	苗怡凡	赵世聪	黄慧如(结)		王志强	张铁铁	张婷婷	张学勇	张 云	赵东锋	赵丽君
吴 昊	赵勤智	孙红新	陈清宁	顾 瑜	罗 玥	赵兴灿	郑 瀚	周碧清	周 盛	周卫涛	周云雷
牛 悦	丘 先	滕 飞	吴华贵	徐 涛	张丽丽	朱颖莹	祝建成	安 明	陈 娟	胡 凌	李 晟
张 明	林 海	秦化真	王 婧	张宁宁	朱 喆	刘 泉	潘 颖	秦晓燕	石秀娟	万亚平	郑德运
陈标冲	成协中	伏 静	韩钧雅	江 菁	骆 峰	胡永恒	李 俊	唐 净	吴正茂	李 辉	李 磊
王 喆	薛莉莉	曹圣光	陈 铁	杜军燕	樊百乐	李 洋	刘婧娟	王 婷	王 婷	薛 强	朱 含
葛向伟	贾晓文	林 岚	刘砺兵	刘琳琳	刘 翔	陈 檬	陈 娜	陈 肖	李环宇	李伟华	马艳娟
马火生	马娜娟	秦 熙	王灵芳	许 洋	俞国燕	牛广济	曲晶晶	王 炜	薛美琴	杨辉辉	易晓洁
俞和明	岳 霞	张莉鑫	赵兴洪	竹莹莹	陈 红	余 薇	张若瑶	张学博	赵 宁	左 婧	陈 晨

陈洁雅	丁 峰	符 雪	韩金榜	赖乾胜	李秀红	卢 杰	马芝兰	乔 婧	汤 杰	王春晓	王胜娟
刘 朝	罗 鉴	潘 丽	沈丹丹	唐 勇	王 晶	吴 亮	吴 琼	金 民	王康宁	刘红岩	王 璐
谢秋荣	徐玲芳	许增顺	于 莉	于 蒙	曾 丽	赵 璐	上官华洁				
张 诺	侯 琳	胡 斌	罗 瑜	马玉荣	田朗亮			**外国语学院**			
许 懿	杨希希	叶芳宇	张 剑	陈苏华	邓 莹	颜 妍	王小娜	傅 琳	迟 君	丁舒晟	周冬梅
付 澎	蒋 峥	李 强	廖圆圆	刘佳萍	罗 静	陈春霞	谢 琼	张惠文	王建宇	张 璐	姜莉莉
罗莉娅	苗祥玲	缪因知	任学敏	孙新亮	王志刚	刘艺婷	刘一南	孙冬梅	谢 娟	张 锦	刘海英
谢莲坤	邢会丽	杨丽萍	张 倩	胡 琪	严厚福	陈丹萍	戴 涵	高耿松	侯 彦	胡 维	惠海峰
陈一峰	郭 鹏	郭 涛	郭薇薇	胡馨月	李泊桥	黎孔静	李 娟	刘 强	卢 炜	孙娇绯	孙雪晶
李凯玲	李 肖	刘乐君	刘 宁	乔 栋	王东亮	孙 铮	唐惠润	王 建	王 曼	魏有美	杨 敏
王 刚	王 亮	魏 平	严 明	易 立	尹 婧	叶 冰	余凝冰	袁广涛	张红波	张 玥	赵 聘
张坤乂	张满平	赵伟婧				朱 璇	朱岩岩	程 博	黄 伟	李雅林	盛国飞
		信息管理系				万丽娜	王会英	张秀钰	朱丽峰	鲍叶宁	何 丹
顾晓光	金海燕	李冬秀	柳 霞	田晓萌	王 超	徐 熙	张 琰	谈 薇	程 静	贯 佳	刘 伟
王军丽	余训培	战晓雷	支 娟	贯晓光	陈 博	孙 斐	张 瑜	智维平	李亚兰	张 湛	贾永生
程 妮	崔会娟	崔建海	侯晓钰	黄 钰	蒋 龙	何 楠	何奕萍	陆映波	肖 坤	朱慧中	包明明
李 勇	刘 欣	罗 超	钱 程	汪 琼	王为丰	董 晶	高 静	高 巍	金娅曦	李淑杰	李 烨
王秀峰	肖 洪	熊艳红	张贝妮	张振圣	朱爱菊	林 洁	王 萌	郄莉莎	许 莲	余 辉	臧 亮
朱剑俊	甘晓成	李佐娟	王妙娅	张学宏	蔡 箐	张 强	郑 艳	冯颖杰	王 冰	王 靖	
陈 洁	胡文倩	李 丹	李 歆	刘贞君	孙志鹏			**马克思主义学院**			
王明良	王蕊寒	张晓新	郑碧敏	朱 琳	蔡 韬	张惠强	蔡 靓	程令国	欧阳瑜	史秀芬	田辉莉
段 然	范立群	房艳焱	葛 宁	黄 婧	黄亦西	郭 弘	康 尹	刘立晴	乔 梁	王旭琰	武海宝
黎 婷	罗 嘉	毛 辉	孙书霞	肖燕珊	谢萍萍	恽 薇	安凤雷	蒋 茜	姜 波	陈 丹	李晓鹏
徐 成	杨 帆	姚高亢	张晶晶	张 丽	赵 康	王 强	吴 静	戴丽丽	王秋艳	谢振华	员俊雅
樊玲玲	韩 震	曾丽军	周春霞			张青松	高伟昌	李英强	杨 尧	赵 蒙	常 雪
		社会学系				郭 丽	姜 淑	刘东成	邵 琼	王洪廷	于福坚
陈幼红	胡立芳	蒋 勤	李剑钊	李 捷	李 欣	赵少霞	付军杰	刘 超	刘 红	张瑞婷	宫聿州
梁 萌	廖勤樱	吕付华	彭海燕	尚 丹	孙力强	吕申川	时会永	赵文珂			
孙新生	田 耕	王 竞	王 俊	巫锡炜	肖文明			**艺术学院**			
辛 佳	邢 婷	徐法寅	杨 可	应 祎	张传良	陈 晨	黄秋萌	谭 晶	张文靖	崔 腾	金晓聚
张 婧	张 垒	张 琳	张 婷	张晓磊	邹汉歌	刘海英	蒲 波	邱恒昌	俞 燕	章伊倩	邓 昭
梁中桂	欧阳敏	孙东波	王 静	薛铭财	陈晓芬	梁庭嘉	罗汝琪				
高洪山	韩 琪	刘 莉	谭小燕	吴 蕾	杨 霞			**对外汉语教育学院**			
		政府管理学院				鞠 慧	马元文	宋海燕	王 蕾	张京京	张 丽
李 钟	刘明望	邓 钰	崔 镝	谷 芳	李 涛	周 云	黄佩娴				
夏宏伟	徐岳刚	毕建宏	段德敏	冯明亮	华 伟			**深圳研究生院**			
黄琪轩	张学艺	章 彦	郑 融	钟未平	刘娟凤	宋兴华	柏乔良	蔡鸿斌	曹 东	曹俊明	陈 璐
王裕华	张家炳	郑婧儒	金 燕	朴淑瑜	钱 勇	陈 瑞	陈 双	陈 伟	程露茜	程秀华	池俊哲
邱高爽	吴 正	陈 希	安真真	白 静	邓 璇	丛 黎	戴鉴雄	董 静	杜国平	冯斐斐	冯 坤
梁 江	阮 草	孙穆群	王 玮	杨沛龙	于秀明	冯 霞	甘清洪	高 忠	郝建伟	何文军	胡文刚
李永龙	宋晓伟	杨腾原	张国玉	左昌盛	陈路晗	黄 建	霍晓丹	贾 楠	金 鑫	李长平	李 红
黄 磊	焦 鹏	林 琳	苗 苗	果 佳	李定军	李 杰	李洁华	李林军	李庆滑	李万香	李 昕
李 强	任 玥	王 丹	王士才	王媛媛	余艳红	李修枫	李勇国	梁 强	刘 嘉	刘科峰	刘旭利
张 磊	钟 诚	周雪莲	方 然	洪 静	金姗姗	柳 燕	卢 锐	吕霜纯	罗寅丰	罗永波	毛 浩
刘克宇	王懂棋	杨 波	唐 慧	魏 薇	熊 磊	毛颖奇	梅开志	孟 红	苗 森	牟喜强	牟尊岱
徐 卓	许慧芳	陈慧荣	陈素婷	程建新	崔筱涵	欧峻青	裴 海	曲安庆	绳 凌	盛 渊	石运君
但根友	胡 俊	黄 恒	林长森	刘 斌	柳清海						

司贺秋	宋 川	孙 宁	孙晓静	孙 岩	谭晓峰	王正山	吴晓明	吴智发	武艳军	夏 冉	项 锟
汤晓娜	田国栋	田 荣	佟长辉	王爱华	王大伟	谢利江	幸 运	徐 冬	许国庆	许建功	薛大宇
王广忠	王寒梅	王 辉	王建鹏	王静静	王丽丽	杨长喜	杨 斐	杨 林	杨 璐	杨 涛	杨 真
王 乾	王荣梅	王胜利	王彦鹏	王 媛	王月红	应甫臣	于 恬	张 浩	张 磊	张 蕾	张 琴
王泽波	韦胜雨	魏智韬	吴慧敏	吴让军	吴新词	张元睿	赵 静	郑闽睿	周 锋	朱超华	朱家稷
吴燕蕾	熊太柏	熊永爱	徐 建	徐金菊	徐夕文	朱晓明	邹全勇	戴 楠	姜建军	马建军	秦怀斌
闫广立	杨 丹	杨帅峰	殷 敏	尹 侠	于洪波	王 伟	吴建军	臧晓利	吕 晖	王晓文	杨 芳
原丽丽	苑仁庆	岳 鹏	曾庆军	曾小婷	翟现春	杨 涛	常 明	陈良斌	邓学智	范 裕	冯岩松
张 博	张代春	张 玲	张 宁	张 雄	张 勇	高建龙	桂征辉	韩润强	胡桂林	胡素芳	胡子敬
赵岭梅	郑孜青	钟启春	周凤伟	周晓敏	朱红娟	黄丹红	金星星	李 俊	李奇颖	刘长江	刘 晨
祝 海						刘静妹	刘 贤	吕杰勇	邱宝军	孙国辉	王 伟
						王文明	王 阳	徐 丹	严小天	姚 远	余 泽
						张晶晶	张静肖	张士礼	赵 硕	周 丹	周 余
						朱兴国	王建军	陈瑞怡	王 琦	杨 澍	

信息科学技术学院

耿幼平	潘光虎	赵永杰(结)	韩金豹	周 华
崔文涛	赵腾飞	田明军	李 琦	肖华云(结)
王 伟(结)	何 茹	欧阳平平	李泽为轩	黄爱根
马修泉	任 惟	沈顺泉	孙东喜	佟娟娟	吴 龙
曾 虎	田 阳	王玮玮	于 洁	张 月	张振宇
周剑峰	白 云	王 楠	闫 晔	董 硕	范小杏
王妙明	安 科	曹岱宗	曹 阳	陈剑刚	陈 燕
冯 上	耿显东	黄君彬	姬冰辉	孔令斌	廖佳佳
刘艺锋	潘文山	申 畅	史 超	孙淑蓉	童 霆
万 放	王春利	王伟平	王 峥	吴新蕾	许 刚
曹亚军	代 洋	何立春	李 明	于 平	赵 怡
李 楠	冉崇海	王 磊	王曦元	陈明春	郝 强
王唯良	魏 华	单晓楠	段基文	郭 辉	郭 鹏
何宇佳	侯丹琼	黄慧娟	黄 进	黄 薇	纪志罡
蒋延飞	柯 伟	李冬林	刘 芳	孟彦杰	萨 宁
石 铭	史浩凯	宋 瑞	孙丛豪	王继山	王剑非
王世军	王 为	王 一	王 勇	王 煜	吴 昕
夏 飞	夏 令	夏 天	张海涛	赵 涛	赵 影
周 毅	朱立达	陈慕羿	陈自力	洪 波	胡亚飞
金 锐	柯 学	李 坤	李桢荣	刘 欣	刘 翼
乔志品	孙 钊	谭 跃	唐恒标	汪 洋	王兵冰
王海波	王 珏	王紫明	夏 冰	宣传忠	杨 鑫
原 飞	袁 伟	张建强	张明东	邹敏瀚	左 航
蔡 建	蔡 怡	陈国辉	陈 昆	陈 昴	陈 仙
程兰兰	崔高颖	杜昆鹏	房翠华	高朝华	高 乾
苟小刚	辜炜东	郭玉辉	胡景贺	胡 卿	黄剑刚
黄 谦	黄远文	姜人宽	劳焯鹏	雷大伟	李清歧
李双峰	李永华	李 奘	李振鹏	梁 冰	林彦彦
刘春凤	刘 丹	刘 缙	刘 静	刘 淼	刘 敏
刘 星	刘 杨	刘 杨	刘园芳	罗 景	罗曦光
罗 引	马 龙	马世雄	马云霄	孟凡阔	倪海威
欧阳图	彭 瀚	彭豪博	钱金蕾	申峻嵘	沈 坚
沈 凯	石 斌	石午光	石志猛	史 诗	舒文兵
宋江云	苏永刚	隋 鑫	孙宏涛	唐晓晖	田 田
童征宇	王东海	王 刚	王 宁	王 欣	王正元

中国经济研究中心

唐 健	郭榕榕	韩晓亚	胡向婷	吉远慧	李化松
任丽达	时安安	孙 昂	王敬媛	韦志超	严 焱
杨柏龄	张沈伟	张晓亮	张燕姣	赵洪春	周 斌
李 东	王 斌	张 璐	杜 平	黄玲文	李 嘉
李永兴	廖志鹏	刘海燕	马京晶	王振东	许 博
翁 翕	王小康	邹传伟	陈培峰	陈 微	邓寰乐
雷 燕	宋 波	王英姿			

教育学院

党 蕾	蒋 华	毛 丹	孟庆鸿	宿方圆	王茂密
吴沛涓	徐旭英	张学广	李锦晖	孙世兵	吴晓蕾
谢元泰	赵宇辉	何 峰	何 征	洪小莹	刘晓燕
刘彦伟	祝 晨	乐 园	殷 浩(结)		

人口研究所

余 江	张金辉	李思远	潘 漪	舒晓非	郭艳玲
徐 静	郑 嫲	白铭文	唐 佳	任 红	

工学院

董慧智	曹 建	杨海锋	秦卫中	肖 珅	蔡 峰
陈青松	李 恒	李建波	李 欣	施慧明	宣李俊
杨 旭	叶世禄	张日葵	张遐龄	周文韬	陈碧清
付超奇	宫玉才	郭 瑾	洪苑栋	刘红星	刘瑞琪
谭红霞	万志超	王浤西	武 牲	徐 明	杨艳静
袁 飞	张 弛	张金龙	周洪伟	范瑞峰	方奕敏
孙 超					

基础医学院

苑广科	鲍红梅	赵 红	钟 飞	黄应申	赵国杰
鲁云彪	林胜利	黄晓洁	陈 希	李 婷	常昕莹
裴群羽	刘 宁	徐彩红	刘 影	钟 吉	许奇齐
李雅娟	罗凌琪	部小霞	张爱英	黄江梅	董格红
蒋惠君	卫艳予	汪 立	毕 娟	薛 薇	白 香
陈宝琼	孙艳萍	李清漪	贺瑞英	崔翔宇	张含黄

公共卫生学院

王 娟　彭质斌　张 炎　曾 静　熊依杰　王舜钦
张秋香　张召锋　齐 智　李 丽　丁兆丰　张耀光
周利平　马玉欣　钱 颖　季莉莉　钟方虎　蒋 宁
李书明（2005年毕业）　李扬眉（肄业）

护理学院

王荣梅　岳 鹏　邓寒羽　刘鹏飞　肖 倩　陶巍巍
孙爱华

公共教学部

董美丽　吴 超　郝树伟　祁 志　朱晋炜

药学院

彭作富　桂方晋　余占江　蓝林祥　罗丽云　朱 军
王长宁　杨晓鸣　吴科春　赵帼英　张 鹏　李 星
杨照罡　张 源　陈 颖　张小波　王占良　金 伟
陈九洲　王卫星　刘 一　赵电红　扈继萍　马艳霞
高 燕　杨晓冉　武秀丽　赵 磊　王宇伟
傅德倩（肄业）　刘 莎（肄业）　张伯炯（肄业）
周玺琳（肄业）

第一临床医学院

叶郁红　邹水兰　马迎春　王 艳　王立柱　陈亚红
王 瑶　陈 佳　赵连荣　吴 妮　刘园梅　乔 青
张 政　安 芸　李兴丰　平莉莉　刘 颖　赵 阳
石丹妮　姚 生　叶锦棠　齐丽丽　阴振飞　崔 巍
冯 源　曲克宇　李亚珍　石 玉　赵玉玲　王春燕
时 昕　李超波　肖秀美　张 瑞　简佩君　丁亚光

刘 菲　胡 松（肄业）

第二临床医学院

王亚哲　胡 萍　邓忠华　赵 卫　关 岚　张 洁
房 娟　耿立霞　尚 美　霍 阳　程 敏　武敬平
杨 琼　郑晟旻　朱 峰　唐锦明　肖士鹏　王铭远
宋艳智（肄业）

第三临床医学院

钱 鑫　盖晓燕　刘 晔　曹立杰　刘广仁　郎 宁
秦 达　乔 蕊　许剑锋　彭 颖　韩金涛　张秋芳
严晓南　王 荣　徐永胜　许 珂　赵 阳　乔 薇
元香南　吴望喜　王彦明　林丽娟　舒 展

第四临床医学院

陈维娜　李 娜　徐 黎　张 纪　侯 宇　宁方刚
赵 芳

口腔医学院

牛春华　王 鹏　杨 杰　吴 畏　张红梅　严颖彬
薛世华　丁雪芳　陈艳明（肄业）

精神卫生研究所

郝晓楠　赵 萌　徐婉姣　马红梅　汪春花
顿念念（肄业）

临床肿瘤学院

纪素娟　王媛媛　崔燕海　曹 广　易 玲　薛世林
孙 颖　平凌燕　张纪锋　崔金杰

毕（结）业博士研究生名单

数学科学学院

张润杰　庄伯金　白 羽　周 斌　赵 琛　董 钢
赵立丰　梁 超　龙 泉　高 斌　闫 峻　张 冲
赵新宇　范少锋　聂昌雄　姜海燕　刘 童　杨永明
俸 旻　谭 亮　张亚静　邱 玲　马雪松　梁 超
安金鹏　季 霞　严熙婷　陈 勇　高登攀　翁国标

力学与工程科学系

魏建萍

物理学院

颜 莎　徐耿钊　王振伟　黄毛毛　马 日　孙 泉
龙文辉　武雪芳　陈虹志　高颖佳　李 强　吴俊宝
罗春雄　廖慧敏　张春霞　陈志涛　徐向宇　张振生
赵 清　刘 一　安 然　加尔肯　吴雪宝　毕研盟
田新春　黄新瑞　吕红宇　高溥泽　吴江文　刘跃伟
谢 华　黄 峰　常 雷　胡成余　张 莉　马国立

王有刚　黄 聪　汪 洋　张 泳　胡豪然　汤 绪
贺千山　范丽雅　姜瑜君　陈 勇　高 嵩　雷双瑛
周智勇　马玉彬（结）

化学与分子工程学院

崔高峰　胡小丹　吉 岩　王 凡　于 涛　冀中华
王晓化　邹 鸣　李正全　何 平　吴爱华　弓胜民
许军舰　谢群英　胡 虎　关英华　陈 浩　韩晓峰
刘士勇　张鑫然　曹洪庆　白士强　司 锐　孙俊良
王新益　袁 梅　官轮辉　徐建勋　张耀华　龚 龑
唐定国　侯 鲲　黄 挺　康 娟　宓捷波　何池洋
李社红　于 冰　张美芹　马琳鸽　周 江　黄少华
陆 江　王志会　张 翔　吕少峰　马 明　许 峰
李闯创　唐叶峰　王翠华　周 璐　陈 卓　何茂帅
罗 刚　卿 泉　冉纯博　侯思聪　陶国宏　管洪波
李 栋　邵 翔　王永锋　郭贤荣　卢润潮　尹海清

张大勇	王冰冰	许宁	杨凌露	王圣	张洁
朱敦深	啜玉涛	劳春峰			

生命科学学院

董一宇	彭宽	岑晓东	杜娟	张颖娇	陈延辉
石苗	段巧红	徐莉	韦锦学	肖能明	霍毅欣
张宇坤	刘铁	杨文华	倪挺	杨小元	何坤
毛贤军	黄茉莉	李继刚	刘蓉蓉	张义	周锋
邹根	钱万强	张新跃	孔玲玲	熊伟	黄俊
苏小琴	胡劲松	李慧惠	时艳	刘中华	陈强
傅璟	姜永强	李燕	巩威	李晴	王柏臣
高歌	胡建飞	吴健民	张勇	张勇	杨伟
徐慧敏	邹宇飞(结)				

地球与空间科学学院

盖增喜	郑喜坤	张文慧	朱雷	李梅	王晓明
张伟	屈红刚	王晓朋	唐新功	曹馨	肖赛冠
祁进平	曾广鸿	郑江华	杨吉龙	吕书强	王志刚
王林	张文坡	郝永强	陈涛	孙作玉	邓荣敬
杨默函	程素华	牛向龙	冯军		
阿布都瓦斯提·吾拉木					

环境学院

潘波	王亚男	王辉	昌敦虎	邱兴华	吴庆龙
徐冰烨	安尼瓦尔	马文红	王襄平	蒋依依	
唐伽拉	殷成志	黄大全	张元勋	李怡	孙卫玲
陈喜波	赵英丽	黄义军	彭建	韩文轩	冯建孟
安伟	岳隽	赵群毅	南峰	张小咏	李宏军
周海东	吴永顺				

心理学系

冯源源	姚翔	陈骐	莫书亮	李林	王异芳
赵红梅					

新闻与传播学院

王靖华	张洁	能向群	杨琳	张海潮

中国语言文学系

项梦冰	李香	泽拥	黄卉	刘玉才	冷霜
叶向阳	赵果	曹文	王宇	马云霞	曾立英
邵丹	帅志嵩	应晨锦	陈宝贤	黄敬愚	何宏玲
段从学	葛飞	秦艳春	杨天舒	李祖德	孙柏
周阅	李龙	詹冬华	柳春蕊	陈雪竹	包旭玲
韩沛玲	彭国珍	周芳	周韧	李峻岫	刘宗永
陈君	蔡彦峰	丁楹	郭凌云	李晶	孙华娟
王佺	翟景运	徐楠	赖洪波	刘晓南	张冲
张欣					

历史学系

乔印伟	冯国华	毕波	赵燕灵	李伟丽	张孟媛
钟铁军	苏卫国	张小稳	高柯立	辛迪	苏航
张春海	刘雅军	陈友良	崔跃峰	张运君	周爱萍
黄艳红	孙一萍	潘洋	夏洞奇	周东华	张丽
常越男	王媛媛	姜庆晖			

考古文博学院

陈凌	崔剑锋

哲学系

嘎日达	郭双鹰	黄芸	张新庆	马秀梅	张兰石
曾弘立	李富君	王建永	颜玉科	朱清华	张晓华
王永生	张之锋	高芳	张建军	李百玲	邢立军
孙宝山	张健捷	李守利	陈江进	王利	郭美云
冯艳	黄鸿都	李毅红	欧阳光明		

国际关系学院

肖麟	陈岩	赵毅	慕新海	田立仁	黄文娟
韩雯	梁文	朱非	李利群	杨雷	陈发兵
邓国宏	杜继锋	初晓波	张占顺	滕建群	冯全普
张嵘	陈南雁	郭洁	方军祥	耿喜梅	张云
熊炜	于悦	梁晓君	唐奇芳	李红杰	夏维勇
王曦					

经济学院

王灏	安国勇	周海欧	彭志勇	朱烨东	章莉
冯雨	杜奎峰	陈勇	余向华	白雷	王蕴
郭海涛	熊利平	赵夫增	张德荣	张峻极	何予平
张春晓	王丹莉	王花蕾	李双菊	陆云航	邱晓燕
孙磊	潘素昆	郭磊	杨丽花	刘向东	钱宥妮
刘涛	赵留彦	张伟	俞鸿琳		

光华管理学院

张津	黄玉启	王皓	汪雄剑	刘丁己	王卫华
聂秀东	杨建芳	施嘉岳	王弟海	朱晓明	刘海东
彭征波	高义	刘彬	罗雨泽	王鹏	王丰
王敏	赵占波	叶康涛	高颖	谭松涛	邢春冰
杨俊	王震	张汉飞	黄国华	黄良赳	聂海峰
吕开颜					

法学院

金玲	马耀添	朱家贤	陈舜	黄信瑜	徐中煜
付立庆	魏建国	董华春	林维	鲁斌	黄少泽
陈斯喜	陈小文	赵桂芬	许永俊	刘继峰	古红梅
宾凯	李淑娟	刘忠	王蓓	余履雪	杨利敏
钟瑞友	黄伟明	周永平	张江莉	雷继平	高巍
刘永沛	田芙蓉	韩燕煦	陈文学	刘扬	张杰
王爱声	张英	沈明	谌洪果	张剑虹	胡震
董文媛	方鹏	孙立红	叶慧娟	于洪伟	张会峰
张黎	刘广三	杨雄	赵玲	翟继光	刘凯
徐妍	叶卫平	方志平	蒋云蔚	税兵	张广荣
朱理	宋春风	朱利江	郭明跃	杨敏华	黄章一

信息管理系

赵丹群	王立清	杨文祥	王红印	孙广芝	许欢
汤艳莉	张成昱	马德辉	杨光	吕娜	
李富玲(结)					

社会学系

邓锁	王纪芒	康敏	赵玉燕	蒲宇飞	孙力

政府管理学院

燕继荣	张崇和	桂宏诚	林承格	段余应	李国忠
刘宇辉	胡若隐	张全在	卢明华	苗月霞	解亚红
彭云望	刘廷扬	张　超	刘为民	刘　燕	侯伊莎
唐海华	雷艳红	严　洁	杜治洲	鄢益奋	雷玉琼
刘银喜	孟继民	余焯和	吴新华(结)	谭珮宁(结)	

外国语学院

许葵花	马士奎	钱　翰	孟凡君	刘　昊	方开瑞
盛文忠	赵秀娟	崔　燕	范　晔	劲　松	刘　炅
曹明伦	王春景	包萨仁	蒋和平	倪　颖	龚　觅
卜　珊	王　旭(结)	张婉瑜(结)	敖特根其其格		

马克思主义学院

宋朝龙	杨枝煌	张建刚	蔡亚志	李晓东	牛保良
时青昊	周连顺	黄明伟	靳志高	孙文营	陈德民
冯雅新	于德宝				

信息科学技术学院

赵俊峰	贾　娟	管雪涛	李笑岚	于哲峰	安　霞
于　民	王　芳	冀会辉	阮　勇	兰景宏	马浩海
赵　伟	王君秋	张家兴	焦现军	张俊虎	滕启明
马志刚	江志烨	李萍剑	黄　伟	汪　浩	张　伟
李　戈	刘天成	王鸣生	王　胜	李修函	杨　利
蔡一茂	孔令刚	王　源	刘永强	杨　懋	王　韬
高爱强	王治敏	万小军	裴玉茹	罗　武	吴建军
诸葛建伟					

中国经济研究中心

范志勇	李彤宇	杨湘玉	郝朝艳	董　利	沈　琪
刘　可	张鹏飞	李　丽(结)			

教育学院

郭　海	魏　新	程化琴	张国兵	包海芹	茶世俊
郭丛斌	康小明	许善娟	李湘萍	屠森林	
令狐岩萍(结)					

人口研究所

张　巍	吴士勇	杨胜万	尹德挺	陈佳鹏	纪　颖
王家宝(结)					

工学院

余永生	李宏举	赵　凯	高凌天	胡凯衡	楚海建
刘维甫	朱建州				

基础医学院

韩红梅	袁　峥	乔志梅	李玉明	杜　朝	王瑾瑜
朱　翔	侯忠赤	吴　彬	潘春水	李　黔	沈　涛
麻耀颖	黄　进	李卉丽	秦绿叶	贾玉红	张　映
曾　柱	李云燕	付文先	李国栋	薄　洪	许　文
杨　鹏	靳彩宁	陈丽娜	吕冰峰	徐　英	郑　鑫
尹利民	高志勇	张华捷	宫丽华	戴　晶	

公共卫生学院

万仁英	王晓莉	孙昕霙	常　春	黄爱群	朱燕萍
高文静	李旭东	董　鹏	张　乐	岳　伟	李卫新
李玉玲	孙军玲	姚碧云	祁妍敏	任明辉	

药学院

丁文锋	李响敏	赵荣生	邵　波	薛春美	郑　艳
汤志宇	韩美华	丁海涛	郑秀静	张　航	吕　雯
李明光	崔纯莹	胡君萍	刘爱华	李莉娅	徐岷涓
史社坡					

第一临床医学院

殷　毅	石　岩	刘大振	褚松筠	刘国华	程李涛
杜　卉	田信奎	文玉杰	李贵森	唐　雯	崔　昭
任婷婷	范青锋	邢　燕	韩　颖	张玉稚	李晓惠
马祎楠	金红芳	钟旭辉	楚向丽	张秉新	赵作涛
邱建星	张　晓	李　伟	王晓松	来永庆	宋　刚
孙　笑	张　捷	于晓敏	马　为	燕　宇	王　昱
刘　颖	蔡　翔	孙伟平	孙　伟	王　峥	赵　邑
许玉峰	李飞宇	宋　莉	史晓敏	王会元	汤坚强
彭　靖	李　宏	李维青	张鲁锋	郑　建	吴文湘
杨秀丽					

第二临床医学院

钟幼民	赵战勇	易　忠	任景怡	闫明珠	李　慧
汤建民	王立茹	赵　磊	闫晨华	李　茹	张　璐
潘孝本	梁　蓉	李　宁	陆春雨	伊　新	焦岗军
刘芳芳	赵　勇	赵富强	鲁　谊	滕　星	杨　毅
李　巍	张　虹	高　敏	吴慧娟	安海燕	李志红
饶慧瑛	褚　琳	马　旖	侯爱军	佟光明	杨士伟
陈　宁	安凌王	和　宇	陈国强	季　涌	金　滨
李　国	胡小凤	张　力	田　蓓	王　荣	

第三临床医学院

闫秀娥	贾凌云	王腾科	杜建海	孙丽杰	李传凤
李晓光	毕书红	常　春	邢俊杰	刘小璇	王宏利
吴莹光	李　峰	孙建军	马　汀	陈慧瑾	李漫娜
王海军	陈连旭	俞　晨	王佐岩	李　蕾	张　静
孟灵梅	路　明	葛辉玉	崔　龙	倪　昱	于　淼
王丽娜					

口腔医学院

向　彬	戚　戈	张非煜	曾晨光	陈　琳	王冬梅
释　栋	于晓潜	闫志敏	高　涛	宋铁砾	范　彬
孟　康	李　飒	那　宾			

精神卫生研究所

李　涛	张　霞	汪　冰	赵志宇	苏允爱	吕建宝
刘忠华	刘　琳				

临床肿瘤学院

白　静	王　友	刘江莹	胡维亨	臧师竹	王　莉
吴　薇	范智慧	于东升	王晓东	李红霞	李忠武
彭亦凡	唐　磊	姜晗昉			

毕业留学生名单

国　籍	姓　　名	性别	院　系	类　别	专　业
韩国	赵昶钦	男	新闻与传播学院	本科	广告学
韩国	金雅览	女	新闻与传播学院	本科	新闻学
韩国	崔祯娥	女	新闻与传播学院	本科	新闻学
韩国	文嘉英	女	新闻与传播学院	本科	新闻学
韩国	徐美正	女	新闻与传播学院	本科	新闻学
韩国	朴时亨	男	新闻与传播学院	本科	新闻学
日本	古田勇斗	男	新闻与传播学院	本科	新闻学
美国	闫燚	男	新闻与传播学院	本科	新闻学
韩国	朴圣烈	男	新闻与传播学院	本科	广告学
印度尼西亚	黄贞强	男	新闻与传播学院	本科	广告学
韩国	金槿雅	女	新闻与传播学院	本科	新闻学
新加坡	林岭	女	新闻与传播学院	本科	广播电视新闻学
印度尼西亚	王秀莉	女	新闻与传播学院	本科	广告学
韩国	周素熙	女	新闻与传播学院	本科	新闻学
马来西亚	钟龄莹	女	新闻与传播学院	本科	新闻学
日本	广木君惠	女	新闻与传播学院	本科	广播电视新闻学
韩国	李祯恩	女	新闻与传播学院	本科	广告学
韩国	金恩廷	女	中国语言文学系	本科	汉语言文学
日本	田中佐由子	女	中国语言文学系	本科	汉语言文学
朝鲜	金英柱	男	中国语言文学系	本科	汉语言文学
朝鲜	金正男	男	中国语言文学系	本科	汉语言文学
朝鲜	金光星	男	中国语言文学系	本科	汉语言文学
韩国	崔正勇	男	中国语言文学系	本科	汉语言文学
韩国	金星润	男	中国语言文学系	本科	汉语言文学
韩国	姜源昌	男	中国语言文学系	本科	汉语言文学
韩国	池旼修	男	中国语言文学系	本科	汉语言文学
韩国	金都娜	女	中国语言文学系	本科	汉语言文学
韩国	韩庆珢	女	中国语言文学系	本科	汉语言文学
韩国	林惠彬	女	中国语言文学系	本科	汉语言文学
韩国	崔仁瑛	女	中国语言文学系	本科	汉语言文学
韩国	金珉周	女	中国语言文学系	本科	汉语言文学
韩国	崔主恩	女	中国语言文学系	本科	汉语言文学
韩国	刘赛荣	女	中国语言文学系	本科	汉语言文学
韩国	尚明羲	女	中国语言文学系	本科	汉语言文学
韩国	金智贤	女	中国语言文学系	本科	汉语言文学
韩国	韩知儿	女	中国语言文学系	本科	汉语言文学

续表

国　籍	姓　名	性别	院　系	类　别	专　业
韩国	全美丽	女	中国语言文学系	本科	汉语言文学
韩国	李美京	女	中国语言文学系	本科	汉语言文学
韩国	金京宣	女	中国语言文学系	本科	汉语言文学
韩国	朴希亘	女	中国语言文学系	本科	汉语言文学
马来西亚	丘彦斌	男	中国语言文学系	本科	汉语言文学
蒙古	达希达瓦·银和扎娅	女	中国语言文学系	本科	汉语言文学
印度尼西亚	陈帼丽	女	中国语言文学系	本科	汉语言文学
保加利亚	文黛晢	女	中国语言文学系	本科	汉语言文学
韩国	裴孝真	女	中国语言文学系	本科	汉语言文学
韩国	朴美罗	女	历史学系	本科	世界历史
韩国	宋晖荣	男	历史学系	本科	世界历史
韩国	朴圣东	男	历史学系	本科	历史学
韩国	黄智美	女	历史学系	本科	历史学
韩国	柳美爱	女	历史学系	本科	历史学
韩国	崔旻圭	男	历史学系	本科	历史学
韩国	金慈映	女	历史学系	本科	历史学
韩国	金尚旭	男	历史学系	本科	历史学
韩国	韩智旭	男	历史学系	本科	历史学
日本	岩越诚	男	历史学系	本科	历史学
新加坡	陈思甫	男	考古文博学院	本科	考古学
韩国	林譓林	女	考古文博学院	本科	考古学
韩国	李晓英	女	哲学系	本科	哲学
韩国	张京熙	男	哲学系	本科	哲学
韩国	李光来	男	哲学系	本科	哲学
韩国	廉圭石	男	国际关系学院	本科	国际政治
韩国	金正佑	男	国际关系学院	本科	国际政治
韩国	李胜镛	男	国际关系学院	本科	外交学
韩国	崔荣福	男	国际关系学院	本科	国际政治
韩国	金明进	男	国际关系学院	本科	国际政治
韩国	林　一	男	国际关系学院	本科	国际政治
韩国	杨珠喜	女	国际关系学院	本科	国际政治
德国	石安娜	女	国际关系学院	本科	国际政治
韩国	洪　莹	女	国际关系学院	本科	国际政治
韩国	赵财浒	男	国际关系学院	本科	国际政治
韩国	徐丹丽	女	国际关系学院	本科	国际政治
蒙古	蒙和比里戈	男	国际关系学院	本科	国际政治
韩国	黄智雄	男	国际关系学院	本科	国际政治
日本	白砂小百合	女	国际关系学院	本科	国际政治
韩国	金政焕	男	国际关系学院	本科	国际政治
韩国	李周泳	女	国际关系学院	本科	外交学
韩国	金大植	男	国际关系学院	本科	外交学

续表

国　籍	姓　名	性　别	院　系	类　别	专　业
韩国	金建一	男	国际关系学院	本科	外交学
韩国	郑惠鲤	女	国际关系学院	本科	外交学
韩国	全英俊	男	国际关系学院	本科	外交学
日本	河田纯子	女	国际关系学院	本科	外交学
韩国	成恩慧	女	国际关系学院	本科	外交学
韩国	金焰政	女	国际关系学院	本科	外交学
韩国	全芙庆	女	国际关系学院	本科	外交学
韩国	李昭燕	女	经济学院	本科	国际经济与贸易
印度尼西亚	潘盈杏	女	经济学院	本科	国际经济与贸易
韩国	郑安善	女	经济学院	本科	经济学
韩国	李相美	女	经济学院	本科	经济学
韩国	丘孝完	女	经济学院	本科	国际经济与贸易
韩国	尹晶美	女	经济学院	本科	国际经济与贸易
日本	小舟真一	男	经济学院	本科	国际经济与贸易
韩国	金琼洙	男	经济学院	本科	国际经济与贸易
日本	中岛慈理	女	经济学院	本科	国际经济与贸易
印度尼西亚	谢勇亮	男	经济学院	本科	国际经济与贸易
韩国	韩贞垠	女	经济学院	本科	国际经济与贸易
葡萄牙	陈洪玉	女	经济学院	本科	国际经济与贸易
韩国	朴贤燮	男	经济学院	本科	国际经济与贸易
多米尼克	吴玳昀	女	经济学院	本科	国际经济与贸易
韩国	金旻宣	女	经济学院	本科	国际经济与贸易
韩国	具滋勋	男	经济学院	本科	国际经济与贸易
印度尼西亚	郑丽雅	女	经济学院	本科	国际经济与贸易
韩国	金大植	男	经济学院	本科	国际经济与贸易
泰国	吴娜娜	女	经济学院	本科	国际经济与贸易
蒙古	加尔格力	女	经济学院	本科	金融学
韩国	崔善雄	男	经济学院	本科	金融学
韩国	宋秉国	男	经济学院	本科	金融学
韩国	权奇准	男	经济学院	本科	金融学
韩国	尹姝仁	女	经济学院	本科	金融学
韩国	李东演	男	经济学院	本科	金融学
韩国	郑圣勋	男	经济学院	本科	金融学
韩国	朴宰润	男	经济学院	本科	国际经济与贸易
韩国	金良修	女	光华管理学院	本科	会计学
韩国	李炫升	男	光华管理学院	本科	市场营销
韩国	金庭衍	女	光华管理学院	本科	市场营销
韩国	刘宰僖	女	光华管理学院	本科	市场营销
韩国	都镇宇	男	光华管理学院	本科	人力资源管理
韩国	金东国	男	光华管理学院	本科	人力资源管理
韩国	李汉俊	男	光华管理学院	本科	工商管理

续表

国　籍	姓　　名	性别	院　　系	类别	专　业
韩国	朴泰哲	男	法学院	本科	法学
韩国	李允贞	女	法学院	本科	法学
韩国	金都衍	女	法学院	本科	法学
韩国	尹日冠	男	法学院	本科	法学
韩国	李璟旻	男	法学院	本科	法学
蒙古	洪达格	女	法学院	本科	法学
韩国	李周原	男	法学院	本科	法学
日本	中原美铃	女	法学院	本科	法学
韩国	俞智宪	女	法学院	本科	法学
马来西亚	谢安	男	法学院	本科	法学
印度尼西亚	江啟奋	男	法学院	本科	法学
比利时	勾飞	男	法学院	本科	法学
意大利	朱安娜蕙莲	女	法学院	本科	法学
韩国	金秀炫	女	法学院	本科	法学
韩国	姜明恩	女	法学院	本科	法学
韩国	金珠乙	女	法学院	本科	法学
韩国	田炳周	男	法学院	本科	法学
韩国	金兑垠	女	法学院	本科	法学
韩国	金容姬	女	法学院	本科	法学
韩国	李承娟	女	法学院	本科	法学
韩国	金希宣	女	法学院	本科	法学
韩国	崔银渶	女	法学院	本科	法学
韩国	尹元湖	男	法学院	本科	法学
韩国	池修荣	男	法学院	本科	法学
韩国	崔炳昊	男	法学院	本科	法学
日本	大川牧希	女	社会学系	本科	社会学
韩国	朴宰奭	男	社会学系	本科	社会学
韩国	权钟一	男	社会学系	本科	社会学
韩国	金世恩	女	社会学系	本科	社会学
韩国	朴秀美	女	社会学系	本科	社会学
韩国	申桢浩	男	社会学系	本科	社会学
韩国	河善宙	女	社会学系	本科	社会学
韩国	具贤模	男	社会学系	本科	社会学
韩国	金银珠	女	政府管理学院	本科	政治学与行政学
韩国	李尚娟	女	政府管理学院	本科	政治学与行政学
韩国	尹明珍	男	政府管理学院	本科	政治学与行政学
日本	棚野尚弘	男	政府管理学院	本科	政治学与行政学
英国	蔡绮思	女	政府管理学院	本科	政治学与行政学
韩国	李仑洙	男	政府管理学院	本科	政治学与行政学
英国	欧嘉怡	女	政府管理学院	本科	政治学与行政学
韩国	朴泰雄	男	政府管理学院	本科	政治学与行政学

续表

国　籍	姓　名	性　别	院　系	类　别	专　业
韩国	白少丹	女	政府管理学院	本科	政治学与行政学
英国	邓淑贤	女	政府管理学院	本科	政治学与行政学
美国	景　威	男	政府管理学院	本科	政治学与行政学
韩国	金东显	男	政府管理学院	本科	政治学与行政学
韩国	金多来	女	政府管理学院	本科	政治学与行政学
韩国	李载信	男	政府管理学院	本科	政治学与行政学
韩国	李承恩	女	政府管理学院	本科	政治学与行政学
韩国	金钟佑	男	政府管理学院	本科	政治学与行政学
韩国	赵太行	男	政府管理学院	本科	政治学与行政学
韩国	李镕默	男	政府管理学院	本科	政治学与行政学
韩国	朴纪炫	男	政府管理学院	本科	政治学与行政学
韩国	金慈元	女	艺术学院	本科	广播电视编导（影视编导）
韩国	禹正民	男	艺术学院	本科	广播电视编导（影视编导）
韩国	池祥润	男	新闻与传播学院	硕士	新闻学
韩国	尹晟贤	女	新闻与传播学院	硕士	新闻学
韩国	方贤珠	女	新闻与传播学院	硕士	新闻学
罗马尼亚	鲁　吉	女	新闻与传播学院	硕士	新闻学
新加坡	陈能端	女	新闻与传播学院	硕士	新闻学
委内瑞拉	陆梅如	女	新闻与传播学院	硕士	传播学
韩国	李恩京	女	中国语言文学系	硕士	汉语言文字学
韩国	李根硕	男	中国语言文学系	硕士	比较文学与世界文学
韩国	孙周延	女	中国语言文学系	硕士	汉语言文字学
韩国	金正求	男	中国语言文学系	硕士	比较文学与世界文学
韩国	郑贤英	女	中国语言文学系	硕士	汉语言文字学
蒙古	阿优希佳娃	女	中国语言文学系	硕士	汉语言文字学
越南	阮明芳	女	中国语言文学系	硕士	语言学及应用语言学
美国	朱家辉	男	中国语言文学系	硕士	文艺学
韩国	李明喜	女	历史学系	硕士	历史地理学
韩国	李相旼	男	历史学系	硕士	世界史
日本	伊藤广树	男	考古文博学院	硕士	考古学及博物馆学
韩国	申　浚	男	考古文博学院	硕士	考古学及博物馆学
玻利维亚	卡罗拉	女	国际关系学院	硕士	国际关系
玻利维亚	玛丽亚	女	国际关系学院	硕士	国际关系
加拿大	梁嘉明	男	国际关系学院	硕士	外交学
斯里兰卡	巫伟杰	男	国际关系学院	硕士	国际政治
伊拉克	海　德	男	国际关系学院	硕士	国际政治
日本	马场阳子	女	国际关系学院	硕士	国际关系
日本	藤本哲旭	男	国际关系学院	硕士	国际关系
韩国	金贤淑	女	国际关系学院	硕士	国际政治

续表

国　籍	中文姓名	性别	系　别	类别	专　业
韩国	金揆妍	女	国际关系学院	硕士	国际关系
韩国	李宣和	女	国际关系学院	硕士	国际关系
韩国	朴淳弘	男	国际关系学院	硕士	国际关系
韩国	河准九	男	国际关系学院	硕士	外交学
韩国	朴惠娜	女	国际关系学院	硕士	外交学
韩国	宋荣美	女	国际关系学院	硕士	外交学
韩国	崔敏智	女	国际关系学院	硕士	国际政治
韩国	李升奎	男	国际关系学院	硕士	国际政治
韩国	崔昶豪	男	国际关系学院	硕士	国际关系
韩国	黄基仁	女	国际关系学院	硕士	国际关系
韩国	李娟珠	女	国际关系学院	硕士	国际关系
韩国	朴省珍	女	国际关系学院	硕士	国际关系
韩国	金慧恩	女	国际关系学院	硕士	外交学
韩国	李南佶	男	国际关系学院	硕士	外交学
吉尔吉斯斯坦	白雪	女	国际关系学院	硕士	国际关系
莱索托	莫西莉	女	国际关系学院	硕士	国际关系
墨西哥	达妮娅	女	国际关系学院	硕士	国际关系
尼泊尔	宇斯	男	国际关系学院	硕士	国际关系
法国	钱荣生	男	光华管理学院	硕士	工商管理硕士
韩国	权殷庆	女	光华管理学院	硕士	工商管理硕士
韩国	许棋竣	男	光华管理学院	硕士	工商管理硕士
韩国	金一旭	男	光华管理学院	硕士	工商管理硕士
新加坡	林伟玲	女	光华管理学院	硕士	工商管理硕士
新加坡	陈雯丽	女	光华管理学院	硕士	工商管理硕士
新加坡	陈淑华	女	光华管理学院	硕士	工商管理硕士
加拿大	杨岳桥	男	法学院	硕士	宪法学与行政法学
越南	阮杜坚	男	法学院	硕士	经济法学
肯尼亚	吴岩克	男	信息管理系	硕士	图书馆学
韩国	权素英	女	社会学系	硕士	社会学
韩国	尹美利	女	政府管理学院	硕士	政治学理论
韩国	赵仙华	女	对外汉语教育学院	硕士	汉语言文字学
韩国	崔恩祯	女	对外汉语教育学院	硕士	汉语言文字学
韩国	郑仁淑	女	对外汉语教育学院	硕士	汉语言文字学
泰国	王玩粧	女	对外汉语教育学院	硕士	汉语言文字学
美国	朱辰华	女	新闻与传播学院	博士	传播学
韩国	柳贤雅	女	中国语言文学系	博士	汉语言文字学
韩国	申雅莎	女	中国语言文学系	博士	汉语言文字学
韩国	玄盛峻	男	中国语言文学系	博士	汉语言文字学
韩国	李在珉	女	中国语言文学系	博士	中国现当代文学
韩国	曹泳兰	女	中国语言文学系	博士	中国古典文献学
韩国	都银妊	女	中国语言文学系	博士	中国现当代文学

国　籍	中文姓名	性别	系　　别	类　别	专　　业
韩国	姜勇仲	男	中国语言文学系	博士	汉语言文字学
韩国	申东顺	女	中国语言文学系	博士	中国现当代文学
南斯拉夫	佐　拉	女	中国语言文学系	博士	汉语言文字学
日本	井上桂子	女	历史学系	博士	中国近现代史
日本	福田忠之	男	历史学系	博士	世界史
韩国	卢在轼	男	历史学系	博士	中国近现代史
韩国	李相洙	男	历史学系	博士	世界史
韩国	朴英美	女	哲学系	博士	中国哲学
韩国	李根德	男	哲学系	博士	中国哲学
韩国	尹锡珉	男	哲学系	博士	中国哲学
韩国	金亨真	女	国际关系学院	博士	国际政治
韩国	徐斗铉	男	国际关系学院	博士	国际政治
韩国	具永裕	男	国际关系学院	博士	国际政治
韩国	金佑连	女	经济学院	博士	政治经济学
韩国	李东映	男	政府管理学院	博士	政治学理论
韩国	姜柄圭	男	信息科学技术学院	博士	计算机软件与理论

双学位毕业生名单

姓　名	院　系	所获双学位
胡　婕	光华管理学院	电子商务
蒋斯妮	光华管理学院	电子商务
王　琨	化学与分子工程学院	电子商务
葛明磊	经济学院	电子商务
周乃俊	经济学院	电子商务
刘　阳	经济学院	电子商务
杨　浩	经济学院	电子商务
罗　伟	物理学院	电子商务
张　昕	心理学系	电子商务
吴思静	心理学系	电子商务
王　瑞	信息科学技术学院	电子商务
郑　莹	信息科学技术学院	电子商务
刘　斌	信息科学技术学院	电子商务
何　苗	信息科学技术学院	电子商务
王振楠	信息科学技术学院	电子商务
李端梁	信息科学技术学院	电子商务
黄援媛	信息科学技术学院	电子商务
马　峥	信息科学技术学院	电子商务
高　嵩	信息科学技术学院	电子商务

姓　名	院　系	所获双学位
何　向	地球与空间科学学院	电子信息科学与技术
刘　凯	物理学院	电子信息科学与技术
陈　卓	法学院	国际关系与对外事务
项　尹	法学院	国际关系与对外事务
杜　明	法学院	国际关系与对外事务
黄　磊	法学院	国际关系与对外事务
王　希	经济学院	国际关系与对外事务
闻　琛	经济学院	国际关系与对外事务
邢志丹	考古文博学院	国际关系与对外事务
张　青	考古文博学院	国际关系与对外事务
峨　嵋	历史学系	国际关系与对外事务
鲁虹佑	历史学系	国际关系与对外事务
林　奕	外国语学院	国际关系与对外事务
刘　爽	外国语学院	国际关系与对外事务
黄金铭	外国语学院	国际关系与对外事务
焦炜铭	外国语学院	国际关系与对外事务
魏　明	外国语学院	国际关系与对外事务
覃晓逵	外国语学院	国际关系与对外事务
包维维	外国语学院	国际关系与对外事务
梁美霞	外国语学院	国际关系与对外事务
雷用剑	外国语学院	国际关系与对外事务
杨　汀	外国语学院	国际关系与对外事务
白　尧	外国语学院	国际关系与对外事务
谢　威	外国语学院	国际关系与对外事务
冯　悦	外国语学院	国际关系与对外事务
张冉宁	外国语学院	国际关系与对外事务
王　妍	外国语学院	国际关系与对外事务
谢　冰	外国语学院	国际关系与对外事务
弭卫东	外国语学院	国际关系与对外事务
陈　露	新闻与传播学院	国际关系与对外事务
黄缘缘	新闻与传播学院	国际关系与对外事务
刘　丹	新闻与传播学院	国际关系与对外事务
廖文亮	新闻与传播学院	国际关系与对外事务
刘　欢	新闻与传播学院	国际关系与对外事务
付　娆	新闻与传播学院	国际关系与对外事务
张　睿	新闻与传播学院	国际关系与对外事务
钟龄莹（马来西亚）	新闻与传播学院	国际关系与对外事务
樊　磊	信息科学技术学院	国际关系与对外事务
刘胜眉	艺术学院	国际关系与对外事务
赵翰露	元培学院	国际关系与对外事务
刘　超	元培学院	国际关系与对外事务
陈　斯	政府管理学院	国际关系与对外事务
周稳稳	物理学院	化学
刘　宇	元培学院	化学
金　戈	地球与空间科学学院	计算机软件
谭　博	地球与空间科学学院	计算机软件

姓 名	院 系	所获双学位
曲 涛	光华管理学院	计算机软件
徐新云	考古文博学院	计算机软件
卢浩轩	考古文博学院	计算机软件
梁 堃	工学院	计算机软件
孙振旭	工学院	计算机软件
李 剑	工学院	计算机软件
陆 叶	工学院	计算机软件
邹胜亮	工学院	计算机软件
李荣锋	数学科学学院	计算机软件
朱 玲	物理学院	计算机软件
李兆圭	物理学院	计算机软件
金时杰	信息管理系	计算机软件
马良鹏	信息管理系	计算机软件
王海波	信息管理系	计算机软件
张 静	信息科学技术学院	计算机软件
宋姝婧	信息科学技术学院	计算机软件
任娜娜	哲学系	计算机软件
孙薇薇	中国语言文学系	计算机软件
赵 星	地球与空间科学学院	经济学
张鑫钊	地球与空间科学学院	经济学
竺文杰	地球与空间科学学院	经济学
王煌基	地球与空间科学学院	经济学
刘 辉	地球与空间科学学院	经济学
陶 欣	地球与空间科学学院	经济学
唐斯文	地球与空间科学学院	经济学
吴土金	地球与空间科学学院	经济学
王斯宇	地球与空间科学学院	经济学
陈 方	地球与空间科学学院	经济学
李婷婷	地球与空间科学学院	经济学
赵慧颖	地球与空间科学学院	经济学
高晶晶	地球与空间科学学院	经济学
肖 洁	地球与空间科学学院	经济学
周一杰	地球与空间科学学院	经济学
彭一博	地球与空间科学学院	经济学
彭青兰	地球与空间科学学院	经济学
陈 晶	地球与空间科学学院	经济学
匡俊宇	地球与空间科学学院	经济学
徐 龙	地球与空间科学学院	经济学
包 项	地球与空间科学学院	经济学
刘 韬	地球与空间科学学院	经济学
田 甜	地球与空间科学学院	经济学
刘 莹	地球与空间科学学院	经济学
龙 飞	地球与空间科学学院	经济学
张大鹏	法学院	经济学
赵一静	法学院	经济学
宁晓颖	法学院	经济学

姓　名	院　系	所获双学位
时　磊	法学院	经济学
杨　蕾	法学院	经济学
孔　霏	法学院	经济学
何　珊	法学院	经济学
王秋雯	法学院	经济学
柳思佳	法学院	经济学
卢珊青	法学院	经济学
李子瑾	法学院	经济学
李　瑞	法学院	经济学
李　鹏	法学院	经济学
林琼华	法学院	经济学
刘晓力	法学院	经济学
赵　杨	法学院	经济学
王守利	法学院	经济学
汤星亮	法学院	经济学
肖　毅	法学院	经济学
李　园	法学院	经济学
尹　灿	法学院	经济学
杜培湖	法学院	经济学
高　娜	法学院	经济学
庄田田	法学院	经济学
彭　鹏	法学院	经济学
张智国	法学院	经济学
陈雯娴	法学院	经济学
刘　芳	法学院	经济学
高　亮	法学院	经济学
赵　龙	法学院	经济学
周　佳	法学院	经济学
王　曼	法学院	经济学
韩靖姝	法学院	经济学
杨　慧	法学院	经济学
向天宁	法学院	经济学
叶　青	国际关系学院	经济学
纪华菁	国际关系学院	经济学
崔蕃璠	国际关系学院	经济学
姚　遥	国际关系学院	经济学
张　迪	国际关系学院	经济学
朱晓琦	国际关系学院	经济学
李明旭	国际关系学院	经济学
刘　鹏	国际关系学院	经济学
于慧玲	国际关系学院	经济学
韩玲玲	国际关系学院	经济学
田　苗	国际关系学院	经济学
曲一铭	国际关系学院	经济学
罗冰清	国际关系学院	经济学
崔　剑	国际关系学院	经济学

姓　名	院　系	所获双学位
唐　慧	国际关系学院	经济学
周　伟	国际关系学院	经济学
郑奇峰	国际关系学院	经济学
陈　距	国际关系学院	经济学
姜云涛	国际关系学院	经济学
范玉婷	国际关系学院	经济学
李慧芬	国际关系学院	经济学
郭　佳	国际关系学院	经济学
衣　远	国际关系学院	经济学
李滨兵	国际关系学院	经济学
蒲　实	国际关系学院	经济学
向　真	国际关系学院	经济学
庞　博	国际关系学院	经济学
李　瑜	国际关系学院	经济学
张　琛	国际关系学院	经济学
全江水	国际关系学院	经济学
李宏治	国际关系学院	经济学
王晓璇	国际关系学院	经济学
高肖瑜	国际关系学院	经济学
万璁琮	国际关系学院	经济学
孟　萌	国际关系学院	经济学
吴　铮	国际关系学院	经济学
周　斌	国际关系学院	经济学
袁　雪	国际关系学院	经济学
张　韡	国际关系学院	经济学
宋金媛	国际关系学院	经济学
段斯嘉	国际关系学院	经济学
杨燕飞	化学与分子工程学院	经济学
施沈华	化学与分子工程学院	经济学
刘立维	化学与分子工程学院	经济学
叶建锋	化学与分子工程学院	经济学
王惠宁	化学与分子工程学院	经济学
何　兵	化学与分子工程学院	经济学
王　超	化学与分子工程学院	经济学
赵志强	环境学院	经济学
何思源	环境学院	经济学
宋　楠	环境学院	经济学
战晓峰	环境学院	经济学
李　智	环境学院	经济学
高菠阳	环境学院	经济学
陈旭东	环境学院	经济学
杨　虹	环境学院	经济学
于　璐	环境学院	经济学
陈秀欣	环境学院	经济学
赵春红	环境学院	经济学
张　卉	环境学院	经济学

姓　名	院　系	所获双学位
忻　隽	环境学院	经济学
潘峰华	环境学院	经济学
胡　莹	环境学院	经济学
祝佳杰	环境学院	经济学
朱晟君	环境学院	经济学
曾海宏	环境学院	经济学
谢志华	环境学院	经济学
徐　炜	环境学院	经济学
江明华	环境学院	经济学
刘　侃	环境学院	经济学
姜　姗	环境学院	经济学
吕智浩	环境学院	经济学
杨　栋	环境学院	经济学
黄斐玫	环境学院	经济学
袁慧诗	环境学院	经济学
罗　锐	环境学院	经济学
谢旭轩	环境学院	经济学
杨剑文	环境学院	经济学
王永海	环境学院	经济学
刘震涛	环境学院	经济学
朱　樱	环境学院	经济学
张　纯	环境学院	经济学
郑凌汶	环境学院	经济学
苏　杭	环境学院	经济学
李韵然	环境学院	经济学
刘　譞	环境学院	经济学
杨　卓	环境学院	经济学
张　鹏	环境学院	经济学
肖诚理	环境学院	经济学
刘　柯	环境学院	经济学
刘子佳	考古文博学院	经济学
张英轩	考古文博学院	经济学
邹书予	考古文博学院	经济学
李富强	考古文博学院	经济学
徐支燕	考古文博学院	经济学
李　军	考古文博学院	经济学
王书林	考古文博学院	经济学
郑　好	考古文博学院	经济学
吴　卓	工学院	经济学
高伟栋	工学院	经济学
张　哲	工学院	经济学
朱虹宇	工学院	经济学
孙树涛	工学院	经济学
王　帅	工学院	经济学
董子静	工学院	经济学
王　岩	工学院	经济学

姓　名	院　系	所获双学位
韩凤磊	工学院	经济学
郑　炯	工学院	经济学
赵　明	工学院	经济学
吴　悠	工学院	经济学
徐科益	工学院	经济学
邹　奔	工学院	经济学
蔡　艺	工学院	经济学
李开涛	工学院	经济学
李亚哲	工学院	经济学
陈占明	工学院	经济学
银　波	工学院	经济学
杨雅洁	工学院	经济学
张美莹	工学院	经济学
侯亚娜	工学院	经济学
高欣亮	历史学系	经济学
孙佳文	历史学系	经济学
张　静	历史学系	经济学
张　超	历史学系	经济学
蔺亚琼	历史学系	经济学
顾炜燕	历史学系	经济学
陈　浩	历史学系	经济学
滕旭宁	历史学系	经济学
程　昊	历史学系	经济学
陈　莉	历史学系	经济学
张　倩	历史学系	经济学
卿　婧	历史学系	经济学
马慧敏	历史学系	经济学
么　东	社会学系	经济学
安　乐	社会学系	经济学
鲁兴中	社会学系	经济学
金　梓	社会学系	经济学
王　维	社会学系	经济学
沈　旭	社会学系	经济学
严　婷	社会学系	经济学
郝正元	社会学系	经济学
林健夫	社会学系	经济学
周　璇	社会学系	经济学
叶　欣	生命科学学院	经济学
陶　青	生命科学学院	经济学
周　帅	生命科学学院	经济学
何盈盈	生命科学学院	经济学
傅宏宇	生命科学学院	经济学
邓昌荣	生命科学学院	经济学
李　荟	数学科学学院	经济学
隋百荣	数学科学学院	经济学
王中伟	数学科学学院	经济学

姓名	院系	所获双学位
曾宪乙	数学科学学院	经济学
陈璐	数学科学学院	经济学
江浩亮	数学科学学院	经济学
汪寿强	数学科学学院	经济学
董琦	数学科学学院	经济学
黄宗晔	数学科学学院	经济学
黄雄韬	数学科学学院	经济学
乔佳晟	数学科学学院	经济学
张璐	数学科学学院	经济学
侯磊	外国语学院	经济学
张鼎海	外国语学院	经济学
朱玥	外国语学院	经济学
刘亚	外国语学院	经济学
郭晓春	外国语学院	经济学
李冬婷	外国语学院	经济学
郭亮	外国语学院	经济学
夏申	外国语学院	经济学
姜伟	外国语学院	经济学
曲佐良	外国语学院	经济学
林培栋	外国语学院	经济学
张宇寰	外国语学院	经济学
余宁	外国语学院	经济学
何洁婷	外国语学院	经济学
廉超群	外国语学院	经济学
孙嗣勤	外国语学院	经济学
陈翊中	外国语学院	经济学
岑逾豪	外国语学院	经济学
叶之亮	外国语学院	经济学
贺颖骏	外国语学院	经济学
赵石言	外国语学院	经济学
王猛	外国语学院	经济学
郭成专	外国语学院	经济学
徐岩	外国语学院	经济学
黄卉	外国语学院	经济学
张建	外国语学院	经济学
张伟	外国语学院	经济学
张巍	外国语学院	经济学
李溯	外国语学院	经济学
刘晓宇	外国语学院	经济学
张潇潇	外国语学院	经济学
林梦茜	外国语学院	经济学
周铭英	外国语学院	经济学
马筱璐	外国语学院	经济学
周文嘉	外国语学院	经济学
邵文君	外国语学院	经济学
裘吉	外国语学院	经济学

姓　名	院　系	所获双学位
林龙亮	外国语学院	经济学
张　铮	外国语学院	经济学
邢燕燕	外国语学院	经济学
吴焱垚	外国语学院	经济学
齐　纳	外国语学院	经济学
屈潇潇	外国语学院	经济学
王化雨	外国语学院	经济学
王　晖	外国语学院	经济学
王金蓉	外国语学院	经济学
熊　燕	外国语学院	经济学
谭金周	外国语学院	经济学
王　帅	外国语学院	经济学
黄莉玲	外国语学院	经济学
巢　湛	外国语学院	经济学
陈心宇	外国语学院	经济学
陈　全	外国语学院	经济学
李　洋	外国语学院	经济学
王朝薇	外国语学院	经济学
杜　鹃	外国语学院	经济学
田凌波	外国语学院	经济学
张　芳	外国语学院	经济学
海　洋	外国语学院	经济学
刘　晗	外国语学院	经济学
王　婧	外国语学院	经济学
孟　嘉	外国语学院	经济学
徐　丹	外国语学院	经济学
彭　勃	外国语学院	经济学
于海丰	外国语学院	经济学
佟　牧	外国语学院	经济学
王　怡	外国语学院	经济学
吴　晶	外国语学院	经济学
凌子未	外国语学院	经济学
刘海波	外国语学院	经济学
王雅坤	外国语学院	经济学
段　练	外国语学院	经济学
唐　棣	外国语学院	经济学
陈运璇	外国语学院	经济学
孙明莹	外国语学院	经济学
翟晓东	物理学院	经济学
曹中鑫	物理学院	经济学
王铁磊	物理学院	经济学
李永乐	物理学院	经济学
李华卿	物理学院	经济学
桂勇哲	物理学院	经济学
刘铁楠	物理学院	经济学
庄士超	物理学院	经济学

姓名	院系	所获双学位
储军峰	物理学院	经济学
宗诚	物理学院	经济学
李东	物理学院	经济学
陈庆伟	物理学院	经济学
周宏钦	物理学院	经济学
温泉	物理学院	经济学
宁菲	物理学院	经济学
王姣	物理学院	经济学
郭涛	物理学院	经济学
丁静颖	物理学院	经济学
侯振宇	物理学院	经济学
刘俊良	物理学院	经济学
郑博阳	物理学院	经济学
孙彤	物理学院	经济学
晏平仲	物理学院	经济学
方蔚瑞	物理学院	经济学
苏文辉	物理学院	经济学
战宇杰	心理学系	经济学
许晓婧	心理学系	经济学
胡月琴	心理学系	经济学
顾晓思	心理学系	经济学
王雨吟	心理学系	经济学
冯冬冬	心理学系	经济学
房野	心理学系	经济学
刘兴	心理学系	经济学
林克	心理学系	经济学
刘松琦	心理学系	经济学
黄韫慧	心理学系	经济学
张杰栋	心理学系	经济学
赵宗	心理学系	经济学
秦漠	心理学系	经济学
高雅	新闻与传播学院	经济学
郝小楠	新闻与传播学院	经济学
宋晶	新闻与传播学院	经济学
宋振庆	新闻与传播学院	经济学
徐文琪	新闻与传播学院	经济学
周健	新闻与传播学院	经济学
林卉	新闻与传播学院	经济学
刘晓静	新闻与传播学院	经济学
王建保	新闻与传播学院	经济学
王保铭	新闻与传播学院	经济学
胡安庚	新闻与传播学院	经济学
方力为	新闻与传播学院	经济学
谢培	新闻与传播学院	经济学
胡娜	新闻与传播学院	经济学
倪诗敏	新闻与传播学院	经济学

姓　名	院　系	所获双学位
张忠兰	新闻与传播学院	经济学
程冠华	新闻与传播学院	经济学
蒙静泊	新闻与传播学院	经济学
李晓雨	新闻与传播学院	经济学
保　江	新闻与传播学院	经济学
郭素凡	新闻与传播学院	经济学
刘桂宏	新闻与传播学院	经济学
王琮琦	新闻与传播学院	经济学
徐　萌	新闻与传播学院	经济学
李　炜	新闻与传播学院	经济学
张晓达	新闻与传播学院	经济学
陈　颖	新闻与传播学院	经济学
刘　影	新闻与传播学院	经济学
张　晶	新闻与传播学院	经济学
戴艾霖	新闻与传播学院	经济学
金　坤	信息管理系	经济学
支　茵	信息管理系	经济学
李志新	信息管理系	经济学
曹冠英	信息管理系	经济学
孙翼飞	信息管理系	经济学
刘　杰	信息管理系	经济学
王一丁	信息管理系	经济学
林轶君	信息管理系	经济学
吴懿咏	信息管理系	经济学
周　志	信息管理系	经济学
裴珊珊	信息管理系	经济学
郑熙临	信息管理系	经济学
林毓靖	信息管理系	经济学
夏　华	信息管理系	经济学
金时杰	信息管理系	经济学
于　嘉	信息管理系	经济学
黄青山	信息管理系	经济学
刘尚贤	信息管理系	经济学
王　冬	信息管理系	经济学
郑剑平	信息管理系	经济学
鄢　凡	信息管理系	经济学
徐　琦	信息管理系	经济学
曾克宇	信息管理系	经济学
盛　迪	信息管理系	经济学
余　昕	信息管理系	经济学
李锦飞	信息管理系	经济学
刘　敏	信息管理系	经济学
杨盛楠	信息管理系	经济学
冼碧娟	信息管理系	经济学
刘　菲	信息管理系	经济学
焦　阳	信息科学技术学院	经济学

姓名	院系	所获双学位
薛 欣	信息科学技术学院	经济学
潘玉龙	信息科学技术学院	经济学
褚孝鹏	信息科学技术学院	经济学
徐国专	信息科学技术学院	经济学
金春梅	信息科学技术学院	经济学
华央平	信息科学技术学院	经济学
褚一民	信息科学技术学院	经济学
林美娜	信息科学技术学院	经济学
赵华丽	信息科学技术学院	经济学
方路遥	信息科学技术学院	经济学
何 杰	信息科学技术学院	经济学
刘忠义	信息科学技术学院	经济学
韩 爽	信息科学技术学院	经济学
吴烨娴	信息科学技术学院	经济学
熊裕辉	信息科学技术学院	经济学
徐德华	信息科学技术学院	经济学
舒 琼	信息科学技术学院	经济学
叶鹏程	信息科学技术学院	经济学
王 栋	信息科学技术学院	经济学
张义尉	信息科学技术学院	经济学
孙 宁	信息科学技术学院	经济学
于 闯	信息科学技术学院	经济学
韩 松	信息科学技术学院	经济学
何 正	信息科学技术学院	经济学
李雯雯	信息科学技术学院	经济学
曹梦文	信息科学技术学院	经济学
夏银波	信息科学技术学院	经济学
吴 俣	信息科学技术学院	经济学
文 沛	信息科学技术学院	经济学
崔舟航	信息科学技术学院	经济学
李 鹏	信息科学技术学院	经济学
马家宽	信息科学技术学院	经济学
李 囡	信息科学技术学院	经济学
邢 舟	信息科学技术学院	经济学
冯 滨	信息科学技术学院	经济学
高鸣雁	信息科学技术学院	经济学
杨 宇	信息科学技术学院	经济学
武 帅	信息科学技术学院	经济学
徐婧祺	信息科学技术学院	经济学
陈芋树	信息科学技术学院	经济学
戴永恒	信息科学技术学院	经济学
孙自然	信息科学技术学院	经济学
陈 楠	医学部教学办	经济学
邓子君	艺术学院	经济学
蔡克君	艺术学院	经济学
蒋 薇	艺术学院	经济学

姓 名	院 系	所获双学位
王春玉	艺术学院	经济学
王 渚	艺术学院	经济学
陈 元	艺术学院	经济学
王 艳	艺术学院	经济学
周金薇	元培学院	经济学
奚庄庄	元培学院	经济学
李晓光	元培学院	经济学
刘 洋	元培学院	经济学
赵东晨	元培学院	经济学
魏 颖	元培学院	经济学
胡 晶	元培学院	经济学
叶子君	元培学院	经济学
张 懿	元培学院	经济学
刘 聪	元培学院	经济学
张宁宁	元培学院	经济学
夏 芳	哲学系	经济学
梁得里	哲学系	经济学
贡 洁	哲学系	经济学
仲立红	哲学系	经济学
关 琳	哲学系	经济学
张景瑞	哲学系	经济学
洪 浩	哲学系	经济学
孔卫涛	哲学系	经济学
赵胜利	哲学系	经济学
高 峰	哲学系	经济学
任建党	哲学系	经济学
苏 明	哲学系	经济学
吴一凡	哲学系	经济学
张季芳	政府管理学院	经济学
王 威	政府管理学院	经济学
于文彬	政府管理学院	经济学
李鹏舒	政府管理学院	经济学
赵 滕	政府管理学院	经济学
张 琪	政府管理学院	经济学
过靖嘉	政府管理学院	经济学
虞梅仁	政府管理学院	经济学
李 翔	政府管理学院	经济学
陈继友	政府管理学院	经济学
于 峰	政府管理学院	经济学
林伟鹏	政府管理学院	经济学
周燕燕	政府管理学院	经济学
吴 旭	政府管理学院	经济学
明 明	政府管理学院	经济学
岳承涛	政府管理学院	经济学
左 才	政府管理学院	经济学
曹雅文	政府管理学院	经济学

姓 名	院 系	所获双学位
尹云洁	政府管理学院	经济学
高瑰曦	政府管理学院	经济学
侯 明	政府管理学院	经济学
武建杉	政府管理学院	经济学
柴博洋	政府管理学院	经济学
寇 博	政府管理学院	经济学
赵 立	政府管理学院	经济学
任玉霞	政府管理学院	经济学
陈 桥	政府管理学院	经济学
黄 娴	政府管理学院	经济学
蔡亚庆	政府管理学院	经济学
程静轩	政府管理学院	经济学
兰 勇	政府管理学院	经济学
陈兴月	中国语言文学系	经济学
韩 毓	中国语言文学系	经济学
赵 玥	中国语言文学系	经济学
卞 岩	中国语言文学系	经济学
黄 鹤	中国语言文学系	经济学
王 芸	中国语言文学系	经济学
郑熙青	中国语言文学系	经济学
叶坚颖	中国语言文学系	经济学
潘丽娜	中国语言文学系	经济学
张慧君	中国语言文学系	经济学
周 瑜	中国语言文学系	经济学
徐巧韵	中国语言文学系	经济学
李 霞	法学院	社会工作
霍姗姗	艺术学院	社会工作
唐跟阳	地球与空间科学学院	社会学
戴 昕	法学院	社会学
邢 莉	法学院	社会学
张涵冰	经济学院	社会学
宋涤尘	经济学院	社会学
夏 韵	经济学院	社会学
高子越	历史学系	社会学
陈 实	历史学系	社会学
蔺 妍	外国语学院	社会学
许丽贤	新闻与传播学院	社会学
王丽娜	新闻与传播学院	社会学
程海侠	新闻与传播学院	社会学
黄丽云	新闻与传播学院	社会学
许桐珲	新闻与传播学院	社会学
杨兆明	哲学系	社会学
胡明哲	哲学系	社会学
邓淑贤(英国)	政府管理学院	社会学
张金凤	中国语言文学系	社会学
王 慧	中国语言文学系	社会学

姓 名	院 系	所获双学位
谭兆志	地球与空间科学学院	生物科学
林亚娟	地球与空间科学学院	生物科学
邱顺晨	化学与分子工程学院	生物科学
高 飞	化学与分子工程学院	生物科学
邓 杰	化学与分子工程学院	生物科学
柯大川	化学与分子工程学院	生物科学
贺 冲	化学与分子工程学院	生物科学
裴 睿	地球与空间科学学院	世界历史
陈莹雪	中国语言文学系	世界历史
汤易冰	地球与空间科学学院	数学与应用数学
荆 旭	地球与空间科学学院	数学与应用数学
游 尧	地球与空间科学学院	数学与应用数学
陈 烨	光华管理学院	数学与应用数学
朱彦昆	光华管理学院	数学与应用数学
史方舟	光华管理学院	数学与应用数学
张峪楠	国际关系学院	数学与应用数学
王阳阳	化学与分子工程学院	数学与应用数学
潘昕昕	经济学院	数学与应用数学
姜艳艳	经济学院	数学与应用数学
朱嘉超	经济学院	数学与应用数学
赵 亮	经济学院	数学与应用数学
郑环环	经济学院	数学与应用数学
鲍 勤	经济学院	数学与应用数学
陶 婧	经济学院	数学与应用数学
秦 冉	经济学院	数学与应用数学
岳大洲	经济学院	数学与应用数学
杨 帆	力学与工程科学系	数学与应用数学
刘海文	物理学院	数学与应用数学
安海鹏	物理学院	数学与应用数学
陈海龙	物理学院	数学与应用数学
张晓佳	物理学院	数学与应用数学
季 凯	物理学院	数学与应用数学
冯士祯	物理学院	数学与应用数学
何 颂	物理学院	数学与应用数学
韩俊峰	物理学院	数学与应用数学
黄松垒	物理学院	数学与应用数学
李 鹏	物理学院	数学与应用数学
孙子文	物理学院	数学与应用数学
温 静	物理学院	数学与应用数学
洪仁楷	物理学院	数学与应用数学
贾 晔	物理学院	数学与应用数学
刘永铎	物理学院	数学与应用数学
单 于	物理学院	数学与应用数学
赖力鹏	物理学院	数学与应用数学
张良杰	信息科学技术学院	数学与应用数学
申 超	信息科学技术学院	数学与应用数学

姓 名	院 系	所获双学位
俞敏岚	信息科学技术学院	数学与应用数学
吕 敏	信息科学技术学院	数学与应用数学
赵 阳	信息科学技术学院	数学与应用数学
杨 頔	信息科学技术学院	数学与应用数学
孟大喆	元培学院	数学与应用数学
高思存	哲学系	数学与应用数学
陈 雯	光华管理学院	统计学
李 婧	光华管理学院	统计学
葛 青	光华管理学院	统计学
何 洋	光华管理学院	统计学
李 岩	光华管理学院	统计学
赵 宇	光华管理学院	统计学
刘英豪	光华管理学院	统计学
范亭亭	光华管理学院	统计学
邱 石	光华管理学院	统计学
黄艳琼	光华管理学院	统计学
李 密	光华管理学院	统计学
邱晓东	光华管理学院	统计学
李 璐	光华管理学院	统计学
苏艳阳	光华管理学院	统计学
谢 茜	光华管理学院	统计学
王 韬	光华管理学院	统计学
何 立	光华管理学院	统计学
周 天	光华管理学院	统计学
高 菲	光华管理学院	统计学
刘 妍	光华管理学院	统计学
李其林	环境学院	统计学
张雯婷	环境学院	统计学
卢师维	经济学院	统计学
李 霞	经济学院	统计学
孟 佳	经济学院	统计学
陈 超	经济学院	统计学
邓一婷	经济学院	统计学
赵宇驰	经济学院	统计学
鲁小萌	经济学院	统计学
瞿 茜	经济学院	统计学
丁明明	经济学院	统计学
邵 烨	经济学院	统计学
吴灵犀	经济学院	统计学
陈 曦	经济学院	统计学
章春燕	经济学院	统计学
万虹麟	经济学院	统计学
刘永东	经济学院	统计学
帕尔温	经济学院	统计学
韩 艾	经济学院	统计学
叶繁青	经济学院	统计学

姓 名	院 系	所获双学位
李 丹	经济学院	统计学
李一鸣	经济学院	统计学
庞晶晶	经济学院	统计学
蔡 澍	社会学系	统计学
金 鑫	生命科学学院	统计学
刘大围	外国语学院	统计学
茅宇豪	物理学院	统计学
冯晓波	物理学院	统计学
张雯娴	物理学院	统计学
周丽丹	物理学院	统计学
陈 燕	物理学院	统计学
王 亮	信息科学技术学院	统计学
冯 昊	信息科学技术学院	统计学
许彦之	元培学院	统计学
王 静	哲学系	统计学
易鸿宇	地球与空间科学学院	心理学
张 晏	法学院	心理学
杨雅丽	法学院	心理学
刘鹏玮	法学院	心理学
蒋 梦	光华管理学院	心理学
张 晗	光华管理学院	心理学
沙玉颖	国际关系学院	心理学
王峥辉	化学与分子工程学院	心理学
汤 康	经济学院	心理学
赵晓梅	考古文博学院	心理学
杨宏倩	生命科学学院	心理学
徐 文	外国语学院	心理学
海 洋	外国语学院	心理学
王辰宇	物理学院	心理学
李子雍	物理学院	心理学
聂芝芯	新闻与传播学院	心理学
叶念砚	新闻与传播学院	心理学
赵琬微	新闻与传播学院	心理学
李经宇	信息科学技术学院	心理学
查 萌	艺术学院	心理学
王 硕	元培学院	心理学
柳美英	中国语言文学系	心理学
沈雅姣	法学院	艺术学
吴明静	国际关系学院	艺术学
张靖敏	考古文博学院	艺术学
刘 苑	力学与工程科学系	艺术学
马唯超	历史学系	艺术学
崔佳良	社会学系	艺术学
张 帆	社会学系	艺术学
舒扬文	社会学系	艺术学
郝青青	社会学系	艺术学

姓　名	院　系	所获双学位
孙丁丁	社会学系	艺术学
闫　敏	外国语学院	艺术学
王晴初	外国语学院	艺术学
黄舒睿	外国语学院	艺术学
张　蕊	外国语学院	艺术学
张　远	外国语学院	艺术学
赵　嵩	外国语学院	艺术学
黄珌玢	新闻与传播学院	艺术学
李　丹	新闻与传播学院	艺术学
刘　楠	新闻与传播学院	艺术学
林楠特	新闻与传播学院	艺术学
庄　明	新闻与传播学院	艺术学
王昱昱	信息管理系	艺术学
张　聪	信息科学技术学院	艺术学
张姣怡	艺术学院	艺术学
赵　鹏	艺术学院	艺术学
杨若晓	元培学院	艺术学
卞　岩	中国语言文学系	艺术学
孙昊牧	中国语言文学系	艺术学
王东宾	经济学院	哲学
林　锟	经济学院	哲学
田　天	经济学院	哲学
王佳音	考古文博学院	哲学
岳　青	考古文博学院	哲学
王海洋	历史学系	哲学
刘丽娜	历史学系	哲学
杨玉立	外国语学院	哲学
王博一宝	新闻与传播学院	哲学
韩天旸	新闻与传播学院	哲学
郑一忱	新闻与传播学院	哲学
邵夷贝	新闻与传播学院	哲学
钟　声	新闻与传播学院	哲学
高文隽	新闻与传播学院	哲学
罗　旻	元培学院	哲学
李　娜	中国语言文学系	哲学
谢　云	中国语言文学系	哲学

· 2006 年大事记 ·

1月

1月3日 北京大学学工系统2006年新年团拜会在勺园举行。许智宏、张彦出席并讲话。

1月7日 北京大学学生资助中心成立。

1月11日 北京大学决定在艺术学系的基础上成立艺术学院。

1月16日 北京大学中文系教授孟二冬被全国总工会授予"全国五一劳动奖章",并被人事部、教育部授予"全国模范教师"荣誉称号。

1月18日 国务院决定聘任北京大学中文系教授、人文学部主任、国学研究院院长袁行霈为中央文史研究馆馆长。

1月26日 北京大学第三医院诞生我国第一个"三冻"(冻卵、冻精、冻胚胎)男婴。

国务委员陈至立到301医院看望北京大学资深教授季羡林,教育部长周济陪同。

北京大学出版社出版的《女性学概论》(魏国英主编)、《美学与性别冲突》(文洁华著)、《女性心理学》([美]埃托奥/布里奇斯著,苏彦捷等译)、《马克思主义妇女理论发展史》(仝华、康沛竹主编)、《国际妇女节考》(孔寒冰、许宝友著)荣获"第四届全国优秀妇女读物"暨全国妇联推荐作品奖。

2月

2月13日 中国人民政治协商会议第十届全国委员会副主席、九三学社中央副主席、中国科学院院士、中国工程院院士、北京大学教授王选,因病在北京逝世,享年70岁。

2月14日 国际乒联主席沙拉拉访问北京大学,岳素兰会见。

2月15日 九三学社北京大学委员会在北京大学统战部举行追思会,缅怀王选院士。全国人大副委员长、九三学社中央主席韩启德院士,北京市人大常委会副主任、九三学社北京市委主委田麦久等出席,吴志攀、杨河参会。

2月16日 北京大学2006年春季全校干部大会在办公楼礼堂举行。

2月17日 北京大学万柳学区2004级、2005级计划内非定向研究生回迁燕园,此次搬迁共涉及24个院系共2599名硕士生和博士生。

2月18日 2005中国十大系列英才颁奖典礼在北京举行,北京大学化学学院徐光宪院士入选"十大科技英才",光华管理学院厉以宁教授入选"十大财智英才",医学部刘玉村教授、信息科学技术学院高文教授入选"十大教育英才"。

2月24日 孟二冬同志先进事迹报告会在人民大会堂举行,报告会由中共中央宣传部、国家教育部、中共北京市市委共同主办。教育部部长周济等有关领导以及来自首都高校、直属教育机构的师生代表5000余人参加报告会。报告会上,许智宏、中文系主任温儒敏、新疆石河子大学中文系学生张瑜、医学部副主任刘玉村、孟二冬的妻子耿琴、《光明日报》记者付小悦,分别从为师、治学、支教、为人等方面讲述了孟二冬的先进事迹。

2月25日 2005年度"北京十大志愿者"评选活动揭晓,北京大学历史学系2003级本科生刘默涵当选。

3月

3月2日 北京大学2006年毕业生大型就业洽谈会在五四体育中心举行。

北京大学感染病研究中心成立,该中心为世界卫生组织在中国的唯一实验室。

3月3日 北京大学第二届全国中学生模拟联合国大会在英杰交流中心开幕。全国各地数十所中学300多名高中生参加了此次活动。

以马克思主义为指导的具有中国特色、中国风格、中国气派的哲学社会科学体系和教材体系建设研究开题会在北京大学举行,该项目是北京大学等三校共同承担的教育部重大课题攻关项目。张国有出席开题会。

3月8日 第三届环太平洋大学联盟(APRU)高级行政人员会议在北京大学开幕。会议期间还举行了环太平洋大学联盟——

中国高等教育学会引进国外智力工作分会高等教育论坛。教育部副部长吴启迪在会上作了题为《中国研究型大学》的主题发言。

3月12日 北京大学2006年"两会"校友返校招待会在英杰交流中心阳光大厅举行，参加全国政协十届四次会议和人大十届四次会议的近70位北京大学校友，回到母校交流参观。许智宏出席招待会并致辞，国务院新闻办公室主任、北京大学国际政治系78级学生蔡武，中国社会科学院常务副院长、北京大学哲学系79级学生冷溶等在会上发言。招待会后，校友们参观了图书馆、男生宿舍楼40楼、女生宿舍楼35楼和学一食堂。

3月16日 澳大利亚驻华大使唐茂恩（Alan Thomas）博士应邀来北京大学就中澳贸易问题进行演讲。

北京大学第五届研究生国是论坛在英杰交流中心新闻发布厅举行。北京市政协副主席韩汝琦、国务院国资委研究中心主任王忠明、全国人大代表魏丽惠以及全国政协委员贾庆国分别作主题演讲。

3月17日 第四届中俄大学生艺术节（2006·中国）开幕式在北京大学百周年纪念讲堂举行，教育部部长周济、俄罗斯驻华大使拉佐夫（Razov）出席开幕式并致辞。许智宏出席并讲话。

3月18日 首届全国大学生东亚安全论坛在北京大学国际关系学院召开。此次论坛由北京大学国际关系学院学生会和北京大学青年外交学会联合举办，是国内第一个组织者、参与者全部为本科生的东亚论坛。

3月21日 北京大学工学院召开全校教师大会，宣布力学与工程科学系整体并入工学院，并成立工学院党委。

3月22日 2005年诺贝尔生理和医学奖得主巴里·马歇尔（Barry J. Marshall）在北京大学英杰交流中心作题为《医学研究的益处——现状及未来》的演讲。

北京大学2006年宣传工作会议召开。

3月24日 北京大学后勤系统非在编人员入会暨平民学校项目工作座谈会召开。岳素兰出席并发表讲话。

3月25日 北京大学第八届化学文化节暨首届北京大学、清华大学、北京师范大学三校联合文化节开幕。

2005—2006年度"东视杯"校园十佳歌手大赛总决赛在北京大学百周年纪念讲堂举行。

3月27日 2006年世界大学生模拟联合国大会在北京大学百周年纪念讲堂开幕，大会由北京大学模拟联合国协会和哈佛世界模拟联合国协会共同主办，是首次在亚洲国家举办的世界大学生模拟联合国大会。世界贸易组织驻中国首席代表贝汉卫（Henk Bekedam）博士、许智宏等出席开幕式并发表演讲。

3月28日 历届奥运会邮票展在北京大学图书馆开幕。许智宏致开幕词，吴志攀、岳素兰、张彦等到现场参观。

3月30日 "知荣辱 树新风"——北京大学师生社会主义荣辱观座谈会在办公楼103会议室召开。

北京大学学报通过中国学术期刊（光盘版）电子杂志社出版《北京大学学报（自然科学版）》（以下简称"学报"）网络版。

4月

4月2日 北京市教育工作委员会书记朱善璐、北京市副市长赵凤桐等前往北京肿瘤医院看望北京大学中文系孟二冬教授，吴志攀、柯杨、岳素兰陪同。

美籍华人李昌钰博士在北京大学英杰交流中心阳光大厅为学校师生作报告。

4月4日 北京大学前沿交叉学科研究院成立大会在英杰交流中心举行。全国人大副委员长韩启德院士、许智宏共同为研究院揭牌。

泰国公主诗琳通访问北京大学，与许智宏、林建华等进行会谈。陪同诗琳通公主来访的有泰国驻华大使祝立鹏、前中国驻泰大使晏廷爱等。

北京大学诗琳通科技文化交流中心第二次理事会召开。

北京大学和泰国朱拉隆功大会签署合作建立孔子学院备忘录。

4月5日 北京大学档案馆馆藏精品展第一期开幕仪式在档案馆西侧举行。许智宏、吴志攀、张彦、杨河、张国有、赵存生等出席。

4月6日 瑞士驻华大使丹特·马提内利（Dante Martinelli）在北京大学英杰交流中心举行讲座。这是经济学院"外国驻华大使眼中的中国经济"系列讲座第七讲。

4月7日 国家发展和改革委员会规划司司长杨伟民在北京大学办公楼礼堂作了有关十一五发展规划纲要的报告。杨河主持报告会。

教育部公布第一批25个国家级实验教学示范中心，北京大学基础物理实验教学中心和化学基础实验教学中心入选。

4月12日 北京市副市长赵凤桐到北京大学调研，北京市教委张国华副主任、市教委张建明副主任等陪同。

剑桥大学校长爱莉森·理查德（Alison Richard）教授一行访问北京大学。这是理查德校长上任后第二次访问北京大学。

4月13日 2005年度长江学者特聘教授、讲座教授受聘仪式暨

长江学者成就奖颁奖典礼在人民大会堂举行。北京大学10人入选长江学者特聘教授,11人被聘为长江学者讲座教授。

4月14日 北京大学第十届社团文化节新闻发布会暨开幕式举行。

4月15日 北京大学艺术学院成立大会在英杰交流中心举行,全国政协副主席罗豪才和许智宏为艺术学院揭牌。前国务院副总理李岚清为艺术学院成立题词。北京市委常委、教工委书记朱善璐出席大会并讲话。

北京大学举行2006年开放日暨招生咨询会。

4月16日 北京市奥组委举行第29届奥运会开闭幕式主要工作人员聘书颁发仪式,北京大学季羡林、汤一介两位教授被聘为奥运文化艺术顾问,吴志攀代表季羡林出席仪式并接受聘书。

4月17日~18日 教育部组织专家组对北京大学"十五""211工程"项目建设进行验收。验收会上,许智宏就北大"十五""211工程"建设情况作总结汇报,林建华、柯杨、张国有等回答专家组提问。

4月18日 "21世纪的东亚:文化建设与文化交流"国际学术研讨会在北京大学英杰交流中心开幕。研讨会由北京大学亚太研究院和澳门理工学院中西文化研究所共同主办。全国人大常委会副委员长许嘉璐、澳门理工学院院长李向玉、韩国高等教育财团总长金在烈等出席开幕式并致辞。许智宏出席并讲话。

4月20日 深港发展研究院在深港产学研基地正式挂牌。深港发展研究院由北京大学、香港科技大学、深圳市三方共建。

87届校友、共青团湖南省委书记吴奇修在北京大学办公楼103会议室与师生代表座谈。

4月22日 北京大学建校108周年升旗仪式在电教西门举行。许智宏出席并发表讲话。

北京大学举行建校108周年校友返校日活动。许智宏出席并发表讲话。

北京大学举行王选院士事迹报告会。

"全国模范教师"、北京大学中文系教授孟二冬因病在北京逝世,享年49岁。

2006年北京大学运动会暨第十四届体育文化节开幕式在五四体育场举行。许智宏致开幕词,陈文申宣布开幕,岳素兰主持开幕式。

4月25日 北京大学第五届"学生五·四奖章"、"班级五·四奖杯"颁奖典礼在办公楼礼堂举行。社会学系2004级博士生张翔等10位学生荣获"学生五·四奖章",基础医学院临床医学2002级2班等5个班集体获得"班级五·四奖杯"。

北京大学首届体育人文社会学硕士招生面试工作结束,体教部从来自全国各校的23名申请者中录取了4人。

4月26日 北京大学医学部创建"无烟校园"、"无烟医院"活动启动仪式在医学部会议中心举行。韩启德、柯杨出席。

4月27日 全国高校辅导员队伍建设工作会议在上海开幕,北京大学信息管理系教授、博士生导师王锦贵作为辅导员代表作典型发言。张彦参加会议。

4月28日 北京大学理论建设座谈会在办公楼103会议室举行。中宣部舆情信息局副局长甄占民、杨河出席。

李建业博士北京大学客座教授授予仪式在信息科学技术学院会议室举行。林建华出席并颁发聘书。

4月至5月 北京大学医学部在研究生招生复试中推行新方案。在2006年硕士生招生复试中,强调以二级学科组织复试,避免按照研究方向面试,以利于选拔优秀生源。同时,在研究生复试中全面强调综合素质的考察,对考生开展了能力倾向测试和心理素质考察。

5月

5月4日 北京大学与武警天安门支队共同举办"扬荣抑耻、文明生活、健康成才、理性报国"主题团日活动,重温五四精神,纪念五四运动87周年。北京大学200多名共青团员和武警天安门支队150余名战士参加活动。

5月9日 北京大学学位评定委员会第84次会议在办公楼103会议室举行,许智宏、吴志攀出席。

北京市科学技术大会颁发2005年度北京市科学技术奖。北京大学27项成果获奖(第一完成单位19项),其中一等奖5项(第一完成单位3项),分别是:纳米硅/氧化硅材料体系发光及其物理机制、报业数字资产管理系统、细胞衰老的生物学年龄指证),二等奖12项(第一完成单位9项),三等奖10项(第一完成单位7项)。

中日大学校长论坛在西安交通大学开幕,许智宏出席并与日本东京大学校长小宫山宏共同主持论坛开幕式。

5月10日 泰国明泰集团董事长李景河访问北京大学,陈文申在临湖轩会见。

巴基斯坦国家工程与科学委员会主席Samar Mubarakmand博士一行访问北京大学,林建华会见。会见结束后,Mubarakmand主席一行参观了北京大学重离子研究所。

5月11日 北京大学成府园地热井(京热168号)开工典礼在成府园工地举行。新地热井建成

后,可充分满足即将建成并投入使用的中关园留学生公寓近3000套客房及公共浴室、游泳馆等服务设施,以及成府园约400套客房的热水需求。鞠传进出席典礼并讲话。

中国—奥地利纪念弗洛伊德诞辰150周年学术研讨会开幕式在北京大学英杰交流中心第二会议室举行,林建华出席开幕式并致辞。奥地利驻华大使Hans-Dietmar Schweisgut博士应邀出席。

美军太平洋总部司令威廉·法伦海军上将访问北京大学。在国关学院秋林报告厅会见林建华后,法伦上将与学生代表进行了座谈。

北京大学保密资格认证工作总结表彰会在办公楼103会议室召开,林建华、张彦出席。会上,张彦做保密资格认证工作总结报告,林建华宣读《关于表彰北京大学保密资格认证工作先进集体和先进个人的决定》。

5月12日 北京大学2006年第一次校务咨询会在学校工会小会议室召开。陈文申、岳素兰与校教代会执委会委员、校工会委员以及部门工会主席就学校人财物协调统筹等工作进行座谈。

北京大学第十一届"十佳教师"产生,艺术学院丁宁等十名老师荣获"最受学生喜爱的老师"称号。

5月12~13日 北京大学科研工作大会召开,会议的主题是"分析形势、明确目标、统一思想、应对挑战、实现'十一五'期间科研工作的快速跨越式发展"。12日下午,开幕式暨全体大会在英杰交流中心隆重举行。许智宏作重要讲话,林建华主持,岳素兰、张国有出席会议。中共中央政策研究室、国家科学技术部发展规划司、国家自然科学基金委员会、全国哲学社会科学规划办公室的有关领导应邀为大会作形势报告。13日,与会人员分为文、理两大组,重点讨论许智宏在开幕式上的讲话,对许智宏提出的"十一五"期间北京大学科研工作原则和目标进行深入细致的研讨。

5月13日 北京大学军训工作研讨会在北京实创西山科技培训中心召开,会议全面总结了2005年国防教育工作的经验和不足,对2006年的国防教育工作特别是学生暑期军训工作进行了讨论和部署。张彦出席并发言。

北京大学红十字会在百周年纪念讲堂多功能厅举办庆祝建会20周年答谢酒会,鞠传进出席并发表讲话。北京市红十字会、首都26所高校红十字会的代表、北京大学各社团负责人等参加。

北京大学第七届学生"演讲十佳"大赛总决赛在英杰交流中心阳光大厅落下帷幕,地球与空间科学学院2003级本科生汪申等十名同学荣获本届"演讲十佳"。

5月14日 "北京大学—乔治亚理工学院材料科学与工程战略研讨会"在英杰交流中心第四会议室召开,许智宏、林建华出席。林建华在研讨会上致辞并介绍学校科研工作情况。

"北京大学东方学学科建立60周年,季羡林教授执教60周年暨95华诞庆祝大会"在英杰交流中心阳光大厅举行。许智宏、吴志攀、张国有和师生代表、各界人士400余人参加了庆祝活动。吴志攀宣读了温家宝总理的贺信,张国有宣读了国务委员陈至立的贺信和教育部的贺信。许智宏致辞。当天,北京大学图书馆季羡林工作室还展出了北京大学东方学学科部分科研成果。

5月15~17日 越南河内国立大学举行百年校庆活动,林建华出席并在校庆大学校长论坛上作主题演讲,介绍北京大学本科教育和国际合作情况。

5月16日 北京大学第15次党政联席会在办公楼103会议室举行。

泰国文官委员会代表团来访北京大学。张国有在临湖轩中厅会见来宾。

5月17日 王选同志先进事迹报告会在人民大会堂举行,报告会由中共中央宣传部、中央统战部、教育部、九三学社中央共同主办中共中央政治局常委、全国政协主席贾庆林在会前接见了报告团成员,转达了胡锦涛总书记对王选家属的亲切问候。全国政协副主席、中央统战部部长刘延东,全国人大副委员长丁石孙,全国政协副主席罗豪才、黄孟复、李蒙等有关领导与各民主党派代表、首都高校师生代表共3000余人聆听了报告。

5月18日 俄罗斯圣彼得堡国立财经大学常务副校长列乌斯基·亚历山大·伊万诺维奇教授访问北京大学,林建华在办公楼105会议室会见来宾,双方商讨了在继续教育领域开展交流合作等事宜。

教育部公布2006年全国优秀博士学位论文名单,北京大学5篇论文入选。

5月19日 北京大学2006年第二次校务咨询会在校工会会议室举行,林建华、岳素兰出席。林建华向参加会议的部分校教代会执委会委员、校工会委员介绍了学校教学科研、学科建设和国际合作工作,并就大家关注的热点问题进行了交流,回答了与会代表提问。

5月20日 中央政治局委员、北京市委书记刘淇、市长王岐山、北京市委常委、市委教育工委书记朱善璐、北京市委秘书长孙政才等北京市党政主要领导在林建华的陪同下,视察北京大学软件与微电子学院,并召开"文化创意产业发展情况调研"座谈会。

全校文科科研大会在稻香湖会议中心召开。会议由张国有主

持,陈文申、林建华出席并讲话。

首都高校哲学专业研究生学术论坛开幕式在百周年纪念讲堂召开。张彦出席。

5月21日 首都高校第四十四届学生田径运动会在北京农学院举行。鞠传进出席。

5月22日 北京大学上海校友大会暨子民图书馆成立仪式在上海举行。许智宏出席。

"2006年中印友好年·北京大学印度节"开幕式在百年纪念讲堂广场举行,吴志攀出席开幕式并致辞。

北京大学—伦敦政治经济学院联合培养项目启动大会在北京大学秋林报告厅举行。

5月22~23日 第三届亚洲女性论坛在香港举办,岳素兰参加并致辞。

5月23日~6月1日 八国集团与中国大学校长会筹备会在俄罗斯莫斯科大学召开,张彦出席。

5月23日 联合国秘书长科菲·安南偕夫人在中国常驻联合国大使王光亚的陪同下首次对北京大学进行访问,并在百周年纪念讲堂与北京大学学子进行对话交流。许智宏出席座谈活动并致辞。

"十五"国家重点图书出版规划项目—《中华文明史》由北京大学出版社出版发行。

5月24日 北京大学第16次党政联席会在办公楼103会议室举行。

5月24~26日 中德大学校长论坛在北京大学英杰交流中心举行。此次论坛由北京大学和德国洪堡大学共同发起,受中德科学中心资助,旨在促进中德两国高校之间的科研合作。共有来自中德双方19所顶尖高校(其中德方8所,中方11所)的校长或副校长与会。中国教育部副部长赵沁平、中国国家自然科学基金副主任朱作言、德国驻华使馆文化参赞马丁·冯应邀出席了会议开幕式。许智宏出席并在开幕式上致辞,林建华代表北京大学介绍学校科研战略发展情况。

5月24~26日 中国科学技术协会第七次全国代表大会在北京召开。韩启德当选为第七届中国科协全国委员会主席,林建华当选为第七届中国科协全国委员会委员。

5月25日 深入学习研究社会主义荣辱观暨《社会主义荣辱观理论教程》出版座谈会在英杰交流中心阳光大厅举行。本次座谈会由北京大学党委宣传部、德育研究所和中国出版集团联合主办,北京市委常委、教育工委书记朱善璐、教育部思政司司长杨振斌、语用司司长王登峰出席会议,会议由杨河主持。

"科学发展观与马克思主义理论创新"理论研讨会在英杰交流中心举行,吴志攀出席并讲话。黄楠森、李君如等校内外马克思主义研究专家学者,《人民日报》、《光明日报》等媒体的负责人以及北京大学部分院系党委书记、职能部门负责人参加了研讨会。

李岚清"音乐·艺术·人生"讲座在百周年纪念讲堂举行。讲座由许智宏主持,吴志攀、陈文申、张国有出席。讲座之后,在百周年纪念讲堂多功能厅举行了《音乐·艺术·人生》首发式,教育部部长周济作讲话。

北京大学筹资与发展工作研讨会在外研社国际会议中心召开,许智宏作重要讲话,陈文申作筹资与发展工作报告及大会总结,柯杨、林建华、张国有出席会议。此次会议是北京大学历史上第一次筹资与发展工作会议。

已故全国模范教师、北大中文系教授孟二冬的女儿孟菲致信中共中央总书记胡锦涛表达感谢之情。6月9日,胡锦涛总书记亲自给孟菲回信,对孟二冬教授不幸去世表示哀悼,对其家属表示慰问。

5月26日 北京市政协主席阳安江一行来北京大学调研。

5月26~27日 北京大学医学部2006年党建研讨会在杏林山庄召开。会议的主题是:认真贯彻中央十六届四中全会精神,学习交流保持共产党员先进性教育的体会,探讨党建工作的创新机制,推动医学部党建理论的学习和研究。吴志攀、柯杨、敖英芳参加了研讨会。

5月27日 北京大学第二十九次学生代表大会在电教报告厅召开,吴志攀出席并讲话。

5月28日 北京大学新闻与传播学院成立5周年庆典晚会在国关大楼秋林报告厅举行,吴志攀出席。

5月29日 北京大学学生思想政治教育学科专业技术职务评审会在办公楼103会议室召开,杨河出席。

北京大学教育管理系列专业技术职务评审会在北阁二层会议室召开,陈文申出席。

"王晶烈士铜像揭幕仪式"在人民医院科教楼三层大厅举行,吴志攀出席。

5月29日~6月2日 岳素兰一行赴拉萨慰问在西藏支教的北京大学第七届研究生支教志愿者和西部扶贫接力计划志愿者。

5月30日 北京大学第18次党政联席会在办公楼103会议室举行。

6月

6月1日 阿富汗驻华大使埃克利尔·哈基米访问北京大学。林建华在临湖轩会见了来宾。

6月3日 2006年北京大学首届国际大学生环境论坛暨第二届全国高校研究生环境论坛开幕

式在英杰交流中心阳光大厅举行,张彦出席并致辞。联合国前任副秘书长、联合国秘书长特别环境顾问 Maurice Strong 先生出席开幕式并致辞。

6月5日 北京大学工程系列专业技术职务评审会在总务部会议室召开,鞠传进出席。

北京大学与巴黎政治科学院在临湖轩举行校际合作备忘录签字仪式,林建华与巴黎政治科学院副校长 Francis Vérillaud 共同签署合作备忘录。该备忘录旨在促进两校的合作与交流,并确定从 2006/2007 年度开始开展学生交流项目。

新闻出版总署《"十一五"期间(2006—2010年)国家重点图书出版规划》揭晓,北大医学出版社共有 16 项选题进入规划,入选图书数量在全国医药卫生类出版社中居第一位。

6月6日 "中关村开放实验室"框架协议签署仪式暨第一批重点开放实验室揭牌仪式在清华大学创新大厦多功能厅举行,北京大学"微处理器及系统芯片开放实验室"和"细胞分化与细胞工程实验室"成为首批挂牌成立的"中关村开放实验室"。林建华出席签字仪式并致辞。

北京大学第 19 次党政联席会在办公楼 103 会议室举行。

北京市房山区与 15 名到农村工作的北京大学应届毕业生正式签约。

6月7日 北京大学校园治安综合治理委员会全体会议在办公楼 103 会议室召开。陈文申主持会议,张彦、鞠传进出席。

北京大学体育文化节闭幕式暨运动会颁奖大会在体育中心二层多功能厅举行,岳素兰出席并讲话。

北京大学第十四届"挑战杯"—五四青年科学奖竞赛暨第三届"江泽涵杯"数学建模与计算机应用竞赛颁奖典礼在英杰交流中心新闻发布厅举行,张彦出席并致辞。

6月8日 沙特阿拉伯国王顾问阿卜杜拉博士访问北京大学,林建华在临湖轩会见来宾。

6月9日 中共中央总书记、国家主席胡锦涛致信北京大学已故教授孟二冬的女儿孟菲,高度赞扬孟二冬的精神,鼓励孟菲刻苦学习,努力成才。

2006 年中韩学者论坛在北京大学英杰交流中心开幕,论坛由北京大学与韩国民主和平统一咨询会议共同发起,主题为东北亚和平繁荣与中韩合作新课题,许智宏出席开幕式并会见了韩国民主和平统一咨询会议常务副主席李在祯先生,陈文申在开幕式上致辞。

北京大学宣明助学金项目总结会在英杰交流中心第二会议室召开,张彦出席并讲话。

台湾清华大学陈文村校长一行访问北京大学。许智宏在临湖轩会见来宾,双方分别介绍两校基本情况,并就今后两校间进行学术交流和互助发展等问题交换意见。

北京大学教材建设委员会工作会议在办公楼 103 会议室召开,会议审议了《北京大学"十一五"教材建设规划(草案)》和《教材建设立项资助经费管理办法(草案)》。林建华主持会议,张国有参加。

第四届钟盛标物理教育基金颁奖仪式在英杰交流中心第八会议室举行,林建华出席并致辞。

"妇女/性别研究与培训基地"授牌仪式暨基地建设工作研讨会在中央党校举行。会上,北京大学被中华全国妇女联合会和中国妇女研究会授予"妇女/性别研究与培训基地"。全国人大常委会副委员长顾秀莲出席授牌仪式并讲话,岳素兰出席会议。

6月10日 第四纪地质年代学专业委员会年度会议在加速器楼会议室召开,林建华出席。

北京大学出台《北京大学研究生培养机制改革办法》、《北京大学研究生学业奖学金管理办法》、《北京大学研究生奖助金的资金来源和使用管理办法》、《关于 2007 级研究生培养机制改革试点工作的意见》。按照改革方案,90% 的博士生和 70% 的硕士生可获各种档次的奖学金,加上原有的"三助"费用,80% 的博士生和 60% 的硕士生的待遇得到提高。

6月11日 北京大学"英语戏剧实践课"演出——《屋顶上的小提琴手》在百周年纪念讲堂开演,外交部部长李肇星观看了演出。

6月12日 北京大学专业技术职务评审委员会教育管理与德育分会职称评审会在办公楼 103 会议室召开,吴志攀、陈文申、林建华、岳素兰、张彦、杨河、王丽梅、张国有出席。

北京大学专业技术职务评审委员会实验/工程/财会分会职称评审会在实验室与设备管理部会议室召开,鞠传进出席。

6月13日 北京大学第 20 次党政联席会在办公楼 103 会议室举行。

北京大学召开党委常务扩大会议,传达胡锦涛总书记给北京大学已故教授孟二冬女儿孟菲回信精神,并进行学习讨论。闵维方主持会议。

第五届北京大学青年教师教学基本功与现代教育技术应用演示竞赛颁奖表彰会在体教多功能厅召开,许智宏出席并讲话,林建华、岳素兰出席。

6月14日 高丽大学金珍星副校长一行访问北京大学,吴志攀在办公楼 105 会议室会见来宾。

北京大学校园规划委员会会议在办公楼 103 会议室召开,陈文申、鞠传进参加。

6月15日 北京大学庆祝建党八十五周年暨七一表彰大会在百周年纪念讲堂举行。闵维方作重要讲话,许智宏代表学校党委宣

读《中共北京大学委员会关于表彰优秀共产党员和先进党支部的决定》。会议由吴志攀主持,陈文申、柯杨、岳素兰、张彦、杨河、王丽梅、敖英芳等出席大会。

北京大学廉政文化进校园理论研讨会在办公楼103会议室召开,杨河出席并讲话。

6月16日 北京大学医学部第四届三次教代会在医学部会议中心礼堂召开,闵维方出席并讲话,柯杨、岳素兰、敖英芳出席。

北京大学第33期新上岗中层干部培训班开班动员会在图书馆北配楼举行,闵维方、吴志攀出席。

北京大学学子深入学习胡锦涛总书记给孟二冬女儿孟菲回信精神座谈会在办公楼202会议室召开,杨河出席并讲话。

北京大学与美国加州科维理基金会(The Kavli Foundation)正式签署协议,建立"北京大学科维理天文和天体物理研究所"(Kavli Institute for Astronomy and Astrophysics,KIAA-PKU)。研究所将致力于成为中国和亚太地区一个国际一流的天文与天体物理研究中心,以国际最高水准推动基础科学研究在中国的发展,并成为连接正在迅速崛起的中国与发达国家科学界的一座桥梁。许智宏出席签字仪式。

6月17日 北京大学第22次研究生代表大会在电教报告厅召开,林建华出席并讲话。会议审议了第二十六届研究生会执委会工作报告,选举产生了新一届研究生会执委会主席团和常代会主任团成员。哲学系2005级硕士研究生唐亚刚当选为新一届研究生会执委会主席。

第二届国际古生物学大会在百周年纪念讲堂召开,林建华出席并致辞。国际古生物学大会是国际古生物学界最高级别的学术年会,被誉为国际古生物学界的"奥林匹克盛会",每4年举行一次。

2006—2010年教育部高等学校物理学与天文学教学指导委员会(挂靠北京大学)成立大会暨第一次全体会议在香山饭店召开,林建华出席并讲话。

6月19～25日 环太平洋地区大学联盟(APRU)第十次年会在悉尼大学举行,许智宏参加。

6月19～22日 东亚经济论坛及立命馆大学孔子学院理事会在日本举行,张国有参加。

6月19日 北京大学与澳大利亚格里菲斯大学人口健康、环境与发展国际合作中心在格里菲斯大学内森校区正式落成并启用。许智宏出席中心落成仪式并剪彩。

6月20日 教育部召开对口支援西部地区高等学校工作经验网络视频交流会,国务委员陈至立、教育部部长周济、副部长吴启迪等出席会议。会上,教育部副部长吴启迪宣读了教育部对口支援工作先进集体和个人名单,北京大学等九所高校以及北京大学孟二冬教授等六人分别获得先进集体和个人称号。闵维方代表北京大学汇报了北京大学对口支援石河子大学工作的简要情况。岳素兰参加会议。

阿富汗总统卡尔扎伊来访问北京大学,在百周年纪念讲堂多功能厅发表演讲。教育部副部长章新胜、中国驻阿富汗大使刘健出席演讲会。林建华出席并致欢迎辞。

陆平同志纪念文集出版座谈会在外研社会议室举行,杨河参加。

北京大学第21次党政联席会在办公楼103会议室举行。

伦敦政治经济学院校长Howard Davies爵士访问北京大学,林建华在临湖轩会见来宾。

方正集团在重庆建设的"方正西部电子产业基地"正式开工。该基地主要生产挠性电路板(FPC)。该项目建成后,方正集团将成为国内规模最大的挠性电路板生产企业,将巩固方正集团在整个IT产业中的核心地位。

6月21日 北京大学学科规划委员会、事业规划委员会联席会议在办公楼103会议室召开,陈文申、林建华参加。

6月22日 北京大学对口支援石河子大学"十一五"期间全面合作协议签字仪式在英杰交流中心举行。林建华和石河子大学校长向本春分别代表学校在协议书上签字。这是继2001年教育部启动"对口支援西部地区高等学校计划"以来,两校签署的新一轮对口支援合作协议。签字仪式由岳素兰主持,石河子大学党委书记周生贵、教育部高等教育司办公室主任康凯出席签字仪式。

6月23～24日 北京大学新上岗中层干部培训会议在外研社国际会议中心举行,吴志攀、陈文申、张彦、王丽梅、鞠传进分别出席并为新上岗中层干部授课培训。

6月25～29日 岳素兰率"2006年北京大学青年教师贵阳—遵义社会实践考察团"一行32人赴贵阳、遵义等地进行考察实践。

6月26日 北京大学学生暑期社会实践团队领队代表座谈会在办公楼202会议室召开,张彦出席。

北京大学校园规划委员会会议在办公楼103会议室召开,陈文申、鞠传进出席。

6月27～30日 杨河赴四川成都参加重点调研课题委托单位负责人座谈会。

6月27日 早稻田大学副校长江夏健一、ACOM社长木下盛好一行访问北京大学,林建华在临湖轩会见来宾。

北京大学第22次党政联席会在办公楼103会议室举行。

6月28日 北京大学2006届毕业生廉洁教育座谈会在办公楼103会议室举行。座谈会由王丽梅主持,教育部党风室李耀建主

任、北京市教育纪工委周燕副书记和即将赴党政机关、事业单位、大型国企工作的35名毕业生代表参加了座谈会。张彦作主题讲话。与会学生代表宣读了《廉洁自律爱岗敬业——致全国2006届毕业大学生的倡议书》,并在《廉洁自律承诺书》上签字。

北京大学医学部庆祝建党八十五周年大会在医学部会议中心礼堂举行,闵维方参加。

北京大学2006年毕业生晚会在百周年纪念讲堂举行,闵维方在晚会上致辞,许智宏、张彦出席。

6月29日 北京市委常委、教育工委书记朱善璐,市委组织部副部长朱秉春,市委教育工委副书记、市教委主任刘利民,市委教育工委常务副书记张建明等领导来到北京大学已故教授孟二冬同志家中,向孟二冬教授的妻子耿琴同志颁发市委授予孟二冬同志的"北京市优秀共产党员荣誉称号"证书和奖章,同时代表北京市委市政府和市委教育工委、市教委向孟二冬同志家人表示慰问。闵维方陪同。

北京大学2006届赴京郊农村及西部地区工作毕业生欢送会在英杰交流中心新闻发布厅隆重举行。闵维方出席并讲话,会议由张彦主持。

北京大学原副校长、历史学系教授何芳川因病救治无效,在北京逝世,享年67岁。

6月30日 国际著名学者、"六院"院士钱煦博士访问北京大学,许智宏、林建华在办公楼105会议室会见。钱煦博士是美国科学院、医学院、工程院、艺术与科学院院士、中国科学院外籍院士、台湾中央研究院院士,此次应邀来北京大学参加由前沿交叉学科研究院和工学院联合主办的北京大学生物医学工程学科发展研讨会,并作题为《美国生物医学工程发展现况及展望》的演讲。

许智宏、陈文申、林建华、张彦在办公楼103会议室与优秀毕业生代表座谈交流。

北京大学专业技术职务评审委员会会议在办公楼103会议室召开,许智宏、陈文申、林建华、岳素兰出席。

哈佛大学文理学院院长Bill Kirby教授访问北京大学,林建华在校办105会议室会见。

6月 北医党建网正式开通。《北医党建网》立足于宣传党中央、北京大学及医学部关于加强党的建设的决定和要求,紧扣党建工作的大事要事,反映党政干部在学习和实践中的体会经验,介绍有关中国共产党的基本知识、政策法规,及时发布北京大学及医学部党建动态、党建科研信息及各基层党支部所开展的活动。

7月

7月1日 北京大学学位评定委员会第85次会议在办公楼103会议室召开,许智宏、林建华、张国有出席。

7月2日 北京大学平民学校启动仪式在百周年纪念讲堂举行,岳素兰出席。

北京大学、华盛顿大学、香港理工大学联合暑期学校开学典礼在北京大学百周年纪念讲堂四季厅举行,张国有出席。

7月3日 北京大学2006届本科生毕业典礼暨学位授予仪式分两场在百周年纪念讲堂隆重举行。闵维方宣读《北京大学关于表彰2006届优秀毕业生的决定》,许智宏致辞。吴志攀、林建华、岳素兰、张彦、王丽梅、鞠传进、张国有、海闻出席。陈文申主持典礼。出席典礼的全体校领导分别与各院系毕业生合影留念。

北京大学产业管理委员会会议在办公楼103会议室召开,许智宏出席。

7月4日 北京大学2006届研究生毕业典礼暨学位授予仪式分两场在百周年纪念讲堂隆重举行。闵维方宣读了《北京大学关于表彰2006届优秀毕业生的决定》,许智宏致辞。吴志攀、陈文申、林建华、柯杨、杨河出席,张彦主持典礼。

7月5日 何芳川同志遗体告别仪式在八宝山革命公墓举行,全体校领导参加。何芳川教授6月29日因病在北京逝世,享年67岁。

7月5~6日 北京大学学校领导班子暑期战略研讨会在北京稻香湖会议中心召开。

7月6日 王选先进事迹报告会在百周年纪念讲堂举行,报告会由北京市委统战部主办,杨河出席。

7月7~8日 2006年暑期北京高校领导干部会议在北京昌平区凤山温泉度假村举行,许智宏、杨河参加。

7月8日 北京大学学生管理工作研讨会在生命学院报告厅举行。林建华出席并讲话,张彦主持并作会议总结报告。

全国人大常委会副委员长、中国人口学会会长彭珮云来北京大学出席第二届中国人口学家前沿论坛,林建华在英杰交流中心贵宾厅会见。

7月9日 北京大学2006年学生骨干训练营开营仪式在北京康庄611学生军训基地举行,张彦出席并致辞。学生骨干训练营于7月9日至7月14日在延庆康庄军训基地集中展开专题学习、课题研究、素质拓展、经验交流等活动。

8月

8月6日 中共中央政治局

常委、国务院总理温家宝到解放军总医院病房看望北京大学资深教授季羡林先生,并对季羡林95岁生日表示祝贺。

8月18日 北京中坤投资集团捐赠100万元人民币,设立"北京大学中国传统文化研究基金"签字仪式在英杰交流中心举行。

8月21日 北京大学生物基础实验教学中心"北京市实验教学示范中心"评审工作在新生物楼208会议室举行,林建华出席。

8月22日 北京大学电子信息科学基础实验教学中心"北京市实验教学示范中心"评审工作在理科2号楼2135会议室举行,林建华出席。

8月23日 北卡罗莱纳州立大学副教务长李百炼教授访问北京大学,闵维方在办公楼105室会见来宾。

8月23~24日 吴志攀参加在五洲大酒店召开的"全国培养选拔女干部、发展女党员工作座谈会"。

8月24日 北京大学医学部中层干部大会召开,吴志攀出席并讲话。

俄勒冈州立大学校长Edward Ray一行访问北京大学,林建华在临湖轩会见来宾。

8月25日 北京大学杜邦奖学金签字仪式在化学学院南区229会议室举行,林建华出席并致辞。

8月26日 北京大学考古文博学院"景德镇明代御窑出土瓷器珍品观摩会"在赛克勒博物馆举行,吴志攀出席。

8月27日 "北京大学/香港树仁学院2005、2006年毕业典礼暨学位授予仪式"在英杰交流中心阳光大厅举行,张国有出席并致辞。

8月28日 北京大学俄罗斯学研讨会在外院民主楼会议室召开,张国有出席。

俄罗斯联邦教育署署长巴雷兴一行访问北京大学,许智宏在办公楼105会议室会见来宾。

8月29日 北京大学第23次党政联席会在办公楼103会议室举行。

8月30日 密歇根大学SAKAI项目董事局主席Joseph Hardin一行访问北京大学,闵维方、林建华在办公楼105会议室会见来宾。

8月31日~9月3日 海峡两岸高校赛艇挑战暨"北京大学—清华赛艇邀请赛"在厦门举行。北京大学赛艇队蝉联冠军。岳素兰、鞠传进赴厦门看望慰问赛艇队队员并观看了比赛。许智宏、张彦到校南门热烈欢迎凯旋归来的赛艇队队员。

北京大学2005级本科生军训结业典礼分别在怀柔、康庄军训基地举行。吴志攀、张彦分别出席并致辞。

北京大学全校秋季干部大会在办公楼礼堂举行。闵维方、许智宏发表讲话。

9月

9月2日 许智宏赴无锡出席软件学院无锡合作教育基地签约仪式。

中国法学会社会法学研究会成立大会在北京大学英杰交流中心阳光大厅召开。全国政协副主席罗豪才、中国法学会副会长孙在雍、全国总工会书记处书记张鸣起、中国劳动学会会长夏积智、闵维方出席了会议并致辞。中国法学会社会法学研究会的成立,填补了我国七大法律部门法学研究会的空白,具有重大的法学理论和立法实践意义。

9月3日 2006级新生入学报到。闵维方、许智宏、张彦在校内五四路视察新生报到情况,慰问了各展台上进行迎新工作的师生,并向贫困家庭新生赠送礼包、运动服等生活用品。

北京大学党委宣传部、马克思主义学院、邓小平理论中心联合召开了纪念毛泽东同志逝世30周年理论研讨会,大会就"毛泽东与社会主义建设的当代启示"进行了热烈的讨论。杨河出席并作总结发言。

9月4日 教育部直属高校奥运场馆建设监督工作汇报会在英杰交流中心召开。鞠传进向大会汇报了北京大学乒乓球馆建设情况,教育部党组副书记、副部长、部直属高校奥运场馆建设监督工作领导小组组长袁贵仁出席会议并在发言中充分肯定了北京大学的奥运会场馆建设进展工作。许智宏、岳素兰、王丽梅出席汇报会。

北京大学2006级新生家长会在百周年纪念讲堂召开,张彦出席并发言。

北京大学2006年元培实验班开学典礼在英杰交流中心阳光大厅举行,张国有出席并致辞。

在巴西召开的第三世界科学院(TWAS)第17次大会上,北京大学地球与空间科学学院教授、中国科学院院士涂传诒当选为"天文与空间科学"学科院士。

9月5日 北京大学2006年本科生开学典礼分上、下午两场在百周年纪念讲堂举行。闵维方、许智宏、吴志攀、林建华、柯杨、岳素兰、张彦、王丽梅、鞠传进、敖英芳、李晓明等领导分别出席,许智宏向新生发表致辞,典礼由张彦主持。

北京大学光华管理学院干部大会在光华管理学院207会议室举行,吴志攀、杨河出席。

北京大学第24次党政联席会在办公楼103会议室举行。

9月6日 北京大学2006年研究生开学典礼分上、下午两场在百周年纪念讲堂举行,闵维方、许

智宏、吴志攀、林建华、柯杨、张国有等校领导分别出席,许智宏致辞。其间,还举行了授予路易斯·伊格纳罗和张信刚北京大学名誉教授仪式。许智宏为两位教授颁发名誉教授证书,授予仪式由柯杨主持。开学典礼后闵维方、许智宏分别为研究生新生作校情报告。

澳大利亚拉筹伯大学新任校长Brian Stoddart教授访问北京大学,许智宏会见来宾。

许智宏赴新西兰大使官邸会见新西兰驻华大使包逸之先生并签署成立新西兰中心意向书。

9月7日 北京大学党委常委扩大会在办公楼103会议室召开。

北京大学学习《江泽民文选》座谈会在邓小平理论研究中心召开,杨河主持。

德州农工大学总校校长Robert McTeer教授访问北京大学,许智宏在办公楼105会议室会见来宾。

阿曼驻华大使阿卜杜拉·侯斯尼先生访问北京大学,许智宏在临湖轩中厅会见来宾。双方探讨了加强北京大学与阿曼交流合作事宜。

海淀区选举委员会燕园街道分会区第十四届人民代表大会代表选举工作会议在北京大学英杰交流中心第二会议室召开。鞠传进出席并做工作动员。

9月8日 北京大学2006级新生代表座谈会在英杰交流中心第二会议室举行,许智宏、林建华出席座谈会并与新生代表亲切交流。

北京大学对口支援石河子大学工作协调会在办公楼202会议室召开,林建华、岳素兰参加会议。

闵维方前往我国著名化学家、中国科学院院士、北京大学化学学院教授张青莲先生家中,向98岁高龄的张老致以教师节的问候与祝福。

北京大学学习贯彻胡锦涛总书记回信精神暨教师节表彰大会在英杰交流中心阳光大厅举行。闵维方、许智宏、吴志攀、林建华、岳素兰、王丽梅、杨河、鞠传进、张国有出席表彰大会。闵维方发表讲话,代表学校党委和学校行政向全体教师表示节日的问候,向受到表彰的各位老师表示祝贺,希望全校教师以总书记回信精神为指导,以王选、孟二冬为榜样,进一步弘扬新时期的高尚师德,增强职业荣誉感、责任感和使命感,把总书记对广大教师的亲切关怀和殷切期望转化为落实科教兴国战略、创建世界一流大学的实际行动。许智宏和吴志攀分别宣读了2006年北京大学教师节表彰决定和获奖项目名单。表彰会由杨河主持。

中国工商银行总行行长杨凯生先生前来出席北京大学教师节表彰大会,闵维方在英杰交流中心贵宾室会见来宾。

韩国高等教育财团总长金在烈先生来访北京大学,许智宏、张国有在临湖轩会见来宾。

9月9日 中国羽毛球运动元勋、北京大学体育教研部教授林启武先生百岁寿诞庆典活动在五四体育馆多功能厅举行,闵维方、岳素兰出席,并发表热情洋溢的祝辞。

9月9~11日 由北京大学第六医院承办的中华医学会精神病学分会第七次全国学术年会在北京召开。

9月11日 阿尔及利亚驻华大使贾迪勒·格林访问北京大学,林建华在办公楼105会议室会见来宾。

2006年北京大学迎新文艺晚会成功举办。

9月12日 中央督查组组长、教育部副部长李卫红率中央督查组到北京大学视察学生思想政治理论课建设工作。北京市委副秘书长陈启刚、北京市委教育工委副书记刘宇辉等陪同视察。杨河陪同中央督查组和北京市领导在理教103教室观摩了马克思主义学院教师杨柳新讲授的《思想品德修养与法律基础》课程。课后在交流中心第二会议室召开了北京大学思想政治理论课工作座谈会,座谈会由杨河主持,闵维方在会上向督查组介绍了两年来北京大学在贯彻落实中央十六号文件,加强和改进大学生思想政治工作方面的有关情况。

9月13~14日 北京大学校园规划情况恳谈会在办公楼103会议室召开,闵维方、许智宏、鞠传进参加。

9月14日 韩国成均馆大学校长徐正燉一行访问北京大学,许智宏在临湖轩会见来宾。

北京大学第25次党政联席会在办公楼103会议室举行。

9月15日 首届北京大学艺术硕士开学典礼在图书馆北配楼举行,林建华出席并致辞。

2005—2006年度北京大学共青团系统评优表彰大会在办公楼礼堂召开,张彦出席并讲话。

9月17日 北京大学国际关系学院成立十周年庆祝大会在新鸿基楼秋林报告厅举行。国际关系学院名誉院长、原中共中央政治局委员、国务院副总理钱其琛,国务院新闻办公室主任蔡武到会并致辞。外交部新闻司司长刘建超宣读了外交部部长李肇星的贺信,美国斯坦福大学教授、前美国国防部长威廉·佩里先生也出席了典礼。国际战略协会会长、北京大学国际关系学院兼职教授、原中国人民解放军副总参谋长熊光楷上将作了题为"国际安全与国际关系"的主题演讲。闵维方出席大会并致辞。

9月18日 早稻田大学副校长小口彦太一行访问北京大学,吴志攀在临湖轩东北厅会见来宾。

"瓦洛里先生特殊贡献奖"颁

奖仪式在国际关系学院大楼C区报告厅举行,海闻出席。

9月19日 "北京大学建信基金奖助学金签字仪式暨建信基金关爱莘莘学子公益助学活动"新闻发布会在百周年纪念讲堂举行,海闻出席。

北京大学第26次党政联席会在办公楼103会议室举行。

9月20日 中共北京大学第一医院第四次代表大会召开,闵维方出席并讲话。

全国妇联副主席赵少华率领参加第三届海峡两岸妇女发展交流研讨会的港澳台妇女代表200多人来北京大学参观访问。

烟台大学副校长江林昌教授一行访问北京大学,岳素兰在办公楼105会议室会见来宾。

伦敦政治经济学院副校长Tim Murphy一行访问北京大学,张国有在临湖轩东北厅会见来宾。

埃及驻华大使马哈茂德·阿纳姆先生及埃中友协副主席艾哈迈德·瓦利先生等一行访问北京大学,在临湖轩与北京大学外国语学院领导及师生会谈并捐赠300余册书籍。

9月21日 北京大学—耶鲁联合本科生项目启动仪式在英杰交流中心新闻发布厅举行,闵维方与耶鲁大学本科学院院长Peter Salovey教授出席仪式并致辞。

9月22日 中共北京大学人民医院第二次代表大会召开,闵维方出席并讲话。

石河子大学副校长吴新平一行访问北京大学,岳素兰在办公楼202会议室会见来宾。

"创业人才培养与大学生就业"校长论坛在中国青年报社举行,闵维方出席并作主旨报告。

教育部、文化部、财政部2006年"高雅艺术进校园"活动开幕式在百周年纪念讲堂举行。教育部副部长吴启迪、文化部副部长陈晓光出席开幕式并致辞,岳素兰出席开幕式并观看演出。

9月23日 北京大学平民学校开学典礼在北阁会议厅举行。来自北京大学后勤系统的53名务工人员作为首批学员免费进入平民学校学习。北京市教育工会主席张青山出席典礼,岳素兰出席典礼并致辞。

9月24日 北京大学河南校友会成立十周年庆祝活动在郑州举行,张国有出席。

9月25日 北京大学2006年下半年宣传工作布置会在邓小平理论中心会议室举行。杨河对下半年宣传工作做出部署和安排,提出下半年宣传工作的三个重点任务:学习《江泽民文选》和十六届六中全会精神;开好全校师德建设工作会议;加强网络舆论引导和监督。

北京大学临床肿瘤医院建院三十周年庆典活动举行,鞠传进出席并致辞。

9月25日~26日 由北京大学口腔医学院承办的中华口腔医学会第三次全国会员代表大会暨成立10周年庆典在广东省深圳市举行。会上,北京大学口腔医学院荣获中华口腔医学会唯一的"特殊贡献奖"荣誉称号。

9月26日 吴志攀代表季羡林先生在国谊宾馆接受中国翻译家协会颁发的"翻译文化终身成就奖"并将荣誉证书和奖牌送到身在解放军总医院的季老手中。

北京大学第27次党政联席会在办公楼103会议室举行。

日本三菱银行田中达郎常务理事一行访问北京大学,吴志攀在临湖轩会见来宾。

9月27日 希腊卫生部长阿弗拉莫普洛斯先生、马其顿和色雷斯事务部部长Kalantzis George及希腊驻华大使Michael Cambanis先生一行二十余人访问北京大学。许智宏在百周年纪念讲堂会见来宾,并向来宾介绍了北京大学医学部概况以及北京大学与希腊政府、公司及高校间的合作情况。阿弗拉莫普洛斯先生向北京大学医学部捐赠了"西方医学之父"希波克拉底的雕像,并在北阁作了题为"孔子与苏格拉底思想比较"的主题演讲。

"北京大学ING助学金签字仪式暨学生见面会"在英杰交流中心举行。张国有与ING集团保险亚太区中国区总经理吴志盛先生共同签署了捐赠协议。张国有向吴志盛先生赠送了感谢状,并致谢辞。2006年,ING集团保险亚太区捐资15万元人民币,资助北京大学50名学生。

北京大学妇女/性别研究与培训基地揭牌暨基地建设座谈会在办公楼103会议室举行。

智利共和国前总统、现任参议院议长弗雷阁下及智利驻华使馆大使乌尔塔多先生、智利Santo Tomás大学罗查校长一行访问北京大学。许智宏在临湖轩会见来宾。

北京大学后勤文化艺术节启动仪式在体教活动中心二层会议室举行,鞠传进出席并致辞。

9月28日 全国人大教科文全委会在人民大会堂召开,许智宏参加。

香港城市大学校长张信刚教授访问北京大学,吴志攀在办公楼105会议室会见。

北京大学安全稳定工作一线小组会在办公楼105会议室召开,吴志攀、鞠传进出席。

教育部举行"深入学习贯彻总书记回信精神,进一步加强师德建设工作"座谈会,许智宏参加并发言。

北京大学第33期新上岗中层干部培训班结业典礼在办公楼103会议室举行,吴志攀出席并致辞。

宣武区——北京大学干部挂职锻炼启动仪式举行,吴志攀出

席。此次北京大学共有2位管理干部、8位在读博士研究生到宣武区区委组织部、宣传部、发改委、国资委等9个部门进行为期半年到一年的挂职锻炼。

9月29日 美国林肯土地政策研究院院长Gregory K. Ingram一行访问北京大学,林建华在临湖轩中厅会见来宾。

罗氏(Roche)公司研发部主任和基地副主任Dr. Granni Gromo一行访问北京大学,林建华在办公楼105会议室会见来宾。

中宣部、教育部、共青团中央在北京大学英杰交流中心第二会议室联合召开大学生学习胡锦涛总书记回信精神和孟二冬教授事迹座谈会。教育部副部长李卫红和中宣部、团中央有关司局负责同志出席座谈会并讲话,杨河出席了座谈会。

北京大学辐射防护领导小组及专家小组会议在办公楼103会议室召开,林建华主持。

10月

10月4日 我国著名诗人、学者、教育家、北京大学中文系教授林庚先生因病在北京逝世,享年97岁。

10月6日 2006年北京大学教育基金会(美国)理事会会议在美国旧金山举行。会议由许智宏主持,闵维方、陈文申、海闻出席。会议审议了2005年基金会(美国)工作报告和财务报告,报告了2006年上半年基金会(美国)工作情况并讨论了2006—2007年度工作任务,听取了有关筹款专家的报告与建议,并就基金会(美国)日常管理建设等问题进行了讨论。

北京市第九届哲学社会科学优秀成果奖正式揭晓,北京大学25项成果获奖,其中特等奖1项、一等奖6项、二等奖18项,获奖总数排名第一。历史学系邓小南的《邓广铭全集》(1至10卷)获特等奖;哲学系靳希平的《19世纪德国非主流哲学:现象学的史前史札记》、社会学系刘爱玉的《选择:国企变革与工人生存行动》、教育学院闵维方的《探索教育变革:经济学和管理政策的视角》、光华管理学院吴联生的《当代会计前沿问题研究:创新与发展》、中文系陈平原的《触摸历史与进入五四》、外国语学院申丹的《英美小说叙事理论研究》等6部专著获一等奖。

10月7日 首届未名论坛在美国旧金山湾区举办。许智宏以"大学精神的文化和力量"为题发表了演讲。未名论坛旨在通过高层次的主题演讲,促进中美文化交流,为校友和华人社区服务。

10月8日～11日 中国共产党第十六届中央委员会第六次全体会议在京西宾馆举行。全会听取和讨论了胡锦涛受中央政治局委托作的工作报告,审议通过了《中共中央关于构建社会主义和谐社会若干重大问题的决定》和《关于召开党的第十七次全国代表大会的决议》。闵维方参加全会。

10月9日 日本驹泽大学校长大谷哲夫先生访问北京大学并作演讲,吴志攀在英杰交流中心贵宾室会见来宾并出席演讲会。

10月10日 加拿大约克大学校长Lorna R. Marsden一行访问北京大学,吴志攀在临湖轩中厅会见来宾。

青海省委常委、组织部长王秦丰一行访问北京大学,吴志攀在办公楼105会议室会见来宾。

北京大学第二届师德建设工作会议协调会在办公楼103会议室召开,林建华、岳素兰出席。

美国前国务卿基辛格教授北京大学名誉博士学位授予仪式在国际关系学院秋林报告厅举行。许智宏致欢迎辞对基辛格博士在外交领域和学术领域的贡献作了高度评价。授予仪式结束后,基辛格博士发表演讲,感谢北京大学对他的厚爱,并对以北京大学为代表的中国高等教育所取得的成就感到欣喜。吴志攀出席授予仪式。

10月11日 国家检察官学院"兼职教授聘任仪式"在友谊宾馆瑞宾楼举行,吴志攀出席并受聘为国家检察官学院兼职教授。

10月12日 学位评定委员会第86次会议在办公楼103会议室召开,许智宏、吴志攀、林建华、张国有参加会议。

胡颂平先生日记捐赠仪式在图书馆小报告厅举行。胡颂平先生系胡适先生生前秘书,为胡适学术思想的整理出版做出了重大贡献。此次,胡先生的家属向北京大学捐赠了胡先生编著的《胡适之先生年谱长编初稿》和《胡适之先生晚年谈话录》手稿,以及他任胡适先生秘书期间撰写的90余册日记。这些文献资料对于了解晚年胡适的学术思想和学术交往具有重要参考价值。杨河出席捐赠仪式并致辞。

北京大学第28次党政联席会在办公楼103会议室举行。

中共北京大学党委扩大会议在办公楼103会议室召开,传达学习十六届六中全会精神。

香港赛马会行政总裁黄至刚先生一行访问北京大学,许智宏在办公楼105会议室会见来宾,闵维方会见并宴请了来宾。

"中俄大学校长论坛"在英杰交流中心阳光大厅举行。论坛由中国教育部和俄罗斯联邦教育署主办,北京大学和莫斯科国立大学承办,以"二十一世纪的高等教育——中俄两国创新型大学建设"为主题,共有包括北京大学、清华大学在内的14所国内重点院校和莫斯科国立大学等16所俄罗斯知名高校与会。中俄双方与会的校长们围绕"创新型大学与创新型人

才的培养"、"大学的科研创新与科研成果转化"、"创新型大学的国际竞争力与人才流失和回归"、"创新型大学与国家发展战略"等议题进行了深入的研讨。教育部部长周济和俄罗斯联邦教育署署长巴雷欣出席论坛并分别致辞。许智宏出席并致开幕词,论坛由林建华主持。

10月13日 "中国核科学首届毕业生50年后重返燕园"欢迎仪式在现代物理中心举行,许智宏出席欢迎仪式并致辞。51年前,中共中央决定发展原子能事业。为了尽快培养专门人才,由周恩来总理批准,在北京大学成立物理教研室(即后来的技术物理系)。1956年9月,他们作为我国自己培养的第一届核物理专业学生毕业,奔赴核武器研制、核科技研究和教育以及核工业发展领域,成为我国原子能事业的中坚。

西班牙阿利坎特大学副校长 Joaquiu Marhuenda Fructuoso 一行访问北京大学,林建华在百周年纪念讲堂贵宾室会见来宾。

西班牙朋培·法普拉大学校长 Maria Morras 一行访问北京大学,林建华在百周年纪念讲堂贵宾室会见来宾。

"第七届海峡两岸继续教育论坛"开幕式在生命科学学院报告厅举行,本次论坛主题为"特色化:继续教育的战略选择",杨河出席开幕式并致辞。"海峡两岸继续教育论坛"由海峡两岸四地著名高等学校发起,是海峡两岸高等学校开展继续教育学术交流、合作和研究的重要平台。

"北京大学元培计划五周年回顾与展望"大会在英杰交流中心阳光大厅举行,许智宏出席会议并致辞,林建华主持会议。

10月14日 北京大学授予陈国钜先生"名誉校董"仪式在办公楼礼堂举行,闵维方、许智宏出席,授予仪式由陈文申主持。

北京大学明德奖学金十周年庆典活动在勺园七号楼多功能厅举行,闵维方、陈文申、张彦出席。

北京大学首届留学生十佳歌手大赛决赛在百周年纪念讲堂多功能厅举行。

10月15日 北京大学2005级本科生军训工作总结会在图书馆北配楼召开,张彦出席并讲话。

2006年"中国计算机学会王选奖"揭晓,王选院士夫人、北京大学计算机科学技术研究所教授陈堃銶出席颁奖晚宴并向获奖代表颁奖。

10月16日 新加坡经济发展局局长 Kenneth Tan 一行访问北京大学,闵维方、林建华在办公楼105会议室会见来宾。

北京大学教务长办公会在办公楼103会议室召开,林建华主持。

墨西哥新莱昂州长 Jose Natividad Gonzalez Paras 一行访问北京大学,林建华在临湖轩中厅会见来宾。

波兰罗兹大学副校长特纳·沃依辛奇会见中国科学代表团人士活动在波兰驻华使馆举行。杨河出席并就两校开展深层次合作进行了交流。

10月16~17日 由教育部举办的"研究生思想政治教育工作研讨会"在中南大学举行,张彦参加并在会上报告了北京大学实施研究生骨干队伍建设工程的情况。

10月17日 吉尔吉斯斯坦共和国教育部长努尔·务鲁·多斯博尔先生和塔吉克斯坦共和国教育部长拉赫莫诺夫先生率上海合作组织教育考察团一行访问北京大学。许智宏在办公楼103会议室会见来宾。

韩国建国大学副校长崔石植一行访问北京大学,林建华在临湖轩中厅会见来宾。

北京大学第29次党政联席会在办公楼103会议室举行。

北京大学卫生思想政治工作促进会在北京大学医学部成立,敖英芳任首任会长。

10月18日 "回佛对话:佛教和伊斯兰教生死观"国际研讨会在勺园七号楼多功能厅举行,吴志攀出席并会见了国家宗教局叶小文局长。

中银北京大学信用卡首发仪式在百周年纪念讲堂多功能厅举行。

1962年诺贝尔奖获得者、美国冷泉港实验室荣誉主任 James D. Watson 教授访问北京大学,许智宏在英杰交流中心出席欢迎仪式。

10月19日 中国印度文学研究会第十一次学术研讨会在民主楼二层报告厅举行,张国有出席。

北京大学专题党建工作会议在勺园七号楼召开。吴志攀从党建工作、干部工作和培训与交流工作等三个方面简要介绍了2006年下半年组织工作的基本任务,并就迎接北京市委进行党建和思想政治工作基本标准的检查评估工作和加强学校信息工作进行了部署和安排。

10月20日 巴黎高科执行副主席 Gabriel de Noamzy 一行访问北京大学,张国有在临湖轩中厅会见来宾。

2006年图书馆分馆工作总结会暨国际关系学院分馆开通仪式在国际关系学院会议室举行,张国有出席并致辞。

北京大学授予爱国实业家蒙民伟先生"名誉校董"仪式在图书馆北配楼举行。仪式由陈文申主持,闵维方、许智宏出席并对蒙民伟先生给予北京大学的大力支持表示感谢。

瑞典皇家理工学院副校长 Ramon Wyss 一行访问北京大学,林建华在临湖轩东北厅会见来宾。

奥运会监督委员会委员在中纪委常委、监察部副部长黄树贤同

志带领下到北京大学视察奥运场馆建设工作。

北京大学 2006 年新生文艺汇演在百周年纪念讲堂举行，迟惠生、张彦观看演出并慰问了演出人员。

海闻出席澳门大学 25 周年校庆典礼。1996 年，北京大学与澳门大学签署交流协议，十年来两校保持了良好的合作交流关系。在澳门期间，海闻看望了正在澳门大学交流执教的北京大学教师。

10 月 22 日　授予孟加拉国穆罕穆德·尤纳斯教授北京大学名誉教授仪式在经济学院举行，许智宏致辞并向尤纳斯颁发了"北京大学名誉教授"聘书。尤纳斯教授是 2006 年诺贝尔和平奖获得者。

庆祝北京大学金融与证券研究中心成立十周年暨中国商业银行改革与创新高级论坛在北京大学举行。张国有出席并致辞。中国银行行长李礼辉、中国银监会副主席唐双宁等金融界人士作了主题演讲。

10 月 23 日　宾州州立大学理学院院长 Dean Daniel Larson 一行访问北京大学，许智宏、林建华在临湖轩中厅会见来宾。

澳大利亚科廷理工大学副校长 Linda Kristjanson 一行访问北京大学，林建华在临湖轩会见来宾。

北京大学宣明助学金发放暨 2006—2007 学年学生服务总队能力建设论坛启动仪式在英杰交流中心新闻发布厅举行，张彦在仪式上致辞并为论坛揭幕。世界宣明会中国办事处总干事陈思堂医生、总监王超博士出席并致辞。世界宣明会（中国）将在未来五年以助学金、奖学金及活动资金的形式资助北京大学 120 名本科生和 30 名研究生。

美国普渡大学教务长 Sally Mason 一行访问北京大学，林建华在办公楼 202 会议室会见来宾。

10 月 24 日　北京论坛（2006）新闻发布会在国务院新闻办公厅举行。北京市教育委员会主任刘利民、韩国高等教育财团事务总长金在烈、许智宏出席，发布会由张国有主持。

斯洛文尼亚驻华大使 Marjan Ceneen 博士访问北京大学，林建华在临湖轩东北厅会见来宾。

北京大学开斋节午餐会在佟园清真餐厅举行，张彦出席并向穆斯林师生致以节日的祝贺。

北京大学第 30 次党政联席会在帕卡德公寓二层会议室举行。

国际奥委会协调委员会委员考察北京大学奥运乒乓球场馆建设进展，岳素兰陪同考察。

10 月 25 日　日本冈山大学副校长冈田雅夫一行访问北京大学，吴志攀在临湖轩中厅会见来宾。

"中国第二届女性与体育文化国际论坛"开幕式在五四体育馆多功能厅举行，岳素兰出席并致开幕词。

澳门基金会行政委员吴志良一行访问北京大学，张国有在临湖轩东北厅会见来宾。

乌克兰教育部部长斯·尼古拉延科一行访问北京大学，许智宏在勺园会见并宴请来宾。

北卡州立大学副校长 Larry Nielsen 一行访问北京大学，林建华在临湖轩会见来宾。

北京大学本科教学评估委员会工作会议在理科 2 号楼 2736 报告厅召开，林建华主持。

北京大学与北大先行科技产业有限公司联合申报的"磷酸铁锂产业化技术"经北京市政府批准成为"北京新材料工程中心"首批入选项目。北京市副市长赵凤桐为"磷酸铁锂产业化基地"授牌。

10 月 26 日　由北京大学、中国卫生部与世界卫生组织联合举办的"人类发展论坛 2006——健康与发展国际研讨会"在交流中心阳光大厅举行开幕式。许智宏出席并致开幕词，海闻出席研讨会。

韩国大法院李容勋院长访问北京大学，许智宏在英杰交流中心贵宾室会见来宾。

台湾大学校长李嗣涔教授一行访问北京大学，许智宏在勺园会见并宴请来宾。

以"继承北医传统、弘扬北医精神"为主题的座谈会暨王德炳教授《我在北医五十年》的新书首发仪式在医学部会议中心举行。吴志攀、柯杨出席并致辞。全国人大常委会副委员长韩启德通过录像向王德炳教授新书首发式致辞。

信息管理系"北京大学图书情报继续教育 50 周年庆典"在英杰交流中心新闻发布厅举行，张国有出席并致辞。

法兰西共和国总统雅克·希拉克先生在北京大学办公楼礼堂发表题为《中法伙伴关系：一个为了和平与进步的雄心》的演讲。教育部周济部长出席演讲会，演讲会由许智宏主持。

北京大学法学院缅怀麦克唐纳教授纪念会在英杰交流中心第二会议室举行。全国政协副主席罗豪才出席纪念会。吴志攀出席并讲话。麦克唐纳先生是世界著名的国际法学家，加拿大人，1986 年至 1998 年期间被聘请为北京大学名誉教授。

哈佛大学前文理学院院长柯伟林（William Kriby）教授访问北京大学并在电教报告厅作关于"哈佛教育的理念、制度及方法"的精彩报告。林建华在勺园会见并宴请来宾。

10 月 27 日　以"文明的和谐与共同繁荣——对人类文明方式的思考"为主题的北京论坛（2006）在人民大会堂金色大厅拉开帷幕。全国政协副主席罗豪才、联合国前副秘书长 Maurice Strong、韩国高等教育财团事务总长金在烈、北京市教育委员会主任刘利民出席开幕式，教育部副部长章新胜、北京

市副市长赵凤桐、北京2006奥林匹克运动会协调委员会副主席Richard Kevan Gosper、韩国SK集团董事长崔泰源在开幕式上致辞。许智宏出席论坛开幕式并致辞,开幕式由林建华主持,吴志攀、张国有出席开幕式。北京论坛创办于2004年,是经国务院批准,在教育部和北京市政府的指导下,由北京大学、北京市教育委员会和韩国高等教育财团联合主办,以"文明的和谐与共同繁荣"为总主题的具有国际性、学术性和效益性的学术会议。

中国科学技术信息研究所发布"2005年度中国科技论文统计结果",《北京大学学报(自然科学版)》继2005年入选"中国百种杰出学术期刊"行列之后,再度荣获该称号。

10月28日 "首届中国大学校友会会长"论坛在勺园多功能厅举行,许智宏、吴志攀出席。

"北京大学第三届国际文化节"开幕式在百周年纪念讲堂广场举行,主题为"欢之歌韵——自然文化遗产与旅游",许智宏出席并致开幕词,岳素兰、张彦出席开幕式。当晚,"爱在燕园——国际文化节暨北京论坛文艺晚会"在百周年纪念讲堂举行,中国学生与各国留学生同台献艺,许智宏、吴志攀、张国有和北京论坛各国与会代表出席并观看了演出。

北京市副市长陈刚视察北京大学奥运乒乓球馆建设场地,调研高校奥运场馆工程进展情况。鞠传进陪同。

北京大学深圳研究生院五周年庆典暨北京大学深圳校友联谊大会在深圳研究生院会议中心举行。深圳市常务副市长刘应力、深圳大学校长章必功、林建华出席庆典并致辞。

我国著名语言学家、北京大学中文系教授林焘先生因病在北京逝世,享年85岁。

经卫生部评审,北京大学第一医院心内科牵头的"冠心病早期诊断和综合治疗技术体系的研究"课题获"十一五"攻关课题基金资助,资助金额400万元。

10月29日 北京论坛(2006)在英杰交流中心阳光大厅落下帷幕。韩国高等教育财团事务总长金在烈先生、许智宏出席闭幕式并致辞。受北京论坛(2006)大会主席王岐山委托,许智宏在闭幕式上发布了北京论坛(2007)的相关信息。闭幕式由吴志攀主持,张国有出席。

北京大学在校生邢衍安在2006年全国田径冠军赛暨全国田径大奖赛总决赛中以13秒74的成绩获得110米栏比赛第二名。

10月30日 烟台大学副校长江林昌一行访问北京大学,岳素兰在办公楼105会议室会见来宾。双方就北京大学支援烟台大学建设等问题交换了意见。

四川大学校长谢和平一行访问北京大学,林建华在办公室会见来宾。

比利时鲁汶大学副校长Martinus Buekers一行访问北京大学,林建华在办公楼105会议室会见来宾。

北京大学教务长办公会在办公楼103会议室召开。会议就推进教务系统改革、完善教务工作等问题进行了讨论。林建华主持。

盖茨基金会全球健康项目主席Yamada博士访问北京大学,许智宏在办公楼105会议室会见来宾。

10月31日 北京大学工学院理事会成立大会暨首届工作会议在英杰交流中心第四会议室举行。会议讨论通过了工学院理事会章程和相关议案。林建华出席并代表学校向理事会成员颁发了聘书、荣誉牌并发表了讲话。

"季羡林与东方学"学术研讨会暨庆祝《东方文化集成》100部出版开幕式在民主楼举行。张国有出席并对《东方文化集成》的百部出版表示祝贺。

武汉理工大学党委书记王威孚率队到北京大学调研,张彦在办公楼103会议室会见来宾,并介绍了北京大学文化素质教育基地的建设和规划等情况。

"北京大学—汇丰经济论坛"在百周年纪念讲堂多功能厅举行。论坛特邀2004年诺贝尔经济学奖得主爱德华·普雷斯科特(Edward Prescott)教授作演讲。该论坛由香港上海汇丰银行有限公司与北京大学中国经济研究中心共同设立。

法国图书馆馆长让·纳内一行访问北京大学,张国有在临湖轩会见来宾。

11月

11月1日 巴基斯坦旁遮普大学校长Arshad Mahmood教授一行访问北京大学,许智宏在办公楼105会议室会见来宾。

北京大学第31次党政联席会在办公楼103会议室举行。

北京大学理科院系领导工作例会在研究生院会议室召开,林建华主持。

著名学者、文学史家、教育家、北京大学教授褚斌杰先生因病医治无效在北京去世,享年75岁。

11月2日 "中国泰语教学与研究"研讨会开幕式在英杰交流中心第二会议室举行,林建华出席并致辞。

11月3日 东亚四国大学校长会议在越南举行,许智宏参加。

全国人大副委员长韩启德在深圳市人大副主任邱玖的陪同下到深圳研究生院视察,并同院领导及各职能部门、院系负责人座谈。林钧敬介绍了深圳研究生院五年

来的发展情况。

澳大利亚迪肯大学副校长 John Rosenberg 一行访问北京大学,林建华在临湖轩中厅会见来宾。

11月6日 北京大学团委2006年"河合创业基金"颁发仪式在老生物楼221会议室举行,张彦出席并致辞。"河合创业基金"由日本通用工程股份有限公司在北京大学团委设立,旨在支持和鼓励北京大学在校学生进行创业教育活动。

北京大学国际合作委员会第一次工作会议在办公楼202会议室召开。会议审议通过了《北京大学国际合作委员会工作条例》,并就北京大学与美国南加州大学和纽约大学开展学术交流与科研合作事宜进行了讨论。

北京大学2005—2006学年度学生奖励与奖学金评审工作会议在办公楼103会议室召开,张彦主持。

11月7日 北京大学授予阿尔及利亚总统布特弗利卡先生名誉教授仪式在英杰交流中心阳光大厅举行,许智宏致辞并向布特弗利卡总统颁发了"北京大学名誉教授"聘书。授予仪式由林建华主持。仪式结束后,布特弗利卡总统就非洲国家发展现状、中非关系以及文明的对话等问题发表了演讲。

国内首例腹腔镜下应用国际上最先进的切割医学仪器——"水刀"切除肝血管瘤在北京大学人民医院普外一科(肝胆外科)成功完成。

11月8日 许智宏、张彦在办公楼103会议室会见新老两届学生会、研究生会执委会主席团和常代会会长团成员,听取"两会"负责同学的工作汇报,并对"两会"工作提出要求和期望。

北京大学事业规划委员会工作会议在红二楼会议室召开。林建华主持,张国有参加。

国务院学位委员会办公室和教育部学位与研究生教育评估专家组对北京大学政府管理学院公共管理硕士(MPA)专业学位教学评估会在廖凯原楼3304会议室进行,张国有出席。

11月9日 美国西雅图华盛顿大学副教务长 Susan Jeffords 教授访问北京大学,林建华在临湖轩中厅会见来宾。

北京大学产业管理委员会工作会议在办公楼202会议室召开。许智宏主持,吴志攀、张国有参加。

11月10日 "北京大学—中国高等科学技术中心—日本理化学研究所三方联合学术会议"在英杰交流中心阳光大厅举行。许智宏出席并致开幕词,林建华主持开幕式并作"北京大学科学研究与国际交流情况"主题报告。著名物理学家、诺贝尔物理学奖获得者李政道先生出席学术会议并作精彩演讲。晚上,联合学术会议在勺园七号楼多功能厅举行闭幕式,同时为李政道先生80寿辰举办庆祝宴会。许智宏发表贺寿辞并向李政道先生赠送生日礼物。林建华主持闭幕式暨晚宴。

北京大学收入分配制度改革领导小组会议在办公楼103会议室召开。许智宏主持,吴志攀、岳素兰、鞠传进、张国有参加会议。

北京大学治理商业贿赂领导小组会议在办公楼103会议室召开,吴志攀、王313梅出席。

北京大学医学部教学改革工作座谈会在医学部会议中心209会议室召开,柯杨主持。

11月11日 国家体育总局副局长王钧、局长助理蔡振华访问北京大学,林建华、岳素兰在办公楼105会议室会见来宾。

北京大学首届"学术精英文化节"开幕式暨第八届"学术十杰"颁奖典礼在理科4号楼邓佑才报告厅举行,张彦在颁奖典礼上讲话并为获奖同学颁发证书。

11月13日 审计署教育审计局进驻北京大学,审计调查座谈会在办公楼103会议室举行,李建新局长一行听取了学校有关情况汇报。许智宏、鞠传进、张国有参加会议。

美国丹佛大学校长 Robert Coombe 一行访问北京大学,许智宏在临湖轩中厅会见来宾。

北京大学医学部第29次部务办公会在医学部行政1号楼七层会议室召开。柯杨主持,敖英芳参加会议。

11月14日 意大利共和国副总理兼外交部长马西莫·达莱马先生来到北京大学进行友好访问,并在英杰交流中心阳光大厅就"欧盟大背景下的意大利外交政策"发表演讲。许智宏致欢迎词并向马西莫·达莱马副总理赠送了由北京大学西语系教授田德望先生翻译的中文版《神曲》一书。教育部副部长吴启迪出席。演讲会由林建华主持。

北京大学第32次党政联席会在办公楼103会议室举行。

11月15日 教育部直属高校案件通报视频会议和推进高校产业规范化建设工作视频会议在英杰交流中心第二会议室举行。许智宏、林建华、岳素兰、张彦、鞠传进、张国有参加。

田纳西大学 L. L. Riedinger 副校长一行访问北京大学,林建华在英杰交流中心贵宾室会见来宾。

北京大学科研工作委员会(理工科)成立暨第一次工作会议在英杰交流中心第三会议室举行,林建华参加。

北京大学校园规划委员会会议在办公楼103会议室举行,许智宏、鞠传进、张国有参加。

阿曼卡布斯苏丹大学校长一行访问北京大学。许智宏在临湖轩中厅会见来宾并陪同来宾在百周年纪念讲堂观看了云南少数民族原生态歌舞集《云岭天籁》。

海淀区选举委员会燕园街道分会选举区第十四届人大代表选举结果揭晓。沈扬、王冠香、朱苏力、牛大勇、鞠传进、李兰当选为海淀区第十四届人民代表大会代表。

何梁何利基金2006年度颁奖大会在人民大会堂举行,北京大学信息科学技术学院何新贵院士荣获"科学与技术进步奖"。

11月15~16日 甘肃省委、国家文物局、北京大学关于甘肃礼县重大考古发现的联合新闻发布会在甘肃礼县举行。杨河出席并听取了"早期秦文化考古成果汇报会"。此次考古发现由北京大学师生与甘肃省考古研究所、国家博物馆等兄弟单位共同进行,发掘出长107米、宽25米的大型宫殿类建筑基址及一座大型青铜乐器祭祀坑,出土了一批珍贵青铜重器,对于早期秦文化研究具有重大价值。

11月16日 日本立命馆大学常务副校长倪明江教授一行访问北京大学,张国有在勺园七号楼会见来宾。

11月17~18日 北京大学2006年研究生工作研讨会在稻香湖会议中心召开。国务院学位办梁国雄处长出席并讲话。许智宏、林建华讲话并听取了与会代表关于"研究生培养机制改革"进行的讨论。

11月18日 中央实施"马克思主义理论研究和建设工程"马克思主义哲学教材研究编写组学术研讨会在北京友谊宾馆举行,闵维方出席并致辞,杨河主持会议。

"全民健身与奥运同行"2006年全国花毽挑战赛开幕式在五四体育馆羽毛球场举行。岳素兰出席并讲话。

阿拉伯语系建系六十周年暨马坚先生诞辰一百周年纪念会在英杰交流中心阳光大厅举行,张国有出席并致辞。

首届全国胸部肿瘤微创手术论坛及北京胸部微创中心成立揭幕式在人民大会堂举行,敖英芳出席。

11月19日 "2006中国石油发展战略高层论坛"在百周年纪念讲堂多功能厅举行。闵维方致辞,并宣读了《北京大学关于石油与天然气研究中心换届及成立理事会和学术委员会的决定》,论坛由林建华主持。

11月20日 "北京大学与邱德拔基金捐赠协议签字仪式"在百周年纪念讲堂举行。北京大学接受了建校以来一次性捐赠数额最大的捐款。新加坡邱德拔基金捐赠1.733亿元人民币,主要用于支持北京大学体育馆暨2008年奥运会乒乓球比赛场馆建设。全国人大副委员长韩启德、教育部部长周济、北京市委常委、市委教育工委书记朱善璐、北京市副市长刘敬民、北京市教委主任刘利民、新加坡教育部部长兼财政部第二部长尚达曼、新加坡驻华大使陈燮荣等中新方领导应邀出席仪式。许智宏和邱德拔先生的长女邱·梅维斯女士分别代表北京大学和邱德拔基金签署捐赠协议书。闵维方在签字仪式上致辞,陈文申主持仪式,岳素兰、张彦等出席。签字仪式结束以后,出席人员共同观看了"燕园秋夜"文艺晚会。邱德拔,祖籍中国福建,是新加坡知名华裔银行家、酒店业巨头,曾被《福布斯》杂志评为新加坡首富。2004年,邱德拔去世,他的子女继承其遗愿,在医疗、卫生保健和教育等领域进行了广泛捐赠。

11月21日 陈至立国务委员在中南海紫光阁会见来京出席"邱德拔遗产基金与北京大学捐款建设体育馆签字仪式"的邱氏家族代表。闵维方陪同会见。

在教育部科技司主持的"首届中国高校精品·优秀·特色期刊奖"、"优秀编辑学论著"颁奖大会上,北大学报自然科学版以及北大学报医学版在"精品科技期刊"中名列前茅。

11月22~12月5日 应美国乒乓球协会邀请,岳素兰率北京大学乒乓球代表团出访美国,并参加了在巴尔的摩举行的北美乒乓球公开赛。访美代表团依次访问了巴尔迪摩、华盛顿、纽约、波士顿和洛杉矶等城市,并在纽约联合国总部举办"迎接2008北京奥运、庆祝中美乒乓外交三十五周年"主题表演赛。期间,代表团还顺访了哈佛大学、麻省理工学院、耶鲁大学、普林斯顿大学和威尔斯利学院,并与这五所大学的体育系(体育中心)及相关部门就学校体育设施管理、体育教学等方面情况进行了深入交流。

11月22日 2006年北京大学第33次党政联席会在办公楼103会议室举行。

11月23日 沙特阿拉伯驻华使馆代办穆罕默德·达伊姆一行访问北京大学,张国有在图书馆贵宾室会见来宾并商讨在京建立沙特国王图书馆分馆事宜。

11月24日 北京大学党政领导班子在办公楼103会议室召开专题会议,学习贯彻中纪委通报(中纪通〔2006〕5号)和周济部长视频会议重要讲话精神,认真检查北京大学贯彻民主集中制、健全完善校院(系、部、处)两级"三重一大"制度情况。闵维方主持会议,纪委负责同志列席会议。

"李政道教授从事物理研究六十年学术思想研讨会"在人民大会堂举行。中央政治局常委、国务院总理温家宝出席会议。许智宏出席会议并代表"中国大学生见习进修基金"("君政基金")受助学校讲话。

"北京大学2005—2006学年奖学金颁奖典礼"在百周年纪念讲堂举行。闵维方、吴志攀、张彦、王丽梅等校领导参加典礼并为获奖同学代表颁奖。80多位奖学金捐赠方代表以及2000余名获奖学生

参加了颁奖典礼。典礼由吴志攀主持。

由中国文学艺术基金会和北京大学主办、北京八路军老战士文工团承办的"纪念红军长征胜利70周年大型歌会"在百周年纪念讲堂多功能厅上演。杨河出席并观看演出。

11月25日 北京大学高能物理研究中心成立仪式在英杰交流中心阳光大厅举行，著名物理学家李政道先生担任该中心主任。许智宏出席成立仪式并致辞。李政道先生作"发现宇称不守恒50年后的物理之将来"主题学术报告。中央统战部副部长黄跃金、中国自然科学基金委数理科学部副主任汲培文、原北京大学校长陈佳洱、中国高能物理研究所所长陈和生、台湾"中央研究院"物理所所长吴茂昆等出席成立仪式。

著名语言学家、北京大学中文系教授徐通锵先生因病辞世，享年75岁。

11月27～28日 中国高等教育学会医学教育专业委员会第四次会员代表大会在北京大观园酒店举行，柯杨参加。

11月27日 北京大学信息化建设办公室专家委员会会议在办公楼103会议室召开，林建华主持。

北京大学教务长办公会在办公楼103会议室召开，林建华主持。

11月28日 《陆平纪念文集》编委会协调会在临湖轩举行，杨河出席。

新闻出版署龙新民署长视察北京大学出版社，杨河陪同。

北京大学第34次党政联席会在办公楼103会议室举行。

长学制医学教育发展座谈会在医学部国际合作处召开。国内十所重点大学领导参加会议。柯杨主持

北京大学产业管理委员会会议在办公楼103会议室召开，张国有主持。

11月29日 德意志研究联合会（DFG）人事局长Foit一行访问北京大学，吴志攀在办公楼105会议室会见来宾。

北京大学学习贯彻十六届六中全会精神研讨会在英杰交流中心第三会议室召开，对十六届六中全会的重大意义和决定作了深入学习和讨论。研讨会由党委宣传部、马克思主义学院、邓小平理论研究中心联合举办。杨河出席并讲话。

北京大学医学部师德师风建设工作会在医学部会议中心礼堂举行，柯杨、敖英芳讲话，杨河出席。

高校马克思主义理论研究和建设工程情况调研座谈会在英杰交流中心召开。中国社会科学院常务副院长冷溶主持会议，北京市委教育工委常务副书记张建明出席，张彦、杨河出席并在会前会见来宾。

12月

12月1日 北京大学纪念"团结起来，振兴中华"喊响25周年暨2005—2006学年度奖励表彰大会在百周年纪念讲堂举行。

北京大学医学部党建和思想政治工作检查评估汇报会在医学部会议中心209会议室举行。吴志攀、敖英芳出席。

12月2日 北京大学代表队荣获2006北京大学生国际象棋锦标赛团体和女子个人两项冠军。

12月3日 北京大学第八届"北京大学科技园杯"学生创业计划大赛决赛答辩暨颁奖典礼在图书馆北配楼报告厅举行。

12月4日 "首都大学生形势政策系列报告会"在百周年纪念讲堂启动。北京市委常委、教育工委书记朱善璐主持报告会并作总结讲话。北京市委教育工委常务副书记张建民、吴志攀、张彦、杨河等出席报告会。首都高校2000余名大学生参加报告会。

12月5日 瑞士洛桑理工大学副校长Martin Vetterli教授一行访问北京大学，林建华在临湖轩中厅会见来宾。双方签署了校际合作谅解备忘录。

"中央部属高校国家助学贷款代偿资助工作会议"在百周年纪念讲堂召开。115所中央部属高校的260名代表出席会议。张彦出席会议并介绍北京大学在开展以国家助学贷款为主体的资助贫困家庭学生工作方面采取的主要措施和取得的成绩。会议期间，与会领导和代表参观了北京大学学生资助中心。

12月6日 "侯仁之先生九十五华诞暨从教七十周年座谈会"在图书馆新馆101会议室举行，林建华出席并向侯老祝寿。

北京大学2006年第36次党政联席会在办公楼103会议室举行。

"北京市高校十佳辅导员颁奖典礼暨辅导员工作论坛"在北京会议中心举行，张彦出席论坛并作"高校辅导员队伍职业化要素分析"主题发言。北京大学外国语学院团委书记陈永利当选北京高校十佳辅导员。

12月7日 "2006年国家自然科学基金管理工作暨表彰大会"在北京九华山庄举行，林建华出席并代表国家自然科学基金管理工作先进单位发言。

12月8～9日 "北京大学2006年教学工作会议"在北京杏林山庄召开。会议全面总结了学校2006年本科教学工作，对本科教学改革等一系列重要问题进行了深入研讨和分析。许智宏作大会主题报告，林建华作总结讲话，

张彦出席会议。

12月8日 北京市副市长陆昊应北京大学"三井创新论坛"邀请在光华管理学院203教室作"文化与时尚在经济发展中的作用"专题讲座。杨河出席讲座并会见来宾。

12月9日 "中日大学校长论坛首届学术研讨会"在上海复旦大学举行。许智宏出席并作主题发言。本次研讨会是中日大学校长论坛框架下的首次学术研讨会,在2006年第四届中日大学校长论坛上由北京大学、复旦大学、京都大学和庆应义塾大学四所高校联合倡议发起,以便为中日两国知名高校建立起稳定、务实、有效的合作机制。

"马克思主义哲学体系创新与马克思主义哲学史研究——庆贺黄楠森先生八十五华诞学术研讨会"在静园四院哲学系一楼会议室举行。

北京大学纪念"一二·九"运动七十一周年歌咏比赛在百周年纪念讲堂举行。

12月11日 北京大学医学部第31次部务办公会在医学部行政1号楼七层会议室召开。

中国学院奖颁奖晚会在百周年纪念讲堂举行。全国政协副主席张怀西出席并为获奖者颁奖,许智宏出席并致辞。

12月12日 北京大学第37次党政联席会在办公楼103会议室举行。

伊朗新任驻华大使Javad Mansouri先生访问北京大学,许智宏在临湖轩中厅会见来宾。

12月12~13日 "海峡两岸大学校长论坛"在福建省福州市举行。来自海峡两岸55所高校的大学校长和教育专家参加论坛,并就"经济全球化下大学的改革和创新"以及"海峡两岸高等教育交流的现状与前瞻"两个主题进行了探讨与交流。岳素兰参加论坛并代表大陆高校发言。

12月13日 "北京大学第二届师德建设工作会议暨首届蔡元培奖颁奖大会"在英杰交流中心阳光大厅召开。季羡林、侯仁之、徐光宪、曲绵域、王[?]、韩济生、厉以宁、王阳元、袁行霈、林毅夫10名教师获得首届"蔡元培奖"。教育部副部长李卫红、北京市委教育工委常务副书记张建明出席大会并致辞。闵维方宣读表彰决定并与许智宏为到会的获奖者颁发证书。许智宏作大会报告,林建华对《北京大学关于进一步加强师德建设的意见》等文件的起草作了说明,闵维方作大会总结。林建华和杨河先后主持会议。王丽梅、张国有、敖英芳等出席会议。

"北京大学2005—2006学年POSCO奖学金颁奖会暨签字仪式"在英杰交流中心第二会议室举行。青岩财团常任副理事长崔光雄与张彦签署了2006—2007学年POSCO奖学金计划协议。张彦致辞并向学生颁发获奖证书。

12月14日 著名化学家和教育家、中国科学院院士、我国稳定同位素化学的奠基人、北京大学化学学院教授、中国共产党优秀党员张青莲先生因病在北京逝世,享年99岁。

由教育部社科司、CASHL管中心主办的"中国高校人文社会科学文献资料资源建设研讨会"在图书馆东楼学术报告厅举行。张国有出席并致辞。

12月15日 "黄昆先生铜像落成仪式"在北京大学物理大楼举行。闵维方出席仪式并与黄昆先生的夫人李爱扶女士、长子黄志勤先生一起为铜像揭幕。

由北京大学学生会主办的"首届全国大学生就业与创业经验研讨交流会"在英杰交流中心新闻发布厅举行。原全国人大副委员长、中国科协主席周光召院士与到场同学进行了交流。共青团中央学校部副部长陈光浩出席并作总结发言。闵维方会见来宾。

2007年北京大学学生交响乐团新年音乐会在办公楼礼堂举行。杨河、张国有、赵存生观看演出并与学生交响乐团成员交流。

12月16~17日 "北京大学2006年统战工作会议"在稻香湖畔会议中心召开。会议总结了五年来北京大学统战工作的成绩和经验,讨论了《中共北京大学委员会关于不断推进新世纪新阶段学校统一战线工作的意见(征求意见稿)》,部署了今后学校统战工作。中共中央统战部六局副局长沈冲、北京市委统战部常务副部长闵克出席会议并讲话。中央统战部研究室主任庄聪生宣讲中央第20次全国统战工作会议精神并作专题报告。闵维方作《把新世纪新阶段北京大学统战工作不断推向前进》的主题报告,杨河作大会总结。会议由杨河、张国有、顾芸先后主持,林建华、王丽梅、杨河、张国有、敖英芳等出席。

12月18日 "北京大学2006年光华奖学金颁奖大会"在办公楼礼堂举行。闵维方出席并致辞,会议由张国有主持。"北京大学光华奖学金"由台湾光华教育基金会于1989年捐资设立,是北京大学设立较早、奖励金额较大、获奖人数较多的奖学金之一,今年校本部和医学部共有600名优秀学生获得此项奖学金。

"北京大学第三医院门急诊医技楼、运动医学楼奠基典礼"在北京大学第三医院眼科中心大楼一层科学报告厅举行。闵维方出席并致辞,敖英芳出席。

12月19日 北京大学第38次党政联席会在办公楼103会议室举行。

12月20日 日本自民党前干事长加藤纮一先生一行访问北京大学,林建华在临湖轩中厅会见来宾。

北京大学团委在共青团十五届五中全会上获得"全国五四红旗团委"称号。

12月21～22日 "北京大学2007年毕业生就业工作会议"召开。许智宏出席开幕式并作工作报告,张彦主持开幕式。张彦出席闭幕式并作大会总结。

12月21日 "中国北方晚古生代过渡层盆地油气勘探新领域"重大科研项目合同签署仪式在北京中国石油化工股份有限公司总部举行,林建华出席。

"纪念霍英东教育基金会成立二十周年纪念大会暨第十届高等院校青年教师基金及青年教师奖颁奖典礼"在北京人民大会堂隆重举行,国务委员陈至立出席大会并为获奖教师颁奖。许智宏参加大会。北京大学7位教师获霍英东教育基金奖励资助。

12月22日 北京大学政府管理学院成立五周年庆典暨廖凯原基金会与北京大学捐赠协议签字仪式在廖凯原楼会议厅举行。全国政协副主席罗豪才,美国廖凯原基金会主席廖凯原,闵维方、许智宏、吴志攀、张国有出席庆典和签字仪式。许智宏与廖凯原先生共同签署捐赠协议。此次廖凯原基金会向北京大学捐赠1.235亿元人民币,用以支持北京大学设立奖教金、奖学金和讲席教授职位,资助北京大学法学院教学大楼建设和政、经、法跨学科研究。

教育部科技司组织专家对北京大学"高分子化学与物理教育部重点实验室"建设项目进行验收,林建华出席验收会。

由中央宣传部宣传教育局、教育部思想政治工作司、中共湖南省委宣传部、中共湖南省委教育工委、湖南省教育厅主办,北京大学承办的"全国舍己救人优秀大学生——李春华先进事迹巡回报告会"在办公楼礼堂举行。

由北京市教育委员会、北京高校国防教育协会联合主办,北京大学承办的"红旗颂——我为国防添光彩"北京高校大学生国防教育大型文艺晚会在百周年纪念讲堂举行。张彦会见来宾并观看演出。

12月23日 "方正集团20周年庆典晚会"在北京人民大会堂举行。全国人大常委会副委员长许嘉璐、韩启德,教育部副部长赵沁平,闵维方、张国有出席庆典晚会。

12月24日 北京大学党校"第十九期党的知识培训班结业典礼"在百周年纪念讲堂举行。本次培训班于2006年10月14日开班上课,到12月24日正式结业,参加培训的学员共计1888人。

12月24～25日 应"科学与中国"院士专家巡讲团组委会邀请,许智宏赴湖南长沙出席国防科技大学"科大人文"名家讲坛并作题为"高等教育国际化带来的挑战"专题报告。

12月25日 北京大学教务长办公会在办公楼103会议室召开。林建华主持并听取教务长系统各部门年终述职。

香港立法会议员李国麟和香港中文大学医学院护理学院教授李子芬访问北京大学医学部。柯杨在医学部碧香阁会见来宾,商谈两校护理交流与合作事宜。

12月26～27日 由中央组织部、中央宣传部、教育部党组联合举办的第十五次全国高校党建工作会议在京西宾馆召开。会议由国务委员陈至立主持,中央政治局委员、书记处书记、中宣部部长刘云山出席并讲话,中央政治局委员、书记处书记、中组部部长贺国强出席会议。闵维方、柯杨参加会议。

12月26～27日 "2006年度教育部科技委全委会"在北京铁道大厦举行,林建华、柯杨参加。

12月26日 北京市委教育工委督查组来北京大学检查《首都教育安全稳定"十一五"规划》贯彻落实情况,张彦在办公楼103会议室作工作汇报。

北京市委教育工委、北京市教委、北京市教育工会联合主办的"丹心绘彩虹——北京市慰问支教教师文艺晚会"在百年讲堂举行。市委常委、市委教育工委书记朱善璐,市委教育工委常务副书记张建明,岳素兰与北京市2000多名支教教师一起观看了晚会。

12月27～28日 北京大学医学部第十一次党代会在医学部会议中心召开。全国人大副委员长韩启德和闵维方、柯杨出席并讲话。吴志攀、王丽梅出席,敖英芳代表医学部第十届党委作工作报告。

日本早稻田大学常任理事(副校长)土田健次郎一行访问北京大学,吴志攀在临湖轩中厅会见来宾。

北京大学继续教育指导委员会2006年工作会议在英杰交流中心第二会议室召开,会议对北京大学继续教育发展和规范问题进行了讨论,并对《北京大学非学历教育监管办法(讨论稿)》进行了讨论和修订。

北京大学皮划艇激流回旋奥运科研攻关项目课题结题会议在英杰交流中心第一会议室举行,岳素兰出席并致辞。

12月28日 "2006年第四次事业规划委员会会议"在办公楼103会议室召开。林建华主持,鞠传进参加。

哈佛大学中国历史及哲学讲座教授、哈佛燕京学社社长杜维明教授在英杰交流中心阳光大厅举行题为"儒家价值与大学理念"的讲座。张国有会见杜维明教授并听取讲座。

12月29～30日 中共北京市委第九届委员会第十三次全体会议在北京会议中心举行,闵维方、敖英芳参加。

12月29日 北京大学第39

次党政联席会在办公楼103会议室举行。

北京大学财经工作领导小组第一次会议在办公楼103会议室举行。

北京大学校级领导班子年终述职会议暨工资改革动员会在办公楼礼堂举行。

12月31日 北京大学2007年新年联欢晚会在百周年纪念讲堂举行。闵维方、许智宏、吴志攀、陈文申、林建华、柯杨、岳素兰、张彦、张国有、敖英芳、海闻、李晓明、李岩松等校领导在晚会上发表新年寄语,并与师生欢歌、共同迎接新年。其间,闵维方为生命科学学院2002级硕博连读研究生施永辉同学颁发通令嘉奖令,许智宏发表新年贺词,吴志攀、张国有前往万柳学区与师生共贺新年。

附录

2006年授予的名誉博士

序号	国别	姓名	性别	职业与现职务	授予日期
1	美国	基辛格	男	美国前国务卿、著名政治学者	2006-10-10
2	美国	骆家辉 Gary Locke	男	原华盛顿州州长	2006-07-10

2006年聘请的客座教授

序号	国别	姓名	性别	职务	聘任时间
1	澳大利亚	米耀荣(Yiu-Wing Mai)	男	澳大利亚悉尼大学首席教授兼工学院执行院长	2006年1月3日
2	美国	陈镏(Liu Chen)	男	美国加州大学 Irvine 分校物理学教授	2006年2月21日
3	美国	李建业(William Lee)	男	联宇通信董事长、美国加州科学委员会委员	2006年2月21日
4	美国	李卫平(Weiping Li)	男	美国硅谷安密迪系统公司副总裁	2006年3月6日
5	英国	张建福(Jian Fu Zhang)	男	英国利物浦约翰摩尔斯大学微电子教授	2006年3月6日
6	美国	孙惠方(Huifang Sun)	男	三菱电机美国研究院副院长、高级研究员	2006年3月6日
7	美国	文正(Cheng P. Wen)	男	美国 Raytneon 系统公司首席科学家	2006年3月28日
8	中国	严宏高(Honggao Yan)	男	密歇根州立大学生物化学与分子生物学专业教授	2006年6月6日
9	日本	西田典之	男	东京大学法学部教授	2006年6月13日
10	日本	清水康敬(Yasutaka Shimizu)	男	日本国立多媒体研究所理事长	2006年8月29日
11	美国	陈经广(Jingguang G. Chen)	男	美国特拉华大学化学工程系教授、催化科学与技术研究中心主任	2006年9月5日
12	德国	克劳斯·罗克辛(Claus Roxin)	男	原慕尼黑大学刑事法学所所长	2006年9月5日
13	马来西亚	林华生(Lim Hua Sing)	男	早稻田大学中华经济研究所所长	2006年9月5日
14	美国	许浚(Jiunn Carl Hsu)	男	中国科学院高技术研究与发展高级顾问	2006年9月14日

续表

序号	国别	姓名	性别	职务	聘任时间
15	美国	达艾特·芬斯克(Dieter Fenske)	男	德国卡尔思路大学化学系教授	2006年11月1日
16	美国	盖伦 D. 斯塔基(Galen D. Stucky)	男	美国加州大学圣芭芭拉分校材料系教授	2006年11月1日
17	英国	崔铮(Zheng Cui)	男	英国卢瑟福国家实验室微结构中心微纳米技术首席科学家和微系统技术中心负责人	2006年12月19日
18	美国	Bradley J. Nelson	男	瑞士联邦理工学院(苏黎世)机器人与智能系统教授,机器人与智能系统研究所所长,机械工程系主任	2006年12月19日
19	美国	邬建国(Jianguo Wu)	男	美国亚利桑那州立大学生命科学院暨全球可持续性科学研究所教授	2006年12月19日
20	中国	张燕文(Yanwen Zhang)	女	美国太平洋西北国家实验室环境分子科学实验室高级研究员	2006年12月29日

2006年授予的名誉教授

序号	国别	姓名	性别	职业与现职务	授予日期
1	中国香港	张信刚(H. K. Chang)	男	香港城市大学校长	2006年4月17日
2	美国	斯蒂芬·沃伦(Stephen T. Warren)	男	美国 Emory 大学人类遗传系主任,美国人类遗传学会主席	2006年4月26日
3	美国	彼得·阿格雷(Peter. Agre)	男	美国杜克大学副校长,医学院细胞生物学系教授,2003年诺贝尔化学奖得主	2006年5月9日
4	美国	蔡南海(Nam-Hai Chua)	男	美国洛克菲勒大学教授、中国科学院外籍院士	2006年8月10日
5	美国	路易斯 J. 伊格纳罗(Louis J. Ignarro)	男	美国加利福尼亚大学洛杉矶分校医学院教授,1998年诺贝尔生理学奖获得者	2006年9月4日
6	孟加拉国	穆罕穆德·尤纳斯	男	2006诺贝尔和平奖获得者,孟加拉乡村银行创始人	2006年10月17日
7	阿尔及利亚	阿卜杜勒-阿齐兹·布列弗里卡(Abdelaziz Bouteflika)	男	阿尔及利亚民主人民共和国总统	2006年11月2日
8	美国	詹姆斯·默泽尔(James C. Moeser)	男	美国北卡罗莱纳大学教堂山分校校长	2006年12月8日

2006年校外媒体报道北大情况统计

【消息】

北京高校国防教育主题文艺晚会在北京大学举行 …………《光明日报》2006年12月31日第2版
"北大教授孟二冬事迹感动社会 总书记回信倡导崇高职业道德"入选2006年全国十大教育新闻
……………………………………………………………《中国教育报》2006年12月30日第2版
北京大学两项成果入选2006中国高校十大科技进展 ………《中国教育报》2006年12月27日第3版
北大自制违章停车罚单 ……………………………………《北京晨报》2006年12月26日第10版
高校人文社科文献资源建设上新台阶 ………………………《科学时报》2006年12月26日第B2版
北大政管学院再获大额捐赠 …………………………………《午报》2006年12月25日第4版
美国廖凯原基金捐赠北大1.2亿 ……………………………《中国教育报》2006年12月23日第2版
芭蕾舞剧《小河淌水》再登北大舞台 ………………………《光明日报》2006年12月22日第2版
北京大学奥运志愿者培训启动 ………………………………《光明日报》2006年12月20日第7版
北大学生为流浪猫找家 ………………………………………《京华时报》2006年12月20日第A13版
北大为研究生学术道德立规 …………………………………《北京考试报》2006年12月20日第7版
我国高校着手消除人文科学"信息鸿沟" ……………………《光明日报》2006年12月19日第2版
北大首届"蔡元培奖"颁奖 …………………………………《科学时报》2006年12月19日第B1版
北大京昆社"总教习":传艺犹如布道 ………………………《北京青年报》2006年12月19日第A11版
北大培训奥运媒体运行志愿者 ………………………………《中国教育报》2006年12月18日第2版
高校人文社科文献学科中心启动 ……………………………《中国教育报》2006年12月18日第2版
北大加强师德建设和学术道德规范 …………………………《光明日报》2006年12月17日第2版
北大学生自制个性"新衣" …………………………………《京华时报》2006年12月16日第9版
季羡林《病榻杂记》即将面市 ………………………………《光明日报》2006年12月16日第2版
名师偏爱师德奖项的背后 ……………………………………《中国教育报》2006年12月15日第1版
北大办首届"蔡元培奖" ……………………………………《光明日报》2006年12月14日第1版
北京大学"蔡元培奖"昨日首颁 ……………………………《参考消息》2006年12月14日第4版
十位名师获北大首届"蔡元培奖" …………………………《中国教育报》2006年12月14日第1版
北大制定学术道德新规范 ……………………………………《北京日报》2006年12月14日第5版
季羡林侯仁之等10教授获北大首届"蔡元培奖" …………《北京日报》2006年12月14日第5版
北大教师学术造假可开除 ……………………………………《新京报》2006年12月14日第A12版
北大教师学术造假将开除 ……………………………………《北京晨报》2006年12月14日第3版
北大出台学术道德规范 ………………………………………《北京青年报》2006年12月14日第A8版
北大教师学术造假将开除 ……………………………………《京华时报》2006年12月14日第A5版
季羡林等被授予蔡元培奖 ……………………………………《华夏时报》2006年12月14日第A7版
北大十大名师今获蔡元培奖 …………………………………《北京晚报》2006年12月13日第4版
明年考研 北大居报名榜首 …………………………………《华夏时报》2006年12月13日第A7版
飞利浦向北大教授"低头" …………………………………《京华时报》2006年12月12日第B38版
北大"虐猫"学生已道歉 ……………………………………《华夏时报》2006年12月12日第A6版
北大一男生当众虐杀小猫 ……………………………………《京华时报》2006年12月12日第A12版
北大硕士报考减少1864人 …………………………………《新京报》2006年12月11日第A5版
"北大光华新年论坛"关注奥运品牌 ………………………《中国教育报》2006年12月9日第2版
约5000人明年可享受代偿国家助学贷款 …………………《光明日报》2006年12月7日第1版
5000名部属高校毕业生将享受代偿资助 …………………《中国青年报》2006年12月7日第4版

五千人助学贷款将获代偿 ……《新京报》2006年12月7日第A19版
澳门伉俪资助百名北大学子 ……《中国教育报》2006年12月6日第2版
北大将授侯老"蔡元培奖" ……《北京晚报》2006年12月6日第25版
"团结起来、振兴中华"喊响25年 ……《光明日报》2006年12月5日第2版
北大赴美读博人数全国第一……《京华时报》2006年12月5日第A7版
北大研究生报名人数少两千 ……《北京晨报》2006年12月4日第3版
北大硕士报考人数减少近两千 ……《北京青年报》2006年11月30日第A9版
1.7333亿元背后的华裔情谊……《人民日报(海外版)》2006年11月28日第6版
李政道受聘北大研究中心 ……《新京报》2006年11月28日第A5版
北大中文系教授徐通锵逝世……《新京报》2006年11月28日第C10版
北大博雅塔遭涂鸦 ……《北京青年报》2006年11月28日第A7版
北大新生拍得防艾自救公益品 ……《新京报》2006年11月27日第A8版
北大招办听取学生意见 ……《北京考试报》2006年11月25日第3版
北大学子与荆楚文化面对面 ……《光明日报》2006年11月24日第3版
1.7333亿元背后的华裔情谊……《人民日报(海外版)》2006年11月28日第6版
Peking University recieves largest ever donation ……《CHINA DAILY》NOVEMBER24,2006
新加坡邱德拔基金捐赠北大1.7亿 ……《中国青年报》2006年11月23日第1版
首届报纸DIY大赛北大热招……《华夏时报》2006年11月23日第5版
百事新星决赛昨北大举行 ……《华夏时报》2006年11月23日第26版
奥运乒乓球馆获捐1.7亿元 ……《竞报》2006年11月22日第A8版
北大联手辉瑞研究吸烟成本 ……《京华时报》2006年11月22日第C2版
北大研究生车展当模特 ……《北京晨报》2006年11月22日第9版
北大获最大一笔一次性捐赠 ……《北京日报》2006年11月21日第2版
北大获赠1.7亿元 ……《新京报》2006年11月21日第A5版
北京大学奥运场馆获赠1.7亿元 ……《京华时报》2006年11月21日第A7版
北大获1.5亿元建奥运馆 ……《华夏时报》2006年11月21日第6版
集装箱进北大当实验室 ……《北京晨报》2006年11月21日第14版
北大获得海外上亿捐赠 ……《午报》2006年11月21日第1版
北京大学雇用本校学生当保安 ……《中国教育报》2006年11月19日第2版
海淀为北大清华预留千亩土地 ……《北京青年报》2006年11月19日第6版
北大食堂将公布饭菜营养成分 ……《京华时报》2006年11月17日第A7版
北大雇用本校学生当保安 ……《华夏时报》2006年11月17日第A3版
碳汇交易走进北大讲堂 ……《中国青年报》2006年11月16日第7版
北大书法艺术研究所成立三周年学术研讨会举行 ……《光明日报》2006年11月15日第2版
意大利外长北大演讲 ……《新京报》2006年11月15日第A7版
李政道为北大和日本理化学研究所牵线 ……《科学时报》2006年11月14日第B2版
中日开启核物理合作新平台 ……《中国教育报》2006年11月13日第2版
北大食堂"换肤"公益广告上桌……《京华时报》2006年11月12日第4版
"元培计划"成为北大教学改革的旗帜 ……《光明日报》2006年11月8日第6版
阿尔及利亚总统获北大名誉教授称号 ……《中国教育报》2006年11月8日第1版
阿尔及利亚总统成为北大名誉教授……《京华时报》2006年11月8日第A6版
阿总统成北大名誉教授 ……《北京晨报》2006年11月8日第3版
阿尔及利亚总统获授北大"名誉教授"称号……《北京青年报》2006年11月8日第A3版
阿总统受聘北大名誉教授……《新京报》2006年11月8日第A6版
阿尔及利亚总统当教授……《华夏时报》2006年11月8日第A6版
北京大学奥运志愿者骨干培训重规范化、专业化 ……《参考消息》2006年11月8日第4版
阿尔及利亚总统获北大名誉教授称号 ……《午报》2006年11月8日第13版

北大明年暂停招桥牌特长生	《竞报》2006年11月3日第5版
北京大学房地产校友会即将成立	《北京晨报》2006年11月3日第32版
季羡林任总主编《东方文化集成》问世百册	《人民日报》2006年11月2日第11版
厉以宁：大学要形成宽容失败的氛围	《中国青年报》2006年11月2日第6版
中国学生对印地语兴趣增加	《参考消息》2006年11月2日第15版
音乐集锦《云岭天籁》进北大	《北京日报》2006年11月2日第13版
北大银杏树叶惨遭"收割"	《北京青年报》2006年11月2日第A15版
北大为培养学生节约习惯实行限电	《北京晨报》2006年11月2日第10版
全国景观设计学教育大会在北大举办	《科技日报》2006年11月2日第7版
北大文化节首次全球直播	《北京考试报》2006年11月1日第2版
北大64名学生接受就业训练	《北京考试报》2006年11月1日第15版
北大和新国大联创双学位课程合作模式	《北京考试报》2006年11月1日第7版
北大核心区拆迁昨天动工，文物不拆迁	《北京晚报》2006年11月1日第4版
北大后湖拆迁户搬走过半	《北京青年报》2006年11月1日第A10版
北大镜春园开始拆迁	《京华时报》2006年11月1日第A7版
北大后湖一带拆迁 引来抢拍游客	《北京青年报》2006年10月31日第A7版
玫瑰绽放校园行首场课堂在北大开课	《科技日报》2006年10月30日第11版
北大方正接手全球最大MALL	《京华时报》2006年10月30日第B37版
北大清华开征学生兵	《京华时报》2006年10月29日第4版
三百洋学生北大斗厨艺	《竞报》2006年10月29日第1版
法国总统希拉克北大演讲	《中国教育报》2006年10月27日第1版
希拉克在北大演讲	《北京日报》2006年10月27日第3版
希拉克北大演讲引中国哲言	《京华时报》2006年10月27日第A2版
希拉克在北京大学演讲	《华夏时报》2006年10月27日第A18版
北大文化节邀您品美食	《华夏时报》2006年10月27日第A4版
希拉克北大演讲	《竞报》2006年10月27日第3版
北京大学首开"就业训练营"	《文汇报》2006年10月27日第6版
希拉克在北大发表演讲：各国应遵循集体准则	《大公报》2006年10月27日第A14版
北京论坛（2006）将开启学术盛宴	《科技日报》2006年10月25日第3版
2006年北京论坛高唱"和谐"	《新京报》2006年10月25日第A5版
"北京论坛"本周五开幕	《中华读书报》2006年10月25日第1版
季羡林首推图文书	《中华读书报》2006年10月25日第1版
北大限电逼出"校外用电族"	《北京青年报》2006年10月25日第A12版
北大许智宏批评排行榜	《华夏时报》2006年10月25日第A16版
中国首届核科学毕业生50年后重返燕园	《科学时报》2006年10月24日第B1版
北大本周将办国际文化节	《午报》2006年10月23日第9版
北大建研讨课教室革新教学模式	《中国教育报》2006年10月22日第1版
"穷人银行家"到京今日将在北大讲座	《北京青年报》2006年10月22日第1版
北大男生滑旱冰命丧车轮下	《京华时报》2006年10月22日第4版
北大男生轮滑被撞身亡	《新京报》2006年10月22日第A7版
北京大学留学生下周摆摊秀国粹	《京华时报》2006年10月20日第A7版
北大国际文化节下周现场直播	《新京报》2006年10月20日第A8版
青春版《桃花扇》进北大	《京华时报》2006年10月19日第A25版
季羡林图文讲述"另一种回忆"	《京华时报》2006年10月19日第A25版
中行联手北大出信用卡	《竞报》2006年10月19日第8版
参加北大自主招生不再限于示范高中	《北京青年报》2006年10月18日第A9版
高校"玫瑰"聆听性教育	《新京报》2006年10月18日第A10版

北大明年自主招生正报名	《北京考试报》2006年10月18日第1版
中国首届核科学毕业生50年后重返燕园	《科技日报》2006年10月17日第7版
北大将扩大自主招生比例	《京华时报》2006年10月17日第A5版
北大面向全国奖励青年学者	《京华时报》2006年10月17日第A5版
北大自主招生放宽条件	《北京晚报》2006年10月17日第4版
北大自主招生扩至普通校	《华夏时报》2006年10月17日第A6版
北大学生九成不懂昆曲	《华夏时报》2006年10月17日第B13版
北大今年起停招高中起点成教生	《北京青年报》2006年10月16日第A8版
三代诗人探讨新诗现状	《新京报》2006年10月15日第A23版
50年光阴见证中国核科学辉煌	《中国教育报》2006年10月14日第2版
北大将扩大自主招生比例	《北京晨报》2006年10月13日第2版
北大拟提高自主招生比例	《新京报》2006年10月13日第A10版
北大酝酿扩大自主招生	《华夏时报》2006年10月13日第A5版
陈佩斯带着《托儿》进北大	《华夏时报》2006年10月13日第A26版
基辛格被授予北大名誉博士学位	《光明日报》2006年10月12日第2版
北大教师"抢购"无讲台教室	《新京报》2006年10月12日第A10版
《云南映象》姊妹篇进北大	《京华时报》2006年10月12日第A23版
基辛格获北大名誉博士学位	《中国教育报》2006年10月11日第2版
北大启用美式"圆桌小教室"	《北京青年报》2006年10月11日第A6版
北大设研讨专用教室	《京华时报》2006年10月11日第A7版
基辛格获北大名誉博士学位	《京华时报》2006年10月11日第A7版
基辛格戴上北大博士帽	《北京晨报》2006年10月11日第3版
北大研讨课不再设讲台	《华夏时报》2006年10月11日第A4版
基辛格当北大博士	《华夏时报》2006年10月11日第A6版
基辛格成北大名誉博士	《新京报》2006年10月11日第A6版
林庚辞世明日举行遗体告别	《中华读书报》2006年10月11日第1版
季羡林获"翻译文化终身成就奖"	《中华读书报》2006年10月11日第2版
北大千余辆无主自行车难处理	《京华时报》2006年10月11日第A13版
北大四教授上岗社区调解员	《北京青年报》2006年10月10日第A11版
北大光华列中国MBA榜首	《新京报》2006年10月10日第A7版
著名诗人、学者林庚逝世	《光明日报》2006年10月8日第2版
著名诗人林庚辞世	《新京报》2006年10月7日第A20版
北大排名14居亚洲之首	《北京晨报》2006年10月7日第2版
文学大师林庚辞世	《北京青年报》2006年10月6日第1版
著名诗人学者林庚逝世	《华夏时报》2006年10月6日第3版
北大"挪步1号"机器人迈开脚	《北京晚报》2006年10月4日第3版
让孟二冬式优秀教师不断涌现	《人民日报》2006年9月30日第4版
俄罗斯歌剧进北大	《北京晚报》2006年9月30日第17版
教育战线学习座谈总书记回信精神	《中国教育报》2006年9月29日第1版
施工切断光缆 北大网络瘫痪	《北京晨报》2006年9月29日第9版
北大断网一天 殃及老师授课	《新京报》2006年9月29日第A15版
北京大学代表队获得礼仪大赛总冠军	《北京晚报》2006年9月29日第14版
季羡林荣膺"翻译文化终身成就奖"	《光明日报》2006年9月27日第2版
季羡林获"翻译文化终身成就奖"	《新京报》2006年9月27日第A10版
奥运舵手北京赛区选拔启动	《京华时报》2006年9月26日第A39版
北大一副教授公开收入引发争论	《中国青年报》2006年9月25日第6版
老徐带着"梦想"进北大	《新京报》2006年9月25日第A22版

北大港澳台新生"赏月"	《华夏时报》2006年9月25日第7版
北大平民学校帮外来工实现梦想	《中国教育报》2006年9月24日第1版
时隔88年北大"平民学校"重张	《北京青年报》2006年9月24日第A6版
农民工免费就读北大"平民学校"	《新京报》2006年9月24日第A6版
"高雅艺术进校园"拉开帷幕	《中国教育报》2006年9月23日第1版
北大教授挣外快引发争议	《华夏时报》2006年9月21日第B2版
欧盟—瑞士GMP中国讲习会举办	《中国教育报》2006年9月20日第2版
北大国际关系学院建院十周年	《中国教育报》2006年9月18日第2版
"燕园话红楼"北大开讲	《北京青年报》2006年9月17日第B7版
北大林启武迎来百岁寿辰	《中国教育报》2006年9月16日第2版
北大硕士复试程序引争议	《新京报》2006年9月16日第A8版
林启武教授喜迎百岁寿辰	《光明日报》2006年9月13日第2版
田刚称想回国任全职教授	《新京报》2006年9月13日第C10版
田刚首次应对"造假说"	《北京晨报》2006年9月13日第1版
北京大学体育人文硕士明年招生	《京华时报》2006年9月12日第A7版
新疆石河子大学举行孟二冬教授先进事迹报告会	《光明日报》2006年9月11日第2版
北大教师享按摩	《新京报》2006年9月10日第A8版
北大百岁教授教师节过生日	《北京晚报》2006年9月10日第1版
用政策保障培养出一大批"孟二冬"式教师	《光明日报》2006年9月9日第2版
让更多"孟二冬"式优秀教师涌现出来	《北京日报》2006年9月9日第1版
北大培养对外汉语硕士	《华夏时报》2006年9月8日第A4版
孟二冬教授女儿收到总书记回信	《新华每日电讯》2006年9月7日第1版
孟二冬教授之女收到总书记回信	《北京青年报》2006年9月7日第A1版
"伟哥"奠基人戴上北大校徽	《新京报》2006年9月7日第A7版
羽毛球国手北大当新生	《新京报》2006年9月7日第A7版
北大新生接受就业指导	《光明日报》2006年9月6日第6版
北京大学:六大亮点凸显人性化资助	《中国教育报》2006年9月6日第7版
北大迎新关注新生成长	《中国教育报》2006年9月5日第2版
北大开放食堂安置送新生家长	《京华时报》2006年9月4日第A8版
北大食堂家长免费住	《北京晨报》2006年9月4日第3版
北大开放食堂供家长住宿	《华夏时报》2006年9月4日第6版
北大开放食堂澡堂迎接新生家长	《新京报》2006年9月4日第A6版
北大新生热问就业	《竞报》2006年9月4日第5版
北大教授质疑"中国科学家破解庞加莱猜想"	《京华时报》2006年9月3日第4版
北大资助贫困生4年不停	《北京考试报》2006年9月2日第3版
北大:绿色成长计划帮助学生成长	《中国青年报》2006年9月1日第6版
北大为贫困生制定"绿色成长方案"	《中国教育报》2006年8月31日第2版
北大贫困生报到当场将获礼包	《北京青年报》2006年8月31日第A7版
北大筹建贫困生资助评估制度	《新京报》2006年8月31日第A6版
北大贫困新生报到可领健身卡	《京华时报》2006年8月31日第A10版
北大备礼包迎接特困生	《华夏时报》2006年8月31日第A6版
北大开学家长可以住食堂	《竞报》2006年8月31日第5版
北大贫困新生可领绿色礼包	《午报》2006年8月31日第4版
汤一介乐黛云同获日本荣誉博士	《中国教育报》2006年8月29日第3版
81港生获北大法学学位	《华夏时报》2006年8月29日第A5版
北大演孔子话剧庆教师节	《京华时报》2006年8月29日第A24版
北大否认将建高尔夫训练场	《新京报》2006年8月29日第A7版

北大首推"西学教室"班	《新京报》2006年8月27日第A23版
北大体育课将学高尔夫球	《京华时报》2006年8月26日第3版
北大西学教室吸引众多精英	《北京晚报》2006年8月26日第4版
北大学子将告别免费用电	《北京青年报》2006年8月22日第A9版
北大教授诉飞利浦专利无效	《京华时报》2006年8月19日第16版
教育部：北大引才未造假	《新京报》2006年8月17日第A7版
北大"彩票硕士"班孕育职业卖家	《新京报》2006年8月17日第A23版
教育部首次回应北大假引进说	《北京青年报》2006年8月17日第B1版
北大聘教授符合正规程序	《北京晨报》2006年8月17日第3版
北大设立新生助学基金	《北京晨报》2006年8月16日第3版
北大设立新生助学基金	《北京考试报》2006年8月12日第1版
北大批驳"引进海归造假说"	《午报》2006年7月31日第4版
"云南—北大微处理器工程研究中心"落户昆明理工大学	《中国教育报》2006年7月20日第2版
北大回应择校事件	《北京青年报》2006年7月20日第A9版
北大在职彩票硕士学费10万	《新京报》2006年7月19日第A31版
北大录取7省市第一名	《竞报》2006年7月19日第5版
弃70万港币 状元选北大	《华夏时报》2006年7月19日第A7版
云南—北大微处理器工程研究中心成立	《光明日报》2006年7月18日第2版
北京大学探索研究生培养机制改革	《科技日报》2006年7月13日第7版
北大读博一等奖学金合月补800元	《新京报》2006年7月11日第A5版
北大学子远征宣讲助学贷款政策	《光明日报》2006年7月5日第7版
北大学生蒙眼体验盲人生活	《北京青年报》2006年5月11日第A14版
北大将加强贷后管理	《光明日报》2006年5月10日第2版
北大评选十佳教师 学生亮出特色口号	《北京青年报》2006年5月10日第A8版
北大遇难学生家属获赔20万	《京华时报》2006年5月9日第A10版
北大调剂前先问考生意见	《华夏时报》2006年5月8日第B16版
北大学生着汉服游园掷鸡蛋	《新京报》2006年5月6日第A8版
北大学子与国旗班战士共度青年节	《北京日报》2006年5月5日第1版
健康成才 争做时代先锋——北京大学颁发"学生五四奖章"	《中国青年报》2006年4月28日第3版
孟二冬遗体告别仪式在京举行	《光明日报》2006年4月27日第1版
北大师生泪雨送二冬	《中国教育报》2006年4月27日第1版
两地师生泪雨送二冬	《北京日报》2006年4月27日第5版
胡锦涛向孟二冬敬献花圈	《新京报》2006年4月27日第A4版
送别孟二冬	《新京报》2006年4月27日第1版
数千师生泪别孟二冬	《北京晨报》2006年4月27日第1版
师生泪雨送别二冬	《北京青年报》2006年4月27日第A2版
北大教授比清华教授长寿1.6岁	《华夏时报》2006年4月26日第A5版
孟二冬 仁者不寿 师道永留	《人民日报》2006年4月25日第11版
高校师生沉痛悼念孟二冬教授	《中国教育报》2006年4月25日第1版
周三告别孟二冬	《新京报》2006年4月24日第A11版
"全国模范教师"北大教授孟二冬逝世	《中国教育报》2006年4月23日第1版
北大"阳光"教授孟二冬因病逝世	《新京报》2006年4月23日第A7版
全国模范教师孟二冬病逝	《京华时报》2006年4月23日第6版
孟二冬走完支教人生	《北京晨报》2006年4月23日第1版
孟二冬教授昨晨病逝	《北京青年报》2006年4月23日第A3版
阳光教授在春天离去	《北京晚报》2006年4月23日第1版
儿子骨癌 父亲北大陪读	《新京报》2006年4月22日第A9版

北大学生获"百人会英才奖"	《新京报》2006年4月19日第A7版
北大博士生自行车当花轿	《新京报》2006年4月19日第A11版
北大博士25辆自行车接亲	《竞报》2006年4月19日第9版
北京大学"中学校长专业化培训"项目启动	《中国教育报》2006年4月18日第7版
北京大学医学部烟民学生将无缘奖助金	《科学时报》2006年4月18日第B2版
北大医学部获准成立尸检中心	《京华时报》2006年4月18日第A7版
北大博士生骑车娶新娘	《北京晚报》2006年4月18日第8版
刘淇指出,孟二冬教授崇高品格集中体现了社会主义荣辱观	《北京日报》2006年4月17日第1版
北方昆曲剧院北大受欢迎	《北京日报》2006年4月17日第13版
就"生于八十年代"北大团校昨开论坛	《北京青年报》2006年4月17日第A8版
北大成立艺术学院	《新京报》2006年4月16日第A23版
北京大学艺术学院昨建院	《北京青年报》2006年4月16日第B7版
濮存昕 彭丽媛"入驻"北大	《北京晨报》2006年4月16日第3版
北大在京首招4名国防生	《新京报》2006年4月14日第A21版
方正与微软签正版采购协议	《新京报》2006年4月14日第B5版
剑桥首位女校长昨北大开讲	《北京青年报》2006年4月13日第A10版
北大:投档线上一般不退档	《新京报》2006年4月9日第A5版
故宫系列讲座昨进北大百年讲堂	《北京青年报》2006年4月9日第B7版
北大学子获得卖花女童家长授权	《新京报》2006年4月6日第A10版
北大成立前沿交叉学科研究院	《光明日报》2006年4月5日第2版
北京大学前沿交叉学科研究院成立	《科技日报》2006年4月5日第1版
北大成立前沿交叉学科研究院	《新京报》2006年4月5日第A6版
前沿交叉学科北大成立研究院	《北京青年报》2006年4月5日第A7版
北大学生启程 争取家长授权	《新京报》2006年4月5日第A11版
北大校本部在京招307人	《北京考试报》2006年4月5日第6版
北大上演模拟联合国"大戏"	《科学时报》2006年4月4日第B1版
北大学子成立"花神社"拯救卖花女童	《新京报》2006年4月3日第A12—13版
北京大学8专业录取可降20分	《华夏时报》2006年4月3日第A3版
北大清华公布在京招生计划	《京华时报》2006年4月3日第A3版
未名湖又成诗歌"海洋"	《新京报》2006年4月2日第A23版
北大清华缩减在京招生名额	《北京青年报》2006年3月30日第A12版
37国学生北大争论全球热点	《新京报》2006年3月29日第A9版
方正"出招"解决人口信息冷僻字问题	《科技日报》2006年3月29日第6版
北大六博导教自考生写论文	《北京考试报》2006年3月29日第13版
世界大学生模拟联合国大会走进北大	《中国教育报》2006年3月28日第2版
世界大学生模拟联合国大会在北大举行	《中国青年报》2006年3月28日第4版
世界大学生模拟联合国	《新京报》2006年3月28日第A5版
哈佛学子北大"留学"	《北京晚报》2006年3月27日第4版
岳成在北大首次颁发奖教金奖学金	《光明日报》2006年3月26日第2版
北京大学工学院开始招收本科生	《中国教育报》2006年3月21日第2版
北京大学也要着力打造工科	《科学时报》2006年3月21日第B2版
北大一博士生坠楼身亡	《新京报》2006年3月19日第A8版
北大男博士昨坠楼身亡	《北京青年报》2006年3月19日第A6版
北大工学院今年开始招收本科生	《科技日报》2006年3月18日第3版
北京大学工学院今年招收本科生	《光明日报》2006年3月16日第1版
北大工学院首招百名本科生	《午报》2006年3月16日第4版
大力神杯与球迷今日相会在北大	《法制晚报》2006年3月15日第B2版

北大毕业生踊跃报名当"村官"	《科技日报》2006年3月14日第7版
北大校长称每年审计收费项目	《新京报》2006年3月14日第A11版
《牡丹亭》北大4月再次公演	《华夏时报》2006年3月14日第B4版
北京大学学生认养绿树	《中国青年报》2006年3月13日第1版
北大学生志愿者认养绿树	《北京晨报》2006年3月13日第3版
拯救"天堂雨林"	《北京晚报》2006年3月13日第6版
北大志愿者昨认养树木	《北京青年报》2006年3月13日第A7版
北大学生呼吁保护天堂雨林	《竞报》2006年3月13日第6版
北大环保志愿者给油松当"保姆"	《法制晚报》2006年3月12日第A3版
北大率先公布考研复试线	《新京报》2006年3月11日第A16版
北大"奥运实习生"选拔在即	《新京报》2006年3月11日第A16版
青春版《牡丹亭》二度北大公演	《新京报》2006年3月11日第A31版
首位华裔美国市长北大演讲	《京华时报》2006年3月11日第7版
北大研招复试线划定	《北京考试报》2006年3月11日第2版
宗璞批评北大不文明现象	《京华时报》2006年3月10日第A11版
北大昆曲剧场今开演	《京华时报》2006年3月10日第A11版
东胡林遗址入选去年十大考古新发现	《北京日报》2006年3月9日第5版
吕植捐出奖金做基金	《新京报》2006年3月8日第A13版
北大将出新规 学术剽窃追罚导师	《北京青年报》2006年3月7日第A4版
学生搞剽窃 导师须担责	《京华时报》2006年3月7日第A6版
研究生造假 导师将被停招	《北京晨报》2006年3月7日第3版
莎士比亚雕像5月"安家"北大	《竞报》2006年3月7日第7版
昆曲北大觅知音	《北京青年报》2006年3月7日第C3版
百折昆剧北大寻"粉丝"	《法制晚报》2006年3月7日第B11版
未名湖拟引中水解渴	《新京报》2006年3月6日第A9版
南开支持北大建国际数学中心	《新京报》2006年3月4日第A7版
北大校园将竖莎士比亚像	《新京报》2006年3月4日第A13版
北大拆迁探路校园文物保护	《新京报》2006年3月3日第A14版
88名北大学子报名当村官	《新京报》2006年3月3日第A10版
34高校北大抢"毕业生"	《北京晨报》2006年3月3日第4版
北大学生捐款救助骨癌男孩	《京华时报》2006年3月3日第A15版
北大4名博士报名当"村官"	《京华时报》2006年3月3日第A6版
北大考"村官"又添俩博士	《华夏时报》2006年3月3日第A8版
乒乓明星进北大	《法制晚报》2006年3月3日第B3版
北大就业洽谈会外地和中小企业受青睐	《午报》2006年3月3日第4版
北大清华"免试"招香港生	《京华时报》2006年2月27日第A5版
孟二冬先进事迹报告会反响强烈	《光明日报》2006年2月26日第1版
中宣部教育部举办孟二冬先进事迹座谈会	《中国教育报》2006年2月26日第1版
孟二冬先进事迹报告会在京举行	《光明日报》2006年2月25日第1版
北大动员应届毕业生应聘"村官"	《光明日报》2006年2月25日第2版
孟二冬先进事迹报告会在京举行	《中国教育报》2006年2月25日第1版
孟二冬先进事迹报告会在京举行	《科技日报》2006年2月25日第1版
北大俩博士报名当"村官"	《华夏时报》2006年2月24日第A5版
顶级经济学讲坛首邀中国学者	《北京晚报》2006年2月23日第4版
剑桥邀北大林毅夫讲学	《京华时报》2006年2月23日第A7版
96名乙肝新生获北大入学资格	《新京报》2006年2月21日第A6版
朗润园、镜春园并非拆除而意在恢复	《科学时报》2006年2月21日第B2版

王选同志遗体在京火化	《人民日报》2006年2月20日第1版
胡锦涛等中央领导为"当代毕昇"送行	《新华每日电讯》2006年2月20日第1版
首都各界送别科学家王选	《人民日报(海外版)》2006年2月20日第1版
沉痛送别杰出科学家王选	《中国教育报》2006年2月20日第1版
一路走好,中国激光照排之父	《科技日报》2006年2月20日第1版
王老师,请把您的精神留下	《科技日报》2006年2月20日第1版
北大酝酿整治281岁承泽园	《华夏时报》2006年2月20日第A6版
王选遗体昨日在京火化	《华夏时报》2006年2月20日第A6版
千人含泪送王选	《京华时报》2006年2月20日第A5版
昨日送别王选	《京报》2006年2月20日第9版
千人列队送王选	《北京晨报》2006年2月20日第1版
今天挥泪送王选	《北京晚报》2006年2月19日第1版
老邻居 老交情 上午送别王选	《法制晚报》2006年2月19日第A9版
北大古园将再现秀美风貌	《人民日报(海外版)》2006年2月18日第1版
校园规划将与历史风貌和谐统一	《中国教育报》2006年2月18日第1版
朗润园镜春园要还原明清风貌	《北京日报》2006年2月18日第5版
北大主校园文保规划将再行论证	《新京报》2006年2月18日第A8版
未名湖补水 北大水域将扩一倍	《新京报》2006年2月18日第A9版
季羡林来信支持北大恢复水系	《新京报》2006年2月18日第A9版
协和追忆王选弥留时刻	《京华时报》2006年2月18日第2版
北大古园将恢复四合院风格	《京华时报》2006年2月18日第6版
北大考虑引中水入朗润园	《午报》2006年2月18日第3版
北大公布古园整治图	《竞报》2006年2月18日第2版
北大整治将恢复燕园文脉	《北京晨报》2006年2月18日第3版
北大拆迁不碰百年古旧建筑	《广州日报》2006年2月18日第3版
王选遗愿:病若不治 愿"安乐死"	《新京报》2006年2月17日第A7版
北大:两园整改不拆古建	《法制晚报》2006年2月17日第A6版
北大拆迁1096棵古树全保留	《北京晚报》2006年2月17日第16版
王选遗愿曾要求"安乐死"	《北京晚报》2006年2月17日第5版
王选曾立遗愿要"安乐死"	《华夏时报》2006年2月17日第A5版
各界人士吊唁王选	《新京报》2006年2月16日第A13版
近千人到北大悼念王选	《京华时报》2006年2月16日第A2版
昨日千人悼王选 方正集团降半旗	《华夏时报》2006年2月16日第A5版
北大学生返京吊唁老师王选	《竞报》2006年2月16日第7版
北大为王选院士设灵堂 今起接受各界人士吊唁	《北京日报》2006年2月15日第5版
"当代毕昇"王选病逝	《中华读书报》2006年2月15日第1版
百年大讲堂今日悼王选	《新京报》2006年2月15日第A10版
王选灵堂今日9时开放	《华夏时报》2006年2月15日第A6版
百年讲堂迎来首位悼念者	《竞报》2006年2月15日第10版
今起北大设灵堂吊唁王选	《京华时报》2006年2月15日第A4版
王选千万奖金全献给科研基金	《广州日报》2006年2月15日第2版
王选同志逝世	《人民日报》2006年2月14日第1版
"当代毕昇"王选逝世,各界痛悼	《新华每日电讯》2006年2月14日第1版
著名科学家北大教授王选逝世	《中国教育报》2006年2月14日第1版
"当代毕昇"王选逝世	《中国青年报》2006年2月14日第1版
"当代毕昇"王选昨溘然长逝	《北京日报》2006年2月14日第9版
"当代毕昇"王选辞世	《北京晨报》2006年2月14日第3版

"中国激光照排之父"王选昨病逝	《北京青年报》2006年2月14日第A3版
百年讲堂今日送别王选	《竞报》2006年2月14日第5版
社会各界沉痛悼念王选教授	《科技日报》2006年2月14日第1版
两院院士王选病逝	《午报》2006年2月14日第4版
北大核心区拆迁规划上报王岐山	《新京报》2006年2月14日第A10版
校园水系治理计划国际招标	《新京报》2006年2月14日第A10版
"当代毕昇"王选耗尽毕生	《广州日报》2006年2月14日第2版
北大校园部分区域将开始拆迁	《中国教育报》2006年2月10日第1版
北大校园将开始大规模拆迁 校方称整体景观不会受影响	《中国青年报》2006年2月10日第6版
未名湖上冰雪乐	《中国教育报》2006年2月7日第1版
北大"后花园"拆后风物存	《北京晨报》2006年2月9日第3版
北大主校园启动最大拆迁行动	《新京报》2006年2月7日第A5版
北大校园内将大规模拆迁	《华夏时报》2006年2月7日第A7版
北大两座百年古园要拆建	《竞报》2006年2月7日第3版
未名湖畔首次大规模拆迁	《北京晚报》2006年2月7日第5版
孟二冬获"全国模范教师"称号	《中国青年报》2006年2月4日第1版
人事部教育部授予孟二冬"全国模范教师"荣誉称号	《北京日报》2006年2月4日第1版
"阳光教授"收到百合花	《北京青年报》2006年2月4日第5版
孟二冬获"全国模范教师"称号	《新京报》2006年2月4日第A7版
人事部教育部授予孟二冬"全国模范教师"荣誉称号	《中国青年报》2006年1月27日第3版
人事部教育部授予孟二冬"全国模范教师"荣誉称号	《中国教育报》2006年1月27日第1版
孔庆东解读金庸出版《笑书神侠》	《科学时报》2006年1月26日第B1版
棋牌高手考北大可降50分	《京华时报》2006年1月18日第A4版
孟二冬获全国五一劳动奖章	《中国教育报》2006年1月17日第1版
《双喜》感动北大学子	《北京晚报》2006年1月15日第10版
北大毕业生在家卖糖葫芦	《北京晨报》2006年1月14日第5版
北大毕业生 待业卖糖葫芦	《北京青年报》2006年1月13日第A18版
季羡林多部文集集中出版	《北京晚报》2006年1月13日第22版
北大学子穿糖葫芦为生	《新京报》2006年1月13日第A26版
北大招博不再统一分数线	《华夏时报》2006年1月11日第A5版
北大与云南省签订协议合作发展文化产业	《科学时报》2006年1月10日第B1版
北大青年流行文化调查报告显示——"超女"校园"粉丝"少	《中国青年报》2006年1月9日第9版
"新京商"论坛开讲 厉以宁阐述新概念	《北京青年报》2006年1月9日第A1版
北大16名学生因作弊被取消学位	《光明日报》2006年1月6日第2版
北大16名作弊学生丢了学位	《中国教育报》2006年1月6日第1版
北大16名学生因作弊被吊销学位	《北京青年报》2006年1月6日第A5版
北大16名学生作弊被取消学位	《中国青年报》2006年1月6日第1版
北大四学生抄袭论文被取消学位	《新京报》2006年1月6日第A10版
北大下学期周周开班会	《京华时报》2006年1月6日第A7版
北大清华博士生朝阳街道当干部	《北京青年报》2006年1月5日第A12版
北京大学举办心理学领域"学术盛宴"	《科学时报》2006年1月3日第B1版

【专题报道】

北大凭借综合实力提升科研能力	《中国教育报》2006年12月1日第1版
他们从分子开始探索生命——记北京大学分子医学研究所科研团队	《中国教育报》2006年12月1日第3版
首届核科学毕业生半世纪的珍藏	《科技日报》2006年10月31日第7版
文明的和谐与共同繁荣——对人类文明方式的思考	《光明日报》2006年10月26日第6版

北京大学在发展中"包围"白颐路 …………………………………《新京报》2006年10月18日第特10版
新世纪学科建设的崭新跨越 ……………………………………………《前线》2006年第10期
像孟二冬那样为学为人为师 ……………………………………《人民日报》2006年9月30日第4版
牢记总书记殷切希望　弘扬孟二冬崇高精神 …………………《光明日报》2006年9月30日第1版
孟二冬崇高精神激励学子成才报国 ……………………………《中国教育报》2006年9月30日第1版
让更多"孟二冬式"优秀教师不断涌现 …………………………《中国教育报》2006年9月27日第1版
九月，一个难忘的季节——胡锦涛总书记给孟二冬教授女儿回信反响综述
　　……………………………………………………………………《光明日报》2006年9月26日第1版
努力建设一支高素质的教师队伍——认真学习贯彻胡锦涛同志给孟二冬女儿的回信精神
　　……………………………………………………………………《人民日报》2006年9月25日第9版
进一步加强师德师风建设　做学业的导师人格的楷模——认真学习胡总书记给孟二冬教授女儿回信精神
　　……………………………………………………………………《光明日报》2006年9月21日第1版
弘扬新时期高尚师德　努力加强教师队伍建设——认真学习胡总书记给孟二冬教授女儿回信精神
　　……………………………………………………………………《光明日报》2006年9月20日第1版
大力加强师德建设　培养德才兼备教师——认真学习胡总书记给孟二冬教授女儿回信精神
　　……………………………………………………………………《光明日报》2006年9月19日第1版
弘扬孟二冬精神　做人民满意教师 ……………………………《中国教育报》2006年9月17日第1版
李长春强调：认真学习贯彻胡锦涛给孟二冬女儿的回信 ……《中国青年报》2006年9月16日第1版
做人民满意的教师 ………………………………………………《中国教育报》2006年9月12日第1版
在感动中奋进——石河子大学"孟二冬事迹报告会"侧记 …《中国教育报》2006年9月11日第1版
"现在就要开始创造美好的未来"——诺贝尔奖得主大江健三郎在北大附中演讲侧记
　　……………………………………………………………………《北京日报》2006年9月11日第2版
一流人才引路 创建一流大学——记北京大学师德建设 ………《午报》2006年9月9日第7版
孟二冬的女儿谈学习总书记回信 ………………………………………《午报》2006年9月9日第1版
牢记总书记的殷切期望　弘扬孟二冬的崇高精神 ……………《人民日报》2006年9月7日第1版
牢记总书记殷切期望　弘扬孟二冬崇高精神 ………………《人民日报(海外版)》2006年9月7日第1版
春风化雨润燕园——写在胡总书记给孟菲回信之后 …………《光明日报》2006年9月7日第1版
牢记总书记殷切期望　弘扬孟二冬崇高精神 …………………《北京考试报》2006年9月9日第1版
牢记总书记殷切期望　弘扬孟二冬崇高精神 …………………《中国青年报》2006年9月7日第1版
牢记总书记殷切期望　弘扬孟二冬崇高精神 …………………《中国教育报》2006年9月7日第1版
牢记总书记殷切期望　弘扬孟二冬崇高精神 …………………《北京日报》2006年9月7日第1版
北大精神是坚持真理追求卓越——北京大学党委书记闵维方直面近期媒体对北大的报道
　　……………………………………………………………………《中国教育报》2006年9月4日第2版
暑期学校：国内高校学期制改革的尝试 ………………………《科学时报》2006年8月29日第B2版
献身国防要有一腔热血——军事专家金一南教授对话北大学子 …《光明日报》2006年5月10日第9版
在艰苦的磨炼中激扬青春——"北大村支书"吴其修寄语母校去农村的毕业生
　　……………………………………………………………………《中国青年报》2006年4月28日第5版
胡总书记关怀孟二冬 ……………………………………………《光明日报》2006年4月26日第1版
自主创新，方正人的不懈追求 …………………………………《经济日报》2006年3月2日第7版
恪尽职守 献身教育 崇尚师德——学习孟二冬同志先进事迹座谈会发言摘编
　　……………………………………………………………………《中国教育报》2006年2月26日第3版
魅力师道——孟二冬同志先进事迹报告会侧记 ………………《光明日报》2006年2月25日第1版
发扬孟二冬精神 办人民满意的教育——学习孟二冬同志先进事迹座谈会综述
　　……………………………………………………………………《光明日报》2006年3月1日第6版
掌声是一种敬仰与震撼——孟二冬同志先进事迹报告会侧记 …《中国教育报》2006年2月25日第1版
爱岗敬业 教书育人 无私奉献——孟二冬同志先进事迹报告会发言摘编
　　……………………………………………………………………《中国教育报》2006年2月25日第3版

北大：文物保护与环境整治相携而行……………………………………《光明日报》2006年2月18日第1版
北京大学：要当建设创新型国家的生力军……………………………《光明日报》2006年1月11日第2版
中国本土如何办出世界一流大学——给母校清华大学、北京大学的一封公开信
　　………………………………………………………………………《科学时报》2006年1月9日第A4版
北大中文系论文代表作制度探路学术评价体系改革……………………《光明日报》2006年1月4日第5版

【观点】

许智宏：适应国家建设需要　创新科研管理体制………………………《中国教育报》2006年12月1日第3版
厉以宁：非公企业市场急需穿透玻璃门…………………………………《科技日报》2006年11月22日第5版
董进霞：受众对女性体育仍存在偏见……………………………………《竞报》2006年10月30日第B1版
许智宏：北大依旧优秀……………………………………………………《中华读书报》2006年10月25日第1版
厉以宁：呼吁为高校科研"减负"…………………………………………《京华时报》2006年10月20日第A5版
许智宏：大力加强师德建设　努力创建世界一流大学…………………《光明日报》2006年10月2日第4版
闵维方：大学要主动调整学科结构………………………………………《中国青年报》2006年9月23日第2版
张维迎论全球化时代的大学改革…………………………………………《中国青年报》2006年9月18日第7版
陆杰华：提高建筑业门槛控制农民工……………………………………《新京报》2006年9月15日第A5版
赵光武：复杂性探索对辩证唯物主义的推进……………………………《科学时报》2006年9月12日第B4版
许智宏：招到"状元"可贵　更重成才氛围………………………………《中国教育报》2006年8月23日第2版
黄楠森：关于马克思主义哲学科学体系的构想…………………………《光明日报》2006年8月14日第9版
张继平：科学探索需要宽松宽容…………………………………………《光明日报》2006年7月20日第7版
闵维方：大学有服务社会之重任…………………………………………《北京晨报》2006年7月19日第3版
沙健孙：选题好　方向对　学风正（在《国家社科基金成果文库》首批优秀成果出版座谈会发言摘要）
　　………………………………………………………………………《光明日报》2006年3月27日第8版
李玲：医疗卫生为什么不能完全市场化…………………………………《中国青年报》2006年3月23日第7版
袁行霈："龙虫并雕"　化虚为实…………………………………………《光明日报》2006年3月21日第5版
吴志攀：引导大学生知荣辨耻扬荣抑耻近荣远耻………………………《光明日报》2006年3月18日第3版
林毅夫：今年经济增速不下9%…………………………………………《新京报》2006年3月18日第A18版
张颐武：理想与现实………………………………………………………《北京青年报》2006年3月12日第A5版
许智宏：北大招生分配格局相当合理……………………………………《北京晨报》2006年3月12日第3版
萧灼基：放宽企业个人用汇………………………………………………《北京晨报》2006年3月12日第3版
许智宏：没有绝对的教育公平……………………………………………《新京报》2006年3月11日第A7版
张彦：发挥经济资助育人功效……………………………………………《中国教育报》2006年3月10日第10版
许智宏：越是名牌大学收费越低…………………………………………《新京报》2006年3月7日第A11版
葛晓音：我国急需"灰领"人才……………………………………………《科学时报》2006年3月7日第B1版
叶朗：加大经典在大学的宣传……………………………………………《科学时报》2006年3月7日第B4版
林毅夫：2020年完成新农村建设…………………………………………《科学时报》2006年3月7日第B4版
厉以宁：城市带动农村共发展……………………………………………《人民日报（海外版）》2006年3月6日第1版
林毅夫：新农村建设不要成为农民新负担………………………………《中国青年报》2006年3月6日第T2版
林毅夫：不完全赞成经济适用房…………………………………………《新京报》2006年3月6日第A8版
许智宏：北大今年开建文科综合楼………………………………………《北京青年报》2006年3月6日第A5版
林毅夫：新农村建设应以城带乡　以工助农……………………………《北京青年报》2006年3月6日第A2版
许智宏："三角地"将变学生活动中心……………………………………《北京晨报》2006年3月6日第4版
萧灼基：购房花销应该免征个税…………………………………………《京华时报》2006年3月5日第5版
林毅夫：自主创新不是不要劳动密集型产业……………………………《中国青年报》2006年3月5日第T2版
萧灼基：购房按揭可用个税还……………………………………………《北京晨报》2006年3月5日第3版
林毅夫：解读社会主义新农村建设………………………………………《科学时报》2006年2月28日第B4版
季羡林：愿朗润园重新"朗润"……………………………………………《京华时报》2006年2月18日第6版
宋国青：通缩的影子仍挥之不去…………………………………………《北京晨报》2006年1月27日第25版

谢冕：对黄金书敬而远之 《华夏时报》2006年1月19日第B4版
吴树青：创新是繁荣哲学社会科学的灵魂 《光明日报》2006年1月16日第8版
赵存生：伟大民族精神的当代诠释 《光明日报》2006年1月15日第7版
闫志民：以人为本与科学社会主义 《中国教育报》2006年1月13日第4版
陈志尚："以人为本"的科学内涵和精神实质 《中国教育报》2006年1月13日第4版
厉以宁：GDP核算方式应将自然和社会成本都考虑进去 《中国青年报》2006年1月8日第1版
吕植：保护生物先要学会和人打交道 《中国青年报》2006年1月5日第6版

【访谈】

什么改变中国——专访张维迎 《中国青年报》2006年12月27日第9版
科研项目依托单位该发挥什么作用——访北京大学副校长林建华 《光明日报》2006年12月19日第6版
五年前我们不谈印度——访北京大学印度研究中心教授姜景奎 《科学时报》2006年10月16日第A2版
继承遗志 不负厚望——访孟二冬教授女儿孟菲 《中国教育报》2006年9月9日第1版
天涯并不遥远——杜维明与陈来纵论国学如何走向世界 《光明日报》2006年9月5日第5版
北大：招生计划保持稳定 工学院首招本科生——访北大招生办主任刘明利
　　　　　　　　　　　　　　　　　　　　　　　　　　　　《中国教育报》2006年4月26日第9版
为了人文教育的振兴——访北京大学艺术学院院长、全国政协常委、无党派人士叶朗
　　　　　　　　　　　　　　　　　　　　　　　　　《人民日报(海外版)》2006年4月25日第4版
林毅夫自述"新农村"来源 《京华时报》2006年3月9日第A6版
现行的中小学教育培养不出创新型人才——访北大教授金开诚 《科学时报》2006年3月9日第B2版
新学期，西部农村孩子告别学杂费——访北京大学教育财政科学研究所所长王蓉
　　　　　　　　　　　　　　　　　　　　　　　　　　　　《光明日报》2006年2月22日第6版

【人物】

痛苦和磨难让我的梦想更执著——记北京大学外国语学院博士生郭晖
　　　　　　　　　　　　　　　　　　　　　　　　　　　　《中国教育报》2006年12月20日第5版
北大博士生施永辉：科学容不得半点浮躁 《中国青年报》2006年12月15日第4版
和祖国一起实现梦想——记北京大学生命科学学院博士生施永辉 《光明日报》2006年12月12日第1版
季羡林的缺憾人生 《北京晚报》2006年12月5日第44版
侯仁之先生95岁 《北京晚报》2006年12月5日第44版
何芳川：史海扬帆好水手 《光明日报》2006年11月21日第5版
季羡林的翻译情结 《人民日报(海外版)》2006年11月3日第7版
美丽的东西捡起来——送别林庚先生 《光明日报》2006年10月27日第6版
林庚：喧闹时代里的隐退者 《中国青年报》2006年10月18日第12版
季羡林：我是一个"土包子" 《中国教育报》2006年10月12日第7版
谢谢您，林庚先生 《光明日报》2006年10月8日第2版
霞彩消去，还会生出——追记林庚先生 《光明日报》2006年10月8日第2版
秋日送别春天的心 《北京晚报》2006年10月6日第3版
摩尔：追求一个没有围墙的世界 《中华读书报》2006年9月20日第5版
孟二冬的人格魅力 《科学时报》2006年9月11日第1版
孟菲：从父亲身上读教师精神 《中国教育报》2006年9月10日第5版
国学大师的工会情缘——听季羡林讲过去的故事 《午报》2006年9月9日第2版
一个值得敬重和学习的好老师——师生回忆孟二冬 《科学时报》2006年9月8日第1版
姜伯驹：关心国家数学教育和发展 《科学时报》2006年9月5日第B4版
徐光宪：事业比天大 《光明日报》2006年5月10日第5版
近访季羡林老 《人民日报(海外版)》2006年4月28日第7版
追思孟二冬 《光明日报》2006年4月28日第1版
完美人生遭遇生命遗憾 《新京报》2006年4月27日第A4版
春风无限情相忆——怀念"阳光教授"孟二冬 《人民日报(海外版)》2006年4月24日第2版

悼二冬	《光明日报》2006年4月24日第4版
斯人已去 风范长存——师生亲朋深情回忆孟二冬生前点滴	《中国教育报》2006年4月24日第1版
斯人悲已逝 风范垂人间	《光明日报》2006年4月23日第4版
他留下了对我们所有人的爱	《中国教育报》2006年4月23日第1版
像往常那样"上课去了"	《北京晚报》2006年4月23日第3版
潘文石：醉心野外的"熊猫之父"	《科技日报》2006年4月5日第5版
中国申遗第一人侯仁之	《中国青年报》2006年4月3日第12版
季羡林——95岁的春天	《北京日报》2006年3月31日第15版
王诗宬："杰青"对数理研究尤其重要	《科学时报》2006年3月27日第A4版
汤一介：事不避难，义不逃责	《光明日报》2006年3月19日第5版
王选的智言睿语	《科学时报》2006年3月10日第B3版
瘫痪女孩 坐轮椅北大读博	《北京晨报》2006年3月10日第7版
方精云："杰青"改变人生方向	《科学时报》2006年3月6日第A4版
方方正正做人 实实在在做事	《科学时报》2006年2月28日第B2版
呕心沥血 开拓创新——王选老师最后的日子	《科技日报》2006年2月28日第3版
季羡林：我要活到150岁	《竞报》2006年2月27日第21版
季羡林在解放军总医院的"编外"生活	《北京晚报》2006年2月25日第21版
谆谆教诲 铭刻在心——痛念叔父王选	《光明日报》2006年2月23日第2版
王选给侄女王侃的一封信	《光明日报》2006年2月23日第2版
一位大科学家的人生地图	《科学时报》2006年2月23日第A3版
吕植：穿平底鞋的女科学家	《科技日报》2006年2月22日第5版
创新典范 为师楷模——深切怀念汉字激光照排技术创始人、北大教授王选	《中国教育报》2006年2月20日第1版
方方正正论王选	《科技日报》2006年2月20日第1版
"当代毕昇"王选的梨园情	《北京晚报》2006年2月18日第20版
王选老师，您是我永远的老师	《光明日报》2006年2月17日第2版
王选，中国IT业的一颗"技术心"	《新京报》2006年2月17日第B12版
半生苦累 一生心安——北大师生和社会各界悼念王选院士	《科技日报》2006年2月16日第1版
王选：方正永远的精神领袖	《科技日报》2006年2月16日第3版
您的名字被印刷进人民心里	《广州日报》2006年2月16日第6版
生命的最后时刻——同事和学生深情追忆王选院士	《人民日报》2006年2月15日第11版
王选 大写的创新者	《光明日报》2006年2月15日第2版
"毕昇"辞世 文字当哭	《光明日报》2006年2月15日第2版
"看到计算机排版，就会想到王选"——一个老编辑眼中的王选	《光明日报》2006年2月15日第2版
怀念王选	《光明日报》2006年2月15日第5版
科技巨星陨落 创新精神永存——科技界缅怀王选院士	《科技日报》2006年2月15日第1版
北大师生追忆王选	《科技日报》2006年2月15日第3版
"您把名字印在人们的心里"——网友深情缅怀王选院士	《科技日报》2006年2月15日第3版
再忆王选	《解放日报》2006年2月15日第5版
方正王选：在春天里去留	《中华读书报》2006年2月15日第3版
往事历历在目——悼念王选院士	《中华读书报》2006年2月15日第3版
王选印象	《科学时报》2006年2月15日第1版
好人王选印进人民心里	《北京考试报》2006年2月15日第16版
"老骥伏枥 甘当人梯"	《午报》2006年2月15日第4版
王选：当代毕昇 方正之士	《人民日报》2006年2月14日第11版
王选停止了攀登市场的脚步	《中国青年报》2006年2月14日第7版
北大教授眼里的王选	《北京日报》2006年2月14日第9版

王选，一座自主创新的丰碑	《科技日报》2006年2月14日第1版
深深的期许励后人——怀念王选院士	《科技日报》2006年2月14日第1版
"当代毕昇"骤然远行	《解放日报》2006年2月14日第1版
上海，王选出生生长地	《解放日报》2006年2月14日第5版
"当代毕昇"改变一个时代	《北京晚报》2006年2月14日第1版
当代毕昇王选 走过方正人生	《法制晚报》2006年2月14日第A25版
书生老孟 名士老孟	《中国青年报》2006年1月27日第3版
为人为师 完美融合——记北京大学中文系教授孟二冬（三）	《中国教育报》2006年1月27日第1版
书里书外皆是情	《人民日报》2006年1月26日第11版
熠熠烛光映天山——北大教授孟二冬新疆支教纪事	《人民日报》2006年1月25日第1版
师之道——记北京大学中文系教授孟二冬	《光明日报》2006年1月25日第1版
孟二冬：充满阳光的新型知识分子代表	《北京青年报》2006年1月26日第A11版
天山铭记60天的情怀——新疆石河子大学师生眼中的孟二冬教授（下）	《中国青年报》2006年1月26日第4版
永不消失的人生航标——记北京大学中文系教授孟二冬（上）	《中国青年报》2006年1月25日第3版
燕园耕耘 言传身教——记北京大学中文系教授孟二冬（二）	《中国教育报》2006年1月26日第1版
天山见证 支教情深——记北京大学中文系教授孟二冬（一）	《中国教育报》2006年1月25日第1版
孟二冬：七年写就百万言	《新京报》2006年1月25日第A22版
"他做人做学问都很干净"	《新京报》2006年1月25日第A23版
北大教授倒在新疆支教讲台	《北京青年报》2006年1月25日第B2版
孟二冬：心里永远装着学生（下）	《科技日报》2006年1月25日第3版
金开诚：情聚"智能型文化"	《光明日报》2006年1月23日第1版
林庚："追寻那一切的开始之开始"	《光明日报》2006年1月22日第5版
为师立范是一种习惯——记优秀共产党员孟二冬（上）	《科技日报》2006年1月19日第3版
季羡林：大儒无声	《光明日报》2006年1月6日第5版
陈来：我比同辈快半拍	《新京报》2006年1月5日第C12版
薪尽火仍存 众忆冯友兰	《科学时报》2006年1月3日第B1版

索 引

使 用 说 明

一、本索引采用内容分析索引法编制。除"大事记"外,年鉴中有实质检索意义的内容均予以标引,以供检索使用。

二、本索引基本上按汉语拼音音序排列。具体排列方法如下:以数字开头的标目,排在最前面;字母开头的标目,列于其次;汉字标目则按首字的音序、音调依次排列。首字相同时则以第二个字排序,并依此类推。

三、索引标目后的数字,表示检索内容所在的正文页码,数字后面的英文字母 a、b、c,表示正文中的栏别,合在一起即指该页码及自左至右的版面区域。年鉴中以表格、图形形式反映的内容,则在索引标目后用括号注明(表)、(图)字样,以区别于文字标目。

四、为反映索引款目间的逻辑关系,对于二级标目,采取在一级标目下缩二格的形式编排,之下再按汉语拼音的音序、音调排列。

0—9

1998—2006年北京大学大型仪器测试服务收入统计(表) 379
1998—2006年全校到校科研经费分类统计(表) 243
1998—2006年全校到校科研经费总额增长趋势(图) 243
2004—2006年北京大学参加北京地区科学仪器协作共用网情况(表) 379
2004—2006年收入情况比较(图) 362
2005—2006年北京大学校本部教师队伍的学历状况(表) 352
2005—2006年北京大学校本部教职员工基本情况一览(表) 351
2005年、2006年支出构成比较(图) 363
2006届北京地区高等学校优秀毕业生名单 543
2006年1—12月六家附属医院床位规模及完成的主要医疗工作情况(表) 401
2006年40万元以上仪器设备采购一览(表) 381
2006年SCI数据库收录的北京大学为第一作者单位的论文及分布总体情况(表) 257
2006年北京大学成套家属房汇总统计(表) 373
2006年北京大学大型贵重仪器购置论证统计(表) 380
2006年北京大学党发、校发文件 508
2006年北京大学房屋基本情况(表) 373
2006年北京大学公派出国(境)人员派出(地区)国别(表) 355
2006年北京大学共青团主要获奖情况(表) 561
2006年北京大学技术合同院系分布(表) 292
2006年北京大学教职工住宅现状情况(表) 373
2006年北京大学接受境外赠送科教用品一览(表) 382
2006年北京大学科技合同到款统计(表) 292
2006年北京大学科技合同额统计总(表) 292
2006年北京大学实验室基本情况一览(表) 376
2006年北京大学土地基本情况汇总(表) 372
2006年北京大学校本部从地方调入人员分布(表) 353
2006年北京大学校本部非离退人员减员分布(表) 354
学历分布(表) 354
2006年北京大学校本部公派出国(境)人员派出类别(表) 355
2006年北京大学校本部公派出国(境)人员学历、职称、年龄分布状况(表) 355
2006年北京大学校本部公派留学人员回校工作类别分布(表) 355
2006年北京大学校本部机关基层办公室负责人的学位结构统计(表) 357
2006年北京大学校本部教师队伍年龄结构(表) 351
2006年北京大学校本部离退休人员分布(表) 354
2006年北京大学校本部人员分布情况(表) 351
2006年北京大学校本部现有人员

编制构成(表) 352
2006年北京大学校本部选留毕业生分布(表) 352
2006年北京大学校本部增员类别及学历分布(表) 352
2006年北京大学校本部增员情况分布(表) 352
2006年北京大学校本部总减员分布(表) 354
2006年北京大学中层领导干部分布情况(表) 423
2006年北京市优秀教师和优秀教育工作者名单 523
2006年大事记 605
2006年度北京大学教育基金会奖学金、助学金、奖教金、研究资助项目一览(表) 404
2006年度被SCI数据库收录的影响因子较高的论文清单 258
2006年度高等学校科学技术奖(表) 255
2006年度国家科学技术奖(表) 255
2006年度教育部人文社会科学重点研究基地重大项目一览(表) 275
2006年度人文社会科学国际(双边)学术会议一览(表) 283
2006年度实验技术系列职务评审 374c
2006年度中华医学科技奖(表) 256
2006年各单位获国家自然科学基金面上和重点项目数及经费数(表) 248
2006年各类奖教金获奖名单 522
2006年工资日常工作量统计(表) 358
2006年国家社科基金项目立项名单(表) 271
2006年获北京市级精品课程名单 522
2006年获北京市社科理论著作出版基金资助著作名单(表) 279
2006年获得基金委国际(地区)合作项目(表) 269

2006年获得科技部政府间国际合作项目(表) 269
2006年获得其他国际(地区)合作项目(表) 269
2006年获国家级精品课程名单 521
2006年获准北京市教委共建项目(表) 253
2006年建设工程全过程审计项目情况(表) 368
2006年教育部留学回国人员科研启动基金项目名单(表) 273
2006年教育部人文社会科学研究一般项目立项名单(表) 272
2006年教育部人文社科重点研究基地结项课题一览(表) 274
2006年科技项目推广目录 295
2006年离退休人员分类统计(表) 358
2006年理工科部分与北京市科委新签科技合同(表) 255
2006年理工科获准项目及经费(表) 244
2006年理工科与医科到校科研经费来源(图) 243
2006年理工科与医科获准北京市自然科学基金(表) 254
2006年理工科与医科获准创新团队发展计划清单(表) 252
2006年理工科与医科获准高等学校博士点专项科研基金(表) 252
2006年理工科与医科获准教育部重大和重点项目(表) 253
2006年理工科与医科获准新世纪优秀人才支持计划名单(表) 253
2006年理工科与医科科研项目到校经费(表) 242
2006年理工科与医科通过验收结题的主要科研项目(表) 266
2006年理科与医科在研科研项目(表) 241
2006年理科与医科在研科研项目来源(图) 242
2006年录取各省(自治区、直辖市、港澳台地区)理科第一名(学

生名录)(表) 200
2006年录取各省(自治区、直辖市、港澳台地区)文科第一名(学生名录)(表) 199
2006年批准成立的交叉学科研究中心(表) 241
2006年聘请的客座教授(表) 626
2006年签订的主要技术合同 293
2006年秋季在校外国留学生分国别统计(表) 231
2006年秋季在校外国留学生分院系统计(表) 233
2006年全国优秀博士学位论文(表) 211
2006年任命北京大学校本部机关基层办公室负责人情况统计(表) 357
 年龄结构统计(表) 357
 学历结构统计(表) 357
 职称结构统计(表) 357
2006年审计项目情况简(表) 368
2006年逝世人物名单 505
2006年收入构成(图) 362
2006年受表彰的优秀共产党员、先进党支部名单 516
2006年授予的名誉博士(表) 626
2006年授予的名誉教授(表) 627
2006年通过鉴定的科研成果(表) 265
2006年文科单位SCI、SSCI、A&HCI论文名单(表) 280
2006年校本部获准国家自然科学基金项目情况(表) 246
2006年校本部民主党派组织机构状况(表) 436
2006年校外媒体报道北大情况统计 628
2006年新获批的《国家高技术研究发展计划》课题(表) 249
2006年新获批的《国家重点基础研究发展规划》课题(表) 248
2006年新获批的重大科学研究计划课题(表) 249
2006年新获批的重大科学研究计划项目(表) 249
2006年学校基本数据 28

索 引

2006年医科获准项目及经费(表) 245

2006年医学部SCI论文发表情况(表) 258

2006年医学部国际奖学金项目统计(表) 350

2006年医学部获准国家自然科学基金项目情况(表) 247

2006年医学部教职工基本情况一览(表) 352

2006年医学部民主党派组织机构状况(表) 436

2006年与2005年博士生招生情况比较(表) 202

2006年与2005年硕士生招生情况比较(表) 202

2006年在岗博士生导师名录 499

2006年在校研究生人数统计(表) 218

2006年支出构成(图) 363

2006年中国中西医结合学会科技奖(表) 257

2006年主办的国际学术会议和研讨班情况统计(表) 268

2006年专利申请受理、授权情况统计(表) 264

211工程建设 341
 国家验收 341c
 立项 342a

40万元以上仪器设备采购一览(表) 381

985工程建设 341
 海外学者讲学计划 341b
 人文社会科学出版专项和学术交流专项 341c
 优秀青年人才引进计划 341c
 资金到位和执行情况 341a

A~Z

SCI数据库收录的北京大学为第一作者单位的论文及分布总体情况(表) 257

SCI数据库收录的影响因子较高的论文清单 258

SK奖学金 550b

A

安南访问北大 347b
奥运场馆工程建设监督 440b

B

百周年纪念讲堂 410b
柏林自由大学北京大学日 347a
办学经费道筹 362c
宝钢奖教金 523b
宝钢奖学金 551a
宝洁奖教金 523a
保卫工作 441
 安全教育 444a
 获奖情况 444c
 技术防范建设 443b
 交通安全管理 443a
 结构调整 441a
 流动人口管理 444b
 全校安全稳定工作会议 441c
 维护校园稳定 441b
 消防工作 442a
 校园环境秩序整治 443a
 制度化规范化建设 441a
 治安防范 443c
 重大警卫活动 442a
保险 359a
北大方正集团公司 296a
 2005年度全国版权保护示范单位称号 296c
 2005中国商业科技100强企业称号 297c
 2005中国印刷业TOP10 297a
 2006国际医疗仪器设备展览会 297b
 2006年度国家级火炬计划 298a
 2006年中国IT用户满意度桂冠 297c
 CCTV创新盛典大奖 298a
 方正笔记本 298a
 方正电子 296c
 方正电子助力藏文新闻门户网站 297b
 方正科技与微软正版Windows合作协议 297b
 方正印捷数码印刷系统 298a
 全媒体理念引领报业新革命 296a
 人口信息冷僻字解决方案 297b
 人脸识别笔记本 296a
 网络出版 296c
 硬件产业链三级跳 296b
 中国十大创新软件企业 297c
 中国政府网站核心应用系统建设 296b
北大概况 24
北大贡献 24b
北大民盟高教论坛 435b
北大青鸟集团 298b
 2006年中国IT职业培训市场冠军落户青鸟集团 299a
 A股上市公司股改 298c
 IT业务 298b
 东华广场项目 299a
 东直门交通枢纽项目 299a
 国家计算机信息系统集成一级资质 299b
 青鸟班学生资助 300a
 杨芙清一王阳元院士奖励基金奖励额度 298b
 中国企业质量信用风险等级AAA级证书 299c
北大维信生物科技有限公司 300c
 血脂康国际市场 300c
北大未名生物工程集团有限公司 300b
 产业化进程 300b
 长效重组蛋白药物公共技术平台 300b
 对外合作 300c
 多肽药物研究 300b
 研究与开发 300b
北大—耶鲁联合本科项目 347a
北京大学出版社 320c
 版权工作 321a
 发展概况 320c
 获奖情况 321a

重大记事　321b
　　重点项目　321a
北京大学第六医院　137c
北京大学第三医院　128b
北京大学第一医院　123a
北京大学附属小学　420
　　德育工作　420c
　　教学工作　421b
北京大学附属中学　417
　　陈晓娅调研　419b
　　大江健三郎访问附中　419b
　　芬兰语选修课开班　418b
　　广茂达杯中国智能机器人大赛获奖　419a
　　海淀区校园文化建设特色校开放日　419c
　　红十字会初级急救员培训　418c
　　化学优秀课堂教学设计论文获奖　419b
　　看望北京四十七中学特困生并捐款　418c
　　罗素高中访问团交流学习　418c
　　全国中学生物理化学竞赛　419b
　　示范高中课堂教学优质课展示交流活动　420a
　　孙鹏等调研　418c
　　希望之光访学之旅——河南行　418b
　　校长谈德育论坛第四次会议　420c
　　学生科技创新大赛　419a
　　英国学生中国文化夏令营　418c
　　中芬高中合作项目回顾会　419c
　　中芬高中课程改革研讨会　419c
《北京大学海淀本部校区总体规划》　344c
北京大学口腔医院　131a
北京大学人民医院　124c
《北京大学未名湖燕园建筑文物保护总体规划》　344b
北京大学学报(医学版)　333a
　　大事项　333a
北京大学学报(哲学社会科学版)　332a
　　办刊实力　332c
　　队伍建设　332a
　　评奖工作　332b
　　学报改革　332a
北京大学学报(自然科学版)　331b
　　2003—2004年刊载论文计量指标(表)　332
　　版本、封面设计改进　331b
　　工作创新　331b
　　工作统计　331b
　　获奖情况　331c
　　刊载论文被国际检索机构收录情况(表)　332
　　刊载论文被国内外权威检索期刊(数据库)收录情况　331b
　　刊载论文情况　331b
　　刊载论文学科分布(表)　331
　　论文计量指标　331b
　　收稿情况　331b
　　学报网络版　331b
　　学术活动　331c
北京大学医学部2006年调出人员技术岗位及来源分布(表)　354
北京大学医学部2006年调入人员技术岗位及来源分布(表)　353
北京大学医学部2006年接收毕业生岗位分布及学历分布(表)　353
北京大学医学部2006年社会保险缴费情况(表)　360
北京大学医学部师德师风建设工作会　430c
北京大学医学部特等奖学金　560a
北京大学医学部研究生优秀奖学金　560a
北京大学医学部研究生中日医药奖学金　560b
北京大学医学部椎名奖学金　560b
北京大学医院　416
　　病案管理　416a
　　国际交流与合作　416c
　　后勤工作　417c
　　护理工作　416b
　　精神文明建设　417b
　　科研工作　416b
　　迁建新院　417a
　　社区卫生服务　416c
　　体制改革与管理　417a
　　信息化建设　416c
　　医保工作　416c
　　医疗工作　416a
　　医学教育　416b
《北京大学中长期发展规划纲要(讨论稿)》　342a
北京大学主持的《国家重点基础研究发展规划》项目(表)　248
北京大学资产经营有限公司　290a
北京地区高等学校优秀毕业生名单　543
北京国际数学研究中心工程拆迁　370b
北京论坛　348b
　　新闻宣传　430a
北京市第九届哲学社会科学优秀成果奖获奖名单(表)　276
北京市级精品课程名单　522
北京市教委共建项目(表)　253
北京市教育科学十一五规划2006年度课题立项名单(表)　274
北京市科研项目　237c
北京市三好学生　526a
北京市社科理论著作出版基金资助著作名单(表)　279
北京市优秀班集体　526b
北京市优秀党务工作者　516a
北京市优秀共产党员　516a
北京市优秀教师和优秀教育工作者名单　523
北京市优秀学生干部　526b
北京市哲学社会科学十一五规划项目立项名单(表)　273
北京市重点实验室(表)　241
北京医科大学　24a
北京银行教师奖　523a
北京肿瘤医院　133b
《北医党建网》开通　430b
被SCI数据库收录的影响因子较

索 引

高的论文清单 258
奔驰奖学金 547a
本科毕业生就业情况 452c
本科教学迎评 163a
本科教育教学改革大讨论 162a
本科教育数据 164a
本科课程目录（表） 170
本科生教育教学 162
本科专业目录（表） 168
本专科毕业生 566
毕（结）业博士研究生名单 578
毕（结）业硕士研究生名单 572
毕业留学生名单 581
毕业生名单 566
毕业研究生就业情况 453b
表彰 516、565
博士后工作 361a
博士生导师名录 499
博士生招生情况比较（表） 202
布特弗利卡来访 348a
部门工会调整 446c

C

财经工作领导小组 363b
财务程序和会计科目调整 364b
财务工作 362a
财务管理 363b
财务监督 364b
财务收支概况 362a
财务与审计 362
财务指标评价 363a
财务制度建设 363b
财务专题分析 362c
财政审计 365a
参加北京地区科学仪器协作共用网情况（表） 379
餐饮中心 390b
　安全办伙 390c
　办伙成本 392a
　餐点招标投票 391a
　《餐饮中心管理手册（第二版）》 390c
　公益桌贴 392a
　和谐餐饮文化传播 392a
　监督员制度 391c
　就餐环境 391a
　联采 392a
　全员知识技能培训考核 391b
　荣誉 392c
　食品研发室 391b
　特区和国外餐饮行业考察 392a
　校园餐饮 392b
　营养分析室 391b
　原料涨价化解 392b
产业管理 290
产业开发 235
长江学者 354c
　届满评估及期中评估 355a
　名单（表） 497
　推荐遴选 354c
常规性宣传报道 429c
陈佳洱 465c
陈建生 467a
陈慰峰 481a
陈晓娅调研 419b
陈运泰 476a
成人教育学院 222a
　班子建设 222a
　交流与研究 222c
　教学管理 222b
　暑期工作研讨会 223a
　招生与培训 222c
　资源建设 223b
　综合管理 223b
成人招生咨询 219c
成舍我奖学金 553b
成套家属房汇总统计（表） 373
处级以上干部人事档案整理 427b
创新成果 26a
创新奖 528a
创新团队 529a
春季全校干部大会 5
从地方调入人员分布（表） 353

D

大额支出专项审计 365b
大额资金月度审计审签 365a
大发展、大建设的新时期 24a
大韩生命保险奖学金 551a
大和证券集团奖学金 549b
大江健三郎访问附中 419b

大事记 605
　1月 605a
　2月 605b
　3月 605c
　4月 606b
　5月 607c
　6月 609c
　7月 612b
　8月 612c
　9月 613b
　10月 616a
　11月 619c
　12月 622b
大型贵重仪器购置论证统计（表） 380
大型仪器测试服务收入统计（表） 379
大型仪器开放测试基金开放仪器（表） 377
大型仪器开放测试基金情况（表） 379
《大学发展规划通讯》 342b
党的干部工作路线贯彻 426a
党发、校发文件 508
党风廉政建设 437a
党建 422、423b
党建和思想政治工作基本标准任务分解和实施 424a
党建理论研究 424c
党建研究水平 424c
党外代表人士选拔、培养、推荐 434b
党外代表人士研修班 435a
党校工作 428b
　党员教育 428b
　干部教育培训 428b
　入党积极分子培训 428c
党员、干部理论水平和思想政治素质 423b
党员先进性教育 423b
党政工共建和谐之家活动 446a
《党政领导干部选拔任用工作条例》学习贯彻 426a
档案馆 328a
　保密工作 329c
　档案管理系统开发和试运行 329b

档案利用与服务　329a
　　档案收集　328b
　　档案数据安全　329b
　　档案数据库建设　329b
　　档案整理鉴定　329a
　　网络安全防范　329b
　　信息化建设　329b
　　学术交流与研究　329a
到校科研经费分类统计（表）　243
到校科研经费总额增长趋势（图）
　243
德尔奖学金　550b
德育研究　455c
地球与空间科学学院　49c
　　党建　52a
　　发展概况　49c
　　教学工作　50a
　　科研工作　50c
　　石油与天然气研究中心　52c
　　实验室工作　51a
　　学科建设　50c
　　学生工作　52a
　　学术交流与合作　51b
地铁4号线成府站设计施工方案
　345a
第八届教代会工会工作培训班
　449a
第二临床医学院　124c
　　党的组织建设　128a
　　党建工作　127c
　　党员思想教育　127c
　　发展概况　124c
　　干部思想教育　127c
　　国际交流与合作　127b
　　后勤工作　126c
　　教学工作　125c
　　科研工作　126a
　　思想建设　127c
　　特色活动　128a
　　文明服务　128b
　　信息化建设　127b
　　宣传工作　128a
　　医疗工作　125c
　　医院干部管理　128a
　　医院管理　127b
第六医院　137c
第三届北京论坛新闻宣传　430a

第三届国际文化节　348c
第三届全国教育科学研究优秀成
　果奖获奖名单（表）　279
第三临床医学院　128b
　　创建人民满意医院活动
　　　130a
　　发展概况　128b
　　国际间交流与合作　129b
　　基建工程　130a
　　教学方式　129b
　　教学改革　129a
　　教学工作　129a
　　教学公共平台建设　129b
　　精神文明建设　130b
　　科研工作　129c
　　科研公共平台　129c
　　临床技能培训中心　129b
　　人才培养　129b
　　四轨合一教学管理模式
　　　129a
　　信息化建设　129c
　　医疗工作　128b
　　医疗质量和医疗安全核心制
　　度建设和落实　128b
　　医院管理　130a
　　医院管理年　130a
　　影响医疗质量和医疗安全重
　点环节管理　128c
　　影响医疗质量和医疗安全重
　要平台建设　128c
　　支援基层医疗卫生　130c
　　治理商业贿赂　130c
　　重点项目的支持　129c
　　专科和亚专科医师培训基地
　建设　129b
第三医院　128b
第十届人文社会科学研究优秀成
　果奖获奖名单（表）　277
第十五期大型仪器开放测试基金
　开放仪器（表）　377
第四届全国公共卫生研究生暑期
　学校　210b
第四届中国高校人文社会科学研
　究优秀成果奖获奖名单（表）
　275
第五届教职工代表大会执行委员
　会　37

第一临床医学院　123a
　　地下通道工程　124c
　　发展概况　123a
　　后勤工作　124b
　　护理工作　123c
　　获奖情况　124c
　　教学工作　123c
　　科研工作　124a
　　内科新病房楼工程　124b
　　新门诊楼工程　124b
　　学术交流　124b
　　医德医风建设　124b
　　医疗工作　123a
典型引路作用　424c
电话室　398b
调出人员技术岗位及来源分布
　（表）　354
调入人员技术岗位及来源分布
　（表）　353
调研和舆情工作　429b
丁伟岳　466c
东宝博士奖学金　553b
东宝奖教金　523a
东宝硕士奖学金　553b
东港奖学金　549a
东港制药奖学金　560b
东京三菱奖学金　550a
董申葆　473b
董氏东方奖学金　548a
杜邦奖学金　550b
短期留学项目　230b
队伍建设　26b
对口支援北京市通州区　301c
对口支援石河子大学　301b
对外汉语教育学院　113a
　　对外交流　114b
　　发展概况　113a
　　汉语国际推广　114a
　　教学工作　113b
　　科研工作　114a
对外交流　347
对外交流中心　410a
多美滋科学苑奖学金　560b

　　　　　　E

二级保密资格认证现场审查
　238c

索 引

二级单位财务与管理审计 365b

F

发展规划 342
法学院 87c
 北京市社科十一五规划立项名单（表） 90
 毕业生情况 88b
 发展概况 87c
 工作机制 91a
 国际交流活动 88b
 国家社科基金项目立项名单（表） 90
 获北京大学第十届人文社会科学研究优秀成果奖名单（表） 90
 获北京市第九届哲学社会科学优秀成果奖名单（表） 90
 获中国高校第四届人文社会科学研究优秀成果奖名单（表） 90
 交流与合作 88b
 教育部项目立项名单（表） 90
 科研工作 89c
 课程体系 91a
 司法部项目申报名单（表） 90
 图书馆 88a
 学科建设 88b
 学生工作 91a
 学生工作管理体系 91b
 招生情况 88a
 制度建设 91a
方精云 482a
房地产管理 369a
房改工作 369c
房改售房 369c
房屋安全检查 371a
房屋基本情况（表） 373
访问学者 221a
放射源管理 374b
非离退人员减员分布（表） 354
 学历分布（表） 354
非在编人员入会情况 446c
分子医学研究所 152c
 交流与合作 152c
 科研工作 153a
 学生工作 153a
丰田奖学金 558a
冯奚乔奖学金 554a
辐射防护 345a
辐射防护领导小组组成人员名单 346
附录 626
附属单位负责人 42
附属小学 420
附属医院床位规模及完成的主要医疗工作情况（表） 401
附属中学 417
富余人员管理 357c

G

干部 35
干部大会 5、13、18
干部工作 426a
 制度化建设 426a
干部管理能力 428a
干部交流 428a
干部进出渠道 428a
干部考核和考察 427c
干部人事制度改革 426a
干部选拔任用监督 440b
甘子钊 466b
岗松奖学金 552b
岗位目标年度考核与聘任结果 356b
港澳台工作 349a
港澳台学生 230c
高等学校科学技术奖（表） 255
《高等学校仪器设备和优质资源共享系统》入网仪器设备清单（表） 380
高等学校优秀毕业生名单 543
高端培训 221c
高科技企业 296
高校师生思想状况滚动调查 446c
各单位获国家自然科学基金面上和重点项目数及经费数（表） 248
各类奖教金获奖名单 522
工程前期报批 384a

工程项目管理 383a
工会工作 445
 先进集体评选与表彰 446c
工学院 46a、343b
 党建 47b
 发展概况 46a
 发展工作 47b
 交流合作 47b
 教学工作 46b
 科研工作 46c
 学生工作 47b
工资日常工作量统计（表） 358
工资与福利 358c
公共卫生学院 119a
 党建工作 120c
 发展概况 119a
 继续教育 120a
 教学工作 119a
 科研工作 120b
 学术交流 120b
公派出国（境）人员情况 355
 派出类别（表） 355
 派出（地区）国别（表） 355
 学历、职称、年龄分布状况（表） 355
公派留学人员回校工作类别分布（表） 355
公用房调配与管理 369a
公用房制度改革 370b
供暖中心 393b
 供暖工作 393c
 新建、改造工程 393c
 浴室工作 393c
共建项目管理 342c
共青团工作 455
 获奖情况（表） 561
顾温玉生命科学奖学金 554a
关心教职工生活 449a
《关于号召全校师生员工向王选院士学习的决定》 3b
管理与后勤保障 341
光华鼎力新生奖学金 555b
光华管理学院 85a
 毕业生就业 87b
 对外交流 85c
 发展概况 85a
 国际合作 86c

科研工作　85c
　　校友工作　87a
　　学科建设　85b
光华奖学金　545a
归国华侨联合会负责人　43
规范管理　290b
规范化建设　345c
规划委员会工作　342c
郭光灿　478b
郭应禄　484a
国防教育　451c
国防相关科研项目　237b
国际(地区)合作项目(表)　269
国际关系学院　71b
　　出版著作统计(表)　73
　　党建工作　74c
　　对外交流与合作　73a
　　发展概况　71b
　　教学工作　71c
　　科研活动　72b
　　十周年院庆　74b
　　学生工作　75c
国际交流　27a
国际文化节　348c
国际学术会议　349a
国际学术会议和研讨班情况统计
　　(表)　268
国际影响力　27a
《国家高技术研究发展计划》课题
　　((表)　249
国家工程研究中心(表)　239
国家级精品课程名单　521
国家级重点实验室(表)　239
国家科学技术奖(表)　255
国家科研计划项目　237a
国家社科基金项目立项名单(表)
　　271
国家实验室建设　235c
《国家重点基础研究发展规划》课
　　题(表)　248
《国家重点基础研究发展规划》项
　　目(表)　248
国家重点实验室申报　236a
国家自然科学基金面上和重点项
　　目数及经费数(表)　248
国家自然科学基金委员会资助项
　　目　236b

国内合作　290、301a
国内合作对象与领域　27a

H

海淀本部校区总体规划　344c
海淀主校区校园地下空间统筹规
　　划　344c
海外教育　230
韩国学研究基金奖学金　549b
韩济生　481b
韩启德　480a
号召全校师生员工向王选院士学
　　习的决定　3b
何新贵　483a
和谐校园构建　445b
恒生银行奖学金　552b
红楼艺术奖　538a
侯仁之　473c
后备干部队伍建设　427c
后勤　382
　　保障　341
后勤服务保障机构　390b
胡锦涛总书记给孟二冬教授女儿
　　回信　1、2b
护理学院　121a
　　5.12系列活动　122c
　　发展概况　121a
　　教学工作　121b
　　科研工作　121c
　　科研项目(表)　121
　　社会实践活动　122b
　　团学联　123a
　　学生工作　122a
　　主编教材(表)　122
　　主题教育活动　122a
华为奖学金　551a
化学与分子工程学院　57a
　　承担科研项目列(表)　58
　　发展概况　57a
　　教学工作　57b
　　科研工作　57c
　　科研获奖情况　57c
　　师资队伍建设　57a
　　学科建设　57a
　　学生工作　59b
　　学术交流　59a
环保　345a

环境学院　60b
　　本科生教学　60c
　　党建工作　61b
　　对外合作　61a
　　教学工作　60c
　　科研工作　60c
　　师资队伍建设　61a
　　学科建设　60b
　　学生工作　61b
　　研究生教学　60c
换领辐射安全许可证前期准备
　　345b
黄春辉　472a
黄琳　478a
黄鹰育才奖学金　552b
会议医疗保健任务　401b
会议中心　409
获北京市级精品课程名单　522
获北京市社科理论著作出版基金
　　资助著作名单(表)　279
获得基金委国际(地区)合作项目
　　(表)　269
获得科技部政府间国际合作项目
　　(表)　269
获得其他国际(地区)合作项目
　　(表)　269
获国家级精品课程名单　521
获国家自然科学基金面上和重点
　　项目数及经费数(表)　248
获准北京市教委共建项目(表)
　　253
霍铸安奖学金　559b

J

机构　35
机关各部门、工会、团委负责人
　　38
　　校本部　38
　　医学部　39
机关建设　422a
基本数据　28
基层党建　424b
基层党组织和干部队伍基本状况
　　423a
基层组织工作活力　446a
基础设施建设　27b
基础医学院　116b

索 引

发展概况　116b
教学工作　116c
科研工作　117a
学科建设　117a
基地建设　235c
基建　382
基建工程付款　364a
基建工程项目招投标监督　440a
基建投资计划与完成情况　382c
基金委国际（地区）合作项目（表）
　269
基辛格　347c
计算机科学技术研究所　108c
产业化成果　109a
发展概况　108c
科研教学　108c
王选教授逝世　109c
计算中心　333b
IPV6 实验　334c
党建　335c
电子校务建设　334c
工会工作　335c
国防生计算机实验室建设
　334b
科研工作　335b
前台服务质量　334c
实验室硬环境　334b
微机教学实验室系统建设
　334a
校园网建设　333c
校园网运行和服务　335a
校园网主干升级　333c
英语视频点播范围　334c
主要工作　333b
纪检监察干部队伍建设　440c
纪检监察　437
技术合同　293
院系分布（表）　292
继续教育　218
研究课题　219b
佳能特等奖学金　548b
佳能优等奖学金　548c
贾庆林　4b
减员情况　353a
建设工程全过程审计项目情况简
（表）　368
建设工程审计　365b

建设项目初步设计方案审查
　344c
建信基金优秀奖学金　558a
姜伯驹　465a
奖教金获奖名单　522
奖教金评审　355c
奖励　516、565
奖学金获得者名单　544
奖助工作　208a
交叉学科研究中心（表）　241
交流合作　301a
教材建设　163c
教代会工会工作培训班　449a
教代会工作　445
教辅单位与公共实验平台筹建
　343c
教龄三十年的教职工表彰　446c
教师队伍年龄结构（表）　351
教师队伍学历状况（表）　352
教授名录　485
教务管理　163a
教学辅助单位聘岗情况　356c
教学改革　162a
教学科研　27b
教学科研单位聘岗情况　356c
教学科研服务机构　305
教育部工程研究中心（表）　240
教育部留学回国人员科研启动基
金项目名单（表）　273
教育部人文社会科学重点研究基
地重大项目一览（表）　275
教育部人文社科重点研究基地结
项课题一览（表）　274
教育部网上合作研究中心（表）
　240
教育部重点实验室（表）　240
教育部资助项目　237b
教育管理与德育系列专业技术职
务评审　427b
教育基金会　402
筹资与发展工作研讨会
　403a
大额捐赠　402a
奖励资助项目统计（表）　403
奖学金、助学金、奖教金、研究
资助项目一览（表）　404
交流活动　403a

捐赠概况　402a
项目管理　403b
教育教学　162
改革　25a
教育学院　103b
对外交流与合作　104b
发展概况　103b
获奖情况　106a
科研工作　104a
师资队伍　103c
学科建设　103c
学术会议　106a
教职工代表大会执行委员会　37
教职工队伍状况　351b
教职工基本情况一览（表）　352
教职工住房和教师公寓管理与服
务　369b
教职工住宅现状情况（表）　373
教职员工基本情况一览（表）　351
接收毕业生岗位分布及学历分布
（表）　353
接受境外赠送科教用品一览（表）
　382
解思深　469c
进修教师与访问学者　221a
晋升工资档次年度考核结果
　356b
经济学院　81c
北京大学图书馆经济分馆
　84c
对外交流　83b
发展概况　81c
服务设施　84c
继续教育　83c
精品活动　84b
科研工作　82c
青年思想道德建设　84a
同学课余生活　84b
同学综合素质　84b
团员素质培养活动　84a
学科建设　82b
学生工作　84a
学生培养　82b
经济责任审计　366a
精品课建设　162c
精神卫生研究所　137c
985 工程二期建设项目精神

病与精神卫生学研究平台
建设 139c
本科生、研究生教学成果 139a
创建人民满意医院 137c
发展概况 137c
法律法规知识培训 138a
规章制度 137c
国际交流与合作 139c
国家重大项目 139b
继续教育工作成绩 139a
教学工作 139a
精神卫生工作 139c
科技成果 139c
科研工作 139b
临床技能 138b
门(急)诊医疗工作统计(表) 138
青年教师培养 139b
省部级项目 139c
医德医风建设 137c
医护人员法律意识和解决医患纠纷能力 138a
医疗服务 138a
医疗服务质量 137c
医疗护理 138b、138c
医疗流程 138c
医疗质量 138b
医学部常规教学任务 139a
医药购销领域商业贿赂专项治理工作要求贯彻落实 137c
住院医疗工作统计(表) 139
精神文明建设 445c
景观规划 344c
景观设计学研究院 343c
竣工工程 383a

K

卡尔扎伊访问北大 347c
考古文博学院 65a
 对外交流 66a
 教学工作 65b
 科研工作 65b
 科研机构 65b
 科研课题 65c
 培训工作 65b

学科建设 65a
科级干部任免 357c
科技部政府间国际合作项目(表) 269
科技成果收集与推广 291a
科技合同到款统计(表) 292
科技合同额统计总(表) 292
科技奖项 238a
科技开发 290
 成果 290c
科技项目推广目录 295
科维理天文与天体物理研究所 343b
科学研究 235
科研成果 238a
科研成果(表) 265
科研工作 26a
 会议 239a
科研工作委员会 239c
科研规章制度 236a
科研项目与经费 236b
客座教授(表) 626
课程建设 25a
课程评估 163c
口腔医学院 131a
 党建工作 133a
 发展概况 131a
 国际交流 132c
 国际学术会议 133a
 后勤保障 133a
 护理工作 131c
 基建 133a
 教学工作 132a
 科研工作 132a
 门诊特色诊疗项目 131b
 校际交流 133a
 学术合作协议 132c
 学术会议 132b
 医疗工作 131a
会计队伍建设 364b
会计基础工作 364c
会计派驻范围 364b
会计业务培训 364c

L

离退休人员分布(表) 354
离退休人员分类统计(表) 358

离退休人员工作 360a
黎乐民 471a
李政道 464a
理工科部分与北京市科委新签科技合同(表) 255
理工科获准项目及经费(表) 244
理工科与医科到校科研经费来源(图) 243
理工科与医科获准北京市自然科学基金(表) 254
理工科与医科获准创新团队发展计划清单(表) 252
理工科与医科获准高等学校博士点专项科研基金(表) 252
理工科与医科获准教育部重大和重点项目(表) 253
理工科与医科获准新世纪优秀人才支持计划名单(表) 253
理工科与医科科研项目到校经费(表) 242
理工科与医科通过验收结题的主要科研项目(表) 266
理科与医科科研 235
 在研科研项目(表) 241
 在研科研项目来源(图) 242
理论工作 428a
理论学习 428a
理论研究 457a
理论研讨 429a
理学部学术委员会 36
力学攀登特等奖学金 552b
力学攀登优等奖学金 552b
历史学系 63a
 本科生教育 63b
 党建工作 64c
 党员教育 65a
 教学工作 63a
 科研活动 64a
 课程建设 63b
 外语教学 63c
 学生培养 63c
 学生外语水平 63c
 学术活动 64a
 研究生培养 64a
历史沿革 24a
廉政文化建设 438b
林超地理奖学金 552b

索　引

临床药理研究所　145b
　　国际交流　146a
　　科研工作　145b
　　医疗工作　145b
临床肿瘤学院　133b
　　成果、论文与专利　136a
　　规范管理　133b
　　后勤保障　137b
　　教学改革　135a
　　教学工作　134c
　　教学工作制度建设　134c
　　科研工作　135c
　　课题申请与项目执行管理
　　　135c
　　实验室管理　136b
　　宣传工作　137a
　　学生工作　135b
　　学术交流　136a
　　医保管理　134b
　　医疗费用总量控制、结构调整
　　　成效　134b
　　医疗工作　133b
　　医院管理　136b
　　医院文化建设　137a
　　整章建制　133b
　　制度落实　133c
　　治理商业贿赂　137a
　　重点学科建设　136b
临时聘用人员管理　358a
领导干部管理和监督　426c
领导干部廉洁自律　437c
领导干部作风建设　426c
刘元方　471b
流动编制管理　357a
六家附属医院床位规模及完成的
　主要医疗工作情况（表）　401
陆道培　483c
2006年录取国际奥赛金牌获得者
　名单（表）　200
录取各省（自治区、直辖市、港澳台
　地区）理科第一名（学生名录）
　（表）　200
录取各省（自治区、直辖市、港澳台
　地区）文科第一名（学生名录）
　（表）　199
旅游休养活动　448c
论文专著　238a

M

马克思主义学院　101b
　　对外交流　101c
　　发展概况　101b
　　教学工作　101b
　　教学科研机构　101b
　　科研工作　101c
　　其他工作　103a
　　思想政治理论课教学　102a
　　学生工作　103a
马宗晋　475b
玫琳凯奖学金　547b
孟二冬　1a
　　先进事迹宣传报道活动
　　　430a
孟菲　1a
民主党派和归国华侨联合会负责
　人　43
民主党派组织机构状况（表）　436
民主党派组织自身建设　434b
民主管理　445a
民主监督　445a
闵维方在秋季全校干部大会上的
　讲话　13
　　安全稳定　16b
　　党风廉政建设　16a
　　党建基本标准　15b
　　党委日常工作　16a
　　党中央决定贯彻　14a
　　工会工作　17a
　　胡锦涛总书记回信精神学习
　　　宣传　14b
　　基层党建　15b
　　基层党委和行政班子换届
　　　16a
　　师德学风建设　14b
　　统战工作　16b
　　宣传工作　17a、17b
　　学生工作　15b
　　学生工作转型成果　15a
　　学习《江泽民文选》活动　14a
　　迎接中央督查组检查　15a
名誉博士（表）　626
名誉教授（表）　627
明德奖学金　544a
摩根斯坦利奖学金　559b

N

内部审计队伍建设　366b
内部审计法规规范建设　366b
内部审计环境建设　367a
内部审计建设与管理　366b
内部审计理论建设　366c
内部审计业务技术建设　366c
内部审计转型与发展　366a
年度考核　356b
女教职工　448b

O

欧阳爱伦奖学金　553b

P

派出工作　349a
培训工作　401c
培训中心　226a
　　扶持院系发展　226b
　　教学服务　227a
　　培训典范　227a
　　培训课程创新　226c
　　培训模式探索　226b
　　培训市场开拓　226b
　　学习型团队建设　226a
　　优势发展　226c
　　中心文化塑造　226a
聘岗过程中反映出来的情况
　357b
聘请的客座教授（表）　626
乒乓球运动国际研修院　343c
平民学校　449b

Q

奇瑞奖学金　558b
企业名录　292
企业审计　365c
前沿交叉学科研究院　153b、343b
　　成立大会　153c
　　发展概况　153b
　　基本任务　153b
　　教学科研设施建设　154c
　　科学研究　154a
　　人才培养　154c
生物医学跨学科研究中心学
　术交流讲座（表）　155

体制建设　153c
　　　学术交流　154b
秦国刚　477b
青年工作　448a
青年教师流动公寓　356a
青年团干部与学生骨干培养
　　459c
青年文明号　458c
青年研究中心　454b
青年志愿者　458c
秋季全校干部大会　13、18
全国公共卫生研究生暑期学校
　　210b
全国教育科学十一五规划2006年
　　度课题立项名单（表）　274
全国教育科学研究优秀成果获
　　奖名单（表）　279
全国优秀博士学位论文（表）　211
全国优秀共产党员　516a
全校到校科研经费分类统计（表）
　　243
全校到校科研经费总额增长趋势
　　（图）　243
全校干部大会　5、13、18
全校统战工作会议　435c

R

人才开发　355c
人口研究所　111a
　　　发展概况　111a
　　　国际合作　112b
　　　教学工作　113a
　　　科研工作　112c
　　　师资队伍建设　113a
　　　学术交流　112b
人民医院　124c
人事档案管理　361a
人事工作　350a
人事管理　350
人文社会科学国际（双边）学术会
　　议一览（表）　283
人文社会科学研究优秀成果获
　　奖名单（表）　277
人文学部学术委员会　36
人物　464
人员分布情况（表）　351
任命北京大学校本部机关基层办

公室负责人情况统计（表）　357
　　年龄结构统计（表）　357
　　学历结构统计（表）　357
　　职称结构统计（表）　357
软件与微电子学院　114b
　　　对外合作　115b
　　　发展概况　114b
　　　科研工作　115c
　　　师资队伍建设　115a
　　　学科建设　115a
　　　学生工作　115c

S

三昌奖学金　559a
三好学生　529a
三好学生标兵　527a
三井住友银行全球基金会奖学金
　　551b
三星奖学金　547a
上级工会授予的荣誉称号　446c
勺园　411a
设备管理　374a
社会保险缴费情况（表）　360
社会服务　27a
社会工作单项奖　533a
社会工作类创新奖　528c
社会科学部学术委员会　36
社会实践　457c
社会学系　93c
　　　本科生教学　94a
　　　党建工作　94c
　　　发展概况　93c
　　　共产党员先进性教育回头看
　　　　94c
　　　教学工作　94a
　　　科研工作　94b
　　　领导班子民主生活会　94c
　　　学习党的十六届六中全会精
　　　　神　94c
　　　研究生教学　94a
深港产学研基地　304
　　　博士后工作站　304c
　　　发展概况　304b
　　　孵化功能发展　305b
　　　科技成果转化　305a
　　　理事会发展专题研讨会
　　　　304a

　　　培训工作　305c
　　　深港发展研究院　304b
　　　政府科研项目申请　304c
深圳医院　142c
　　　对外交流与合作　144c
　　　发展概况　142c
　　　行风建设　145a
　　　后勤工作　145a
　　　健康产业　143c
　　　教学工作　143b
　　　科研工作　143c
　　　学科建设　143a
　　　医疗情况　142c
　　　医院管理　144a
沈秉钺先生纪念奖奖学金　551b
沈渔邨　484b
审计工作　364c
　　　绩效　364c
审计和检查　364b
审计项目情况简（表）　368
审计项目数量　364c
生活福利　448b
生活条件　27b
生命科学学院　59c
　　　教学工作　59c
　　　科研工作　60a
　　　人才工作　59c
　　　学生工作　60b
生育健康研究所　147b
　　　发展概况　147b
　　　国际合作项目　148a
　　　宣传及项目推广　148a
　　　中美预防出生缺陷和残疾合
　　　　作项目　147b
失业保险缴费情况统计（表）　359
师德建设　430c
师德师风医德医风建设　445b
师资人事制度　26b
十五211工程建设　341c
　　　国家验收　341c
十一五211工程立项　342a
实践教学　163b
实验动物管理办公室（虚体）
　　344a
实验技术系列职务评审　374c
实验室安全和环境管理　374b
实验室防火、防盗、防泄漏和防污

索 引

染安全检查 374c
实验室基本情况一览(表) 376
实验室建设与管理 374a
实验室生物安全管理 374b
实验室与设备管理 374a
世行贷款高等教育发展项目 376b
事业规划 343b
事业规划委员会组成人员名单 346
逝世人物名单 505
收费工作 364a
收入分配制度改革 350a
收入构成(图) 362
首都发展研究院 301
 北京大学首都创意文化产业促进行动计划 302a
 北京市及有关区县十一五规划咨询 302c
 北京市文化创意产业发展政策研制 302c
 服务首都发展 302a
 国际会议 302b
 《决策要参》 302a
 决策支持研究 302b
 科研报告 303b
 科研项目 303a
 能力建设 301a
 首都发展密切相关国家规划编制 302c
 首都发展专家圆桌会议 302b
 首都交通发展决策支持研究 302b
 学术论文 303b
 《中国地区新经济指数》研制 303a
 著作 303c
首钢医院 140a
 党建工作 142b
 发展概况 140a
 改制工作 140b
 国际交流与合作 142a
 护理工作 142a
 获奖情况 142a
 教学工作 141c
 社会服务 141a

 学科建设 141b
 医疗工作 140c
 医院管理 141a
受表彰的优秀共产党员、先进党支部名单 516
授予的名誉博士(表) 626
授予的名誉教授(表) 627
授予美国前国务卿基辛格名誉博士学位 347c
暑期学校质量 162c
树仁学院奖教金 523a
数学科学学院 45a
 党建工作 46a
 发展概况 45a
 教学工作 45b
 科研工作 45c
 科研教学获奖(表) 45
 学生工作 46c
 学生获学校奖学金情况统计(表) 46
 学术交流 46a
双学位毕业生名单 587
水电中心 393a
 防汛抢险 393b
 校园供电系统 393a
 校园给排水系统 393a
 校园零星维修 393b
 校园水电施工工程 393b
 校园水电收费 393a
 校园水电物业管理 393b
硕士生招生情况比较(表) 202
思想政治工作 422
松下育英奖学金 552a
苏肇冰 468c
孙鹏等来校调研 418c
索尼奖学金 550b

T

塔里木励志奖学金 558b
塔里木优秀奖学金 558b
唐孝炎 483b
唐有祺 470b
唐仲英奖学金 546b
特载 1
体育教研部 155a
 参加2006年北京市高校大学生游泳冠军赛成绩(表) 157
 参加2006年北京市高校乒乓球锦标赛成绩(表) 158
 参加2006年北京市高校武术比赛成绩(表) 157
 参加2006年北美乒乓球公开赛(baltimore站)成绩(表) 158
 发展概况 155a
 科学研究 160b
 历届京华杯棋牌赛一览(表) 159
 全国田径大奖系列赛各站比赛成绩(表) 156
 群众体育运动 159a
 体育场馆建设 161b
 体育代表队 155c
 体育教学 155a
体育类创新奖 528b
田刚 467c
通过鉴定的科研成果(表) 265
通识教育 162b
通选课建设 162b
通用电气医学教育奖学金 560a
童庆禧 475a
童坦君 482b
统战工作 433
 领导机构建设 434c
统战研究、调研和信息 435a
图片编辑 432b
图书馆 305a
 2005年和2006年图书馆主页访问情况比较(表) 310
 2005年与2006年传统服务统计比较(表) 309
 2005年与2006年续借与预约服务量比较(表) 309
 CADLIS项目 313b
 CALIS各子项目计划目标与完成情况(表) 315
 CALIS文理中心 316a
 CALIS文理中心十五建设各项任务完成情况(表) 316
 CALIS项目 314c
 CASHL高校人文社科外文期刊目次数据库数据量增长情况(图) 317

CASHL 外文期刊数量增长情况(图) 317
CASHL 项目 316b
北京大学中国影视资料研究中心 313a
采访(装订)量统计(表) 306
参考咨询服务 309a
参考咨询服务统计(表) 309
电子资源服务 309a
读者服务 308b
对外交流 313a
多媒体建设 305c
多媒体中心 311a
分馆建设 305c、311b
工会工作 312c
馆际互借 310a
基础设施建设 306a、312a
旧藏及特藏整理 308a
历年馆际互借/文献传递服务增长比较(图) 310
期刊改分类排架 308a
人力资源建设 312c
人事工作 306a
数字采集与扫描加工统计(表) 307
数字化特色馆藏 307c
数字图书馆门户 310b、312a
特藏整理 308a
图书馆服务月 311a
图书捐赠 306a
文献编目 307a
文献编目统计(表) 307
文献传递 310a
文献资源建设 305a、306b
文献资源整理 305b
学科服务 311c
用户满意度调查 311b
用户培训 310a
中心馆检索服务发展状况(图) 309
主页服务量 310b
涂传诒 474b
土地基本情况汇总(表) 372
土地与房屋产权管理 369b
团机关建设 461a
　财务工作 461c
　机关党务 461b
　信息工作 461c
　作风建设 461a
团组织建设 462a

W

外国留学生分国别统计(表) 231
外国留学生分院系统计(表) 233
外国语学院 94c
　办会统计一览(表) 99
　本科教育国际化 96a
　本科教育教学讨论 95b
　本科专业人才培养 96b
　党建工作 100b
　对外交流 100a
　发展概况 94c
　获北京大学第十届人文社会科学研究优秀成果奖统计(表) 98
　获北京大学教材建设立项名单(表) 95
　获北京大学批准立项建设研究生课程(表) 96
　获北京市第九届哲学社会科学优秀成果奖统计(表) 98
　获北京市社科理论著作出版基金统计(表) 99
　获北京市十一五规划项目统计(表) 98
　获各级各类横向课题统计(表) 98
　获国家社科基金项目统计(表) 97
　获教育部第四届高校人文社会科学研究优秀成果奖统计(表) 98
　获教育部留学回国人员科研启动基金项目统计(表) 97
　获教育部人文社会科学研究一般项目统计(表) 97
　获教育部新世纪人才支持计划入选项目统计(表) 98
　获中央统战部华夏英才基金出版资助统计(表) 99
　继续教育 100a
　教材建设 95c
　教学工作 95b
　科研成果分类统计(表) 99
　科研出版 97c
　科研工作 97a
　科研奖励 97b
　科研项目立项和申报 97a
　葡萄牙语教学 96b
　日常教学和管理 96a
　荣誉称号 97b
　师资队伍建设 95b
　学科建设 95b
　学生工作 100c
　研究生课程建设 96c
　迎接本科教学水平评估准备 95c
　在国际上获荣誉情况统计(表) 98
外国政要来访 347b
外国专家 349a
万柳学区 452a
　共青团 462c
　学生公寓改造和置换工程 370c
王度奖学金 552b
王夔 472b
王诗宬 470a
王选 3、3b、4a
　逝世 109c
　先进事迹报告会 4a
王选院士和孟二冬教授先进事迹宣传报道活动 430a
王阳元 476c
网络教育 225a
往来资金清查 364a
危险化学废物管理 374b
微纳米超净加工公共实验室 344a
为教职工服务 448c
卫生部工程技术研究中心(表) 240
卫生部重点实验室(表) 240
卫生思想政治工作促进会 430c
未名湖水环境综合治理 345a
未名湖燕园建筑文物保护总体规划 344b
慰问和送温暖活动 448b
文化工作 447a

文科单位 SCI、SSCI、A&HCI 论文
  名单（表） 280
文科科研 270
  成果管理 270a
  第三届北京论坛 271b
  队伍建设 270c
  国际学术会议管理 270c
  机制探索 271a
  基地建设 270b
  教育部人文社会科学研究一
    般项目立项名单（表） 272
  科研机构管理 270b
  科研机构名单（表） 285
  评比表彰 271c
  项目管理 270a
文兰 466c
文体活动 445c
文艺活动 430c
吴阶平 480b
五道口经济适用房项目建设
  370c
五四奖学金 554a
五校一院联席会议 440c
物理学院 47c
  党建工作 49b
  发展概况 47c
  获省部级以上科研奖励（表）
    48
  教学科研实体单位 47c
  科研工作 48a
  师资队伍建设 48a
  行政工作 49c
  学生工作 49b
  招生与培养 48c
  重大学术活动 48c

X

西南联大奖学金 553b
希拉克来访 348a
先进党支部 520b、520c
  名单 516
先进技术研究院成立大会 238b
先进性评选和表彰 424c
先进学风班 539a
现代教育技术中心 339b、343c
  北京大学短信息服务系统
    340a

北京大学网络教学平台
  339c
多媒体教室建设与管理
  339b
公共英语网络教学平台
  339c
教师精品课程网站 340a
教师培训 340b
教学 340b
精品课程和教育资源建设
  339c
精品课程网络支撑平台
  340a
科研 340b
科研项目 340b
平台建设 339c
协作委员会 340c
迎评准备 340c
主要任务 339b
现有人员编制构成（表） 352
香港明日领袖人才培训计划
  349b
香港特区公务员国家事务研习课
  程（第五期） 349b
香港特区外籍公务员国家事务研
  习课程 349b
向王选学习活动 3
校本部 2006 年工资日常工作量统
  计（表） 358
校本部 2006 年离退休人员分类统
  计（表） 358
校本部 2006 年失业保险缴费情况
  统计（表） 359
校本部 2006 年养老保险人员及缴
  费情况（表） 359
校本部 2006 年医疗保险工作统计
  （表） 359
校本部 2006 年主办的国际学术会
  议和研讨班情况统计（表） 268
校本部本专科毕业生去向（图）
  453a
校本部毕业研究生去向（图）
  453c
校本部从地方调入人员分布（表）
  353
校本部非离退人员减员分布（表）
  354

学历分布（表） 354
校本部公派出国（境）人员派出类
  别（表） 355
校本部公派出国（境）人员学历、职
  称、年龄分布状况（表） 355
校本部公派留学人员回校工作类
  别分布（表） 355
校本部获准国家自然科学基金项
  目情况（表） 246
校本部机关基层办公室负责人学
  位结构统计（表） 357
校本部基本数据 30
校本部教师队伍年龄结构（表）
  351
校本部教师队伍学历状况（表）
  352
校本部教职员工基本情况一览
  （表） 351
校本部离退休人员分布（表） 354
校本部民主党派组织机构状况
  （表） 436
校本部人员分布情况（表） 351
校本部现有人员编制构成（表）
  352
校本部选留毕业生分布（表） 352
校本部增员类别及学历分布（表）
  352
校本部增员情况分布（表） 352
校本部正式派遣的本专科毕业生
  就业单位性质（图） 453a
校本部正式派遣的本专科毕业生
  就业地区（图） 453a
校本部正式派遣的毕业研究生就
  业单位性质（图） 453c
校本部正式派遣的毕业研究生就
  业地区（图） 454a
校本部总减员分布（表） 354
校电视台 431c
校发文件 508
校广播台 431c
校机关各部门、工会、团委负责人
  38
校机关及直属单位聘岗情况
  356c
校级优秀毕业生 539
校际交流 347a
校刊工作 431a

校领导机构组成名单　35
校企改制　290a
校史馆　330a
　　对外交流　330c
　　校史文物实物征集　330c
　　校史研究　330b
　　校史展览　330a
　　行政工作　330c
　　展览内容　330a
　　专题展览　330b
校外媒体报道北大情况统计　628
　　访谈　640
　　观点　639
　　人物　640
　　消息　628
　　专题报道　637
校（院、系）务公开　445a
校友工作　402、403c
校园管理服务中心　394a
　　保洁工作　394b
　　环卫工作　394b
　　荒山绿化　394b
　　绿化新建和改造工程　394b
　　其他工作　394c
　　园林绿化　394a
　　植物病虫害防治　394b
校园规划　344b
校园规划委员会组成人员名单　346
校园环境综合整治　371a
校园文化　430c
　　建设　458b
校园文化体育活动　445c
校长科研基金　238a
谢培智奖学金　554a
心理学系　61c
　　对外交流与合作　62a
　　教学工作　61c
　　科研工作　61c
　　师资队伍建设　62a
　　学生工作　62b
新获批的《国家高技术研究发展计划》课题（表）　249
新获批的《国家重点基础研究发展规划》课题（表）　248
新获批的重大科学研究计划课题（表）　249

新获批的重大科学研究计划项目（表）　249
新聘A类岗位情况　356c
新任教职工岗前培训　355c
新生奖学金　556
　　一等奖　556a
　　二等奖　556a
　　三等奖　556b
　　鼓励奖　557a
新世纪百千万人才工程国家级人选名录（表）　497
新闻网　432b
新闻危机事件攻关　430b
新闻宣传　429c
新闻与传播学院　76c
　　发展概况　76c
　　国际交流　77c
　　教学工作　77a
　　教学科研　77c
　　科研工作　77a
　　行政工作　77c
　　学生工作　78a
信访与案件　439c
信息管理系　91c
　　对外交流与合作　93a
　　发展概况　91c
　　继续教育　93a
　　教学改革　92a
　　科研工作　92a
　　学科建设　91c
　　学术交流　92b
　　在研项目（表）　93
信息化建设　345c
信息科学技术学院　53a
　　2006届本科生毕业情况　53c
　　ACM竞赛情况　54a
　　北京大学教材建设立项　54a
　　本科生教学　53c
　　本科生课程教学交流活动　53c
　　出版著作、教材、编著（表）　56
　　发展概况　53a
　　教材建设情况（表）　56
　　教学工作　53c
　　科研工作　54b
　　科研项目数及经费数（表）

55
　　课程研究与讨论　53c
　　师资队伍建设　53b
　　授权专利（表）　55
　　学术交流　55a
　　研究基地建设　53b
信息与工程学部学术委员会　37
星光国际奖学金　557
　　一等奖　557a
　　二等奖　557b
　　三等奖　557b
徐光宪　470c
徐至展　468a
许智宏　478c
许智宏在春季全校干部大会上的讲话　5
　　安全稳定　13a
　　本科教育　8a
　　党委工作　9b、10a
　　队伍建设　6b
　　工会工作　13a
　　国际合作与交流　9b
　　国内合作　9b
　　基本建设　8b
　　纪检监察　11b
　　教代会工作　13a
　　教学改革　7b
　　科技发展十一五规划　8a
　　科研工作水平　8a
　　面临的机遇与挑战　5a、5b、6a
　　其他工作　9a
　　全国科技大会精神学习和贯彻　5a
　　人才管理体制和机制创新　6b
　　统战工作　12b
　　校园规划　8b
　　行政工作　5a
　　行政管理与服务　9a
　　宣传工作　11a
　　学科建设　6b
　　学生创新能力和综合素质培养　7b
　　学生工作　12a
　　学校思路　6a
　　研究生教育　8a

索引

　　支撑发展,引领未来　6a
　　重点跨越　6a
　　资源统筹　8b
　　自主创新　6a
　　组织工作　10a
许智宏在秋季全校干部大会上的
　　讲话　18
　　110周年校庆筹备　23b
　　211工程三期　19b
　　985工程二期　20a
　　985工程二期建设任务　19b
　　北京大学中长期发展规划
　　　23a
　　北京论坛　23a
　　本科教学改革调研　20b
　　本科教学改革十六字方针
　　　20b
　　高度重视　20b
　　工作重心　20b
　　海淀区人大换届选举　23b
　　基础设施建设　21b、22b
　　教师职务晋升　18b
　　教学方法　21a
　　教学投入　21a
　　教育教学改革　20b
　　课程建设　21a
　　全校产业工作会议　23b
　　人才引进　18b
　　师德工作会议　23a
　　师资人事制度改革　18a
　　校园安全保卫　22b
　　校园规划　21b
　　学生管理　21a
　　学校形象建设工程　23a
　　研究生教育改革　21b
　　医学教学改革　21a
　　以师生为本　20b
　　重点工作　18a
　　专项工作　23a
宣传教育　437c
宣传引导　457a
选留毕业生分布(表)　352
学部学术委员会　36
学科规划　343b
学科规划委员会组成人员名单
　　346
学科建设　25b、162

学历教育　219c
学历教育往届遗留毕业证书清查
　　220b
学历教育学籍管理和毕业生学历
　　证书电子注册　220a
学历教育招生工作阳光工程
　　220b
学历教育招生与学籍工作数据
　　220c
学生工作　450
　　队伍建设　450a
　　先进单位　538b
学生海外学习项目　348b
学生会　460a
学生奖励获奖名单　526
学生就业　452a
学生日常管理　451a
学生社团　460a、460c
学生思想政治教育　450b、456b
学生宿舍管理服务中心　394c
　　安全保卫　395b
　　规章制度　395c
　　国际交流项目　396a
　　庆祝楼长管理制20周年
　　　395c
　　暑期综合修缮工程　395a
　　送旧迎新　394c
　　外来务工人员队伍建设
　　　395c
　　万柳学生回迁燕园　395a
　　文明卫生宿舍创建评比
　　　395a
　　学宿网站　395c
　　走廊文化建设　395b
学生心理健康教育　454c
学生资助　455a
学生组织　460a
学术科研　457c
学术类创新奖　528b
学术委员会名单　35
学位工作　206a
学位评定委员会　36
学习单项奖　535a
学习教育活动　447a
学校基本数据　28
学校统战工作会议　434c
学校预算执行和重点专项资金审

　　计　365a

Y

研究生工作研讨会　210a
研究生会　460b
研究生教务工作研讨会　210b
研究生教育　200
　　2003—2006年北京大学接收
　　　推荐免试研究生数据统计
　　　(表)　201
　　奥运实习生选拔与培养
　　　204c
　　报考北京大学2007年硕士生
　　　情况　202c
　　初试与复试　201c
　　教务管理　203c
　　接收推荐免试研究生比例
　　　201c
　　考务工作　201a
　　留学研究生招生选拔办法
　　　201b
　　培养工作　203b
　　学籍管理　203c
　　学术道德建设　204a
　　研究生创新工程　204a
　　研究生分类培养　204a
　　研究生课程建设与评估
　　　204b
　　研究生课程进修班教学管理
　　　203c
　　研究生培养管理规定　203b
　　研究生培养目标与过程管理
　　　203c
　　研究生培养情况调研　204b
　　研究生思想政治教育　204b
　　研究生招生计划　201b
　　研究生招生质量保障体系
　　　202c
　　招生工作　200c
　　招生基本数据　200c
　　招生咨询日内容和规模
　　　201a
　　专业学位研究生管理　203c
研究生培养机制改革　207b、207c
　　背景历程　207b
燕园街道办事处　414
　　环境综合整治　414a

索引

其他工作　415c
人大代表换届　415b
社区党建　415b
社区建设　414c
燕园社区服务中心　413
便民服务活动　413b
对外合作　413c
规范化、标准化建设　413b
经营管理　414a
社区便民服务站　413a
社区服务　413a
社区服务环境设施　414a
社区家政服务　413a
社区网络服务　413a
综合管理　414b
阳安江考察调研　435b
杨芙清　476b
杨芙清—王阳元院士奖教金　522a
杨芙清—王阳元院士奖学金　549a
杨应昌　465b
养老保险人员及缴费情况(表)　359
药学院　117b
党建工作　119a
发展概况　117b
国际交流与合作　118a
国家自然科学基金资助项目简(表)　118
获准立项的医学部级教改项目(表)　119
获准立项的中国高等教育学会十一五教育科学研究规划课题(表)　119
教学工作　118a
教育部博士点基金资助项目简(表)　118
科研工作　117c
十一五863项目牵头课题简(表)　118
学科建设　117b
叶大年　475b
叶恒强　477c
夜大学招生专业　219c
医科到校科研经费来源(图)　243
医科获准北京市自然科学基金(表)　254
医科获准创新团队发展计划清单(表)　252
医科获准高等学校博士点专项科研基金(表)　252
医科获准教育部重大和重点项目(表)　253
医科获准项目及经费(表)　245
医科获准新世纪优秀人才支持计划名单(表)　253
医科科研　235
科研项目到校经费(表)　242
医科通过验收结题的主要科研项目(表)　266
医科在研科研项目(表)　241
医科在研科研项目来源(图)　242
医疗保险工作统计(表)　359
医学本科教育　164b
MD/PHD双学位人才培养　165a
本科各专业实际录取考生人数(表)　167
本科教学迎评　165b
本科生辅修/双学位管理办法　166b
本科生招生录取分数一览(表)　167
本专科生学籍管理规定　166a
毕业生注册　166b
长学制临床教学模式改革　165a
获评北京高等教育精品教材名录(表)　166
基地建设　166a
教材建设　166a
教务管理　166a
教学方法改革　165a
教学改革　164b
教学计划修订　164c
教学评价体系　165a
教学研究及课程体系改革　164c
境外知名大学交流　165b
课程建设　165c
临床学系　165b
师资培训　165c
新生注册　166b
医学教育学制和学位　164b
招生工作　166c
专科生升入本科　166c
医学部2006年调出人员技术岗位及来源分布(表)　354
医学部2006年调入人员技术岗位及来源分布(表)　353
医学部2006年接收毕业生岗位分布及学历分布(表)　353
医学部2006年社会保险缴费情况(表)　360
医学部2006年主办的国际学术会议和研讨班情况统计(表)　268
医学部SCI论文发表情况(表)　258
医学部产业管理　291b
医学部党建　425a
医学部房地产管理　371b
产权产籍、公房管理　371c
教师公寓　371c
学生公寓　371c
住房补贴　371b
医学部负责人　37
医学部公共教学部　148b
党政工作　149b
发展概况　148b
获奖情况　149c
教学工作　148c
科研工作　149a
学科建设　149a
学生工作　149c
医学部国际奖学金项目统计(表)　350
医学部国际交流　349c
医学部后勤工作　398c
教室管理服务　400c
绿化工作　399b
人口与计划生育　400a
社区服务　399c
校舍维护　399a
饮食工作　399c
运输服务　400a
制度化建设　398c
医学部获准国家自然科学基金项目情况(表)　247
医学部基本数据　32

医学部基建工作　384a
　　基本建设项目工程　384a
　　建设项目　384b
　　专项修购工程　384b
医学部教职工基本情况一览（表）
　　352
医学部民主党派组织机构状况
　　（表）　436
医学部聘岗结果　356c
医学部人才服务与培训中心
　　361b
　　档案管理　361b
　　技术工人升级考工　361c
　　考务工作　361c
　　培训工作　361c
　　人事代理　361b
　　社会保险　361c
医学部审计　367a
医学部师德师风建设工作会
　　430c
医学部实验动物科学部　339a
　　动物生产与动物实验　339a
　　对外交流　339a
　　教学培训　339a
　　其他　339a
医学部特等奖学金　560a
医学部信息通讯中心　336a
　　电话服务　336a
　　电子邮件系统升级改造
　　　336a
　　网络服务　336a
　　信息化建设　336a
医学部学术委员会　37
医学部学位工作　206c
医学部研究生教育工作会议
　　210b
医学部研究生就业　208a
医学部研究生培养　205a
　　规范管理　205a
　　课程教学　205a
　　培养工作　205b
　　学籍管理　206a
医学部研究生思想政治工作
　　210c
医学部研究生优秀奖学金　560a
医学部研究生招生　202c
　　MPH招生　203a

复试工作改革　203a
　　外国留学生招生办法　203b
　　招生基本情况　202c
　　招生宣传　203b
医学部研究生中日医药奖学金
　　560b
医学部有权授予博士、硕士学位的
　　学科专业目录（表）　216
医学部椎名奖学金　560b
医学出版社　321c
　　版权贸易　322a
　　出版新书目（表）　323
　　十一五出版社发展规划
　　　321c
　　十一五选题规划　321c
　　市场营销　322b
医学部科学出版基金资助项
　　目（表）　322
医学档案馆　329c
　　档案接收进馆　329c
　　档案利用与服务　329c
　　获奖情况　329c
　　剪报工作　329c
医学继续教育　227b
　　成人学历教育　228c
　　对内继续教育　228b
　　高层次继续医学教育　228a
　　学术交流　228c
　　夜大学　230b
　　住院医师规范化培训　227c
医学留学生工作　230c
医学图书馆　318a
　　CALIS医学中心　320a
　　电子资源使用统计（表）　318
　　订购电子资源统计（表）
　　　319b
　　读者服务　318c
　　基础设施建设　319b
　　科研成果　319c
　　人力资源　319c
　　数据库检索情况（图）　318
　　信息用户培训教育项目情况
　　　（表）　319
　　重点学科网络资源导航库文
　　献类型分配比率（表）　320a
　　重点学科网络资源导航库学
　　科分配比率（表）　320a

资源保障　319b
资源共享　319a
医学网络教育学院　229b
　　非学历教育　229b
　　技术支持与开发　229c
　　内部管理　229c
　　学历教育　229b
医学在职教育培训　291c
医药科工作委员会秘书处　209a
医药卫生分析中心　336a
　　氨基酸分析室　337b
　　蛋白质组学实验室　337b
　　电镜室　337a
　　放射性药物实验室　338a
　　卫生与环境分析室　338b
　　细胞分析室　336b
　　药学与化学分析实验室（重点
　　　室）仪器组　338c
　　医学同位素研究中心　338a
医院管理　400、401a
医院交流活动　402c
医院科研　402a
医院社会服务　401b
医院医疗　400c
依法维权　445b
仪器设备采购　375c
仪器设备管理　374c
艺术类创新奖　528a
艺术学院　107b、343b
　　发展概况　107b
　　教学科研　107c
　　特殊事项　108b
　　学生艺术团　108b
　　学术交流　108c
英文新闻网　432c
优秀班集体　538b
优秀班主任奖获得者名单　524b
优秀毕业生　539
优秀博士学位论文（表）　211
优秀德育奖获得者名单　524
优秀共产党员　516
优秀共产党员标兵　516a
优秀学生干部　532b
有权授予博士、硕士学位的学科专
　　业目录（表）　212、216
幼儿园工作　398a
幼教中心　396b

队伍建设 396c
　　后勤保障 397c
　　教育教学 396c
　　新老领导集体过渡 396b
　　早期教育示范基地 397b
　　制度化建设 396c
与无锡市合作 301b
与浙江省合作 301a
预科留学项目 230c
元培计划管理委员会 150a
　　成长成才指导体系 152b
　　党建工作 151c
　　导师工作 151b
　　发展概况 150a
　　国际交流 151a
　　教学工作 150c
　　就业指导 152c
　　军训工作 152c
　　心理疏导 152b
　　心理预警体系 152b
　　新生入校教育 152a
　　学生工作 152a
　　学生责任感和凝聚力 152a
　　元培计划实验班 2001—2005
　　　级专业选择情况统计（表）
　　　150
远离烟草引领健康系列活动
　　433b
院系情况 45
院、系、所、中心负责人 39
　　校本部 39
　　医学部 41
院系调整 24a
运输中心 396a
　　车辆发展调整 396b
　　节能降耗 396a
　　职工队伍建设 396b

Z

在春季全校干部大会上的讲话 5
在岗博士生导师名录 499
在施工程 383b
在校外国留学生分国别统计（表）
　　231
在校外国留学生分院系统计（表）
　　233
在校研究生人数统计（表） 218

在校院士 464
泽利奖学金 552a
增员类别及学历分布（表） 352
增员情况 352a
　　分布（表） 352
翟中和 479a
张恭庆 465b
张焕乔 469b
张杰 468c
张礼和 473a
张弥曼 474c
张滂 471a
招生工作 164a
　　监督检查 440b
赵柏林 474a
赵光达 467b
哲学系 66c
　　党建工作 68c
　　发展概况 66c
　　佛教与和谐世界国际学术研
　　　讨会 70c
　　教学工作 67a
　　科学与社会研究中心成立二
　　　十周年纪念 70a
　　科研工作 67b
　　两岸高校研究生交流 71b
　　庆贺黄楠森先生八五华诞学
　　　术研讨会 69c
　　社会·文化·心灵哲学文化
　　　节 71a
　　师资队伍建设 66c
　　世界新宗教国际学术研讨会
　　　70b
　　首都高校哲学专业研究生学
　　　术论坛 71a
　　孙中山思想与海峡两岸民生
　　　问题学术研讨会 70b
　　学科建设 68a
　　学生工作 68c
　　学术交流 68b
　　《圆佛教教典》（中文版）出版
　　　纪念学术研讨会 70c
　　中央实施马克思主义理论研
　　　究和建设工程哲学组学术
　　　研讨会 69c
争先创优良好风尚 424c
整体实力 25b

正大奖教金 522a
政府管理学院 78b
　　党建工作 81a
　　对外交流 80a
　　发展概况 78b
　　教学工作 78c
　　科研工作 79b
　　科研项目一览（表） 79
　　学生工作 81b
　　政治学研究基地建设 80c
政府特贴人员 354a
支出构成（图） 363
支出结构 363a
支援援建 301b
芝生奖学金 554a
直属、附属单位负责人 42
　　校本部 42
　　医学部 43
职工互助保险 448c
职能部门机构设置与人员编制调
　　整 344a
治理教育收费 439c
治理商业贿赂 438c
中层领导班子调整和换届 426b
中层领导干部分布情况（表） 423
中长期发展规划 342a
中关村开放式实验室（表） 241
中关园留学生公寓建设项目部
　　411c
　　二期工程方案申报及施工建
　　　设 412a
　　内部建设 412b
　　一期工程精装施工 412a
　　园区整体建设 412b
　　运营筹备 412b
中国高等教育学会理科教育专业
　　委员会 2006 年常务理事会
　　162a
中国高校人文社会科学研究优秀
　　成果奖获奖名单（表） 275
中国工商银行奖学金 558a
中国工商银行教师奖 523b
中国航天奖学金 559a
　　一等奖学金 559a
　　二等奖学金 559a
　　三等奖学金 559a
中国教育财政科学研究所 343b

索引

中国经济研究中心　110a
　　党建工作　111a
　　教学工作　110b
　　科研工作　110b
　　培训项目　110c
　　师资队伍建设　110a
　　学术交流　110c
中国科学院奖学金　551a
中国社会科学调查中心　343c
中国石油奖学金　550a
中国研究生院院长联席会秘书处
　　208b
中国药物依赖性研究所　146b
　　对外交流　147a
　　发展概况　146b
　　教学工作　147a
　　科研工作　146c
　　社会服务　147a
　　学科建设　146b
中国语言文学系　62b
　　发展概况　62b
　　教学工作　62c
　　科研工作　63a
　　学生工作　63a
中国中西医结合学会科技奖（表）
　　257
中华医学科技奖（表）　256
中央精神学习贯彻　433a
重大科学研究计划课题（表）　249
重大科学研究计划项目（表）　249

重大学术机构筹建　343b
重点实验室评估　236a
重点专项工作　370b
重要科研活动　238b
周其凤　471c
周又元　468b
朱作言　479b
主干基础课和平台课建设　162c
住房补贴发放和预算决算　369c
住友商事奖学金　551b
专利　238b
　　申请受理、授权情况统计（表）
　　264
专项岗位聘任　356b
专业技术职务评审委员会　36
专业学位教育指导委员会秘书处
　　209a
庄辉　485a
资产管理　369
自筹经费能力　362a
自学考试主考和助学　221b
宗教系　66c
综合性大学本科教学改革研讨会
　　162a
总减员分布（表）　354
总务工作　384c
　　爱委会办公室　388c
　　安全稳定　385c
　　沟通机制　385a
　　规范管理　384c

　　后勤财务管理　386c
　　后勤党委　388c
　　后勤人事管理　385c
　　后勤运行管理　387a
　　后勤职工晋升、表彰　386c
　　机关干部考核　384c
　　节能办公室　388a
　　节能技术　388b
　　节能宣传　388b
　　节能制度　388a
　　就餐秩序　385a
　　离退休人员管理服务　386c
　　流动编制大学生队伍建设
　　386a
　　师生就餐环境　385a
　　收费管理　388a
　　外来务工人员管理和培训
　　386b
　　维修改造工程一览（表）　387
　　学生宿舍用电　385b
　　浴水接入学生宿舍　385b
　　职工收入分配制度改革
　　386a
　　制度建设　384c
　　中心主任考核聘任　384c
组织工作　422
组织宣传工作　446c

（肖东发　王彦祥　编制）